国家社会科学基金"十二五"规划教育学课题(全国教育科学规划
《我国高等教育资源配置转型程度趋势研究1978—2018》(批准号

1978-2018

康宁 著

中国高等教育
资源配置转型程度的趋势研究

A trend study on the transformation of resource allocation in Chinese Higher Education

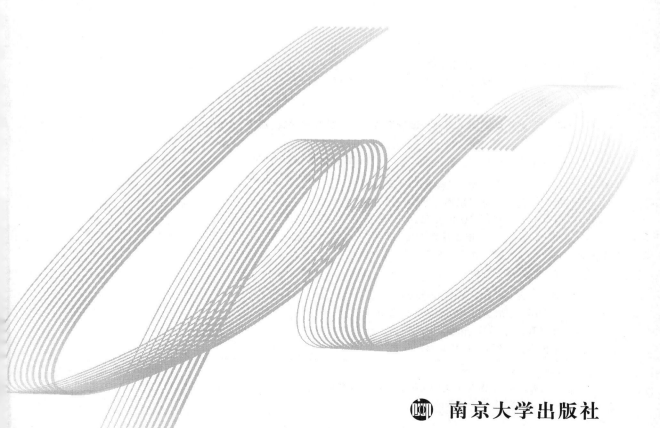

南京大学出版社

图书在版编目(CIP)数据

中国高等教育资源配置转型程度的趋势研究:1978—
2018/康宁著.—南京:南京大学出版社,2020.1
　　ISBN 978-7-305-08611-3

　　Ⅰ.①中… 　Ⅱ.①康… 　Ⅲ.①高等教育－教育资源－
资源配置－研究－中国－1978—2018 　Ⅳ.①G649.2

　　中国版本图书馆 CIP 数据核字(2019)第 221249 号

出版发行　南京大学出版社
社　　址　南京市汉口路 22 号　　　　　邮编　210093
出 版 人　金鑫荣

书　　名　中国高等教育资源配置转型程度的趋势研究(1978—2018)
著　　者　康　宁
责任编辑　曹　森　徐　熙　　　　　编辑热线 025-83592123

照　　排　南京理工大学资产经营有限公司
印　　刷　江苏凤凰通达印刷有限公司
开　　本　787×1092　1/16　印张 39.5　字数 1941 千
版　　次　2020 年 1 月第 1 版　2020 年 1 月第 1 次印刷
ISBN　978-7-305-08611-3
定　　价　99.00 元

网　　址:http://www.njupco.com
官方微博:http://weibo.com/njupco
微信服务号:NJUyuexue
销售咨询热线:(025)83594756

目 录

微信扫码查询

导　言

　　中国高等教育从 1978 年改革开放走过了 40 年历程。1978 年前高等教育发展动力来自高度集中的政府计划配置,留下的是长期高等教育资源稀缺问题。1978 年启动的改革开放打开了思想解放的大门,不断探索渐进性解决高等教育稀缺资源的制度创新成为转型期的主要改革目的。改革开放 40 年的制度创新不断扩展资源配置的广阔渠道,1978—2018 年,中国高等教育在校生规模从 86.7 万人达到 3 833 万人,40 年增长了 43.21 倍,高等教育毛入学率从 1.55％达到 48.1％,提高了 46 个百分点。20 世纪 80 年代初全国普通高校 700 所,2018 年已达到 2 663 所,增长了 2.8 倍①。高等教育总体发展水平进入世界中上行列,高等教育事业的显著特征是从精英阶段进入大众化并正在迈入普及化阶段。**期间,正是中国实行改革开放,从传统高度集中的计划经济转向以市场经济决定资源配置的社会主义市场经济体制。1978 年整个社会资源都处于极度稀缺,高等教育资源配置置身其中。是什么导致在其后的 40 年由绝对稀缺转为相对稀缺?** 在制度分析框架中,资源问题是一个配置问题,高等教育稀缺资源配置方式更有一个优化选择问题,而优化选择又是一个在约束条件下的选择问题。当整个制度环境发生变化后,高等教育资源配置方式的选择过程演进为制度转型过程,谁是推动制度转型和优化选择的动力? 这是本研究的基本问题②。

　　为了研究这一基本问题,本研究在 21 世纪之初就明确提出把制度变量和制度分析引入转型期高等教育资源配置分析框架,并建立了理论假设和指标体系③。第一次把改革开放 40 年高等教育资源配置制度创新过程作为一个研究对象整体看待,持续跟踪研究实证改革开放 40 年我国高等教育资源配置制度转型的基本特征和演进趋势;明确把市场经济建立与培育作为三种力量孕育成长制衡的必备制度条件,并连续实证了改革开放后前 30 年重构的政府力量、规制的市场力量、回归的学术力量在制度环境演进下成为高等教育资源配置转型的基本动力。

　　为了进一步实证和解释改革开放 40 年我国高等教育资源配置制度转型的基本特征和演进趋势,本研究提出的基本问题依旧是:**资源问题是一个配置问题,高等教育稀缺资源不仅有一个合理配置问题,而且有一个对稀缺资源配置方式的优化选择问题。更重要的是,配**

---

① 教育部公布 2018 年教育事业发展大数据,新浪网,https://finance.sina.com.cn/roll/2019-02-26/doc-ihrfqzka9329369.shtml。

② 本研究实证,转型期我国高等教育发展与改革的主要推动力源于资源配置方式的转变,实质是由传统政府力量一家独大的配置方式转换为现代公共政府力量、市场力量和学术力量三种力量互为制衡的配置方式。实践表明,这是亿万参与这一制度创新的人们千百万次选择的结果。

③ 康宁:《中国经济转型中高等教育资源配置的制度创新》,教育科学出版社,2004;康宁:《中国高等教育资源配置转型程度指标体系研究》,教育科学出版社,2010。

置方式的优化选择是一个顺应选择还是一个背离选择受制于初始约束条件,**即使在制度创新中这一制度环境的变革约束也一直伴随着这一选择。**同时,无论是外部制度环境的约束还是内部制度安排的制约,制度创新收益和成本裹挟着利益博弈和创新红利在每一个改革选择上都留下了制度演进的"痕迹"。面对上述改革选择的主体发生的变化就会形成多种复式博弈,当政府力量、市场力量和以学术本位为主体的学术力量都程度不同地参与到这一选择中,并推动资源配置制度创新不断趋向优化,高等教育资源配置制度转型趋势就会呈现出一定的特征和规律。**本研究利用了改革开放 40 年高等教育资源配置制度变迁这一天然生成的研究对象,将研究设问置身贯穿整个实证研究过程。**本研究同时创建了高等教育资源配置转型程度指标体系,作为观测描述改革开放 40 年制度变迁的实证分析工具。这一分析工具不仅提供了改革初始和演进中资源配置事实逻辑和改革逻辑,还记录描述了每一次重大转换中制度创新的动力来源和价值逻辑。事实上,**对高等教育资源配置方式的选择(制度创新)问题始终是 40 年转型期的主线,也是转型期高等教育规模增长的动因。本研究认为,本质上解决数量稀缺或质量稀缺都是一个资源配置方式的选择问题,本研究的理论框架和分析工具主要是回应解释这一选择问题。**

关于把资源的稀缺性以及资源配置方式的选择作为研究问题的前提条件基于以下事实。见微信 0—1。

本研究希望能够运用好制度分析方法,提供一个仍然处于转型期的我国高等教育资源配置持续制度创新可参照的理论范式与支持样本。不仅能够描述 1978—2018 年我国高等教育资源配置转型程度,证实制度创新作为制度变量全程参与了转型期高等教育资源配置过程,解释推动高等教育资源配置不断转型的动力来自三种力量;而且能够对我国转型中高等教育资源配置提供理论解释模型,为公共政策提供转型期高等教育制度创新的理论基础和决策参考依据。这是本研究的基本目的。

本研究是在《中国经济转型中高等教育资源配置的制度创新》《中国高等教育资源配置转型程度指标体系研究》这两个研究成果基础上的持续性研究[①]。原有课题从规范性研究与实证性研究对我国转型期前 30 年高等教育资源配置的变化特征和转换动力予以了制度性解释。构建的转型程度指标体系,不仅描述了新制度安排下高等教育资源配置的发生机理与运行机理,分析了转型期高等教育资源总量变化及资源配置方式转换的原因,而且论证了市场力量与学术力量在政府的制度创新下形成高等教育资源配置转换优化的三种制衡力量。改革开放后的前 30 年转型期高等教育资源配置的制度转型程度的综合指数为:20 世纪 80 年代为 0.17(1985)、90 年代为 0.36(1995)、21 世纪前 10 年为 0.59(2006),说明三种力量共生配置资源的转型程度指标是逐步递增的,反映了三种配置力量互为制衡并推动转型的程度越来越强。这个分析框架提供了仍然处于转型期的我国高等教育资源配置的持续制度

[①] 本课题是继"十五"国家社科基金教育学课题在"十二五"期间的持续性研究(BFA110031)。原有研究成果见康宁《中国经济转型中高等教育资源配置的制度创新》、康宁《中国高等教育资源配置转型程度指标体系研究》。《我国高等教育资源配置转型程度指标体系研究》是国家社会科学基金"十五"规划优秀课题,获得 2011 年第四届全国教育科学研究优秀成果一等奖,2012 年中国教育发展战略学会"教育发展战略研究优秀科研成果"一等奖。研究成果由教育科学出版社 2010 年 9 月出版,该成果的理论框架研究见康宁:《中国经济转型中高等教育资源配置的制度创新》,教育科学出版社,2005。

创新一个可参照范式与支持样本。

本研究将继续对 2007—2018 年间高等教育资源配置转型程度进行研究。一方面检验原有理论框架和分析工具的通用性与理论解释的普适性,另一方面就前一次课题提出的研究建议做进一步的补充研究①。我们发现,这十年来我国高等教育资源配置的制度创新过程,不仅事业规模总量增长为世界第一,与增长同时带来的是更多转型变迁中的问题困惑,而许多问题困惑来自享有着更多教育机会和教育红利的利益群体、来自获得更多自主权的学校主体、也来自不断让渡权力的中央政府和地方政府。不同发展阶段有不同的问题,此消彼长的问题虽然还有不同程度的资源匮乏与短缺,但更多的烦恼却是大量对现有获得性资源的不满或不适。当一个制度安排带来巨大收益与回报时,为什么会出现这么多的困惑与困境?针对转型中"成长的烦恼",动力主体各有什么选择?原有的分析框架还能够予以合理解释吗?

需要看到,任何研究都离不开约束条件,缺少对研究对象所处时间与空间的制度环境分析,任何既定的理论模型都难以得到合理解释。2007—2018 年间,整个中国社会与经济环境发生了什么变化?他们作为制度环境与约束条件对高等教育资源配置的影响与前 30 年有什么异同,作为高等教育资源配置的制度安排又是如何回应的,其转型之路又遭遇了怎样的重大制约?这恰恰需要本研究回答。当中国高等教育规模在 2006 年达到一个新高度,并在 2008 年后逐步呈现出许多因规模化带来的发展困惑与制度瓶颈时②,高等教育大众化的发展势头加之经济全球化的新危机,直接将大众化高等教育办学体系和质量问题推上了大众议题。针对 2010—2020 年十年的《国家教育中长期改革与发展规划纲要》颁布实施③,其中,一系列制度性措施作为国家制度安排的顶层设计,对高等教育资源配置的性质、方向、范围、力度,在宏观、中观与微观上对高等教育系统的高层、中层与底层产生了不可估量的影响;它作为新政府干预力量与市场力量、学术力量,构成这一阶段新的三种力量的博弈制衡,作用于高等教育资源配置制度转型的程度、力度、向度。而 2013 年作为转折点,中国经济的整个引擎发生了根本性的变化,中国经济增长的标志 GDP 在历经了十年接近两位数后骤然滑向 7% 以下,并出现经济持续下行局面。2016 年以来全球经济动荡,"经济全球化遭遇波折,多边主义受到冲击,国际金融市场震荡,特别是中美经贸摩擦给一些企业生产经营、市场预期带来不利影响。我们面对的是经济转型阵痛凸显的严峻挑战。新老矛盾交织,周期性、结构性问题叠加,经济运行稳中有变、变中有忧"。"国内经济下行压力加大。"④中国高等教

---

① 康宁:《我国高等教育资源配置转型程度指标体系研究》,教育科学出版社,2010,第 203—208 页,第七章第六节提出的六点研究建议。另见本书第七章第三节回应研究情况。

② 见本书第一章第二节政府出台的有关高等教育资源配置主要文件分析和第六章第一节中国大学治理制度变迁的逻辑力量。

③ 2010 年 6 月 21 日,中共中央政治局召开会议,审议并通过《国家中长期教育改革和发展规划纲要(2010—2020 年)》。2010 年 7 月 29 日正式全文发布。这是中国进入 21 世纪之后的第一个教育规划,是指导全国教育改革和发展的纲领性文件。主要内容包括:推进素质教育改革试点、义务教育均衡发展改革试点、职业教育办学模式改革试点、终身教育体制机制建设试点、拔尖创新人才培养改革试点、考试招生制度改革试点、现代大学制度改革试点、深化办学体制改革试点、地方教育投入保障机制改革试点、省级政府教育统筹综合改革试点等 10 个方面。

④ 《政府工作报告——2019 年 3 月 5 日在第十三届全国人民代表大会第二次会议上》,中国政府网,http://www.gov.cn/premier/2019-03/16/content_5374314.htm。

育面临内外环境与条件发生重大改变的转折点,作为资源配置主导的政府重新站在面临多元选择的十字路口,其自身的资源配置工具箱里还有多少有价值的工具存量,特别是面对改革深水区,制约创新的环境条件及路径依赖和各类群体利益诉求与利益博弈,都有可能成为制约政府力量的改革阻力或制度创新成本。因此,运用转型程度指标体系继续对我国高等教育资源配置这十多年的变化进行观测研究,就需要关注这一转型阶段的特殊变化条件,并将 40 年社会制度环境的持续变化与高等教育内部持续地制度安排的互动影响作为一个整体研究。同时,考察原有理论模型与指标体系对变化观测的合理性与可行性,并将改革开放后的前 30 年和近 10 年连续进行分析,解释存在的困惑、预测其转型趋势。**本研究的问题概括为改革开放 40 年解决高等教育资源稀缺及资源配置方式的动力选择问题。这既是本研究原有研究目的,也是本次持续研究的目的。**

简言之,本研究将继续重点考察这十年来外部环境的变化影响,特别注意《国家中长期教育改革与发展规划纲要(2010—2020 年)》发布之后对高等教育资源配置有影响的政策措施,进一步检验在上一轮研究中提出的我国转型期高等教育资源配置理论解释框架的一般性;进一步检验已建立的转型指标体系对这一轮实际资源配置变化测量工具的通用性;同时研究虚拟力量在高等教育资源配置制度变迁动力中的地位与功能;探索高等教育资源配置的特征与规律在民办高等教育制度变迁、全球范围内的比较意义与相对价值。

本研究根据上一轮课题的研究建议[①],新扩展了研究维度,以深入考察分析三种力量构成的高等教育资源配置转型动力模型的普适性、差异性、规律性。**扩展的三个问题分别是:一是对我国高等教育资源配置转型程度与国际高等教育资源配置状况进行比较分析[②]。**运用已建立的指标体系做参照性比较,进一步了解全球市场经济条件下各国高等教育资源配置的特征、规律与趋势,并做出比较制度解释;探索高等教育资源配置特征与规律在全球范围内的比较意义以及指标体系在国际比较中的相对价值;为建设我国一流大学的资源配置制度创新提供参比体系。**二是对我国改革开放 40 年民办高等教育资源配置制度创新的特征分析。**我国高等教育资源配置在 40 年制度转型中的特征与轨迹能够显著反映不同利益群体的较量与博弈,民办高等教育资源配置的制度创新正是政府力量与市场力量作用的结果。提出的补充假设是:**三种力量制衡高等教育资源配置体现在微观层面上,即三种配置资源的力量在针对不同配置主体时,会呈现出不同的制度治理构成模式。**通过指标体系分析研究转型期改革增量的民办高等教育资源配置变迁路径与发展特征,比较转型期高等教育资源配置转型趋势与民办高等教育资源配置发展趋势[③]。**三是对虚拟力量在高等教育资源配置制度创新中的特征分析。**对高等教育资源配置制度转型的动力来源,政府、市场、学术三种力量的互为独立、互为依存、互为制衡的关系,前研究已做了实证性研究。而近年来,研

---

① 康宁:《我国高等教育资源配置转型程度指标体系研究》,教育科学出版社,2010,第 203—208 页。第七章第六节提出六点研究建议:继续测量评析今后我国高等教育资源配置转型程度;研究高等教育资源配置转型的有效性;运用指标体系比较分析国内外两个高等教育资源配置;研究历史机遇、多元选择、学术生态与高等教育资源配置转型的关系;开展中外高等教育资源配置转型研究;研究"虚拟力量"对高等教育资源配置的影响。

② 见本书第五章。

③ 见本书第三章第五节。

究表明,互联网技术对高等教育资源配置的影响逐步增强,这一力量能够成为别于政府、市场、学术三种力量的第四种力量、即虚拟力量影响高等教育资源配置,或尚未形成足够力量从本质上影响资源配置,或这一力量正在成为三种力量的加速器,使得三种力量对高等教育资源配置方式正在发生新变化。分析解释虚拟力量对高等教育资源配置转型的影响是本研究扩展的一个新问题①。这三个扩展问题既是对原有理论框架的进一步佐证检验,也是运用分析工具解释近十年来我国高等教育资源配置转型程度的新特征与趋势。

当研究的基本问题确立后,用怎样的研究方法进行研究将决定研究目标的实现程度,同时,**确定并重视研究初始条件也是本研究的重要基本方法。1949 年中华人民共和国成立以来,中国选择了与社会发展目标和经济基本制度相匹配的高等教育资源配置的集中计划方式。1978 年改革开放以来,中国重新选择了经济发展道路,即由计划经济体制向社会主义市场经济体制转轨**,渐进性选择以市场机制为配置经济资源的手段。这一制度创新过程对整个社会系统的内在结构与发展变迁产生了巨大的影响,**这一制度性变革直接导致了传统高等教育资源配置方式的根本性改变。**事实上,中国改革开放后 40 年来高等教育资源发生的巨大变化,仅仅用经济增长与供给增加以及资源配置的效率是很难说清楚的。人们需要了解的是引起资源变化的真正原因——那些影响变化的政策与行为以及产生这些政策与行为的制度条件,这是本研究寻求制度分析方法的直接原因。**本研究的出发点也是逻辑起点是高等教育资源配置 1978 年前实行高度集中的计划配置方式,这也是问题研究的初始条件。**因而,本研究首先建立的分析模型,就是将制度变量引入资源配置研究框架中,并将制度变量划分为外生变量和内生变量。前者是指一定的基本经济社会制度,后者是适应外生变量又符合高等教育资源配置的自身规律与特点的制度安排。探讨高等教育资源配置的制度创新与经济社会转型的互动制度变迁过程,将高等教育资源配置方式变革作为研究资源配置有效性的突破口,在市场逐步发挥资源配置决定性作用的制度环境下,将注意力放在对资源的存量和增量变化的关系上,以及资源主体产权变化后对资源配置的影响,尝试提供经济转型过程中高等教育资源配置制度创新的一般化解释。**其次**运用新制度经济学和比较制度经济学的分析方法对国内外高等教育资源配置的制度变迁,以及主要资源配置主体(包括政府、学校、企业、中介、个人或家庭)的产权制度安排的变化和调整过程进行全面分析,分析各类主体在约束条件下进行资源配置的博弈模式,重点对资源变化背后的制度因素进行分析。**第三**将这些分析结果通过一组指标描述出来,建立能够测量高等教育资源配置转型程度的指标体系,预测资源配置的发展趋势与变化发展的特征规律。**研究方法是研究目的的实现手段,本研究的重点目的是转型期高等教育资源配置方式转换的动力及动因的分析解释,并实证分析改革开放后的前三十年及后十年的连续性高等教育资源配置制度变迁特征与趋势。**

根据 1978—2006 年高等教育资源配置转型程度指标体系观测研究结果,我国转型期高等教育资源配置在办学、管理、投资、招生、就业、学校内部管理与学术治理七个维度方面的综合转型程度指数 1985 年、1995 年、2006 年区间分别为 0.17、0.36、0.59②。这一转型程度指数在 2007—2017 年中是否有变化? 有什么样的变化? 根据 2007 年之后我国经济转型仍

① 见本书第六章第二节。

② 康宁:《我国高等教育资源配置转型程度指标体系研究》,教育科学出版社,2010。

然处在全球化背景下,建立完善中国特色社会主义市场经济还是我们的基本任务,社会资源配置方式的转变和经济结构的改革仍然处于制度变迁中。因此,**本研究的逻辑思路是:提出研究问题引出三个基本假设**,通过构建制度分析理论框架、"三圈制衡"模型(三种力量动力模型)和高等教育资源配置转型程度指标体系,对研究对象进行理论推演和实证研究,论证提出的基本假设,得出研究结论,阐述基本观点。

高等教育资源配置制度转型的基本动力假设 1:转型期高等教育资源配置方式存在着配置高等教育资源的潜在优势,即当制度环境发生决定性的、本质的、不可逆转的变化时,与之相适应的政府、市场、学术三种力量将影响高等教育资源配置方式的性质、程度与方向;与制度创新相一致的资源增量通过转换、让渡与替代资源存量,逐步使新资源配置方式替代旧有配置方式而成为主导模式。本研究根据制度演进分析框架,将证实推动改革开放 40 年高等教育资源配置制度转型的过程是由原唯一传统的政府力量配置资源转向三种力量(政府、市场、学术)相互支撑互为制衡配置资源的制度演进过程。进一步论证我国改革开放 40 年解决高等教育稀缺资源的转型动力是变革中的政府力量、市场力量、学术力量相互支撑互为制衡的创新结果。这三种力量不仅影响资源进入高等教育机构,而且影响资源的转换使用与资源的产出方式。由于三种力量的较量受到不同制度环境的制约,它们构成的力量对比最终可能使高等教育资源配置方式呈现不同的形式或模式,呈现为不同国家或地区高等教育体制的差异。同样,解决质量稀缺配置也包含在此命题中。

高等教育资源配置制度转型基本特征的研究假设 2[1]:高等教育变革是确立重建新制度并不断支付制度成本与扩大享受新制度收益面的过程。它带给高等教育的影响集中体现在稀缺资源的供求方式的改变上,而这一改变又是以资源配置微观主体的产权确立、分化与制衡为配置前提[2],以增量制度创新与存量制度调整的双轨配置路径为线索[3],以回归的学术力量、重构的政府力量与在建的市场力量三者配置制衡为治理结构[4];它的配置基础是以分散的个人与组织的多元利益最大化与补偿制衡机制为特征[5],其配置速度是以市场配置为基础的新制度重建的速度为标识[6]。

转型期高等教育资源配置制度转型基本趋势的研究假设 3:从制度变迁的角度考察转型期我国高等教育资源配置制度演进,高等教育资源配置方式选择的影响是由外生性变量(社会经济制度环境)和内生性变量(高等教育内部制度安排)的交互作用产生的。外部制度环境是新的资源配置方式转换和生成的必要条件,内部制度安排是新的资源配置方式转换和生成的充分条件。我国高等教育资源配置方式是由改革初始传统计划配置模式向市场机制约束下的政府干预、市场配置及学术治理相制衡的方向转换。制度变量和配置方式的转换

---

① 康宁:《中国经济转型中高等教育资源配置的制度创新》,教育科学出版社,2005,第 342 页。
② 这里的微观主体指市场经济条件下有法律意义的政府、学校、企业、个人。在计划经济条件下,学校、企业、个人都是政府的附属,并没有独立的决策与决定权,更谈不上配置资源的权力。
③ 这是中国渐进性改革的特点,在高等教育资源配置转型变迁中也体现了这一特点。
④ 这是本研究的理论假设,也是支持转型期高等教育资源配置发生转换的根本动力来源。
⑤ 改革就是收益与成本的比较。所有改革的当事人都存在对改革预期的损益分析,只要收益大于成本,改革就能进行下去。这也是改革开放 40 年高等教育改革一直不断深化的动力。
⑥ 一个好的市场经济带给某一领域微观主体改革与发展的方向与趋势上是趋于一致的,甚至在效率上也是匹配的。它以市场经济的建设完善质量与效率为条件。

过程决定高等教育资源的走向、结构、供求、质量、效益的本质变化,成为高等教育发展的持续动力与不可逆转的制度安排。同时这一转换形成在中央政府大政方针指导下的分层、分散、分权、自治与制衡趋势①。由于转换是一个过程,制度变量影响这一转换过程会形成一系列制度安排依次更替的制度创新过程,因此,制度变量是高等教育资源配置制度转型基本趋势的约束条件。

关于三个扩展问题的研究假设,见微信0-2。

本研究的研究假设与实证分析密切关联。**本研究尊重最后研究测量结果的数据呈现,也注重研究影响数据呈现背后的相关因素分析,更注重研究这些数据隐含的趋势规律。**在分析这些研究假设时,我们将特别注意到高等教育资源配置转型程度的最新情况既包括原有政府管制的资源在一定约束条件下让渡给其他资源配置主体,又包含被市场机制与学术治理的替代资源,还含有市场无效与其它主体无力承担而由政府按新机制干预的资源,即转换资源。而这些新资源的配置趋势将再次证实本研究的研究假设,这也是本研究的创新之处②。

本研究的研究方法的选择与研究对象有密切的关系。高等教育资源配置转型程度的制度变迁作为研究对象涉及三个维度:时间、空间、制度③,从时间看,研究的时间跨度是改革开放40年(重点为2007—2018年)中国高等教育资源配置的制度创新过程;从空间看,将主要包括中国改革开放以来宏观层面与微观层面的高等教育资源配置转型;从制度比较看,研究的背景范围将涉及中华人民共和国成立后的前30年和改革开放后的40年高等教育历史,以及国内外的高等教育资源配置制度研究等。由于研究对象的特殊性,本课题在前期研究中把制度经济学理论基石——卡尔·马克思的历史唯物主义制度分析方法作为基本指导理论,对我国高等教育资源配置制度转型进行了长达20年的研究观测,提供了前期对1978—2008年高等教育资源配置转型程度的变迁分析与指标体系的测量描述④。研究表明,本研究选择的理论依据与实证结果具有制度解释意义上的普适性。本研究是从属于原有研究命题下的持续性研究,因此,仍然选择制度分析理论作为本课题的主要理论依据。

本研究的理论依据首先主要基于卡尔·马克思的宏观制度分析及其演进下的宏观与微观制度分析范式⑤。马克思关于制度研究的开创性意义就在于"马克思提出了许多问题,从

---

① 转引自康宁《中国经济转型中高等教育资源配置的制度创新》,教育科学出版社,第342页。

② 本研究将在四个方面寻求突破:一是本研究时间跨度为10年,但实际分析对象时间跨度是40年;本次研究数据将与前期综合转型指数进行比较,论证改革开放40年的制度变迁特征与转型趋势。二是本研究增加了国际高等教育资源配置比较研究,以期作出国际性比较研究。三是本研究增加了对转型期民办高等教育资源配置变迁的比较分析。四是本研究在分析高等教育资源配置三种力量时将论证虚拟力量的影响程度。

③ 把制度作为一个维度看待是因为它是课题的主要研究对象,而且是基本研究对象。它似乎无所不在。

④ 康宁:《中国高等教育资源配置转型程度指标体系研究》,教育科学出版社,2010。

⑤ 制度分析实质上是马克思在分析资本主义社会基本矛盾运行中采用的基本理论和方法,也可以被认为是马克思首创了这一基于历史唯物主义的方法。新制度经济学派在制度分析方面深受马克思这一制度分析方法的影响。因此,新制度经济学派的代表人物道格拉斯·诺斯认为马克思对制度经济学"是一个根本性的贡献"。康宁:《中国经济转型中高等教育资源配置的制度创新》,教育科学出版社,2005,第66—71页。

此研究制度范式的研究者就一直在寻找答案"[1],马克思关于制度分析的这些基本命题不仅奠定了制度经济学理论的历史唯物主义基调,而且首次将制度因素放入社会发展历史的宏观分析框架中,"真正使制度研究纳入了经济学家考察的视野范围"[2]。本研究在吸收新制度经济学理论时,既以马克思的制度分析为基点,又研究运用新制度学派的分析方法,特别是研究比较制度方法在不同制度环境里进行制度移植与制度创新的关系的分析[3]。这是为什么运用制度分析对一个经济转型条件下高等教育资源配置制度转换与创新的理论研究的价值与意义。

本研究的理论分析框架以马克思的宏观制度分析为基点[4],运用新制度学派的分析方法。制度分析"范式"的特征:把制度要素作为内生变量放在更大的宏观框架中,以观察它与其他社会现象的关系。其中涉及三个核心概念:

——制度环境。将制度要素引入本研究的分析框架,就决定了制度环境被作为分析高等教育资源配置制度创新模型的外生变量。制度环境改变决定并影响高等教育领域的制度安排。

——制度安排。作为一组管束特定行为模型和关系的一套行为规则,它可以是正式的或非正式的、长久的或暂时的。在制度分析框架中,制度安排被作为分析高等教育资源配置制度创新模型的内生变量。制度环境决定制度安排的性质、范围和进程等,制度安排是一系列制度创新和利益博弈的产物,制度安排也会反作用于制度环境。

——制度变迁。在本研究制度分析框架中,指高等教育资源配置制度安排的变化,即把改革开放以来高等教育资源配置方式的变化过程作为一个制度安排的变化过程。由于制度安排的变化是制度变迁的对象,制度变迁可能是逆向也可能是正向,取决于社会共识的价值判断。因此,本研究把高等教育资源配置转型过程看作制度变迁过程。

在分析制度创新和制度变迁中,交易成本、产权激励、路径依赖、强制性变迁与诱致性变迁、博弈分析等都是制度分析的重要方法[5],都从不同视角分析了制度创新和制度变迁的原因。

同时,**基于转型期正在形成的中国特色社会主义制度创新理论**。从本研究大量的政策学术文献和改革实践案例分析表明,诞生于改革开放 40 年的中国特色社会主义制度创新理论既是我国制度创新的宏观指南也是持续思想解放的内容。作为实践是检验真理的唯一标准,它基于邓小平关于中国改革开放的总体蓝图,既成为改革开放实践也始终面向未来。习近平高度概括为"中国特色社会主义是马克思主义中国化的最新成果,是党和人民实践经验

---

① 雅诺什·科尔奈认为"一个突出的例子是《共产党宣言》(马克思、恩格斯,1848 年),他提出了制度是如何变化的这一关键性问题"。参见雅诺什·科尔奈:《制度范式》(1998 年),载吴敬琏主编《比较》,中信出版社,2002,第 18 页。

② 张培刚:《发展经济学教程》,经济科学出版社,2001,第 157 页。

③ 比较制度分析(Com-parativeInstitutional Analysis),该分析运用 20 世纪 70—80 年代发展起来的对策论(Game Theory)、不完全信息学(Economics of Imperfect Information)和代理人理论(Agency Theory),主要研究方向为计划经济向市场经济过渡、市场经济国家中不同体制的比较、经济组织的研究、经济体制的历史演变等。这一分析目前已延伸到其他如法学、社会学、教育学等领域。

④ 康宁:《中国经济转型中高等教育资源配置的制度创新》,教育科学出版社,2005,第二章。

⑤ 卢现祥:《西方新制度经济学》,中国发展出版社,1996。

和集体智慧的结晶""中国特色社会主义政治制度是中国共产党和中国人民的伟大创造"①。事实证明,中国特色社会主义理论不断成为我们党创新并指导改革开放进程的创新指南,也是亿万人民群众义无反顾、前赴后继探索中国改革开放进程的创新试金石。坚持和发展中国特色社会主义制度创新理论是时代课题,也是时代使命。改革开放 40 年高等教育资源配置制度转型探索与实践研究也是中国特色社会主义制度创新的重要部分。本研究对 40 年主要涉及高等教育资源配置的 1 400 多份国家正式制度文件的分析就是这一制度创新的重要呈现,而围绕这一时代课题而作的浩如烟海学术文献和大量生动丰富的实践案例则更是高等教育界关于中国特色高等教育研究与实践的探索成果,即使还存在问题和困境也是制度创新的存量和来源。所有这些都是本研究汲取的养分和借鉴的来源。因此,本研究对转型期发生在中国土壤上的制度创新探索都视为中国特色社会主义制度创新的探索,予以研究并指导本研究。

　　中国改革开放 40 年是中国特色社会主义市场经济制度构建的 40 年,社会资源从原有的政府配置为主过渡到以市场配置为主,人们称为体制改革,其实质就是社会资源配置方式的变革。中国国情产生了可供制度分析的最好实验土壤,作为高等教育资源配置的制度创新离不开 1978 年以后改革的制度环境。高等教育资源的有限性是人们之所以研究资源配置有效性的理由,研究这一问题有两个角度,当人们不去关注制度变化甚至在假设制度不变的前提下研究资源配置有效性问题时,通常是指在资源供给一定时,如何有效配置已有资源的过程。但是,当市场已成为资源配置的基础决定性力量并作为经济基本制度在不断影响转型中利益主体及利益分享时,仅仅从不变的制度供给框架来研究资源配置问题已很难对接;特别是当人们所处的制度环境已不是一个自然经济向市场经济的过渡,而是从旧的制度安排过渡到新的制度安排。也就是说,人们的研究前提是在制度改变的状态下并可能导致资源配置方式也改变的情形下,研究资源供给与制度互动条件下可能实现的资源配置最大化②。改革开放转型期的资源配置制度创新特征不仅符合马克思关于宏观制度变迁的基本理论,也符合转型期中国特色社会主义制度创新理论产生的制度条件。因为当一个系统赖以支撑的规则体系发生改变,系统元素所受到的既定影响条件丧失,而稳定的条件还不具备时,我们面临着一个大量不确定性的制度环境,这既是改革进程中高等教育资源配置面临的制度困境,也是涌现大量制度创新的基础。本研究以马克思的制度分析为基点,以生动鲜活的中国改革实践为实验文本,运用新制度经济学的方法对 40 年高等教育资源配置转型进行研究。

　　本研究在对我国高等教育资源配置转型进行研究时构建了一个动力制衡理论分析框架。此处见微信 0-3,这一分析框架主要借鉴了伯顿·R.克拉克关于国家、市场和学术权威构成的三角协调模式和揭示不同国家高等教育系统差异的理论范式③,以及新制度经济学

---

① 习近平:《决胜全面建成小康社会夺取新时代中国特色社会主义伟大胜利——在中国共产党第十九次全国代表大会上的报告》,人民出版社,2017。
② 一个系统赖以支撑的规则体系发生改变,系统元素所受到的既定影响条件丧失,而稳定的条件还不具备,面对的将是一个大量不确定性的制度环境。这既是改革进程中高等教育资源配置面临的制度困境,也是涌现大量制度创新的基础,这是转型期中国特色社会主义制度创新理论产生的制度条件。
③ B. R. Clark, "Governing the Higher Education System," In *The Structure and Governance of Higher Education*, ed. M. Shattock (Guildford: Society for Research into Higher Education, 1983), pp.136-138.

的制度均衡理论①。在转型期高等教育资源配置分析框架内，市场力量是指与学术力量和政府力量相对应的直接对大学组织内部结构发生关系的配置力量，它是作为决定性作用的市场经济基本制度在大学组织层面上的直接体现。当高度集中的行政配置力量与分散的市场配置力量成为一个社会首要选择的基本的决定性资源配置力量时，对转型期经济资源的配置讨论往往更多地存在着政府与市场的力量比较之争。而对于转型期高等教育资源配置来说，还存在另一个配置力量。这个配置力量来源于它的组织对"特殊资源"配置的特殊方式，这里的"特殊资源"是指专业化人力资本。大学在漫长的历史变迁中形成的组织治理结构，是促使人力资本投资最大化的制度安排。本研究通过对大学组织结构生成特征的分析②，**提出了大学组织本质上可以被认为是一个人力资本与另一个人力资本的特别市场合约**。这种合约在组织治理上体现为一种学术配置力量。此处列入微信0-4，因此，在研究转型期高等教育资源配置制度转换的原因与趋势时，**将市场、学术、政府三种配置力量的相互关系作为一个分析框架（三种力量动力模型，即三圈制衡模型A，见图0-1）**，试图解释转型中的高等教育资源配置制度创新动力现象，证实我国高等教育资源配置制度转型过程深受三种力量自身演进制衡。主要回答转型中高等教育资源配置与市场、学术、政府三种配置力量存在什么样的关系？三种配置力量在优化资源配置中相互制衡的约束条件是什么③？

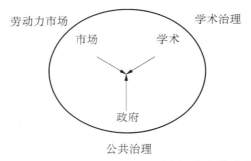

图0-1 学术、市场、政府三种力量制衡条件示意

在图0-1中，被描述的框架是在市场经济制度之上对高等教育微观组织主体行为具有制衡作用的三种力量：市场、学术、政府。这三种力量不仅影响资源进入高等教育机构，而且影响资源的转换使用以及资源的产出方式。**本研究认为，由于三种力量的生成较量受到不同的制度环境的制约，它们构成的力量对比最终可能使高等教育资源配置方式呈现不同的形式，也就是改革初始提出的高等教育体制和运行机制改革任务④。**

40年我国高等教育资源配置转型程度研究表明，从高度集中的计划经济转向自主分散的市场经济过程中，高等教育资源配置转换过程是配置主体产权（配置力量）不断调整与选择的过程。**这一过程主要是由原有政府管制的资源在一定约束条件下让渡给其他配置主体：被市场机制替代的资源、回归学术力量的资源、一个新规制下的政府对那些难以内部化**

① 卢现祥：《西方新制度经济学》，中国发展出版社，1996，第153页。
② 康宁：《中国经济转型中高等教育资源配置的制度创新》，教育科学出版社，2005，第5章。
③ 康宁：《中国经济转型中高等教育资源配置的制度创新》，教育科学出版社，2005，第7章。
④ 康宁：《中国经济转型中高等教育资源配置的制度创新》，教育科学出版社，2005，第7章。

的外部性进行干预的资源。这一让渡与选择的同向共时的过程充满了多个产权博弈和利益制衡。高等教育资源配置转型指标体系测量分析表明，三种配置力量是客观存在的，由于改革仍在继续，还很难对三种配置力量的产权边界完全厘清。**本研究提出了促使三种配置力量趋于优化的必备和充分条件，如果满足这些条件，三种力量之间的均衡状态应是资源配置的相对优化状态。**

　　新制度经济学主要是从"行为均衡"来分析制度均衡问题[①]。所谓制度均衡，是指人们对既定制度安排和制度结构的一种满足状态或满意状态，因而无意也无力改变现行制度。从制度演进的供求关系来看，制度均衡是指在影响人们的制度需求和制度供给的因素一定时，制度的供给适应制度需求[②]。要实现制度均衡需要进行两个程序的考察，其一，人们将依据成本—收益分析权衡，假设新制度的净收益大于零就是被选择的当前制度。但是，常常在可供选择的制度集合中有多个净收益大于零的制度安排，这就需要把不同的制度安排的净收益加以比较，选择净收益最大的制度安排。实际上，**制度均衡只是一种理想状态，否则就很难解释这么多国家和地区的制度安排的差异。**因此，制度非均衡是理论界研究的真实对象。由于现行制度安排的净收益小于另一种可供选择的制度安排，有可能产生新的"利润"，并存在潜在制度需求大于现在制度供给，于是，制度变迁就有发生的可能性。**从我国高等教育资源配置制度创新的过程看，就是一个制度非均衡的过程，**它是以市场力量的动力与学术力量的回归以及公共政府的创新不断替代原有传统政府控制的资源配置，这个转型过程一直没有停止是因为外部变革因素，即社会主义市场经济体制改革本身尚未完成，在市场之上形成的法治等一系列制度结构还未完善，公共服务型政府作为配置资源的主体之一的新角色还未到位等等。因此，在微观层面上，本研究看到的一直是来自这三种力量的生长与较量，这三种力量代表着不同的利益群体，它们有共同的意愿，也有不一致的利益需求。在什么样的条件下，它们之间的矛盾呈现为一种排斥？在什么样的条件下，它们能够实现某种博弈妥协（整合）？排斥作为一种张力是不同性质的事物间共处的边界，也是讨论微观主体产权特征的基本要点。没有张力就没有产权，也就没有制衡的需求。这种情形只有传统计划经济条件下才会出现。博弈妥协（整合）是说明两两发生关系时呈现的一种解决相争利益的结果，如果把妥协作为产权交易的结果，那么不发生关系或不产生妥协就没有产权的发生。事实上，产权不发生不等于产权主体不交易。只要它们存在交易的可能，寻求双赢的可能性就是双方付出最小交易费用。现实中，创新的突破往往出现在两个僵持阶段之间，谈判过程（博弈）就是交易的一种僵持阶段。**本研究根据上述原理把三种配置力量之间的张力（制衡）与整合（支撑）作为资源配置动力分析框架，并把这一框架作为探讨制衡基本条件的**

---

① 均衡的内涵包括两种：一是变量均衡，对立变量相等的均等状态，对立变量不相等为变量非均衡。二是行为均衡，指对立势力中的任何一方不具有改变现状的动机和能力的均势状态，相反为非行为均衡。假定对立势力中的任何一方具有改变现状的动机和能力，行为成为可变量，制衡就无从谈起。现实中，尽管三种配置力量的产权边界仍在博弈之中，但是，它们之间最基本的、属于其本质的那些部分是无法改变的，也就是说，市场对大学组织的影响在某种条件下是必定要发生的；学术因素在大学组织中作为别于其他组织的特质时是必定要出现的；政府作为维护市场秩序和解决外部性的作用也是必不可少的。归结一点，只对制约它们行为的本质的那些条件进行分析，在此之上，本研究探讨了它们之间的关系以及这一关系产生的作用。

② 卢现祥：《西方新制度经济学》，中国发展出版社，1996，第153页。

"三圈制衡"模型 A,以此解释转型中三种力量的相互关系以及不同国家高等教育资源配置体制的差异。见图 0－2。"三圈制衡"模型 A 主要是描述高等教育资源配置的制度创新和微观组织的制度安排,作为一般化理论分析模型以解释常态下的高等教育资源配置现象。如果将其放置在我国高等教育资源配置转型的制度演进中,就会看到改革初始时模型 A1(只有政府力量),转型过程中三种力量不均衡的状态模型 A2,以及逐步实现相对均衡,即制衡 A。见图 0－3。

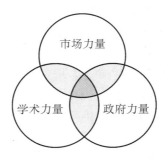

图 0－2 "三圈制衡"模型 A

注:① 三种配置力量只有在市场经济和法制框架内存在。② 三种配置力量应是独立产权主体。③ 图中阴影部分描述它们之间的产权交易关系。④ 在不同的制度环境下,三种配置力量的张力(制衡)与整合(支撑)过程不同,产生的资源配置的制度均衡不同。⑤ 三种配置力量互为支撑相互制衡的最优制度选择也是配置资源效率相对优化的体现。

图 0－3 三种力量在转型中的不同制衡关系

注:改革初始时模型 A1(只有政府力量),转型过程中三种力量不均衡的状态模型 A2。

事实上,真实世界中的均衡并不存在,均衡是非常态。三种力量总要受制于外部和内部条件约束而处于非均衡或相对均衡状态,这恰恰是现实中常态。假设传统计划经济为常态,那么,人们只能看见一个配置力量。所以,传统计划经济条件下的高等教育资源配置只能是一个非常态的特例。因此,**该分析模型的必备条件是三种配置力量发生关系的基础是市场经济制度**,没有这一必备条件,也就没有三个独立的配置主体,更谈不上三种力量制衡[①]。其中"三圈"中的市场力量是指与其他配置力量发生密切关系的因素,如人才市场、市场工资价格、就业市场、竞争机制等。**"三圈制衡"分析模型有四个充分要件:一是三种配置力量各有其相对独立存在的条件,它们有明晰的产权边界。**制度分析认为,在市场条件下产生的组

① 康宁:《中国经济转型中高等教育资源配置的制度创新》,教育科学出版社,2005,第 5 章、第 6 章有关论述。作为这个模型的必备条件是完善的市场经济制度,自然也是一个法治经济。因此,此处已把完善的市场信用制度作为内生条件放入到必备条件里。

织一定是既"有用"又能够使交易费用达到最小的组织。如学术委员会与市场中产生的中介评估机构是完全不等同但各有其特殊功能的组织。**二是因为大学组织结构的特质需要三种配置力量的存在,它们之间互为支撑的部分就是新的产权交易发生的部分,这个新产权的产生是一个不断博弈的过程。**如中介评估机构与政府组织评估大学教学,大学在与它们之间的博弈中会选择哪一方呢? 一种有效的制度安排被选择要看制度环境和净收益①。**三是它们之间有可能为两两相互作用的过程,也有可能是三个力量相互作用的过程。**一个有效率的组织制度,其中最为核心的是具有能够不断自主创新的产权激励制度。在这样的组织中,三种力量的影响只能是互为支撑激励相容作用,而不是消解削弱作用。如在高等教育作为稀缺资源的前提下,选择投资成本分担制度看起来是一个好的制度安排,但是,对于一部分困难家庭的就学学生,政府的低息贷款制度有可能保证前一个制度的有效实施。如有一种力量过于强大,就意味着有可能越界"吞噬"其他力量,成为"缺位"的演进。**四是它们之间只有保持一定的距离,才有可能使三种力量之间的张力即制衡存在。**以学术本位作为大学的本质存在是自大学诞生以来留下的最重要遗产,其追寻的本质是科学精神,它不可能也不应该丧失其理念与品格去迎合市场或追随政府,这不仅是大学组织千年源远流长的真谛,也是大学组织治理结构与其他组织不同的本质所在。距离是张力的前提,张力是制衡的基础,寻求一个适应环境的制衡机制是大学组织资源配置优化的条件。**这四个充分要件也是"三圈制衡"分析模型的四个约束条件,即独立的产权主体(建立排他性的产权制度)、具有法理意义上的产权交易制度(建立可转让的产权制度②)、促使产权制度效率提高的制度安排(建立组织间创新内在动力的机制③)、保持张力存在的组织治理前提(建立组织内部制衡的必要条件)。**

　　本研究在已考察的 40 年高等教育资源配置转型期案例中,一个必备条件和四个充分条件仍然处在制度创新过程中,因为中国特色社会主义市场经济正在探索完善中。四个充分条件中,第一种情形看似已存在,但是能够代表三种配置力量的现代大学制度结构正在构建中,这一制度结构可以是组织形态,如中介评估机构,也可以是制度形态,如评估制度。第二种情形正是转型中大量存在并尚未完全通过法律授权或即使已授权对现实约束力不够,它们不仅受外生性变量的影响,如要素市场的制度完善,还受各自力量所代表的利益群体的相互制约。如政府对学校教学秩序的规制权限以及教学自主权的让渡落地。第三种情形是在

---

① 2002 年以来,教育部所属高等教育教育评估中心与教育部学位与研究生教育发展中心(以下简称学位中心)组织开展的学校、学科、专业等评估工作一直在进行,公布评估结果旨在为参评单位了解学科现状、促进学科内涵建设、提高研究生培养和学位授予质量提供客观信息,为学生选报学科、专业提供参考,同时,也便于社会各界了解有关学校和科研机构学科建设状况。2015 年 4 月,教育部发布全国 95 个一级学科高校排行榜,这是按照国务院学位委员会和教育部颁布的《学位授予和人才培养学科目录》的学科划分的,对具有研究生培养和学位授予资格的一级学科进行的整体水平评估。类似此种介乎于政府与社会的中介评估正在趋于规范。虽然市场还有数个有一定影响力的大学排行榜,但现阶段作为教育部直属的行业评估机构在社会的信誉度上仍然胜过一筹。

② 建立可转让的产权制度是指产权的交易与让渡是在一定的法治框架内进行的主体行为,与市场经济制度的成熟和社会分工的复杂程度有关联。如政府将评估的权利让渡给市场中的中介评估组织,这个过程需要有产权主体的存在,其作为要得到法律的认同,并要与政府和学校的边界明晰等。

③ 一个有效率的组织制度的组织,其中最为核心的是要有一个能够不断自主创新并能够具备激励相容的产权机制。如股份公司制度的建立对激励组织的效率是有效的。

产权明晰且各配置主体能够在法律的权利与义务的约束下行为,有依法做出的具有激励组织创新性行为的制度安排。第四种情形在大学治理框架中正在成为实践的理念和制度安排。后两种情形都是高等教育资源配置转型中政府与大学制度创新的重点。

在解释高等教育资源配置三种配置力量的相互关系中,本研究用互为支撑相互制衡的张力与整合程度来说明资源配置的相对优化程度,实质是用法治框架下的产权制度的建设程度来衡量。基于必备条件和充分条件的状况,转型中三种配置力量的关系制衡是一种动态过程。因为人们所处的各自社会地位和利益的不同,对制度供给的感受与要求不同,变革原有制度的动机和需求不同,承担改革成本的准备与预期也不同,这些影响制度供求的成千上万个"变量"又都在不断变化着,它们都有可能成为改变现存制度供给与需求的力量,都会改变制度创新的预期收益和有效供给。既然人们因经济社会的变化会有不同且不断的需求,制度创新就不会停止,制度的非均衡就只能是社会经济发展过程中的"常态"。**既然一般社会中资源配置过程中的制度非均衡是"常态",在一个基本经济制度发生改变并给社会各个方面带来巨大影响的社会中,这个"常态"与其他制度稳态的社会"常态"(如其他发达市场经济国家)的区别是,**前者变动的振幅大于后者,振幅波及的范围较大,这意味着受到影响的利益群体多。"尤其是在供给主导型或者强制性的制度变迁中,制度供给过剩的问题就显得特别突出"[1],不管是制度供给过剩还是制度需求不足,都比后者会更强烈地影响配置主体的选择过程。

"三圈制衡"分析模型 A 说明了中国转型期高等教育资源配置转换中微观层面上三种配置力量之间制衡的动力关系,它提供了解释大学组织资源配置相对优化与三种配置力量之间关系的一般化框架。按照比较制度经济学关于制度作为一种博弈均衡,在实施中制度均衡有可能有多重解的观点[2],研究认为,"三圈制衡"模型 A 在解释大学组织资源配置的影响力量时,强调了三种力量的张力与整合的制衡条件(必备和充分),这个制衡条件因不同制度环境产生的不同制度创新,有可能构成不同的制衡模式。不同的制衡模式是不同制度安排下的产物,是在某个时点上制度创新的有限选择(最后博弈妥协的次优选择)。事实上,也可能有其他的更好选择,但是受各种条件的约束,在特定环境中的制度选择一定是选择主体权衡利弊的结果,也是在现有约束条件下多重制度权衡下的一个选择解。这个"解"对于其创新前的自身状况可能是一个帕累托改进或是卡尔多·希克斯改进意义的选择[3],但把它与

---

① 制度供给过剩是指相对于社会对制度的需求而言有些制度是多余的,或者是一些过时的制度以及一些无效的制度仍然在发挥作用。参见卢现祥:《西方新制度经济学》,中国发展出版社,1996,第 156 页。

② 青木昌彦等在讨论制度创新的有效性时,意识到制度在实施中有多重均衡问题。这主要基于经济学在分析对象时会遇到这样的问题:各个经济主体的收益不仅取决于本人的行为,而且还取决于其他经济主体的行为,这被称为外部性。博弈论对此作了分析,纳什均衡是分析这一状况的标准概念,它能够描述当事者在追求自身收益最大化时与非合作者之间的相互博弈状况。考虑到社会的复杂性,在社会博弈中,博弈对手的信息是不对称的,参与博弈的对手往往也是随机性的,最后形成的制度均衡只是作相对于制度变革前的损益分析。一般来说,多重均衡很难进行帕累托比较。参见青木昌彦、奥野正宽:《经济体制的比较制度分析》,中国发展出版社,1999,第 23—24 页。

③ 帕累托改进是指制度安排为其覆盖下的人们提供利益时,没有一个人因此会受到损失。帕累托(Vifedo Pareto,1848—1923)是意大利经济学家。卡尔多·希克斯改进是指尽管新制度安排损害了其覆盖下的一部分人的利益,但另一部分人因此而获得的收益大于受损人的损失,总体上还是合算的。

其他环境中的类似"解"进行帕累托比较可能是没有意义的,因为制约这个"解"的制度背景可能差异很大。**这也是中国高等教育资源配置转型特征的国情"解"。**

从这个意义上理解世界上各个国家关于高等教育资源配置微观组织的不同治理结构,我们可以避免主观上把不同差异的资源配置模式生硬归纳为某种"市场型""政府型""混合型"等。在这样的归类下,**很难解释同是市场经济社会,为什么对大学组织的管理体制不同?一个市场经济体制的社会中,为什么大学会面对一个有可能在某些方面比传统计划经济政府还计划垄断的配置特征?** 也很难解释在一个社会中为什么会有公立与私立不同治理模式的大学组织。本研究通过尝试运用三圈制衡分析模型 A 解释上述问题,得到的**第一个推论**是:即使同是市场经济国家,高等教育资源配置模式仍然有差异,这个差异主要取决于三种配置力量的制衡模式的差异,最终取决于决定这一制衡模式的制度安排。**第二个推论是**:公立大学与私立大学组织治理结构不同,也是由于三种配置力量的制衡条件不同。一所大学决定选择某种资源配置方式就等于认同了不同的组织治理模式,由于不同的配置力量的约束条件不同,就意味着可能会接受来自不同配置力量的制衡模式。**两个推论的本质是,一个社会中大学组织资源配置模式的选择主要受已有社会制度环境与制度安排的约束。**

每一个社会的大学组织治理模式都有其存在的历史、现实、逻辑的理由。它们之间做静态比较时,可能会得出某配置效率等次。但是,从它们每一个组织变迁的过程看,人们只能够得到它们之所以成为现在这个时点选择的理由,它是某个多重制度选择中的唯一,也是利益博弈制衡的唯一。因此,制度模仿与制度创新很难全面移植。**既然大学组织治理模式深受社会制度——无论是正式还是非正式制度的约束,人们就应该研究它的不同组织治理模式与市场、学术、政府三种力量制衡背后的制度关系,从中把握共性规律和变迁趋势。**

本研究通过转型中高等教育资源配置制度转型的大量案例和指标体系测量分析,论证了三种配置力量是市场经济的产物,没有这一基本制度条件的存在,学术力量的回归、市场力量的作用,政府力量的重构就无从谈起,更谈不上它们相互构成的制衡条件对大学组织资源配置的影响,以及因此形成的治理模式。**研究认为,我国从计划经济到市场经济的过渡过程中,确立在法律框架下的产权主体和产权制度,确立政府在中国特色社会主义市场经济与法治框架下的体制"重构",是三种配置力量能够实现资源配置相对优化的基本条件,也是约束条件。**

本研究通过构建"三圈制衡"分析模型 A,解释了转型中三种力量的相互关系以及在不同制度背景下微观组织资源配置模式的差异,指出三种制衡力量是一个社会长期制度结构的反映,大学组织治理模式的差异就是三种制衡力量相互间力量对比制衡的结果。本研究指出,研究大学组织治理模式与市场、政府、学术三种力量制衡背后的制度关系,对于把握转型期资源配置制度创新的规律和趋势有重要意义。

为了从不同角度把握好这一宏观制度变迁选题,本研究除以新制度经济学的研究方法为基本分析框架外①,也参考了资源配置理论、教育经济学理论、比较教育理论与公共选择理论等。主要研究方法还有历史文献资料分析、考察转型中的重大案例、比较制度分析、运用实证分析工具进行量化研究。

---

① 新制度经济学的分析方法,参见康宁:《中国经济转型中高等教育资源配置的制度创新》,教育科学出版社,2005,第 2 章。

本研究主要运用的研究方法,见微信0—5。

我国改革开放以来的制度创新不仅是以渐进性为主,也是以政府主导整个制度创新轨迹为特征,虽然制度创新萌芽发生在基层,但最后呈现的正式制度需要由政府通过正式程序来实现。它们不仅总体上真实显现了制度创新的成果,而且逐一呈现了不同历史发展阶段的制度创新更替状况。通过分析其演进,揭开与其相关的其他配置主体的制度创新参与状况,特别是非正式制度演进及影响主流正式制度的特征与趋势。其制度文本与重大制度变迁案例及反映资源配置方式的基础数据构成了本研究观测转型制度创新的基本素材。高等教育资源配置转型是制度变革的产物,改革初始条件与体制改革诉求是高等教育资源配置转型的逻辑起点。改革开放初期,高等教育体制改革主要包括办学体制、管理体制、投资体制、招生体制、就业体制、学校内部管理体制、学术治理体制。近10年来,高等教育体制改革逐步演进为由公共政府治理、多元市场机制、现代大学制度构成的有更为集中的相互制衡关系的改革[①]。40年高等教育体制改革的实践及本研究都证实,这一改革基本涵盖了转型期现实改革领域。高等教育资源配置转型程度指标体系范畴是按照改革初始的高等教育体制改革领域划分的一级指标七类,包括办学体制、管理体制、投资体制、招生体制、就业体制、学校内部管理体制、学术治理体制;二级指标22个主要包括增量改革要素和关键改革要素,既有宏观和微观,又有定性和定量。高等教育资源配置转型程度指标体系的建立为公众了解改革开放40年高等教育资源配置转型程度提供了一个真实、连续、显性的参照体系,可以形成学术与公众判断政策效果的整体性依据[②]。因此,**本研究构建的高等教育资源配置转型程度指标体系,不仅可供观测描述,也可供研究其特征与趋势。**

本研究的研究技术路线为五个阶段[③]:一是科学问题提出阶段,主要阐述课题研究背景和意义;二是科学问题的明朗化与完善化阶段,进一步确定研究假设、研究环境和研究对象,并通过相关理论、研究文献与重大案例,进一步阐述分析课题的核心思想与研究方法;三是科学问题实验阶段,如变量选择和定义、研究假设、研究模型、指标体系建立等,通过问卷设计、分层调研、问卷调查、专家调研、指标研究等方式论证课题核心问题;四是科学结论得出阶段,即指标体系结果分析与讨论;五是研究结论甄别检验与评价阶段,主要包括研究结论、研究发现、理论贡献、研究局限与研究建议等方面。

本研究共分七章,分别从国内外文献综述、转型期制度环境变化、转型指标测量分析、民办高等教育制度演进、国际高等教育比较分析、现代大学治理的制度安排、高等教育资源配

---

① 本研究的研究路径以《国家教育中长期改革与发展规划纲要2010—2020年》及之后的制度创新为中心,撷取《国家教育中长期改革与发展规划纲要2010—2020年》颁布前后10年跨度的中国高等教育资源配置相关指标跟踪分析研究,进一步检验在上一轮研究中提出的我国转型期高等教育资源配置理论解释框架的一般性;进一步检验已建立的转型指标体系对这一轮实际资源配置变化测量工具的通用性;探索高等教育资源配置的特征与规律在全球范围内的比较意义以及指标体系在国际比较中的相对价值。

② 该研究的公共研究价值为:一是为宏观管理层和决策进行顶层设计的制度创新提供决策的参考价值;二是为微观管理层提供相对所处的改革方位,提供进一步改革实践的参考价值;三是为国际视野考量中国高等教育资源配置提供观察比较的参考价值;四是为相关机构评估中国本土高等教育资源配置提供评价的参考价值。

③ 技术路线是本研究从选题范畴、研究假设、理论框架、方法设计、实施路径到得出结论的线路图,也即实施步骤。

置转型特征与趋势等方面,对本研究提出的若干假设与基本问题进行了综合实证分析。**研究表明,**我国改革开放以来的制度创新,提供了我们观察三种力量从初生到不断成熟的演进过程,证实了在改革开放制度环境下,解决高等教育稀缺资源配置需要通过政府、市场、学术这三种力量的培育不断构建相互支撑互为制衡的制度安排。**研究发现,**在改革开放40年高等教育的制度供给上,市场力量和学术力量就是政府力量在解决稀缺资源制度创新的最大同盟,既是供给其自身转型的制度创新条件,又是政府在平衡改革时培育兼顾的既相持又相对的改革盟军。当适配高等教育资源配置供给的市场力量、学术力量和政府力量构成相互支撑、互为制衡关系时,高等教育事业就能不断发展壮大,高等教育规模、结构、效益、质量就能趋向良性优化。**研究认为,**改革初始的条件决定着高等教育作为一种稀缺资源始终处在一个不断选择和优化配置的制度创新过程之中,从本研究大量的政策学术文献和改革实践案例分析可见这一持续选择与不断制度创新的配置过程,这一过程又相向同行决定了高等教育事业持续发展进程。**研究证实,**如果从制度变迁的成因分析,能够留下的制度安排是在制度创新与制度选择中经过普遍尝试和反复论证,且制度收益大于制度成本,并得到绝大多数改革受益者的拥戴与遵从。因而,高等教育资源配置各个领域制度转型能够同向前行的过程就是无数制度创新得到多数改革受益者选择并认同的过程。既然过程中的制度选择是制度演进中各种力量博弈制衡的阶段结果,那么,无数博弈选择留下的制度安排一定包含着改革价值的基本逻辑,即转型的趋势特征。

　　本研究的架构,见微信0-6。

　　本研究涉及的基本概念,见微信0-7。

第一章　研究背景与文献综述

　　1978—2018 年间是中国改革开放的转型期。经济学家厉以宁认为，从 1979 年起，中国进入了双重转型阶段。双重转型是指体制转型和发展转型的结合或重叠。什么是体制转型？就是从计划经济体制转向市场经济体制。什么是发展转型？就是从传统的农业社会转向工业社会①。理论界对我国经济转型主要阶段划分是：1978—1992 年为经济体制改革目标的探索确立时期，1993—2002 年为社会主义市场经济体制建立时期，2003—2012 年为社会主义市场经济体制完善时期，2013 至今为社会主义市场经济体制健全完善中的调整时期，主要体现为面对逆全球化及经济增长下行进行的调整，即经济新常态②。中共中央十八届三中全会发布的《中共中央关于全面深化改革若干重大问题的决定》中对改革开放这一特殊历史阶段的总结是：改革开放是党在新的时代条件下带领全国各族人民进行的新的伟大革命，是当代中国最鲜明的特色。事实证明，改革开放是决定当代中国命运的关键抉择，是党和人民事业大踏步赶上时代的重要法宝③。2016 年 7 月 1 日，习近平在中国共产党成立 95 周年庆祝大会上讲话谈到改革目标与制度创新时强调了深化改革的总目标是"完善和发展中国特色社会主义制度、推进国家治理体系和治理能力现代化"，并将"制度创新"与"理论

---

① 厉以宁：《中国经济正在逐步实现双重转型》，见吴敬琏等，《国家命运：中国未来经济转型与改革发展》，中央编译出版社，2015。

② 2013 年 12 月 10 日，在中央经济工作会议上的讲话上习近平首次提出"新常态"：我们注重处理好经济社会发展各类问题，既防范增长速度滑出底线，又理性对待高速增长转向中高速增长的新常态。2014 年 11 月 9 日，习近平在亚太经合组织工商领导人峰会开幕式上的演讲上指出，中国经济呈现出新常态，有几个主要特点。一是从高速增长转为中高速增长。二是经济结构不断优化升级，第三产业、消费需求逐步成为主体，城乡区域差距逐步缩小，居民收入占比上升，发展成果惠及更广大民众。三是从要素驱动、投资驱动转向创新驱动。习近平提出的"新常态"重大战略判断：深刻揭示了中国当前经济发展阶段的新变化、准确研判了中国未来一段时期的宏观经济形势、充分展现了党中央高瞻远瞩的战略眼光和决策定力。随着世界经济复苏的不稳定不确定因素增多，世界经济格局正在发生重大变化，外部需求萎缩将成为常态化，这种变化将带动我国经济增长转向常态化的中高速阶段。

③ 中国共产党第十一届中央委员会第三次全体会议于 1978 年 12 月 18 日至 22 日在北京举行。全会的中心议题是讨论把全党的工作重点转移到社会主义现代化建设上来。2013 年 11 月 12 日中国共产党第十八届中央委员会第三次全体会议通过《中共中央关于全面深化改革若干重大问题的决定》全文。其中 (1) 改革开放是党在新的时代条件下带领全国各族人民进行的新的伟大革命，是当代中国最鲜明的特色。党的十一届三中全会召开三十五年来，我们党以巨大的政治勇气，锐意推进经济体制、政治体制、文化体制、社会体制、生态文明体制和党的建设制度改革，不断扩大开放，决心之大、变革之深、影响之广前所未有，成就举世瞩目。改革开放最主要的成果是开创和发展了中国特色社会主义，为社会主义现代化建设提供了强大动力和有力保障。事实证明，改革开放是决定当代中国命运的关键抉择，是党和人民事业大踏步赶上时代的重要法宝。

创新、实践创新"并列,指出"让制度更加成熟定型,让发展更有质量,让治理更有水平,让人民更有获得感"①。**这三段摘要说清改革开放 40 年三件事:一是 1978 年开始的改革是什么性质的改革,二是 1978 年后探索的改革目标不断清晰自信,三是 1978 年以来的中国特色社会主义制度创新正走上由理论与实践支撑的成熟之路。**

在这样的历史背景下,研究转型期中国高等教育资源配置的制度创新与制度变迁,就解决了这个制度创新的性质与方向问题,即它是在中国共产党的领导下,探索在社会主义市场经济作为决定性配置机制中高等教育资源配置方式的转型轨迹。因此,本研究作为探索中国特色社会主义高等教育制度创新理论的一部分,前期研究中这个命题始终是题中之义,实证研究也反映了我国高等教育资源配置的转换不存在改革方向与性质变化出现重大偏移问题。本研究前提条件已包含着作为执政党的政府对改革方向与性质的把握,并始终不断矫正调整。这一特征可以在政府政策文献中清晰看到,作为中国高等教育的办学特色,即坚持党的领导、坚持中国特色社会主义方向、坚持传播马克思主义与科学理论、坚持社会主义核心价值,做到为人民服务、为中国共产党治国理政服务、为巩固与发展中国特色社会主义制度服务、为改革发展与社会主义建设服务②。这既是对高等教育资源配置转型轨迹方向与性质 40 年的总结,也再次彰显了中国高等教育体制改革的基本基调与成色。本研究在确定这一主题在资源配置转型中基本定位不变下探讨其配置方式的制度变迁与制度创新,其转型指标设定的前提包含了这一基本事实。

在上述宏观经济体制变革与高等教育改革方向作用下,前课题研究已反映了改革开放后的前 30 年高等教育资源配置转型制度变迁呈现渐进性、非线性、长期性的特征。本章将在这一基本前提下探讨 2007—2018 年间高等教育资源配置方式转型的制度背景与相应的理论探讨,为后续的指标体系测量与论证的理论假设厘清有关线索。

高等教育资源配置的转换与创新过程是在中国特色社会主义市场经济体制不断建立的制度背景下发生与变迁的。作为 1978 年以来中国教育改革的逻辑起点,我国高等教育大众化迄今已取得举世瞩目成绩,高等教育规模从极端稀缺到全球第一。是依靠怎样的力量完成了这个过程?又要在怎样的起点上实现更高的效益选择?这都离不开一个重要命题,即选择什么样的资源配置方式以达到发展的目的。改革开放前后中国高等教育走过了截然不同的道路,40 年来的高等教育转型与制度变迁的一条有效路径选择,是中央政府主导下的正式制度安排与各地方和大学的自主创新及竞争性机制的结合。本章须站在历史变迁的纵向视角上研究分析问题,按照该研究的时空范围,重点对 2007—2018 年间的高等教育资源配置转换变化进行实证性描述与趋势预测,围绕此研究目的需要了解以下领域相关的学术理论与实践观点:

一是对 2007—2018 年间国内外理论界涉及的高等教育资源配置转型问题、与制度经济学,资源配置理论相关的问题研究进行文献检索分析。针对我国高等教育资源配置转型变迁及动因,了解综述近 10 年来国外学术界关于高等教育资源配置理论与实践最新文献检

---

① 见习近平,《在中国共产党成立 95 周年庆祝大会上的讲话》,人民出版社,2016。
② 《习近平在全国高校思想政治工作会议上的讲话摘要》,中国科学技术大学学工在线,http://stuhome. ustc.edu.cn/2017/0501/c2312a188936/page.htm。

索资料①。在新一轮全球化一流大学的竞争下,政府与市场各自在高等教育资源配置中又扮演何种角色?尽管国情不同,但鉴于高等教育的自身规律,西方国家在高等教育资源配置领域遇到过的问题及其解决办法,对我国转型期高等教育资源配置的制度创新有重要启示作用的;对同类研究可能产生的文献研究情况,特别是同一的、补充的、相反的、前瞻的但未综合实证的观点、论据、案例进行摘要讨论。

二是对 2007—2018 年间政府关于高等教育资源配置各类文件进行汇集与分类分析②。作为指标体系观测的证据来源,主要按办学、管理、投资、招生就业、内部管理、教学管理六类,对转型期高等教育资源配置正式制度文本进行了一项完整变迁过程的分析。除了本章第二节对主要高等教育资源配置政策文件沿革进行了分析外,具体在第三章与第四章中结合指标数据测量结果分析考察相关正式制度怎么产生、延续、改变、发展;有哪些制度是由非正式制度演变过来的;有哪些正式制度被搁置、废止、分解、替代;哪些制度的产生带来了资源配置转型的巨大转折、分水岭,或引起纷争混淆,造成发展滞后;这些正式制度对政府、市场、学术三者基本关系的描述与变迁,促使其最终形成博弈力量。

三是对《国家中长期教育改革和发展规划纲要(2010—2020 年)》(以下简称《教育规划纲要》)立论依据与颁布实施六年间主要影响进行综述。研究政府、高校与学术界关于《教育规划纲要》对我国高等教育资源配置转换产生影响的主流观点,关注制度顶层设计与试点效果,特别是集中分析《教育规划纲要》实施以来对涉及本研究指标体系七大类别(办学体制、管理体制、投资体制、招生体制、就业体制、学校内部管理体制、学术治理体制)的配置影响以及对政府、市场、学术三种力量相互支撑互为制衡的影响。

以下几点在本章及其他章节都将关注讨论:1. 目前制度经济学与资源配置理论的新观点与测量工具;2. 社会资源配置转型包括高等教育资源配置在中国市场条件中的新特征与趋势;3. 市场资源、政府资源、学术资源三种配置力量的制衡变化在国内与国际两个环境中的比较趋势;4. 2010 年《国家中长期教育改革和发展规划纲要(2010—2020 年)》出台前后对高等教育资源配置发生的最显著变化与需要研究的问题;5. 中国高等教育在完成大众化后在资源配置方式上的阶段性特征及国际比较。通过以上文献分析,进一步修正本研究假设与研究方向③,为综合分析我国高等教育资源配置转型程度指标体系奠定基础。

---

① 其中全球化及跨国组织分工格局对各国大学功能与人才需求趋势、互联网技术对高等教育资源配置方式的多元讨论、公立与私立高等教育资源配置制度异同的约束条件等关注文献将分别在第二章、第三章、第六章中讨论。

② 有关政策文件汇总分类见本书附录 3。

③ 中国转型期高等教育资源配置的制度变迁离不开整个国家治理理念转型变迁、经济全球化进程影响、特别是经济发展与经济体制改革不同阶段的影响。本书将在第二章梳理这方面的主要观点以及这些观点在实践上对高等教育制度转型的影响,或是可能会产生的影响。考虑这些领域学术研究成果的厚重与数量巨大,本研究只重点汲取近年最有代表性、对课题研究对象具有相关性、可能对趋势预测最有影响的学术观点进行分析。

第一节　国内外理论界关于高等教育
资源配置转型的主要观点

关于高等教育资源配置转型是本研究议题，主要涉及高等教育资源配置方式的转换。广义是指从社会主义计划经济向社会主义市场经济转型中高等教育资源配置方式的变化，即从中央高度计划集权配置的方式转换为政府、市场、学术三种力量相互支撑互为制衡配置方式的过程。狭义是指高等教育体制改革中的办学、管理、投资、招生、就业、内部管理、学术治理等存在着两种不同性质配置方式的变化过程，在从完全集中计划配置转向以三种力量配置的过程中，政府、市场、学术力量都发生了重大变化。本研究将延续实证方法观测这个过程，在之前 30 年观测研究基础上就近 10 年来变化进行连续性研究。因此，对涉及高等教育资源配置转型学术观点的综述广义上也就涉及整个高等教育改革的主要学术理论观点。本部分主要就国内外高等教育体制改革中资源配置转型观点进行摘要分析①。

一、国内关于高等教育资源配置制度转型的主要文献分析

（1）**高等教育资源配置力量来源**。高等教育资源配置方式在计划经济与过渡性的市场经济下存在着本质不同的特征，没有市场经济基本制度的存在，政府力量的重构、市场力量的作用、学术力量的回归就无从谈起，更谈不上它们相互构成的制衡条件对大学组织资源配置的影响，以及因此形成的治理模式②。王敬红、李文长通过近 20 年的文献综述分析③，在《高等教育资源配置模式与绩效研究述评》一文中对高等教育资源配置模式等有关概念进行了分析，认为高等教育资源配置模式是资源配置方式方法的统称，体现了资源分配的基本逻辑。同时认为高等教育资源配置模式对绩效影响存在宏观研究与微观研究。在宏观研究中包括了对转型期高等教育资源配置模式的研究。大部分研究者认为高等教育资源配置有政府和市场两种模式，基于高等教育的准公共产品属性以及当前所处的转型期，决定了当前高等教育资源配置模式必须也只能是"微观上以市场方式为主，宏观上以政府调控为主"的政府和市场两种模式的混合体。虽然也有不同的声音，如伯顿•R. 克拉克、康宁等认为高等教育资源配置是市场、政府和学术三种力量相互作用的结果，但总体上都认同了高等教育资源配置模式是多种模式的"混合体"而非"单一体"，其中政府和市场是两种最基本的配置模式，并对两种模式的性质、适用范围及其合理性、必要性进行了探讨。关于两种模式力量的对比关系，曾加荣、杨冬丽等强调在高等教育大众化初期和在当前计划经济向市场经济转型的条件下，高等教育资源配置模式应在原有基础上扩大市场模式发挥作用的边界，发挥价格机制在资源配置中的杠杆作用，用市场力量推动资源配置绩效的提升。樊继轩、杨雅清、许丽英等人对市场机制

---

① 本章对文献的阅览与分析重点是以 2007—2018 年为主，但因涉及高教发展与政策的连续性，所以也会涉及一部分 21 世纪头五年的文献资料。

② 康宁：《中国经济转型中高等教育资源配置的制度创新》，教育科学出版社，2005，第 347 页。

③ 王敬红、李文长：《高等教育资源配置模式与绩效研究述评》，《评价与管理》2011 年第 3 期。

与高等教育资源优化配置的关系也做了深刻的论述。这些研究强调了转型期市场在资源配置中的基础性作用,但对于市场和计划二者的力量对比仅作了理论性的应然探讨,缺乏量化、实质性的分析。康宁、夏丽萍等对高等教育资源配置中计划模式向市场模式转型的程度做出深入研究,尤其是康宁量化了这种转型程度,对于我们深刻认识计划和市场两种模式发挥作用的边界、高等教育资源配置模式的现状及未来发展趋势提供了依据,具有启示意义。

转型期政府、市场、学术三种力量对高等教育资源配置的影响。康宁在《中国经济转型中高等教育资源配置的制度创新》中论证了转型期政府、市场、学术三种力量产生的来源,是市场经济基本制度存在的产物,提出"政府、市场、学术是影响高等教育资源配置制度资源配置转换的三种配置力量,而有效的高等教育资源配置方式是置身于市场经济土壤上的三种力量张力与整合的相对均衡"[1]。吴国生在《高等教育资源配置的三种力量理论及对我国的现实意义》一文提出高等教育系统作为社会系统中的一个子系统,主要受到政府权力、学术权威和市场规律三种力量的影响,这三种对高等教育微观主体行为具有制衡作用的力量不仅影响资源进入高等教育机构,而且影响资源的具体配置方式。高等教育资源配置制度的变迁,配置方式的变化过程实际上就是这三股力量相互博弈从不均衡到均衡又到不均衡这样一个不断循环的过程[2]。张侃在《转型期我国高等教育资源配置制度的变迁》中认为,这三股力量既决定了能够进入高等教育系统的资源的数量和质量,也决定了在高等教育系统内部各种资源的分配和转换使用以及产出的方式和效率。这三股力量始终处于一个动态博弈的过程中,虽说会有短时期的均衡,不过由于高等教育内外部环境的不断变化,不均衡是常态。随着外部制度环境的变化,现行制度安排的净收益会小于另外的可供选择的制度安排,由此产生了"潜在利润",当现有的制度无法内化这种"潜在利润"的时候,制度变迁就有了发生的动力和可能。转型期我国高等教育资源配置制度的变革,是一个市场力量和学术力量日益壮大不断替代政府力量的过程[3]。陈天在《中国高等教育市场化进程中的问题与对策——基于哈耶克自由思想的思考》一文中认为我国的高等教育市场化是政府、市场和高校三边互动的产物,是政府主导下的高等教育市场化,在这一过程中,政府、市场和高校的关系从未真正理清。当前,我国教育资源分配不均的现象十分突出,这种资源配置的不均衡有很大一部分是缘于教育资源分配权与分配方式的专控性。由于教育资源分配权与分配方式的专控性,导致政府行政权力的泛滥,政府的各种诉求破坏了教育的基本规律,高等教育市场化进程偏离合理的方向和轨道,其所造成的不良影响,使我国高等教育资源优化配置理想与教育机会均等的目标更加难以实现[4]。周光礼在《经费配置模式与大学战略选择:中国大学趋同化的经济学解释》一文通过 6 所大学的实证研究发现,高等教育经费配置方式对大学组织及其内部行动者的行为有重要的影响,这种影响体现在大学的战略选择中。在官僚控制模式占主导的情况下,大学一般选择赶超战略,以迎合政府的战略期待和价值观;在市场模式占主导的情况下,大学一

---

① 康宁:《中国经济转型中高等教育资源配置的制度创新》,教育科学出版社,2005,第 347 页。

② 吴国生:《高等教育资源配置的三种力量理论及对我国的现实意义》,《中央财经大学学报》2008 年第 6 期。

③ 张侃:《转型期我国高等教育资源配置制度的变迁》,《当代教育科学》2013 年第 11 期。

④ 陈天:《中国高等教育市场化进程中的问题与对策——基于哈耶克自由思想的思考》,《江夏学院学报》2013 年第 5 期。

般选择资源获取战略和比较优势战略,遵循社会需求逻辑和顾客至上原则;在院校控制模式占有重要地位的情况下,大学一般选择学术导向战略,尊重学术自由、遵循学科逻辑。经费流向易于控制的特点使之成为政府最理想的政策工具,现代国家常常综合运用这三种模式来实现政府的政策目标。实证研究表明,中国大学激励结构的相似性不但导致公办大学之间的趋同化,而且导致民办大学与公办大学的趋同化①。周光礼认同伯顿·R.克拉克关于高等教育经费配置方式对大学组织及其内部行动者的行为有重要的影响,在现代社会,任何一个国家都不会采用单一经费配置模式,而是综合运用这三种模式。由于经费的流向是比较容易控制的,这使得其成为政府最理想的政策工具。政府可以通过改变提供经费的条件以影响大学的行为,这三种模式的组合运用可以使大学从事的活动易于或难于取得收入,从而鼓励或阻止大学开展某些活动。经济刺激恰到好处地运用,变革就会恰到好处地产生②。

"改革开放后的30年,为回应计划经济向市场经济体制的转型,理论界对以往的资源配置理论依据提出了质疑,关于突破高等教育传统管理体制、重新选择资源配置方式的呼声愈来愈高。文献表明,业内人士就高等教育资源的概念及属性、高等教育资源配置的主体、方式、效率等问题仍存在分歧。"但通过研究文献,余宏亮认为,围绕经济转型期关于高等教育资源配置及其相关的问题,**理论界至少在以下四个方面达成了共识:**一是资源配置方式的选择与国家的经济体制有必然联系,但同一种经济体制下资源配置手段和模式可能不同;二是高等教育资源配置与政府有天然联系,但仅靠计划配置存在很大弊端,政府不是资源配置的唯一主体;三是高等教育的发展需要市场介入,市场的竞争本性决定了其必然在资源配置中发挥重要作用;四是实现高等教育资源的优化配置,必须调适外生变量(经济制度环境)与内生变量(高等教育制度安排)之间的互动关系。这些共识对于进一步深化高等教育改革,优化高等教育资源配置具有重要的借鉴意义③。

在中国经济转型中的高等教育资源配置方式的动力来源上,学者们基本认同两个事实,其一是推动高等教育资源配置的主要动力从单纯政府一方逐步形成有政府、市场、学术三种力量;虽然在学术力量是归于市场还是归于社会之列还有划分的分歧,但无论是对高等教育资源配置或是对高等学校资源配置都不再是高度集权政府一家包办具有共识,同时,康宁在实证转型期高等教育资源配置转型程度指标体系中,对政府在不同转型时期内的配置行为,即制度与政策的干预进行了跟踪测量,并发现政府配置资源的力量也发生了重大改变④。**其二,学者们多数认同高等教育资源配置方式是受整个外部制度环境的影响,在不同历史阶段所受影响不同,三种力量配置强度不同,形成不均衡常态,导致对不同地区学校影响方式显现不同形式。**康宁在实证研究中发现,不仅政府在一定条件约束下不断让渡原有管制的资源,还有被市场机制替代的资源及回归学术力量的资源,作为配置主体的大学也处在不断调整与选择资源的过程中。三种力量之间的张力与整合不仅影响不同制度环境下资源进入高等教育机构的形式,而且影响资源的转换使用以及资源产出方式⑤。

① 周光礼:《经费配置模式与大学战略选择:中国大学趋同化的经济学解释》,《中国高教研究》2015年第9期。
② 伯顿·R.克拉克,《高等教育新论:多学科的研究》,王承绪等译,浙江教育出版社,1988。
③ 余宏亮:《高等教育资源配置研究评述》,《阜阳师范学院学报(社会科学版)》2008年第6期。
④ 康宁:《中国高等教育资源配置转型程度指标体系研究》,教育科学出版社,2010。
⑤ 康宁:《中国高等教育资源配置转型程度指标体系研究》,教育科学出版社,2010,第48—49页。

总之,对伯顿·R.克拉克关于高等教育资源配置是市场、政府和学术三种力量相互作用的观点,学者们近年来在中国高等教育资源配置转型研究中得到了初步验证。

(2)**学术力量回归的基本现状。**大学学术力量是指在配置高等教育资源配置中相对于市场力量与政府力量,内置于高等教育微观组织中对人力资本投资具有特殊影响的治理方式,这一方式也别于市场配置与政府配置且不被这两者替代。转型期学术力量的回归将使高等学校组织治理结构发生重大调整,学术力量将是学校资源配置中规避重大风险的基本力量①,这是从计划经济学校从属政府演变为学校具有法人地位的市场经济主体的视角。**但是,作为中国近现代大学的历史不长,大学组织的学术本质特征在西学东渐中几经断裂,学术文化的传承代际也几经磨难,这也正是这个"回归"命题成为理论与实践探讨的问题。**张应强认为我国"在当前大学的文化地位日益受到侵蚀的时候,首先需要强调的还是学术自由与大学自治","学术自由是一个舶来品,它随同西方大学制度一起输入我国。尽管我国学习西方大学制度已逾百年,但学术自由从来没有真正在我国扎根"②,"甚至长期以来'有一种害怕、畏惧学术自由的思潮'"③,"我国大学既缺乏学术自由风气,更缺乏制度来保障学术自由,国家相关法律不涉及学术自由,大学内部的制度更是不管不顾学术自由"④,按照制度经济学的划分,学术制度可分为正式与非正式制度,两者间随不同约束条件存在转化的可能。大学学术制度包括如学术自治与学术自由的基本保障制度、教授在专业化组织中的权利中心地位、尊重学科发展与专业设置的科学性和基础科学研究的规律性、对高深专业化知识积累和创新水平进行同行评议制度;而最为重要的是具有客观、公正、激励作用的学位制度、职级制度、评价制度。没有这些制度保证,难以称大学为学术之地。作为改革开放后不断探索建设的学术制度,呈现出转型期渐进性、相伴性、错位性⑤。对这一转型期学术力量回归的特点,学界进行了大量富有批判创新意义的讨论。

学界关于转型期学术力量回归的现状分析,见微信1—1。

关于近10年大学学术制度与学术生态的建设有长足进步,将在本章第三节中结合《教育规划纲要》制定的政策和第三章具体讨论。关于学术制度与学术生态建设的讨论一直是理论学术界的重点,这部分的文献多数围绕政府主导的高校自主权变迁与现代大学制度建设进行,其中关于重建大学学术治理秩序、下放大学自主权、现代大学制度建设、现代大学治理逐步成为教育理论界研究的重头戏,也正因为制度建设要遇到重重障碍还要取得理论共识与实践检验,所以,上述部分学术困境正好反映了学术回归之路的坎坷。本研究将在第六章第一节中探讨。

从历史长河看转型期大学机构的学术力量回归特征,只有一个不变的事实:在大学的历史演进中,自始至终没有改变的是大学的学术自治与学术自由。人们看到,这一学术力量在早期市场经济与大工业的发展中成为大学与市场保持一定距离的防护带;随着市场力量和国家力量在一国经济发展中作用的增强以及对大学的功利性支持,大学往往需要做出某些妥协,但是大学为维护自身学术独立的努力一直与现代意义上的强大政府和市场利益保持着若即若

---

① 康宁:《中国经济转型中高等教育资源配置的制度创新》,教育科学出版社,2005,第345页。

② 张应强:《论现代大学制度建设的文化取向》,《高等教育研究》2002年第6期。

③ 别敦荣:《论高等学校管理的三原则》,《清华大学教育研究》,2001年第1期。

④ 别敦荣:《我国大学章程应当或能够解决问题的理性透视》,《中国高教研究》2014年第3期。

⑤ 我国大学转型期学术回归变迁特点将在本书第五章中进行讨论。

离的关系。大学学术力量产生的条件源自其组织与生俱来的专业化品质与学术本质,它的组织特性即学术共同体决定了它能够替代社会其他组织所不能承担的功能,使它别于其他组织并长久存在。这也正是历史上的宗教力量、现代市场力量和政府力量之所以未能取代大学学术力量的本质所在。大学组织倘若失去学术力量或弱化学术力量,异化的行政权力与市场商业利益的侵蚀就会使大学组织失去了防护林与护身符,也使大学组织的本质属性异化。

(3)**资源配置的市场力量。**过去 30 年间,在全球化和市场化背景下,许多国家的高等教育越来越体现出市场的特征,逐渐形成了高等教育市场或提高了高等教育的市场化程度。高等教育市场是指以市场的方式配置高等教育资源,它是一种准市场和不完全市场。其基本特点是注重竞争,生产者与消费者之间存在交换关系。高等教育市场的形成具有深厚的理论与现实基础,理论基础包括新自由主义、知识商品观和高等教育私人产品观,现实基础包括高等教育规模扩展、高等教育财政紧张、福利国家撤退和国际组织推动等①。1997 年,世界经济合作与发展组织(OECD)对高等教育市场化的定义是:"把市场机制引入高等教育中,使高等教育运营至少具有如下一个显著的市场特征:竞争、选择、价格、分散决策、金钱刺激等,排除绝对的传统公有化和绝对的私有化。"②于畅、高树仁认为我国高等教育经历了市场化改革的洗礼,但是,在改革过程中,我国高等教育内在市场尚未得到充分开发,公平竞争的秩序尚未建立。树立市场化的高等教育改革理念、多元化筹集高等教育办学经费、提高高等教育服务贸易开放程度、积极推进产学研合作是推进我国高等教育市场化改革的有效途径③。陈天认为,尽管随着高等教育管理权的分级下放,政府对高校的管制正在缓慢放松,以市场为导向的政策选择已经开始,但市场力量影响的范围和力度都还比较小,政府行政干预的色彩仍较为浓厚。政府、市场和高校关系不清,导致了高等教育市场化进程中的诸多问题,其中一个较为突出的表现就是高校产权归属不清的问题始终困扰着高等教育的发展。在市场经济体制下,产权具有激励和约束的功能。而我国高校基本上都是国有资产,依照政府机构的模式在进行运作,缺乏市场机制的约束和激励,这往往导致权力制衡的缺失,并从实际上进一步强化了政府在高等教育中的行政控制权。同时,高校长期以来产权不清的问题使其难以成为真正意义上的市场竞争主体,从而影响了高等教育市场竞争的发展④。

---

① 蒋凯:《高等教育市场及其形成的基础》,《高等教育研究》2013 年第 3 期。以下引自该文:在高等教育市场概念方面,有一组与之相关的表述,如高等教育市场化(marketization of higher education)高等教育与市场(higher education and market)等。大多数研究者对高等教育市场化的说法比较谨慎,更多地采用比较中性的高等教育市场[market(s) in higher education 或 higher educationmarkets]的说法。例如,英国学者加里斯·威廉斯(Garcth Williams),澳大利亚学者西蒙·马金森(Simon Marginson)、美国学者大卫.D·迪尔、希拉·斯劳特和加里·罗兹(Gary Rhoadcs)等人采用高等教育市场的概念,威廉斯 1995 年的文章将高等教育市场化中的市场化一词加了引号。

② 于畅、高树仁:《我国高等教育市场化改革的路径选择》,《高等农业教育》2014 年第 3 期,文中认为,高等教育的市场化实质上就是把原本由政府承担的责任转移到"非国有"部门,即把高等教育产品由政府计划生产、计划配置转向政府和市场的混合生产、混合配置。笔者认为如按此定义实施高教市场化将存在巨大风险。本研究认为,高等教育资源配置转型中实行市场机制并不意味着完全替代政府在高等教育理应承担的责任,部分可以由市场力量替代的配置手段也需要相应的制度环境与条件适配下实行。

③ 于畅、高树仁:《我国高等教育市场化改革的路径选择》,《高等农业教育》2014 年第 3 期。

④ 陈天:《中国高等教育市场化进程中的问题与对策——基于哈耶克自由思想的思考》,《江夏学院学报》2013 年第 5 期。

比较研究发现,西方学者基于自身成熟的市场经济背景对高等教育市场化发展的趋势较为认同,近年的研究主要集中在市场化过程中高等教育出现的问题及反思方面;而在国内,由于学界对高等教育市场化、产业化等问题的发展仍处于争议之中[1—3],相关研究成果主要集中于对高等教育市场化内涵理解的辨析[4—6],高等教育市场化的利弊分析[7—8],高等教育市场化的趋势研究[9—10],高等教育市场化相关政策研究[11—14]等[①]。可见,中国高等教育市场化的研究,在我国市场经济体制不断完善与教育资源总量不足的现实困境的牵动下,正逐步走向深入[②]。关于高等教育资源配置与市场力量关系的文献研究主要分布在宏观投资配置结构、高教财政拨款配置方式、学生学费与成本分担机制,竞争性科研经费、高教融资多元手段（基金、贷款等）、与地方合作科技园区、校园校区基建投资多元化、人才引进及教师人事制度改革、纵横向科技创新项目竞争机制、重点大学与重点学科发展引入竞争性机制、部分在线课程认证注册学分制等多方面。可以明显看到,与20世纪90年代至21世纪前几年,宏观讨论市场机制在资源配置中宏观地位与作用的文献大大减少,而具体呈现在宏观政策与微观组织运行中的市场机制并实际发生配置效用的讨论文献增加。

贾云鹏、范先佐通过对1980—2013年有关教育经济学文献研究的分析发现[③],1985年、1999年、2010年这三个年份的节点都是文献研究的爆发期,这与政府主导并汇集改革思想实施重大改革政策有关。教育投资、教育与经济的关系是贯穿各时期教育经济学研究的主要内容,其中,1989年前的研究内容集中为教育市场以及教育的供给和需求问题。21世纪90年代至2000年期间的主要研究关注的是教育与市场经济体制改革、教育投资与经费、教育结构、规模和资源配置、教育产业化问题。进入2000年后,我国教育经济学研究的主要内容是教育公平与均衡、教育成本与效率、教育产权与学校制度、教育财政投资与学生资助体系、教育与劳动力市场、教育投资与消费、高等教育大众化等。虽然各个时期总体的教育与经济关系的基本问题均贯穿与研究者视野,但研究的主导问题意识与现实是紧密相连的。

---

① [1] 孟明义:《高等教育不能产业化》,《高等教育研究》1999年第6期。

　[2] 王善迈:《关于教育产业化的讨论》,《北京师范大学学报(社会科学版)》2000年第1期。

　[3] 申俊喜:《对教育产业化问题的再认识》,《教育评论》1999年第6期。

　[4] 路娜、夏永红:《教育市场化的内涵、机制及政策取舍》,《国家教育行政学院学报》2005年第12期。

　[5] 黄少安:《关于教育产业化问题的思考》,《学习与探索》2001年第5期。

　[6] 历以宁:《关于教育产业的几个问题》,《高教探索》2000年第4期。

　[7] 冯建军:《教育市场化与教育公正》,《高等教育研究》2008年第6期。

　[8] 曹振纲:《中国公办高等教育资源配置中的市场与政府职能》,硕士学位论文,西北大学,2004。

　[9] 汪名义:《浅论独立学院的建设与管理》,《国家教育行政学院学报》2005年第2期。

　[10] 肖俊杰、谢安邦:《日本高等教育市场化改革的趋势、形式和启示》,《江苏高教》2010年第6期。

　[11] 康宁:《中国经济转型中高等教育资源配置的制度创新》,教育科学出版社,2005。

　[12] 蒋丹、万是:《理想与现实:就"提高高校学费"问题的思考》,《黑龙江高教研究》2008年第7期。

　[13] 毛勇:《中国公办、民办高校在教育市场中竞争的公平性问题研究》,博士学位论文,厦门大学,2007。

　[14] 考德威尔:《哈耶克评传》,冯克利译,商务印书馆,2007,第288—293页。

② 陈天:《中国高等教育市场化进程中的问题与对策——基于哈耶克自由思想的思考》,《江夏学院学报》2013年第5期。

③ 贾云鹏、范先佐:《教育经济学研究:回顾、反思及建议文献分析的视角》,《教育研究》2014年第2期。

我国高等教育财政拨款方式改革,见微信1-2。

尤其值得大书一笔的是,近10年来,关于对高教界乃至全国瞩目的建设一流大学项目的讨论发生了重大转折,一是从讨论项目的意义与实施政策转变为项目继续推进的方向与价值选择;二是遵从项目一定终身的决策机制转变为普遍质疑并改变项目固化身份的做法;三是从少数学校参与的中央项目演变扩展为各省级全国高校可参与的竞争性项目;四是从政府直接钦点授权方式转变为国际通行第三方评定方式。对于这一历时20余年影响波及全国的重大政府项目的运作机制的变化,本质上改变了单纯由政府决策的配置方式,改由有条件的竞争性配置方式。这不仅是一场尊重学术规律、遵从学术生态、回归学术力量的理念传播过程,也是政府积极顺应全球大学学术竞争环境与条件、审时度势调整项目方向与根基的改革过程,更是大学作为办学主体争取竞争性资源的平等诉求与动员更多资源参与竞争的创新过程。此部分将结合案例与指标分别在第二章第三节中讨论。

(4)**新制度经济学的应用和发展。**本研究关于新制度经济学的理论和方法仍然以原有研究的观点为主[1]。近年来,在高等教育领域应用其理论和方法研究高等教育制度变迁日益增多[2]。本书不再赘述众多应用研究分析,重点阐述许成钢对新制度经济学的过去和未来的精辟分析。许成钢讨论新制度经济学的发展历程和对未来研究的展望很有代表性,本研究归纳的主要观点如下[3]:新制度经济学的奠基人科斯和诺思以及威廉姆森和奥斯特罗姆,他们把制度作为研究对象,其核心理论是交易成本理论、科斯定理以及诺思的路径依赖理论。近年来新制度经济学的研究成果说明,新制度经济学分析框架更具有科学性和可操作性。一方面是在理论上,引进了博弈论和制度设计理论;另一方面在经验研究上,已经积累了大量的数据和从大量经验研究中发现的规律性内容。新制度经济学近年来发展的主要特点如下:

第一,新制度经济学与博弈论的融合拓展了制度研究。博弈论和制度设计理论,都是研究制度非常重要的基本分析工具。在博弈论引入经济学以前,经济学者们把制度假设掉,在不看制度的情况下分析市场经济,中心问题是市场上的需求和供给均衡,由此建立一般均衡理论模型,然后用这个理论框架去讨论市场经济。但是,引入了博弈论以后,讨论的对象就扩展到人和人之间在社会上的任何博弈,超越了单纯的市场供求。诺思将制度定义为社会博弈的规则。从这个定义就可以看到制度经济学在概念上与博弈论的重合。博弈论讨论的正好是人的社会博弈,在不同规则下的博弈。当我们讲社会博弈的规则时,指的就是制度,并讨论什么样的制度下博弈会出什么样的结果,这正好就是博弈论要讨论的内容。诺思关

---

① 本研究的基本理论框架和方法以新制度经济学为主。有关理论来源和方法讨论见康宁:《中国经济转型中高等教育资源配置的制度创新》,教育科学出版社,2005,第71—80页。

② 本研究能够寻到关于论述高等教育资源配置著作如下。林荣日:《制度变迁中的权力博弈》,复旦大学出版社,2007;刘亚荣:《从双轨到和谐——中国高等教育资源配置机制的转轨》,浙江大学出版社,2010;岳武:《中国高等教育资源配置改革问题及对策研究》,东北师大出版社,2015;王成端、游建军:《中国西部高等教育资源配置优化配置研究》,西南交通大学出版社,2015;陈岩:《高等教育资源配置现状评价与约束机制研究——以河南省为例》,郑州大学出版社,2017。但这些研究并不完全是以制度分析方法。虽然学界以新制度经济学作为方法论和理论框架进行高等教育制度研究的文献总体有了较大进展,但在研究方法上存在较大距离,有待商榷和提高。

③ 许成钢:《新制度经济学的过去和未来》,《企业界》2017年第11期。

于路径依赖理论是指在制度演变的过程中,不同国家中不同制度的演变和过去的制度相关,进而可以分析过去的制度,在什么意义上,会决定后来演变成什么样子。例如,诺思应用这个概念讨论了英国为什么是世界上第一个发展出现代宪政的国家,为什么很多国家发展不出宪政。诺思认为,在英国的封建君主制中,存在部分使君主兑现其承诺的机制。从13世纪的大宪章运动开始,经过几百年的演变,这个制度显现了良性循环,君主在贵族的集体制衡下,被迫越来越多地兑现其承诺。

第二,新制度经济学开创性突破都来自对制度现象的直觉和经验研究,对制度变化重要细节的发现是制度研究突破的起点。强调创造性和发现重大问题的直觉有赖于宽广的视野,在把握和理解整体趋势的基础上抓住重点细节,与此同时还必须保持思想的开放,做到思考无禁区。科斯在观察市场和企业时问出第一个基本问题就是什么使企业和市场有差别? 如果是因为市场上和企业内部有两种不同的交易方式,那在企业内部交易和在市场上交易有什么质的不同。如果是交易成本不同,什么东西决定了交易成本? 为什么带来的成本不同? 这里面涉及合同理论和产权理论。什么是企业? 任何一个组织被叫作企业的时候,意味着整合在一起的一组产权。所谓市场指的是人们在市场上互相交换和买卖产权,如果买卖的只是一个产品,那是关于这个产品的产权,如果买卖的是股份,就一定在交易产权。所以,人们在市场上交易的内容和在企业内部交易的内容是有质的不同的。制度经济学理论的许多重大突破,其起点都是概念上的,而概念上突破的起点,多数是经验上的观察,都来自对现实的观察。威廉姆森则把科斯的抽象哲学概念具体化,根据大量的经验观察哲理性地讨论为什么要有产权。另一个重要方面是经验研究。在最近二三十年里,无论是在新制度经济学还是在新政治经济学中,经验研究都有了巨大发展,这主要由于以下原因。第一个原因是制度变化。20世纪80年代末90年代初的苏联、中东欧国家,包括中国、越南,从中央计划经济转向市场经济。这段时间里人类历史上最大规模的制度变化,极大地刺激了新制度经济学的发展。作为经验研究基础的度量和数据,新制度经济学需要当年库兹涅茨发明GDP度量市场经济活动那样的突破。同时,新制度经济学并不局限在经济学范围,是跨学科的。好的新制度经济学者,对政治制度、社会制度、法律制度、历史都要有所了解。

第三,从大量国家的长期历史记录中寻找制度的规律性,大数据提供研究方法突破的可能性。社会科学的"行星运动规律"来自哪里? 从新制度经济学的研究看,主要来自历史的记录! 从大量国家的长期历史记录中寻找制度的规律性。这些积累的制度演进现象会告诉我们,有什么东西是我们还没有认识到的,有什么东西对我们今天非常重要但我们并不了解,通过这样的设问和研究,才能真正运用新制度经济学对社会领域的制度研究有重大突破。自然科学研究方法与新制度经济学的研究方法有异曲同工之妙。在人类文明史中,第一门形成系统的自然科学是物理科学。而奠定物理科学的基础是天文观察,是历经数百年大量的天文观察数据。正因这些数据详细、精确地记录了天体运动的规律。在这样的记录中诞生了开普勒的行星运动规律和伽利略的自由落体实验,这两个突破奠定了牛顿力学的基础。如果没有这些坚实的天文观察记录,就不能确切知道行星是怎么运动的。制度的度量始终是一个重大问题,即使新制度经济学为讨论制度开发出了新的概念和分析工具,在度量制度方面也取得了很大进展,但仍然没有从根本上解决这一问题,比如对法治、民主、产权等的度量依然面临很多困难。这既是制度经济学需要面对的巨大挑战,也是制度研究者们取得突破性进展的重大机遇,而当前网络、大数据、人工智能的发展也提供了度量制度所需的技术手段。我们面临着一个大数据和人工智能应用的时代，从方法论的角度看，互联网的发展为获取大量数据奠定了重大的技术基础。如何创造性地利用大数据和人工智能的技术，其中包括数据的收集和数据的处理等，都涉及巨大的挑战和创造性。制度经济学和新制度经济学研究的发展，从来就受制于如何度量制度的问题，把大量的文字变成数据，是新制度经济学的前沿问题。因为新制度经济学要面对长期制度演变的经验记录数据，而中国各方面的历史文献更是汗牛充栋，因此，大数据在社会科学方法论上的突破，会带来社会领域研究的突破性进展。

第四，新制度经济学面对的挑战性问题，无论面对的是发达经济还是发展中经济，制度的问题都是最基本的。在发达经济中，今天面对的所有最困难的问题几乎都是制度问题。一个是不平等，一个是金融危机。发达经济中的不平等问题，如同前不久出版的托马斯·皮凯蒂的《21世纪资本论》，因而贸易战被视为不平等由来，经济全球化的规则需要重新修订是受环境变化的制约。技术变化使过去一些金融制度过时了，最突出的是信息技术和金融技术的捆绑造成产生重大金融危机的制度原因。如果没有制度差别，根据新古典经济学的框架，在几十年里，世界上所有的经济都应该大体趋同，换言之，不应该有发达经济和不发达经济之间的巨大差别。许成纲认为，当我们讨论中国改革的时候，绝大多数的经济学研究结果都表明，中国的经济改革过程就是制度改革的过程，中国的改革成绩主要是中国在制度改革上的成绩；而中国改革出现的最大问题，也在于制度改革上存在问题。与此相似，所有发展中国家面对的最大问题是制度问题。因此，对于所有发展中经济来说，新制度经济学的发展和新制度经济学面对的最重要的研究议题，就是制度的问题。**许成钢对新制度经济学的拓展分析有助于本研究对转型期高等教育资源配置制度变迁的观察研究，特别是他对新制度经济学方法论的启迪开阔了研究视野，也提供了本课题运用长期观测记录"度量"制度"细节"方法的坚定自信，本研究的实证分析也证实了许成钢所言，中国的高等教育改革过程就是制度创新的过程，中国高等教育改革成绩主要是在制度改革上的成绩；而中国改革出现的最大问题，也在于制度改革上存在问题。**

二、国外理论界关于高等教育资源配置主要论点分析

高等教育资源配置是我国高等教育转型升级中绕不开的议题。国内有关高等教育资源配置的理论和论述十分有限，这是研究我国高等教育资源配置优化所面临的困境之一，导致我国高等教育资源配置实践缺乏充分的理论指导。本着借鉴的意图，我们采用"系统文献综述"的研究方法①，对近10年英文文献中述及的西方国家与高等教育资源配置相关的理论和

---

① 系统文献综述（systematic literature review）运用明确而严格的标准，对有关特定选题的全部文献进行汇集、评鉴和整合（Cronin，Ryan & Coughlan，2008年），是对科研证据的有价值的概括，在基于证据的决策中扮演重要角色（Stewart，2014年）。根据 Cronin et al.（2008）采用的文献综述中文献的适时性标准（近10年），本综述的论文选择限于自2006年至2015年间出版的相关的学术杂志。我们选择文章的标准是：（1）文章的中心内容为高等教育资源配置；（2）文章包含的研究须以西方国家为背景。最终选中供综述的相关论文为178篇，其中142篇来自JIHE杂志，35篇来自"谷歌学术"。本研究只引用其中的25篇主要文献。

议题,进行了系统分析和阐释①,以期为我国高等教育资源配置的理论建设提供参照。本部分涵盖了西方国家有关高等教育资源配置的四大有影响的理论框架、两大研究和实践的方法论以及三大具争议性的公共议题;西方最近十年文献中的相关实践综述——政府、市场和大学在高等教育资源配置中的关系。这些理论框架、方法论和公共议题及实践涉及有关高等教育资源配置的最核心问题,包括:大学、政府和市场的关系;大学的权力和责任;政治对资源配置的影响;科学统计与价值选择在资源配置中的作用;高等教育的公私本质;学术和资本的关系;教育公平的真正内涵。本部分主要分为对近 10 年西方国家高等教育资源配置文献中相关理论评介和西方最近 10 年文献中的相关实践综述——政府、市场和大学在高等教育资源配置中的角力两个部分,此处见微信 1-3。

本节重点对国内外近 10 年的高等教育资源配置转型方面的相关文献观点进行了讨论,许多文献在讨论这一主题中虽然研究视角不同,但其共同特点有三个方面值得指出:**一是**能够通过较长阶段对研究对象的观察,对涉及各方主体的行为根源进行较为客观地分析;**二是**在高等教育资源配置转型的力量制衡上,对现实中的政府、市场、学术三种力量的演进及交织状态给予了不少案例实证;**三是**与 20 世纪 90 年代各执一词难以共识的研究现状不同,现在宏观发展政策分析方面比较趋于一致,使转型期高等教育资源配置变迁的动力机制解释框架更加具有说服力。**以上关于高等教育资源配置研究归纳分析对本研究跨世纪建构的理论分析框架和转型指标体系的实证研究予以了有力支持,特别是对我国高等教育资源配置存在转型并朝着有利于资源优化的方向改革、转型中政府、市场、学术三种力量的制衡作用认识随着理论深化和实践探索得到越来越广泛且一致共识。这些较为共识的理论研究观点对本研究的持续观测的结果分析具有支撑性。**本研究对资源配置中政府作用尤其是中央政府在资源配置转型方面的作用将在本章第二节与第三节中讨论。

第二节　政府出台的有关高等教育资源配置主要文件分析②

高等教育政策制定与发布是高等教育制度安排的主要内容,其中,高等教育政策更替与演进过程推动高等教育制度的不断创新与完善。在改革开放 40 年中,高等教育体制改革就是以分布不同类型的政策指导改革实践,配置优化资源,处理不同层级间政府、不同区域内市场、不同类型学校、不同需求的社会的过程。中国高等教育资源配置转型过去 40 年的发展脉络是一个渐进性连续改革的过程,弄清楚每个阶段是如何迭代转换的意义正如诺贝尔经济学奖获得者约瑟夫·斯蒂格利茨(Joseph E. Stiglitz)评价中国 40 年取得的成就时说过

---

① 该研究内容主要参与者为张其龙(新西兰奥克兰大学教育学博士),特此致谢！该研究已刊登在《复旦教育论坛》2016 年第 5 期、第 6 期,同时也被人大复印资料转载。有关分析内容《A Systematic Literature Review of Funding for Higher Education Institutions in Developed Countries》刊登在《Frontiers of Education in China》(中国教育学前沿)2016 年第 4 期。

② 本节研究是全国教育科学规划"十二五"课题国家社科基金项目(BFA110031,课题负责人康宁)《我国高等教育资源配置转型程度趋势研究》关于 2007—2017 年有关内容的持续性研究。

一句经典:中国在正确的时间做了正确的事①。仔细考察具体的政策文件就是分析我们是否在"正确的时间做了正确的事",这不仅有助于理解过去的改革,也有助于预测未来改革进程。此部分包括对政策性文本的分析和基于政策性文本的高等教育体制改革权限的变化分析。

一、高等教育资源配置转型变化的政策性文本分析②

(一)有关高等教育政策制定及政策文本分析的文献简述

过去的十年中,伴随着我国高等教育事业的跨越式发展,高等教育领域的研究也日益丰富。大量研究涉及某一专题,如:高等教育大众化、高等教育国际化、高等教育体制改革、资源配置改革、高等教育投资体制改革、高等教育质量评估、高等教育治理现代化等。也有不少涉及高等教育事业发展微观领域的研究。但是,关于高等教育政策文本制定的研究并不多见。有一些关于高等教育某一具体领域的政策研究,如中国高等教育改革与发展的政策工具分析(张端鸿,刘虹,2013年),产学研合作教育的政策分析(张炼,2010年),我国高校创业教育的制度与政策选择(徐小洲,李志永,2010年),协同创新与高校创新人才培养政策分析(薛二勇,2012年),民族预科教育政策的研究(敖俊梅,2010年),以及从教育政策看中国高等教育价值取向(徐红,董泽芳,2010年)等。

从研究方法看,文本分析法是一种在国际、国内政策研究领域广为应用的成熟的方法。在国际上,已有研究者专题讨论政策文本分析作为一种创新研究方法在高等教育研究中的应用(Ashwin & Smith,2015年)。研究者通过对政府文件中质量概念的分析揭示教育质量的意义和含义(Bergh,2011年),并揭示文件、实践和政策三者之间的关系(Freeman & Maybin,2011年)。研究者还将内容分析用于高等教育政策分析(Owen,2014年),并通过文本分析描述政策偏好(Volkens,Bara,Budge,McDonald & Klingemann,2013年)。国内的研究者则开始定量分析我国高科技政策文本(Zheng & Zhong,2010年),并提出公共政策文本分析的理论框架(杨正联,2006年)。有研究者集中阐述教育政策文本分析及其应用(涂端午,2009年)并较早将政策文本分析用于对我国高等教育政策制定的分析(涂端午,2007年)。康宁在《中国高等教育资源配置转型指标体系研究》一书中对1978—2008年高等教育体制领域文件文本进行了"度量"分析(康宁,2010年)。借助政策文本分析的方法,我国研究者回顾与反思中国高职教育改革与发展(陈亚玲,2006年),透视我国高新技术政策(郑代良,钟书华,2010年),解析我国创业教育政策的价值结构(王莉方,周华丽,2014年),以及描述我国高考改革的价值取向变迁(钟秉林,王新凤,2017年)。此外,研究者还通过政策文本分析,对我国民办高等教育发展(周海涛,刘侠,2016年)、我国科技成果转化(马江娜,李华,王方,2017年)、"双一流"建设的价值逻辑与实践路径(张伟,薄存旭,2018年)以及高等教育行政管理体制改革(彭华安,2018年)等课题进行了有益探索。

---

① 《斯蒂格利茨谈中美之争:中国仍需要摸着石头过河》,节选自金焱:《美国 vs 中国:共同的转型时刻——专访约瑟夫·斯蒂格利茨》,《财经》2018年第6期。

② 课题组成员苏慧斌参与了政策性文本资料的统计整理,特此致谢!

但综观发表的文献,没有发现专门针对最近十年国家高等教育政策制定的系统研究,也没有使用文本分析对该课题进行的研究。相对于对具体政策内容的研究,对政策制定本身的研究更为重要,它相当于对思维过程的思维,在某种意义上是高等教育研究领域的一种元认知①。

（二）研究高等教育资源配置转型变化的政策性文本的目的

对高等教育资源配置转型变化的政策性文本分析主要基于 2007—2017 年间中央政府关于高等教育体制改革各类文件的汇集与分类分析,按办学体制、管理体制、投资体制、招生就业体制、内部管理体制、教学管理体制六类,既作为指标体系观测的政策依据来源,也作为对转型期高等教育资源配置正式制度文本的一个完整变迁过程的分析。具体将在第三章与第四章中结合指标数据测量结果分析考察这些正式制度怎么产生、延续、改变、发展;有哪些制度是由非正式制度演变过来的;有哪些正式制度被搁置、废止、分解、替代;哪些制度的产生带来了资源配置转型的巨大转折、分水岭,或引起纷争混淆,甚至阻碍了发展,最终形成连续性政策生命周期并实现制度演进;这些正式制度对影响高等教育资源配置转型的政府、市场、学术三种力量相互关系,以及形成制衡的博弈力量,最终推动高等教育资源配置制度创新。此部分只是对 2007—2017 年阶段的政策性文本分析。

按照前置研究设计②,本研究继续对中央管理部门及相关权力部门发布的有关高等教育体制改革方面的政策法规规章等文件进行了收集分类,并按照高等教育体制分类（办学体制、管理体制、投资体制、招生就业体制、内部管理体制、教学体制）对我国改革开放 40 年的高等教育资源配置转型程度指标体系进行了分析,其中,对这些分类后政策性文本的分析将影响我们对制度转型的基本判断。本节重点对 2007—2017 年的高等教育体制改革主要文件的性质类别、结构分布、数量特点进行分析,有利于把握此阶段政策制定发布总的规律与特点。

（三）高等教育资源配置转型变化的政策性文本分析

1. 政策文本的数量与类型

本课题前置研究的高等教育资源配置转型程度指标体系的指数分析是从 1978—2006 年,但对高等教育政策文件的分析是从 1978—2008 年。考虑到本次研究是衔接前置指标分析研究,因此,我们收集国家 2007—2017 年时段出台的 778 件主要高等教育资源配置的政策性文件③。值得点赞的是,作为公共服务政府改革的一部分,国家近年来相继出台关于政

---

① 作为全国教育科学规划"十二五"课题国家社科基金项目的一部分,本研究旨在填补这一研究空白。该研究已刊发在《复旦教育论坛》2018 年第 5 期。

② 康宁:《中国高等教育资源配置转型程度指标体系研究》,教育科学出版社,2010,第 26 页。

③ 本研究所获得文件来源主要是教育部官网,还有少量来自财政部官网及中央政府官网。主要包括 2007—2017 年期间人大、中共中央、国务院、教育部和同级政府管理部门发布的有关高等教育法律法规及政策性文件,也包括涉及与高等教育改革发展相关的政策性文件。以上文件主要依本课题对高等教育资源配置指标体系的基本分类收集,有些虽为高等教育范围的文件,但与本课题研究无关,暂不列入。本统计中尽可能不含有关上属部门具体实施、通知要求、常规任命或一般备案形式之函文。因跨度年份较长,获取渠道不同,难免会有疏漏。同时,由于研究时滞,2018 年文件已收集未统计入表,但在分析中已涵盖相关内容。相关文件见本书附录 3。

府信息公开条例后①,政府的政策文件发布公开信息比较规范,获取途径便利,因此,此次研究获得的文件来源取决于政府信息公开可取性,这本身即是一个制度进步。1978—2002 年收集的政策性文件为 290 件②,2003—2008 年收集的政策性文件约 410 件③。为了说明2007—2017 年期间的制度创新状况,本次研究将 2007—2009 年相关文件 135 件归置2007—2017 年的文件归类,这样,原 2003—2006 年期间的文件总数为 275 件,本次研究的政策文本主要为 2007—2017 年期间共有 778 件。从 2003—2006 年和 2007—2017 年两个时段看平均每年发文均量差别不大,但在发文的年度频率上还是有较大变化,尤其是 2016—2017 年,发文量都远远高于年均数。因此,**综合上述三个阶段的政策文本,即 1978—2017 的年 40 年期间中央有关政策性文件总数为 1 443 件,**在具体研究测算上需作出这一说明④。本研究的前置研究在文件获得性上存在易得难、不连续、划不清等问题。同时,在收集文件取向上主要以高等教育体制改革方面的文件为主,特别是涉及制度创新方面,由于对相关文件做了六类划分,有一定指向性,有关高等教育的其他类别文件就没有涵盖在其中,这可能也是获取数量的影响因素之一。从高等教育制度变迁和高等教育大众化来说,由于事业发展规模和管理体制的深化,近年来政策性文件数量增加也在所难免。因而,按照本课题原有分析框架,对中央政府在高等教育体制方面的文件获取均按六类政策性为主,其中有少量部分也包括备案性、部署性、安排性文件,主要是为了反映政策从决策决定到实施过程中中央部门的权限以及政策落实中的细节,可以分析出该项政策推行过程的通畅难易程度和制度障碍。因此,总体上,改革开放 40 年跨度的高等教育体制方面的政策性文件具有连续性、可比性、也是可追溯保证的;作为研究对象的一部分,能够大概率反映整个制度转型中中央政府对高等教育制度创新的基本面貌,同样,这些政策性文件也反映了全国整个事业以及基层高校参与改革贡献制度创新的基本面貌。

本研究的政策文本包括 2007—2017 年期间中央部门制定发布的主要涉及高等教育体制创新的政策性文件 778 件。其中办学体制改革(含民办)一类政策文件 58 件;涉及管理体制方面的政策文件 76 件;有关教学体制(包括学位、学籍、考试、实验室管理等)的政策文件213 项;关于内部管理体制(包括人事、分配、后勤、党建、师资队伍建设等)方面的政策 103件;在投资体制(包括财务管理、收费、奖励、贷款、基建等)方面出台了 108 件政策,而涉及招生、考试、留学与毕业生就业创业体制则出台了 220 件,是政策文件体量最大的部分。见表

---

① 《中华人民共和国政府信息公开条例》经 2007 年 1 月 17 日国务院第 165 次常务会议通过,自 2008 年 5月 1 日起施行。2015 年 1 月 23 日,国务院已着手修订《中华人民共和国政府信息公开条例》。2015 年10 月 14 日,教育部办公厅发布《关于进一步落实高校信息公开清单做好高校信息公开年度报告工作的通知》。2016 年 2 月 17 日,中共中央办公厅、国务院办公厅印发《关于全面推进政务公开工作的意见》。

② 康宁:《中国经济转型中高等教育资源配置的制度创新》,教育科学出版社,2005。见附录 1。此处需要说明的是,《中华人民共和国现行高等教育法规汇编》(教育部研究室编,人民教育出版社 1999 年版)包括1979—1998 年期间的高等教育法律、法规及规章,共计 533 项。本研究当时未按照这一汇编取件,主要还是基于研究指向设计,总体按照高等教育体制改革的政策性文件收集,故总量规模偏小。有需要研究者可据此调整。

③ 康宁:《中国高等教育资源配置转型程度指标体系研究》,教育科学出版社,2010。见附录 3。

④ 本研究选取的政策性文本将包括前置研究的所有获取文本,即改革开放以来(1978—2017)中央政府有关高等教育体制改革方面的政策性文件 1 443 件,见附录 3。

1-2-1。从表中可见,招生就业体制和教学体制方面的文件数量位居第一,都超过 27%,投资体制与内部管理体制文件位居第二,占比接近四分之一,办学体制和内部管理体制文件占比都在 10%以下。对照前 30 年的文件相关分析①,不仅文件总量排序一致,比例基本一致。只是此次招生就业体制与教学体制比过去同比高出近三个百分点,与此相近,过去投资体制与内部管理体制占比高出此次同类项近三个百分点,办学体制与管理体制与此次比例结构基本相当。也就是说,40 年这六类体制文件的发布数量占比排序没有发生改变,且招生就业与教学体制方面的文件数量还大大超过以往。如果这是高等教育管理中的常态,那么,这40 年中央政府在体制转型上就无建树可言,现实告诉我们,这不是事实,但为什么这一发文的特点变化不大呢?

本节涉及的相关分析表均列入微信,见微信 1-4。

表 1-2-1　2007—2017 年六类高等教育体制文件分布及所占的比例

总数 778	办学体制	管理体制	投资体制	招生就业	内部管理	教学体制
文件数量	58	76	108	220	103	213
占总量%	7.46%	9.77%	13.88%	28.28%	13.24%	27.38%

表 1-2-2　2007—2017 年高等教育 778 份文件在六类体制文件中的分布

年份	办学体制	管理体制	投资体制	招生就业体制	内部管理体制	教学体制	合计	占比%
2007	4	6	12	15	6	11	54	6.94%
2008	2	4	11	25	6	15	63	8.10%
2009	2	3	7	24	2	12	50	6.43%
2010	5	3	8	17	5	13	52	6.68%
2011	4	2	8	17	8	22	61	7.84%
2012	4	1	5	7	3	23	43	5.53%
2013	2	3	6	17	4	16	48	6.17%
2014	4	2	5	14	13	16	54	6.94%
2015	4	4	10	20	7	15	60	7.71%
2016	16	14	20	34	17	32	133	17.10%
2017	11	33	16	30	32	38	160	20.57%
合计	58	76	108	220	103	213	778	100%
占比%	7.46%	9.77%	13.88%	28.28%	13.24%	27.38%	100%	

在 2007—2017 年的各年中,六类文件的分布呈现出的特点见表 1-2-2。办学体制、管理体制与内部管理体制在 2007—2015 年间比较匀称,2016—2017 年骤然增加,这两年出台的文件办学体制占 11 年总数的 46.55%,管理体制占 11 年总数的 61.84%,内部管理体制

---

① 康宁:《中国高等教育资源配置转型程度指标体系研究》,教育科学出版社,2010,第 26—31 页。

占 11 年总数的 47.57%;投资体制呈现出两头沉中间年份稀的状况,2016—2017 年出台占 11 年总数的 33.33%;招生就业体制和教学管理体制每年大致文件均数在 17 件与 15 件,后两年递增幅度分别是 11 年总数的 29.09% 与 32.86%;招生就业体制和教学体制都是各年发文中的榜首。纵观这 11 年中发文最多的年份是 2016—2017 年,两年发文量分别占 17.10% 与 20.57%,接近 11 年发文总量的五分之一。在改革开放不同阶段,根据事业发展的特殊时期,政策出台的密集程度是不同的,相对而言,1987 年、1995 年、1999 年、2002 年、2006 年、2016 年、2017 年都是高等教育政策文件出台较多的年份,而这些节点都与中央决定高等教育重大改革之后的相继落实有关。值得关注的是,办学体制、管理体制与内部管理体制在近两年发文骤增的背后反映出中央政府治理及放权的改革力度。

　　2. 政策文本的结构与分布

　　《高等教育法》第一章第十三条规定[①],国务院统一领导和管理全国高等教育事业。第十四条规定,国务院教育行政部门主管全国高等教育工作,管理由国务院确定的主要为全国培养人才的高等学校。国务院其他部门在国务院规定的职责范围内,负责有关的高等教育工作。同时,作为中国共产党中央委员会作为全党全国的最高领导机构,负有对国家重大战略重要事项的决策决定权,因此,中共中央负有对国家高等教育的直接宏观领导决策权。2018 年 3 月 21 日,中共中央印发《深化党和国家机构改革方案》(简称《方案》),《方案》指出,中国共产党领导是中国特色社会主义最本质的特征。党政军民学,东西南北中,党是领导一切的。为加强党中央对教育工作的集中统一领导,全面贯彻党的教育方针,加强教育领域党的建设,做好学校思想政治工作,落实立德树人根本任务,深化教育改革,加快教育现代化,办好人民满意的教育,组建中央教育工作领导小组,作为党中央决策议事协调机构。主要职责是,研究提出并组织实施在教育领域坚持党的领导、加强党的建设方针政策,研究部署教育领域思想政治、意识形态工作,审议国家教育发展战略、中长期规划、教育重大政策和体制改革方案,协调解决教育工作重大问题等。中央教育工作领导小组秘书组设在教育部。这是新一届政府在新时期加强国家教育优先战略,对全国教育领导管理体制上的重要改革。事实上,以往党在教育领域的上述领导职责也包括这些范围,但是组建中央教育工作领导小组,作为党中央决策议事协调机构,就使得党对教育的全面领导更加落实。从我国政体与国体及组织体例看,中央层面对高等教育政策制定的相关部门涉及全国人大及其常委会、中共中央、国务院以及所属职能部门。由于计划经济体制下高等教育主要由中央集中计划管理,同时涉及多个行业部门管理高校的格局,即使已改革多年,经过几轮机构改革和政府管理体制变革,但沿袭传统的多头管理体制仍然制约着高等教育的不少方面。表 1-2-3、表 1-2-4 都反映了中央相关部门在高等教育政策制定中的构成及相互关系。在表 1-2-3、表 1-2-4 列出的 10 类中央能够有权直管并发布高等教育政策文件中,2007—2017 年间教育部所发的政策文件占总数的 70.57%,教育部和其他部门联合发文占总数的 23.78%,每年平均为 16.82 件;全国人大、中共中央、国务院和中办国办合起来的法规文件只占 4.88%。尤其是 2016、2017 两年,教育部所发文件占 11 年发文总数的 41.17%,国务院在 2014—

---

① 《中华人民共和国高等教育法》于 1998 年 8 月 29 日在第九届全国人大常委会第四次会议上通过。1998 年 8 月 29 日中华人民共和国主席令第 7 号公布自 1999 年 1 月 1 日起施行。根据 2015 年 12 月 27 日第 12 届全国人大常委会第 18 次会议《关于修改〈中华人民共和国高等教育法〉的决定》修正。

2017 年中所发文件占 11 年发文总数的 70.83％,如果加上 2016—2017 年中办国办发文数,就占 11 年发文总数的 77.42％。这一密集性发文都与全局性改革相关,表明这届政府更加重视高等教育领域。涂端午曾对 1979—1998 年高等教育政策发文做过统计分析①,期间教育部独立发文占总数的 60.2％,教育部和其他部门联合发文占总数的 26.3％,每年平均为 7 件,这还是一个对所有政策性文件收集基数的测算。也就是说,近十年来联合发文虽然占比有所下降,但每年下发文件数量是改革开放后的前 20 年的一倍之多;同时,教育部 11 年独立发文的数量却增加了 10 个百分点,且比 1979—1998 年间下发的要多出 228 件,也部分反映了中央主管部门对规模日益庞大的高等教育事业的管理模式倾向。期间全国人大、中共中央、国务院和军委以及国务院批转合起来的法规文件占 8.44％,表明在改革发展的不同时期,高等教育一直成为中央重视并关注的焦点。

表 1－2－3　2007—2017 年间高等教育体制文件所属发文机关分布

发文单位	07	08	09	10	11	12	13	14	15	16	17	合计
全国人大			1						1	1		3
中共中央					1			1		2		4
国务院	1			6				5	3	7	2	24
中办国办										4	3	7
教育部	34	44	29	31	48	31	30	29	47	93	133	549
教育部及其他部委	19	18	19	14	13	12	18	14	12	22	24	185
中央人才工作协调小组		1										1
国务院教育督导委员会										1		1
国务院学位委员会										2	1	3
国家教育体制改革领导小组办公室								1				1
合计	54	63	49	52	61	43	48	50	63	132	163	778

表 1－2－4　2007—2017 年间高等教育体制六种分类发文单位的发文数量

发文单位	办学体制	管理体制	投资体制	招生就业	内部管理	教学体制	合计	占比
全国人大	2				1		3	0.39％
中共中央		1	1		2		4	0.51％
国务院	5	2	5	4	3	5	24	3.08％
中办 国办	3	1	1	1	1		7	0.90％

---

① 涂端午:《中国高等教育政策制定的宏观图景——基于 1979—1998 年高等教育政策文本的定量分析》,《北京大学教育评论》2007 年第 10 期,第 58 页。涂端午收集的文件主要来源于教育部研究室编:《中华人民共和国现行高等教育法规汇编》,人民教育出版社,1999。其中,包括 1979—1998 年期间的高等教育法律、法规及规章,共计 533 项。此处只做相对结构性比较。

（续表）

发文单位	办学体制	管理体制	投资体制	招生就业	内部管理	教学体制	合计	占比
教育部	35	56	68	176	76	138	549	70.57%
教育部及其他部委	12	14	33	39	20	67	185	23.78%
中央人才工作协调小组		1					1	0.13%
国务院教育督导委员会		1					1	0.13%
国务院学位委员会						3	3	0.39%
国家教育体制改革领导小组办公室	1						1	0.13%
合计	58	76	108	220	103	213	778	100%

注：中央人才工作协调小组、国务院教育督导委员会、国家教育体制改革领导小组办公室均为2007—2017年期间新增加的机构。

具体分析2007—2017年间10个中央直管高等教育分类的部门在高等教育六类体制范围的发文数量分布，表1-2-4显示，办学体制方面教育部独立发文占比60.34%，教育部与其他部门联合发文占比20.69%，其他中央高层占比近19%；管理体制方面教育部独立发文占比73.68%，教育部与其他部门联合发文占比18.42%，其他中央高层占比近7.9%；投资体制方面教育部独立发文占比62.96%，教育部与其他部门联合发文占比30.56%，其他中央高层占比近6.5%；招生就业体制方面教育部独立发文占比80.00%，教育部与其他部门联合发文占比17.73%，其他中央高层占比近2.27%；内部管理体制方面教育部独立发文占比73.79%，教育部与其他部门联合发文占比19.42%，其他中央高层占比近6.80%；教学管理体制方面教育部独立发文占比64.79%，教育部与其他部门联合发文占比31.46%，其他中央高层占比近3.76%。上述数据表明，涉及这六类体制发文，主要以教育部独立发文占大头，以从高到低占比依次为招生就业、内部管理、管理体制、教学体制、投资体制、办学体制；联合发文以从高到低占比依次为教学体制、投资体制、办学体制、内部管理、管理体制、招生就业；中央层面以从高到低占比依次为办学体制、管理体制、内部管理、投资体制、教学体制、招生就业。仅仅从这三个发文主管口来看，教育部自主能够发文的依次顺序与中央层面的依次顺序多数成反向对应关系，越接近市场配置则学校内部事务越由教育部门主管，但这类发文数量增大也值得分析。越是涉及办学和外部管理体制以及投资体制则中央及相关部门参与就多，比如，有一份文件多达14个部门联合发文，2017年8月，教育部、中央编办等十四部门关于印发《中央有关部门贯彻实施〈国务院关于鼓励社会力量兴办教育促进民办教育健康发展的若干意见〉任务分工方案》的通知，具体涉及的部门包括教育部、中央编办、国家发展改革委、公安部、民政部、财政部、人力资源和社会保障部、国土资源部、住房城乡建设部、人民银行、税务总局、工商总局、银监会、证监会。其中，值得注意的是联合发文较多的投资体制因中央部属公办高校为多数，也涉及专项资金及转移支付等；但教学管理体制却排在第一位。我们详细分析了这一联合发文的内容，近几年在社会经济结构调整上，人才培养类别进行了较多调整，需要与其他部门协调商议，但培养人才在高校，市场的需求是高校人才调整的直接信号，所以，怎样将配置权限让渡到区域地方是需要进一步探讨的。以下均为教学管理体制分类下的文件，例如，教育部、财政部、国家发展改革委关于公布世界一流大学和一流学科建设高校及建设学科名单的通知,教育部办公厅、中央文明办秘书局关于印发《全国高校文明校园测评细则》的通知,教育部办公厅、国家卫生计生委办公厅、国家中医药局办公室关于报送深化医学教育改革与发展有关材料的通知。但在教学管理体制文件中类似以下文件比重也比较大:关于生命领域教育部重点实验室评估结果的通知、举办全国高校体育教育专业学生基本功大赛的通知、关于加强高校教学实验室安全工作的通知,公布第三届中国"互联网+"大学生创新创业大赛获奖名单的通知,开展 2017 年度示范性虚拟仿真实验教学项目认定工作的通知,关于数字教育资源公共服务体系建设与应用的指导意见等。

在整个高等教育体制改革的政策性发文中,与教育部联合发文的部门发文数量频率分布状况见表 1—2—5。其中,联合发文最多为办学体制 14 家,达到 9 家和 8 家也各有 1 个和 2 个,都为招生就业体制领域,联合发文比较多的除教学管理体制就是在此领域。这不仅反映了面对学生、面对市场需要政府介入的频率不是少了而是多了,这从大众化后日益增长的学生数量以及确保他们顺利完成学业所做的政府资助政策以及近年来创业教育与就业指导等,看到可能涉及的政府相关部门的参与。其次,联合发文最多的领域是教学管理体制,作为教育部主管的高校教学领域却有这么多的部门介入,几乎难以想象。作为联合发文 1—2 个部门最多的领域反映出高校在教学自主权方面仍然存在较多的外部约束性。再次,联合发布数量较多是投资体制与内部管理体制投资体制,作为公办占比绝大多数的高等教育,与财政部门的政策紧密联系,与人事管理的部门密切相关。尤其值得注意的是,占发文总量 24.68% 的政策性文件都至少是与一个部门以上联合发布;其中,**越倾向高校内部管理的事务、越倾向由基层或市场配置的事务,中央层面的文件却趋向要与更多个部门协调**。这意味着教育部在整个政策制定中,4 个文件就有 1 个要与其他部门协调,**即反映出高等教育牵涉国家重大战略布局的关联度增加**,也与中央层面关于高等教育管理权限分布多头以及涉及深水区改革的体制性矛盾愈加复杂有关。涂端午对改革开放后的前 20 年的中央政策性文本的分析也提出了四分之一的文件由部门联合制定现象以及约需要与 53 个部门协调现象[1],这又从另一角度提出了问题,这一"四分之一现象"与"多达 50 个以上部门协调发文现象"延续到近 10 年。这是一个规律或是权威体制的特征,还是中央职能交叉与责任划分不清,甚至还是体制改革不彻底、过多应该让渡的管理权限没有下放。分析表明,虽然上级部门不会签会影响下级部门和高校执行的难度,但实质上还是中央层面高等教育管理职能划分与放权没有到位问题。

表 1—2—5 和教育部联合发布政策中的部门数

发文单位	办学体制	管理体制	投资体制	招生就业	内部管理	教学体制	合计	占比
1 个部门	43	61	74	180	82	146	586	75.32%
2 个部门	6	9	25	25	16	56	137	17.61%
3 个部门	5	5	3	7	2	7	29	3.73%
4 个部门			2	3			5	0.64%

---

① 涂端午:《中国高等教育政策制定的宏观图景——基于 1979—1998 年高等教育政策文本的定量分析》,《北京大学教育评论》2007 年第 10 期,第 63—64 页。

（续表）

发文单位	办学体制	管理体制	投资体制	招生就业	内部管理	教学体制	合计	占比
5 个部门	1		2	1	1	1	6	0.77%
6 个部门	3	1		1	1	2	8	1.03%
7 个部门			2		1	1	4	0.51%
8 个部门				2			2	0.26%
9 个部门				1			1	0.13%
14 个部门	1						1	0.13%
合计	58	76	108	220	103	213	778	100.00%

表 1 - 2 - 6　和教育部联合发文的部门及出现的频率

排序	和教育部联合发文的部门	出现频率	所占比例
1	财政部	84	28.38%
2	发改委	33	11.15%
3	人力资源和社会保障部	31	10.47%
4	国务院学位委员会	14	4.73%
5	国家卫计委	10	3.38%
6	国家中医药局	8	2.70%
7	科技部	8	2.70%
8	公安部	7	2.36%
9	国资委	6	2.03%
10	新闻出版广电总局	6	2.03%
11	工信部	5	1.69%
12	农业部	5	1.69%
13	中组部	5	1.69%
14	国家工商总局	4	1.35%
15	国家外专局	4	1.35%
16	国家文物局	4	1.35%
17	中央政法委	4	1.35%
18	共青团中央	3	1.01%
19	国务院扶贫办	3	1.01%
20	民政部	3	1.01%
21	中宣部	3	1.01%
22	中央编办	3	1.01%

排序	和教育部联合发文的部门	出现频率	所占比例
23	保监会	2	0.68％
24	国家林业局	2	0.68％
25	国家民委	2	0.68％
26	监察部	2	0.68％
27	审计署	2	0.68％
28	水利部	2	0.68％
29	新疆维吾尔自治区政府	2	0.68％
30	中国工程院	2	0.68％
31	中央网信办	2	0.68％
32	国家保密局	1	0.34％
33	国家海洋局	1	0.34％
34	国家体育总局	1	0.34％
35	国家自然基金委	1	0.34％
36	国务院港澳办	1	0.34％
37	国务院纠风办	1	0.34％
38	国务院台办	1	0.34％
39	交通运输部	1	0.34％
40	教科文卫体工会委	1	0.34％
41	商务部	1	0.34％
42	司法部	1	0.34％
43	外交部	1	0.34％
44	文化部	1	0.34％
45	银监会	1	0.34％
46	中国残联	1	0.34％
47	中国科协	1	0.34％
48	中国科学院	1	0.34％
49	中国气象局	1	0.34％
50	中国轻工联合会	1	0.34％
51	中华工商联合会	1	0.34％
52	中华全国总工会	1	0.34％
53	中央纪委	1	0.34％

排序	和教育部联合发文的部门	出现频率	所占比例
54	总参谋部	1	0.34％
55	最高人民法院	1	0.34％
56	最高人民检察院	1	0.34％
	合计	296	100％

注:比例是指某部门与教育部联合发文数占部门联合发文总数之比。

参见表1-2-6,前三个部门共同发文的频率占到近50％,前10个部门都属于关系相对密切的。初步核计,约有56个国家机构在高等教育资源配置的政策发文上有关联,在778件中约38％是需要与这56个机构多次协商完成的(涂端午,"占政策总数26.5％的政策文本包含有多达53个政府部门的联合制定政策"),令人匪夷所思的是,经过了20年的体制改革,需要高等教育联合发文的协调数量非但没有减少,还增加了12个百分点,这不得不引发深思。按照我国政府机构上下管理的一致性,省级政府管理机构在执行中央政策中,势必也同样面临省级同类部门的协商与发文程序。由此可见,制度创新在原有组织框架与程序中必定要经过来自各个方面的"制度耗散",如果组织治理机制不能匹配相应的创新需求,所带来的制度成本不仅仅只是制度诞生成本,还包括由于组织权限不清等等造成的各式成本,这种"制度耗散"现象广泛存在于改革深水区中各层级职能部门。最后导致的局面常常是,好果子已成熟,但到了客户手中已"烂"到无法入口;或是当客户等到了会诊的药方,却已不能对症变化的病情;又或是像精心久熬的鲜汤,却只能闻着味道而总也喝不上一口。**在锁定的权限范围下,制度创新周期与制度决策的层级与协调周期为正相关,制度创新的活跃程度与制度决策的层级与协调周期呈负相关。**因此,我们就不难理解,改革开放以来,关于国务院政府组织机构改革与政府审批制度改革推进的相关性。自1981年以来,党中央部门进行了4次改革,国务院机构进行了7次改革,逐步建立起具有我国特点的党和国家机构职能体系。但是,一些领域党政机构重叠、职责交叉、权责脱节问题比较突出;一些政府机构设置和职责划分不够科学,职责缺位和效能不高问题凸显,政府职能转变还不到位;一些领域中央和地方机构职能上下一般粗,权责划分不尽合理①。这说明改革不是一劳永逸的灵丹妙药,部门利益随着改革的扩大与深化,日积月累地固化形成的利益联盟成了制度阻力。2018年2月,党的十九届三中全会通过了《中共中央关于深化党和国家机构改革的决定》和《深化党和国家机构改革方案》。3月,全国十三届人大会议上审议通过了《深化党和国家机构改革方案》。该方案就这次重大机构改革作出的说明认为,总的考虑是,着眼于转变政府职能,坚决破除制约使市场在资源配置中起决定性作用、更好发挥政府作用的体制机制弊端,围绕推动高质量发展,建设现代化经济体系,加强和完善政府经济调节、市场监管、社会管理、公共服务、生态环境保护职能,结合新的时代条件和实践要求,着力推进重点领域和关键环节的机构职能优化和调整,构建起职责明确、依法行政的

---

① 《又踏层峰望眼开——〈中共中央关于深化党和国家机构改革的决定〉和〈深化党和国家机构改革方案〉诞生记》,新华网,http://www.xinhuanet.com/2018-03/22/c_1122577702.htm。

政府治理体系,提高政府执行力,建设人民满意的服务型政府①。"这次打破了以往机构改革大多局限于政府机构改革的做法,既横向统筹党政军群,又纵向统筹中央地方乃至基层,充分发挥党总揽全局、协调各方的优势,并使其进一步制度化",同时,"把一些存在职能交叉、工作重合的党中央和国务院部门合并或合署办公,把一些工作归口由党中央进行统筹协调,摆正和理顺了党政关系,既有利于保证党的重大决策集中高效,又有利于政府工作方向正确"②。中央发布的这一党政机构改革方案正是针对上述制度组织与制度创新的不匹配所采取的重大调整。

3. 政策文本的属性与变革

表 1－2－7　2007—2017 年高等教育资源配置相关文件构成一览表

	办学体制	管理体制	教学体制	内部管理体制	投资体制	招生就业体制	合计	占比
政策性质文件	40	67	132	97	87	207	630	80.98％
审批性质文件	10	8	73	5	20	12	128	16.45％
备案性质文件	6	1	8			1	16	2.06％
国家法律文件	2			1	1		4	0.51％
合计	58	76	213	103	108	220	778	100.00％

注:国家法律文件指由全国人大及其常委会颁发的具有最高效力的法律。审批性质与备案性质文件主要指原文件中标明为"审批"或"备案"件。

为了进一步分析 2007—2017 年期间政策性文件的基本属性,我们按照对行政性审批文件的定义,就 778 件划分为政策性、审批性、备案性、法律性四类。见表 1－7。政策类文件占总量的 80.98％,改革开放后的前 30 年的政策类文件占 79.97％③,差异不大。在其他类别划分中,直接标明审批或备案的文件才分类统计到这两类中。实际在对政策性文件的性质划定上,严格分类有不少在界别的边缘上。虽然从不完全统计④,总量上审批类占 16.45％,但教学管理体制大大出乎意料,占审批类总量的 57.03％;备案类文件占总量的 2.06％。改革开放后的前 30 年的审批类占 6.58％,其中教学管理体制也排头条,占审批类总量的 34.78％;备案类文件占总量的 13.30％⑤。可以看到,审批类与过去比较没有减少,备案类大大减少。在涂端午对 1979—1998 年政策类文件的统计中⑥,由全国人大及其常委会颁发的法律占全部文件总数的 1.10％,此次占 0.51％,且多数为法律的修订文本。说明改革开

---

① 王勇:《关于国务院机构改革方案的说明——2018 年 3 月 13 日在第十三届全国人民代表大会第一次会议上》,新华网,http://m.xinhuanet.com/politics/2018－03/14/c_1122533011.htm。

② 《又踏层峰望眼开——〈中共中央关于深化党和国家机构改革的决定〉和〈深化党和国家机构改革方案〉诞生记》,新华网,http://www.xinhuanet.com/2018－03/22/c_1122577702.htm。

③ 康宁:《中国高等教育资源配置转型程度指标体系研究》,教育科学出版社,2010,第 31 页。

④ 指本研究主要选取的文件尽可能为政策性文件,不包括程序类的。

⑤ 康宁:《中国高等教育资源配置转型程度指标体系研究》,教育科学出版社,2010,第 31 页。

⑥ 涂端午:《中国高等教育政策制定的宏观图景——基于 1979—1998 年高等教育政策文本的定量分析》,《北京大学教育评论》2007 年第 10 期。

放后的前 20 年在教育立法上的成果十分显著。

教育审批制度与审批项目"原都是对高等学校办学、广大学生的权益有很大影响的管理措施"①，这意味着在过去的行政管理中，制定这些制度是从维护办学主体和利益主体的角度出发的，这一出发点有一定的"合理性"，虽合法性不够，但仍然长期影响着教育管理模式。所谓"合理性"，是指政府随着改革波及的领域与项目的扩展，实施不少需要通过放权试点或引领改革来带动的项目，逐步产生了不少各种形式的政府审批规则与项目，这是以审批配置增量改革最有效的方式。从改革初期制度设计的角度看，这似乎是政府在破除传统行政配置上不断推进改革的一个合理行为，因为这场改革不是一次性或一个部门介入，而是一场波及全国各个领域的制度重建，它呈现为渐进、反复、交错的制度变迁过程。随着改革进入深水区，加上法律制定与修订滞后，政府间不断新增的权力与责任边界难以理清，利益集团与某些政府部门间形成固化的利益格局等。因此，政府长期审批行为的盛行有其深刻的制度背景。尽管有不少学者认为，该制度是计划经济体制的制度安排遗留的②。但从上述分析可见，虽然计划经济时期也有审批制度，但大部分资源权力都以集中计划配置为主，放给下面的权力大多也是确定的，一切按计划行事是计划经济条件下资源配置的主要方式，不可能有更多的审批项目。而改革后出现的审批制度从主观意识上看，更多地呈现为政府主导改革意识的社会强化，一方面政府通过审批制度的过程性约束，强制并推行政府的改革意向；另一方面那些希望实行改革的机构和地区为了取得自主配置资源的份额，只有争取并承受审批的"苛刻条件"，并"自觉"接受审批制度这样的制度安排，才能获取到原政府手中配置的资源并享受到先行接受审批的改革收益，因而才有了地方"跑步进京"的形象说法。**从一定意义上说，审批制度是转型期政府强制性制度变迁中必然导致的一种制度安排，是政府主动让出配置资源权力，但又控制权力配置的一项改革成本，它的合理性只体现在主导改革的动机上，是在一种历史演进中制度环境约束下生成的合理性**③，其实质是，它在这 40 年中依旧顽强表现，依旧"体现了以计划手段推动市场的改革悖论"④。任何以监管行为出发的审批制度都以高昂的成本为代价，因为实行这类审批的前置条件通常是认为被审批者不具备自我约束能力，且认为政府组织审批的程序公正、公开、公平，用这类审批替代了自我约束生态环境的培育。因此，我们就看到这样的案例，2018 年 3 月，国务院学位委员会印发了《关于下达 2017 年审核增列的博士、硕士学位授权点名单的通知》（简称《通知》）。《通知》中对 2017 年审核增列的博士、硕士学位授权点名单进行了公布⑤。此次公布的新增博士、硕士学位授权点的申报、评审、审批经过了省级学位委员会制订申报指南、学位授予单位申请、省级学位委员会核查材料并确定申请资格、省级学位委员会组织评议、国务院学位委员会组织复审、国务院学位委员会对拟新增学位授权点进行公示、国务院学位委员会正式审批等七个步骤。可见，为落实高质量发展要求，此次学位授权审核从条件标准、政策导向、专家机制方面对新

---

① 见《教育部关于报送行政审批项目清理工作情况的函》（教政法〔2002〕5 号）。
② 郑学军：《中国股市的结构与变迁》，人民出版社，2002，第 129 页。
③ 康宁：《中国经济转型中高等教育资源配置制度创新》，教育科学出版社，2005，第 292 页。
④ 郑学军：《中国股市的结构与变迁》，人民出版社，2002，第 129 页。
⑤ 《2017 年新增博士点 655 个 复审通过率为 45.8%》，人民网教育频道，http://edu.people.com.cn/GB/n1/2018/0327/c367001-29892249.html。

增博士、硕士学位授权点是严格把关的。审核结果是,目前博士学位授予单位共有 401 个,经各省推荐和材料核查,进入专家复审程序的新增博士点 1 429 个,通过复审和公示的 655 个,通过率为 45.8%。也就是说,401 个有资质的点报送省级核查的一定多于 1 429 个,经过重重审查关口,被砍掉一半多。且不说耗费的精力成本,只说报送心态可能就存在着侥幸,只要有审批就必然报送。这一通过率虽反映了审批机构的严格,但更需要反省的是,为什么会有另一半的落选。**是让学术竞争的市场来选择淘汰,还是依靠高昂的审批成本来淘汰;是把机制放在培育竞争约束的学术生态,还是放在"过五关斩六将"的审批程序上;是让学术激励成为学术组织的内在动力,还是依赖外部学术行政力量。这都是高等教育资源配置微观层面制度创新的重要细节**①。2018 年 4 月,国务院学位委员会印发《关于高等学校开展学位授权自主审核工作的意见》《国务院学位委员会关于印发学位授权自主审核单位名单的通知》,批准 20 家高校可开展学位授权自主审核。这一放权方向有利于学校自律环境的养成。

行政审批是现代国家管理社会政治、经济、文化等各方面事务的一种重要的事前控制手段②。改革开放前,在传统的高度集中的计划经济体制下,行政审批成为政府广泛运用于行政管理领域的一种国家管理行政事务重要制度。随着中国社会主义市场经济的建立和完善、特别是 2001 年我国加入 WTO 后,行政审批制度存在的问题越来越突出,成为发展的体制性障碍。2001 年 9 月 24 日,国务院办公厅下发《关于成立国务院行政审批制度改革工作领导小组的通知》(国办发〔2001〕71 号),成立国务院行政审批制度改革工作领导小组,推进行政审批制度改革。推进行政审批制度改革的意义主要是更大程度地发挥市场在资源配置中的决定性作用,有助于促进法治政府建设,提高政府治理能力的有效途径,是从源头上预防和治理腐败的根本举措。改革的原则主要是,凡公民、法人或者其他组织能够自主决定的,市场竞争机制能够有效调节的,行业组织或者中介机构能够自律管理的,政府都要退出。凡可以采用事后监管和间接管理方式的,一律不设前置审批。以部门规章、文件等形式违反行政许可法规定设定的行政许可,要限期改正。探索建立审批项目动态清理工作机制。从 2002—2012 年,国务院十年已分六批共取消和调整了 2 497 项行政审批项目,占原有总数的 69.3%③。

---

① 2010 年有 58 所经教育部批准设立研究生院的学位授予单位新增博士、硕士点,由学位授予单位自行审核。其他学位授予单位新增博士点由省级学位委员会进行初审,国务院学位委员会学科评议组进行复审;新增硕士学位授权点由省级学位委员会进行审核。2016 年,根据《关于开展博士、硕士学位授权学科和专业学位授权类别动态调整试点工作的意见》和《博士、硕士学位授权学科和专业学位授权类别动态调整办法》,在全国范围内开展博士、硕士学位授权学科和专业学位授权类别动态调整工作。共有 25 个省份的 175 所高校撤销 576 个学位点。2017 年学位点动态调整结果是共有 25 个省(区、市)的 129 所高校大幅撤销 340 个学位授权点。放权后的自我约束可能更有利于学位点的质量健康。

② 2003 年 8 月 27 日第十届全国人民代表大会常务委员会第四次会议通过中华人民共和国行政许可法。行政审批是行政审核和行政批准的合称。行政审核又称行政认可,其实质是行政机关对行政相对人行为合法性、真实性进行审查、认可,实践中经常表现为盖公章;行政批准又称行政许可,其实质是行政主体同意特定相对人取得某种法律资格或实施某种行为,实践中表现为许可证的发放。行政审核与行政批准经常联系起来使用,只有符合有关条件才能获得许可证,而且还需定期检验,如果没有违反规定的情况出现,就由有关机关在许可证上盖章,表示对相对人状态合法性的认可。总之,行政审批是根据法律规定的条件,由实际执法部门来审核是否符合条件的行为。

③ 《行政审批制度改革取得新成果 负责人答记者问》,人民网,http://politics.people.com.cn/GB/1026/12147085.html。

2013 年,国务院又取消和下放 117 项行政审批项目等事项。其中,取消行政审批项目 71 项,下放管理层级行政审批项目 20 项,取消评比达标表彰项目 10 项,取消行政事业性收费项目 3 项;取消或下放管理层级的机关内部事项和涉密事项 13 项①。2014 年 2 月 15 日,国务院办公厅发布《国务院关于取消和下放一批行政审批项目的决定》,决定再取消和下放 64 项行政审批项目和 18 个子项。2014 年 7 月 22 日,国务院决定,取消和下放 45 项行政审批项目,取消 11 项职业资格许可和认定事项,将 31 项工商登记前置审批事项改为后置审批。另建议取消和下放 7 项依据有关法律设立的行政审批事项,将 5 项依据有关法律设立的工商登记前置审批事项改为后置审批,国务院将依照法定程序提请全国人民代表大会常务委员会修订相关法律规定。2015 年 10 月 11 日,国务院决定第一批清理规范 89 项国务院部门行政审批中介服务事项,不再作为行政审批的受理条件。2016 年 2 月 3 日,国务院决定第二批取消中央指定地方实施的行政审批事项目录(共计 152 项),同时指出,以部门规章、规范性文件等形式设定的面向公民、法人和社会组织的审批事项已清理完毕。今后行政许可只能依据行政许可法的规定设定,不得把已取消的中央指定事项作为行政许可的设定依据。尚未制定法律、行政法规的,地方性法规可以设定行政许可;尚未制定法律、行政法规和地方性法规的,因行政管理的需要,确需立即实施行政许可的,省、自治区、直辖市人民政府规章可以设定临时性的行政许可。同时,2016 年 1 月 13 日,李克强总理主持召开国务院常务会。会议决定,在此前已取消 4 批职业资格许可和认定事项的基础上,再取消汽车营销师、咖啡师、注册人力资源管理师等 61 个事项。加上前 4 批取消的 211 项职业资格,国务院分 5 批取消的职业资格将高达 272 项。2017 年 9 月 22 日,国务院决定取消 40 项国务院部门实施的行政许可事项和 12 项中央指定地方实施的行政许可事项。另有 23 项依据有关法律设定的行政许可事项,国务院将依照法定程序提请全国人民代表大会常务委员会修订相关法律规定,等等。2013—2017 年,每年取消和调整行政性审批事项没有间断过,不仅涉及中央政府与地方政府、还涉及社会组织与行业职业资格许可与认定等。至此,2013 年以来国务院已公布的取消和下放国务院部门行政审批事项共分 9 批审议通过取消和下放行政审批事项共 618 项,其中取消 491 项、下放 127 项②。从 2001 年到 2017 年,先后取消和调整行政审批事项共 3 115 项。党中央、国务院坚持不断削减行政审批事项,持续向市场和社会放权,持续推进简政放权、放管结合、优化服务改革,就是希望逐步厘清政府和市场的边界,消除市场主体生产经营活动中的羁绊,降低制度性交易成本,破除生产要素合理流动与有效配置的障碍,切实解放和发展生产力。比如,许多地方政府推行行政权力清单、公共服务事项清单和责任清单等"三张清单"的编制工作,开始由一张行政许可事项清单发展到目前八张清单(即行政许可事项清单、行政权力清单、责任清单、公共服务事项清单、前置审批事项清单、行政

---

① 《国务院关于取消和下放一批行政审批项目等事项的决定》,中国政府网,http://www.gov.cn/zhengce/content/2013 - 05/17/content_1306.htm。

② 《自 2013 年国务院已公布的取消和下放行政审批事项全目录》,中国新闻网,http://www.chinanews.com/gn/2017/02 - 10/8146280.shtml。"2013 年以来国务院分 9 批审议通过取消和下放的国务院部门行政审批事项共 618 项,其中取消 491 项、下放 127 项,已先后以国发〔2013〕19 号、国发〔2013〕27 号、国发〔2013〕44 号、国发〔2014〕5 号、国发〔2014〕27 号、国发〔2014〕50 号、国发〔2015〕11 号、国发〔2015〕27 号、国发〔2016〕10 号等文件公布。"

审批中介服务事项清单、收费目录清单和市场准入负面清单）管理体系，有效规范行政权力运行。同时更多政府机构提出在依法前提下厘清权力清单、负面清单、责任清单三者关系，便于社会了解行政职能、行使法定权利、对行政权的监督①。

在这样的制度背景下，教育部门同样深度参与了这一改革。2000—2002 年，教育部取消调整的行政审批事项清单为取消 36 项、转变管理方式 12 项②。2003—2012 年期间教育部行政审批清理事项为 41 项③。2018 年 3 月 28 日，查阅教育部官网，2013—2017 年教育部取消下放的行政审批事项清单共 16 项。从 2000—2017 年，教育部先后取消和调整的行政审批事项达 105 项，占同期国务院部门取消和调整的行政审批事项总数的 3.37％。2015 年 6 月 5 日，教育部在《关于做好教育行政审批制度改革有关后续工作的通知》中披露④，本届政府以来，已取消下放了 14 项教育行政审批事项⑤。《通知》要求对国务院已取消下放的行政审批事项，要严肃纪律、严格执行，彻底放、放到位，坚决杜绝明放暗留、弄虚作假等行为，坚决杜绝以登记、备案、年审、年检、监制、审定、确认、数量指标控制、限定性规定、增加审批条件等方式变相设定和实施行政审批。要加强监督检查，坚决查处中途截留、变相审批、随意新设、明减暗增等落实不到位的行为。地方各级教育行政部门对于国务院决定下放的审批事项，要接得住，管得好，不能争权诿责，也不能消极无为。2015 年 5 月教育部发布的《关于深入推进教育管办评分离促进政府职能转变的若干意见》中提出了建立教育行政权力清单和责任清单制度。同时各地也开始运用这一工具对地方或高校内部进行清理，构建权责清单制度。

（四）有关高等教育政策制定及政策文本分析的初步结论

以上所述，看到中央政府在行政审批制度改革上的成果，也看到教育部门期间改革的力度与成效；也正因为法治市场的不完善，政府与市场边界以及政府间边界的不清晰，特别是行政审批的"好处诱惑"，使得这一制度改革成为伴随政府管理体制改革的长期任务。教育部门行政审批改革的影响同样也投射为高等教育资源配置方式转变的长期性、伴生性与共

---

① 权力清单制度是依据法律，对政府和市场、政府和社会的关系的一种描述，因法律与关系界定的变动，这一权力清单也是不断变动的。"负面清单"主要是指不应该做什么，权力清单是规定可以做什么。

② 康宁：《中国经济转型中高等教育资源配置的制度创新》，教育科学出版社，2005，第 291 页。

③ 教育部有关资料披露。

④ 教育部《关于做好教育行政审批制度改革有关后续工作的通知》（教政法〔2015〕7 号）。

⑤ 《2013 年以来国务院取消 13 项教育行政审批事项》，人民网教育频道，http://edu.people.com.cn/n1/2017/0210/c367001－29073199.html。"取消的教育相关行政审批事项包括，中外合作办学机构以及内地与香港特别行政区、澳门特别行政区、台湾地区合作办学机构聘任校长或者主要行政负责人核准；高等学校部分特殊专业及特殊需要的应届毕业生就业计划审批；省级人民政府自行审批、调整的高等职业学校使用超出规定命名范围的学校名称审批；民办学校聘任校长核准；利用互联网实施远程高等学历教育的教育网校审批；国家重点学科审批；高等学校博士学科点专项科研基金审批；教育部科技查新机构认定；高等学校赴境外设立教育机构（含合作）及采取其他形式实施本科及以上学历教育审批；省级自学考试机构开考高等教育自学考试本科专业审批；孔子学院（课堂）设置及年度项目审批；高等学校新农村发展研究院审批；国家生态文明教育基地审批等。"另，2018 年 3 月 28 日查阅教育部官网，补充以下三项：高等教育自学考试专科专业审批；实施本科及以上教育的民办高等学校章程修改备案核准；高等学校教授评审权审批等。共 16 项。

存性。随着制度创新,新的审批会以新的形式出现,甚至与相应的改革举措共生共处,而我们并非都能完全意识到。2018 年 3 月,习近平在中央全面深化改革委员会第一次会议上强调,深化党和国家机构改革全面启动,标志着全面深化改革进入了一个新阶段,改革将进一步触及深层次利益格局的调整和制度体系的变革,改革的复杂性、敏感性、艰巨性更加突出。会议指出,深化党和国家机构改革,转变和优化职责是关键。要在改职责上出硬招,不仅是改头换面,而要脱胎换骨,切实解决多头分散、条块分割、下改上不改、上推下不动的问题,确保党中央令行禁止。因此看到,中央对深化机构职责改革复杂、敏感、艰巨的认识,教育行政审批制度改革仍在路上。

　　研究制度变迁的基本方法之一,是研究国家正式制度在制度转型中的延宕变革,高等教育资源配置正是通过这一宏观管理体制的政策制定逐步实现配置方式的转型。通过长期观测中央有关高等教育体制改革政策性文本的变化,了解六种分类体制内容的变化以及整个体制在正式制度走向上的特征,为高等教育资源配置转型程度指标体制的具体分析奠定基本条件。此处主要基于近 10 年的高等教育体制的政策文本,偏重政策文本的外部形式,具体有关内容将在第三章与第四章中进行分析。通过上述分析,得到几点初步结论:

　　1. 中央政府通过政策性文件配置资源的方式在数量比重与体制分类结构比重上占主导地位。通过比较近 10 年与改革开放后的前 30 年的政策性文件的数量与类别,发现中央政府通过政策性文件配置资源的方式在数量比重与体制分类结构比重上没有显著变化,这恰恰是令人困惑的。事实上,政府不断在下放职能、转变职能、废止职能,并用新的职能方式替代了原有职能,但结果看,文件数量特别是针对高校微观管理的文件比重不是减少而是更多更细。从第三章指标体系转型程度分析,这 40 年中央政府不断在下放原有权力,特别是属于学校的自主权。政府也通过职能转变运用法律手段、经济手段、备案手段、评估监管手段等管理模式。但是这些**新管理的表现模式最集中体现为加大命名方式①、项目推动方式、评估监管模式**。在 2015 年新修改的预算法之前,中央预算外资金在教育领域使用中多数依赖着上述新配置方式。因此,在新管理模式下,基层高校想要获取更多资金就要争取更多的项目,由于中央项目具有路径依赖的"锁定"功能,使得后续项目具有获得更多竞争力的基础。因此,项目"治理"成为新配置资源且表面更趋向"公平竞争"的模式,成为主管部门"引领性""矫正性""监管性"的通用手段。具体文件分析可见,**项目管理特征必然是管到基层、管到过程、管得更细,也就是说管得更微观。**因此,过去,我们看到的是一个任务或目标指导意见,现在我们可能看到是一个实施项目的管理手册。不仅大大增加了项目管理者对具体项目执行运作全过程的指导监管,而且使得学校更像工业流程中的工程项目,更多地学术研究被纳入有计划、有预期、有目标地项目运行中。教育部发布的《2016 年高等学校科技统计资料汇编》披露的 64 所中央直属高校在当年的 14.8 万个"学校研究与发展项目"中,共拿到约 431 亿元的拨入经费。在地方 1 375 所高校中当年约 24 万个"学校研究与发展项目",共获得约 293

---

① 例如,在人才计划上由中央部门确定的命名项目。我国在不同层级的组织中形成了一系列的人才计划,目前,国家人才计划主要包括:两院院士、千人计划(海外高层次人才引进计划)、万人计划(国家高层次人才特殊支持计划)、长江学者奖励计划、百千万人才工程、国家杰出青年科学基金、国家自然科学基金委创新研究群体学术带头人等。各地方也参照中央人才计划推出了具有各地特色的配套人才计划。

亿元拨入经费①。这些惊人的项目数据在配置给高校更多资金的同时也同样带来更多的"副产品"，包括获得项目需要投入的各种"附加成本"。这样就不难理解为什么在学校内部管理与教学管理体制类型文件上，学校自主权在增加的同时，主管部门的文件却日益增多。

2. 分析发现，理论上，文件的权威性和执行力度与发布层级有关，而与发布机构多少关联度不大，但在基层，由于相关机构职权的确定性决定其一项政策执行的确定性，所以，实际操作意义上，后者比前者更重要。因此，在锁定的权限范围下，制度创新周期与制度决策的层级与协调周期为正相关，制度创新的活跃程度与制度决策的层级与协调周期呈负相关。占发文总量 24.68％的政策性文件都至少是与一个部门以上联合；其中，越倾向高校内部管理的事务、越倾向由基层或市场配置的事务，中央层面的文件却趋向要与更多个部门协调。这意味着教育部在整个政策制定中，4 个文件就有 1 个要与其他部门协调，即反映出高等教育牵涉国家重大战略布局的关联度增加，也与中央层面关于高等教育管理权限分布多头以及涉及深水区改革的体制性矛盾愈加复杂有关。尽管基层反映，上级部门不联合会签会影响下级部门和高校执行的难度，但这还是表明中央职能交叉与责任划分不清，甚至还是体制改革不彻底、过多应该让渡的管理权限没有下放。由此可见，**制度创新在原有组织框架与程序中必定要经过来自各个方面的"制度耗散"**，如果组织治理机制不能匹配相应的创新需求，所带来的制度成本不仅仅只是制度诞生成本，还包括由于组织权限不清等等造成的各式成本，这种"制度耗散"现象广泛存在于改革深水区中各层级职能部门。中央 2018 年做出的党政机构改革方案正是针对上述制度组织与制度创新不匹配所采取的重大调整。

3. 本研究发现，教育行政性审批文件仍然占据一定比重，而且在学校微观管理上占据不小空间。教育审批制度与审批项目是从维护办学主体和利益主体的改革出发的"合理性"，虽合法性不够，但这一思想仍然长期影响着教育管理模式。从一定意义上说，审批制度是转型期政府强制性制度变迁中必然导致的一种制度安排，是政府主动让出配置资源权力，但又控制权力配置的一项改革成本，它的合理性只体现在主导改革的动机上，是在一种历史演进中制度环境约束下生成的合理性，其实质是，它在这 40 年中依旧顽强表现，依旧"体现了以计划手段推动市场的改革悖论"。虽然看到中央政府在行政审批制度改革上的成果，也看到教育部门期间改革的力度与成效，但正因为法治市场的不完善，政府与市场边界以及政府间边界的不清晰，特别是行政审批的"好处诱惑"，才使得这一制度改革成为伴随政府管理体制改革的长期任务。

4. 在大量获取的政府发布的政策文献中，尚未寻求到有关教育政策评估制度的发布。本研究主要依赖长期考察中央层面出台的高等教育体制创新的文件，对转型中的高等教育资源配置制度创新进行分析。在大量获取的政府发布的政策文献中，尚未寻求到有关教育政策评估制度的发布。虽然 2017 年 5 月国务院办公厅印发关于对省级人民政府履行教育职责的评价办法的通知（国办发〔2017〕49 号），2018 年 2 月教育部党组发布关于加强落实工作的意见②，提出完善监测评估体系，但是，这都是上对下的要求。**建立教育政策评估制度**

---

① 《中西部 14 所大学列入"部省合建"》，新浪教育，http://edu.sina.com.cn/gaokao/2018 - 03 - 21/doc -
ifyskeue0378283.shtml。

② 2018 年 2 月 23 日，为深入贯彻落实党的十九大精神，发布《中共教育部党组关于加强落实工作的意见》
（教党〔2018〕10 号）。

是考察长期制度演进与阶段性制度创新的公共工具。长期以来,我们只满足于对政策执行的对象实施政策情况的评估,且这类评估的数量已达到数不胜数的地步,但是却严重缺失对制定政策部门和政策本身的评估制度。虽然 2015 年来,教育部门开始对《国家中长期教育改革和发展规划纲要》进行了中期评估,并提出对国家"十三五"规划纲要开展规划实施情况动态监测和评估,但我们并没有看到评估后的意见反馈,且整个教育"政策执行评估是目前政策评估过程中相对薄弱的环节"①,即使评估了,既无法"保证政策评估的独立性、规范性和法制化",也无法"确定评估组织的权责体系,推动政策评估结论的应用,使评估结论与政策改进密切联系起来"②。王蕊提供了发达国家政策评价制度建设的有关情况,如法国的《研究政策与技术开发的评估》、英国的《政策评估绿皮书》、加拿大的《评估政策》《评估职能指令》和《加拿大政府评估标准》、日本的《政策评估法》、韩国的《政策评估框架法案》等都对政策评估主体、评估类型、评估程序、评估结果的使用和公开等内容做出了明确、详细的规定,为政策评估提供了有力保障。美国每项教育法案都有专门针对该项法案的评估的章节,专门阐明有关的经费和规定等③。作为一个负责主导全国高等教育的中央主管部门,对自行确定的制度体系的自省将是政府公共治理能力建设的一部分,不光应在我国的教育法律法规中明确教育政策评估的规定,建立教育政策评估制度,而且需要从过去的政策演进中分析制度创新特别是正式制度的规律和特点,避免公共服务型政府在公共产品提供上越位、缺位、错位。

二、转型期高等教育资源配置中央管理体制变革走向

本研究仍然采用前置研究中用雷达图示意描述改革开放后的前 30 年中的四个时段区域资源配置走向的方式④,增加 2010—2017 年时段。

本研究采取了对重要政策文献按照高等教育体制进行分类和分项的归类分析方法,按照改革初始条件与改革逻辑起点,将中央管辖权重点分为六大类近 40 项,该示意图中前三个历史年段(1978—2002 年)的主要依据来源于教育部档案室的高等教育政策文献(300 多份政策性文件)。后一个年段依据 2003—2009 年的高等教育政策文献 450 多份⑤。增加的第五个阶段依据 2010—2017 年的高等教育政策文献为 643 份。

---

① 王蕊:《拿什么评判教育决策科学与否?》,《师资建设(双月刊)》2018 年第 1 期。
② 王蕊:《拿什么评判教育决策科学与否?》,《师资建设(双月刊)》2018 年第 1 期。
③ 王蕊:《拿什么评判教育决策科学与否?》,《师资建设(双月刊)》2018 年第 1 期。
④ 运用雷达图反映高等教育资源重新配置的过程,既反映了高等教育制度安排的创新过程,也反映了我国基本国情与经济基本制度的演进作为外部环境对高等教育制度安排的约束与影响。因此,雷达图所反映的趋势只是表明事实演进状况和大致区域,有关时间节点代表为一个时间区域的制度安排状况。原有研究见康宁:《中国高等教育资源配置转型程度指标研究》,教育科学出版社,2010,第 36 页。
⑤ 本研究选取的政策性文件主要为高等教育体制改革六个分类。这四个历史阶段的文献均来自于教育部对外公开的重要政策性文件。1978 年到 2002 年期间的文献总量为 300 多件,2003 年到 2009 年的文献总量约在 450 件左右;在最后分析时也将 2009 年期间的决策状况一并加以参考。因此,图中标明为 2009 年段。高等教育大众化后,在宏观管理调控上的力度加大,中央集中管理越让渡微观资源配置权力,则宏观管理的压力与需求越加大,对管理方式的要求越复杂。

改革开放 40 年是中国重要的制度创新和制度转型时期,改革初期,高等教育作为稀缺资源一直成为教育制度安排的重点。本质上,我国高等教育改革过程就是一个稀缺资源重新配置的过程,而配置方式的选择过程既是深受外部制度环境影响的过程,也是内部制度安排与外部制度变革共同演进的过程。迈入新时代后,高等教育作为高质量稀缺资源同样存在着配置方式的变革,也同样存在着优质资源配置的制度创新与制度安排的选择。但是,由于不同阶段的制约条件不同,站在变化的起点上,对约束资源配置的条件可以有不同的诠释。考虑到原设计的雷达图示意的制度环境的初始条件,以及通过这一持续变化可以看到体制改革的基本演进,所以,本研究仍然延续这一描述方式。虽然,各个阶段改革重点及任务有变化,但为了能够反映改革目标总趋势,本研究对此不做大的变动。

本研究指标体系共分类 7 类 22 项,其中将招生体制与就业体制分开,所选择的二级指标更加精简①。雷达图在该体系基础上做了更细化的处理,把招生与就业做了合并,同时扩展到 40 项分类,以更具体观测中央原有管理权限的变化。在具体观测选择上主要依据各阶段政策文献,但在确定如何表达文献与现实差异时,我们多数以文件为准,但在下一个时间段时会参考实际状况确定改革幅度。因为虽然文件已表明制度变革态度或进行试点,但在全国并未全面实施或在实施中难以推进的,我们会在示意图中相应有所保留。六类体制变革原则上的权限范围也不一样,办学体制与管理体制绝大多数是中央相对地方省区,其他四类多数可以直接相对高校,也都需通过省区这一层级。从管理权限看,理论与现实存在差异,不同区域和不同类型高校也都存有差异,总的趋势应该是宏观管住,微观放开;中央与地方事权与责任基本清晰。示意图只是描绘总的趋势与走向,没有变动不代表没有改革创新,没有变动可能意味着这是需要坚守的本国国情与特色部分,没有变动也预示着正在酝酿着改革设计,同时,已经变动的并不意味着改革终止,新时代主要矛盾对高等教育资源配置的需求正在更深层次上呼唤相应的制度创新,同时,也对尚未变动的方面提出更高标准的改革意愿。我们在分类或判断时对政策性文献权限选择一般理解为,中央主管部门体制改革文献中体现的主要权限分类是依据对中央原集中统筹的管理权(即改革初始的资源配置权力),该图表并未完全按照学术分类如政治、法律、经济等概念进行划分,因为高等教育资源配置涉及的管理权力范畴比较复杂。因此,此处基本上根据具体分类所涉及的权限性质予以判别,或是针对文献中涉及在不同改革时期实践中呈现的并通行判定的权限,其中包括所有权、决策权、决定权、统筹权、让渡权、委托权、规制权、审批权、备案权、公开权、表达权②、评估权、监督权、裁制权等若干权力,主要涉及人、财、物、事的管理权限,同时,也包括一些重大战略事项的决策权。

运用雷达图描述某类某项权力在不同阶段区域(1985 年、1993 年、2002 年、2009 年、2017年)和不同层级上(中央区域、省级区域、学校区域)的变化趋势,实证形象地表达高等教育资源配置转型的制度变迁与制度安排的走势,此图不代表效益分析,也不表示价值评判。

雷达图中示意的纬线分别示意代表中央主管部门区域、省级主管部门区域和高等学校

---

① 康宁:《中国高等教育资源配置转型程度指标研究》,教育科学出版社,2010,第 77—109 页。

② 表达权,也称有条件地不同权力层级间的博弈对话,是中央部门在宏观政策、文件中给予地方或学校有条件的申请、申诉、个案、个例处置余地。这充分表现了不同权力层级间根据不同情况的可变性及政策的灵活性。

区域等层级,在两线之间的区域为有限放权(即有条件)。雷达图中的经线示意不同权限变革走向与趋势。

需要特别说明的是,近十年特别是近五年来的中央宏观管理发生了较大变化(2007—2017 年),特别在加大宏观战略决策与加大分类指导上,整体上呈现出中央重大战略性决策增强、中央监测评估的措施增加。对中央作为公共服务政府的管理制度创新分析不是本图的描述范畴,因此在示意图中尚不能够反映出这一变化,但需要予以说明的是,能够反映出中央宏观政策的加强趋势。因此,本示意图考虑历史沿革尚未作重大变更,仍延续原有的分类和解释定义。总体看,中央在原有改革的重大管理权限上未有重大调整,重点放在"两监"与"两扶"上,即对高等教育办学主体办学行为加大监管监控,对中央扶持西部高校与扶持高等教育重点专项加大了倾斜。重点在过程管理权、执行权、表达权、监管权、评估权、裁制权等方面加大了力度,如对评估不达标的学校实行"黄牌"警告、停止招生等严厉措施;加大了中央对西部高校的扶持支援力度,如招生名额专项倾斜,部省共建高校、高校对口支援;加大国家财政专项对重大项目的支持和规范使用规定的力度,对"国家助学贷款项目"等落实。这些显著的调整可以看到国家宏观调控上必要手段的全面展示,不乏较大监管制度改进、引进专家元素、实行奖惩激励等等。但也让我们不得不提出一些需要值得研究的问题,拿出这么大的监控力度说明原有资源配置的某些环节上还不能够形成办学自我约束机制,反映出事业规模外延扩张后中央有意识减缓规模的发展速度,先后提出高等教育分类发展、地方高校转型、走内涵发展道路、提高高质量高等教育等方针,加大中央通过政策规制对微观办学主体、办学行为、办学规范上的指导、控制与约束;并对省级高等教育实行督导、建立现代大学治理制度、加大分类评估监测。所有上述国家干预举措都是针对具体管理对象的具体制度安排,都可能是必要的,也可能是尚未找到对症施救的良药。需要探讨的是,出现失控或不规范的办学行为的原因是制度设计迟缓问题,还是改革不彻底问题?对于屡禁屡止的行为与学校教与学方面的质量问题是一个政府加强干预问题还是一个学校学术治理缺失机制问题?**一般而言,管理半径是管理效益的正函数,理论上看,中央干预的有效性将随着管理半径的增加而减弱,作为省统筹的职能还能够在哪些方面发挥与中央不同的管理功能;由上至下的监控成本与自我约束成本在资源配置转换上的制度效率与效益分析,既是有效制度设计的核心,也是制度创新有效的本质。**

为了能够了解示意图分项的确定含义,我们对沿革 40 年的示意图中有关项目发生的变化及其示意指向的范围进行有关说明,见微信 1-4。

通过对改革开放 40 年中央主管部门相关体制改革文献检索分类与分析,我们不难发现,改革开放 40 年我国高等教育资源配置制度创新虽不断变化,但它们的创新共同点却是一致的,作为正式制度的变迁,始终没有偏离整个社会改革创新的轨道:**一是与我国基本经济制度、国家治理体制、国家对外开放改革的基本走向和变化的总体特征相一致。二是高等教育体制改革始终将坚持社会主义方向、坚持党的领导、坚持中国特色、坚持为人民服务作为高等学校办学的根本。在大学治理外部与内部结构上更加突出依法执政、依法治学。三是高等教育资源配置转型体现在高等教育体制改革中,原有集中计划配置权限不断转向地方和高校,不断转向市场与社会,也不断转向新型公共服务政府的治理模式。四是从现有六类体制改革趋势看到,中央现有约束条件下能够授权、让渡、释放给地方和高校的自主权与统筹权大部分到位,至少在趋势方向上是明晰的。图 W1-1 中央主管部门高等教育资源配**

置管辖权变革走向示意图(见微信 1-5)因为图 W1-1 是示意图①,详细分析见第三章与第四章高等教育资源配置指标体系分析,但图 W1-1 作为政策文献分析为本研究设计的转型程度指标提供了基本的数据基础与变化趋势分析基础。

第三节 《国家中长期教育改革和发展规划纲要(2010—2020 年)》对高等教育资源配置制度转型的影响

中共中央、国务院颁布的《国家中长期教育改革和发展规划纲要(2010—2020 年)》(以下简称《教育规划纲要》)是改革开放以来第四个以中共中央、国务院名义颁布的综合教育重要文件。在高等教育资源配置转型过程中,我国政府作为转型期改革的主导者在关键期都是以中央政府的重要决策部署为依托,解决存在问题,推进实施改革进程,这既是中国渐进式改革的特点也是政府作为国家宏观治理主体的主要责任形式。**本节就其出台前后政策变化及对高等教育资源配置转型的影响进行分析,认为《教育规划纲要》的政策红利是对高等教育数十年积累的深度问题直面破题,并将"解题"的"钥匙"交给了基层高校与地方,这是走向改革深水区阶段政府坦诚面对的智慧之举。**《教育规划纲要》实施 9 年来既反映出体制改革及机制运行的困境,又折射出全社会的努力与政府的治理能力,特别是上下合谋、大势倒逼的制度创新对资源配置转型进程起到提速作用,高等教育放权的制度供给势如破竹。**在中央与地方、政府与高校的制度创新走向上对我国高等教育资源配置转型的影响主要是:新增量改革是以突破存量固化利益藩篱为动力,政府公共治理理念逐步主导高等教育资源配置转型,政府、市场、学术三种力量在高等教育资源配置制度安排上更加清晰,高校办学方向与质量将取决于党对高校的全面领导和主体责任。**客观看,《教育规划纲要》已完成历史使命,用 20 年完成大众化并将进入普及化阶段的中国高等教育,其开拓性改革已孕育在 21 世纪第二个十五年高等教育资源配置制度创新中②。

2010 年 7 月,中共中央、国务院颁布实施《国家中长期教育改革和发展规划纲要(2010—2020 年)》③。这是改革开放以来第四个以中共中央、国务院名义颁布的教育重要文件④,这

---

① 课题组成员付炜根据研究分析结果,绘制了图 W1-1 中央主管部门高等教育资源配置管辖权变革走向示意图,特此致谢!

② 这里指《中国教育现代化 2035》。2019 年 2 月 27 日,党中央、国务院颁布的《中国教育现代化 2035》是我国第一个以教育现代化为主题的中长期战略规划,从两个一百年奋斗目标和国家现代化全局出发,对标新时代中国特色社会主义建设总体战略安排,推进教育现代化、建设教育强国的纲领性文件。同时,中央又印发了《加快推进教育现代化实施方案(2018—2022 年)》,这五年是实现两个百年目标的历史交汇期,是贯彻落实党的十九大精神和全国教育大会精神、实现 2035 年教育现代化目标奠定基础的关键时期,也是中长期教育规划纲要、"十三五"规划收官和"十四五"规划起步的衔接期。

③ 2010 年 7 月,中共中央、国务院颁布实施《国家中长期教育改革和发展规划纲要(2010—2020 年)》,在本书中如无特别说明,简称《教育规划纲要》,以区别 1993 年中共中央、国务院颁布的《中国教育改革和发展纲要》。

④ 改革开放以来,党中央、国务院先后颁发的重要文件有:1985 年 5 月 27 日《中共中央关于教育体制改革的决定》、1993 年 2 月《中国教育改革和发展纲要》、1999 年 6 月 13 日《中共中央、国务院关于深化教育改革全面推进素质教育的决定》、2010 年 7 月《国家中长期教育改革和发展规划纲要(2010—2020 年)》、2017 年 2 月 17 日《关于加强和改进新形势下高校思想政治工作的意见》2017 年 9 月 24 日《关于深化教育体制机制改革的意见》。

些纲领性文件,在不同历史时期有力指导推动了中国教育改革与发展。高等教育事业发展与中央宏观政策指导密切相关,这既是我国公共治理的特色,也提供了政策供给与事业发展之间理论与实践的观察可能。政府主导推进各行各业改革发展是我国转型期制度创新特征,高等教育资源配置制度转型也不例外。它与 1999 年的《中共中央、国务院关于深化教育改革全面推进素质教育的决定》相差 10 年之久,又面向新世纪第二个 10 年。本节就《教育规划纲要》对高等教育资源配置制度转型的影响进行分析①。

一、《教育规划纲要》出台特点与高等教育诉求点

我国政府国民经济规划研制通常与政府一届任期五年相衔接,这利于政府统筹年度实施及届内执行相统一,利于计划执行与修正。除与国民经济规划相衔接的五年规划外,科技、人才、教育通常会制定相对较长时间的规划,这与其行业布局研发培养需要更长期特点有关②。这是我国独有的国家治理特色,在改革开放过程中,这一国家规划模式同样成为教育事业改革发展的基本指导规划。《教育规划纲要》是面对 21 世纪第二个十年规划,从"十一五"规划实施头一年 2008 年 3 月启动研究③,2010 年 7 月颁布。这份政府届中出台的《教育规划纲要》决定了其特殊性。

首先,面对 2020 年全面实现小康社会战略目标,需要审视我国现阶段的约束条件,部署面临的挑战。一句话,战略目标决定战略谋划,这是启动《教育规划纲要》政府首要责任④。

其次,21 世纪头一个十年,国家借难得的发展机遇与全球资源互动高峰的窗口期,启动高等教育大众化进程。与 20 世纪 90 年代高等教育精英办学最大不同是大众化引发了质量、结构、投资、机制等重大资源配置问题,沿用原有模式既无法共识也束手无策。新阶段相

---

① 高等教育资源配置转型研究是指本研究 2004 年与 2010 年关于高等教育资源配置转型课题的研究成果。该课题主要是对转型期高等教育资源配置方式的转换进行观测与比较分析,其中对政府配置资源方式的改变及其由此引发的市场配置、学术配置的变化做具体指标测量,以此论证高等教育资源配置方式正在由计划模式向市场机制约束下的政府干预、市场配置及学术治理相制衡的方向过渡。三种配置力量的制衡关系将决定高等教育资源配置的走向、结构、供需、收益的本质变化,成为高等教育发展的持续动力与不可逆转的制度安排。该课题在对改革开放后的前三十年(1978—2008 年)高等教育资源配置转型程度的指标体系分析下得到了基本验证。见康宁:《中国高等教育资源配置转型程度指标体系研究》,教育科学出版社,2010。

② 2006 年 2 月 7 日国务院发布《国家中长期科学和技术发展规划纲要(2006—2020 年)》。2017 年 4 月 14 日中共中央、国务院印发《中长期青年发展规划(2016—2025 年)》。2010 年 6 月,中共中央、国务院颁布《国家中长期人才发展规划纲要(2010—2020 年)》。

③ 2003—2007 年制定的《面向 21 世纪振兴行动计划》第 50 条,立足全面建设小康社会目标,研究制定《2020 年中国教育发展纲要》。说明中央政府对已经在两任政府任期间做了部署。作为例行规划,并不是特例。

④ 2008 年 10 月 23 日《中国教育报》头版头条刊登,国务院分管教育的国务委员刘延东在《规划纲要》制定工作座谈会上指出"深刻认识制定高质量的规划纲要对于落实党和国家战略意图,促进教育又好又快发展、为全面建设小康社会提供强大人才和人力资源保证的重大意义""全面谋划""进行前瞻性安排"。

遇新问题需要研究新制度创新①。

再次,面对问题导向,中央政府需要明确改革方向,尤其是社会与业界反映强烈的政府制度创新动力不足、推动高等教育落实与扩大办学自主权、解决高校去行政化及大学治理结构等,都直接与政府自身改革关联。特别在改革已涉及多个利益群体多重利益缠绕的阶段,政府首先要解决好"自身利益取舍与治理能力"的制度创新。

最后,社会广泛参与《教育规划纲要》的讨论。起草两年中,有500多位专家学者、近2 000人直接参加近百所高校11项专题调研,征询100多位海内外专家及60多个国际组织、8个民主党派中央、10个社会研究机构与教育学会组织,召开有3.5万人参与的1 800余次研讨座谈,有660多个单位、1 800余名各界人士对初稿提出6 100条意见建议。2009年1月与2010年2月先后两次公开征求意见,各种渠道汇总意见总计各自达到210万与249万条②。体现了重大政策的社会参与度,参与度多少与成文后的共识度和实施中的执行度有一定相关性。

本研究就《教育规划纲要》高等教育内容与之前后政策或呼吁较强烈问题进行了对比,该对比列于表W1-3,见微信1-6。主要政策诉求点变化及分析如下。

一是高等教育事业发展规模及办学主体的指导变化。 1999年是中国高等教育发展的分水岭,从1898年中国现代大学诞生至1999年的一百年里,虽历经不同社会制度或条件约束,但办学理念都是精英教育。与其说1997年发生的亚洲金融危机促使了高等教育扩招③,不如说历史让中国高等教育走到了变革的关口,大量文献积极肯定了政府当年的果断抉择。表W1-3前两项文献有两个十分重要的决定,其一是实施大众化的进程表确定2010年实现15%,其二是大众化的实施主体确定为地方高等职业院校。前者是依当时国情且与国际实施大众化比较后的一个理性选择,后者也是以调动地方积极性满足就学需求的一个可行政策。按照美国高等教育大众化30多年的对比④,应该看到这两个政策抉择既符合当时中

---

① 同上,刘延东指出,"不断满足公众对高质量、多样化、多层次教育的迫切需要""在观念突破和体制改革、机制创新方面下功夫""切实转变教育发展思路、发展方式上下功夫"。

② 《教育规划纲要》工作小组办公室:《全国教育工作会议文件汇编》,教育科学出版社,2010,第185—187页。

③ 在1998年亚洲金融危机肆虐之际,时任亚洲开发银行首席经济学家的汤敏与左小蕾向中央提出"三年内将大学招生人数扩大一倍"的建议,以此作为一项拉动内需、刺激经济之策。他的建议很快被时任总理朱镕基,以及主管教育的时任副总理李岚清所采纳。2017年5月30日,现任国务院参事、友成基金会副秘书长汤敏在《知识分子·教育观察》组织的一场和中国教育在线总编辑陈志文先生的对话中,回顾了当年向中央递交建议的心路历程,以及他如何反思高考扩招的利弊得失,并回答了中国教育该向何处去的问题。

④ 第二次世界大战结束前后30年这段时期被称为美国大众高等教育时代。《退伍军人权利法案》《国防教育法》《高等教育法》《高等教育设施法》《高等教育法修订案》等一系列法案的通过和执行都极大地促进了美国高等教育的发展;社区学院的迅速发展、高等教育机构数量多样化、高校招生规模的扩大和在校学生类型的不断增加都极大地推动了美国的高等教育大众化进程。美国从高等教育毛入学率5%上升到15%用了30年,1940年美国进入大众化15%阶段,1960年达到32.70%,1965年达到41.18%,1970年为49.43%,之后进入高等教育普及化阶段,从大众化到普及化也是30年。数据引自高书国:《关于十三五规划教育政策建议》,《研究动态》2016年第2期;曲恒昌:《高等教育的昨天和今天》,《比较教育研究》2001年第2期。

国国情也符合高等教育大众化规律。但是现实会修正理性框架,虽然当时国内经济条件对支撑大规模扩招相形见绌,但中央政府还是没能预见到地方政府与社会对扩招的爆发性热情,这股热情通过政府默认的公办高校办二级民办学院及缴费上学、融资手段扩建校园等多种市场机制,提前 8 年在 2002 年达到高等教育大众化 15% 的目标。这个增长速度完全不受制于政府的理性规划①,但的确是多年来积压已久的民众热盼接受高等教育意愿的事实倾诉。有趣的是,近 10 年规划都被现实大大超越。教育"十五"规划(2001—2005 年)颁布时还未预见第二年会超目标,还调整为 2005 年达到 15% 左右,2010 年争取实现 20%。教育十一五规划(2006—2010 年)确定高等教育毛入学率为 25% 左右,事实上,2009 年高等教育毛入学率已达到 24.2%,2010 年达到 26.5%,如果政府未做出重大干预,即适度控制规模发展,已经必超无疑。之后教育"十二五"规划(2011—2015 年)与《教育规划纲要》分别提出的 2015 年高等教育毛入学率指标是 36%,2020 年是 40%,实际情况是 2014 年达到37.5%,2015 年完成 2020 年原定指标 40%,提前 5 年实现十二五规划。2018 年这一指标已达到 48.1%,已接近高等教育毛入学率的普及化门槛。也就是说,这后一轮规划基本不能提供规划预测。全国规划指标意味着财力、基建、师资、学科等基础条件的配备,也意味着中央与地方的共识基础与心理准备。但在实际操作中,规划落后于现实,按照现有发展预测,2020 年有望高等教育毛入学率实现 50%,届时将超过 2010 年原有确定规划指标 10 个百分点,比 2010 年实际指标提升了 23.5 个百分点。在高等教育大众化发展的 20 年中(指 1999 年后),可以看到,整个高等教育系统实际一直处于赶鸭子上架及疲于奔命的修正一直"落伍"的规划指标,为什么会出现这样的情况?两个假设:一是假如判定政府规划决策工具没有问题,那就是实施过程的控制体系不适应问题;二是本身政府的规划决策工具存在问题,那就可能存在一个政府决策实施规划模式不能适应的问题。从大众化的速度和质量关系看,政府的规划速度是按照资源配置的整体供给能力出发的,但实际中却挡不住大众化的发展速度,一超再超,用时间成本置换了质量成本。这里的"不能适应"还反映了原有衡量供给能力的标准出现"偏差",即对实际地方与就学需求解决供给能力的渠道没有"想象力"。但同时,这些规划也反映了针对大众化的"汹涌澎湃"政府没有适应的控制能力,或者是没有能够应付的工具。因而大众化"一泻千里"超出原有规划且还留下了一系列需要面对的问题。高等教育资源配置转型的核心主导是中央政府,它是否适应大众化的管理体制变革决定其管控规划的进程,面对区域差异大、流动性快、需求多样且市场信号不完备等国情特征,作为高等教育规划制定者,是延续以往计划经济条件下精英规划模式,还是寻求与区域经济适配的大众规划模式,是中央与地方关系在转型中面临的重大问题。

高等教育大众化的办学主体在 1999 年颁发的《关于深化教育改革全面推进素质教育的决定》《面向 21 世纪教育振兴行动计划》《2003—2007 年教育振兴行动计划》中明确是地方高

---

① 中国高等教育大众化毛入学率从 5% 到 15% 用了 10 年,从 2003 到 2020 年将实现高等教育普及化 50%,从大众化到普及化用了 18 年,从最初实施大众化预测推算约需 28 年。其中主要影响因素是:对地方办学的积极性估计不足、对运用市场机制的不确定性、学龄人口下降"贡献"接近 8 个百分点、部分地方以牺牲质量换取数量、政府对从高等教育精英办学转入大众化阶段的高等教育体系建立准备不足等。实际规模增长速度与该阶段规划预测结果的偏差与上述因素有关。

等职业学院①、独立学院与民办高等学校。汤敏说"2000 年中国有 1 041 所院校,2016 年大概有 2 561 所高校,数量增加 1 倍以上。这些新增的学校大多数是从过去比较好的中专升格上来的"②,这三类学校增加状况列入表 W1－4,见微信 1－7。

　　承担高等教育大众化的主体是上述地方院校和新组建的学校,按照升格或重组后学校的校龄平均多数不超过 15 年。这个基本状况提供了两个事实:一是决策者在走大众化之路的初期就参照了美国的各州社区大众化之路,主要由地方各省承担扩招增量,特别是针对地方经济社会需求发展高等职业教育。到 2002 年进入大众化门槛即高等教育毛入学率 15％时,我国高等教育已呈现多样化局面,表现为办学主体多样化(形成了国家办学为主和民办高等教育、公有民办、社会办学并举的多元化的格局),办学形式多样化(有全日制、非全日制,有学科型高等教育、高等职业教育,有成人高等教育、远程高等教育、高等自学考试等),培养目标多样化(有研究型、应用型、技能型、复合型、管理型等多类型多规格人才),③但是,现实多样化并不代表高教体系是理性的,在超速自发状态下产生众多质疑办学质量问题。二是 2007 年中央决定适度控制办学与发展速度时④,质疑高等教育大众化带来高等教育质量下降的舆论已"铺天盖地",业界内外、高层与民众几乎一致认为质量已成为高等教育的最大问题。但是,对质量问题的不同理解及解释也众说纷纭。其中,对精英高等教育与大众化高等教育的质量存在不同标准的认识并不一致。潘懋元早在 2000 年就指出"从精英高等教育走向大众高等教育,分辨横向层面的不同质量标准却是高等教育大众化能否顺利发展的要害问题"⑤。不幸言中,潘懋元把研究型、理论型、应用型、技能型作为横向层次,把博士、硕士、本科、专科作为纵向层次。传统精英高等教育在纵向层次上更深入民众之心,也不排除教育以外人士,加之中国历来轻职业技能而重"高大上"科学研究。现实中,民众对传统精英高等教育质量的理解与整个社会对人才薪酬体系的制度安排是高度一致的,而全社会无论是观念还是体制都偏向纵向层次人才标准的现实,客观上使大众化办学主体具有升格趋上的利益驱动,这一驱动的质量标准客观上就是纵向本科层次的精英型质量。这期间,教育

---

① 1999 年,中共中央《关于深化教育改革全面推进素质教育的决定》指出,经国务院授权,把发展高等职业教育和大部分高等专科教育的权力与责任交给省级人民政府。扩招办学主体为现有的职业大学、独立设置的成人高校和部分高等专科学校要通过改革、改组和改制,逐步调整为职业技术学院(或职业学院)。支持本科高等学校举办或与企业合作举办职业技术学院(或职业学院)。省、自治区、直辖市人民政府在对当地教育资源的统筹下,可以举办综合性、社区性的职业技术学院(或职业学院)经国家教育行政主管部门批准,可以举办民办普通高等学校。国务院批转教育部《面向 21 世纪教育振兴行动计划》提出,招生计划的增量将主要用于地方发展高等职业教育,对于学历高等职业教育,除对现有高等专科学校、职业大学和独立设置的成人高校进行改革、改组和改制,并选择部分符合条件的中专改办(简称"三改一补")发展高等职业教育之外,部分本科院校可以设立高等职业技术学院,基本不搞新建。国务院批转教育部《2003—2007 年教育振兴行动计划》提出,鼓励社会力量与普通高等学校按民办机制合作举办独立学院,实现社会创新活力、资金资源与现有优质教育资源的有机结合,有效拓展民办高等教育的发展空间。
② 2017 年 5 月 30 日,现任国务院参事、友成基金会副秘书长汤敏在《知识分子·教育观察》组织的一场和中国教育在线总编辑陈志文先生的对话。
③ 邱梅生:《大众化高等教育质量研究综述》,《江苏高教》2002 年第 1 期。
④ 2007 年 5 月 18 日国务院批转教育部《国家教育事业发展"十一五"规划纲要的通知》。
⑤ 潘懋元:《高等教育大众化的教育质量观》,《江苏高教》2000 年第 1 期。

部为平抑这一纵向动力需求,做了大量行政化的裁定工作,但也挡不住地方政府一把手的"强烈上访"①。这一强烈的传统共识是否成为决策层始终未能明确提出高等教育分层导向的障碍,还是决策层本身没有意识或共识到大众化高等教育发展前提即要共识横向分层标准,甚至以为可由其他政策措施予以替代得以化解,如实施"高等教育教学质量与教学改革工程""高校本科教学评估与高等教育职业示范性工程"。上述这一思想混沌、决策模糊、共识分散、现实无措的状况直到 2010 年《教育规划纲要》出台似乎才尘埃落定。《教育规划纲要》明确提出"**重点扩大应用型、复合型、技能型人才培养规模。建立高校分类体系,实行分类管理**",即大众化高等教育与精英高等教育的本质区别是明确办学的横向层次,同时也就明确了分层办学的不同质量标准。但是在 2010—2018 年间,这个问题是否在决策与执行层得到共识了呢?学校、大众与学界各自评价尺度多元,大量文献分析是四个字:步履艰难。明确分类体系就是中央要地方高等教育从纵向层次往横向层次上转型看齐,以实际扭转精英办学的传统配置模式。**2017 年出台的教育"十三五"规划再次把这个分类体系说得更清晰了,即"推动地方开展高等学校分类管理改革试点,以人才培养定位为基础建立高等教育分类体系,研究制定高校分类设置、分类指导、分类拨款、分类评估等制度,努力形成高等学校科学定位、特色发展的局面"**。至此,高等教育大众化办学定位才从政府主导制度上确立了与精英型办学完全不同的思路,这一过程已走了近 20 年。

　　二是高等教育教学质量提高与重点大学建设指导变化。高等教育质量问题是高等学校的生命线,这对一个独立意义上的学校主体意味着生死存亡。但是,我们的学校似乎不存在这种威胁,因为,政府扛起了这个"包袱"。作为传统属于学校内部管控的质量范畴,在高等教育步入大众化后,"开始超越院校的边界逐步演变为一个涉及众多利益相关者的社会和政治议题"②,原有精英教育的质量诉求与话语权力已不再是教育内部事务而被社会多元需求所替代。这两者显然有冲突,这一冲突不仅对举办者财政资源配置使用效益有追责压力,继而演变为以政府为主导的外部评估与拨款选择的质量监管体系。**近些年,政府以绩效指标为杠杆来裁定拨款依据的趋势日益明确**③,同时,以市场为导向的大学排名也日益成为影响社会判别高校质量的外在"捆绑"。当所有外部质量问责压力传递到学校,则被张应强称之为"学术部落的殖民化"现象也日趋严重④,学术话语与学术权力日益式微,学术主体似乎放弃本应承担的学术责任而"被动不作为"又延伸出更多需由政府回应的问题。**以强制性管控为特征的政府质量干预成为近 10 年的主流趋势**,造成事实上已趋向更加自主的高校却在政府质量管控中看似放弃担责,成为政府单方面对社会,而不是两者共同担责,这一结果虽并非为政府的管控初衷但实际成为政府管控不力的责任,成为政府多年"循环管控"而又迟迟没有成效的顽症。

① 各地政府为了解决学校升格以缓解省内压力,通常由省内一把手带领财政、发改、教育等部门跑步进京。本科设置审批权由教育部决定,专科以下由省内决定,但要由教育部备案。
② 张应强、苏永建:《高等教育质量保障:反思、批判与变革》,《教育研究》2014 年第 5 期。
③ 2017 年 1 月 17 日教育部、国务院学位委员会发布的《学位与研究生教育发展"十三五"规划》中提出:创新财政支持方式,根据办学质量、学科水平和特色等因素分配资金,通过计划调控、绩效拨款等方式引导学科建设。
④ 张应强、苏永建:《高等教育质量保障:反思、批判与变革》,《教育研究》2014 年第 5 期。

十多年中,中央政府主管部门涉及"教学质量"的文件异常之多,而学界对高等教育质量问题的研究在扩招之后也陡然上升,可见,政府与学界关注高等教育"质量"趋向高度吻合。**见表 W1－5,21 世纪以来高等教育质量和改革文件,图 W1－2,知网搜索"高等教育质量研究"历年发表的文章条目数。**(表 W1－5,图 W1－2 都列入微信 1－8)结果高等教育质量还是成为主管部门每年被人大或社会舆论质询的首要问题,也成为学校领导与师生们都不甚满意的头号议题。如果在计划经济体制下政府配置资源与质量管控是一体概念的话,那么在已把大部分教学资源下放给学校的今天,质量管控还成为政府的日常工作就应该受到质疑。如果大众化发展办学思路调整滞后、高等教育分类体系滞后是质量管控含糊不清的因素,那么,政府花了这么大的精力下功夫管控却还是收效甚微,就需要思考,到底什么是真正影响高校质量的原因?

2016 年 4 月由高等教育教学评估中心发布的第一份《2015 年中国高等教育质量报告》指出,我国高等教育"硬件"建设数量成井喷式增长,各级各类高校面貌焕然一新。但高等教育质量短板和软肋也较突出。质量意识和质量文化不够①,不少高校"等靠要"思想还相当严重。2017 年 5 月 17 日中国教育科学研究院发布 2016 年 5 月—6 月开展的全国高等教育满意度调查。高等教育总体满意度指数为 69.42 分,教育质量满意度指数为 67.87 分,教育期望值指数为 66.45 分,985 高校教育总体满意度指数达到 73.62 分,但教学质量满意度指数低于地方高校,具体指数没有披露②。报告中透露,高职教育质量满意度指数为 71.52 分,本科教育为 64.31 分。这意味着报告方间接告知公众现实版大学质量状况的同时,还间接透露了该调查并非有分类标准,所以很难对不同类型学校调查作满意度比较分析。以上两份报告也间接告知一个事实:仅仅靠"家长式"干预则收效甚微。主管部门多年是以精英管控理念管理教育部直属高校和全国几百所高校,大众化后直接管理 75 所部署高校,并统筹管理全国 2 660 多所高校。从近 10 年来的政策文件可见,绝大多数授权行为都要由中央确权或督查,虽然有分级一说,但总体上高校资源配置权限全国基本一致。假定教育部机构核

---

① 2016 年 4 月 7 日由高等教育教学评估中心发布的《2015 年中国高等教育质量报告》指出,我国高等教育"硬件"建设数量上井喷式增长,各级各类高校面貌焕然一新。但高等教育质量短板和软肋也较突出。与世界高等教育强国相比,我国高等教育问题依然不少。主要表现在:学科专业设置优化不够,科研水平和成果转化率不高,"短板"问题依然严重;创新人才培养力度不够,高校创新创业教育仍是"软肋";高水平教师和创新团队不够,教学经费和实践资源不足,实现由量到质的新跨越仍是突出问题;质量意识和质量文化不够,绩效评价不力,不少高校"等靠要"思想还相当严重,对教师评价"重科研轻教学";就业与所学专业相关性不高,不同类型院校学生对学习过程体验和就业状况满意度存在不平衡现象,"级差"现象明显。见教育部官网。

② 2017 年 5 月 17 日发布了中国教育科学研究院于 2016 年 5 月至 6 月开展了全国高等教育满意度调查。中央高校的总体满意度高于地方高校。中央高校的总体满意度指数为 72.36 分,地方高校为 69.13 分。教育公平、教育环境满意度和教育期望值,中央高校均高于地方高校;但教育质量满意度方面,中央高校却略低于地方高校,其原因一是由于中央高校学生的教育质量期望值较高,从而导致教育质量满意度相对要低,二是随着大学不断加强研究生教育和强化研究功能,有可能出现一些研究型大学把学术工作的重点从教学转向研究,从本科教育转向研究生教育,甚至出现弱化本科教育的现象,从而导致本科教育质量满意度不高。报告指出,学生满意是高等教育质量的重要衡量标准。通过高等教育满意度调查,直接反映了学生对高校教育教学的满意情况,也从一个侧面反映了国家宏观高等教育管理政策落地情况。见中国教育科学研究院官网。

定的编制人员 500 人都是精英,理论上也不可能通晓近 4 000 万学生学习行为的变数。因此,一个事实是:每一所定位清晰的高校,校长是实施保障质量的责任人,问责学校质量的第一人应是校长。因为学位证书上的签字者是校长,并不是部长。但奇怪的是,整个社会与学生没有人质询校长对质量负责,而都追责到中央主管部门,而更奇怪的是主管部门也自觉为自身问题。这种状况是政府与学校责权关系不清且激励不相容最典型的结果。理论分析看,当其他条件一致时,高校质量与管控者距离的关系变化是:质量管控链条的长度与其管控效益成反比。这意味着,当教师与校长的责权清晰且激励相容时,教学质量的预期才有保障。怎样让教师的责权与激励相容,怎样让 2 660 多所高校的校长正确行使质量保障的权力与权利,怎样让社会问责校长而不是问责部长,是学校质量治理的关键。校长目前承担多重责任,但只有将质量"生命线"搁在校长肩上,才会有 2 660 多所高校质量提升的可能。2017 年 1 月教育部与国务院学位委员会在《学位与研究生教育发展"十三五"规划》中提出"强化培养单位质量保障主体地位和主体责任,增强质量意识,建立与本单位办学目标和定位相一致的质量标准",这是至今明确将质量意识与责任并列集于办学主体一身的政府文件①。2018 年 6 月,教育部召开新时代全国高等学校本科教育工作会议,会议规模涉及所有本科院校,征求出台《关于加快建设高水平本科教育 全面提高人才培养能力的意见》。提出要将质量标准落实到教育教学各环节,唤起每个主体的质量意识、质量责任,将质量要求内化为大学的共同价值和自觉行为,逐步形成以学校为主体,教育行政部门为主导,行业部门、学术组织和社会机构共同参与的中国特色、世界水平的质量保障制度体系。期望通过高等教育质量保障制度,使质量文化的理念开始深入人心。期间管理部门对高校又开展了一轮审核评估,完成 200 余所新建本科院校合格评估。长期观测看,我们在质量管控上的思路还是"几个一点",学校作为质量第一责任方仍然缺失明确的制度安排。

重点高校建设从 1992 年启动到 1998 年一流大学与一流学科提出,成为中国政府集中资源支持高校提高水平的一项重点工程,简称"211 工程"与"985 工程"。这两项工程前后历经 20 余年,在特定时期由特定配置方式举政府之力所追寻的愿景是有共识的,且部分高校在近年商业类世界一流大学排名中已崭露头角,成为社会各界瞩目期待的项目。但该项目的运作方式随着时间推移却遭遇各方越来越多的责难,其政府单一指定固化身份缺乏竞争的配置模式成为高校与学界抨击的最大诟病。2010 年颁布的《教育规划纲要》虽然增加了部分竞争机制但仍然延续原有运作模式,当 985 工程进入第三个周期时,各方强烈要求改变原有模式的呼声被中央主管部门接纳。2015 年 10 月 24 日国务院印发《统筹推进世界一流大学和一流学科建设总体方案》的通知,决定停止 211 工程与 985 工程运行模式,并提出2016 年开始"双一流"新机制建设。2017 年 1 月 24 日教育部财政部国家发改委联合印发《统筹推进世界一流大学和一流学科建设实施办法(暂行)》,打破多年利益固化的配置格局,确定对一流大学和一流学科重新进行动态竞争性的遴选、评价、管理等。这一重大制度性变

① 十二五教育规划提到"强化学校质量主体意识"。目前没有在政府文件及法律文件中强化学校质量的第一责任人是校长。目前对高校班子的考核分为"年度或届终考核、政治巡视、经济审计"与"各类业务评估""社会排名",其中年度或届终考核基本与党政干部考核标准格式一致。大学校长作为大学组织法人的本质是管理专业化,其指向实质是质量管理水平专业化。校长作为政治家与政治考核目标最终也要体现在办学质量水平中。所以,考核校长目标的明确性才能有质量责任保障问责。

革使一直对该项目的各种纷争得以终结,对于所有有志于建设一流大学与一流学科的学校,尘埃落定的是原有封闭配置的门槛现在敞开。在 2016 年发布的教育"十三五"规划中,中央主管部门又提出了"差别化发展"指导目标,学校自主选择追寻发展目标,各级政府择优选择支持力度,这一动态的竞争性机制的最大亮点是将资源配置选择权赋予了学校,这意味着一个以学术资源配置为本质的组织可以自主选择决定"学术配置"与"学校创新"的目标优化路径,而不是由政府或市场单一决定其发展命运。从这个重大转变说明了制度变革的一个根本性缘由,即激励相容是决定制度创新得到认可的试金石。对政府与学校来说,调动广大学校参与建设的积极性对竞争性优化配置的胜出是激励相容的,而以往由政府指定身份固化利益缺乏优胜劣汰的配置是激励不相容的。因此,在确立重点大学建设的制度变迁中,我们既看到以往由政府直接配置、激励不相容制度的消解过程,也看到了一个顺应优化配置、激励相容制度产生的过程①,而其中最核心的词是"自主选择"。同时,也看到"双一流"方案出台后 2016—2017 年各地各校争先恐后对社会宣布积极参与建设一流大学与一流学科规划的自主后果②。2017 年 9 月 21 日,教育部、财政部、发改委三部委公布名单,137 所中国高校上榜。其中,"一流大学建设高校"共 42 所,一流学科建设高校共 95 所。

三是政府管理体制与高等教育投资体制指导变化。在《教育规划纲要》的政策文本上,一直强调的有三点:一是加大强化省级人民政府发展和管理本地区教育的权力以及统筹力度,二是经国务院授权,把发展高等职业教育和大部分高等专科教育的权力以及责任交给省级人民政府,三是建立和完善国家教育基本标准,同时加大政府教育质量监测并定期发布报告,完善问责机制。**重大变化有三点:**一是再次明确分级责任。推进中央向地方放权、政府向学校放权。促进管办评分离,强调形成政府依法管理、学校依法自主办学、社会各界依法参与和监督的格局。二是提出现代大学治理与教育治理现代化,深化教育行政审批制度改革,建立教育行政权力清单和责任清单制度。三是授权省级教育部门依法审批设立实施专科学历教育的高等学校,授权省级政府管理本科院校学士学位授予单位和已确定为硕士学位授予单位的学位授予点。**高等教育投入体制一直坚持强调三点:**一是强调多渠道筹措机制。逐步建立符合社会主义市场经济体制以及政府公共财政体制的财政教育拨款政策和非义务教育阶段成本分担机制。二是建立国家助学贷款体系。探索社会主义市场经济条件下资助经济困难学生的有效途径。三是完善捐赠教育激励机制。落实个人教育捐赠支出在所得税前全额扣除政策及中央部属学校捐赠资金配比专项政策。**主要支撑有三点:**一是实现

---

① 本研究对这一变迁过程进行了制度性分析,见本书第二章第三节,另参见康宁等:《"985 工程"转型与"双一流方案"诞生的历史逻辑》,《清华大学教育研究》2016 年第 5 期。

② 在国务院于 2015 年 11 月 5 日颁布《统筹推进世界一流大学和一流学科建设总体方案》(下文简称《方案》)之后,"双一流"建设替代"211""985"迅速成为新的高等教育发展战略。按照《方案》所提出的"总体规划,分级支持"的措施,地方高校开展"双一流"建设,由各地结合实际推进。在《方案》出台后,不少省份都以此为模板,制定本地的"双一流"建设方案。还有一些省份早在《方案》颁布之前,就提出了本省的高水平大学建设计划或学科建设计划。摘自毕建宏:《各地"双一流"建设方案综述(一)(二)》(此文作者注释各地"双一流"建设方案等相关资料皆来自网上搜集),北京大学中国教育财政科学研究所(CIEFR)官方微信号"中国教育财政";戴春晨等:《高等教育突进:20 余省份 400 亿赶场"双一流"》,《21世纪经济报道》2017 年 2 月 17 日。

并保证国家财政性教育经费支出占国内生产总值的比例一般不低于 4%。健全保证财政教育投入持续稳定增长的长效机制,确保财政一般公共预算教育支出逐年只增不减,确保按在校学生人数平均的一般公共预算教育支出逐年只增不减。二是改革完善高校预算拨款制度①,设立高等教育拨款咨询委员会,优化项目支出与基本支出结构,规范中央对地方的教育转移支付,着力加强重点地区、关键领域和薄弱环节,对农村和贫困地区学生接受高等教育给予倾斜。三是加大问责。建立绩效拨款与支持高校内涵发展、提高质量的"捆绑"机制,建立经费使用绩效评价制度,加强学校国有资产管理。综上所述,**政府管理体制与高等教育投资体制总的改革趋势仍然是多方调动积极性向地方与市场让渡权力,进一步朝着推进中央与地方事权和责任划分方向,更加强调依法治理与公共责任,更加强调规范与问责。但是,也恰恰在加大治理与问责上,由于各个主体事权与责任边界不清,管办评背后固化的利益格局就成为后一轮改革的障碍,现实版的管办评分离上演着大量利益纠缠现象,致使良好的改革目标在实施中趋于弱化虚化**②。受制于各种因素,各方期望制定的《教育投资法》与建立高等教育拨款咨询委员会的提议至今没有下文,也就是说,政府依法治理在管理体制与投资体制方面还有很长的路要走。

四是落实学校办学自主权与建立现代大学制度是一个问题在不同历史阶段的呈现与深化。原有政策文本不断强调落实与扩大办学自主权,现实中的确存在对"高校自主权"范畴与数量的不同考量,从 1985 年将这一议题摆在政府面前后,随着转型中理念释权、学术赋权、立法确权、政府放权等,**高校自主权既在不断"进化"也在不断"碎片化",在接近 20 年的主要政府制度文本上,看到的"进化"层次与速度的确不尽如人意,以至于 2016 年出台的"十三五"规划中提出了"建立健全各部门统筹推进落实学校办学自主权的会商机制",这意味着影响自主权落实的是一个体制互为掣肘的系统性障碍。**一个案例证实了这一推论,2017 年 4 月印发《关于深化高等教育领域简政放权放管结合优化服务改革的若干意见》(以下简称《意见》),原最初会商的还有中组部、中央外办、外交部、科技部、住房城乡建设部、审计署、海关总署、税务总局,最后改为教育部联合中央编办、发展改革委、财政部和人力资源和社会保障部五家共同发布。该意见主要将教师职称评审、学位授予权、学科专业设置、人员编制、薪

---

① 2015 年 11 月 25 日教育部财政部印发《关于改革完善中央高校预算拨款制度的通知》,此次改革主要包括两个方面:一是完善基本支出体系。在现行生均定额体系基础上,逐步建立每所中央高校本科生均拨款总额 2—3 年内相对稳定机制,之后根据招生规模、办学成本等重新核定,并根据中央财力状况等情况适时调整拨款标准,引导中央高校合理调整招生规模和学科专业结构。同时,逐步完善研究生生均拨款制度,继续对西部地区中央高校和小规模特色中央高校等给予适当倾斜,并将学生资助经费由项目支出转列基本支出。二是重构项目支出体系。调整管理方式不够科学合理的项目,归并功能相近的项目,保留运行较好的项目,将原先 13 个项目优化整合为 6 大项目,包括中央高校改善基本办学条件专项资金、中央高校教育教学改革专项资金、中央高校基本科研业务费、中央高校建设世界一流大学(学科)和特色发展引导专项资金、中央高校捐赠配比专项资金、中央高校管理改革等绩效拨款。

② 吴康宁在《教育规划纲要》颁布时就在《中国教育改革为什么会这么难》(《华东师范大学学报(教育科学版)》2010 年第 4 期)一文中指出:由于任何改革都不可避免地涉及对原有权力行使空间与资源配置格局的重组,并最终导致对原定利益占有份额的调整,因而对绝大多数人来说,最终决定他们是否以及在多大程度上参与或支持教育改革的主要因素,并不是对理念的守持,而是对利益的权衡。倘若权衡之后认为改革结果将使自身利益受损,那么,不满、不参与乃至竭力抵制教育改革当在意料之中。

酬和岗位管理、财务资产管理等权限下放到高校。实际在高校已或多或少地突破了原有的禁锢,但制度文本没取消。对比 20 年前《高等教育法》中所规定的高校自主权来看,《意见》在法定高校八项自主权中的学科专业设置、机构和人员管理、财务和资产管理三个方面做了"大刀阔斧"的改革,这意味着 20 年前法律规定的学校自主权还没完全归属学校,而学校实际已突破了许多。**旧制度废除和新制度诞生往往孕育在基层创新之后,这一现象恰恰是转型中高等教育制度变迁的重要特征,这一漫长的权利归属之路是诱致性制度变迁的一个具体案例。**可见学校法人的权利是整个社会转型不断释权赋权确权放权的过程。即使教育主管部门一家觉醒早了也是起不了身的,这也是《教育规划纲要》提出自主权改革要建立会商机制与综合改革的理由。建立中国特色现代大学制度成为学校内部管理体制与政府管理体制的新"帽子",也赋予与政府治理现代化目标一致的话语体系。其中,**明确完善公办高等学校要坚持和完善党委领导下的校长负责制成为不断强化的组织核心,全面落实"一校一章程"推动学校依法依章治校成为学术组织的主线,充分发挥学术委员会在学科建设、学术评价、学术发展中的重要作用及充分发挥教授在教学、学术研究和学校管理中的作用成为学术组织的特征。**这三个导向都蕴含着中国现代大学制度改革的独特丰富多样,是高等教育资源配置转型趋势呈现出的最富有创新价值的亮点,奠定了中国现代大学治理的框架结构①。而尤其值得给政府文件点赞的是,在强大的社会公共舆论批评压力下,"逐步取消实际存在的行政级别和行政化管理模式""鼓励高校推进内设机构取消行政级别试点,克服行政化倾向"成为高校抵制行政化泛滥的"戒尺",实际"取消"的过程也是部分利益相关者的损益过程。一些关于学校还是要有行政管理与把国外高校治理程序等作为看待行政化问题的简单化比较的倾向,模糊了国内现有高校行政化的实质与危害。高校内行政力量与学术力量的制衡是转型中学术权力被重新赋权与回归孕育生长的过程,不应该受外部权力约束,其边界需要探索和完善,需要得到利益相关群体的共识与培育。2016 年北京大学校长抓住有关规定之机将实施取消院系行政级别的措施②,就是十分高超的处置办法,对具体人员来说是一个选择,两相其害取其轻。当然,实际取消行政化不完全是取消行政性制度安排,它在学术组织中可以视为空气弥漫着的行政化生态。在学校要转化为非正式制度安排的学术生态,

---

① 2011 年以来,教育部先后发布《高等学校章程制定暂行办法》《全面推进依法治校实施纲要》《中央部委所属高等学校章程建设行动计划(2013—2015 年)》《学校教职工代表大会规定》《高等学校学术委员会规程》《普通高等学校理事会规程(试行)》等多个文件指导高校章程建设的推进,明确要求"加强章程建设,健全学校依法办学自主办学的制度体系",对高校章程制定的程序原则、核心内容、运行保障等作出了具体规定。

② "北京大学校长林建华发文指出,学校正在推动人事体制改革,以及与之相配套的一系列改革,在院系层面,北大未来将尝试取消院系行政领导的行政级别,包括学院的院长和副院长、系主任和副系主任,其职务会跟行政级别脱开,取消行政级别以后,北大会采用聘用方式上岗,不同的人会有不一样的聘任方式,将来北大还会加强职员序列的建设,每年有一个评估。"姜洁:《2016 中国高等教育十大热点回顾》,新浪博客,链接已失效。北大改革这一背景正好是在高校处级管理人员要执行个人重大事项报告制度中,取消这一报告就要转换学院管理者身份,而取消学院处级行政级别就不必执行这一规定。2017 年中央有关部门对事业机构也提出了非行政部门可以不参照此规定要求。在魏梦佳:《北京大学将尝试取消院系行政领导行政级别》(新华社,2016 年 11 月 10 日)的实际报道中虽然没有透露改革的直接动因,但这已是公开的信息。该新闻引起网民热议,称为什么北大校长不先从自身行政级别入手?! 这恐怕就不是校长自身能够裁决的,涉及主管部门及相应的制度安排。

则是久久为功之事。而尤为需要警惕地是,高校日益增强的学术力量有变异为行政化模式的倾向,这可能与我国高校学术生态的养成不足与传统积淀的断层有关,而更需要警觉的是学术为本趋向的健康。

五是教育开放政策的新变化。中国加入 WTO 后,中国高等教育对外开放呈现出 1978 年后的第二次高潮,如果前一次是以个体或团体走出国门的方式,即出国留学及以观摩借鉴为主,则 2003 年后特别是到了 2018 年,则是以确立国家行为与形象作为对外开放的格局。国家作为"走出去"的主体,把扩大教育对外开放、加强国际合作与交流作为国家教育战略的关键环节;到"请进来",国家整体部署多种方式利用国外优质教育资源,开展多层次、宽领域的教育交流与合作;尤其值得关注的是 2016 年发布的"十三五"教育规划,在教育对外开放上已完整体现了一个日益被世界关注的大国形象与责任。提出一是紧紧追随国家战略,优化教育对外开放布局,实施共建"一带一路"教育行动;二是积极参与全球教育治理,深度参与国际教育规则制定,充分利用国际组织平台,主动在全球教育发展议题上提出新主张、新倡议和新方案,强化我国在国际教育治理中的负责任形象;三是创新方式,推广我国教育评估认证标准和教育改革发展的经验,有选择地输出中国方案、中国故事与中国理念。在加入WTO 的 16 年中,中国教育呈现出全面开放学习的形象,16 年后,**中国处于开始确立在全球化平台上的一个负责任大国的角色与参与反哺输出的窗口期,正如我们曾经抓住加入全球化窗口期一样。**虽然"走出去"不仅仅需要意愿,还要有实力和战略目标,同时更要有应对全球"电闪雷鸣"变革的能力。

以上对 2010 年《教育规划纲要》高等教育五个方面的政策纵向梳理,有以下发现:① **在历史占位上是承接精英教育转向大众教育的转折点。大众化目标的实现是中国高等教育发展史的重要一页,决策实施大众化到政策理性指导是区分这两个阶段的坐标,认识到伴随大众化生成的问题并把握管控这个问题是不同阶段过程。**2010 年的《教育规划纲要》对高等教育发展提出了"分类"管理的指导方针,化解了纠缠于精英质量观念的争执与实际办学趋同化的倾向,保障高等教育大众化健康发展。面对近三千所大学,按家长还是国家需求,按校长还是地方需求,各方需求与利益的兼顾与平衡是"分类"办学与管理政策提出的"痛"点,追求办学"高大上"到回归现实的"分类转型"是各地政府和学校不得不面对的问题。直至2018 年,这一分类办学思想正在转化为不同类型办学的具体政策。② **在实施策略上是基层诱致性制度创新催生政府强制性制度创新。**顶层设计是《教育规划纲要》的一大特点,而顶层设计在高等教育领域主要特色是提出了"问题",其能够抓住这些"问题"的底气一方面源于政策出台前的全国性研判①,另一方面是选择了以政府强制性主导的全国精准试点改革路径有关,即政府提出凡涉及高等教育深水区的改革主要是通过不同区域基层高校的试点,

---

① 国务院成立国家教育体制改革领导小组,按照"统筹规划、分步实施、试点先行、动态调整"的原则,组织开展重大改革试点。共 10 个试点中直接与高校有关的是拔尖创新人才培养改革、考试招生制度改革、现代大学制度改革、省级政府教育统筹综合改革,见《教育规划纲要》工作小组办公室:《全国教育工作会议文件汇编》,教育科学出版社,2010。"2010 年 10 月,《国务院办公厅关于开展国家教育体制改革试点的通知》提出在部分地区和学校开展试点,形成了国家统一实施、地方承担试点和基层自主改革三个层面推进教育改革的格局。""国家层面上的试点地区和学校共 425 个,省级单位以下试点的基层学校、地区和县域多达几千个单位。"见国家教育行政学院:《国家教育体制改革试点阶段性研究报告(高等教育卷)》,教育科学出版社,2014。

从而有可能探讨在全国范围内可实施的正式制度范本。因此,注意 2010 年《教育规划纲要》中涉及高等教育改革部分,更多是待研究与不确定的。5 年后,特别是 2015—2018 年,许多《教育规划纲要》提出的改革预期才陆续实现或有了答案。为什么会有这样的时滞发生?**这恰恰是政府面对改革深水区又涉及多方利益博弈格局所采取的积极做法:强制性"出题"(提出问题),强制性"切题"(把问题放到基层),诱致性"解题"(让基层提供"制度"选择),强制性"破题"(全国推行)**。2010 年改革文件的最大特色就是确定改革路径,让基层出政策。政府对改革预期很现实,公共政策若没有广泛地政策认同与激励相容的利益平衡,很难出台实施。强制性行政审批制度贯穿了改革开放后的前三十多年的改革历程,重大会议出台的文件常常都是强制性的。然而,《教育规划纲要》的现实版与之前不同之处就是更明晰地让基层进行普遍的制度创新并等待时机供给正式制度。从最先 6 所大学制定大学章程到 211 高校制定章程,再到"一校一章程",直至呼唤有约束力的"宪法"章程,这是 2011—2018 年的大学"章程"之路。同样,许多试点项目在原既定的期待中逐步"偏离"了初衷,打破了原有的利益格局,使改革更为彻底,如《教育规划纲要》提出引入竞争的"985""211"工程,在改革的第 5 年被"双一流"替代。2017 年五部委联合发布"放管服"文件更能说明基层高校的诱致性制度创新对原有制度存量的破解[①]。该文件指向明确,即完善中国特色现代大学制度,破除束缚高等教育改革发展的体制机制障碍,进一步向地方和高校放权,给高校松绑减负、简除烦苛,让学校拥有更大办学自主权,并提出向院系放权,向研发团队和领军人物放权。在六大项"编制及岗位管理、学科专业设置、进人用人环境、教师职称评审机制、薪酬分配、经费使用"20 条中 13 条都体现了这一精神,同时也在每条及第八项共 3 条强调政府转变管理服务模式的要求。特别在第七项中强调依法依章程行使自主权,强化高校章程在学校依法自主办学、实施管理和履行公共职能方面的基础作用。坚持学术自由和学术规范相统一,推动学术事务去行政化;充分发挥高校学术委员会在学科建设、专业设置、学术发展、学术评价等事项中的重要作用。这些制度性条款来自这些年所有学校为之创新与推进的贡献,来自政府放权让基层学校试点试错,是无数高校的制度创新博弈成就了这份来之不易的"放权"文件。

③ **在中央与地方关系上,高等教育两级管理体制以"中央为主"转向"地方为主"首要是明晰两级管理高等教育的事权与财权**。进入高等教育大众化后中央办学与地方办学的格局已由之前的地方占比 65% 达到 97%[②],而高等教育管理权绝大部分仍在中央。虽然中央文件多次提出高等教育发展的统筹权归地方,但由于整个制度环境特别是人财物等行政性审批权多数仍管辖在中央各部委,并非全由教育主管部门说了算,以至于国务院自身出台的文件若仅仅只是提出破除制度性"障碍"问题也并非都能够解决。高等教育管理体制从中央与部委、政府与高校、中央与地方三者关系上看,只有中央部委办学关系随着 1998 年的高校管理体制改革基本解决,后两者都在改革路上。由于中央与地方的事权与财权的不清晰导致高校的行为发生似乎都与中央有关,形成千所高校"看"中央、"等"中央、"跑"中央的局面。张

---

① 2017 年 3 月 31 日,教育部、中央编办、发展改革委、财政部、人力资源和社会保障部发布《关于深化高等教育领域简政放权放管结合优化服务改革的若干意见》(教政法〔2017〕7 号)。

② 2017 年教育部公布的 2016 年数据。

婕等在落实《教育规划纲要》三年后"高等教育综合改革"试点分析一文中①,指出试点反映高校现存的"院校设置、招生计划审批、专业设置与审核、人才引进、人事编制、职称评聘、考试招生、学位授予、学科建设、经费管理与使用、毕业注册"等权限都不同程度归属政府,且多数仍然在中央主管部门,导致改革难以深化。从试点分析看,地方高等教育省级统筹权多年来主要体现为"击鼓传花""力争项目""法宝共建""施以宽松""横向掣肘"五大特色②,各省对高校的管控也"松紧"不一,如果省级管理部门保持一定的宽容度,则对辖内的高校创新就是最大的支持了③,见表 W1-6,列入微信 1-9。其中,中央与省级事权与财权议题已列入改革时间表。2016 年 8 月 16 日,《国务院关于推进中央与地方财政事权和支出责任划分改革的指导意见》发布,2017 年 5 月 31 日,国务院办公厅印发对省级人民政府履行教育职责的评价办法的通知。虽然对地方管理高等教育统筹权的力度还需观察,但以"地方为主"已指日可待。

二、《教育规划纲要》实施特点与中期评估启示

本研究在查阅了有关文献后发现④,以往的历史性文件总给翘首以待的学校施以政策红利,而不同需求的利益群体也都希望新的制度红利降临自身。但**2010 年《教育规划纲要》与其他领域或之前高等教育改革文件最大不同是没有可兑现的直接获利性政策,全部都需要试点探索可能的制度供给**。因为改革进入了新阶段,即皆大欢喜的局面终止在早已不均**衡发展的区域与学校**,以往增量改革获利的群体可能成为固化保守的群体。2016 年全国教育工作会议关于《教育规划纲要》颁布实施 5 年来情况总结提到两个基本观点,可以看到主管部门对改革预期的心理准备与主要策略:其一把这项改革涉及范围作了认定,它是"涉及中央 50 多个部门,涉及省、市、县、乡多个管理层级和各级各类学校,涉及思想观念、体制机制、利益调整,是一项庞大而复杂的系统工程",三个"涉及"揭示了改革的"对象"及"关键";其二把改革主体作了认定,三个"充分"奠定了"基层"作为创新推动的改革主体:"充分调动

---

① 国家教育行政学院:《国家教育体制改革试点阶段性研究报告(高等教育卷)》,教育科学出版社,2014,第 30 页。

② 地方高等教育省级统筹权多年来主要体现为"击鼓传花""力争项目""法宝共建""施以宽松""横向掣肘"五大特色,具体是指:省级主要负责将中央部署的政策不节流地传递到高校、中央预算外专项的争取是获得常规外政策支持的关键、促使省部共建辖内高校以求特殊政策支持、省级对辖内高校的软性管理施以最大容忍度、来自因中央政策约束而导致本省教育之外部门的限制。见本书第三章有关分析。

③ 2013 年,广东省出台了关于推进扩大落实高校办学自主权的 36 条意见,省教育厅下放了 85% 的对高校的行政审批权。参见邬大光:《高等教育第三方评估有关情况》,教育部官方网站,http://www.moe.gov.cn/jyb_xwfb/xw_fbh/moe_2069/xwfbh_2015n/xwfb_151204/151204_sfcl/201512/t20151204_222888.html。

④ 国家教育体制改革领导小组办公室组织编写的《落实教育规划纲要两周年报告》《落实教育规划纲要纪实》《全国教育工作会议文件汇编》及国家教育行政学院编著《国家教育体制改革试点阶段性研究报告(高等教育卷)》,参见孙霄兵:《中国特色现代大学制度建设研究》,教育科学出版社,2014;教育部政策法规司高等教育司编《中国特色现代大学制度文件辑要》,教育科学出版社,2013;王保华主编《中国高等教育舆情报告(2015)》,高等教育出版社,2015;王保华主编《中国高等教育舆情报告(2016)》,高等教育出版社,2016。

基层和学校的积极性、主动性、创造性,充分考虑各地各校的差异、鼓励因地制宜大胆实验,充分尊重地方和学校的意愿、避免一刀切"。所以,**2010 年《教育规划纲要》的政策红利是对高等教育数十年积累的深度问题直面破题,并将"解题钥匙"交给了基层高校与地方,这是走到改革深水区阶段政府坦诚面对的智慧之举。**

围绕发展、改革、保障的 20 个重大关键改革项目(后分解为 190 项)由国家层面组织实施,如高校考试招生制度。425 项重点领域与关键环节的改革由各省、各部门认领并在所管辖区域内试点,覆盖东中西、涉及各级各类教育。同时鼓励和支持各地各校大胆实验,初步统计,试点单位达到千位数。这几年各地实施试点已影响着所有学校。**与其说《教育规划纲要》将改革"标的物"划出,不如说《教育规划纲要》是 10 年制度创新的发令枪。**从 2011 年教育部制定高等学校章程制定暂行办法后,据不完全统计,高等教育放权的制度供给"势如破竹",见表 W1‑6。其中,中央主管部门改革的难言之隐是一些人财事权改革涉及其他主管部门,需要触动这些部门的简政放权。因此,当试点中更多基层高校的呼声都直指上述要害,利益群体的意见分野与获利格局势必也越发明朗,中央各个部门对基层问题的把握与解决时机也日益清晰,由下倒逼的改革机制即使在有约束的条件下也易寻求到改革的最大公约数与获利的帕累托改良方案,一个点上的突破带动了一个系统的连动,这是此轮系统性改革的特点,即主管部门采取"直面破题、试点探底、深水博弈、自下逼上、先抑后扬"的改革路径策略,形成系统解决问题的制度供给,2012—2017 年出台的一系列高等教育改革文件就是一个明证。只要改革试点还在路上,制度红利就会顺势而至,只要坚持系统改革,改革试点的虹吸作用与扩散效应就能不断释放。

因此,看 2010 年《教育规划纲要》的特点,不在其本身肯定的成绩,而在提出的问题是否直至要害并有共识;不在其给出何种界定与判别,而在给出解决问题路径的操作性与可行性;不在其出台了多少许诺,而在给出今后探索政策空间的广度与深度。教育部在实施《教育规划纲要》时已明确 2010—2015 年要与"十二五"规划相结合,2016—2020 年期间与"十三五"规划相统一。前一个五年落实《教育规划纲要》"国家层面出台了 300 多个政策文件,以将《教育规划纲要》确定的大政方针细化为具体措施和操作办法,确保能够真正落地"[1],也就是说,为了落实《教育规划纲要》的实施文件则是主管部门"确保《教育规划纲要》落地"的配套手段。高等教育在其中占据五分之一[2],从 2012—2017 年的相关文件看,与《教育规划纲要》改革诉求一致甚至走得更远,《教育规划纲要》已为 2016 年出台的"十三五"规划奠定了坚实基础,在高等教育改革方向上,"十三五"规划的重大政策导向更明晰。**教育部2017 年工作要点显示的高等教育改革目标大部分已远远超出了《教育规划纲要》的预期,主要标准看其推进资源配置转型的趋势方向与力度,看其资源配置转型成本最小化而受益最大化。**

既然《教育规划纲要》有以上实施特点,那么,它的中期评估情况如何呢? 2015 年 12 月 4

---

① 2016 年全国教育工作会议《关于教育规划纲要颁布实施 5 年来特别是党的十八大以来教育改革发展情况总结》。

② 引自中国教科院 2017 年 5 月 29 日发布的《"十二五"教育政策回顾与"十三五"教育政策展望》研究报告。研究报告指出,"十二五"以来,国家共出台相关的重大教育政策文件 741 个。按照重大教育政策内容领域分布情况图上显示,高等教育方面政策文件是 146 个,占总文件数的 19.7%,接近五分之一。

日,教育部组织了对《教育规划纲要》实施五年的中期评估新闻发布。**首先**,这是改革开放以来中央政府实施教育重大政策的第一个评估发布,尽管以往政府每年或五年的工作年度会议会进行总结,全国人大常委会自 20 世纪 90 年代中期也要求国务院职能部门向其作专项报告,但是,与《教育规划纲要》中期评估是有区别的。**对重大政策实施实行评估,是政府政策出台直至被替代循环往复周期中的一个重要环节。政府能够将政策作为一个生命周期看待本身蕴含着对政府治理理念的尊重与理性,这是政府公共服务理念的重大转变和重要体现。**同时评估结果向社会公布与工作总结内部运转也不同,形成积极回应《教育规划纲要》公开征询社会意见并向社会发布该文件的政策闭环。**其次**,这一公开信息行为有行政依据保障。2010 年 4 月 6 日,教育部发布《高等学校信息公开办法》,要求当年 9 月 1 日起施行。这个办法开宗明义说明为什么要公开信息?主要有三点:保障公民、法人和其他组织获取高等学校信息;促进高等学校依法治校;根据《高等教育法》和政府信息公开条例的有关规定。同时政府信息公开已是世界各国政府公共治理的基本措施与潮流①。《中华人民共和国政府信息公开条例》已经 2007 年 1 月 17 日国务院第 165 次常务会议通过并公布,自 2008 年 5 月 1 日起施行。教育部不仅自身需要执行政府信息公开条例,也要求所管辖的公共机构执行此条例。公共政府与公共政策的基本前提是提供公共服务,那么公开政策与实施情况就是题中之义了。只有政府带头执行执政信息公开化,才能让公众在有知情权的前提下享有批评建议权与参与权。**再次**,这一中期评估方式采纳了国际通用的第三方参与,而不是政府自我评估。这一做法至少表明政府的诚意及承受预料不到后果的能力。从公开的评估信息看到,主要是由一所大学的高等教育发展研究机构主持了总体评估报告,同时,由中科院与工程院分别主持了《应长期坚持重点高校招收农村和贫困地区学生的各项政策》《卓越系列人才培养计划实施情况评估简要报告》。教育部有关机构、中国高等教育学会及相关国家教育咨询委员会专项委员等发表了评论。这样一个组合是主持者精心的设计安排,既突显了第三方的行业专业性,也形成了一个综合权威性。在新一届政府提出要提高治国理政现代化的执政理念下,教育主管部门实行第三方政策评估不仅是顺势之为,也是一个公共政府执政能力的制度创新。第三方对《教育规划纲要》五年中期总体评估报告简要,见微信 1 - 10。作为公共政府对公共政策的常态理解比较偏向于政策的初期制定与公开,能够注重政策实施、督办、监测和调查反馈,已是政策生命周期的关键环节,而第二轮公众关注度聚焦主要是

---

① 在各国政府中,美国是最早采用电子政务术语的。1993 年 9 月电子政务(Electronic Government)一词首次出现在政府文件《创造一个效率更高、成本更低的政府:从繁文缛节到结果导向》中。2009 年 1 月,时任总统奥巴马签署了《透明与开放政府备忘录》,明确了政府公开工作中的三大原则,即透明、共享和协作。5 月,联邦首席信息官委员会建立的数据门户网站 data.gov 上线。作为国家数据门户,data.gov 致力于整合各级政府部门、公共部门、自愿参与的企业以及其它国家政府的所有开放数据,使公众能够对政府数据资源进行高效的开发利用。同时,data.gov 也建立了民众向政府部门的反馈机制,以及 data.gov 向政府反馈的机制。一方面对政府数据的开放工作提供了沟通渠道,另一方面也倒逼政府进一步挖掘自身资源,实现更全面的开放。美国白宫分别在 2011 年、2012 年、2014 年和 2016 年发布了 4 份《开放政府计划》。2013 年,美国将电子政务的工作重点由开放政府转向开放数据。2013 年 5 月,奥巴马签署执行令《把开放和可机读作为政府信息新的默认状态》,把"默认开放"作为开放数据工作的核心原则。2014 年 5 月,美国政府发布《美国开放数据行动计划》。引自闫德利、高晓雨:《美国数字经济战略举措和政策体系解读》,腾讯研究院,https://xw.qq.com/cmsid/20180903A1AJP800。

信息比较捕获①,从中发现异议质疑公共政策与政府。第三轮是对延续的政策或更替的政策进行反馈,比如"十三五"规划与"十二五"规划之间的延续关系,对高等教育质量政策措施的调整。如果不能连续性地对重大制度创新进行跟踪分析调整,我们会与改革窗口期或利益博弈僵持期擦肩而过,丢失最佳改革预期。从传播视角看这次《教育规划纲要》实施5年后公开披露的不足,主要是对前后政策落实及延续情况没有梳理分析,对深水区的系统改革难度的攻坚情况没有披露,不同参与方在对外评估中充当的角色定位没有清晰,改革分享者对制度供给红利的获得反馈没有表达,以致人们对《教育规划纲要》的价值评估不甚清晰,降低了对这一重大政策历史地位的判别,也易造成改革阶段性成果不明而滑入改革倦怠期。特别是政府对外重大公共信息披露之间没有综合谋划分工,造成素材信息源存在相左且不能共享、不能从不同角色优势来诠释互补信息源、对重大问题的认定程度不统一、造成受众对发布源认知不一、降低了公信力。尤其是披露的问题与《教育规划纲要》中已提出的有什么不同,针对不同问题的梳理缺乏深度解析,易导致公众产生政策无力及做无用功之嫌。尤其需要指出的是政府、第三方与研究机构三者在对重大政策做评估公布时,更应该对政府角色的实施行为做基本点评②。因为《教育规划纲要》是政府公共行为,基于信息源的客观点评不仅可以丰满素材的理性层次、更应该做较合理的国际比较、同时有利于说出主管部门自身不便说但公众应该知晓的隐情,以及转型中不利条件造成的制度约束,促使公众(包括基层学校广大师生员工)真实了解公共政策实施过程的复杂性与长期性,有利于理性参与今后的改革实施。如果决定政府授权参与方的研究报告不对外公开,就不存在上述几方权威报

---

① 互联网无处不在的公共空间给公众捕获信息带来便利,他们用几乎没有成本的代价进行信息比较。比如公众对第三方报告人的公共信息的捕获比较就能得出对公共信息源真实状况的评价。作为第三方报告人厦门大学高等教育发展研究中心负责人的邬大光教授,他本人作为高等教育资深研究者,对时局的言论判断会部分影响公众对报告公信力的判断。2016年8月27日见报,邬大光对将高校学生创新创业与课堂教学对立的看法提出质疑,呼吁向大学课堂要质量。他列举实例说明大学课堂的危机,认为"已经折射出了今日大学的教育教学生态","一个显见的事实是:课堂教学的弱化正在迅速蔓延",呼吁"如果课堂教学方式不发生改变,如何培养什么各种人才? 如果不向课堂要质量,向什么要质量?"作为研究者的评论无可厚非,但作为同期报告者对高等教育质量满意度的评估发布则可能影响公众的判断。因此,受政府委托的报告者对评估报告内容对外传播的确凿公共性要保持高度警觉,避免信息不对称。又如,2017年7月2日,邬大光撰文《高等教育的质量底线》,提出了我国高等教育质量的"混沌"的原因是外部质量保障与内部质量保障的不完善,特别是学校反映质量的基本数据不健全。他列举了2009年教育部委托世界银行做了一个扩招10年以来的中国高等教育质量分析报告。但是世界银行的专家组在中国待了一个月之后,给出的评价是0。这个0不是0分,而是说因为没有大量的数据,无法对中国高等教育的水平做质量上的评价,代表弃权票。笔者认为,2010年《教育规划纲要》提出要建立普通发布高校教学基本状态数据库,发布教学质量年度报告。虽然五年后的一系列质量评估与监测数据相关,但这些操作性技术保障对教学质量状况仍然只是监测,真正改进教学质量是一个教学激励相容的制度环境,本质在教师的人力资本输出质量的激励相容。

② 中国教科院2017年5月29日发布《"十二五"教育政策回顾与"十三五"教育政策展望》研究报告,报告指出,"根据部党组要求,中国教育科学研究院聚焦'"十二五"以来我国教育政策和重大举措评估及"十三五"拟出台的重大政策建议'开展深入研究,对'十二五'以来的重大教育政策和举措分门别类进行梳理和评估,在此基础上提出了'十三五'时期的教育政策建议,为完善我国教育政策体系提供了决策参考"。该研究报告也存在公共传播中角色缺失的同样缺陷。

告"打架"问题,而对内的报告更应提倡"知无不言言无不尽"①。

三、《教育规划纲要》对我国高等教育资源配置转型的影响

分析的逻辑起点要问,改革的基本动力是谁? **从 1978 年改革开放起点,政府一直是改革的领导者。谁是改革的动力?** 追踪改革路径,研究关键时期的政策,分析高等教育资源配置转型 **40** 年的走向、性质与程度,都与亿万期盼有更多机会享受更好高等教育的人民群众有关,他们既是改革的需求方也是改革创新的供给方,更是扭转矫正改革方向的评判方,只有他们的存在与需求才迫使政府不断改革,所以,推动高等教育资源配置制度转型的动力是百姓。

那么,高等教育资源谁来配置更好? 由怎样的方式配置更好? 1978 年之前完全是由政府垄断配置资源,改革开放后这个配置主体逐步发生了变革,原由政府独家配置发生了转换,更多的社会与市场主体参与了这一配置,而作为高等教育主体的学校也逐步成为配置的一方力量。当政府、市场、学术三方都参与了这一配置时,三种力量配置高等教育资源的利益诉求及各方较量就会发生制衡关系,**究竟怎样的制衡是高等教育资源配置的帕累托最优? 怎样的力量博弈使资源配置的成本最小而效益最大? 又有怎样的制度环境能够促使三方力量都发挥其应有作用而不越位错位缺位?** 这个制度博弈伴随中国特色社会主义市场经济的建立完善已 40 年,因而这个过程是一个基于从计划经济转向市场经济背景下的资源配置方式转换的制度变迁。2010 年的《教育规划纲要》作为新世纪第一个具有代表性的政府集成文件则是政府在一个重要历史转折阶段重新安排资源配置的产物,这个"产物"的运行方向是朝着上述"三问"呢还是逆向而行,这是本研究要弄清楚的地方。

在回答上述问题前,需要再重温一个事实,即为什么政府会逐步让渡配置高校的权力? 让我们看看以下两组数据:1949—1978 年的 30 年中,我国高等教育学校从 205 所增加为 598 所,在校生从 11.7 万人增加为 85.6 万人,后 40 年(1978—2018 年)普通高等学校总数增加到 2 663 所,在校生达到 3 833 万人②,分别是 1978 年的 4.45 倍、44.78 倍。1978 年前主要以高度集中的计划经济作为高等教育资源配置方式,可以假设过去的计划经济只需要这些高等人才就能满足,然而事实并不是这样。1985 年已有高等学校 1 016 所,比 1978 年增加了近一倍,许多还是在拨乱反正后恢复起来的学校并且因 10 年"文革"积压了太多迫切

---

① 2016 年全国教育工作会议关于《教育规划纲要》颁布实施 5 年的总结中说明了开展教育满意度测评目的及委托第三方的任务,但没有具体列举测评内容。

② 《最新统计! 2018 年教育事业发展大数据来了》,搜狐网,http://www.sohu.com/a/297963310_440562。参考数据:2016 年 4 月 8 日教育部在京发布的《中国高等教育质量报告》与 2017 年 7 月 10 日教育部统计公报。其中显示:2015 年,中国在校大学生规模达到 3 700 万人,位居世界第一;各类高校 2 852 所,位居世界第二;毛入学率 40%,高于全球平均水平。预计到 2019 年,高等教育毛入学率将达到 50% 以上,中国将进入高等教育普及化阶段。根据《报告》的数据统计,中国高等教育"井喷式"飞速发展。以高等教育在学总规模为例,中华人民共和国成立的 1949 年,全国有大学生 11.7 万;决定改革开放的 1978 年,全国有 86.7 万大学生;刚刚过去的 2015 年,中国大学生在校人数达到 3 700 万。与中华人民共和国成立时相比,高等教育的规模增长超过 310 倍,位居世界第一。目前,全世界平均每 5 个在校大学生中就有 1 个是在中国高校学习的。

需求上大学的学生而扩大了办学规模(且还不算成人高等教育的学生)。但之后的 10 年即到 1995 年却仅仅只增加了 38 所(1 054 所),原因只有一个,义务教育普及任务更需要投入资金,而当年全国财政收入只有 6 242.20 亿元[①],国家教育财力不足成为困扰高等教育发展的外部约束。虽然已摸索了数年的收费机制及多渠道办学的政策导向,在最初制度创新中还显得稚嫩与保守,对其他办学力量和机制参与办学尚处于初探过程,对怎样借助市场配置资源更是政界与学界争论不休的焦点。当亚洲金融危机来袭的压力迫使大学扩招仓促上马后,原有国家教育经费严重短缺就更加突出。两难之中将政府推到了风口浪尖,政府的视野被迫寻觅到以往争议的禁区,能不能更多地运用市场机制? 能不能放手让地方办学? **倒逼的破釜沉舟是描述当时政府抉择最恰当一词,政府的制度创新使这一久久缠绕高等教育资源配置稀缺的困境被打破,鼓励地方办学、鼓励民办混合办学解决了高等教育大众化提前实现的奇迹。**尽管这一创新也带来了之后的种种问题,但是创新的不确定性也恰如其分地显现出来,大众化之路的顺利实施是这一制度创新探索突破的结果。所以,跨入大众化四年奇迹的实现充分证明了这是一个制度创新,否则不会称之奇迹,而原先的规划预设是 2010 年。随着义务教育与高中教育的普及提高,全国千百万家庭要上大学的强烈需求持续推动大学的扩招,被压抑许久的地方办学热情如脱缰野马持续飞奔。1999—2002 年高等学校总数从 1 942 所(普通高校 1 071 所)增加到 2 003 所(普通高校 1 396 所),在校生由 718.91 万人(普通高校 413.42 万人)增加为 1 462.52 万人(普通高校 903.36 万人),高等教育毛入学率达到 15%,之后的四年发展(2004—2007 年)使高等学校总数发展为 2 321 所(普通高校 1 908 所),在校生 2 700 万人(普通高校 1 884.90 万人)。虽然 2007 年这一奔腾的烈马被勒令栓紧"适度控制"。由于 2008 年之前我国 18—22 岁学龄人口规模数从 2000 年的 9 837.36 万人逐年增长,在 2008 年达到峰值 12 539.65 万人,因此体现在高等教育扩招上就是整个社会对于高等教育规模的需求仍然一直持续高涨,尽管峰值在 2012 年之后逐年降低,但 2008—2015 年期间又增加了 531 所(2015 年增加普通高校 588 所),在校生增加了 1 000 万人[②]。2015 年地方办学占比达到 95%;2016 年达到 97%。其中,民办高校占比从 2003 年的 8.19% 增加为 2016 年的 28.58%,2017 年达到 28.39%,2018 年达到 28.13%。

追溯这段历史是为了回答**政府为什么要把办学资源让渡给其他力量**,因为在原有体制框架下没有足够可能供给人民群众需要获得的高等教育资源的能力,无论是数量、保障还是质量。从改革开放的初期,政府已经明白转变资源配置方式是摆脱资源稀缺困境的唯一路径,但究竟怎样转变,转变多少,由谁开始,会触及谁的利益等等,都是未知数。改革因为未知数而定义为创新,这也是高等教育资源配置制度转型定义为制度创新的缘由。这一制度创新的转型之路已走过 **40** 年。对改革开放后的前 30 年高等教育资源配置转型的研究结论已非常清晰[③],近 10 年之路依旧是踏着前任的改革路径还是另辟蹊径。根据对近 10 年政府主导的重大政策的梳理分析(2007—2017 年),特别是对 2010 年启动的 10 年《教育规划纲要》制度创新的分析,本研究对比后认为它对我国高等教育资源配置制度转型有以下影响:

---

① 《中国历年财政收入一览表(1950—2011)》,360doc 个人图书馆,http://www.360doc.com/content/18/0521/18/8527076_755771471.shtml。

② 这里均指 2015 年数据,2016 年发布。

③ 康宁:《中国高等教育资源配置转型指标体系研究》,教育科学出版社,2010。

一是新增量改革是以突破存量固化利益藩篱为动力。改革三十年来利益群体格局已呈现固化，与最早都是"无产者"的初始改革条件不同，由于经济发展与区域历史禀赋及各地获取改革特权不一，各地高等教育发展水平与能力差别较大[1]，原有中央赋权获利的政策要重新变革成为极难之事，如重点大学相继20多年的政策支持，光"211工程"与"985工程"的累计投入达到1 100亿元[2]，这些学校利益身份的固化在资源配置转型中越来越成为培育健康竞争学术生态的阻力。2015年8月中央政府深改小组审议通过，并由国务院对外发布的《"双一流"建设总体方案》打破了原有固化僵局。为什么高校对"双一流"方案的创新呈现"万众期盼、翘首以待"，其中，"撬动"不符合高等教育资源配置创新方向的"奶酪"存量，鼓励培育良好的学术竞争生态是实现国家与高校一致愿景的共识。虽然，这一政策的再度遴选成为"千校瞩目"的重头戏而直至2017年还未定局，但是，2010年《教育规划纲要》原有的高等教育重大政策格局在实施中已被重新改写。这一情形还有值得一树的是自扩招以来放开地方办学并下放高职审批权使我国高等教育呈现为半壁江山为高职的格局。但是高职与部分地方本科学校一直以过去精英教育模式为标准，努力升格改名办综合大学的动力与就学者的愿望合为强劲势力，导致高等教育整体"精英质量"滑坡，招致社会诟病。对于2000年后新建的600多所本科院校仍然处于解决基本教学条件、基本教学规范、基本教学质量且"营养不足"的办学阶段[3]，对上述学校办学目标的调整将无疑是一种"宣判性"的，调整阻力之大可从前10年未曾提出而提出之后8年仍然在转型中得知。2010年《教育规划纲要》提出了"建立高校分类体系，实行分类管理。发挥政策指导和资源配置的作用，引导高校合理定位，克服同质化倾向"，2016年"十三五"规划纲要提出"推进高等教育分类发展、合理布局。推动地方开展高等学校分类管理改革试点，以人才培养定位为基础建立高等教育分类体系，研究制定高校分类设置、分类指导、分类拨款、分类评估等制度，努力形成高等学校科学定位、特色发展的局面"。也就是说，2010年前这个问题已经十分突出但涉及众多学校利益，而之后提出"分类"六年才发现我们根本没有高等教育分类设置的标准。现行的《普通高等学校设置暂行条例》是1986年颁布的，缺乏大众化后的高校分类体系和分类设置标准，也缺乏分类学校不同的专业设置、教学质量保障及课程教材体系等一系列指导意见。**2016年后，中央在各类文件中将这一分类改革明确为地方高校转型问题，提出地方高校应转型为应用型学校。**也就是说，我国97%中的绝大多数高校都存在转型问题，对于这么庞大的调整群体这意味着利益调整和都要认同这一改革价值，这一过程一走就是十多年。政府在初期对类型办学可能不是很清晰，但质量"诟病"的全民声讨促使了政府调整的决心，但直到2019年，这个转型仍在路上。这仅仅只是列举的部分案例，足以表明近10年来这样的改革都是以调整原有利益存量为特征的。因此，**高等教育资源配置不仅仅是解决稀缺配置而是转变**

---

[1] 我国高等教育大众化以来，地方办学积极性被调动的同时，由于地区原有禀赋基础及改革开放后发展的不均衡，使得各地高等教育发展水平差距拉大。见王红：《中国教育经费发展历程与未来展望》，上海科技教育出版社，2016。据杨钋对地方31个省区高等教育经费分配（拨款）方式的分析，由于选择的拨款方式不同，其实际投入水平差距较大，见杨钋：《地方高等教育财政管理模式：差异与多元化》，北京大学中国教育财政科学研究所网站，http://ciefr.pku.edu.cn/xmykt/gdjy/gdjy-8339.shtml。王蓉主编《中国教育财政政策咨询报告（2005—2010）》，教育科学出版社，2011，第235页。

[2] 教育部2016年重点工作推进会议资料。

[3] 教育部2016年重点工作推进会议资料。

为调整利益格局的资源配置,而这一点恰恰已转换为提供多样化更好高等教育为需求,整个高等教育供给已从数量稀缺转换到分层质量稀缺阶段。从进入大众化后高等教育质量工程一直是政府的案头工程,但真正确定分类体系这个体制环节还是2010年政府的抉择①。而关于分类理念在学界及国际比较中早已提出,事实教育人们,理论与国外经验在本国的"感同深受"需要漫长地制度演进过程。因为,人们从不以为然、自信满满到寻求灵丹妙药与价值共识再到不降低原有利益的认同是一个漫长的利益博弈与制度创新过程,中央政府为此先后拿出不少"工程""共建""示范"和真金白银来引导平复补偿制度创新中不同利益群体的损益问题②。

二是政府公共治理理念逐步主导高等教育资源配置制度转型。计划经济高度集中的政府管理体制在资源配置上是以管制生产与消费匹配来运行的,只有一种途径与手段,政府以最高权力的决策支配决定所有需求配置。改革开放后为了解决资源短缺,政府让渡了部分高度集中的权力让市场机制与社会资源参与配置,打开了政府、市场、学术三股力量共同配置高等教育资源的局面。但政府在配置资源的功能与定位上仍然存在含糊不清的观念与路径依赖,直至到2010年前整个高教界都弥漫着对政府过度行政化导致改革滞后的不解与不满情绪。《教育规划纲要》提出了要"逐步取消实际存在的行政级别和行政化管理模式",但真正在理念上根本摆脱原有政府管理体制弊端是新一届政府提出的治国理政大政方针,即国家治理现代化。2017年1月中共中央办公厅、国务院办公厅印发《关于创新政府配置资源方式的指导意见》,指出改革开放以来,随着市场化改革的不断深化,市场在资源配置中的作用日益增强,政府配置资源的范围和方式也在不断调整。在社会主义市场经济条件下,政府配置的资源主要是政府代表国家和全民所拥有的自然资源、经济资源和社会事业资源等公共资源。为解决当前政府配置资源中存在的市场价格扭曲、配置效率较低、公共服务供给不足等突出问题,需要从广度和深度上推进市场化改革,大幅度减少政府对资源的直接配置,创新配置方式,更多引入市场机制和市场化手段,提高资源配置的效率和效益③。这既是新一届政府在持续五年来不断深化政府行政审批制度改革的理念依据,也是政府对所有行业管理上都应遵循的基本原则,包括高等教育。2015年各地与中央所属高校在推进综合改革方案中反馈的改革共性问题越来越集中,一些瓶颈障碍越来越凸显,这些问题与障碍直指中

---

① 研究质量问题的焦点是要弄清谁是真实对质量负责并能够负责的第一人选(主体)。本研究还将在后续章节进行分析。

② 政府在改革实施中创造了许多"工程"与项目,有些是转移支付性质、有些是示范引领性质、有些国家专项性质、还有些是损益补偿性质。其中,激励相容与补偿损益是政府宏观调控的手段。但是,在中央与地方、政府与学校事权与财权及权利边界还在明晰过程时,上述手段也很难明晰,甚至会延伸出权力寻租与效率低下。需要从更长的时空中考察制度创新的收益与成本,这也是研究高等教育资源配置制度变迁的初衷。

③ 2010年底,国务院的行政审批项目大约在3 600余项,各省区市的行政审批项目大约在54 200余项。2012年9月,国务院决定取消的行政审批项目有171项,国务院决定调整的行政审批项目有143项。2017年6月13日,李克强在全国深化简政放权放管结合优化服务改革电视电话会议上的讲话中指出,"国务院部门取消和下放行政审批事项的比例超过40%,不少地方超过70%;非行政许可审批彻底终结"。《李克强在全国深化简政放权放管结合优化服务改革电视电话会议上发表重要讲话》,中国政府网,http://www.gov.cn/xinwen/2017-06/13/content_5202214.htm。

央与地方、政府与学校的管理体制与办学体制,焦点仍然是政府过度与错位管理、地方与学校的办学责权利不清①。2016 年教育部工作要点提出"三个进一步"就是回应,即"进一步规范教育行政审批行为、进一步落实和扩大省级政府教育统筹权、进一步落实和扩大高校办学自主权"。近 5 年来,中央政府在教育治理上有三个突出特点:**首先是约束自身,划定权力范围。**建立教育行政权力清单和责任清单制度以及问责清单成为政府对公共权力重新认知。2015 年教育部有关部门在清理中发现,涉及直属高校的权力清单内容达到了数百项,其中均涉及职权法定不统一、法律优先不尊崇、法治统一不遵循等问题②。不断清理原有法规与制止不合公共权力的行为是近几年政府堪称改革力度最大的业绩③。明确要制定权力清单,法无规定不可为;明确责任清单,法定职责必须为;提出"彻底放、放到位"④。**其次是清理自身,坚决"断舍离"。**提出教育管办评与放管服两个方面的改革,继续强调综合运用立法、拨款、规划、标准、信息、督导等管理手段,改变直接管理为间接管理、微观管理为宏观管理,形成政事分开、权责明确、统筹协调、规范有序的教育管理体制。2014 年 12 月《国家教育体制改革领导小组办公室发布〈关于进一步扩大省级政府教育统筹权的意见〉》⑤、2015 年 5 月《关于深入推进教育管办评分离 促进政府职能转变的若干意见》、2017 年 4 月《关于深化高等教育领域简政放权放管结合优化服务改革的若干意见》⑥。推进管办评分离,纠正政府管理教育存在越位、缺位、错位的现象,健全学校自主发展、自我约束机制,让社会参与教育治理和评价,厘清政府、学校、社会之间的权责关系,构建政府、学校、社会之间新型关系,是 2010 年《教育规划纲要》深化教育领域综合改革的重要内容,通过 8 年政府的"洁身、分身、瘦身",为新的转型阶段划清中央与地方、政府与高校权力关系提供了前提条件。**再次是规范**

---

① 2016 年教育部年度工作会议有关资料。

② 涉及职权法定指职权必须由法律法规或规章规定或授予,没有授予不能做;法律优先指要依据法定权限,内容合法,不得越权;法治统一指法律发生冲突时要遵循上位法高于下位法、后法优于先法、特别法优于一般法的原则。

③ 以下来源均为教育部相关文件。2016 年教育部有关部门对 15 个司局和 17 个直属单位的 112 个涉及高校的有关评审评估评比竞赛事项进行清理,研究制定《教育部评审评比评估和竞赛管理规定》,并发布《教育部国务院学位办国家语委关于宣布失效一批规范性文件的通知》,宣布失效 384 项规范性文件。2010—2015 年取消下放 21 项教育行政审批事项。同时汇总分类教育部内部司局 167 项涉及行政许可、行政裁决、行政评审权力内容。了解教育部及直属单位涉及各类标准和"规范""指标体系""指南"等标准化文件近 600 项,正在制定完善教育标准建设与管理办法。

④ 《教育部关于做好教育行政审批制度改革有关后续工作的通知》(教政法〔2015〕7 号)指出"坚决杜绝明放暗留、弄虚作假等行为,坚决杜绝以登记、备案、年审、年检、监制、审定、确认、数量指标控制、限定性规定、增加审批条件等方式变相设定和实施行政审批,坚决查处中途截留、变相审批、随意新设、明减暗增等落实不到位的行为"。

⑤ 该意见在 7 个方面明确省级政府的统筹职责:统筹区域教育现代化进程、统筹教育与经济社会协调发展、统筹城乡区域教育协调发展、统筹各级各类教育协调发展、统筹保障教育经费投入、统筹深化教育综合改革、统筹教育改革发展稳定。同时在高等学校审批、学校收费、学科专业建设、教育规模调控等也赋予省级政府更大统筹权。

⑥ 2017 年 4 月《关于深化高等教育领域简政放权放管结合优化服务改革的若干意见》是由教育部联合中央编办、发展改革委、财政部和人力资源和社会保障部 5 个部门发布的。而最初相关文件商定联合发布的还有中组部、中央外办、外交部、发展改革委、科技部、住房城乡建设部、审计署、海关总署、税务总局等。

自身,监督权力寻租。成立国务院教育督导委员会,建立完善全领域的我国教育督导体制,督导从义务教育扩展到高等教育,督导结果与政府和高校的负责人的业绩考核挂钩。推出政府不再直接评估办学主体的做法,培育鼓励学校自评和第三方介入评估,支持专业机构和社会组织规范开展教育评价。实施《教育部信息公开制度》和《高等学校信息公开办法》《高等学校信息公开事项清单》,加强行政执法、教育督导、纪检监察以维护教育秩序。十八大以来的反腐败在教育领域的主要表现是高校设置与办学收费、高校自主招生、高校工程建设、教学与科研管理、中外合作办学等领域权力寻租问题,2015年以来教育部组织开展9项专项整改治理,如在《高等教育法》规定的本科学校设置审批权限内,调整为省级人民政府和教育部两级实施(由省级人民政府初审、教育部核准),改变了原来规定的由教育部审批。调整高校评审委员会评委的职能为决策咨询和政策咨询,不再具有评审决定权限。出台《教育部关于加强高校自主招生信息公开和监督管理工作的意见》,调研高校教学寻租情况,形成高校教学信息公开制度等。只要有政府资源配置的权力审批,就可能存在权力寻租现象,进一步规范权力边界与放权,就能进一步约束权力寻租。

三是政府、市场、学术三种力量在高等教育资源配置制度安排上更加清晰。如果在40年前、30年前说到"市场""学术",不要说是配置资源,在政府与社会的观念中都是"洪水猛兽"与"纸上谈兵"。但一路走来,现实已澄清并证实了它们在非经营性社会资源配置特别是作为准公共产品的高等教育资源配置的力量。虽然对它们作为配置依据的身份和怎样恰如其分地进入配置资源的环节有数不清的争议,但在现实版的改革探索中这三种力量都凭借各自的资源优势实现了博弈取道。如果2010年《教育规划纲要》在资源配置的主体角逐上还只是再试探,那么,2017年1月中共中央办公厅国务院办公厅印发的《关于创新政府配置资源方式的指导意见》已将羞涩面纱揭开,将市场机制与社会各方配置公共资源的分类原则渠道都一一区分,给市场参与配置公共资源以"正名"。在此之前的实际探索中,我们已见到许多"端倪":作为政府更应该做市场力量与学术力量不能做或做不好的公共服务与维护教育秩序。教育部与财政部以"并重"坐实高等教育成本分担机制与落实学生资助政策,教育部与财政部联手实施中西部高等教育振兴计划(2012—2020年),在对重点高校支持的同时开始把资金投向高等教育薄弱区域,实质是将公共政府的配置导向更多转向机会公平、规则公平以逐步缩小区域、城乡、校际差距,包括向中西部倾斜"长江学者"授予批准和重点高校招收中西部考生的数量上[①]。教育部力推原部属高等教育学位与研究生教育发展中心和教学评估中心转为第三方身份服务于高校,要求高校自愿决定参与学科评估与教学合格评估

---

① 2016年教育部实施年度招生宏观调控计划,分省招生计划向18个中西部倾斜,安排协作计划21万人,比2015年再增加1万人。跨省生源调控计划,实施面向农村和贫困地区的国家专项、高校专项和地方专项等定向招生计划,录取9.1万人,比2015年增加1.6万,增幅21.3%,进一步提高其上重点高校规模和比例。2016年1月23日,为推动高校定点扶贫工作,教育部专门出台了《关于做好直属高校定点扶贫工作的意见》,75所教育部直属高校全部参与定点扶贫工作。"长江学者"向西部等地倾斜,见《教育部办公厅关于坚持正确导向促进高校高层次人才合理有序流动的通知》(2017年1月13日全国教育工作会议上陈宝生讲话)。

或审核评估等①。教育部在面对高端人才抢夺大战中以口头与文件表态反对这种恶性或过度市场竞争行为却效果式微②,直至采取支持高校人才工作联盟在北京成立③,提倡高校间约定同一地区人才薪酬最高限额,鼓励高校建立协商沟通机制,通过行业自律约束引导市场竞争。作为政府在办学体制上一直是鼓励支持社会力量办学,但多年来在产权等问题上含糊不清,使得投资办学者心绪不宁,实际上阻碍了民间对教育的投资积极性。2016 年 11 月修订的《民办教育促进法》和《关于鼓励社会力量兴办教育促进民办教育健康发展的若干意见》,将民办学校分为营利与非营利④。这一民办分类办学管理模式主要目的是促进民间投资依法进入教育领域,并能切实保障民间投资的法律风险⑤,也明确了政府对非营利性学校具有普惠扶持政策,与中央"根据各类公共资源的不同情况和特点,分类分领域创新资源配置方式"相吻合⑥。对于 2016 年占比达到 23%民办高等教育在校生来说,政府在法律上的分类划定也是对他们就学身份的保护与认可。在政府与市场关系上更多引入市场机制配置

① 学科评估是由学位中心自主开展的,由全国学位授予单位自愿申请、免费参评、面向全国授予学位的一级学科开展的非行政性、非强制性、具有第三方服务性质的整体水平评估项目,2016 年 4 月启动的第四轮学科评估有 511 个学位授予单位和 7442 个学科应邀自愿参评。目前合格评估与审核评估还具有一定的行政性背景。

② 2017 年 1 月 25 日,《教育部办公厅关于坚持正确导向促进高校高层次人才合理有序流动的通知》提出,加大对西部、东北地区高校倾斜"长江学者"(这个在 2017 年的推荐工作中已经落实了);不鼓励东部从中西部、东北高校引进人才;高校之间不得片面依赖高薪酬高待遇竞价抢挖人才;提倡高校间约定同一地区人才薪酬最高限额;鼓励高校建立协商沟通机制。2017 年 3 月 12 日两会期间,教育部长陈宝生在记者会上说,西部的人才是"孔雀东南飞,麻雀也东南飞",多项政策也抑制不住,政策要进行"造血机制",提高人的素质。

③ 2017 年 5 月 25 日,联盟由北京大学、清华大学等 12 所高校倡议发起,75 所教育部直属高校集体签约《高校人才工作联盟公约签订书》加盟。联盟成立有助于形成优势互补、相互合作、资源流动的联合体,有助于形成高校人才工作的平台和自律机制,有利于增强人才的流动性。教育部人事司副巡视员赵丹龄表示,政府在政策上支持人才发展,引导人才合理流动,人才特别是高层次人才要教书育人、重诺守信,联盟有助于发挥行业自律作用,共同营造人才发展的良好生态。联盟将建立行业自律机制和沟通协商机制,坚持正确的人才流动导向,破除不利于人才发展的各类体制机制障碍。

④ 修订的《民办教育促进法》对民办学校投资准入及产权保障这些争论多年的基本问题有了一个明确规定,由于此法修订上对投资分类的突破,解决了政府与市场对民办教育的职能与界限。在 2016 年年度教育部工作总结中已初步看到这个规定带来的成果:26 个省(区、市)出台扶持民办教育的地方性法规或政策,大部分都设立扶持民办教育发展专项资金,8 个省(区、市)开展分类试点,温州市对涉及财政、税收、收费、土地、社保等民办教育中多年来的老大难问题进行了破解,消除了民办教育在分类、准入、产权、师资、待遇等方面的政策障碍。教育部推动建立非营利性民办高校联盟,已有 80 所民办高校加入。事实上分类的本质是投资的产权性质与处置问题,这个问题是民办教育发展的"牛鼻子",也是美国私立办学的基本划分。国内对这一问题的探索到确定一走三十多年。

⑤ 截至 2015 年底,全国教育机构数与在校生人数中,民办占比分别为 31.77%、17.58%。民办高等学校数与在校生数占比分别为 28.67%、23.27%,到 2016 年为 28.58%和 23.52%。一直饱受异议的《民办教育促进法》在 2016 年底出台有其深厚的制度环境背景。2012 年国内经济下行,受其影响,教育财政投入难以大幅增加,要保住原定的 4%的比例也需要另辟蹊径。因此,充分调动社会力量办学的积极性,充分鼓励激发民间资本投资办学,充分发挥民办教育在扩大教育公共服务供给,满足多样化个性化教育需求等方面的作用,与整个国家经济新常态的转型导向一致。

⑥ 2017 年 1 月中共中央办公厅、国务院办公厅印发的《关于创新政府配置资源方式的指导意见》。

资源,如鼓励民办、购买服务、引入竞争、公开信息、自选评估、自主选择、协商裁决等,容许因经济、历史、区位因素导致的高等教育区域发展不均衡并实施中央帮扶困难区域的政策,在高等教育发展与提升上不走"平调""均衡""一刀切"①。在中央与地方办学上进一步放权与确权省级高等教育统筹权,虽然还是不甚满足,但对已管理占比 97%省级地方分权趋势没有改变。在政府与高校的关系上进一步下放办学自主权是 2010 年后最大的改革议题,**见图 W1－5,知网搜索"大学自主权"历年发表的文章条目数。**并成为各个高等教育出台文件的首要议题。其中需要特别注意的两大核心议题已被政府认同并摆上议事日程,一个是现代大学制度建设,另一个是负面清单制度。前者是解决多年来未解决好大学自主权的核心问题,**即大学作为法人的根本制度建立问题。**虽然这个问题提出已久但写进中央文件作为政府立改政策是第一次,且实施力度超过以往。走到今天的共识本身也来之不易,即现代大学制度建设完善之日才是大学自主权基本解决之时。后者是一个法律权限的认知与遵循的核心问题,即政府自恃全能权力实施之,那么这个制度根本提不到桌面上。**见图 W1－6,知网搜索"现代大学制度治理"历年发表的文章条目数,**这一议题在学术界成为与政府改革议题热点同步的走势。1985 年中央关于教育体制改革将高校自主权作为一个重要议题开始,高校自主权的下放成为政府与高校互为纠缠且双方都诉说不清的问题。走到 2010 年前后,当大学行政化成为一个泛化议题无处不在时,中央集中各方意见在最终政策表述中确定为"建立现代大学制度"是抓住了解决问题的根本核心:大学不是政府的附属,那是什么? 作为法人的正式制度呈现除国家法律有规定外,大学应该有自己的"宪法"文本《大学章程》,**2012 年高校试点开展的制定《章程》"运动",**看似是一个文本的具体操作,实质是确立大学与政府的分离,即政府要解决的"管办评分离"。这个制度并不是简单文本的出台,整个过程涉及学术界关注到政府与大学之间的所有关系问题,自然,关于大学自主权问题也在其中。但是,核心问题作为"牛鼻子"从认同到抓住是一个思想解放的过程,也是制度创新倒逼的过程,这个过程一走 25 年(1985—2010 年)。**确立建立现代大学制度是彻底划清政府与大学是不同的组织主体,应有不同的管理制度与法律保障,这是高等教育资源配置管理体制转型的一个重大转折点,**之后的道路探索是在一个新制度层面上的制度演进。政府要求制定权力清单、责任清单等正面清单,确定高校办学的负面清单之外的事项由学校依法自主决定是法治理念和社会治理理念的根本转变,法无禁止即权利。负面清单制度是指按照职权法定原则,政府只能做法律授权它做的事,此外,政府不得擅自行为,这是负面清单能够有效实施的前提。目前现有法律在规定政府对高等学校管理权限上不仅存在着不适应之处,也存在着空白之处,负面清单模式授予了市场主体发挥主导创新的空间作用,更有益于大学组织学术力量发挥作用的特点。**尊重学校法人主体地位并完善其实施自主权利空间对增强学术力量配置资源是制度性建设。**实施《教育规划纲要》以来制度创新的一个重要特征就是越来越明晰政府、市场、学术三者在配置资源上的优势。如果大众化发展是政府大显身手的阶段,那么,在多样化、个性化、品质化提升阶段让三种力量各自发挥更大的配置作用,不仅是提高教育效益与效率的制度安排,也是学校能够预期的新一轮制度红利。图 W1－5,图 W1－6,见微信 1－11。

---

① 中央主管高等教育的政策导向为了高等学校农村学籍占比的机会公平而作出了一些调整,如重点大学入学指标倾斜中西部省份、实施没有部属重点大学省份帮扶专项、实施倾斜聘用"长江学者"等。并未见有提出"高等教育发展均衡说"、强制高校毕业生就业配置等违背高等教育规律与市场特点的做法。

　　四是高校办学方向与质量将取决于党对高校的全面领导和主体责任。新一届政府对加强党对高校的领导比以往任何时候都更加重视见表 W1-7,2012 年以来加强高校党建工作相关文件,2016 年 12 月召开的全国高校思想政治工作会议①,重新提出了两个基本问题,一是办什么样的大学、怎样办大学,二是培养什么样的人、如何培养人以及为谁培养人。会议认为两个根本问题都与加强和改进高校思想政治工作有关,而高校思想政治工作又与三个关联问题的定性与定位有关,**首先**再次明确了执政党办大学的使命与地位,即社会主义高等教育肩负着培养德智体美全面发展的社会主义事业建设者和接班人的重要使命,事关中国特色社会主义事业后继有人;因此必须始终坚持党对高校的领导,牢牢掌握党对高校的领导权。**其次**再次明确了执政党办大学的方向与阵地,即坚持社会主义办学方向,始终把握高校意识形态工作的领导权、管理权和话语权,办社会主义大学是巩固马克思主义指导地位、发展社会主义意识形态的重要阵地。**第三**再次明确了执政党对大学意识形态主渠道的管理制度与特点,即思政课是立德树人的核心灵魂,是社会主义大学的本质特征,则思政课教材要体现国家意志,保证教材的正确政治方向和价值导向,在全方位育人上树立正确的历史观、民族观、国家观、文化观。**为了落实这三个问题,再次强调确定以下制度性规范:**① 高校党委对本校工作实行全面领导,高校党委书记作为主要负责人,主持党委全面工作;校长是学校的法人代表,在党委领导下组织实施党委有关决议,行使高等教育法等规定的各项职权,全面负责教学、科研、行政管理工作。② 在校党委领导下发挥好学术委员会的作用。把政治立场和思想政治表现作为遴选成员的底线要求。③ 建立高校哲学社会科学学科专业核心课程教材目录制度,统一使用马克思主义理论研究和建设工程重点教材,其他课程教材优先在国家公布的目录中选用。④ 强化教学纪律约束机制,坚持课堂讲授守纪律、公开言论守规矩,所有教学活动都不得出现违背党和国家大政方针、违背宪法法律、危害国家安全、破坏民族团结等言行。⑤ 强化院系党的领导,保证监督党的路线方针政策及上级党组织决定的贯彻执行,把握好教学科研管理等重大事项中的政治原则、政治立场、政治方向②。表 W1-7 列入微信 1-12。

　　这次会议与其他高等教育重大改革一样对我国高等教育资源配置方式有重要影响,概括起来有三点:**一是高等教育有普遍规律,但各国更有约束自身生长的土壤。**"我国有独特的历史、独特的文化、独特的国情,决定了我国必须走自己的高等教育发展道路,扎实办好中国特色社会主义高校"③。"皮之不存,毛将焉附"是一句老话,长在此处却要附之彼处的"毛"恐怕也是很难的事情。这一重申澄清了一段时期以来高等教育目标定位上的模糊观点,如关于一流大学目标方向的争论。**二是高等教育发展参照不仅仅是国际比较或历史摹本,从来都是现实阶段的产物。**"我国高等教育发展方向要同我国发展的现实目标和未来方向紧密联系在一起,为人民服务,为中国共产党治国理政服务,为巩固和发展中国特色社会

---

① 2016 年 12 月 7—8 日,党中央在北京召开全国思想政治工作会议。

② 以上归纳为本书作者对会议精神的理解。

③ 2016 年 12 月 8 日,习近平在全国思想政治工作会议上讲话,参见《立德树人,习近平这样阐释教育的根本任务》,新华网,http://www.xinhuanet.com//politics/xxjxs/2019-03/18/c_1124247058.htm。

主义制度服务,为改革开放和社会主义现代化建设服务"①。高等学校在资源配置的制度安排上如不能辨别首要为谁服务的问题,就等于自我脱离这一发展阶段与需求,成为无源之水无本之木。**三是高等学校治理模式是一个开放性课题与制度的创新。**现代大学制度的建立包含着党委在高校的制度安排,而这一制度安排取决于怎样把方向、管大局、作决策、保落实,取决于高校党风怎样带动校风师德学风,取决于高校党委怎样在知识分子问题、学术资源配置问题、选人用人问题上的风清气正。这一切作为大学治理的核心必然影响资源配置的方向与质量,是新阶段所有高校面临的创新课题。

《教育规划纲要》2010 年发布,指向新世纪第二个十年,到如今九年过去了,其中重大指导性方向性的战略决策对中国今后二三十年都有影响,特别是体制性的制度创新,如现代大学制度建设、地方大学分类转型应用型大学、民办高校分为营利与非营利性等。**其中大量地政府治理的变革措施积累起来会发生一个质的改变。**如何分析影响,一方面看重大政策对制度转型趋势的影响②,即看哪些政策触及根本制度性创新并演化为较为长期的制度安排;另一方面看哪些政策改革与资源配置转型轨迹一致并促使效益优化更显著。因此,上述分析的一些特点是依据这一视角。仅仅看一些具体政策的影响可能看不清,它们可能只管一两年,但是有了这九年的政策更替变化,就能分析出它们影响高等教育资源配置转型的趋势特点。总的看,这些趋势性变化已超出 2010 年《教育规划纲要》的框架,发生改变的因素是整个经济社会变化对高等教育体制机制改革的要求。

2010 年是 21 世纪第二个十年并实现小康目标的开启之年,也是新世纪中国高等教育大众化实施十年和进入世贸组织近十年,更是改革开放经济持续增长发生新变化的一个节点③,之后面对世界经济增长乏力和我国经济增长下行压力加大的严峻形势,中央提出经济发展进入以增长速度换挡、结构调整加速和增长动力转换为特征的新常态。原有十年教育规划即使已经具备对未来不确定性的考虑,但对于发生这样重大的经济转换也是始料不及的,这就决定了《教育规划纲要》实施中就存有对制度环境的认识矫正,特别是对中国经济在经历了前所未有的 35 年高增长后进入新常态的认识。

2012 年之前的国情特征是在市场相对短缺、成本相对低廉、资源环境约束相对宽松、人口相对年轻、全球化资源互利这样一个人口红利、资源红利、环境红利、制度红利环境下寻求了快速发展,之后正好相对,市场相对过剩、成本相对上升、人口红利逐步消失、逆全球化来袭。**中国高等教育面对这样一个变局的历史窗口,怎样重新调整改革条件参数,提供原有《教育规划纲要》政策背景不存在的制度创新,是 2012—2018 年重要政策转换期的特点,也是改革开放 40 年后重新面对新时代的政策变换期。**

改革开放后,中国高等教育政策在很长时间里仍然留有计划经济管理理念和管理方式

---

① 2016 年 12 月 8 日,习近平在全国思想政治工作会议上讲话,参见《立德树人,习近平这样阐释教育的根本任务》,新华网,http://www.xinhuanet.com//politics/xxjxs/2019 - 03/18/c_1124247058.htm。

② 本研究将在第三章第四章运用指标体系实证这一改革对高等教育资源配置制度转换的影响。

③ 摘自青木昌彦:《对中国经济新常态的比较经济学观察》,在 2015 年 3 月中国高层发展论坛上发表的演讲。根据国际货币基金组织的估计,中国的 GDP(以当前价格计)在 2009 年超越日本,成为全球第二大经济体。但如果以购买力平价来测算实际 GDP,中国的经济增长成绩将更为惊人。2013 年的实际 GDP 达 16.149 万亿美元,大约相当于日本的 3.5 倍(国际货币基金组织的测算)。

的痕迹,形成了中国式高等教育资源配置的政府强干预。强干预配置的特点是政府直接选择配置资源、准入上实施选择性的限制性审批、政府确定发展目标时序节点等,由于多数市场机制与学术作用被政府替代,竞争不足,创新动力削弱,高校产生了惰性和依赖,而过度行政审批的指定性、随意性与选择性,造成了项目寻租与腐败,行政化弊端越来越明显。这些伴随粗放型经济的行政审批成为转型升级的制度障碍,新一届政府在新常态的制度环境倒逼下如果不下大气力根本改变原有资源配置方式,很难逾越这个深水区。因此,这届政府紧紧围绕处理好政府与市场关系,按照使市场在资源配置中起决定性作用和更好发挥政府作用的要求,始终把放管服改革作为实现政府职能转变的一场深刻革命①。

　　新常态下高等教育这一轮的改革是在中央十八届三中全会决议及中央深改组全面改革要求下,迅速调整加大对综合性改革、行政性审批、大学制度治理的力度,同时,这一改革还有来自省市与高校多年来的呼声和压力。上下合谋、大势倒逼、**高等教育近年来的制度创新对资源配置转型进程起到提速作用**。客观看,2010 年《教育规划纲要》中高等教育改革已完成原有使命②,用 20 年完成大众化并将进入普及化阶段的中国高等教育,其开拓性改革已孕育在新世纪第三个十年高等教育资源配置制度创新中,即 2019 年中央发布的《中国教育现代化 2035》。

---

① 2017 年 6 月 13 日,李克强在全国深化简政放权放管结合优化服务改革电视电话会议上的讲话指出,我们推动的"放管服"改革、转变政府职能是一个系统的整体,首先要在"放"上下更大功夫,进一步做好简政放权的"减法",又要在创新政府管理上破难题,善于做加强监管的"加法"和优化服务的"乘法"。如果说做好简化行政审批、减税降费等"减法"是革自己的命,是壮士断腕,那么做好强监管"加法"和优服务"乘法",也是啃政府职能转变的"硬骨头"。

② 本研究对 2012—2017 年教育部年度工作要点进行了分析,2015 年教育部对《教育规划纲要》进行了中期评估后,近两年已淡化对《教育规划纲要》实施的要求,代之以新一届教育部综合改革部署,同时全面部署论证出台《2035 年教育现代化》重大规划。

第二章　制度环境对高等教育资源配置转型趋势的制约

　　本章重点观察分析 2007—2018 年间经济全球化、经济发展环境、国家治理走向对高等教育资源配置转型影响的新特点与新趋势。作为高等教育资源配置制度安排的外部环境,对我国高等教育在 21 世纪前 15 年的影响是什么[①]? 这一影响与过去 25 年有什么不同? 出现了什么新变化? 即中国转型期高等教育资源配置的制度变迁离不开整个国家治理理念转型、离不开经济全球化进程影响、特别是经济发展与经济体制改革不同阶段的影响。本章需要梳理理论界关于这方面的主要观点以及这些观点在实践上对高等教育资源配置制度转型的影响,或是可能会产生的影响,特别是面对经济全球化的新特点、全球治理新理念、我国经济发展新常态下的新对策。考虑这三个领域都发生了非常巨大的变化,加之这些领域学术研究成果厚重,**本研究将重点汲取近些年最有代表性、对课题研究对象最有相关性、可能对趋势预测最有影响的学术观点进行分析**。为指标体系测量提供重大变迁与环境线索分析,特别在综合分析转型趋势时,重点研究新常态下的主要约束条件与已产生的相应影响。

　　在研究我国高等教育制度环境变化中,**我们的视角将关注中国高等教育资源配置深受经济全球化的何种影响[②]**,处在经济全球化不同阶段的中国高等教育资源配置制度创新呈现何种不同,在全球资源配置格局中的形象与作用发生了什么改变。为更清晰地观测与高等教育外部环境关系最为密切的领域,我们重点选择对 21 世纪前 15 年我国高等教育国际化(高等教育大众化)[③]、争办世界一流大学、以大学章程为标志的现代大学制度三个案例进行分析,以期对新环境条件约束下的高等教育资源配置转型趋势特征有所了解。

　　本章分四个部分:一是全球化趋势与我国经济增长相关性的制度环境分析(包括对经济全球化进程、中国现代化进程和中国市场化进程作为影响中国高等教育资源配置制度转型的宏观外部环境,2007—2017 年其相关性的分析论证),二是加入世贸组织 15 年服务期我国

---

① 本研究的指标体系实证主要是 2007—2017 年范围,但在分析框架上,特别是历史阶段沿革上,会存在跨阶段分析,分析跨度为 2001—2018 年。2001 年是我国加入世贸组织的重要节点,到 2016 年正好是服务期满 15 年。这期间,对我国高等教育国际化进程的影响举足轻重;作为影响高等教育资源配置的全球制度环境,这 15 年,无论是数据分析还是趋势特征都需要一个完整的时间背景。作为此章的一个案例分析,是以 21 世纪的头 15 年作为研究范围。

② 本章第一节中就经济全球化与高等教育资源配置转型的相关性做了分析。

③ 中国高等教育大众化从 1998 年面对亚洲金融危机启动到 2002 年实现高等教育毛入学率 15％、即公认大众化指标,再到 2015 年达到大众化 40％,正好贯穿加入世界贸易组织这 15 年。中国高等教育大众化作为新增资源是高等教育国际化的基础,两者互为影响。同时,共同对中国经济面向全球有重要影响。因此本章在分析入世影响时,把该案例放入一并分析。

高等教育资源配置的国际化程度,三是沿革 20 年重点大学资源配置的根本变化,四是全球治理对中国现代大学制度的影响变化。

第一节　全球化趋势与我国经济增长相关性
的制度环境分析

讨论之前,有必要把两个重要但又互为交错的阶段做个说明。21 世纪初中国加入 WTO,作为预备成员正式融入经济全球市场,这个时间是 2001—2016 年。全球金融危机爆发是 2008 年,整个全球经济受影响的滞后反应在我国则在 2012 年后逐步呈现。2013 年中央提出了我国进入"经济发展新常态",2016 年"黑天鹅"事件昭示全球化进程出现重大转型[①]。在 2008 年国际金融危机的巨大冲击下,我国经济仍保持了中高速增长,2013—2016 年平均增速达 7.2%[②]。2017 年召开党的十九大,会议作出"中国特色社会主义进入新时代,我国社会主要矛盾已经转化为人民日益增长的美好生活需要和不平衡不充分的发展之间的矛盾"的重大政治论断。社会主要矛盾转化集中反映出我国社会发展新的阶段性特征。2018 年是金融危机十周年,原有金融体系在全球化和互联网技术的影响下出现较大风险[③]。2018 年也是中美贸易摩擦的第一年。作为高等教育对此变化的反应总体更滞后一些,政府相应政策调整也在"十三五"教育规划中整体有所呈现。因此,在分析这一阶段时,需要注意全球化波动对国内影响的时间交错关系。因此,重新认识我们融入的全球化发生了什么变化,怎样认识这一变化对调整我国高等教育国际化战略定位及资源配置方向,十分必要。

———————

① 17 世纪之前的欧洲人认为所有天鹅都是白色的,直到在澳大利亚发现了第一只黑天鹅,这个不可动摇的信念崩溃了。黑天鹅代表了不可预测的重大稀有事件,它在意料之外,却又改变一切。"黑天鹅"的出现,往往意味着难以预测而又重大的损失。美国大选特朗普上台,英国脱欧英镑贬值,中国 A 股熔断、四天蒸发 6 万亿,意大利公投失败、影响或超英国,OPEC 会议原油减产,美联储加息美元走强,人民币跌破多个关口、持续贬值。2016 年被称为"黑天鹅之年",全球经济跌宕起伏,各大市场频繁上演"过山车"行情。

② 黄泰岩:《社会主要矛盾的转化规律及其政策取向》,人民网,http://theory.people.com.cn/n1/2017/1121/c40531-29658382.html。

③ 张昕:《金融化与全球资本主义的秩序之争》,《文化纵横》2018 年第六期。该文作者对 2008 年金融危机性质进行了深度剖析:美国主导的战后国际金融秩序是全球金融危机的源头。1998 年和 2008 年两次全球性的金融危机的区别:1998 年金融危机冲击的主要还是部分新兴经济和发展中国家,2008 年的金融危机则源自资本主义核心国家内部,也是打破冷战之后对于历史终结乐观预期的标志性事件。1989 年到 2018 这 30 年时间,金融化时代的全球资本主义这一轮周期波动引发的是全球权力的重新分配,一个历史长周期的新循环似乎正在缓慢重新展开。而 2008 年全球金融危机作为一个历史节点,则激发了人们对于全球资本主义体系特别是美国金融霸权地位的批判性反思。一方面,在金融领域和贸易领域内,新生力量正沿着不同的轨道走上国际舞台,如中国、俄罗斯、伊朗等国家通过鼓励双边贸易中接受各自本币、货币互换、甚至易物交易来规避各自对美元主导的货币、支付、金融体系的依赖带来的风险;另一方面,这些努力也遭遇美国的强力回击,美国甚至不惜因此和自己的盟友撕破脸皮、剑拔弩张。随着美国的金融霸权出现衰退迹象,全球金融秩序的未来走向呈现出高度的复杂性和不确定性。面对这一发展态势,重塑金融体系及其与实体经济的关系,成为一项亟待完成的工作。

　　本研究对高等教育资源配置指标体系的建构基础主要是由外生性变量(社会经济制度环境)和内生性变量(高等教育内部制度安排)的交互作用产生的。这些变量既决定着高等教育关键资源转型的性质、程度和方向,又是影响高等教育资源配置方式选择的基本因素。这些变量成为本研究建构的高等教育资源配置转型指标体系的主要内容①。它们在改革开放40年的制度变迁中发生着怎样的变化,它们作为高等教育体制改革的基本内容一直成为研究对象,本研究作为持续性研究就是不断观测分析这些变量与高等教育资源配置转型程度的关系,同时也要发现影响这些变量变化的外部环境条件。中国改革开放40年所经历的转型,是以经济基本制度的变迁为基础,但目标方向却始终是现代化转型,而且这一转型也始终处在经济全球化之下。**经济全球化进程、中国现代化进程和中国市场化进程仍然是20世纪末与21世纪前20年影响中国高等教育资源配置转型程度最为重要的宏观外部环境。作为外部力量决定和影响着高等教育的制度选择和制度安排,与高等教育的制度创新具有紧密的相关性。**本研究延续了前30年的研究设计与思路,重在观测这三大影响高等教育的宏观环境的变化。前30年的研究实证表明,这三大进程始终是决定我国发展进程的重大宏观环境,它们作为三个制度变量的演进方向始终没有偏离并影响着我国发展的主导方向,同样,也成为影响我国高等教育体制改革进程前30年的主要外生变量。那么,近十年来,经济全球化、中国市场经济发展与中国现代化进程是否还是影响高等教育资源配置转型制度变量外部约束的主要条件? 本节除详细对全球化趋势与我国经济增长相关性及对高等教育资源配置转型的影响做制度分析外,还延续对经济全球化进程、中国现代化进程和中国市场经济进程进行了相关性分析②。**本研究认为,三大制度变量仍然是改革开放40年主要影响高等教育制度转型的外生变量**(见图2-1-1)。这一证实发现仍然可以作为改革开放40年高等教育资源配置指标体系理论模式构建的依据之一③。

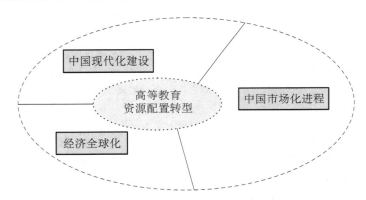

图 2 - 1 - 1　影响中国高等教育资源配置转型程度的外部环境

①　康宁:《中国高等教育资源配置转型程度指标体系研究》,教育科学出版社,2010,第13页。
②　由于本研究获取这三大进程的研究文献存在着学术研究的不同目的与设计,加之研究的获得数据存在非连续性,使得本研究在选取资料方面存在不完整性,但仅就现有资料的可利用性不影响本研究的研究目的。至少从现有分析可见,已能够说明近10年来三大进程作为我国高等教育资源配置转型进程的外部环境因素仍然具有密切相关性,并与改革开放后的前30年的论证研究结论具有一致性。
③　康宁:《中国高等教育资源配置转型程度指标体系研究》,教育科学出版社,2010,第14页。

　　本节主要围绕两个议题：**第一**，经济全球化趋势对我国高等教育资源配置制度转型的影响。重点从两个视角入手：一是中国融入经济全球化15年尤其是全球金融危机发生后对中国的影响；二是中国高等教育在15年保护期中，其资源配置方式受到的影响及响应逆全球化的战略调整。**第二**，经济全球化进程、中国现代化进程和中国市场化进程作为影响中国高等教育资源配置制度转型的宏观外部环境，本节将对近十年的影响相关性进行分析论证。

　　第一个议题：经济全球化趋势对我国高等教育资源配置制度转型的影响

　　2001年中国主动加入世贸组织，世贸组织同意中国有15年的保护期①，正好在2016年底结束。对15年我国与全球相融的过程与特征的基本共识，将有利于对我国高等教育资源配置制度转型状况的分析。这15年正好是二战以来经济全球化的鼎盛期及转型期，也是我国开放经济占据着比较优势获得最快发展的窗口期，能够抓住这一轮全球化利益共享的"尾巴"是中央政府深化对外开放的重大抉择。**现就全球化产生与变迁的历史脉络和动力分析带来全球高等教育资源随新兴产业、资本市场与制度创新的走向流动的规律特征，中国加入世贸组织的15年是融入经济全球化的热身期，经济全球化在2008年全球金融危机爆发后出现了新的特点以及重新审视中国高等教育资源配置的转换与趋势的制度环境等四个密切相连的问题分析如下。**

　　第一，全球化产生与变迁的历史脉络和动力分析。最值得本研究关注的是不同时期经济全球化特别是二战及20世纪70年代以来全球资源格局的变动，带来高等教育资源随新兴产业、资本市场与制度创新的走向流动的规律。这一资源流动以美国高等教育高地崛起与高端人才集聚引领全球科技风向为特征，这一人力资本的投资储蓄为美国引领20—21世纪科技军事综合国力奠定了雄厚基础。

　　分析表明，作为二战后的经济全球化的主角美国以及主要是老牌资本主义国家与一批经济发达国家，在近三十年的全球合作发展中建立了一个以资本为流通纽带的国际规则，这对20世纪70年代晚期兴起的经济全球化既奠定了资本流动的基础，又提供了创新资本流动的基础。布雷顿森林体系作为二战后70多年的世界货币规则与秩序，是形成当今以金融资本流动带动人才流动及捆绑技术知识产权的趋势的基础，也是现今中国加强全球地区区

---

① WTO给予中国的15年保护期于2016年12月21日到期。WTO15年保护期是中国在2001年入世谈判时的一条谈判原则"坚持以发展中成员方身份加入"，而正是这一原则，使得中国争取到了一些优惠待遇，包括普惠制安排、允许发展中成员方为国际收支平衡、不成熟产业保护等目的而暂时偏离世贸组织多边纪律，某种特定义务的免除、更长的过渡期安排等。《中国入世议定书》中关于中国的市场经济地位问题的表述是这样的，即关于确定补贴和倾销时的价格可比性问题。如果是市场经济国家，那么"基准价格"由商品在出口国国内市场的价格决定；若是非市场经济国家，则使用"替代国价格"方法（也称第三国价格方法）。这种"替代国价格"往往导致受到反倾销指控的企业不能获得公平待遇。如果2016年中国顺利获得市场经济地位，中国企业外贸出口再也不需要寻找"替代国进口价格"应对反倾销、反补贴指控。但是，目前欧盟、美国等成员并不愿承认中国的市场经济地位。其实在中国2001年加入世界贸易组织（WTO）时，其他成员国就曾表示，他们不会使用中国公布的由国家控制的定价来判断其产品在本国市场是否构成"倾销"，而是会参照可反映未获得政府补贴的合理价格的"替代"价格。这一表述已经写入中国WTO成员协议中，而该条款将在满15年时，也就是2016年12月11日到期。然而该条款的到期并不要求WTO的其他成员在12月11日自动授予中国市场经济地位。

域对话与建设及今后中国人民币走出国门的前车之鉴①,这些都将深刻影响我国今后高等教育国际化趋势和资源配置转型特征。新一轮经济全球化塑造的全球生产链形成的分工与资源配置主要建立在资本的国际性流动上,不仅带动了技术与人才的国际性流动,而且通过跨国公司的资本能力加上发展中国家的要素成本优势与劳动力成本优势形成的外向型出口经济模式,构成了接近30多年的经济全球化的主流模式。这一轮经济全球化特征正巧遇中国实施改革开放。中国改革开放及加入世贸组织恰处于这个机遇期,在资金短缺、技术短缺、高端人才短缺的境遇下,唯有选择比较制度优势,在全球化中利用我国人力资源的低成本优势,形成了外来资本—外来技术—低端劳动力代工相结合的外向型经济模式,国内经济在加入WTO近10年中达到两位数的增长。而2000年之后我国普及教育的态势也成为这一外向型经济的制度选择的充分条件,其中,中国的义务教育从1985年开始到2000年基本实现普及②,这一基本条件决定我国参与国际分工的地位与程度。21世纪前15年我国劳动力市场的基本教育状况暗合了我国参与国际分工配置低端产品以及能够获得贸易大国地位的基本事实。这给我们的启示是,机遇是国家发展战略的窗口期,抓住就能凸显比较优势。**我国这一时期的比较优势就是自然资源禀赋加大量受过九年义务教育从土地走到城市从事低端制造业与服务业的劳动力,这些禀赋条件正好符合经济全球化产业链国际分工的一端。中国作为发展中国家后起追赶型国家,利用比较优势,通过学习模仿,较快转型进入中等发达国家行列。**可以说,从外向型经济的角度看,这个时期真正给国家创造财富的是以低端为主的密集型劳动力。经济全球化背景的有关分析,见微信2-1。

第二,**中国加入世贸组织的15年是融入经济全球化的热身期。**伴随国内改革开放后的前15年的初期改革开放,特别是1993年中央宣布实行社会主义市场经济体制同时,中国已为步入世贸组织做了15年的谈判工作,也就是说,融入全球经济是需要门槛的,就是要承诺实行市场经济。**中国加入世贸的15年正是利用"后发优势"不断习得全球市场规则、与各国市场博弈谈判、争取更深层面把握全球资本人才金融市场走向的过程。因此,人们会把加入世贸组织作为中国的"第二次改革开放"③,其意深刻。**回望"入世"之前理论学术界与产业界关于"入世"机遇与挑战的争论,虽然轰轰烈烈,那也只是为了全民思想共识的动员,与微

---

① 随着国家经济实力的提升和金融改革开放的深入,中国参与国际金融事务逐渐增多。2016年1月,中国正式成为国际货币基金组织第三大股东。与此同时,人民币国际化水平不断提高。2016年10月,人民币正式加入SDR篮子,得到了国际社会的官方认可,开启了人民币国际化的新征程。

② 免费教育是一种政策措施,也是民生的一项重要福利。1985年我国提出实施9年义务教育,1986年制定了义务教育法,但到2008年我国才真正实现了城乡义务教育全免费。教育普及既是一个目标,更是一个从低到高、从少到多不断推进的历史进程。我国的9年义务教育普及第一步是到2000年实现了基本普及,入学率达到了85%,第二阶段是到2010年前后,实现了全覆盖。85%通常被认为是教育基本普及的指标,全面普及为100%。

③ 第二次改革开放的意义是指:以加入世贸组织为标志,我国的改革开放将迈入第二个发展阶段。之前的阶段是按照自己设计好的时间表来进行改革开放,先改什么,后改什么,哪些领域开放,哪些领域保护,完全根据我国的经济状况来决定;之后我国的经济将融入世界经济整体发展潮流中,改革开放将按照世界经济发展的步伐和节奏进行,这将极大地推动我国改革开放进程,通过世贸组织与外界进行人员、物质、能量和信息的资源交流,使中国真正融入"全球化地球村"中,成为整个世界经济的一个密不可分的有机组成部分。

观摸着石头过河的改革模式比较,宏观"入世"实质上早已是顶层设计之局与必备道路之举,国家对中国经济发展走势早已瞄准了全球市场。走上"一带一路"再回望 1986 年的制度性抉择,就更能解释中国政府选择市场经济的必然意义。高层早已认识到,当世界又一次进入新一轮经济全球化,中国只有积极对外开放,以自己的比较资源,通过国际交换,实现资源的国际间优化配置,才能获得持续经济发展的基础与参与国际对话的实力。这个判断获得了"入世"15 年来实践的证实:**中国以主要低端劳动力和若干自然资源与发达国家资金、技术、先进的管理相结合,使国内经济获得了持续增长,也为做大做强高等教育赢得窗口期实现错位发展奠定了基础**。同时,在学习国际规则到创新国际规则方面,我们也获得了更重要的增值收益,这一学费还体现在制度环境改善与治理能力提升上。可以说,在加入 WTO 后的 15 年,我国在后发优势的基础上,学习国际规则,结合国情,创新符合区域一体化多边利益合作的新格局。我国近些年重大对外开放的制度创新将完全摆脱了中国刚"入世"作为"打工者"的形象,不仅对中国经济转型做了全球格局的新定位,而且也对我国高等教育发展提出新课题。**分析表明,将加入 WTO 作为"第二次改革开放"的本质是面对全球市场经济的一次制度改革红利,它所带给中国的成果不仅是经济领域的,最重要的是习得全球制度规则与怎样建立共识规则,甚至确定以我为标准并得到普遍认同的国际合作规则。这些"习得"也深深融入国家高等教育发展战略框架中,这是进入新世纪第二个 15 年影响高等教育资源配置转型的制度因素。**

　　在学习国际规则到创新国际规则方面,我们也获得了更重要的增值收益。作为后发国家,只有参与全球"经济联合国",利用已有规则做有利自己的事才是明智之举。因为全球化的先行者所制定的规则已成为重要的国际经贸惯例,也就是说,制度创新先行者获得的制度规范成为后来者遵循的路径依赖。如果一个国家被排斥在 WTO 之外,就难以在平等的条件下进行国际间产品和服务交流,而且还会受到歧视待遇。这就好比一个尚未获得世界杯赛事资格的球队想要修改赛事规则,几乎没有被倾听与表决的话语权一样。事实上,这一国际制度规则的学习也为我们后来自设自由贸易区[①]、牵头成立金砖国家新开发银行与亚洲基础设施投资银行及提出"一带一路"倡议缴了学费。

　　当代世界经济有两大显著特点:一是经济全球化,一是区域经济一体化。21 世纪以来区域经济一体化发展很快。WTO 的成员国基本上都与其他有关国家建立了自由贸易关系。中国和东盟成员都是发展中国家,经济实力有限,经济增长对外部市场的依赖度高,全球经济的变动会对其经济产生重大影响。中国东盟自由贸易区正是为应对经济全球化中的负面影响和应对区域经济一体化的快速发展而应运而生。自由贸易园区(Free Trade Zone)是指在贸易和投资等方面比世贸组织有关规定更加优惠的贸易安排;在主权国家或地区的关境以外,划出特定的区域,准许外国商品豁免关税自由进出。实质上是采取自由港政策的关税

---

① 2013 年 8 月国务院正式批准设立上海自贸区,9 月 29 日挂牌。2015 年 3 月 24 日,中共中央政治局审议通过广东(三大片区:广州南沙自贸区、深圳蛇口自贸区、珠海横琴自贸区)、天津(三大片区:天津港片区、天津机场片区、滨海新区中心商务片区)、福建自由贸易试验区总体方案,进一步深化上海自由贸易试验区改革开放方案。2016 年 8 月,国务院决定在辽宁、浙江、河南、湖北、重庆、四川、陕西新设立 7 个自贸试验区。2016 年世界自由贸易大会于 11 月 5 日在中国澳门召开。世界自由贸易区联盟会员中国自贸区参加。大会的主题是:中国自由贸易区战略下的"一带一路"合作机会。

隔离区。2013 年以来,我国已在国内设置了以上海等数十个自贸区试点,以进一步对接高标准国际经贸规则。2015 年中国提出建立亚洲基础设施投资银行,2016 年 1 月开业,8 月第一个公路项目在巴基斯坦开工①。这意味着,由中国主导的理念与规则倡议得到了全球更多国家的认同。目前已有 77 个成员国加入亚投行②。"一带一路"分别指的是丝绸之路经济带和 21 世纪海上丝绸之路。"一带一路"作为中国高层推动的国家倡议,对我国现代化建设和屹立于世界的领导地位具有深远的意义。"一带一路"倡议的提出,契合沿线国家的共同需求,为沿线国家优势互补、开放发展开启了新的机遇之窗,是国际合作的新平台。"一带一路"倡议在平等的文化认同框架下谈合作,是国家的战略性决策,体现的是和平、交流、理解、包容、合作、共赢的精神。**可以说,在加入 WTO 后的 15 年,我国在后发优势的基础上,学习国际规则,结合国情,创新符合区域一体化多边利益合作的新格局,以上这几个重大对外开放的制度创新将完全摆脱了中国刚"入世"作为"打工者"的形象,不仅对中国经济转型做了全球格局的新定位,而且也对我国高等教育发展提出新课题。**

这一学费还体现在以下制度环境与治理能力上:加入 WTO 后,进一步扩大了我国具有比较优势产业的出口贸易,加快国内产业结构的调整和优化营造有利的国际环境;进一步引进外国资本、技术和管理经验,加快我国高新技术产业和服务业的发展;继续深化我国市场经济体制改革,推动外贸、银行、保险、证券、商业等领域逐步开放的需要;我国参与国际贸易新规则的制定成为可能,利用多边争端解决机制有效维护我国的正当权益;全面参与国际竞争和国际合作,建立我国自己的跨国公司,提高中国经济的国际竞争力;不断充实、调整和完善涉外经济法律、法规和政策,加快依法治国进程;一大批熟悉我国国情、具有良好的外语水平、丰富的专业知识、精通 WTO 规则和国际经济法律的专门人才得以成长,熟悉国际经贸活动规则、具有开拓国际市场能力的国内及跨国企业经营管理者大批涌现,利用激励机制引进海外优秀人才成为各行各业的普遍举措;各级政府简政放权、实行负面清单、建立自贸实验区,治理能力与水平大大提高③。

今天看来,上述列举的几乎都贯穿着制度模仿与制度创新的学习成本以及隐藏在制度变迁中看得见的收益。加入世贸组织是中国整个对外贸易与经济增长的重要转折点,更是

---

① 韩洁、刘红霞:《在互联互通中共享繁荣发展——亚投行开业一周年观察》,新华网,http://www.xinhuanet.com/2017-01/20/c_1120355493.htm。

② 亚洲基础设施投资银行(Asian Infrastructure Investment Bank,简称亚投行,AIIB)是一个政府间性质的亚洲区域多边开发机构,重点支持基础设施建设,总部设在北京,亚投行法定资本 1 000 亿美元。截至 2017 年 5 月 13 日,亚投行有 77 个正式成员国。亚投行意向创始成员国按大洲分,亚洲 34 国,欧洲 18 国,大洋洲 2 国,南美洲 1 国,非洲 2 国,总计 57 国。

③ 加入 WTO 带来对政府的挑战。从 WTO 的 23 个协议,492 页的文本看,仅有两项条款涉及企业,其余大量条款均与政府有关,特别是政府的立法与决策。加入 WTO 受冲击最大的不是企业而是政府,因为以管制与审批为基本特征的管理模式,与"公开、公正、公平"的 WTO 精神是背道而驰的。参见李光:《政府在入世后的战略转变》,《决策与信息》2002 年第 1 期。政府是加入 WTO 的最大应对者,突出的有四个方面的要求:第一,要按照公平的贸易规则减少对贸易的行政干预,强化市场机制的作用;第二,要按照透明度的原则,增强贸易管理的透明度、公开性和可预见性;第三,要按照公平竞争的原则,取消对经济行为不公平的行政限制和干涉;第四,要按照国民待遇的原则,对本国和外国的企业、商品及服务给予平等待遇。所有这些,势必对我国现行的行政运行体制、法律法规以及政府的管理和服务产生重大而深远的影响。参见徐绍史:《深化行政改革积极应对入世挑战》,《中国行政管理》2002 年第 1 期。

我国作为后发优势国家难得的机遇期。据统计,从 2002 年到 2011 年,中国进出口总额从 6 207.7亿美元增至 36 418.6 亿美元,年均增长 21.7%,较同期全球贸易额年均约 10% 的增速高出一倍多①。2009 年,中国出口总额已跃居世界第一位,进口总额上升至世界第二位②,这是看得见的收益。我国 15 年面对挑战所打的遭遇战甚至经济增长回落根源的追问,直到 2013 年前后提出经济新常态并自创区域自由贸易区,以及能有实力与美国进行贸易抗衡这些也是看得见或还没有看见的收益。**将加入 WTO 作为"第二次改革开放"的本质是面对全球市场经济的一次制度改革红利,它所带给中国的成果不仅是经济领域的,最重要的是习得全球制度规则与怎样建立共识规则,甚至确定以我为核心并得到普遍认同的国际合作规则。这些"习得"也深深融入国家高等教育发展战略框架中,这是进入新世纪第二个 15 年影响高等教育资源配置转型的制度因素。**

以低端制造业为主打开了出口大门、政府已为全面加入全球经济并迎接全球化变数打下基础、做了准备,这个过程经历"入世"的三个阶段:从"与狼协商"到"与狼习武",再到"与狼共舞"。世贸组织的游戏规则实质上是市场经济规则在世界范围内的运用和发展,既然我国注定要参与融入世界经济中,就必须先遵循世贸组织规则。因此,在"与狼习武"的 15 年学习期满后,中国面临的是它"必须充分发挥市场在资源配置中起决定性作用"③,还要将这个作用连同确定的外向型经济配置到区域一体化与全球经济中。从这个意义上重温 15 年的"入世"经历,再读 2013 年中共十八届三中全会决议的这句话,无疑意味深长。

第三,经济全球化在 2008 年全球金融危机爆发后出现了新的特点④。即从生产与消费的全球分离转向生产与消费的全球结合,经济全球化出现重大转型。2008 年全球金融危机发生以来,"全球经济失衡"无疑是被各国当局使用最多的词汇之一。发达经济体特别是美国偏爱用之来解释此次危机的根源。将危机归因为失衡,将失衡描述为"全球"的,他们便得以轻松地"将危机的责任推卸到其他国家",各国政府对美国这种不负责任的态度,尤其是近年来选择逆全球化的行径十分清楚,研究认清失衡问题的原因是我国选择对外方针的前提。李扬指出,"在国际上,我们正可据以深刻揭示某些发达国家造成失衡并引发全球危机的事实,在国内,也有助于更清楚地认识我们发展道路偏颇、经济结构失调且多年难以调整的深刻原因"⑤。2009 年年初,李扬随时任总理温家宝在伦敦参加了由他和时任英国首相布莱尔在唐宁街 10 号共同主持的全球经济学家座谈会。包括约瑟夫·斯蒂格利兹在内的 20 余名全球大牌经济学家与会。李扬是唯一的中国学者。座谈会安排了 5 位经济学家发言,李扬是其中之一。他在向时任总理汇报并获同意之后,在会上专门阐述了对全球失衡的看法,要

---

① 张翼:《十年:外贸大国的辉煌和梦想》,《光明日报》2012 年 12 月 11 日。

② 张翼:《十年:外贸大国的辉煌和梦想》,《光明日报》2012 年 12 月 11 日。

③ 2013 年 11 月 9 日中共十八届三中全会决议。

④ 2008 年全球金融危机的引发背景:美国银行或金融机构长期以来对只有次级资信评级(还款能力较差、收入不稳定)的个人和机构发放大量贷款,加之美国经济逐渐下滑,这些个人和机构收入水平逐渐下降导致还款能力逐渐下降,日积月累引发不能按期还款的现象大量发生,造成银行收不到应该收的钱而出现资金周转困难,因此由危机引发变成金融危机。所以,大量银行和金融投资机构倒闭,连锁反应影响到世界相关国家的经济下滑和金融机构出现挤兑风潮,蔓延成全球金融危机。

⑤ 参见周溯源、赵剑英主编《中国社会科学院学部委员学术自传·经济学部卷(上)》,中国社会科学出版社,2017;李扬、张晓晶:《失衡与再平衡——塑造全球治理新框架》,中国社会科学出版社,2013。

点有四:其一,失衡问题虽只在近年才引起世人关注,但作为一种全球化的伴生现象,则自布雷顿森林体系建立以来便已存在。其二,观察布雷斯森林体系建立以来的全球经济发展脉络便能清晰地看到:美国作为唯一的超级大国,始终居于失衡的逆差一方;在失衡的顺差一方,不断变化的角色包括德国和日本,自20世纪70年代以后,先是亚洲"四小龙",继而亚洲"四小虎",然后才是中国和石油输出国,渐次加入了该行列。因此,如果说全球失衡是此次危机的根源,那么,最重要的根源在美国那里。其三,在全球化的世界中,若称全球失衡,则世界各国的国内经济也一定是失衡的。因此,克服危机,促使经济回归正常轨道的要义,在于世界各国均致力于调整其国内的经济发展方式和经济结构;由于当前的全球化是发达经济体主导的,他们显然应承担最重要的主导性责任。其四,中国政府自20世纪末便已提出转变经济发展方式、调整国内经济结构、实施科学发展的战略目标,力求减少经济增长对外部需求和国内投资的过度依赖。这是实现全球经济"再平衡"的切实步骤①。由此可见,对全球经济危机的根源及解释不同,相应采取的对外政策就不同。我国近年来参与全球治理的积极应对都反映了对全球化"失衡"与"再造平衡"的努力。全球经济危机爆发后引发的转型特点的讨论,在学术界被反应为不同的解说,但基本结论趋同,本研究倾向于汪和建的研究观点,即2008年全球金融危机实际宣告了经济全球化主流模式的终结及其转型②(汪和建2016)。在我们需要"与狼共舞"时,不了解选的什么舞曲舞步,不仅不能起主导共舞,还可能落得个舞池孤家寡人。**因此,在经济全球化重大转型的历史关口,我国经济转型何去何从,高等教育资源配置战略何去何从,除要追溯已走过的路,还要明晰下一步往哪里去,确定经济全球化的趋势是考察我国高等教育资源配置趋势的前提。**

在新改变了的世界生产体系下,一方面,发展中国家最重要的条件是有能力供给适应新生产网络充足优质的人才资源,各国具有的人才资源条件决定其参与这些区域性与全球性生产链的层次,依人才资源条件选择更适合它们的生产链来实现工业化。另一方面,通过现有优势产业链构建其具有知识产权基础和高新科技含量并引领区域和全球的生产主体,逐步实现部分或绝大部分能够配置跨区域和全球资源的能力。总之,由于世界生产体系的改变,不同国家和民族的命运已深深地被新生产网络交织在一起。一个显而易见的事实是,中国的劳动力密集产业已在全球失去竞争优势而正在艰难地进行产业升级。可以预见,随着经济结构转型,高校毕业生就业结构与我国产业结构的调整方向会更趋向一致。分析发现,进入WTO后的15年大众化的高等教育人才培养为这一转变提供了适配充足的高端人才。分析表明,20世纪40年代二战后形成的经济全球化事实上已经停滞。由于全球产业链与价值链的形成与发展,国家间的分工已经从产业内部分工发展到产品内部的分工。各国在这一涉及全球产业链中的地位决定了相互依赖的程度,越是处于产业链的高端越具有约束性和话语权,而高端则意味着在科技和知识产权竞争力上处于领先地位。我国已经清醒地看到自己同美国之间巨大的技术差距以及对美国核心技术的严重依赖。这就是2015年《中国制造2025》出台以及提出全面建构现代经济体系与2019年《中国教育现代化2035》出台的直接背景。对逆全球化下我国经济增长及产业结构转型特点的分析,让我们思考如何把对

---

① 参见周溯源、赵剑英主编《中国社会科学院学部委员学术自传·经济学部卷(上)》,中国社会科学出版社,2017;李扬、张晓晶:《失衡与再平衡——塑造全球治理新框架》,中国社会科学出版社,2013。

② 汪和建:《经济全球化转型与中国经济增长模式转换》,《学术研究》2016年第4期。

外贸依存度的提高与创新驱动发展相联系,提高高端技术产品与服务贸易出口的能力与比重,真正转变依存度的质量与品质。这才是高等教育聚集人才参与新经济创新贡献的实质所在,也才是经济新常态对高等教育资源配置转型的基本诉求,更是 2017 年中央提出我国新经济体系转型为高质量经济及其高等教育从规模发展转向高质量目标诉求的根本原因。尤其从 2018 年中美贸易摩擦以来,中国亟待在科技创新能力、创新产业发展、国民经济体量、国内市场开放度,以及更加融入全球经济产业链上做出战略回应。全球金融危机后整个全球资本市场转型带来的本质变化对我国经济发展阶段特征的影响分析,见微信 2 - 2。

第四,重新审视中国高等教育资源配置的转换与趋势的制度环境。在研究我国高等教育制度环境变化中,首要视角是关注中国高等教育资源配置深受"此刻"经济全球化的何种影响,处在经济全球化不同阶段的中国高等教育资源配置制度创新呈现何种不同,在变动的全球资源配置格局中的形象与作用发生了什么改变,以上已做了初步讨论。2013—2018 年期间,中国经济下行或止跌使更多人认同了经济全球化正发生改变,特别是 2016 年发生的世界经济"黑天鹅"事件成为经济全球化逆运转的转折点,2018 年中美贸易摩擦已成为两国核心制度选择、两国实力博弈长期较量的开始,使国内更多人认清了我国政府另辟蹊径选择新开战场重定游戏规则的战略意图,也迫使以美国为首逆全球化的这股潮流与以中国为首的新兴发展中国家重兴经济全球化不得不打遭遇战。随着贸易战的日益升级,我们越来越看清美国主动对华发起贸易战的真正国家战略利益目的是要遏制一个迅速崛起的经济大国,"具有显著的预防性行动的性质,是霸权国家对其认定的挑战者所采取的行动,并非纯粹普通意义上的贸易摩擦"[1]。"中美贸易冲突的最根本的起因是中美之间的制度冲突,而不是技术冲突。美国更加担心的不是技术的崛起,而是其中国技术崛起背后的制度。"[2]回到本章讨论的主题,中国高等教育资源配置的制度环境发生了怎样的变化要看本质。我国已深度融入经济全球化的产业链,国家间的核心竞争就是制度竞争。我国改革开放 40 年正在推动着融入全球化的国家制度创新,高等教育正是这一制度创新战略的关键。制度环境本质即看谁的制度安排更有利于经济增长和发展,中国的制度创新和制度安排正在触动着发达国家的利益,一场制度挑战的到来不可避免,挑战的实质意义更是至关重要。"对于今天的中国而言,最大的危机不是贸易冲突,而是世界上最强大的霸权国家已经公开把中国当成了最主要的对手,在和平时期利用经济战的手段发起了对中国的全面遏制和攻击。我们不能把中美贸易摩擦仅仅局限于贸易领域,这本质上是一场国运之战。我们更不能将这一场争端视为短期内可以解决的。仅就贸易争端而言,从 1960 年代一直到 1980 年代末,美国和日本曾经发生过一场漫长的贸易争端,这场争端打了 30 年,结果是日本泡沫经济崩溃,陷入'失去的二十年'。中美之间的冲突作为一场大国博弈,恐怕需要至少 50 年甚至更长时间。今天的一切,不过是一场历史大戏的开幕。"[3]

2013 年,中央提出中国经济进入"新常态"是对中国面临新的经济全球化转型的准确判

[1] 沈逸:《保持战略清醒 坦然面对挑战——中美贸易战观察》,《光明日报》2018 年 8 月 16 日。

[2] 黄亚生:中美贸易冲突的实质是制度冲突》,财新网,http://huangyasheng.blog.caixin.com/archives/181597。

[3] 李晓:《终于有人讲清楚了中美贸易战对我们意味着什么? 应吸取什么样的教训!》,新浪微博,https://weibo.com/ttarticle/p/show? id=2309634372214152593549。

断,扭转了许多仍然习惯坐在快车道上遵循经济发展旧模式的观念。2017 年中央提出我国进入"新时代"的重大判断是基于经济全球化的新格局和我国社会主要矛盾转变,从旧有经济增长模式的重大改变以及进入经济发展新形态出发。**15 年参与经济全球化的"演习"已明确这一重要事实;即经济全球化发生了重大改变,重新审视中国高等教育资源配置的转换与趋势的制度环境,这是新阶段制度分析不可忽视的逻辑起点。**

加入 WTO 后的 15 年,中国高等教育最丰厚的收益有三条:**一是坚持高等教育发展是硬道理,从大众化迈向普及化。**2000—2010 年,每 10 万人拥有的大学文化人口增长 1.47 倍①,2014 年全国劳动年龄人口受过高等教育的比例为 15.83%②,培育了几千万高等教育人才,探索大众化后高等教育新体系,为中国参与下一步经济全球化转型竞争、实施国家创新驱动发展战略储备了宏大的高端生力军;**二是坚定追赶建设一流大学,确立高质量高等教育目标。**建设高等教育强国战略除明确分类与质量外,坚持国家支持卓越与优化竞争生态相结合,使创建一流大学与一流学科成为经济转型升级与国家创新驱动发展战略的主力军,角逐全球一流大学的竞争是为了国家实施对外全球战略服务;**三是坚持中国本土国情与学习全球大学治理结合。**"大刀阔斧"实行政府"管办评"分离与"放管服"措施,现代大学制度建设正在朝着有利于政府、市场、学术三种力量互为制衡的资源配置转型。

针对全球化转型,下一个 15 年,是走进新时代的中国走向世界、世界走向中国的进程,这个起点是中国适应全球化转型、经济发展外向型、转变经济发展方式的新起点,也是中国同世界深度互动、向世界深度开放的新起点③。因此,中国高等教育不可能完全再用以往 15 年的国际经验和评价标准。如果前 15 年是以个体或团体走出国门的方式,中国教育呈现出全面开放学习的形象,则 15 年后,中国开始确立在全球化平台上的一个负责任大国的角色并抓住全球化转型反哺输出的窗口期,正如我们曾经抓住加入全球化窗口期一样。尤其值得关注的是 2016 年出台的国家"十三五"教育规划,确立国家作为"走出去"主体,把国际合作与交流作为高等学校五大功能之一,在教育对外开放上已完整体现了一个日益被世界关注的大国形象与责任。站在逆全球化压力与共建全球经济治理的转折点上,中国高等教育资源配置转型,**首先要面对**我国长期以来主要依靠资源、资本、劳动力等要素投入支撑经济增长和规模扩张的方式已不可持续,近几年经济增速趋缓对高校毕业生就业会有一定影响,但是整个产业结构优化升级和创新驱动的增长模式却对高等教育结构与人才需求十分有利,高等教育结构调整要瞄准中国适应全球化转型的经济发展动力转换、方式转变、结构调整,目标是建设创新型国家和世界科技强国,同时,要立足国内,以尖端人才创新和科技自主创新为己任,这应该是高等教育资源配置国际化创新发展的第一要求和首要重任。**其次要面对**高等教育从量的增长向质的提升转变的"断舍离",即不切实际需求、盲目等靠要、任由政府与市场过度干预。增强质量本身既要有质量稀缺资源的意识,也要有站在全球视野配置优秀质量的机制,这是现代学校治理能力与传统管理的分水岭,而高等教育质量配置转换

---

① 2000 年第 5 次与 2010 年第 6 次全国人口普查中,每 10 万人拥有的大学文化程度人口分别为 3 611 与 8 930。

② 引自教育部《教育规划纲要》五周年事业发展图解资料。

③ 《习近平出席 2016 年二十国集团工商峰会开幕式并发表主旨演讲》,人民网,http://politics.people.com.cn/n1/2016/0904/c1024-28689341.html。

的内生动力只能来自高等学校理念、机制、模式的治理创新。**再次要面对逆全球化和全球治理缺失的困境**,中国正在积极地倡导新型全球化,深度参与国际教育规则制定,充分利用国际组织平台,主动在全球教育发展议题上提出新主张、新倡议和新方案。高等学校既要重视高等教育优质人、财、物的全球流动配置,又要为国际社会提供更多公共产品或共享产品,这是高等教育作为发动机与思想库、参与全球治理更高层面的制度创新,也是中国大学作为中国特色"走出去"的制度自信与国际化标杆。

2035 年是我国基本实现社会主义现代化的重要时间节点。2019 年 2 月,中共中央、国务院发布《中国教育现代化 2035》,它是我国第一个以教育现代化为主题的中长期战略规划,从两个一百年奋斗目标和国家现代化全局出发,对标新时代中国特色社会主义建设总体战略安排,推进教育现代化、建设教育强国的纲领性文件[①]。这一规划既是我国积极参与全球教育治理、履行我国对联合国 2030 年可持续发展议程承诺,也是实现中华民族伟大复兴梦,满足人民美好生活需要的重要目标规划。新科技革命和产业革命正在不断重塑高等教育形态,人民群众对更高质量、更加公平、更具个性的高等教育需求也更为迫切,高等教育现代化就是朝着更高质量、更有效率、更加公平、更有竞争力、更可持续的方向迈进。

第二个议题,经济全球化进程、中国现代化进程和中国市场化进程与中国高等教育资源配置制度转型的相关性。

改革开放 40 年影响高等教育资源配置转型制度变量的外部条件是经济全球化进程、中国市场经济进程和中国现代化进程。其中,全球化趋势与我国经济增长相关性的制度环境分析,经济全球化对高等教育资源配置转型的影响在上文中已做了分析[②],本研究的持续性研究就是不断观测分析这些变量与高等教育资源配置转型程度的关系,同时也要发现影响这些变量变化的外部环境条件。其中,经济全球化、中国市场经济发展与中国现代化进程就是外部约束的主要条件。此处主要延续对比之前研究的相关性分析[③],同时,中国现代化进程和中国市场经济进程将在本小节简要进行文献分析,重点描述三大进程与高等教育资源配置转型的相关性。

此处相关性分析,见微信 2-3。

相关性研究表明,中国在 40 年中所经历的转型,是以经济基本制度的变迁为基础,但目标方向却始终是现代化转型,而且这一转型也始终处在经济全球化之下。**经济全球化进程、中国现代化进程和中国市场化进程仍然是 20 世纪末与 21 世纪前 20 年影响中国高等教育**

---

① 同时,中央又印发了《加快推进教育现代化实施方案(2018—2022 年)》,这五年是实现两个百年目标的历史交汇期,是贯彻落实党的十九大精神和全国教育大会精神,实现 2035 年教育现代化目标奠定基础的关键时期,也是中长期教育规划纲要、"十三五"规划收官和"十四五"规划起步的衔接期。《实施方案》定位于行动计划和施工图,是本届政府任期内加快推进教育现代化、建设教育强国的时间表、路线图。突出行动性、操作性,重在问题导向,按照可操作、可落地、可监测、可评估的原则,聚焦未来五年教育发展的战略性问题、当前教育发展面临的紧迫性问题和人民群众关心的问题,按照可实施、可量化、可落地的原则,将教育现代化远景目标和战略任务细化为未来五年的具体目标任务和工作抓手,指导推进今后五年教育改革发展,确保新时代教育现代化建设开好局、起好步。

② 见第三章第一节,全球化趋势与我国经济增长相关性的制度环境分析,第二节,加入世贸组织后我国高等教育资源配置的国际化程度。

③ 康宁:《中国高等教育资源配置转型程度指标体系研究》,教育科学出版社,2010,第 14 页。

资源配置转型程度最为重要的宏观外部环境,本研究延续了前 30 年的研究设计与思路,重在观测这三大影响高等教育的宏观环境的变化。事实表明,这三大进程始终是近 10 年来决定我国发展进程的重大宏观环境,它们作为三个制度变量的演进方向始终没有偏离并影响着我国发展的主导方向,同样,也成为影响我国高等教育体制改革进程的主要外生变量。**本研究证实,三大制度变量仍然是改革开放 40 年主要影响高等教育制度转型的外生变量,作为外部力量决定和影响着高等教育的制度选择和制度安排,与高等教育资源配置制度转型与制度创新具有紧密的相关性。**见图 2-1-1。这一相关性研究依然可以作为近 10 年高等教育资源配置指标体系理论模式构建的依据之一[①]。

在本研究的讨论中,我们也注意到 2008 年以来的 10 年特别是全球金融危机对经济全球化的深刻影响,这一影响必然也不同程度地改写了国内经济持续三十多年的高速增长,并在 2012 年之后进入一个经济发展的中高速度,作为经济新常态在随后的五年中逐步被认知共识,并探讨在逆全球化背景下中国的新发展定位。关于逆全球化对中国的影响在本节已涉及,此处需要补充的是 2014 年法国经济学家托马斯·皮凯蒂(Thomas Piketty)的《21 世纪资本论》一书所涉及的重要观点,吴敬琏概括其核心内容为,论证了由于经济运行中存在资本回报率大于经济增长率的因素,使得资本自动向少数人集中,进而导致收入差距的扩大。并推测未来世界主要国家的贫富差距将持续扩大,最终有可能回到甚至超过 18、19 世纪的历史最高水平。吴敬琏认为,皮凯蒂所讨论的财富集中和收入差距扩大的情况,在我国同样存在,甚至更加严重[②]。这同样指出了一个重要观点,经济全球化在趋向更多人收益其带来的益处外,也不可避免地造成更尖锐地贫富两极分化矛盾,这给各国政府提出了如何对待财富增长下的财富配置问题,也包括其他如因教育不利等所造成的代际阻隔。其中,也包括美国在经济全球化进程中贫富两极分化矛盾的不断扩大化所导致的国家政策变更。"自从 1980 年开始的全球化之后,美国收入最高的前 0.1%人群财富占比大幅提高,而美国收入最低的后 90%人口财富占比大幅下滑。按照这个速度,到 2020 年美国收入最高前 0.1%人群的财富量要超过收入最低后 90%人群。"[③]"从 1980 年开始经过通胀调整后的全美家庭收入是增长的,但是收入最底层的 60%家庭收入并没有出现增长,而他们的资产甚至比 1980 年代出现了下滑。截止到 2016 年,收入前 40%家庭赚的是后 60%家庭的 4 倍,而他们的资产是后 60%家庭的 10 倍。过去 20 年的全球化导致了美国贫富差距加大,富人的生活质量越来越高,穷人的生活质量越来越差。"[④]皮凯蒂认为,中国现有公共资本保持在国民资本的一半左右(或者在三分之一到二分之一)。如果公共资本可以利用资本效应以及所拥有的经济权利使得财富分配更加平衡,那么保持公共资本的重要地位会促使构建一个结构上来讲更加平等的中国模式,且在面对私人利益的时候,也会更加谨慎地保护公共福利。他甚至期望,在 21 世纪,中国很有可能最终在公共资本和私人资本之间找到一种平衡,建立一种真正

---

① 康宁:《中国高等教育资源配置转型程度指标体系研究》,教育科学出版社,2010,第 14 页。

② 李实、岳希明:《〈21 世纪资本论〉到底发现了什么》,中国财政经济出版社,2015,第 1 页。

③ 朱昂:《贸易战的根源:美国所有问题都是因为这张图……》,凤凰网,http://tech.ifeng.com/a/20180622/45035337_0.shtml。

④ 朱昂:《贸易战的根源:美国所有问题都是因为这张图……》,凤凰网,http://tech.ifeng.com/a/20180622/45035337_0.shtml。

的公私混合所有制经济①。这部重要著作在短时间内在全球形成了一股具有冲击力的"风暴",更多人发现,经济自由化和全球化的高速增长及金融危机爆发,不仅与不断引发的财富悬殊带来的社会"动荡"有关,也与经济发展的长期负面影响有关。甚至与特朗普面对全球打出贸易战的"牌"有深层关系,貌似代表的是底层家庭收入的老百姓,借机重新修改全球霸主的新规则,因而也注定此次贸易战将旷日持久,对全球经济带来深远的影响。它同样也在我国经济变革的重要阶段引发了深度思考,回顾过去影响经济转型之路的制度选择,思考未来社会发展路径的战略选择,其中,面对全球资源配置新动荡,国家教育战略与教育政策在规模做得更大的背景下,能够为减少贫困、增进财富、提高福祉做出怎样的选择,是伴随整个国家经济转型的其中重要抉择。**在过去五年的经济变革中,我们已看到中央政府在高等教育战略与政策上为"减贫扶困"所做的重要"转移支付",也看到中央在更多支持高等教育的同时更多要求其为开放经济转型升级服务,并在扎根中国大地与全球视野定位高等教育办学上采取了一系列制度安排。**

因此,**改革开放40年高等教育资源配置制度转型变迁的外部环境的深刻变化,尤其是近几年积累涌动着的深层次的社会经济发展矛盾都对未来高等教育的战略发展提出了新的需求。**站在改革开放40年的历史关口,怎样看待未来我国高等教育资源配置转型新趋势,需要对我国外部环境有一个基本认识。本研究认为,党的十九大报告对这一历史时刻作出了重要判断,即中国特色社会主义进入了新时代,并鲜明指出这是我国发展新的历史方位。报告基于经济全球化、中国市场经济、中国现代化三大进程的新特征给出的新判断与新要求:面对逆全球化思潮及全球资源配置流动的新特点,中国将加大加快开放力度,在培育国际经济合作共享和竞争新优势以及创新新规则中,进入全球资源配置平台;基于我国社会主要矛盾已转化为人民日益增长的美好生活需要和不平衡不充分的发展之间的矛盾,坚持新发展理念,加快完善社会主义市场经济体制,由高速增长阶段转向高质量发展阶段,培育具有全球竞争力的世界一流企业,建设现代化经济体系是经济攻关期的战略目标;坚持"五位一体"发展理念和五个文明提升,从全面实现小康社会到基本实现现代化、再到全面建成社会主义现代化强国"两个百年"的国家现代化目标,需要实施好七大战略与国家治理体系和治理能力现代化②。**新时代的新判断与新要求是集我国改革开放40年来理论与实践、经验与教训、成功与失败之大成,是我们党面对全球化问题与国内经济发展变革等重大时代课题的回应,更是站在历史变革的交汇点上确定了发展道路、前进方向、奋斗目标和行动指南。这是新时代中国高等教育资源配置转型新趋势的重要外部制度环境。**

---

① 《〈21世纪资本论〉作者致中国读者》,载李实、岳希明:《〈21世纪资本论〉到底发现了什么》,中国财政经济出版社,2015。

② 习近平:《决胜全面建成小康社会 夺取新时代中国特色社会主义伟大胜利》,人民出版社,2017。五位一体的发展理念指"创新、协调、绿色、开放、共享";五个文明指物质文明、政治文明、精神文明、社会文明、生态文明,七大战略指实施科教兴国战略、人才强国战略、创新驱动发展战略、乡村振兴战略、区域协调发展战略、可持续发展战略、军民融合发展战略。

第二节　我国高等教育资源配置加入
WTO后的基本变化

我国由"入世"融进经济全球化到遭遇全球金融危机进而发生逆全球化现象,又相遇我国粗放经济模式到达天花板的不可持续,以及重新审视新一轮经济全球化转型和应战中美贸易摩擦,这是我国高等教育21世纪前18年面对外部制度环境①。在我国的经济增长"快车道"与"过山车"的高速运转中,高等教育资源配置在整个外向型经济变革中受到的影响以及造成的变化趋势是本研究的主要议题之一。本章认为有考察必要且影响了21世纪头18年我国高等教育资源配置的四件大事:即高等教育大众化、高等教育国际化、创建世界一流大学、现代大学制度建设②,这四个重大案例即是我国参与经济全球化的受益方也是受制于经济全球化冲击的约束方,**它们贯穿于这一时期政府主导的制度供给的改革框架中、已经重新改变了21世纪以来我国高等教育原有存量资源与增量资源的利益格局。**

本部分重点分析前两个案例,一是分析我国高等教育大众化启动与高等教育分类转型的制度供给;二是分析我国加入世贸组织后高等教育国际化的主要特点。分析我国创建世界一流大学历程和现代大学制度建设将分别在本章第三节和第四节以及第六章第一节中讨论。

一、分析我国高等教育大众化启动与高等教育分类转型的制度供给,有助于认识制度供给模式与国情特点的关系,也有助于认识我国高等教育资源配置转型特点与趋势

制度供给是与高等教育资源配置转型紧密相关的重要概念。本研究制度供给主要指正式制度。制度是指具有外部强制性的正式行为规则,包括法律、规定、政策等。制度供给是指在给定的利益格局、治理能力、制度环境等的约束下,通过特定的程序进行规则设立的过程③。**高等教育大众化是指高等教育在量与质两方面的去"精英化",即在量的方面指适龄青年高等学校毛入学率达到一定(15%—49%)指标,在质的方面指教育标准、培养类型和教育层次具有多样化。**本研究通过我国高等教育大众化这一案例解析制度供给与相关约束条

---

① 第二章第一节做了分析。

② 本章重点考察影响21世纪头18年我国高等教育资源配置的四件大事指高等教育大众化、高等教育国际化、创建世界一流大学、现代大学制度建设。其中,高等教育大众化因与全球化密切相关,所以放在高等教育国际化趋势研究中分析,在第二章第三节分析《教育规划纲要》中也做了部分政策分析。创建世界一流大学、现代大学制度建设分别放在第三节、第四节中做专门论述。这四个议题都与全球化有密切关联,但前三个案例都是进行或完成式,现代大学制度建设则刚刚进入议题,但因受全球治理理念与实践影响,从制度环境分析高等教育资源配置转型特征与趋势,故放入本章。

③ 制度分析中所指的正式制度在演进过程中会受到非正式制度的约束和影响。正式制度与非正式制度关系紧密关联,但此处主要侧重谈正式制度的供给与我国高等教育大众化和分类关系。

件,探索改革深水区高等教育资源配置转型的制度供给特点,为制度转型趋势研究提供论证。

(1) 三大制度供给为启动我国高等教育大众化奠定了基础

从整个宏观经济看,20世纪末启动的高等教育扩招是政府主观解决经济危机、客观顺应社会需求的制度供给。在需求动力下快速完成高等教育大众化,同时也带来一系列增量改革创新的新矛盾与新供给。从正式制度的角度看,不同制度供给产生不同效应。当年启动高等教育扩招存在着诸多困难,除了办学经费、校舍设施、教学师资等紧缺外,就是对怎样配置资源、从哪里获取资源、可不可以打破原有精英办学的常规等存在诸多争论。

大量文献研究表明,1997年遭遇亚洲金融危机时,政府听取各方意见并决策把高等教育作为刺激经济规模增长的一个措施。虽然扩招的基础设施与师资条件都不具备[①],反对、观望、支持、期待,中央与地方各种声音此起彼伏,但既定的任务倒逼制度创新。**最终在政府主导下,主要解决了三个制度供给,分别体现在对原有办学体制、管理体制、投资体制的突破上。这是进入世纪之交高等教育资源配置转型以来,由政府主动改革并顺应基层创新、对完成既定目标最为成功的制度供给。**

在办学体制上突破了唯公立办学,不仅在政府文件上允许私营资本举办民办高等教育,还默认了在公立高校举办公私合作的二级学院[②],它们成为我国高等教育发展史上独具特色的办学形式。独立学院填补了高等教育快速扩张之需且恰逢其时,因而政府开始没有将其视为不规范办学[③],反将其作为社会各方积极办学资源加以利用,因而发展很快。2003年独立学院达到385所,成为解决大众化初期资源紧缺困境的一只独特力量。**同时中央政府也放开自中华人民共和国成立以来省以下地级市举办高等学校"禁区"**[④]。这一制度供给在客观上缓解了地方大众化办学资源的瓶颈,短时间内解决了地方制约规模发展的紧缺矛盾。

在管理体制上突破了中华人民共和国成立以来精英高校的层次规模,放开地方举办管

---

① 1999年正值亚洲金融危机爆发之后,国家财政面临困境。此期间(1999—2007年)我国公共财政教育经费占GDP比例一直徘徊于2.79～3.32%之间。无论校舍规模还是基本设施,特别是师资都严重短缺。参见王胜今、赵俊芳:《我国高等教育大众化10年盘点与省思》,《高等教育研究》2009年第4期。

② 独立学院源自20世纪90年代初少数公立高校以民办机制运行的二级学院,主要在1999年扩招之后形成规模。2003年教育部发布《关于规范并加强普通高校以新的机制和模式试办独立学院管理的若干意见》称之为"独立学院",当年全国共有385所。2008年教育部颁布的《独立学院设置与管理办法》要求规范并剥离公立高校的独立学院。独立民办高等学校也从之前的附属地位成为法律保护的办学机构。数据来自教育部公报。

③ 2006年之前,政府原先默认的这类合作模式开始受到各种质疑。全国从2008年4月1日执行教育部《独立学院设置与管理办法》,要求规范这类依附公立高校的二级学院,并逐步剥离为独立民办学校。这类学校2008年有322所,2016年缩减为266所。数据来自教育部公报。

④ 中华人民共和国成立以来,经过1952年高等院系调整,除中央所属举办的各类高等学校有部分所在地为地级市外,省级办学都需要报中央批准。地级市不得举办高等学校。1998年高等教育管理体制改革,中央部分高校下放省内,使部分地级市有了省属高校的归属。2001年教育部年度工作总结指出,今后高等教育的发展,要向有条件的地级城市延伸,大力发展社区性高等职业教育和社区学院,使高等教育区域性布局更加合理,培养当地留得住、用得上的人才。

理高等职业院校的权限,将一大批行业与地方学校升格为本科或大学称谓,同时满足了办学主体期望、地方办学积极性与百姓入学愿望。这次"一箭三雕"的体制改革改变了中国高等教育总量规模,成为高等教育大众化及普及化的制度前提。

在投资体制上加快并完善了以学费与奖助贷款制度和高等教育市场融资机制并行的一整套财政保障制度设计。既解决了过去千百万人挤"免费"高考"独木桥"的困境,不仅拉动了老百姓自愿投资消费高等教育的积极性,而且又通过助学贷款解决了不能因家庭背景不利而影响就学的基本保障难题。同时,突破一些地市不许办高等学校本科院校的规定,合作办分校及合并升格办校成为 20 世纪 50 年代行业办学后规模最大的办学高潮[①]。**这一规模办学得益于各地政府的制度创新,即以政府提供土地新办大学园区、低价融资贷款或置换等方式支持扩招增量发展需求。**初步估算,从 1999—2015 年,高等学校校园规模总量增加 71 616.59 万平方米,是扩招前的 5 倍[②];2017 年高校校园规模总量为 95 400.32 万平方米,是扩招前的 5.44 倍[③]。**在各地政府享有对土地征用裁定权的这期间中,大学不仅是最大收益方,也是各地政府对城市人文环境及代际文化培育给出的最有增值力的公共政策,即好的制度供给。**随着时间推移,这一公共选择的增值效益愈发凸显。在 2012 年前后,中央政府对地方与大学用于征地与扩建学校的贷款发文分别进行了分级偿还[④],虽然也有不同的声音,但这同样是一个持续支持办学的创新供给,因为这与投入其他基础行业及产能过剩的资金相比是小巫见大巫,何况大学的增值空间是随时间与土地资源紧缺而不断递增。因此,**这一由地方政府开创的制度创新蔓延为中央政府的默认直至最后由两级政府收尾解决,客观上反映了这一系列制度供给创新收益得到普遍认同。**

我国在 1998 年颁布了《高等教育法》,但遇到如何使用土地办学却没有具体条款,这恰恰是中国高等教育资源配置转型的制度创新问题。**中国地方政府利用土地财政在举办高等学校上的制度创新与美国 19 世纪 60 年代实行大众化采取的《增地法案》有相媲美之处但也有区别[⑤]。**两者的相同之处在于都是政府主导提出利用公共土地资源办高等学校,扩大办

---

① 此处不算 20 世纪 60 年代"大跃进"运动时举办的"五七"干校及违背高等教育办学规律大发展的阶段。

② 2015 年高校校园总建筑面积是 89 141.38 万平方米,1999 年高校总建筑面积是 17 524.79 万平方米,数据来自教育部官网。

③ 2019 年 2 月,教育部新闻办对外披露的 2018 年教育事业发展数据称,普通高校校舍建筑面积 86 690.57 万平方米,比上年增长 1.77%。

④ 财政部教育部 2010 年 11 月发布《关于减轻地方高校债务负担化解高校债务风险的意见》。《意见》中披露,中央部署高校的债务化解工作已在 2009 年开始实施试点。《2007 年中国教育蓝皮书》披露的数据显示,2006 年底全国高校贷款规模在 4 500 亿元到 5 000 亿元。据审计署披露的数据显示,截至 2010 年底,全国 1 164 所地方所属的普通高校负债 2 634.98 亿元。2017 年宣讲全国思想政治工作会议精神报告披露,2017 年估算,全国约清还中央与地方高校债务 6 000 亿元。

⑤ 为了克服经费等物质条件上的困难,1862 年美国国会通过了《莫雷尔法案》(亦称"赠地法案"),规定各州凡有国会议员一名,拨联邦土地 3 万英亩(约 121.4 平方千米),用这些土地的收益维持、资助至少一所学院,而这些学院主要开设有关农业和机械技艺方面的专业,培养工农业急需人才。1890 年又颁布第二次《赠地法案》,继续向各州赠地学院提供资助,到 19 世纪末,赠地学院发展到 69 所。这些学院后来多半发展为州立大学,成为美国高等教育的一支重要力量,为美国的经济腾飞做出了重大贡献。莫雷尔法通过将联邦政府拥有的土地赠予各州来兴办、资助教育机构。根据法案第 40 条,这些大学的宗旨在于教授农学、军事战术和机械工艺,不排斥古典教育,使得劳工阶层子弟能接受实用的大学教育。

学规模以解决高等教育大众化的办学困境。**两者的差异恰恰体现着管理体制上不同制度供给的特点。**美国以法律作为正式制度进行强制性供给推动,中国在尚未明确全国土地制度改革初期,则以地方诱致性制度供给寻求突破并最终形成高等学校办学土地的事实供给。两国都是在大众化期间相遇同样的问题但实行了不同管理的制度创新,这是适应本国国情约束条件进行制度创新的成功案例。其中需要提及的是,从政府对学校自筹资金建设校舍的认可到自筹资金成为高校资金来源的一个渠道,从完全计划配置到让渡自由配置,是与我国整个市场经济配置的环境进程相吻合的。既然大学作为社会的公共品资源,在从完全政府一家投资到利用全社会资源建设,这个管理制度变迁过程在高等教育大众化进程携裹下,实现了化茧为蝶的飞跃。同样,美国在大众化办学推动期也是以各州法律先行,以社区公共资源办学为先导。与我国大众化的异同是,美国以制度前设作为地方办学的前提。我国与美国在地方办学指向上一致,但采取了先试点再规范的管理制度策略,即独立学院范式。从2008—2012年,我国政府政策明确了剥离两类不同性质的办学模式规范期,将独立学院作为民办高校对待。2008年之后,民办学校数量不断增加,与之前"两栖"学校得到公立学校母体的培育与不断剥离息息相关。我国高校学费制度的全面并轨与实施是在1997年,为1999年实施大众化奠定了基础;而与此相关的助学贷款制度与学费制度作为投资体制中市场机制,根本改变了中国高校经费来源结构。这一制度设计遵循的是高等教育作为准公共品对个人投资收益率回报的本质属性与国际高等教育投资结构的基本特点。**因此,办学、管理、投资体制上的三大制度供给虽然在制度呈现上有我国制度创新的特点,但在高等教育资源配置上可循觅到国际借鉴的基本范式。值得特别指出的是,政府在制度创新中的国际借鉴与根据国情的改造精神大大降低了制度供给的成本,使三大制度创新成就了我国高等教育大众化的初期启动与成功。**

办学体制、管理体制、投资体制这三大制度创新没有政府主导供给,不仅无法实施,高等教育大众化也难以实现。中央政府对地方与学校主体的创新不予以认同支持,也难以上升为全国性的制度供给。因此,**关于高等教育大众化的决策本身并不能决定其实施成败与否,而三大制度创新的不断实践却决定了大众化进程。**王哲芳等人的研究表明,2000年到2010年普通高校招生规模增长了接近3倍,但是在同期政府对高等院校的财政教育投入增长了还不到1.8倍[①]。**这里提到的政府主导制度供给并不是指由政府供给基础性资源,恰恰相反,是因为资源稀缺而又要实现扩招,相逼促使政府放开了运用市场机制来配置稀缺资源。资源获取的正当性则由政府确权或赋权并让渡市场或学校主体、民办机构、地方政府等。因此,高等教育资源配置方式的转换恰恰是资源稀缺倒逼制度创新,以需求倒逼供给,特别是在高等教育外部资源供给上,制度创新的机制呈现出活跃与生机,并不断在已打开的潘多拉盒子的基础上完善更多的创新制度。**

(2)与制度环境"错位"的制度供给难以解决大众化与宏观经济的适配

在怎样办好高等教育大众化的18年中,政府主导的制度供给却没有启动高等教育大众化时那么顺利,而且一直在诸如规模控制、结构分层、质量评估等内部管理上陷入长期困境。其中在传统粗放经济增长模式与同步产出的高等教育大量人才之间,出现了人力资本供需不匹配的"错位"现象,即低端外向型经济需求约束了就学规模与就业压力的适配,导致原有

---

① 王哲芳等:《现代大学制度视角下高等教育融资制度创新研究》,《科技管理研究》2014第7期。

人才培养模式两头不靠谱,高不成低不就。这一困境一直缠绕政府十多年,期间制度供给呈现为"左右为难"的"错位"特征。

让我们回溯这段历史:2001—2016年我国"入世"与参与全球化经济正好与我国高等教育大众化发展同步,但高等教育扩招是深受1997年亚洲金融危机影响的产物,之后顺势步入大众化轨道。也就是说,大众化之旅的起点从来没有考虑过教育条件的选择性。其中,深受中国文化基因熏陶的老百姓对此做出的回应,就是强烈地以实际行动驱使中央这一扩招决策开弓就没有了回头箭,加上地方政府的竞争致使大众化发展似脱缰野马,高速度推进。中央最初并非料到有这样的速度,这可以从五年规划与年度计划预测的高等教育毛入学率一再调整并在2007年明确发文予以控制得到佐证。1998—1999年高等教育扩招启动直至2009年,我国高等教育规模从在校生340.87万人增长到2 144.66万人,年均增长18.2%,与经济增长相对应成为两个并行驼峰,都是高速增长。2000—2010年的毕业生总数从94.98万人增长到575.42万人[①]。虽然这一数量庞大的高端专业人才正规军改写了我国人口素质,与2000年第五次全国人口普查相比,2010年每10万人中具有大学文化程度的由3 611人上升为8 930人,但是,**实际用人状况的确是严重"错位"。在入世的15年中,按照比较优势,在低端产业的用工程度上恰恰暗合了20世纪后20年至21世纪初我国在普及义务教育上取得的成果,而高端产业的转型尚未到来,大众化的高等教育对接劳动力市场存在严重不匹配,使结构与质量问题更加突出。**而政府频频出招的主导模式在2008—2012年因全球金融危机影响并试图挽回增长的政策主导下,很难厘清中国经济脉络与真实需求面貌,**高等教育分层结构与质量优化的制度供给遭遇宏观经济转型正在进行时且难以厘清的困惑。**21世纪头十年整个经济增长模式仍然为粗放型发展与产业结构依旧有框架,依赖出口的外向型产业大军主力仍然是来自乡村的农民,同时,从事低端加工业制造的工人,受传统粗放经济增长模式的影响而"错位"同步产出的高等教育大量人才处于大量积压。大学毕业生配对不上还处于价值链低端的诸多行业,越选择"高大上"专业越不匹配现实需求,出现了人力资本供需不匹配的"错位"。**在大众化启动初期可能并没有人看清它与我国当时现实经济发展模式的"错位",因为学术界普遍认为关于知识经济对高端人才的需求似乎近在咫尺。**蔡坊分析经济转型升级阶段前后产业结构对不同梯度人才的需求,正好说明了大众化前期发展所遭遇的"错位"现象:目前农民工的平均受教育年限是9.6年,使他们分别适宜于在第二产业劳动密集型岗位(要求劳动者有9.1年的受教育年限),以及第三产业劳动密集型岗位(要求9.6年的受教育年限)就业。但是,未来中国经济的变化趋势是产业结构更加资本密集和技术密集。按照目前岗位对人力资本的要求,第二产业资本密集型岗位要求职工具有10.4年平均教育水平,第三产业技术密集型岗位则要求13.3年,这意味着农民工的受教育程度不足以支撑他们转向这些新岗位(蔡坊,2016年)。蔡坊已暗示2015年以来的经济转型升级为大众化培养的高端人才提供了用武之地。直到2008年全球金融危机后,更多的企业反映出高级技工的匮乏与大学毕业生的工资水平和农民工等同时,学术界关于刘易斯"拐点"与粗放型经济增长模式不可持续的呼声才被作为政府议题浮出水面。蔡坊在分解1978—2010年中国GDP增长因素时发现,物质资本积累的贡献是73.7%,劳动力数量为

[①] 上述数据均来源教育部统计公报。

7.1%,工人的受教育水平(人力资本)为 4.2%,人口抚养比为 6.7%,全要素生产率为 15%[①]。尽管这一测算还有讨论的余地,但基本符合这一阶段低端产业用人状态。根据世界大型企业联合会数据,中国劳动生产率提高的速度,从 2007—2012 年的年平均 9.5%,下降到 2012 年和 2013 年的 7.3%及 2014 年的 7%。劳动生产率提高滞后于工资上涨的新趋势,导致单位劳动成本上升。估算表明,由于工资上涨快于劳动生产率提高,中国制造业的单位劳动成本自 2004 年开始即呈攀升趋势,到 2013 年提高了 59.7%(蔡坊,2016 年)。这从另一角度回应了大学毕业生与制造业的农民工的工资等同的原因。经济学家们普遍认为,2010 年前后中国人口红利消失的一个被忽略的表现,是人力资本改善的速度明显减慢。蔡坊指出,中国作为一个人口转变和经济社会发展都超常规跨越的国家,人力资本存量的改善主要依靠新成长劳动力的不断增长。在分别经历了九年制义务教育普及和高校扩招这样的超常规教育发展情况下,新成长劳动力以其更高的受教育年限显著地改善了劳动力整体的人力资本。然而,随着新成长劳动力增长减速,人力资本改善速度也必然放慢。这意味着前 15 年,高端人才的培养与低端产业发展正好"错位",而渡过新常态的产业调整,又遇到人口红利消失而导致的人力资本改善速度放慢的特征,这又是一个"两难"问题,如何让大发展的高等教育人才与产业转型匹配,这是新课题。

因此,大众化前十年更多毕业生成为年年头疼的"滞销品",可能并非完全是"质量"问题,而来自市场的反馈信息可能是真实的"适销不对路"信号。那么,值得玩味的是,之前政府大量提供的政策措施有多少是适销对路呢?由于政府给出的制度供给的不得已、不精准或不对路,学校既未能成为传统经济的主角(因为环境制约),也未能成为推动经济转型升级的主体(因为机遇未到)。

制度环境的约束条件是制度供给有效性的前提,如果制度供给在无法宏观纠错的"错位"下小打小闹,不仅无助且会滋生出更多副作用。在控制高等教育发展规模上,政府的制度供给显得乏力。经济全球化对发展中国家是双刃剑,既有利又有弊。作为比较优势参与分工进入整个经济全球化由发达国家主导的生产链,不仅得到收益,也注定了路径依赖下参与全球经济产业链的结果,即发展中国家作为生产基地的局限附加值。这个过程是全球经济制度与国内原有经济增长模式的结合体,它们在带来巨大增长速度的同时也掩盖了旧有经济模式的弊端。既得利益群体固化并延缓了改革旧有模式的最佳时机,在这样一个主体为非高端技术的市场,甚至不需要更高技术模型就能够说明不断增长的高校规模与市场不

[①] 蔡坊认为,从这个结果看,人力资本贡献似乎并不像想象的那么大。对此有两点需要特别说明。其一,这个估算没有把教育质量考虑在内,低估了教育对增长的贡献率。经济学家马纽利等人的最新研究表明,一旦把教育的质量考虑在内,人力资本便可以成为一个更加完整且充分的解释变量,其促进经济增长的作用,从统计上看则大幅度提高,甚至比生产率提高的贡献还大。其二,人力资本对增长的贡献将越来越重要。随着人口老龄化导致的储蓄率下降以及资本边际报酬率下降,物质资本积累贡献将式微,人口转变趋势也使劳动力数量和人口抚养比的贡献成为负数,唯一可持续、必须仰仗的增长源泉,就是人力资本积累和全要素生产率的提高。约翰·沃利等人估计的人力资本贡献率就要高得多。他们采用新古典式的增长账户方法估计,在 1978—2008 年期间,在资本存量、劳动力、以受教育年限衡量的人力资本存量和全要素生产率诸因素中,人力资本贡献率为 11.7%;考虑到不同教育水平具有不同的生产率,他们估计的人力资本贡献率进一步提高到 38%。蔡坊:《新常态下人力资本需求与教育改革》,《中国改革》2016 年第 4 期。

可对接的矛盾。这一矛盾在 2008 年已实现高等教育大众化中期指标即毛入学率 23.3% 时①,政府单靠行政手段约束路径依赖下就学规模的持续增长已力不从心。由于整个高等教育规模地盘的巨大,即使不增长,每年毕业生总数仍是六七百万级的数量。也就是说,政府的制度供给在约束规模增长上是失灵的。在毕业生就业的制度供给上更是无力。政府能够提供是一年一度强调规模控制而发布最高行政机构的文件。职能部门更相信从上至下的"重视"而非来自市场的信号,高校则是对照文件做着毕业生与上门企业的中介。就业成本被大量花在推荐信的"高大上"或花钱训练面试方法上,更多毕业生相信颜值评分,以致整容成风。更多新闻走偏报道毕业生以传统快递餐饮作为天使孵化创新创业之举等。作为市场化国家,德国人力资源部门每年都面对社会发布全国用工需求信息,且不少国家地区都在这么做。**我国已实行市场经济二十余年,互联网大数据技术应用位于世界前列,政府已要求对社会信息公开,但全国与各地政府每年持续能做的不是提供对全国呈现的高校毕业生就业难信号采集的宏观背景分析,也不是一个直接接地气的全国系统的行业供给的全面调查与发布,更没有全国部门或权威性第三方每年有效提供或披露关于全国毕业生就业需求信息。当最掌握信息资源的政府尚不能提供对称信息源且不全面提供市场服务信息时,毕业生与企业的需求不对称只能造成各显其能从而增加了企业筛选和学生就业的成本。**政府不能提供有效制度供给的原因可能是主管部门对真实背景不了解,无法有效作为,或是早知宏观背景原因,但因分割的劳动力与人才市场受到行政区域制约而不能作为,或是服务治理理念跟不上,不想作为。总之,一边面对互联网大数据发达状况,一边面对每年各地举办传统人山人海效率低下的毕业生就业见面会,你会对更多高校只从本地经济的微观层面检讨调整专业设置的依据,表示存疑,也许实际状况是"失之毫厘,谬以千里"。

以上分析表明,制度供给与市场环境对称、适配、对路可以实现效益最大化;反之也可能衍生新的问题。**从大众化初期遭遇的外部经济环境看,就业困境与质量不适不仅通过市场信号调剂是错位的,而且通过政府对应性制度安排基本也是失效的。**原因很简单,低端外向型经济结构的阶段性与高端人才需求结构的"错配"使政策救场失灵。但是,**此一时彼一时,长线看走势,政府坚持高等教育大众化决策的长线效应在大众化中后期必将得到显现。**高等教育不断接近普及化时(2010—2018 年),作为高端人才储备功能似乎一直"等待"着经济结构转型,而这一效应在 2012—2018 年创新驱动经济从端倪而成大势时更显现。**当创新驱动市场信号与信息技术嫁接成为经济增长引擎动力时,产业转型升级促使外向型经济对应需求高等人才时,市场需求信号对高等教育数量与质量要求才是真实的、有效的。**近几年政府对应的一系列人才政策调整是市场需求反应的结果。政府与企业如真正意识到资本与技术没有人才很难自主创新,把创新驱动寄托在高等教育人才上,高等教育普及化可以是"十三五"经济转型升级的助推基础。但是,假如大众化储备的人才质量与结构不能对位经济转型与产业升级,那又构成新的"错位"。**从另一个意义看,高等教育大众化制度供给除在投资消费角度满足了大众高等教育需求,也必须为下一步我国经济转型升级储备供给数以亿计的优质高端人才,特别是在美国从 2018 年开始在人才、知识产权与高科技方面全面制裁我国的环境下,这才是我们能对 2025 中国制造和 2035 基本实现现代化有信心的优势所在。**

---

① 教育部统计公报数据。

(3) 多赢制衡的制度供给是大众化健康发展的理性选择

随着推进大众化浪潮蜂拥而至并成为地方主要追赶目标后,2016 年地方高校达到 2 478 所,地方新建本科院校 2016 年(1 123 所)比 2000 年(487 所)增加 636 所,增长了 130.6%,占地方院校总数的 45.32%。另一半壁江山高等职业院校 2016 年(1 355 所)比 2000 年(442 所)增加 913 所,增长了 206.56%,占地方院校总数的 54.68%。地方高校 2016 年(2 478 所)比 2000 年(925 所)增长了 167.89%,也就是说,地方在 15 年大众化期间陆续新建了超过一倍半的学校。在这样的办学状况下,一方面存在着更多的地方学校深受盲目的家庭社会市场的压力,期待着排名更名合并升级,另一方面是用人机构与社会又不断反馈毕业生质量及办学同质化。表 2-2-1 为部分年份地方职业院校与本科院校校数增长比较。地方高职增长比一直保持着一倍以上的速度,反映了中央支持地方举办高职的力度;因地方本科审批权仍在中央,2003 年比 2000 年还下降了 38.19%,说明中央是寻求对本科规模的控制。但之后的 6 年,2009 年比 2003 年反弹增长为 226.58%,说明地方对升格本科的强烈愿望。随后的 7 年与高职增长比重基本一致,既反映了政府控制本科院校规模的努力,也反映了地方办普通本科的群众基础仍然坚挺。对照主管部门近 10 年的发展方针与政策,可想象教育管理部门面对地方要求"高大上"的压力与政策执行的难度。

表 2-2-1　我国部分年份地方高职与本科校数增长比较

年份＼分类	高职		本科	
	所	%	所	%
2000	442		487	
2003	1 104	149.77%	301	−38.19%
2009	1 215	10.05%	983	226.58%
2013	1 321	8.72%	1 061	7.93%
2016	1 355	2.57%	1 123	5.84%
2017	1 388	—	1 243	
2018	1 418		1 245	

数据来源:教育部官网发布的 2004—2017 年全国教育事业发展统计公报。其中,公报统计数据有一定出入,原因不详

从大众化发展十来年内部结构的制度安排看,办学群体所受精英教育模式的影响与追求"高大上"的一致动力,使政府在决断高等教育办学层次与类型上瞻前顾后、优柔寡断(因为这涉及一个与精英教育全然不同的体系),致使高等教育质量一直成为社会反映强烈的诟病。虽然政府在 2010 年的《国家中长期教育改革和发展规划纲要(2010—2020 年)》中提出建立高校分类体系,实行分类管理,但现存三个制度安排成为困扰主管部门实施分类措施的瓶颈,一是 1986 年制定的高等学校设置条例与要求高等学校分类是不相符合的,二是原有举办多年的地方本科与新办本科学校分类转型价值取向与地方民众的价值取向冲突,三是地方许多院校在升级变格后再一次面临重新调整的不满情绪,及转向应用型与高职的区分度及市场可接受的风险,况且许多学校还将办学目标瞄准 211 学校或综合性大学。在这样一种环境下,中央迟缓犹豫并只能通过示范与激励方式推动部分省市改革转型就能够理解

了。但是,整个社会对学校质量的不满始终成为主管部门头顶的"雷",政府在已实行多种质量提升举措并不显著和决心实施分类的风险平衡中摇摆,其间深陷制度僵局长达六年。2013年中央提出经济新常态,整个经济转型契机给利益各方上了现实一课,各路共识开始趋于一致,才使中央在采取小步递进策略后的2016年再次在"十三五"教育规划中明确地方高校的办学类型方向。在2019年印发的《中国现代化教育2035》中**明确了"质量"的定位**:完善教育质量标准体系,制定覆盖全学段、体现世界先进水平、符合不同层次类型教育特点的教育质量标准,即制定紧跟时代发展的**多样化**高等教育人才培养质量标准。**同时明确"分类"办学目标**:分类建设一批世界一流高等学校,建立完善的高等学校**分类发展政策体系**,引导高等学校科学定位、特色发展。持续推动地方本科高等学校转型发展。这一确立到共识整整走了近十年。如果不遭遇整个经济结构转型,实施分类转型可能还处于僵局。但这一调整还是有条件的,"十三五"教育规划政策表述为"调整高等教育结构,推动具备条件的普通本科高校向应用型转变。推动各地开展转型发展试点",这一政策有三个特点,第一新增高等教育招生计划主要向应用型、技术技能型人才培养倾斜。第二与经济转型一致,再次明确要推进地区高校转型发展改革试点,第三把分类结构质量特色问题都归结到一个"转型"来统筹对待。也就是说,虽然不是一刀切,有折中妥协之嫌,但把定位方向与经济转型捆为一体。这期间还拿出了三个制度安排:**一是中央决定调整211与985工程**,研究实施中央与地方新一轮"双一流"规划,暗指地方也可实施分类的一流规划。211工程与985工程的调整,无疑增添了中央说话的底气,即地方从本省实际出发,可以规划并竞争不同层级的一流目标。从2017年各省出台的"建设双一流规划"看,的确都包含了分类的一流建设目标[①]。**二是启动修订高等学校设置条例,对不同分类高校实施不同设置要求。**也意味着分类后的不同学校培养目标不同,质量标准也不同,质量保障标准也不同。也堵住了一些同为本科则因财政投入差别影响质量、实行高等教育公平应均衡办学、高等学校办学唯有大师等偏颇论点。**三是一再重申扩大省级政府教育统筹权。**2017年3月经国务院同意,五部委就深化高等教育领域简政放权放管结合优化服务改革提出20条[②]。前者主要是高职与民办高校权限,后者主要包括中央与地方本科办学内部管理的权限。虽然这些都是学校内部管理权限但涉及中央各部委,不放权将严重影响分类转型政策的落实。因此,以上三个制度供给虽然不彻底,但比单纯搞质量工程、人才工程及各类微观措施以解决大众化带来的质量问题进了一步,至少高等教育分类制度有了方向感。

其中,为推进这一制度转型,政府一是从毕业生出口角度考虑,要与产业部门研究高校如何产教融合、校企合作的政策,二是从办学入口角度,修订1986颁布的《普通高等学校设置暂行条例》,因为这一条例中就缺乏高校分类体系和分类设置标准。一个三十年前高校设置规则在经历了从精英到大众的天翻地覆的变化却一直能够"照章办学",这其中制度供给的严重缺失也值得剖析。与其说是"缺失",不如说是在选择精英学校设置标准上要不要给出大众化分类设置标准,现实中的制度创新尚一直在变动中,因此,正式制度供给则难以出台。

---

① 褚照锋:《地方政府推进一流大学与一流学科建设的策略与反思——基于24个地区"双一流"政策文本的分析》,《评价与管理》2018年第1期。

② 《高教"放管服"改革20条新规来了!涉及职称评审薪酬分配》,中国网教育频道,http://edu.china.com. cn/2017-04/07/content_40573294.htm。

　　这十多年里,为实现大众化目标,原有计划体制中的高等学校分类体系被解构,存量改变与增量目标同质化,但原有存量资源不同质又拖累了增量目标,当意识到质量问题是类型与结构演化来源时,又要说服已升级的学校转型;而要让学校转型,靠什么来约束,仅仅靠质量与评估文件可能事倍功半,不从办学设置与结构上制约,不赋权或将责任交给学校,很难转型过来,因为对于所有升级的学校都存有一个梦想:在不远的未来,能够成为一流大学。这一分类转型调整在 15 年中经历了一个关于两种不同体系下的规模、结构、类型、质量的重大反复与争论,并非只是一个教育学术共识层面的问题①,**而实质是一个大众化新体系制度供给是否错位、缺失或仅仅是个过度性问题,这是一个现实版的制度创新供给正式制度问题。**

　　如前所述,"入世"后的前 10 年主导劳动力市场的是初等教育人才,大众化如不是为应对亚洲金融危机,是否完全可以推迟或缓招,那么,大众化引发的规模与质量问题是否并不存在,换句话说,改革的环境条件可能更适宜。历史虽不可能重走,但对历史的分析却可以破解许多存疑困惑。事实上,这是当时一个经济全球分工配置下不可能改变的环境需求,在微观层面上的更多努力及追溯的质量差异可能都是一个伪命题。但政府几乎每年都会出台全社会重视毕业生就业的文件,即使学术界与政府意识到整个经济结构形态导致人才档次需求错位,即使看到了矛盾症结也难以叫醒整个产业链上正在获利的利益群体。经济学界从 21 世纪初就不断在警告经济转型的重要意义与不转型的恶果,但也很难让既得利益群体看到长远国家或全体人民的利益诉求。当占据经济增长半壁江山的传统产业与群体仍然是国家收入的基本来源,能够取代的产业还没有能力出生,整个外部制度环境尚未对高等教育人才提供展示的舞台,又谈何所需质量与结构呢?而当现实中高科技开发区与所有在未来取代现有产业的愿景都还是成本支出,以经济增长为考核目标的政府分得出轻重缓急,甚至当中央部门在十二五期间已明确 GDP 增长指标不作为地方政府的第一位考核指标时②,绝大多数地区政府仍然不知所措,对整个全球经济环境趋势及实施产业政策调整的危机并不知情。2013 年中央提出经济新常态、2015 年党的十八届五中全会通过的《中共中央关于制定国民经济和社会发展第十三个五年规划的建议》(以下简称《建议》)明确要求,要坚持以创新、协调、绿色、开放、共享五大发展理念来统领"十三五"时期国民经济和社会发展③,许多

① 在讨论《国家中长期教育改革和发展纲要规划》初稿征求意见时,北京师范大学王英杰认为"在实现高等教育大众化之后仍然要加强精英教育"不一定提,因为精英教育的概念十分模糊,贸然提出可能引起新的困惑。可见,对精英教育与大众教育两种体系的本质区别存在不同认识。引自国家教育发展研究中心内部刊物《研究动态》副刊《热点问题快报》2009 年第 1 期。

② 2013 年 12 月,中央组织部印发《关于改进地方党政领导班子和领导干部政绩考核工作的通知》(以下简称《通知》),规定今后对地方党政领导班子和领导干部的考核,不能仅仅把地区生产总值及增长率作为政绩评价的主要指标,不能搞地区生产总值及增长率排名。2011 年 1 月,胡鞍钢在《深圳商报》发文呼吁《应取消对地方政府的 GDP 考核》。近 20 年来我国宏观经济增长,我国经济增长的高速度是靠消耗资源和环境来支撑。经济增长方式粗放,经济增长质量不高,资源和环境的代价过大,转变经济发展方式进展缓慢。政府"十二五"期间宏观调控的着力点放在"调结构、转方式、控物价、惠民生"上,经济增速适度放缓在一定程度上是主动调控的结果。通过调低国内生产总值增长目标,实现与"十三五"规划目标逐步衔接,从而引导各方面把工作着力点放到加快转变经济发展方式、切实提高经济发展质量和效益上来,以利于实现更长时期、更高水平、更好质量发展。

③ 《中共中央关于制定国民经济和社会发展第十三个五年规划的建议》对未来五年(2015—2020)提高教育质量做出新的重大部署,推动我国教育事业进入以质量为核心的内涵发展阶段。

地方政府官员还是从很难理解转弯。只到 2015 年几乎断崖式的增长指数从两位数调到一位数,并在 7% 以下徘徊时,许多人才如梦初醒,开始理解低端产业为什么留不住人,出口贸易为什么失去了买家。直至 2018 年中美贸易战的开战才使更多的企业警醒,一个经济全球化转型的制度环境已来临。

回溯历史是寻找制度生长的逻辑线索,在高等教育内部管理制度体系与安排上,是受制于全球经济变革与国内经济格局的制约而无能为力,还是原有制度的路径依赖阻碍了我们的视线与动力? 2010—2018 年,这一僵局开始有了变动,其动力来自地方与高校对过度行政化的一致声讨,也来自新一届政府对原有治理模式的反思。因而,我们需要思考:**当我国大众化经过 20 年走向普及化的后半程中,制度供给更多是计划配置还是市场配置? 是更多将自主选择给学校与地方还是更加集中统一?**

高等教育规模发展与质量提升是依赖一个计划机制还是市场机制,学界已经讨论了三十多年,理论分歧还是很大,但现实给出了更多选择结果。当制度环境是以市场来配置资源时,特别是要素市场中的劳动力不是配给制而是选择制时,作为供给人才的高等教育就不得不面向市场。这个市场对应人才的层面可能是多样性的,既有短期大量经济适用的专业化工程师人才,又有中长期稳定的基础性人文社科类人才,也有少量高端从事未来科学研究的人才。特别是当市场配置对某些领域或行业失灵时,政府可以运用调节手段加以补充,比如,重点大学对中西部农村学生的招生倾斜、乡村教师培养的特殊政策[①]。但计划配置只能是补充而不是主流,总之,它不再是一个计划经济的配置模式。

伴随大众化出现的种种问题的症结在于市场环境、制度环境乃至文化环境对制度供给的制约。例如,毕业生就业问题便是整个经济环境制约的结果,即头十年低端对外贸易需求低端人才等,但 2013 年之后,创新驱动与经济转型升级则需求高端人才,该问题可能就地化解(但还需要看企业调整转型的状况)。**因此,高等教育制度创新受外部制度环境的制约,有适宜时机的问题。**再如,由于我国的社会文化环境,多数人不能接受大众化是要分层次的理念,而追求综合性大学或学术型本科,即过去的精英教育,不愿实行分类。**21 世纪前 10 年高等教育大众化与经济高速增长所需人才的错位,以及引发就业与质量困境及在人口红利消失后经济转型升级所需高端创新人才的矛盾,既有宏观经济结构与高等教育发展阶段不相匹配的信号错位,也有高等教育大众化发展模式定位与顾忌利益群体调整风险的决策困境。因此,高等教育大众化进程中的制度供给总体上不如大众化启动时清晰的制度供给,其难度源自宏观经济结构调整的阶段性与不同利益群体对改革预期不同利益回应的复杂性。**

所以,**分析大众化引发的质量纷争实质是高等教育精英办学模式转型问题;在实施转型中相遇的改革阻力,本质上是利益格局调整引发个体、局部与全局的矛盾冲突与博弈。**可

---

① 2010 年《国家中长期教育和改革规划纲要》中明确"新增招生计划向中西部高等教育主要短缺地区倾斜,扩大东部高校在中西部地区招生规模"。事实上,此处主要指一些重点大学对中西部农村学生的招生倾斜。即通过实施面向农村和贫困地区的国家专项、高校专项和地方专项等定向招生计划,以提高农村和贫困地区学生上重点高校规模和比例。2016 年 4 月 15 日,国务院总理李克强在北大改革创新座谈会上讲话提到,农村学生上重点大学数量连续几年增长都在 10% 以上,去年专项计划规模已达 7.5 万人。2016 年 7 月,教育部副部长林蕙青在教育部工作会议上提到,农村贫困地区学生上重点高校的人数大幅提升,农村户籍大学生招生数占比超过 60%。

见,多种因素特别是利益格局和民众心态是导致政府迟迟没能下决心实行分类的因素之一。**这一博弈过程深刻反映了改革深水区制约新一轮制度供给(分层)各种因素的此消彼长。**

近些年,我们看到的是,政府热情又极其小心地为已身处市场制约的不同类型不同层次不同需求的高校提供服务,但它常常身陷制度供给的两难境地,仍然在屡战屡试地迷恋集中计划一统天下的指令,又不断在政府权力约束与赋权学校自主权的"讨价还价"中打着拉锯战。**高等教育资源配置转型是一场政府、市场、学术的制衡"游戏",这场"游戏"的规则如是一方胜出则败也,形成多赢制衡才是制度创新走向的归宿。**

以上对制度供给的困境分析主要指近十年来大众化延伸的体系转型问题。我们看到,政府一直试图在高等教育规模、质量、结构、效益的关系上寻找一个一劳永逸的药方,却收效甚微。制约因素较多,其中有三条一直困扰并深受环境制约:一是宏观产业格局变动不清晰造成办学体系层次结构分类不明确,导致质量问题普遍泛起;二是低端外向型经济需求约束了就学规模与就业压力的适配控制,导致原有人才培养模式两头不靠谱,高不成低不就;三是在改革深水期,存量与增量在获取政府与市场资源上的利益纷争使政府遭受四面埋伏,集中暴露出治理能力的短缺。

从制度选择与成本比较看,我们可能失去了决策最佳期,由于我们的治理能力还无法预测决策风险承受力。按照国情特点,我们没有把本科设置权限放到地方,我们尚不能把举办高等教育分类部分权限的立法权放到地方,我们视学校尚没有做好自主权自律的约束,我们总是只有按照先试点再推广后立法的制度供给方式等等。对于这样的制度供给模式在改革发展的不同阶段的利弊得失变化,在改革40年的制度变迁里,高等教育资源配置转型实践提供了大量案例。

新常态及迈入新时代的新经济转型,已经对高等教育转型提出了需求,而高等教育转型的成败,在很大程度上取决于新一轮制度供给的适宜性乃至精细化程度,即多样化分类支持政策的定位与到位程度。特别是面对全球来说,技术、人才和资金等资源在世界范围内自由流动是经济全球化的重要特征之一。经济全球化的不同阶段由于经济需求与约束条件的不同,技术、人才、资本三种元素的基本内涵与外延是需要严格界定的,对处于不同水平的国家来说,三种元素品质与水平会决定谁是主导,谁是输出国或输入国。虽然合作贸易都是互惠互利的,但是贸易开放与开发的领域与层次是处于不同阶段的,具有知识产权的高新技术加高端人才与充盈的金融资本会决定其在合作中的定位,不同层面的适配合作一定是由彼此的互补资源,一定不具备对等性,而同层面的互补合作一定是对等性交换的。认识到经济全球化的阶段与转型特征,真正分辨出三种元素在我国的基准水平与制度约束,才能为变"后发劣势"为"后发优势",才能以制度供给的"创新弯道"迎头赶上国家战略需求。**鉴于制度供给的重要作用,在教育转型的新征途上,进行新一轮、升级版的、"多赢制衡"的制度供给势在必行。**

二、我国加入世贸组织后高等教育国际化的主要特点

我国加入世贸组织的协议是一个涉及有部分文化及教育的协议。其中,高等教育是被WTO纳入服务贸易总协定的。学界关于高等教育国际化研究文献的递增也伴随着加入世贸组织的过程,见图2-2-1。刘仿强发现[1],国内高教刊物在2001—2010年间有335篇论述中

---

[1]　刘仿强:《高等教育国际化相关问题研究综述——基于14种高等教育类全国中文核心期刊10年(2001—2010)统计分析》,《黑龙江高教研究》2013年第7期。

国高等教育国际化问题的研究文章,关于"入世"影响的文章主要集中前几年,2002年篇数最多。他在解释之后此类问题文章减少的原因认为"一是在重要时间节点前后进行相关问题的研究历来是理论界的常态,二是高等教育界发现入世对中国高等教育的影响与其对经济领域的影响相比并没有原来想象得那么巨大,中国的高等教育还是基本沿着原有的发展路径在发展,学界对此问题的关注程度自然也就淡了下来"。**本研究表明,2012年以来,高等教育国际化文献研究篇数又有较大递增。高等教育国际化、市场化和多样化成为新一轮全球高等教育发展的主要特征和重要趋势,加入世贸组织后15年我国高等教育国际化格局发生了重要变化。以下从高等教育贸易组织的制度强制性、学生跨境学习的制度动因、国家间学位互认制度加大、国家对跨境办校的制度选择、"一带一路"主动供给等分析我国加入世贸组织后16年高等教育国际化的主要特点与新趋势。**

图 2-2-1　2000—2017年知网上关于高等教育国际化文章的篇数

注:知网搜索关键词高等教育国际化,范围为期刊,搜索时间为2017.8.23。

(1) WTO作为一种贸易制度规则具有正式制度的强制性特点,在相对时间里具有对成员国行动趋同与约束效应。我国加入WTO后的15年,高等教育国际化的基本对策符合国情、推进程度平稳且有突破[①]。

关于WTO与UNESCO关系的分析,见微信2-4。WTO作为二战后以美国为主导的国际组织,发达国家占据制定规则、分享利益为先,作为制度硬约束,能迅速在全球参与国实施。我国经过15年的谈判,又经过15年的保护期,政府在确定参与这个组织前是明晰这个组织制度框架的,也是承诺要遵守规则的;也就是说,我国是明知参与后所带来的副作用也仍坚定地加入,说明我们是做了整体利大于弊的评估,同时也确定可以从我们主观上做出制度安排来预防与减少其负面影响。从已走过的15年看,**我国加入WTO后,加快高等教育国际化的总体对策是符合国情的,在融入国际化中是始终保持我们的价值导向为开放前提的,参与国际舞台"共舞"学习能力与制度创新得到增强,高端人才引进回国潮对我国经济结构转型升级、融入全球经济一体化参与国际竞争具有显著的聚集效应,高等教育国际化整体趋势是利大于弊。**作为发展中国家,采取深入虎穴、方有胜算可能,顺势而为、且可为可不为,避害趋利、且为我所用等策略,是面对全球化我国高等教育国际化利大于弊的有效基本对策。

---

① 国家教育事业发展第十三个五年规划中对我国教育国际化的总体评价是"教育对外开放水平显著提升,国际影响力稳步增强",对今后五年的总体部署为"优化教育对外开放布局、提升教育开放层次和水平、积极参与全球教育治理、立体推进中外人文交流"。

经过 15 年的对外开放（指加入 WTO 的服务期），在学习与探索其他发达国家高等教育国际化成果与经验基础上，**我国政府在整体对外教育国际化的制度选择与设计上，有三点重大突破**：一是由顺应 WTO 的规则、借鉴发达国家高等教育国际化经验、摸索国家对外发展战略中教育功能与作用，转变到深度参与国际教育规则的制定、深入参与国际组织多边教育合作行动、**强化我国在国际教育治理中的负责任形象**。二是确立教育对外开放是服务和服从于党与国家工作大局和国内改革开放大局的原则，这是教育对外开放的基本定位，采取分类推进、重点突破我国在区域地缘教育国际化上的特殊作用，在已创建的"世界一流大学""孔子学院""留学中国"品牌基础上，提出创建"一带一路"教育行动[1]，**使国家教育品牌做实做强做优**。三是在国际化与本土化的结合上采取统筹国际国内两个大局与两个资源市场、在"走出去与请进来"基础上提升为"对外有为与对内有用"双向互动方针，从追求数量转向优化质量[2]、从自然科学交流扩展中外人文交流[3]、从一般性合作提升为高水平合作办学[4]，**全球高等教育资源配置已成为国内高等教育资源配置的重要组成部分**。2017 年 1 月发布的国家"十三五"教育规划中教育对外作为一个部分"统筹推动教育开放"，集中从"优化教育对外开放布局、提升教育开放层次和水平、积极参与全球教育治理、统筹推进中外人文交流"四个方面阐述了加入 WTO 后 15 年后我国对外教育的整体部署，这是一幅完整地符合国内对外开放战略格局的制度供给。回顾 2001 年国家"十五"教育规划，其中教育对外政策散落在基本原则、专业调整、人才引进等方面[5]，而 1996 年发布的国家"九五"规划则没有教育对外内容。**怎样评估高等教育对外开放的 15 年，上述国家战略格局与制度供给的演变就是一个最好评估**。从全球高等教育资源配置流动性看，国家间总是存在着不平衡，在不平衡中找到

---

[1] 2016 年 7 月《教育部关于印发〈推进共建"一带一路"教育行动〉的通知》（教外〔2016〕46 号），重点是构建"一带一路"教育共同体，促进沿线区域教育互利合作、融通发展。

[2] 无论是出国留学还是来华留学，中国政府已从三十年来的单纯数量规划转向在质量管理上提升，提出了对高端人才的特殊政策培养、建立来华留学质量标准和保障体系、健全合作办学的质量保障体系等。见国家教育"十三五"规划。

[3] 1978 年 6 月 23 日，时任中共中央副主席的邓小平在听取清华大学工作汇报时说，我赞成留学生的数量增大，主要搞自然科学。在改革开放初期的国家出国留学方针上，主要以学习发达国家科学技术为派出目的；随着我国对外开放的全面深化，我国国际地位显著上升、对外影响力和竞争力不断提高，派出或自费出国留学的内容不仅涉及自然科学、工程科技、教育艺术，也几乎涵盖了哲学社会与人文学科等所有学科领域；同时主动对外传播中国声音、中国故事、中国文化，并作为对外教育交流的主要内容之一，2000 年以来建立了中俄、中美、中英、中欧、中法、中印尼等国家间人文交流机制，成为国家文化教育软实力的途径之一，多角度彰显了国家形象。

[4] 2017 年，中外合作大学机构和项目达到 2046 项（数据来源：教育部中外合作办学监管工作信息平台），需要高质量的引入国外合作办学资源，政府在国家教育十三五规划中提出鼓励研究型大学与世界一流大学合作举办二级学院、共建研究机构、建设一流学科的政策措施。这是面对经济全球竞争，国家进一步开放大学资源空间，争取在科学研究与科技领域站位国际一流的新制度设计。

[5] 参见 2017 年 1 月《国务院关于印发国家教育事业发展"十三五"规划的通知》。2001 年教育部发布的《全国教育事业第十个五年计划》，其中关于教育开放部分的叙述为：扩大开放；派出留学人员和接收外国留学人员的规模稳步扩大，对外教育交流与合作更加广泛深入；加快培养加入世界贸易组织急需的、具有国际竞争能力的法律、金融、贸易、工商管理、公共管理等方面的高层次管理人才。高等学校的专业设置与调整，要进一步适应人才市场的需求和国际的竞争与变化；积极引进海外人才；继续实行"支持留学、鼓励回国、来去自由"的方针，鼓励留学人员回国工作或以适当方式为祖国服务。

我国高等教育的优势与劣势,同时不断化劣势为优势就需要在国与国之间寻找比较优势,找准就能由被动转为主动,就能在局部突破有所为,就能服务国家战略大局。简言之,这 15 年我国在全球教育市场上获得的就是对外开放治理能力的提升。

(2)我国加入世贸组织后深受全球高等教育市场化影响,跨境出国留学与来华留学发展规模不断扩大。出国留学正逐渐从精英教育演变成大众化教育,已出现输入国市场分类择优控制的倾向。我国来华留学生在"引进来"与"走出去"政策实施上还期待更有利的制度突破。

高等教育跨境资源配置是高等教育国际化的主要形式,它以全球市场竞争为主要特征,最基本的形式是学生在国与国之间的流动。我国加入世贸组织后,出国留学与来华留学发展规模不断扩大,我国已成为留学教育最大的输出国,**与以往不同的是市场导向成为影响输出国高等教育大众理念与政策导向的因素。**有关公费出国政策分析,见微信 2 - 5。

改革开放后特别是加入世贸组织以来,政府对自费留学并没有出台过限制性政策,但 20 世纪 80—90 年代我国大多数家庭还没有自费留学的实力,多数留学生是获得各类奖学金而出国留学,而加入世贸组织后自费留学则成爆发性增长,且完全是由市场配置。2009—2016 年连续 8 年出国自费留学比例达到 91％以上,依靠国外大学或国外组织奖学金资助留学的学生占比逐年下降①。特别是 21 世纪初以来,在学术界与各国高等教育政策文件的话语体系中,国际教育援助的交流与合作直接功能似乎日渐淡出,而教育产业贸易的输出、输入与竞争的理念日益凸显。伴随着全球经济一体化,国际高等教育被一些国家视为出口产业,经济利益成为一些国家开展国际教育贸易的主要动力②。

到 2018 年,高等教育国际化市场上,发达国家成为高等教育输入大国,而新兴国家与发展中国家为输出国的状况没有改变。**学生在高等教育国际市场的流向主要形成三条流动线,一是来自发展中国家和转型国家的学生向发达国家流动③;二是发达国家学生之间的流动,以上两个流向文献研究较多,不再赘述;三是不同文化背景与经济特殊需要在新兴发展中国家间的流动④。**如近年来我国来华留学数量的增加与我国作为新兴发展中国家经济增长与巨大市场在全球的影响力相关。但总体对于我国来说,目前仍然以第一条流动线为主流,大量文献提供了这一佐证。在高等教育国际市场中,欧盟、北美、大洋洲、日本等发达国家因享有高等教育优质资源以及国际声誉成为高等教育服务的输入国,而新兴发展中国家因国内优质高等教育供需失衡以及现代科技的相对劣势而成为高等教育的主要消费者和输出国。同时,这一趋势与我国高等教育国际化政策形成一对相互影响与制约的关系。**显性影响形成四个趋势特点:一是我国出国留学由国家资助为主演变为个体自费与国家资助并行再到个体自费大于国家资助;二是留学回国人员由 2000 年前的大批滞留在外演变为 2006**

① 《中国留学发展报告(2017)》,《光明日报》2017 年 12 月 21 日。
② 洪柳:《高等教育国际化背景下我国出国留学现状及分析》,《河北师范大学学报》2013 年第 2 期,第 30 页。
③ 这里所指转型国家主要指 20 世纪 80 年代以后的东欧国家、原苏联加盟共和国等。我国实行计划经济转向市场经济,学术界从学术角度视为经济转型,同时我国一直对外宣称是发展中国家。
④ 这里所指新兴国家主要是泛指一些正在发展中的国家和地区,如韩国、印度、中国、巴西、南非、俄罗斯及土耳其等。这些国家和地区通常劳动力成本低,天然资源丰富,而发达国家和地区一般都会将生产线移至新兴市场,凭借低廉的劳工成本增强竞争力。另一方面,发达国家和地区也会向天然资源丰富的国家和地区买入廉价的原材料。发展中国家和地区可借此获得先进的生产技术,改善收入,提高消费能力,并带动经济发展。

年滞留与回国并行再到 2012 年后大批回国,随着年度回国人数与出国人数的增长,两者之间的差距呈逐渐缩小趋势;三是加入世贸组织后的 15 年来华留学规模与自费学习大幅增长;四是以美国为首的高等教育发达国家仍然是我国高等教育留学主要目的国,并成为跨境教育服务贸易的最大收益国。关于四个趋势特点分析,见微信 2 - 6。

以下有两点需要讨论:

一是关于来华留学教育服务的政策沿革经历了以政治需求援建为主到注重市场的跨境教育服务贸易形式,再转由以服务国家大局的区域战略结合境外教育消费的主要表现形式。张琳琳,赵俊峰用霍夫斯泰德文化维度理论模型框架分析我国来华留学生教育政策沿革①,主要经历政治援建时期(1950—1977 年)、改革开放时期(1978—1989 年)、深化改革时期(1990 年至今)三个重要时期。考虑到他们的阶段分析基本是以来华留学政策的变化为主,本研究可以 2000 年 1 月教育部、外交部、公安部令第 9 号《高等学校接受外国学生管理规定》作为第四个时期(2000—2015 年),即进入 WTO 后政府关于来华留学政策实施与实践的新阶段(见表 2 - 2 - 2)。这期间,政府加大了对来华留学工作的制度建设,先后颁布的有关正式文件达到 10 多个②,涉及重新阐明培养目的、政府奖学金制度、学籍学历注册制度、招生、勤工助学、经费管理、质量保障等一系列制度文本。显而易见,**适应我国高等教育国际化进程,在来华留学的总体思路上,体现了强化国家文化影响力,通过加大高等教育接受境外学生的途径来实现,在形式上是履行世贸协议的贸易份额,实质是国家经济、政治、文化在全球战略布局的整体建构。**不仅看经济份额,更看其间接对国家战略的贡献。同时,我国来华留学生教育政策发展不仅是国家宏观战略与高等教育制度对外需求调整的制度演变进程,也是文化博弈、文化冲突不断协调与融合的历史逻辑进程③。业界讨论来华留学教育服务存在的主要问题是我国高等教育对外信息不畅,支撑与中国市场相匹配的来华留学数量趋于保守,为来华留学提供

---

① 张琳琳、赵俊峰:《文化维度视阈下我国来华留学生教育政策的历史迁移与现实选择》,《现代教育管理》2016 年第 5 期;吉尔特·霍夫斯泰德、格特·扬·霍夫斯泰德:《文化与组织:心理软件的力量》,李原、孙健敏译,中国人民大学出版社,2010,第 43~73 页。

② 2000 年 1 月教育部、外交部、公安部令第 9 号《高等学校接受外国学生管理规定》,为高校接受来华留学生管理工作的法制化、规范化管理提供了极具指导意义的文本法规。2000 年教育部颁布《关于实施中国政府奖学金年度评审制度的通知》和《中国政府奖学金年度评审办法》,2001 年又制定了《关于中国政府奖学金的管理规定》。近年来,教育部又先后制定了《教育部办公厅关于启用全国来华留学生管理信息系统的通知》(2004)、《来华留学生医学本科教育(英语授课)质量控制标准暂行规定》(2007)和《普通高等学校外国留学生新生学籍和外国留学生学历证书电子注册实施办法》(2007)等政策文件以及《学校招生和培养国际学生规定》《教育部关于加强来华留学生质量保障体系建设的意见》,修订了《中国政府奖学金生管理办法》。2010 年教育部印发《留学中国计划》通知,教育部和财政部共同起草了《来华留学生经费管理办法》,2016 年起草《高等学校国际学生勤工助学管理办法》,2017 年出台《关于允许优秀外籍高校毕业生在华就业有关事项的通知》,2017 年教育部、外交部、公安部修订《学校招生和培养国际学生规定》。完善来华留学经费项目体系和管理体制,从制度层面强化了来华留学的政策保障。

③ 张琳琳、赵俊峰认为,我国来华留学生教育政策的发展过程既是制度体系建构的过程,又是文化建构的逻辑过程。通过霍氏文化维度理论的分析,文化差异并存、文化冲突凸显、文化隔离与文化排斥尚存是我国来华留学生教育政策要解决的文化瓶颈。霍氏文化维度理论为我国来华留学生教育政策的文化问题提供了相应的调适策略。参见张琳琳、赵俊峰:《文化维度视阈下我国来华留学生教育政策的历史迁移与现实选择》,《现代教育管理》2016 年第 5 期。

分类优质定制的专业产品不足,高等学校对来华留学的管理模式趋于传统,不能形成就学与就业商务连动多元化机制。总体而言,**我国来华留学生教育政策的形成过程是国内转型期高等教育制度演进中逐步建构的过程(内需动力),也是进入世贸组织后国际跨境高等教育外力推动的过程(外需动力)**。张琳琳、赵俊峰认为,我国的来华留学生教育政策并未形成完整、科学的制度体系,来华留学生教育政策的设计与制定存在着一定的文化冲突与文化隔离,呈现出诸多滞后的反应,某种程度上制约着我国高等教育的国际化趋势。文献研究表明,我国来华留学生政策在"引进来"与"走出去"双向影响力上还存在多重障碍。2017年国家"十三五"教育规划中就品牌建设、质量保障、创新管理提出针对性要求:实施留学中国计划,打造"留学中国"品牌①。2017年11月中共十九大提出中国进入新时代,站在中国面向未来两个一百年的战略目标看实施留学中国计划,随着我国从大国向强国迈进中,来华留学将会实现新的突破。

表 2-2-2　加入 WTO 以来我国来华留学人数统计表

年份	来华留学人数	增长率	中国政府奖学金人数	增长率	自费生	增长率
2000						
2001						
2002	85 872		6 073		79 779	
2003	77 715	−9.50%	6 153	1.32%	71 562	−10.30%
2004	110 844	42.63%	6 715	9.13%	104 129	45.51%
2005	141 087	27.28%	7 218	7.49%	133 869	28.56%
2006	162 695	15.32%	8 484	17.54%	154 211	15.20%
2007	195 503	20.17%	10 151	19.65%	185 352	20.19%
2008	223 499	14.32%	13 516	33.15%	209 983	13.29%
2009	238 184	6.57%	18 245	34.99%	219 939	4.74%
2010	265 090	11.30%	22 381	22.67%	242 700	10.35%
2011	292 611	10.38%	25 687	14.77%	266 924	9.98%
2012	328 330	12.21%	28 768	11.99%	299 562	12.23%
2013	356 499	8.58%	33 322	15.83%	323 177	7.88%
2014	377 054	5.77%	36 943	10.87%	340 111	5.24%
2015	397 635	5.46%	40 600	9.90%	357 035	4.98%
2016	442 773	11.35%	40 922	0.79%	393 751	10.28%
2017	489 200	10.48%	58 600	4.33%	430 600	9.36%
2018	492 185	0.62%	63 041	7.58%	429 144	−0.34%

注:(1)数据来源教育部官网。
　　(2)2003年的负增长是受2002年SARS危机影响。

---

① 主要包括建立来华留学质量标准和保障体系,提高师资和课程的国际化水平,加强来华留学管理与监督,提升来华留学服务水平,稳步扩大来华留学规模。更好发挥中国政府奖学金的引领作用,创新奖学金管理模式,加强精英人群培养。做好来华留学校友工作。

　　二是关于我国自费出国趋势分析。2012 年中国留学发展报告蓝皮书显示，**出国留学正逐渐从精英教育演变成大众化教育。**20 世纪以前的留学通常分知识精英和财富精英，这些人不是其自身优秀，就是其家庭富裕。但随着中国经济发展、财富增长及国际化影响，留学也逐渐从精英教育演变成大众化教育，最典型的体现是自费留学的规模日益扩大和工薪阶层留学人数的增加。2001 年以后，我国自费出国留学规模的迅速增加，自费留学比例达 90％左右；自费留学中的工薪家庭比例日益增加，不少工薪家庭节衣缩食的支付子女留学费用。另外，从我国持续增长的国民收入也为我国学生出国留学创造了可能。见图 2-2-2，1998—2016 年人均 GDP 变化和自费出国留学人数对比图。1998 年我国人均 GDP 为 6 796 元，2008 年我国人均 GDP 为 23 708 元，2008 年我国人均 GDP 的值是 1998 年的近四倍。2010 年我国 GDP 首次超过日本，仅次于美国，成为世界第二大经济体。2010 年我国人均 GDP 为 29 992 元[①]。从出国留学普查数据来看，2009 年前出国并且已回国的中国留学生群体中，来自普通工薪家庭的只占 2％，而在 2010 年赴海外留学的学生中，来自普通工薪家庭的比例占到 34％左右[②]。

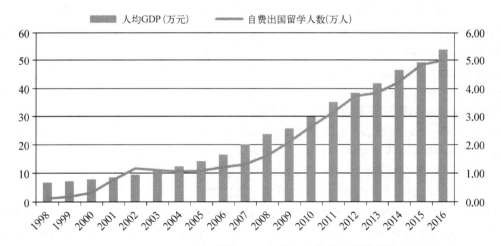

图 2-2-2　1998—2016 年人均 GDP 变化和自费出国留学人数对比图

注：(1) 2010 年的合数是根据 2011 年教育部公报的统计数据计算出来的。
(2) 2000—2002 年的数据来源国家统计局。
(3) 1998—1999 年数据来源网络，链接地址：http://blog.sina.com.cn/s/blog_6269e5b30101i6iz.html
1999 年自费留学数据是根据 1998 年、2000 年、2001 年自费留学平均占比估算的，取 0.78，即 2.4 * 0.78＝1.87。
(4) 2010 年自费留学人数查不到，估算的方法是，公派留学占比一直在 7—8％之间，我们取 8％，则自费留学人数为 28.48 * 0.92＝26.19。

　　如何解释受市场制约的高额自费出国意愿。文献综述表明，其理性回报主要基于以下四点：一是通过与国内优质高等教育资源匮乏或是受到选拔制约（一次高考）而做出的比较选择，二是国家一直奉行的支持回国（户籍、就业、创业）各项鼓励政策的竞争性吸引，三是全球跨国与我国跨境企业对国际化人才需求以及国际化人才就业成本优势，四是受到相当长

[①] 洪柳：《高等教育国际化背景下我国出国留学现状及分析》，《河北师范大学学报》2013 年第 2 期。
[②] 《留学之路：工薪阶层留学地的上佳之选》，浙江留学网，http://edu.zjol.com.cn/system/2014/03/12/019905883.shtml。

一个时期我国高等教育市场分割与社会阶层流动的影响。高等教育作为一项投资是期待未来职位有较高收益,这一收益回报不仅仅是薪酬,也包括社会圈子、地位认同、名誉、幸福感等等,不同职位构成社会分层的基础,带来的附加资源和机会更加大了社会分层的可能。在境外获得的高等教育文凭更充当了社会流动或分层工具的功能。只有当高等教育资源的市场信号被其他甄别物替代时,这个分层功能才会失效。有关对我国家长关于出国留学的教育投入、教育理念和对孩子的教育预期等方面调查和分析,见微信2-7。

可以看到,自费留学规模增长的演变过程深受全球市场配置导向与政府政策导向的影响,自费留学行为的发生深受出国前后前置与后置条件相适配的制约。改革开放之初,究竟要不要支持留学?送多少人出去?能不能学成回来?这些问题都成为教育领域的重大的问题。作为改革开放总设计师的邓小平胸有成竹地拍板决定要成千上万地派,并坚定地相信大多数人会回来。从 1978 年到 2015 年底,各类出国留学人员累计达 404.21 万人。其中126.43 万人正在国外进行相关阶段的学习和研究;277.78 万人已完成学业;221.86 万人在完成学业后选择回国发展(2016 年 265.11 万人),占已完成学业群体的 79.87%①。我国近四十年出国政策的一贯制证实了这一决策的正确,体现了一国首脑具有的境界与胸怀,不仅充满了道路自信与政治自信,事实上也隐含着一个假设,站在国家配置资源的比较战略考虑,任何时代出国留学历史的轨迹都印证了打开国门的派出留学是获取全球高等教育资源配置的最佳捷径。虽然,早先出国留学回归数量比例偏低,但随着国力增强且中国市场在全球的举足轻重,留学回归人数增长与为国服务形式多样已成为趋势,尤其在中国加入世贸组织后,这一假设更加得到证实,且并没有因为国内高等教育规模的增长而削弱反而更为凸显。归根结底一个制度解释:追赶型资源优势互补无论对国家还是个人都是投资回报的净收益。2016 年我国来华留学人数数量(44.3 万人)仍然远低于出国留学人数数量(54.45 万人),留学赤字问题依然严峻。而美国 2015 年在美留学的留学生总数为 120 万人,占世界国际留学生总数的 24%;2014—2015 学年美国出国留学生总数为 32 万人左右,占世界国际留学生总数的 6%②。什么时候,发展中国家的留学输出与输入比例结构发生改变了,则预设着一国高等教育资源的优质与领先性,这也是中国由高等教育大国走向强国的转折点,并且是一个可供观测的指标。

(3) 全球高等教育国际化的发展催生了质量评估与认证体系,我国互认高等教育学历学位证书的国家不断增加,有利于改进高等教育质量、提高我国高等教育质量声誉、增强国际市场人才竞争力。

我国加入世贸组织后就必然要考虑如何对接其他国家的高等教育,否则会严重影响合作深度发展,甚至对市场引进人才与开拓国际市场都存在障碍。在对接上有三种选择,一是只寻求国与国的交流合作,不考虑评估与认证;二是在寻求国与国合作交流的同时,适时条件寻求国际相关评估与对等认证;三是在国际化的一定规模和具备一定国际影响力时,以我为主导创新部分评估标准与认证体系。目前阶段看,我国选择的是第二种,并正在对国内的合作办学进行质量评估与认证,同时探索以我为主体的质量评估认证设计第三种。国际高等

---

① 《2015 年度我国出国留学人员情况》,教育部官方网站,http://www.moe.gov.cn/jyb_xwfb/gzdt_gzdt/s5987/201603/t20160316_233837.html。

② 参见王辉耀、苗绿编著《国际人才蓝皮书·中国留学发展报告(2016)No.5》,社会科学文献出版社,2016。

教育质量标准产生既是发达国家先于发展中国家制定的规则,也是基于各自国内对等价值需求,同时会随着国际化程度在世界范围内不断扩大或不断变化。经济全球化下各国高等教育质量互为认同的桥梁是现有制定设计,也成为各国人才流通的通行证,因此通过国际顶级教育质量认证体系已成为世界一流教育质量的标志与惯例①。因此,加入世贸组织的 15 年正是我国高等教育大众化规模从低位进入高位阶段,质量问题成为众所周知的棘手问题,通过国际外力促使形成一定压力,增强高校人才质量培养紧迫感,需要依靠制度强化。同时,人才资源的流动是以制度规则为基础,追赶型国家的第一步就是取得竞赛的资格,经过努力成为前列,才有能力与话语修订规则;同时,也可从双边需求确定相互互认规则,形成以我为主的区域互认关系,如"一带一路"中合作国家高等教育互认协议等。**分析可见,我国确定参与全球高等教育制度设计与质量认证体系的制度路径在进入 WTO 后变得越来越清晰,行动越来越迅速。积极参与全球教育治理,推动我国同其他国家学历学位互认、标准互通、经验互鉴;深度参与国际教育规则、标准、评价体系的研究制定是开创教育对外开放新格局,全面提升国际交流合作水平的发展趋势。**关于参与质量评估与认证的主要途径的分析,见微信 2-8。

（4）**中外合作办学是跨境教育在我国的主要实现形式,也是我国高等教育事业的组成部分,其核心是引进国外优质教育资源,加入 WTO 后的发展规范与质量不断提升,被誉为是在公办、民办高等教育之外的"第三驾马车"②。**

改革开放以来,高等教育中外合作办学已发展 30 余年,逐步经历了恢复、探索、调整和规范阶段;其地位实现了从"中国教育事业的补充"到"中国教育事业的组成部分"的演变。

"入世以来,根据 WTO 原则,中国承诺开放教育领域,外国教育机构可以以商业存在的方式开展教育服务贸易。为稳妥应对可能出现的国外教育的冲击、倾销,维护教育主权"③,国务院 2003 年颁发《中华人民共和国中外合作办学条例》,教育部发布《中华人民共和国中外合作办学条例实施办法》④,确定中外合作办学明确指外国教育机构同中国教育机构在中

---

① 国际化除了工业领域引入的 ISO-9000 质量标准体系,当前风靡全球的高等教育质量认证体系主要有美国国际商学院联合会（The Association to Advance Collegiate Schools of Business,简称 AACSB）认证、欧洲质量发展认证体系（European Quality Improvement System,简称 EQUIS）和英国工商管理硕士协会（Association of MBAs,简称 AMBA）认证等。

② 解艳华:《中外合作办学进入质量提升新阶段》,《人民政协报》2014 年 11 月 19 日。

③ 教育部新学年第六次新闻发布会:《教育规划纲要实施三年来中外合作办学发展情况》,《世界教育信息》2013 年第 20 期。

④ 1993 年 6 月原国家教委发布《关于境外机构和个人来华合作办学问题的通知》,1995 年制定《中外合作办学暂行规定》。国务院于 2003 年 3 月 1 日颁布了《中华人民共和国中外合作办学条例》（以下简称《条例》）,对中外合作办学的办学性质、合作对象、机构设立、组织管理、教育教学、资产财务、学历认证等方面内容都做了详细的规定。为实施《条例》,2004 年 6 月 2 日,教育部发布了《中华人民共和国中外合作办学条例实施办法》,2004 年 8 月 12 日,教育部下发了《关于做好中外合作办学机构和项目复核工作的通知》,规定对已有中外合作办学机构和项目进行复核,并向通过复核的机构和项目颁发相应的许可证书。为了更好地促进中外合作办学稳步健康发展,教育部于 2006 年 2 月 7 日发布了《关于当前中外合作办学若干问题的意见》,提出:坚持中外合作办学的公益性原则;坚持依法办学,规范管理（强调要增强政治敏锐性,牢固树立教育主权的意识,维护好国家安全、社会稳定和正常的教育秩序;依法保护中外合作办学者、中外合作办学机构和教师、学生的合法利益）;坚持引进优质教育资源,加强能力建设的政策导向;加强中外合作办学的质量管理[包括要加强招生录取的管理、要加强培养过程的管理、要（转下页）

国境内合作举办以中国公民为主要招生对象的教育活动,实行"扩大开放、规范办学、依法管理、促进发展"的方针。2010 年《国家中长期教育改革和发展规划纲要(2010—2020 年)》颁布实施以来,国家教育管理部门对高等教育中外合作办学发展适时做出了由规模扩大、外延发展到质量提升、内涵建设的重大战略转移,质量建设成为高等教育中外合作办学发展的核心战略导向。2014 年 10 月 29 日国务院常务会议又释放出"扩大中外合作办学"的重大信号。而历史可循数据也证实了这一发展变化过程,1978—1997 年是一个缓慢探索,1998—2004 年与大众化同步呈现较快增长的趋势,2004 年依法实施《中华人民共和国中外合作办学条例》,教育部发布《中华人民共和国中外合作办学条例实施办法》,2005 年出现了快速下降(因依法实行整顿,之前被批准的中外合作办学数量由 2004 年的 146 项急剧下降到了 5 项),2006—2009 年基本上处于停滞状态,2010 年之后出现快速发展的势头①,2017 年中外合作办学机构经规范批准的 70 家(见图 2-2-3)。

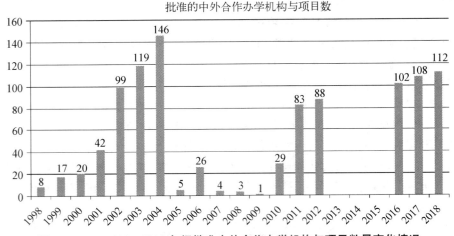

图 2-2-3 1998—2018 年间批准中外合作办学机构与项目数量变化情况

注:图 2-2-3 中 1998—2012 年的数据出自陆根书等:《中外合作办学:现状、问题与发展对策》,《高等工程教育研究》2013 年第 4 期,2013—2015 年缺数据,2016 年、2017 年、2018 年数据根据教育部网站公布的数据整理,见表 2-2-3。

(接上页)加强学科专业的规划和政策引导、要加强颁发证书的管理];加强采用"双校园"办学模式的中外合作办学项目的管理;加强对中外合作办学收费的管理等。2007 年 4 月 6 日教育部下发了《关于进一步规范中外合作办学秩序的通知》,针对一些中外合作办学机构和项目存在的下列问题进一步提出了规范中外合作办学秩序的要求。2009 年 7 月 15 日,为进一步加强对中外合作办学的规范管理,促进依法办学,提高中外合作办学水和可持续发展能力,教育部办公厅下发了《关于开展中外合作办学评估工作的通知》,对依法批准设立和举办的实施本科以上高等学历教育的中外合作办学机构和项目,以及实施境外学士学位以上教育的中外合作办学机构和项目进行合格评估。

① 陆根书等:《中外合作办学:现状、问题与发展对策》,《高等工程教育研究》,2013 年第 4 期,第 77 页。

表 2－2－3 2017—2018 年中外合作办学机构和项目(本科、硕士及以上、地方审批)

地区	本科中外办学机构和项目				硕士及以上中外办学机构和项目				地方审批的中外合作办学机构和项目			
	机构		项目		机构		项目		机构		项目	
	2017	2018	2017	2018	2017	2018	2017	2018	2017	2018	2017	2018
北京	4	4	39	39	5	5	57	59	2	2	24	24
上海	9	9	70	70	6	6	40	40	2	3	53	55
天津	1	1	27	24	2	2	14	14	0	1	7	8
重庆	4	4	17	17	1	1	5	5	1	1	12	16
江苏	8	8	92	92	7	7	12	13	4	7 *	197	206*
浙江	6	6	43	43	4	6	19	20	2	5	66	74
广东	7	7	11	11	6	6	14	14	1	1	40	44
海南	0	0	3	3	0	0	0	0	0	0	19	19
福建	0	0	17	17	0	0	1	1	1	2	6	6
山东	5	5	70	70	1	1	6	6	5	5	30	41
江西	0	0	18	18	0	0	9	9	0	0	18	27*
四川	3	3	13	13	0	0	8	8	1	1	31	31
安徽	0	0	13	13	0	0	2	2	1	1	28	28
河北	2	2	21	24	0	0	2	2	1	1	48	48
河南	3	3	89	89	0	0	0	0	1	1	13	13
湖北	1	1	55	55	2	3	6	7	1	1	44	50
湖南	1	1	24	24	0	0	1	1	0	0	32	32
陕西	3	3	10	10	2	2	6	6	1	1	9	10
山西	2	2	2	2	0	0	0	0	1	1	19	19
黑龙江	0	0	171	171	0	1	5	5	0	0	1	1
辽宁	8	8	35	35	2	2	5	6	1	1	2	2
吉林	3	3	47	47	0	0	1	1	0	0	11	11
广西	0	0	17	17	0		0		0	0	11	13
云南	0	0	10	10	0	0	3	3	0	0	9	13
贵州	0	0	4	4	0	0	1	1	1	1	13	14
甘肃	0	0	1	1	0	0	0	0	0	0	0	0

（续表）

地区	本科中外办学机构和项目				硕士及以上中外办学机构和项目				地方审批的中外合作办学机构和项目			
	机构		项目		机构		项目		机构		项目	
	2017	2018	2017	2018	2017	2018	2017	2018	2017	2018	2017	2018
内蒙古	0	0	10	10	0	0	0	0	0	0	11	11
宁夏	0	0	0	0	0	0	0	0	0	0	0	0
新疆	0	0	1	1	0	0	0	0	0	0	10	10
青海	0	0	0	0	0	0	0	0	0	0	0	0
西藏	0	0	0	0	0	0	0	0	0	0	0	0
小计	70	70	930	930	38	42	217	223	27	36	764	826
总数1	2017年:1 000/2018年:1 000				2017年:255/2018年:265				2017年:791/2018年:862			
总数2	2017年:2046/2018年:2 127											

注:(1) 数据来源教育部中外合作办学监管工作信息平台,教育部审核的中外办学机构和项目数据截止到 2017 年 6 月 1 日,地方审核的中外办学机构和项目数据截止到 2016 年 2 月 4 日,链接地址:http://www.crs.jsj.edu.cn/index.php/default/index/sort/1006。

(2) 2017 年的地方审批的中外合作办学机构或者项目中,福建有一个办学机构注销;天津有一个合作办学项目注销;江苏有一个合作办学项目注销,三个项目停办;浙江有两个合作办学项目停办;江西有五个项目停办,四个项目停招。

经统计:2017 年本科中外办学机构 70 个,项目是 930 个,合计数据是 1 000,硕士及以上中外办学机构是 38 个,项目是 217 个,合计数据是 255,地方审批的中外合作办学机构是 27 个,项目是 764 个,合计数据 791。三项总数为 2 046。

(3) 2018 年的数据截止到 2018 年 10 月 16 日,http://www.crs.jsj.edu.cn/index/sort/1006.

(4) 2018 年由地方审批报教育部备案的机构及项目名单更新时间为 2018 年 7 月 31 日。

(5) 2018 年地方审批报教育部备案的机构和项目中:江苏停办 1 所机构,停办 28 个项目,注销 1 个项目;江西停招 4 个项目。

经统计:2018 年本科中外办学机构 70 个,项目是 930 个,合计数据是 1 000;硕士及以上中外办学机构是 42 个,项目是 223 个,合计数据是 265;地方审批的中外合作办学机构是 36 个,项目是 826 个,合计数据 862。三项总数为 2 127。

中外合作办学项目是改革开放以来发展最迅速、最直接、最普遍的一种形式。见表 2-2-3,教育部中外合作办学监管工作信息平台发布的实施《教育规划纲要》总结中指出,"经过一个时期发展,尤其是教育规划纲要颁布实施 3 年来,中外合作办学初具规模、布局更加合理,学科专业结构逐步优化,进入快速、平稳和高质量发展阶段"。截至 2017 年 6 月,由教育部审批和复核通过的中外合作办学机构和项目 930 个;由省级人民政府和教育行政部门审批并报教育部备案的中外合作办学机构和项目 1 049 个,全国中外合作办学机构和项目共计 1 979 个。截至 2018 年 6 月,中外合作办学机构和项目共有 2 342 个,其中本科以上机构和项目共 1 090 个[①]。从办学层次来看,除义务教育和军事、警察、政治、宗教外,涉及其他各个办学层次;从办学规模来看,据不完全统计,目前各级各类中外合作办学在校生总数约 55 万人,其中高等教育阶段在校生约 45 万人,占全日制高等学校在校生规模的 1.4%。高

---

① 《教育部批准终止部分中外合作办学机构和项目》,教育部官方网站,http://www.moe.gov.cn/jyb_xwfb/gzdt_gzdt/s5987/201807/t20180704_341980.html。

等教育阶段中外合作办学毕业生超过 150 万人。[①] **从我国中外合作办学政策的发展历程不难看到加入 WTO 15 年,我国高等教育国际化影响力不仅仅是以数量需求为指标,作为全球最大的教育市场,中国无论作为需求方还是供给方,都已成为各国不得不重视青睐的资源市场。在我国教育发展总体水平进入世界中等行列的前提下,作为中等收入的发展中国家如何自信与世界发达国家平等对话,取决于我们对存量资源与增量资源变化的战略定位,取决于国家整体发展战略的需求,吸取借鉴全球先进理念与模式并坚持中国化是目标之一,同时以建立并输出高等教育的中国理念与中国标准为己任,已经成为教育"十三五"规划中我国高等教育国际化的新定位。**

从上述视角看跨境办学,能够清晰看到我国政府的基本政策走向。中外合作办学目前主要有两种形式,中外合作办学机构与中外合作办学项目。前者分为具有法人资格的中外合作办学机构和不具有法人资格的中外合作办学机构。侯定凯在研究中发现[②],发达国家在发展中国家设立分校是主要流动方向。同时,发达国家之间、发展中国家之间互设跨境分校的趋势日益显著。一些国家既是分校的进口国,同时也是出口国。亚洲国家对高等教育需求的持续增长,使得该地区成为跨境分校发展最为活跃的地区。高等教育办学资源国际流动方向的多元化,预示着一个竞争更加激烈的跨境分校市场的出现(侯定凯,2012 年)。**作为高等教育"走出去"需求旺盛及"请进来"需求强烈的双重供给,中国作为全球规模最大的高等教育资源,无疑是国际上跨境分校发展潜力最大的市场之一。其中,中国政府在面对在华跨境分校的发展政策上,实行了开放但又谨慎的态度,本着试点及结合本土要求,既保持有国际上跨境分校发展相似的特点,也有自己独特的政策办学要求。**目前,中国大陆的跨境分校集中在经济最为发达的长江三角洲和珠江三角洲两个地区。截至 2016 年 7 月 5 日,教育部中外合作办学监管工作信息平台公布的本科中外合作办学机构(含内地与港澳台地区合作办学机构)有 66 个。其中,具有法人资格的本科中外合作办学机构 7 个。2010 年以后中外合作办学数量超过之前年份的数量;办学合作领域涉及工商经贸、工程建设、创意设计为主,且不断持续深入扩展;合作正由单方需求逐步转为双方互为需求的提升。**中国政府在跨境办学的发展政策上,实行谨慎开放、试点先行的原则,但作为高等教育"请进来"在地方政府与市场双向需求都强烈的前提下,无疑是国际跨境分校发展潜力最大的市场之一。**

侯定凯认为 21 世纪以来高等教育全球化市场发展的一个显著特征是跨境分校在世界范围的迅速扩张。他描述了跨境分校在国际范围的发展现状和基本特征[③]。其中以探寻新的高等教育市场,高等教育发达国家纷纷在其他国家建立跨境分校。据英国研究机构"无国界高等教育观察"(The Observatory of Boundless Higher Education)的统计,2000 年全世界只有 24 所跨境分校,2006 年上升到 82 所,到了 2009 年,这一数字达到 162 所(其中约一半为美国高校开设);而到了 2011 年,跨境分校数量达到 200 所;预期到 2012 年或 2013 年,又将有 37 所分校"开张"。除欧洲国家外,近十年来,中东、中国、新加坡、日本等地区和国家成

---

① 数据来源:教育部中外合作办学监管工作信息平台发布最新信息,教育部审核的中外办学机构和项目数据截止到 2017 年 6 月 1 日,地方审核的中外办学机构和项目数据截止到 2016 年 2 月 4 日。

② 侯定凯:《全球化高等教育市场发展的新趋势——跨境分校的发展及其挑战》,《复旦教育论坛》2012 年第 2 期,第 61—65 页。

③ 侯定凯:《全球化高等教育市场发展的新趋势——跨境分校的发展及其挑战》,《复旦教育论坛》2012 年第 2 期,第 61—65 页。

为跨境分校的"热门"目的地。其他各大洲的国家也分布有数量不等的跨境分校。**我国跨境办学的数量在全球增量中增长显著,反映了跨境办学已成为我国在中外合作办学上的升级版,也反映了合作双方在高等教育需求对等上的实力共享。**

高等教育国际化发展在跨境分校的发展上隐含着全球市场资源流动原则,即高校以名义优势资源流向需求国,这与个人求学流动到优势高校所在国正好是反向。侯定凯指出,在一定条件下,作为一种产品的高等教育,可以复制到不同文化和制度中。这如同麦当劳餐饮服务的商业模式:只要菜谱相同,世界各地的麦当劳汉堡的味道就如出一辙;同样,只要分校的母体大学的课程保持不变,那么学位的质量在世界各地是等价的。至于教学设施和师资则可地方化,就如同麦当劳快餐的食材和厨师可以来自本地一样。必须看到,跨境分校的"麦当劳"逻辑,可能在学术世界遭遇困境。商业模式毕竟不同于教育模式,后者对于文化和制度的差异性更加敏感,其管理更加难以遵循普遍适用的量化指标。事实上,即使是麦当劳在不同国家的商业模式也会做本土化改进。所以,**当一种教育模式整体搬迁到一个不同制度环境中,面临的改良是必然的。中国政府正在倡导有条件的学校走出国门办学,在研究学习这样的一种跨境办学的模式以推广中国特色的教育。事实上,中国要输出教育理念与范式,就意味着跨境办学势在必行。**美国当地时间 2015 年 6 月 18 日,为探索解决全球性挑战,由清华大学、美国华盛顿大学和微软公司合作创建的全球创新学院(Global Innovation eXchange institute,简称 GIX)在美国华盛顿州西雅图正式启动。这是中国高校第一次到美国办学,也标志着中国高校在美国设立的第一个实体校区和综合性教育科研平台正式建立①。

全球资源的流动是以互惠互利、分享共赢为原则的,当然,强势主导方作为优势资源输出方会在合作中先行获得其目的与利益,而资源获取方又何尝不会在合作中因势利导实现自己的利益与目标。作为中外合作办学的升级版,侯定凯认为应把跨境分校作为我国高等教育改革的"特区"来建设,**让跨境分校在我国高等教育改革中产生"鲶鱼效应",是符合未来以我为主,并在合作中不断形成输出中国办学理念与中国范式。2016 年国家教育"十三五"**规划提出"鼓励研究型大学与世界一流大学合作举办二级学院、共建研究机构、建设一流学科",加快建设中国特色海外国际学校等都表明在高等教育领域对国际开放的一个新的制度设计。在以往面上笼统提倡合作的基础上,精确定位在一流大学与学科高端合作框架内,直指合作目标为国际一流项目、品牌、成果,合作机制是实质性资源融合与分享。2017 年以来,国家主管教育部门在确定提升教育国际影响力的一个基本判断,是基于我国教育发展总体水平已进入世界中等行列,认为已到了可以自信地和世界上所有发达国家的高等教育在一起平等对话的水平。这个判断既是入世以来对外高等教育格局的大逆转,也是**我国近来对外指导思想上的变化,即强调以我为中心,建立具有中国道路、中国气派与中国标准的教育体系。这一指导思想从学习跟随到以我为主的重大转变是入世 15 年后的重要转折,对高等教育跨境办学,无论是引进合作还是跨境办学都是对办学的基本定位。**而选择怎样的合作者也是跨境办学的基本前提,优势资源的合作是首选,而不是中低端数量上的合作,特别是作为中等收入的发展中国家仍然面临着诸多不利条件时能够敞开最好门槛,提供比较资源优势(研究成本、合作资源、市场规模),除了获得合作研究的直接目的外,前沿科技及学术研究

---

① 《中国高校首次到美国办学》,人民网,http://world.people.com.cn/n/2015/0620/c157278 - 27185121.html。

一系列规则的养成孵化,作为非正式制度的习得与扩散,对办学机构将是一笔更有价值的财富,这比外送培养个人及引进学术专家,效益更可观。一个有利于不断培育新人与研究能力的学术环境会比仅仅只依靠一两个团队领袖与学术带头人对学术研究的可持续更有生命力与辐射性。**基于跨境办学"特区"建设的政策供给是经过了前三十多年所缴的国际学费,也是中国大学发展到今天这个规模与层次能够有一定资格发出这样的合作办学意向,能不能得到满意的接单,有没有这样意愿的合作者上门,还要观察,特别是以怎样的合作机制维系并持续,更是需要时间与实践。**2018年以来,由于中美贸易摩擦和全球经济衰退以及欧洲难民潮引起的民粹主义思潮的来袭,跨境国际交流合作将遭遇一些诸如文化歧视、限制性条约等新动向,尤其是以美国为首的西方发达国家部分与我国合作的学校在合作协议条款上产生相悖意愿。因此,在未来中外合作办学上,坚持以我为主、分享合作,还有很长的路要走①。

需要注意的是,孔子学院的建设和发展是加入世贸组织后我国跨境高等教育对外合作与交流的一项新的创新模式,可以归为境外非学历教育。我国2004年在韩国首尔设立了全球首家孔子学院,多数孔子学院依托高校举办,主要以双语及中国文化学习为主。严格意义上说,不是正式学历教育②。在国家汉语国际推广领导小组办公室等政府机构的推动下,在世界范围内与国外高校合作开办孔子学院和孔子课堂③,截至2016年12月31日,全球140个国家(地区)建立512所孔子学院和1 073个孔子课堂。孔子学院130国(地区)共512所,其中,亚洲32国(地区)115所,非洲33国48所,欧洲41国170所,美洲21国161所,大洋洲3国18所。孔子课堂74国(地区)共1 073个(科摩罗、缅甸、马里、突尼斯、瓦努阿图、格林纳达、莱索托、库克群岛、安道尔、欧盟只有课堂,没有学院),其中,亚洲20国100个,非洲15国27个,欧洲29国293个,美洲8国554个,大洋洲4国99个④。未来,**促进孔子学院和孔子课堂特色发展作为新课题,该模式也涉及一个不断适应全球化转型及创新的需求。**

(5) 服务国家大局,推动共建"一带一路"教育行动,实现"教育行动五通",实施"四个推进计划"。聚力构建"一带一路"教育共同体,全面支撑共建"一带一路"。《教育行动》是我国深度探索教育国际合作交流的一种创新机制与供给模式。

"一带一路"倡议,是我国最高决策层主动应对全球形势深刻变化、统筹国内国际两个

---

① 2018年7月4日,教育部印发《关于批准部分中外合作办学机构和项目终止的通知》,依法终止234个本科以上中外合作办学机构和项目,名单已在教育部门户网站公布。这不仅是近年来完善和创新中外合作办学监管方式的重要成果,也突显了在中外合作办学领域坚决推进淘汰更新,优化升级的政策导向。截至2018年6月,中外合作办学机构和项目共有2 342个,其中本科以上机构和项目共1 090个。2019年4月4日,教育部官网发布《教育部关于批准2018年下半年中外合作办学项目的通知》,决定批准华南理工大学与意大利都灵理工大学合作举办建筑学专业(城市设计方向)硕士教育项目等36个本科以上中外合作办学项目。

② 由于各国竞相传播本国语言文化与文化国际推广领域的激烈竞争,使孔子学院建设面临办学性质、准确定位、机制运营、资金来源、师资质量等挑战,在全球范围内,孔子学院仍没有找到一个普遍适用的传播模式。

③ 提升国家文化软实力。通过教育国际交流合作传播中国声音,讲好中国故事,提升国家文化软实力,关系我国在世界文化格局中的定位,关系我国国际地位和国际影响力。孔子学院就是展示我国国家文化软实力的重要载体。目前,孔子学院、课堂已遍布139个国家和地区,成为世界认识中国的一个重要平台和中外语言文化交流的窗口和桥梁。

④ 数据来源:国家汉办孔子学院网站。

大局作出的重大决策,是关乎未来中国改革发展、稳定繁荣乃至实现中华民族伟大复兴中国梦的重大"顶层设计"[1]。有关我国"一带一路"教育行动情况,见微信2-9。因此,**"一带一路"教育行动是完成入世15年服务期后我国教育适应国家战略亮相世界的一个华丽转身,它将切实影响我国高等教育国际化进程与特征,也会以不断的实践提供更多全球高等教育资源配置互联互通的制度范例。**

以上五个角度的分析并不包含我国高等教育国际化的全部,只是从我国加入WTO后18年对高等教育增量最有影响变化、对新增高等教育资源的方向结构做出的观察。小结:① WTO作为一种贸易制度规则具有正式制度的强制性特点,在相对时间里具有对成员国行动趋同与约束效应。我国加入WTO后的18年,高等教育国际化的基本对策符合国情、推进程度平稳且有突破。② 我国加入世贸组织后深受全球高等教育市场化影响,跨境出国留学与来华留学发展规模不断扩大。出国留学正逐渐从精英教育渠道演变成大众化教育渠道,已出现输入国市场分类择优控制的倾向。我国来华留学生在"引进来"与"走出去"政策实施上还期待更有利的制度突破。③ 全球高等教育国际化的发展催生了质量评估与认证体系,我国互认高等教育学历学位证书的国家不断增加,有利于提高我国高等教育质量声誉、增强国际市场人才竞争力。④ 中外合作办学是跨境教育在我国的主要实现形式,成为公办、民办高等教育之外的"第三驾马车",中国政府重视跨境教育质量保障,支持多种形式的质量保障模式的探索和实践。中央实行规范评估、谨慎开放、试点先行的发展政策,与地方政府与市场对高等教育"请进来"与"走出去"双向需求强烈的前提下,以怎样的合作机制维系并持续,更需要时间与实践。⑤《推进共建"一带一路"教育行动》服务国家战略目的明确,在各国互鉴先进教育经验、共享优质教育资源、全面推动各国教育提速发展的目标明确,在创新全球化资源配置流通路径上打破了发达国家一统天下的既定规则、另辟蹊径、创新的制度供给明确。**它是我国教育完成入世15年服务期后适应国家战略亮相世界的一个华丽转身,它将切实影响我国高等教育国际化进程与特征,也会以不断的实践提供更多全球高等教育资源配置互联互通的制度范例。**

三、我国高等教育国际化对高等教育资源配置的影响与趋势

改革开放40年,我国基本形成了全方位、多层次、宽领域的教育国际交流合作格局[2]。高等教育国际化总体思路不仅是通过加大高等教育接受境外学生或派出留学生以及跨境合作办学等途径在形式上履行世贸协议的贸易份额,实质是服务于国家经济、政治、文化在全

---

[1] 鲍志成:《"一带一路"战略构想提出的深刻时代背景》,人民论坛网,http://theory.rmlt.com.cn/2015/0206/371964.shtml。该文指出:2013年9月7日,习近平主席在哈萨克斯坦纳扎尔巴耶夫大学发表讲时表示:为了使各国经济联系更加紧密、相互合作更加深入、发展空间更加广阔,我们可以用创新的合作模式,共同建设"丝绸之路经济带",以点带面,从线到片,逐步形成区域大合作。2013年10月3日,习近平主席在印尼国会发表演讲时表示:中国愿同东盟国家加强海上合作,使用好中国政府设立的中国—东盟海上合作基金,发展好海洋合作伙伴关系,共同建设21世纪"海上丝绸之路"。在不到一个月的时间里,习近平先后分别提出建设"新丝绸之路经济带"和"21世纪海上丝绸之路"两大战略构想,强调相关各国要打造互利共赢的"利益共同体"和共同发展繁荣的"命运共同体"。

[2] 郝平:《统筹国内国际两个大局 做好教育对外开放工作》,《求是》2016年第18期。

球战略布局的整体建构。 特别是 2013 年我国经济新常态和 2015 年"一带一路"倡议的需求,更使国内**转变了**以往实际上对教育国际交流与合作停留在教育内部事务,服务半径只圈定在教育系统里;**转变了**以往教育国际交流与合作规划部署实际缺乏服从与服务于国家战略大局的高度,只定格于既定的国内教育规划事业;**转变了**以往不重视全球资源配置与经济转型的密切关系,简单割裂国内国际教育的两个市场与两种资源;**转变了**以往只偏重追随性、数量型、内需性的教育国际交流与合作,主动出击为我所用的创新意识薄弱。实施教育"十三五"规划以来,特别是十九大提出进入新时代的战略判断,从实施国家战略的大局高度全面认识、指导、规划高等教育中外合作办学发展,更好地认识并适应国家战略布局对高等教育对外开放的新要求,提高我国高校国际化办学水平和高等教育国际影响力,推动我国由跨境教育单一的输入国,向输入与输出并举国转变,利用全球高等教育市场竞争机制,调动民间社会资源,利用发达国家高等教育优质资源为我所用,激励带动国内高等教育资源配置转型,这是高等教育国际化的新需求。党的十九大提出新发展理念,要着力解决好教育发展不平衡不充分问题,更好满足人民日益增长的高质量、个性化、多样化教育需要,这同样是指导今后我国高等教育国际化工作的根本要求和基本主线。同时,**站在逆全球化压力与共建全球经济治理的转折点上,**高等教育结构调整要瞄准中国适应全球化转型的经济发展动力转换与方式转变,要建立全球视野配置优秀质量的机制,要为国际社会提供更多公共产品或共享产品,这是中国大学新时代起点上作为中国特色"走出去"的制度自信与国际化标杆。

我国"入世"18 年高等教育国际化的五个变化特点集中表明一个重要事实:**我国高等教育国际资源配置进程大大加快,融入参与世贸组织的广度与深度大大加强,带动国内高等教育质量提升与推动经济转型升级"走出去"能力大大增强,为我国在新时代下实施全球的外向型经济战略与文化战略奠定了初步基础。**形成这些基本特点的原因主要是国内需求动力与国家的抉择格局,本研究将在第五章就我国高等教育资源配置转型特征与国外部分国家高等教育资源配置的比较,以及对高等教育国际化制度学习成本与创新收益作进一步分析,并解释我国高等教育资源配置转型趋势的必然性。

那么,**我国高等教育国际化特点与趋势对国内高等学校的具体影响有哪些呢? 主要有四点:第一,**高等教育国际化程度是现代大学特别是一流大学的主要特征与水平标志,现代大学制度安排与组织结构的对应能够反映出这一变化的基本特征;**第二,**国内外高等教育资源的全球化开放性增加了选择高等教育的多样性,也增强了高等教育全球供给市场的竞争性,倒逼国内高等教育理性审视注重内涵发展;**第三,**高校内国际化导向的主要资源正在发生改变,但变化的速度与程度还位于低端层面,原"985"高校整体水准也还在中位以下徘徊;**第四,**高等教育国际化的管理已从一般性考察、高访学习、研讨对话、交流互访等转向实质性办学资源的结构性调整、学科专业课程国际化程度、前沿科技领域研究合作共享、参与国际认证与同行及内部评估专业化方向。我国高等教育国际化特点与趋势对国内高等学校的具体影响的四点分析,见微信 2 - 10。

上述分析**反映出一个基本趋势,我国高等教育国际化程度在高等学校与国际比较的基本指标上还有较大差距,**在炽热的全球高等教育市场中我国高等学校还处于追赶阶段,高等学校无论直接或间接为国家战略及外向型经济服务的路径尚在摸索中,追赶焦灼、各色干扰使国内高等学校同样有陷入"中等收入陷阱"的可能①。站在高等教育资源配置的全球视角,高等学校面对的市场不再仅仅是国内市场,已经变为全球市场及全球竞争。2017年汇丰银行全球教育报告表明,从全球来看,仅有5％的留学生以中国为目的地②。说明我国在全球留学输入市场上还有很长的路要走。事实上,高等学校办学全过程的衡量标尺已扩展为全球尺度,这是历经18年WTO后国内高等学校应对国际化的基本共识与办学维度。在我国现代新经济体系和"一带一路"倡议的新时代要求下,必须转变以往对高等教育中外合作办学的认识停留在简单的教育国际交流与合作层面,要从跨境教育对实施国家战略的大局高度全面认识、指导、规划高等教育中外合作办学发展,这样才能更好地适应国家教育高水平对外开放的新形势要求,提高我国高校国际化办学水平和高等教育国际影响力,推动我国由跨境教育单一的输入国,向输入与输出并举国转变,扩大我国与"一带一路"沿线国家人文交流与合作,提升我国国际形象、文化影响以及国家"软实力"。关于高等教育国际化积极影响的分析,见微信2-11。

关于大学国际化评价指标体系研究成果。在新一轮经济全球化大背景下,世界相互依存度日益加深,高等教育国际化既是世界教育发展大势所趋,也成为评价一国国际化程度的重要指标。大学国际化评价指标体系主要是确定衡量大学的国际化程度与大学国际化标准③。目前研究成果主要有以下几类:比较早和比较有代表性的是日本学者喜多村和之先生的3个标准:通用性、交流性和开放性④(王海燕,2001年)。李盛兵将大学国际化的指标体系分为观念与规划、大学国际化设置,以及学生结构、教师结构、课程、科研国际化和中外

---

① 世界银行《东亚经济发展报告(2006)》提出了"中等收入陷阱"(Middle Income Trap)的概念,基本含义是:鲜有中等收入的经济体成功地跻身为高收入国家,这些国家往往陷入了经济增长的停滞期,既无法在工资方面与低收入国家竞争,又无法在尖端技术研制方面与富裕国家竞争。一个经济体从中等收入向高收入迈进的过程中,既不能重复又难以摆脱以往由低收入进入中等收入的发展模式,很容易出现经济增长的停滞和徘徊,人均国民收入难以突破1万美元。进入这个时期,经济快速发展积累的矛盾集中爆发,原有的增长机制和发展模式无法有效应对由此形成的系统性风险,经济增长容易出现大幅波动或陷入停滞。大部分国家则长期在中等收入阶段徘徊,迟迟不能进入高收入国家行列。文中是指我国高等教育如不能心无旁骛地潜心办学,有可能被追逐指标、快出成果、恶性竞争、陷入平庸、各色干预围剿,而落入长期低端徘徊的局面。

② 《汇丰银行(HSBC)全球教育报告:孩子的成功离不开父母们长远的规划与付出》,搜狐网,https：//www.sohu.com/a/168257330_99909213。

③ 本书将在第五章讨论高等教育资源配置指标体系国际比较。关于两者差异在该章中进行阐述。

④ 王海燕:《高等教育国际化的理念与实践——论美日欧盟诸国及中国的高等教育国际化》,《北京大学学报》2001年第S1期。日本广岛大学喜多村和之教授在1986年"亚洲高等教育国际化讨论会"上提出,"首先,所谓国际化就是指本国文化被别国与民族承认、接受并给予相当的评价。一个国家大学的学术水平在国际上获得一定的评价,就意味着该大学的教育、研究的机能和制度是国际上普遍存在的,它为外国学者和留学生所接受,在国际社会里具有一定的通用性";"第二,确立能够活跃不同国籍、不同民族的学者、文化间的交际、交流、交换的章程与制度,并使之发挥恰到好处的作用";"第三,国际化就是指像对待本国人一样对待有不同文化背景的异国的个人和组织。在大学里,应使外籍教师享有与本国教师同等的资格、待遇,并接纳他们为教授会成员,对待外籍学生也应不分国籍与出身,一视同仁"。通用性、交流性、开放性也就成为日本高等教育国际化的积极立场。

合作办学 6 个一级评价指标和 18 个二级指标[1]。王鲜萍初步建立了由大学国际化观念意识、大学国际化能力行为、大学国际化结果绩效 3 个一级指标、9 个二级指标、31 个三级指标构成的大学国际化发展程度评价指标体系[2]。美国《新闻周刊》评价大学国际化的标准主要是 3 个：开放性、多样性和学术性（研究成果）。美国教育委员会（American Council of Education，ACE）在 2001 年和 2006 年两次对全国范围内的一百多所研究型大学的国际化现状进行了问卷评估。通过两次评估结果进行了比较分析，确定美国研究型大学国际化评估指标的内容[3]。吴文英、董晓梅认为，这种评估已经具有规模化、系统化、持续化等特征。也提出评估指标要分类进行；同一大学的不同专业的国际化指标的评定也要分别设立评价标准。例如，对研究型大学、教学研究型大学和教学型大学要有不同的国际化评价指标体系；此外，理工类专业的世界评价标准相近，在很大程度上可以学习参考世界一流大学国际化的标准，社会学类专业就不能完全照搬国外的同类专业的标准，人文类专业可借鉴的世界评价标准就更有限了，因为人文类的许多专业，如汉语言文学、古典文学等专业，与本国的历史文化传统、语言有密切的联系，不能简单地照办（吴文英，董晓梅，2013 年）[4]。由荷兰屯特大学高等教育政策研究中心（Center for Higher Education Policy Studies of University of Twente，CHEPS）名誉教授弗兰斯·F.范富格特（Frans Van Vught）牵头，来自欧洲 9 所大学和研究机构的 22 名研究者和独立专家参与的"欧洲高等教育机构分类"项目（Classifying European Institutions For Higher Education，CEIHE）。随着 2010 年产生了"欧洲版本"的卡内基高等教育机构分类法，研制成功了一个开放式的在线分类工具，欧洲高等学校分类工具（U-map）主要从 6 个维度共 25 个指标对欧洲的高等学校进行了详细的分类[5]。

建立高等教育国际化评价指标体系是本研究探讨范围，但与上述微观评价比较有差别。第五章将高等教育资源配置转型程度指标体系的测量扩展到国际部分国家。通过修正现有的指标体系对其他国家资源配置状况进行考察，其中也会对大学国际化状况进行适当考察，但两者还是有区别的。资源配置转型程度指标体系涉及从国家转型视角考察资源主体的授权范围，重在考察资源配置转型动力来源的正当性与匹配的系统性，以及资源授权主体间的

---

[1] 李盛兵：《大学国际化评价指标体系初探》，《华南师范大学学报（社会科学版）》2005 年第 6 期，第 113—116 页。

[2] 王鲜萍：《大学国际化发展程度评价指标体系的构》，《高教发展与评估》2010 年第 3 期，第 56—58 页。

[3] 顾露雯、崔军：《美国研究型大学国际化评估指标、策略及对我国的启示》，《高等理科教育》2011 年第 1 期，第 71—77 页。该指标主要包括：明确承诺，既支持国际化的书面申明或制定的政策；专业提供，即本科生是否能获得授予学分的、关注国际的专业课程，包括外语学习、国际化的通识教育要求与课程、海外留学及其他的海外学习项目；组织架构，反映大学用以支持和促进校园国际化的各种资源状况；外部资金，即大学在募集指定用于国际教育项目和活动的外部资金方面付出的努力以及他们收到联邦、州或私人的指定用于促进国际化发展的资金状况；大学对师资的投入，包括大学是否有专门资金用于支持教师的国际化活动（如领导短期的海外留学、海外教学、海外科研及课程的国际化）、举办教师参与的课程国际化研讨会、教师的外语学习机会或对教师的国际化活动成果的各种奖励；国际学生和学生项目，学生通过校园内外各种形式的课外活动及他们与国际学生的交往了解国际事件、文化和知识。

[4] 吴文英、董晓梅：《大学国际化的研究综述及简评》，《北京联合大学学报》2013 年第 4 期。

[5] 茹宁：《U－Map：欧洲版本的高等教育分类体系》，《中国高教研究》2012 年第 3 期。

制衡关系,其中包括部分国际化指标。研究目的是了解我国高等教育资源配置转型的基本特征和趋势与发达国家高等教育资源配置的异同,解释异同的制度背景和约束条件。通过比较,检验转型指标体系在国内外两个资源市场配置的适用性与差异性,作为高等教育资源配置国际参照范本的可行性,更好地修订完善现有转型期指标体系模型。同时,本研究认为,这一国家间比较不仅提供了比较全球高等教育资源配置能力的基础,探索高等教育资源配置特征与规律在全球范围内的比较意义以及指标体系在国际比较中的相对价值;而且提供了建设一流大学制度创新、实现世界一流大学资源配置相对参比框架,为中国大学在全球大学的定位中找到带有中国符号与特色的坐标,提供高等教育国际比较的政策供给基础。

第三节　"985 工程"转型与"双一流方案"诞生的历史逻辑[①]

1998 年启动建设世界一流大学是我国参与全球经济资源配置重要的战略抉择[②],20 年的努力,我国与发达国家一流大学的差距在缩小(表 W2-25,见微信 2-12),参与国际技术、市场、人才竞争的实力在增强[③]。**该项目影响面之大说明牵动的资源配置之多,合理解释该项目"起承转合"的制度成因是研究我国高等教育资源配置转型趋势的关键。**

---

① 第三章内容作为研究高等教育资源配置制度变迁的重大案例主要研究中华人民共和国成立以来至改革开放后我国重点大学建设的制度变迁。2016 年 10 月本课题的阶段研究成果以《"985 工程"转型与"双一流方案"诞生的历史逻辑》为题在《清华教育论坛》第 5 期发表。2017 年上半年,中央出台了"双一流"名单,一流大学和一流学科建设进入了一个新阶段。本节对近两年的延展情况进行了补充研究,使我们更能完整看到这一案例表现的高等教育资源配置制度变迁的趋势特点。

② "985 工程"的简称源于 1998 年 5 月 4 日,时任国家主席江泽民在庆祝北京大学建校 100 周年大会上宣告,要建设若干所具有世界先进水平的一流大学。1999 年,国务院批转教育部《面向 21 世纪教育振兴行动计划》,"985 工程"正式启动建设。三期实施时间为:一期(1999—2001 年),二期(2004—2007 年),三期(2010—2013 年)。因 985 工程是一个连续性项目,各期之间是评估与制定下一期规划的时间;2013 年"985"工程三期已结束。2015 年 8 月,中央深化改革小组审批了新一轮关于"双一流"(一流大学与一流学科)建设意见,2016 年 6 月,教育部废除原有"211 工程"与"985 工程"的相关文件,但关于"双一流"总体方案及入选高校名单 2017 年公布,因为教育部对外已在 2010 年公布的《国家中长期就要改革与发展规划纲要》中明确 985 纳入其中,同时也明确在国家教育十三五规划中纳入双一流计划。本课题的研究按照该项目目前仍在实施中考虑(第三期后续有关重点建设经费在 2016 年 6 月下达给学校),则文中在时间跨度上以 18 年计算(1998—2016 年)。

③ 经过 10 年建设,"985 工程"重点建设学校的整体实力显著提升,与世界一流大学和国际知名大学的差距明显缩小,已经具备了跻身世界一流大学和国际知名大学的基础;形成了一批接近或达到国际先进水平的学科,汇聚了一批国际水准的学术大师和中青年学者,提高了中国高等教育的国际影响力,取得了一批代表国家最高水平的重大科研成果和一批有重要影响的哲学社会科学创新成果。以"985 工程"为代表的高等教育重点建设模式日益成熟,受到了国际社会的广泛关注,引领了众多国家和地区的重点建设计划。实践证明,实施 985 工程"是符合我国国情的建设高水平大学的成功探索"。《"985 工程"报告》教育部学位管理与研究生教育司编《"211 工程"报告》(2007),高等教育出版社版,2011。

世纪之交中国高等教育有三件大事同时确立,一是高等教育部门办学管理体制调整,二是推进高等教育大众化,三是确立建设一流大学①。这三类话题几乎涵盖了高等教育文献研究的一半,其探索争议也伴随三件事件 20 年的变迁历程,成为改革开放以来高等教育资源配置制度转型与制度变迁的三大案例。其间,政策的风风雨雨、舆论的沸沸扬扬、实践的爬坡过坎,结局呈现为,我国高等教育办学管理体制基本平稳,高等教育大众化程度达到 48.1%②,"985 工程"项目连续实施了三期,三件大事相依相伴、互为支撑,成就了中国高等教育大国之称。其中,"985 工程"作为高等教育的国家战略,2015 年主管部门决定重新确定游戏规则③,这一决定引起了社会各界的广泛关注④,反映了知名大学在一个国家和社会的显著地位及显赫影响力。张端鸿归纳了业内对"985 工程"项目建设的两派分歧之争:高等教育作为一种准公共产品,不应该通过行政手段刻意将资源投入到少数高校身上;一流大学可以作为一种公共产品待遇,列入国家战略来实施。两种不同的定位导致了两种不同的声音,集中派认为世界一流大学是公共产品,应当由国家投入进行建设;分散派则认为高等教育和高等学校是准公共产品,集中投入只会破坏公平竞争的环境,破坏高等教育管理的秩序⑤(张端鸿,2016 年)。其实,"985 工程"远不止这点儿纷争。政府部门决定重新考虑游戏规则并确定拿出新方案,这是持续 20 年后的国家重大战略的一个调整。作为制度创新的重要转折,在更多高校预测新制度将以何种方式来临前⑥,我们觉得有必要剖析"985 工程"项

---

① 1998 年国务院进行机构精简,国务院做出《关于调整撤并部门所属学校管理体制的决定》,重点是撤销行业部委,1949 年以后 9 个部委举办的高等学校除教育部与少数部门还保留高等学校办学外,按照"共建、调整、合作、合并"方针,原国务院有关部门直接管理的 367 所普通高校绝大多数高校实行了省级政府管理、地方与中央共建的体制。这一前所未有的大规模改革前后总共经历了近十年的时间,基本上完成了新中国历史上最大的一次高等教育宏观管理体制改革和布局调整。同时,通过合并等手段加强奠定了部分综合性研究型大学的建设基础。这一调整也带动了高等职业教育的大发展与体系变革,促进了高等教育大众化。这一变革一直持续到"十一五""十二五"期间。高等教育大众化是指高等教育入学人数与同龄人口之比,即毛入学率达到 15%。我国从 1999 年实行大学扩招,经过十年努力,2008 年实现大众化。"一流大学"是在全球范围内对一个大学水平价值的广泛认同,但认同的标准并没有一个统一指标。我国明确提出要建设一流大学是在 1998 年。高等教育部门办学调整、高等教育大众化、确立建设一流大学的 985 工程三件大事互为支撑、互为影响。

② 2015 年中国高等教育毛入学率达到 40%,提前 5 年实现。"十二五"教育规划原定于 2020 年实现该目标。2017 年实现中国高等教育毛入学率达到 45.7%,2018 年高等教育毛入学率达到 48.1%。

③ "双一流"政策已经于 2015 年 11 月由国务院对外发布《统筹推进世界一流大学和一流学科建设总体方案》,建设的原则、目标和总体思路已经确定。但是具体的实施方案、评估方案等细则内容尚在研究中,原定 2016 年出台。

④ 教育部 2016 年 6 月简政放权,清理了一批文件,其中包括《关于继续实施"985 工程"建设项目的意见》《关于补充高等教育"211 工程"三期建设规划的通知》,不少媒体兴奋异常,均把此作为重磅消息推出。(参见教育部官网,http://www.moe.gov.cn/srcsite/A02/s5911/moe_621/201606/t20160622_269365.html)许多人据此判断,985 项目、211 项目要停止了。王洪才:《985、211 要取消? 不要过分期待》,财新网,http://china.caixin.com/2016-06-30/100960513.html。

⑤ 张端鸿(同济大学高等教育研究所),内容来自其科学网博客,http://blog.sciencenet.cn/blog-505548-993019.html。

⑥ 本研究对这个议题的研究正好处于 2015—2017 年间。2017 年 9 月 21 日,教育部、财政部、发改委联合公布"双一流"名单,137 所中国高校上榜。

目的制度成因与制度调整,以期对转型中新制度的转换趋势找到合理解释。

　　本研究分析框架主要建立在制度转型基点上,分析政府与高校在资源配置制度创新中的行为关系,解释"985 工程"确立与调整转型成因,研究制度转型中政府与高校不断学习创新、降低制度成本、寻求更优化的资源配置创新模式。对此,本研究有三个基本假设,一是"985 工程"呈现的主要问题是政府沿革计划配置模式的结果,二是大学学术生态养成是一流大学建设的必备基础条件,三是"双一流"方案是原制度供给失衡下制度创新的产物。我们试图从两个维度进行原因分析,一是基于"985 工程"项目的决策基础和动力来源的视角,二是基于"985 工程"项目实施中难解矛盾及项目转换条件的视角。以更好解释"985 工程"确立与转型成因并对未来大学("双一流")追赶趋势提供些许思考。

一、"985 工程"项目的决策基础与动力来源

　　目前绝大多数文献论及该话题的基本成因是"建设世界一流大学是国家的战略选择","必须集中有限力量,重点支持若干所国内顶尖高校创建世界一流大学"[1],1999 年 1 月,国务院批转教育部《面向 21 世纪教育振兴行动计划》中的表述为"从重点学科建设入手,加大投入力度,对于若干所高等学校和已接近并有条件达到国际先进水平的学科进行重点建设","今后 10—20 年,争取若干所大学和一批重点学科进入世界一流水平"[2],其组织主体显而易见是政府。项目建设周期一期为 1999—2001 年(纳入国务院批转的教育部《1999—2001 年教育振兴行动计划》),二期为 2004—2007 年(纳入教育部《2003—2007 年教育振兴行动计划》),三期为 2010—2013 年(纳入国务院发布《国家中长期教育改革和发展规划纲要(2010—2020 年)》,同时决定把"分期建设"调整为"长期规划、动态管理、分段实施")。项目三期之间都有政府牵头组织的大量项目评估验收、新一期建设立项的可行性报告与有关政策调整等过程。从 1998 年提出到 2015 年明确终结"985 工程",18 年项目建设历程的直接管理部门是教育部、财政部,重大阶段性实施意见均由国务院发布。被建设的学校由一期最初 2 个扩展为 9 个进而 34 个、二期 39 个、三期 39 个(表 W2 - 26,见微信 2 - 13)。

　　1999 年项目实施以来,从颁布的正式文件看到(表 W2 - 27,见微信 2 - 14)。"985"项目的立项主体是政府。政府作为这个正式制度实施的主导方,为什么当年会决策而又在 18 年后终结这个项目?[3] 我们看到的决策需求是宏大的国家战略背景,仅此这一点,一个波动整个高教界投资上千亿的项目才能持续近 20 年,则这个宏大战略背景在现今的方案调整上并没有消失,那么,又怎样来解释"双一流"方案呢? 2015 年政府把"双一流"方案作为"985 工程"的继续,如果仅仅作为一个目标任务的继续还能自圆其说,但是,本研究认为,不能因其

---

① 郭新立主编《中国高水平大学建设之路》,高等教育出版社,2012,第 29—31 页。

② 郭新立主编《中国高水平大学建设之路》,高等教育出版社,2012,第 33 页。

③ 作为一项业务工程项目是有时效的,如三峡水库、宝钢建设、高铁建设。我国政府部门沿革"工程"思维在教育项目上应用,如义务教育普及、高等教育大众化,这些有明确目标与国际先例的,在实施中的风险比较能够控制。实施建设世界一流大学的 985 工程就存在多重因目标途径配置模式等不清而时效也不定的问题。本研究认为"双一流"方案在资源配置模式创新等重大制度调整上已本质区别于"985 工程",因此"985 工程"是终结概念。

目标没有变化就视同为前一个项目的继续。双一流方案主要是针对"985 工程"的配置模式调整的,这是两者本质的区别。所以,"985 工程"应该作为"终结"将是有利于"双一流"方案的实施。那么,怎样看待两者的本质区别? 不少国内文献对这些重大项目的不同时期政府决策背景基本忽略分析,或习以为常。这正好反映了我国制度转型的特征:无数制度创新前赴后继累积为一系列可能产生制度环境本质变化的特征,在转型变迁中这个特征变化有时是如此缓慢而觉察不到,比如 1978 年的改革开放是以激进形式成为制度环境特征,我们就会显著关注到它对所有社会生活的影响;当制度变革以渐进性方式深陷日常时,制度环境的改变通常难以观测,我们甚至觉得转型是一个遥不可及的漫长过程,许多研究对制度环境的约束或影响已忽略不计,就如同我们对国外高校研究中不再对其行为进行制度环境分析一样,只是约定俗成假定为这个制度背景是不变的。事实上,作为转型国家的制度创新深受制度环境原有"路径依赖"的影响①,此一时彼一时的政府与学校都不可避免这个"路径依赖",改革的外部制度环境会不断影响约束内部改革的制度安排,尤其像"985 工程"这种长期又不确定的任务目标,当改革主体深陷其中时则难以厘清变化的原因。**一个创新行为是预期收益大于预期成本才会发生,创新的预期收益与预期成本在实施中都是制度环境的变量,当创新成本大于创新收益并形成风险时,分析比较创新风险承受力、承认原有改革缺陷并实施新制度创新的承受力,是政府制度创新的关键。**因此,**对转型期这一牵动高等教育资源配置创新的改革,对其成因与终结过程进行制度分析,有助于了解政府与学校的关系,更好地分清"985 工程"与双一流方案本质区别,避免新方案重蹈覆辙。**

改革开放初期,解放思想寻求改革收益是按照摸着石头过河的方式,是成千上万个制度创新的试错成就了中国特色之路,中央与地方的改革探索都是以协调—博弈—竞争—合作方式推进,这种渐进性改革模式成为改革开放四十年的主导模式。当改革进入利益格局调整的深水区时,"顶层设计"的综合类与系统性改革成为当下的主导,这是不同改革阶段制度创新的不同形式,但越到这一阶段,利益群体的诉求与公共治理模式越发凸显,关注到这一特点的"顶层设计"就越会包容并能调动各方积极性②。需要说明的是,1998 年确定的"985 工程"及之后一系列"顶层设计"与现阶段的"顶层设计"不是一个范畴,前者虽然也是政府主导,因受制于当时的制度环境,"985 工程"作为一项资源配置的重大制度安排,基本是按照原有集中计划的模式,虽然后期主导者已意识到问题并进行了许多补救,但终因原制度设计缺陷而无法修复。假如现有的"双一流方案"仍然不改配置模式,那么两个不同历史阶段的项目性质就是一类的,有什么必要改革呢? 因此,**本研究明确这两个制度设计的本质不同是分析"985 工程"终结的前提,而政府在不同改革阶段其顶层设计的含义是不同的,这个判断基于制度转型分析,不仅对解释过去的现象很重要,面对未来的改革也很重要。**

研究发现,以计划模式的"顶层设计"主导"985 工程",对应越来越变化多样的需求市场,同时高估"计划"力量,落入"宏大目标"追赶陷阱,是该项目留下制度缺陷并在推进中一

---

① 诺斯把"路径依赖"简单地解释为"从过去衍生而来的制度和信念影响目前的选择"。参见道格拉斯·诺斯:《经济史中的结构与变迁》,陈郁、罗华平等译,上海人民出版社,1994。

② 关于这一制度创新改革新特征将在第七章中论述。

直遭受诟病的主要原因,也是直接导致 2015 年项目重新转型的重要前提。仅看调整前后任务设定的变化:"985 工程"一期原有总建设目标是"建成若干所世界一流大学和一批国际知名的高水平研究型大学,促进一批世界一流学科的形成",2015 年中央决定重新调整的目标为"统筹推进世界一流大学与一流学科建设"①,两者任务目标有质的区别,前者是完成时、建设重心是学校,后者是进行时、建设重心是学科②;前者是政府指定学校,后者将采取竞争性途径。不同的指导思想决定不同的路线图,原有的"顶层设计"是计划配置模式为主,"双一流方案"的"顶层设计"更重视以竞争—合作模式为主。因而,"985 工程"初始设计缺陷成为后续一系列问题的致命根源,并隐含着必然调整转型的内在逻辑。

1978 年以来,在我国高等教育资源配置转型过程中,大量的事实证实:**越来越多由政府让渡的权力转化为大学主体的权利,越来越多由中央政府集中管理权被更多分置成为地方政府的统筹权,来自地方与高校的诱致性创新越多则预示基层改革的积极性越高、也表明成功度就越高,由此导致的竞争性改革创新更能上升为正式制度的范式与改革扩展燎原的趋势,越来越多的重大制度创新案例都突显了一个事实**:来自基层的需求动力既暗合了国家民族时代的需求也是制度构建的第一要素,初始的制度创新来自基层,能够扩散为强制性的制度范式一定来自无数改革主体的竞争博弈,最终能够形成正式制度的一定经历了上下多次博弈直至千锤百炼后的认同。它由政府指认 39 所高校,这就让其他所有未入选的学校都对项目的竞争机制和生态培育机制存有异议,挫伤了绝大多数学校的积极性,但它却还是成为两千多所高校的热议话题与舆论焦点,这是因为以下这些不容忽视的基本因素:"985 工程"项目的确立是数以千万中国大学师生的共同愿景与意志追求,是数以千计大学长期共同培育的学术生态与合作—竞争机制的贡献支持,是地方政府与社会各界把大学作为当地政治经济文化环境四位一体生态建构的制度选择。从"985 工程"项目诞生的那天起,它应该就注定不是 39 所学校的事情,也不是中央政府的项目,而是所有与大学利益相关者的一个重大制度安排。**在这个基本事实点上分析顶层制度设计,就会摒弃传统制度语境模式而观照到底层改革主体及其积极性,就能在初始制度起点上观照改革主体的资源配置选择权利,更多采取资源优化的合作—竞争性模式。本研究发现转型期高等教育制度创新的一个特征是,高等教育资源配置由过去政府一言堂转换为政府、学校与社会多方对资源配置的利益诉求;学校主体越来越重视作为市场主体的权利选择而非政府替代,特别是初始配置的选择方式,即更在乎选择资格、竞争机制、参与程序,而不是结果。**但在 18 年前,传统计划配置模式还主要为政府主导的管理模式,多数高校也习惯于多年政府计划配置的模式。当时的制度环境还没有造就出竞争性选择方式。于是,"985 工程"项目的"顶层设计"则自然是逆制度转型的方向反向运行,作为政府计划配置项目,在公共服务与治理上,背离大学学术生态与一流大学建设的天然联系,没有把重心放在营造适合一流大学脱颖而出的合作—竞争机制与学术生态培育上,18 年成为 39 所学校孤独奋战目标的项目,失去了持续的动力来源,终结是它唯一的归属。那么,如何解释这项制度的落地基础呢?

---

① 即被简称"双一流"。

② 虽然在"双一流"方案新文件的目标表述上,一流学校与一流学科是并列,但在调整文件的具体描述中可以显著感受到,对大力推进一流学科建设的比重加强,与原有偏重一流大学建设形成鲜明对比,这与十多年高教界实践中对学科成长规律、学科与大学关系以及世界一流大学的学科贡献的认识有关。

分析原有制度供给的背景条件，是为了更好理解制度转型的特点与规律。研究认为，这项初始制度能够落地一定有符合历史逻辑的演进环境，也一定有其当时合理存在的条件。**主要有三个解释框架：第一，重点大学建设遗产的继承模式是项目沿革计划模式的逻辑起点；第二，加入世贸组织，参与高等教育国际化挑战是项目落地的必然逻辑；第三，地方共建39 所大学的外溢效益与等待进入高校的期望心理是项目实施的动力基础。三个解释框架**分析见微信 2-15。

本节将在下一个问题里继续讨论"985 工程"实施过程中的调整转换及原因分析。但以上对"985 工程"项目的决策基础和动力来源的分析，**主要厘清了两个基本事实，一是处于世纪之交的我国高等教育在不得不面对高等教育国际化挑战中选择了迎面应对的战略措施，即不得不沿革传统制度配置方式（因为新的制度创新还没有生成），面对高等教育还比较薄弱的基础，只能集中中央与地方积极性，组建"985 工程"，试图完成一个在当时并不确定的目标。二是实施中遇到的内外压力矛盾迫使主管部门不断进行调整补救。985**项目因其目标的不确定与原有基础的不充分存在着制度运行缺陷，它的运行模式不足以支撑其完成"久久为功"的目标，"双一流"作为"985 工程"的制度替代计划才是符合历史演进逻辑的。

同时分析表明，"985 工程"项目能够启动并实施 18 年之久不仅仅是一个政府的决策所致，它寄托着几代人的梦想，作为追赶型国家，又处于从计划经济转入市场经济转型中，高远的理想与纠结的现实总是交替支配着转型过程，不仅要政府有为，还要市场有效，仅仅靠豪情满怀的"工程思维"已不能适应全球化的制度环境，也不可能用"工程模式"迅速完成"久久为功"历史使命。由于深受历史逻辑影响，"985 工程"充满了太多实现美好目标的不确定，**它的历史存在意义就是从"211 工程"的计划思维逐步转换为"2011 计划"的竞争—合作机制，进而进入"双一流"模式，它的真正价值是在探索目标中引发了其他制度创新的改革项目**[①]，**并终结了自己。因此，从它出生的那刻起就注定是一个过渡项目。**

二、"985 工程"项目实施中难解矛盾及项目转换机遇

本研究对"985 工程"的 18 年实施过程的分析表明，"985 工程"的行为主体是大学，作为大学为何要响应这个项目，为什么许多大学不满意政府指定"985 工程"大学乃至在 18 年之后政府重新修订规则[②]。本节分析了该项目立项前后的制度背景，提出该项目落地的三个

---

① 在"211 工程"与 985 工程三期实施尚未完成时，"2011 计划"出台。该计划面向包括前两项工程学校，也包括符合计划要求的学校，按照竞争性机制与"国家急需、世界一流"要求，建立一批"2011 协同创新中心"，突破了原来两个工程格局，通过高校机制体制改革，转变创新方式，集聚和培养一批拔尖创新人才，产出一批重大标志性成果，成为具有国际重大影响的学术高地。这是 2015 年国务院出台《统筹推进世界一流大学和一流学科建设总体方案》之前的第一个对两个工程进行补充或部分替代的计划。说明主管部门已在尝试调整 985 工程。

② 2016 年 6 月，教育部清理废止了一批文件，其中包括《关于继续实施"985 工程"建设项目的意见》《关于补充高等教育"211 工程"三期建设规划的通知》。更早在 2015 年 10 月 24 日，国务院对外公布了关于《统筹推进世界一流大学和一流学科建设总体方案》，这个方案是对实施了 18 年的 985 工程的重大调整。

解释框架，说明"985"项目成为转型中高等教育制度创新的新型"集中力量办大事"案例，是一个由计划向市场转型的发展中国家在试图用计划模式与制度创新范式结合，既不同于完全由政府一手包办指挥强行执行的集中资源模式，也不是自行其是的分散资源模式，在整个制度形成过程中一直呈现出多方参与、配套补充、完善机制的递进过程。但是，它作为"211工程"的后续，在项目立项上主要继承了计划经济的计划配置模式，对项目目标的探索性、模糊性造成一系列具体改革的难以评估，由于其目标的实现与原有制度环境的匹配具有高度相关性，与大学的制度生态密切相关，因此，项目学校所遇到的改革问题往往不是本大学能够控制或解决的，而是整个高等教育制度创新的问题，甚至是整个大学与社会生态的演进问题。换个角度看，当高等教育制度演进使得整个大学生态更加具备"985工程"目标实施时，与其继续面对原有工程的制度缺陷，不如下决心实行新的行动方案。所以，2013年主管部门提出"985工程"第三期项目实施结束后结合制定"十三五"教育规划一并考虑另行方案[1]。

  "211工程"与"985工程"都是改革开放以来政府对高等教育资源配置优化进行的重大项目。2015年国务院综合各方面的意见，公布了《统筹推进世界一流大学和一流学科建设总体方案》（简称《方案》），同时将这个建设方案纳入"十三五"国家规划中，并宣布新实施方案2017年开始。这是一个在中国制度改革史上最重要也最有意义的事件，政府主导改革方修订原有实施项目，调整不适应的地方，充分说明政府作为改革主导，能够听取改革主体的多数意见。在《方案》中，可以明确看到许多调整都是针对原有工程的问题：① **针对原有工程重点建设存在身份固化、竞争缺失、重复交叉等问题**，提出加强资源整合、创新实施方式、加强系统谋划、加大改革力度、完善推进机制。② **针对建设目标是一项长期任务**，纳入并同步国家五年规划，按照每五年一个周期，坚持"久久为功"；提出完善政府、社会、学校相结合的共建机制，分级支持，形成多元化投入、合力支持的格局。③ **针对原有工程只是中央财政预算外专项资金的做法**、而建设目标涉及面较大，提出中央财政支持资金将纳入中央高校预算拨款制度中统筹考虑[2]，地方高校主要由地方财政统筹安排。鼓励地方政府支持中央高校建设，中央财政也会通过支持地方高校发展的相关资金对地方高校建设给予引导支持。并通过相关专项资金给予引导支持。④ **针对原有建设目标任务的一刀切**，提出鼓励和支持不同类型的高水平大学和学科差别化发展，高校根据自身实际，合理选择一流大学和一流学科建设路径；针对原有项目项目评估缺位、只进不退，提出建立健全绩效评价机制，积极采用第三方评价，突出绩效导向，形成激励约束机制。资金分配更多考虑重点向办学水平高、特

---

① 2015年11月，中央全面深化改革领导小组审议通过了《统筹推进世界一流大学和一流学科建设总体方案》，进一步明确了党和国家建设世界一流大学的指导方针和具体目标，为推进世界一流大学建设提出了新的更高的要求。

② 2015年11月，财政部、教育部已联合启动中央高校预算拨款制度改革，明确国家对高校的投入将"强化政策和绩效导向"。未来"双一流"最大的改变，是实行基于绩效的差异化拨款。现行中央高校预算拨款体系包括"基本支出"和"项目支出"两部分，占比约为6∶4。基本支出主要用于高校的日常运转、教师工资等人头费占比最大，以生均定额为主的方式下拨；项目支出主要用于高校完成特定的工作任务或事业发展目标，包括改善办学条件、教学科研、重点建设等13个专项。以往985、211高校的优势就是能得到丰厚的财政项目拨款。未来对于高校的财政投入，也主要在项目支出上调整，"归并功能相近的项目，保留运行较好的项目"，13个专项被整合为6个专项，并增加中央高校管理改革等绩效拨款。参见吴珊、相惠莲：《高校"双一流"能否打破身份制》，《财经》2016年第22期。

色鲜明的学校倾斜，在公平竞争中体现扶优扶强扶特。⑤ **针对建设目标要求与时间的不明确**，提出积极探索中国特色的世界一流大学和一流学科建设之路，努力成为世界高等教育改革发展的参与者和推动者的总任务，提出三个时间段的分目标要求：到 2020 年，若干所大学和一批学科进入世界一流行列，若干学科进入世界一流学科前列。到 2030 年，更多的大学和学科进入世界一流行列，若干所大学进入世界一流大学前列，一批学科进入世界一流学科前列，高等教育整体实力显著提升。到 21 世纪中叶，一流大学和一流学科的数量和实力进入世界前列，基本建成高等教育强国。

中央在新《方案》中针对"985 工程"存在的问题与不适应，总结经验，进行了上述调整，这本身就是科学慎重的态度，也是制度创新的态度。可以想象并在文献与在线中看到，在这个《方案》出台前后，高等教育界有多么热闹，有多少意见与方案提供给中央①。当年为了取得确定项目的一致性意见，组织成本与谈判成本都很高，而实施中更多人表示异议或积极性不高时，改革成本也会大大增加，如果因一项制度设计的本来缺陷带来项目的无法持续，这样的制度改革是改革主导方不愿看到的，改革的预期收益与现实成本的巨大差异会不断给改革主导方施加更大压力；改革主体方因逐步看到目标不确定而造成对预期收益大于预期成本的怀疑，由此形成的压力同样使改革放缓。由此，**改革到了制度需求大于制度供给的阶段，政府与高校都面临用新的制度创新替代原有配置模式的紧迫需求，共识一致，改革就会递进到两者的合作共享阶段，新的制度供给就会应运而生，也意味着新的改革预期收益可能大于预期成本，我们期待的改革就能深化下去。**

从制度变迁分析这个牵动高等教育领域近 20 年的重大资源配置项目，正好是一个完整的制度创新事件，即不断以更有收益的制度创新替代旧有模式。因此，**除了上述分析"985 工程"的历史沿革，还需要从高等教育内部需求的制度演进分析其最后阶段性终结的原因。**本研究认为以下三个事件分别从不同阶段与角度影响或促使了"985 工程"的调整转换。**一是"985 工程"同步我国高等教育大众化进程，变革中出现的许多新情况与新问题都与工程初始设计有距离，是"985 工程"难以胜任的②；二是"2011"计划及其他后续开启的项目成为"985 工程"缺失而国家急需与创新改革的补充③；三是大学章程制定实质是解决高等教育主体缺位与政府越位的大学学术生态重建，也是回应"985 工程"缺失的大学制度创新。**

"985 工程"调整转换的三点分析，见微信 2-16。

对"985 工程"进程有影响的三个主要事件，是主管部门在原有配置模式基础上的调整。主管部门兼顾各方利益诉求，力图解决"985 工程"出现的不平衡矛盾，不断修正建设目标的

---

① 2015—2016 年间，关于"双一流"的各种讨论是高教界最热门的话题。

② 还需要指出的是，1998 年高等教育领域还同时进行着中华人民共和国成立以来最大的院校合并任务。由于国务院部委进行机构精简，一些行业部委被撤销或职能合并，原属 360 多所行业部委院校被陆续合并入教育部与地方所属管辖范围。此事属于高等教育管理体制的一次重大调整，包括北京大学与原中科院管辖的协和医院合并。这期间引起的高等教育整个管理格局的改变无疑对主管部门的工作压力巨大，同时，与高等教育扩招、建设一流大学形成三驾马车，三驾马车要形成一股力量，需要一定的时间来解决诸多遗留问题，事实证明，这个体制变动过程的矛盾最初异常突出，但在十五、十一五期间，就被扩招带来的发展任务所替代。因此，分析高等教育制度变迁过程，需要综合分析，而不能作为独立事件分析。

③ 这里所说的 985 工程缺失主要指两个角度，一是环境条件改变后，工程本身原设计无法承办的；二是工程本身弊端缺陷，造成无法解决与完成的。

准确定义与客观期望值,降低最后质疑"985工程"项目效益的风险。但是,囿于工程原有沿袭的计划配置模式,这只是一种补救措施,尽管有些制度供给已涉及问题本质,但"985工程"旧有模式还在,对整体目标改善无济于事。

假定全球一流大学是稀缺资源,因为决定一流大学的资源特别是聚集最顶尖创新学术的人才是稀缺的,而且科学创新是稀缺的,所以,它存在着不确定性,爱因斯坦何时发现相对论不是事先设计的,引力波虽然在全球科学家的协同创新机制下耗费了巨大的人财物,但捕捉到浩瀚宇宙传来的引力波也不是预计规划的。由于科学家的研究本身存在着不确定性,即大千世界有各种制约其成功的约束条件,获得成功的科学家往往是稀缺的。那么,怎样解决这个困扰一流大学的核心问题呢?我们曾经通过"集中力量"选定参与建设的模式来解决一个稀缺且不确定性的难题,其结果可能是事倍功半,用"工程"思维是可以解决工程问题,但未必能够全部解决科学探索及科技创新问题。因为解决科学问题的路径可能不对,而且我们很难处理好一个用脚投票选择去留问题的科学人才或学术团队的向心力问题,如果我们指定且已经投入了时间与财力的话,这就可能成了捆绑政府问责的问题。其实,这个问题与企业家与市场创新问题有异曲同工之处。通常论及企业家才能时不是指某个人,而是指一种明确的功能。企业家的这种功能总是面向未来而具有不确定性。正如米塞斯所言,"企业家就是专门应对不确定因素的行为人"①。成功的企业家才能是在不确定的市场中捕捉寻找创新的"利润",利润是企业家的"一种精神的、智力活动的现象"的呈现。企业家在市场中自由实践的过程是解决"不确定"的前提条件,企业家精神是市场过程的基本驱动力量,是否有高效的诱发企业家行动的制度安排或激励手段,是评价一种经济体制类型成功与否的标志(杜益民,严丰慕,2016年)②。这种制度安排同样适合于大学学术研究,政府需要的是创造让大量科学人才自由地进入和退出的竞争—合作机制,而不是设计"不确定",规划"稀缺"科学人才。如果说,科学探索的"竞争—合作"意味着一个制度性框架,那么,在该框架中占主导地位的是探究的独立选择和学术的自由交流。否则,我们无法解释在20世纪之前的科学家是如何在与今日不可同日而语的条件下取得如此灿烂的辉煌。科学家与企业家的经济活动的显著区别是,现代社会更宽容前者的失败。但通常指定的科学研究却很少有宽松的环境,为减少问责,也常常成为政府不断干预转换的半成品。因此,从宏观维度看政府对一流大学建设的认识,国家战略(参与全球)与核心思维(中国特色)是不可缺少的,这是中国大学共同的基本方向,在这个基本方向上依据大学是解决科学"稀缺"与"不确定"而派生出的组织,科学人才需要在一个竞争—合作的制度安排中"发现与创新",似乎政府培育"发现与创新"的"土壤"更有意义。这个简单的框架,可以被所有的大学具体化为成百上千种建设一流大学的形式和途径,任何标准的、选定的、少数的学校与学科建设模式注定是不存在的。在"985"到"双一流"的过程中,政府与学校都不断在学习与尝试并进行多种有意义的制度与政策性的探索,其中,认识并遵循大学组织在探索科学道路上的特殊特点与规律则是极其重要的。

作为中国大学的排头兵,北京大学原校长林建华是怎样看待一所能被称之为"伟大的大学"呢?他在2016年8月北大战略研讨会上引用杜威的一句话,"世界上从来没有一所大

---

① 路德维希·冯·米塞斯:《人的行为》,夏道平译,上海社会科学院出版社,2015。

② 杜益民、严丰慕:《市场是一个过程》,360doc个人图书馆,http://www.360doc.com/content/16/0908/06/719224_589217324.shtml。

学,能如北大这样,与一个民族的命运如此紧密地相连、休戚与共"。他随后解释道:"因为北大在历史上为中国的发展、为中国的思想启蒙、共产党的建立做了非常大的贡献,所以我们可以讲北大过去是一所伟大的学校。"这一判断同样是当今中国建设一流大学的基点,即"中国特色"的本质所在。那么,北大的校长又是如何看待创建一流大学18年后的北大呢,"我们今天是在创建世界一流大学的过程中,我们最重要的是学术声誉、社会声誉,我们也说过去的国际排名、科研成果、科研经费、人才培养等方面都取得了很大的进展,但我觉得我们现在还不能称为 Great University,我们可以叫 Good University。虽然排名、声誉这些指标都很好,但作为一所大学的内涵和国家让我们做的一些使命,可能还不能称作是一所 Great University。""北大要成为一所伟大的学校,一定是已经和正在为民族和为人类做杰出的贡献。我认为有两条是伟大的大学必须具备的:一是我们能够培养引领未来的人;再一个还有就是我们能够产生推动国家和人类进步的新的思想、前沿科学和未来的技术。这两条是我们在中国要作为一所伟大的大学所必须要具备的,这是我们最核心、最重要的使命。""'一流'并不等同于'伟大',一所'伟大的大学'并不体现在具体指标上,而是体现在输出优秀的文化和人才、对社会带来的正面影响和杰出贡献的内涵上"。他说:"一流是标准,而伟大是品格;一流是繁华,而伟大是寂寞。"[1]建设一流大学首先要倾听校长们的心声,北大的校长对一所"伟大的学校"的"核心使命"清醒而准确的阐述,正是一所尚在建设路上最有发言权大学的心声。**创造好的制度环境(林建华认为,大学需要一个生态,学科也需要一个生态),能够信任并放手让千百所大学的校长们为使命而前赴后继,这恰恰是"双一流"的主要任务。**

综上所述,"985工程"的初始起点是沿革集中计划配置的模式,原因主要是高等教育资源配置制度转型条件不成熟,一流大学建设的学术生态尚未健全,实现一流大学目标与路径不确定。同时,受制于大众化进程和办学管理体制改革调整等诸多问题。制度学派认为,制度创新的发生是由于制度失衡的缘故,但是"当制度失衡发生时,制度变迁的过程,是从由历史决定的结构中的一种安排的变迁开始的,然后逐渐延伸到其他安排。制度变迁因而取决于现存的结构"[2](林毅夫,2000年),即"路径依赖"。**从历史变迁看,"985工程"是计划配置的产物恰是"路径依赖"的结果,它的初始缺陷导致实施中追赶群体与整体改革错位、新旧资源配置模式错位,形成较高的制度成本,这是"985工程"不得不制度转型的必然逻辑。**

因此,这一制度设计在资源配置上的制度失衡不是小修小改能够解决的。站在新的历史坐标上,政府摒弃"路径依赖",终结原有不相适应的制度供给,从面向全球公共治理与大学学术生态的制度重建入手,宣布重新规划"双一流"方案与改革政府高等教育"放管服"的权力生态[3],2016年,这两个重要制度文件的出台预示着中国高等教育资源配置制度创新的

---

[1] 《北大校长:要把北大建成一所"伟大的大学"》,新华网,http:// www.xinhuanet.com/2017 - 06/19/c_1121170388.htm。

[2] 林毅夫:《再论制度、技术与中国农业发展》,北京大学出版社,2000,第37页。

[3] 2013年以来新一届政府根据中央全面深化改革的战略部署和国务院推进"简政放权、放管结合、优化服务"的总体要求,我国行政审批制度改革重点是:国务院部门行政审批事项削减三分之一的任务、彻底终结了非行政许可审批这一历史概念、超额完成取消200项中央指定地方实施审批事项的任务、中央和地方权责清单工作稳步推进等。截至2016年5月,全国取消和下放行政审批事项618项,取消中央指定地方项目230项,清理规范中介服务303项,废止规范性文件11 073个。参见《我国行政审批制度改革进展综述》。

重大转型。前18年高等教育以推进高等教育大众化、调整部门办学管理体制、实施"985工程"为"三驾马车"的历史将终结。今后,**以新资源配置模式统筹推进"双一流"建设,以现代大学治理为基本制度的大学学术生态建设、以中国特色为方向的高等教育国际化进程将成为新制度供给的"三驾马车"**,2016年注定为中国高等教育制度创新元年①。

以上作为本研究的内容成果已于2016年10月在《清华教育论坛》5期上发表。该研究通过中华人民共和国成立以来至改革开放后我国重点大学建设的制度变迁案例,解释了推动转型期我国高等教育资源配置制度变迁的动力来源。值得庆幸的是,当我们的研究还未结题时,我们等到了这一变迁新的进展变化。使我们可以继续将这一悬置的"靴子"怎样落地描述下来。以下内容是对近两年的延展情况的补充研究(2017—2018年),可以完整看到这一案例表现的高等教育资源配置制度变迁的趋势特点。

之前的分析表明,"985工程"项目能够启动并实施18年之久不仅仅是一个政府的决策所致,它寄托着几代人的梦想,作为追赶型国家,又处于从计划经济转入市场经济转型中,高远的理想与纠结的现实总是交替支配着转型过程,不仅要政府有为,还要市场有效,仅仅靠豪情满怀的"工程思维"已不能适应全球化的制度环境,也不可能用"工程模式"迅速完成"久久为功"历史使命。**由于深受历史逻辑影响,"985工程"充满了太多实现美好目标的不确定,它的历史存在意义就是从"211工程"的计划思维逐步转换为"2011计划"的竞争—合作机制,进而进入"双一流"模式,它的真正价值是在探索目标中引发了其他制度创新的改革项目,并终结了自己。因此,从它出生的那刻起就注定是一个过渡项目。**同时,假定全球一流大学是稀缺资源,因为决定一流大学的资源特别是聚集最顶尖创新学术的人才是稀缺的,而且科学创新是稀缺的,所以,它存在着不确定性,爱因斯坦何时发现相对论不是事先设计的,引力波虽然在全球科学家的协同创新机制下耗费了巨大的人财物,但捕捉到浩瀚宇宙传来的引力波也不是预计规划的。由于科学家的研究本身存在着不确定性,即大千世界有各种制约其成功的约束条件,获得成功的科学家往往是稀缺的。那么,怎样解决这个困扰一流大

---

① 2016年8月24日国务院发布《国务院关于推进中央与地方财政事权和支出责任划分改革的指导意见》(国发〔2016〕49号),意见指出,合理划分中央与地方财政事权和支出责任是政府有效提供基本公共服务的前提和保障,是建立现代财政制度的重要内容,是推进国家治理体系和治理能力现代化的客观需要。改革的主要内容包括:推进中央与地方财政事权划分,完善中央与地方支出责任划分,加快省以下财政事权和支出责任划分。这是改革开放以来中央与地方财政关系经历了从高度集中的统收统支到"分灶吃饭"、特别是1994年实施的分税制改革两次重大调整后的第三次划分。这将对高等教育着眼于地方的事权与财权的划分与改革产生重大影响,这是促成高等教育创新元年的制度条件之一。其次,是我国本届政府关于行政审批制度的重大改革,特别是国务院推进简政放权、放管结合、优化服务的总体要求在各个部门与行业领域正在产生重大改变,2016年年内教育部正在着手推进高等教育"放管服"等制度调整,这对大学章程在内的现代大学治理进程将是重大的制度利好。第三,2020年是我国历史进程中具有重要里程碑意义的一年。中国共产党召开了第十八次全国代表大会,明确了今后一个时期中国的发展蓝图,提出到2020年国内生产总值和城乡居民人均收入将在2010年的基础上翻一番。党的十八大报告首次提出全面"建成"小康社会。"小康社会"是由邓小平在20世纪70年代末80年代初在规划中国经济社会发展蓝图时提出的战略构想。2015年10月29日,十八届五中全会审议通过了"十三五"规划,而新中国的第十三个五年,正是向着2020年全面建成小康社会这一"百年目标"冲刺的五年。2016年正是"十三五"开局第一年,任务目标都要求我国高等教育必须改革创新,以服从服务于"十三五"目标。以上议题在其他章节都有讨论。

学的核心问题呢？我们曾经通过"集中力量"选定参与建设的模式来解决一个稀缺且不确定性的难题,其结果可能是事倍功半,用"工程"思维是可以解决工程问题,但未必能够全部解决科学探索及科技创新问题。因此,**在"985"到"双一流"转型变迁的20年中,政府与学校都不断在学习与尝试并进行多种有意义的制度与政策性的探索,其中,认识并遵循大学组织在探索科学道路上的特殊特点与规律则是极其重要的。**

2017年9月21日,教育部、财政部、发改委三部委公布"双一流"名单,137所中国高校上榜。其中,"一流大学建设高校"共42所,一流学科建设高校共95所。地方政府在"双一流"推进原则上均强调坚持分层分类指导,有17个省属地区"双一流"建设形成了分层分类情况。不少地方正在建立多样化不同类型高校之间协调发展、特色发展、同类型高校之间竞争发展、争创一流的高等教育分类体系。各地方对"双一流"建设的回应分析见微信2-17。**应该看到,中央以"双一流"争办为导向,激励地方政府调整高等教育优化转型的步伐已略有成效。**

时隔不到一个月[①],中央对一流大学的建设性质和定位又有了重大变化。**其一,将建设一流大学和学科作为动员全国高校建设高等教育强国的重要举措。**张力认为,从党的十九大报告表述来看,加快一流大学和一流学科建设,没有沿用党的十八届五中全会文件曾用的"世界"两字,应该说极具远见,这表明中央已下定决心,在"211工程"和"985工程"翻页后,不仅要在"十三五"时期深入实施国家重点建设的"双一流"项目,通过国家政策和中央财政向137所大学提供专项支持,打造争创世界"双一流"的"集团军",而且还要按照党的十八届三中全会文件所期望的,"创新高校人才培养机制,促进高校办出特色争创一流"。[②] 这是一个表述的改变,从学术探讨角度,则解决了多年来大家对何为"世界一流大学"的争议以及进入一流和其他高校的关系,中央重点支持和地方参与支持两个积极性的关系。张力认为,这将预示,全国现有2600所普通高校和不到300所成人高校,处于不同领域、不同类型的大学或高校都可以选择合适方式,积极争创世界、全国、省域的一流水平,沿着多个维度迈上新的台阶,既要形成各具特色的、区域化、差异化的一支支生力军,又能够加强多方位协同创新,用从省域到全国的"一流"大学和学科建设,厚植创建世界公认的"一流"大学和学科的梯队基础[③]。这显然与过去固化身份、垄断定位的发展路径有根本的区别。2019年2月中央印发《中国教育现代化2035》,明确提出"分类建设一批世界一流高等学校","分类建设"是确立"双一流"以来的一个基本指导思想,也是适应基层积极性、鼓励竞争、动态推进的一个实施机制。这一思想已成为上下共识与一致行动。

其二,将建设一流大学立足我国现代化目标,进一步反映了中央关于建设一流大学指导思想的定位。加快一流大学和一流学科建设,是党中央、国务院在面向世纪之交作出的国家重大战略决策,是几届政府连续支持的重大高等教育项目,张力认为,改革开放以来特别是世纪之交以来,我国高等教育追赶世界水平步幅明显加速,目前我国大学发展水平大致好于多数发展中国家大学,与发达国家大学的差距逐渐缩小,关键是得益于"211工程"和"985工程"20多年的实施,一些大学初步具备了冲击世界一流大学的基本条件,少数研究型或综合

---

① 指2017年9月教育部、财政部、发改委三部委公布"双一流"名单,到2017年10月召开中共19大。

② 张力:《新时代加快一流大学和一流学科建设的战略意义》,《中国高等教育》2018年第3期。

③ 张力:《新时代加快一流大学和一流学科建设的战略意义》,《中国高等教育》2018年第3期。

性大学在许多学科领域已取得突破性进展,部分进入世界先进行列①。上海交通大学世界一流大学研究中心以上海软科的"世界大学学术排名"(ARWU)为基础,分析显示,在全球开展世界一流大学重点建设计划的国家或地区中,我国大陆地区大学发展最显著。但在高水平学术大师、重大原始创新成果、国际品牌与形象等方面还存在较大的进步空间,同时不同学科间的发展较为不平衡②。加快一流大学和一流学科建设,也是我国高等教育进入普及化前夕全面提升质量的重要标志,更是实现 2035 年国家现代化目标的重要支撑。党的十九大报告围绕 2020 年全面建成小康社会、2035 年基本实现社会主义现代化,明确提出"加快教育现代化"的要求,这一战略目标必然对一流大学和一流学科建设提出更高要求。所有这些都反映了党中央一以贯之、坚定不移实施这一战略目标的决心,但是更能反映出中央"仰望星空"更"脚踏实地"政策取向。党的十九大报告指出,"加快一流大学和一流学科建设,实现高等教育内涵式发展",这既是今后五十年国家现代化发展中高等教育整体改革发展方向,也是一流大学和一流学科建设在提升我国高等教育质量目标中的定位政策。

其三,将建设一流大学立足中国大地,这是我国大学服务理念和办学方向的根本原则。这恰好地诠释了习近平提出的办好中国一流大学的两个基本要素,一是必须"有中国特色",二是必须"扎根中国大地办大学"。这两个"必须"不仅指出了我国高等教育强国发展方向不能偏移为人民服务、为中国共产党治国理政服务,为巩固和发展中国特色社会主义制度服务,为改革开放和社会主义现代化建设服务;而且深刻总结了 20 多年的积极探索:越具有中国特色则越能生根服务中国大地也越能凸显中国道路,而中国道路提供了中国一流大学攀登世界一流水平最丰厚的土壤。这既是"双一流"大学鲜明的办学定位,也是所有中国大学一致的价值追求。在建设之路上,由于我们所处的国际环境的挑战和科技变革的机遇,也提供了我国大学创新人类知识科技文化贡献的可能。

中华人民共和国成立以来特别是改革开放后,我国从重点大学建设到"211""985"工程建设,再到"双一流"的发展变迁之路,是一个发展中的国家实现现代化之路的一个真实写照。**这一案例依旧说明了我国高等教育资源配置制度变迁具有的特征:第一**,中国改革开放的独特历程就是一场制度变革。对这一变迁之路的分析可见,外部制度环境的演变是促成"双一流"变迁之路重大节点转型创新的根本条件,高等教育大众化与精英化的分野促成高质量教育追求是"双一流"建设目标转型的内在制度安排。"双一流"之路经历了两个体制的转型和两种机制的转换,作为伴随现代化的主要目标始终不渝地成为我们党的战略选择,因此,不断进行制度选择和制度创新是"双一流"变迁之路的基本特征。**第二**,中国在 1978 年之后的迅速发展得益于后发优势,一流大学建设之路也即如此。发挥后发国家的后发优势,追赶型国家的比较优势就是制度学习成本较低,可以学习借鉴发达国家成熟制度做法,加入WTO 提供了开放学习的前提条件,在全球环境中借鉴各国一流大学的经验,这种借鉴不仅大大降低了探索创新和转型的成本与风险以获得更快发展,还实施了一系列降低交易费用的制度变革,政府对高校不断让渡的自主权改革和公共治理理念下的"放管服"制度改革等,都优先体现在"双一流"建设中。**第三**,"双一流"之路之所以能取得较快发展,得益于实行了

---

① 张力:《新时代加快一流大学和一流学科建设的战略意义》,《中国高等教育》2018 年第 3 期。
② 《千亿经费收效如何? 我国一流大学建设"事半功倍"》,腾讯新闻,https:// new.qq.com/omn/20180201/ 20180201A16CVC.html。

两种不同路径的改革：自上而下由政府推动的中央改革和自下而上诱发的基层变革，两者互为并重。且呼唤底层创新的动力不断修正着原有制度安排，从最初仅仅为强制性制度变迁演进形成了由诱致性制度变迁和强制性制度变迁结合的制度安排。尤其是中央支持一流高校建设演进为中央与地方共同建设，特别是唤起各省地方政府的积极性，鼓励地方根据自身独特优势形成激励竞争发展模式。

经过多年的重点建设，我国一流大学在取得卓越成绩，在全球开展世界一流大学建设的国家和地区中，发展与进步最显著；但在高水平学术大师、重大原始创新成果、国际品牌与形象等方面还存在较大的进步空间，同时不同学科间的发展较为不平衡，均需要未来重点发力。2018 年 8 月，教育部、财政部、国家发展改革委联合印发《关于高等学校加快"双一流"建设的指导意见》认为，2016 年启动"双一流"建设呈现良好态势，但也发现存在认识不深、思路不清、机制不明、措施不强等情况，个别高校在建设方向、建设重点等一些关键问题上还把握不准①。《意见》更加强调"双一流"建设走内涵式发展道路，强调核心是坚持中国特色世界一流。

在分析"双一流"制度变迁过程中，本研究认为有三个值得关注问题。**其一，加强制度创新规避"双一流"建设的后发劣势。**当我们实现了高等教育大众化并确立了追求高质量和"卓越"高等教育目标，也意味着在规模发展阶段的制度创新基本接近尾声，进入高等教育转型分化和学校内部制度建设的阶段正在紧锣密鼓。虽然我们进行高等教育自主权改革 40 年，制度创新闯关无数，但建设现代大学制度才刚刚开始。以往该模仿学习的已快速"去伪存真"的消化，还有值得借鉴的则是深度的制度选择。追赶型国家的比较优势与劣势恰恰都出在如何对待生长规律与必经阶段上，用速成模式或弯道模式替代组织生长带来的自然之于必然性是追赶中萦绕不去的副产品：趋同与低质。如何在中国特色的国情下，规避或消除存量劣势是深水区改革的"激流险滩"，尤其当我们深入到学术制度建设中就会发现，大学学术生态培育的实质是大学制度与大学精神的长期磨砺，支撑"卓越"的学术文化和学术生态的制度创新任重道远。**其二，在全球产业链和人类命运共同体背景下，思考全球资源配置的办学使命和战略创新是"双一流"追寻目标的关键。**全球化和科技革命是世纪之交的两大浪潮，形成了全球产业分工和产业链。一国在这个产业链的不同端口则意味着该国竞争实力和全球战略支配力。我国经过 40 年尤其是进入"WTO"后迅速融入全球产业链，但我们正从这个产业链的低端跨入中端并迈入高端，其中产业链高端的核心技术是我国的薄弱环节。这一制胜武器来自高科技人才和高科技研发能力，"双一流"建设目标就是瞄准着这一制胜武器。**而中美贸易战的开打正好说明了一国高校资源配置竞争半径不能再以国界为准，高等学校研发培养的战略创新和使命定位决定着高端优质资源配置的半径。因此，政府更多的放开管控的制度约束，并服务高校走出国界聚集全球高质量配置资源是当务之急。**两年前，美国斯坦福大学突破现有"闭环大学"而创新"开环大学"实验，这项 2015 年计划被媒体称为"颠覆高等教育"创举。但我们认为，这项源自高校创新的实验最深层地创新战略不只是办学形态的变革，而变革的本质是在全球最具有探索科技前沿使命价值的地方办学，这是面对全球研究对象、研发人才、科技共享的一项全球人才培养与科技研发的办学实验。斯坦

---

① 《教育部学位管理与研究生教育司负责人就〈关于高等学校加快"双一流"建设的指导意见〉答记者问》，中国政府网，http://www.gov.cn/zhengce/2018-08/27/content_5316812.htm。

福大学在全球未来 15 年将新建 7 家"影响实验室"①,选择应对气候、公共卫生、水源、粮食等七大全球性问题,作为"开环大学"培养人才的办学使命。这些具有影响力的实验室分布在六大洲 25 个国家,将显著增强斯坦福大学在全球配置发展的多样性和竞争力。斯坦福大学还跟国际奥委会创建了一个践行"影响实验室"理念的实践模型——"脑力奥运会",把全世界最好的学者和研究人员特别是有创新能力和使命感的年轻学生揽至麾下,共同解决全球面临的各类科研和实际难题,每个实验室都会在某届奥运会期间正式揭幕。这样一个具备全球资源配置的办学使命和战略创新的"颠覆"才是在全球产业链和人类命运共同体背景下"双一流"需要思考的关键。**其三,有选择的"卓越"定位将是"双一流"建设在国际竞争中的取胜法宝。**孟照海通过国际比较发现②,美国哥伦比亚大学在 20 世纪 70 年代进行了大学学科布局调整,转变了过去线性增长的扩张思路,从提高内部资源使用的效率和满足外部需求的效用上,采取"有选择的卓越"策略,撤销、合并或重建学科,推进大学聚焦优势学科,形成比较优势,在激烈的国际学术竞争中取胜。我国受原有精英教育影响的办学同质化以"大而全"为美,如何在"双一流"建设等思路上兼顾国情与世情,兼顾短期利益和长远利益,兼顾特色与综合性,兼顾经典与跨学科等,这些都是制度创新与选择的结果,没有选择就没有特色,"有选择的卓越"就是"有选择的制度创新",这一制度创新将会触及高校内在的既得利益和存量格局,无疑是一场更为深刻的制度变革。政府需要更加放权鼓励高校进行内部制度创新,同时尽可能不要做出一致的项目规划,造成制度约束或导致学校趋同化。**传统颠覆往往基于基层创新,有创新就会有"有选择的卓越",就能使中国大学"百舸争流"。**

第四节　全球治理对中国现代大学制度变革的影响

中国现代大学制度变革是中国高等教育资源配置转型变迁中的核心,也是本研究的基本问题。本研究关于高等教育指标体系转型程度的研究对象就涉及这一基本问题的主要方面。1985 年教育体制改革决定开启了高等教育改革元年,之后的中国的高等教育理论与实践基本也是沿着高等教育体制的七个维度推进改革,即办学体制、管理体制、投资体制、招生体制、就业体制、内部管理体制、教学体制。围绕高等教育办学体制与机制的改革从主体来说,不仅有中央与部门的关系,而且有政府与大学关系,还有中央与地方关系。从制度经济学分析框架看,这些关系的历史存续由来及转型变革的过程就是大学制度创新与制度变迁过程。**本研究认为现代大学制度变革是改革开放以来中国高等教育体制改革在新的历史阶段的深化与突破,是中国积极回应全球经济环境治理、政治思潮复杂格局的大国治理理念的提升与变革,也更符合我国高等教育体制改革长期实践的理论概括与核心表达。**在研究 30 年高等教育资源配置转型变革的基础上,继续对 2007—2018 年高等教育资源配置制度变革进行实证研究,因此,需要分析此期间政府将现代大学制度作为政府主导改革的核心的依据

---

① 《美国斯坦福大学发布 2025 计划,创立"开环大学",彻底颠覆全球高等教育》,搜狐网,https://www.sohu.com/a/230955550_507588。

② 孟照海:《有选择的卓越:世界一流大学的学科布局调整策略——以美国哥伦比亚大学为例》,《高等教育研究》2018 年第 3 期。

与影响。事实上，作为现代大学制度的建设是学术界自 20 世纪 90 年代以来就涉足的重要话题，更是我国高等教育体制改革的重大现实问题，但之前在政府主导的国家改革政策层面上从未明确过。直到 2010 年 7 月，中共中央、国务院颁发的《国家中长期教育改革和发展规划纲要（2010—2020 年）》（以下简称《教育规划纲要》）明确提出"建设现代学校制度"与"完善中国特色现代大学制度"，并将此作为教育体制改革的重要内容[①]。

　　阐述现代大学制度被政府正式提出的深刻背景，以及它与改革开放后的前三十多年改革实践的关系，特别是推动这一变革的动力，是本研究主题的根本。对该问题的研究主要分为两个部分，第一部分主要解析现代大学制度建设被政府提上议事日程的深刻背景。第二部分主要实证分析现代大学制度建设在我国高等教育资源配置转型中的现实状况。本节主要分析第一部分，第二部分放在第六章第一节。

　　文献研究表明，分析近年来我国现代大学制度提出及重视的意义、辨析比较概念范畴及应该如何改革的较多。本研究认为，弄清为什么在进行深水区改革的节点上政府接纳了学术界多年探讨的这一理念，它与原有体制改革的异同，以及理解这一改革的进展状况对如何创建这一制度十分重要，理解不同，实施创建的目标也不同。本节主要分三个视角分析：① 从现代大学制度概念的沿革看，我国从分类体制机制改革到转型为现代大学制度变革是我国持续深化改革的实践成果。② 从全球化主导格局的变革看，全球多边参与治理理念的兴起及我国国家与各层面组织治理变革影响我国大学治理的制度供给与体制改革的进程。③ 从中国事业单位组织制度变革看，事业单位改革滞后与法律规范的滞后改革都受制于我国计划经济体制遗产的路径依赖与相互掣肘。我国现代大学制度变革提出的背景分析，见微信 2 - 18。

　　综上所述，**我国现代大学制度既是一个历史概念，也是一个现代概念，改革开放以来从分类体制机制改革到转型为现代大学制度变革是我国持续深化改革的实践成果。**围绕高等教育体制改革，不仅有中央与部门的关系，而且有政府与大学关系，还有中央与地方关系。从制度经济学分析框架看，这些关系的历史存续由来及转型变革的过程就是大学制度创新与制度变迁过程。**本研究认为现代大学制度变革是改革开放以来中国高等教育体制改革在新的历史阶段的深化与突破，是中国积极回应全球经济环境治理、政治思潮复杂格局的大国治理理念的提升与变革，也更符合我国高等教育体制改革长期实践的理论概括与核心表达。**全球多边参与治理理念的兴起正在影响我国国家及各层面组织治理变革，其变革进程受制于我国原有计划经济体制遗产的路径依赖与相互掣肘，它们是影响我国大学治理制度供给与体制改革变迁的主要制约因素。

---

① 1999 年国务院批转的教育部《面向 21 世纪教育振兴行动计划》中提出"深化办学体制改革""加快高等教育体制改革步伐""加大招生和毕业生就业制度改革力度""大力推进高等学校内部管理体制改革""中央财政继续拨款鼓励和推进管理体制改革""实行教师聘任制和全员聘用制"等。2004 年 2 月 10 日，教育部颁发《2003—2007 教育振兴行动计划》提出"推进教育管理体制改革""深化学校内部管理体制改革，探索建立现代学校制度""注重体制和制度创新""改革和完善教育投入体制""完善国家和社会资助家庭经济困难学生的制度""深化学校内部分配制度改革""健全毕业生就业工作的领导体制、运行机制、政策体系和服务体系""依法保障地方教育行政部门的教育统筹权和学校办学自主权"等分类制度改革要求。但这个文件只是国务院分管部门的文件，其中对现代学校制度涉及的改革指向并无明确具体内容。

第三章　中国高等教育资源配置转型程度指标体系的选择与测量

第一节　指标体系的构建框架与研究假设

关于指标体系构建与测量的研究假设

本研究关于高等教育资源配置转型程度指标体系建构的基本理论框架与系统设计已在《中国高等教育资源配置转型程度指标体系研究》一书中阐述[①]，原有研究已对 1978—2006 年我国高等教育资源配置转型程度进行了测量与分析，本书是这个研究的持续研究，重点是对 2007—2018 年高等教育资源配置转型程度进行测量与分析。本节简要回溯其基本设计要义与本次测量与分析的重点。

1978 年是我国社会发展的重要历史转折点。在 40 年探索中国特色社会主义市场经济过程中，整个国家经历了由高度集中的计划经济体制转向中国特色社会主义市场经济体制的制度创新与制度变迁。由于这两种经济体制在资源配置方式上的本质区别以及在实际转型中的不同影响，对整个社会资源配置包括高等教育资源配置方式产生了制度性的变革。虽然影响我国高等教育资源配置方式转换的因素有许多，如现代化、全球化、市场化的作用，但是根本性也是制度性的仍然是市场经济体制的建立与完善是决定与制约高等教育资源配置转换制度创新的本质因素。由于这一制度变换与创新过程发生在改革开放之后，在研究设计的起点上就有了相对参照起点，**一个是立足改革开放起点，即改革初始条件与体制改革诉求**。改革初始条件和诉求决定了转型期高等教育资源配置制度创新的特征。以建立中国特色社会主义市场经济为目标，以制度创新为标志的渐进性改革是转型期社会的基本特征。观测制度环境发生变化并影响高等教育资源配置方式改变的特征，构建高等教育资源配置转型程度的指标体系，解释高等教育资源配置转型与市场经济建立与完善之间的关系。**二是立足改革初始的政府是配置资源的主要力量也是让渡资源配置的主要力量**。观测改革初始，政府作为传统资源配置的力量是怎样从自身开刀，先"让渡"资源配置权力和培育市场力量与学术力量。观测在市场经济作为配置社会资源的决定性力量的基础上，学术理论与实践证实，作为接受高等教育个人收益回报较大但同时具有外部性及公共品性质的高等教育，在资源配置方式上来自市场力量与学术力量配置的状况及其所受制约的因素。集中观测我国高等教育从稀缺性资源演进为大众化资源配置的过程中，政府力量、市场力量、学术力量三者之间的演变与相互制衡。因而，这两个观测点都表明了一个诉求，**构建一个可供观测的**

---

① 康宁：《中国高等教育资源配置转型程度指标体系研究》，教育科学出版社，2010。

指标体系是可以把握和厘定我国改革开放后高等教育资源配置转型的程度,并研究其特征与趋势。

从宏观角度来看,我国高等教育资源配置的转型程度受到两方面的影响:一是始终受到传统制度安排的影响。高等教育资源配置转型程度的分析模型必须考虑初始状况,从历史分析的角度考虑模型的起点格局和演变过程,及其为制度变迁设定的可能演变路径。二是始终受到外部社会大背景的影响,特别是市场经济体制建立的影响。换句话说,如果高等教育资源配置转型是制度变革的产物,观测高等教育资源配置转型必须放在整个经济社会转型的环境中进行。因此,体制改革是高等教育资源配置转型的逻辑起点。

高等教育体制是关于国民高等教育事业基本组织制度的总称,其基本内容是通过相关机构的设置、隶属关系的确定、职责与权益的划分,对高等教育与政府、社会三者之间的关系作出基本规定或宏观调整,从而为高等教育事业的发展提供基本的制度保障[①]。本研究基本认同这一符合我国国情的基本定义。但考虑到市场经济作为制度转型的重要变量,它对原有社会的范畴定义在转型中发生了嬗变,计划经济体制下原有政府就是社会的总称,市场经济体制下企业、学校、第三方组织等逐步分离为独立法人,政府已回归到它在市场经济体制下的应有职能定位[②]。因此,**市场经济体制环境中的市场主体的隶属关系的变化显现为多元化,其配置资源的职能与方式都将与高等教育发生关系,这些关系与变化都将影响高等教育资源配置转型,指标体制观测设计包含了其它主体对转型期高等教育资源配置的约束与影响。**

按照业内共识,改革初始,**高等教育体制改革主要包括办学体制、管理体制、投资体制、招生体制、就业体制、学校内部管理体制、学术治理体制(之前称为教学体制)。2007—2018年,高等教育体制改革逐步演进为公共政府治理、多元市场机制、现代大学制度构成的有更为集中的相互制衡关系的改革。**40 年高等教育体制改革的实践及前期研究都证实,这一改革范畴基本涵盖了转型期现实改革领域。本研究据此范畴建立了转型期高等教育资源配置转型程度指标体系,特别需要说明的有五点,**一是选择指标体系的指标以能够基本反映转型期资源配置制度创新的变革为宗旨。**体制变革就是制度创新,选择的指标能够显性、简洁、足够反映制度创新推动了资源配置方式的转换,能够本质上反映高等教育资源配置转型程度的特征与趋势。**二是选择指标体系的参照文本主要是历年以中央层面为主的正式制度文本。**我国改革开放以来的制度创新不仅是以渐进性为主,也是以政府主导整个制度创新轨

---

① 国家高级教育行政学院:《中国高等教育体制改革世纪报告》,人民教育出版社,2001。

② 本研究在分析影响高等教育资源配置的内生影响因素时构建了政府、市场、学术三种力量的制衡架构,而没有把社会概念作为独立因子放入这一结构中分析,其主要考虑是:从社会组织的存在与健康发展上看,社会的自治程度既是一个国家或地区经济发展程度高低的一个显著指标,也是一个国家或地区民主政治发育程度优劣的重要指标。此处的"社会"含义不是指包罗万象的与物质自然世界相对应的整个人类再造世界,而是指具有独立法人地位与权利的组织与自然人构成的对周围具有影响力的实体空间,它的存在是为了保证公共权力在其它利益主体多元的情形下致力于提升公共福利的强大效能,它是市场环境下政府的最好帮手,它与市场环境中的政府、企业、学校等主体构成了相互影响作用的公共关系。我国的社会体制结构在计划经济框架下政府与社会是同义语,随着市场经济体制的建立才分离出市场主体关系,才具有了独立法人主体的权利与空间的观念与实践。引自康宁:《中国高等教育资源配置转型程度指标体系研究》,教育科学出版社,2010,第 58 页。

迹为特征,虽然制度创新萌芽发生在基层,但最后呈现的正式制度需要由政府通过正式程序实现。它们不仅总体上真实显现了制度创新的成果,而且逐一呈现了不同历史发展阶段的制度创新更替状况。通过描述分析它们的演进,揭开了与其相关的其他配置主体的制度创新参与状况,特别是非正式制度演进及影响主流正式制度的特征与趋势。其制度文本与重大制度变迁案例及反映资源配置方式的基础数据构成了本研究观测转型制度创新的基本素材。**三是特别要考察观测的是政府为推进改革增进资源配置的新制度安排的特点。**这其中包括政府主动或不得不让渡的配置资源的权力,转换原有配置方式的制度安排,寻找替代配置资源的新规则,甚至是在某一阶段实行了并有成效但在后来的改革中成了阻力的资源配置安排,这些都成为制度变迁中最宝贵的经验财富与创新特征。作为指标体系的设计就需要全过程地记录并分辨这些特征在转型中的重要意义。**四是需要用一个系统简洁的指标系统作为分析高等教育资源配置现实转型的"坐标"。**我们来自何处? 如何走到今天? 未来向何处去? 改革开放以来,高等教育资源配置不仅是对原有体制内资源存量、体制外资源增量进行扩展和调整,而且对海外资源增量和网络虚拟资源进行培育和吸纳,同时,这四种资源随着转型期改革的深化,已经进入重新混合、有机重组的制度性的整合与优化的阶段。高等教育转型过程是一个历史和现实、传统和创新、静态与动态的制度变迁过程。现实中,高等教育资源配置的形式极为多样化和错综复杂,既存在着以市场机制配置资源的形式,也可以发现原有制度安排的"痕迹",政府干预的手段和方法在不同的时刻也不尽一致。个别零碎的分析很难完整发现 40 年高等教育制度创新的轨迹,也很难对长跨度的历史过程进行制度解释。**五是在保持资源配置转型指标稳定性的同时根据实际改革变量做个别调整。**作为 40 年改革中的高等教育资源配置转型程度的测量指标,保持其主要指标的稳定性是预测转型期制度创新的基础。由于原有统计数据在相关年份的缺失和统计口径的变化,在 40 年跨度中存在前后不一致。因此,在进行转型程度指数测量时,将对一些阶段的指数进行矫正,这些调整不扭曲、不影响原有指标的客观性、真实性,连续性。另外,随着对初始存量改革的不断深化,增量改革的一部分也逐渐成为新存量,它们交织构成利益群体新的改革诉求,有的上升为正式制度。因此,在 2007—2018 年的转型指标分析中,个别二级指标相应会做出部分补充性调整,在具体分析中会作出说明。但这一调整不影响整个主干指标反映的变迁特征。

因此,**转型期我国高等教育发展与改革的主要推动力源于资源配置方式的转变,实质是由唯一传统政府力量配置转换为现代公共政府力量、市场力量和学术力量三种力量相互支撑互为制衡的配置方式。**本研究的重点不是研究高等教育的发展水平,也不主要是高等教育资源配置的性质、效率和公平问题,**而是着重就不同资源配置方式的转换原因,提取关键变量,并依据这些变量对高等教育资源配置转型程度做出具体的描述和测量。因此,高等教育资源配置转型程度指标体系构建的研究假设是**①:高等教育资源配置方式正在由传统计划模式向市场机制约束下的政府干预、市场配置及学术治理相制衡的方向过渡。它将决定高等教育资源配置的走向、结构、供需、收益的本质变化,成为高等教育发展的持续动力与不可逆转的制度安排,我国高等教育资源配置制度创新在中央大政方针指导下的重点将是分

---

① 即导言中高等教育资源配置制度转型的基本动力假设 1 与转型期高等教育资源配置制度转型基本趋势的研究假设 3。

层、分散、分权、自治与制衡趋势。

虽然中央宣布我国从 2018 年进入改革开放新阶段①,但仍然处于改革深化的制度转型期,**整个社会的制度创新仍然呈现为一个不断酝酿、冲突、变革、规范依次更替的过程**,高等教育领域也不例外。建立一个科学的观测系统,并且对**高等教育资源配置方式转型程度进行动态测量本身就是一个参与制度创新的过程**,因为"制度不确定性"本身是创新的前提条件,故指标系统的建立以及定期的测评结果既可以看作是一个资源配置转型程度的结果,也为公共政策选择提供了相对系统、准确的数据预测与度量。特别是对于高等教育体系而言,由于涉及面广,问题复杂,改革开放 40 年来,围绕高等教育资源配置的转型问题发生了多次较大规模的争议,如高等教育产业化、高等教育市场化、高等教育全球化、高等教育大众化、高等教育国际化、高等教育信息化、高等教育自主权与地方统筹、行政权力与学术权力、高等教育重点与一流、高等教育质量与分层、现代大学制度建设与大学治理等,但是迄今为止讨论争议多数仍然停留在感观判断和定性分析的基础上,并没有多少全面、系统、长线对中国高等教育资源配置转型程度进行实证的量化分析,公众和媒体的评论往往立足于个体的感觉和口口相传的经验,缺乏较为全面、系统、实证的度量与认知。**指标体系的建立将为公众了解资源配置转型程度提供一个真实、连续、显性的参照体系,形成学术与公众判断政策效果的整体性依据。**

本研究所建立的测量模型,着眼于抓住高等教育资源配置的本质联系,通常包括政府力量、市场力量和学术力量的基本要素,在既定的假设条件下,这些要素能够反映高等教育资源配置转型程度,可以"很好"地说明问题,并具有很强解释力。前期已做的指标体系的测量分析证实了这一设计初衷。

本研究测量模型的提出还基于六点假设条件和前期研究成果,见微信 3 - 1。

关于指标体系框架及指标的选择。

前期研究中,本研究用一个解释性的转型程度指标体系已对改革开放后的前三十年(1978—2008 年)的我国高等教育资源配置转型程度进行了研究②。2007—2018 年的 12 年,正是高等教育大众化步入普及化、高等教育结构布局出现重大分层、政府再次实行简政放权、现代大学制度全面启动的重要时期。特别是 2010—2018 年实施的 10 年深化改革措施对高等教育资源配置转型的影响有哪些? 与以往的制度创新有哪些不同? 分析 40 年转型影响特征及对未来的趋势影响,是本研究的重点。**本研究需要观察重大制度创新前后的资源变化,检验原提出的转型期高等教育资源配置理论解释框架的一般性与原有转型指标体系的测量通用性,**同时考虑研究过程的延续与统一、前后研究结论的对比与分析、相关数据

---

① 2018 年 10 月 24 日,习近平在深圳参观"大潮起珠江——广东改革开放 40 周年展览"时强调,再一次来到深圳,再次来到广东,我们就是要在这里向世界宣示:中国改革开放永不停步! 下一个 40 年的中国,定当有让世界刮目相看的新成就! 2018 年 12 月 18 日,习近平总书记在庆祝改革开放 40 周年大会上深刻总结了改革开放 40 年来党和国家事业取得的伟大成就和宝贵经验,庄严宣示了改革开放只有进行时没有完成时、改革开放永远在路上的信心和决心。并提出"九个必须坚持":必须坚持党对一切工作的领导、必须坚持全面从严治党、必须坚持以人民为中心、必须坚持马克思主义指导地位、必须坚持走中国特色社会主义道路、必须坚持完善和发展中国特色社会主义制度、必须坚持以发展为第一要务、必须坚持扩大开放、必须坚持辩证唯物主义和历史唯物主义世界观和方法论。

② 康宁:《中国高等教育资源配置转型程度指标体系研究》,教育科学出版社,2010。

和素材的可获得性等因素。本研究讨论了这一指标体系能否继续观测变化的历史阶段与制度创新,讨论研究后认定,该指标体系总体上仍符合原有设计思想或研究假设,测量工具没有重大瑕疵;同时,考虑到外部环境并没有出现重大异变,中国仍旧持续按照社会主义市场经济体制框架与目标进行深化改革。**保持指标体系主干的一致性与稳定性,便于连续性测量考察高等教育体制改革与高等教育资源配置转型程度**[①]。课题组将继续沿用这一指标体系及分析框架对 **2007—2018 年间的高等教育资源配置转型程度进行研究**[②]。

本研究属于教育学科和制度经济学的交叉选题,侧重实证分析而非规范评价。此处实证分析的含义,一是尽量使用可以得到的连续性的客观指标和数据[③],尽管个别指标和数据的取舍可能不尽完美,也存在一定的争议,但只要能够反映资源配置转换的基本趋势并具有典型代表意义的就合理采用;二是依据数据分析尽可能做事实判断而尽量减少价值判断,关注事实的基本性质,关注事实的相关参照,关注事实的基本动因。我们的推理形式是"若有 A,则有 B"。尽可能不涉及价值判断或主观偏好,只是努力回答"是什么",而不涉及"应该是什么"。研究将重在对历史变迁中的制度细节的度量和制度成因的分析解释。

指标体系的设计思想并不试图、也无法做到"克隆"高等教育资源配置转型程度全过程的全部现状,选择的依据主要是改革初始条件下的制度创新指向。而选取原则为"简单足够",着眼于主要变量。对于"指标体系"的整体架构设计是否"科学"则主要取决于是否客观反映了基本事实存在,是否"简化"则取决于是否勾勒出我们需要揭示出的内在发展趋势与规律[④]。

第二节　指标体系的基本分类与定义阐述

从高等教育资源配置转型程度的测量来看,指标体系细分为七个大类,即办学体制、管

---

① 在具体测量中,也发现极个别指标代表的原有配置资源的目标已完成或在新的资源配置中不再具有显著价值,如招生体制中的境外(港澳)高校在国内招生权。课题组在具体指标考察中将作出分析说明。这也正好表明选取的不同指标在转型的不同历史阶段承担的不同配置作用和意义。同时,个别二级指标在不影响主干指标特征的情况下,进行了一些合并分析,如学术治理体制中的三级指标的调查分析。

② 本研究在时间跨度上有不同表述,主要受制于数据来源分析和综合政策分析的时间。一是指标体系中的时间跨度主要受数据公布或来源时间的制约。改革开放后的前 30 年的指标数据以 1978—2006 年间为主,但综合因素分析延续至 2008 年。所以,研究中指标体系时间结果一般指数据呈现的时间结果。二是综合分析结果一般指包括数据分析的政策分析时间结果。所以,政策分析跨度时间比数据结果要延长两年。1978—2006 年的数据分析,包括了 2007—2008 年综合政策分析。2007—2018 年既包括了 2007—2016 年的数据分析,也包括了 2017—2018 年期间的综合政策分析。特此说明。

③ 课题组在数据采集中发现,20 世纪 90 年代之前缺乏连续性数据,同时,由于制度变迁中的新事物新概念新数据不断涌现,出现了新的统计序列,加之对外开放及物价指数的变化,改革开放 40 年中的数据有前后不一致的地方,因此,其对比性、连续性、一致性会有一些出入,但不影响统计结论。

④ 一是任何科学都是对客观世界的抽象、概括与提纯,1∶1 的地图等于取消地图,简化的指标有可能增加对高等教育资源配置转型程度和转型动力的理解;二是本项研究只是一种角度,其他的研究方法可以另外做出假设,从不同角度完善补充。

理体制、投资体制、招生体制、就业体制、学校内部管理体制、学术治理体制[①]，分别从七大类又选取 22 个二级关键指标，二级指标主要包括改革初始的增量改革要素和关键改革要素，既有宏观和微观，又有定性和定量。定性指标和定量指标有两种类型，属于定性指标的主要是涉及管理权限的指标，基本涵盖了人员、资金来源、基础设施建设、教学、科研资源，以及事、物处置权限、国际合作管理等方面，**能够反映出在经济全球化、中国市场化进程和中国现代化建设背景下的高等教育资源配置转型中制度创新与政府、市场、学术三种配置力量的互动制衡影响。**

办学体制类主要选取三个指标，分别为公办学校审批权、民办普通高校本专科在校生占普通高校本专科在校生比例、自费在华留学生占全部留学生比例。

管理体制类主要选取三个指标，分别为地方普通院校占普通院校比例、公办高校主要领导任免管理权、学校教学评估权。

投资体制类主要选取四个指标，分别为高校非财政性经费所占比例、学费收入占事业经费的比例、学校自筹占基建资金比例、自然科学科研经费中竞争性经费的比例。

招生体制类主要选取三个指标，分别为高校招生自主权扩大、高校招生资格扩大化、境外（港澳）高校在国内招生权。

就业体制类主要选取 2 个指标，毕业生就业自主权、国家助学贷款制度。

学校内部管理体制类主要选取五个指标，分别为教师职务评聘权、校内机构设置权、合同聘任制教师所占比例、教师收入分配转型度、学生学籍管理权。

学术治理体制类主要选取两个指标，分别为高等教育学术决策权力、学校内部学术权力的配置力[②]。见表 3 - 2 - 1

表 3 - 2 - 1　1978—2017 年中国高等教育资源配置转型程度指标体系

一级指标(7)	二级指标(22)
办学体制 （3）	公办高校设置审批权
	民办高校普通本专科在校生占普通本专科在校生比例
	自费在华留学生占全部留学生比例
管理体制 （3）	地方普通院校占全国普通院校的比例
	公办高校主要领导任免管理权
	学校教学评估权

---

① 1993 年中共中央、国务院颁发的《中国教育改革和发展纲要》指出，针对计划经济体制下政府对教育包的过多、统的过死等弊端，提出了对办学体制、管理体制、教育投资体制、高等学校和中等专业学校招生、收费和毕业生就业制度、学校内部管理制度等进行改革的方向和途径。

② 学术治理体制是指政府和高校对高等教育学术事务共同的治理结构。本研究设定的这个指标既包含了高等学校内部关于教学、科研和学术管理等学术决策治理内容，也包含了政府和高校相互关系，即政府对高校学术自主权的让渡和转型程度。因此，本研究设计了两级指标来测算这一指数。第一层级包括两个指标，每个指标下设第二层级若干指标。学术治理体系选取的二级指标都分别含有三级指标，学校内部学术权力的配置力是在进行了较大范围调研的基础上测算的，所以，部分指标在二级指标下增加了三级指标。

（续表）

一级指标(7)	二级指标(22)
投资体制 (4)	高校非财政性经费所占比例
	学费收入占事业经费的比例
	自然科学研究经费中竞争性经费的比例
	学校自筹基建资金的比例
招生体制 (3)	高校招生自主权
	高校招生资格扩大化
	境外(港澳)高校在国内招生权
就业体制 (2)	毕业生就业自主权
	国家助学贷款制度
学校内部管理体制 (5)	教师职务评聘权
	校内机构设置权
	合同聘任制教师所占比例
	教师收入分配转型度
	学生学籍管理权
学术治理体制 (2)	高等教育学术决策力
	学校内部学术权力的配置力

本研究关于各项指标的基本定义及选取范围阐述,见微信 3-2。

第三节　指标体系的测量方法与基本测量

在对 2007—2018 年期间高等教育资源配置转型指标进行测量分析前,需要重申一下前期研究中关于指标测量的具体原则方法与结果。高等教育资源配置转型程度综合指数由七个大类的指数确定。每个类指数由类中的指标值确定,由于指标的平行性以及避免设立指标权重过程中人为因素影响,因此各个指标原则上都不设权重,采用算术平均的办法,将各类中各个指标的均值作为类指数。同理,七个类指数也不设权重,类指数经算术平均后得到综合指数。

具体而言,定量指标值即为转型程度。有两种途径判别:一是根据实际的数值标准化后确定,二是根据政策文献实际评判和专家评判法。定性指标主要是根据本研究的理论模型与转型期制度变迁情况,其中,考虑到该课题是分阶段进行的观测研究,各阶段的数据统计与改革政策性尺度存在一定差异,本研究会在不同阶段的观测基础上与现实状况进行归纳综合,最后选取阶段综合指数,在 0、0.2、0.4、0.6、0.8 和 1 之间确定转型程度数值,分别代表转型程度极低、较低、中等、较高、极高。

根据上述方法,前期研究选取了改革开放后的前 30 年转型期中最有代表性的三个主要区间时点(1985、1995、2006)的资源配置制度变革的情况,由于改革涉及政策发布实施调整影响的全过程,所以,这一时点也可以被看成是一个"政策生命"的过程,是一个资源配置的年份区间,可以延伸为这一时点的周边。如把改革开放起点算上,依次,经过测量与分析,前期研究对高等教育资源配置转型程度测量的综合指数在1978年、1985年、1995年、2006年区间分别为0.03、0.17、0.36和0.59[①]。

　　需要说明的是,选取1985—2006年中的三个时段点进行指标分析的原因,一是从计划经济的政府管理看,改革开放后的前20年的政府管理数据系统一般不公开,且数据系统极不完整,课题组尚不能提取到所有年份的数据,使得选取各类指标的可行性受到极大限制。同时,由于改革增量使得统计数据前后发生了分类与划分的变化,选取年代跨度大可以平滑年度区间时点上的差异,重点考察转型趋势和特征。二是受我国国民经济计划规划年度的影响,高等教育重大决策时点基本与国家重大决策的时间节点同行或跟随,这三个时段点基本上涵盖了高等教育整个转型过程中重大政策决策集成与实施后的转换状况,作为变迁过程能够基本反映配置转型的客观状况,加上教育本身具有滞后性,重大措施实施显效过程一般也较长,因此,选择若干时点,同时辅之政策文献分析及案例和调查,总体能够实现课题设计目的。1978年至1985年期间的改革成果基本体现在中共中央关于教育体制改革决定的文件中,可以说是改革开放初期的制度创新成果。因此,该时点选择在1985年。另外在取基本指数时关注了邻近时点的指标变化,综合分析判断。三是本研究确定的改革逻辑是初始改革起点,指标的起始点是计划经济的末端也是改革开放的起点,一般共识是以1978年中共十一届三中全会为标志,作为高等教育资源配置转型期的改革起始点。因此,这个转型程度综合指数的起始点一般为0,也有个别特殊点,涉及定量数值,如地方高校占全国普通高校比例转型程度类指数0.63,这个数值客观存在,因此,保留了此指数。(见图3-3-1)

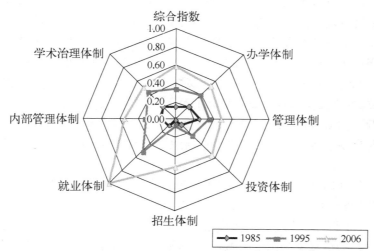

图3-3-1　1985—2006年我国高等教育资源配置转型程度示意图
(此图彩色版见本章微信内容末)

[①] 康宁:《中国高等教育资源配置转型程度指标体系研究》,教育科学出版社,2010。

关于前期研究的 1978—2006 年我国高等教育资源配置转型程度示意图的说明,本研究采用了雷达图作为形象表达的一种手段,以更好地说明在各类指数时间跨度上与在空间比较上的差异、变化与相互约束。由图 3-3-1 可以看出,在其中所选取的三个时段点(1985、1995、2006)中,办学体制、学术治理和内部管理体制改革起步都比较早,1995 年以前就有许多基础制度改革到位。而投资体制和招生就业体制起步晚,但之后受市场经济的制度环境影响改革进展快、成效大。最终就业体制的转型程度最高;招生体制、办学体制、投资体制和内部管理体制都超过 0.5;只有管理体制、学术治理体制低于 0.5。综合来看,我国高等教育资源配置转型程度最高的是就业体制;与政府配置力量都有直接关系的其他制度变迁处于中间水平,其中办学体制、管理体制、投资体制、招生体制和内部管理体制几个制度层面的转型程度指数差异不大,反映了他们之间的基本关联度较高;而学术配置力量的学术治理指数较其他指数略低,与高校学术资源配置治理机制的不完善基本相符,反映了现实中人们对这类指标的一般感受。

这些不同时期的综合指数反映了同一测量指标在资源配置方式变化历程中的可视状况,不仅看到受社会经济制度环境约束下的高等教育资源配置转换状况,也反映了制度创新在重建新制度过程中的状况,还反映了政府、市场、学术三种力量在不同转型中相互支撑互为制衡的状况。在前期研究中,对呈现的指数进行分析是本研究的一大特色。通过制度分析,对改革开放后的前三十年的制度变迁特征与规律进行的制度解释符合绝大多数学者文献的基本认知与结论,也证实了高等教育资源配置转型的基本力量对转型变迁基本轨迹的影响。因此,这一综合指数更直接地展现了不同制度创新增量与原有存量之间的博弈程度,深层揭示了不同时期不同资源配置背后所代表的利益群体的利益诉求,这一利益格局的演变随着制度创新的深化不断发生变化,这一变化形成的转型特征及趋势恰恰是本研究关注的。**尤其需要指出的是,本研究对这一综合指数的分析主要定位在对综合指数背后反映的不同力量对比形成的制度创新上,而不仅仅是指数本身的高低。某指数的停滞可能是各种力量制衡达到的现存次优的制度选择,也可能是制度创新尚未达成博弈共识的过渡。某指数较低并不表明这个指数在资源配置方式上没有制度创新,恰恰相反,可能更反映出制度创新博弈的冲突程度较高。在现实资源配置中,三种力量会不断调整各自的位置,拾遗补阙,如,毕业生自主就业由市场决定,但政府对市场配置作出辅助性政策干预。更准确地看待这一研究结果,解释并证实指数变化或不变化的制度根源是本研究的出发点,即重在指数的制度分析是本课题不同阶段对转型期高等教育资源配置制度创新进行持续研究的基础方法,也是本课题运用新制度经济学方法考察解释转型期高等教育资源配置方式转换演进的基本诉求。**

在前期研究的基础上(1985、1995、2006 年时段点),本研究对 2007—2018 年的事业发展状况进行了追踪考察,主要基于这期间有关重大指导性政策如《国家中长期教育改革和发展规划纲要(2010—2020 年)》的颁布,以及之后一系列制度创新对体制改革的实际影响。近年来政府与公共机构信息公开制度的施行,使本研究获取的信息得到改善,但考虑到研究的成本与简洁性,特别是这一阶段外部环境的变化影响比较快也错综复杂,选取阶段太短不足以证实与解释相应变化,也无法实际对转型期资源配置转换的制度变因进行系统解释。2008 年是金融危机第一年,但我国采取了对应措施,实际状况反而是 2012 年经济增长开始持续下滑,一直到 2017 年止滑企稳。但是财政收入总量一直到 2018 年仍然增长,虽增长幅度减缓,但总量盘子带动了整体经济实力仍然保持全球第二经济体位置。我国财政投入开始对整个教育的支持发力从 2012 年一直持续 2018 年,连续 7 年实现 4％的增长,高等教育资源配置的政府投资力度显现出与经济增长趋势相悖的滞后性补偿。因此,分析所有总量数据都需要综合比较审慎判断,更需要分析在较长时段中的配置方式是否符合制度创新趋势,是否促使制度创新持续,需要观测与分析。所有来自政府的公共政策与投资配置的来源是否正当、公正及秉持有效原则,同样来自市场力量的资源配置对高等教育公共政策是否正当、公正及秉持有效原则。2008 年金融危机发生到 2018 年间的多个瞬息万变的"黑天鹅""灰犀牛"的泛出,都反映了原有影响教育的经济金融与信息叠加后的经济制度外因的复杂程度,它们对高等教育影响配置的手段与影响面已发生了质的变化,仅仅从数据可能看不出,但背后隐藏着随即可见的制度创新的巨大能量或危机隐患。本研究第二章、第四章都分析了全球化、市场化、现代化及公共治理对高等教育资源配置转型的影响,也分析了国内深受全球经济影响导致的经济新常态转型带给教育的整体变革。这 10 年我国正遇全球金融危机与逆全球化思潮,也正遇国内经济转型与政府治理变革,这些外部变化在中共十九大被揭示了一个新时代的重大定位。从改革开放 40 年历程特别是十八大以来的 6 年,中国取得的历史性成就和历史性变革确定了中国进入新时代,即中国特色社会主义进入了新时代。这是中国共产党站在党和国家事业发展的全局视野所作出的科学判断。这一判断包括对社会主要矛盾的判断发生了改变,在过去很长一段时间里,对中国社会主要矛盾的论述均为"人民日益增长的物质文化需要同落后的社会生产之间的矛盾"。十九大报告提出,我国社会主要矛盾已经转化为"人民日益增长的美好生活需要和不平衡不充分的发展之间的矛盾"。包括对未来我国奋斗目标的新定位,从中共十九大到二十大,是"两个一百年"奋斗目标的历史交汇期。新的奋斗目标跨度"从现在到 21 世纪中叶",可分为三个目标、两个阶段、两步走,将"近期、中期、远期"目标进行了有机结合。"三个目标"分别是:到 2020 年全面建成小康社会,实现第一个百年奋斗目标;到 2035 年基本实现社会主义现代化;到 21 世纪中叶建成富强民主文明和谐美丽的社会主义现代化强国。"两个阶段"和"两步走"是指从 2020 年到 21 世纪中叶分为两个奋斗 15 年来安排。值得关注的是,报告提出的"到 2035 年目标",是根据我国发展实际情况,将过去提出的第二个百年奋斗目标、到 21 世纪中叶要达到的发展水平,提前到 2035 年来实现,进程缩短了 15 年。**我国社会主要矛盾历史性新变化与未来三十年的奋斗目标是站在这样一个历史时点上的重大定位,这充分反映了中央对这十年急剧变化的复杂局面的洞察判断与深刻把握。站在这样一个历史时点上分析高等教育资源配置转型特征与趋势状况,就需要从中央对改革开放 40 年的重大历史方位与轨迹的战略思考上出发,看待不同指数的变化原因,作出符合实际并代表事实发展规律的趋势预测,同时,通过这一分析,进一步理解与把握中央提出的社会主要矛盾在高等教育资源配置转型上的反应与表现。**因此,本研究仍然以选取 2007—2016 年前后的基本数据为主,参考这一期间连续性数据与突发性信息,制度创新与政策分析则以 2007—2018 年为限。现实中制度创新与制度变迁并没有阶段划分,因而,在具体分析中,对指数反映的制度创新轨迹的时空追踪会长于这十年,这恰恰是本研究基于指标与政策综合的研究特色。在考察分析 2007—2018 年转型程度趋势时,也都一并对改革开放 40 年高等教育资源配置转型程度指标进行了整体趋势的考察分析。

第四节　我国高等教育资源配置转型程度指标分析[①]

一、办学体制

办学体制类主要选取三个指标,分别为公办学校审批权、民办普通高校本专科在校生占普通本专科在校生比例、自费在华留学生占全部留学生比例[②]。

(一)公办学校设置审批权

公办学校设置审批权分为本科学校设置审批权和专科学校设置审批权。考虑到我国高等职业院校在 2007—2018 年期间已成为地方高等学校发展的主体,因此,本指标均包括高等职业学院[③]。1994 年以前,高等学校的设置全部由原国家教委审批,1994 年 7 月对高等专科学校和高等职业学校设置审批权实行下放试点工作。因此项政策处于限制性实行,公办学校设置审批权转型程度为 0.2。1999 年 6 月,中央决定把发展高等职业教育和大部分高等专科教育的权力以及责任交给省级人民政府,省级人民政府依法管理职业技术学院(或职业学院)和高等专科学校。公办学校设置审批权转型程度为 0.4。2006 年,教育部要求高等职业学校每年备案一次,这意味着全部专科学校的设置审批权已经下放到省级,全国高等教育在办学决定权与层次管理权限上,本科与专科办学审批权已形成地方与中央平分天下。公办学校设置审批权中央与地方政府转型程度为 0.6(高职院校归地方管,但是本科院校归中央管)。2007—2018年,全国本科学历教育设立审批权依旧由教育部负责,只有上海自 2003 年以来获得本科院校设置权。根据分析,我们将公办高等学校设置审批权转型程度指数 1978、1985、1995、2006、2016 年区间分别设为 0、0、0.20、0.60、0.60。关于公办学校设置审批权分析见微信 3 - 3。

(二)民办高校普通本专科在校生占普通高校本专科在校生的比例

改革开放初期,民办高校大多数是"白手起家""以学养学"的办学模式,20 世纪 90 年代以来,民办学校开始利用银行贷款、股份制、教育公司等形式进行融投资,同时有一些上市公司先后进入民办高等教育领域[④]。我国民办教育经历了从无到有、从小到大、从专科到学位层次、从非正规教育到正规教育的探索与发展。高校民办教育数量的快速发展不仅与我国民营经济发展和鼓励性法规有较强关联性,而且与办学体制、运行机制的积极探索与创新有

---

① 课题组成员杜晓利、付炜、张振助、田健、刘亚荣、屈潇潇、苏慧斌、孙少柏等参与本节部分内容的研讨调查、数据图表的分析、政策资料的汇集以及部分初稿的讨论撰写。特此致谢!

② 本研究测量的高等教育资源配置转型程度指标涉及七个指标,本节的图表排列序号分别按照办学体制A、管理体制 B、投资体制 C、招生体制 D、就业体制 E、内部管理体制 F、学校治理体制 G,特此说明。

③ 1999 年在教育部有关文件中,均将地方扩大招生办学主体主要定位为高等职业院校。并授权省级统筹审批管理高等职业学院。并纳入本科学校范畴一并统计。

④ 邬大光:《我国民办教育的特殊性与基本特征》,《教育研究》2007 年第 1 期。

较强的关联性,为我国实现高等教育大众化发展做出了积极贡献。

据统计①,1996 年我国独立设置的民办普通高校仅 21 所,民办普通本专科在校生仅 1.2 万人,而到 2002 年独立设置的民办普通高校增加为 131 所,民办普通本专科在校生达 3.5 万人,民办普通本专科在校生占普通本专科在校生比例达到 3.5%;2006 年,我国独立设置的民办普通高校达 276 所,民办普通本专科在校生达 276.9 万人,占普通本专科在校生的 15.92%。值得注意的是,我国加入 WTO 后的 2002—2016 年的 15 年间,伴随高等教育大众化,民办高等教育也快速并稳步增长。民办普通高校从 131 所增加到 2016 年的 741 所 (其中独立学院 266 所),占普通高校总数的比例从 9.4% 上升到 28.5%,增加 19 个百分点;民办高校占高校总数的四分之一多。见表 3 - 4 - A1。

2017 年全国共有各级各类民办学校 17.76 万所,比上年增加 6 668 所,占全国比重 34.57%;招生 1 721.86 万人,比上年增加 81.63 万人,增长 4.98%;各类教育在校生达 5 120.47 万人,比上年增加 295.10 万人,增长 6.12%②。其中:民办高校 747 所(含独立学院 265 所,成人高校 1 所),比上年增加 5 所。**占全国普通高校的 28.5%。**民办普通本专科招生 175.37 万人,比上年增加 1.51 万人,增长 0.87%;在校生 628.46 万人,比上年增加 12.25 万人,增长 1.99%。**占普通本专科在校生的 22.8%。**硕士研究生招生 747 人,在学 1 223 人。另有民办的其他高等教育机构 800 所,各类注册学生 74.47 万人③。见表 3 - 4 - A2。

表 3 - 4 - A1　民办高校普通学校数及占普通高校校数比例

	民办普通高校数 (所)	其中:独立学院数 (所)	普通高校数 (所)	民办普通高校 所占比例(%)
2002 年	131	0	1 396	9.38
2003 年	173	0	1 552	11.15
2004 年	226	(249)	1 729	13.06
2005 年	250	(295)	1 792	13.95
2006 年	276	(318)	1 867	14.78
2007 年	295	(318)	1 908	15.46
2008 年	638	322	2 263	28.19
2009 年	656	322	2 305	28.46
2010 年	674	323	2 358	28.58
2011 年	696	309	2 409	28.89
2012 年	706	303	2 442	28.91
2013 年	717	292	2 491	28.78

---

① 1996 年前对民办高校尚无正式统计。有关零星数据见内部资料或媒体。

② 2018 年民办普通高校 749 所(含独立学院 265 所),比上年增加 3 所,占全国比例 28.13%。民办普通本专科在校生 649.60 万人,比上年增长 3.36%,占全国比例 22.95%。硕士研究生在学 1 490 人。《2018 年教育事业发展大数据来了》,中国政府网,http://www.gov.cn/fuwu/2019 - 07/25/content_5414772.htm。

③ 2017 年全国教育事业发展统计公报。

（续表）

	民办普通高校数 （所）	其中:独立学院数 （所）	普通高校数 （所）	民办普通高校 所占比例（%）
2014 年	727	283	2 529	28.75
2015 年	733	275	2 560	28.63
2016 年	741	266	2 596	28.54
2017 年	747	265	2 613	28.55
2018 年	749	265	2 663	28.13

注:(1) 2004—2007 年,独立学院为不计校数机构(主要依附在公立高校作为二级学院),从 2008 年开始,独立学院开始计校数统计,民办普通高校数开始包含独立学院数。

(2) 2017 年民办普通高校中含有成人高校 1 所。数据来源:《中国教育统计年鉴》,2017 年全国教育事业发展统计公报,2018 年教育部官网。

表 3 - 4 - A2　民办高校普通本专科在校生占普通本专科生比例

年度	民办普通本专科在校生（人）	普通本专科生（人）	比例（%）
1996	12 000	3 021 079	0.40
1999	46 000	4 085 874	1.13
2000	72 000	5 560 900	1.29
2001	151 000	7 190 658	2.10
2002	317 453	9 033 631	3.51
2003	810 000	11 085 642	7.31
2004	1 398 080	13 334 969	10.48
2005	2 098 509	15 617 767	13.44
2006	2 769 091	17 388 441	15.92
2007	3 439 878	18 848 954	18.25
2008	3 927 410	20 210 249	19.43
2009	4 359 808	21 446 570	20.33
2010	4 664 531	22 317 929	20.90
2011	4 946 083	23 085 078	21.43
2012	5 228 014	23 913 155	21.86
2013	5 469 089	24 680 726	22.16
2014	5 745 486	25 476 999	22.55
2015	5 965 252	26 252 966	22.72
2016	6 162 935	26 958 433	22.86
2017	6 284 600	27 535 900	22.82
2018	6 496 000	28 310 300	22.95

注:(1) 1995 年之前没有民办高校统计数据,但省级地方实际存在民办高校。据教育部有关部门 1986 年统计,民办高等学校 370 所。但因无法确定学校属性和在校生数据,故无法进行比较。

(2) 数据来源:《中国教育统计年鉴》,2017 年全国教育事业发展统计公报,教育部官网。

民办普通本专科在校生人数从 2002 年的 31.7 万人增加到 2017 年的 628.5 万人,增长 18.8 倍[①],而普通本专科在校生从 2002 年 903.3 万人增加到 2 753.6 万人,增长 2 倍;同期,民办高校普通本专科在校生占普通本专科在校生的比例从 3.5% 提高到 22.8%,上升了 19.3 个百分点,占比达五分之一强,民办高等教育发展迈上新的台阶。

根据分析,我们将民办高校普通本专科在校生占普通本专科在校生的比例转型程度指数 1978、1985、1995、2006、2016 年区间分别设为 0、0、0、0.16、0.23。

(三)普通高校自费在华留学生占全部留学生比例

办学体制改革的外部环境除了国内影响因素外,改革开放初期,来华留学生一直保持着较高的势头,特别是 2001 年中国加入"WTO"后受到全球化资源流动的影响,在开放政策的指导下,中央主管部门不断加大了对外开放的力度,使国外高等教育资源不断进入国内高校,我国的留学生教育蓬勃发展。

自费在华留学生的发展大致经历了四个发展阶段:

从 1949 年中华人民共和国成立初期到改革开放,我国来华留学政策主要是履行国际主义义务,为友好国家培养人才。这期间,高校只接受政府奖学金支持的留学生,自费留学生尚未出现。

1978—1989 年,此段最重要的改革标志是自费留学生出现,其间累计有 26 000 名自费留学生来华学习。**1978 年,自费在华留学生有 29 名,占留学生比例的 2.4%,1979 年迅速增加到 300 余名,占比为 19.77%,1989 年达到 2 500 余名,比例提高到 39.32%。**

20 世纪 90 年代到 21 世纪初,自费生在增长数量与速度上都超过政府奖学金生,自费留学生成为来华留学生的主流。1990 年自费生人数超过政府奖学金人数,1992 年自费留学生突破 1 万名,1995 年达到 3.8 万人,2001 年达到 5.6 万人;**1990 年自费留学生占全部留学生的比例突破 50.84%,1995 年达 91.6%,2001 为 90.56%。**

从 2002 开始,政府资助留学生[②]增长速度开始反超自费留学生。**2002—2016 年期间[③],自费留学生从 4.7 万增加到 15.7 万,增长 2.3 倍,低于来华留学生总数的增长(3.5 倍),自费留学生占比从 85.9% 下降到 64.2%;**政府资助留学生从 0.5 万增加到 6.6 万,增长 12.2 倍,占全部留学生比例从 2002 年的 9.7% 上升到 27.0%。**2007—2016 年期间,政府资助留学生从 9 529 人增加到 65 706 人,增长了 5.90 倍,政府资助留学生占留学生总数的比例从 10.30% 增加到 27.00%,增加了 17 个百分点。**普通高校自费留学生从 7.7 万人增加到 15.7 万人,增长了一倍,**自费留学生占留学生总数的比例从 83.78% 降到 64.23%,下降了接近 20 个百分点。**2010—2014 年,来华留学的学历人数不断增长,占当年总人数的比例 2010 年为 40.53%,2014 年为 43.60%[④]。同时,这期间,我们还注意到来华留学生人数中另一个变化,即第三方力量的缓慢增长。根据表 3-4-A3,除自费来华留学生、政府资助留学生

---

① 2018 年增长 19.5 倍。

② 政府资助留学生包括中国政府资助和留学生本国政府资助两种。

③ 见表 3-4-A3。

④ 《中国留学发展报告(2015)概览》,参见中国与全球化智库(CCG)与社会科学文献出版社联合发布的《中国留学发展报告(2015)》。

外,还有第三方主要是国际组织与校际交换学生①。这部分来华留学生在 2012—2016 年期间的,大致状况根据教育部学校规划建设发展中心的相关资料披露,高校校际交换生和国际组织资助的来华留学生占来华留学生的比例,从 7.54% 增加到 8.36%,国际组织来华留学生占比从 0.24% 增加到 0.48%,按照留学生总数 2012—2016 年 157 845 人和 243 735 人计算,校际交换生绝对数从 1.19 万人增加到 2.04 万人,国际组织来华留学生绝对数从 378 人增加 1 169 人。按照这一推算,2002—2016 年,校际交换生与国际组织来华留学生占来华留学生总数比例从 4.40% 增加到 8.77%②,提高了 4.37 个百分点,且绝对数量从 2 409 人增加到 21 376 人。2007—2016 年期间,高校校际交换生与国际组织资助的来华留学生占来华留学生的比例,从 5.92% 增加到 8.77%,人数从 5 475 人增加到 21 376 人,增长了 2.9 倍。高校校际交换的来华留学生数作为第三方的绝对主力,这些年增长幅度较快,上述人数和比例的增加,既反映了中国的大学对外合作交流的活跃程度在不断增强,也表明国外大学对中国高等教育的认可度和交流愿望在不断增加。这同时还印证了这样一个大背景:全球大学资源配置中的自主性、流动性、交互性在持续提升;中国经济发展迅速,以及中国市场对全球经济的影响力在持续增强。

高校校际交换留学生的发展,已成为来华留学生快速发展的一个重要力量,其未来发展趋势应引起重视。高校校际交换生的发展其实也折射了中国高等教育改革开放纵深不断趋向基层。从改革开放初期的交换生额度审批制逐步发展到高校可以在已定的政府协议间自主选择对外合作交流的自主权,既是中国高等教育的不断改革开放的深度反映,也是高校自主权不断扩大的真实反映;既反映了国外大学认可并自愿交流的程度在增加,也体现了中国大学整体实力在提升。同时,从全球市场资源配置的变化趋势看,除各国政府资助与个人自费作为留学生的两个主要渠道,高校间交换留学生作为第三方参与交流正在成为第三个渠道,且这一趋势正在不断增长。作为学校选送交换生都是在自筹经费预算中,按照与合作交流的对等大学进行磋商确认。可以看到,这一过程并不是政府指派行为,经费是在学校统筹经费中,双方交换生彼此涉及的数量、经费、学科专业方向、学习期限以及具体学生的自愿等都是学校的自主行为。因此,我们可以把这一第三方行为看作一个与自费留学接近的市场行为。

表 3 - 4 - A3　我国 1978—2016 年普通高校来华留学生发展情况

单位:人

	留学生合计	自费生数	政府资助学生	自费生占留学生比例(%)	政府资助学生比例(%)
1978 年	1 207	29		2.40	
1980 年	2 097	708		33.76	
1985 年	7 727	4 476		57.93	

① 交换生(exchange student),指大学阶段保留学籍在本校,因为校际交流到其他(外国、其他地区)学校读书,一般是大三以后阶段,读完课程后必须回到本校,由在外所获学分折换本校学分,在本校拿学位证明;交流学校不颁发学位。

② 这一数据为《中国教育统计年鉴》测算数据,与教育部学校规划建设发展中心的相关资料披露的数据 8.84% 有一定差异。

（续表）

	留学生合计	自费生数	政府资助学生	自费生占留学生比例（％）	政府资助学生比例（％）
1990 年	7 494	3 810		50.84	
1995 年	35 759	32 758		91.61	
2000 年	52 150	46 788		89.72	
2001 年	61 869	56 028		90.56	
2002 年	54 754	47 031	5 246	85.90	9.70
2003 年	53 461	46 124	5 167	86.28	9.70
2004 年	64 107	55 769	5 530	86.99	8.60
2005 年	78 323	68 160	6 457	87.02	8.20
2006 年	82 107	68 826	7 302	83.82	8.90
2007 年	92 491	77 488	9 529	83.78	10.30
2008 年	106 870	87 720	13 656	82.08	12.80
2009 年	117 548	89 784	20 836	76.38	17.70
2010 年	130 637	96 574	25 661	73.93	19.60
2011 年	147 582	107 440	29 676	72.80	20.10
2012 年	157 845	112 977	32 770	71.57	20.80
2013 年	174 806	121 877	39 238	69.72	22.40
2014 年	192 358	133 454	44 028	69.38	22.90
2015 年	214 345	142 815	52 810	66.63	24.60
2016 年	243 735	156 558	65 706	64.23	27.00

注：(1) 2002—2016 年数据来源来自《中国教育统计年鉴》。1978—2001 年数据来自教育部国际合作与交流司来华留学工作处。2002 年之前的政府资助数据缺。

（2）事业统计中外国留学生界定：是指持外国护照在我国高等学校注册并接受学历教育或非学历教育的外国公民。其中，政府资助包括中国奖学金与所在国政府资助的来华学生。

（3）除自费来华留学生、政府资助留学生外，还有第三方主要是国际组织与校际交换学生。文中关于 2012—2016 年数据为教育部学校规划建设发展中心的相关资料披露。

（4）2012 年前的第三方国际组织与校际交换学生数据缺具体数据。

（5）该表 2016 年之后数据见表 3 - 4 - A4。

表 3 - 4 - A4　我国 2002—2018 年各类学校接受来华留学生发展情况

单位：人

年份	来华留学人数	来华留学增长率	中国政府奖学金人数	资助增长率	自费生	自费生增长率	自费所占比例	接受学历教育的来华留学生人数	学历增长率
2000									
2001									
2002	85 872		6 073		79 779		92.90%		

(续表)

年份	来华留学人数	来华留学增长率	中国政府奖学金人数	资助增长率	自费生	自费生增长率	自费所占比例	接受学历教育的来华留学生人数	学历增长率
2003	77 715	−9.50%	6 153	1.32%	71 562	−10.30%	92.08%		
2004	110 844	42.63%	6 715	9.13%	104 129	45.51%	93.94%		
2005	141 087	27.28%	7 218	7.49%	133 869	28.56%	94.88%		
2006	162 695	15.32%	8 484	17.54%	154 211	15.20%	94.79%	54 859	
2007	195 503	20.17%	10 151	19.65%	185 352	20.19%	94.81%	68 213	32.17%
2008	223 499	14.32%	13 516	33.15%	209 983	13.29%	93.95%	80 005	13.97%
2009	238 184	6.57%	18 245	34.99%	219 939	4.74%	92.34%	93 450	20.21%
2010	265 090	11.30%	22 381	22.67%	242 700	10.35%	91.55%	107 432	13.66%
2011	292 611	10.38%	25 687	14.77%	266 924	9.98%	91.22%	118 837	11.88%
2012	328 330	12.21%	28 768	11.99%	299 562	12.23%	91.24%	133 509	12.35%
2013	356 499	8.58%	33 322	15.83%	323 177	7.88%	90.65%	147 890	10.77%
2014	377 054	5.77%	36 943	10.87%	340 111	5.24%	90.20%	164 394	11.16%
2015	397 635	5.46%	40 600	9.90%	357 035	4.98%	89.79%	184 799	12.41%
2016	442 773	11.35%	40 922	0.79%	393 751	10.28%	88.93%	209 966	13.62%
2017	489 172	10.48%	58 600	**43.2%**	430 600	9.34%	88.03%	241 500	15.04%
2018	492 185	0.62%	63 041	**7.58%**	429 144	−0.34%	87.19%	258 122	6.86%

注:(1) 表 3-4-A4 是教育部官网对外统计发布。表内数据不含港澳台地区。

(2) 2006 年、2008 年、2010 年没有官方数据,部分数据是根据后一年统计报告披露的增长率推算的。

(3) 2003 年负增长是受 SARS 影响。

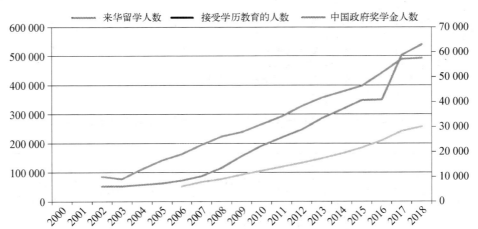

图 3-4-A1 2002—2018 年来华留学人数及接受学历教育的人数和中国政府奖学金人数变化图

注:根据 3-4-A4 的数据绘制。

　　需要补充说明的是,据教育部官网对外统计(见表 3-4-A4、图 3-4-A1),2016 年共有来自 205 个国家和地区的 442 773 名各类外国留学人员在 31 个省、自治区、直辖市的 829 所高等学校、科研院所和其他教学机构中学习,比 2015 年增加 45 138 人,增长比例为 11.35%(以上数据均不含港、澳、台地区)。表 3-4-A4 中的来华留学人员是各类外国留学人员,包括长短期语言学习、各类专业、职业技术学习、不同学历教育。表 3-4-A3 的来华留学人员主要是在普通高校学习的来华留学生,主要反映在《中国教育统计年鉴》,在事业统计中的外国留学生界定为持外国护照在我国高等学校注册并接受学历教育或非学历教育的外国公民。其中,政府资助包括中国奖学金与所在国政府资助的来华学生,还有高校校际交换生和国际组织资助的来华留学生。由于来华留学人员在不同时期因政策变动,各类政府资助与自费学习人员统计分类复杂,因而两张表的数据之间有不同表达,虽然两者统计口径不同,但都一致反映了改革开放以来,特别是加入 WTO 以后,包括各类学历教育的来华留学生发展趋势是不断增长的,自费来华人员数量也不断增加,政府资助来华留学生的力度更不断增加。两张统计表都反映了自费来华留学人员所占总量增加的基本趋势,但也一致都显示了近年来占比增长速度有所减缓。其中,表 3-4-A3 中普通高校来华自费生增长所占比重有所趋缓,按照年度区间统计,2007—2016 年期间各类自费来华留学人员平均增长基本面仍然保持在 74.23%,同期,表 3-4-A4 各类自费来华留学人员平均增长基本面为 91.47% 以上。考虑到本研究一直以表 3-4-A3 的数据为基本单位,兼顾表 3-4-A4 数据涵盖面的丰富性,2007 年以后自费来华留学生占比由两个来源数据加权计算(各占 50%),2016 年来华普通高校自费留学占比转型程度指数取 0.77。因此,我们将自费来华留学生占全部留学生比例转型程度指数 1978、1985、1995、2006、2016 年区间分别设为 0、0.58、0.92、0.84、0.77。

　　综上所述,**1978—2016 年办学体制转型程度分指数 1978、1985、1995、2006、2016 年分别为 0、0.19、0.37、0.53、0.53。**见下表 3-4-A5 和图 3-4-A2,1978—2017 年高等教育办学体制转型程度,见微信 3-3。

表 3-4-A5　1985—2016 年办学体制转型程度分指数

	类指数	公办学校设置审批权	民办高校普通本专科在校生占普通本专科生比例	自费在华留学生占留学生比例
1985 年	0.19	0	0	0.58
1995 年	0.37	0.2	0.001	0.92
1996 年	0.37	0.2	0.004	0.90
1997 年	0.37	0.2	0.01	0.89
1998 年	0.36	0.2	0.01	0.88
1999 年	0.43	0.4	0.01	0.88
2000 年	0.44	0.4	0.01	0.90
2001 年	0.44	0.4	0.02	0.91
2002 年	0.43	0.4	0.04	0.86
2003 年	0.51	0.6	0.07	0.86
2004 年	0.52	0.6	0.10	0.87
2005 年	0.53	0.6	0.13	0.87

(续表)

	类指数	公办学校设置审批权	民办高校普通本专科在校生占普通本专科生比例	自费在华留学生占留学生比例
2006 年	0.53	0.6	0.16	0.84
2007 年	0.56	0.6	0.18	0.89
2008 年	0.56	0.6	0.19	0.88
2009 年	0.55	0.6	0.20	0.84
2010 年	0.55	0.6	0.21	0.83
2011 年	0.54	0.6	0.21	0.82
2012 年	0.54	0.6	0.22	0.81
2013 年	0.54	0.6	0.22	0.80
2014 年	0.54	0.6	0.23	0.80
2015 年	0.54	0.6	0.23	0.78
2016 年	0.53	0.6	0.23	0.77

注:2007 年以前,"自费在华留学生占留学生比例"为普通高校自费在华留学生占比(来源:中国教育事业统计),2007 年以后数据,采用普通高校自费留学生占比与自费来华留学生占比(教育部官网对外发布,口径更为广泛)加权计算(各占50%),2016 年来华自费留学占比转型程度指数取 0.77。

1978—2017 年我国高等教育资源配置——办学体制分指数转型程度

—— 1978　—— 1985　‧‧‧‧‧ 1995　—— 2006　—— 2016

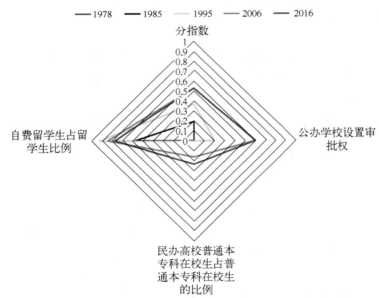

图 3-4-A2　1978—2017 年高等教育办学体制转型程度

(此图彩色版见本章微信内容末)

二、管理体制

高等教育管理体制是一个涉及因素复杂的系统,但从本质上考察,最重要的核心标志是,控制学校基本资源配置的决策依据、决策机制与决策主体。而不同管理体制的决策系统不同,资源配置的方向与效益也不同。计划经济体制下的高校管理体制更加集中于中央管理,市场经济条件下,各地经济自主性引发的资源配置特别是与之适应的人才配置需求更趋向行政区域内多种经济需求的企业,对于市场经济条件下人才需求的分散化、地方化、变动快、对称性特点,原有长线规划、高度集中、计划配置、缺少变化的人才管理体制已不能适应。决策体系改变直接会反映在决策主体与决策机制的相应变革上。**高等教育管理体制的转型改革在两个约束条件下发生的变化是本研究考察的重点,一是市场经济条件,这是外部性的,二是高等教育大众化,这是内生性的。**针对市场经济条件下的高等教育宏观管理体制的改革,主要涉及**中央与地方事权关系的划分**,其中,包含着中央对全国高等教育布局结构的宏观规划、对省级及以下高等教育地方化的责权利相容制度安排、对关系国家创新科技创新意义重大的重点学校与学科的规划支持、对中西部区域高等教育转移支付与倾斜支持等。这一改革前后历经 40年,但许多改革内容都集中在近 20 年。针对高等教育大众化条件下的高等教育宏观管理体制的改革,重点涉及中央与高校关系中的高等学校自主权的激励相容制度安排,**也包括中央与地方关系中的高等教育层次分类的结构改革。**在近 20 年高等教育大众化发展,特别是 2018 年高等教育毛入学率达到 48.1％的状况下,高等教育如何分类,地方高等教育往何处去是高等教育管理体制宏观决策的重大抉择。2007—2018 年,这一抉择出现了重大突破,从观念、体系、布局、层次都发生了转型,为我国大众化高等教育分类办学奠定了基础。

我国实行 1952 年院系调整后高等学校主要以中央部委行业办学为主,这一管理体制直到 20 世纪 90 年代后期的部委体制调整而随之进行的高校管理体制变革,以及专科设置权的下放才基本形成以地方统筹高校的管理格局。其中,地方办学中以中心城市扩展到其他新兴城市办学是 21 世纪头十年地方办学的一大变化,也是中央支持地方办学而放权的特征。**但是其中的管理权限放了多少是省级统筹管理高等教育程度的重要指数。限于管理体制本身的复杂性、法律规定的约束性以及指标能够反映出的基本变迁状况,课题组对管理体制类主要选取地方院校占普通高校的比例、公办高校主要领导任免的管理权、学校教学评估权三个指标。**例如办学性质与方向主要是通过办学体制反映,也通过学校领导体制和教学评估权反映,此处重点是考察省级政府对高等教育统筹权的情况,即通过地方高校占比指标这个窗口看中央分权趋势,同时通过高校主要领导任免权限及任免方式看高校领导管理体制的情况,教学评估权则是考察政府如何通过运用独立第三方作用达到办学质量与效益的提升。

地方院校占普通高校校数比例——我国是一个人口众多、国土资源幅员辽阔、具有悠久文化历史的大国。行政区划是国家为了进行分级管理而实行的区域划分。作为我国行政区划基本沿革了 1949 年后的基本格局。依我国《宪法》规定:中华人民共和国的行政区域划分为:(一) 全国分为省、自治区、直辖市;(二) 省、自治区分为自治州、县、自治县、市;(三) 县、自治县分为乡、民族乡、镇。直辖市和较大的市分为区、县。自治州分为县、自治县、市。自治区、自治州、自治县都是民族自治地方。同时,国家在必要时得设立特别行政区。在特别行政区内实行的制度按照具体情况由全国人民代表大会以法律规定。我国目前有四个直辖市、五个自治区、二十三个省、两个特别行政区。这就是我国高等教育管理体制面对的全国基本行政划分的基本制度环境。

中央对省级高等教育管理权的变化,见微信 3 - 4。

为进一步深化教育管理体制改革,促进各类高等教育更快发展,发挥地方办学的积极性,促使高等教育更好地为地方经济建设和社会发展服务,2000 年国务院办公厅颁发 3 号文,国务院授权省、自治区、直辖市人民政府审批设立高等职业学校,地方高等院校得到大发展。根据 2007—2018 年地方院校占普通高校校数比例分析,数据显示,2006 年全国地方普通高校 1867 所,2017 年达到 2613 所。我国普通高校中的地方高校比重已由 1981 年的 62.5% 上升到 1995 年的 66.03%,2006 年达到 94.05%,2017 年达到 95.48%。2018 年达到 95.57%,保持着以地方为主的发展趋势。其中,全国地方普通本科学校 2000 年 483 所,2006 年 609 所,2016 年 1 103 所,2018 年达到 1 111 所(2017 年全国普通本科院校 1 243 所、2018 年本科院校 1 245 所);全国地方普通专科学校 2000 年仅有 417 所,2006 年地方高职(高专)院校就达到 1 121 所,翻了一倍还多。2016 年地方高职(高专)院校达到 1 315 所,2017 年普通高职(专科)院校 1 388 所,2018 年 1 418 所。这充分显示出地方对高等教育的需求和管理投入的分量,中央与地方在高等教育关系上,地方已成为我国高教事业发展的主要力量。中央在基本实现大众化后,95% 的高校在地方,中央的管理职能除了高等教育战略规划和办好中央高校外,主要宏观管理职能转向分类指导与重点转移支付支持西部高等教育方面。

中央主要宏观管理职能转向分类指导与重点转移支付支持西部高等教育分析,见微信 3-5。

2007—2018 年地方办学增量虽仍有变化,但总体增幅已趋缓。我国的地方政府拥有绝大多数高校,但并不意味着对其拥有完全的高校管理统筹权。有关中央与地方关系,经济区域、城镇发展与地方高等教育发展的关系,以及这一关系对高等教育管理体制的转型影响,将在第四章中分析。根据以上分析,1978、1985、1995、2006 年地方高校占普通高校的比重不断增加,在上述年份区间该指标转型程度类指数分别为 0.63、0.70、0.66、0.94,2007—2017 年区间为 0.95。

公办高校主要领导任免管理权——改革开放以来,高校主要实行党委领导下的校长分工负责制(1977—1985 年)、部分高校试行校长负责制等 7 种不同领导体制(1985—1989 年)、高校实行党委领导下的校长负责制(1990—2018 年)。

关于公办高校主要领导任免管理权分析,见微信 3-6。

2007—2018 年,本研究从中央对高校管理体制的相关文件分析可见,随着不断加强高校党的领导,对这一制度安排的具体内容在不同时期有不同的强调,这些针对性强调体现在具体制度中有不同侧重,会不同程度的影响主要领导的任职履职要求。目前总的任免管理权限依旧按照高校所属管理体制归口所属党的组织或政府行政管理系统,即中央部属高校的副部级高校的书记和校长由中央组织部负责任免,其他中央部属高校由所管辖的部门负责任免,如教育部党组任免教育部所属的高校书记和校长;中央部门高校约有 118 所。地方高校书记和校长任免权限随学校行政隶属关系分设省区市党委和政府组织部门负责,地方本科、高职(专科)学校都属于这个范畴。总的看,公办高校党委书记与校长等主要领导的任免管理权没有实质性变化。因此,我国公办高校主要领导任免管理权转型程度近 10 年没有变化。**1978、1985、1995、2006、2016 年公办高校主要领导权转型程度类指数为 0、0.2、0.2、0.2、0.2。**

学校教学评估权——我国对高校教学评估一直包括在行政管理职能中,但在高等教育大众化后,为了保证高等教育规模扩张下的基本质量,教育主管部门加大了对新增院校的各类教学评估,以此推进了我国高校教学评估制度的发展。在高等教育资源配置转型过程中历经了由单纯性行政评估转向由行政赋权的专门机构评估,并逐步向第三方独立机构评估迈进的演进过程。高校教学评估制度不断扩展完善,形成以大学科研能力、本科教学、学科发展以及学位点为评价客体的多元高校评价体系,甚至也包含着媒体、商业性、社会第三方的评估机制。

我国高等学校教学评估权分析,见微信 3-7。

　　根据分析,我国普通高校教学评估基本经历了一个从无到有,从政府负责到专家参评,后建立教育部行政性评估机构到直属评估机构专事评估工作。尽管经历了以"第三方"或专家为中心的评估,但实质上仍然在中央政府主管部门直接主导的层面下进行工作。教育部不仅发布政府文件、制定评估标准,而且直接领导评估工作,并组织对外宣布最终评估结果,也将评估结果与行政性退出机制和政府绩效拨款部分结合。尽管2004年高等职业学校的评估已放到省级,也增加了学校自评环节,但所有学校评估工作,即使是由各省级教育行政部门组织实施的高职学校评估,教育部主管部门也要定期抽查各省的评估结论,这种评估与财政对学校拨款、内部声誉存在部分相关性①,仍然是纵向下对上负责的内部机制,没有形成以高等学校自身联盟构成的对社会负责的评估体系。近10年来,国内社会中介评估也纷纷起步,第三方教育评估职能的机构包括地区的教育评估院、社团性组织、自发自律性联盟、市场排行榜机构、高校内部的评估机构等。特别是软银、网大等一批中介机构已对高校进行了评估,一批全球市场评估机构也对中国大学排名评估,虽然尚未形成主流,但因通过社交媒体,对社会影响较大,部分高校也逐渐开始重视这类社会性评估,教育主管部门也开始把这些社会性评估作为参考比较。2007—2017年中,高等教育教学评估日益得到政府重视,并把评估作为教学质量提升的措施导向与绩效考核及拨款结合,评估趋向基础类、合格类、优化类,从高职、本科、硕士博士研究生,从公办到民办,从自评到自愿接受来自上级与同行规定评估或自选评估,同时,也注重评估结果信息公开。这些由政府主持显现的多元评估体系虽然在一定程度上反映了公共政府面对社会回应资源配置效益的初心,在管理约束高校方面起到规范办学的作用,也对高校分类转型与质量提高起到一定作用。特别是2013年强调简政放权和中央与地方明晰统筹事权问责,明确中央部委所属院校的审核评估由教育部高等教育教学评估中心(以下简称教育部评估中心)负责实施;地方所属院校的审核评估由省级教育行政部门负责,形成中央与地方分类评估。这是自开始建立评估制度以来实施中央与地方分类审核管理的重大职能变化,通过部分评估权力的下放,所有地方高等学校审核评估都归置省级教育部门负责。但是,从政府所投入的评估成本与收益看,或者说,从政府希望得到的教育质量的社会反馈绩效看,差距尚存。更重要的是教学评估体系不是一个内在激励的制度安排,即不是以高校作为主体自治的评估体系,造成不少高校片面追求评估标准,破坏了高校内部教育教学成长机制和学术生态,不能形成长期稳定教学局面,内生性激励教学的制度环境受到抑制。由于政府并没有实质性放开教学评估权,2015年修订的《高等教育法》依旧将高等教育评估组织决定权留在政府门下,即组织专家和第三方评估机构对高校实施评估。这里的第三方是什

---

① 严格意义上说,国拨经费与办学质量之间有较大的相关性,而教育质量的评价主要指标与社会需求评价不是完全相对应关系。同类物质商品的市场价格通常是检验质量的最重要指标,除去人才的一些特定需求外,人才市场是检验毕业生质量的重要杠杆,除非受到其他因素扭曲,市场上的工资水平是对人力资源价值的基本标准。公立学校教育质量应分为质量保障系统与质量评价系统,前者的评估标准应分为基本与特殊,基本是底线,特殊是专有需求。对于公立学校,奢侈是不容许的。因为是公共资源与基础条件,政府代为管理评估是职责。如达不到底线,政府负有责任。后者的评估标准分为业内标准与特殊标准,业内教学质量标准是学校面对社会公开信息由独立专家评估并向社会公布结果,其教学质量与声誉与学生生源紧密挂钩。特殊标准是指前沿与重大学科建设评估,需要由国际若干最权威专家参与评估。因此,前者评估可以以政府职能部门或授权部门承担,后者按照许多国家大学评估趋势,应由独立社会评估组织受大学或政府委托或授权进行评估,但不得有任何利益关联性,相当于社会审计机构。

么性质可以存在不同解释。但现实运行中目前还不存在独立第三方,培育独立第三方评估机构也不是由政府确定的,它与市场和学术生态的发育成熟有关。政府指导、高校自律、独立第三方共同构建的评估共享生态仍然是漫长之路。尽管如此,根据中央与地方分类审核评估制度实施,在已经分级分类评估体系中,其部分决策权、决定权、实施权、裁量权已过渡不同的地方或评估主体,如中央对全国高等学校审核评估除直属高校外已放权给省级政府,从全国部分评估权限看,中央又适度放开了部分评估权力。我们认为**高校教学评估权转型程度类指数1978、1985、1995、2006、2016 年区间分别为 0、0.20、0.40、0.40、0.50。**

就管理体制而言,随着高教管理体制的改革特别是中央政府职能转型,高等学校的管理权限逐步由中央集中管理向地方分级管理的构架过渡,不仅加大了高等学校为地方建设和发展服务的功能,也使其自身的生存和发展获得了更广泛的社会支持。高等教育管理体制转型程度仍然在逐步提高,虽然转型幅度较小,但转型趋势没有改变,继续向着中央宏观管理、地方获得更多高等教育统筹权的方向转型。**高等教育管理体制转型程度分指数 1978、1985、1995、2006、2016 年区间分别为 0.21、0.37、0.42、0.51、0.55[①]。**见表 3 - 4 - B1,图 3 - 4 - B1。

表 3 - 4 - B1　1978—2016 年我国高等教育管理体制转型程度分指数

	1978	1985	1995	2006	2016
转型程度分指数	0.21	0.37	0.42	0.51	0.55
地方高校占普通高校校数比例类指数	0.63	0.70	0.66	0.94	0.95
公办普通高校主要领导任免权类指数	0	0.20	0.20	0.20	0.20
学校教学评估权类指数	0	0.20	0.40	0.40	0.50

1978—2016 年我国高等教育资源配置——管理体制转型程度分指数

―― 1978　―― 1985　―― 1995　―― 2006　―― 2016

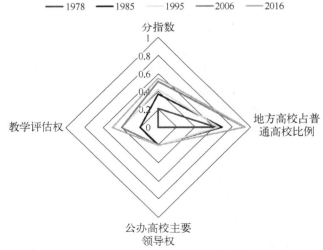

图 3 - 4 - B1　1978—2017 年高等教育管理体制转型程度

(此图彩色版见本章微信内容末)

---

① 只有这个指标地方高校占普通高校校数比例在 1981 年为 63%,由于尚未找到 1978 年的数据,推算 1978 年该比例为 0.63。因此,1978 年的管理体制转型程度的起点为 0.21。

三、投资体制

高校投资体制类主要选取 4 个指标,分别为全国普通高校非财政性经费所占普通高校教育经费总投入比例、普通高校学费收入占事业性经费的比例、普通高校自然科学科研经费中竞争性经费的比例、普通高校校自筹经费占基建资金比例。

从 1985 年的《教育体制改革决定》到 2016 年"十三五"教育规划,关于高等教育投资体制改革是转型期高等教育资源配置方式转换最重要的改革,其中,由中央政府集中财政投资配置高等教育资金方式成为改革开放前最主要的配置方式。而高等教育财政拨款制度主要是由中央与地方政府财政提供给高等学校的资金总量、资金配置方式以及相应配置结果的制度安排。这一制度安排在改革开放 40 年发生了巨大变化。本研究设立的高等教育资源配置投资体制转型指标主要选取了上述四项非财政性资金来源或来源机制的具体指标,考察它们在高等教育经费总量中的地位、影响及变化。具体而言,就是它们分别是由怎样的配置主体和配置机制构成,谁赋予这些主体具有这样的权利及途径,它们共同对多渠道筹措高等教育经费产生的影响和变化。由于这一制度创新是在我国社会主义市场经济体制改革的不断深化中演变,其变化周期具有显著外部制度环境的影响。因此,本研究在不同阶段进行的测量能够观察到其变化状况,2007—2018 年期间这一演变仍然是在中央政府确定的以国家财政拨款为主、其他多种渠道筹措高等教育经费为辅的投资体制框架下,与前三个历史阶段的特征具有相同的特点,但也有比较特殊之处。

(一)全国普通高校非财政性经费所占普通高校教育经费总投入比例

按照以国家财政拨款为主、其他多种渠道筹措高等教育经费为辅的投资体制框架,从改革初始直至 40 年历程的不同阶段,**都反映出以下三个特征:一是高等教育经费来源从政府一条腿到来源渠道多元;二是非财政性经费所占比例逐步增长,且在一个发展阶段超过财政性拨款,并一直保持着一定比重;三是高等教育总经费不断增长,无论是财政拨款还是多渠道都呈现出总量递进增长。**从改革开放后整个教育投资背景分析,1980 年以前,我国普通高校只有财政性教育经费,基本不存在非财政性其他收入。从 1949 年到 1979 年,国家财政对普通高校累计投入教育经费 224.14 亿元。1980 年以后,我国高校经费中开始出现了非财政性教育经费。从 20 世纪 80 年代中期到 90 年代初期,中央逐渐探索教育除财政拨款以外其他渠道筹措教育经费的可能,高等教育投资体制也是如此。1980 — 1989 年间,国家财政性教育经费占普通高校教育经费总投入的 91.77%。"九五"期间(1993—1997 年),我国确立了以财政拨款为主、多渠道筹措教育经费的基本模式,并逐步形成了由政府、社会、个人共同分担高等教育经费的格局。这一体制探索被写入了 1998 年《高等教育法》第六十条,该条规定,国家建立以财政拨款为主,其他多种渠道筹措高等教育经费为辅的体制。2015 年修改后颁布的《高等教育法》第六十条修改为,高等教育实行以举办者投入为主、受教育者合理分担培养成本、高等学校多种渠道筹措经费的机制。这一修订至少涵盖了民办高等教育,明确指出了无论是谁举办都以举办者投入为主,但接受高等教育者需要分担培养成本。

从 1978—2017 年的 40 年看,我国高等教育财政性经费与非财政性经费的增减经历了四个阶段。**1978—1996 年期间**,从国家财政对高等教育全包到 1993 年非财政性经费占高等教育总经费的8.86%（财政性经费占比91.14%）①，到1996年非财政性经费达到19.66%（财政性经费占比80.34%），这个阶段从完全计划经济以国家财政投入全包到以国家财政投入为较大比重，但在1993年我国宣布实行社会主义市场经济体制后，仅4年后的1997年非财政性经费就提高了12.99个百分点，已占据总经费的五分之一。**1996—2000年期间**，短短5年高等教育非财政经费占高等教育总经费的41.84%（财政性经费占比为58.16%），增加了22.39个百分点。这期间，也是中央决策高等教育实行扩招的重要时点。非财政性经费已占据总经费的五分之二多。**2000—2010年期间**，高等教育非财政性经费从占高等教育总经费的41.84%一路增长到2006年57.14%（财政性经费占比为42.86%），2003—2006年非财政性经费占比分别增长为52.09%、54.46%、57.23%、57.14%，非财政性经费占据总经费接近五分之三，这4年非财政性教育经费占比均超过高等教育经费总投入的半数以上，接着2007—2009年间，同样非财政性教育经费占比均超过高等教育经费总投入的半数以上，成为我国高教经费来源的半壁江山。也就是说，其中有7年高等教育主要是以非财政性教育经费投入为主。依照《高等教育法》，作为公办高等学校的主要投入者在这期间没有实现举办者投入为主的职能。之后高等教育非财政性教育经费投入从2010年开始缓慢下降，从占比47.22%一路降到2015年的37.62%，回到1998年时非财政性经费占比的程度。同时，财政性经费占比从52.78%上升到2015年的62.38%，回到10年前非财政性经费占比的程度。21世纪初至2009年之前的阶段正是我国高等教育大众化蓬勃发展阶段，人民群众及社会各界对高等教育发展投入的热情真正体现在"真金白银"上了，这个阶段可以与20世纪80年代在国家经济发展还处于全面恢复与起步阶段以依靠人民办教育为主，形成全国人民捐资助学普及义务教育热潮相媲美。**2011—2015年期间**，国家非财政性经费开始缓慢下降，从占比41.52%逐步下降为37.62%、39.86%、39.54%、37.62%（财政性经费不断上升，分别达到58.48%、62.38%、60.14%、60.46%、62.38%），回到1999年时财政性投入的占比。因此，从1996—2015年20年间，高等教育财政性经费投入正好经历了一个"微笑"曲线，而高等教育非财政性经费投入正好是倒"U"字形。在整个高等教育发展与社会经济发展之间，什么样财政投入比重是恰当平衡的值得研究分析，特别是我国高等教育大众化的发展与国家财政性投入比重关系带来的多重问题与思考正是一个发展中国家探索的实证案例。见表3-4-C1、图3-4-C1、图3-4-C2。以上四个阶段真实反映了高等教育财政投入与多渠道筹措经费的相关性，它们在不同阶段的变化有其深刻的制度环境背景，对不同时期高等教育发展有着深刻的影响。多渠道筹措经费是我国依法探索举办高等教育的一个符合国情基本方针，也是市场经济体制对高等教育资源配置转型的重要体现。

表3-4-C1　1996—2016年普通高校财政性和非财政性教育经费及其所占教育经费总投入的比例变化

单位：亿元，%

	教育经费总收入	国家财政性教育经费	国家财政性教育经费所占比例	非国家财政性教育经费	非国家财政性教育经费所占比例
1996年	262.29	211.27	80.55	51.02	19.45
1997年	310.73	244.81	78.78	65.93	21.22

① 康宁：《中国高等教育资源配置转型程度指标体系研究》，教育科学出版社，2010，第124页。

（续表）

	教育经费总收入	国家财政性教育经费	国家财政性教育经费所占比例	非国家财政性教育经费	非国家财政性教育经费所占比例
1998 年	549.34	356.75	64.94	192.59	35.06
1999 年	708.73	443.16	62.53	265.57	37.47
2000 年	913.35	531.19	58.16	382.16	41.84
2001 年	1 166.58	632.80	54.24	533.78	45.76
2002 年	1 487.86	752.15	50.55	735.71	49.45
2003 年	1 754.35	840.58	47.91	913.77	52.09
2004 年	2 129.76	969.79	45.54	1 159.97	54.46
2005 年	2 550.24	1 090.84	42.77	1 459.40	57.23
2006 年	2 938.88	1 259.57	42.86	1 679.31	57.14
2007 年	3 634.19	1 598.32	43.98	2 035.87	56.02
2008 年	4 210.24	2 003.51	47.59	2 206.73	52.41
2009 年	4 645.01	2 264.51	48.75	2 380.50	51.25
2010 年	5 497.86	2 901.80	52.78	2 596.06	47.22
2011 年	6 880.23	4 023.50	58.48	2 856.73	41.52
2012 年	7 801.91	4 866.63	62.38	2 935.28	37.62
2013 年	7 975.77	4 796.88	60.14	3 178.89	39.86
2014 年	8 509.86	5 144.88	60.46	3 364.98	39.54
2015 年	9 364.11	5 841.14	62.38	3 522.96	37.62
2016 年	9 973.39	6 198.83	62.15	3 774.56	37.85

数据来源：历年中国教育统计年鉴

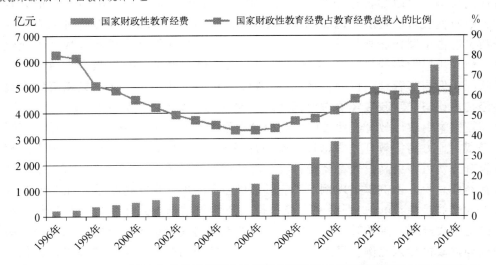

图 3 - 4 - C1　1996—2016 年普通高校财政性教育经费及其占教育经费总投入的比例变化

（此图彩色版见本章微信内容末）

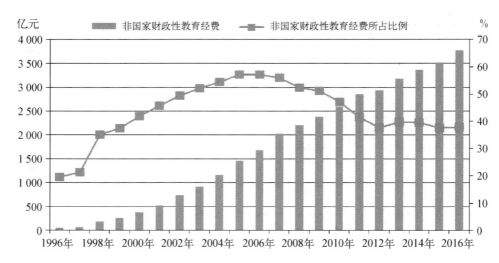

图3-4-C2　1996—2016年普通高校非财政性教育经费及其占教育经费总投入的比例变化

（此图彩色版见本章微信内容末）

关于央属与地方高校财政性经费在21世纪初发生的结构性变化分析。从表3-4-C2、图3-4-C3和图3-4-C4看到,同期高等教育财政性经费分为中央所属普通高校财政性经费与地方普通高校财政性经费。分析发现,1996—2015年20年间央属与地方高校财政性经费的变化特点:一是国家高等教育财政性经费逐年增长。2015年是1996年的27.65倍,近10年来国家财政性经费递增速度一年一个台阶。**二是央属与地方高校财政性经费在21世纪初开始发生结构性变化。**见表3-4-C2,地方普通高校财政性经费1999年之前都低于中央普通高校,1999年实行高校扩招及实施中央部分高校下放地方后,地方普通高校财政性经费与中央普通高校财政性经费在2000年基本持平。这个时点之后,特别是近10年来,地方普通高校财政性经费逐年增长,几乎是中央普通高校财政性经费的一倍。2015年中央普通高校国家财政性教育经费所占国家财政性经费总量比例为31.11%,地方普通高校国家财政性教育经费所占国家财政性经费总量比例为67.89%,而此时地方普通高等学校数量已占全国普通高校总数的95%以上。这一数值既反映了高等教育大众化后地方高等教育规模发展的状况,也反映了国家财政性经费对地方高等教育支持力度的逐步增长状况。但与其管理高校的数量相比,该经费总量仍然不足。**三是央属与地方高校财政性经费占比与非财政性经费占比都呈现一致趋势。**见图3-4-C4,1996—2015年间,中央高校国家财政性教育经费占中央高校教育经费总收入的比例及地方高校国家财政性教育经费占地方高校教育经费总收入比例都呈现为"微笑"曲线,也意味着中央高校非财政性教育经费占中央高校教育经费总收入的比例及地方高校非财政性教育经费占地方高校教育经费总收入比例都呈现倒"U"字形,既表明中央与地方高等学校在非财政性经费投入上的趋势是一致的,也表明中央经费投入政策与结构方式影响地方高校经费结构趋势。说明中央经费管理的政策集中度较高。**四是地方高校的财政性投入比例小于央属高校的校均财政性投入比例。**见图3-4-C4,中央普通高校中中央财政性投入比例与地方高校中地方政府财政性投入比例总量关系,总体看地方高校获得的政府投入比例均小于中央高校获得的政府投入比例。呈现为2000年之前两者基本相当,2000—2012年差距较大,2012 年后有逐步缩小的趋势。这与各地政府加大财政性投入有关。**五是地方高校的校均财政性投入总量远远小于央属高校的校均财政性投入总量。**依据表 3-4-C2,初步测算 2015 年央属高校与地方高校各为 118 所与 2 442 所,忽略校均规模与学校类型,央属高校校均获得财政性投入比重超过 15 亿,而地方高校的校均财政性投入比重只有1.6 亿。从财政性投入的校均数值看,地方高校的财政性经费投入比中央高校财政性经费投入相差甚远。反映了大众化带来了地方高校数量和财政性经费来源不相适应,这对学校整体质量提升是一个严峻考验。同期,高校分类转型问题也被提上议事日程。

表 3-4-C2　分中央和地方普通高校国家财政性教育经费及其所占比例

单位:亿元,%

年份	国家财政性教育经费	中央普通高校国家财政性教育经费	地方普通高校国家财政性教育经费	中央普通高校国家财政性教育经费所占比例	地方普通高校国家财政性教育经费所占比例
1996 年	211.27	115.06	96.20	54.46	45.54
1997 年	244.81	130.73	114.08	53.40	46.60
1998 年	356.75	207.25	149.51	58.09	41.91
1999 年	443.16	226.42	216.74	51.09	48.91
2000 年	531.19	252.29	278.89	47.50	52.50
2001 年	632.80	286.35	346.45	45.25	54.75
2002 年	752.15	337.96	414.18	44.93	55.07
2003 年	840.58	369.65	470.93	43.98	56.02
2004 年	969.79	391.68	578.11	40.39	59.61
2005 年	1 090.84	419.66	671.18	38.47	61.53
2006 年	1 259.57	485.65	773.93	38.56	61.44
2007 年	1 598.32	597.86	1 000.46	37.41	62.59
2008 年	2 003.51	710.77	1 292.74	35.48	64.52
2009 年	2 264.51	866.95	1 397.56	38.28	61.72
2010 年	2 901.80	1 113.43	1 788.38	38.37	61.63
2011 年	4 023.50	1 404.39	2 619.11	34.90	65.10
2012 年	4 866.63	1 525.45	3 341.18	31.35	68.65
2013 年	4 796.88	1 539.33	3 257.55	32.09	67.91
2014 年	5 144.88	1 638.36	3 506.51	31.84	68.16
2015 年	5 841.14	1 875.32	3 965.82	32.11	67.89
2016 年	6 198.83	1 996.51	4 202.32	32.21	67.79

数据来源:教育部教育统计年鉴。

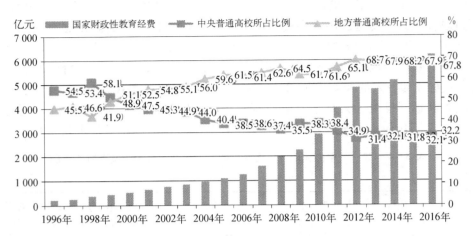

图 3 - 4 - C3　分中央和地方普通高校国家财政性教育经费及其所占比例

（此图彩色版见本章微信内容末）

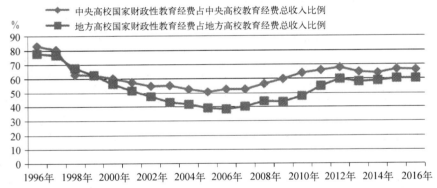

图 3 - 4 - C4　中央高校国家财政性教育经费占中央高校教育经费总收入的比例及 地方高校国家财政性教育经费占中央高校教育经费总收入的比例变化

（此图彩色版见本章微信内容末）

　　2007 年 7 月,为进一步加强高校收费管理,增强教育收费透明度,规范高校收费行为,切实维护广大学生和家长的合法权益,国家发展改革委员会向各地通报了中央部属高校学费标准,并通过门户网站向社会公布。该通告规定:一是教育收费项目属于全国性行政事业收费项目,除国务院规定或经财政部、国家发展改革委员会、教育部联合批准外,其他任何部门、省级及省级以下政府都无权出台新的教育收费项目。二是高等学校改按学分制收费,按学分制收费的学费总额不得高于实行学年制的学费总额,并需在召开听证会的基础上,报经省级人民政府批准后执行。三是除国家另有规定外,今后五年各级各类学校的学费、住宿费标准原则上不得高于 2006 年秋季相关标准。这一通告开启了有限度地遏制部分地方或学校乱收费的状况①,也强制启动了政府要加大对高等教育财政拨款改革力度的信号。之前

---

① 过去十年,中国大学生的人数增加了 5 倍。在高等教育投入经费中,学生的学费增加了 18 倍,而政府部分的投入只增长了 3.5 倍。参见《高校学费收入 10 年间增长 18 倍 远超入学人数增长》,搜狐网,http://news.sohu.com/20090417/n263438968.shtml。

2003—2009 年非财政性经费占比均超过高等教育经费总投入的半数以上,按照《高等教育法》举办者投入为主的规定,显然没有做到。之后,2010 年发布的《国家中长期教育改革和发展规划纲要(2010—2020 年)》明确提出,到 2012 年实现国家财政性教育经费支出占国内生产总值比例达到 4% 的目标。这一规定促使财政性投入逐年增加,加上对学费采取收紧权限的规定,开始扭转了高等教育财政性投入不断下滑的趋势,2011—2015 年非 财 政 性 高 等 教 育 经 费 的 投 入 比 例 逐 年 下 降(41.52%、37.62%、39.86%、39.54%、37.62%)。

从 1996 年到 2015 年,国家财政对普通高校累计投入教育经费 40 774.06 亿元,非财政性教育经费累计达到 32 517.19 亿元,20 年间非财政性教育经费约占国家财政性经费的 79.75%,虽然非财政性投入比财政性投入只低 20%,但足以表明在这一特定时期中,高等教育采取多渠道投入的体制选择既适应我国市场经济不断发展的需要,也符合高等教育作为准公共产品依靠全社会支持办学的需求。尤其在这一期间,普及九年义务教育是我国教育中的重中之重,作为教育发展阶段,此时国家的主要发展重点与相应投入要确保这一重点,在基本实现九年义务教育巩固提高的后半程,正遇到高等教育大众化发展阶段,依靠全社会力量推进大众化,特别是地方投入和就学家庭的支持,我国顺利实现了高等教育的大众化。

在 2012 年之后,国家财政性教育经费继续稳步增长。自 2012—2018 年以来,国家财政性教育经费占国内生产总值比重连续七年超过 4%,国家财政性教育经费占全国教育经费总投入的 80% 左右。其中,通过公共财政预算安排的教育经费占国家财政性教育经费总投入的 96.1%,是财政性教育经费的主要来源。在这样的力度下,高等教育财政性经费 2012—2015 年累计投入总和为 20 649.53 亿元,是 1996—2015 年期间高等教育财政性经费总量的 50.64%。2012 年至 2016 年,国家财政性教育经费由 2.3 万亿元增长到 3.1 万亿元,年均增长 7.9%。2012—2017 年六年间,全国财政性教育经费累计投入 16.64 万亿元,早超过 1952—2011 年累计投入总和[1]。根据 2017 年预算安排,全国一般公共预算支出中教育支出比重达到 14.9%,为第一大支出,2017 年全国教育经费总投入为 42 557 亿元。2005 年至今这一时期,是我国 1949 年以来国家财政性教育经费维持高速稳定增长长达十余年之下的一个重要的教育财政制度建设高峰期。其中,高等教育财政性投入从 2009 年开始增长,扭转了低于非财政性投入的状况。能够看到近年来国家财政政策的作用与国家整个经济实力对教育的支撑,特别是政府秉持公共财政政策,提高对公共产品和公共事业增大投入的政府理念与责任。见图 3-4-C5。

---

[1] 从中国教育部获悉,根据统计,2016 年全国教育经费总投入为 3.89 万亿元(人民币,下同),其中财政性教育经费达到 3.14 万亿元。2012—2016 年这五年间,全国财政性教育经费累计投入 13.5 万亿元,超过 1952—2011 年累计投入总和。2016 年中国教育经费总投入 3.89 万亿元。

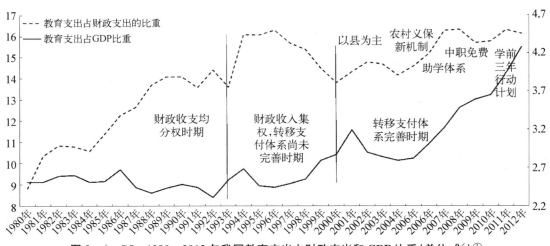

图 3-4-C5　1980—2012 年我国教育支出占财政支出和 GDP 比重(单位:%)①

　　从上述 40 年高等教育经费投入变化看到,**国家财政性投入经历了从高到低后又转高的过程,而非财政性经费投入则正好反向,形成由低到高后再转为低的过程,但这一变化并没有回到计划经济年代全由政府包办,而是政府投入与社会多渠道投入构成由 2006 年 4∶6 的局面演进为 2015 年以来 6∶4 的格局。**改革开放初期,政府投入比重偏高与市场化程度低和政府观念尚处于探索期有关,而近年来政府投入比重偏高与政府公共政策调整和高等教育需求约束有关,但这一比重能否持续,多渠道方针如何坚持并探索新的来源机制,是新阶段的新问题。特别是近 10 年来,政府财政性经费对高等教育的配置比重逐年提高。为了更好测度比较近 10 年与上一个 10 年高校非财政性教育经费占高校投入总经费比例的转型程度指数,课题组对 1995—2006 年区间的非财政性教育经费占高校投入总经费比例的转型程度指数进行了比较,1996—2006 年区间转型程度指数为 0.57,2006—2015 年区间的非财政性教育经费占高校投入总经费比例的转型程度指数为 0.40。表明在近 10 年中由于财政性教育经费的增长比重大大超过了非财政性教育经费增长,致使高校非财政性教育经费占高校投入总经费比例的转型程度指数比上一个 10 年递减 17 个点。因此,**1978、1985、1995、2006、2015 年各区间高等教育非财政性经费所占比例的转型程度类指数分别为 0、0.05、0.17、0.57、0.40。**

　　我国高等教育非财政性教育经费比例的下降趋势也反映出高等教育对财政性教育经费的依赖性在提高,而这恰恰与近些年国际趋势相反。说明我国作为发展中国家,经济增长实力的逐步提升,无论是政府财政性教育经费还是非财政性教育经费,都有了潜在的实力对高等教育予以支持。其中,国家关于财政政策对高等教育的调节起着重要作用。对高等教育支持的国际比较的分析文献综述显示,进入 21 世纪以来,西方的大学已经告别"衣食无忧"

---

① 《改革开放 40 年来我国教育财政战略回顾与展望》,载中国教育发展战略学会:《教育发展战略 40 年回顾与展望——改革开放 40 年研究报告集》,首都师范大学出版社,2019。转引自田志磊、杨龙见、袁连生:《职责同构、公共教育属性与政府支出偏向——再议中国式分权和地方教育支出》,《北京大学教育评论》2015 年第 4 期。

的时代,不能完全依赖政府的财政资助而生存。见图 3-4-C6,近十年来,主要发达国家高等教育中民间投入的比例不断提高,而政府的投入比例进一步下降。

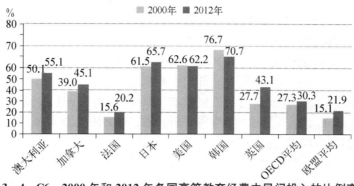

图 3-4-C6　2000 年和 2012 年各国高等教育经费中民间投入的比例变化

数据来源:根据 OECD《教育概览 2015》第 220 表 B3.2b 计算。这里的民间投入中已扣除了政府对私立教育机构的转移支付,而政府投入中包括了对私立教育机构的转移支付。

(二)普通高校学费收入占事业性经费比例[①]

从中华人民共和国成立到现在,我国高等教育收费经历了免费、低收费和并轨收费及学费分担四个阶段,体现了我国高等教育作为准公共产品投资收益回报特点的观念不断被大众接受,同时成为政府调整高等教育公共政策的主要工具之一,也反映出不同发展过程深受从计划经济体制向市场经济体制转变的现实阶段的影响。1989 年,教育部发布了《关于普通高等学校收取学杂费和住宿费的规定》,明确高校招生要开始缴纳学杂费和住宿费;1992年,教育部发布了《关于进一步完善普通高等学校收费制度的通知》,决定在全国大部分地区推行收费制度改革;1996 年,教育部颁发了《高等学校收费管理暂行办法》,提出高等教育属于非义务教育,所有学生都应该缴纳学费,开启大学全面并轨收费的新阶段。高校学杂费的收取标志我国大学经费配置的市场化趋势[②],我国高等教育投入体制逐步形成以政府财政拨款为主,教育税费、学杂费、科技产业、社会捐赠金融产品等其他手段为辅的多渠道筹措经费格局。

特别是 1997 年普通高校的收费并轨改革不仅在投资体制上奠定了多元化经费来源的基本格局,也在很大程度上缓解了高等教育经费短缺局面,这一收费制度对我国面临亚洲金融危机及进入高等教育大众化起到至关重要的历史性贡献。同时,也因为高等教育收费制度的施行,引发了高等教育助学贷款制度的建立与奖学金制度的完善,使政府单一的拨款方式转变为多元支持高等教育的投入方式,也正从这一点出发,后续作为公共政府职能,开启了运用不同公共配置手段对高等教育不同区域不同项目的倾斜资助扶持模式,扩展了公共政府运用资金政策或金融手段对高等教育的投资创新。

[①] 本研究中为考察高校学费的变化,主要用高校学费占事业性经费的比例变化。在分析高校非财政性经费变化趋势中则用学费在高校经费总收入中的比例。前者主要是一个支出口径,说明高校依赖于学费的比例趋势;后者主要说明高校所收取的学费比例趋势。两者反映的问题性质一致。

[②] 原有《中国教育统计年鉴》中将学费称为"学杂费",之后改为"学费"。

由于我国各地发展不均衡,特别是经过 40 年的改革开放,市场经济的要素发展在各地发育影响不同。1996 年 12 月原国家教育委员会、原国家计划委员会、财政部颁布了高等学校收费管理暂行办法,我们看到关于学费占年生均教育培养成本的比例和标准由这三家共同作出原则规定,即在现阶段,高等学校学费占年生均教育培养成本的比例最高不得超过25％。具体比例必须根据经济发展状况和群众承受能力分步调整到位。同时,将最重要的收费决定权交给了地方,即国家规定范围之内的学费标准审批权限在省级人民政府。由省级教育部门提出意见,物价部门会同财政部门根据当地经济发展水平、办学条件和居民经济承受能力进行审核,三部门共同报省级人民政府批准后,由教育部门执行。这一重要制度安排却在 10 年后发生了变化。虽然收费决定权没有交由学校完全实施市场化定价,但 1996年将收费决定权下放给地方,这实属极大的制度创新。每年各级政府在高校收费方面一直高调严格管控,从 1997 年收费并轨后,自 2001 年起,每年经国务院批准,教育部、国家发改委、财政部都联合发文,遏制部分高校乱收费势头,规范收费行为,并要求各地要保持学校收费标准的稳定,直到 2006 年前,这些文件事实上并未起到应有作用,各地依赖学费的收费势头不断攀高。主要根源仍然要追溯到公共财政的短缺上,由于政府财政性经费拨款与大众化规模增长之间的不协调,地方面对规模压力,学校面对经费短缺,收费趋高势头始终居高不下,开始引起社会广泛关注。

2006 年是高等教育非财政经费开始发生变化的一个转折点,也是高等教育学费开始强制规范的转折点。中央政府采取了对中央部属高校实行统管收费的要求,因为这一通告具有对各省连带效应,因而全国各地纷纷参照执行。至此,实施 10 年之久的各省高校收费权限被收归中央。2007 年 7 月,国家发改委采取了向各地通报了中央部属高校学费标准,并通过门户网站向社会公布的严厉措施。通告要求在当年秋季开学前,严格按照国家有关规定,对高校收费政策进行全面清理。凡不符合规定权限和程序审批的收费项目、收费标准要一律取消;对保留的收费项目、收费标准及相关政策文件,要通过门户网站或其他方式向社会公布,以便于学校、学生、家长和社会各界查询、监督。对按规定应当公示而未公示的收费,或公示内容与规定政策不符的收费,学生有权拒绝缴纳。这一措施在全国起到有力的行政性威慑,各省市学校相应也作出规定。按此要求,所有学校均按 2006 年的收费标准,五年不变。柯炳生认为[①],在过去十年中(指 2009 年之前),中国大学本科生的入学人数增长了 5倍,硕士研究生增长了 6 倍,博士研究生增长了 3.5 倍。虽然十年来高等教育投入也增加了大约 8 倍,但是,其中政府投入部分的增加只有 3.5 倍,而来自个人捐款和个人办学的增长了 60 倍,来自学费的增加了 18 倍,高校创收以及银行借贷等其他方面增长了 36 倍。2003—2009 年,政府在高等教育财政性经费投入的比重,都降到50％以下。2007 年,国务院印发《关于建立健全普通本科高校高等职业学校和中等职业家庭经济困难学生资助政策体系的意见》(国发〔2007〕13 号),将高校收费决策权归置国务院,由最高行政部门授权规定五年内各级各类学校收费标准保持稳定。之后,政府财政性经费开始不断提升,2011 年,高等教育财政性经费跨越了近 8 年低于非财政性投入的局面,实现了过半。虽然 2008 年全球金融危机爆发,但改革开放积累的公共财政随着国力的增强,特别是公共财政政策投入的导向

---

① 《高校学费收入 10 年间增长 18 倍远超入学人数增长》,中国网,http://www.china.com.cn/news/txt/2009 - 04/17/content_17625260.htm.

转型,开始对教育整体反哺,特别是 2012—2018 年连续实现国家财政性教育经费支出占国内生产总值比例达到 4％的目标。然而,现有国家财政投入水平仍然与高等教育不断增长的内涵发展需求不相适应。2012 年普通高等教育规模此时已近 2 442 万人,当时国家关于稳定学校收费标准的政策到期,另外伴随经济发展带来的物价指数的不断攀升,高校又面临不断提升的办学成本压力,都希望政府调整收费政策。恰好当年国家关于稳定学校收费标准的政策到期。据统计,2012 年全国教育总投入中财政性教育经费占比为 80％,学费收入占比为 13％;全国公办普通本科高校总投入中财政性经费占比为 62.38％,学费收入占比为 17％。教育部门认为十多年的稳定政策取得了良好政策效果①。2013 年开始,部分省份按照属地管理原则,启动了学校收费标准调整工作。最先启动的省份为沿海地区,后逐步扩展到半数以上省份②。许多省份多数是从 2014 年后才开始实施。前期省份在调整期间也实行了对外公开、履行程序,通过媒体的传播,造成一定的社会接受预期,使后续调整的省份有更多回旋余地。各相关省份避开以往以学校整体涨幅为主的策略做法,更多强调根据不同专业制定了不同的学费标准,不同专业涨幅不同,学费涨幅多在 20％—35％之间③。到 2015 年,多数省份已调整到位,此次学费的调整节奏比较平稳,与上述采取以省与地方为主、重点以专业涨幅的策略有关。2013 年学费调整反映了两个信号,一是原由中央 2007 年收回的收费政策决定权重新悄然下放给了各省,二是更多强调学费涨幅与不同专业成本挂钩,将学费调整与分担不同学习成本相联系,但关于专业成本的划定在不同地区具有较大的调节空间。研究型大学与一般本科教学型学校的同一专业的经费成本具有较悬殊的差异。这一差异在地区政策上是模糊地带。

从教育经费统计数据中可以看出,学杂费收入逐步成为仅次于国家财政性教育经费收入的第二大收入来源。2005 年全国学杂费收入占普通高等学校教育经费总收入的比例达到历史最高,为 37.5％。见图 3-4-C8,其间高校生均学费水平也逐步提高,2005 年超过 5 000 元水平;之后学费收入所占事业性经费比例逐步下降,见图 3-4-C7,从 2005 年的 40.68％下降到 2014 年 19.10％,10 年下降了 21.58 个百分点。从表3-4-C3 看,全国学杂费收入占普通高等学校教育经费总收入的比例,从 2011 年滑出占比 30％份额,2011—2015 年该比例分别下降为 26.34％、23.92％、25.08％、23.28％、21.53％。这一时期正好与政府加大财政性经费投入和政府对学费的干预政策有关联,其下降趋势同非财政性教育经费占比下降趋势一致。即使面临日益增长的办学成本压力,全国普通高校 2015 年前后的生均学费水平基本维持在 2005 年 5 000 元左右收费水平(见表3-4-C3、图 3-4-C7、图 3-4-C8)。2015 年新修订的《高等教育法》特别规定了高等教育就学者"合理分担培养成本",在什么约束条件下确定什么标准的培养成本,这涉及我国不同区域经济水平、不同学校

---

① 《调整有程序 资助已先行——教育部财务司负责人就学校收费调整答记者问》,教育部官网,http://old. moe.gov.cn//publicfiles/business/htmlfiles/moe/s271/201408/174052.html。

② 2013 年,国家关于稳定学校收费标准的政策到期,部分省份按照属地管理原则启动了高校收费标准调整工作,全国先后有天津、江苏、福建、山东、湖北、湖南、广西、贵州、宁夏等 9 个省市已经调整,学费涨幅多在 20—35％之间,其中广西涨幅为 36.2％,福建涨幅超过 20％,山东涨幅在 20％左右。另有浙江、广东、山西、安徽、内蒙古、青海 6 个省份正在启动调整程序。课题组收集整理。

③ 《调整有程序资助已先行——教育部财务司负责人就学校收费调整答记者问》,教育部官网,http://old. moe.gov.cn// publicfiles/business/htmlfiles/moe/s271/201408/174052.html。

类型、不同专业学科等，也涉及中央决策权限分类赋权范围和国家整体财政增长状况及政策性调整授权，这对政府来说，面对后大众化时代，高等教育如何"合理分担培养成本"是一个有待细分政策或依据分类标准的新课题。

表 3 - 4 - C3　1996—2016 年学杂费收入占普通高等学校①教育经费总收入的比例

	教育经费总收入	学杂费收入	学杂费收入所占比例
1996 年	262.29	35.60	13.57
1997 年	310.73	44.77	14.41
1998 年	549.34	74.16	13.50
1999 年	708.73	123.63	17.44
2000 年	913.35	198.35	21.72
2001 年	1 166.58	297.38	25.49
2002 年	1 487.86	419.06	28.17
2003 年	1 754.35	555.25	31.65
2004 年	2 129.76	735.43	34.53
2005 年	2 550.24	955.69	37.47
2006 年	2 938.88	1 078.67	36.70
2007 年	3 634.19	1 223.19	33.66
2008 年	4 210.24	1 418.13	33.68
2009 年	4 645.01	1 540.35	33.16
2010 年	5 497.86	1 676.08	30.49
2011 年	6 880.23	1 812.10	26.34
2012 年	7 801.91	1 866.07	23.92
2013 年	7 975.77	1 999.99	25.08
2014 年	8 509.86	1 980.87	23.28
2015 年	9 364.11	2 015.69	21.53
2016 年	9 973.39	2 138.83	21.45

数据来源：历年中国教育统计年鉴。

---

① 普通高等学校包含高等本科学校和高职高专学校。

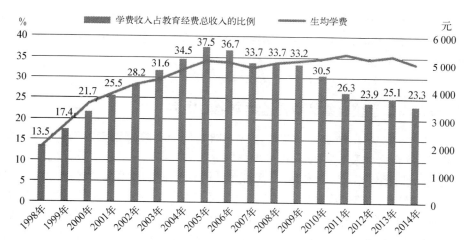

图 3-4-C7　1998—2014 年生均学杂费和学杂费收入占高等教育经费总收入比例的变化

（此图彩色版见本章微信内容末）

图 3-4-C8　1998—2014 年普通高校生均学费和学费占事业性经费比例变化

（此图彩色版见本章微信内容末）

在学费标准保持总体稳定的期间，我国学费占事业性经费的比例也呈现倒"U"字形，与高等教育非财政性经费投入变化的倒"U"字形一致，说明高校学费是影响非财政性经费投入变化的主要因素之一。从表 3-4-C3 见，1996 年学费收入占普通高等学校教育经费总收入的比例为 13.57%，从图 3-4-C8、图 3-4-C7 看，1998 年学费收入占高校事业性经费的比例为17.91%，2005 年达到最高点 40.68%，接着 2006 年开始，学费收入占高校事业性经费的比例不断下降，至 2014 年该比例仅为 19.10%，几乎回到 1998 年同期水平（2015—2017 年这一占比分别为 17.07%、17%、16.11%）。这表明，近 10 年来，我国接受高等教育的学生作为人力资源投资主体，其个人承担的成本比重相对一直趋于下降，而政府承担的成本投入比重在增大。为了更好测度近 10 年与前两个 10 年高校学费收入占高校事业性经费比例的转型程度指数，课题组分别对 1985—1995 年、1995—2006 年区间的学费收入占高校事业性经费比例的转型程度指数进行了比较，高校学费收入占事业性经费比例的转型程度指数 1985—1995 年、1996—2006年区间转型程度指数分别为 0.15、0.39①，2007—2014 年区间转型程度指数为 0.19，下降幅

---

① 康宁：《中国高等教育资源配置转型程度指标研究》，教育科学出版社，2010。

度达到 20 个点,表明近 10 年实际学费收入占事业性经费比例的趋势不断下降①。**综上所述,1978、1985、1995、2006、2014 年区间学费收入占事业性经费比例的转型程度类指数分别为 0、0.05、0.15、0.39、0.19。**

有关中国城乡居民人均收入情况与高校学费关系,见微信 3-8。

(三)普通高等学校自筹经费占基建资金的比例

随着 1999 年高校扩招政策的实施以及政府财政能力有限等因素的影响,各地高校开始通过银行贷款、校企合作及地方政府政策支持等途径,特别是利用此时放开的"土地财政"政策②,通过地方政府的"默认",在利用大举推进城镇化建设和拓展城市公共设施的时机,从当地政府拿到低价土地扩建校舍,并通过银行贷款实施校舍建设。这是在当时扩招任务与各地各校能投入的校舍比例极不相称的困境下,倒逼地方政府与高校"合谋"做出的制度创新,即调动市场机制拓展基建设施满足扩招需求,这也形成了由市场机制主要配置高校基建设施的格局。扩招意味着基建和师资等教学设施与条件要同步增长,同时,扩招也意味着财政要增加投入或向学生增加收费,当财政这条腿不能支撑时,各地只能启动市场配置这条腿,这几乎是 2006 年前全国各地各校的一致行为,一是通过融资贷款解决校舍,二是提高学费标准来弥补财政投入不足问题。长期以来政府投入不足,历史欠账太多,这一极度复杂的局面长期困扰着全国的高校③。"1998 年基建拨款占高校总收入的 11.9%,而 2004 年该比率只为 4.5%。在高校学生规模扩大,校舍等基础设施建设需求日益上升的状况下,基建经费供求缺口对高校财务运作形成了巨大的压力"④"2000 年,江苏省地方属 42 所普通高校每年财政投入基建经费总共只有 6 000 万元左右。而 2000—2001 年因扩招的需要各高校申报的建设项目已有 354 个,投资总需求高达 35 亿元。由此可见单靠政府微薄的财政拨款已远远不能满足教育事业的发展"⑤。西南财大扩招前的财政拨款仅占学校总收入的 40%,作为原部属的西南石油大学的基建竟然相当于当时四川全省 46 所省属高校的总和,可想而知,省内学校扩招规模的基建压力。积极筹措资金满足基建需要就成为全国高校最紧迫的任务。另一压力来自由于扩张涉及各界关于新增学校质量呼声,政府为了保障高校教学质量,多次调整和提高了高校教学评估标准。2004 年,教育部在教学评估中规定了普通高等院校的基本办学条件指标。据此,高校每扩招一名学生,约需增加固定资产投资 4—5 万元,其中

---

① 根据教育部经费统计数据,2015、2016、2017 年学费占事业性经费比例仍然在持续下滑,分别为 17.07%、17%、16.11%。

② 蒋震、刑军:《地方政府"土地财政"是如何产生的》,《宏观经济研究》2011 年第 1 期。蒋震等人认为"'土地财政'是指地方政府通过各种土地经营手段,获得土地出让金、土地税费以及利用土地进行投融资的行为"。该文认为,土地财政是指地方政府依托其对土地的垄断供给,通过出让土地使用权的方式来获得土地出让金以增加政府收入的现象。对于"土地财政"的起源,目前国内的一个普遍认识是,1994 年的分税制改革压缩了地方政府的税收分成比例,地方政府事权与财权不匹配,地方政府财力不足,而土地收益划归地方奠定了地方政府走向依赖"土地财政"的基础。"土地财政"模式使地方政府通过出让土地使用权完成了城市的原始资本积累,以此推动城市的工业化与城镇化发展,正向作用十分显著。

③ 《政府将帮助解决高校部分债务》,《新京报》2008 年 3 月 6 日,第 A14 版。

④ 鲍威:《扩招后中国高等院校的贷款融资行为与财务运作特征》,《北京大学教育评论》2011 年第 1 期。

⑤ 吴冰:《银校合作的潜力有多大?》,《现代商业银行》2000 年第 3 期。

基建投资约 4 万元左右①。不可否认，为保障高等院校教学质量，保障高等教育入学者拥有完善的学习生活环境，这种制度安排是极为必要的。但是，在近年开展的高校评估工作中，政府并没有根据各高校的办学定位、资金状况的差异制定不同的评估标准，而是对央属和地方院校采用统一的评估指标体系②。鲍威认为这种与院校财政实力不相匹配的硬性指标要求，迫使地方高校努力开拓财源，竭力解决基础建设要求。同时，鲍威还注意到从 1995 年以来我国金融体系从"贷差"转为"存差"并有不断扩大倾向。主要原因与我国绝大多数企业转制速度慢，其较低的产业层次、薄弱的技术能力以及不健全的内部管理机制，使得这些企业在市场供求相对过剩的背景下缺乏竞争力，难以符合金融机构对贷款客户的要求。另外也反映了金融机构的创新能力不强，资金运用能力较弱和效率不高，造成社会资金的闲置。因而寻求更多高质量的信贷客户群，加大有效信贷投入成为金融机构面临的重要课题。在这样的背景下，由政府引导的银校全面合作给金融机构带来了转机。在政府部门的支持下，高等院校成为金融机构眼中一个潜力巨大，亟待开发的市场，向高校提供贷款是银行调整信贷结构，用相对较低的风险和高质量的信贷增量资产缓解银行存差的良好选择，还可以使高素质的教师和学生成为银行现在或未来的优质客户群③。有政府做"担保"，银校合作不仅仅只是助学贷款，对教育行业的信贷投入与举债融资等多元金融工具开始介入高校。鲍威的结论分析基本符合实际状况：扩招后在政府财政支持减少与因学生规模扩大所导致经费需求的双重压力下，在政府的高等教育与金融结合的改革导向和政策引导下，高校举债融资是金融机构与高等院校之间共同利益契合的体现④。

"1999 年之后高校贷款规模呈急速增长趋势。1998 年，教育部直属高校的银行贷款总额仅为 5 亿元，而 2002 年底贷款总额达到 88 亿，2003 年上升至 141 亿元，2004 年增至 237 亿元，截至 2005 年底银行贷款总额已高达 336 亿元。校均贷款额 4.4 亿元，平均年度增幅达到 76%，其增长幅度已超过高校经费收入规模的增幅。"⑤2007 年据中国社会科学院发布的《2006 年：中国社会形势分析与预测》显示，2005 年以前，我国公办高校向银行贷款总量约在 1 500 亿至 2 000 亿元之间，几乎所有的高校都有贷款。西华师范大学 1998 年在校生规模仅为 5 000 人，2007 年达到 2.5 万人，9 年间增长了 4 倍，校区从 1998 年的 340 亩扩展到 2 500 亩，增长了 635%。从高校基本建设投资看，1999 年自筹基金比例为 50.01%，2010 年该比例达到 75.83%。官方数据显示，到 2010 年底全国 1 164 所地方所属高校的总负债达到 2 634.98 亿元。⑥ 这其中绝大部分是银行贷款，用于新建和扩建校园建设。虽然中央在 2005 年之后已高调提出要控制高校超速增长的趋势，但是地方特别是地市级的发展对设置高校仍然具有较大的积极性。2004 年较 1998 年增加的普通高校数为 709 所，2016 年较 2004 年增加的普通高校数为 864 所，说明地方学校基建任务仍然比较重，因而，2007—2015 年高校

① 江小惠：《公办高校贷款偿还问题的公共政策探讨》，《中国行政管理》2006 年第 10 期。
② 洪林、胡维定：《评估指标与教育投资：地方共办高效的发展》，《江苏高教》2006 年第 4 期。
③ 鲍威：《扩招后中国高等院校的贷款融资行为与财务运作特征》，《北京大学教育评论》2011 年第 1 期。
④ 鲍威：《扩招后中国高等院校的贷款融资行为与财务运作特征》，《北京大学教育评论》2011 年第 1 期。
⑤ 鲍威：《扩招后中国高等院校的贷款融资行为与财务运作特征》，《北京大学教育评论》2011 年第 1 期。
⑥ 《审计署：全国 1164 所地方所属高校负债 2634 亿》，腾讯网，https://news.qq.com/a/20110704/000071. htm。

基建资金中高校自筹基建所占比例分别在 55.58%—78.06% 之间徘徊,其中最高年份点比 1998 年上升了 36.76 个百分点。

近年来,随着高校还债高峰的陆续到来,以及国家宏观调控政策与银行多次加息的影响,高校负债运营压力巨大,严重影响高校的正常良性发展。高校的高负债风险也引起社会和政府的高度重视,其中了解各地各校债务口径有多大,还贷负担对高校正常运营的影响有多大,高校负债应由谁来买单等争议都成为 2008 年前后中央着力需要决策的问题。在促成中央最后决策达到高度一致的共识是,高等教育规模在 20 世纪末、21 世纪初快速增长时期,由于国家基本建设投入严重不足,相当部分高校背上了沉重的债务负担,直接影响到学校的教学科研、队伍建设和教育质量,已成为关系高校改革发展稳定的一个突出问题。因此,形成全国性的高校利用银行贷款解决扩招带来的校舍基建是特殊时期的特殊手段,除了上述分析的原因,总体还是长期以来政府投入不足造成的短缺,与旺盛需求促使持续扩招规模短时间爆发的应急举措。在这一困境下,中国高校通过"银行贷款"的融资形式完成了校园大规模建设,学校办学条件获得了极大的改善。2016 年全国普通高校占地面积为 19.7 亿平方米,比 2002 年增长了 60.4%;校舍建筑面积达到 9.26 亿平方米,比 2002 年增长了 65.2%。

见表 3-4-C6,从高校基本建设投资来看,从 1949 年中华人民共和国成立到 1978 年改革开放,国家对高校实行全包制度,也包括对高校的基本建设。即使改革开放后的十多年,由于还处于市场经济探索期,社会资金尚不足以支持高校建设,再加之 1997 年前政府是以计划拨款和额度控制学校基建经费自筹,也就是说,即使高校有社会支持基建经费,准许这个额度的多少还是政府要计划配置,但这已经比不允许自筹大大突破了原有只由中央政府一家控制的局面。随着资本市场的逐步建立扩展,政府放了额度控制,1993 年普通高校自筹基建资金的比例为 13.59%,1998 年达到 41.20%。根据表 3-4-C4 和已有数据测算,**1978 年普通高校 598 所,在校学规模 85.63 万人**,改革开放 40 年来,中国普通高校规模达到 2016 年的 2 893.95 万人,2016 年普通高校在校生规模比 1978 年增加了 32.80 倍;2016 年普通高校校数为 2 596 所,比 1978 年增加了 3.34 倍。改革开放后的前 30 年普通高校校舍面积为 4 090.21 万平方米,2016 年高校校舍建筑面积达到 9.26 亿平方米,改革开放后 40 年比改革开放前 30 年高校校舍建筑面积增加了 21.64 倍;2016 年全国普通高校校园占地总面积约 19.70 亿平方米,比扩招前 1998 年的 4 亿平方米增加了 15.70 亿平方米,增加了 3.93 倍[①]。从表 3-4-C4 可见,改革开放以来,1980—2016 年,虽然校舍建筑面积总量增加了 21.59 倍,但普通高校在校生规模却增加了 24.30 倍,特别是 1999 年扩招以后,校舍建筑面积总量增加了 5.03 倍,但普通高校在校生规模增加了 7.49 倍。所以,一方面,校舍建设赶不上急剧扩张的高等教育大众化发展,2016 年的人均校舍面积比 1980 年的人均校舍面积减少了 10.49%,比扩招前的 1998 年的人均校舍面积减少了 29.13%。因而,1999—2016 年间的人均校舍面积增长(%)多数年份均为负值。另一方面,表明现有校舍面积的使用效率比过去提高。

---

① 康宁:《中国经济转型中高等教育资源配置的制度创新》,教育科学出版社,2005,第 106 页。

表 3 - 4 - C4 1980—2016 年全国校舍建筑面积、学校占地面积和普通本专研在校生数变化

年份	校舍建筑面积(亿平方米)	学校占地面积(亿平方米)	普通本专研在校生数(万人)	人均校舍面积(平方米)	人均校舍面积增长率(%)	人均校园占地面积(平方米)
1980	0.41		114.40	35.75	—	
1981	0.45		115.395 4	39.36	10.08%	
1982	0.49		120.682 3	40.61	3.18%	
1983	0.53		127.947 2	41.53	2.27%	
1984	0.59		139.565 6	42.24	1.72%	
1985	0.70		170.30	41.04	−2.86%	
1986	0.78		187.999 4	41.48	1.07%	
1987	0.84		195.87	43.05	3.79%	
1988	0.91		204.366 2	44.31	2.93%	
1989	0.00		206.30	—		
1990	0.97		206.592 3	47.04	—	
1991	1.03		208.211 1	49.43	5.07%	
1992	1.08		218.437 6	49.51	0.18%	
1993	1.14		253.551 7	45.14	−8.83%	
1994	1.24		279.863 9	44.15	−2.19%	
1995	1.31		290.60	44.92	1.73%	
1996	1.36		302.107 9	45.01	0.22%	
1997	1.44		317.436 2	45.28	0.59%	
1998	1.54	4.00	340.876 4	45.18	−0.22%	
1999	1.75		413.42	42.39	−6.17%	
2000	2.07		556.09	37.31	−11.98%	
2001	2.60		719.07	36.10	−3.26%	
2002	3.22	7.8	953.45	33.77	−6.44%	81.81
2003	3.99	10.26	1 173.64	34.00	0.67%	87.42
2004	4.86	12.64	1 415.49	34.33	0.99%	89.30
2005	5.47	13.72	1 659.64	32.96	−4.01%	82.67
2006	6.08	14.81	1 849.31	32.88	−0.25%	80.08
2007	6.55	15.59	2 004.40	32.68	−0.61%	77.78
2008	6.86	16.10	2 149.33	31.92	−2.33%	74.91
2009	7.16	16.58	2 285.15	31.33	−1.83%	72.56

年份	校舍建筑面积(亿平方米)	学校占地面积(亿平方米)	普通本专研在校生数(万人)	人均校舍面积(平方米)	人均校舍面积增长率(%)	人均校园占地面积(平方米)
2010	7.44	16.97	2 385.63	31.19	−0.47%	71.13
2011	7.79	17.48	2 473.09	31.50	1.00%	70.68
2012	8.09	17.82	2 563.30	31.56	0.20%	69.52
2013	8.38	18.52	2 647.47	31.65	0.29%	69.95
2014	8.6	19.00	2 732.47	31.47	−0.57%	69.53
2015	8.9	19.34	2 816.44	31.60	0.40%	68.67
2016	9.26	19.70	2 893.95	32.00	1.26%	68.07

数据来源:历年中国教育事业统计年鉴。

有关高校基建投资与债务风险分析,见微信3-9。

从表3-4-C6中的年度自筹基建比重看到,1998年到2010年自筹基建比重均处于高位,不仅与高等教育大发展密切相关,也与学校重视从市场渠道筹措基建经费有关。尽管中央与地方财政化解了部分学校基建债务,**但本研究更看重的是学校可以决定本校基建项目的自主权及基建投资的资金来源。**由于李振宇的研究只做到2011年的数据,因此,直接判断基建投资规模趋降不能反映自筹经费比重的变化。从近10年的自筹基建比重分析,因2007—2016年,普通高校数量从1908所增加到2 596所,新增了688所,意味着基建任务仍然不少,加上许多高校扩招后建设的校舍也面临修缮改造期的到来,因而2014年普通高校自筹基建目前仍然处在70%的高位上,虽然2015年这一比例趋于下降,为55.58%,但还需要继续观测今后的趋势。为了更好测度近10年与前两个10年普通高校自筹经费占基建资金比例的转型程度指数,课题组分别对1985—1995年、1996—2006年区间高校自筹基建比重的转型程度指数进行了比较,高校自筹基建比重转型程度指数1985—1995年、1996—2006年区间转型程度指数分别为0.18、0.76,2007—2016年区间高校自筹基建比重转型程度指数为0.71。**综上,1978、1985、1995、2006、2016年区间普通高校自筹经费占基建资金比例的转型程度类指数分别为0、0.05、0.18、0.76、0.71。**总体上看,改革开放后,高校基建投资的改革是充分利用市场机制调动社会资源最有成效的改革,这一改革不仅涉及决定权让渡直接到达学校,还涉及根据市场变化自主选择不同筹措方式,更多利用市场机制和社会资源支持学校建设,只要符合政策规范与法规纪律,政府通过调控措施,不断引导发挥市场机制支持地方与高校发展。1999年**扩招后校舍建设的融资途径在关键阶段的使用及在教育财政大规模提升时的帮扶措施都是政策机遇把握的较好案例。**

(四)普通高校自然科学科研经费中竞争性经费的比例

2017年中共十九大报告要求"加快一流大学和一流学科建设,实现高等教育内涵式发展"。各地政府都以新经济社会发展需要为导向,优化高等教育结构,加快'双一流'建设,支持建设有特色、高水平的大学。这是新时代高等教育发展新要求,也是高等教育最紧迫的战略任务。面对全球化的新格局,我国正处于经济和产业提质增效升级的全面转型期,建设现代化经济体系,事关中国能否在未来引领世界科技革命和产业变革潮流、赢得国际竞争的主动,事关我国能否顺利实现"两个一百年"奋斗目标。科技创新是建设现代化产业体系的战略支撑,高校为社会经济服务主要体现在科技创新与服务科技能力上,体现在如何更加主动支撑产业布局和区域经济转型升级,体现在探索实施高校科技创新服务于国家战略行动。其中,这些体现集中到一点,就是比较高校与其他各种类型的科研机构和企业科技团队的科技竞争实力。近年来,国家对科技创新的支持力度不断加大,国家对自然科学科研经费大幅上升,除国家科技战略重大项目直接产学研合作项目外,各类竞争性项目逐渐增多。国家统计局、科学技术部、财政部2015年11月23日联合发布了《2014年全国科技经费投入统计公报》。《公报》表明,2014年中国研发经费投入总量为13 015.6亿元,比上年增加1 169亿元,增长9.9%;研发经费投入强度①为2.05%(研发经费与GDP的比值),比上年提高0.04个百分点。近年来,中国研发经费投入总量呈不断上升趋势,研发投入强度已连续两年超过2%,先后超过英国、法国、德国和日本,成为仅次于美国的世界第二大科技经费投入大国,表明中国研发实力进一步增强,科技投入水平不断提高②。2016年全国研发经费投入总量为1.57万亿元,按汇率折算,我国研发经费总量在2013年超过日本,成为仅次于美国的世界第二大研发经费投入国家③。2017年我国研发经费投入总量为17 500亿元,比上年增长11.6%,增速较上年提高1个百分点。研发经费投入强度为2.12%。我国研发经费投入强度连续4年超过2%,虽然和经济合作与发展组织(OECD)国家2.40%的平均水平还有距离,但已经超过欧盟15国2.08%的平均水平。

　　高等学校科技经费中竞争性经费(包括"企事业单位委托经费"④"各种收入转入科技经费"⑤)的比例经历了逐步上升,于2003年与政府财政性经费(包括"科研事业费"⑥"主管部门专项费"⑦和"其他政府部门专项费")的比例大致相当,之后又逐步下降的过程。从表3-4-C6中可见,2007—2015年间,政府开始注重优化高校基础研究环境,充分发挥学科、人才优势,要求凝练主攻方向,聚焦重大科学问题和战略技术问题开展基础技术、前沿技术、非对称技术、"杀手锏"技术、颠覆性技术研究,以基础性的突破带动全局性的创新。不断要求深化高校科研体制改革,落实高校科研项目预算调整、间接费用统筹使用、劳务费分配管理、结转结余资金按规定使用等自主权。提出完善中央高校基本科研业务费制度,形成经费

---

① "研发经费投入强度"是指研发经费与国内生产总值之比,也就是说这个指标的分母是GDP。

② 《中国成世界第二大科技经费投入大国 效益待提升》,中新网,http://finance.chinanews.com/cj/2015/11-23/7636492.shtml。

③ 《中国研发经费投入规模居世界第二 科技创新培育经济新动能》,东方财富网,http://finance.eastmoney.com/news/1355,20171017785715310.html。

④ "企事业单位委托经费":指学校从校外企、事业单位获得的科研经费。包括中国科学院所属各研究单位拨付学校的经费。

⑤ "各种收入转入科技经费":指学校从技术转让、咨询、服务、新产品出售等收入中提取并用于科技活动的经费。

⑥ 指学校上级主管部门从科学事业费、教育事业费中通过切块和按项目戴帽下达,以及学校从教育事业费中安排的研究经费。

⑦ 指学校上级主管部门从科技三项费、技术措施改造费中为学校安排的研究经费。

长效支持机制,鼓励有条件的地区设立地方高校基本科研业务费,支持研究型大学开展自由探索的基础研究。为了支持高校在基础科研等优势领域的长期与稳定的资金支持,以及高校青年教师与鼓励研究生投入创新性科研的基本条件支持①,政府在 2007—2018 年期间对高校科研事业费不断增加。同时,全面提升高校科技创新能力,推动高等学校全面参与国家创新体系建设,组织和支持高校积极参加国家科技计划(专项、基金等)和国家级科技创新基地建设,承接国家重大科研项目都得到来自主管部门与其他政府部门的科研专项的支持②,各种处于前沿的新兴科技项目不断涌现,这部分的资金不断递增,这不仅符合高校建设一流学科与产学研实际③,也反映出国家在创新科技的主流导向。我国各类研发活动投入均实现较快增长。按活动类型分,研发可分为基础研究、应用研究和试验发展。2014 年,中国基础研究经费为 613.5 亿元④,比上年增长 10.6%(2017 年,我国基础研究经费为 920 亿元,比上年增长 11.8%);基础研究占研发经费的比重为 5.3%,较上年提高 0.1 个百分点;应用研究经费为 13 98.5 亿元,增长 10.2%;试验发展经费为 11 003.6 亿元,增长 9.8%⑤。见表 3 - 4 - C7,主管部门的科研经费递增了近 3 个百分点(2.91%),从 2007 年的 13.27%增长到 2015 年的 16.18%,基本回到 1991 年的拨款比重。其他政府部门科研经费递增超过 6 个百分点(6.76%),从 2007 年的 34.35%增长到 2015 年的 41.11%,一直保持持续增长。但是,**在 2007—2015 年期间,企事业单位委托经费却一直持续下滑,2015 年企业事业委托经费比 2006 年降低接近 11%**,这与整个经济产业转型升级需求对高校科技支撑不相一致,来自企事业委托经费的持续滑落反映了一个悖论,高校在国家科技创新中的引领作用一直被认为是主导,但从竞争性委托比重持续走低看,这一现象表明企业不认同高校科研水平与能力,转而加大自主投入研发或与其他研究机构合作增加。究竟是高校科研能力弱化还是体制机制存有障碍且改革不到位不能支持,这与近年来政府高调重视高校科技创新并倡导高校科技企业协作创建公共平台的导向不相吻合。如果政府对高校的科研资助与企业对高校的合作科技研究经费同步增长,说明我国科技研究制度环境是健康的,倘若由政府资助科研经费

---

① 教育十三五规划中指出,推行“双导师”等行业企业联合培养机制,结合承担行业企业实际科研生产项目,加快培养能够解决一线实际问题、宽口径的高层次复合型人才。健全以科学与工程技术研究为主导的导师责任制和导师项目资助制。推动高校加强研究生课程建设,强化研究生课程的系统性和前沿性。

② 教育十三五规划指出,要提升高等学校创新能力。围绕国家发展重大需求,按照“国家急需、世界一流、制度先进、贡献突出”的总体要求,创新体制机制,深化高校与高校、科研院所、行业企业和国外科研机构的合作,汇聚创新资源和要素,构建协同创新的新模式,全面提升高等学校的人才、学科、科研三位一体创新能力,抢占世界科技创新制高点。

③ 教育十三五规划指出,要加强总体规划,引导分类发展,科学合理布局,坚持扶优扶新、扶高扶特,支持处于国内领先地位、在国际上具有较强竞争力、对经济社会发展具有重大作用、具备进入世界一流行列或前列基础和实力的大学,支持建设 100 个左右学科,重点支持一批接近或达到世界先进水平的学科,加强建设关系国家安全和重大利益的学科,重点布局一批国家急需、支持产业转型升级和区域发展的学科,积极发展一批新兴学科、交叉学科,覆盖哲学社会科学、自然科学、工程技术等重点领域,努力形成支撑国家长远发展的建设体系,大力提升国家自主创新能力和核心竞争力。每五年一个建设周期,建设高校及学科实行开放竞争、动态调整。

④ 基础研究,是揭示客观事物的本质、运动规律,获得新发展、新学说而进行的实验性或理论性研究。

⑤ 《中国成世界第二大科技经费投入大国 效益待提升》,中新网,http://finance.chinanews.com/cj/2015/11-23/7636492.shtml。

增长替代了企业合作支持,这不仅失去了来自一线科研的真实需求,也导致科研与实际脱节并可能形成成果虚化、竞争力不足且最终研究动力减弱。我国科学研究体制主要分为独立的各级国家科研机构(包括军事科研机构)、大学科研机构、企业科技研发和民间科技研发。国外科研力量主要集中在公司和企业,总体上国内企业和公司的研发投入偏低,主要依靠政府投入。近些年除大学科研外,其他机构的研发能力和成果不断递进和提升,企业作为中国研发活动的三大主体之一引领作用在增强,许多大型国企和民营企业的自主创新研发投入不断增加,这与企业参与全球竞争关系密切。2014 年,中国企业支出研发经费 10 060.6 亿元,比上年增长 10.9%,增速分别比政府办科研院所和高等学校高 2.8 个和 6.1 个百分点。企业对全社会研发经费增长的贡献为 84.2%,比上年提高 4.5 个百分点,对研发经费增长的引领作用进一步凸显[①]。2017 年企业研发经费为 13 733 亿元,比上年增长 13.1%,连续两年实现两位数增长。企业在全社会研发投入、研究人员和发明专利的占比均超过 70%[②]。2017 年 10 月,阿里巴巴集团宣布未来 3 年内将投入超过 1 000 亿元人民币,进行基础科学和颠覆式技术创新研究[③]。因此,如何充分发挥大学科技创新对经济转型升级的支撑和引领作用,除了提供投入外,大学科研能力和水平无论是在基础研究还是前沿应用研究,都需要在市场机制中与其他机构进行竞争。与此可比照的是,2007—2015 年期间,高等学校竞争性经费所占比例一路下滑,从 2007 年的 47.55% 下滑到 2015 年的 35.97%,下滑了 11 个百分点(11.58%)。同时,2015 年政府财政性科技经费所占比例为 54.29%,高校竞争性自然科学研究经费占比与政府财政性科技经费占比之间的比差达到 18.32%,而 2006 年其比差为 7.82%,1995 年该指数的比差只有 5.73%,当年的竞争性经费达到 49.64%,接近自然科学研究经费的一半。为了更好测度近 10 年与前一个 10 年普通高校自然科学科研经费中竞争性经费的比例转型程度指数,本研究分别对 1995—2006 年区间普通高校自然科学科研经费中竞争性经费比例的转型程度指数进行了比较,经测算,自然科学科研经费中竞争性经费的比例转型程度指数 1996—2006 年区间转型程度指数为 0.48,2007—2014 年区间转型程度指数为 0.40,比前一个 10 年区间的转型程度指数下降 8 个点。尽管关于政府科研经费的投入渠道不断扩大,选择竞争机制的方式在增加,有关测算高校争取科研经费的计算列支项目有所调整,但是,就延续原有的测算口径,现就以上分析发现,**近 10 年普通高等学校自然科学研究经费的竞争性能力在不断减弱,对政府的财政专项的依赖程度逐步加大。**值得关注的是,2013 年以来,高校获得国家科技三大奖项目接近全国总数的五分之四,发明专利年授权量超过全国总数的五分之一[④]。但 2017 年数据披露,最能衡量核心技术能力和创新

① 《中国成世界第二大科技经费投入大国 效益待提升》,中新网,http:// finance.chinanews.com/cj/2015/11-23/7636492.shtml。

② 《我国研发经费投入强度创新高 读懂背后含义》,中国政府网,http:// www.gov.cn/guowuyuan/2018-02/14/content_5266739.htm。

③ 《中国研发经费投入规模居世界第二 科技创新培育经济新动能》,东方财富网,http:// finance.eastmoney.com/news/1355,20171017785715310.html。

④ 《新时代高等教育内涵发展的新动员令——访全国人大代表、中国高等教育学会会长杜玉波》,《中国教育报》2018 年 3 月 8 日,第 1 版。

能力的国内发明专利申请量和授权量占全部专利的比重不到40％和20％[1],其中高校能够具备核心技术能力和创新能力的就更少了。这一成果与上述分析形成对照,高校不断获得国家各类成果奖,但是,在实际解决国家重大科研项目上的竞争优势却处于下滑趋势。造成因素可能较复杂,但高校科研竞争能力在诸多科研机构比拼上仍然存在短板是事实,特别是在我国创新型国家建设中研发投入的强度、规模和结构都在发生新变化的机遇中,我国高校在前瞻性基础研究、颠覆性技术创新、科技创新成果转移转化等方面还存在较多的短板和弱项,需要另行予以实证研究。综上所述,**普通高校自然科学科研经费中竞争性经费比例的转型程度类指数在1978、1985、1995、2006、2014年区间分别为0、0.20、0.50、0.48、0.40**[2]。

表 3 - 4 - C5　1991—2015 年我国普通高等学校科技经费构成

年度	科研事业费	主管部门专项费	其他政府部门专项费	企事业单位委托经费	各种收入中转为研究与发展经费	其他	竞争性经费比例	政府财政性经费比例
	1	2	3	4	5	6	(4＋5)	(1＋2＋3)
1991	8.65	16.61	33.90	33.37	3.16	4.31	36.54	51.02
1992	6.96	13.74	32.84	36.95	2.55	6.96	39.50	50.70
1993	6.72	11.98	30.72	41.08	2.73	6.76	43.81	54.29
1994	6.54	12.62	26.23	45.39	2.59	6.62	47.98	56.16
1995	8.88	11.17	23.53	47.47	2.18	6.77	49.64	55.37
1996	7.66	12.19	25.41	45.17	3.34	6.25	48.50	60.15
1997	6.63	12.00	30.76	43.85	2.29	4.47	46.13	58.48
1998	5.97	14.48	27.05	44.46	3.14	4.90	47.60	60.59
1999	7.00	10.56	28.88	45.36	4.13	4.08	49.49	59.54
2000	14.83	7.22	31.54	37.52	4.40	4.49	41.91	59.15
2001	14.45	7.24	28.81	40.56	4.74	4.20	45.30	63.14
2002	13.81	6.36	31.94	39.60	4.29	4.00	43.89	51.02
2003	5.63	5.98	34.62	42.86	6.56	4.36	49.41	50.70
2004	9.08	12.77	28.25	41.82	5.31	2.78	47.13	54.29
2005	8.18	11.78	31.05	41.27	5.45	2.27	46.71	56.16
2006	7.60	13.05	30.05	41.44	6.11	1.75	47.55	55.37

[1]《我国研发经费投入强度创新高 读懂背后含义》,中国政府网,http：//www.gov.cn/guowuyuan/2018 - 02/14/content_5266739.htm.

[2] 本研究考察了 2015 年数据,2014 年我国普通高等学校科技经费竞争性比例达到 0.40,2015 年只有 0.36.反映了进一步下降趋势。因 2015 年投资体制转型程度指数同期缺相应数据,只好暂取 2014 年数据测算。

年度	科研事业费	主管部门专项费	其他政府部门专项费	企事业单位委托经费	各种收入中转为研究与发展经费	其他	竞争性经费比例	政府财政性经费比例
2007	6.67	13.27	34.35	38.43	5.64	1.65	44.06	60.15
2008	6.70	12.85	36.61	37.31	5.26	1.26	42.58	58.48
2009	6.39	11.65	37.33	37.85	5.66	1.11	43.52	60.59
2010	5.65	12.16	42.33	33.91	4.97	0.97	38.88	59.54
2011	5.49	13.94	39.05	35.66	4.83	1.03	40.50	59.15
2012	5.17	13.58	41.84	33.48	4.98	0.95	38.46	63.14
2013	5.41	13.80	40.33	34.38	5.12	0.96	39.51	51.02
2014	5.13	14.00	40.03	33.94	5.62	1.28	39.56	50.70
2015	5.85	16.18	41.11	30.51	5.46	0.89	35.97	54.29

数据来源：历年高等学校科技统计资料汇编。

表 3-4-C6　1985—2016 年我国高校投资体制转型程度分指数

年度	转型分指数	非财政性教育经费占总经费比例（%）	学费占事业性经费比例（%）	自筹基建比重（%）	自然科学科研经费中竞争性经费的比例（%）
1985	0.09	5	5	5	20
1993	0.19	8.86	7.88	13.59	43.81
1994	0.23	15.44	13.09	16.84	47.98
1995	0.25	17.09	15.3	18.39	49.64
1996	0.27	19.66	17.84	22.4	48.50
1997	0.27	21.7	19.03	22.64	46.13
1998	0.35	35.06	17.91	41.20	47.60
1999	0.40	37.47	23.36	50.01	49.49
2000	0.43	41.84	27.7	58.76	41.91
2001	0.48	45.76	31.43	69.20	45.30
2002	0.50	49.45	34.08	71.12	43.89
2003	0.53	52.09	36.38	75.32	49.41
2004	0.55	54.46	39.47	78.99	47.13
2005	0.55	57.23	40.68	77.04	46.71
2006	0.54	57.14	38.63	76.01	47.55
2007	0.53	56.02	32.55	78.06	44.06

（续表）

年度	转型 分指数	非财政性教育经费占 总经费比例（%）	学费占事业性 经费比例（%）	自筹基建比重 （%）	自然科学科研经费 中竞争性经费的 比例（%）
2008	0.51	52.41	30.39	77.86	42.58
2009	0.50	51.25	28.86	75.93	43.52
2010	0.47	47.22	26.54	75.83	38.88
2011	0.43	41.52	22.57	65.45	40.50
2012	0.42	37.62	19.95	71.36	38.46
2013	0.40	39.86	20.90	58.73	39.51
2014	0.43	39.54	19.10	71.36	39.56
2015		37.62	—	55.58	35.97
2016					

注：(1) 年度转型程度指数既反映了时点的变化，也反映了区间转型程度趋势状况。

(2) 1978—1985 年高校投资体制转型程度指数的分项因相关数据获取不足，均为课题组估值。转型程度类指数为 0.09。1986—1995 年区间高校投资体制转型程度类指数为 0.25。(3) 1996—2006 年区间高校投资体制转型程度类指数为 0.55，2007—2014 年区间高校投资体制转型程度类指数为 0.43。(4) 由于全国经费统计数据披露一般晚于两年。本研究获得该数据指数只估算到 2014 年。

表 3-4-C7　1978—2016 年我国高等教育投资体制转型程度分指数

投资体制指数	1978	1985	1995	2006	2016
非财政性经费所占比例类指数	0	0.05	0.17	0.57	0.40
学费收入占事业性经费比例类指数	0	0.05	0.15	0.39	0.19
自筹经费占基建资金比例类指数	0	0.05	0.18	0.76	0.71
自然科学科研经费中竞争性经费比例类指数	0	0.20	0.50	0.48	0.40
投资体制转型程度分指数	0	0.09	0.25	0.55	0.43

　　随着经济体制改革的深化与市场机制的不断完善，政府不断创新资源配置方式，让渡更多选择除政府财政支持以外的筹措资金的权力，高等教育经费配置的市场化程度相对逐步提高的过程也是政府不断探索创新传统配置方式的过程。但是，这其中，政府有坚持积极运用多渠道手段依法赋权高校享有自主配置资源的权利和制度安排；也有政府不断调整忽视公共财政服务公共产品及其加大对薄弱地区与中西部高校支持配置的制度安排；也出现了既有政府上收地方与高校自主权力加大对市场配置资源的控制，又有政府不得已或不作为导致履职不利而造成的过度依赖市场机制的倾向；同时也出现了由于政府加大投入而相对形成高校竞争性能力趋降以及可能过度依赖政府投入的倾向；也有面对新配置方式在公共治理过程中政策落地不到位或遭遇诸多制度性障碍，难以平衡不同利益格局需求和不同利益群体共享改革红利等。**转型过程中出现的所有现象都是客观真实存在，而高等教育资源配置转型程度指数则是观测不同历史阶段政府、市场、学校在其中共同制衡而形成的转型趋**

势,反映了其数值背后隐含着的不同力量制衡、不同利益博弈和不同制度环境约束的程度。因此,高等教育资源配置转型指标作为测量改革开放 40 年的制度变迁与高等教育资源配置制度创新具有较强的逻辑解释力。需要说明的是,在改革开放 40 年中,高等教育投资体制与外部市场经济环境和国家经济发展周期具有紧密关联,同时,与教育内部其他层级的教育需求和处于不同发展阶段的重要程度有关联,也与高等教育作为准公共产品的性质的共识与其自我增值能力的提升有关联。所以,在改革开放 40 年高等教育资源配置转型的不同发展阶段,呈现出的阶段特征就不同,这正好客观呈现了制度环境和制度安排的相关性,特别是高等教育资源配置的制度创新程度决定了不同发展阶段的配置效益。**所以,高等教育投资体制转型的复杂程度不仅仅是这四个指标能够说明的,但它们恰恰是改革开放后最直接触动其高等教育体制变革的指标。从初始改革的突破看,正是这些指标开启了我国高等教育做大做强的基础,且 40 年它们仍旧在高等教育投资结构中占据着一席之地,并与其他相关指标发生着交错互补的关系,观测其变化就是观测政府力量、市场力量、学术力量各自能否履职创新制衡的一个窗口。**见表 3 - 4 - C6,在前期研究中,我们测算的高等教育投资体制转型程度以上述选取的四类指标综合指数比较,以 1978 年为改革初始起点,对之后的几个发展阶段进行观测分析。这些时段点基本全面完整反映阶段性转型趋势特点,为了客观地反映阶段性转型程度状况,本研究也考察分析了这些阶段政策文献。1978—1985 年区间高等教育投资体制转型程度指数为 0.09,在高等教育经费来源结构中,基本以政府投入为主,来自其他渠道和领域的经费很少,市场配置的转型程度很低。1986—1995 年区间高等教育投资体制在制度上确立了多渠道投资方向,仍然是以政府财政性投入为主,其他渠道投入逐年增加,高等教育投资体制转型指数为 0.25。之后 1997 年招生并轨后收费制度确立,1998 年开始扩招,之后财政性投入逐年降低,其他渠道投入逐年增长,并超过财政性投入增长,1996—2006 年区间高等教育投资体制转型程度指数为 0.55。由于中央政府决定控制高校收费长达 8 年,其间政府财政性投入逐年增长,超过了非财政性投入增长,自筹基建经费占比与高校竞争性科研经费占比均有所降低,2007—2015 年区间高等教育投资体制转型程度指数为 0.43[①]见表 3 - 4 - C7。在上一个 10 年到近 10 年中有长达 8 年偏离后,作为政府投入的高等教育投资主渠道重回轨道,从 2010—2016 年财政性投入都超过非财政性投入[②],正好又近 8 个年头。2007—2017 年的政策分析均证实了这一数值转型趋势的变化。**因此,1978、1985、1995、2006、2015 年各区间高等教育投资体制转型程度指数分别为 0、0.09、0.25、0.55、0.43[③]。**

在本研究第一章第二节和第六章第一节中,我们就高等学校自主权变迁分析和公办高校财务管理自主权的政策落实进行了分析评定。对以下八种权限,高校基本均已落实:

---

① 本研究能够获取数据的约束反映了本指数的数值。从 2016—2018 年部分得到的数值看,这一指数仍然基本持平,能够持续证实这一状况的存在。

② 2010—2016 年财政性投入占比分别为 52.78％、58.48％、62.38％、60.14％、60.46％、62.38％、62.15％。2017 年教育财政性经费投入总数不低于 2016 年,但有关数据还尚未披露。

③ 由于课题组在测算数据时,所获得披露有关年份的数据不一,使得相关数据的统计年份不同,考虑到指标数据都是分项测算,并无交叉;本课题主要考察纵向阶段趋势,重在阶段区间的比较;改革政策在实施中有延宕特征,分析时一般都会超出统计年份 2—3 年。同时,由于统计获得数据的不平衡,在年份分析选取上采取了覆盖年份区间的方式。因此,截止年份本身代表着一个年份阶段。

1. 高校财政经费使用权(除政府专项经费另有规定除外);2. 高校工资支配权、经费自筹权和使用权;3. 高校基建经费自筹与管理权;4. 高校自筹基金使用与奖励权;5. 高校教学仪器实验设备管理权;6. 高校学费收取管理决定权(学费标准决策权仍在省级政府);7. 高校其他费用管理权(科研经费、合作经费、融资管理);8. 高校助学贷款管理权。实际上,高校校内的经费决策程序、经费配置使用、经费管理监督都有一套严格制度规定,不论是来自政府拨款、社会捐赠、学生收费、学校自筹、科研竞争、校产合作,还是各种名目的学校自筹创收融资等,都需要按照不同经费来源渠道和相关制度规定进行校内决策配置使用监管评估。**从改革开放初期到 2018 年,高校对校内经费配置使用管理权已经基本实现了自主。**特别是近几年来,政府改变了高校原有条条之间不能交叉合并使用经费的规定,即买醋的钱不能买酱油。除特有专项需求外,从政府来的经费都可以由学校统一配置。但此项放权在基层高校也是有一个过程,合并使用的管理需要制度支撑,现有制度障碍如各项繁复的审计规定使得管理者和使用者变得更为小心翼翼而不敢使用且致使研究滞后等现象趋增。虽然中央已多次发文要求根据高校教学和科研特定精简相关审计的烦琐程序,但学校的财务制度与政府各项管理制度的适配要有一个过程。但不管怎样,高校财务经费配置的权限大大增强。这一部分作为校内财务管理制度的变化也是转型程度的一部分。由于公立高校这部分校内管理制度的赋权决策基本由中央决定。因此,考察高等教育财政体制改革主要是考察如何解决总体经费投入资源配置的结构稀缺问题,重点观测的是除财政渠道以外的经费来源状况,当然也包括了财政性投入导向的状况①。高等教育资源配置中投资体制转型程度指数既包括了学校财务管理自主权的让渡状况,更主要的是以实际投入比重数值来表达。在本课题的其他章节都包括了对政策性推动转型的因素分析,在分析转型特征与趋势中也一并进行综合判断。

根据以上分析表明,**高等教育资源配置转型程度指数是观测在政府、市场、学术三种力量之间的制衡关系,它们彼此在不同制度环境下的制度创新呈现为这样一个状态。**这个状态作为真实存在被研究"度量",被揭示为客观事物演进的状态,同时也反映了制度创新的状态。这一状态也呈现出一些值得关注的倾向和矛盾,这些倾向可能揭示着事物发展的本质或规律,也可能反映了制度创新中孕育着一些潜在矛盾的滋生,甚至矛盾的焦点已初见端倪。正是有这样长期观测指标的分析,可以使我们对高等教育资源配置的转型程度作出清晰的客观判断,同时对制度创新轨迹有一个基本刻画,因而,这一观测分析的数值恰恰是有意义的,也是有价值的,见图 3-4-C9,1978—2017 年高等教育投资体制转型程度。

---

① 在高等教育资源配置投资体制转型程度指标的经费来源结构中,对高校来说,高校产业和捐赠基金也是其中的重要来源。但由于前者涉及转型变革(从校办产业转向科技成果开发转让等),后者涉及学校捐赠范围问题,两者主要涉及研究型大学在总量占比上较小且资料信息获取难度较大。因此,本研究虽做了考察但未列入专项分析。从制度创新的转型分析看,这两个经费来源渠道恰恰是高校经费来源特色,也是未来高校经费来源渠道有可能突破之处,正因为它们还处于改革发展中,所以尚需实践与时间留待观测。

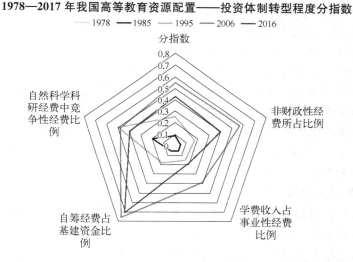

1978—2017年我国高等教育资源配置——投资体制转型程度分指数

—— 1978 —■— 1985 —— 1995 —— 2006 —— 2016

图3-4-C9 1978—2017年高等教育投资体制转型程度

（此图彩色版见本章微信内容末）

四、招生体制

招生体制类主要选取三个指标，分别为高校招生自主权、高校招生资格扩大化、境外（港澳）高校在国内招生权。

招生制度改革是我国教育制度改革的突破口。改革开放之前，国家集办学者、管理者与投资者为一身，高校没有任何的办学自主权，严重影响着高校的办学积极性与特色发展[1]。同样，高校也没有任何招生自主权。招生自主权是办好高校的重要制度安排，也是与市场需求最密切的资源配置。刘世清、崔海丽认为，国家分配教育资源和招生计划指标，各级各类学校代表国家招收学生加以培养。在此意义上，高校按照国家规定的录取分数线与招生名额公平选择考生，其招生行为代表着国家意志，是国家公权力的延伸[2]。在实行计划经济体制下，这一逻辑尚可流通。但是，伴随着市场经济改革的深入推进，中央政府不可能了解考生个人就学选择偏好和纷繁市场的需求与信息，计划管理职能与集中配置方式必须变革，这是市场竞争机制与人才自主选择对赋权高校招生最基本的条件。刘世清、崔海丽认为，为了尊重高校在学术事务领域的专业性权威，政府逐步将包括部分招生权、管理权、研究权等在内的一系列权力转移、让渡或委托给高校，构成了高校的办学自主权。高校拥有招生计划和招生标准的权力，意味着高校能够真正根据专业特性、社会需求和学校特色来制定适合于自身的人才选拔标准与尺度，从而采用差异化、灵活性的测评手段将优秀、适合、有潜力的生源选拔出来，实现学生"择校"和高校"择人"双向匹配的最优化[3]。即使在

---

[1] 张晓鹏：《我国高校自主招生改革若干问题的探讨》，《复旦教育论坛》2006年第3期。

[2] 刘世清、崔海丽：《高校招生自主权：历史嬗变与困境突围》，《华东师范大学学报（教育科学版）》2018年第3期。

[3] 刘世清、崔海丽：《高校招生自主权：历史嬗变与困境突围》，《华东师范大学学报（教育科学版）》2018年第3期。

理论上或是立法上赋予了高校招生自主权,但在制度变革中并不一帆风顺。作为从计划经济转型市场经济,整个制度环境的变革制约也影响着不同阶段高校招生制度改革。尤其作为一个高等教育的大国,各地历史禀赋与经济差异都是影响国家宏观政策制定的基本约束,要做到既能相对公平又能有效率并一直贯穿于改革开放 40 年的高校招生体制改革实属不易。1985 年,《中共中央关于教育体制改革的决定》(以下简称《决定》)指出,"改革高等学校的招生计划和毕业生分配制度,扩大高等学校办学自主权",直指统一集中的计划体制。招生自主权也是大学依据教育法规享有的一项法定权,是高校最具教育行业特点的办学自主权之一。恢复高考 40 年来,随着考试招生制度改革的不断推进,我国高校招生自主权的发展经历了一个从无到有、从扩大到落实的过程①。同时,招生制度变迁离不开毕业生分配制度改革,两者改革有异曲同工之妙。从某种意义上说,前者是在后者推动之下的产物②。

高校招生自主权自身涉及的改革内容比较复杂。本研究主要关注高校招生计划权、招生标准权和招生录取权的放权、赋权及落地的状况,特别是高校作为独立法人在招生上实际享有的权利。高校招生资格扩大化是一个随事业发展的概念,但此处具有相对意义,更多的是相对计划经济时期的限制所变革的状况。境外(港澳)高校在国内招生权是国家根据全球资源配置窗口期战略对实行"一国两制"特区教育的基本考量。虽然高校招生自主权涉及高校不同层次类型、计划录取、高考标准等等问题,在三个所选取指标上所占分量较重,但是,课题组没有施加权重的原因是后两个指标从国家整体发展战略和对上大学的资格规定也具有举足轻重的分量。入学资格从"阶级划线"过渡到"年龄划线"进而全面放开,使受教育者享有平等的权利,本身就呈现了高等教育制度的进步,尤其是"去身份化"的公平意义。总之,这三个指标的选取更多的是将高校招生体制放在市场经济演进、宏观制度变迁与国家战略选择的视角考虑,而不是拘泥于具体招生自主权本身政策和办法的测评研究。

(一) 高校招生自主权

历经改革开放 40 年的招生体制改革,高校招生自主权已经发生很多变化,特别是随着研究生规模的不断扩大,对研究生招生自主权也不断扩大。最为突出的是中央正在逐步让渡给地方和高校部分自主招生的权利,并趋向分层多元。

招生制度在改革开放后的 40 年中,主要包含着三个相关联的制度改革:考试制度、录取制度、招生制度。这三大制度在高等教育发展的不同阶段,特别是进入高等教育大众化后,针对高等学校分类分层的现实,发生了"统一"与分类、"唯一"与多元的改革探索。

我国招生制度改革 40 年历程简述,见微信 3-10。

根据分析,20 世纪 90 年代初,有 40% 的高校可以有自主调节招生计划权,但经历了外延扩张并出现问题后,教育部门整顿调整了计划招生权。虽然 1999 年再次实行高等教育扩招但本科招生计划权没有下放,同时决定将高职高专办学设置权放给省级政府管理,但其高职(高专)招生计划审批权直至 2016 年才在各省得到全面落实。研究生阶段的招生计划虽一直采取小步谨慎的放开策略,但一直给予高校招生模式试点的调整权,研究生

---

① 吴根洲、甘齐:《高校招生自主权:实践探索与理论思考》,《陕西师范大学学报(哲学社会科学版)》,2017 年第 7 期。

② 关于高校就业体制转型指标见本研究的分析。

招生自主权的推进比较平稳(取消 40 岁限制、2014 年起教育部规定不再设置研究生推免留校限额等)。2014 年省级辖区内分地区、分部门、分高校的本科及本科以上招生计划审批均下放各省。2014 年拥有自主招生权的高校达到 90 所。招生标准权与招生录取权主要以省统筹,高校具有部分自主权。因此,1978、1985、1995、2006、2016 年间普通高校(本专科)招生自主权转型程度类指数分别为 0、0.03、0.40、0.05、0.40;考虑研究生招生自主权转型程度类指数分别为 0、0.03、0.03、0.66、0.70,**1978、1985、1995、2006、2016 年区间普通高校(本专科、研究生)招生自主权转型程度类指数分别为 0、0.03、0.22、0.36、0.55**。见表 3 - 4 - D1。

表 3 - 4 - D1　1985—2016 年间高校招生自主权转型程度类指数

	1985	1995	2006	2016
招生自主权类指数	0.03	0.22	0.36	0.55
研究生类指数	0.03	0.03	0.66	0.70
本专科生类指数	0.03	0.40	0.05	0.40

(二)高校招生资格扩大化

改革开放以来,高等教育体制改革重要的标志性进步就是放宽对受教育者身份的限制。1977 年恢复高考,保证了教育"有教无类"的全民性和不同阶层、不同人群平等的受教育权利,以及"分数面前人人平等"的程序公正。1977 年 8 月 4 日,邓小平复出主抓教育科技。他主持召开国务院科技教育座谈会①,讨论我国科技教育发展。温元凯在会上发言,提出当前大学最重要的事情是恢复高考,恢复秩序,并提出恢复高考"志愿报名、领导批准、严格考试、择优录取"十六个字方针,邓小平听完立即对温说:"温元凯,至少采纳你四分之三,第二句话领导批准可以拿掉,考大学是每个人的权利不需要领导批准。"②邓小平当即在此座谈会上拍板:今年就恢复高考,否则我们又要耽误一代人③。教育界拨乱反正从这一天开始,即"考大学是每个人的权利"。这个理念从邓小平提出,我国高等教育招生改革 40 年一直在为这一权利的赋权和落实努力。1995 年颁布《教育法》第九条规定,中华人民共和国公民有受教育的权利和义务。公民不分民族、种族、性别、职业、财产状况、宗教信仰等,依法享有平等的受教育机会。1998 年颁布的《高等教育法》第九条规定,公民依法享有高等教育的权利。国家采取措施,帮助少数民族和经济困难的学生接受高等教育。高等学校必须招收符合国家规定的录取标准的残疾学生入学,不得因其残疾而拒绝招收。高等教育规模逐年增长,义务

---

① 邓小平:《教育战线的拨乱反正问题》,载《邓小平文选(第二卷)》,人民出版社,1993。该会议规格非常高,三十多名代表大多数是我们国家最著名的科学家、教育家,有北京大学校长周培源教授、清华大学校长何东昌教授、南开大学校长杨石先教授、吉林大学校长唐敖庆教授、复旦大学校长苏步青教授、著名物理学家中国科学院高能物理研究所张文裕、著名生物学家中国科学院副院长童第周、著名数学家中国科学院数学所吴文俊教授、著名化学家中国科学院上海有机化学研究所所长汪猷、中国科技大学温元凯等。

② 《温元凯:我向邓小平提出了恢复高考十六字方针》,凤凰网,https://finance.ifeng.com/c/7ebloZxzl5t。

③ 《温元凯:我向邓小平提出了恢复高考十六字方针》,凤凰网,https://finance.ifeng.com/c/7ebloZxzl5t。

教育与高中教育的发展,使参加高考的应届高中毕业生也逐渐增多。为了有效使用有限的教育资源,国家对于参与高考年龄和婚否的限制都做了具体的规定。世纪之交,全国高考的平均录取率已到了 57% 左右,在这种情况下,有条件的放宽年龄的限制和结婚与否的限制摆到了议事日程。2001 年 4 月,教育部宣布高考取消考生"未婚、年龄不超过 25 岁"的限制。社会上任何人都可不受年龄和结婚与否限制而参加高考。同时,对于高校在校生结婚问题,不禁止,不提倡。2014 年硕士研究生招生高校自主权扩大,相应规定中未出现对报考者"年龄一般不超过 40 周岁"的要求,即取消 40 岁限制。随着我国高等教育普及化的到来,高中适龄人口的降低,在线学习技术的发展,以及终身学习与学分银行的广泛实行,都将进一步突破现有高校招生资格的规定,适应学习型社会的到来。该指标的测量不仅对我国高等教育面向人民大众、面向公正公平、面向终身学习的基本办学性质有体现,也反映了高等教育起点公平的历史变迁过程,更说明了高等教育只有在不断发展中才能解决不同阶段产生的不均衡问题。

综上所述,我们认为,**1978、1985、1995、2006、2016 年区间普通高校招生资格扩大化转型程度类指数分别设为 0、0.30、0.40、1.00、1.00**。

(三) 境外(香港澳门特区)高校在国内招生权

此处主要考察港澳两地特区高校在国内招生权的情况[①]。随着 1997 年 7 月 1 日香港回归、1999 年 12 月 20 日澳门回归,内地与港澳特区的高等教育往来逐步正常化。世纪之交的香港与澳门高等教育发展较快,与内地高等教育的交流不仅仅只是学术互访、科研互动,内地许多高校可以接受并不断扩大港澳特区学生来内地大学就读。进入 21 世纪以后,港澳特区高校已在内地招收研究生。2004 年,教育部出台放开两地特区高校在内地可以招收本科自费生的政策,从此打开了内地高考学生可以自费报考港澳特区大学的大门。2004—2011 年港澳地区的不同高校招生范围从 10 个省(区、市)之内逐步扩大到 31个省(区、市),2005 年港澳地区已有 18 所院校可在内地 25 个省(区、市)招生,先后招收 2万余名学生赴两地大学学习。2010 年 1 月 12 日教育部关于《港澳在内地招生高校及相关学位证书认证公告》表明[②],教育部同意香港特别行政区 12 所院校、澳门特别行政区 6所院校在内地 25 省(区、市)招生。仍然维持 2005 年的有关规定。上述内地学生在香港、澳门此类高校学业期满,获得高等学校颁发的学历、学位证书,内地教育行政部门予以承认。2011 年,教育部全面放开香港、澳门特区有关高等学校在内地 31 个省、自治区、直辖市招收自费生的决定。虽然针对两地特区的不同类型高校的具体政策还有不同规定,但已表明,中央政府高等教育管理部门对港澳高校在内地的招生权已全面放开。据不完全

---

① 由于我国一直没有将境外高校在国内招生权放开,只是中外合作办学的高校可以有联合招生权。台湾高校在内地招生是加强两地高校学术科技交流合作,增进青年互为了解的主要途径。

② 其中香港特别行政区招收内地自费本科生(全日制)的院校有香港大学、香港中文大学、香港理工大学、香港科技大学、香港城市大学、香港浸会大学、岭南大学、香港教育学院、香港公开大学、香港演艺学院、香港树仁大学、珠海学院。澳门特别行政区招收内地自费本科生(全日制)的院校有澳门大学、澳门科技大学、澳门理工学院、旅游学院、澳门镜湖护理学院。澳门招收内地自费研究生(全日制)的院校有澳门大学、澳门科技大学、亚洲(澳门)国际公开大学。

统计摘要,之后特区高校在招生上的自主权甚至强于一般的内地普通高校。比如,2012年6月1日教育部发布同意澳门城市大学面向内地招收全日制自费本科生、预科生的通知。2016年12月在内地招生的21所港澳高校主要为两种招生方式,一种是香港中文大学和香港城市大学两所高校采用的统招方式,另一种是香港大学等13所香港高校和澳门大学等6所澳门高校采用的独立招生方式①。2018年,香港特别行政区有14所高校在内地招生②,分别为:香港中文大学、香港城市学院、香港大学、香港理工大学、香港科技大学、香港浸会大学、香港教育学院、香港树仁大学、香港公开大学、珠海学院、香港岭南大学、香港演艺学院、恒生管理学院、职业训练局香港高等教育科技学院。澳门特别行政区有6所高校在内地招生,分别为:澳门大学、澳门理工学院、旅游学院、澳门科技大学、澳门城市大学和澳门镜湖护理学院。除香港中文大学和香港城市大学两所高校纳入统招范围外,其余港澳地区高校在内地均实行自主招生。2018年12所港澳大学已公布计划内地招生计划超过4 300人③。两地高校特别是香港高校逐渐成为内地考生和家长的热门选择,香港高校与内地高校抢夺"状元"的新闻也时常见诸报端。2013年港大共收到来自全国31个省、市、自治区的入学申请12 513份,内地考生申请港大人数为历年最高。由于生源质量特别优秀,最终超过原定250—300人的招生规模,破格录取优秀学子303人④。特区两地利用比较优势抢占内地优质生源,形成与内地高校生源竞争机制,有力地促使特区高等教育的发展。可以看到,港澳等地高校可以在全国各省实行招生录取,具有获取较好生源的优势,且具有较大自主权。港澳特区高校在内地招生的授权是有一定资格条件的,需要按照有关要求向中央政府主管部门报批,有关招生主要以应届生为主,通过内地统一高考后各校再进行单独招生,就学以自费为主等。见表W3-D1。

作为"一国两制"的港澳特区享有中央政府在高等教育招生权的重大意义是体现在中央政府整体对特区的支持战略中(关于香港澳门特区及台湾高校在内地招收自费生的政策情况见表W3-D1,该表列入微信3-11)。自香港澳门回归以来,中央政府一方面看到特区贯彻落实基本法,认真践行"一国两制"伟大创举的实际进程,特别是港澳特区依托祖国面

---

① 香港中文大学、香港城市大学采用内地高校统一招生方式,即由省招生办统一公布招生计划、统一安排考生填报志愿、统一实行远程网上录取。两所高校参加提前批次录取。考生在填报这两所高校中的任何一所时,还可填报其他本科第一批次的内地高校,即使在提前批次未被录取,仍有机会在本科第一批次录取时进入其他的内地高校。香港大学、香港科技大学、香港理工大学、香港浸会大学、岭南大学、香港教育大学、香港树仁大学、香港公开大学、香港演艺学院、珠海学院、恒生管理学院、东华学院和香港高等教育科技学院等13所高校采用独立招生方式,招生计划不分到省。考生须参加高考,并按照港校的要求报名,参加学校单独组织的笔试和面试,由学校根据考生高考成绩和其他要求录取新生。凡被香港13所独立招生院校录取的考生,不再参加内地高校远程网上统一录取。澳门大学、澳门科技大学、澳门理工学院、旅游学院、澳门镜湖护理学院和澳门城市大学等6所高校也采用独立招生方式。资料来源:教育部阳光高考信息平台,2016年12月21日。

② 《2018年港澳地区招生院校及工作流程》,中国高等教育学生信息网,http://gaokao.chsi.com.cn/gkxx/hkzs/201805/20180521/1690287173.html。

③ 《2018年12所港澳大学计划内地招4300余人》,港澳高校内地招生网,http://www.51gaoxiao.com/gangao/news/112752.html。

④ 《香港高校2013年录取情况总结》,306doc个人图书馆,http://www.360doc26.net/wxarticlenew/320819863.html2013-10-12。

向世界,保持了增长和繁荣。另一方面,中央政府期望港澳特区能够充分利用特殊资源及有利禀赋开拓面向全球的资本市场,在有效服务和促进国家发展和支持内地经济改革开放的同时,自身也不断地壮大,不断寻求和发挥新的竞争优势。其中,推荐输送优秀人才生源就是对特区支持发展的一项利在当今、功在长远的重大战略举措。周小川认为香港已从区域金融中心与地区资本市场逐步发展为国际金融中心和全球及亚洲重要资本市场,最大规模的离岸人民币业务中心和亚洲最大的资产管理中心;已构建包括股票市场,债券市场,期货衍生品市场,外汇市场等在内的较为完备的金融市场体系;形成了香港资本市场独特的优势,开放的经济体系,有效的金融基础设施和法律法规;具有优惠的税收环境,丰富的金融产品,优秀的专业人才,成熟的投资者,有效的监管体系和强大的信息集聚能力,等等①。这些都来源于中央政府对特区的有力支持政策。同时,他也认为,改革开放以来,香港资本市场通过充分利用国内境外和国际化的独特优势,为内地企业提供融资,资产运营和海外并购平台。满足了内地企业跨向规范化和国际化的需要,有力地支持内地经济和金融市场的发展。同时香港资本市场的理念、制度、体系,也为内地改革和发展提供启发和借鉴。通过企业赴香港上市,改善公司治理,实现股权多元化,提高企业透明度,内地成功借鉴和推进了企业的公司制改革。特区与内地是不可分割的一体,特区作为未来创新窗口和全球资源配置平台,最需要的就是高质量人才。因此,中央政府对特区实行的不断开放的人才政策就是最直接支持两地发展的最大政策红利。同时,特区高校与内地高校形成的良性竞争机制有利于我国高等教育格局在全球资源配置空间站位的优势互补。虽然中央政府对港澳高校在内地招生权已全面放开,但仍然需要由中央政府主管部门具体审批。鉴于综上所述,我们认为,**1978、1985、1995、2006、2016 年区间境外(港澳)高校在国内招生权转型程度类指数分别为 0、0、0、0.20、0.60。**

综上所述,随着招生体制改革的逐步深入,普通高校招生体制转型程度逐步提高,1978、1985、1995、2006、2016 年区间普通高校招生体制转型程度分指数分别为 0、0.11、0.21、0.52、0.72,见表 3 - 4 - D2。

表 3 - 4 - D2 1978—2016 招生体制转型程度分指数

	1978	1985	1995	2006	2016
招生体制分指数	0	0.11	0.21	0.52	0.72
招生自主权类指数	0	0.03	0.22	0.36	0.55
高校招生资格扩大化类指数	0	0.30	0.40	1.00	1.00
境外(港澳)高校在国内招生权类指数	0	0	0	0.20	0.60

---

① 2018 年 6 月 1 日,港交所举办"新时代香港资本市场再出发"研讨会,原央行行长周小川受邀出席研讨会,就"香港资本市场再出发"议题发表了演讲。演讲主题为"支持私人进行全球化配置 支持贸易自由化"。

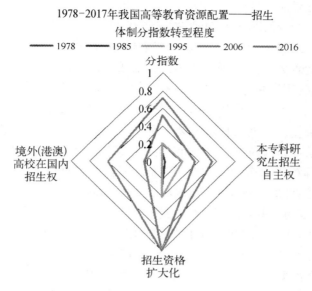

1978-2017年我国高等教育资源配置——招生
体制分指数转型程度

图 3－4－D1　1978—2017 年高等教育招生体制转型程度

（此图彩色版见本章微信内容末）

五、就业体制

改革开放以来,我国高校大学生就业政策经历了从全部分配—择优分配—供需见面—推荐择业—双向选择—自主择业的过程,高校毕业生毕业择业自主权已通过市场配置进行。同时,针对家境困难学生就学实行资助的国家高等学校学生资助体系也日臻完善,在制度上保障高校家庭经济困难学生顺利入学并完成学业。关于以上两项制度设计从启动以来一直没有停止或退回,并不断趋于改进与完善。本研究是连续性的观测分析,之前的具体分析可以参照《中国高等教育资源配置转型程度指标体系研究》一书[①]。就业体制类指标将分设毕业生择业自主权与国家助学贷款制度,并延续之前的观察研究,重点对 2007—2018 年间制度的变化进行分析。

（一）毕业生择业自主权

改革开放 40 年,我国宣布实行社会主义市场经济已 26 年,市场经济的建立与不断完善为从 1985 年教育体制改革后高等学校实行不再包分配的毕业生制度奠定了基础,2013年党的十八届三中全会决议提出[②]了关于使市场在资源配置中起决定性作用和更好发挥政府作用。这是这次全会决定提出的一个重大理论观点,把市场在资源配置中的“基础性作用”改为“决定性作用”,这一改变意味着将更加充分地发挥市场的作用、将进一步健全社会主义市场经济体制、政府将减少对资源的直接配置,也基本反映了当下市场经济配置

① 康宁:《中国高等教育资源配置转型程度指标体系研究》,教育科学出版社,2010。

② 习近平:《关于〈中共中央关于全面深化改革若干重大问题的决定〉的说明》(2013 年 11 月 9 日),载《十八大以来重要文献选编》(上),中央文献出版社,2014,第 498 页。

资源的基本状况。这是 1992 年 10 月中共十四大报告把建立社会主义市场经济体制确立为经济体制改革的目标,提出要使市场在社会主义国家宏观调控下对资源配置起基础性作用以来 26 年的探索,我们沿着这个方向不断向市场改革深化推进,在资源配置方式上实现了由国家计划配置为主向市场配置为主的转变,市场配置资源的基础性作用得到日益充分的发挥,表明我国市场经济集中表现在计划体制、投资体制、全要素市场和价格形成机制的改革发展上,"基础性作用"开始向"决定性作用"上推进了一大步,表明我国市场经济配置资源的能力已发生重大质的转变,反映了我国市场经济体制的不断成熟程度,这一变化对全国市场配置人力资源的基本状况也给予了基本的定位,即人力资源的配置已由市场机制主导基本替代了政府集中统配的格局,特别是在近几年户籍制度与事业机构发生重大变革中,人才流动的制度性障碍不断消除,形成对毕业生地域就业基本无碍的重大变化。但习近平也明确指出市场不是万能的,"我国实行的是社会主义市场经济体制,我们仍然要坚持发挥我国社会主义制度的优越性、发挥党和政府的积极作用。市场在资源配置中起决定性作用,并不是起全部作用"①。2017 年 11 月中共十九大审议并一致通过十八届中央委员会提出的《中国共产党章程(修正案)》,这一次在对党章进行系统、科学的修改当中,把"发挥市场在资源配置中的决定性作用"写入党章。作为十八届三中全会的重要论断之一,发挥市场在资源配置中的决定性作用并不是孤立的,而是始终与"更好发挥政府作用"相结合。从国家制度变革的趋势看,这一制度环境为高等学校毕业生就业制度奠定了坚实的制度基础,并不断趋于完善。我国已经形成以市场配置为主导,同时辅以国家宏观管理的大学生就业政策模式。据麦可思研究院《2016 年中国大学生就业报告》显示,2015 届大学生毕业半年后的就业率为 91.7%,其中本科院校毕业生半年后的就业率为 92.2%;高职高专为 91.2%②。2016—2017 年的高校年终就业率基本保持在 91% 以上③。

1977—2017 年以来的高校毕业生择业自主权的有关政府政策导向及实际状况,见微信 3-12。

本研究就 2007—2017 年以来的高校毕业生择业自主权的有关政府政策导向及实际状况进行了梳理(见微信 3-13)。主要梳理分析的重点是政府如何对待扩招后逐年不断攀升的毕业生就业峰值。从列举的各项政策措施看,尽管政府采取了在不同领域不同方向施加了不同的政策驱动,但是,总的精神看,没有违背毕业生就业以市场选择为主导的基调,主要还是从政府公共政策服务与国家导向的信息服务供给出发,为毕业生提供个人就业选择,所有提供的政府供给政策都是面向所有毕业生,并在执行中不断修改丰富完善相关政策。2018 年刚过元旦,一批省会城市对大学生就业出台了利好政策④,南京、郑州、武汉、长沙、济南、合肥先后放开人才引进的激励政策,南京在 2018 年市委 1 号文件《关于建设具有全球影

---

① 习近平:《关于〈中共中央关于全面深化改革若干重大问题的决定〉的说明》(2013 年 11 月 9 日),载《十八大以来重要文献选编》(上),中央文献出版社,2014,第 500 页。

② 《2015〈中国大学生就业报告〉发布》,高考网,http://www.gaokao.com/e/20150616/557ff5d79a7de.shtml.

③ 内容来自麦可思研究院近日发布的 2018 年中国大学生就业报告(就业蓝皮书)。

④ 《开始了! 南京、郑州、武汉、长沙、济南、合肥都出手了!》,搜狐网,https://www.sohu.com/a/214864950_480208.

响力创新名城的若干政策措施》调整人才落户政策,允许研究生以上学历及 40 岁以下的本科学历人才,以及持高级工及以上职业资格证书的技术、技能型人才先落户再就业。也就是高校本科以上毕业生凭毕业证书,就能先落户南京。虽然与南京隐性放松房屋限购不同的是,合肥在 1 月 3 日宣布,放宽限价。武汉、长沙、济南、郑州、成都、重庆、沈阳等城市早就以"抢夺人才"为由,针对部分人隐性放松了楼市限购。郑州甚至都不用落户就可以买房。虽然这是因为经济需求带动的人才政策的改善,但这些政策对大学生就业都是利好趋势。特别需要提到的是就业的法律制度环境有所改善,2008 年 1 月 1 日国家施行的《就业促进法》和《劳动合同法》出台,与宪法和 1995 年施行的《劳动法》构成了市场经济条件下维护就业权利的法律保障。虽然,对大学生就业群体没有做特别规定,但总的法律规定都是适合就业人群的。因此,高校毕业生就业自主权自 1998 年特别是 21 世纪以来已进入完全以市场为基础,但辅之以政府提供多元服务的体制。尤其是近 10 年来,中央和地方政府都更加重视从公共政策的视角设计与经济发展社会服务需求一致目标的项目,既提供毕业生自主选择又满足国家需要。因此,可以看到,**政府在放开毕业生就业自主权的同时,并没有放弃公共职能的定位,也没有因就业压力采取退回计划经济时期的包分配制度,而是不断探索增强政府在宏观就业政策指导上的定位与作用,且这一定位与作用正在不断增强并趋于成熟。**

综上所述,普通高校毕业生择业自主权 **1978、1985、1995、2006、2016 年区间转型程度类指数分别设为 0、0.20、0.40、1.00、1.00。**

(二) 国家助学贷款制度

1999 年 6 月,国务院办公厅转发中国人民银行、教育部、财政部《关于国家助学贷款的暂行规定》,决定从 1999 年 9 月开始试行国家助学贷款制度。2000 年 8 月中国人民银行、教育部、财政部颁布《关于学生助学贷款管理的补充规定》,将学生贷款范围扩展到全国,经办银行扩展到中国建设银行、中国农业银行、中国银行。2004 年 6 月,教育部、财政部、中国人民银行、银监会发布了《关于进一步完善国家助学贷款工作的若干意见》,主要是扩大了贷款面、让商业银行积极参与资助贫困生,但是在风险补偿金、贷款总额度以及两者政策关系上存在一定矛盾①。

针对已有资助面偏窄、资助标准偏低及学校支付部分风险补偿金等问题,2007 年国家发布的教育事业发展"十一五"规划纲要中提出"加大资助力度,扩大受助学生比例""改进助学贷款国家代偿制度"等,并在当年由国务院发布《关于建立健全普通本科高校高等职业学校和中等职业学校家庭经济困难学生资助政策体系的意见》(国发〔2007〕13 号),颁布了一整套高校家庭经济困难学生资助政策体系(简称国家新资助政策体系),即指国家在高等教育阶段颁布实施的国家奖学金、国家励志奖学金、国家助学金、师范生免费教育、国家助学贷款、勤工助学、学费减免等一系列有关政策规定。国家新资助体系建立的原则主要体现为建立独立机构,即 2005 年教育部成立全国学生资助管理中心,各省市教育行政部门和全国各

---

① 范先佐:《我国学生资助制度的回顾与反思》,《华中师范大学学报》2010 年第 6 期。"第一,风险补偿金明显照顾银行的利益,但加重了高校的负担,第二,风险补偿的分担机制不合理,第三,贷款学生占在校生比例原则上不超过 20% 的规定不符合实际情况,第四,生均年最高贷款限额难以满足贫困生学习和生活的需求,第五,还款期限仍然偏短,第六,扩大学生贷款覆盖面与学校支付部分风险补偿金相冲突"。

大专院校相应都成立了学生资助中心,保证了学生资助机制的正常运转。逐年加大财政投入,计划每年用于学生资助的资金计划为 500 亿元,资助学生的经费中央和地方按比例分担,对于西部学校,中央与地方分担比例为 8∶2,中部学校,中央与地方分担比例为 6∶4,东部学校是分省确定。国家新资助政策特别体现在扩大贫困生的资助面,提高资助金额,如国家助学金的比例由原来的 3% 提高到 20%,原来国家助学金最高是 1 500 元,现在最高是 3 000 元,原来国家奖学金最高是 4 000 元,现在是 8 000 元,基本上都翻了一番。2007 年新设立的国家励志奖学金比例由原定的 0.3% 提高到 3%,增加了 10 倍。同时要求除了国家财政对学生的资助外,要多元混合资助,即各学校要从学校事业收入中拿出 5% 对学生进行资助。国家新资助政策体系对中央、地方和学校的责任都做了明确规定,特别提出大力开展生源地信用助学贷款。作为国家助学贷款的重要组成部分,生源地信用贷款工作取得突破性进展,覆盖范围逐步扩大,贷款规模迅速增长。但是在各地试点生源地助学贷款过程中,出现了一些具体问题,如信息不对称出现"免费午餐"、办理手续繁复、不能"应贷尽贷"、贷后管理面临风险、银行监管与激励政策不足等,以及之后出现的"在政策执行过程中,国家助学贷款存在着部分跨地区继续攻读学位的借款学生无法继续享受财政贴息政策的问题,也存在着家庭经济特别困难的学生还款压力较大的问题,还存在着一些在财政困难省份基层就业的高校毕业生贷款代偿政策没有得到很好落实等问题。"这些问题都是在不断扩大改进高校资助制度中反映的问题。针对高校毕业生如果自愿到基层一线工作且服务达到一定年限的,国家实施学费补偿和贷款代偿政策,2009 年财政部、教育部对中央高校制定了代偿政策,同时要求地方自行制定地方高校代偿政策,对西部省份给予适当的奖补,减轻他们的财政压力,帮助他们更好地落实这项政策。2010 年《国家中长期教育改革和发展规划纲要(2010—2020 年)》将资助体系扩展到建立普通高中家庭经济困难学生国家资助制度;完善普通本科高校、高等职业学校和中等职业学校家庭经济困难学生资助政策体系;完善助学贷款体制机制、推进生源地信用助学贷款;建立健全研究生教育收费制度,完善资助政策,设立研究生国家奖学金;并根据经济发展水平和财力状况,建立国家奖助学金标准动态调整机制。2014 年,政府又出台了《关于调整完善国家助学贷款相关政策措施的通知》,调整国家助学贷款资助标准和资助比例。2015 年 7 月,国务院常务会议审议通过了教育部、财政部、中国人民银行、银监会四部门联合颁发的《关于完善国家助学贷款政策的若干意见》。其中修改的核心政策主要有六项:一是学生在读期间贷款利息由财政全额补贴。借款学生毕业后,在还款期内继续攻读学位的,可申请继续贴息。继续攻读学位期间发生的贷款利息,由原贴息财政部门继续全额贴息。借款学生在校期间因患病等原因休学,休学期间的贷款利息由财政贴息。二是将贷款最长期限延长至 20 年。校园地国家助学贷款和生源地信用助学贷款期限统一调整为学制加 13 年、最长不超过 20 年。三是还本宽限期从 2 年延长至 3 年整。还本宽限期内学生仅需支付利息,无须偿还本金。四是建立国家助学贷款还款救助机制。2016 年教育部与国家开发银行根据 2015 年《教育部、财政部、中国人民银行、银监会关于完善国家助学贷款政策的若干意见》发布了《国家开发银行助学贷款还款救助操作规程》,各省级学生资助管理部门、各高校要建立国家助学贷款还款救助机制,救助因病丧失劳动能力、家庭遭遇重大自然灾害和变故、经济收入特别低的毕业借款学生。五是完善国家助学贷款考核制度。各级金融监管部门对国家助学贷款业务监管时,综合考虑风险补偿金的缓释作用,对符合相关政策要求的风险补偿金覆盖部分适用零风险权重,未覆盖部分采用

75％的风险权重。六是进一步落实学费补偿贷款代偿政策。这次政策调整，要求有关省份尽快出台学费和助学贷款代偿办法，鼓励地方高校毕业生到本行政区域艰苦边远地区基层单位就业，地方高校代偿资金原则上由省级财政承担，中央财政根据具体情况对西部省份予以奖补。2017年3月，财政部、教育部、中国人民银行、银监会等四部门印发《关于进一步落实高等教育学生资助政策的通知》（财科教〔2017〕21号），一是进一步拓展国家助学贷款业务覆盖范围，实现高校、科研院所、党校、行政学院、会计学院等培养单位全覆盖，实现全日制普通本专科生、研究生、预科生全覆盖。科研院所、党校、行政学院、会计学院等目前尚未开办国家助学贷款业务的培养单位，从2017年秋季学期起全面开办，其家庭经济困难的全日制在校学生可根据实际情况，自主选择申请办理校园地国家助学贷款或生源地信用助学贷款。二是尚未出台高校毕业生赴基层就业学费补偿贷款代偿政策的省份，应当于2017年4月30日前出台相关政策。生源地、就读高校所在地、就业所在地不在同一省份的毕业生，按照"谁用人谁资助"的原则，由就业所在地区给予学费补偿贷款代偿。三是民办高校学生与公办高校学生按照规定同等享受助学贷款、奖助学金等国家资助政策。各地区应当建立健全民办高校助学贷款业务扶持制度，提高民办高校家庭经济困难学生获得资助的比例。

　　10年来，教育部及相关部门不断完善国家助学资助制度，从应助尽助，到精准资助，再到资助育人，资助制度不断完善。**其间，第一对有关制度的基本表述更加完善。**国家助学贷款是由政府主导，金融机构向高校家庭经济困难学生提供的信用助学贷款，帮助解决在校期间的学习和生活费用。国家助学贷款利率执行中国人民银行同期公布的同档次基准利率，不上浮。贷款学生在校期间的国家助学贷款利息全部由财政支付，毕业后的利息由借款人全额支付。为鼓励金融机构承办国家助学贷款的积极性，建立贷款风险分担机制，财政（高校）对经办银行给予一定的风险补偿。国家助学贷款是信用贷款，学生不需要办理贷款担保或抵押，但需要承诺按期还款，并承担相关法律责任。

　　第二，国家助学贷款以生源地信用助学贷款为主。以校园地国家助学贷款为辅，贷款规模快速增长，贷款标准逐步提高，受益学生逐年增加，已经成为家庭经济困难学生获得及时有效资助的一个重要渠道。国家助学贷款是信用贷款，学生不需要办理贷款担保或抵押，但需要承诺按期还款，并承担相关法律责任。按照学生申办地点及工作流程不同，目前国家助学贷款分为校园地国家助学贷款与生源地信用助学贷款两种模式①。

　　第三，通过国家助学贷款培养大学生诚实守信的意识。要求助学贷款借款学生能够树立良好的诚信观念和意识，认真学习征信相关的政策和知识，自觉践行诚信行为操守，做到诚实守信，如实填报自己的征信信息，珍爱自己的诚信记录，带头做诚实守信的公民。只有借款学生按合同约定来履行还款义务，及时足额偿还贷款，才能保证国家助学贷款持续健康

---

① 我国大学生助学贷款一般有两类：校园地国家助学贷款和生源地信用助学贷款。校园地国家助学贷款是由政府主导、财政贴息，银行、教育行政部门与高校共同操作的专门帮助高校贫困家庭学生的银行贷款。借款学生不需要办理贷款担保或抵押，但需要承诺按期还款，并承担相关法律责任。生源地信用助学贷款是指国家开发银行向符合条件的家庭经济困难的普通高校新生和在校生发放的、在学生入学前户籍所在县（市、区）办理的助学贷款。贷款资金主要用于学生缴纳在校期间的学费和住宿费。生源地信用助学贷款是的大学生助学贷款重要组成部分。

发展。在还贷方面,借款学生在校期间的国家助学贷款利息全部由财政支付,毕业后的利息由借款人全额支付。为鼓励金融机构承办国家助学贷款的积极性,建立贷款风险分担机制,为了帮助经办银行防控风险,国家给予经办银行一定的风险补偿金。从经办银行反馈的情况看,绝大多数借款学生都能按照合同的约定还款。为了提高国家助学贷款的回收率,主要采取以下措施。第一,加强信用体系的建设与应用。在制度上约束借款学生的还款行为。第二,广泛开展诚信教育和征信宣传,增强借款学生诚实守信意识。第三,实行国家助学贷款代偿制度,帮助赴基层就业和服兵役的借款学生偿还贷款。第四,建立国家助学贷款的救助机制,帮助有特殊困难的借款学生偿还贷款。

　　第四,国家资助制度全覆盖。体现在本专科教育阶段,建立了国家奖助学金、国家助学贷款、学费补偿贷款代偿、新生入学资助、校内奖助学金、困难补助、学费减免、绿色通道等多元混合的资助政策体系。在研究生教育阶段建立了国家奖助学金、国家助学贷款、研究生"三助"岗位津贴、学费补偿贷款代偿等政策。形成了"普惠、助困、奖优、引导"复合型资助模式,"普惠"以免学费为主,体现了公益性;"助困"以国家助学金、国家助学贷款、困难补助等为主,体现了公平性;"奖优"以国家奖学金、国家励志奖学金、学业奖学金和校内奖学金为主,体现了激励性;"引导"以基层就业、国家资助、应征入伍服兵役国家资助、免费师范生为主,体现了政府的导向性。同时,科研院所、党校、行政学院、会计学院等培养单位资助全覆盖,民办高校学生与公办高校学生按照规定同等享受助学贷款、奖助学金等国家资助政策[①]。该制度在具体实施中反映,西部地区获得贷款学生的比例明显高于中部和东部地区,中部地区贷款学生的比例要高于东部地区,基本符合我国各地经济发展水平。

　　我国高校学生资助政策体系建设状况,见微信3-13。

　　高校国家助学贷款政策,已成为与高等教育成本分担政策相配合的重要政策工具,是一个转型期政府利用新机制引导与干预市场的制度安排。综上所述,**高校国家助学贷款政策转型程度类指数在1978、1985、1995、2006、2016年区间分别设为0、0、0.60、1.00、1.00。**

　　综上所述,高校毕业生择业自主权和高校国家助学贷款政策成为转型期以来高校就业体制变革最为成功的改革。它们形成了稳定的互为支撑的制度框架,很好地诠释了市场机制与政府干预在高校毕业生完成学业过程中的制度保障,动态清晰地展示了市场的内在逻辑在毕业生自主选择方面的动力机制,也客观呈现了政府不断探索市场机制与公共服务职能相结合承担社会公平正义的有为创新。因此,2007—2016年高校就业体制转型程度指标分指数为1.00,**高校就业体制转型程度分指数1978、1985、1995、2006、2016年分别为0、0.10、0.50、1.00、1.00。**虽然与前一阶段指数一致,但在制度创新的内涵与制度变迁的方位上更加坚定、丰满与充实,见图3-4-E1,1978—2017年高等教育就业体制转型程度。

---

① 国家在高等教育本专科阶段建立起国家奖学金、国家励志奖学金、国家助学金、国家助学贷款(包括校园地国家助学贷款和生源地信用助学贷款)、师范生免费教育、退役士兵教育资助、基层就业学费补偿助学贷款代偿、服义务兵役国家资助、直招士官国家资助、新生入学资助项目、勤工助学、学费减免等多种形式有机结合的高校家庭经济困难学生资助政策体系。同时这一政策也惠及民办高等学校,政策规定民办高校(含独立学院)从事业收入中足额提取4—6%的经费用来资助家庭经济困难学生的民办高校(含独立学院)招收的全日制普通本专科(含高职、第二学士学位)学生,也可享受国家资助政策。

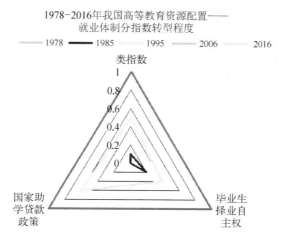

图 3 - 4 - E1　**1978—2017 年高等教育就业体制转型程度**
（此图彩色版见本章微信内容末）

六、高校内部管理体制

学校内部管理体制主要涉及学校领导体制、机构设置、教职工管理和学生管理等方面，是反映高等教育微观层面的资源配置和管理状况。它的理想目标就是学术界呼吁探讨的建立现代大学制度，特别是在大学组织的治理结构上，理顺政校、政事、政学关系，建立符合高等学校特点的组织治理结构和激励相容机制。在计划经济体制下，中央政府高度集中对高校的"统包制""供给制"严重影响了高等学校的办学自主性。1979 年 12 月 6 日，《人民日报》发表了复旦大学苏步青等六位著名校长、书记"给高校一点自主权"的呼吁，从此高等学校管理体制改革拉开序幕。1998 年颁布的《高等教育法》中关于高等学校的 8 项办学自主权是：制定招生方案，自主调节学科招生比例；依法自主设置专业和调整学科、专业；自主制定教学计划、选编教材、组织实施教学活动；自主开展科学研究、技术开发和社会服务；按照国家有关规定，自主开展与境外高等学校之间的科学技术交流与合作；自主确立教学、科研、行政职能部门等内部组织机构的设置和人员配备；按照国家有关规定，评聘教师和其他专业技术人员的职务，调整津贴及工资分配；高等学校对举办者提供的财产、国家财政性资助、受捐赠财产依法自主管理和使用。这一高校自主权的划定在《高等教育法》施行的 20 年中基本没有太大的变化。2012 年教育部发布的《高等学校章程制定暂行办法》第二章第 8 条要求按照高等教育法的规定，健全学校办学自主权的行使与监管机制，明确有关 8 条自主权的基本规则、决策程序与监督机制。2014 年教育部颁发《高等学校学术委员会规程》，在第一章第 2 条中明确"以学术委员会作为校内最高学术机构，统筹行使学术事务的决策、审议、评定和咨询等职权"。其中，该《规程》提出学校可以制定学术委员会章程或通过学校章程，明确学术委员会的具体组成、职责、程序及制度规则等。因此，高等学校依法享有的自主权特别是以学术本位的制度设置在国家制度层面上基本落实。同时，自 2013 年以来，在现代大学制度建设中更加强调高校内部治理制度建设中进一步加强党对高校的全面领导和全面负责；通过启动大学章程重建全面强化高校内部制度建设；通过政府政务公共信息公开制度要求强化公立高校内部信息公开并加大社会监督力度。教育部在 2010—2014 年期间，先后发布《学校教职工代表大会规定》(2012)、《普通高等学校理事会规程》(2014)、《高等学校信息公开办法》(2010)。2015 年新修订的《高等教育法》中将 42 条款关于设立学术委员会的具体职责进行了 5 条细化①,首先进一步明确学术委员会的法律地位,凸显学术委员会之学术治理的核心地位,确立学术委员会在高校内部学术治理机构中的最高地位。其次,规范学术委员会的议事规则和程序,进一步落实高校学术委员会职责和权力,彰显高校内部学术权力,将学术委员会由高校内部的一种学术体制上升到高校内部的治理体制,发挥学术委员会对学校的学术事务的决策权,从而在功能上实现从咨询向决策功能转变,充分发挥学术委员会在高校的教学、学风、学科等方面的决定作用,为实现教授治学和大学治理奠定坚实基础②。同时,第 44 条款中要求高校建立办学水平、教育质量的评价制度,公开信息、接受社会监督。同时,教育行政部门组织专家或委托第三方专业机构对高校办学水平、效益和教育质量进行评估,将结果向社会公开。以上可以看到高校作为法人实体是实行学校内部管理体制改革的必备条件,政府逐步让渡原有对高校的管理权限是高校能够行使符合大学组织运行管理的基本前提,而外部制度环境能够提供高校依法享有自主权则是内部管理制度改革的基本保障,同时,加大健全完善学校内部管理的自我约束机制和社会监督机制才有可能。

高校内部管理体制改革四个阶段分析。改革开放 40 年来,作为我国高等教育体制改革的部分,高校内部管理体制改革可分为四个阶段:1978—1992 年的改革恢复阶段、1993—1998 年的改革探索阶段、1999—2009 年的改革深化阶段、2010—2017 年的改革突破阶段。**第一个阶段**主要是恢复学校各项制度与办学秩序,改进探索部分高校综合改革和内部管理制度试点。其中,最重要成果是通过正反两方面的经验教训重新确立了高校实行党委领导下的校长负责制。**第二个阶段**主要依据 1993 年颁布的《教师法》关于"国家实行教师职务制度",打破计划体制赋予的教师职务终身制,逐步确立评聘分开、择优聘任上岗的教师职务聘任制度;同时进行校内分配制度改革试点和后勤服务社会化试点。**第三个阶段**重点是依据《高等教育法》在三个内部管理重心上深化:一是高校后勤服务社会化改革取得制度化的成果,为高等教育持续大众化奠定了保障。二是依据《高等教育法》关于"高等学校的管理人员,实行教育职员制度",1999 年 12 月教育部发布《高等学校职员制度暂行规定》,在 5 所高校试点基础上全面推行高校教育职员制度③。

---

① 2015 年修订的《高等教育法》第四十二条。高等学校设立学术委员会,履行下列职责:(一)审议学科建设、专业设置,教学、科学研究计划方案;(二)评定教学、科学研究成果;(三)调查、处理学术纠纷;(四)调查、认定学术不端行为;(五)按照章程审议,决定有关学术发展、学术评价、学术规范的其他事项。

② 苏春景、张济洲:《〈高等教育法〉修改亮点和大学治理法治化》,《中国高等教育》2017 年第 21 期。

③ 《教育法》《高等教育法》规定高等学校建立和实施高校职员制度。建立职员制度,是从根本上建立一套反映高校管理岗位层次、类别和职员专业水平、工作能力的职员等级系列,并在岗位聘任、履职考核以及相应待遇等方面建立起一整套适合高校管理工作特点的管理制度和运行机制。通过职员制度的实行,彻底转换管理队伍的用人机制,在管理人员的任用上强化岗位聘任,实行竞聘上岗与合同化管理,打破"铁饭碗"和平均主义"大锅饭",破除职务"终身制"和人才"单位所有制",形成"能进能出、能上能下、能高能低"的竞争激励机制,以推动高校人事、分配制度改革的全面深入。实行职员职级工资制度,在收入分配上体现以岗定薪,按劳分配,优劳优酬的原则。高校实行职员制度之后,也就基本解决了党政管理队伍建设的机制问题,避免了对专业技术职务聘任制的冲击。教育部决定首先在武汉大学、华中科技大学、华中师范大学、厦门大学和东北师范大学 5 所高校开展职员制度试点工作。1999 年 12 月,教育部在武汉召开了高校职员制度试点工作会议。之后逐步扩大试点并全面推行。

三是学校人事制度改革深度推进。在改革基础上,2000 年 6 月教育部、中组部、人事部联合下发《关于深化高等学校人事制度改革的实施意见》,依据《高等教育法》积极理顺政府及其高校主管部门与高等学校的关系,突出高校自主办学的独立法人地位,提出推进以用人和分配制度改革为中心的高校人事制度改革,在政府"长江学者奖励计划"的辐射带动和实施"211 工程""985 工程"支持下,绝大多数高校建立了岗位津贴制度。2007 年又再次深化实施全员聘用和岗位管理制度改革,建立并完善以聘任制和岗位管理为基础的用人制度。**第四个阶段**以《国家中长期教育改革和发展规划纲要(2010—2020 年)》作为深水区改革的动力,在政府简政放权、管办分离①特别是国家事业单位制度、人事制度和社会配套管理制度改革的新阶段下,高校内部管理体制出现重大突破。一是完善现代大学制度建设探索推进大学治理结构的多元框架,通过大学章程制度化,对高校的多元权力配置、权限划分、权力约束和权力监督实行制度制衡。二是为适应大众化后大学组织规模的扩大,普遍设立以专业学科群为基础的学院,由校、系两级管理向校、院、系三级管理发展,将更多的教学科研具体组织实施工作向院或系转移,在核定编制定额的基础上下放部分人事调配、专业技术职务的聘任、经费使用等方面的权限,实现管理权限重心下移。三是取消高校教师事业编制意味着政府教师管理职能的转变、高校教师管理权限的扩增、教师终身职业身份的打破。2013 年以来的事业单位改革不断加快②,2017 年 3 月 31 日,教育部、财政部等五部门联合印发了《关于深化高等教育领域简政放权放管结合优化服务改革的若干意见》为突破高校教师聘用制度下放了最后管制权限。全员聘用制和教师聘任制改革按照"按需设岗、分开招聘、平等竞争、择优聘任、严格考核、合同管理"的原则,建立人员能进能出、职务能上能下、待遇能高能低的新型用人机制,实现高等学校用人机制的根本转变。其中,组织机构、学生管理等都包括在学校内部管理体制里。而高校人事制度改革因涉及主体教师、科研人员、管理人员、辅助人员,各方利益交织而构成一项复杂的改革系统工程。随着内部改革的深入,高校人事管理改革与高校其他管理制度、与国家人事管理制度、与社会配套制度的联系越来越密切,往往出现学校内部管理体制改革快于社会配套制度改革而流产的状况,在高校力所不能及直至主管教育部门也力所不能及时,改革即处于停滞阶段。这也是改革开放以来,高校虽然在不停地推动内部一系列的制度改革,但呈现出间断性、局部性、反复性、复杂性等特点,致使改革进程常常出现往复渐变。作为以人才产出、知识产权产出为基本单元的组织,由于滞后的人力资本收益测量表现、知识产权产出的不可确定性都制约了与企业不同的学校激励相容制度的创新性。因此,内部管理制度改革的成本与收益很难在短期内达到均衡,因内外部多重因素制约,改革效益的扩散涉及多重主体,因而很难进行实证性分析。

高等学校内部管理体制主要包括对法定学校的权利与义务通过学校章程确立后施行,依

---

① "管办分开"是监管与举办职能的分开。具体说,是根据转变政府职能的要求,明确所有者和监管者的责任,解决政府行政部门既办又管的问题。2008 年 2 月 27 日中国共产党第十七届中央委员会第二次会议明确的《关于深化行政管理体制改革的意见》指出,要推出事业单位分类改革,按照政事分开、事企分开和管办分离的原则。我国传统的事业单位管理体制是一种行政事业一体化体制,也可称作管办合一的体制,政事不分、管办合一是其基本特征。管办分离的实质是政府组织结构与职能分工的改革,是政策制定与政策执行的适度分离。

② 见本研究第二章第四节。

法确立学校领导管理体制、自主设置组织机构、依法施行以教师聘任制和教育职员制度为主的教师人事管理制度、依法实施教学、科学研究和保障学校运行的财务管理制度、分配制度、后勤管理制度及其他行政管理工作。改革开放40年,高校内部管理体制改革作为高等教育体制改革的重要部分,因涉及人财物资源配置,作为特大型组织管理,一直是高等教育资源配置转型中被观测研究的重点。作为组织,高等学校具有其他组织的一般特点和运行规律,但是作为学校组织,特别是"研究高深知识、探索人类自然和社会科学规律、以高级人才培养和科学研究为首要目标"的组织,它则具有学术和教育组织的特征和规律。因此,决定或制约学校组织管理的逻辑起点正因为其特殊的组织性质。一般而言,学校外部制度环境的改变对学校内部制度安排具有重要的制约作用,经济社会制度的资源配置方式的改变也必然影响学校内部资源配置方式的运行。这不仅是教育规律,也是已被历史变迁所证实了的。本课题对改革开放的前30年的高等教育资源配置转型研究也证实了这一规律①。在不同的制度环境变化阶段,学校内部制度安排呈现的形式或内容有差异,但总体上深受外部制度制约,所以,不同阶段学校内部管理体制总是受制于外部改革进程的波动与力度。从计划经济模式转换为市场经济模式,是学校内部管理体制性质上变革的外部制约,在市场经济为基本资源配置基础的环境下,由于存在着市场配置环境的逐步过渡和不断完善,学校内部管理体制也相应体现为过渡性与阶段性,甚至反复性。又由于学校内部管理主要是涉及人财物等事权的资源配置等,牵涉到最为敏感的不同群体的利益调整,其中的职权界定和激励制度的相容配置又受到外部事业机构与整个干部人事、工资薪酬、社会保障、户籍管理等一系列体制机制的制衡。即使都已看到内部制度不匹配并严重制约改革,主管部门让渡或法律赋权也已明确学校内部事权的正当性,但是,高校内部管理体制改革一直都是在学校内部有限的权利范围内实行可操作的改革,由于受制于各种制度改革进度不一的"纠缠",教育主管部门通常只能以试点方式允许高校实行有限改革。所以,我们才看到高校内部管理体制改革一直力图推进,但也一直盘旋在改革的利益火山上,难以触动原有存量或已有增量的利益调整,使得内部资源配置的关键资源与利益群体不断固化,阻碍改革推进。这就是整个高校内部管理体制改革的基本逻辑与状况。

高校领导管理体制与高校后勤管理体制改革情况。需要说明的是,在整个内部管理体制中,也能看到一些影响较关键的资源配置改革是有成效的,这也取决于外部制度环境的影响。**一是高校领导管理体制**②。改革开放以来,虽然在改革初期有过试点,但经历了正反两个方面的经验教训,中央果断并坚持决定高校实行党委领导下的校长负责制,1998年在《高等教育法》中被规定为39条。这一规定确定了整个公立高校内部管理体制的性质与定位,由于我国公立高校占据绝大多数,这一体制依法确保了我国高等学校的社会主义办学方向。2016年对民办高校也提出了党组织的领导与管理的要求。2011年以来的大学章程重修使高校领导管理体制依法落实成为大学治理结构的中心议题,是完善现代大学制度的前提和方向,实现了外部办学管理体制与内部管理体制一致共识,这从学校管理的基本制度上确保了所有高校的组织管理特征,既是中国高校作为社会主义大学组织的鲜明特色,也是中国高校能够根深叶茂的基本国情。**二是高校后勤管理体制。**我国计划经济条件下的高校后勤管理体制主要是"统、管、包"。高校后勤社会化是指将高校后勤服务纳入社会主义市场经济体

---

① 康宁:《中国高等教育资源配置转型程度指标体系研究》,教育科学出版社,2010。

② 见本研究第四章高校管理体制指数分析。

制,建立由政府引导、社会承担为主,适合高校办学需要的法人化、市场化后勤服务体系①。高校后勤社会化于 1985 年发布的《中共中央关于教育体制改革的决定》中提出,"改革的方向是实行社会化。学校所在地方的党政领导机关要把解决好这个问题的责任担当起来。"意在将高校后勤服务纳入社会主义市场经济体制。1993 年,中共中央、国务院颁布的《中国教育改革与发展纲要》进一步明确指出:积极推进学校内部管理体制改革,学校的后勤工作应通过改革逐步实现社会化。1993 年原国家教委发布了《关于普通高等学校内部管理体制改革的意见》②,其中已确定了高校后勤服务社会化目标。1999 年 1 月,教育部颁布《面向 21世纪教育振兴行动计划》,对高校后勤改革提出了明确的要求:"加速学校后勤工作社会化改革,精简分流富余人员。高等学校招生计划的扩大要同学校后勤工作社会化的进度挂钩。"1999 年中共中央、国务院颁布的《中共中央国务院关于深化教育改革,全面推进素质教育的决定》也明确指出:"加大学校后勤改革力度,逐步剥离学校后勤系统,推动后勤工作社会化,鼓励社会力量为学校提供后勤服务,发展教育事业。"1999 年 11 月,全国召开第一次高校后勤社会化改革会议,首次明确提出了"力争用三年左右的时间基本完成后勤社会化改革"的改革目标。2000 年 1 月 14 日,国务院办公厅转发《教育部、国家计委、财政部、建设部、人民银行、税务总局关于进一步加快高等学校后勤社会化改革的意见》③,2000—2002 年先后召开了第二次、第三次、第四次全国高校后勤社会化会议。改革思路以提高后勤服务质量和保障能力为核心,通过理顺管理体制和运行机制,推进市场开放,引进社会优质资源,构建既符合高等教育发展规律、又具有自身特色的新型后勤保障体系,切实提高后勤服务质量和工作效率。更重要的是,"高校后勤社会化改革带动并吸引了大量社会资金的投入,极大地推动了学生食堂、公寓等后勤服务设施建设。加快学生公寓、食堂等后勤服务设施的建设,是高校后勤社会化改革的突破点和重点。学生公寓、食堂等高校后勤服务设施建设取得了历史性进展。据初步统计,自 1999 年至 2012 年底,4 年时间全国新建大学生公寓 3 800 多万平方米,改造 1 000 万平方米;新建学生食堂约 500 万平方米,改造 130 万平方米。这几年新建的学生公寓和食堂超过 1999 年前 50 年建设的总量。河北、浙江等省近三年的建设量超过了改革前 50 年建设总量的 3 倍。全国新建的学生公寓和食堂,约可解决 400 多万大学生的

---

① 高校后勤社会化主要指:一是高校后勤应当进市场,使市场而不是行政计划成为高校后勤资源配置的基础手段,使高校后勤服务体系纳入社会主义市场经济体制。二是高校后勤社会化应由政府引导、社会承担为主。政府引导起宏观调控和扶持作用,社会承担主要是剥离学校办社会的职能,把高校后勤这一经济属性较强的行业回归社会,恢复其商品的属性和职能,从而为高等教育的发展甩开包袱。三是社会化的高校后勤必须满足高校办学需要,这就是在具有第三产业"服务"的本质职能的同时,必须将"育人"纳入它的本质职能之中,否则高校后勤就失去了其存在的价值。四是社会化、市场化的高校后勤的组织形式是企业法人化。

② 1993 年 2 月 8 日原国家教委发布《关于普通高等学校内部管理体制改革的意见》。

③ 在这一时期,国务院及国务院有关部门做了大量工作,出台了一系列旨在推动改革的政策性文件,为改革创造了良好的宏观政策环境:国务院办公厅转发了教育部、国家计委、财政部、建设部、国家税务总局、中国人民银行等六部门《关于进一步加快高等学校后勤社会化改革的意见》,进一步明确了高校后勤社会化改革的指导思想、原则、目标、步骤、政策、重点、办法和要求;财政部、国家税务总局印发了《关于高校后勤社会化改革有关税收政策的通知》;教育部经过论证并商有关部门同意后,提出了《关于大学生公寓建设标准问题的意见》;教育部、国家计委、财政部、建设部、国家税务总局、中国人民银行联合组成全国高校后勤社会化改革部际协调办公室,研究工作、提出要求,开展对高校后勤社会化改革的指导、协调和督办工作。

食宿问题,有力地支撑了这几年我国高等教育的快速发展。这些投入,大都来自社会资金。仅学生公寓一项,就拉动社会资金投入 330 亿元。可以说,如果没有高校后勤社会化改革的巨大成就,这几年我国高校的扩招工作是无法顺利完成的"[①]。至 2009 年,全国共新建与改建大学生公寓 6 000 万平方米,新建与改建大学生食堂 800 多万平方米,初步解决了高等教育规模扩展中的瓶颈制约问题,为高校扩招提供了必不可少的后勤保障支持[②]。之后的改革使全国高校改变了依赖国家全包的模式,由于外部市场经济的逐步建立,为基本实现高校后勤社会化奠定了基础,不仅改善了师生的生活必需条件,竞争性引进提供校外优质服务,利用社会化手段和企业化运作建立后勤实体,使市场机制在学校后勤资源配置中发挥主要作用。同时,学校建立后勤财务预决算管理体制,厘清学校和后勤单位在财务规划、管理、运行中的权限范围,保障后勤资金安全规范运行。先行与市场对接进行后勤干部聘任制和全员劳动合同制,新型企业化目标管理制度的实行使高校后勤社会化改革 20 年基本平稳。2012 年,教育部发出《关于深化高校后勤社会化改革的若干意见(讨论稿)》,征求意见。2013 年以来,按照事企分开、管办分离的原则,多数高校开始将后勤的行政管理职能与经营服务职能分离,成立后勤服务集团总承包改革。进一步明晰人、财、物、责、权、利,逐步引进社会服务,形成新的经营机制和竞争机制;按市场化运作方式,实现学校后勤服务集团运行机制的根本转变,逐步建立产权清晰、权责明确、管理规范且具有公益性质的高校后勤服务企业。上述高校两方面的改革都是涉及学校政治稳定的重大制度改革,正因为主导改革的思路方向清晰、无论是政治制度还是市场制度都供给明确坚定,因此,高校内部改革的动力机制与外部支援机制保持了一致性,改革比较成功。

本研究在考察高等教育资源配置转型程度中,把高校内部管理体制改革作为高等教育体制改革一级指标列入观测分析范畴。其中,高校领导管理体制虽然属于学校内部管理体制的重要部分,但是依法规定并在改革进程中已明确,同时因此项制度也同属于高等教育管理体制的范畴,在高等教育管理体制中占据重要地位,此指标已列入高等教育管理体制的二级指标范围。关于高校投资体制指标已包揽了有关学校经费的基本改革方面,具体的学校财务管理制度特别是与教师人事制度相关的分配制度则部分涵盖在有关内部管理体制的二级指标中。有关与教学、科研等学术相关的指标已列入学术治理体制指标中。后勤管理体制改革目标明确,本指标体系未列入。根据《中国高等教育资源配置转型程度指标体系研究》[③],从高校内部管理体制反映高等教育资源配置的转型程度,我们重点选取以教职工管理和学生管理为主的指标,主要选取了 5 个二级指标,分别为教师职务评聘权、校内机构设置权、合同聘任制教师所占比例、教师收入分配转型度、学生学籍管理权。改革开放后的前 30 年高等教育内部管理体制指标研究实证分析表明,高校内部管理体制转型程度指数 1978、1985、1995、2006 年分别为 0、0.16、0.32、0.56[④],本研究是续前研究,这五项二级指标在 2007—2017 年分别发生了怎样的改

---

① 参见百度百科"高校后勤社会化"词条。

② 张海昕:《从小步慢行到弯道超车:看改革开放四十年学校后勤社会化之路》,载中国教育发展战略学会:《教育发展战略 40 年回顾与展望——改革开放 40 年研究报告集》,首都师范大学出版社,2019。

③ 康宁:《中国高等教育资源配置转型程度指标体系研究》,教育科学出版社,2010,第 136—142 页。

④ 康宁:《中国高等教育资源配置转型程度指标体系研究》,教育科学出版社,2010,第 142 页。原研究的内部管理体制转型程度指数为 1978 年 0,1985 年 0.16,1995 年 0.32,2006 年 0.56。

革是本研究的主要对象。由于高校内部管理涉及的内外部政策性比较强(中央与地方制度环境对学校内部管理政策具有一定差异使高校内部管理改革具有一定差异),又关系到学校多方利益格局及发展改革稳定大局,本研究对转型程度指标呈现的结果也进行高校内部管理体制改革的内部动力机制和外部动力机制的分析和制度解释。

以下就 2007—2017 年期间的教师职务评聘权、校内机构设置权、合同聘任制教师所占比例、教师收入分配转型度、学生学籍管理权 5 项指标的转型状况进行分析(考虑到政策连续性,之前年份的政策性情况也略做分析)。

(1) 教师职务评聘权。该指标是指高校在教师专业技术职务的评审与聘任方面拥有的权限,这一权限是学校实施用人自主权的重要体现,这一权限大小对学校能否建立"科学设岗、竞争上岗、按岗聘用、合同管理"的人事管理制度起决定作用,对吸引优秀人员从教,充分调动教师的积极性,激发教师的创造性意义重大。

高校教师职务职称制度改革分析。中华人民共和国成立后,我国实行过职称制度,教师职称曾采用过任命制度。1960 年 3 月 5 日颁布《国务院关于高等学校教师职务名称及其确定与提升办法的暂行规定》,标志着我国高校教师职务评审制度的建立。对高校教师职务名称、确定与提升各级教师职务的主要依据、条件和批准权限做了规定。直至改革开放的 1982 年,《教育部印发〈关于当前执行国务院关于高等学校教师职务名称及其确定与提升办法的暂行规定的实施意见〉的通知》[(82)教干字 003 号](简称《意见》)指出,高等学校于 1978 年 3 月恢复教师职称的确定与提升工作。《意见》指出,三年来,大批地、集中地确定与提升教师职称的工作取得了很大成绩。过去长期积压的问题已经基本解决。根据 1960 年《国务院关于高等学校教师职务名称及其确定与提升办法的暂行规定》(以下简称《暂行规定》)和三年来的经验及新的情况,必须按照《暂行规定》有关职称的条件和教育部《关于高等学校教师职责及考核的暂行规定》中有关职称应履行的职责,以及对教师工作量的要求,结合起来进行评审。也就是说,1982 年依旧参照 1960 年的规定执行。根据已有的资料,关于改革开放 40 年的高校教师职务聘任权的沿革,可以看到:**一是改革之初高校教师职务即是职称概念,职称评审与职务聘任分开是改革实质。**这是源于计划经济条件下人事制度尚未根本改革也无法进行根本区别,因而文件中两个概念都介入,且很难做出区分。"职称"即"职务的名称",与岗位聘任和工资待遇关联,表示一个人的职务,不一定表示水平、能力和贡献等。聘任(任命)与提升的职称,包括高等学校提升与任命的教授、副教授、讲师、助教,其内涵都是职务的内涵,而且与工资待遇挂钩。1960 年 3 月国务院颁发的《关于高等学校教师职务名称及其确定与提升办法的暂行规定》以及 1978 年 3 月国务院批转的《教育部关于高等学校恢复和提升教师职务问题的报告》对其职务内涵,基本等同于人们观念中的"职称",与市场经济条件下现有人事制度多年改革要求能力与岗位职责一致是根本不同的观念。职称不与工资待遇挂钩、没有数额限制、一旦取得终身享有、相同的职称评定标准不因地区或民族等因素而有所差异等,是对专业技术人员专业技术或学识、水平、能力与成就的等级称号或一种评价和认可制度。教师职务则与岗位工资待遇挂钩、有数额限制和任职条件以及任期制、在考察教师的学术水平、工作能力及工作实绩的同时,还要考察教师的思想政治表现、职业道德、发展潜力、身体状况、年龄因素等方面的情况,看其能否履行相应的职务职责。比如,教授职务主要体现为岗位职务,竞争性聘任教授职务需要履职尽责并享有教授待遇。研究员与工程师职称在未获得相应聘任职务岗位时仅仅只是一种专业级别认同,不与待遇挂钩。

2017 年 1 月中共中央办公厅国务院办公厅发布《关于深化职称制度改革的意见》中指出，职称是专业技术人才学术技术水平和专业能力的主要标志。职称制度是专业技术人才评价和管理的基本制度。人力资源和社会保障部门对职称的整体数量、结构进行宏观调控，逐步将高级职称评审权下放到符合条件的市地或社会组织，推动高校、医院、科研院所、大型企业和其他人才智力密集的企事业单位按照管理权限自主开展职称评审。之后的政府文件在职称评审和职务聘任上采取两分开，根据职称评价结果合理使用专业技术人才，实现职称评价结果与各类专业技术人才聘用、考核、晋升等用人制度的衔接，评聘要分开。人力资源和社会保障部门对职称的整体数量、结构进行宏观调控，逐步将高级职称评审权下放到符合条件的市地或社会组织，推动高校、医院、科研院所、大型企业和其他人才智力密集的企事业单位按照管理权限自主开展职称评审。对于开展自主评审的单位，政府不再审批评审结果，改为事后备案管理。**二是计划经济条件下与市场经济条件下的高校教师人事制度改革的分水岭是引入竞争机制。**一个组织赖以发展的根本基础和内在动力是人的因素。大学人力资源构成的特殊性，主要体现在高等学校人力资源的高度专业化与人才密集化。对待这样组织的人才资源配置，依靠计划经济体制下的熬年头与上级任命是无法调动从事高度专业化与创造性人才的积极性、主动性和创新性。不引进竞争机制、激励机制、退出机制，高等学校提升高水平与卓越就是空谈。2007 年原人事部、教育部联合下发《关于高等学校岗位设置管理的指导意见》，旨在高校建立起基于岗位设置管理的配套用人制度体系，实现"两个转变"，一是实现教师的"身份管理"向"岗位管理"的转变，二是由重"资格评审机制"向重"岗位聘任机制"转变。实施岗位设置管理制度，涉及设岗、聘任、考核、激励、退出等一系列制度设置，有岗才可能依岗聘任教师。岗位设置制度的建立为理顺用人关系、搞活用人机制、提高用人效益、引入激励约束机制奠定了基础。因此，20 世纪 80 年代直至 21 世纪初，高校人事制度改革的最大瓶颈就是能否实行职务聘任制度、聘任制度的授权范围、与聘任制度相关的岗位竞聘、外聘内评、合同辞退、待遇保障、经费来源等等相关制度的配套。很显然，市场经济的竞争机制被引入人事制度改革中，打破"铁饭碗"的人事铁律是深化人事改革的核心。2017 年中共中央办公厅国务院办公厅发布《关于深化职称制度改革的意见》提出除公务员在职期间不得参与职称申报外，进一步打破户籍、地域、身份、档案、人事关系等制约，创造便利条件，畅通非公有制经济组织、社会组织、自由职业专业技术人才职称申报渠道。科技、教育、医疗、文化等领域民办机构专业技术人才与公立机构专业技术人才在职称评审等方面享有平等待遇。**三是改革开放初期直至 2016 年高校各级教师职务聘任权一直由学校行政职能部门与政府部门审核批准。**根据 1960 年《暂行规定》和中共中央（中发〔1979〕66 号）文件规定①，助教与讲师的教师

---

① 根据 1960 年 3 月 5 日颁布的《国务院关于高等学校教师职务名称及其确定与提升办法的暂行规定》和中共中央中发（1979）66 号文件规定，各级教师职称的批准权限：确定助教，须经校务委员会批准。确定或提升讲师，须经校务委员会批准，并报所在省、市、自治区高教（教育）厅（局）备案。确定或提升副教授，须经校务委员会讨论通过，报所在省、市、自治区高教（教育）厅（局）批准，并报教育部和有关主管部委备案。确定或提升教授，须经校务委员会讨论通过，报所在省、市、自治区高教（教育）厅（局）审定，报教育部批准。新建高等学校、大学专科学校和大学分校、基础大学教师确定与提升讲师职称，根据目前情况，尚需要报省、市、自治区高教（教育）厅（局）批准。经过一定时期，如有的学校条件成熟，可由省、市、自治区高教（教育）厅（局）决定，由校务委员会批准讲师。在高等学校校务委员会未建立以前，有关确定与提升教师职称的工作，在校内仍按过去规定办理。

职称的批准权限由高校校务委员会批准并报所在省、市、自治区高教(教育)厅(局)备案。确定或提升副教授,须经校务委员会讨论通过,报所在省、市、自治区高教(教育)厅(局)批准,并报教育部和有关主管部委备案。确定或提升教授,须经校务委员会讨论通过,报所在省、市、自治区高教(教育)厅(局)审定,报教育部批准。1986 年实行教师聘任制后,改革的重点转向岗位,不同岗位的职责对应的责权,教师的教学、科研、社会服务等均有明确的规定和相应的考核。1993 年《关于普通高等学校内部管理体制改革的意见》已将教授、副教授的审批权从中央一级转移到省市一级,即省、市、自治区教育厅有权审定、批准教授、副教授,报教育部备案。2000 年《关于深化高等学校人事制度改革的实施意见》进一步强化了岗位聘任制,要求探索建立以岗定薪、按劳取酬、优劳优酬、以岗位工资为主要内容的校内分配办法。同时建立了不同系科、学院等基层评审组织的竞争性聘任鉴定、学校学术委员会或教师评审委员会的评审、到校务会的审核,直至地方省区学科组和省高校评审委员会的鉴定,最后按照核定的学校岗位总量与工资总额及教师职务结构比例控制由地方省教育厅或教育部的最后审核批准。这一聘任制权限的链条之长及复杂根本还是计划经济的遗产,根源是事业机构的财政拨款体制和事业机构人事制度不适应市场经济制度环境。2010 年以来,很多高校已取得副教授的审批权,部分高校还取得了教授的审批权。2017 年 1 月中共中央办公厅国务院办公厅发布《关于深化职称制度改革的意见》,要求教师职称评审权全部下放学校。2017 年 3 月 31 日教育部联合中央编办、发展改革委、财政部和人力资源和社会保障部联合印发《关于深化高等教育领域简政放权放管结合优化服务改革的若干意见》,主要将教师职称评审、学位授予权、学科专业设置、人员编制、薪酬和岗位管理、财务资产管理等权限下放到高校。《意见》规定,高校自主制订本校教师职称评审办法和操作方案。职称评审办法、操作方案报教育、人力资源和社会保障部门及高校主管部门备案。将高校教师职称评审权直接下放至高校,由高校自主组织职称评审、自主评价、按岗聘用。2018 年 1 月《中共中央国务院关于全面深化新时代教师队伍建设改革的意见》中,重申将职称评审权直接下放至高等学校[1],由高等学校自主评审、自主评价、按岗聘任改革高校教师薪酬制度。建立以增加知识价值为导向的收入分配机制,扩大高校收入分配自主权,高校在核定的绩效工资总量内自主确定收入分配办法[2];高校教师依法取得的科技成果转化奖励收入,不纳入本单位工资总额基数。在高等学校,职称评审即职务聘任,此处可以把这一职称评审权理解为教师职务聘任权。该《意见》提出,经过 5 年左右努力,普遍建立事权人权财权相统一的教师管理体制。现有教师管理"三权"不匹配的问题指"事权比重渐高,人权归属多门,财权重心偏高,'三权'责任不对等,事权、人权与财权之间缺乏刚性互动机制,造成教师管理过程出现'管事没有权、进人没有权、用钱没有权'的问题,事权人权财权失衡现象日益明显,最终影响教师的质量和

---

① 《大学教师评职称　学校自己说了算》,河南教育新闻网,http://news.haedu.cn/shengnazixun/2017/1201/1013695.html。河南省人社厅、省教育厅发出通知,今年起,河南省全面下放高校职称评审权限,高校今后将全面开展职称自主评审,建立个人自主申报、高校自主评聘、政府指导监督的职称制度。

② 2017 年 3 月 31 日,教育部联合中央编办、发展改革委、财政部和人力资源和社会保障部共同印发《关于深化高等教育领域简政放权放管结合优化服务改革的若干意见》中提出,积极探索实行高校人员总量管理。教育部会同中央编办、财政部等相关部门制订高校人员总量核定指导标准和试点方案,积极开展试点。试点高校人员总量实行动态调整。纳入总量管理的人员享有相应待遇和保障。

素养提升。普遍建立事权人权财权相统一的教师管理体制,是 2035 年达成教师管理体制机制科学高效、实现教师队伍治理体系和治理能力现代化的基本制度安排[①]。

高校各级教师职称的审批权变化的四个阶段充分体现了中央主管部门与地方教育行政部门和学校三者之间的分权关系(其中还包括负责主管的人力资源保障部门)。第一阶段中央部门逐步放权,教师职称评审权力向下或平行移动,学校和地方教育行政部门的权限逐步加大;第二阶段是教授的审批权权限由中央部门下放到省、市、自治区或平行移动到主管部委,部分高校有权审定副教授甚至教授任职资格;第三阶段是教授任职资格评审权的授予,由学校提出申请,经教育主管部门和人事(职改)部门审核,报中央主管部门批准,并抄报人事部门备案;第四阶段是高校充分享有教师聘用权,依法自主聘任教师,吸引优秀人员从教。即高校教师职称评审与职务聘任统一由高校自主决定。根据 2017 年 3 月 31 日,教育部联合中央编办、发展改革委、财政部和人力资源和社会保障部联合印发了《关于深化高等教育领域简政放权放管结合优化服务改革的若干意见》的规定,关于教师职务的评聘权目前已发展到第四阶段,即高校充分享有教师的评聘权。在改革高校编制及岗位管理制度中还涉及各地高校总量控制问题。教育部会同中央编办、财政部等相关部门制订高校人员总量核定指导标准和试点方案,积极开展试点。试点高校人员总量实行动态调整。纳入总量管理的人员享有相应待遇和保障。也就是说,2017 年中央将高校高级职称评审与职务聘任下放到学校,但还需要进行总量控制试点。但经过 40 年,高校在自主聘任教师权限上终于真正实现了自主。这是高校学术自治的前提,也是高校现代治理的核心,真正释放了高校治理现代化的制度创新空间。

1949—2018 年我国高校教师职务聘任制度发展状况,见微信 3-14。

根据分析,2007—2017 年,高等教育教师职称评审制度与教师职务聘任制改革迈出了关键一步,其高校教师职务聘任权已归属高校,从一定意义上,突破了《高等教育法》第 37 条"按照国家有关规定,评聘教师和其他专业技术人员的职务,调整津贴及工资分配",高等学校享有所有教师聘任权。但是,由于政策实施上还存在省级及以下部门的横向落实,在学校还需要制定相应具体落实细则。实际教师职务聘任制的落实还需要一段时间。则 **1978、1985、1995、2006、2017 年普通高校教师职务评聘权转型程度类指数分别为 0、0. 40、0. 60、0. 80、0. 90。**

(2) 校内机构设置权。 高校内部机构设置自主权在改革之初就归置高校,但是,由于高校与政府的管办关系以及政府行政性审批制度的多重复杂因素,高校内部的行政性机构多数是要与政府一些职能部门上下对齐;20 世纪末的一些高校合并与 21 世纪初高校扩招使其规模大大扩展,在学校内部行政管理机构的设置上造成与其他事业机构的弊病一样,管理半径加大,机构过多、庞杂臃肿、职能交叉、效率低下;学术机构与行政机构职能混淆,存在替代现象;非教学人员偏多,与行政机构行政级别看齐,行政化倾向严重;学校与地方和企业多元合作实体不断增加,学校虚体机构成为继教学机构、科研机构的第三大机构。陈廷柱 2010年对国内外 500 余所高校的学院设置比较发现,国内公办学校平均学院设置数量为 19. 89,国外高校平均学院设置数量为 8. 73。付梦芸归纳的原因有五条:学校规模扩张、学校发展战

[①]《建立事权人权财权相统一的教师管理体制》,教育部官网,http://www.moe.gov.cn/jyb_xwfb/moe_2082/zl_2018n/2018_zl55/201808/t20180831_346714.html.

略变化、知识分化与整合、学院制改革、各方利益博弈①。陈廷柱则认为，过度行政化是我国高等教育管理体制的基本特征，也是造成我国高校院（系）数量膨胀的根本原因②。他指出20世纪80年代以综合化为取向的院系结构调整受高等教育大众化进程而一直不能实施，反而其数量变本加厉急剧膨胀。由于与行政级别对应，在学院或学系的组织建制与管理层次中就需要独立或分离出来，以获得同级别行政性待遇的教学或科研机构。2010年《国家中长期教育改革和发展规划纲要（2010—2020年）》提出克服行政化倾向，取消实际存在的行政级别和行政化管理模式。这表明虽然高校内设机构设置权已在学校，但深受政府行政管理影响，无论是学校行政机构还是教学科研机构存在的行政化倾向仍然十分严重。

高校机构设置改革情况。 自20世纪80年代以来国家就强调精简机构压缩编制，世纪之交，高等学校普遍进行了新一轮的管理体制改革，按照教育部2000年下发的《关于深化高等学校人事制度改革的实施意见》，学校党政职能部门的设置要符合精干高效原则，职能相近的部门合并、内设机构不必上下对口、提高生员比（6：1）与生师比（13：1）[2017年普通高校生师比为17.52：1，其中，本科学校17.42：1，高职（专科）学校17.74：1③]等。但因扩招引起的学校普遍规模扩大特别是合并或新校区的建设使学校机构普遍增加，各高校普遍进行了机构调整，机关处级机构精简力度达到30%左右，人员减少40%左右④。但如政府机构精简—膨胀—再精简—再膨胀一样，高等学校在大学治理结构的制度创新中，有必要也有可能从现代大学的功能、技术与优化配置综合考虑到内部机构设置改革的根本出路，特别是取消行政级别、不再向政府内设机构对齐是基本前提；同时，以学术本位为核心，将大学管理重心下放到学院，进一步放权给基层院所；作为面向国内资源与国外资源的大学如何利用信息技术及虚拟平台，充分发挥网络效能、优化资源配置。本课题对改革开放40年的高校组织机构的实证调查分析在第六章第一节，尽管有关调查设计与收集数据有一定难度，但所分析的基本结论有助于对高校内设机构自主权的理解和把握。

1986年，国务院下发《高等教育管理职责暂行规定》，高校在不需主管部门增加投资和人员编制情况下，可以自行决定单独设立或与其他单位合办科研机构，或者是教科研产联合体。

1992年，国家教委印发《关于国家教委直属高校深化改革，扩大办学自主权的若干意见》的通知（简称"16条"）提出，学校有权依据实际需要确定校内机构的设置和人员配备。

2000年，中共中央组织部、人事部、教育部出台《关于深化高等学校人事制度改革的实施意见》，在设置党政职能部门方面，强调高等学校的内设机构不要求上下对口。

2007年5月，人事部、教育部制定了《关于高等学校岗位设置管理的指导意见》。要求高等学校特设岗位的设置须经主管部门审核后，按程序报设区的市级以上政府人事行政部门核准。具体管理办法由各地区、各部门根据实际情况制定。国务院各部门所属高等学校的

---

① 付梦芸：《华中科技大学院系数量扩张的原因及其影响探析》，硕士学位论文，华中科技大学教育科学研究院，2011，第1—2页，第10—11页。
② 陈廷柱：《我国高校院（系）数量膨胀现象探源》，《高等教育研究》2014年第9期，第9、13、14页。
③ 据2017年全国教育事业发展统计公报。高校生员比没有对外披露数据。普通高校生师比，不含分校点数据，学生总数为折合学生数。
④ 康宁：《中国经济转型中高等教育资源配置的制度创新》，教育科学出版社，2005，第300页。

岗位设置方案经主管部门审核汇总后,报人事部备案。省(自治区、直辖市)政府所属高等学校的岗位设置方案经省级教育主管部门或上级主管部门审核后,报本地区人事厅(局)核准。地(市)以下政府所属高等学校的岗位设置方案经地(市)级教育主管部门审核后,报地(市)政府人事行政部门核准。高等学校在核定的岗位总量和结构比例内,自主进行岗位聘用工作。应在岗位有空缺的条件下,按照公开招聘、竞聘上岗的有关规定择优聘用。

2015年修订的《高等教育法》第37条延续了1998年颁发的《高等教育法》的规定,高校自主确定教学、科学研究、行政职能部门等内部组织机构的设置和人员配备。

2017年3月31日,教育部等部门联合印发了《关于深化高等教育领域简政放权放管结合优化服务改革的若干意见》(以下简称《意见》),《意见》指出高校自主设置内设机构。高校根据办学实际需要和精简、效能的原则,自主确定教学、科研、行政职能部门等内设机构的设置和人员配备。鼓励高校推进内设机构取消行政级别的试点,管理人员实行职员制。高校依法自主管理岗位设置。高校根据国家有关规定在人员总量内组织制订岗位设置方案和管理办法,并主动公开,接受监督。岗位设置方案应包括岗位总量,教学科研、管理服务等各类岗位的名称、数量、结构比例、职责任务、工作标准、任职条件等。

虽然政府已将校内机构的设置权让渡高校,由于党务、监察、纪检、审计、国资等各类部门都有其上级组织特殊的设置制度要求,加之以往政府周期性行政管理的膨胀特点以及对高校屡禁不止的行政审批与过度干预,实际上无相关法律制止存在扩张或对位上级行政组织及导致学术组织行政化的可能。

由此,**1978、1985、1995、2006、2017年普通高校校内机构设置权的转型程度类指数分别设为0.20、0.40、0.80、0.90、0.95。**

(3) 合同聘任制教师所占比例。由教师任命制转向教师聘任制,实现高校教师能进能出、职务能上能下、待遇能高能低,这是一个渐进式的改革过程。教师聘任制是在符合国家法律制度的情况下,聘任双方在平等自愿的前提下,由学校或者教育行政部门根据教育教学岗位设置,聘请有教师资质或教学经验的人担任相应教师职务的一项教师任用制度。教师法明确规定,学校和其他教育机构应当逐步实行教师聘任制。由学校或者其他教育机构与教师签订聘用合同的制度,只有签订了聘用合同,取得教师资格的公民才能够从事教育教学活动,相关教师的权利义务才变为现实的权利义务。推行教师聘任制对建立一支合格稳定的教师队伍,提高学校办学的自主性,调动广大教师教书育人的积极性,提高教师的社会地位和待遇,提高教育和教学质量以及推动学校内部管理体制改革,促进教师合理流动,增强教师队伍活力,具有重要意义[①]。高校教师聘任制是基于大学学术本位及以人力资本特征集合的组织特性,深受人才市场发育状况、竞争机制引入的力度和依法享有合法性的程度的影响,也深受高校竞争性岗位聘任制度、考核评定晋升机制、终身教职激励相容机制等制度完善性制约,同时,作为大学学术本位的制度环境,合约双方也深受学校所看重的价值使命、学术规范、学术自治、学术生态等非正式制度影响。作为一种公开、平等、竞争、择优的新型教师任用与管理制度,2000年,中组部、人事部、教育部联合发出的《关于深化高等学校人事制度改革的实施意见》要求强化岗位聘任制,要求探索建立以岗定薪、按劳取酬、优劳优酬、以岗位工资为主要内容的校内分配办法。部分试点学校新聘用的教师按新的合同规定管

---

① 参见百度百科"教师聘任制"词条。

理。虽然高校聘任制教师逐年增长①,占专任教师的比例逐年提高,但很多学校面对传统人事制度的束缚很难实施。这里所指的聘任制教师不是指学校编制内教师,而是由于世纪初高校招生规模扩大,多数高校教师数量相对短缺,但学校教师编制已不能增加,只有突破现有教师编制束缚,面向国内外人才市场进行招聘,实际上是编制外教师。

高校的教师聘任制改革状况,见微信 3-15。

实行教师的合同聘任制是中国推进社会主义市场经济条件下高校管理制度的必然趋势,是基于学科建设和教学、科研任务的需要,科学合理地设置各级各类岗位,在明确岗位职责、任职条件、权利义务和聘任期限的前提下,按照规定程序对各级各类岗位实行公开招聘、平等竞争、择优聘用,并通过签订聘用(聘任)合同确定双方的权利和义务。体现了平等自愿的原则,确立受法律保护的人事关系,淡化"身份"管理,强化岗位聘任。从单向的依附关系转向双方自主选择,从行政管理转向受法律保护的人事契约关系,对高校教师资源配置转型产生重大影响。"合同制"教师的普遍实行即宣告事业编制时代的终结,消除现有长期存在的事业编制与合同制两种身份"双轨"并存,特别是隐藏在身份后面的"同工不同酬"。解决双轨制的问题便是彻底取消编制,此处取消教师编制指的是高校取消教师事业编制,改成各大高校自主聘用②。高校可以一视同仁聘用教师,教师职称评定也将打破学历、资历、论文、外语和计算机应用能力考试统一的要求,以品德、能力、业绩为主要导向。当然,由于目前社会保障制度还不完善,特别在退出机制上还不能完全反映激励制度的本质,在人事资源配置优化上制度设计还不完善,现实中是否体现了制度设计原意还有待进一步实践检验。高校合同聘任制教师暨教师聘任制沿革,见微信 3-16。

表 3-4-F1　2002—2015 年公办与民办高校聘任制教师情况

	民办高校		普通高校		聘任制教师所占 比例相差(百分点)
	聘任制教师 人数(万人)	聘任制教师 所占比例	聘任制教师 人数(万人)	聘任制教师 所占比例	
2002 年	1.1	47.9	6.4	10.5	37.4
2003 年	1.5	47.4	7.7	11.1	36.3
2004 年	3.6	45.8	11.1	13.2	32.7
2005 年	5.4	46.8	14.8	15.5	31.3
2006 年	7.3	49.0	17.8	16.7	32.4
2007 年	9.5	53.3	21.8	18.7	34.5
2008 年	11.5	56.7	24.0	19.5	37.3
2009 年	12.8	58.0	26.5	20.5	37.5
2010 年	14.2	59.9	28.5	21.3	38.7

---

① 高校聘任制教师主要指人事制度改革中高校招聘任用的长期全时教学人员,聘任关系在学校,但档案、户籍关系不一定在学校的教师。

② 《编制全部取消！国家干部变身"合同工"！这个地方已经开始实行》,搜狐网,http://www.sohu.com/a/329104066_700310。

（续表）

	民办高校		普通高校		聘任制教师所占 比例相差（百分点）
	聘任制教师 人数（万人）	聘任制教师 所占比例	聘任制教师 人数（万人）	聘任制教师 所占比例	
2011年	15.7	62.6	29.2	21.0	41.6
2012年	18.2	68.0	33.0	23.0	45.1
2013年	19.5	69.3	36.2	24.3	45.0
2014年	21.7	73.8	38.2	25.0	48.8
2015年	24.3	79.8	41.6	26.5	53.3

注：（1）民办高校中还有部分为兼职教师，退休教师。因而合同聘任教师比重也是一个逐步递进过程。

（2）公办教师实施聘任制与合同聘任制是有差异的。民办高校实行教师聘任均为合同制聘任。

（3）根据调研，2012年以来，公办高校实施人事制度改革，更多的学校对所有教师都实行了职务聘任制，但并不是都签署合同。一般只对外聘且没有编制的教师实行合同制聘任，这类教师具有流动性。而在编的教师即使实行聘任也无法辞退。2014年事业机构新一轮改革主要是突破这一瓶颈。真正打破"铁饭碗"，实行所有教师纳入社会保险签署合同聘任制，但这一进程还需要时间。

见表3-4-F1。根据2002—2015年期间的数据，结合政策实施与文献资料进行综合评判发现。在不同类型高校中，可以看到因为高校的举办性质不同，面向市场配置的"距离"就不同，在合同聘任制教师的比例上存在一定差异。调查所知，2000年以后，特别是近10年来，地方新办高校的合同聘任制技师比重约占不断升高，其中以民办高校和高职高专类高校的合同聘任制教师为主，其市场化配置共识程度也较高。2016年约占高校总数28.58%的民办高校基本都是合同聘任制教师（2018年全国普通高校2 663所，其中民办高校749所），公立高职高专学校的聘任比例也比较高，依次为公立普通本科高校、具有研究生院的高校。越是新举办的学校，越是市场配置的举办性质，学校聘任制度实施就越顺利；越是综合类高校、办学年头久的高校，学校聘任制度的实施难度大。虽然许多学校都声称实行全员聘任制，但实际上真正履行合同制聘任的教师比例并不高，这里所指的合同制聘任教师并不包括含有编制的教师，如合同制教师不能完成规定的合同要求，学校可按照合同规定予以辞退，但是编制内教师尚不执行此规定。另外，高校组织特性存在着"圈养"以生成学术大师的生态传统。因此，在现有人事设计中，新聘用教师在入职后的6—9年左右会实行"不聘即走"的制度，但之后成为终身教职后的激励设计还不成熟，选择怎样的机制将固化的生态传统"盘活"，需要整个社会观念和制度进化来接纳高校人事制度改革。所以，虽然都称为合同聘任制，但实际上有很大的区别。按照表3-4-F1关于全国普通高校与民办高校聘任制教师情况①，2015年民办高校聘任的合同聘任制教师占比为79.8%，普通高校为26.5%，根据合

---

① 我国普通高校教师实施聘任制与合同聘任制是有差异的，表中的普通高校教师聘任人数主要应指公办高校教师聘任，是相对于编制之外的教师。民办高校实行教师聘任均为合同制聘任。2012年以来，公办高校实施人事制度改革，更多的学校对所有教师都实行了职务聘任制，但并不是都签署聘任制合同。一般只对长期全时聘用且没有编制的教师实行合同制聘任，这类教师具有流动性。而在编的教师即使实行聘任也无法辞退。同时，公办民办高校都聘用了短期国内外教师。2014年事业机构新一轮改革主要是突破这一瓶颈。真正打破"铁饭碗"，实行所有教师纳入社会保险签署合同聘任制，但这一进程还需要时间。

同聘任制教师在普通高校与民办教师总量中的比重加权测算,聘任制的教师在高校教师中占比为 38.7%。根据全国事业机构改革时间表和 2016—2017 年改革情况,高校合同聘任制力度正在不断加大,且 2017 年中央已明确涉及 3 000 万事业机构人员取消编制仍分类改革总体目标的时间点是 2020 年。这一改革的实行细则尚在修订之中,要实现能进能退的高校教师全员合同聘任制虽还在期待中但已是趋势。因此,将 2007—2017 年期间的全国高校合同聘任制教师所占比例定为 0.40。**1978、1985、1995、2006、2016 年区间普通高校合同聘任制教师所占比例的转型程度类指数分别为 0、0、0、0.20、0.40。**

（4）**教师收入分配转型度。**改革开放以来,高校教师工资制度的转型趋势主要是由高度集中的统一工资制度向市场、绩效、能力导向的薪酬制度转换。教职工收入分配是高校内部管理制度的重要方面,收入分配权限的设定对教职工资源的配置调节有着重大影响。本研究将主要分析教师收入分配情况,主要以薪酬为主。教师收入分配权限的转型,现阶段中国主要表现为收入分配权在中央政府、地方政府和高校之间的转移让渡,但主要决策权仍然在中央。彭剑锋将高校教师的薪酬内涵界定在经济性薪酬部分,即高校教师的薪酬构成主要包括国家工资、地方性津补贴、福利性收入和校内岗位津贴四部分[1]。因为,在具体测算上,福利性收入很难取得一致性。**一般研究主要将教师工资收入界定为中央政府决定的国发工资标准、地方政府决定的地方性津贴规定和学校自筹自主决定的校内岗位津贴规定三部分组成。**具体来说,高校教师国家工资执行国家统一的事业单位工资制度与工资标准（参照公务员工资标准）,由固定部分的职务等级工资与津贴两块构成。高校教师地方性津补贴又称“地方工资”,是按照办学所在地政府相关政策规定,参照属地事业单位人员标准执行的各种津贴和补贴,如省职务岗位津贴、同城待遇等。地方性津补贴的种类、标准因地区不同而存在差异,实行属地化政策。校内岗位津贴则是高校分配制度改革以来的新增项目,除少部分获得国家“985”资助的高校外,其他高校校内岗位津贴主要来源于学校创收与办学收费,由学校自定政策发放（高校教师福利包括带薪休假、医疗保障、在职培训、福利分房或住房补贴、子女就业、养老保险金或退休生活费等）。在不同类型高校,津贴的高低由其创收能力决定;在同一类型高校,津贴的多少则主要取决于任职者的专业技术职务和绩效考核结果,专业技术职务越高,在同一专业技术职务内绩效考核结果越好,津贴就越多[2]。同时,邢志杰发现,教师科研投入,特别是科研业绩,不仅是教师岗位聘任中的重要影响因素,同时与教师薪资高度相关[3]。国外相关研究也验证科研是决定高校教师薪资增长和晋升的重要因素[4]。因而,我国分类转型后研究型大学或教师参与科研工作的教师薪资都呈现高于其他教学类高校教师的现象,即教师薪资与院校或学科的组织禀赋有密切关联。大量海外研究发现,高校教师薪资水平与所属高校的类型、学科、教师工会制度和薪资协商制度等组织特

---

① 彭剑锋:《人力资源管理概论》,复旦大学出版社,2003,第 373—376 页。

② 文跃然、欧阳杰:《高校教师职业特点及其收入分配改革研究》,《中国高教研究》2004 年第 S1 期。

③ 邢志杰:《影响高校教师岗位津贴收入分配的因素分析》,载《中国教育经济学年会会议论文集》,中国教育经济学年会,2005。

④ B. H. Tuckman and H. P. Tuckman,"The structure of salaries at American universities,"*The Journal Higher Education*,No.1(1976):51 - 64.

　T. Melguizo and M. H. Strober,"Facuty salaries and the maximization of prestige,"*Research in Higher sducation*,No.6 (2007):633 - 668.

征密切相关①。鲍威、吴红斌的实证研究发现,薪资的结构性差异不仅在区域层面,即薪资区域分布呈现出明显的沿海发达地区高,而内陆经济落后地区,特别是中部地区呈塌陷的结构特征。同时体现在院校层面。主要凸显在研究型大学和教学应用型大学之间。以 2013年为例,换算为可比性价格后,原"985"大学的教师年人均薪资达到 81 215 元,高职院校年人均薪资为 49 698 元,前者为后者的 1.63 倍②。陈晓宇认为,教师薪资是高校组织对教师努力工作的物质肯定,薪资水平不仅直接影响教师的职业满意度、学术产出和科研合作,同时也是高等院校吸引、激励、稳定核心人才,推动高校学术生产力和人才培养质量提升的重要途径③。在改革开放 40 年中,高校在教师薪酬领域的决定自主权不断增大,高校薪酬分配的总量、结构和机制都发生了很大变化。国家工资、地方性津补贴和校内岗位津贴三部分构成高校薪酬制度的多元格局,它们在工资收入中形成比重变化,既反映了高校教师收入分配自主决定的程度,这个程度即体现政府让渡的程度,也反映了市场竞争性资源配置对高校薪酬的影响程度。本研究只是考察这一比重的实际发生状况。

我国高校教师薪资制度改革状况,见微信 3-17。

高校教师工资结构制度从国家工资扩展为国家工资、地方性津补贴和校内岗位津贴三部分的历史沿革主要经历了结构工资制(1985—1992 年)、职务等级工资制(1993—1998 年)、岗位津贴制(1999—2005 年)、岗位绩效工资制(2006—2017 年)。梁丽芝、李磊对这一转换提出相应"一元"结构时期,即 1949 年中华人民共和国成立到 1992 年之前,全国高校实行与国家机构和其他事业单位统一的单一薪酬工资制。"二元"结构时期即1993—1999 年,高校逐步实施岗位津贴制度与国家工资制度相捆绑形成两元性的利益结构。"三元"结构时期为 2000 年之后,我国高校全面推进岗位聘任制,特别是 2006 年由中国科学院率先实行由基本工资、岗位津贴和绩效奖励构成的"三元"结构工资分配制度④。按照 2006 年人事部、财政部和教育部联合下发的[关于印发《高等学校、中小学、中等职业学校贯彻〈事业单位工作人员收入分配制度改革方案〉三个实施意见》的通知](国人部发〔2006〕113 号)文件,更多高校教职工的工资体系由原来的职务等级工资体系顺利转入岗位薪级工资体系。中国农业大学实行教职工工资主体结构上的"三元制",即由基本工资、岗位津贴、绩效津贴三大部分组成。基本工资按国家标准发放,岗位津贴按照所任职务级别确定岗位工资系数,根据学校财力状况和学校发展需要确定岗位工资基数,定期进行调整。体现岗位差别,维持相对稳定,适当拉开差距,体现激励导向,向院士、长江学者等领军人才倾斜,使水平高、贡献大的人才得到更好的待遇。不少高校都按"基本工资、岗位津贴和业绩津贴"相结合的三元薪酬结构体系靠拢,形成系数与基数结合的动态工资管理模式。之后高校的所有改革措施都是在"三元"结构上有所调整。

---

① 鲍威、吴红斌:《象牙塔里的薪资定价:中国高校教师薪资影响机制》,《北京大学教育评论》2016 年第 4 期,第 116 页。

② 鲍威、吴红斌:《象牙塔里的薪资定价:中国高校教师薪资影响机制》,《北京大学教育评论》2016 年第 4 期,第 124 页。

③ 《高校教师薪资差距:沿海高于内陆 985 高于高职》,腾讯网,https://edu.qq.com/a/20160808/004885.htm。

④ 梁丽芝、李磊:《高校新"三元"结构薪酬制度的构建及其实现路径》,《教育发展研究》2015 年第 21 期。

2005年3月教育部人事司《高等学校收入分配情况及改革基本思路课题研究报告》中的调查数据证实了上述"三元"结构:在职人员的收入分配中,国家工资(含70%职务工资和30%津贴)占30.6%,校内岗位津贴占33.8%,地方性津补贴占25%,福利收入(包括住房公积金、住房补贴、社会保险等)占10.6%,见表3-4-F2。各地高校教职工收入分配方式呈现多元化,校内岗位津贴和地方性津补贴已经成为重要组成部分,国家工资在高校教师收入结构中不足三分之一,已不占主导地位①(表3-4-F3)。

表3-4-F2 2005年高校教职工收入分配与人员经费来源结构比较

	政策性收入分配:66.16%			高校自主分配:33.81%
收入分配	国家工资	地方性津补贴	福利	校内岗位津贴
	30.60%	24.98%	10.58%	33.84%
	财政拨款:64.4%			自有资金:35.6%
经费来源	中央拨款	地方拨款	学费收入	学校自筹
	46.1%	18.3%	22.9%	12.7%

注:本研究难以获得近几年相应的文献资料。根据本研究考察,高校仍然基本按"基本工资、岗位津贴和业绩津贴"相结合的三元薪酬结构体系。2016年,鲍威、吴红斌的研究认为,高校教师薪资制度已形成"市场驱动"为主、"财政保障"为辅的二元化结构。两者区别,前者主要是指薪酬结构,后者主要是指经费来源。

表3-4-F3 2007年上海公办高校教职工收入分配与人员经费来源结构比较

单位:%

	合计	基本工资	国家和地方津贴补贴	学校自行发放	13个月工资
部属高校	100.0	28.00	29.70	39.32	2.99
市属高校	100.0	22.96	27.17	46.13	3.74
	财政拨款		学校自筹		
部属高校	100.0	60.68	39.32		
市属高校	100.0	53.87	46.13		

注:(1)资料来源:上海市教委《2007年机关、事业单位工作人员工资统计报表》。

(2)学校自筹经费为学校自行发放部分。

(3)上海高校教师经费来源结构表明了财政出资与学校自筹比例。上海高校教师经费结构来源补充了全国2005年数据。近年数据缺失。

为了弥补国家工资长期以来供给不足的矛盾,依靠政府不断的放权给地方和学校,各地和高校自行探索薪酬制度改革,基本形成了高校教师薪酬在国家保障、岗位配置、个人激励上的三重功能。这些改革的趋势反映了高校收入分配的市场化程度越来越高,2017年鲍威等对中国高校教师薪资制度改革的分析及其二元化结构特征的描述证实了这一点。**主要表现在四个方面:一是收入分配方式和收入决定因素的多元化,从单一的强调按劳分配到逐步考虑劳动、资本、技术、管理等各种生产要素参与分配;二是收入和薪酬水平定位的逐步市场趋向,从主要考虑工资的生活保障功能到逐步考虑薪酬水平定位在人才市场的竞争力;三是**

① 康宁:《中国高等教育资源配置转型程度指标体系研究》,教育科学出版社,2010,第140页。

收入分配主体的多元化和薪酬管理重心的逐步下移,高校在薪酬决策领域中的自主决定权逐步增大①,四是薪酬体系更倾向体现岗位差别与激励导向,向学校需求的院士、长江学者等领军人才倾斜,使水平高、贡献大的人才得到更好的待遇。这些特点依旧体现在现行高校收入分配制度中。

表 3 - 4 - F4　1949—2017 年高等学校工资制度变迁

阶段	起止时间	时期	工资制度	阶段特点
第一阶段	1949—1952	国民经济恢复时期	供给制与薪金制共存,并不断调整	对解放区和部队来的干部实行供给制;对新接管来的高等学校教职员,按照"原职原薪"的政策实行薪金制;中华人民共和国成立以后新参加工作的人员,大部分实行薪金制。当时的薪金制也是以实物为基础的,将薪金折合成"工资米"计算。
第二阶段	1952—1955	社会主义改造时期	逐步完成工资货币化改革	中央政府进行工资制度改革,确立了以"工资分"为计算单位的工资等级制度,1955 年 7 月,国家工作人员实行的供给制和薪金制,统一改为货币工资制,以人民币为计算单位。与此同时,事业单位也实行了货币工资制。
第三阶段	1956—1977	计划经济时期	实行高度集中统一的等级工资制	1956 年中央政府在企业、事业和国家机关进行了第一次全国性的工资制度改革,建立了全国统一的职务工资等级制度,取消物价津贴制度,改行 11 类工资区制度、1958 年至 1965 年,多数高等学校建立了经常性的奖励制度。"文化大革命"期间,奖励制度被停止实行,改为附加工资。
第四阶段	1978—1992	有计划的商品经济时期	逐步建立并实行以职务工资为主的结构工资制	从改革开放至 1984 年,我国高等学校逐步进行了以考核和奖励为主要内容的一系列校内分配制度改革探索。1985 年,国家进行了第二次全国性的工资制度改革,建立了结构工资制。结构工资由基础工资、职务工资、工龄工资和奖励工资四个部分组成。
第五阶段	1993—1998	社会主义市场经济体制建立初期	实行职务等级工资制	1993 年,国家进行了第三次全国性工资制度改革,将企事业单位与国家机关的工资制度脱钩;企业逐步实行工效挂钩的工资制度;国家机关建立了公务员制度和职级工资体系;高等学校建立了固定工资与活工资相结合的职务等级工资制度,活工资比率按经费来源性质不同(全额拨款、差额拨款、自收自支)有所差别,并将一部分物价、福利性补贴纳入工资,建立了正常增加工资机制。
第六阶段	1999—2005	社会主义市场经济体制步深化时期	大部分高校实行了岗位津贴制度	大多数高等学校深化了人事分配制度改革,建立了岗位津贴制度,其特点是在政府的政策支持和宏观指导下,高等学校自主进行的校内分配制度改革。

---

① 康宁:《中国高等教育资源配置转型程度指标体系研究》,教育科学出版社,2010,第 139 页。

（续表）

阶段	起止时间	时期	工资制度	阶段特点
第七阶段	2006—2017	社会主义市场经济体制逐步完善时期	向市场导向、绩效导向、能力导向的薪资报酬体系转化	实施高校岗位绩效工资制度。高校教师薪资制度已形成"市场驱动"为主、"财政保障"为辅的二元化结构。绝大多数公立高校都按"基本工资、岗位津贴和业绩津贴"相结合的三元薪酬结构体系靠拢，形成系数与基数结合的动态工资管理模式。

注：(1) 关于高等学校工资分配制度改革的有关资料主要参考来源是教育部主管人事部门组织撰写的《高等学校收入分配情况及改革基本思路研究》报告(2005年3月)。有16个高校与教委机构参与。该报告内容翔实，事实充分，有理有据，是一份很有价值的历史文献。

(2) 参考2014年教育部主管人事部门《教育部直属高校深化人事制度改革报告汇编》资料。

(3) 参考鲍威、吴红斌《象牙塔里的薪资定价：中国高校教师薪资影响机制》，《北京大学教育评论》2016年第4期，第127页。

(4) 参考北京大学教育学院/教育经济研究所"全国教育经费统计管理信息系统"研发项目组（陈晓宇）的阶段性研究成果之一。陈晓宇：《高校教师薪资20年涨5倍，多吗？看看差距：沿海高于内陆，985高于高职》，《中国青年报》2016年8月15日。

从上表3-4-F4我国高等学校工资制度变迁可以看到，高等学校作为事业编制的工资管理制度基本同政府机构的调整同行，在薪酬分配上将教师、科研人员同行政人员相当。这种配置带有长期计划经济体制的特点，在改革步入深水区后，越来越显露出不相适应甚至阻碍人才优化流动稳定的弊端。虽然除统一规定的国家工资外的绩效薪酬已出现了超过薪酬结构半数的趋势，但因为整体工资结构没有根本变革，所以造成高等学校薪酬制度的结构改革不能体现国家主体保障地位，不能反映国家对公办高校教师实施稳定预期特点的薪酬结构。现有依赖高校和专业等内设机构自主筹资分配的格局看起来有相当的自主权，但因矛盾下降，离能够遵循高等教育教师职业特点和规律、依法保障并体现稳定预期的薪酬制度还相差很远，甚至造成基层不同群体矛盾尖锐，朝令夕改的短期行为严重影响高校高质量教育目标的实施。

国务院于1956年4月开始统一了全国的工资分配制度，下令让政府机关、事业单位和国企均实行职务等级工资制度。

1985年开始，我国进行了面向机关单位、事业单位工作人员的工资制度改革。

1993年，国务院《关于机关和事业单位工作人员工资制度改革的通知》（国发〔1993〕79号）和国务院办公厅《关于印发机关、事业单位工资制度改革三个实施办法的通知》（国办发〔1993〕85号），明确提出要贯彻按劳分配原则，克服长期以来单一分配模式的平均主义。

1999年以来，国内兴起了新的一轮高校管理体制改革多采取的是国家工资和校内津贴并存的二元模式，开始实行校内岗位津贴制度，再逐渐在全国实行。

1999年5月，教育部在上海交通大学召开高校内部管理体制改革座谈会，随后下发了《关于当前深化高等学校人事分配制度改革的若干意见》，即16号文件。

1999年，在国家"985计划"的支持下，北京大学、清华大学率先实施符合高校教师职业特点的岗位津贴制度，给全国高校起到了极大的示范作用，突破了以往政府指令与指导为主的改革路径，引领全国高校开展了"象牙塔内的薪资革命"。

2000年中组部、人事部、教育部下发了《关于深化高等学校人事制度改革的实施意见》，即59号文件，在收入分配上进一步加力，给予高校四个方面自主权，激励高校积极探索适合本单位特点的多种分配形式和办法,将教职工的工资收入与岗位职责、工作业绩、实际贡献直接挂钩,高校普遍建立了以岗定薪、按劳取酬、优劳优酬、以岗位工资为主要内容的校内分配办法,努力实现"一流人才、一流业绩、一流报酬"。

从 2006 年 7 月 1 日起,我国开始进行第六次的政府机关和事业单位工作人员收入分配制度改革。高校根据人事部、财政部、教育部联合发布的《事业单位工作人员收入分配制度改革方案》《高等学校、中小学、中等职业学院贯彻〈事业单位工作人员收入分配制度改革方案〉三个实施意见的通知》,坚持"突出岗位、按岗取酬"的原则,逐步完善岗位设置管理,优化人员整体结构。坚持"按劳取酬、优劳优酬"的原则,适当拉开分配差距,兼顾效率与公平,将教职工的收入与岗位责任、工作业绩和贡献大小挂钩,与学校办学效益挂钩,建立符合高校自身特色的收入分配新型模式和管理机制,进一步提高办学质量、办学水平和办学效益。

从 2011 年 1 月 1 日起,在高校等事业单位推行实施绩效工资制度,目前绩效工资制度在高校的实施尚处在摸索阶段,实施绩效工资是高校收入分配制度改革的重要内容,绩效工资制度是高校教师考核激励体系的完善,将教师收入与岗位责任、工作绩效直接挂钩,有效解决"重岗不重绩、重量不重质"的尴尬局面,充分调动广大教师工作的积极性和创造性。

教师基本工资包含了职务工资和教龄工资,是薪酬中相对稳定的部分,根据教师的职称和所在岗位的性质等标准来确定,可以被看作是教师所受教育、拥有能力的一个函数。高校的职称序列是以教授、副教授、讲师、助教来设置,每一个序列又细化出若干档,组成了教师的基本薪酬部分。国务院第 652 号令规定基本工资的调整,原则上每两年一次。职务津贴制度,其作用在于教师提高工作质量和效率。因此它包括了课时津贴、导师津贴和科研津贴。社会福利保障包括养老保险、医疗保险、失业保险、生育保险、工伤保险、住房公积金及校内和地方的各种津贴等。绩效工资一般在学期末或是年终发放,以德能勤绩为标准分为全勤奖、绩效考核奖、年终奖金和科研贡献奖。绩效工资的支付标准是依据绩效考核,属于激励型薪酬,向高校教师传递"多劳多得、优劳优酬、业绩决定报酬"的薪酬讯号。

2015 年,人力资源和社会保障部、财政部联合发布《调整机关和事业单位工作人员基本工资的文件》(国办发〔2015〕3 号),将不同岗位专业技术人员的基本工资由 550—2 800 元,相应地提高到 1 150—3 810 元,薪级工资也明显提高。与此同时,文件还规定绩效工资相应降低的数额。2015 年基本工资大幅调整,在一定程度上补偿了 10 年未调整的欠缺,试图纠正绩效工资在工资构成中占比过高的结构性失衡问题。

2017 年 3 月 31 日,教育部、财政部等五部门联合印发了《关于深化高等教育领域简政放权放管结合优化服务改革的若干意见》(以下简称《意见》),《意见》指出健全符合中国特色现代大学特点的薪酬分配制度。支持高校推进内部薪酬分配改革。人力资源社会保障、财政等有关部门要支持高校建立健全有利于提高竞争力的内部分配机制,实行符合高校特点和发展要求的内部分配政策。人力资源社会保障、财政等部门在核定绩效工资总量时,充分考虑高校特点,重点加大对高层次人才集中、服务国家重大战略需求、着力培养拔尖创新人才高校的倾斜力度。高校根据备案人员总量、当地经济发展水平、办学层次等因素,自主确定本校绩效工资结构和分配方式。绩效工资分配要向关键岗位、高层次人才、业务骨干和做出突出成绩的工作人员倾斜。高校科研人员依法取得的科技成果转化奖励收入,不纳入绩效工资。

2018 年,1 月 20 日,《中共中央国务院关于全面深化新时代教师队伍建设改革的意见》指出要完善中小学教师待遇保障机制,大力提升乡村教师待遇,推进高等学校教师薪酬制度改革等。通过新时代的关于教师薪酬的系列改革不断提高教师的地位待遇,给予了学校更大的教师工资结构分配自由量裁权和自主决定权,使得教师工资分配更加多元、公平、均衡。

　　许多高校认为现有教师薪酬制度的问题主要是:不同学科和院系的课程设置及教学工作量差别过大、青年教师特别是讲师的教学工作量过大等;不同学科和院系的科研产出,特别是高水平成果产出差别过大;承担本科教学的院系和未承担本科教学的院系及综合交叉平台在绩效表现上没有良好的区分度;不同职级教师的业绩水平存在绩效低谷区等。这些问题为改革现有的激励机制,建设基于绩效的分类分层激励机制提供了重要依据。北京交通大学按照"保两头"的思路,自 2012 年起,适当提高高层次人才和新入职青年教师的薪酬水平,对新入职教师首聘期每月增加生活补贴 1 000 元,缓解青年教师生活压力;对全职院士、长江学者、杰青等高层次人才发放岗位津贴,稳定现有人才。不少高校也同样利用校内自主调节薪酬的权限对人才分层实施不同的政策资助。与外部制度相关联的问题有,岗位设置和岗位聘任后,必然有些编制内人员落聘,但是由于高校的社会保障制度,特别是住房、医疗、养老以及事业等问题的保障体系还未能真正建立起来,编制内落聘人员高校只能自行消化,或者暂时挂在相应的校内人才代理服务机构,或者采取内部退休的办法,无法实现人员的分流,无法打通高校和社会之间人员流动的进出口。这些都有待于整个社会保障体系的完善。许多高校正在积极探索各种生产要素按贡献参与分配的实现形式,鼓励优秀人才通过多种方式取得合理回报;探索灵活多样的分配形式,对拔尖创新人才试行年薪制,对短期聘任的教师实行协议工资制;通过推进人事代理制度,淡化教师与学校之间的行政隶属和人身依附关系,促进教师由"学校人"向"社会人"转变;逐步建立工资分配与货币化福利制度相结合、短期激励与长期保障相结合、具有可持续发展的新型高校薪酬制度。教育部正酝酿对高校收入分配制度进行大幅度改革[①],将逐步建立和完善体现岗位职责、能力和业绩的薪酬体系,加大对优秀拔尖人才的分配倾斜力度。改革后的收入由岗位工资、薪级工资、绩效工资和津补贴四个部分组成。但与国际主要发达国家大学教师的薪酬比较发现,仅仅只研究薪资结构组成是不够的,关键要研究和解决教师薪资来源结构组成问题。目前我国这一市场驱动为主并不断扩大的教师薪资来源结构不符合大学组织功能持续发展和教师职业质量持续提升的需要。所造成的教师薪资来源结构性保障份额过低的状况带来多数教师职业预期不稳定、专业行为短期化、岗位激励机制不相容、偏科研轻教学、偏应用轻基础的倾向纠偏不利等种种问题。主要解决路径应从三个视角出发,一是将事业机构工资体系与公务机构工资体系分开,这是两类职业工作完全不同质的组织体系。即完全与行政机构的工资体系分开,按照大学组织功能和教师职业需求设置符合其组织特征的薪资体系。从 2017 年启动的事业单位编制改革看,这是基础的体制改革。二是将高校不同类型教师薪资的保障性工资比例作为主体部分,至少应确保不低于 60%。现阶段国家可将逐年增资部分不断加强,如 2015 年国家增资做法。也可以提倡地方和高校将自筹部分纳入工资保障结构部分。三是在工资保障比例基础上,对高校现有教师分类的教学型、科研型、教学科研型给予基本保障之上的分类保障比例。以解决多年来高校教师工资制度行政化、市场化、短期化倾向。这也是确保大学组织专业特殊性和解决高校教学质量的根本出路。

　　根据上述分析,**近 10 年高校教师薪酬体系仍然实施高校岗位绩效工资制度,主要还是**

---

① 2014 年教育部直属高校深化人事制度改革报告汇编(内部资料)。

向市场导向、绩效导向、能力导向的薪资报酬体系转化。绝大多数公立高校都按"基本工资、岗位津贴和业绩津贴"相结合的三元薪酬结构体系靠拢,形成系数与基数结合的动态工资管理模式。实际高校教师薪资来源已形成以"市场驱动"为主、"财政保障"为辅的二元化结构。2015年国家实行了全国公务与事业机构基本工资大幅调整后,在一定程度上补偿了近10年未调整的欠缺,试图纠正绩效工资在工资构成中占比过高的结构性失衡问题。本研究对比2005年教育部有关高校教师工资结构调查、对部分高校在线调查①、2007—2017年文献资料考察②,并参考鲍威、吴红斌的《象牙塔里的薪资定价:中国高校教师薪资影响机制》中对高校教师薪资2007—2013年的研究,以及2015年全国调资政策实施,综合分析认为,本研究采纳鲍威等研究的主要结论。因为其研究来源是全国高校的大样本,具有一定的普遍性。但考虑到综合因素,对分类中国家工资来源的比重偏低结论有所保留,同时,地方财政对政策性补贴来源的划分应列入政府财政性经费来源,加上2015年国家工资实施了调整。也就是说,鉴于鲍威等研究结果是基于2015年国家调资之前的样本,尚未得到调资后对高校教师薪酬结构的影响情况。同时,在划定财政性出资结构上存在样本基础数据的分类不同。据此,我们认为,该研究对高校教师薪资的市场驱动部分比重偏大的原因尚需证实。同时,根据本课题对部分高校实地考察分析,认为从全国高校教师薪酬分配的市场驱动部分与财政驱动部分比重为6∶4是符合目前现状的。因此,2007—2017年高校教师收入分配的市场配置比重达到0.60,比1996—2006年的0.40提高20个点。

综上所述,**普通高校教职工收入分配1978、1985、1995、2006、2016年区间的转型程度类指数分别为0、0、0.20、0.40、0.60。**

(5) 学生学籍管理权。学生管理是高校内部治理的内容。《普通高等学校学生管理规定》是指导和规范高校实施学生管理的重要规章,涉及学生的权利与义务、学籍管理、校园秩序与课外活动、奖励与处分、学生申诉等诸多方面。制定高校学生学籍管理办法是从改革开放之初恢复正常办学秩序后制定的,其目的是为了加强全日制普通高等学校的学生管理工作,保证学校正常的教学秩序和教育质量的提高。从计划经济体制转换到市场经济体制过程中,高等学校作为依附政府的所属地位逐步成为独立法人,对学生的基本管理按照《教育法》和《高等教育法》,可以对本校的学生实施管理办法。按照原有《普通高等学校学生学籍管理办法》,全日制普通高等学校学生学籍管理包括:入学与注册;成绩考核与记载办法;升级与留、降级;转专业与转学;休学与复学;退学;考勤与纪律;奖励与处分;毕业等。其中涉及大量原应归属高校管理的权限应赋权于中央政府还是地方政府,又或是学校;是决定权、还是建议权、或仅仅是执行权等;作为政府与学校的"政校分开""管办分离"的治理关系,这都可视作对高校学生资源进行配置管理的重要转型指标。

高校学生学籍管理制度改革状况,见微信3-18。

综上所述,对学生进行学籍等方面的管理是高等学校教学得以正常开展、学生学业得以顺利完成的重要内容,也是对学生资源进行管理的主要方面。改革开放以来高校学籍等管理政策的变化,是从管理权力高度集中到不断依法分级管理,从答复式的"判例"政策到规范的"成文"化政策,从单纯以高校学生学籍管理为主到以学生为主体加大学生权利与义务等

---

① 对2017年在线涉及50个左右省区市高校教师自行贴薪酬情况考察。

② 2014年教育部直属高校深化人事制度改革报告汇编(内部资料)。

保障的过程。我国普通高校学生学籍等管理政策与教育法治并行的发展过程经历了制度初创阶段、制度失效阶段、制度规范阶段、制度深化阶段、制度依法阶段。政府关于高校学生学籍等管理规定的内容逐步走向法治化和规范化的同时,也不断体现了高校学生权益和高校管理自主权的逐步扩大,见表3-4-F5。

特别是运用信息技术手段管理高校学生学籍学历后,降低了社会识别考察高校学生学籍学历的成本,确保高校教学专业化的质量与信誉。应该说,信息技术的运用是高校学生学籍管理的机制发生了根本变化,国家汇集全国高校学籍电子注册制度是一个面向社会的公共服务职能,各个学校进行学生学籍电子注册是确保学生学籍学历依法管理、学校信誉与学术声誉不受损害的重要手段。高等学校实行学籍电子注册制度以来,高等学校学生学籍学历电子注册以高等学校为主体,由高等学校对符合国家规定、依法录取的学生学籍、毕(结)业生学历证书进行电子注册。省级教育行政部门依法对高等学校学生学籍学历电子注册工作进行监督和指导。高等教育自学考试毕业证书电子注册工作由教育部高等教育自学考试办公室进行管理和监督检查,省级高等教育自学考试委员会办公室组织实施。总的来看,高等教育阶段的学生学籍管理的电子注册制度为教育部统筹学籍管理、省级教育行政部门主管、审核,高等学校作为管理执行主体奠定了基础。

《普通高等学校学生管理规定》的初衷是规范普通高校依法对学生的管理行为和保障学生合法权益。作为教育部规章,其适用的对象是普通高校,即普通高校对学生的管理行为。作为行政法体系的组成部分,主要体现行政法治精神,约束公权、保护私权,为保证被管理者学生的权利不受管理者学校的非法侵犯,就更应体现依法保障的意义。黄厚明从法律保留原则的视角,对《宪法》《高等教育法》《普通高等学校学生管理规定》与现有高校校规制定权限之间的上下位关系及文本进行了分析[①],他提出对涉及学生权利的事项作出规定的上位法(主要包括《高等教育法》和《普通高校学生管理规定》)存在"越位"和"缺位"问题。上位法如存在"越位"和"缺位"问题,将直接影响高校校规制定权限。所谓"越位",是指涉及学生权利的事项不适用法律保留原则而上位法作出了相应的规定,或者涉及学生权利的事项应由法律作出概括性和低密度的规定而上位法却作出了严格性和高密度的规定;所谓"缺位",是指涉及学生权利的事项应由法律来规定而上位法并未作相应的规定。他指出在2015年12月修订的《高等教育法》中,直接关涉学生权利的条款共14条。从法律保留原则的视角来看,《高等教育法》存在"越位"和"缺位"问题。从"缺位"看,《高等教育法》第五十三条中"遵守学生行为规范和学校的各项管理制度"、第五十七条中"服从学校的领导和管理"、第五十六条和第五十九条的规定,既不涉及学生的宪法基本权利,也不涉及社会公共利益和国家利益,这些事项不适用法律保留原则,应由高校制定相应的校规。从"缺位"看,一是在学籍管理事项方面。学籍管理中的许多事项涉及学生身份资格的设定、存续、变更和中止,比如入学与注册、休学与复学、转学、退学、开除学籍等,这些事项均适用法律保留原则;二是关于学生申诉等方面的事项。申诉权是宪法规定的一项基本权利,在高校学生管理中,为了使学生在合法权利受到侵害时能够得到有效的救济,同时防止因申诉途径的不完善而导致学生权利救济有名无实等问题,《高等教育法》应对此作出明确的规定。因此,黄厚明认为,《高等教育法》在学籍管理事项和学生申诉事项等方面出现"缺位",而交由高校来制定相应的校规,

---

① 黄厚明:《基于法律保留原则的高校校规制定权限研究》,《高等教育研究》2018年第3期。

不利于学生合法权利的保护。同时,黄厚明也认为《普通高等学校学生管理规定》(以下简称《规定》)主要存在"越位"问题,并集中于第三章"学籍管理"、第四章"校园秩序与课外活动"和第五章"奖励与处分"的相关条款中。他分析了第四章第三十九条、第四十条、第四十一条、第四十五条、第四十八条的规定事项认为,既不涉及学生身份改变和学生的宪法基本权利,也不涉及社会公共利益和国家利益,而且这些事项是实现学术自由以及高校教育教学功能的必要手段,属于高校自主办学领域,应由高校来制定相应的校规,而不应由《规定》作出相应的规定。第五章第四十九条关于高校对学生进行奖励的规定并不涉及学生的宪法基本权利,也不涉及社会公共利益和国家利益,而且高校对学生进行奖励既可能涉及学术性事务,也可能涉及为履行教育教学与科学研究职能所必要的非学术性事务,这属于高校自主办学的领域,应由高校来制定相应的校规。第五十一条关于纪律处分的规定,除了开除学籍处分外,警告、严重警告、记过及留校察看等其他纪律处分并不涉及学生身份改变和学生的宪法基本权利,不应适用法律保留原则,而应由高校来制定相应的校规。黄厚明明确指出,上位法若存在"越位",就会过度干预高校自主办学;而上位法如存在"缺位",高校在制定校规时就可能出现权力膨胀,从而不利于学生合法权利的保障。在现有校规实例中,存在着上述情形。

2011—2017年,各高校启动了新一轮大学章程建设。2016年绝大部分高校都已完成大学章程的修订完善工作。上有《高等教育法》,下有各高校《大学章程》,其中,对学生的权利与义务、学籍管理(学生入学与注册、考核与成绩记载、转学转专业、休学与复学、退学、毕业与结业、学位证书管理)、校园秩序与课外活动、奖励与处分、学生申诉等都有相应的制度规定,虽然《高等教育法》不够具体,但是所预留的法律"缺位"空间可能正是留给高等学校根据所属校情进行细化的前提,但是在保障学生"权利"上的"缺位"却需要合适的"补位"。特别是高等教育大众化后,高等学校类型层次差异较大,学生在不同类型学校就学的差异更大。现行《普通高等学校学生管理规定》虽然非常具体详细,但是也很难做到能够应付具体实践中所有判例的复杂性。事实上,其中《规定》的许多内容都应属于高等学校的权责范围,从现实施行监督角度,存在着相关条款的不适应、不对称、不衔接等"越位""缺位"问题。这都有待于《高等教育法》与《规定》在高等教育改革实践中不断完善。

我们将普通高校学生学籍管理权(以学籍为主的管理权限)1978、1985、1995、2006、2017年转型程度类指数分别确定为 0、0.2、0.4、0.6、0.80。

表 3-4-F5　高校学生学籍管理制度沿革

时间	阶段特征	主要政策文件
1950—1965	制度初创	《关于高等学校颁发毕业证暂行办法》(1950)、《关于高等学校学生转学问题的指示》(1952)、《关于华东区高等学校处理学生学籍问题的若干规定》(1953)、《关于教育事业管理权力问题的规定》(1958)、《关于处理高等学校学生转专业、转学、休学、复学、退学等问题的规定》(1958)、《教育部直属高等学校暂行工作条例(草案)》(简称《高教60条》)(1961)
1966—1976	制度失效	《关于高等学校学生因病休学的试行办法》(1973)
1977—1989	制度规范	《高等学校学生学籍管理的暂行规定》(1978)、《全日制普通高等学校学生学籍管理办法》(1983)

（续表）

时间	阶段特征	主要政策文件
1990—2006	制度深化	《普通高等学校学生管理规定》(1990)、《国家教育委员会办公厅关于认真进行新生资格复查的通知》(1992)、《高等学校学生学籍管理工作研讨会纪要》(1992)、《研究生学籍管理规定》(1995)、《高等教育法》(1998)、《普通高等学校学生管理规定》(2005)
2007—2017	制度依法	《普通高等学校新生学籍电子注册暂行办法》(2007)、《高等教育学历证书电子注册管理暂行规定》(2008)、《高等教育法》(2015)《高等学校章程制定暂行办法》(2012)《普通高等学校学生管理规定》(2017)

注：该表根据国家有关正式发布文件整理。

综合教师职务评聘权、内部机构设置权、合同聘任制教师比例、教职工收入分配转型度、学生学籍管理权以上五个内部管理体制转型程度的二级指标，**学校内部管理体制转型程度的分指数 1978、1985、1995、2006、2017 年分别为 0、0.16、0.32、0.56、0.73，见表 3 - 4 - F6，表 3 - 4 - F7，图 3 - 4 - F1。**

表 3 - 4 - F6　高校内部管理体制的转型程度类指数

	类指数	教师职务评聘权	内部机构设置权	合同聘任制教师比例	教师收入分配转型度	学生学籍管理权
1985 年	0.16	0.40	0.20	0	0	0.20
1995 年	0.32	0.60	0.40	0	0.2	0.40
1996 年	0.36	0.62	0.55	0	0.22	0.42
1997 年	0.36	0.64	0.5	0	0.23	0.44
1998 年	0.39	0.67	0.55	0	0.25	0.47
1999 年	0.41	0.69	0.60	0	0.27	0.49
2000 年	0.42	0.71	0.60	0	0.28	0.51
2001 年	0.44	0.73	0.65	0	0.30	0.53
2002 年	0.47	0.76	0.70	0	0.32	0.56
2003 年	0.51	0.78	0.75	0.12	0.33	0.58
2004 年	0.54	0.80	0.80	0.13	0.35	0.58
2005 年	0.55	0.80	0.80	0.16	0.37	0.60
2006 年	0.56	0.80	0.80	0.20	0.40	0.60
2007 年	0.58	0.84	0.80	0.22	0.40	0.65
2008 年	0.59	0.84	0.80	0.27	0.40	0.65
2009 年	0.59	0.84	0.80	0.28	0.40	0.65
2010 年	0.61	0.84	0.85	0.30	0.40	0.65
2011 年	0.61	0.84	0.85	0.30	0.40	0.65

（续表）

	类指数	教师职务评聘权	内部机构设置权	合同聘任制教师比例	教师收入分配转型度	学生学籍管理权
2012 年	0.63	0.88	0.85	0.33	0.40	0.70
2013 年	0.63	0.88	0.85	0.34	0.40	0.70
2014 年	0.64	0.88	0.85	0.36	0.40	0.70
2015 年	0.68	0.88	0.90	0.39	0.50	0.75
2016 年	0.69	0.88	0.90	0.40	0.50	0.75
2017 年	0.73	0.90	0.95	0.40	0.60	0.80

注：近 10 年上述改革较频繁，同时数据存在连续性获取困难，因此，该表只显示了最后综合数据。

表 3-4-F7　1978—2016 年高校内部管理体制的转型程度分指数

转型程度类（分）指数	1978	1985	1995	2006	2016
教师职务评聘权类指数	0	0.40	0.60	0.80	0.90
校内机构设置权类指数	0	0.20	0.40	0.80	0.95
合同聘任制教师比例类指数	0	0	0	0.20	0.40
教师收入分配转型度类指数	0	0	0.20	0.40	0.60
高校学籍管理权类指数	0	0.20	0.40	0.60	0.80
学校内部管理体制转型程度分指数	0	0.16	0.32	0.56	0.73

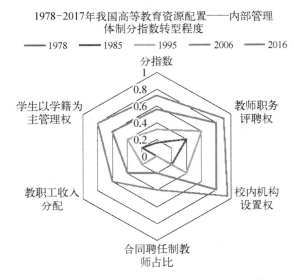

图 3-4-F1　1978—2017 年高等教育内部管理体制转型程度

（此图彩色版见本章微信内容末）

七、学术治理体制①

学术治理体制是指政府和高校对高等教育学术事务共同的治理结构。本研究设定的这个指标既包含了高等学校内部关于教学、科研和学术管理等学术决策治理内容,也包含了政府和高校相互关系,即政府对高校学术自主权的让渡和转型程度②。因此,本研究设计了两级指标来测算这一指数。第一层级包括两个指标,每个指标下设第二层级若干指标。1978—2008 年间的指标主要为两个层级指标,2007—2017 年间指标经调整主要有三级指标。

第一个指标是指改革开放以来,我国高等教育体制改革中的学术治理权,主要指政府让渡学校的学术治理权。 下设指标包括科研、教学和学科等管理方面二级指标,具体有科研决策方面的科研项目自主申报权,教学方面的教材选用权、教学计划设置权,学科发展方面的学位点授予权、毕业证审批权、本科学科专业设置权③。本研究主要基于转型期政策变迁的基础,结合文献分析与专家评价法,对于这些学术决策权在 1978、1985、1995、2006、2016 年五个时点区间的学术治理权力变化情况进行测量,从而在一定程度上描述学术权力从高度集中统一的政府让渡到地方与高校的演进过程。

第二个指标是指高校内部学术治理权由行政权力向学术权力让渡的程度。 之所以设立这个指标,是高校学术本位决定的,也是学术治理权的特殊性决定的④。学术治理权本质上应该由高等学校专业学术人员进行判断和决策,但在我国高校中,由于计划经济体制的影响,多年来存在明显的行政替代学术决策的现象,即所谓外行管理内行。多年来学术界普遍对这种非专业化决策状况提出了批评。因此,在这个指标中,将高校内部行政力量与学术力量进行对比。**本课题通过调查问卷,采用高校管理人员和专家评价法来综合测度高校学术权力对学术组织人员构成和学术组织规则制定的影响作用,以及行政力量影响下学术自主程度的判断测量,以此来测度高校内部学术治理结构转型程度在 1978—1985、1995、2005、2016 年份区间的演进过程。** 由于改革开放前三十年即 1978—2008 年中的学术治理权(内外

① 本研究是全国教育科学规划"十二五"课题国家社科基金项目(BFA110031)课题负责人康宁《我国高等教育资源配置转型程度趋势研究》的部分内容。其中,刘亚荣、屈潇潇参与了学术治理体制指标的有关调查整理分析及研究成果的撰写,特此致谢!

② "高校学术自主权"在本书中基本等同于大学自主权、高校办学自主权、高校学术自主权、高校学术治理权与决策权,但在具体语境分析上有一定差别,学术治理体制主要指无论校内外的治理各方对高校学术决策权的拥有情况或影响力问题。

③ 本研究两次调查问卷的起止时间分别为 1978—2005 年和 2007—2016 年,但宏观政策分析与调查分析的综合包括了调查之后的 1—2 年时间差,也即 1978—2018 年。两项调查实为连续性的考察,均包括对政策与实地落实情况的分析,时间跨度近 40 年。该指标在 2016 年调查中根据变化的现实进行了部分调整。同时对相应指标体系也进行了调整。在阶段分析中对数据进行平滑比较处理。此内容对外刊发部分的数据根据分析需求有部分进行了技术修订,不影响学术治理体制转型程度指标的总体判断结论。见附录 2。

④ 该指标在 2016 年调查中根据变化的现实也进行了重新归类调整,同时相应对原指标体系进行了调整。

部)已做过考察①,本次考察主要是基于近 10 年(2007—2017 年)的年份区间。为了使读者能够连续观测到 40 年学术治理体制的转型变迁,本研究仍然将前三个区间(1978—2008 年)的研究结果一并纳入,以便对应比较并对转型变迁全程有所了解。

一、1978—2017 年区间学术治理体制转型指数考察②

(一)政府与高校之间学术决策权力的转型

改革开放之初,我国高等学校作为非独立法人,是归属教育行政部门,是教育主管部门指令的所属者与执行者,没有完整的学术自主权。真正探讨高校自主权改革始于 1979 年的上海交通大学的尝试,并在 1985 年《中共中央关于教育体制改革的决定》以后全面展开③。本研究根据《高等教育法》等赋权高校的部分内容,选取了科研决策方面的科研项目自主申报权,教学方面的教材选用权、教学计划制订权,学科发展方面的学位点授予权、本科学科专业设置权,来体现政府向高校让渡的学术治理权过程。1978—2008 年区间的考察在 2010 年的研究中已有体现,此部分仍按照原有指标考察了 2007—2017 年区间转型状况。以下重点分析的是改革开放后的前 30 年与近 10 年的外部学术决策权力的转型程度。

1. 科研项目自主申报权

高校的科研管理自主主要体现在高校是否可以直接进行科研项目的自主申报。1978 年教育部《关于讨论和试行全国重点高校暂行工作条例的通知》中规定,重点高校的科研应该把教科书、教学参考书和新型实验仪器的研制作为主要科研工作,国家下达的重大项目优先完成,还可接受科研机构和企业委托项目。也就是说,高校的科研项目都是上级机构制定下达的,或者横向委托的,而不是由高校自行申请的。1985 年 3 月,《中共中央关于科学技术体制改革的决定》中明确了要"改革拨款制度,克服单纯依靠行政手段管理科技工作,国家包的过多统的过死的弊病""对技术开发,逐步推行合同制;对基础研究和部分应用研究,逐步实行科学基金制,面向社会,接受各方面申请"。同年原国家教委在《关于高等学校科学技术工作贯彻中共中央科学技术、教育体制改革决定的意见》中指出,要"鼓励高校通过各种方式,积极主动承担国家任务和横向委托任务,申请各种基金项目等",1986 年国务院印发的《高等教育管理职责暂行规定》指出,高校在保证完成国家项目外,可自行决定参加科学研究

---

① 1978—2008 年的学术治理体制转型程度分析主要是在 2005 年做了测量,其中进行了专家评价调查,同时辅之结合对 2008 年之前的政策分析,综合为前 30 年的转型指数分析。需要说明的是,调查指数的年份是 1985、1995、2005 年份,但相应政策分析以 1978—2008 年为主,因此年份区间按照 1978、1985、1995、2006 年。此阶段的内容参见康宁:《中国高等教育资源配置转型程度指标体系研究》,教育科学出版社,2010,第 143 - 158 页。2016 年调查是以 2007—2017 年间为主,调查时间为 2016 年,88 所高校参与。2016 年调查设计在 2005 年的基础上进行了部分调整。正文中将具体说明。

② 改革开放后的前 30 年指 1978—2008 年,本研究的调查是 2005 年,但其中文献分析等延续至 2008 年,作为对现实的年份区间研究,跨度为 30 年,分为 4 个节点、三个 10 年跨度。但在具体各项指标分项上的时间受具体分析约束,时间点有不同变化,但均不影响对年度区间的阶段趋势分析。2007—2017 年区间的研究主要为近 10 年的研究,调查在 2016 年进行,文献分析跨度延续至 2018 年。特此说明。

③ 邓晓春:《中国高等教育体制改革的回顾与展望》,《辽宁高等教育研究》1998 年第 1 期。

项目的投标,承担委托课题,面向社会开展技术服务。至此,各类高校不仅都具有申请科研经费的资格,并且,国家的科研项目也都改为申请方式,而不是指令下达方式(但仍包括指导性课题)。

按照以上政策轨迹,政府放权给高校的科研项目自主申报权在 1978、1985、1995、2006、2017 年区间的转型程度类指数设定为 0、0、1.00、1.00、1.00。

2. 教材选用权

恢复高考以后,高等学校工作一直按照 1961 年出台的《中共中央关于讨论和试行教育部直属高等学校暂行工作条例》(简称高教 60 条)展开。其中,教材的选用明确为高校按照教学大纲选用或者编写教材,少数专门课程或者新开课至少要有讲授提纲。由于百废待兴,高等学校的教材并没有全国统编的教材发行,许多课程甚至没有教材,高校可以自己选用教材或者自编的讲义。"文革"后高等学校的教材工作始终处于全面建设时期,"高等学校应该把教科书和教学参考书的编著,当作一项重要的科学研究工作"。1978 年出台的《教育部关于讨论和试行教育部重点高等学校暂行工作条例(试行草案)的通知》是在"高教 60 条"基础上修改的,其中关于教材的选取没有改动,但一旦高校选取了教材,就不能轻易变动,如果变动需要报教育部批准。1988 年,《高等学校教材工作规程(试行)》出台,也只是强化了高校选编教材的规范性,高校仍然具有教材选取权。

但并不是高校所有的教材都可以由自己选编。世界各国都非常重视教育的意识形态的教化功能,我国也不例外。高等学校的思想政治理论课历来作为重要的思想意识形态的阵地,由全国统一编写教材,统一按大纲实施。同时,教育部为了提高高校教学质量,指导与引导高校教师授课水平,专门实施了教育部关于学校精品课程工程,该工程对教师投入编写国内教材、互相交流学习、提高教学质量是一个好的激励机制。2001 年 4 月教育部颁布《关于加强高等学校本科教学工作　提高教学质量的若干意见》,指出教材的质量直接体现着高等教育和科学研究的发展水平,也直接影响本科教学的质量。高等学校要结合学科、专业的调整,加快教材的更新换代。对于信息科学、生命科学等发展迅速、国际通用性、可比性强的学科和专业可以直接引进先进的、能反映学科发展前沿的原版教材。鼓励使用"面向 21 世纪课程教材""九五"国家重点教材和教学指导委员会推荐的教材。理工类、财经政法类和农林医药类专业使用近 3 年出版新教材的比例应达到 50% 左右。

《教育部关于启动高等学校教学质量与教学改革工程精品课(2003 年 4 月 8 号)》提出,要重视教材建设。精品课程教材应是系列化的优秀教材。精品课程主讲教师可以自行编写、制作相关教材,也可以选用国家级优秀教材和国外高水平原版教材。鼓励建设一体化设计、多种媒体有机结合的立体化教材。建立科学的高校教材编写、评价和选用制度,鼓励有条件的高等学校编写具有特色的高水平教材、讲义,防止教材编写上的低水平重复,杜绝质量低劣的教材进入课堂。

2007—2017 年期间,教育主管部门主要加强了对全国高校国家级教材的规划指导。分别在每一个五年都统筹确定选题、经出版社申报、专家评审、网上公示后由各高校自行把关选定规划内教材。2006 年 8 月发布确定了 9 716 种选题列入"十一五"国家级教材规划。2007 年根据《教育部、财政部关于实施高等学校本科教学质量与教学改革工程的意见》精神,划拨专项经费启动"高等学校本科教学质量与教学改革工程"之"万种新教材建设研究"项目,组织规划建设覆盖本科 11 个学科门类各专业和高职高专 19 个专业大类,供普通教育本科和专科使用的各种形式（纸质、电子等）的 1 万种高质量教材，通过开展教材评审、评介和选用机制指导高校选用教材。同时每年教育部主管部门对已出版的普通高等教育"十一五"规划教材进行了评审。确定一定数量教材为年度普通高等教育精品教材并公布，指导高校选用。2011 年教育部发布《关于"十二五"普通高等教育本科教材建设的若干意见》，提出根据中央实施马克思主义理论研究和建设工程的战略部署和总体要求，中宣部、教育部正在有计划地组织编写 150 种左右哲学社会科学重点教材，供相关专业统一使用。这些哲学社会科学重点教材基本覆盖哲学、政治经济学、科学社会主义、中共党史以及政治学、社会学、法学、历史学、新闻学、文学、艺术、教育学、管理学等学科专业的基础理论课程和专业主干课程，因此，将不再组织遴选这些重点教材涉及课程的"十二五"本科国家级规划教材。2016年 5 月，教育主管部门研究加快建设中国特色哲学社会科学教材体系。将建设哲学社会科学教材体系与高校坚持以马克思主义为指导，坚定中国特色社会主义道路自信、理论自信、制度自信紧密结合，突出"马克思主义理论研究和建设工程"重点教材的编写、出版和推广使用，发挥示范引领作用。2017 年 12 月，教育部发布《高校思想政治工作质量提升工程实施纲要》，提出深入推动习近平新时代中国特色社会主义思想进教材、进课堂、进头脑。实施高校课程体系和教育教学创新计划，推动面向全体学生开设提高思想品德、人文素养、认知能力的哲学社会科学课程，创新高校思想政治理论课建设体系。修订各类专业教材，加强课堂教学设计，推进马克思主义理论研究和建设工程教材、思想政治理论课统编教材编写修订，研制课程育人指导意见，充分挖掘和运用各门课程蕴含的思想政治教育元素，作为教材讲义必要章节、课堂讲授重要内容和学生考核关键知识。发挥专业教师课程育人的主体作用，健全课程育人管理、运行体制，将课程育人作为教师思想政治工作的重要环节，作为教学督导和教师绩效考核的重要方面。加强教材使用和课堂教学管理，建立哲学社会科学专业核心课程教材目录，研制引进教材选用管理办法，建立国家优秀教材评选奖励制度，制定高校课堂教学管理指导意见，明确课堂教学的纪律要求。2018 年 4 月教育部印发《新时代高校思想政治理论课教学工作基本要求》①。2018 年 5 月，中宣部、教育部组织对已出版的马工程重点教材进行全面系统修订并投入使用②。近 10 年，在高校编写、选用、管理上更加体现了办学方向、育人方针和中国高校特色，教育主管部门更加加强了马克思主义理论研究和建设工程教材、思想政治理论课统编教材编写修订使用管理，对所有高校国家级教材的编制选用的规

① 高校思想政治理论课程主要为，本科生"马克思主义基本原理概论"3 学分、"毛泽东思想和中国特色社会主义理论体系概论"5 学分、"中国近现代史纲要"3 学分、"思想道德修养与法律基础"3 学分、"形势与政策"2 学分。专科生"概论"4 学分、"基础"3 学分、"形势与政策"1 学分。硕士研究生"中国特色社会主义理论与实践研究"2 学分，同时须从"自然辩证法概论"和"马克思主义与社会科学方法论"中选择 1 门作为选修课程，占 1 学分。博士研究生"中国马克思主义与当代"2 学分，同时可开设"马克思恩格斯列宁经典著作选读"（列入学校博士生公共选修课）。鼓励各地各高校结合实际开设思想政治理论课选修课。

② 《用好讲好高校思政理论课教材 用中国特色社会主义最新理论成果武装大学生头脑》，教育部官网，http://www.moe.gov.cn/jyb_xwfb/gzdt_gzdt/moe_1485/201805/t20180515_336124.html。在中宣部指导下，教育部依托高等教育出版社网络培训平台组织实施此次培训。培训在北京设主会场，在各省（区、市）和新疆生产建设兵团以及 1 833 所高校设分会场。根据安排，在 6 天培训期间，由教材编写修订组首席专家和主要成员组成的培训专家组，采取现场培训和视频同步直播相结合的形式，对四门课程 2018版教材进行集中培训，全国共有 66 365 名教师参加。

划指导,也包括研制高校课程育人指导意见,充分挖掘和运用各门课程蕴含的思想政治教育元素。

2016 年 10 月,中办、国办印发了《关于新形势下加强和改进大中小学教材建设的意见》,这是中华人民共和国成立以来第一个关于教材建设的中央文件。2017 年国务院成立国家教材委员会,教育部增设教材局。同时,国家教材委员会设立专家委员会,通过层层推荐、全面比较、反复研究遴选出 200 余名专家委员会委员。专家委员主要承担为国家教材建设保驾护航的重要职责,做课程建设的"设计师"、教材质量的"质检员"、教材政策制定的"智囊团",严把思想政治关、专业学术关、改革方向关①。教育部教材局主要承担国家教材委员会办公室工作,拟订全国教材建设规划和年度工作计划,负责组织专家研制课程设置方案和课程标准,制定完善教材建设基本制度规范,指导管理教材建设,加强教材管理信息化建设,具有全国管总、把关、协调职能。2018 年 5 月,教育部课程教材研究所成立。形成国家教材委员会及其专家委员会、教育部教材局、课程教材研究所对大中小学教材建设决策、实施、研究三位一体的工作格局,标志着国家层面推进教材建设的组织体系进一步完善。该机构将承担课程研制、教材质量与规范、教材审查及课程教材监测评价等。鉴于教材建设是事关未来的战略工程、基础工程,教材体现国家意志。坚持党的教育方针,把握正确方向和价值导向,加强社会主义核心价值观和优秀传统文化、民族精神教育是形成较为统一规范管理的具有中国特色的教材建设体系的首要任务。**对于高校,在教材的规范选用、指导把关、监管评估上将更趋于国家集中统一管理。**

因此,高校教材选用权在 1978、1985、1995、2006、2017 年区间的转型程度类指数分别设定为 0、0.60、0.90、0.90、0.80。

3. 教学计划制订权

改革开放以后,根据 1978 年《教育部关于讨论和试行教育部重点高等学校暂行工作条例(试行草案)的通知》的文件,高校"必须按照教育部制订或者批准的教学方案、教学计划组织教学工作"。1986 年国务院印发的《高等教育管理职责暂行规定》,明确下放了高校制订教学计划(培养方案)制定权。1998 年颁布的《高等教育法》规定这一决策权归属高校。

2018 年 1 月,我国首部《普通高等学校本科专业类教学质量国家标准》出版发行。教育部为了对各专业类提出教学基本要求和对各专业类标准提出定性方向要求,在高等教育 92 个专业类教学指导委员会的指导下,制定了囊括全国高校所有专业,涉及全部 587 个本科专业,全国高校 56 000 多个专业布点的高等教育教学质量国家标准。提出这一国标对应高等学校的适用专业、培养目标、培养规格、课程体系、师资队伍、教学条件、质量保障等各方面要求,是各专业类所有专业应该达到的质量标准,是设置本科专业、指导专业建设、评价专业教学质量的基本依据。**作为国标,将作为考核评估监测高校教学工作的重要依据,对高校教学计划决策权是一个有约束力的制度安排②。**

因此,高校教学计划制定权在 1978、1985、1995、2006、2017 年区间的转型程度类指数分别设定为 0、0、1.00、1.00、0.90。

---

① 《教材建设大动作! 200 余名专家委员会委员正式"上岗"》,搜狐网,https://www.sohu.com/a/232646310_117882。

② 关于对《国标》出台的讨论请参看本研究第五章内部管理体制指标分析部分。

4. 学位点授予权

我国高等教育的学位制度始于 1980 年出台的《中华人民共和国学位条例》,学位"与文凭相互补充,是反应高等教育各个阶段所达到的不同学术水平的称号,是评价学术水平的尺度,也是衡量高等教育质量的一种标志。我国设有三级学位,学士、硕士和博士"。本研究的学位点授予权主要指学科及专业授予权。学位点授予权首先取决于学位点单位是否有资格授予学位;其次,有学位授予资格的单位不是所有学科及专业都可以授学位,因为学科及专业也需要审批。按照 1981 年《国务院学位委员会关于审定学位授予单位的原则和办法》规定,该权利归属国务院学位委员会,学位授予单位和学科及专业都要由学位委员会决定。这种学位授权单位和授权单位的学科及专业审批制度一直持续到现在。1990 年之前,博士点、硕士点、博士学位授权单位、硕士学位授权单位的审核,基本由国务院学位委员会进行,省级学位委员会没有审核权力,部分学位授权单位 1995 年试行自行审核硕士点。1998 年开始由省级学位委员会组织审批硕士点的试点工作。2000 年开始扩大了省级学位委员会和部分学位授予单位自审硕士点的试点范围,省级学位委员会审批的硕士点 1 765 个。2002年提出要逐步形成以国家宏观管理与高等学校自主办学有机结合,与社会主义市场经济体制相适应的学位授权审核制度。2002 年国务院学位办、教育部联合发布的《关于做好博士学位授权一级学科范围内自主设置学科、专业工作的几点意见》规定,56 所设有研究生院的高校具有二级学科研究生学位自主设置权。2006 年国务院学位委员会第 22 次会议同意清华大学、北京大学自行审核增列博士学位授权一级学科点。为加强质量保障,开展大范围的博士点评估,撤销了部分博士学位授予权,打破学位授权点的"终身制"。

高等教育大众化以来,研究生教育发展规模进一步扩大,根据全国学位与研究生教育质量平台 2017 年 3 月 25 日的数据,我国现有学术学位授权点 11 751 个,其中博士学位授权一级学科点 2 991 个,博士学位授权二级学科点 535 个,硕士学位授权一级学科点 5 623 个,硕士学位授权二级学科点 2 602 个;专业学位授权点 7 552 个,其中专业学位博士授权点 139个,专业学位硕士授权点 7 413 个。根据王茹研究[1],2007—2017 年,主管部门加大省级统筹和高校自主权以及对学位授权点的合格评估和专项评估。2008 年发挥省级政府在优化学位授予单位布局,进一步扩大学位授予单位在授权审核工作中的自主权,委托部分学位授予单位开展自行审核本单位博士学位授权学科的试点,增列学位授权学科的数量实行限额控制;进一步拓宽学位授权审核的学科专业口径,学位授权一般按一级学科进行申报和审核。2010 年有 58 所经教育部批准设立研究生院的学位授予单位新增博士、硕士点,由学位授予单位自行审核。其他学位授予单位新增博士点由省级学位委员会进行初审,国务院学位委员会学科评议组进行复审;新增硕士学位授权点由省级学位委员会进行审核。2011 年3 月,国务院学位委员会、教育部下发通知,公布了新的《学位授予和人才培养学科目录(2011 年)》(以下简称"新目录")。新目录适用于硕士、博士的学位授予、招生和培养,并用于学科建设和教育统计分类等工作。从 2012 年起,研究生招生工作将按新目录进行。学科门类和一级学科由国家负责设置,**而二级学科允许学位授予单位在一级学科学位授权权限内自主设置与调整,然后报教育部备案即可**。2016 年,根据《关于开展博士、硕士学位授权学科和专业学位授权类别动态调整试点工作的意见》和《博士、硕士学位授权学科和专业学

---

[1] 王茹、崔丹:《我国学术学位授权审核的发展过程》,《教育教学论坛》2017 年 42 期。

位授权类别动态调整办法》,在全国范围内开展博士、硕士学位授权学科和专业学位授权类别动态调整工作。这一次,高校在同行评估与自行审核下,共有 25 个省份的 175 所高校撤销 576 个学位点。2017 年学位点动态调整结果是共有 25 个省(区、市)的 129 所高校大幅撤销 340 个学位授权点。高校学术自律环境正在形成,也为自主增设学位点奠定了基础。2017 年 3 月,国务院学位委员会关于印发《博士硕士学位授权审核办法》的通知》指出,1. 新增博士硕士学位授予单位审核(即通过审核后可以自主增加学位点的单位);2. 学位授予单位新增博士硕士一级学科与专业学位类别审核、自主审核单位新增学位点审核。其中,自主审核单位可以自主按需开展新增博士硕士学位点、新兴交叉学位点评审,评审通过的学位点报国务院学位委员会批准。学位授权点动态调整是指学位授予单位根据需求,自主撤销已有博士硕士学位点,新增不超过撤销数量的其他博士硕士学位点的学位授权点调整行为。

2018 年 4 月,国务院学位委员会印发《关于高等学校开展学位授权自主审核工作的意见》《国务院学位委员会关于印发学位授权自主审核单位名单的通知》,**公布了北京大学、清华大学、中国人民大学、北京航空航天大学等 20 家可开展学位授权自主审核的高校名单。**

从人才市场的角度看我国学位授予权力是一个历史变迁过程。在市场环境中,由于学校的差异,学生获得的学位是不同高校提供的教育服务的最终"产品名称"。既然一个学生的学位获得带有具体高校的痕迹,它的质量品质就是这个高校的水平。正如钱钟书在《围城》中以嘲讽的笔调对其主人公伪造的毕业证书予以再三强化,其贬低意图再明白不过[1]。所以,一个高校应该有责任与权利确定并承认自己有能力提供什么规格的服务,是否合格,是否可以"出厂",并且最终接受市场的检验,作为市场甄别学校的学术水平高低是其基本能力和自律水平。目前,我国主要是由统一的上一级学术组织来认定授予资格,这就意味着授予机构要在一定程度上承担被授予机构的品质责任,具有连带责任。因此,这个具有授予责任的机构就要对被授予机构的质量保证机制进行督查管理,就可能要具体对教学过程的诸因素进行干预,以确保其连带责任的清晰。学校作为市场主体,作为理性"经济人",在这样的机制下,会把本来应由自己承担的质量责任部分依赖或推卸给该授权机构。客观上,在争取授权前与得到授权后的质量保障激励动力会明显有差别。而设定退出机制的风险对一个招生几千甚至几万学生的学校而言,是一个不可能操作的事情。也就是说,对当年不合格产品的处罚将面临巨大对抗阻力,而且,谁对这一阻力的责任分担是一个很难厘清的事情;如果处罚是对下一年度的学生们,则看起来也是极不公平的,甚至面临学校声誉狼藉与破产。因此,他们之间的公共空间存在许多不定因素,这也是在其他国家很少见到这一学位授权机制的原因[2]。在这一描述的环节中,我们看到,为什么上一级组织会如此关注基层学校的真伪质量问题,因为评价授权机制可能的连带责任是重要原因。我国由于计划经济配置高等教育资源的方式在 20 世纪 80 年代恢复期还具有一定的路径依赖,之后由于不断进行的多元改革对高校的质量稳定也具有一定影响,特别是在初级市场制度不完善的环境下,一些高校的自我约束机制不健全,使得上一级管理机构始终不放心,因而高校提供的服务始终受到

---

① 《围城》是钱钟书所著的长篇小说,是中国现代文学史上一部风格独特的讽刺小说。被誉为"新儒林外史"。第一版于 1947 年由上海晨光出版公司出版。故事主要写抗战初期知识分子的群相。

② 但他们可以由学校自身聘请前沿专业化学术大师组成评估组参与评价工作,这是学校自主选择行为。

其教育主管部门的监督,尽管前述关于教学、科研等与学术有关的管理权力已下放到高校,但最终输出的产品评定授予权却一直由教育主管部门负责的学术组织掌控,形成了最后一个环节的公共责任承担制,试图抹平前面环节的不良因素。这就形成了不是具体学校负责本校学生,而是一个全国性学术授权组织博弈成百万研究生、成千万毕业生品质的局面。当然,主管机构还是把产品的标签让渡给了学校,学位颁发形式是由具体学校完成,但它的权力授予是统一被动的。这一现象表明政府虽然承认学位授予是学校自己的权力,但因为中国的历史条件与现实原因,或者是市场经济的法治不够健全、学术自治自律的良好生态尚未养成,至今还没有把这一决定权完全下放给基层高校。

事实证明,高校的学科专业学位点完全由政府控制,在市场条件下,是会因为信息不可能对称而出错的。比如,具有学科专业学位点的高校专业,如果不符合市场需要,也不愿意自动退出招生计划(因为国家的财政经费会因此停拨);市场急需的专业,由于不能自主招收研究生,又很难满足市场需求量。对于前者,定期的全面审查似乎还可以维系市场平衡,而对于后者政府很难及时得知认定市场需求。这个相互博弈的过程还要和各主体的学术自律与学术治理培育水平相关联。总之,政府与高校都在积极朝着确保质量而逐步赋权高校的目标努力。

综上所述,高校学位点设置权在 1978[①]、1985、1995、2006、2017 年区间的转型程度类指数设定为 0、0、0、0.08、0.30。

5. 毕业证书与学位证书审批权

学位证书是学位获得者达到相应学术水平的证明。自 1981 年我国实施学位制度以来,学位授予单位颁发给学位获得者的学位证书,均由国务院学位委员会和教育部制定格式和统一印制(1985 年至 1992 年期间,实行过本科毕业证书和学士学位证书合一制发,证书由高等学校自行设计印制)。学位证书统一格式和印制,是在特定历史条件下与我国学位制度和高等教育发展阶段相对应的,起到了规范学位证书使用、防止滥授学位和伪造学位证书等作用。与学位颁发具有类似功能但仍有差异的毕业文凭证书,是表示一个学生正规学业经历的写实,为了控制计划实施,它承担了证明正规办学的功能,并戏剧性地经历了其权利由高校到政府再到高校的过程。在 1978 年、1979 年、1983 年的《普通高等学校学生学籍管理办法》中,毕业证文凭曾经由高校根据学生修业合格发放。而 2001 年,教育部关于印发《高等教育学历证书电子注册管理暂行规定》的通知,则明确高等教育学历证书电子注册制度,将毕业证书的决定权收归中央政府所有。这种收归是因为部分高校不能正确对待自己的毕业证书,对于各种入口的学生存在滥发毕业证的情形。实际上,造成滥发毕业证的原因,主要是市场对高等教育资源稀缺的逆向反馈,使得一些学校利用市场看好这一资源的驱动力,狼狈为奸内外勾结。另外也存在另一种情况,由于高校招生规格范围不能自主,必须按照国家标准和计划进行,自行招录的其他类型规格学生修业完成,不能发放与计划途径招生同在一个学校的毕业文凭,而市场希望得到一个说法。于是,学校在政府管制统一质量标准的前提下,为了市场识别,实行全国统一标识的学士毕业证书。如果按照高等教育融入终身教育的观点,只要完成实行的规定学业学分,就可以申请并发放同等资格的学位证书或毕业证书,它们只是证明该学生在一个学校接受了一定规格的

---

① 由于 1949—1979 年期间,我国尚未实行高校学位制度。因此,该指标在 1978 年区间为"0",表示"无"。

学力教育,其质量水平是市场的综合检验,就像一个名誉很高的学校也不能保证它的所有学生都是优秀的。因此,本研究认为,学业与学力资格证书的管理与发放及认定的知情与权威单位应该是高校。由学校自主承担对学生学业与学校名誉的责权利是保障政府、学校、市场秩序的根本措施。同时面对继续教育与非正规教育,学校采取国际通行的学位证书制度是市场识别学力而不是学历的最好依据。

高等学校毕业证书与学位证书是我国为了限制学生按时毕业而设置的学生学业完成情况的证书。这种限制在过去计划经济时代,所有生产按照计划统一进行的年代是合理的。在现代社会,终身教育已经成为世界的教育发展趋势,也成为我国教育发展的基本理念,学制灵活指学生修业年限、入学方式、入学条件越来越灵活,学历证明只需要学位就可以证明学力,用毕业证与学位证书来限制修学年限的做法在我国已进入全球高等教育配置与竞争环境下,已显得不合时宜。随着学位工作和高等教育改革的不断深化,统一制发学位证书在许多方面已不适应,学位授予单位也提出了改革要求。

2015 年 7 月,国务院学位委员会、教育部发出关于印发《学位证书和学位授予信息管理办法》的通知,决定从 **2016 年 1 月 1 日起**,颁发给博士、硕士和学士学位获得者的学位证书由各学位授予单位**自行设计印制**,国务院学位委员会办公室印制的学位证书不再使用。调整学位证书制发方式,由学位授予单位设计、印制学位证书,既符合我国学位工作实际,又体现了国际通行做法,便于人才交流。学位证书制发方式调整后,学位授予单位在学位证书的信息表达上具有较大空间,可根据培养或学位授予实际,做出本单位的规定。为加强学位授予工作和学位证书制发监管,国务院学位委员会、教育部在管理办法中对学位授予信息收集、审核、报送等相关工作的程序和内容做出了规定。

学位证书制发方式的调整,将进一步促进高等教育改革,有利于增强学位授予单位的责任意识和品牌意识,鼓励学位授予单位注重培养质量,创建办学品牌,体现办学风格和特色;有利于促进学位获得者增强维护学校声誉的责任感、荣誉感和使命感。

2018 年 6 月 27 日,教育部、财政部、国家发展改革委联合印发通知,决定自 2018 年 7 月 1 日起,全面取消国内高等教育学历学位认证服务收费。取消国内高等教育学历学位认证服务收费后,已在高校学生学籍学历信息管理系统和学位信息管理系统相关数据库中注册的学历学位原则上实行网上查询和电子认证①。根据新闻消息来源,这一通知是"为贯彻落实国务院常务会议精神"②,说明此决定并非是三部门原意,众所周知,来自中央的"要以更实举措深化'放管服'改革"精神,"最大限度减少政府对市场资源的直接配置和市场活动的直接干预"。6 月 29 日,《国务院办公厅关于做好证明事项清理工作的通知》正式对外发布,

---

① 20 世纪 90 年代后期,随着我国高等教育和人才市场的快速发展,社会上掀起了"文凭热",再加上高校毕业生自谋职业的情况越来越普遍,各级各类人才在国际范围内的流动也越来越多,很多用人单位或接收研究生入学的院校都会遇到辨别申请者学历真假的问题。部分办学单位也受经济利益的驱使,发生滥办学和乱发文凭的不良社会现象,导致社会假冒伪劣学历证书泛滥。假学历不仅成为严重的社会问题,也影响了我国的国际教育形象,美国、日本还曾照会我驻外使领馆,不承认我国部分地区出国留学人员所持的学历。在此背景下,2001 年教育部决定建立并实施高等教育学历证书电子注册制度。

② 《李克强:在全国深化"放管服"改革 转变政府职能电视电话会议上的讲话》,新华网,http://www.xinhuanet.com/politics/2018 - 07/13/c_1123118771.htm。

本次清理的对象是法律、法规、规章和规范性文件设定的证明事项①。要求在 2018 年底前完成清理工作。近年来已先后在北京、上海、江苏、浙江，以及江西、重庆、云南、青海 8 个地方和公安部、司法部、人力资源和社会保障部、自然资源部、住房和城乡建设部对证明事项进行了清理工作。从"减证便民"行动看，一些地方和部门确实存在着"奇葩"证明、循环证明、重复证明这些问题。其中北京三批先后取消了 201 项证明事项，江苏省市县三级累计减少了 256 个证明事项，浙江省市县三级累计减少了 591 个证明事项。媒体发声认为，国家发的毕业证需要花钱找企业证明，这不合理。钱江晚报评论，当学子们揣着高校毕业证时回家时，怀里的毕业证并不能证明你真正的毕业了，还需要你自己掏钱让一个叫"学信网"的企业网站给你做认证②，通过认证后你的毕业证才能使用。人们笑称，这真是"证明我妈是我妈"笑话在教育界的翻版③。而这一"证明"恰恰是国务院近年来大力废除的不合理行政性审批。媒体的评论直指这一荒唐的"认证"：为啥教育部正式颁发的高等院校毕业证，找的却是一家企业网站，让学生花钱找企业盖个戳说明它的真伪？ 政府的公信力让社会中介来"背书"，难道教育部还不如一个企业有权威？ 国家教育部发的认证都有假，难道一个企业发的认证就能证明是真的？ 更让人质疑：毕业证需要一张纸来证明真假，那谁来证明这张纸呢？ 认证的那张纸难道就不可以造假？ 与此同时，媒体又揭示出了毕业证不能自证却只能他证的背后则是利益驱使。获得一份学历认证报告需要缴纳 95 至 180 元不等费用，其学历认证背后的利益链条却值得深思④。鉴于高校毕业生群体的庞大基数，即便按照最低标准计算，近年来全社会用于学历认证的花费也早已超过亿元。对于这笔庞大的收费，虽然几年前就已经有媒体呼吁相关部门披露具体的资金流向，遗憾的是，至今仍然是一笔"糊涂账"⑤。其实，这个迟来的取消国内高等教育学历学位认证服务收费的决定并不仅仅只是解除了一个证明手续那么简单，它的真正意义是还原了大学的学术本位和学术尊严，将学术资质归至大学本来的属性，而不因某种"投机取巧"的干扰就"漂移"别处，即使可能还会冒出"假冒伪劣学历证书"，那也留给市场鉴别，而不是以降低大学学术权威来换取。虽然 1980 年我国才实行学位制度，但与毕业与学位相关的毕业证书与学位证书的管理审批权限却与整个高等教育发展和社会诚信制度的整个发育息息相关，其演变过程也是大学学术制度与社会学术诚信共建

---

① 傅政华：把证明的责任推给群众，是政府履职履责不到位的表现。语出 2018 年 6 月 29 日国务院新闻办公室新闻发布会。

② 对于学历和学位的认证服务，分别由"学信网"和"学位网"进行。"学信网"是全国高等学校学生信息咨询与就业指导中心主办，该中心为教育部直属事业单位，"学信网"负责高等教育学历证书查询与认证服务。"学位网"是教育部学位与研究生教育发展中心主办，该中心是教育部的直属事业单位，"学位网"承担学位证书及相关材料的认证、鉴定、咨询工作职责。此前通过两大网站进行学历和学位认证都需要缴费。"学位网"在"认证须知"中，明确了认证的收费标准，如证书类中文认证报告 180 元/项，证书类英文认证报告 260 元/项等。

③ 《教育部等三部门印发通知：自今年 7 月 1 日起全面取消国内高等教育学历学位认证服务收费》，教育部官网，http://www.moe.gov.cn/jyb_xwfb/gzdt_gzdt/s5987/201806/t20180627_341229.html。

④ 2018 年 6 月 27 日，教育部官网发布《教育部办公厅、财政部办公厅、国家发展改革委办公厅关于全面取消国内高等教育学历学位认证服务收费的通知》，通知指出，尚未完成电子注册的学历学位继续通过人工核查提供书面认证，相关服务所需经费由财政按规定保障。

⑤ 《教育部等三部门印发通知：自今年 7 月 1 日起全面取消国内高等教育学历学位认证服务收费》，教育部官网，http://www.moe.gov.cn/jyb_xwfb/gzdt_gzdt/s5987/201806/t20180627_341229.html。

生长的过程。

综上所述，考虑到 1985 之前由高校自行颁发毕业证书与学位证书的时间较短，在转型区间的指数上不再体现。因此，毕业证书与学位证书审批权在 1978、1985、1995、2006①、2017 年区间的转型程度类指数设定为 0、0、0、0、1.00。

6. 本科专业设置权

专业目录是高等教育工作的基本指导性文件之一。它规定专业划分、名称及所属门类，反映培养人才业务规格和工作方向，是设置调整专业，实施人才培养，授予学位，安排招生，指导毕业生就业，进行教育统计、信息处理和人才需求预测等工作的重要依据。

高校本科专业设置权政策演进状况，见微信 3—19。

根据分析，我们认为学科专业设置权经历了从教育部—地方教育行政主管部门—部分重点高校—所有高校不同专业区别对待的过程，2013 年以后，地方与高校自主配置学科专业的自主权越来越大。因此，高校本科专业设置权在 1978、1985、1995、2006、2017 年区间的转型程度类指数分别设定为 0、0.20、0.40（专业设置权由中央下放到省）、0.41（在省级统筹管理基础上，又下放到 7 所高校）、0.70。即高校本科专业设置权在 1978、1985、1995、2006、2017 年区间的转型程度类指数分别设定为 0、0.20、0.40、0.41、0.70。

根据以上数据情况，按照指标体系总体设计方案，学术治理指标在高校与政府之间用 0—1 判断转型程度，经算数平均数计算总指数，则**高等学校外部学术决策权力转型程度类指数在 1978、1985、1995、2006、2017 年区间是：0.00、0.13、0.55、0.56、0.78**，见表 3 - 4 - G1。

表 3 - 4 - G1　1917—2017 年政府与高校之间学术治理结构转型程度类指数

学术决策权	1978	1985	1995	2006	2017
科研项目自主申报权	0	0.00	1.00	1.00	1.00
教材选用权	0	0.60	0.90	0.90	0.80
教学计划制订权	0	0.00	1.00	1.00	0.90
学位点授予权	0	0.00	1.00	0.08	0.30
毕业与学位证书审批权	0	0.00	0.00	0.00	1.00
本科专业设置权	0	0.20	0.40	0.41	0.70
类指数	**0**	**0.13**	**0.55**	**0.56**	**0.78**

注：2005 年区间与 2016 年区间的转型程度指数的政策判定都延宕至 2008 年与 2018 年。

由上表 3 - 4 - G1 可见，在转型期间，尽管高校是产出学术产品的供给单位，但学术产品的生产决策权不完全归高校所有，政府仍然拥有许多学术控制权。其中政府对科研管理和教学管理下放得比较多，但对学科发展仍然控制较严。即"怎么样提供高等教育"已经下放了，但"提供什么样的高等教育"仍然有较多限制。为了具体考察这部分内容，2016 年的考察指标进行了部分调整（之后说明），其指数可以进行比较。

---

① 虽然学位制度授权与证书文凭发放是改革开放后的制度安排，但是学位证书制发方式和学历学位认证服务收费都是统一集中由行政组织指派第三方的行为，并不符合本来应属高校的自主行为。指标"0"表明原有配置方式。

(二)高校内部学术配置力量的转型

高校内部的学术配置力量的转型,是指在高校内部学术治理结构的变化,即从体制改革的初衷与学术组织的本质逻辑出发,存在由原有行政力量向学术力量的转换。假设学术配置力量完全由行政力量来配置时为"0",完全由学术力量配置为"1"。**本研究设置了学术力量对学术决策组织的人员构成的影响、学术力量对学术决策组织规则设定的影响,以及在行政力量影响下的学术力量决策力自主程度等三方面指标**,通过专家评判法,获得高校内部学术配置力量的转型程度类指数。在对 1978—2008 年期间进行专家评判时,由于专家提出只能对一个时段进行判断,而不可能对一个时点进行判断,这里给出 1978—1984 年(此阶段可忽略)、1985—1989 年、1990—1994 年、1995—1999 年和 2000—2006 年四个时段区间的指数。这些时段在计算时,需要转化为本研究所需要的三个时点,由于这些时段的判断值是一种状态的判断,对于时点也是有效的。本研究统一选取 1985 年、1995 年、2005 年前 5 年左右的时段作为这三个时点的判断值,计算时将 1990—1995 年和 1995—1999 年两个时段都计算在内,这样可以看到变化趋势。2007—2017 年区间另进行了一组专家考察评判,并根据现实状况对指标进行了一定的调整,之后说明。

关于"**学术力量对学术决策组织的人员构成的影响、学术力量对学术决策组织规则设定的影响**",这两个二级指标的设立,是建立在以学术组织为载体的学术力量治理逻辑基础框架上。由于我国高校在计划经济体制下主要依附于政府机构,按照政府统一集中的计划指令办学。改革开放后实行市场经济体制,面临市场资源配置的制度环境不断扩展,面对政府不断放权和法律赋权的增加,作为独立法人的高校也逐步作为一个不断提升自主治理能力的学术组织对外办学,这个过程存在着从行政力量控制之下逐步向学术力量主导配置资源的转变。所以,我国高校改革开放以来就是从由行政性支配办学向学术力量自主支配的治理结构变迁。因此,**对于高校内部学术力量被赋权决策的程度如何测量是本课题设置二级指标的背景。高校作为本质上归因学术本位的学术组织,学术力量的影响作用变迁本身就是高校学术治理结构由行政力量向学术力量转变的一个重要表现,所以,这两个指标是建立在高校作为一个学术组织(学术本位)的假设条件下进行的测度。**

为了在学术治理过程中有效贯彻学术民主的原则,欧洲模式的大学通常设有评议会或教授会,作为学术决策的最高机构;作为后发追赶型国家的大学,通常成立以学术委员会为代表的各种类型学术治理组织成为完善学术治理体系的普遍选择。

从理论上讨论高校学术治理模式主要是以能够供给学术自由与学术民主为基本原则的制度安排。在实施学术自由与学术民主的实践上,多数国家的大学都将学术委员会等组织制度作为一种学术治理制度,这是大学内部学术组织具有正当性或合法性的前提。委员会制亦称合议制,是政治制度其中之一。它是按少数服从多数的原则实行的制度,通常会按协商一致的原则来进行,是对科层制的一种补充甚至替代。委员会制权力在委员会内将受到制约而至平衡,更适用于多方利益代表,强调平等民主机制,多实行集体决策的公共事务。王建华认为,现代大学作为非营利组织拥有诸多利益相关者,学术更是天下之公器。因此,学术治理必须超越科层制的组织架构,转向利益相关者的"共同治理"①。高校学术民主的价值体现需要恰当的学术形式和决策行为,委员会制度就是一种学术治理公共制度。王建华一方面阐述了在建立大学学术治理体系过程中,委员会制更能体现正当性,因为正当性是以民主为前提,委员会制就是民主管理的一种有效的机制,更是大学学术治理的一个重要的制度选择。另一方面指出委员会制虽具有学术正当性但不能保证学术民主的胜任,学术决策组织的人员专业化是确保胜任性的前提条件,因而,作为大学学术组织强调专业化是保证学术胜任与学术配置能力的基本原则。这也是为什么在大学治理实践中,大家一致认为以科层方式配置替代学术民主是不对的,但仅仅以学术民主模式来代替专业化的决策也是不妥的。**本研究把学术民主与学术自由的考量内化到考察学术组织的民主决策正当性与专业化决策胜任性中,通过高校学术组织设立的健全程度与组织内部专业化程度,观测大学学术治理体制的转型程度。**

1. 学术力量对学术决策组织人员构成和组织规则设定的影响

改革开放 40 年来,高校内部学术决策机构不断增强与完善。近 10 年来高校学术决策机构日益丰富,特别是 2012 年实施大学章程重修工作以来,完善内部学术治理机制不仅是大众化后高校内部多元群体利益共享共治的民主需求,也是高校面对日益复杂的外部环境的积极对应。**我国高校内部由各类人员参与构成的学术决策组织名称繁杂,作用不一,但经过探索逐步形成了以下具有决策议事监督的校内学术决策组织,学术委员会、学位委员会、职称评审委员会、教师聘任委员会、教学指导委员会、学科建设委员会和教职工代表大会 7 类。**需要说明的是,这类机构不是所有类型高校都有,也不是在一个时点上都有,这些机构的形成是在市场经济体制下高校作为独立主体的一个培育过程。教育部主管部门在近几年中对学术委员会规程(2014 年)、教职工代表大会规定(2012 年)等机构进行了统一规制。教育部 2012 年就《高等学校章程制定暂行办法》中对高校设置与规范怎样的学术组织提出了要求,在该办法中除设立党务行政与社会参与组织外,提到的有关学术组织有"学术委员会、学位评定委员会、教授委员会"及"教职工代表大会、学生代表大会"等涉及制衡力量的组织架构。明确要求高校对这些组织的组成原则、负责人产生机制、运行规则与监督机制以及自主设置与学术独立性要出台有关规则。2014 年教育部发布的高等学校学术委员会规程中对学术委员会组成规则进行了规定,对"担任学校及职能部门党政领导职务的委员,不得超过委员总人数的四分之一;不担任党政领导职务及院系主要负责人的专任教授,不少于委员总人数的二分之一"。1998 年颁布、2015 年修订的《高等教育法》也对其中的高校主要学术决策机构进行了一定赋权。这些主要规定都来源于高校学术组织与学术制度创新与探索的贡献。因此,**这些学术决策机构的形成与作用是在改革开放之后的过程中从无到有,从弱小到完整,从被动到自律,这个发生、培育、完善的过程就是高校学术力量制度创新并逐步对政府力量、市场力量形成制衡的基础。观测这个制度创新过程就是本课题设置转型程度指标的意义所在。**本研究通过 2005 年与 2016 年两次专项调查②可以看到高校学术决策组织的成长培育状况。假设 1978 年为"0",1985—2005 年间高校这类学术决策组织的普及程度见表 3 - 4 - G2。

① 王建华:《从正当到胜任:高校学术委员会建设的进路》,《中国高教研究》2018 年第 5 期,第 58 - 64 页。

② 参见附录 1,2016 年调查表。2005 年调查表参见康宁:《中国高等教育资源配置转型程度指标体系研究》,教育科学出版社,2010,第 209 页。

表 3 - 4 - G2　1985—2005 年高校学术决策组织普及程度变迁情况(%)

普及程度(年份)	1985—1989	1990—1994	1995—1999	2000—2005
学术委员会	62.7	64.4	73.7	82.2
学位委员会	66.1	66.1	70.3	76.3
职称评审委员会	66.9	66.1	72.0	78.8
教学指导委员会	56.8	63.6	71.2	77.1
教职工代表大会	57.6	62.7	69.5	81.4
标准化总指数	**0.62**	**0.65**	**0.71**	**0.79**

注:是 2005 年调查的数据。当时主要有代表性的学术决策组织机构为表内 5 类。

由表 3 - 4 - G2 可知,高校的各类学术决策组织成立的时间并不一致。不是所有高校都设立了这些学术决策组织,设有学术决策组织的高校也不是五种组织都设立了。虽然不能确定参与调查的专家对这类组织成立的年代判断是否一定准确,但至少**评价的结果显示了一个趋势,即大部分高校都在逐渐设立和完善现有的学术决策组织**。事实上,只有在高校拥有真正的学术决策组织条件下,学术决策和学术治理才不是空话,学术力量才能更好地与政府力量、市场力量保持有效的制衡。

改革开放以后,高校中最先恢复的学术决策组织是学术委员会,作为高校中最有代表性的学术组织从个别初建到普遍建立,经历了 40 年缓慢过程。即使 1998 年颁布的《高等教育法》提出"高等学校设立学术委员会,审议学科、专业的设置,教学、科学研究计划方案,评定教学、科学研究成果",之后许多高校并没有因此建立,或建立了也处于虚位状态。2010 年《国家中长期教育改革和发展规划纲要(2010—2020 年)》提出要"充分发挥学术委员会在学科建设、学术评价、学术发展中的重要作用",2011 年教育部要求高校必须制定《大学章程》,其中学术委员会等学术决策组织是必设组织。2014 年教育部在《高等学校学术委员会规程》明确提出:"高等学校应当依法设立学术委员会,健全以学术委员会为核心的学术管理体系与组织架构;并以学术委员会作为校内最高学术机构,统筹行使学术事务的决策、审议、评定和咨询等职权"。2016 年 6 月修订施行的《高等教育法》再次明晰学术委员会职能。**上述这一系列制度性安排特征是以国家立法及行政规章确定高校内设学术组织的合法与正当权利之后,学术委员会等组织在各高校才作为学术治理的必备制度安排纷纷建立并履行职责。**因此,本课题两次考察能够反映出 40 年来高校内设学术组织制度演进的过程。2005 年问卷调查着重对学术委员会改革开放后的前 30 年的状况进行了具体考察。考察结果反映,高校主要学术决策组织存在着学术力量和行政力量对学术委员会的人员构成和运行规则的双重影响(问卷设置的影响权重设置为 0—4 区间,0 为没有影响,4 为影响最大)。通过专家评判可以看到,从 1985 年至 2005 年,行政力量的影响逐渐减弱,学术力量的影响正在加强。本课题将其换算成 0—1 的指数形式,标准化数据后得到行政力量和学术力量对学术组织产生的影响,见表 3 - 4 - G3。两组指标分别为行政力量与学术力量对学术组织的人员构成和组织规则的作用影响。结果表明,没有设立学术组织的高校,其影响力为"0"。对于设立了组织的高校则分别测定行政力量与学术力量的作用指数。见表 3 - 4 - G3,按照对 1985—1989 年、1990—1994 年、1995—1999 年、2000—2005 年四个年份阶段的测定调查,学术力量对学术组织人员构成的影响指数为 0.37、0.39、0.44、0.51;学术力量对学术组织规则的影响指数为 0.45、0.46、0.51、0.57。见表 3 - 4 - G2,按照考察有学术组织的高校比例 0.62、0.65、0.71、0.79 赋予相应权重,见表 3 - 4 - G6,**最后测度的四个年份阶段的两组指标值分别为(学术力量对学术组织人员构成的影响)0.23、0.25、0.31、0.40;(学术力量对学术组织规则的影响)0.28、0.30、0.36、0.45。**以上数值可见,在改革开放后近 30 年中,**这两组学术力量对学术组织的影响不断递增,行政力量对学术组织的影响不断递减。**虽然行政力量总体上表现为对学术组织人员构成和规则决策的影响越来越弱的趋势,但在实际层面上,行政力量在影响学术力量时更多地表现出多元复杂性。**本研究设立了一些具体问题,进一步考察了高校学术委员会组织的人员构成与规则决策情况。**

一是学术委员会成员产生不够民主,行政力量仍然起到决定作用。调查显示,大多数学校的学术委员会成员不是民主选举产生,有 62.3%的专家认为本校的学术委员会成员是由学校行政最高权力组织确定所有成员,甚至 7.6%的专家认为本校学术委员会所有成员是由学校行政领导直接指定的。

二是在行政多数以集中决策制度下,虽然学术委员会的构成以学术人员为主,但双肩挑干部占多数。调查显示,学术委员会构成中,单纯行政人员比例平均为 12.19%,双肩挑干部平均为 51.38%,**单纯学术人员平均为 41.34%①。**

三是在学术委员会实际行使决策权力时,根据多选原则,47%的专家认为学术委员会确实表现出学术民主性和专业权威性,但 50%的专家认为学术委员会在学术事务中只起到参与决策作用,实际的决策仍然由行政权力决定。25%的专家认为本校的学术委员会与行政组织特征类似。**25%的专家认为本校学术事务决策能由学术委员会决定。**

表 3 - 4 - G3　1985—2005 年高校内部学术决策组织受行政力量和学术力量的影响指数

		对学术组织人员构成的影响	标准化指数	对学术组织规则的影响	标准化指数
1985—1989	行政力量	3.44	0.63	3.07	0.55
	学术力量	2.04	0.37	2.44	0.45
1990—1994	行政力量	3.32	0.61	2.97	0.54
	学术力量	2.15	0.39	2.57	0.46
1995—1999	行政力量	3.10	0.56	2.70	0.49
	学术力量	2.45	0.44	2.83	0.51
2000—2005	行政力量	2.88	0.49	2.49	0.43
	学术力量	2.98	0.51	3.27	0.57

2. 高校行政力量对学术力量影响综合程度判断

针对高校行政力量与学术力量的复杂性,本研究特别设计了行政力量对学术力量的综合影响问题,请专家判断本校的行政力量对学术力量的影响程度,用 0—4 来表示,"0"表示

---

① 2005 年调查统计中,1,填表人员对个人身份重复的部分确认有出入;2,分类计算百分比时进位有一定误差。但均不影响基本判断研究。

不影响,"4"表示影响最大。调查结果如下:

表 3-4-G4　行政力量对学术力量影响综合程度判断

	行政权力			
	1985—1989	1990—1994	1995—1999	2000—2005
学术权力	2.75	2.64	2.34	2.31
标准化	0.69	0.66	0.59	0.58

由表 3-4-G4 可知,行政力量对学术力量影响力总体来说是呈下降趋势。**按照课题转型程度指标体系总体设计,假设高校内部学术事务的治理是一维的,即行政权力和学术权力作为权力的非此即彼的两极指标,则另一极指标即为学术权力的自主程度**,根据表 3-4-G6,学术权力的自主程度在四个年份阶段的影响程度分别为 **0.31、0.34、0.41、0.42**(即行政权力逐步减弱:**1—0.69、1—0.66、1—0.59、1—0.58**)。与表 3-4-G3 的结果趋势基本一致,即行政力量对学术力量的影响不断递减,学术力量的自主程度不断增强。**但 2005 年前后这一学术力量的自主程度都尚未过半。**

为进一步说明行政力量是如何作用于学术事务的,本研究问卷调查设计了行政权力和学术权力各对具体学术事务的影响力,用"1"表示两种权力的总体影响力之和,调查结果如表 3-4-G5。

表 3-4-G5　行政权力和学术权力对具体学术事务决策的影响力

	行政权力影响力	学术权力影响力
教师职称评定	0.413	0.587
人才引进	0.587	0.413
研究生学位论文	0.253	0.747
重要学术岗位聘任	0.568	0.432
学科发展	0.502	0.498
专业设置	0.511	0.489
培养方案的确定	0.397	0.603
课程开设	0.407	0.593
二级学院的设置	0.695	0.305
三级研究或教学基层组织的设置	0.596	0.404
指数	0.49	0.51

由表 3-4-G5 可知,2005 年前后年份,行政权力和学术权力在不同的学术事务中所起的重要影响不同。行政力量在人才引进、重要学术岗位聘任、二级学院和三级学术组织的设置中起到主要的决策作用;学术力量在教师职称评定、研究生学位论文、学生培养方案的确定、课程开设等学术事务中起到主要作用(影响力大于 0.5);而对于学科发展和专业设置,则学术力量和行政力量作用势均力敌。这个结果说明,**行政权力在涉及高校人、财、物的学术**

事务决策中居于主导地位,而涉及关键学术资源配置决策的学术事务,则主要由学术力量决策。在涉及学科和专业发展的决策中,由于需要专业判断,则行政力量和学术力量共同作用。这样看来,行政权力在高校中对于人、财、物的学术事务决策起着主要的支配作用,学术力量对学术的专业判断具有重大影响。**在 2005 年前后,学术力量与行政力量在高校内部对具体不同事务的配置影响旗鼓相当。**

那么,究竟什么是高校学术独立自主特征呢?**2005 年本研究调查表明,79% 的专家认同高校学术组织拥有完全的学术事务决策权是学术权力独立性与自治性的标准。**在这样观念的审视下,高校行政力量对涉及学术事务的资源配置不应该拥有完全决策权,但这恰与现实不符。因此,这也部分回应了不少高校尚未建立学术委员会等学术组织的心态,对于高校学术事务的决策自主,更多的专家把它作为一种未来理想状态。

根据以上判断,高等教育学术治理体制的第二个指标,高校内部学术治理权的转型程度指数为表 3 - 4 - G6 显示结果。**高等学校内部学术配置转型程度类指数在 1978、1985、1995、2005 年份区间分别为 0、0. 27、0. 33、0. 42。**

表 3 - 4 - G6　高等学校内部学术配置转型程度类指数

	1985	1995[1]	1995[2]	2005
学术力量对组织成员构成的决策力指数	0.23	0.25	0.31	0.40
学术力量对学术组织规则的影响力指数	0.28	0.30	0.36	0.45
学术力量的自主程度指数	0.31	0.34	0.41	0.42
高校内部学术配置转型程度类指数	0.27	0.30	0.36	0.42

注:(1) 前 1995 年是指 1986—1995 年的数据。后 1995 年数据指 1996—1999 年数据。

(2) 取 1995 年区间指数为 0.33。

(3) 该表 1978 年各指数设置为 0。

综合以上 1985—2006 年调查结果,通过德尔菲法对权重进行设计,又经过征询专家意见,**将上述高校外部学术决策转型程度类指数和高校内部学术配置转型程度类指数的按照算术平均数计算,得到高校学术治理转型程度的综合分指数,见表 3 - 4 - G7、图 3 - 4 - G1。假设 1978 年为"0",1979—1985 年区间为"0. 20",1986—1995 年区间为"0. 44",1996—2005 年区间为"0. 49"。**图 3 - 4 - G1,1978—2006 年高等教育资源配置学术体制转型。

表 3 - 4 - G7　1985—2006 年间高校学术治理结构转型程度综合分指数(加 1978)

	1985	1995[1]	1995[2]	2005
高校外部学术决策转型程度类指数	0.13	0.55	0.55	0.56
高校内部学术配置转型程度类指数	0.27	0.30	0.36	0.42
高校学术治理体制转型程度分指数	0.20	0.43	0.46	0.49

注:(1) 前 1995 年中的三个指标表示的是 1986—1995 年的指数。后 1995 年中的三个指标表示的是 1996—1999 年的指数。2005 年区间是 1996—2005 年。

(2) 1995 年区间指数取 0.44。

(3) 该表 1978 年各指数设置为 0。

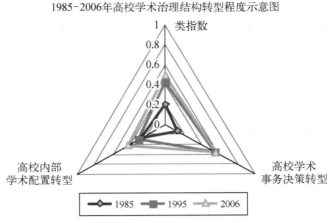

图 3‑4‑G1　1978—2006 年高等教育资源配置学术体制转型
（此图彩色版见本章微信内容末）

　　改革开放后的前 30 年关于学术治理体制转型程度考察结果表明,高校学术力量的发育状况仍然取决于中央教育主管部门权力让渡的程度与速度,同时也取决于高校组织内部学术本位的培育程度。从已有的政策轨迹来看,就本研究选取的学术治理体制的两大类别指标,即**政府与高校之间学术治理权转型与高校内部学术配置权力转型**,其中第一指标下设科研决策方面的科研项目自主申报权,教学方面的教材选用权、教学计划制订权,学科发展方面的学位点授予权、毕业证审批权、本科专业设置权等六项指标;第二指标在有学术组织的普及程度前提下,下设行政力量对学术人员构成的影响,行政力量对学术组织规则设定的影响,以及行政力量对学术力量的综合影响程度等三项指标。最后整体测度**我国高校学术治理体制转型程度分指数在 1978、1985、1995、2005 年区间分别是 0、0.20、0.44 和 0.49。**

　　通过对改革开放后的前 30 年学术治理体制转型程度综合指数的考察,客观地说明改革开放的前 30 年我国高校学术力量变迁总体呈先快后慢的上升趋势。表现出改革的一般规律,即先易后难,改革往往从阻力不大的层面入手,当改革进入深水区,改革的难度越来越大,面临的问题越来越复杂棘手,改革的力度和速度趋向变小与缓慢。同时,也存在一些细节变化特征。从阶段区间看,政府对高校学术自主权下放转型程度指数表明,高校学术自主权自 1995 年以来变化不大(1985 年区间是 0.13,1995 年区间是 0.55,2005 年区间是 0.56);政府对高校教学的学术事务性权限大部分下放了,而涉及学科发展的自主权基本没有下放(如学位点授予权、本科专业设置权)。高校内部学术配置权总体存在着行政力量对学术力量综合影响程度减弱的趋势,高校内部学术配置转型程度指数 1985、1995、2005 年分别为 0.27、0.33、0.42;但关系高校重大发展的学术资源配置权力仍然由行政力量起决定作用(如学术组织的建立,人才引进等);对比较纯粹的学术事务,学术力量配置开始起主要作用。

二、2007—2017 年区间学术治理体制转型指数考察

(一) 2016 年考察高校学术治理体制转型指数并调整的说明

　　高校学术治理体制转型指数考察实质是对高校学术自主权演进的考察,其中既有政府

对高校下放的学术自主权也有法律赋予高校的自主权,包括两类自主权下放与落实状况;同时,高校内部学术自主权配置呈现为何种状态。无论是外部还是内部,高校学术自主权都处在转型过程中。作为高校学术决策配置权力,属于高校管理实践范畴的概念。因此,本研究关于高校学术自主权主要指与高校所提供的学术产品的内容(如教学活动、科学研究、技术开发和社会服务)有关的事务配置以及为完成该事务配置需要的相关资源供给的决策权和配置权。

2007—2017 年间本研究为了更清晰地追随实际转型状况,对三级学术自主权指标进行了调整。1985—2008 年间的测量只是部分高校学术自主权。2007—2017 年间本研究关于学术自主权的范畴主要依据 1998 年颁布与 2015 年修订的《高等教育法》涵盖绝大部分见表3-4-G8,表3-4-G9,表3-4-G10。根据近 10 年高等教育学术治理政策与实践比较,本研究在确定指标划分时主要将高校学术自主权分为高等学校"提供什么学术服务"和"如何提供学术服务",即高等学校学术配置什么和如何配置,其中如何配置还划分为纯事务性和资源性两类配置。见表3-4-G11。

表3-4-G8 关于高校"提供什么"的学术自主权下放的相关政策内容

高等教育法规定	1978—2005 年相关政策	2006 年—2017 年相关的政策
1. 依法自主设置和调整学科、专业。	1986 年,国务院印发的《高等教育管理职责暂行规定》允许高校根据社会需要调整专业。 2001 年《教育部关于做好普通高等学校本科专业结构调整工作的若干原则意见》规定 7 所部属高校可以自主设置本科专业。 2002 年《关于做好博士学位授权一级学科范围内自主设置学科、专业工作的几点意见》规定,56 所研究生院的高校具有二级学科研究生学位自主设置权。	**专业:**2012 年《普通高等学校本科专业设置管理规定》除国家控点专业外,经教育部备案,普通高校可在专业目录内自主设置本科专业。 **学科:**2009 年《学位授予和人才培养学科目录设置与管理办法》;2010 年《授予博士、硕士学位和培养研究生的二级学科自主设置实施细则》,具有一级学科学位授予点的高校可以自主设置二级学位点。 2014 年《关于取消和下放一批行政审批项目的决定》取消教育部的国家重点学科审批。 2017 年《关于深化高等教育领域简政放权放管结合优化服务改革的若干意见》,稳妥推进部分高校自主审核博士硕士学位授权点。
2. 高等学校根据社会需求、办学条件和国家核定的办学规模,制定招生方案,自主调节系科招生比例。	2003 年《教育部关于做好 2003 年普通高等学校招生工作的通知》决定在 22 所高等学校开展自主选拔录取改革试点工作。 2002 年《教育部、国家计委关于编制 2003 年度全国研究生招生计划的通知》,赋予省级高校招生委员会对招生计划与实际录取进行调整的权力。	2008 年高考自主招生试点范围扩大至 68 所,2010 年扩大至 80 所,2014 年扩大至 90 所。 2013 年《关于积极推进高等职业教育考试招生制度改革的指导意见》规定,地方高职综合高考评价进行试点。 2014 年上海、浙江等地开始全面进行考试招生制度改革。

高等教育法规定	1978—2005 年相关政策	2006 年—2017 年相关的政策
3. 自主开展与境外高等学校之间的科学技术文化交流与合作。	1986 年国务院印发的《高等教育管理职责暂行规定》，凡属学校自筹经费（含留成外汇），经过上一级主管部门批准认为可以接受的对方资助或在主管部门下达的经费外汇限额内，可以决定出国和来华的学术交流人员。经过批准的学校可以自行负责出国人员的政治审查。	2015 年国务院办公厅《关于优化学术环境的指导意见》扩大了高校国际科技交流等方面的自主权，放宽了对学术性会议规模、数量等方面的限制，为科技工作者参加更多的国际学术交流提供政策保障和往返便利。 2017 年《关于深化高等教育领域简政放权放管结合优化服务改革的若干意见》规定，探索地方高校赴境外设立教育机构及采取其他形式实施本科以上学历教育，审批权下放省级政府。目前有部分高校被授权具有外事自主审批权。

注：(1) 从"提供什么"的学术自主权下放情况看，相对 2005 年的政策格局，2017 年高校本科专业设置方面具有了较大自主权。高校的本科专业的设置仅受到办学资质的专业资质评审限制；

(2) 研究生学位点的设置还受到较大的制约；

(3) 高校招生仍然实行全国招考限制，除了近 90 所高校有 5% 的自主招生权，剩余 1000 多所本科高校基本不具有招生自主权；

(4) 高校在国际学术合作与对外学术交流中受到审核限制。

表 3-4-G9　关于"如何提供"的事务性学术自主权下放的相关政策内容

高等教育法规定的事务性学术决策权	1978—2005 年相关政策	2006 年—2017 年相关的政策
1. 根据教学需要，自主制定教学计划、选编教材、组织实施教学活动。	1986 年国务院印发的《高等教育管理职责暂行规定》，下放了教材选用权、教学计划制定权等。	2012 年—2017 年，教育部共出台有关医学、工程、法律、农林、气象、思想政治教育、学生工作等人才培养方面的指导性文件近 20 多个，都具有较强的专业指导作用。其中，医学对临床医学的学制做出了新规定。
2. 根据自身条件，自主开展科学研究、技术开发和社会服务。	1986 年国务院印发的《高等教育管理职责暂行规定》，高校在保证完成国家项目外，可自行决定参加科学研究项目的投标。	2008 年，部属高校获得基本科研经费拨款，可以有条件自主开展科学研究。

注：(1) 关于高校"如何提供"的事务性学术自主权主要包括如何教学和科研两方面。

(2) 2005 年高校已经在教学决策上拥有了较大自主权，2017 年，教育主管部门的一系列指导行业类院校人才培养的规格业务文件具有较统一的一致要求。

(3) 高校已拥有自主开展科研和社会服务的自主权，部属高校获得更加自主的基本科研经费拨款。

表 3-4-G10　关于"如何提供"的资源性学术自主权下放的相关政策内容

高等教育法规定资源性学术决策权	1978—2005 年相关政策	2006 年—2017 年相关的政策
1. 对举办者提供的财产、国家财政性资助、受捐赠财产依法自主管理和使用。	1985 年以前，拨款采取"基数＋发展"方式；使用采取"预算包干、节余留用、超支不补"的财务管理；1986 年，拨款采取"综合＋专项"方式，财务管理采取"预算包干，超支不补，节余留用，自求平衡"；2002 年，拨款采取"基本支出预算＋专项支出预算"方式，强化了预算管理制度及财政集中收付制。	2008 年基本支出分解为教学、科研和社会服务补偿。 2015 年根据《关于改革完善中央高校预算拨款机制的通知》，部属高校拨款仍然采取"定额＋专项"(6∶4)方式，专项部分合并为六项。高校拥有自主预算权，使用过程受到严格审计，年度预算完成情况采取绩效考核方式。地方高校的经费来源结构相对单一，大约 80—90% 的经费来源于生均拨款。

(续表)

高等教育法规定 资源性学术决策权	1978—2005 年相关政策	2006 年—2017 年相关的政策
2. 自主确定教学、科学研究、行政职能部门等内部组织机构的设置和人员配备。	部属高校内设机构数和人员编制受限;地方高校机构编制和人员选派都需要地方政府选拔批准。	2017 年《关于深化高等教育领域简政放权放管结合优化服务改革的若干意见》,提出探索实行高校人员总量管理,高校自主管理岗位设置、自主设置内设机构。
3. 按照国家有关规定,评聘教师和其他专业技术人员的职务,调整津贴及工资分配。	部属高校拥有教师评聘任自主权;省属高校拥有聘任自主权,但是大多没有职称评审权	2017 年《关于深化高等教育领域简政放权放管结合优化服务改革的若干意见》,下放高校教师职称评审权。

注:(1) 关于"如何提供"的资源性自主权包括机构设置、财务管理和人力资源配置三个主要事项。

(2) 2005 年到 2017 年,政策变迁轨迹最明显的是高校财政和拨款体制的变化。高校获得的最大自主权就是财政性经费收入明显增加,高校有了稳定的以学生生均定额为基础的财政收入,部属高校更是获得办学条件、教学改革、基本科研业务费、"双一流建设"、绩效拨款等六项专项经费。同时,政府对高校财政性收入的支出管理权加大了监管与评估等管控约束。

(3) 部属高校的人事评聘权明显大于地方高校,省属高校受地方政府管控大于部属高校。

表 3 - 4 - G11 依据《高等教育法》中关于学术自主权的分类

"提供什么"的自主权	"如何提供"的自主权	
	资源性	事务性
1. 依法自主设置和调整学科、专业。 2. 高等学校根据社会需求、办学条件和国家核定的办学规模,制定招生方案,自主调节系科招生比例。 3. 自主开展与境外高等学校之间的科学技术文化交流与合作。	1. 对举办者提供的财产、国家财政性资助、受捐赠财产依法自主管理和使用。 2. 自主确定教学、科学研究、行政职能部门等内部组织机构的设置和人员配备。 3. 按照国家有关规定,评聘教师和其他专业技术人员的职务,调整津贴及工资分配。	1. 根据教学需要,自主制定教学计划、选编教材、组织实施教学活动。 2. 根据自身条件,自主开展科学研究、技术开发和社会服务。
对应学生和社会需求	对应人才培养具体实现的各种教育实践活动	

注:(1) 高校学术自主权在学校管理治理上可分为"提供什么"和"如何提供"的内容结构。

(2) 依据《高等教育法》规定的七项自主权可分为高校"提供什么学术服务"和"如何提供学术服务"两类自主权,其中关于"如何提供学术服务"的自主权还可划分为纯事务性和资源性两方面内容。

高校作为学术治理决策的主体,学校内部学术治理决策结构包括"提供什么"和"如何提供"两个层次的决策,其中"如何提供"也包括事务性和资源性两类,具体到学校一线的实践内容更加繁杂和丰富,目前主要集中在校院两级管理改革、高校学术治理优化、政府进一步简政放权。其中,校院两级管理是高校落实学术本位的核心,也是高校拥有教学与科研学术活力的前提条件;高校的章程设置和学术委员会等学术治理机构的设立与完善是高校拥有相对专业的学术自主权的基本制度保障;政府由集中控制学术决策权到让渡或法律赋权给以高校为主并保障参与高校的其他治理力量的制衡,既是现代大学制度改革主要内容,也是形成高校新的治理结构的基础。根据调研,高校内部学术决策项可见表 3 - 4 - G12。

表 3 - 4 - G12　高校内部学术决策事项结构表

提供什么的决策项	如何提供的决策项	
	事务性决策项	资源性决策项
人才培养方面	人才培养方面	人力资源方面
专业和方向设置	人才培养方案确定 研究生学位论文 课程开设 教材选用	人才引进 教师聘任与考核 重要学术岗位的聘任与考核 教师职称评定
科研发展方面	科研发展方面	物力资源方面
学科发展	校内跨单位学术交流与合作 校外学术交流与合作 国际学术合作 校内研究项目评审 学术道德行为处理	科研仪器购买 科研仪器管理
规模发展方面		**规模发展方面**
本专科招生数量 研究生招生数量		二级学院设置 校级研究中心设置 学院下设研究中心设置

注:(1) 有些学术事务性决策不需要资源性决策支持,属于纯粹学术水平决策,如学位论文等。

(2) 有些学术事务性决策需要资源性决策支持,如对招生规模、机构设置、人力资源等决策。

虽然《高等教育法》对高校学术自主权进行了基本界定,但学术自主权本质上是一个教育实践中的发展性问题,其内涵与外延都会随实践拓展不断变化。例如现代网络课程逐渐纳入高校课程与评价体系,那么网络课程提供者的决策权与配置权由谁决定。这就衍生出对发展中的学术决策事项决策主体的问题。因此,尽管法律明确了自主权赋权的归属,但是**依法办学的自主权配置仍然需要一系列高校学术治理的制度安排,即谁是高校学术自主权的重要利益相关者,在进行决策时利益相关者之间的关系是什么。因此,高校学术自主权问题本质上是学术治理问题。本课题认为,归纳起来基本是两个层面的学术自主权归属问题:一是即使法律赋权高校拥有的权利并没有完全落实到高校,政府代为高校拥有学术决策权。因而普遍的共识是政府需要进一步简政放权。二是在高校内部,这些自主权也并没有完全归属于学术性配置,很多学术权力依然由行政管理层掌握,高校内部存在学术权力和行政权力之争。高校学术自主权的实质是高校学术治理的问题,包括外部治理问题和内部治理,即内外部利益相关者对学术事务进行决策的博弈制衡问题。本研究把这一博弈制衡过程作为转型过程。**

本研究在 2005 年曾对这一转型过程做过实证研究[①]。与 2005 年对改革开放后的前 30 年的考察测量相对照,2017 年考察测量进一步调整修订了学术治理体制的指标。修订的指导思想主要是近 10 年来现实中学术治理内容不断丰富,为了使指标体系符合实际,更好描述揭示学术治理的转型程度,按照总体框架不变,在调整二级指标归类下增设三级指标甚至四级指标,**仍然分政府与高校之间学术治理权转型与高校内部学术配置权力转型两类指标。**

---

① 康宁:《中国高等教育资源配置转型程度指标体系研究》,教育科学出版社,2010;刘亚荣:《我国高校学术自主权变迁的实证研究》,《高等教育研究》2008 年第 7 期。

为了便于识别,将两类指标简称为外部学术自主权与内部学术自主权,如表 3－4－G12、表 3－4－G13所示,外部学术自主权增加了二级指标"提供什么"和"如何提供",按照供给内容配置和配置方式进一步区分自主权的类型。在三级指标与四级指标内容上,"提供什么"的自主权将 2005 年指标体系中的本科专业设置权、重点学科设置权和二级学科学位点设置权合并为学科专业设置与调整自主权,将学位授予权和学位文凭决定权合并入招生与学位文凭自主权,并增加了本科和研究生招生权。除此之外,"提供什么"的自主权还增加了国际交流与合作自主权的三级指标。在"如何提供"自主权的三级指标中,将 2005 年指标体系的教材选用权和培养方案设置权合并为人才培养自主权,并增加了经费管理与使用、机构设置与人员配备、专业技术人员评聘自主权。合并指标在调查中均作为四级指标考量,一并计入测量统计。

表 3－4－G13　2005 年与 2016 年外部学术自主权指标体系划分对比

2005 指标体系		2016 指标体系		
一级指标	二级指标	一级指标	二级指标	新三级指标
外部学术自主权	本科专业设置权	外部学术自主权	提供什么	学科专业设置与调整
	重点学科设置权			
	二级学科学位点设置权			
	学位授予权			招生
	学位文凭决定权			
				国际交流与合作
	教材选用权		如何提供	人才培养
	培养方案设置权			科学研究
	科研项目自主申报权			经费管理与使用
	二级学院设置权			机构设置与人员配备
				专业技术人员评聘

在高校内部学术自主权指标体系中,如表 3－4－G14 所示,**一方面**,新的指标体系将 2005 年高校内部学术权力自主权中几个主观性略强的评定指标(分别是学术力量对组织成员构成决策力、学术力量对学术组织规则设定的决策力和行政力量对学术力量的影响)**替换为学术人员在治理机构中的比例、纯行政人员在治理机构中的比例(以负值形式存在)和学术治理机构职能定位等客观性数据,并且这三个指标与学术治理机构普及程度共同构成二级指标"学术权力对学术治理机构影响力"的细分评价内容。另一方面**,内部学术力量的决策力将 2005 年的指标分为**资源性学术决策力和事务性学术决策力**两个二级指标,其中**资源性学术决策力**除了 2005 年的人才引进、重要学术岗位的聘任与考核、教师职称评定、二级学院设置和学院下设研究中心设置等指标外,增加了教师聘任与考核、科研仪器购买、科研仪器管理、本专科招生数量、研究生招生数量和校级研究中心设置

等指标,**事务性学术决策力**包含 2005 年的人才培养方案确定、研究生学位论文、专业和方向设置、课程开设、学科发展,以及新增加的教材选用、校内跨单位学术交流与合作、校外学术交流与合作、国际学术合作、校内研究项目评审、学术道德行为处理等 11 个三级指标。

表 3 - 4 - G14　2005 年与 2016 年内部学术自主权指标体系划分对比

2005 指标体系		2016 指标体系		
一级指标	二级指标	一级指标	二级指标	三级指标
内部学术自主权	学术组织普及	内部学术自主权	学术治理机构	学术治理机构普及程度
	学术力量对组织成员构成决策力			学术人员在治理机构中的比例
	学术力量对学术组织职责决策力			纯行政人员在治理机构中比例
	行政力量对学术力量的影响			职能定位
	内部学术力量的决策力		资源性学术决策影响力	人才引进
				教师聘任与考核
				重要学术岗位的聘任与考核
				教师职称评定
				科研仪器购买
				科研仪器管理
				本专科招生数量
				研究生招生数量
				二级学院设置
				校级研究中心设置
				学院下设研究中心设置
			事务性学术决策影响力	人才培养方案确定
				研究生学位论文
				专业和方向设置
				课程开设
				教材选用
				学科发展
				校内跨单位学术交流与合作
				校外学术交流与合作
				国际学术合作
				校内研究项目评审
				学术道德行为处理

（二）2007—2017 年我国高校学术自主权的外部治理依据

1. 高校学术自主权的权力归属情况

有关政策沿革变迁在本部分开头已有梳理,参见表 W3 - G1,高校学术自主权下放的相关法律政策内容,见微信 3 - 20。

表 W3 - G1 可知,高校关于"提供方式"方面的学术自主权相对 2005 年获得进一步下放,但是由于高等教育外部环境的变化,以及高等教育整体事业的调整,主管部门加强了集中规划指导,对培养方向、质量规格、修业年限等做出了一定限制。关于"提供内容"方面的学术自主权,本科专业的设置权基本下放到高校;研究生学位点的下放已经按照能力匹配原则,下放到有举办能力的高校;高校本科招生权已经开始有近 90 所高校拥有 5% 左右的自主招生权;与事业发展紧密相关的财权和人事权,部属高校下放的相对彻底,地方高校仍然受地方政府限制比较多,虽然 2017 年出台了体制改革性文件,但是落实效果还有待进一步考察。

在高校学术自主权的主体方面,2014 年教育部颁布的《高等学校学术委员会规程》进一步对高校学术治理机构的构成、职责和运行进行了明确的界定。

2. 高校学术自主权权力归属转型程度判断

从 2007—2017 年的政策文本可见,法律关于高校自主权的赋权和行政主管部门的权限下放是密切关联的。为考察学术自主权的落实情况,本研究采取专家背对背打分的方式,请专家在以上制度安排的基础上,给出政府简政放权程度的判断,"0"为政府完全没有下放,"1"为完全下放给高校,为简化,不设置权重,经算术平均数及归一化处理,最终得到高等学校学术自主权下放指数。从表 3 - 4 - G15 可见,该表指数 0.53 与遵循原 2005 年对高校外部学术决策权力设计评定(关于政策文献分析的评判,见表 3 - 4 - G1)指数 0.78 综合算术平均为 0.66[①],作为 2017 年高校学术自主权的权力归属的转型程度指数,它与 2005 年考察的 0.56 指数比较,提高了十个百分点;但它与高校期望拥有的学术自主权相比,还有较大差距。那些尚未到达学校的学术自主权究竟在哪里? 如果仍然还在政府手中需要了解为什么放不下来;如果这些自主权已放下来但并未落地,则要了解为什么会悬在半空中,是什么阻碍了它们落地。比如,高校提供哪些学科或者专业的教育服务,基本有了自主权,但是在选择生源以及是否能够提供国际合作交流服务方面,自主权受到一定约束限制。对于高校如何提供教育服务的专业事务上,高校基本具有自主权,但是在提供的财力和人力资源决策方面,受到一定制约,直接影响了高校提供服务的能力和质量。也就是说,**一项自主权的配置需要一系列配套权力的制度安排,制度安排的优劣主要看盛水木桶的相对最短木块。**

---

① 高等学校外部学术自主权即指政府与高校之间关于学术自主权的让渡或下放。为了测量改革开放 40 年的转型程度,2006 年之前的研究测量体现在表 3 - 4 - G1 中,由于 2007—2017 年间的改革变化,为了更接近实际并能够说明自主权落地的状况,本研究对调查项目进行了分类,即提供什么与如何提供。于是产生了表 3 - 4 - G15。因此,本研究为了平滑 2006 年前的测量,此次将两个测量结果合并测算,取综合数值。

表 3 - 4 - G15　2006—2017 高校外部学术自主权下放指数

	学术自主权事项	专家权重指数
"提供什么"的学术自主权	1. 依法自主设置和调整学科、专业。	0.73
	2. 高等学校根据社会需求、办学条件和国家核定的办学规模,制定招生方案,自主调节系科招生比例。	0.32
	3. 自主开展与境外高等学校之间的科学技术文化交流与合作。	0.01
	指数	0.353
"如何提供"的学术自主权	事务性学术自主权	0.950
	1. 根据教学需要,自主制定教学计划、选编教材、组织实施教学活动。	0.90
	2. 根据自身条件,自主开展科学研究、技术开发和社会服务。	1.00
	资源性学术自主权	0.433
	3. 对举办者提供的财产、国家财政性资助、受捐赠财产依法自主管理和使用。	0.49
	4. 自主确定教学、科学研究、行政职能部门等内部组织机构的设置和人员配备。	0.53
	5. 按照国家有关规定,评聘教师和其他专业技术人员的职务,调整津贴及工资分配。	0.28
	指数	0.640
类指数		0.533

注:此表是在专家调查基础上的汇总。该指数与表 3 - 4 - G1 的类指数综合即形成政府与高校之间学术治理权转型程度。2006—2017 年高校外部学术自主权下放的类指数 0.53,2006—2017 年对高校外部学术决策权力的类指数 0.78,综合算术平均为 0.66。

(三) 2007—2017 年高等学校内部学术自主权的归属状况

1. 2016 年问卷调查设计情况(包括高校内部学术治理机构的设置情况)

如前所述,高等学校的学术事务在政府和高校之间存在权力归属,在高校内部,也存在同样的决策权归属问题。这些问题包括党政之间、行政和学术之间、上下层之间的决策机构设置、程序设置、人员特征、参与程度等诸多争议与博弈,而对于高校内部学术治理而言,矛盾的焦点主要集中在学术权力和行政权力之间。2016 年本研究进行了问卷调查[①]。

与一般的科层组织不同的是,高校内部的学术决策形成了行政力量、专业力量和第三方成员代表等共同参与决策的治理体系,是现代大学治理结构中的重要组成部分。因此,为了解近 10 年来高校内部学术治理结构的状况,本研究按照原有高校学术治理体制的指标体系的分类,**一是高校的学术治理组织机构的设置情况,主要包括高校内部各个学术专业委员会的设置、功能和效果。二是高校内部不同的学术决策呈现什么样的权力特征,即行政权力和学术权力对学术事务决策的影响力情况。**根据《高等教育法》涉及的高校自主权的范畴,该

---

① 本研究所做调查时间为 2016 年,对政策分析年份到 2017 年,综合分析评定以 2007—2017 年为主。见附录 2。

部分分解为 22 个具体学术决策事项,可以分为两大类五方面的内容,两大类分资源性学术自主权和事务性学术自主权,其中涉及资源性学术决策包括人力资源配置(4 个)、物力资源配置(2 个)和规模发展(5 个)等 11 个指标,事务性学术决策包括人才培养(5 个)、科学研究(6 个)等 11 个指标。由于调查对象的局限性,本调查在学术资源配置中没有设计财务相关的指标。

本研究共回收有效问卷 88 份,一份问卷代表一所高校。在有效调查样本中,部属高校占 50.65%,地方高校占 49.35%,有博士学位授予权、有硕士学位非博士学位授予权、仅有学士授予权的地方普通高校分别为 67.86%、16.67% 和 15.48%。

关于高校内部学术治理机构的设置情况。这些机构主要有学术委员会、教学指导委员会、学位评定委员会、职称评定委员会、教师聘任委员会、学科指导委员会等 8 种内设学术机构。

(1)高校的学术治理机构增长较快,目前已基本普及,但从机构成立数量和成立时间分布来看,呈现很大差异。高校的这类组织设置大量为自发性,而非完全由政策推动。见表 3-4-G16,在所调查的 88 所高校中,**绝大多数高校都建立了学术治理机构,普及程度较高,平均普及率为 95.6%。**其中,所有的被调查高校都成立了教师代表委员会,成立学科指导委员会的高校最少。二级学院建立专业治理机构比例最高的是教代会和教学指导委员会,与校级专业委员会类似,成立学科建设委员会的二级学院比例最低。

表 3-4-G16 被调查高校各种学术治理机构拥有的比例

专业委员会名称	学校校级比例	二级学院比例
学术委员会	98.61%	72.73%
学位委员会	96.49%	57.95%
职称评审委员会	90.24%	47.73%
教学指导委员会	97.30%	77.27%
教职工代表大会	100.00%	92.50%
教师聘任委员会	96.67%	61.36%
学科指导委员会	86.11%	40.91%

从研究的 10 年间隔看,如图 3-4-G2 所示,2005—2016 年期间各学术治理机构的增长幅度与 1995—2005 年期间增长幅度基本持平,约 23%,均高于 1985—1995 年期间的增长幅度(4.13%)。不同时期各类学术治理机构发展的重点有所差异,2005 年以前增长最快的是学术委员会和教代会,增长幅度分别是 27.64% 和 29.82%,而近 10 年增长较快的是教学指导委员会、学位委员会、职称评审委员会等专门性学术治理机构。这也印证了随着组织管理复杂性的增加,专业决策机构也越来越细化,以应对高校面临的学术治理问题。

从成立时间看,如图 3-4-G3 显示,1980 年、2000 年、2010 年和 2014 年前后是各类学术专业机构成立的四个高峰时间段。从密度来看,2000 年以后成立的机构数量明显密集。这说明,扩招所带来的高校组织规模的扩张给组织管理带来复杂性,过去简单的科层结构已无法应对复杂的专业决策,需要更多的专业力量参与。而《高等学校学术委员会规程》的出台是 2014 年,这说明高校学术力量参与决策具有学术本位的天然性。同时,2010 年后各类学术机构成立也是一个相对密集时段。

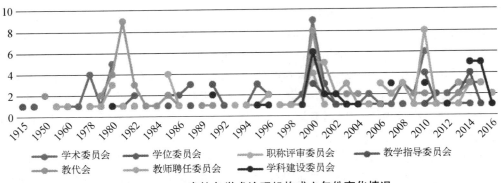

图 3－4－G2　高校各学术治理机构成立年份变化情况

（此图彩色版见本章微信内容末）

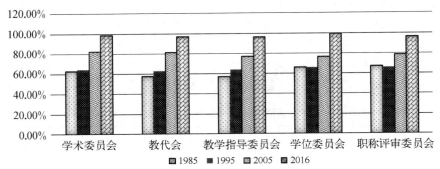

图 3－4－G3　高校学术治理机构普及情况

（此图彩色版见本章微信内容末）

（2）从学术治理机构的人员构成来看，这些专业治理机构具有一定的民主代表性，但仍然偏行政色彩，独立性有待增强。各类学术治理机构组成人员的产生方式多样化。调查结果显示，60.92％的高校学术治理机构成员产生方式以"基层推荐、学校遴选"为主，33.34％的高校是由最高行政权力领导或组织确定产生。2016 年与 2005 年相比，认为本校的学术委员会成员是由学校行政最高权力组织确定的比例，下降了 33.56％，认为由学校行政领导直接指定的比例下降了 3％。由此可见，学术组织成员产生的民主程度显著提高。

从学术组织人员身份构成情况来看，表 3－4－G17 显示了 2016 年调查样本高校各学术治理机构领导的行政职务情况。72.9％的高校都是校级领导担任学术治理机构领导，而无任何行政职务的学术人员担任学术治理机构领导的不足 20％。

调查还发现，随着学校层次的提高，校级领导担任学术治理机构领导的比例逐步下降。以学术委员会为例，地方高校、原 211 高校和 985 高校的学术委员会负责人由校领导担任的比例依次为 80.06％、51.85％、28.57％。

关于行政领导担任学术治理机构领导角色的争论有两派，一些学者认为校领导担任学术组织的负责人可以平衡各方面的意见，减少学术力量和行政力量的冲突[①]；另有学者认为

[①] 李成刚、许为民、张国昌：《大学治理结构中学术力量和行政力量的配置与定位研究——基于四所国外高校的分析》，《中国高教研究》2014 年第 8 期，第 11—16 页；汪洋、龚怡祖：《"校长退出学术委员会"的改革取向分析——兼论大学校长选拔制度的去行政化》，《高等教育研究》2014 年第 6 期，第 25—30 页。

校长是大学行政力量的主要代表,学术治理机构是学术力量表达的主要组织载体,不能受行政力量的控制与左右[1]。从美国大学的实践来看,大学负责人虽参与但无表决权、参与且有表决权、参与且构成评议会全部成员和不参与四种情形均存在。因此,本课题认为,校级领导是否应该担任学术治理机构领导不是问题的关键,关键在于这些学术机构要从学术发展立场角度,加强学术治理机构监督和问责机制的建设,保证高校内部决策,有来自学术性、专业性的独立发声,这样才能形成科学的学术治理结构。这是现代大学治理倡导的本质需要。

表 3 - 4 - G17　高校学术治理机构领导的行政职务情况

	校长	其他主管校领导	职能部门领导	无行政职务院士	无行政职务教授	其他
学术委员会	44.57%	16.30%	1.09%	15.22%	21.74%	1.09%
职称评定委员会	63.86%	24.10%	2.41%	2.41%	7.23%	0.00%
教师聘任委员会	49.15%	33.90%	3.39%	1.69%	10.17%	1.69%
教师代表委员会	10.87%	28.26%	19.57%	2.17%	26.09%	13.04%
学位评定委员会	77.91%	10.47%	3.49%	0.00%	8.14%	0.00%
教学指导委员会	25.93%	53.09%	6.17%	0.00%	13.58%	1.23%
学科建设委员会	40.35%	31.58%	10.53%	1.75%	15.79%	0.00%
平均	44.66%	28.24%	6.66%	3.32%	14.68%	2.44%

双肩挑干部也是高校学术组织成员组成所关注的内容。如表 3 - 4 - G18 所示,与 2005 年相比,以学术委员会为例,虽然纯行政人员比例下降,但纯学术人员比例并未显著增长,而是双肩挑成员比例有上升趋势,其上升的比例基本来自纯行政人员下降的比例。有研究验证了学术治理机构成员身份与其行政职务背景高度相关性[2],**从 2016 年调查结果看,一方面,虽然仍有 35.63% 的高校,其管理人员可以凭借非学术人员身份进入学术治理机构,但是纯行政人员逐渐退出学术治理机构是大趋势,这表明大学学术治理的理念与程序出现根本转折,在朝着有利于专业化决策的方向发展。**另一方面,双肩挑人员比例上升的情况亦不容忽视。虽然有很多双肩挑人员是凭借其学术身份进入学术治理机构的,因为近三分之二的高校将专业技术职称作为学术治理机构任职资格的唯一条件,但是这类人员兼具学术与行政双重属性,两种权力的交融和同一性带来的权力主体具有双重身份,会带来学术事务管理和学术资源配置过程中的公共性危机[3]。因此,高校学术治理机构的独立自主性仍待加强。

---

① 林杰、张德祥:《大学校长该不该退出学术委员会——缘起、解读及求解》,《国家教育行政学院学报》2016年第 4 期,第 23—29 页。

② 李海萍、顾海良、张楚廷:《大学学术权力现状研究》,《高等教育研究》2014 年第 7 期。

③ 赵俊芳:《论大学学术权力的实践特征》,《现代教育科学》2008 年第 3 期,第 5—8 页。

表 3－4－G18　2016 年与 2005 年学术治理机构成员分布情况

	2016				2005		
	纯行政人员	双肩挑人员	纯学术人员	校外人员	纯行政人员	双肩挑人员	纯学术人员
学术委员会	8.60%	48.29%	41.17%	1.44%	12.19%	51.38%	41.34%
职称评定委员会	10.97%	57.49%	29.96%	1.68%			
教师聘任委员会	14.01%	48.11%	38.25%	1.38%			
学位评定委员会	10.23%	62.85%	25.73%	1.28%			
教学指导委员会	12.28%	58.02%	28.68%	1.11%			
平均	11.22%	54.95%	32.76%	1.38%			

注:2016 年调查统计中,填表人员对个人身份重复的部分确认有部分出入,且分类计算百分比时进位有一定误差,但均不妨碍分析。

(3) 学术治理机构多数以审议决议为主要职能。 调查显示,如果以参与的决策内容将这些学术机构分类,可以看到我国高校的学术治理机构比较全面的参与了高校的内部治理。参与综合决策的有学部、学术委员会和教师代表委员会,其他的基本是专项学术决策,包括人力资源和纯学术事务决策的。就参与程度来看,除教师代表委员会以外,其他学术治理机构都以审议决议为主要职能,**其次有 28.20% 的高校将其学术治理机构的职能定位于决策**,说明这些机构在学术事务决策中发挥了比较重要的作用(见表 3－4－G19)。但是在组织实际运行中,数据显示,39.8% 的专家认为本校学术治理机构只起到建议作用(见表 3－4－G20),学术事务仍由校级最高行政权力组织决定,显然这一比例远高于学术治理机构职能定位中建议咨询的比例(19.95%)。这可能是由于一些高校虽然规定了学术治理机构是审议决策机构,但并未真正发挥这一功能。学术治理机构职能定位与执行之间存在偏差的原因主要有两个,一是制度建设不完善,一些高校学术委员会在会议制度、决策机制和监督机构建设等方面都存在无章可循的情况,实际执行中易产生问题;二是学术委员会的权力边界不分明,虽然一般对高校学术委员会的职责界定运用了如"决策""审议""评定""评议"等词汇,但这些词汇在职责范围和程度上并没有清晰的界定,而且在现实中通常也只有学位评定、科研成果评定、科研立项等少数几项。

表 3－4－G19　各高校学术治理机构职能定位

		决策	审议决议	建议咨询	象征意义
参与多种学术综合决策	学部	34.78%	47.83%	13.04%	4.35%
	学术委员会	30.94%	47.48%	20.86%	0.72%
	教师代表委员会	15.38%	30.77%	50.00%	3.85%
人力资源	职称评定委员会	30.69%	61.39%	7.92%	0.00%
	教师聘任委员会	28.77%	58.90%	12.33%	0.00%
学术事务决策	学位评定委员会	36.79%	54.72%	7.55%	0.94%
	教学指导委员会	23.85%	56.88%	17.43%	1.83%
	学科建设委员会	24.39%	45.12%	30.49%	0.00%
均值		28.20%	50.39%	19.95%	1.46%

注:均为多选项。

表 3 - 4 - G20　高校学术治理机构的权力行使特征

学术治理机构的权力行使特征	百分比
1. 与行政科层组织的特征相似	33.00%
2. 学术治理机构起到建议作用,学术事务由校级最高行政权力组织决定	39.80%
3. 普通教师也能够参与学校重大决策	30.70%
4. 表现出学术民主性和专业权威性	63.60%
5. 学术治理机构在学校所有重大事务中起到了重要的参与作用	73.90%
6. 各类学术事务确实由各类学术治理机构自主决定	43.20%

注:均为多选项。

(4) 从发挥效用看,学术治理机构权力行使过程中以参与性和权威性为主要特征。为了获得高校管理实践者对学术治理机构工作效果的评价,问卷调查了这项问题,请管理者对学术治理机构的权力特征进行判断,结果如表 3 - 4 - G20。

由上可知,在多选的情况下,在行政咨询性、民主参与性和权威自主性三个特征方面,问卷提供了相互印证的两个选项。可以初步得到这一结论:**高校学术治理机构在行使职能的过程中,虽然具有一定对行政决策的咨询作用,但是民主参与性是管理实践者最认可的功能,除此之外,对学术事务独立自主的决策权威性,也得到了更多认可。说明目前高校学术治理机构基本符合组织特征。**

2. 学术力量和行政力量在学术决策过程中的影响力对比情况

以上从学术治理机构的设置看,当前高校学术决策已经向民主化和专业化迈进很多,但是为什么对高校内部行政化诟病的抱怨依旧存在。本研究为了进一步呈现高校内部学术决策的权力特征,将高校内部的各种学术事务的决策分为资源性学术决策和事务性学术决策两类,并细化到具体的事项,由高校管理实践者主观评价本校这些决策的权力偏学术力量还是偏行政力量。

具体调查结果如下。

(1) 资源性学术决策中的权力转型特征。在 2005 年的调查中发现,高校内部学术力量在资源性学术决策中起到的影响力弱于行政力量,根据表 3 - 4 - G6,学术权力的自主程度在四个年份阶段(1985、1995 前、1995 后、2005)的影响程度分别为 0.31、0.34、0.41、0.42(即行政权力逐步减弱:1—0.69、1—0.66、1—0.59、1—0.58)。与表 3 - 4 - G3 的结果趋势基本一致,即行政力量对学术力量的影响不断递减,学术力量的自主程度不断增强,但 2005 年前后这一学术力量的自主程度都尚未过半。但是 2016 年调查显示,**学术力量的影响力在资源性学术决策方面,已经明显强于行政力量,两者标准化均值分别为 0.61 和 0.54。**具体调查数据如表 3 - 4 - G21 所示。

第一,学术力量在人力资源方面的决策权和影响力最大,比物力资源配置高 18.33%,比规模发展决策高 33.96%;而行政力量恰恰相反,在规模发展方面的决策权和影响力最大,其次分别是物力资源配置和人力资源配置。

第二,从学术力量与行政力量对比来看,涉及普通教师引进、考核和晋升的学术决策事项中的学术力量最大,标准化均值分别为 0.72,0.72 和 0.75,比行政力量分别高 53.19%,

60％和102.7％;而学术力量在与规模发展相关的各项决策中都明显低于行政力量,尤其是本专科招生数量和二级学院设置,分别比行政力量低66.67％和43.75％。

可以看出,在人力资源方面,学术力量已经占据相对主导地位;在物力资源方面,学术力量与行政力量基本持平;在规模发展方面,行政力量仍然掌握重要的话语权。

与2005年的调查相比,人力资源配置的学术影响力增长幅度为40.88％,而行政力量则下降了5.02％,这可能与近些年许多高校都在进行的人事制度改革有着密切的关系。这也表明高校学术治理中有关学术人员人事方面的权力在逐渐回归,取代行政力量独大的局面,朝着学术自治的方向发展。

表3-4-G21　高校学术力量和行政力量在资源性学术决策中的对比情况

	学术力量(标准化)		行政力量(标准化)	
	均值	标准差	均值	标准差
人才引进	0.72	0.233 4	0.47	0.292 6
教师聘任与考核	0.72	0.247 7	0.45	0.300 5
重要学术岗位的聘任与考核	0.67	0.296 9	0.48	0.314 9
教师职称评定	0.75	0.290 5	0.37	0.302 0
人力资源	**0.71**	**0.240 3**	**0.45**	**0.274 0**
科研仪器购买	0.61	0.290 1	0.48	0.294 8
科研仪器管理	0.58	0.281 5	0.60	0.287 0
物力资源	**0.60**	**0.258 4**	**0.54**	**0.270 5**
本专科招生数量	0.42	0.286 4	0.70	0.290 4
研究生招生数量	0.50	0.297 8	0.64	0.348 7
二级学院设置	0.48	0.297 2	0.69	0.287 8
校级研究中心设置	0.59	0.281 4	0.58	0.307 2
学院下设研究中心设置	0.67	0.264 7	0.50	0.297 8
规模发展	**0.53**	**0.220 7**	**0.62**	**0.223 4**
资源性学术决策	0.61	0.196 2	0.54	0.214 2

如果将部属高校和地方高校分开来看资源性学术事务的决策权力转型特征,就会发现,相比较而言,在资源性学术决策方面,部属院校学术力量的决策权和影响力更大,但是在统计检验上并不显著。具体看表3-4-G22,部属院校的学术力量在人力资源方面的决策权和影响力略高于非部属院校(标准化均值分别为0.74和0.69),但是整体的学术资源配置上学术力量基本相同;而部属高校行政力量则在各方面都低于非部属院校。从学术力量和行政力量的对比来看,无论是部属高校还是非部属高校,其学术力量在资源性学术决策方面上高于行政力量,人力资源方面尤为突出,总体上看,部属院校的学术力量高出行政力量的幅度更大。

表 3－4－G22　部属高校与非部属高校在资源性学术决策方面的对比情况

	学术力量(标准化)		行政力量(标准化)	
	部属高校	非部属高校	部属高校	非部属高校
人才引进	0.72	0.42	0.32	0.41
教师聘任与考核	0.76	0.67	0.37	0.51
重要学术岗位的聘任与考核	0.75	0.71	0.40	0.54
教师职称评定	0.76	0.75	0.32	0.41
人力资源	**0.74**	**0.69**	**0.34**	**0.41**
科研仪器购买	0.63	0.63	0.40	0.50
科研仪器管理	0.53	0.63	0.58	0.59
物力资源	**0.58**	**0.63**	**0.49**	**0.55**
本专科招生数量	0.41	0.42	0.67	0.71
研究生招生数量	0.61	0.73	0.49	0.51
二级学院设置	0.50	0.48	0.66	0.74
校级研究中心设置	0.58	0.63	0.55	0.60
学院下设研究中心设置	0.61	0.73	0.49	0.51
规模发展	**0.52**	**0.55**	**0.59**	**0.65**
资源性学术决策	**0.61**	**0.61**	**0.49**	**0.57**

　　进一步观察具有不同学位层次的高校,即有博士点的高校、有硕士无博士点的高校以及没有研究生层次的普通本科高校,表 3－4－G23 显示,在资源性学术决策的各项指标中,具有学位点层次越高的高校,学术力量的影响力越高,其中人力资源的院校差异与资源性学术决策整体情况的院校差异在统计上具有显著意义,但是学术力量在物力资源、规模发展方面的院校层次差异并不显著,行政力量在各方面的差异均不显著。在学术力量与行政力量对比上,博士点高校的学术影响力在大多数指标上都强于行政力量,普通本科高校的学术力量则弱于行政力量。

表 3－4－G23　不同层次院校在资源性学术决策方面的对比情况

	学术力量(标准化)			行政力量(标准化)		
	本科院校	硕士点院校	博士点院校	本科院校	硕士点院校	博士点院校
人才引进	0.52	0.72	0.80	0.61	0.55	0.39
教师聘任与考核	0.51	0.60	0.79	0.61	0.55	0.39
重要学术岗位的聘任与考核	0.42	0.54	0.77	0.63	0.58	0.42
教师职称评定	0.52	0.72	0.80	0.49	0.43	0.34
人力资源	**0.51**	**0.62**	**0.78**	**0.57**	**0.53**	**0.40**

（续表）

	学术力量（标准化）			行政力量（标准化）		
	本科院校	硕士点院校	博士点院校	本科院校	硕士点院校	博士点院校
科研仪器购买	0.44	0.59	0.68	0.61	0.51	0.44
科研仪器管理	0.50	0.59	0.60	0.65	0.57	0.59
物力资源	**0.47**	**0.59**	**0.64**	**0.63**	**0.54**	**0.51**
本专科招生数量	0.36	0.41	0.44	0.74	0.69	0.69
研究生招生数量		0.67	0.68		0.49	0.51
二级学院设置	0.40	0.37	0.53	0.70	0.67	0.69
校级研究中心设置	0.52	0.53	0.64	0.62	0.55	0.58
学院下设研究中心设置	0.65	0.67	0.68	0.50	0.49	0.51
规模发展	**0.47**	**0.49**	**0.56**	**0.64**	**0.61**	**0.62**
资源性学术决策	**0.48**	**0.55**	**0.65**	**0.61**	**0.57**	**0.52**

以上的调查结果比较符合经验判断。总体而言，**在资源性学术事项决策影响力中，我国高校校内学术力量影响力已经强于行政力量影响力。** 具体到不同类型高校，部属高校学术力量强于行政力量，非部属高校学术力量力与行政力量基本持平，并且部属高校学术力量整体上高于非部属高校；有研究生学位点高校的学术力量明显强于行政力量，而没有研究生学位点高校的学术力量弱于行政力量；并且，有研究生学位点的高校的学术力量也明显高于没有研究生学位点的高校。因此，**学术性越强的高校，尊重学术力量的专业性和权威性越明显。**

（2）事务性学术决策中的权力转型特征。 在事务性学术决策，由表3-4-G5可知，2005年前后年份，行政力量在人才引进、重要学术岗位聘任、二级学院和三级学术组织的设置中起到主要的决策作用；学术力量在教师职称评定、研究生学位论文、学生培养方案的确定、课程开设等学术事务中起到主要作用（影响力大于0.5）；而对于学科发展和专业设置，则学术力量和行政力量作用势均力敌。这个结果说明，行政权力在涉及高校人、财、物的学术事务决策中居于主导地位，而不涉及关键资源配置决策的学术事务，则主要由学术力量决策。在涉及学科和专业发展的决策中，由于需要专业判断，则行政力量和学术力量共同作用。这样看来，行政权力在高校中对于资源配置起着主要的支配作用，学术力量对学术的专业判断具有重大影响。**行政权力和学术权力对具体学术事务决策的影响力分别为0.49和0.51，在2005年前后，学术力量与行政力量在高校内部对不同事务的配置影响旗乎相当。** 2016年调查问卷设计了人才培养和科研发展两方面内容11个指标。具体结果如表3-4-G24，研究生学位论文、教材选用和课程开设等与人才培养相关的指标的学术力量最大，标准化均值位列前三位，分别是0.83、0.78和0.78，而校际国内和国际学术交流合作的行政力量最大，标准化均值分别是0.49和0.54。研究生学位论文、教材选用、课程开设和校内研究项目评审的学术力量与行政力量对比更为突出，**其学术力量均高出行政力量一倍以上。在学术力量和行政力量对比上，学术权力与行政权力对具体学术事务决策的影响力分别为**

0.70 和 0.43,学术力量大大强于行政力量。

表 3 - 4 - G24　高校学术力量和行政力量在事务性学术决策中的对比情况

	学术力量(标准化)		行政力量(标准化)	
	均值	标准差	均值	标准差
人才培养方案确定	0.74	0.289 4	0.42	0.285 9
研究生学位论文	0.83	0.211 3	0.29	0.282 0
专业和方向设置	0.66	0.289 2	0.47	0.296 1
课程开设	0.78	0.225 0	0.38	0.300 5
教材选用	0.78	0.243 6	0.32	0.289 4
人才培养	**0.75**	**0.180 3**	**0.49**	**0.244 3**
学科发展	0.69	0.282 1	0.48	0.298 6
校内跨单位学术交流与合作	0.62	0.283 3	0.47	0.276 3
校外学术交流与合作	0.64	0.286 3	0.49	0.281 3
国际学术合作	0.59	0.306 8	0.54	0.291 8
校内研究项目评审	0.74	0.278 1	0.36	0.281 4
学术道德行为处理	0.69	0.291 9	0.46	0.330 2
科学研究	**0.65**	**0.232 4**	**0.49**	**0.244 3**
事务性学术决策	**0.70**	**0.187 8**	**0.43**	**0.219 9**

由表 3 - 4 - G24 可知,涉及纯粹的事务性学术决策项,学术力量的影响力明显强于行政力量,这说明,**纯粹的事务性学术决策权已经基本归还给高校学术人员进行专业决策。与2005 年的调查相比,学术力量在事务性学术决策方面进一步增强。**

同样,分部属高校和地方高校情况看(表 3 - 4 - G25),对于纯粹的学术事务性决策,部属高校在研究生学位论文上的学术力量得分最高,标准化均值为 0.86,而非部属高校则在人才培养方案确定和教材选用方面的学术力量得分最高,标准化均值都是 0.85;部属院校学术力量在研究生论文、校内研究项目评审和学术道德行为处理三个指标上超过地方高校,行政力量的各项指标均低于地方高校;与科学研究各项指标相比较,两类高校学术力量的决策权和影响力在人才培养的各方面都远远超过行政力量。总体来讲,两类高校的学术力量均高于行政力量,只是部属院校的学术行政力量对比更强,但是院校类型之间的差异在统计意义上并不显著。

表 3 - 4 - G25　部属高校与非部属高校在事务性学术决策方面的对比情况

	学术力量(标准化)		行政力量(标准化)	
	部属高校	非部属高校	部属高校	非部属高校
人才培养方案确定	0.73	0.85	0.31	0.33
研究生学位论文	0.86	0.81	0.22	0.36

(续表)

	学术力量(标准化)		行政力量(标准化)	
	部属高校	非部属高校	部属高校	非部属高校
专业和方向设置	0.64	0.69	0.44	0.49
课程开设	0.77	0.81	0.34	0.41
教材选用	0.73	0.85	0.31	0.33
人才培养	**0.75**	**0.77**	**0.44**	**0.51**
学科发展	0.66	0.71	0.46	0.51
校内跨单位学术交流与合作	0.61	0.68	0.44	0.48
校外学术交流与合作	0.63	0.69	0.45	0.50
国际学术合作	0.60	0.63	0.51	0.54
校内研究项目评审	0.75	0.74	0.30	0.41
学术道德行为处理	0.75	0.71	0.36	0.52
科学研究	**0.65**	**0.68**	**0.44**	**0.51**
事务性学术决策	**0.70**	**0.73**	**0.38**	**0.46**

进一步考察不同学术层次的高校,如表3-4-G26,与资源性学术决策相似,随着院校层次的提高,学术力量也不断增加,相应地,行政力量不断下降;但是学术力量在不同层次院校之间的差异更加显著,行政力量则差异不大。在人才培养方面的各项指标中,三个层次院校的学术力量均强于行政力量;在科研方面的各项指标中,只有博士点高校的学术力量均强于行政力量。值得关注的是地方本科和有硕士点院校,人才培养方面的学术力量相对行政力量的权威性还比较明显,而科研方面的学术力量相对行政力量的权威性反而不明显。

表3-4-G26　不同层次院校在事务性学术决策方面的对比情况

	学术力量(标准化)			行政力量(标准化)		
	本科院校	硕士点院校	博士点院校	本科院校	硕士点院校	博士学位院校
人才培养方案确定	0.75	0.77	0.79	0.32	0.27	0.33
研究生学位论文		0.82	0.87		0.29	0.28
专业和方向设置	0.52	0.55	0.72	0.50	0.56	0.44
课程开设	0.68	0.76	0.81	0.42	0.37	0.37
教材选用	0.75	0.77	0.79	0.32	0.27	0.33
人才培养	**0.64**	**0.73**	**0.79**	**0.50**	**0.54**	**0.47**
学科发展	0.60	0.60	0.73	0.51	0.53	0.46
校内跨单位学术交流与合作	0.55	0.59	0.67	0.46	0.45	0.47
校外学术交流与合作	0.57	0.54	0.69	0.46	0.59	0.48
国际学术合作	0.50	0.46	0.66	0.55	0.60	0.52
校内研究项目评审	0.63	0.71	0.78	0.46	0.43	0.32

（续表）

	学术力量（标准化）			行政力量（标准化）		
	本科院校	硕士点院校	博士点院校	本科院校	硕士点院校	博士学位院校
学术道德行为处理	0.52	0.59	0.77	0.54	0.52	0.43
科学研究	**0.55**	**0.56**	**0.70**	**0.50**	**0.54**	**0.47**
事务性学术决策权	**0.60**	**0.65**	**0.75**	**0.49**	**0.46**	**0.41**

3. 校院两级改革及学术决策中的影响力[①]

从大学组织结构理论看，院系的学术自主是现代大学的基本组织特征，是大学现代治理的核心。

本研究在调查的88所高校中有45所高校采取了校院二级管理模式，其中部属高校23所，地方高校22所。按照实行二级管理与未实行二级管理、部属高校与地方高校进行对比，得到校院两级管理权限在各种学术决策中的实际结果如下：

（1）总体来说，学校与二级院系的学术决策权力影响力基本持平，但是在具体内容上有差异性；实行校院二级管理确实对提升二级学院的决策权力具有正向的影响。如表3-4-G27所示，被调查高校的校级和院级决策权力标准化均值分别为0.58和0.60，校院两级整体上具有相当的决策影响力。但是，学校对"提供什么"的战略性学术决策占据更多影响力，二级院系在"如何提供"的生产性学术决策上拥有更多的权力，并且这一特征对于是否实行了二级管理改革并无差异，而是取决于决策事项的性质。这种特征进一步说明，学校层面更多地对战略决策负责，院级决策更多地对生产决策负责，是目前我国校院两级管理体制所呈现的校院治理结构特点。这符合常识判断但尚不能论断这种治理模式是否为最优结构。

表3-4-G27　校院两级学术决策影响力对比总体情况

	总体				未实行二级管理院校				实行二级管理院校			
	校级标准化		院级标准化		校级标准化		院级标准化		校级标准化		院级标准化	
	数值	标准差	数值	标准差	数值	标准差	数值	标准差	数值	标准差	数值	标准差
提供什么	0.62	0.212	0.56	0.235	0.59	0.234	0.52	0.267	0.64	0.189	0.59	0.214
如何提供	0.52	0.192	0.61	0.168	0.52	0.209	0.59	0.253	0.50	0.203	0.69	0.190
综合	0.58	0.178	0.60	0.212	0.60	0.171	0.52	0.237	0.57	0.181	0.63	0.196

对于未实行二级管理的院校而言，校级权力整体上大于院级权力（标准化均值分别为0.60和0.52），实行了二级管理的院校情况则恰恰相反，校级影响力低于二级院系（标准化均值分别为0.57和0.63），而且其二级院系的决策影响力显著高于未实行二级管理院校（单因素方差分析结果的显著性水平为0.025，F值为5.239）。由此可以看到，无论是战略性决

[①] 在逻辑上，校院两级管理是校内行政权力向学术权力过渡的具体和集中体现，在数据上，通过2016年问卷调查得到的校院两级数据和行政学术权力数据对比来看差异度非常小。故本文就以学术权力在校内具体学术决策的影响力数据代替了校院两级数据，以便与前次调查的数据保持一致，进行比较。

策还是生产性决策,实行校院二级管理确实赋予了院系更多的决策权力。

(2)在"如何提供"的生产性决策方面,总体上,除了涉及人力资源方面的学术决策以校级权力为主,其他都以院级为主要影响力,同样,是否实行校院二级管理对资源性学术决策影响较大。从表3-4-G28可以看出,无论是否实行了校院二级管理改革,人才培养、科研发展等事务性决策都以院级为主,这与外部学术自主权相似,说明涉及高等教育核心产品生产的决策权力已经在很大程度上下放到了学院。调研也发现,很多学校和学院领导所描述的校院两级改革大多数都是事务性学术决策权下放,因此,学校二级学院内部对这种改革并不是很认可。他们认为这种改革就是职能部门将大量事务性管理工作下放到学院,增加了学院的管理责任和负担,但是配套的人事、财物等资源配置权限并没有到学院层面,所以学院并没有主动做事的动力机制,也就是说并没有真正调动二级学院发展的积极性。

对于资源性学术决策而言,整体来看,校院两级是权力平衡的,其中涉及规模发展、财物资源的决策是院级占主要影响力,在人力资源方面的决策还是以校级为主。但是如果将是否实行二级管理作为考察因素来看,可以发现,未实行二级管理院校的校级影响力全面超过了院级影响力,其中不仅人力资源,与学术事务相关的财物资源决策也以校级为主;而实行了二级管理的院校,校级层面和学院层面在人力资源相关的学术决策权力也旗鼓相当。

表3-4-G28 校院两级在生产性学术决策方面影响力对比情况

如何提供学术决策	总体				未实行二级管理院校				实行二级管理院校			
	校级标准化		院级标准化		校级标准化		院级标准化		校级标准化		院级标准化	
	数值	标准差	数值	标准差	数值	标准差	数值	标准差	数值	标准差	数值	标准差
人才培养	0.47	0.245	0.72	0.238	0.46	0.254	0.67	0.281	0.47	0.243	0.73	0.224
科研发展	0.48	0.272	0.68	0.196	0.45	0.314	0.67	0.225	0.49	0.263	0.68	0.189
事务性	**0.51**	**0.222**	**0.67**	**0.217**	**0.49**	**0.239**	**0.62**	**0.253**	**0.51**	**0.219**	**0.68**	**0.206**
规模发展	0.49	0.180	0.44	0.338	0.41	0.339	0.66	0.368	0.39	0.272	0.77	0.241
物力资源	0.54	0.270	0.62	0.257	0.59	0.295	0.50	0.325	0.52	0.258	0.65	0.220
人力资源	0.64	0.203	0.58	0.252	0.69	0.165	0.46	0.253	0.62	0.212	0.62	0.245
资源性	**0.60**	**0.190**	**0.60**	**0.238**	**0.65**	**0.166**	**0.49**	**0.261**	**0.58**	**0.194**	**0.64**	**0.221**

如果以是否实行二级管理为标准分别比较两类院校的校级决策权力和院级决策权力,能够看到,无论是否实行二级管理,校级层面在事务性学术决策方面的权力相近,在资源性学术决策上实行二级管理院校的校级影响力小于未实行二级管理院校的校级影响力,但是在统计上并不显著。从院级决策权力的角度来看,无论是事务性还是资源性学术决策,实行二级管理院校的院级决策权力更大,而且在财物资源、人力资源和整个资源性学术决策事项上其影响力显著高于未实行二级管理的院校。

(3)虽然部属高校和地方高校两级改革的普及程度差不多,但部属高校的校院两级改革实施力度较地方高校更大,并且二级学院拥有的决策权力高于地方高校,特别表现在资源决策权部分。关于政府与高校的分权状况看,部属高校获得的权限较地方高校大,这个论断进一步从校院两级管理体制改革的结果得到验证。见表3-4-G29,从实施总体情况看,部属高校和地方高校虽然实施二级管理改革的普遍程度差不多,但是部属高校校院两级改革力度明显高于地方高校,部属高校校级层面的学术决策权低于院级层面(标准化均值分别为0.55和0.60),然而,地方高校校级层面的决策权整体上还是高于学院(标准化均值分别为0.61和0.57)。也就是说,部属高校的院系学术自主权更大,这意味着学术活力更高。

在"如何提供"方面的决策权上,无论是部属高校,还是地方高校,都明显高于校级层面,部属高校校院两级的标准化均值为0.49和0.68,地方高校为0.55和0.65。这说明,院系的学术自主是高校办学自主权的必然组织设置,也进一步验证了本研究所提出的,院系治理应该是我国高校治理结构的稳定组成部分。从校院两级的对比程度来看,代表学术水平更高的部属高校二级学院的学术决策权也更大,尤其在人力资源的决策权方面,这也说明,院系自主权越高,学术水平越好,或者说学术水平越高,越需要更高的院系自主程度。

表 3 - 4 - G29　部属高校与地方高校校院两级学术决策影响力对比情况

	部属高校				地方高校			
	校级标准化		院级标准化		校级标准化		院级标准化	
	数值	标准差	数值	标准差	数值	标准差	数值	标准差
提供什么	0.61	0.199	0.58	0.221	0.65	0.221	0.54	0.246
如何提供	0.48	0.188	0.68	0.165	0.55	0.194	0.65	0.179
人才培养	0.45	0.227	0.73	0.208	0.50	0.266	0.70	0.268
科研发展	0.45	0.256	0.69	0.186	0.56	0.277	0.67	0.215
事务性	0.49	0.212	0.67	0.189	0.55	0.232	0.65	0.245
规模发展	0.74	0.180	0.42	0.326	0.72	0.185	0.41	0.353
财物资源	0.49	0.297	0.63	0.257	0.60	0.248	0.60	0.251
人力资源	0.60	0.197	0.62	0.241	0.69	0.190	0.53	0.251
资源性	0.56	0.186	0.63	0.228	0.65	0.181	0.56	0.239
综合	0.55	0.193	0.60	0.193	0.61	0.207	0.57	0.212

实证研究表明,高等学校办学自主权由政府下放给高校的同时还意味着高校内部要进行组织结构和决策权力的改革。高校内部学术治理的组织调整主要集中在两方面,一是在高校内部设立各种专业学术治理机构,为学术权力的行使提供基本的组织载体。二是激发办学活力普遍采取校院两级管理体制改革。研究表明,对于校级的学术决策机构的组织改革普及程度非常高,决策内容事项主要集中在与学术事务相关的所有综合决策、资源专项决策和学术事务专项决策,这些机构发挥的决策作用以咨询为主,部分具有决策权力,人员构成仍然明显以高层行政管理角色为主,权力行使方式主要以参与以及专业权威影响为主。

对于纵向的校院分权改革,校院两级改革并不如设置学术委员会的组织设置普及,但是无论实行校院两级改革与否,高校一旦获得更多的办学自主权,"如何提供"的决策都基本上下放到了院系层面,使院系在学术治理方面获得更多的影响力和自主性。为进一步释放学术活力,大量高校自发进行了校院二级管理改革。实证结果表明,校院两级改革确实提升了二级学院的决策权力水平,特别是对资源配置的决策权力,具有明显正向影响。这说明二级管理改革的核心在于资源配置权力的下放,而非仅仅是事务权的决策重心下移。也就是说,只有获得资源配置权,院系的活力才能真正得到释放。这将是高校办学自主权落地的核心。

由此可见,高校学术力量的发展依赖于外部制度环境和内部治理的共同发展,高校校级的学术专业决策和院系自主都是高校学术本位的制度安排,而校院与院系学术自主权改革的程度将是学术自主权落地的关键。

(四)2007—2017年区间高校学术治理体制转型程度指数

本研究认为,高校学术治理是一个不断受外部制度环境影响的制度安排,也是随着大学治理实践不断变革完善的范畴。因此,在2007—2017年份区间中,新的研究建立了更加客观描述现实转型程度的学术治理指标体系,这样便于研究的可持续观察。与2005年的研究相对照,2016年调查设计总体框架不变,仍然分政府与高校之间学术治理权转型与高校内部学术配置权力转型两类指标。为了便于识别,将两类指标统称为外部学术自主权与内部学术自主权。在外部学术自主权指标方面,本调查以《高等教育法》为依据,以法律规定的高等学校八项学术自主权为新配置框架,在2005年的指标基础上增加了招生权、国际交流权、人事权、财务权。内部学术自主权方面,变更了2005年高校内部学术权力自主程度的指标体系中几个主观性略强的指标,增加了学术人员在治理机构中的比例、纯行政人员在治理机构中的比例(以负值形式存在)和学术治理机构职能定位;增加了教师聘任与考核、科研仪器购买、科研仪器管理、本专科招生数量、研究生招生数量、校级研究中心设置、教材选用、校内跨单位学术交流与合作、校外学术交流与合作、国际学术合作、校内研究项目评审、学术道德行为处理等指标。为了清晰地对比2005年与2016年高校自主权转型程度,调查组按照调整后的指标给出了2005年与2016年指标框架的对比情况,同时也给出了2016年调整后完整的高校拥有学术自主权综合指数测量情况,即2005年与2016年区间学术治理体制转型程度指数测量(其中包括政府与高校之间学术决策权力的转型与高校内部学术配置力量的转型,即简称外部学术自主权和内部学术自主权)。见表3-4-G30、表3-4-G31。

表3-4-G30 政府与高校之间学术治理结构转型程度类指数(外部学术自主权)

二级指标	新三级指标	2005	2016*	2016
提供什么	学科专业设置与调整	0.18	0.73	0.73
	招生与学位文凭	0.23	0.50	0.32
	国际交流与合作			0.01
如何提供	人才培养	0.90	0.90	0.90
	科学研究	1.00	1.00	1.00
	经费管理与使用			0.49
	机构设置与人员配备			0.53
	专业技术人员评聘			0.28
外部学术自主权类指数		0.58	0.78	0.53

注:(1)该表三级指标包括的具体内容见表3-4-G14。

(2)2016*年间分类数据是与2005年间分类数据一致。2016年分类数据是新调整后增设数据。

(3)2016年外部学术自主权指数是按照2016年调整后完整指标内容调查后测算为0.53。

表 3 - 4 - G31　高等学校内部学术配置转型程度类指数（内部学术自主权）

二级指标	新三级指标	2005	2016＊	2016
AB学术权力对学术治理机构影响力	学术治理机构普及程度	0.79	0.99	0.96
	学术人员在治理机构中的比例	0.41	0.41	0.33
	纯行政人员在治理机构中的比例	—0.12	—0.09	—0.11
	学术治理机构的决策职能定位	0.25	0.31	0.28
	分类指数	**0.33**	**0.50**	**0.37**
C学术权力对资源性学术决策影响力	人才引进	0.32	0.72	0.72
	教师聘任与考核			0.72
	重要学术岗位的聘任与考核	0.33	0.67	0.67
	教师职称评定	0.44	0.75	0.75
	科研仪器购买			0.61
	科研仪器管理			0.58
	本专科招生数量			0.42
	研究生招生数量			0.50
	二级学院设置	0.24	0.48	0.48
	校级研究中心设置			0.59
	学院下设研究中心设置	0.31	0.67	0.67
	分类指数	**0.32**	**0.66**	**0.61**
C学术权力对事务性学术决策影响力	人才培养方案确定	0.46	0.74	0.74
	研究生学位论文	0.58	0.83	0.83
	专业和方向设置	0.38	0.66	0.66
	课程开设	0.46	0.78	0.78
	教材选用			0.78
	学科发展	0.38	0.69	0.69
	校内跨单位学术交流与合作			0.62
	校外学术交流与合作			0.64
	国际学术合作			0.59
	校内研究项目评审			0.74
	学术道德行为处理			0.69
	分类指数	**0.45**	**0.74**	**0.71**
	ABC 内部学术自主权类指数	**0.38**	**0.64**	**0.61**

注：(1) 内部学术配置转型程度类指数（内部学术自主权）是由三个分类（ABC）组成。各分类指数为算术平均值，不同年份可以做比较。整个内部学术自主权指数是三个分类所有项目的算术平均值。

(2) 2016＊年间分类数据是与 2005 年间分类数据一致。2016 年分类数据是新调整后增设数据。

(3) AB 分类中三个年份比较中，前两个年度（2005 年间、2016＊年间）都是以学术委员会的统计数据为主，2016 年则以全部现有学术组织统计数据为主。可以看到，还是比 2005 年数据值要高。

　　按照这个改进，综合 2005 年和 2016 年调查分析中给出的新指标框架下高校拥有学术自主权综合指数测量，即学术治理体制转型程度指数测量（包括政府与高校之间学术决策权力的转型与高校内部学术配置力量的转型），也就是将表 3 - 4 - G29、表 3 - 4 - G30 合并，同时修订了 2016 年高校外部学术决策转型程度类指数（外部学术自主权）的数值 0.53，将此数值与本课题对 2007—2017 年间的政策梳理的判断值 0.78 进行算术平均，则最后学术决策转型程度为 0.66。见表 3 - 4 - G32。

表 3 - 4 - G32　　2007—2016 年间高校学术治理结构转型程度综合分指数

类别/年份	2005	2016*	2016
高校外部学术决策转型程度类指数（外部学术自主权）	0.58(56)	0.78	0.66
高校内部学术配置转型程度类指数（内部学术自主权）	0.38(42)	0.64	0.61
高校学术治理体制转型程度分指数	0.48(49)	0.71	0.64

　　注：1. 2016 * 年与 2005 年指标内容一致，2016 年为调整后完整指标内容的数据。

　　2. 2005 年间的三个指数是按照新增设后体系框架的有关数据测算的，括号中是原 2005 年的转型程度指标数据。

　　3. 2016 年高校外部学术决策转型程度类指数（外部学术自主权）的 0.66 是本研究对根据表 3 - 4 - G1 政策梳理的判断值 0.78 与表 3 - 4 - G30 2016 年新调整测量的数据 0.53 的算术平均数值。

　　从表 3 - 4 - G32 可知，与改进的框架相比，原有框架下的 2005 年学术治理体制转型程度指数无论外部还是内部指数与现有调整的数值基本相当（0.49 与 0.48），因此可以按照这个数值将 2016 年调查的同类数据进行统计，得到 2016 年数值为 0.71，比 2005 年提高了 23 个点。也就是说，即使按照原有指标框架的数据进行测量后得到的高校学术治理体制转型程度指数在 10 后的 2016 年区间中提升较快。**考虑到近 10 年来高校学术治理的多元和复杂性，课题组在调整改进的指标框架下得到 2016 年的学术治理体制转型程度指数为 0.64，仍然比 2005 年区间的转型数值提高了 15 个百分点（原转型程度指数为 0.49）。**因此，与 2005 年区间的转型程度指数比较，为了更细致的解释高校自主权影响力情况，进一步对外部指标细分为"提供什么学术产品"的决策力和"如何提供"的决策；内部指标细分为资源性学术决策力和事务性学术决策力。那么，**高校学术自主权（高校学术治理体制转型指数）自 2006—2016 年呈现以下特征：**

　　（1）在外部高校学术自主权方面，即政府与高校之间学术决策权力的转型，如果与 2005 年调查指标一致的条件下，2016 * 年的总指数增长 20 个点。但是增加了部分更新测量指标后，2016 年外部学术自主权数值为 0.53，经与 2016 年区间政策梳理结合后数值为 0.66，比 2005 年增加了 15 个点，但其反映的数据更加丰富完整也更加全面复杂，其中增加的招生、国际合作、财务和人事四方面自主权都是高校能否更有效配置学术自主权或让学术自主权落地的制约条件。本研究通过政策文献梳理能够很好解释高校学术自主权归属中的原因。因此，按照指标体系总体设计方案，学术治理指标在高校与政府之间用 0—1 判断转型归属程度，经算数平均数计算总指数，则**高校外部学术决策权力转型程度类指数在 1978、1985、1995、2005、2016 年区间是：0、0.13、0.55、0.56、0.78（见表 3 - 4 - G22）。**其中，政府与高校之间学术决策权力的转型数据与 2016 * 年和 2016 年专家调查得到的数据基本一致或相当。因此，**结合 2016 年表 3 - 4 - G30 的类指数 0.53 和表 3 - 4 - G33 的 2016 年区间的类指数 0.78 两个数据算术平均值为 0.66。**

表 3－4－G33　政府与高校之间学术治理结构转型程度类指数

学术决策权	1978	1985	1995	2005	2016
科研项目自主申报权	0.00	0.00	1.00	1.00	1.00
教材选用权	0.00	0.60	0.90	0.90	0.80
教学计划制订权	0.00	0.00	1.00	1.00	0.90
学位点授予权	0.00	0.00	0.00	0.08	0.30
毕业与学位证书审批权	0.00	0.00	0.00	0.00	1.00
本科专业设置权	0.00	0.20	0.40	0.41	0.70
类指数	**0.00**	**0.13**	**0.55**	**0.56**	**0.78**

注：(1) 2005 年区间与 2016 年区间的转型程度指数的政策判定都延宕至 2008 年与 2018 年。
(2) 该表主要选取了 6 项有代表性的指标。2016 年调整的外部学术自主权指标没有在表中。

考察调整后的指标还发现,具体看限制的指标对高校外部学术治理权限的影响,从转型指数看,高校对于"提供什么学术产品"的战略决策具有较低的决策权,细分析来说,高校提供哪些学科或者专业的教育服务,基本有了自主权,但是在选择生源以及是否能够提供国际合作的服务方面,高校对"提供什么"的自主权受到很大的限制。对于高校"如何提供"的生产管理性决策方面,高校具有较大自主权,如果进一步分析,高校对具体的学术事务性决策具有较大自主权,但是在如何提供的相关财力和人力条件决策方面,受到的限制比较大,这种限制直接影响了高校提供服务的能力,最终能力会影响质量。

(2) 在高校内部学术自主权方面,即高校内部学术配置力量的转型,2016 年相对 2005 年,指数提高了 26 个百分点,即使是调整的 2016 年指数数值也提高了 19 个百分点(与 2005 年区间的 0.42 比较)。**说明高校内部学术治理权力特征呈现行政权力进一步让渡给学术权力的趋势,高校内部学术专业化程度和权威性明显增加。**

具体来看,增长幅度最大的是资源性学术决策权影响力,**2016 年转型程度指数达到 0.61**。在 2005 年的调查中发现,高校内部学术力量在资源性学术决策中起到的影响力弱于行政力量,根据表 3－4－G6,学术权力的自主程度在 2005 年区间为 0.42,尚未过半。2016 年区间的贡献主要来自高校在人事配置方面学术力量的增强,并且主要表现在有博士点的高校,没有学位点的普通本科院校资源性学术决策权仍然主要受行政力量影响。对于事务性学术决策影响力而言,由于在 2005 年的调查中学术力量略超过行政力量,为 0.51(表 3－4－G5),因此,经过十年的发展,2016 年学术力量对事务性影响力达到 0.71(表 3－4－G31),基本占据主导地位。除此之外,高校内部学术自主权转型程度指数的增长也有来自学术治理机构普及程度提高的原因,从 0.79 达到 0.96(表 3－4－G31)。可喜的是,各种分类的高校都表现出学术力量对学术事务性自主权的高影响力。

总体来看,在新调整的调查设计框架下,**2016 年高校内部学术配置力量的转型与 2005 年相比,高等学校学术自主权转型增幅较大,应该说,学术力量在逐渐回归,学术治理在朝着决策民主化、专业化的趋势发展,这也是落实《高等教育法》大学依法治校的体现。**在大学学术治理转型趋势下,诸如学术治理机构独立性不足、职能定位与执行偏差、院系二级学术治理结构不合理以及地方本科院校学术力量薄弱等问题依旧不容忽视。政府方面,尤其是地方政府,需要向高校进一步下放学术自主权,而高校内部,在重视和完善学术决策的专业性和权威性及怎样真正落地上,依旧需要有更多有力的制度安排。总之,我国高校学术治理的改善有待外部环境和内部治理制度的共同发展,政府依法办学公共治理能力和高校依法治校能力的提升都需要进一步努力。

根据以上判断,高等教育学术治理体制的第二个指标,高校内部学术治理权的转型程度指数为表 3－4－G34 显示的结果。**高等学校内部学术配置转型程度指数在 1978、1985、1995、2005、2016 年份区间分别为 0、0.27、0.33、0.42、0.61。**

表 3－4－G34　高等学校内部学术配置转型程度类指数

	1978	1985	1995 1	1995 2	2005	2016
学术力量对组织成员构成的决策力指数	0.00	0.23	0.25	0.31	0.40	**0.41**
学术力量对学术组织规则的影响力指数	0.00	0.28	0.30	0.36	0.45	**0.76**
学术力量的自主程度指数	0.00	0.31	0.34	0.41	0.42	**0.66**
高校内部学术配置转型程度类指数	**0.00**	**0.27**	**0.30**	**0.36**	**0.42**	**0.61**

注:(1) 前 1995 年是指 1986—1995 年的数据,后 1995 年数据指 1996—1999 年数据。
(2) 1995 年区间指数取 0.33。

综合两次调查结果,将上述高校学术事务决策转型程度类指数和高校内部学术配置转型程度类指数按照算术平均数计算,得到高校学术治理转型程度的综合分指数,见表 3－4－G35、图 3－4－G4。设置 1978 年为 0,1985 年区间为 0.20,1995 年区间为 0.44,2005 年区间为 0.49,2016 年区间为 0.64。

表 3－4－G35　1985—2016 高校学术治理结构转型程度综合分指数

	1978	1985	1995 1	1995 2	**2005**	**2016**
高校学术事务决策转型程度类指数(外部自主权)	0.00	0.13	0.55	0.55	**0.56**	**0.66**
高校内部学术配置转型程度类指数(内部自主权)	0.00	0.27	0.30	0.36	**0.42**	**0.61**
高校学术治理体制转型程度分指数	**0.00**	**0.20**	**0.43**	**0.46**	**0.49**	**0.64**

注:(1) 前 1995 年中的前三个指标表示的是 1986—1995 年的指数。后 1995 年中的后三个指标表示的是 1996—1999 年的指数。2005 年区间是 2000—2005 年。
(2) 合并 1986—1999 年区间指数数值为 0.44。

改革开放 40 年关于学术治理体制转型程度考察结果表明,高校学术力量的发育状况仍然取决于中央教育主管部门权力让渡的程度与速度。从已有的政策变革轨迹来看,就本研究两次选取调整的学术治理体制的两大类别指标,即政府与高校之间学术治理权转型与高校内部学术配置权力转型(外部学术自主权与内部学校自主权),2016 年学术治理体制转型程度分指数为 0.64。**最后整体测度我国高校学术治理体制转型程度分指数在 1978、1985、1995、2005、2016 年区间分别是 0、0.20、0.44、0.49、0.64。**

2017 年 9 月 24 日,中共中央办公厅、国务院办公厅印发《关于深化教育体制机制改革的意见》,将《国家中长期教育改革和发展规划纲要(2010—2020 年)》颁布以来的重大改革成果进行了汇总与明确,就高等教育领域而言,完善依法自主办学机制、依法落实高等学校办学自主权、完善中国特色现代大学制度、坚持和完善党委领导下的校长负责制、改进高等教育管理方式仍然是高等教育体制机制深水区改革的重点。

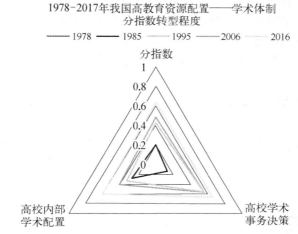

1978-2017年我国高教育资源配置——学术体制
分指数转型程度

—— 1978　—— 1985　—— 1995　—— 2006　—— 2016

图 3-4-G4　1978—2017 年高等教育学术治理体制转型程度
（此图彩色版见本章微信内容末）

第五节　我国民办高等教育资源配置制度演进分析

以上第四节所做的指标体系测量是对我国高等教育资源配置转型整体发展状况的考察，其中也部分涵盖了民办高等教育。为了进一步了解改革开放 40 年我国民办高等教育资源配置制度演进的状况，此节参照高等教育资源配置转型程度指标体系的结构设计，但考虑到民办高等教育资源配置的特点，进行了部分调整。

改革开放 40 年，我国高等教育在校生规模从 86.7 万到 3 833 万（普通本专科在校生 2 831.03 万人），增长了 43.2 倍，其中，民办高等教育从无到有，2018 年普通本专科在校生为 649.60 万人，占全国普通本专科在校生的 22.95％；普通高等学校 2663 所（含独立学院 265 所），其中民办普通高等学校 749 所（含独立学院 265 所，成人高校 1 所），占 28.13％[1]。另有民办的其他高等教育机构 800 所，各类注册学生 74.47 万人。全国共有各级各类民办学校 18.35 万所，占全国比重 35.35％；各类在校学生 5 378.21 万人，占全国比重 19.51％[2]。我国民办高等教育与其他各级各类民办教育一样，成为我国改革开放后教育办学多样化的主要形式之一，构成国家、社会、企业依法共同支持下的公办教育、民办教育、中外合作办学三足鼎立的局面。

我国民办高等教育作为制度创新从无到有、从小到大的发展历程深受改革开放制度环境的影响，它是中国由计划经济向市场经济转型中的产物。它从开始作为公办高等学校资

---

[1] 2018 年民办普通高校 749 所（含独立学院 265 所），比上年增加 3 所，占全国比例 28.13％。普通本专科在校生 649.60 万人，比上年增长 3.36％，占全国比例 22.95％。硕士研究生在学 1490 人。《最新统计！2018 年教育事业发展大数据来了》，搜狐网，http://www.sohu.com/a/297963310_440562。

[2] 2018 年全国教育事业发展统计公报。

源的补充到与公办高等教育共同发展的制度演进过程,呈现为政府逐步让渡权力与市场培育发展相交织的制度创新过程。本研究已考察了我国改革开放40年高等教育资源配置存在转型变迁过程,那么,作为制度转型中的增量,民办高等教育资源配置的演进逻辑和发展特征是什么? 推动民办高等教育发展的动力来源是什么? 民办高等教育资源配置与公办高等教育资源配置的演进异同是什么? 本节重点将就这三大问题,运用本研究制度分析框架和参照高等教育资源配置转型程度指标体系进行观测研究[1]。

一、研究对象与研究假设

世界各国的高等教育办学形式都不一样。除欧洲部分国家实行公立高等教育办学的一枝独秀为主外,绝大部分发达国家公立高等教育和私立高等教育并行不悖。其中,一些国家的私立高等教育不仅产生于公立高等教育之前,而且许多私立高校的办学声誉和实力与公立高校并驾齐驱。许多文献研究都翔实分析了私立高等教育在西方发达国家的演进历史及其原因[2],本研究不再赘述。但其中最主要的制度背景是市场经济的发展决定了私立高等教育萌发诞生的基本环境,即规模工业化推进了私营企业对高技术人才需求和办学的实践。而义务教育普及与中等教育提升推动高等教育民主化和大众化的到来,政府成为公共高等教育办学的主体,逐步形成公立与私立办学多元体系。因此,私立高等教育发展动力来源于市场经济基础和需求,这不仅是私立高等教育起源和发展的基本逻辑起点,也是私立高等教育得以产生和壮大的制度环境根源。私营经济是市场经济的主要经济形态,也是支撑私立高等教育的来源和制度基础。但在大工业的经济社会中,以政府主体形成的国有企业也不同程度成为一些国家经济形态的主体。不管是面对民主需求还是国家经济需求,公共高等教育为各国政府20世纪所依法推动并卓有成效[3]。多数国家政府通过立法支持财政拨款和多元筹措制度设计举办公立高等教育,同时依法支持私立高等教育,形成私立和公立高等教育共同发展格局。

实施市场经济是私立高等教育的制度基础,私营企业是私立高等教育举办的需求和经济来源,政府作为服务公共领域的主体,立法予以私立高等教育的合法性并给予与公立高等教育同等民主和法律地位及其经济支持是私立高等教育赖以生存发展的制度环境。虽然一国私立高等教育的出现或发展还受到更多的制度约束和历史禀赋的影响,甚至是历史机遇和偶发因素的诱因,但这三条是考察近代和现代国家私立高等教育产生和发展的基本要件。

我国1949年之前尚存在私立高等教育[4]。1949年中华人民共和国成立后,逐步将私立高等教育并入政府举办的公立高等教育体系中。在1949年后的长达30年里不存在私营经济,在国家制度安排中也不存在除国家办学以外的办学形式。1978年改革开放后,私营经济逐步出现,其发展对高等教育人才有旺盛需求,但受制于公立高校人才传统配置方式而获

① 课题组成员张振助参与了本章政策研讨与指标数据的研发测量分析以及部分初稿撰写。特此致谢!
② 《"十二五"期间中国民办教育研究新进展(暨2011—2015年核心论文荐读225篇)》,七方教育研究院网站,http://mjy.xaiu.edu.cn/info/1007/2219.htm。
③ 参见第五章内容。
④ 康宁:《中国经济转型中高等教育资源配置的制度创新》,教育科学出版社,2005。

取不了[①],特别是改革开放之初许多地区出现的政府高等教育办学资源短缺现象,不能满足当地经济发展和人民群众对高等教育的需求,不少地方政府解放思想,逐步放开对私立办学的禁锢,鼓励有公益办学愿望并有一定能力的企业家或个人举办私立教育。这一由各地燃起的私立办学的制度需求逐步被中央政府所接纳,在私立教育发展的不同阶段以国家制度文本的方式先后制定了促进民办教育发展的政策法规及法律,从制度层面首先认同私立教育在我国办学性质上的合法性,并不同程度地根据需求完善对私立教育的制度设计,推动了包括私立高等教育在内的私立教育的发展。我国私立高等教育产生发展轨迹基本符合上述所说私立高等教育存在的三个基本要件,即实施市场经济、产生私营经济、具备合法地位。

需要说明的是,虽然我国法律并没有"民营企业"的概念,但在中国经济体制改革中却通用了民营企业这一称谓,这部分源于过去计划经济对"私有制经济"的对立传统观点,也源于从企业的资本属性来源定义:民营只与国有独资企业相对,把以民间资产(包括资金、动产和不动产)作为投资主体的企业或非国有独资企业均称之为"民营企业"[②]。介于中国改革开放的转型特征,"私营企业"概念由于历史原因很难摆脱"歧视"色彩,因而社会都倾向于使用中性的"民营企业"称谓,而民营企业实质是私营企业的别称。由此同源延伸出"民办教育"或"民办学校"概念。但在我国教育法律上,这两个概念是教育法律的基本概念。这是与经济法律有所不同之处。这一不同也提供了投资民办教育来源主体多样性的空间,比如混合所有制或不同经济来源的营利或非营利基金会参与民办教育的可能性。这是中国民办教育与发达国家私立教育略有差异的制度特色之一。1997年制定的《社会力量办学条例》是最早我国鼓励民间办学的政府规章[③],将所有非财政性支持投资办学的主体统称为"社会力量办学",这也彰显了改革开放后中国教育制度转型的创新特征。

2002年颁发、2016年修订的《中华人民共和国民办教育促进法》(以下简称《促进法》)[④],是依据宪法和教育法,维护民办学校和受教育者的合法权益的法律。我国民办教育

---

① 康宁:《中国经济转型中高等教育资源配置的制度创新》,教育科学出版社,2005。

② "民营"是具有强烈中国特色的词汇,从狭义说,民间资产特指中国公民的私有财产,不包括国有资产和国外资产(境外所有者所拥有的资产)。因此,民营企业是指:在中国境内除国有企业、国有资产控股企业和外商投资企业以外的所有企业,包括个人独资企业、合伙制企业、有限责任公司和股份有限公司。从企业的经营权和控制权的角度看,含小部分国有资产和(或)外商投资资产、但不具企业经营权和控制权的有限责任公司和股份有限公司亦可称之为"民营企业"。还有一种解释:民营企业是指在中国境内除国有企业、国有资产控股企业和外商投资企业以外的所有企业,包括个人独资企业、合伙制企业、有限责任公司和股份有限公司。私营企业是指由自然人投资设立或由自然人控股,以雇佣劳动为基础的营利性经济组织。包括按照《公司法》《合伙企业法》《私营企业暂行条例》规定登记注册的私营有限责任公司、私营股份有限公司、私营合伙企业和私营独资企业。从本质上说二者没有什么区别。私营企业泛指除国有企业、外商投资企业以外所有私营企业。

③ 《社会力量办学条例》是为鼓励社会力量办学,维护举办者、学校及其他教育机构、教师及其他教育工作者、受教育者的合法权益,促进社会力量办学事业健康发展制定。由国务院于1997年7月31日发布,自1997年10月1日起施行。于2003年9月1日废止,由《中华人民共和国民办教育促进法》替代。

④ 2002年12月28日第九届全国人民代表大会常务委员会第三十一次会议通过,根据2016年11月7日第十二届全国人民代表大会常务委员会第二十四次会议《关于修改〈中华人民共和国民办教育促进法〉的决定》第二次修正。

指国家机构以外的社会组织或者个人,主要利用非国家财政性经费,面向社会举办学校及其他教育机构的活动。从 2002 年《促进法》颁布,民办教育成为社会力量办学的统称,**原有侧重点从举办者来源变换到办学主体,说明民办教育发展阶段关注点发生了变动,这是重大制度重心的转换升级,也标志着民办教育主体地位的确立,并得到法律赋权。**这就是民办高等教育和举办民办高等学校的广义概念①。本研究主要涵盖了这一概念所涉及的以民办普通高等学校为主体的民办高等教育制度环境和制度安排的基本演进分析。

本研究主要是考察分析转型期我国高等教育资源配置转型动力和转型程度,整个高等教育处在社会经济基本制度的变革中,其资源配置转换深受传统计划经济向生长着的市场经济的制约,在高等教育资源配置转型中的增量包含着民办高等教育的产生和发展。在研究对象的基本来源和基本概念基础上,本研究的问题集中在作为制度转型增量的我国民办高等教育资源配置演进过程,**一是**能看到原旧有体制存在的"制度性障碍""动力性障碍""结构性障碍"是诱发、推动、激励民办高等教育产生发展的制度诱因,这些制度障碍伴随着高等教育资源配置增量转型并成为不同区域民办高等教育发展程度不同的直接来源。**二是**从组织产生看,存在着与公办高等学校内部组织生态和组织主体不同的利益激励相容机制。作为新增资源,没有旧有体制存量资源变革的多重利益束缚,降低了制度交易成本,催生了别于公办高等学校资源配置的组织特征,大大提高了民办高等学校的资源配置效率,在相对发展机遇期赢得市场和需求。**三是**来自底层制度创新诱发的需求在局部形成的"燎原"之星,作为不同于公办办学体制的新生事物,政府不得不从制度层面上正视这一现实群体诉求,在与多种办学主体不同利益需求的多重博弈中演进为寻求法律地位权利规制的共识确认,形成公办与民办高校均作为国家办学的平等组成部分依法共同办学的格局。**民办高等教育产生作为转型中高等教育资源配置的增量,既具有市场经济孕育需求基础,又具有公办高等教育资源配置不能提供需求的优势特征,同时符合中国特色社会主义道路探索的基本价值。**

民办高等教育 40 年的孕育而生,从无到有、从弱小到占据高等教育一席之地,从依附公办高等学校资源到作为实际高等教育体系的有益补充再演进为与公办高等教育共同发展;从政府不重视到限制性发展管控再到享有法律保护和基本赋权主体权益以及享有公办高校同类办学自主权,从个人或企业捐资与收费办学到设立基金机构由第三方管理资助投资创办高起点一流民办高校,特别是在大众化阶段政府放开民办资源配置举办多种形式高等教育,使民办高等教育在办学数量、办学类型与办学质量上实现了较大提升。因此,民办高等教育作为同市场主体共同成长的配置力量,同时也是高等教育资源配置转型增量,观察中国民办高等教育发展的过程就是研究市场力量对原有计划经济资源配置单一模式转型为公办和民办两类不同办学主体的过程,从办学体制上突破了原有制度管制,使民办高等学校办学有别于公办高等学校。在这个意义上,民办高等教育资源配置占据的四分之一是我国高等教育资源配置转型制度创新的重要成果。也在这个意义上,面向我国民办高等教育的发展未来,研究这一重要成果的制度创新更具有时代意义。

现有文献研究多数是事业发展、政策影响、内部管理等分散性研究,本研究主要是从 40 年民办高等教育资源配置制度创新与演进视角,考察其整体制度变迁特征与规律。本研究将我国民办高等教育作为高等教育制度转型中的资源配置增量,重点研究的问题是:民办高

---

① 世界上多数国家将非财政性政府投资创办的学校形式称为"私立教育"(private education)。

等教育资源配置的演进逻辑和发展特征是什么？推动民办高等教育发展的动力来源是什么？民办高等教育资源配置与公办高等教育资源配置的演进异同是什么？因此，基本研究假设主要是：

——**关于民办高等教育产生和发展的演进逻辑和发展特征。**中国民办高等教育是改革开放由计划经济转向市场经济过程中高等教育资源配置方式供给短缺的产物，是改革开放以来民营经济发展壮大需求和政府制度创新不断让渡支持的产物。民办高等教育资源配置演进过程是外部制度环境制约与内部制度安排创新的结果，是强制性制度变迁与诱致性制度变迁交互博弈的结果。

——**关于推动民办高等教育发展的动力来源。**改革开放以来，我国高等教育资源配置制度转型的基本动力是政府力量、市场力量、学术力量相互支撑互为制衡的结果，这一研究假设已得到本研究的论证①。民办高等教育作为市场力量的天然产物深受市场经济发育的不同阶段和发展水平的影响制约；民办高等教育作为公办高等教育的竞争伙伴深受政府公共治理理念转换程度和不同阶段资源配置短缺供需矛盾的影响制约；民办高等教育作为学术本位的制度设计深受学术代际断层和公立高等学校学术生态的影响制约。政府力量、市场力量、学术力量在制度规制和制度创新中此消彼长地成为民办高等教育的基本力量。

——**关于民办高等教育资源配置与公办高等教育资源配置的演进异同。**从产生条件、培育机制、内部治理决定了民办高等教育与公办高等教育有诸多不同，这些不同办学特征通过法律赋权和政府规制成为现实中民办高等教育阶段性特征。同时，基于我国教育国情和政府治理新政，民办高等教育存在日益趋同公立高等教育的特征。这些趋同特征是新时代民办高等教育可持续发展需要探索的课题。

二、转型期民办高等教育资源配置的演进逻辑和发展特征

关于论述我国民办高等教育发展的研究文献"汗牛充栋"②，特别是从阶段性特征聚焦研究民办高等教育资源配置的主要有以下代表观点。邬大光等根据民办高等教育规模和数量变化的"五阶段"③，刘莉莉提出的我国民办高等教育经历的"四阶段"④，孙惠敏提出依据民办高等教育复兴与发展的"三阶段"⑤等。上述研究由于对民办高等教育发展阶段划分视角不同，归纳的阶段特征有一定差别。但多数都是以民办高等教育发展规模投入、办学模式、结构类型分析特点为逻辑，但对民办高等教育与外部发展环境以及政府管控作用的制度变迁关系分析不足。**本研究立足研究对象和研究假设，重点考察改革开放 40 年民办高等教育**

---

① 见第四章、第六章、第七章。

② 《"十二五"期间中国民办教育研究新进展（暨 2011—2015 年核心论文荐读 225 篇）》，七方教育研究院网站，http://mjy.xaiu.edu.cn/info/1007/2219.htm。

③ 邬大光、卢彩霞：《艰难的复兴　广阔的前景——我国民办高等教育 30 年的回顾与前瞻》，《中国高教研究》2008 年第 10 期。

④ 刘莉莉：《民办高等教育困境与发展路径选择》，《高等教育研究》2015 年第 22 期，第 48 页。

⑤ 孙惠敏：《我国民办高等教育发展及转型三阶段》，《教育发展研究》2012 年第 11 期，第 39 页。

资源配置的演进逻辑和发展特征,分析政府、市场、学术三种力量与民办高等教育制度创新的关系。本研究重点从正式制度规制与市场需求发展两者关系视角将 40 年民办高等教育分为争取合法地位、取得同等法律地位、保障基本权利、分类规范发展等五个制度发展阶段。

第一阶段(1978—1992 年):民办高等教育是市场经济和基层创新的产物,形成我国教育在强制性制度创新典范上的第一个法律制度文本。1978 年中共十一届三中全会的召开是中国改革开放和向市场经济转型的标志。1984 年 10 月,党的十二届三中全会通过了《关于经济体制改革的决定》,打破了把计划经济与商品经济对立的固有观念,确认我国社会主义经济是公有制基础上的有计划的商品经济。指出要在坚持公有制及为主体的前提下,多种经济成分共同发展,使现实生产力不完全适应的单一公有制结构有了很大变化。在改革开放后的前 20 年里,乡镇企业带领的农村工业化革命,对活跃中国非公有部门发挥了不可替代的核心作用。到 1986 年底,乡镇企业的总数已经发展到 1 515 万家,劳动力近 8 000 万人,实现工业生产总值 3 300 亿元,占国家生产总值的 20%,呈现出"五分天下有其一"的格局。[1] 1977 年邓小平复出后首先从科学和教育两条战线上开始拨乱反正,提出尊重知识、尊重人才,做出了恢复高考制度的重大决定,被"文革"耽误了的广大学子的求学热情高涨。同时,百废待兴的高等教育资源正处于严重短缺状况,不能满足经济多样化和人民群众的需求。高等教育自考助学应运而生,租用校舍、聘请兼职教师,依靠收取学费滚动发展,成为民办高等教育最初的主要形式。1982 年,经原北京市成人教育局批准,于陆琳、聂真等创办了中华社会大学,标志着新中国民办高等教育的新开端[2],彭真为其题写校名。1984 年 3 月,诞生了全国第一所国家承认学历[3]的民办公助体制的北京海淀走读大学。据统计在 1982—1985 年,民办高等教育机构发展到 170 所,在读学生 100 万人。[4] 邕江大学、梁山大学、中原职业学院、黄河学院、湖北函授大学、天津联合业余大学等 11 所具有颁发学历文凭资格的民办高校都创办于这一时期。1984—1986 年,全国新办民办高等教育机构多达 250 所,出现了民办高等教育发展的小高潮。浙江树人大学(1984 年)、西安培华学院(1984 年)、福建华南女子学院(1984 年)、广西邕江大学(1985 年,现改名为南宁学院)等民办高校都相继成立。截至 1991 年底,民办高等教育机构已达到 450 所。[5]

与此同时,1981 年,北京市发布了第一个民办学校规章《北京市私人办学暂行管理办法》(京政发〔1981〕42 号)。1982 年 12 月,彭真在《关于中华人民共和国宪法修改草案的报告》中指出,为了较快地发展教育,既要靠正规的学校教育,又要靠各种形式的业余教育。同年颁布的《中华人民共和国宪法》十九条规定"国家鼓励集体经济组织、国家企业事业组织和其他社会力量依照法律规定举办各种教育事业",为民办教育提供了法律依据,被视为我国改革开放民办教育恢复发展的公认起点。1984 年,北京市颁发《北京市社会力量办学暂行

---

① 吴晓波:《历代经济变革得失》,浙江大学出版社,2013,第 198 页。

② 谷应丽、阮朝辉、陈刚:《中国民办高校企业化运作模式对公立高校管理的借鉴研究》,西南交通大学出版社,2010,第 2 页。

③ 周桃茂、雷培梁:《论我国民办高职教育发展历程、趋势与对策》,《职业技术教育》2011 年第 28 期。

④ 董圣足等:《从有益补充到共同发展——民办教育改革发展之路》,华东师范大学出版社,2018,第 25 页。

⑤ 董圣足等:《从有益补充到共同发展——民办教育改革发展之路》,华东师范大学出版社,2018,第 25、27 页。

管理办法》,同年5月教育部转发了《北京市社会力量办学试行办法》。1985年中共中央《关于教育体制改革的决定》再次重申"地方要鼓励和指导国营企业、社会团体和个人办学""鼓励各民主党派、人民团体、社会组织、离退休干部和知识分子,集体经济单位和个人,遵照党和政府的方针政策,采取各种形式和方法,积极地自愿地发展教育事业贡献力量"。1987年8月,原国家教委发布《关于社会力量办学的若干暂行规定》,这是我国第一个关于社会力量办学的部门规章,明确"社会力量办学事业是社会主义教育事业的组成部分,是国家办学的补充。"要求各级人民政府及教育行政部门应鼓励和支持社会力量举办各种教育事业,对审批、招生、教学、文凭证书发放、收费、停办处理等管理都作出相应规定。1988年教育部门针对当时社会力量办学中存在的管理体制、跨省(市)设分校招生和学历文凭等问题,发布《国家教委关于社会力量办学几个问题的通知》,规定今后不能再举办和审批跨省(市)设分校招生的学校。除加强对学历文凭管理外,对已经举办了分校或其他教学管理机构的学校进行整顿。

　　阶段特征:市场经济催生了民办高等教育,并为民办高等教育的产生提供了经济基础。民办高等教育成为公办高等教育资源配置短缺的补充。**民办高等教育作为改革开放初期诱致性制度创新的典型案例,来源基层突破创新,不仅顺应了经济和社会需求,也在政府给予积极鼓励规范管理的同时积极争取确立其法律地位,并形成我国教育在强制性制度创新典范上的第一个法律制度文本。**特别是在尚未探索清晰民办高等教育的定位作用时统称社会力量办学并实施管理,足以显示了改革开放初期百废待兴鼓励兴办教育的全民热情和创造力。1982年《宪法》首次确立调动、保护和发挥社会力量办学积极性的规定对改革开放40年民办高等教育制度变迁具有历史里程碑的意义。

　　第二阶段(1993—2001年):积极鼓励、大力支持、正确引导、加强管理十六字方针成为各级政府对我国民办高等教育大力发展与规范管理的治理理念。1992年初,邓小平同志发表南方谈话,对计划经济和市场经济关系做出深刻论述。1992年11月中共十四大明确提出我国经济体制改革目标是建立社会主义市场经济体制。1997年中共十五大报告首次提出来,以公有制为主体、多种所有制经济共同发展,是社会主义初级阶段的一项基本经济制度。这一基本经济制度是同社会主义初级阶段相联系的,这是社会主义经济理论的重大突破,使思想解放更进一步;经济体制变革根本改变了各行各业资源配置方式,民办教育作为高等教育资源配置增量,在不断建立的市场经济条件下,无论是在毕业择业选择还是教育成本分担,都逐步被人们接受,特别在公办高等教育规模总量仍然不能满足人们就学高等教育愿望或原有区域高等教育资源配置供给短缺与布局不合理的国情下,举办适应地方需要的民办高校和选择收费就学民办高校,就成为不少地方高等教育发展的增长点。同期,国家财力重点在普及九年义务教育,民办高等教育的兴办大大缓解公共教育经费短缺的困境,民办教育举办者投入高等教育的资金从1998年的1035万增加到2001年的2.33亿元,增长21倍。据原国家教委有关部门统计,截止到1996年底,民办高校已由1992年底的50所发展到2001年的1219所,其中具有颁发学历文凭资格的民办高校21所,在校生2.1万人;高等教育学历文凭考试试点学校89所,在读学生5.1万人;无颁发学历文凭资格的民办高校机构1109所,在读学生108万人。[①] 到2002年7月,具有独立颁发学历文凭资格民办普通高等

---

① 尹文剑、任一明:《复兴中国民办教育事业——从历史的角度审视中华人民共和国成立六十年中国民办教育的发展》,《科教文汇》2009年第5期。

学校数从 1992 年的 6 所发展到 133 所，增长了 21 倍，占普通高校的比例从 0.57% 上升到 9.53%。民办普通高校在校生从 1996 年的 1.21 万增长 31.98 万，到占全国普通高校在校生的比例从 0.4% 增长到 3.54%[①]。

　　其间，**民办高等教育办学格局与地位及形式都发生了根本变化。** 1993 年中共中央国务院颁发《中国教育改革和发展纲要》提出"改变政府包揽办学的格局，逐步建立以政府办学为主体，社会各界共同办学的体制""国家对社会团体和公民个人依法办学，采取积极鼓励、大力支持、正确引导、加强管理的方针"[②]。1997 年颁布《社会力量办学条例》明确"社会力量办学事业是社会主义教育事业的组成部分，要求各级人民政府应当加强对社会力量办学工作的领导，将社会力量办学事业纳入国民经济和社会发展规划"[③]，不再提"是国家办学的补充"[④]。1998 年《高等教育法》第六条规定，国家鼓励企事业组织、社会团体及其他社会组织和公民等社会力量依法举办高等学校。1999 年 5 月，《教育部就实施高等教育法若干问题的意见》指出"逐步形成以政府办学为主体，社会各界共同参与，政府举办的高等学校和社会力量举办的高等学校共同发展的办学体制。要采取多种形式、多种渠道、多种模式，积极发展高等教育职业教育，鼓励和扶持社会力量，举办学历和非学历高等职业教育"。1999 年 6 月中共中央国务院《关于深化教育改革，全面推进素质教育的决定》指出，"积极鼓励和支持社会力量以多种形式办学，满足人民群众日益增长的教育要求，形成以政府办学为主体、公办学校和民办学校共同发展的格局""要因地制宜地制定优惠政策，如土地优惠使用、免征配套费等，支持社会力量办学"。1993—2001 年，教育部门逐步探索管理民办高等教育，民办高等教育呈现多种形式。**一是独立设置的民办高校。** 1993 年，原国家教委出台了《民办高等学校设置暂行规定》，该规定明确了民办高校的设置标准、审批程序和国家监管职责[⑤]。1994 年 2 月，原国家教委首次受理和审批了民办黄河科技学院、上海杉达学院等 6 所全日制

---

① 董圣足等：《从有益补充到共同发展——民办教育改革发展之路》，华东师范大学出版社，2018，第 90、91 页。

② 1993 年，国务院颁布《中国教育改革和发展纲要》，"国家对社会团体和公民个人依法办学，采取积极鼓励、大力支持、正确引导、加强管理的方针"，这十六字方针被 1997 年《社会力量办学条例》、1998 年《面向 21 世纪教育振兴行动计划》、2002 年《民办教育促进法》等重要法律、文件多次引述使用。

③ 1997 年，国务院颁发《社会力量办学条例》国家严格控制社会力量举办高等教育机构。实施高等学历教育的学校的设置标准，由国务院教育行政部门制定；其他教育机构的设置标准，由省、自治区、直辖市人民政府分类制定。

④ 1987 年原国家教委《关于社会力量办学的若干暂行规定》指出："社会力量办学事业是社会主义教育事业的组成部分，是国家办学的补充。"

⑤ 1993 年 8 月，国家教委颁布《民办高等学校设置暂行规定》（教计〔1993〕129 号），对民办高校筹办、建校、招收学历教育学生等做出了规定。提出民办高校的设置标准，应有别于普通高等学校和成人高等学校，从满足教学基本需求出发，实事求是予以确定。针对一些民办高等教育机构（指尚不具有颁发国家学历文凭资格，实施高等教育的民办教育机构）在招生过程中，乱发招生广告（简章）、滥抢生源、虚假许诺等违规违纪行为，2002 年 5 月，教育部出台《关于进一步做好民办高等教育机构招生工作的意见》，要求各地教育行政部门要高度重视，加强管理，要严格审定民办高等教育机构的招生资格，定期向社会公告有关信息；审核民办高等教育机构的招生广告（简章）；要与公安、工商等部门加强协调，密切配合，维护好招生秩序，严禁各种非法招生活动。

民办高校①。**二是学历文凭考试试点学校。**1993 年,针对高考录取率低与公办高等教育资源缺乏等问题,教育部允许不具备独立颁发国家承认学历文凭的民办高校开展高等教育学历文凭认证考试②,系社会力量办学与国家考试相结合、教考分离、宽进严出、国家承认学历全日制专科教育③,为不能升入公办高校的中等教育毕业生提供了接受高等教育的机会。**三是独立二级学院(即独立学院)。**1999 年,中央实施高等教育扩招政策,社会对本科层次教育需求旺盛,公办教育资源不足,一些地方和高校大胆探索高等教育办学机制,由普通公办高校利用现有优质高等教育资源,结合社会资金(民营资本、地方政府或国有资本、国外资本等),在高校内部举办民办机制的二级学院开展本科教育,以浙江大学与杭州市人民政府联合创办浙江大学城市学院为标志。**独立学院是扩招期间我国民办高等教育的重要制度创新,独立学院与经济领域混合所有制企业有着异曲同工之妙,都是不同所有制形式的交叉融合,其本质是不同产权主体对独立学院的多元投资、互相融合。**通过该模式,独立学院的学科专业、教育教学、组织管理都得到了公办高校的支持,是扩大新的高等教育资源的有效形式。1999—2002 年,全国高校共举办二级学院 300 多所,承担了高校扩招的很大份额④。

　　阶段特征:教育立法赋予民办教育与公办教育在国民教育体系中的同等地位,形成鼓励国家办学与社会力量办学共同发展的办学体制新格局。国家一系列教育法律规章正式制度对民办教育的"验明正身"鼓励和保障了社会资本投入民办高等教育的持续热情。多种形式的民办高校成为办学体制改革的主要增量,为推进高等教育大众化做出了积极贡献。积极鼓励、大力支持、正确引导、加强管理十六字方针成为长期以来各级政府对我国民办高等教育大力发展与规范管理的治理理念。

　　第三阶段(2002—2010 年):《民办教育促进法》标志着中国民办教育进入法治化阶段,民办高等教育以规模快速增长、办学层次提升、办学形式多元成为高等教育大众化发展阶段地方高等教育资源的主要增量,政府加大规范管理为长期健康可持续发展奠定了基础。民办高等教育的快速发展形成了复杂多样的发展模式,存在产权归属、产权激励、产权保护等法律法规尚不明确问题⑤,严重影响和制约了民办教育的进一步发展,急需法律规范明确。2002 年 12 月 28 日,我国第一部正式民办教育成文法颁布,《中华人民共和国民办教育促进法》(简称《促进法》)在民办教育法律地位确立、财政支持、法人财产落实,特别是允许出资者可以从办学结余中获取合理回报等方面给予民办教育更大的发展空间。**以立法形式确认民办教育的地位。**第三条明确"民办教育事业属于公益性事业,是社会主义教育事业的组成部分"。第五条明确"民办学校与公办学校具有同等的法律地位,国家保障民办学校的办学自主权"。**政府给予财政扶持。**第四十四条规定,县级以上各级人民政府可以设立专项资金,用于资助民办学校的发展,

---

① 董圣足等:《从有益补充到共同发展——民办教育改革发展之路》,华东师范大学出版社,2018,第 29 页。
② 2000 年以后随着国家教育资源的放开、扩招政策的实行,学历文凭考试逐渐成了历史过渡的产物。教育部在 2004 年 7 月公布取消,在 2007 年完成全部工作。
③ 参见百度百科"学历文凭考试"词条。
④ 董圣足等:《从有益补充到共同发展——民办教育改革发展之路》,华东师范大学出版社,2018,第 173、37 页。
⑤ 民办高等教育发展过程中,之前的《社会力量办学条例》仅区分两部分明确的归属:教育机构清算后的剩余财产,返还或者折价返还举办者投入后,其余部分由审批机关统筹安排,用发展社会力量办学事业。办学者对产权问题没有安全感,一定程度上成为民办高等教育发展的瓶颈。

奖励和表彰有突出贡献的集体和个人。第四十五条规定,县级以上各级人民政府可以采取经费资助,出租、转让闲置的国有资产等措施对民办学校予以扶持。**学校享有法人财产权,允许合理回报。**第三十五条规定,民办学校对举办者投入民办学校的资产、国有资产、受赠的财产以及办学积累,享有法人财产权。第五十一条规定,民办学校在扣除办学成本、预留发展基金以及按照国家有关规定提取其他的必需的费用后,出资人可以从办学结余中取得合理回报。2004年3月5日,国务院通过《中华人民共和国民办教育促进法实施条例》①。

2002年我国高等教育毛入学率达到15%。2002—2010年,高等教育在学总规模从1 500万人增加到2010年的3 105万人,毛入学率提高到26.5%。其中,民办普通高校由131所增加到674所,占全国普通高校比例从9.4%提高到28.5%;民办普通本专科在校生由317.5万增加到466.5万,占全国普通本专科在校生的比例从3.5%提高到20.9%。在此期间民办高等教育的另一个亮点,一批由公办高校与社会力量合作举办的本科层次的独立学院得到快速发展,成为民办高等教育办学体制改革创新点。2004—2008年底,遍及西藏以外的全国30个省市区独立学院(校)数量从249所增加到322所,在校生规模从68.8万增加到218.4万人。同时一些办学质量好、办学条件完善的民办高校开始提升到本科层次,2000—2003年期间,黄河科技大学、上海杉达学院、南京三江学院、浙江树人大学等5所民办高校先后升本。到2010年,民办普通本科院校已经有48所,加上323所独立学院,共计371所,总量已经超过专科院校(303所)。民办高等教育在国家高等教育体系中的份额不断扩大,学校办学层次不断提升,办学形式也更加多元,为高等教育大众化做出了积极贡献。2002年开始,全国教育事业发展统计公报中开始单独设栏目"民办教育"②。

在依法大力发展民办高等教育的同时,政府加大了规范管理的力度。2007年教育部关于《民办高等学校办学管理若干规定》对由于发展速度和规模扩张过快,一些民办高校在招生、管理、教学等方面存在的办学行为和办学风险问题实施规范管理。国家逐步加大对独立学院的规范与治理力度,从办学之初的积极鼓励,中期加强检查、通报,最后依法管理,2003年教育部印发《关于规范并加强普通高校以新的机制和模式试办独立学院管理的若干意见》,强调法律和制度上的独立地位(独立校园、独立招生、独立颁发学历证书、独立进行财务核算、独立法人资格),明确独立学院的民办属性,促进独立学院在运行机制和管理体制上改革创新,优先支持办学质量高、办学条件好的普通本科高校试办独立学院;逐步将审批权下放给高教发展规划科学、布局合理、办学行为认真规范的省级政府。教育部2008年颁布《独立学院设置与管理办法》成为我国专门规范独立学院的法规性文件,坚持对独立学院"积极支持、规范管理、改革创新",体现独立学院"优""独""民"原则,赋予独立学院民办公益性法

---

① 对合理回报做了细化规定。如第四十五条规定,民办学校应当根据下列因素确定本校出资人从办学结余中取得回报的比例:收取费用的项目和标准;用于教育教学活动和改善办学条件的支出占收取费用的比例;办学水平和教育质量。第四十六条规定,民办学校应当在确定出资人取得回报比例前,向社会公布与其办学水平和教育。

② 引入中外合作办学,办学主体更加多元。2003年,国务院发布《中外合作办学条例》,鼓励引进外国优质教育资源的中外合作办学,提出民办学校实施的中外合作办学合作机构属于民办性质,拓展了民办高等教育的办学空间。宁波诺丁汉大学(成立于2004年)、西交利物浦大学(成立于2004年)、北京师范大学—香港浸会大学联合国际学院(成立于2005年)等多所中外合作办学高校先后成立,丰富了民办高校的办学形式,满足了部分老百姓多样化、特色化的教育需求。

人地位。考虑到独立学院的复杂性和实际情况，国家对已设立的独立学院给予了5年的过渡期，并明确了相关政策①。有关研究发现，该阶段我国民办高等教育发展呈现东部最强、中部其次、西部较弱的格局，东部的江苏、广东、浙江、福建、海南、河北等省是民办教育的主要大省，陕西和湖北等是中西部发展速度较快的省份。区域发展差异的主要特征表现为，一是绝对规模增长快，特别是西部地方发展速度超过公办高等教育；二是绝对规模和相对规模的省际差异有下降趋势。西部和中部地区之间差异缩小，与东部仍有较大差距。而从制约因素看，人均GDP对民办高等教育的绝对和相对规模均有显著正相关；政府对民办高等教育的政策具有显著影响；民办高等教育主要对应供给是有过度需求的选择性人群，而非语言、文化、宗教、国籍等方面的差异化需求②。

　　阶段特征：《民办教育促进法》标志着中国民办教育进入法治化阶段。这一国家法律不仅将重心"社会力量办学"从举办者来源转换变更为办学主体"民办教育"；而且从制度变迁视角将民办教育作为制度创新对象，在国家法律规制上定义为既需要"促进"又存在"生长"，为《促进法》伴随实践创新的修订留下了"空间"，后来的制度演进足以证明这一名称为促进我国民办教育健康规范可持续发展奠定了基础③。《促进法》确立民办学校与公办学校具有同等的法律地位，国家保障民办学校的办学自主权；政府给予财政扶持；学校享有法人财产权，允许合理回报；这些标志性制度安排更准确体现了民办教育制度变迁的阶段性特征。民办高等教育以规模快速增长、办学层次提升、办学形式多元成为高等教育大众化发展阶段地方高等教育资源的主要增量。政府一系列关于大力支持、依法规范、明确标准、严格管理的政策规章，既保障了受教育者的合法权益，促进了民办高校质量提升，又提高了其抗风险能力，为长期健康规范可持续发展奠定了基础。

　　第四阶段（2010—2018年）：我国民办教育分类管理、分类规范、分类扶持理念和制度理论的重大突破，为社会规范并可持续地鼓励投资民办教育提供了制度保障。 2010年作为高等教育发展的一个重要节点，主要以《国家中长期教育改革和发展规划纲要（2010—2020年）》实施为分界。我国民办教育与整个高等教育发展都转入发展重点从规模扩张转向内涵发展，以全面提升质量为目标，高等教育进入一个稳步发展期。2010—2018年，民办普通高校从674所增加到749所，其中独立学院从323所减少到265所，民办普通高校占全国普通高校的比例稳定在28%。民办本专科在校生人数从466.5万人增长到649.60万人，占全国普通本专科在校生的比例从20.9%略增到22.95%。此阶段有三个特点：**一是民办高等教育投资模式趋向集团化与资本化。**《民办教育促进法》等法律对投资举办民办高等教育是保

---

① 鉴于独立学院尚处于探索阶段，情况复杂，类型多样，2008年教育部在《〈独立学院设置与管理办法〉的工作说明》明确意见：积极做好现有独立学院的规范和办学许可证的发放工作，主要是充实办学条件、资产过户和独立授予学士学位三项工作。据有关部门统计数据，到2012年，全国有303所独立学院，根据各校上报的过渡期计划看，拟继续举办独立学院的有247所，拟转设为民办本科高校的有53所，拟撤销独立学校的有3所。

② 方芳、钟秉林：《我国民办高等教育的区域差异及影响因素分析》，《教育研究》2011年第7期。

③ 2002年12月颁布的《民办教育促进法》；2013年6月29日第十二届全国人民代表大会常务委员会第三次会议《关于修改中华人民共和国文物保护法》等12部法律的决定修正；2016年11月7日，第十二届全国人民代表大会常务委员会第二十四次会议审议通过了《关于修改〈中华人民共和国民办教育促进法〉的决定》。

障,在前期开启民办高校急速扩张之后,随着适龄人口总数的下降,民办高校规模与增长速度已趋于稳定,加上 2010 年《教育规划纲要》提出了民办教育分为营利性与非营利性的管理思路,这对一批致力于民办教育投资者来说,未来品牌质量、规模效益就是生存之道,由于民办高校学科质量与师资水平与公立高校处于竞争不对等的不利地位,加上高等教育领域始终存在行业准入壁垒、人才壁垒、资本壁垒、品牌壁垒等门槛,独立运作一家民办高等学校需要较大资金实力和交易成本。因此,采取申办、合办以及收购等方式聚集集团上市办学的思路,通过独资或股份制抱团成规模地运营多地的多所高校,则成为民办高校规模化、集约化、资本化、品质化的一个新路径,各地民办高教集团崛起成为应对高等教育分类的竞争趋势①。同时,与资本运作结合建设地方应用型高校成为 2015—2018 年民办高等教育的另一集约趋势,迄今通过并购整合共有 19 家上市公司旗下拥有 45 后的所高校(36 所在港股、9 所在 A 股)②。**二是办学层次和质量发生分化。**如果说改革开放前 30 年是民办教育砥砺前行、蓬勃发展的 30 年,重点是争取创办合法性和与公办高校赋权同等地位,并不断占据公办高等教育资源配置短缺地区和多样化需求,主要以专科与单科教育层次为主。21 世纪以来,随着高等教育大众化的历练,一批民办高校佼佼者涌现,不仅本科层次办学的学校增加,2011 年,北京城市学院、西京学院、吉林华桥外国语学院、河北传媒学院、黑龙江东方学院 5 所民办高校通过教育部审批,正式获得研究生招生资格,标志着民办高校办学层次进一步提升,打破了过去研究生招生由公办高校、科研院所垄断的单一格局。2012 年秋季,155 名首批硕士研究生入学,2016 年,硕士研究生在校生达到 1 037 人,一批民办高职学校也陆续升成本科类高校。**三是研究型民办高校开始异军突起。**民办高校能不能走创新之路,在高层次办学和高科技研发上另辟蹊径? 2015 年谋划筹备“浙江西湖高等研究院”,2017 年被教育部批准创办的西湖大学已于 2018 年 9 月招收了 120 名首届博士生③。作为后发定位于新型研究性民办高校,如何让国内外知识精英趋之若鹜? 除了高端教学科研定位和尊重学术原则和激励竞争机制外,更在于西湖大学集天下办学优势为年轻学者“量身定制”的平台。西湖大学将借鉴美国加州理工大学的规模和斯坦福大学的办学理念,由国家“千人计划”专家

---

① 民生教育、新高教集团、三一学院等以高等教育为主业的公司登陆资本市场(港股、新三板)。茅台集团举办的茅台学院、北方投资集团的“北方国际大学联盟(16 所)”、湖北当代教育集团旗下“当代教育联盟(3 所)”、广东珠江投资有限公司旗下“珠江教育联盟(3 所)”等,截至 2016 年 6 月末,重庆五大民办高等教育市场参与者共占约 46.9% 的市场份额,其中民生教育以 15.1% 的市场占有率 2015 年居重庆第一。民生教育在重庆实际上形成了区域性高校联盟。截至 2018 年 6 月,全球有 180 多家教育上市公司,2017 有 4 家民办学历教育机构在香港上市。2018 年至 2019 年年初,香港学历板块预计有超过 15 家挂牌上市,形成一个学历教育板块。

② 《民办教育从增速到增质,高教赛道成最佳“避险地”?》,决胜网,http://news.juesheng.com/a/54040.html。

③ 截至今年 7 月,西湖大学共收到 5000 份左右的教职申请,其中 95% 以上来自海外。择优面试 227 位,但西湖大学只给出了 89 个正式教职邀约,目前已签约 68 人。这批西湖大学的创校教师,分布在数学、物理、化学、工程、信息、生物、基础医学等学科,在各自研究领域拥有世界领先水平,他们将在 2018 年 10 月 20 日正式成为西湖大学理学院、工学院和生命科学学院的奠基教授。除了授课教师,西湖大学共有 30 余名 PI(Principle Investigator),即独立实验室负责人。目前公开的西湖大学 PI 中共有 33 人,生年分布在 1970 年至 1988 年之间,其中 80 后 26 人,年龄最小的仅 30 岁。他们大多拥有国际顶尖高校的留学或研究经历。《西湖大学:做科研伊甸园,博士后站带头人仅 33 岁》,网易网,https://c.m.163.com/news/a/DRGOHIHQ0512TON6.html。

或其他海内外顶尖人才领衔组建相关院系,是国家进行高等教育办学体制改革的新尝试,也是实施民办学校分类管理之后国内出现的首家高水平非营利性民办高校①,作为我国追赶世界一流大学的团队中出现了高水平民办高校的身影,国家鼓励实行不同办学机制展开高水平竞争是民办高等教育资源配置优化的探索,也是作为与公办高等教育模式并驾齐驱的制度创新。**四是具有民办性质的精英型中外合作办学高教机构开始崭露头角②。**高等教育领域中外合作办学是引进外国优质教育资源探索办学模式的途径。2010 年前后,少量带有民办性质的精英型中外合作办学高教机构开始崭露头角,宁波诺丁汉大学(2005 年成立)、苏州西交利物浦大学(2006 年成立)、上海纽约大学(2012 年成立)和温州肯恩大学(2011 年成立)等8 所独立建制的中外合作办学民办高等学校,经过几年发展,逐渐具备了较好的教育质量和社会声誉。上海视觉艺术学院与国际知名设计集团合作,开设了高水平人才培养实验班,根据2015 年"QS"世界大学学科排名,上海视觉艺术学院的"艺术与设计"学科已位居全球大学第51—100 名区间段,这是迄今为止我国民办高校在学科建设中取得的最佳成绩③。

这一时期民办教育最重要的制度变革是认可民办教育机构具有营利性特征,在此基础上政府采取不同制度设计,提供分类选择不同性质办学方式,满足不同教育需求,提供多样化教育类型和分类管理制度。而**民办教育实行营利性和分营利性分类制度设计具有国际参照,符合民办教育公益产品的不同供给模式和公共扶持政策,同时解决了之前法律中因模糊不清的概念所造成的实践困境。**2004 年《中华人民共和国民办教育促进法实施条例》规定以是否要求合理回报为基准,民办学校享受不同的税收优惠政策④,虽然这比原有法律将民办教育只作为公益性并不得营利规定推进了一步,但实践中 2010 年《国家中长期教育改革和发展规划纲要(2010—2020 年)》则以是否营利为基准,提出积极探索营利性和非营利性民办学校分类管理思路⑤。教育部采取了试点先行,2011 年,温州承担了国家民办教育综合

---

① 在中国,民办高等教育近年来蓬勃发展,但目前主要以职业技术教育为主,还未在前沿科学研究和高技术领域的高层次人才培养方面进行尝试。施一公认为,"这个空白需要一代人携手迈出第一步去填补。"《西湖大学:做科研伊甸园,博士后站带头人仅 33 岁》,网易网,https:// c. m. 163. com/news/a/DRGOHIHQ0512TON6.html。

② 公办高校、民办高校、中外合作高校,这三个方面作为高等教育资源配置的三股力量各具有不同性质与作用。本章中涉及的中外合作高校主要指民办中外合作高校。

③ 董圣足等:《从有益补充到共同发展——民办教育改革发展之路》,华东师范大学出版社,2018,第 19、48—49 页。

④ 2004 年《中华人民共和国民办教育促进法实施条例》规定以是否要求合理回报为基准,民办学校享受不同的税收优惠政策(三十八条),提出"捐资举办的民办学校和出资人不要求取得合理回报的民办学校,依法享受与公办学校同等的税收及其他优惠政策。出资人要求取得合理回报的民办学校享受的税收优惠政策,由国务院财政部门、税务主管部门会同国务院有关行政部门制定"这是民办学校分类管理思想的最初萌芽。

⑤ 2010 年 7 月《国家中长期教育改革和发展规划纲要》(2010—2020)明确民办教育是教育事业发展的重要增长点和促进教育改革的重要力量,要依法落实民办学校、学生、教师与公办学校、学生、教师平等的法律地位,保障民办学校办学自主权;制定完善促进民办教育发展的优惠政策,健全公共财政对民办教育的扶持政策。2010 年 9 月 18 日,教育部颁布《关于进一步促进民办教育发展的若干意见》,提出"落实民办学校招生自主权、落实税收优惠政策、建设用地相关优惠政策、完善公共财政资助政策、拓宽民办教育筹资渠道、国家设立民办教育专项资金、保障教师学生权利、改革民办教育服务收费"等支持鼓励政策,进一步改善民办教育发展环境。

改革试点任务①,经过7年试点,2018年,温州市发布《关于进一步深化综合改革促进民办教育健康发展的实施意见》,提出**推动民办教育发展实现"三大转变":从量的增长向质的提升转变,从全面补助向精准扶持转变,从大力发展向规范提升转变,推动民办教育优质、品牌、特色发展,满足老百姓对教育更高的需求和更加多元化的要求。**2016年全年,就民办学校分类管理文件频频出台②,从分类管理、分类扶持、分类规范一系列政策规定颁布③,并修订

① 温州市从2011年出台的《关于实施国家民办教育综合改革试点加快教育改革与发展的若干意见》及其配套文件("1+9"),到2013年升级为民办教育"1+14"政策体系,再到后续各项改革政策的实施落地,温州一直走在民办教育改革创新的破解之路上。改革试点期间,该市民办教育取得了长足的发展,率全国之先开展民办学校营利性和非营利性分类登记管理,打造了全国民办教育的"温州样本"。郑建海:《温州:民办教育"三大转变",继续走在全国前列》,上海市民办教育协会网站,http://www.shmbjy.org/item-detail.aspx? newsid=9604。

② 2016年3月,《国民经济和社会发展第十三个五年规划纲要》提出"建立分类管理、差异化扶持的政策体系,鼓励社会力量和民间资本提供多样化教育服务",分类管理思路进一步丰富。2016年4月,中央深化改革领导小组审议通过了《民办学校分类登记实施细则》《营利性民办学校监督管理实施细则》两个民办学校分类管理和分类登记的操作性文件,将民办学校分为营利性和非营利性,并分别配套以不同的政策法规和管理方法。2016年11月,第十二届全国人大常委会第二十四次会议审议通过了《关于修改〈中华人民共和国民办教育促进法〉的决定》,做出了16处重要修改,明确了对民办学校实行营利性和非营利性分类管理的基本制度,还对国务院、国家有关部门和各省、自治区、直辖市如何推进实施民办学校分类管理改革这一重大事项,做出了原则规定。2016年12月29日,《国务院关于鼓励社会力量兴办教育促进民办教育健康发展的若干意见》(国发〔2016〕81号),实行分类管理改革、差别化扶持和规范管理。2016年12月30日,教育部等五部门联合印发了《民办学校分类登记实施细则》,这是经党中央国务院审定后由有关部门联合印发的关于民办学校分类管理和分类登记的重要的操作性文件。2016年12月30日,为确保分类管理改革的有序推进,教育部、人力资源和社会保障部、工商总局研究制定了《营利性民办学校监督管理实施细则》,对营利性学校的学校设立、组织机构、教育教学、财务资产、信息公开、变更与中止、监督与处罚进行了规定。2017年8月14日,经国务院同意,建立民办教育工作部际联席会议制度。联席会议由教育部、中央编办、发展改革委、公安部、民政部、财政部等部门组成,教育部为牵头单位。共同破解民办教育发展中的重点难点问题。

③ 分类规定主要是:1.民办学校实行非营利性和营利性分类管理;非营利性民办学校举办者不取得办学收益,办学结余全部用于办学。营利性民办学校举办者可以取得办学收益,办学结余依据国家有关规定进行分配。2.在税费优惠、用地、收费等方面建立差别化政策体系。民办学校按照国家规定享受相关税费优惠政策,非营利性民办学校享受与公办学校同等的税收优惠政策。民办学校用电、用水、用气、用热执行与公办学校相同的价格政策。3.实行差别化用地政策。非营利性民办学校享受与公办学校同等政策,按划拨等方式供应土地。营利性民办学校按国家相应的政策供给土地。4.实行分类收费政策。非营利性民办学校收费,通过市场化改革试点,逐步实行市场调节价,具体政策由省级人民政府确定。营利性民办学校收费实行市场调节价,具体收费标准由民办学校自主确定。5.健全财务会计制度。非营利性和营利性民办学校按照登记的法人属性,根据国家有关规定执行相应的会计制度。相关分类登记要求为:1.正式批准设立的非营利性民办学校,符合《民办非企业单位登记管理暂行条例》等民办非企业单位登记管理有关规定的到民政部门登记为民办非企业单位,符合《事业单位登记管理暂行条例》等事业单位登记管理有关规定的到事业单位登记管理机关登记为事业单位;现有民办学校选择登记为非营利性民办学校的,依法修改学校章程,继续办学,履行新的登记手续。2.正式批准设立的营利性民办学校,依据法律法规规定的管辖权限到工商行政管理部门办理登记;现有民办学校选择登记为营利性民办学校的,应当进行财务清算,经省级以下人民政府有关部门和相关机构依法明确土地、校舍、办学积累等财产的权属并缴纳相关税费,办理新的办学许可证,重新登记,继续办学。

《中华人民共和国民办教育促进法》，将分类条款纳入该法。2018年10月11日，国务院办公厅发布关于印发完善促进消费体制机制实施方案（2018—2020年）的通知，把抓紧修订民办教育促进法实施条例作为部署加快破解制约居民消费最直接、最突出、最迫切的体制机制障碍，进一步激发居民消费潜力的工作之一①。至此，我国各级各类民办学校进入了非营利与营利性分类管理、分类扶持、分类规范的新时期。

　　阶段特征：2010年对民办教育性质的重新划分是改革开放以来民办教育发展的重要制度创新，在确认民办学校具有营利性特征并赋权举办者选择权的同时，施加不同的管理政策。这是我国民办教育理念和制度理论的重大突破，为社会规范并可持续地鼓励投资民办教育提供了制度保障。经过五年的共识和相应制度准备，2016年通过修订《促进法》为民办教育分类管理、分类规范、分类扶持提供了法律环境，我国民办高等教育进入分类发展的新阶段。同时，经过大众化的高等教育规模趋于相对稳定，随着适龄入学考生的下降，致使靠规模生存的民办高校面临新的严峻选择，或走集团规模方式，或走特色质量办学方式。民办高校办学模式的变化为民办高等教育办学层次和质量提升留出了空间，原有满足数量需求的民办高等学校转向与公办高等学校办学特色与质量竞争阶段。

　　第五阶段（2018年之后）：西湖大学的创办，是中国高等教育改革发展史上的一件大事，开创了中国高等教育改革发展之先河，对新时代中国高等教育办学体制改革创新具有重要意义。10月21日西湖大学正式成立。这所学校的基本定位、举办性质、价值取向、治理结构、团队品质和社会响应完全改写了全社会对我国民办大学的基本认知。基于办学定位、投资模式、创办团队、治理结构等特征与原有民办高校的不同②，我们有理由重新研判原有阶段划分，将西湖大学作为我国民办高等教育制度演进第五阶段的起始，以有助于本研究对我国民办高等教育发展阶段与未来演进的趋势分析。

　　本研究重点考察改革开放40年民办高等教育资源配置的发展特征，初步分析了政府、市场和办学主体之间制度博弈及制度重建的关系。**本研究认为，我国40年民办高等教育的发展特征集中为正式制度规制与市场需求发展互为促进相互制约的关系，呈现为40年民办高等教育争取合法地位、取得同等法律地位、保障基本权利、分类规范发展、深化制度创新等五个发展制度特征。**

　　这一发展特征深受外部制度环境制约，**主要有三个初始制度条件。一是经济转型，**即从高度垄断集中的计划经济转向具有中国特色社会主义的市场经济体制，由商品经济与计划经济双轨逐步过渡到以市场经济资源配置为基础进而全面以市场经济决定资源配置，辅之转型后的公共政府主导。这个过程提供了民办教育经济基础的出生萌芽和制度环境，如果公办教育具有天然合法性的话，那么，民办教育首先在为争取合法性而努力，这个过程贯穿整个转型40年。由于市场经济建立是一个过程，在思想变革和公共意识上不断给予民办教育"正名"也一直贯穿于整个40年。市场经济是民办教育基本存在的前提和根本制度基础。**二是民营经济。**中华人民共和国成立后经过社会主义改造，中国的私营经济已经基本不存在。"1978年我国所有制结构说明，国有经济占比77％还多，集体经济占比22％，几乎没有

---

① 《国务院：抓紧修订民办教育促进法实施条例》，搜狐网，http://www.sohu.com/a/259544531_564470。
② 见本章结尾处分析。

私人经济,只有小量的个体经济"①。但1978年中央十一届三中全会为发展民营经济打开了探索的大门,1987年党的十三大提出民营经济是公有制经济的有益补充。1997年党的十五大强调非公有经济是社会主义市场经济的重要组成部门,2007年党的十七大认为公有经济和非公有经济地位平等,应共同促进发展。"十八届三中全会提出来,各种所有制经济平等占有生产资料,公平参与市场竞争,同等受到法律保护,这三句话非常重要,把各种所有制的平等地位提出来了,而且要受到法律的保护。"②2016年党的十九大提出支持民营企业发展,激发各类市场主体活力。中央不断重申,非公有制经济在我国经济社会发展中的地位和作用没有变,我们毫不动摇鼓励、支持、引导非公有制经济发展的方针政策没有变,我们致力于为非公有制经济发展营造良好环境和提供更多机会的方针政策没有变③。民营经济发展历程与改革开放同行是因为作为市场经济的经济形态之一,由民营经济主体支撑。改革开放以来经济形态的主体发生了转型变化,由改革开放之初国有经济为主要经济形态逐步转向以民营经济为主要经济形态④。这个转变过程是改革开放以来衡量市场经济建立和完善的主要指标,反映了作为市场经济的投资主体或经营主体特征的经济成分。在探索社会主义市场经济发展的不同阶段中,作为生产力发展的重要力量,民营经济呈现为除公有制经济形态外的乡镇企业、合作社经济、社区所有制经济、社团所有制经济、基金会所有制经济等等。在我国制定的《中华人民共和国公司法》《中华人民共和国个人独资企业法》《中华人民共和国合伙企业法》中,虽然对现阶段我国各种类型的企业都有涉及⑤,但没有"民营企业"概念,这既反映了民营企业本身在不同阶段的表现形态不同,也反映了成文法的谨慎。因而,作为民营经济主体,就是除国有独资、国有控股外,其他类型的企业中只要没有国有资本,均属民营企业,即所有的非公有制企业均可称为民营企业。我们对民营经济的认识是一个过程,"公有制经济是主体,非公有制经济只是起补充作用。后来也有提升到非公有制经济是社会主义市场经济的重要组成部分。再后来提出'两个毫不动摇',即毫不动摇发展公有制经济,毫不动摇支持、鼓励、引导非公有制经济发展⑥。2018年10月习近平考察辽宁时强调要支

---

① 《高尚全:坚持和完善基本经济制度不动摇》,新浪财经,https://finance.sina.com.cn/roll/2018-10-29/doc-ifxeuwws9042942.shtml。

② 《高尚全:坚持和完善基本经济制度不动摇》,新浪财经,https://finance.sina.com.cn/roll/2018-10-29/doc-ifxeuwws9042942.shtml。

③ 习近平在2016年3月4日参加全国政协民建、工商联委员联组会上的讲话。

④ 主体经济形态作为以反映投资主体或经营主体为主要特征的经济成分,是在一个国度里由本国居民投资创办、经营或控股经营的企业和事业单位经济要素的总和。"民营企业"是由本国公民出资兴办或经营的从事经济活动的经济法人实体和非经济法人实体,具有自行组建、自行筹资、自主经营、自负盈亏、自谋发展的特征。是我国社会主义市场经济条件下,促进我国社会主义生产力发展的重要力量。在民营经济中,既包括全部私有制经济,也包括除了国有国营以外的其它公有制经济,例如乡镇企业、合作社经济、以及社区所有制经济、社团所有制经济、基金会所有制经济等。

⑤ 在"公司法"中,是按照企业的资本组织形式来划分企业类型的,主要有:国有独资、国有控股、有限责任公司、股份有限公司(又分上市公司和非上市公司)、合伙企业和个人独资企业等。

⑥ 《高尚全:坚持和完善基本经济制度不动摇》,新浪财经,https://finance.sina.com.cn/roll/2018-10-29/doc-ifxeuwws9042942.shtml。

持民营经济发展。重申了两个毫不动摇,强调了要支持和保护民营经济①。"民营企业"作为民营意义上的一种企业形态,是"民营经济"的主体部分或重要组成部分。在"民营企业"之外,还有具有"民营经济"属性而不是以盈利为目的的、从事非经济活动的、非企业的单位或部门,如从事社会福利、从事社会救助、从事慈善事业的民营单位或组织。分析不同阶段民办高等教育的主办方,不同发展阶段的民营企业的组织形态和基本定位构成了支撑民办高等学校的办学方,也决定了民办高等教育不同阶段的发展规模、组织形式、投资模式和基本诉求,甚至在其营利或非营利的公益属性上存在着不断演进的认识。因此,民营经济及其民营企业的定位和地位及其发展决定了民办高等教育的定位和地位及其发展,这是民办高等教育办学主体的基本来源和主要力量。中国民营经济健康发展的起承转合或动荡平稳就是民办高等教育健康发展的晴雨表,严重制约着民办高等教育的进程和大势。**三是法治环境。**市场经济是法治经济、契约经济,民营企业作为产权主体、市场主体、契约主体和责任主体的关系必须明确。也正因为这一属性与特征,在 1992 年中央确定建立社会主义市场经济体制后的第二年,1993 年 12 月 29 日第八届全国人民代表大会常务委员会第五次会议就通过了《公司法》,从法律制度上明确市场经济主体的法律地位和其他主体的关系。民营企业和国有企业都是在市场经济活动中不断厘清法律关系。现实中,民营经济运行更多是从经营机制上考量,而私营经济概念更多是从产权维度探讨,两者在制度演进中都依据国情和发展进程逐步得到相关法律确认和保护。**也正因为我国市场经济是一个渐进性演进过程,围绕市场经济的法律体系的重塑也是一个渐进地演进过程。这一演进逻辑都不同程度地制约和影响民办教育的法律定位和关系确认。因此,民办教育从出生到发展壮大的过程伴随着法律制度不断更迭创新、法治环境逐步改善的过程。**20 世纪 80 年代关于社会力量办学暂行条例的出现,2003 年民办教育促进法的产生,都彰显了法律遵循实践、尊重改革进行时的积极态度。**"社会力量办学"作为 20 多年民间与政策"约定俗成"的统称,既反映了民办教育处于改革进行式,也体现了改革者的集体智慧。而民办教育促进法定位在"促进"概念更是集中反映了国家,包括政府和人民对这一领域特征的基本态度和共识理念。**

　　1978 年我国开启了波澜壮阔的改革开放历史征程,不断冲破僵化思维和体制机制藩篱,逐步确立起公有制为主体、多种所有制经济共同发展的基本经济制度,把公有制经济和非公有制经济共同作为社会主义市场经济的重要组成部分,使之成为我国经济社会发展的重要基础。**转型变革、民营经济、法治环境作为民办教育三个初始条件也成为民办教育演进过程的约束条件。什么时候这三个外部制度条件趋向清晰、发展顺利、治理完善,民办教育领域总体就顺利,反之,就滞后。**改革开放以来,民营经济从无到有,直至成为稳增长、调结构、促就业的最重要支撑力量,成为中国经济最有活力的领域。1986 年底,乡镇企业总数已经发展到 1 515 万家,劳动力近 8 000 万,实现工业生产总值 3 300 亿元,占国家生产总值的

---

① 2018 年 10 月 27 日上午,习近平总书记在辽宁省考察当地民营企业辽宁忠旺集团时强调,改革开放以来,党中央一直关心支持爱护民营企业。我们毫不动摇地发展公有制经济,也毫不动摇地支持、保护、扶持民营经济发展、非公有制经济发展。民营企业要进一步增强信心。我们要为民营企业营造好的法治环境,进一步优化营商环境。总之,党的路线方针政策是有益于、有利于民营企业发展的。《习近平:党中央毫不动摇地支持民营经济发展》,新华网,http://www.xinhuanet.com/politics/2018 - 09/27/c_1123493284.htm。

20％，呈现出"五分天下有其一"的格局①。另一份研究表明，乡镇企业的雇员数从1978年的2 800万增加到1996年的顶峰——1.35亿。同时，它们在国内生产总值中所占比重也从6％上升到26％，成为改革初期带动中国增长和工业化进程的主要驱动力。《中国私营经济年鉴》（1994年，第74页）根据一份抽样调查报告显示，中国有83％的乡镇企业，除了名义上外，实为私营企业。20世纪90年代中期民营企业得到正式认可后，大多数乡镇企业完成了民营化的进程②。民营企业最急需的是人才，改革初期公办高校的毕业生绝大多数实行统包分配制度，根本不可能分到民营企业去，而社会力量办学却提供了急需人才的供给作用。从20世纪80年代初中国民办高校出现萌芽，到21世纪头10年进入发展的井喷时期。政府不再是高等教育唯一的供给者，社会上有大量愿意投资高等教育的个人和组织被允许进入高等教育领域。市场经济中多种经济成分并存的格局，决定了教育需求主体及办学主体的多元化，而民办高校就是适应市场的需要而出现的。面对巨大的需求刺激，高等教育系统中出现大量作为供给者的民办高校。特定的历史背景和环境条件不仅让民办高校起到拾遗补阙的作用，更决定了其办学适应市场经济的自主性和灵活性③。不同数据显示④，中国来自民企的税收占比超过50％，民企对GDP贡献率高达60％以上，民间投资已占到全社会固定资产投资的60％以上。同时，吸纳了70％以上的农村转移劳动力，技术创新和新产品占比超过70％⑤，提供了80％的城镇就业岗位，企业数量占比和新增就业贡献率超过90％。截至2017年底，中国共有企业3 033.7万家、个体工商户6 579.4万户，我国民营企业已达2 726.3万家⑥，广义的民营企业（即非国有非外资，不算个体工商户）占全国市场主体总量的98％以上。在世界500强企业排名中，我国民营企业由2010年的1家增加到2018年的28家⑦。民营经济事实上已经是国民经济的基础，在多数省市已是地区经济的支柱，按企业数量也是国民经济的绝对主体，对于繁荣经济、增进就业、上缴税收、提高家庭收入和国民收

---

① 吴晓波：《历代经济变革得失》，浙江大学出版社，2013，第198页。

② 罗纳德·哈里·科斯、王宁：《变更中国：市场经济的中国之路》，徐尧、李哲民译，中信出版社，2013，第79—81页。

③ 蔡晓群：《我国民办高等教育的发展历程及未来发展之路》，《中国农业教育》2009年第6期。

④ 习近平总书记早就明确提出"三个没有变"的重要判断，其中第一条就是：非公有制经济在我国经济社会发展中的地位和作用没有变。《要求私营经济"逐渐离场"代表了一种错误思潮——新京报财评》，新京报网，http://www.bjnews.com.cn/finance/2018/09/12/504667.html。我国中小企业绝大部分是民营企业。2018年8月20日，促进中小企业发展工作领导小组第一次会议在北京召开，会上指出，目前我国中小企业具有"五六七八九"的典型特征，贡献了50％以上的税收，60％以上的GDP，70％以上的技术创新，80％以上的城镇劳动就业，90％以上的企业数量，是国民经济和社会发展的生力军，是建设现代化经济体系、推动经济实现高质量发展的重要基础，是扩大就业、改善民生的重要支撑，是企业家精神的重要发源地。做好中小企业工作，对稳就业、稳金融、稳投资、稳外资、稳外贸、稳预期，增强经济长期竞争力都具有重要意义。

⑤ 《改革开放40年百名杰出民营企业家名单发布》，中华全国工商业联合会网站，http://www.acfic.org.cn/yw/qlyw/201810/t20181024_68903.html。

⑥ 《改革开放40年百名杰出民营企业家名单发布》，中华全国工商业联合会网站，http://www.acfic.org.cn/yw/qlyw/201810/t20181024_68903.html。

⑦ 《习近平：在民营企业座谈会上的讲话》（2018年11月1日），新华网，http://www.xinhuanet.com/politics/leaders/2018-11/01/c_1123649488.htm。

入、促进研发创新和技术进步、促进区域经济增长和平衡、向全球提供"中国制造"商品和服务、推动国家市场化和工业化进程、构建新商业文明和契约精神、执行国家重大战略等方面，承担着主要或重要作用①。民营经济撑起了中国经济"半壁江山"，在稳定增长、促进创新、增加就业、改善民生等方面发挥了重要作用②。能否保持民营企业的活力，决定了中国经济是否能够长远稳定发展，也决定了民营教育是否能够长远稳定发展。有关资料表明，我国民营企业自我融资达 90.5％，银行贷款仅为 4.0％，非金融机构为 2.6％，其它渠道为 2.9％③。可见我国民营企业的发展基本上是靠自有资金滚动起来的。民办高等教育的发展与民营经济发展与主体地位的确立及其政府权力让渡息息相关，因为这一特点，**我国民办教育的投资主体也一直以民营企业和个体投资以及依靠收取学费为主要经费支撑渠道。由于非营利性基金会组织的发育较晚，我国关于企业捐赠及其相关税收减免政策和慈善法的制度建构都还不成熟健全，与国外发达国家一般以基金会和企业家捐赠民办教育为主体相比，举办民办教育的经费来源数量和渠道还不稳定。**近年来由于法律对民办教育实行了分类界定，民办高等教育出现了通过资本运作的方式，这在民办教育经费来源上是一个新特征，即使是发达国家的私立学校运用资本模式也不多见。

总之，改革开放 40 年中国民办高等教育资源配置的演进逻辑是，**市场经济体制的确立为民办高等教育产生和发展提供了基本经济基础，民办教育法律为民办高等教育的合法地位和规范发展提供了基本制度保障，政府、市场和办学主体之间呈现为不断递进地制度博弈及制度重建的关系，即正式制度规制与市场需求发展互为促进相互制约，民办高等教育多样化发展已经进入到与我国民营经济发展荣辱与共、相伴相成的阶段。**本研究论证了民办高等教育产生和发展的演进逻辑和发展特征。**中国民办高等教育是改革开放由计划经济转向市场经济过程中高等教育资源配置方式供给短缺的产物，是改革开放以来民营经济发展壮大需求和政府制度创新不断让渡支持的产物。民办高等教育资源配置演进过程是外部制度环境制约与内部制度安排创新的结果，是强制性制度变迁与诱致性制度变迁交互博弈的结果。**

三、转型期民办高校资源配置制度演进动力与趋势的实证分析

本研究在第三章和第四章论证了我国改革开放 40 年高等教育资源配置存在转型变迁过程。那么，作为制度转型中的增量，本节第二部分分析了我国民办高等教育资源配置的演进逻辑和发展特征，阐述了推动民办高等教育发展的直接动力来自多样化需求，其基本动力是政府、市场和学校主体三方博弈的制度创新。那么，民办高等教育资源配置演进的过程特征是否如上述分析，**政府力量、市场力量、学术力量在民办高等教育资源配置中的作用是什么？民办高等教育资源配置与公办高等教育资源配置的演进异同是什么？**本节运用本研究

① 《问一问：吴小平要试探什么，挑战什么？》，一点资讯网，http：// www. yidianzixun. com/article/0K2ApdHC。

② 《改革开放 40 年百名杰出民营企业家名单发布》，中华全国工商业联合会网站，http：// www. acfic. org. cn/yw/qlyw/201810/t20181024_68903.html。

③ 参见百度百科"民营企业"词条。

制度分析框架和参照高等教育资源配置转型程度指标体系对此进行观测研究。由于研究对象的差别,指标体系主要从比较的整体性和可比性出发,调整部分指标以更完整准确观测,并通过历史数据与鲜活案例,**对转型期(1978 年以来)民办高等教育资源配置变迁轨迹、显著特征、制度环境之间的关系进行实证分析,反映政府、市场、学术三种力量在资源配置制度创新中的较量与博弈。**

需要特别关注的是,从 2002 年开始,围绕民办教育,国家先后下发 8 份重大文件:2002年 12 月 28 日,《中华人民共和国民办教育促进法》发布;2004 年 3 月 5 日,《中华人民共和国民办教育促进法实施条例》(此次实施条例的"原型")发布;2016 年 11 月 7 日,全国人民代表大会常务委员会通过了《全国人民代表大会常务委员会关于修改〈中华人民共和国民办教育促进法〉的决定》,新《民促法》发布;2016 年 12 月 29 日,中共中央发布《关于加强民办学校党的建设工作的意见(试行)》(中办发〔2016〕78 号);2017 年 1 月 5 日,教育部等五部门关于印发《民办学校分类登记实施细则》的通知;2017 年 1 月 18 日,《国务院关于鼓励社会力量兴办教育促进民办教育健康发展的若干意见》(简称"国务院三十条")发布;2018 年 4 月 20 日,《中华人民共和国民办教育促进法实施条例(修订草案)(征求意见稿)》;2018 年 8 月 10 日,司法部官方网站公布《中华人民共和国民办教育促进法实施条例(修订草案)(送审稿)》(以下简称《送审稿》)。**上述这些文件都是新世纪民办教育的重要制度呈现,是改革开放以来中国特色民办教育制度演进与创新实践的成果,我们通过以下演进指标的考察,可以观测到政府强制性制度创新与基层诱致性改革实践是怎样相互制约博弈构成了民办高等教育的制度演进过程。**

参照转型期高等教育资源配置制度转型程度指标体系,因民办高等教育是新增资源,作为观测制度变迁,民办高等教育资源配置制度演进指标体系仍然从办学体制、管理体制、投资体制、招生体制、就业体制、内部管理体制、学术治理体制七个一级指标、22 个二级指标进行测量(见表 3-5-1),但个别指标有增减调整,主要变化有:

办学体制原有三项指标,保留"自费在华留学生占全部留学生比例";根据民办高校特性,原指标中"公办高校设置权"和"民办高校普通本专科在校生占普通本专科在校生比例"分别调整为"省级政府民办高校设置审批权"和"民办高校本科生占在校生比例",**共三项指标。**

管理体制原有三项指标,保留"学校教学评估权";将"公办高校主要领导任免的管理权"调整为"学校主要领导任免权";增加"政府对民办高校的管理权";删除不适合测量的"地方高校占普通高校比例"。**共三项指标。**

投资体制原有四项指标,保留"学费收入所占比例";增加三项指标"举办者投入占比""政府资助与奖励情况""社会捐赠所占比例",删除原三项不适合测量指标,分别为"非财政性教育经费占比、学校自筹基建资金的比例、自然科学研究经费中竞争性经费比例"。**共四项指标。**

招生体制原有三项指标,保留"高校招生自主权""高校招生资格扩大化"。"境外(港澳)高校在国内招生权"不适合从民办高校角度测量,予以删减。**共两项指标。**

就业体制原有两项指标,保留"毕业生就业自主权""国家助学贷款制度"。**共两项指标。**

学校内部管理体制原有五项指标,仍保留这五项指标:"教职工收入分配转型度、教师职务评聘权、校内机构设置权、聘任制教师占比、学生学籍管理权",增加"董事会"一项指标,**共六项指标。**

　　学术治理体制原有两项指标[1]，即学术决策权力和学术配置力量。第一个指标是指改革开放以来，高等教育体制改革中的学术治理权，主要指政府让渡学校的学术治理权，下设指标包括科研、教学和学科等管理方面二级指标，具体有科研决策方面的科研项目自主申报权，教学方面的教材选用权、教学计划设置权，学科发展方面的学位点授予权、毕业证审批权、本科学科专业设置权。第二个指标是指高校内部学术治理权由行政权力向学术权力让渡的程度。高校内部的学术配置力量是指在高校内部学术治理结构的变化，即从体制改革的初衷与学术组织的本质逻辑出发，存在由原有行政力量向学术力量的转换。假设学术配置力量完全由行政力量来配置时为"0"，完全由学术力量配置为"1"。**共两项指标。**

表 3 - 5 - 1　我国民办高校资源配置制度演进程度指标体系

一级指标	二级指标	高校资源配置指标
办学体制（4）	* 省级政府民办高校设置审批权	公办高校设置审批权
	* 民办高校本科生占在校生比例	民办高校普通本专科在校生占普通本专科在校生比例
	自费在华留学生占全部留学生比例	相同
管理体制（3）	* 政府对民办高校的管理权	—
	学校主要领导任免权	公办高校主要领导任免管理权
	学校教学评估权	相同
	—	（删）地方高校占普通高校比例
投资体制（4）	* 举办者投入所占比例	—
	学费收入所占比例	相同
	* 政府资助与奖励情况	
	* 社会捐赠所占比例	
		（删）非财政性经费所占比例
	—	（删）学校自筹基建资金的比例
	—	（删）自然科学研究经费中竞争性经费比例
招生体制（2）	高校招生自主权	相同
	高校招生资格扩大化	相同
	—	（删）境外（港澳）高校在国内招生权
就业体制（2）	毕业生就业自主权	相同
	国家助学贷款制度	相同

---

[1] 学术治理体制是指政府和高校对高等教育学术事务共同的治理结构。本研究设定的这个指标既包含了高等学校内部关于教学、科研和学术管理等学术决策治理内容，也包含了政府和高校相互关系，即政府对高校学术自主权的让渡和转型程度。因此，本研究设计了两级指标来测算这一指数。第一层级包括两个指标，每个指标下设第二层级若干指标。

（续表）

一级指标	二级指标	高校资源配置指标
学校内部管理体制(6)	教职工收入分配转型度	相同
	教师职务评聘权	相同
	校内机构设置权	相同
	聘任制教师占比	相同
	学生学籍管理权	相同
	＊董事会设置	—
学术治理体制(2)	高等教育学术决策权力	相同
	学校内部学术权力的配置力	相同

说明:(1)该表是在本研究高等教育资源配置转型程度指标体系表的框架上进行调整所制。考虑到我国民办高等教育是改革开放以来新增资源,作为新增资源是一个增量发展演进过程。这是两个指标框架表的不同。

(2)从民办高等教育资源配置制度演进特点出发,调整了部分指标,＊为新增指标,新增指标有七个,改换五个指标。总指标仍为七个一级,二级指标数目仍为22个。

(3)该指标以民办学校为主体考察指标权限归属。除指标本身为数据进行统计外,涉及权限指标均以举办者获取权限数值的大小作为判定标识。

民办高等教育资源配置制度演进指标体系的测量分析,见微信3-21。

转型期我国民办高等教育资源配置制度演进程度指标分析。根据上述对1978—2017年我国民办高等教育资源配置7类一级、22个二级指标的分析,相关类指数和综合指数见表3-5-2、表3-5-3,图3-5-1、图3-5-2。由于相关统计数据的获取因素,本研究主要数据分析选取1995—2016年区间,但指标分析从1978—2018年区间进行考察测量,有关区间评判数值主要参考相关文献资料进行了推演。这一演进程度指数主要是描述作为改革开放后高等教育资源配置的增量,与公办高等教育在运行机制上具有较大差异的民办高校,在同期高等教育资源配置制度转型的条件下,作为独立主体,在创设利于生存的制度环境和内生的制度安排上,与政府力量、市场力量、学术力量进行博弈并构建利于自身发展的制度演进。**这一演进指数重点反映了改革开放后民办高等教育作为独立主体配置资源的自主程度和依法赋权的演进程度状况,也是改革开放后民办高等教育资源配置制度变迁趋势。**由于本研究构建的我国高等教育资源配置转型程度指标重在描述从计划经济配置方式转化为在市场经济条件下的政府、市场、学术三种力量资源配置制衡模式。因此,转型程度指标主要观测原部分相背而行的指标怎样转换为"标的"明确且同向而行的程度,或依国情必须坚守的配置方式,或转换条件不到位尚仍在改革之中;而民办高等教育制度演进程度指标主要观测同类指标前后递进变化程度。虽然转型过程也是制度演进过程,但观测重点在高等教育整体制度转型程度上,其中也包含民办高校状况。民办高等教育是从无到有的过程,重在制度创新演进上。也正因为这一区分,转型程度指标示意图我们运用了两种色彩转换的"色阶"方式来表达,而民办演进程度指标示意图却只能使用同一色彩但不同过渡"色阶"工具进行表达。虽然两者侧重不同,但路途同归,同向而行。需要注意的是,由于民办高等教育运行机制与公办高等教育改革后的体制仍有一定差别,使得若干指标的指数在两者上存在高等教育制度转型与民办增量制度演进的区别,但总体来看,后者是前者改革的一部分,也包含在前者转型演进之中;没有前者的改革不会有后者的演进。总之,都是通过指标描述改革开放

40 年高等教育资源配置制度创新和制度演进状况,重在趋势。**因而,我国民办高等教育资源配置制度演进程度指标与同期我国高等教育资源配置转型程度指标进行比较时,需要结合两者的个性差异和两者作为改革开放制度转型的产物及其均为中国特色社会主义高等学校的本质进行分析。**

表 3 - 5 - 2　1978—2017 年我国民办高等教育资源配置制度演进程度综合指数

	1978	**1995**	**2000**	**2005**	**2006**	**2009**	**2010**	**2017**
办学体制	0.00	0.20	0.20	0.67	0.64	0.71	0.72	0.63
管理体制	0.00	0.60	0.60	0.63	0.62	0.63	0.63	0.63
投资体制	0.00	1.00	1.00	1.00	1.00	0.96	0.95	0.90
招生体制	0.00	0.20	0.20	0.53	0.53	0.53	0.60	0.70
就业体制	0.00	0.50	0.50	0.50	0.60	1.00	1.00	1.00
内部管理体制	0.00	0.58	0.68	0.72	0.72	0.78	0.79	0.85
学术治理体制	0.00	0.38	0.40	0.40	0.44	0.45	0.48	0.59
综合指数	**0.00**	**0.49**	**0.51**	**0.63**	**0.65**	**0.72**	**0.74**	**0.76**

注:综合分析时间跨度为 1978—2017 年。2016 年为最新年份数据,投资体制为 2014 年数据。相应指数分析与政策分析包括改革开放初期和 2017—2018 年。

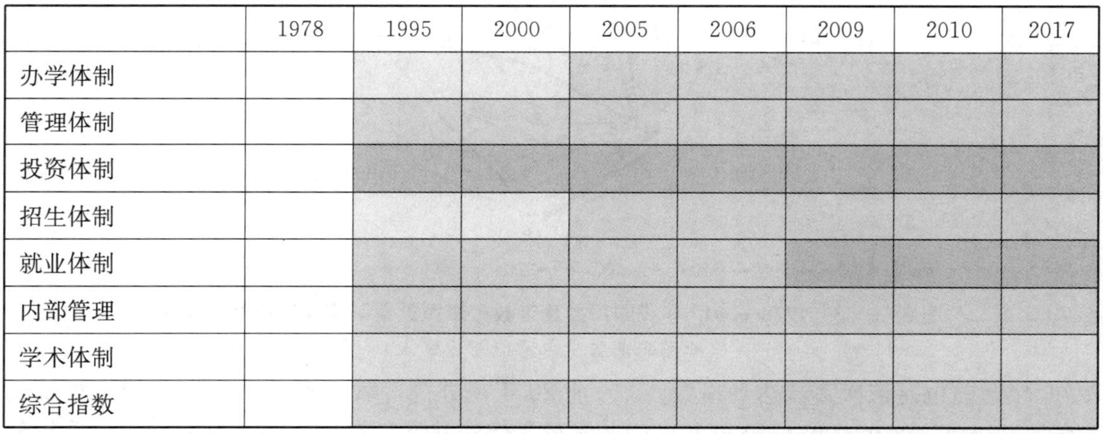

	1978	1995	2000	2005	2006	2009	2010	2017
办学体制								
管理体制								
投资体制								
招生体制								
就业体制								
内部管理								
学术体制								
综合指数								

注:综合分析时间跨度为 1978—2017 年。2016 年为最新年份数据,投资体制为 2014 年数据。相应指数分析与政策分析包括改革开放初期和 2017—2018 年。

图 3 - 5 - 1　**1978—2017 年我国民办高等教育资源配置制度演进程度综合指数**
（此图彩色版见本章微信内容末）

　　观测 1978—2017 年我国民办高等教育资源配置制度演进指标综合指数发现,**一是作为新增资源,综合指数表达了从无到有并发展壮大地基本现状与趋势,7 类指标依次描述了新增资源配置依次递进基本运行的事实逻辑。**1995 年后关于民办高等教育的基本统计有表可查,初始至 1995 年期间主要依据零散可得数据和文献资料分析推演,基本呈现出虽粗线条但在主体架构上较为完整地与资源配置变迁过程同向而行的总体趋势。因此,这一指标考察是符合改革开放 40 年民办高等教育资源配置制度演进趋势的。**1978—2017 年期间的综合指数的部分节点依次递增为 0、0.49、0.51、0.63、0.65、0.72、0.74、0.76,**根据文献分析,

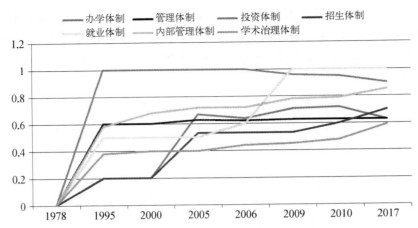

图 3-5-2 1978—2017 年我国民办高等教育资源配置制度演进程度综合指数示意图
（此图彩色版见本章微信内容末）

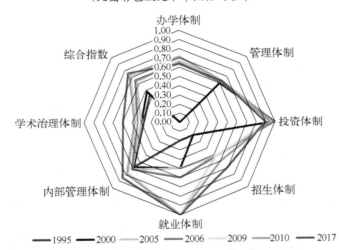

图 3-5-3 1978—2017 年我国民办高等教育资源配置制度演进程度示意图
（此图彩色版见本章微信内容末）

1995 年之前也是依次逐步达到指数 0.49；前 20 年民办高等教育资源配置制度演进程度已达到一半路程，但在 1995—2000 年区间基本处于停滞状态。在后 17 年，这一演进程度提升了 25 个百分点，前 6 年提升 14 个百分点（2000—2006 年），后 11 年提升 11 个百分点（2006—2017 年）。2000—2005 年正处于大众化阶段，既是民办高等教育发展的"高峰"期，也是民办教育制度建设的"高原"期，一扫上一个五年的缓慢发展。民办高等教育总体 40 年呈现为演进速度先快后缓、提升幅度依次减缓的特征，但在不同阶段发展提升的节奏不是等量与均衡过程。既客观反映了民办高等教育资源配置深受外部制度环境需求的约束影响，又深受对民办高等教育定位与定性的制度赋权的影响；既反映了新增资源配置制度创新中初期改革与后期改革存在着不同的特点，也反映了民办高等教育制度建设总体架构的逐步到位对事业发展进程的影响。**二是民办高等教育资源配置制度创新水平与法律正式制度的建构完善密切相关，甚至有着一种相互影响与惺惺相惜的命运。**尽管从 20 世纪 80 年代就有鼓励民办教育发展的规章，但是涉及民办高等教育资源配置相关的 7 类制度建设的进展在 2000 年前后呈现为不均衡、关联度低,有的指数为"0.20",有的指数为"1"。绝大多数指标在制度演进上呈现为依次递增,但也有个别指标如办学体制与投入体制有过程变化,主要涉及的是办学体制中民办高校自费来华留学生占留学生比例的波动、投资体制中举办者投入所占比例与学费收入所占比例的波动、学校内部管理体制中教师收入配置权与校内机构设置权的波动以及管理体制中主要领导任免权的波动。这些波动主要来自市场影响与政策制约两个方面,多数反映在近 10 年中。但在 2003 年《民办教育促进法》实施后的 2005 年区间里,这 7 类制度建设的进展除学术治理指数外(0.40),制度演进均超过 0.60 以上的程度且进展较为均衡,并一直延续到 2017 年,7 类体制的制度演进已达到四分之三程度。**表明法律成熟程度与健全程度既是各类体制创新进展的成果,也是制约事业发展的基本保障。三是民办高等教育资源配置的基本动力来自市场力量、政府力量和学术力量**,演进指标较清晰地呈现出不同阶段三种力量增长对民办资源配置的制约和影响。见图 3-5-3,表 3-5-4。改革开放的前 20 年民办高等教育资源配置主要依赖着市场供给的运行机制从无到有在运转,特别反映在投资来源的市场份额、毕业生择业的市场配置、学校内部管理的自主激励导向以及民办高校办学与管理的地方化,而这一来自市场主体的自主性总体上既被法律认可成为正式制度保障,同时成为民办高校区别于公办高校的主要配置办学的特点,成为民办高校自主配置市场资源的优势。尤其是民办高校投资来源主要以非财政性投入为主,且一直高达 100%,近 10 年来政府设立专项予以支持,这部分占比从 2% 左右不断增长到接近10%。而公办高校非财政性经费来源近年来占比为 40%,反映了公民办的经费来源的差异。民办高校的合同聘任制教师比例与教师收入配置权比公办高校高,也反映了民办高校运用市场激励机制的程度高于公办。保持与维护这一特点是保证民办高校竞争力和自主配置资源权力的根本。市场力量指数占据着民办高等教育资源配置的主要份额,高达五分之四。近 10 年来,政府力量从两个层面强化着对民办高等教育的支持与管控。一方面是加强对民办高等学校办学方向的领导,反映在原有组织治理体制上强化了若干制度规则,在教学评估、专业设置、教材选用、机构设置等方面提出与公办高校同样的要求。另一方面从办学理念上增强政府对民办教育作为公益性与非营利性的制度保障,不断予以与公办同等待遇的制度设计。通过法律明确政府对民办教育及教师与就学学生应有的权利义务及基本责任,不断扩大或依法支持民办高校自主权及其地方政府统筹权,在实施学生助学贷款政策和予以民办高校不同程度地专项资助、补助与竞争性拨款。因此,这两个方面的强化都体现在指标增降过程中,这一增降主要表现为政府力量介入的多少或影响份额。政府力量无论是规范管控还是大力支持都呈现为上升趋势,指数在 20 多年增加了一倍之多。民办高校在初期发展上一直是以专科层次为主,以教学为主,以模仿公办高校教学模式为主。虽然在近 18年来,民办高校的本科校数逐步增加,少量院校开始具有研究生教育层次,但以教学为主和应用性本科与技术型本科为主是绝大多数民办高校的基本状况。加上新成立的民办高校历史较短,董事会制度有待完善,学校治理模式倾向企业管理,学校治理体制不健全,从事科研的民办高校较少,等等。这些反映到内部管理和学术治理指标上,由于本研究采集数据面的获得性原因,多数指标主要体现了教学应用型民办高校自主性的特征。因此,学术力量在内部管理上重点反映了法律或政府赋权后在学校落地的自主性,对描述行政权力与学术权力的较量与组织治理上学术制度的建立与完善状况虽然不够,但在政策分析中已指出了现存问题中的学术组织不健全和学术生态弱化等两大问题,这两大问题的根源与民办高校学术治理制度与董事会制度的不完善有关。大学组织的基本生存法则与其宗旨即自由追寻探索真理有关,这就需要有一系列制度予以保障。诞生于中世纪和殖民统治下的大学为了能与当时的皇权统治与强大教会抗衡,产生了学术法人制度,形成学术共同体普遍遵循的学术原则,它的作用不仅是确保自身独立学术研究的权利,同时也是在学术内部形成公共治理程序以达成一致对外的问责制度基础。这一点既是大学制度变迁的遗产,也是大学组织作为法人制度独特意义的最本质体现。而与此相对应的是对学术法人治理制度具有约束力的董事会制度的产生,"这种由外部人士组成学校的最高权力机构,对一个学术机构进行外部控制的是前所未有的制度设计。这种制度以后成为美国所有公立和私立高等教育机构共同采用的治理制度,成为美国'高等教育管理结构的基石'"①。也就是说董事会制度是基于对学术法人治理制度的一种对应性制衡而出现的。这两种不同制度安排在高等教育演进史中逐步成为大学治理的一种框架,在内部制衡机制上形成制约或激励。从这样的视角看我国民办高校的学术治理框架,在理念与治理制度上还有很长的路要走。特别是法律授权民办高校选择董事会领导下的校长负责制,同时,为加强党对高校办学方向的领导,以及民办高校民办学术治理的完善,既存在普遍制衡规则,也存在本土特色需要。民办高校现有学术力量表现程度体现在资源配置指标上是符合现阶段实际的,在学术治理指标上基本反映了民办高校作为教学定位及其制度演进递进程度的过程。**因此,政府、市场、学术三种力量在民办高等教育资源配置制度演进中仍然是最基本的配置力量。**

改革开放 40 年,民办高校学校数占全国普通高校 1/4 还强,在校学生数占全国普通本专科学生数的 1/5。我国民办高等教育的产生与发展,伴随着整个高等教育资源配置制度转型与制度创新过程,作为新增资源配置,纳入了政府和社会的制度创新中,不仅拓展了吸纳社会资本的多渠道,丰富了办学形式,扩大了高等教育资源供给,满足了社会和群众对高等教育多样性选择,既是改革开放高等教育资源配置制度转型的重要部分,也是中国特色高等教育国情实践的改革成果。在对我国高等教育资源配置转型程度指标和民办高等教育资源配置演进程度指标进行分析中,前面已指出,两者因是包含关系和关联关系,一些指标可以进行比对,但完全直接以指标体系对应比较不具有可比性。本研究希望从以下三点分析可以看到真实世界中高等教育资源配置的演进规律和指标体系挖掘出的各自特殊性:**一是制度创新的初始逻辑不同。**改革开放初始对于传统高等教育是一个改革问题,是解决稀缺资源的供给方式的转换问题,要不要改革,通过怎样的方式进行改革是首要问题。这个问题不解决就无法解决跨越发展问题。民办高等教育配置是伴随公办高等教育不能供给的某些稀缺而出现的新增量资源,初始逻辑不存在改革所指而是出生"名分"与相应制度安排的创新问题。因此,指标体系的表达上具有差异性。高等教育资源配置转型程度是从原有计划体制配置转换为以市场经济配置为基础的政府、市场和学术三种力量配置制衡作为新配置力量,是要对应原有传统配置模式进行的制度创新。民办高等教育制度创新是在"一张白纸"上画蓝图,其制度演进速度快于制度转型改革。所以,同样起点都是"0",但含义完全不同。

---

① 张斌贤:《艰难的创业:美国高等教育早期历史的特征与成因》,《高等教育研究》2015 年第 11 期。转引自 Carnegie Foundation for the Advancement of Teaching, *The Control of Higher Education: A Carnegie Foundation Essay* (Washington D. C.: Carnegie Foundation for the Advancement of Teaching. 1982), p.72。

一个"0"是传统计划体制在终结过程中通过制度创新转换成为新资源配置模式；一个"0"是"无"中生有既不是完全针对传统计划体制但与新资源配置模式有关联竞争的配置模式。但是，从制度演进看，民办高等教育是在计划经济制度环境不断被"瓦解"与新市场经济制度萌发过程中诞生的。所以，它并不是出生在完全制度真空中，也深受传统制度的约束，在具体分析中这是一个重要的初始制度逻辑。**二是制度演进的特征不同。**民办高等教育出生来源与办学定位的本质属性决定了它与公办高等教育的制度安排不同，它的生存和发展与市场经济发育和制度环境紧密关联，同时，它的成长还受制于公共政府治理变革的程度，特别是受制于政府决定的正式制度采纳出台时机。但民办高校在依附外部制度环境的同时还是有较大的地方基层的制度创新空间，从民办高校发展看，地方自主创新的动力来源于地方需求动力与创新动力，这是推动法律不断进步的根本动力。只要法律在关键部分有所创新，民办高等教育事业发展就迅速扩大，这与民办高等教育群体的利益诉求基本一致有关，这也是制度创新成本较低的一大优势。而转型期的总体高等教育资源配置制度转型与此有不同，即使法律已有赋权或规定，当制度转型需要破除旧有体制时，由于区域、层次等约束条件的不同，针对不同高等教育利益群体，每一步改革都可能会动了一些利益群体的"奶酪"。因公办高校面广量大且多样性，制度创新的成本与风险较高，取得上下共识推进难度较大，呈现改革收益较为缓慢。越到后期深水区，利益格局的调整会使制度创新速度减缓。另外，越到改革后期，创新的空间和方向会越清晰地聚焦学校内部，对这两个创新群体来说，制度创新难度主要集中在当政府将治理改革赋权给学校后，公办与民办高校都存在治理结构与治理能力的提升问题。相对利益群体的复杂性，虽然公办高校存在着治理结构与治理水平难度，但相对来说，由于民办高校办学历史较短，体现在民办高校的治理结构和治理水平的问题更大些。绝大多数民办高校深受办学经费制约，深受内部治理"虚构"影响[1]，也深受学术本位"断层"影响，因此，民办高校可持续上水平，专业化是亟待重视的问题。这是和公办高校制度创新不同之处。**三是制度格局的竞争机制不同。**我国建立新中国以后都是以公办高校为主的办学格局，无论是从制度基础还是理念共识，甚至名誉信用，即使已改革了 40 年，民办高校已占据四分之一的办学格局，在多数国人的心目和比较上，民办高校仍然不具有与公办高校实际同等地位，还无法摆擂台以决战胜负的可能。因此，民办高校在办学运行机制上天然具有的优势怎样培育和反哺现有制度"低洼"，是摆在民办高校案头的主要制度创新课题。尤其是高起点办层次鲜明教学科研水平较高的优质教育是今后民办高等教育制度创新的艰巨任务，只有在办学特色和突出贡献上与公办高校相比试，才能有利于在同样的制度环境下针对两种机制不同的办学模式具有对等的竞争比较意义，同时，从中检验比较出更有利于资源配置优化的制度选择才有可能。当两者势均力敌，才有竞争可能；也才能够有效避免政府在实施无差别公共政策时因过度同一而导致两类办学趋同，久而久之，当两者差异不存在时，无论是法律赋权，政府管控，还是内部管理，都将失去了创办民办高校的意义。

　　实证研究进一步表明，中国民办高等教育是改革开放由计划经济转向市场经济过程中高等教育资源配置方式供给短缺的产物，是改革开放以来民营经济发展壮大需求和政府制度创新不断让渡支持的产物。民办高等教育资源配置演进过程是外部制度环境制约与内部

---

① 民办高校董事会治理"虚构"现象主要指多数民办高校投资人即是董事会主要决策者，也是直接参与学校内部管理决策者，造成学校公共治理缺失，无法体现高校学术本位和民主管理的精神。

制度安排创新的结果,是强制性制度变迁与诱致性制度变迁交互博弈的结果。这是我国民办高等教育产生和发展的制度演进逻辑和主要发展特征。

四、转型期民办高等教育资源配置制度创新结论及思考

本研究在考察我国改革开放 40 年高等教育资源配置转型变迁趋势中专题考察了作为制度转型中的增量民办高等教育,主要原因是基于我国计划经济条件下公办高等教育一统天下,改革开放后在整个高等教育资源配置制度转型中逐步产生了与公办办学机制不同性质的民办学校。作为世界上不少国家高等教育都存在着两种办学模式,研究我国民办高等教育本土化产生的制度条件和演进特征,有助于对这一教育产物演进的客观认识及其规律的把握,有利于创设利于不同资源配置方式优化的制度环境和制度创新。

本节前三部分分别阐述了我国民办高等教育的产生来源、演进逻辑和发展特征以及本研究的目的意义;从民办高等教育演进的具体制度和相关数据文献入手,考察了民办高等教育资源配置的演进逻辑和发展特征,并实证了这一演进阶段的基本特征,初步得到推动民办高等教育发展的基本动力来源的事实描述;**研究发现,与改革开放 40 年高等教育资源配置指标体系转型程度综合指数比较,转型期民办高等教育资源配置制度演进综合指数与之具有一定的异同。这一异同特点既表明民办高等教育自身资源配置演进的特殊性,也反映了在同样的制度环境下民办高等教育资源配置所受到的约束影响。**在前面已初步研究的基础上,本部分主要讨论我国民办高等教育制度演进环境的三大特色、制约民办高等教育资源配置制度创新的三种力量、民办高等教育与公办高等教育在资源配置演进中呈现趋同性的三个问题,以此进一步论证本研究提出的三个研究假设。

第一,我国民办高等教育制度演进环境的三大特色。事物特点一般指共性特征,同类事物的共性特征是指在产生该事物的外部环境条件基本一致下必然出现的。这些共性特征可以是内涵与外延基本同一的,也可以是不同一的。如,民办(私立)高等学校产生于有私营经济条件下,所具有的共同特征之一是举办者的投入主要来自除公共机构以外的其他投入。这一条特征可能也是被制度文本如法律阐明了的基本边界。但是,民办教育机构的经费来源可以是多元的,其中可能有学费与捐赠或政府补助等。如果少收学费或政府予以支持的经费比重与公办学校差别不大,这可能就是民办学校中的个案或一国与少数国家实行的制度安排。我们把这样的制度安排特征归置为特色,也就是说,这种制度安排不是必然出现或共性特征,且具有产生的特殊条件和个体差异性。前述所论,我国民办高等教育产生发展轨迹需要三个基本要件,实施市场经济、产生私营经济、具备合法地位。如果说这是符合民办学校产生发展的必然条件,那么,具备这些条件的地方是否必然产生相同特点的民办学校。研究发现,还需要有适合民办高校产生的充分条件,如政府的作为、过度需求、民众共识等。实证发现,在演进过程中,尤其在民办高等教育发展初期,我国二十世纪八九十年代,甚至 21 世纪初出现的独立学院都不是理论上描述或国际上眼见为实的民办高校。如果我们与发达国家历史上私立大学的演进进行比较的话,能够发现一个共同的演进规律,私立大学与市场经济同生共进,而且早于大规模公立大学。但是,**中国国情使得民办高等教育是在改革开放与强大公办高等教育转型条件下的制度演进。于是,虽然作为缩小了时空距离的中国民办高等教育演进史同样与市场经济相生相伴,而且在整个制度演进规律上符合制度创新特征,**

但是,它的演进过程却并不是教科书与眼见中的演进逻辑。需要指出的是,这一"缩小"版的演进过程呈现了具有中国特色的民办高等教育演进特征。正因为这些必然条件和充分条件构成的国情特色,我们才能看懂今日民办高等教育之所以具有当下演进特征的逻辑,才能清晰地理解剖析在特定环境中的制度创新特征。

——计划经济作为制度演进的"路径依赖",制约对民办高等教育建构的认知框架与创新实践。这是我国民办高等教育别于非计划经济国家私立大学产生的特殊环境背景。这一制度背景是我国改革开放后民办高等教育产生发展轨迹的初始条件,该条件的认知逻辑起点、共识基础、制度实践都先后成为民办高等教育资源配置演进的制度成本,与制度收益相辅相成,形成两股代表着新旧势力的演进方向,在制度创新角逐中,逐步过渡到民办高等教育认知框架的"基本常识"上来。计划经济的思想基础和制度基础并不会随实行改革开放和市场经济的宣布而终结,在影响了几代人认知框架和国家基本制度中,人们对市场经济和私营经济及私立学校具有强烈地"敌对""怀疑"或"歧视"认知,这些认知通过转型中利益格局影响着改革中的不同群体,并将"认知"现实地具体化地对应到改革的利益人群。不仅经济领域在实行市场经济制度转型中经历了思想解放的洗礼和双轨制冲突的缠绕,而且私营经济从初始包产到户的"生死状"到几十年"前赴后继"争取"名分",无一不是为了从"认知框架"中确立私营经济与国有经济平等的"组成部分",甚至当私营经济已经占据整个国家经济重要地位后的 40 年仍然存在着"私营经济退出"的论调[1]。对民营经济发展来说,这仅仅只是经济领域对私营经济作为经济配置形态的基本共识基础状况,反映到高等教育领域同样经历着"认知框架"障碍,并一直伴随着民办高等教育的成长全过程。从实践到法律,从补充地位到平等地位、从公益到回报、从非营利到营利、从学费到资本、从完全"自耕"到政府资助等等,民办高等教育从诞生到长成的制度演进中主要是在重新建构一个"认知框架"。这个"认知框架"是从计划经济的国有教育过渡为既有国有成分又有私营成分配置的高等教育,而民办高等教育与公办高等教育都是中国特色社会主义教育的重要组成部分,都具有公益性质的准公共品,政府与社会都应该依法合规创设制度环境支持举办。2018 年 11 月 1 日,习近平在民营企业座谈会上再次明确指出,非公有制经济在我国经济社会发展中的地位和作用没有变,我们毫不动摇鼓励、支持、引导非公有制经济发展的方针政策没有变,我们致力于为非公有制经济发展营造良好环境和提供更多机会的方针政策没有变[2]。在改革开放 40 年的重要节点,在一些模糊论调泛起之时,中央坚定重申支持民营企业发展十分重要,这不仅仅是对民营企业的真诚表态,也同样是对民办学校办学方针政策的支持。**曾作为拾遗补阙的力量与作为同等权利的共同办学力量,作为打破办学垄断和与公办高等教育形成区位竞争性与差异化优势互补,作为完善现代大学制度治理的不同类型的制度实验都是中国特**

---

① 习近平总书记早就明确提出"三个没有变"的重要判断,其中第一条就是:非公有制经济在我国经济社会发展中的地位和作用没有变;《要求私营经济"逐渐离场"代表了一种错误思潮——新京报财评》,新京报网,http://www.bjnews.com.cn/finance/2018/09/12/504667.html;《经济日报批私营经济离场论:对蛊惑人心的奇葩论调应高度警惕》,人民网,http://finance.people.com.cn/n1/2018/0913/c1004-30290186.html;《蔡慎坤:吴小平嗅觉为什么如此灵敏?》,新浪微博,https://weibo.com/ttarticle/p/show?id=2309404283391498440470。

② 《习近平的这些话,给民营企业和民营企业家吃了定心丸》,中国新闻网,http://www.chinanews.com/gn/2018/11-02/8666119.shtml。

色社会主义市场经济制度创新的一部分,对这三个理念的不同认知决定了民办高等教育资源配置制度创新的不同阶段特征。本研究也实证考察出政府、市场、学术三种不同力量在民办高等教育制度演进中各自扮演的角色及互为博弈制衡的结果。重新建构是因为制度的"路径依赖"造成旧有认知锁定了原有正式制度和非正式制度,破除旧制度与创新制度都需要极大的改革成本与改革动力,而这部分改革动力不仅来自产生民办教育的创办者,也来自特定时期政府限于"困境"的有意为之的"让渡"鼓励,其中包括着国家资源配置稀缺、过度需求的选择和多样化以及某些制度创新竞争机制试点先行①。改革动力产生的制度收益和红利不断强化着新的制度创新和矫正着原有"认知框架",这些"认知框架"的成果不断呈现为正式制度和扩散为更有利于制度创新的领域中,逐步形成了制度收益大于制度成本的改革正向趋势。民办高等教育演进的每个阶段的制度创新递进都符合"认知框架"的重构实践,成为制约我国民办高等教育资源配置制度演进的特色之一。

——制度实践先于法律赋权形成的创新"时滞"为民办高等教育制度演进留下了探索空间。从实践立法与依法看,有法可依是产权主体行为可控的基本前提,但当这个"产权"在一系列权利与义务关系上,整个社会相关当事者都处于"认知障碍"或"认知博弈"时,正式文本的法律很难形成也难以正式程序通过。改革开放初期,当人们刚刚从行政权力框架过渡到依法行规环境时,这个法律制度产生的过程几乎与制度创新过程是同一概念,严格意义上说,法律制度是正式制度的最高表现等级,它不仅内容需要"正确",而且程序需要"正确",这两者都需要利益相关者一致共识。因此,寻求法律一致并施行,除了一国必须即刻遵从的宪法和刑法外,也包括这两个重要法律及其他法律都有相当一致的过渡期、相持期、成熟期、变革期、衰败期、重建期。对于国家正式法律制度,每部法律的生命周期都与国家政体和国体相统一,与传统文化与政治经济的长期影响密切相关。由于改革开放之后需要在市场经济基本经济制度框架下建立中国特色社会主义法律体系,这就必然形成了一个显然是"悖论"的境地:法律需要在共识之上的规则,现实正在博弈且无法供给共识的规则。这个过程被人们称之为制度创新过程,也是法治产生过程。因此,改革开放进行到 20 世纪 90 年代,开始递进性地从经济领域过渡到其他领域,在大量政策规章基础上诞生了大批最高层级的成文法,在 21 世纪的近 20 年里,不仅各个领域不断在修订原有法律,且大量下位层次的分类法律不断涌现颁布,包含着各类层次细分的完整法律体系逐步成型完善,尤其对以往概念性、原则性、笼统性的法律条文进行了不断修订,这些修订正是制度创新实践中不断厘清、不断博弈、不断规范的利益行为和产权交易,使模糊边界、认知障碍、共识差异不断缩小,使法律的执法与依法更加规范与可行。**民办高等教育制度演进也遵循着这样的法律演进过程,从规章到上位法,再到各类下位具体程序法,真实反映了法律重建过程与制度创新实践相辅相成的过程。这个特点也就决定了对于民办高等教育实践来说,存在着不同阶段的制度"空白"期、"模糊"期、"滞后"期,这些制度不确定期既带来"不同等级"的不规范(与之前的"制度规范"比较),也带来了多样化地创新探索与选择空间,正是这些多样化选择在基层形成了无数博弈的制度创新成果和共识,才汇集为正式制度并上升为法律文本。**见表 W3-1。我国40 年民办高等教育呈现为争取合法地位、取得同等法律地位、保障基本权利、分类规范发展

---

① 如面向市场实行教师合同制,面向市场不包分配,面向市场开设地方经济需求的专业课程,面向地方经济实行应用性转型。

四个发展制度特征,就是集中反映了正式制度规制与市场需求发展互为促进相互制约的关系。比如,20 世纪 80 年代中后期,异军突起的民办高等培训机构恰恰是因市场经济初期人才匮乏以及自主创业"下海"产生需求而形成了一波办学高潮,这促使 1987 年《社会力量办学的若干暂行规定》落地。之后,随着发展需求,1997 年《社会力量办学条例》出台,2002 年《民办教育促进法》颁布,2016 年修订《民办教育促进法》。21 世纪初实行高等教育大众化催成了各地蜂拥而起的公办与民办合作的二级办学机构,解决了地方大量就学高等教育需求,这促使政府认同这一教科书中不可能存在的办学现象。2008 年发布《独立学院设置与管理办法》,在制度框架下"修整"为民办性质的独立学院。因此,**制度创新既是法律滞后的"成果"**,**也是促使法律不断修订趋于完善的"靶子"**。中国在浓缩的制度更替的实践中塑造着成文法,就必然会走过这样的一个法律与现实互为印证的交错期,虽然都在用试错法进行着制度创新,但随着法律不断完善,人们的行为预期逐步理性并趋于正常。**民办高等教育依存的现有法律不仅符合改革开放法律制度演进的这些特征,也提供了所有参与民办高等教育资源配置基层创新者的制度创新积极性与可能性。**制度演进是在不断创新更迭中实现更高优化的境界。

——现实主义生存法则和不确定性预期形成民办高校举办者的"企业办学"管理特色,学术本位的理念尚在萌芽中。文献反映了我国民办高校举办者投身办学的基本面貌[①]。研究发现,民办高校创办者来源,一部分是从事过教育或具有政府背景退休后创办民办高校,一部分是民营企业家且多数为房地产企业家创办高校。前者主要集中在改革开放初期,通常以很少的自投经费而主要依赖学费滚动;后者集中在 21 世纪初期,主要依靠地产扶持校产。这两个时期都只具有当时创办学校的特定外部条件,随着制度环境的不断规范,依赖这两种方式再度创办的可能性已较小。时势造英雄,大概说的就是这个"约束条件"。虽然这些创办者具有一定的教育情结,但制度环境的"不确定"限制了创办者教育理想的实践,迫使其主要考虑生存法则。现实主义生存法则成为民办高校办学特色的基本准则,贯穿于办学原则、招生规划、专业设置、经营运行和品牌传播,在"夹缝"中生存,在"逆境"中成长是民办高校 40 年成长的最好写照。因此,这意味着投身民办教育的创办者即使是很有职业理想的教育者,也会在主要投身创建基本生存环境下逐步"消磨"成一个现实主义经营者。迫于生存压力,他们很难完全按照教育本来的设计规划实践其理想,也很难按照现代学校治理结构和学术本位治理理念来实施办学。这个时期的创业其实与发达国家早期私立大学创办初期雷同,最早的私立大学也经历了同样的经济"窘境",所不同的是当时的政府"弱小"且尚无公立学校,而使其办学的创新自由度较大。这两个不同时代背景下的创办经历都反映了生存制度创立先于理想办学,而**40 年民办学校创办者留下的最重要的宝贵财富不是其创办的学校,而是争取到的与公办教育同等权利的民办教育正式制度**,这些制度的落定为后来进入者的理想主义实践创造了坚实的土壤。2018 年西湖大学开创了以教育理想主义和与之配套的一系列现代大学制度组织治理建构,起点和定位的高端开启了民办高等教育的新阶段,在公平同等的制度环境中,预示着实践民办与公办两种优势互补的办学机制真正竞争的开始。

我国民办高等教育产生和发展的制度演进逻辑和发展特征表明,**中国民办高等教育是改革开放由计划经济转向市场经济过程中高等教育资源配置方式供给短缺的产物,是改革**

[①] 王一涛:《我国民办高校创办者群体特征及其政策启示》,《高等教育研究》2014 年第 10 期;张紫薇:《我国民办院校现状调查分析及思考》,《现代教育管理》2014 年第 8 期。

开放以来民营经济发展壮大需求和政府制度创新不断让渡支持的产物。民办高等教育资源配置演进过程是外部制度环境制约与内部制度安排创新的结果,是强制性制度变迁与诱致性制度变迁交互博弈的结果。

第二,政府力量、市场力量、学术力量是推进我国民办高等教育资源配置制度演进的基本力量。本研究在第三章、第四章、第五章、第六章分别分析论证了改革开放以来我国高等教育资源配置制度转型的基本动力是政府力量、市场力量、学术力量,同时通过国际比较佐证了比较国三种力量对高等教育资源配置的制约影响。本节第二、三部分从指标数值和政策演进提供了我国民办高等教育与三种力量的关系。总体观测结果表明,市场力量在民办高等教育资源配置中呈现为主基调,学术力量从依法赋权和高校制度建设考察,学校自主权落实基本到位,但在学校治理模式上行政权力大于学术权力,民办高校的学术本位理念和学术精神尚未落实到治理结构上来。现有数据因获得性存在不完整,因此,实际民办高校的学术力量的培育还任重道远。政府力量一直成为民办高等教育扶持促进的中坚力量,我国政府力量在规制和扶持民办高校的基本做法上也吸收了世界上主要发达国家政府积极干预支持的通行治理方式,但力度是否足够并到位还有距离。公共政府职能主要体现在制度保障与必要监督,作为转型中的政府在民办高校产权、收费、生源、投资、师资、内部管理体制等方面如何区别对待、发挥民办高校的优势还是长期探索课题。有指标反映出民办更趋同公办的管理方式,如何调整公办与民办两种不同办学机制的竞争格局是政府宏观战略课题,有待考察研究。目前,三种力量之间还难以达到相互支撑互为制衡的状态。根据实证发现,民办高等教育作为市场力量的天然产物深受市场经济发育的不同阶段和发展水平的影响制约;民办高等教育作为公办高等教育的竞争伙伴深受政府公共治理理念转换程度和不同阶段资源配置短缺供需矛盾的影响制约;民办高等教育作为学术本位的制度设计深受学术代际断层和公立高等学校学术生态的影响制约。政府力量、市场力量、学术力量在制度规制和制度创新中此消彼长地成为民办高等教育的基本力量。

第三,民办高等教育与公办高等教育在资源配置演进中呈现趋同性的三个问题。本节第三部分分析了真实世界中我国高等教育资源配置的演进规律和指标体系挖掘出的公办与民办各自特殊性,主要是制度创新的初始逻辑不同、制度演进的特征不同、制度格局的竞争机制不同。因此,民办高等教育资源配置与公办高等教育资源配置的演进具有各自特点。从产生条件、培育机制、内部治理看也决定了民办高等教育与公办高等教育有诸多不同,这些不同办学特征通过法律赋权和政府规制应该更成为现实中民办高等教育资源配置的独特性。从民办高等教育制度演进特征看,民办高等教育具有其与公办高等教育不同的制度优势,导致与公办高等学校趋同将是民办高等教育制度创新的最大危机。如果两者在现实中日益趋同,就表明外部干预力量可能有缺位或错位问题,或是有效干预在执行中被扭曲。40年改革开放中,由于民办高等教育具备了渐进性改革、诱致性制度创新、天然承受改革风险与承担改革成本的制度安排,办学初始就将三种力量作为治理与制衡力量。如果在民办高等教育办学理念上没有障碍,从我国民营经济已占据半壁江山的经济基础看,民办高等教育办学具有优于公办高等教育转型优势,即没有传统体制束缚,不存在转型成本,天然存在办学自主权,具备需求旺盛的就学需求和就业市场等。但是,实证研究发现,主管部门传统管理理念的路径依赖是造成民办高等教育发展滞后缓慢的制度性因素,先"公"后"民"以及特殊管控的不平等待遇、对民办高等学校天然权利的赋权滞后造成与公办高等学校一并享受"制度障碍"、甚至应有的"制度红利"也难以"普照"民办高校等,尤其在民办高等学校办学细节上,政府某些指导促使民办高等学校向公办高等学校"看齐",出现民办与公办两者办学格局和模式趋向同质一致的倾向,这有可能是导致民办高等教育制度演进的制度障碍。值得关注地是,2017 年《民办教育促进法》将是未来举办民办高等教育的新分水岭,而政府新批准的民办西湖大学呈现为制度创新的新型高等教育模式,是扭转民办高等教育趋同公办高等教育的重要标志性事件。同时,公办高等教育办学需要竞争性对手,如果竞争性对手"长得一样"就不存在竞争需要。除全球高等教育竞争环境外,政府和市场需要共同培育这一对手,在国内资源配置环境下,这是打破垄断并激励公办高校不断制度创新的唯一制度设计。

　　有没有可能政府进一步放权民办高校? 比如,在办学体制和管理体制中,把民办高校的本科审批责任与加大退出淘汰机制都放给地方政府。事实上,民办学校在现有市场竞争机制下更看重办学质量和名誉,因为市场力量是支撑办学的主要来源,自然也是评估监管者。政府应该鼓励社会对民办高校实行捐赠办学,并比照公办高校甚至多于公办高校给予比对的奖励性拨款,以利于全社会调整对民办学校只靠举办者投入、就学者高额学费和资本运作模式的转换,让更多通过捐赠设立办学基金机制可持续地支持非营利性民办高校。鼓励民办高校采取与公办高校不同的教学管理与学术组织架构,在教学模式与内部管理上鼓励创新,而不是通过与公办一致的评估指标将民办纳入公办模式中。无论政府的意愿如何,进入市场的民办高校的竞争意识一般会高于公办学校。武书连发现公办本科学校 312 所的升学率低于部分独立学院与民办大学[①]。作为一种假设,普通高等学校生源质量(录取分数线)高于独立学院和民办大学,培养出来的本科毕业生理应有更高的升学率(考研率和出国读研率之和)。调查发现,在 758 所公办普通高校、262 所独立学院与 117 所民办大学中,后两类民办院校中有 32 所独立学院和民办大学升学率高于 10%,占独立学院和民办大学总数的 8.44%;758 所公办普通高校中,有 312 所升学率低于 10%,占 758 所普通高校的41.16%。当然,学校专业学科等等各种因素会影响这一统计数据,约束条件也会很复杂,但这至少给出一个信号,竞争机制才是公办与民办高校提升质量的基本手段。美国、日本等公私立高校从非公平走向公平也都经历了一个较长的过程,立法是确保政府公共资助私立高校发展的保障,我国已在《民办教育促进法》中规定各级政府可以设立专项资金用于民办学校的发展。2013 年十八届三中全会提出"健全政府补贴、政府购买服务、助学贷款、基金奖励、捐资激励"[②]。但是各地具体配套制度建设不够,政府支持力度与民办高校需求缺口较大。确保公私立高校良性公平竞争的前提是更尊重各自的差异性,而不是用同一个标准规范彼此。基于我国教育国情和政府治理新政,如何诊断区别民办高等教育存在日益趋同公立高等教育的特征并采取怎样的矫正手段,是新时代民办高等教育可持续发展需要探索的课题。

---

① 《武书连首次发布 379 所中国独立学院民办大学终极对决排行榜》,搜狐网,http://www.sohu.com/a/253414947_100980。

② 2013 年 11 月 12 日中国共产党第十八届中央委员会第三次全体会议通过,共分 16 项 60 条。其中,提出健全政府补贴、政府购买服务、助学贷款、基金奖励、捐资激励等制度以鼓励社会力量兴办教育。

在本研究已快收尾的时刻,2018 年 10 月 21 日,新闻报道了西湖大学成立大会消息。这一消息披露了诸多关于该大学过去没有公开的信息。这些信息完整地披露了这所学校的基本定位、举办性质、价值取向、治理结构、团队品质和社会响应。这些信息有助于本研究对我国民办高等教育发展阶段与未来演进的趋势分析。虽然之前根据有关信息我们将西湖大学的出现作为我国民办高等教育演进第四阶段内容。但现有信息让我们可以重新研判这一划分。主要基于以下特征,这些特征与 40 年中的民办大学有较大不同。**一是办学定位不同。**新闻报道中统一将这所大学称道为"新中国历史上第一所由社会力量举办、国家重点支持的新型研究型大学"①。**"社会力量举办"**其中包括了地方政府在土地供给与地方政策上的支持(一期用地面积约 1 495 亩(约 99.7 万平方米),其中首期建设用地 634 亩(约 42.3 万平方米),首期总建筑面积约 45.6 万平方米,预计于 2021 年底建成)。**"新型研究性大学"**所指不同于现有的研究性大学,如从科研院直接转换为大学建制,集中在 3—6 个学科②,按照"高起点、小而精、研究型"的办学定位,以博士研究生培育为起点(到 2022 年后开始招生本科生),致力于高等教育和学术研究,培养复合型拔尖创新人才。**"国家重点支持"**体现在总书记直接批示,教育部批准③、浙江省全力支持。**教育部为西湖大学成立发来贺词:西湖大学的创办,是中国高等教育改革发展史上的一件大事,开创了中国高等教育改革发展之先河,对新时代中国高等教育办学体制改革创新具有重要意义**④。省委书记车俊在成立大会讲话中谈到,浙江省委、省政府对西湖大学始终高看一眼、厚爱三分。我们将一如既往地支持西湖大学的建设和发展,努力提供更加有力的保障、营造更加优良的环境,努力建设成为具有中国特色、对标世界一流的新型研究型大学⑤。施一公作为第一任校长对西湖大学的定位目标是"成为中国高等教育改革的探索者、拔尖创新人才培养的摇篮、世界前沿科学技术的引领者、国际化高等学府"⑥。**二是投资模式不同。**西湖大学的创始捐赠模式与以往民办高校不同。2015 年 7 月七位倡议人组成了"西湖大学筹办委员会",并注册成立"杭州市西湖教育基

---

① 《西湖大学你肯定听说很久了,才! 成! 立! 马化腾还现场领了个礼物》,搜狐网,http: // www.sohu.com/a/270283481_442092。

② 今后十年,学校将聚焦理学、医学、工学三个门类。2016 年 7 月开始,西湖大学面向全球招聘学术人才,至今年 9 月收到海内外五千多份申请,已有来自 13 个国家和地区的 68 位科学家签约加盟,主要分布在物理、化学、工程、信息、生物、基础医学等学科,在各自研究领域拥有世界领先水平。参见《西湖大学成立! 揭秘:为什么说它是一所为梦想而生的大学》,搜狐网,http: // www.sohu.com/a/270500572_159753。

③ 2015 年 3 月,施一公、陈十一、潘建伟、饶毅、钱颖一、张辉和王坚等七位倡议人向习近平总书记递交了《关于试点创建新型民办研究型大学的建议》并得到积极批示。2018 年 2 月 14 日,教育部正式批准设立西湖大学。《西湖大学你肯定听说很久了,才! 成! 立! 马化腾还现场领了个礼物》,搜狐网,http: // www.sohu.com/a/270283481_442092。

④ 《西湖大学成立! 揭秘:为什么说它是一所为梦想而生的大学》,搜狐网,http: // www.sohu.com/a/270500572_159753。

⑤ 《浙江这所新成立的大学,为何让省委书记"高看一眼、厚爱三分"》,搜狐网,http: // www.sohu.com/a/270261619_171301。

⑥ 《西湖大学成立! 揭秘:为什么说它是一所为梦想而生的大学》,搜狐网,http: // www.sohu.com/a/270500572_159753。

金会"，作为学校的举办方和投资方（报道称有近百位捐赠人），目前被披露的 41 位[①]捐赠人均是民营企业家，真实体现了西湖大学的办学性质。虽然这些捐赠企业随着时间推移可能变化，但他们对一所有理想的大学的支持将被历史记录存续。这是改革开放 40 年来支持一所大学创办捐赠人数最多并在捐赠性质上高度一致的民办高校捐赠行为，反映了捐赠人对创办这样一所理念的新型研究性大学的价值取向。**三是治理结构清晰。**西湖大学董事会名誉主席杨振宁，董事会主席钱颖一[②]；学校实行董事会领导下的校长负责制，施一公任校长；成立西湖大学党委，董清源任党委书记。秉持教师治学、行政理校、学术导向决定行政服务的治校方针[③]，制定了以《西湖大学章程》为首的一系列符合国情而又与国际接轨的规章制度。校长表示，西湖大学将借鉴世界优秀大学成熟的经验，进行人才培养模式、科技评价标准和现代大学管理机制的探索。**四是创办者身份不同。**从创办团队看到，他们有在读国内与国外优秀知名学府和在国际最知名大学进行科研并取得优异成果的经历，特别是他们不仅仅只是优秀的科研人员，许多人还有数年在国内知名高校担任校际职务并引领学术团队的历练，这样的经历和历练使得他们了解深谙中外大学之异同长短及痛处，可以兼顾中外优势规避各自弊端，一扫原有利益格局"羁绊"，快速轻装上阵。而更难能可贵的是，他们希望在现有制度创新的空间中，争取一片天地集聚同样理念的人才实现一份难得的理想。天时地利人和，给了他们这样一个难得的机遇。在这样的创办者引领下，科研学术团队面向全球选聘具有较高学术造诣或学术潜力的领军人才和青年科学家。2016 年 7 月至 2018 年 9 月，

---

① 万达集团董事长王健林先生代表、万达金融集团董事长兼总裁董建岳、敦和基金会名誉理事长叶庆均、碧桂园集团董事局主席杨国强、高瓴资本集团创始人兼首席执行官张磊、腾讯主要创始人、武汉学院创始人、"一丹奖"创办人陈一丹、敦和基金会执行理事长兼秘书长陈越光、牧原食品股份有限公司董事长秦英林、普罗(中国)管理公司董事长徐益明、嘉里集团有限公司董事长郭孔丞、腾讯集团董事会主席兼首席执行官马化腾、西子联合控股有限公司董事长王水福、北京荣之联科技股份有限公司董事长王东辉、河南省新视力广告有限公司董事长邓营、侯屈平夫妇、北极光风险投资公司创始人、董事总经理邓锋、上海拉夏贝尔服饰股份有限公司董事长邢加兴、鹏宇投资集团董事长朱新红、天津中原置业有限公司董事长苏永强、三捷投资集团董事长杜建英、江苏洋河酒厂股份有限公司名誉董事长杨廷栋、永安国富资产管理有限公司董事长肖国平、龙湖集团董事长吴亚军女士的代表、康桥集团董事长宋革委、美好控股集团有限公司董事长沈月华女士代表金辰、敦和资产管理有限公司首席投资官张拥军、艾美疫苗集团创始人、董事会主席兼首席执行官周延、深圳市中意集团有限公司董事长赵心竹、浙江居正资产管理有限公司董事长柳松、白相食品股份有限公司董事长兼 CEO 姚忠良、圣奥集团有限公司董事长倪良正、民生药业集团董事局主席徐海照、复星国际董事长、创始人郭广昌先生的代表、上海弈慧投资管理有限公司董事长曹挺、海康威视副董事长龚虹嘉、创业软件股份有限公司董事长葛航、康利达集团董事长薛景霞。《西湖大学你肯定听说很久了，才！成！立！马化腾还现场领了个礼物》，搜狐网，http：//www. sohu.com/a/270283481_442092。

② 西湖大学董事会由认同西湖大学办学理念和使命的国内外知名科教界人士，捐赠人代表，以及政府部门代表组成，对学校发展规划等重大事项进行科学决策。董事会名誉主席由诺贝尔物理学奖获得者、中国科学院院士杨振宁担任，董事会主席由清华大学经济管理学院第四任院长、文科资深教授钱颖一担任。西湖大学还有顾问委员会，是西湖大学战略发展和重大决策的咨询机构，由学术和教育管理方面享有盛誉的著名学者组成。《西湖大学你肯定听说很久了，才！成！立！马化腾还现场领了个礼物》，搜狐网，http：//www.sohu.com/a/270283481_442092。

③ 《西湖大学成立！揭秘：为什么说一所为梦想而生的大学》，搜狐网，http：// www.sohu.com/a/270500572_159753。

西湖大学通过8次全球学术人才招聘,从5 000余名申请者中,选聘了来自13个国家和地区的68名PI(独立实验室负责人、博士生导师)。主要分布在物理、化学、工程、信息、生物、基础医学等学科,在各自研究领域拥有世界领先水平。在这样高端导师的"布阵"下,已有139位博士生通过"申请—考核"制的招生方式入学。计划到2021年,西湖大学全日制在校博士研究生数达1 200人左右①。**在改革开放40年的重要节点上,一所"高起点、小而精、研究型"的民办大学的诞生,完全摒弃原有民办高校办学沿革路线,另辟蹊径,创新突破,反映了中国改革开放进程深化改革的新动向。正如教育部的贺词所言,西湖大学的创办,对新时代中国高等教育办学体制改革创新具有重要意义。40年我国办学体制不断突破,而西湖大学成立已远远超出一所民办高校的创办意义,它为我国办学体制的改革创新添加了如此厚重笔墨,书写了中国高等教育体制改革深化路径,无论对现代大学制度建设还是现代公共政府治理建设既是改革成果也是空前压力;它作为公办高校的竞争对手已开始在进军中国特色、世界一流赛场上宣示,竞争已开始。这无疑是真正一场资源配置制度创新和现代大学治理机制的角逐。因此,将西湖大学作为我国民办高等教育制度演进第五阶段的起始,是值得关注研究的重要案例。**

表3-5-3　1995—2017年我国民办高等学校资源配置制度演进程度指数

	演进程度类(分)指数	1995	2006	2017
办学体制	省级政府民办高校设置审批权	0.20	0.60	0.60
	民办高校本科生占比例	—	0.50	0.63
	自费留学生占留学生比例	—	0.83	0.67
	办学体制指数	**0.20**	**0.64**	**0.63**
管理体制	政府对民办高校管理权	0.50	0.50	0.50
	主要领导任免权	0.90	0.85	0.80
	学校教学评估权	0.40	0.50	0.60
	管理体制指数	**0.60**	**0.62**	**0.63**
投资体制	非财政性经费所占比例	1.00	1.00	0.90
	投资体制指数	**1.00**	**1.00**	**0.90**
招生体制	本专科生招生自主权	0.00	0.05	0.40
	招生资格扩大化	0.40	1.00	1.00
	招生体制指数	**0.20**	**0.53**	**0.70**
就业体制	毕业生择业自主权	1.00	1.00	1.00
	国家助学贷款制度	0.00	0.20	1.00
	就业体制指数	**0.50**	**0.60**	**1.00**

---

① 《西湖大学你肯定听说很久了,才！成！立！马化腾还现场领了个礼物》,搜狐网,http://www.sohu.com/a/270283481_442092。

（续表）

演进程度类（分）指数		1995	2006	2017
内部管理体制	教师收入配置权	1.00	1.00	0.95
	教师职务评聘权	0.40	0.50	0.70
	校内机构设置权	1.00	1.00	0.95
	合同聘任制教师比例	0.10	0.50	0.80
	学生学籍管理权	0.40	0.60	0.80
	董事会情况	0.60	0.70	0.90
	内部管理指数	**0.58**	**0.72**	**0.85**
学术体制	高等教育学术决策权力	0.55	0.58	0.77
	学校内部学术权力的配置力	0.20	0.30	0.42
	学术体制指数	**0.38**	**0.44**	**0.59**
高等教育资源配置演进综合指数		**0.49**	**0.65**	**0.76**

注：(1) 综合分析时间跨度为 1978—2017 年。

(2) 办学体制指标中 1995 年的民办高校本科生占比例和来华自费留学生占留学生比例均无统计数据。因此，不列入数据测算。

(3) 投资体制指标选取了 4 项进行考察，1995、2006、2016 年区间指数分别是举办者投入所占比例（0.07、0.08、0.02）、学费收入所占比例（0.67、0.87、0.78）、政府资助与奖励情况（0、0、0.10）、＊ 社会捐赠所占比例（0、0、0），因为在民办高校总经费中还有一项是"其他"（0.27、0.05、0.10）。未列入计算。因此，此处在核算投资体制类指数时，为了说明民办高校经费来源实际结构比例，直接采用了非财政性经费占比指数。具体年度各指标经费请参看本章表 3-4-C7、3-4-C8，1998—2014 年民办普通高等学校经费构成。

表 3-5-4　1995—2017 年我国民办高等学校三种力量资源配置制度演进指数

演进程度类（分）指数		1995	2006	2017
政府力量	省级政府民办高校设置审批权	0.20	0.60	0.60
	高校主要领导任免权	0.90	0.85	0.80
	本专科学生招生自主权	0.00	0.05	0.40
	国家助学贷款政策	0.00	0.20	1.00
	招生资格扩大化	0.40	1.00	1.00
	政府对民办高校管理权	0.50	0.50	0.50
	政府资助与奖励情况	0.00	0.00	0.10
	政府力量演进程度分指数	**0.29**	**0.46**	**0.63**
市场力量	民办高校本科生占比例	—	0.50	0.69
	自费来华留学生占留学生比例	—	0.83	0.67
	非财政性经费所占比例	1.00	1.00	0.90
	毕业生择业自主权	1.00	1.00	1.00
	教师收入配置权	1.00	1.00	0.90
	董事会情况	0.60	0.70	0.80
	合同聘任制教师比例	0.10	0.50	0.80
	市场力量转型程度分指数	**0.74**	**0.79**	**0.82**

（续表）

	演进程度类(分)指数	1995	2006	2017
学术力量	教师职务评聘权	0.40	0.50	0.70
	校内机构设置权	1.00	1.00	0.95
	高校学籍管理权	0.40	0.60	0.80
	学校教学评估权	0.40	0.50	0.60
	高校学术事务决策权	0.55	0.58	0.77
	高校内部学术配置权	0.20	0.30	0.42
	学术力量演进程度分指数	**0.49**	**0.58**	**0.71**
	高等教育资源配置演进程度综合指数	**0.51**	**0.61**	**0.72**

注：(1) 综合分析时间跨度为 1978—2017 年。

(2) 办学体制指标中 1995 年的民办高校本科生占比例和来华自费留学生占留学生比例均无统计数据。因此，不列入数据测算。

(3) 三种力量分类测算的数值因数据经小数点的取舍与 7 类指标数据有 2—4 个点的差异。

第四章　中国高等教育资源配置转型指标程度结果分析

为了较全面反映改革开放以来我国高等教育资源配置转型程度的进程,特别是2007—2018年转型程度状况,第三章运用了本研究建立的高等教育资源配置转型程度指标体系进行测量,通过上述的实证分析与统计,形成了2007—2018年七个体制转型程度指数,与1978—2006年构成改革开放40年连续性转型指数变迁过程[①]。仅仅得到这一基本测量结果还不足以解释形成这一结果的原因。本章将利用提供的基本理论模型与实证测量工具,对高等教育资源配置转型程度指数进行重点分析研究,力图解释产生这一结果的原因,同时也提出存在的问题[②]。

第一节　相关结果分析

改革开放40年,我国实行社会主义市场经济体制,实现"十二五"规划目标国内生产总值从1978年3 600亿增长到2018年90万亿元,稳居世界第二,对世界经济贡献近30%[③],整个社会发生了历史性变革。在这样的制度环境下,高等教育资源配置同样发生了根本的变化,为了较全面反映我国高等教育资源配置转型程度的进程,本研究建立的高等教育资源配置转型程度指标体系是一个基于计划经济终点并启动社会主义市场经济探索的转型程度指标。由于改革开放出发点的对标是高度集中的计划配置体制,因而所选择的基本指标均带有反映高等教育体制改革初始阶段特征的指标,通过对这些典型指标的测量分析,了解判断高等教育资源配置方式的转型程度。随着改革的不断深化,改革的增量不断覆盖原有存量,并不断产生新的增量,造成一些初始指标作为存量指标也发生了变化,这些变化正好反

[①] 由于本研究获取的有关数据涉及年度披露的时滞不同,指标体系涉及数据的基本面以2016年为主,但政策基本面则追溯到2018年,同时能够获取的数据有的已追溯到2018年。本研究考察重点是分阶段的区间特征趋势。因此,第三章指数测算仍以2007—2016年为主,但指数分析则为2007—2018年。同样本研究将改革开放期间我国高等教育资源配置转型程度指标体系指数分析跨度时间定为1978—2018年。

[②] 此章重点是基于对我国高等教育资源配置转型程度指标体系的总体分析,其中,关于我国民办高等教育资源配置制度演进分析已在第三章第五节第四部分有所论述,此处不再赘述。

[③] 2018年国内生产总值比上年增长6.6%,这个增速在世界前五大经济体中居首位,中国经济增长对世界经济增长的贡献率接近30%,持续成为世界经济增长最大的贡献者。2018年国内生产总值超过90万亿元,比上年增加了近8万亿元。按平均汇率折算,经济总量达到13.6万亿美元,稳居世界第二位。《统计局:2018年GDP达到13.6万亿美元 稳居世界第二位》,中国网,https://finance.sina.com.cn/china/gncj/2019 - 01 - 21/doc-ihqfskcn9005130.shtml。

映了制度创新的成果与制度变迁的轨迹,也体现了我国改革深化在新阶段出现的新矛盾。为了追随这些指标反映的现实转型状况,保持采集指标的独特性、统一性、完整性,本研究依旧基本保留初始设定的指标,但对每一个指标的变化都予以重视并给予合理解释,对部分指标的变化状况与新增长资源的趋势进行了分析说明。

高等教育资源配置转型程度指标体系是一个基于基础信息反映、逐层聚合、形成综合判断的分级分层的系统,包括:综合评价层、要素分类层、基本指标层。综合评价层用以反映高等教育资源分配转型程度的总体状况;要素分类层用以反映转型期高等教育资源配置转换要素组成及其管理运行的基本情况,主要涉及以下七大类要素指标集:办学体制、管理体制、投资体制、招生体制、就业体制、学校内部管理体制和学术治理体制[1];基本指标层是要素分类层之下设计的若干个能够反映转型程度资源配置核心内容的基本指标。通过第三章的实证分析与测量统计得到七大类要素指标转型程度指数值,对此,本研究的基本结果分析如下。

一、办学体制指数分析

办学体制类主要选取公办学校设置审批权、民办普通高校本专科在校生占普通高校本专科在校生比例、普通高校自费在华留学生占留学生比例三个指标。**办学体制转型程度分指数 1978、1985、1995、2006、2016 年分别为 0、0.19、0.37、0.53、0.53[2]。**

办学体制是一个国家教育制度的根本体现。我国高等教育办学体制从 1949 年到 2018 年期间,总体上看,办学方针、基本原则、领导体制、培养任务这些涉及办学根本性质的因素没有重大变化,只是更加明确和强化。在 1998 年颁布和 2015 年修订的《高等教育法》中作为第一章《总则》的基本内容,成为国家、社会、个人办学的准则。而作为具体办学主体的多元参与决定权、办学层次布局决定权、不同类型办学的审批权、办学规划的统筹权、办学对外开放审批权以及办学监管评估权等却发生着渐进性变化。本研究只选取了上述三个代表性指标,**考察在改革开放以来的变迁状况,呈现出的转型程度分指数分别在 1978—2006 年期间为不断递进,在 2007—2018 年期间虽没有增进,但内部指标发生了结构性变化**。其中,公办学校设置审批权指标(0.60)没有改变,即高职高专办学设置由省级审批,报中央备案;本科办学设置以上仍需要由教育部审批。普通高等学校自费在华留学生占留学生比例,在 2007—2017 年期间,虽普通高校自费留学生从 7.7 万人增加到 15.7 万人,增长了一倍,但结构比中,自费留学生占留学生总数的比例却从 83.78% 降到 76.6%,下降了接近 7 个多百分点。同时,政府资助留学生总数从 0.95 万人增加到 6.57 万人,增长了 5.90 倍,政府资助留学生占留学生总数的比例从 10.30% 增加到 27.00%,增加了近 17 个百分点。这充分反映政府加大适应全球经济一体化,加大对开放政策的支持力度。同时,也不可低估 2008 年后爆发的全球金融危机对教育市场波动的 10 年影响。民办普通高校本专科在校生占普通高校本专科在校生比例有较大增长,民办高校普通本专科在校生占普通高校本专科生比例从 15.92% 上升为 22.86%,增

---

① 本节在分析 7 项体制指数中涉及众多图表,为便于查询,其序号分别以办学体制 A、管理体制 B、投资体制 C、招生体制 D、就业体制 E、内部管理体制 F、学术体制 G 为标识。微信版同,特此说明。

② 第三章指数测算仍以 2007—2016 年为主,但第四章对指数的分析则为 2007—2018 年。同样本研究将改革开放期间我国高等教育资源配置转型程度指标体系指数分析跨度时间定为 1978—2018 年。

加了近 7 个百分点。20 年前,在民办高校的学生只占 0.4％,但 20 年之后,占比近 23％,五个学生中就有一个在民办高校。民办高校的占比也从 2006 年的 14.28％增长到 2016 年的 28.54％,几乎达全国高校总数的四分之一之多。这一办学体制的内在改变对曾经大一统的公办高校体制来说,不仅反映了整个市场经济条件下经济成分的变迁,也反映了来自社会私营机构对投资参与高等教育的积极性。这一力量形成的竞争将有助于办学体制的良性发展。虽然 2016 年的办学体制转型程度指数基本不变,仍为 0.53,但其内在办学体制的部分结构发生了悄然变化。如何解释这一转型数值的不变与内在结构的变化? 如何解释我国办学体制在近 10 年中的缓慢变革以及隐含在改革深水区不同资源配置之间的诉求对话与力量对峙? 以及这个转型程度寓意着未来怎样的发展趋势? 这正是转型趋势研究的重点。以下就指标考察中的六个视角试图解释上述问题,同时对办学体制在新发展阶段的趋势进行分析。

(1) 普通高校自费在华留学生占留学生比例增长有所趋缓既有受到全球经济危机的影响,也有新增长资源的替代效应。中华人民共和国成立后实行来华留学政策[①],但它与改革开放后的政策导向、发展规模、来华留学性质、审批程序等有较大差别。如果说,改革开放后的前三十年来华留学政策是服从于我国外交总体需要,是一种辅助手段;那么,改革开放后的来华留学政策则是我国教育主权的主动让渡,"教育主权让渡来源于国家主权让渡理论,其实质是各国基于自己的国家利益,把自己所具有的教育权利部分出让,教育国际组织或超国家体使用,以期实现参与、利用国际教育资源发展本国教育、更好地培养人才、壮大国家实力的目的"[②]。21 世纪初加入"WTO"是我国教育主动参与全球化下各国教育战略竞争性市场的重要措施。正因为这一点,从之前与整个国家开放格局相一致的来华留学区域的不断扩大,到"十五"期间实行来华留学方针"大力发展、提高层次、保障质量、规范管理",来华留学生平均增长幅度达 20％,是全球留学生人数增长率的三倍,同时来华学历生比例连年提高。"十三五"期间的来华留学教育的政府预算,连续急剧增长。2017 年 48.92 万外国留学生在中国高校学习[③],2018 年共有 6.3 万名中国政府奖学金生在华学习,占来华留学生总数的 12.8％[④]。2018 年预算数为 332 000.00 万元,比 2017 年财政拨款执行数增加 46 000.00 万元,2017 年则比 2016 年增长了 19.77％,2018 年比 2017 年增长了 16.08％,说明这是政府主动应对全球化所做出的政策选择[⑤]。所以,在全球留学市场中,我国占据了一席之地,

---

① 1950 年春天,东欧 5 国的 33 名留学生来到北京,他们是新中国迎来的第一批外国留学生。在当时,来华留学的外国学生数量不到 100 人。而今,来华留学生数量从两位数激增至六位数。截至 2016 年底,累计有 205 个国家和地区的 40 多万名留学生在中国求学。《中外合作高等教育探索培养"世界公民"》,新华社,http://jy.dzrbs.com/html/2017-11/28/content_286304.htm。

② 茹宗志:《全球化背景下我国教育主权让渡问题研究与思考》,《中国高教研究》2008 年第 8 期。

③ 教育部网站消息,据统计,2018 年共有来自 196 个国家和地区的 492 185 名各类外国留学人员在全国 31 个省(区、市)的 1 004 所高等院校学习,比 2017 年增加了 3 013 人,增长比例为 0.62％(以上数据均不含港、澳、台地区)。《2018 年来华留学人员近 50 万人 亚洲学生最多》,中国新闻网,http://www.chinanews.com/gn/2019/04-12/8807421.shtml。

④ 《质量为先 实现来华留学内涵式发展——教育部国际司负责人就来华留学相关问题答记者问》,教育部官网,http://www.moe.gov.cn/jyb_xwfb/s271/201907/t20190719_391532.html。

⑤ 《33 亿砸入,来华教育预算,竟十倍于高层次人才计划专项经费?!》,百度百家号,http://baijiahao.baidu.com/s? id=1599260866118793119&wfr=spider。

这种教育主权的让渡换来的是中国声音开始融入全球并传播。因此,改革开放及入世以来的来华留学政策的意义已不可与过去的政策同日而语。

2008 年,全球金融危机爆发,作为全球市场配置的人力资源,自费留学生群体受其影响显而易见,2008 年普通高校来华自费留学生占比下降了近 6 个百分点,之后虽然绝对数量增长了一倍,但相对占比增长趋缓,一直受全球经济低迷及逆全球化思潮的影响,占比下降了接近 20 个百分点。这充分反映了在开放的高等教育市场中,经济因素是约束高等教育国际资源配置的关键性因素。2017 年全球主要发达国家经济增长开始回暖,经过金融危机后的 10 年经济增长开始进入拐点,达到 3.7%;一些国家如俄罗斯、巴西的经济增长从负值转为正值;全球经济总量实现 78.7 万亿美元,美国为 20 万亿美元,约占全球经济总量的 25%,中国为 12 万亿美元,约占全球经济总量的 15%,中国 2017 年止跌回稳,达到 6.9%,国际货币组织认为中国对世界经济增长中的新增经济增长率的贡献为 34.6%,对亚洲贡献为 50%[①]。在中国继续保持对外开放的政策下,需要持续观测这一指标的延续表现,以进一步确定这一因素的约束可能性。需要注意的是,金融危机爆发后的 2008 年,我国教育部和财政部相继发布了《关于调整外国留学生奖学金生活费标准的通知》,2007—2016 年期间,政府资助留学生从 9 529 人增加到 65 706 人,增长了 5.90 倍,政府资助留学生占来华留学生总数的比例从 10.30% 增加到 27.00%,增加了 16.7 个百分点;其中,2008 年比 2007 年增长 43.31%,2009 年比 2008 年增长 52.58%,政策调节效果明显。2014 年 9 月两部委又发布《关于完善中国政府奖学金资助体系和提高资助标准的通知》,文件中指出,此次提高标准综合考虑了近年来经济社会发展和物价变化、高校培养成本等因素,旨在进一步促进来华留学事业持续健康发展,资助中国政府奖学金生更好地完成学业[②]。2015 年来华留学生人数比 2014 年增长 19.95%,2016 年比 2015 年增长 24.42%[③]。"十三五"期间来华留学生政府预算经费 2018 年比 2017 年增长了 16.08%,2017 年则比 2016 年增长了 19.77%。再次说明政策杠杆的作用,表明我国政府对来华留学的资助费用不断提高是吸引来华留学生增长的因素之一。而在自费来华留学与政府资助来华留学两个渠道外,我们发现第三方力量资助的来华留学学生数量不断增长。2007—2016 年期间,高校校际交换生与国际组织资助的来华留学生占来华留学生的比例,从 5.92% 增加到 8.77%,人数从 5 475 人增加到 21 376 人,增长了 2.9 倍。其中,普通高校校际交换的来华留学生数作为第三方的绝对主力,这些年增长幅度较快,上述人数和比例的增加,既反映了中国的大学对外合作交流的活跃程度在不断增强,也表明国外大学对中国高等教育的认可度在不断提升。这同时还印证了这样一个大背景:全球大学资源配置中的自主性、流动性、交互性在持续提升;中国经济发展迅速,以及中国市

[①] 2017 年 12 月 22 日由新华社半月谈杂志社、中国社科院科研局、中国社科院社会学研究所、社会科学文献出版社联合主办的"2017 中国社会发展高峰会暨 2018 社会蓝皮书发布"在北京召开。会上财政部副部长朱光耀致辞。

[②] 中国政府奖学金根据中国政府与有关国家(地区)政府、学校及国际组织等机构签订的教育交流协议或达成的谅解备忘录而对外提供,用于资助到中国高等学校学习或开展科学研究的非中国籍公民,包括本科生、硕士研究生、博士研究生、普通进修生和高级进修生。引自《留学生政府奖学金资助标准上调 本科 6 万左右》,腾讯网,http://learning.qq.com/a/20150122/010635.htm。

[③] 有关数据见本研究第四章办学体制指标数据分析,表 3 - 4 - A3:我国 1978—2016 年普通高校来华留学生发展情况。

场对全球经济的影响力在持续提升。高校校际交换生的发展其实也折射了中国高等教育对外开放的深化。从改革开放初期的交换生额度审批制逐步发展到高校可以在已定的政府协议间自主选择对外合作交流的自主权,既是中国高等教育的不断改革开放,也是高校自主权不断扩大的真实反映;既反映了国外大学对中国高等教育的认可度的提升,也体现了中国大学整体实力在提升。同时,从全球市场资源配置的变化趋势看,除各国政府资助与个人自费留学的两个主要渠道,高校间交换留学生作为第三方参与交流正在成为第三个渠道,且这一趋势正在不断加强。学校选送交换生都是在统筹经费预算中,按照与合作交流的对等大学进行磋商确认。可以看到,这一过程并不是政府指派行为,经费也不全是政府拨款,双方交换生彼此涉及的数量、经费、学科专业方向、学习期限以及具体学生的自愿等都是学校的自主行为。因此,我们可以把这一第三方行为看作一个与自费留学接近的市场行为。全球化发展的一个显著特征是除国家以外的多元机构主体之间交流的增加,中国政府不断鼓励中国大学走出国门,更多地与国外大学建立校际的交流。作为对等互认原则,将会有更多国内大学寻求这样的合作方式。因此,这一新增长的资源配置趋势有待观测。**普通高校自费在华留学生占留学生比例作为改革开放的标志性指标,是以测度我国大学对外开放度以及自身影响力,作为一个增量指标也会受到其他条件约束,其中也会有新的增量资源产生,这正好反映了转型指标作为制度变迁的一个测量指标,存在着起承转合的生命周期,整个改革开放条件下的资源配置变革都顺应这一制度创新的特征。**透过这一变化指标,看到新旧资源变量的变更演进,并予以解释,就是本研究的任务。

　　(2)高等教育分类办学的原则已成定局,我国以省级办学为主格局成为改革开放以来最重大的转型标志,并形成中央引领、省级竞争、地市追赶的高等教育规模与质量结构的新布局。办学体制指标中公办学校设置审批权主要指本科学校设置审批权和专科学校设置审批权的变化。为推进高等教育大众化,1999 年中央做出决定,将高等专科学校的审批权授权省级政府,但从决定这个授权到全国全部实施这一制度,走过了 20 个年头。为何这样说?是因为**中央在不断探索大众化后的高等教育新体系,建立适应社会发展和新经济需要的分类多元高等教育结构类型。**1999 年结合启动大众化,中央以支持地方举办高等职业院校为方向,将授权专科办学审批权自然导向同等学力的高等职业院校。其间,高等职业学院成为中央与地方政府扶持发展的主力,高等职业发展模式在理念与实践上已逐步覆盖了专科学校。也就是说,中央不仅仅要落实一个专科学校的审批政策到省的问题,而且要将高等职业院校作为高等教育体系的一个类型系列逐步覆盖专科学校。虽然一些专科学校如师范类还存在,但在理念实践上可以与高等职业教育同类。在之后教育主管部门的政策导向上,更加突出高等职业教育这个类型系列,也为高等职业院校的进一步提升埋下了伏笔[①]。如果说

---

① 2019 年 1 月 24 日,国务院正式印发了《国家职业教育改革实施方案》,要求各地各部门认真贯彻执行。按照要从注重数量向注重质量的方向转变,从政府主办为主向政府统筹、社会多元办学的格局转变,从参照普通教育的模式向产教融合、办学特色更加鲜明的类型教育方向转变,提出了 7 个方面 20 项政策措施。同时《方案》第一句话叫职业教育和普通教育是两种不同的教育类型,具有同等重要地位。明确办好类型教育的发展方向,指出职业教育是一种教育类型,做出一个非常重要的新判断。《教育部介绍〈国家职业教育改革实施方案〉的主要内容和下一步工作考虑》,中国政府网,http://www.gov.cn/xinwen/2019 - 02/19/content_5367087.htm。

专科的上一个层次是本科院校,那么,为了鼓励高等职业院校继续朝着高等职业教育规划方向走,就要规划出高等职业院校升格方向不是学术本科,而是继续沿着职业技术的高端发展。2006年,中央经过多方求证,确定地方本科应朝着应用型方向发展,并批准了若干高等职业院校为本科应用类大学,这无疑规划了高等职业院校未来的发展前景。教育主管部门在"十三五"教育规划中更明确了地方本科应按照这一方向转型,这就暗示并规划了高等职业院校升格本科的逻辑起点,让地方办学向应用类方向转型。**通过高等职业(专科)院校审批权这个让渡手段,推动地方转型高职办学的过程不仅是使地方完成扩招任务实现大众化,也是探索转变大众化体系新办学类型方向的过程。高等职业(专科)办学审批权近20年的制度变迁的目标导致的是地方高等教育办学结构类型的标志性转型。**

从1999年提出高等职业与专科学院审批权下放省级,到期间以审批高等职业院校为主,并逐步实现全国高职院校与本科院校平分天下的格局。中央虽然将全国高等教育一半的办学决定权与层次管理权放给了地方,但经过20年的引导,也迫使地方接受并认识了高等教育存在不同类型与结构的观念和事实。因此,刻画1999—2018年期间办学体制转型程度中的公办学校设置审批权转型程度指数为0.60。**虽然2006年的指数与10年后的指数没有变化,因为在实际审批权限上没有变化,但对高等教育原精英办学体系的认识在大众化后发生了重大调整,正在往新型高等教育体系上探索,尤其是整个高等教育与社会在接受高等职业教育体系观念上院大大推进了一步。**有关统计表(见表4-1-B1、表4-1-B2)可以反映出这一历史变迁。2000年,本科院校数量超过高职(高专)院校数量,占58.73%,但是,2003年高职(高专)院校数量一跃占总量的71.13%,本科院校仅仅占28.87%;2006年高职(高专)院校占51.85%,本科院校占48.15%,2009年高职(高专)院校占比52.71%,本科院校占47.29%;2016年,高职(高专)院校占52.35%,本科院校占47.65%。2017年本科院校1 243所,占总数的47.24%,高职(高专)院校1 388所占总数的52.76%。2018年本科院校1 245所,占总数的46.75%;高职(专科)院校1 418所,占总数的53.25%,也就是说,从2006年到2018年,18年本科增长了11个百分点,从2003年到2018年,15年本科增长了近18个百分点,举办本科院校的增长动力一直坚挺,但高职(高专)院校占比仍然超过半数。同时,作为地方专科类层次的高等职业院校普遍发展起来后,就面临着向何处去的问题。**如果说专科升本科是层次问题,大规模发展起来的地方高职的升格还存在类型加层次问题。地方主要焦虑的是如何解决高职院校升格本科问题,教育部给出的"药方"就是先解决地方本科的应用转型的方向问题,再考虑地方高职有条件的升格应用本科或应用技术大学的问题。总之,在高等教育发展类型上,引导地方办学方向转型职业类与应用类,解决我国只有一种精英型高等教育体系以往仅仅一种发展类型的弊端是这一阶段的主要改革任务。所以,转型指数虽没有变化,但整个高等教育结构与类型已发展了根本变化。如果90%地方本科发展方向能够朝着应用技术大学过渡,面对地方需求,就能够为面广量大的高等职业院校办学提供一条攀升之路。**

21世纪初,中央除将本科审批权放权给上海一家,就再也没有启动本科办学设置权的变革。而高等职业与专科院校审批权则在2015年修订的《高等教育法》中予以增补。也就是说,**这一新制度创新是以"尚未执法"方式进行了数十年,这也是中国改革开放制度创新的最大特色,即大多数制度创新是在"违规违法"或"无法可依"的条件下的探索,这充分反映了中国制度转型的一个基本特征。高等教育资源配置制度创新过程就是不断迭代探索追寻新制度安排的过程。**

经过 1998—2006 年间中央部门所属高校管理体制 600 多所高校的调整和高等教育大众化的发展,我国保留了央属大学 113 所(后为 118 所),2016 年我国普通高校地方办学规模已达到 2 483 所,占全国高校规模的 95.65%;2017 年达到 2 613 所,占全国高校规模的 95.68%。2000—2016 年地方新办本科高校 638 所,高职(高专)学校 917 所,其中 2007—2016 年间,地方新办高校规模达到 688 所(其中本科类增加了 497 所,高职类增加了 191 所),可以看出,2000 年扩招至 2006 年前主要是高职院校的发展,而近 10 年来,地方主要关注的是本科院校的发展。扩招以来本科院校发展校数(638 所)超过扩招前本科校数(599 所),2007—2016 年间本科新增校数已占扩招前的本科院校总数的 82.97%(2000 年为 599 所)。不断发展的地方高校,虽然其中有一半高职(专科)学校的审批权归置省级政府,也就是说,省级自主配置高校的权力增大了,但这还不能满足地方对本科审批权的遐想。**由于地方经济转型升级和社会需求对人才供给层次的提升,寻求晋升本科的动力是省级与省级以下政府的合谋行为,形成一致与中央不断磋商博弈的动力。在尚未找到更好的高职院校升级模式前,中央不得不采取面对现实,满足部分院校的升格。**近几年各地新增的本科院校就是博弈谈判的成果。1993—1999 年,本科院校比重从 55.9% 上升到 66.7%,专科院校比重从 44.1% 降至 33.3%;2004 年本科比重降至 39.51%,专科达到 60.49%,正好与 1999 年的本专科比重相反。2007 年本科校数为 740 所,比重 38.78%,高职校数为 1 168 所,比重为 61.22%;2008 年本科校数比 2007 年增加了 339 所,比前一年增长 45.81%,达到 1 079 所,占普通高校总数的 47.68%(主要原因是 322 所独立学院调整统计为本科院校);同年,高职院校为 1 184 所,占普通高校总数 52.32%,本科院校校数几乎接近高职院校校数;2016 年本科院校校数增加到 1 237 所,比重为 47.65%,高职院校校数增加到 1 359 所,比重为 52.35%;2018 年本科院校 1 245 所,占总数的 46.75%;高职(专科)院校 1 418 所,占总数的 53.25%,尽管近几年两者比重基本保持稳定状况,但升格本科发展势头仍然强劲。由于中央 20 多年对"211 工程"与"985 工程"项目的推动,高等教育办学层次与类型发生了较大变化,中央为了引导地方学院更多面向地方经济和社会发展,从 2010 年《国家中长期教育改革和发展规划纲要(2010—2020 年)》开始提出高等教育要实行分类转型,更多强调现有高校要分类适应不同面向,克服趋同化。但这并没有抑制各地趋高攀升的动力。虽然中东西部受经济制约发展水平存在差距,但是在办学上,各省都有从各自优化布局与结构的考虑,以适应区域经济社会发展和产业布局调整的需求。但由于本科学校审批权在中央,省级统筹管控的力度不及各地市级间的竞争需求力度,地方给省上的压力强化了升格动力。**分类办学与升格办学是中央与地方两个主体站位的不同诉求,虽然地方存在着在中央看来并不符合升格的动机,但省级政府却有着十足的升格理由,尤其省与省之间的横向竞争格局客观存在,而高等教育实力对省改善投资环境增强人力资本积累都是普遍共识,当然也包含着分权审批制度下统筹不力的无奈,由于本科审批权不在省里,对省统筹人力资源规划存在不确定性。**事实上,由于本科办学审批权在中央,省级政府迫于各地竞争压力与站位考虑,既然做不了区域办学的统筹就努力做好传递压力的工作,从本质上其驱动力源于地方本位。各省本科升格趋势在地方经济转型升级的带动和中央分类办学原则下正处于纠结状态,仍然具有强劲扩大升格的市场驱动力。面对这样的局面,中央在"十三五"规划中开始坚定提出在分类管理下,地方本科要走应用型发展道路。这一政策导向放出的信号起到"一箭双雕"作用,既解决地方本科追求外延"高大上"目标,又预示高职升格的方向。给地方高职发展的空间是下一个 10 年的办学体制需要解决的问题。

因为高等教育管理以省为主,由于历史原因,中央直属高校均为综合研究性大学,多年不同目标的重点大学项目建设,使这些学校属地的省份高等教育实力大为增强,造成的区域高等教育的不均衡已是事实。特别是高等教育与经济发展、产业聚集和科技创新有更强的相关性,也更加强化了重点大学的"马太效应"。2014年统计,教育部直属高校中,东部地区占比高达66.7%,中部地区占比为17.3%,西部地区为16%;"211"和"985"高校中,东部地区集中占比约为58%,中部地区约为20.5%,西部地区约为21.4%①。虽然中央在2018年强化了中西部省份与中央共建重点大学这一导向,使得这一格局比重有所调整,但实际中西部区域的竞争实力还有待时日。这一历史格局使得更多中西部省份在期待中央转移倾斜政策的同时更倾向于通过升格来改变境遇,而东部省份更存在着经济转型升级带来的人才需求的升级压力,迫使更多地市级学校通过升格办学解决当地高端产业所需人才短缺的问题。"双一流"名单的公布已变成各省新一轮的高等教育竞争大战,中央也予以西部一定的倾斜。在地方看来,这既是改变地位新资源重组的起跑线,也是一场重新调整省内优质存量的机遇。这些都可能涉及原有存量资源的变动,也使西部更倾向于向中央寻求优化资源配置的理由。中央权衡策略是如何给予地方提升空间又能解决办学结构层次单一趋同低质状况,单纯行政性手段已失灵,选择适配区域发展的高等教育多样化,予以地方高职质量提升空间是上策。

值得一提的是,中国改革开放后高等学校的巨大变化也反映在众多高校的改名"运动"上。改革开放40年中有两次高等教育扩招,一次是20世纪80年代,一次是21世纪的前10年。它们不仅仅是学校的增设和学生规模的增加,还引起了区域与学校之间横向的比较与竞争,这一竞争通过校名变更可窥见一斑。从20世纪80年代至2017年5月底,在中国的1 243所本科院校中(不含港澳台),794所高校在1981年后至少改过一次名字,1981年后成立的高校有324所,这意味着仅有125所大学的校名传承至今。江苏作为高等教育大省,2017年共有77所本科院校,而自1981年后没改过名的只有南京大学、南京艺术学院和南京体育学院3所院校②。如果说高校划归地方开始推动了20世纪80年代后的高校改名,那么20世纪末开始的高等教育大众化则点燃了全国高校改名的激情。为何改名激情不减?高校热衷于改名的原因与高等教育制度转型引起的资源配置博弈密切相关。一是学院升大学或从职业学院升为学院以更名彰显办学实力。二是运用博大精深的中华文化让校名高大上。例如,2000年中南工学院和衡阳医学院合并取名为南华大学,英文名为University of South China。三是部委调整撤并取消原隶属的高校下放地方后改头换面提升以不落伍于时代,以及合并高校需要更名。如隶属于粮食部的南京粮食学校,1982年粮食部并入商业部和20世纪90年代末下放江苏省的两次改名转型的南京财经大学,过去行业部委管理的以行业命名的院校统统更名。四是高等教育大众化推动了高校更名以扩大招生与提升声誉,进而使录取分数线扶摇直上,形成"要成名校,先改校名"。五是随着区域经济的不断融合,以跨区域建设为主导发展的院校开始出现扩张整合趋势,改名势在必行。这么多院校重视校名带来的资源配置效益,反映了高校的竞争意识和学校声誉品牌意识的增强。市场经济的竞争机制和学

---

① 赵晶晶:《我国高等教育区域布局优化研究》,高等教育出版社,2016,第71页。
② 《改完名字,我们就是一流大学了?》,搜狐网,https://www.sohu.com/a/253827245_489513。

术声誉的影响效应是高校大规模更名的主要原因,从一个侧面真实反映了改革开放40年高等教育资源配置转型对高校的影响以及更多高等学校重视多种资源配置的杠杆效应。

(3)高等教育办学体制的本科审批权和以政府办学为主体的格局没有变,但中央政府对地方配置高等教育的办学形式发生了根本变化,鼓励多样化、合作共建与对外开放。 随着大众化需求的变化,2002年,中央政府逐步放开地市级主办高等教育的权利,更多有需求有能力的地市级政府创建或联合办学,形成了高等教育中央、省级、地市级三级办学的状况(之前中央政府不允许地市级举办高等学校)。在1998年调整中央部属院校时创建的合作共建模式成为地方寻求引入优势校际资源联合办分校的模式,这在以沿海发达省份的中心城市为代表的深圳、青岛、宁波、苏州、珠海等地形成了规模优势。这一短平快的办学模式,首先,解决了当地匮乏的高等教育资源;其次,快速形成了打破旧有精英型全国高等教育布局中心、围绕高等教育资源重组的新城市产业集群;最后,迅速形成高等教育高原地带,再次吸引进行第二轮高等教育资源自我再造。包括省内一些地市级联合办分校也是走此路子。对于建立高校异地办分校问题,教育部曾表示,从20世纪80年代起我国产生的一批异地分校或校区逐步办学情况看,由于在办学定位、高水平师资队伍建设、办学经费保障、办学质量和水平、异地办学管理、校园文化传承和育人氛围等方面存在诸多问题,绝大多数异地分校或校区停止办学。2019年2月,教育部在官方网站公开答复政协十三届全国委员会第一次会议第1780号提案,重申教育部对异地校区办学模式一直持审慎态度,原则上不审批设立新的异地校区。教育部也多次表示我国高等教育已进入到以提高质量为核心的内涵式发展阶段,不宜再对现有存量高校布局做大规模调整,对高校异地办学持不鼓励、不支持的基本政策。

由于主管部门对高校异地办学采取不鼓励、不支持的基本政策,但并未明确异地办校区的审批流程,客观上也导致异地办学在审批、管理和运行上缺乏明确规范,相关主体权责分配不明朗。上述规范性不足也在一定程度上加剧了高校异地办学过程中各利益主体的矛盾,高校本部、异地办学点及当地政府之间的权责往往难以厘清。主管部门上述态度与规范的不明确,使得高校异地办学规模不断扩大却是不争的事实。截至目前,全国75所教育部直属高校中有41所学校建有异地办学机构,占比45.33%。尽管不同高校选择的异地办学地址不尽相同,但从中可以发现一个大致规律:高等教育资源的流向呈现出从四周集中流入东南沿海经济发达城市的趋向①。截至2017年,青岛已经引进了中国科学院大学、四川大学、同济大学、复旦大学、北京大学等国内知名高校设立校区。目前与青岛正式签订协议的国内高校已达21所,另外还有中外合作办学机构4所。在该地区同时当地政府希望到2020年高教机构超过50所以上。作为浙江省内可与省会杭州媲美的经济中心——宁波,立志要成为该省的高等教育副中心,从无到有,建立起十几所高校。更值得一提的是,每一所学校的模式都不一样:浙江大学宁波理工学院是政府投资的独立学院;大红鹰学院是企业投资的民办高校;宁波诺丁汉大学是中国第一所独立的中外合作大学。这些高校成立后,与城市

---

① 《教育部明明"不鼓励、不支持",异地办学近三年却现又一轮高峰!顾祥林委员:新的失衡正产生》,今日头条,https://www.toutiao.com/a6665158578514428420/。

的互动取得了成功,对宁波的发展起到了推动作用①。高等教育大众化也正好遇上地方"土地财政"的鼎盛时期,提供了新增高等学校扩张的条件。"在以 GDP 为导向的政绩考核体制下,实行分税制改革后财政收入受到较大约束的地方政府,为了筹措更多的建设资金以发展地方的 GDP,从而衍生出通过出让土地获取土地出让金以提高财政收入的途径。在这个过程中,一方面,政府收入大量的土地出让金,有效提高了财政收入和地方 GDP;另一方面,政府出让大量的土地用于建设,客观上促进了城市化的进程。这应该是'土地财政'中对于政府而言的两个主要'正效应'"②。1994 年分税制改革后使得地方缺乏稳定税源③,而转移支付不能有效实施以支撑地方财政,故为土地出让金完全划归地方创造了条件。由于中央政府不参与土地出让收益的分配,《土地管理法》也没有明确规定土地出让金的分配和使用问题,这就使得地方政府可以自由支配这笔资金。在地方政府主持"土地财政"期间④,不少省市政府兴建"大学城"(或称"高校园区"),一是改善原有大学校园狭小困境;二是形成大学聚集区便于合并管理;三是形成城市发展的增长点,带来房地产、交通旅游、餐饮购物、中小学区、文化聚集等城市新区。邢志杰认为,地方政府之所以引进高校来办学,与城市行政级别提高、希望借助创办高校来提升城市形象和知名度、为本地培养优秀高端人才、发展知识经济有关。大学城对带动周边房地产价格也有巨大作用。深圳大学城所在的西丽片区,原先是整个深圳市房价最低的区域。在大学城建成后,周边房价就开始直线上升,如今已是深圳最值得投资的区域之一⑤。深圳市发现,靠自身力量办成一所国内一流大学,难度很大且时间较长,而引进知名大学可以直接借助校方的已有品牌和成熟的办学经验与师资,起点高,见效快⑥。马陆亭在梳理这些年地方政府园区建设发展脉络时发现,地方发展经济首先是

---

① 钱炜:《异地办学:大学与城市的合谋》,《中国新闻周刊》2017 年 8 月 15 日。
② 《浅析中国的"土地财政"问题》,豆丁网,https://www.docin.com/p-2173304547.html。
③ 分税制是市场经济国家普遍实行的一种财政体制,是符合市场经济原则和公共财政理论要求的,这是市场经济国家运用财政手段对经济实行宏观调控较为成功的做法。市场竞争要求财力相对分散,而宏观调控又要求财力相对集中。这种集中与分散的关系,反映到财政管理体制上就是中央政府与地方政府之间的集权与分权关系问题。分税制较好地解决了中央集权与地方分权问题。1994 我国开始实施分税制财政管理体制。对于理顺中央与地方的分配关系,调动中央、地方两个积极性,加强税收征管,保证财政收入和增强宏观调控能力,都发挥了积极作用。
④ 林燕认为"'土地财政'是指中国现有的体制造成的地方财政过度依赖土地所 带来的相关税费和融资收入的非正常现象",参见林燕:《土地财政的形成、危害及改革措施》,《中国国土资源经济》2010 年第 2 期;蒋震等人认为"'土地财政'是指地方政府 通过各种土地经营手段,获得土地出让金、土地税费以及利用土地进行投融资的行为",参见蒋震、刑军:《地方政府"土地财政"是如何产生的》,《宏观经济研究》,2011 年第 1 期。从这些定义的表述可以认为,只要地方政府符合依赖土地的各种收益来增长地方财政收入或以土地为资源并大肆投入以发展经济的特征,基本上可以认为是"土地财政"。邵绘春认为"土地财政是当前一些地方政府用来缓解财政收入不足和筹集城市建设发展资金的重要手段,也是地方政府积极主导推进城市化和城市外延扩张的主要目的",参见邵绘春:《土地财政的风险与对策研究》,《安徽农业科学》2007 年第 13 期;岳桂宁认为"'土地财政'是我国地方政府用来缓解财政收入不足和筹集城市建设发展资金的重要手段",岳桂宁:《我国地方政府土地财政问题研究》,《开放导报》2009 年第 3 期。
⑤ 钱炜:《异地办学:大学与城市的合谋》,《中国新闻周刊》2017 年 8 月 15 日。
⑥ 钱炜:《异地办学:大学与城市的合谋》,《中国新闻周刊》2017 年 8 月 15 日。

建工业园区,后来是建科技园区,如今则是办大学,建大学城①。上海、江苏等地还将大学城与科技新区相结合,实现"产学研"一体的高新产业聚集地。苏州高教园区内的各高校办学各有特色。西安交大在苏州的办学主要以产学研为导向,每个实验室同时挂牌一个公司,每一位研究生都配备一位企业导师,做课题的同时就是在做企业的项目,学院以就业为导向,注重应用型人才,尤其是苏州亟须人才的培养。中国科技大学在苏州的办学则以发展学校工科学科,以软件学院、纳米学院的建设为主导,同时按照苏州对纳米技术的需求实现,加速发展建设纳米学院。中国人民大学在苏州的办学主要依赖校本部法学、金融等王牌学科,在苏州做延伸办学,其中法学院也是在高教园区内第一个招收本科生(与校本部分数线一致)的学校②。同时,在校内对外合作交流项目上扩大中外合作办学试点,浙江、上海、深圳成为中外合作办学的先行者。一部分地方本科学校向以瑞士高等应用技术大学为方向的应用型本科模式转型,积极探索与地方需求接轨的模式。1993—2012年,瑞士政府将全国60多所高级职业技术学院按地区合并成9所应用技术大学(其中7所公立、2所私立),并在2006—2008年开设了硕士研究生教育试点与继续教育课程,使其成为覆盖全国各大区新型大学,与普通大学形成两个序列,同属于"国际教育标准分类"的5A级。目前,这些应用技术大学的就业比例已超过传统的普通大学,平均年薪一直略高于普通大学毕业生③。瑞士的工业化进程比我国早,但在经济发展一定阶段出现的同类问题并寻求解决的方案值得参考。现有一些省份正在中央倡导下开展这类探索。以上**这些逐步放开的办学形式都是地方和学校寻求突破原有办学体制框架,这些创新模式对于中央来说,虽是在部分地区试点或实行,不足以撼动宏观大局,但能够获得认可试行,这已充分体现了中央办学体制的灵活性、开放度、创新性,特别是对地方办学的创新性予以支持,这是近年来办学体制多样化的一大特征,而能否成为今后办学体制转型的趋势还有待观测。**有专家提出,应当构建教育部直属高校对接国家战略、开展异地办学的申请与受理机制,促进优质高等教育资源向中西部地区流动,适度控制和规范优质高等教育资源向经济发达地区流动。国家层面应全面统筹高等教育资源,使异地设立分校、校区成为国家调节教育资源分布的有效杠杆,进一步促进我国高等教育的均衡发展。要通过国家政策引导和市场的双重作用,构建更加均衡合理的高等教育资源配置新格局④。

(4)引进国外优质教育资源是办学体制改革的题中之义。我国中外合作办学已初具规模、布局更加合理,学科专业结构逐步优化,逐步进入快速、平稳和高质量发展阶段,并成为我国公办、民办高等教育之外的"第三驾马车"。改革开放以来,高等教育中外合作办学经历了恢复、探索、调整和规范阶段;其地位实现了从"中国教育事业的补充"到"中国教育事业的组成部分"的演变。多年实践共识,中外合作办学的独特性表现在一是满足国内多样化、高质量、国际化教育需求,二是引进所需优质教育资源在本土嫁接融合,三是有望通过办学途径参与全球教育资源分享。1978—1997年是中外合作办学缓慢探索期,1998—2004年与大

---

① 钱炜:《异地办学:大学与城市的合谋》,《中国新闻周刊》2017年8月15日。

② 钱炜:《异地办学:大学与城市的合谋》,《中国新闻周刊》2017年8月15日。

③ 赵晶晶:《我国高等教育区域布局优化研究》,高等教育出版社,2016,第224—225页。

④ 《教育部明明"不鼓励、不支持",异地办学近三年却现又一轮高峰!顾祥林委员:新的失衡正产生》,今日头条,https://www.toutiao.com/a6665158578514428420/。

众化同步呈现较快增长的趋势,2004 年依法实施《中华人民共和国中外合作办学条例》,教育部发布《中华人民共和国中外合作办学条例实施办法》,2005 年出现了快速下降(因依法实行整顿,之前被批准的中外合作办学数量由 2004 年的 146 项急剧下降到 5 项),2006—2009 年基本上处于停滞状态,2010 年之后出现快速发展的势头,2017 年中外合作办学机构经规范批准达到的已有 70 家,具体来看,本科、硕士以上、地方审批中外办学机构和项目分别是 70 家(930 项)、38 家(217 项)、27 家(764 项)。截至 2018 年 6 月,中外合作办学机构和项目共有 2342 个,其中本科以上机构和项目共 1 090 个①。从办学规模来看,据不完全统计,2016 年各级各类中外合作办学在校生总数约 55 万人,其中高等教育阶段在校生约 45 万人,占全日制高等学校在校生规模的 1.4%。高等教育阶段中外合作办学毕业生超过 150 万人②。"高等教育中外合作办学涉及经济学、法学、教育学、文学、历史学、理学、工学、农学、医学、管理学、艺术学等 11 个学科门类 200 多个专业。合作对象涉及 36 个国家和地区,800 多所外方高校,700 多所中方高校。截至 2018 年,10 所具有法人资格的本科及以上高等教育中外合作办学机构在校国际学生 1 940 人,来自全球 70 多个国家和地区,80% 以上攻读学位"③"中国教育涉外办学有十几种基本形式,中外合作办学是唯一以高于部门规章的国务院法规规范的办学形式,是中国教育对外交流合作的最深层次,也是最深入的表现形式。中外合作办学实行'行政审批制',教育部对依法批准设立或举办的机构和项目分别颁发机构'办学许可证'或'项目批准书'"④。中外合作办学项目能够发展到现在这样的程度,与既创新开放又慎重负责的审批及其竞争退出机制有关⑤,教育主管部门认为,加强退出机制建设,可以完善从准入到退出全链条闭环监管体系,使监管工作首尾呼应,有利于促进中外合作办学内涵发展,提质增效,有利于明确办学导向,依法办学,有利于保障学生和家长权益,提高社会满意度。2018 年 7 月教育部依规审核公布终止了 234 个本科以上中外合作办学机构和项目。同时,2018 年下半年教育部批准的 36 个中外合作办学的学校有 47.2% 为中西部省份⑥,说明中外合作办学在不断向内地扩展。特别值得肯定的是可由地方审批的中外合作机构也在不断增加。**可以预计,中央应将更多倾向应用技术大学的合作审批作为引导地方本科转型与高职升级的方向予以试点。**

---

① 《教育部批准终止部分中外合作办学机构和项目》,教育部官网,http://www.moe.gov.cn/jyb_xwfb/gzdt_gzdt/s5987/201807/t20180704_341980.html。

② 数据来源:教育部中外合作办学监管工作信息平台发布最新信息,教育部审核的中外办学机构和项目数据截止到 2017 年 6 月 1 日,地方审核的中外办学机构和项目数据截止到 2016 年 2 月 4 日。
2019 年 6 月 26 日第十届全国中外合作办学年会披露,全国经审批机关批准设立或举办的中外合作办学机构、项目共有 2 431 家,其中,高等教育中外合作办学机构、项目占总数的 90% 左右;中外合作办学在校生规模大约 60 万人,其中高等教育在校生规模大约 55 万人,已经毕业的学生超过 200 万人。《90% 中外合作办学机构项目来自高教》,百度网,https://baijiahao.baidu.com/s? id=1637410450379544423。

③ 《90% 中外合作办学机构项目来自高教》,百度网,https://baijiahao.baidu.com/s? id=1637410450379544423。

④ 《90% 中外合作办学机构项目来自高教》,百度网,https://baijiahao.baidu.com/s? id=1637410450379544423。

⑤ 2018 年教育部印发《关于批准部分中外合作办学机构和项目终止的通知》,依法终止 234 个本科以上中外合作办学机构和项目,名单已在教育部门户网站公布。这不仅是近年来完善和创新中外合作办学监管方式的重要成果,也突显了在中外合作办学领域坚决推进淘汰更新,优化升级的政策导向。

⑥ 《教育部关于批准 2018 年下半年中外合作办学项目的通知》,教育部官网,http://www.moe.gov.cn/srcsite/A20/moe_862/201904/t20190403_376582.html。

　　（5）民办普通高校在校生数量已占据普通高校总数的五分之一，成为我国高等教育事业的组成部分和公办高校之外的重要办学力量。民办教育制度虽有重大突破，但仍然存在"产权焦虑"，需要新一轮观念上的思想解放与实践上的大胆探索。民办普通本专科在校生占普通本专科比例是办学体制指标中一个重量级的指标。改革开放40年间的曲折前行折射出民间投资办学在政治、经济、法律等诸多方面的利益博弈，虽然我国高等教育办学体制从大的格局来看并没有根本改变以政府办学为主体的格局，但是，政府仍然在发展的不同阶段中不断试图在规范中鼓励民间投资办学。1996年我国独立设置的民办普通高校21所，民办普通本专科在校生1.2万人，占比全国普通本专科在校生0.40％；2016年民办普通高校发展为742所，民办普通本专科在校生616万人，分别比1996年增长了约34倍、512倍；其中，2002年独立设置的民办普通高校为131所，民办普通本专科在校生达3.5万人，民办普通本专科在校生占普通本专科在校生比例达到3.5％；加入WTO后的15年，2002—2016年民办普通高校占普通高校总数的比例从9.4％上升到28.5％，增加19个百分点；民办普通本专科在校生人数从31.7万人增加到616.3万人，增长18倍，而同期普通本专科在校生从903.3万人增加到2 695.8万人，增长2倍；同期，民办高校普通本专科在校生占普通本专科在校生的比例从3.5％提高到22.9％，上升了19.4个百分点，占比全国普通本专科在校生达五分之一强。但是，与2017年我国私营企业已占据半壁江山甚至在一些行业与领域已超过百分之九十以上，且高校毕业生的40％以上选择私企外企就业的局面相比，形成了巨大差异[1]。由于2008年教育部对普通本科高校的二级合作办学进行调整，实行独立学院办学设置，并将其规制为民办学校序列，2008年国家统计中增加了独立学院数据。除去独立学院数据，2008—2016年，民办学校新增为132所，比2008年增长了44.75％；2008年独立学院占民办学校总数的50.47％，经过调整，到2016年已减少了56所，占总数的38.19％。与2007年前的生存环境相比，原有民办高校同时面临与公立学校和独立学院的竞争，由于独立学院为本科序列，对绝大多数专科类民办学校也形成了一定压力。因此，民办学校不仅仅涉及资金压力，还面临同类层次办学质量的竞争。

　　关于民办教育投资的政策基础分析，见微信4-1。

　　值得一提的是，2018年4月2日，教育部正式对外公布西湖大学获批[2]。从2017年9月1日浙江省政府正式向教育部行文商请设立西湖大学，到2018年4月2日教育部正式印发关于同意设立西湖大学的函，时间不过7个月，获批可谓"超速度"。2015年3月，IT企业家张辉与施一公、陈十一、潘建伟、饶毅、钱颖一等，正式向国家主席习近平提交《关于试点创建新型民办研究型大学的建议》，而后获习近平亲自批示。可以说，正是中国最高层的信任、中国社会"双一流"建设的需要，催熟了西湖大学。这是一所定位于研究型的高

---

① 参阅本章就业体制分析，另参见《调查：47％大学毕业生选择私企外企就业》，新浪网，http://edu.sina. com.cn/j/2009－07－29/1022175222.shtml。

② 《西湖大学首届领导班子确定，阵容异常强大!》，腾讯网，https://mp. weixin. qq. com/s/ RlBrY6kyJlXpPYlxzxqksA。

等学校①,它的定位是"高起点、小而精、研究型",直接以培养博士生为起点,适时开展本科生教育,未来学校总规模不超过 5 000 人。它将组建理学院、工学院、生命科学学院,主要开展基础性、前沿科学技术研究,着重培养拔尖创新人才。从 2017 年 8 月浙江省政府正式批复成立西湖大学(筹)以来,仅仅 6 个月后,西湖大学获得教育部批准,去"筹"转正。而在这之前,南方科技大学走完这一过程用了 4 年多时间,上海科技大学用时 1 年半。这足以说明西湖大学是一所得天时地利人和的大学。民间资本以捐赠的形式进入西湖大学,西湖大学将成为中国严格意义上的第一所非营利性的研究型民办高校。对于举办民办高校原有制度审批来说,这是一项重大的制度创新。表明中央对举办民办高水平大学放开了探索路径,这在中国民办高等教育制度创新史上值得大书一笔,因为,新举办公办高校也是不允许不办本科而直接办博士层次的研究型大学。至少前车之鉴的南方科技大学,因学校希望学生不参加高考进行自主招生以选拔优秀学生,但主管部门以不同意批准颁发学位文凭而使其这一创新"胎死腹中"。可以理解,同类公立大学的攀比模仿将对管理部门是一个难办的存量困境。但能够予以一个独立民办大学全新的创新权限,它的诞生顺应中国"双一流"建设的大好时机。中国迫切需要建设世界一流大学,迫切需要进行高等教育强国建设的各类尝试。这不仅遇到国家亟须高校出人才、出成果,亟待创新办学模式和培养人才途径,也期待没有负担的新大学可以轻装上阵。当然,西湖大学同样存在建立新型现代大学治理结构,推进学术自治、教授治校等现代大学制度问题。目前,学校实行董事会领导下的校长负责制。校长执行董事会决定,负责学校日常管理。同时设立了监事会、顾问委员会、校务委员会、学术委员会和学位委员会等。西湖大学的诞生是改革开放新时期高等教育增量改革的重要标志,也是民办高等教育发展的制度创新。在改革开放 40 年的拐点上,影响民办学校办学体制的"死穴"能否突破,有赖于中央与地方的制度创新,也有赖于新一轮的思想解放。

(6) 我国高等教育办学体系各部分是伴随事业发展不同阶段应运而生、应运而长,其中也必然包含着此消彼长、应运而衰、合理退出的过程。政府规制与制度创新的强弱对其生或退都有着密切关联,也与中央和地方政府的宏观规划引导密切关联。虽然本研究重在考查的是以普通高校为主的资源配置制度转型状况,但我国高等教育体系包括普通高等教育、成

---

① 2018 年 4 月 16 日,西湖大学第一次校董会在浙江杭州召开,确定韩启德等 21 位候选人为西湖大学首届校董会成员,确定由钱颖一担任校董会主席,杨振宁担任校董会名誉主席。刘旻昊为校董会秘书。选举西湖大学首任校长为中国科学院院士、清华大学原副校长施一公。按照西湖大学章程和规划,西湖大学以培养复合型拔尖创新的博士生及硕士生为重点、兼顾本科生教育,独具小而精、高起点、研究型、聚焦科学技术等特质,致力成为世界一流的民办研究型大学。计划到 2026 年,教授、副教授和助理教授规模总计约 300 人,研究助理、实验教学人员、科研平台技术人员、行政管理人员总计约 600 人,博士后约 900 人,在读博士研究生总计约 3 000 人,在读本科生人数约 2 000 人。施一公提出,到 2019 年年底,西湖大学师资规模将超过拥有 24 位诺贝尔奖获得者的洛克菲勒大学,教师科研水平很可能成为中国之最;5 年后,教师科研水平比肩东京大学、清华、北大等知名学府,成为亚洲一流;15 年后,在各项指标上和加州理工大学媲美,成为世界范围内最好的大学之一。西湖大学的经费来源包括社会捐赠、办学收入、竞争性科研项目经费及人才政策支持经费和政府扶持资金等。其中,西湖教育基金会承担西湖大学的绝大部分运营费用,所有教师的工资收入、福利待遇,包括退休金、对子女教育的支持计划均来自该基金会。西湖教育基金已为西湖大学募集到社会捐款 7.7 亿元。其中,西湖大学创始捐赠人包括马化腾、王健林、邓锋、吴亚军等。

人高等教育、电大开放教育、网络远程教育、高等教育自学考试等五类,再加上层次、结构、性质,特别是高等职业与应用高校类型,它们之间随时间推移在各自轨道上交互影响,彼此发展的强弱关系会影响不同阶段宏观高等教育资源配置的办学体系,也就是说,办学体系不是一成不变的。**在办学体系的变迁过程中,不仅仅社会环境对学校需求和生死有影响,政府的基本态度和制度安排直接影响办学体系中的各个资源板块的此消彼长。**

此处主要提及近 10 年影响普通高校的三个相关的资源板块:一是 2008 年退出公立普通高校的独立学院[①];二是即将退出普通本科高校的成人本专科学历教育;三是 2014 年中央首次提出混合所有制办学可进入教育领域的部分院校。在传统教育观念和制度安排里,学校只有"生"没有"死",这种状况将发生改变。教育部在《关于"十二五"期间高等学校设置工作的意见》中首次提出"要探索建立高等学校退出机制,对于办学条件不达标的,其主管部门已提出限期整改要求,但逾期不能改正的,或连续多年未招生的高等学校,可依法报审批机关予以撤销,并按照国家有关规定妥善处理学校资产"。**这是一条重要的信号,以往公办学校只有"生"的权利,没有"死"的可能。今后这样的退出机制不仅仅面对民办学校,也一样面对公办学校。**

关于高等教育大众化中的独立学院等分析,见微信 4-2。

除上述六个办学体制的变化外,还有一个办学趋势值得关注。**与 1949 年中华人民共和国成立初期苏联高等教育体制以行业办学为主的模式不同,一批超大企业开始创办大学。**从已披露的信息看,海尔大学、阿里云大学、京东大学、华为大学、平安大学、携程大学、中粮米业大学等都是国内有名的企业大学。最近天津市与中核集团签署的战略合作框架协议显示,将创办中国核工业大学[②]。而且这些大学的办学志向远远不是 20 世纪 50 年代仅限于企业内部员工的培训自销,而是对标全球科技前沿。从这些企业大学的特点可以看到它们与以往的企业办学有较大的区别。**首先,**这些企业都是新技术支撑的企业,在技术前沿的研发上主要依赖自身。所以,这些企业的研发经费占企业支出的较高比重。华为有员工 18 万人,研发队伍就有 8 万人。2008—2017 年的研发经费累计 600 亿美元[③]。按照华为 1997 年《公司基本法》规定,每年投入研发的资金不得少于销售额的 10%。华为 2017 年的销售额 6 000 亿元,不少于 10%,也就是用于研发有 600 亿元。这反映了这些新型企业对现代企业生存意识和特点的清醒。任正非认为,未来三十年,在赢者通吃越来越成为行业规律的趋势下,我们必须要抓住科学技术和商业变化的风云潮头,成为头部领导型企业,才能有机会去分享技术进步和创新的红利。要创新与领先,我们就必须依靠科学家。我们既需要工程商

---

① 一般认为,中国独立学院产生于 1999 年,以浙江大学与杭州市人民政府联合创办浙江大学城市学院为标志。在创办初期,这类机构统称为"二级学院",后期则称为"民办二级学院"或"独立二级学院"。

② 《中国第一所核高校诞生　核工业大学落户天津》,新浪网,http://edu.sina.com.cn/gaokao/2018-06-20/doc-iheauxwa0624749.shtml。中核集团将在津投资建设中国核工业大学,围绕核产业,建成集人才技能培训、硕士及博士学历教育、国际学术交流、核心技术研发等功能于一体的国家级产学研创新示范基地。

③ 《华为副董事长孟晚舟新加坡演讲:大学与企业紧密合作,才能跨越"死亡谷"》,搜狐网,http://www.sohu.com/a/257888988_331838。

人,又需要科学家①。**其次**,这些企业完全可以从我国现有办学体系中的最好大学选取人才,但是由于现有大学在产教融合上的差距和对前沿科技通晓的能力都远远不被现有企业看好。说得直白些就是现有大学无法输出企业能够需要的人才。任正非坦言,博士到华为很难生存,因为我们那时还是技术"沙漠"。现在我们放开对外国优秀博士的招聘,不分国别、民族、肤色、人种……,就只看是否优秀,补充到你们的继任计划中去,十年他们就成长起来了②。**从本课题投资指标体系测量中反映的近年来高校竞争性科研经费的比重不断降低的趋势也一定程度上回应了这一问题。因此,逼得企业亲自上马办学。再次**,现在科技研发的投入已不是过去的概念,它决定了企业的生存与未来。现代企业是站在科技基础上的企业,知识产权使用权和所有权的巨大差别回报以及被别人的核心技术捆绑的困境都迫使现代企业为研发不惜代价进行投入。产业技术的核心控制来源研发,也决定了产品的核心控制,对私营企业和股份制企业来说尤其如此。华为的创新研究计划(HIRP)已波及全球 30 多个国家,基本覆盖全球 Top 100 高校、100 多位 IEEE、ACMFellow 及国家院士、50 多个国家重点实验室。华为 HIRP 资助的项目已达到 1 200 个,已经有大量技术突破,并成功商用③。到 2018 年华为有近 8 万项专利获得授权,许多还是基本专利、核心专利。华为的理念是,大学是照亮产业发展的灯塔,企业是推动产业发展的动力。大学侧重基础科学研究,企业投入资源将基础科学研究转化为市场所需的商品及应用。大学与企业紧密合作,才能跨越"死亡谷"④。**最后**,地方在集聚有前景的企业和人才上越来越具有前瞻性,认为留住现代企业就是留住地方发展的希望。因此,地方会全力支持企业办学。在筹办的中国核工业大学落户天津这个消息中,核工业大学在天津蓟州将占地 1 000 亩,投资近 30 亿元。据称,之前天津、湖南、陕西、江西、江苏等地都在努力争取中核集团。但笑到最后的是享受京津冀协同发展战略、深化与央企全面战略合作等政策红利的天津市。而天津市与中核集团签署的战略合作框架协议显示,"十三五"期间,中核集团将联合相关企业,在天津规划建设中核集团高端新产业发展基地,加快发展一批国内领先的高端产业,培育发展一批新兴产业,在天津构建具有高附加值、高技术含量、自主知识产权的集团产业链体系,助推天津产业转型升级。**在 21 世纪前 20 年,我们看到这样的企业办学会越来越多,他们无关乎文凭,无关乎"一流",也不吝啬投资,只需要站在全球科技前沿真正走出产学研融合之路。我们注意到,全球现代企业已不再是"等米下锅"的企业,他们具有远大理想和雄厚实力,跨越所有障碍抢占科技战略制高点。这是现代大学需要意识到并主动结合产业创新的新趋势。我国高校"双一流"建设如火如荼**,高校与地方、与企业的合作项目数不胜数,但是,这不仅不能替代企业自身办学的趋势,而且反映了现有大学为这些新型现代企业培养人才与供给研发有距离。**因此,从国家办学体制创新看,无论是第三方创办高水平研究型大学,还是现代企业创办大学,**

---

① 《任正非华为内部讲话谈贸易战:我们与美国之间的差距,估计未来 20—30 年,甚至 50—60 年还不能消除》,凤凰网,https://finance.ifeng.com/c/7eI9iH0kWHi。

② 《任正非华为内部讲话谈贸易战:我们与美国之间的差距,估计未来 20—30 年,甚至 50—60 年还不能消除》,凤凰网,https://finance.ifeng.com/c/7eI9iH0kWHi。

③ 《华为副董事长孟晚舟新加坡演讲:大学与企业紧密合作,才能跨越"死亡谷"》,搜狐网,http://www.sohu.com/a/257888988_331838。

④ 《华为副董事长孟晚舟新加坡演讲:大学与企业紧密合作,才能跨越"死亡谷"》,搜狐网,http://www.sohu.com/a/257888988_331838。

或是虚拟大学、中外合作办学,都反映了在全球产业转型的关口存在着人才培养途径的多样化。新型多样化办学趋势将是新科技时代的主流趋势,国家办学体制改革不能囿于原有固化模式,支持多样化、竞争性办学模式是国家办学体制创新的重要一步。

通过上述六个方面的分析,2007—2018年办学体制转型程度指数数值发生的变化虽然主要是由自费来华留学生占比趋缓引起的,但可以看到办学体制中不同资源此消彼长的缓慢变革正在改变原有资源结构,以及隐含在改革深水区不同资源配置之间的诉求对话与力量对峙,特别是一些可能对未来转型发生改变的积极增长力量。尤其这些变化中的资源配置特点与趋势值得关注:**一是**高等教育资源无论是新增资源还是存量资源都具有起承转合、此消彼长的生命周期,我国高等教育办学体系各部分是伴随事业发展不同阶段应运而生、应运而长。2007—2018年体系中的存量资源正遇到一些新兴资源的挑战与迭代,其中也必然包含着此消彼长、应运而衰、合理退出。**二是**新旧资源变量的变更演进不是自然演进过程,在整个改革开放条件下的资源配置变革都顺应着制度创新的特征。在资源迭代更替中,政府规制与制度创新的强弱对其生或退都有着密切关联,也与中央和地方政府的宏观规划引导密切关联。**三是**高等教育办学体制中本科办学审批权和以政府办学为主体的格局虽然没有变,但高等教育分类办学的原则与趋势已成定局,我国以省级办学为主的格局成为改革开放以来最重大的转型标志,并形成中央引领、省级竞争、地市追赶的高等教育规模与质量结构的新布局。同时,地方和学校寻求在原有体制框架下的突破创新模式促使中央对地方配置高等教育的办学形式发生了根本变化,即鼓励多样化、合作共建与对外开放,充分体现了中央办学体制的灵活性、开放度和创新性。**四是**改革开放40年办学体制转型的过程是改革开放和思想解放的成果,在改革开放40年的拐点上,影响办学体制改革的一些"死穴"的突破,也有赖于新一轮的思想解放,有赖于地方的制度创新。

在办学体制40年的制度变迁中,中国高等教育资源配置转型程度状况及趋势总体表现为:本科以下的办学自主审批权已落实在省以下,也意味着占高校总量的70.69%的办学权力归地方(高等职业院校和民办高校约1 835所,占全国普通高校2 596所的70.69%);中央、省、地市三级高等教育办学格局已形成;海外来华高等教育市场已遍及整个国内高校,并成为衡量高校国际化质量水平的指标之一;民办高等教育顽强裹挟于大众化浪潮中虽只占比五分之一,但作为我国社会主义教育事业的组成部分,其公立学校享有的政策正在不断惠及民办高校。中央与地方办学的比重与其权责的匹配、省以下办学冲动的分权结构与统筹约束的制衡机制的关系、民办高校资源保护与所占比重和多种经济成分所有制相适应及其法律地位和政策定位的落实、企业和行业办学的可能性、高等学校作为独立法人在办学实体上恢复其相称的国立省立私立性质、普及化高等教育体系中不同类型教育变革的关系等重大问题都是未来中国办学体制改革的课题。

二、管理体制指数分析

高等教育管理体制转型程度指标类主要选取地方院校占普通高校的比例、公办高校主要领导任免的管理权、学校教学评估权三个指标。管理体制转型程度分指数1978、1985、1995、2006、2016年分别为0.21、0.37、0.42、0.51、0.55。第三章已经对其中的政策溯源以及制度背景进行了梳理,大致可以看到高等教育管理体制制度变迁的走向。由于这三个指标只是管理体制改革的部分反映,需要对其为何发生这样的变迁,以及涉及的其他有关新增改革资源的变化进行分析,本部分将具体分析这三个指标 2007—2018 年的主要变化趋势以及原因。

(一)地方院校占普通高校的比例分析

关于中央与地方的关系是我们考察高等教育管理体制的核心问题。选取地方院校占普通高校的比例指标是为了通过这一窗口观测分析改革开放 40 年中央与地方在管理高等教育权限上的变化,并了解高等教育管理体制受制于外部制度环境的影响相关性。以下主要从发生的变化、这个变化发生的背景、正在发生的新变化以及可能变革的趋势做一分析。

中央与地方的关系是我国高等教育体制中三大关系之一,其他分别是中央与业务部门的关系、中央与高校的关系,后两个关系都与中央与地方关系有关。关于改革开放前计划经济条件下中央高度集权的高等教育资源配置本质上是中央全权负责,虽然地方管理部分高校,但自主权很少。从这个意义上看,高等教育管理体制转型实质是研究从中央与地方管理高等教育的分权情况。因此,**研究高等教育地方化是指改革开放以来中央通过高等教育制度创新放权省级或省级以下高等教育资源配置状况,从某种意义上也反映了我国高等教育管理体制在行政性分权、经济性分权及法治性分权的不同制度变革阶段逐步走向地方化的过程。换句话说,在中央与地方关系上,高等教育三级管理体制以"中央为主"转向"地方为主"已是趋势,高等教育地方化不仅是指地方占比管理高校的数量,更是实质上指向地方统筹管理高校为国家和当地服务的能力提升,这是改革开放 40 年后高等教育管理体制改革与初始改革的本质区别。**

改革开放后,经济体制逐步从计划经济体制向社会主义市场经济体制转变,中央与地方的关系也一直处于慎重"收"与"放"但趋势向"放"的方向演进中。这一时期高等教育管理体制的变迁也处于同样的状态,是在不断变化的制度背景下逐步演进和发展的,这个过程可以看作高等教育地方化转型过程。梳理 40 年高等教育中央与地方的关系变化,主要有三个阶段,这三个阶段都与外部制度环境变化制约有关。

第一阶段,行政性分权走向经济性分权改革和中央业务部门改革为高等教育地方化转型铺垫了思想准备和经济实力(1978—1998 年)。1985 年《中共中央关于教育体制改革决定》(以下简称《决定》)重点突破是从中央与地方、中央与高校两个关系入手的。其中,一些至今觉得最重要的体制改革是从这个《决定》开始的。初期处于中央向地方特别是农村与企业放权让利以充分调动地方积极性的大背景,这种行政性分权仍然保留着中央高度的政治集中,直到 1993 年实行社会主义市场经济体制,1994 年实行分税制,才标志着我国从行政性分权向经济性分权的转变,确定了中央与地方按照市场经济体制要求配置财力的先河[①]。但此时市场经济刚刚建立,很难划分清晰的政府事权与分级财力,但是这由"行政性分权"向"经济性分权"的转折在一定程度上推进了中央高等教育管理体制的变革,**首先**是将中央业务部门管理的行业高校进一步与地方合作共建并下放到地方,这一大规模的变革使原来中央与地方管理高校的格局从中央为主逐步趋向以地方为主。1978 年中央与地方办学普通高校在校生人数为 57.8% 与 42.2%,1997 年中央与地方办学普通高校在校生人数为

---

① 杜英歌:《历史制度主义视角下中国地级市的变迁》,《南京社会科学》2015 年第 10 期;贾永堂、孔维申:《省级政府高等教育统筹权:渊源、内涵、困境及对策》,《高等教育研究》2017 年第 11 期。

42.9％与 57.1％[1]，正好颠倒。**其次是调动各级政府办学的积极性，实行高等教育中央、省（自治区、直辖市）、中心城市三级办学的体制。**最早试点开始于广东深圳地方办学[2]，随着地方经济发展需求与实力和大众化的发展，三级办学真正形成规模是在 21 世纪初，这也是高等教育地方化转型在第二个阶段呈现规模化的原因。**再次高等教育作为具有部分竞争性特征的领域，中央在 1985 年调动地方积极性时就容许有差异地发展。**中央在指导思想上首要将高等教育发展紧紧与经济发展相联系，1985 年，"中央认为，在新的经济和教育体制之下，各地将有充分的可能发挥自己的经济和文化潜力，加快教育事业的发展。不仅要承认全国各省市区之间经济文化发展的不平衡性，而且要承认在一个省、一个市、一个县范围内的发展也是不平衡的，所以必须鼓励一部分地区先发展起来，同时鼓励先发展起来的地区帮助后进地区，达到共同的提高"[3]。这一指导思想在 21 世纪初特别是 2010 年后全面得到落实，我们看到这一指导政策从开启演化的过程经历了三十年，即东部与中西部高校"互帮"计划、中央加大对中西部高校的支持力度。**从 20 世纪 80 年代的约束条件看中央的抉择，这是一个不得不做出的制度选择；站在新时代回望当年，这更是具有历史眼光的战略抉择。这为之后追赶世界一流的重点高校建设（"211 工程""985 工程""双一流"）埋下伏笔，也为后大众化的分类转型奠定了客观基础。假如当年高等教育实行平均主义发展方针，40 年后的高等教育不可能具有支撑国家创新战略和追赶世界一流的实力与底气。**1985 年前后，经济体制改革加大了地方分权的力度，才使高等教育三级办学和调动地方举办高等教育的积极性具有可能。1985 年前后我国普通本专科在校生年均增长率最高年份达到 10.32％，之后就实行了大规模调整，以控制招生规模。1992 年，我国普通本专科在校生年均增长率最低年份为 3.62％。1993 年《中国教育改革和发展纲要》针对高等教育三级办学有所调整，提出高等教育走内涵发展的道路，并将三级办学调整为以中央、省（自治区、直辖市）两级政府办学为主。同时，中央认为高等教育管理体制在中央与地方的关系上，进一步强调中央与省（自治区、直辖市）分级管理、分级负责的教育管理体制。中央直接管理一部分关系国家经济、社会发展全局并在高等教育中起示范作用的骨干学校和少数行业性强、地方不便管理的学校。更强化了集中中央和地方等各方面的力量办好 100 所左右重点大学和一批重点学科、专业。在中央大政方针和宏观规划指导下，对地方举办的高等教育的领导和管理，责任和权力都交给省（自治区、直辖市）。按照这个精神，**中央在 1993 年提出，要进一步简政放权，扩大省（自治区、直辖市）的教育决策权和包括对中央部门所属学校的统筹权。第一次提出省级教育决策权与统筹权，这里的统筹权包括但不限于省级对地方的中央部门所属学校。**关于所指统筹权是省（自治区、直辖市）在充分论证、严格审议程序，自行解决办学经费以及统筹中央和地方所属高校毕业生就业去向的条

---

[1] 中国教育事业统计年鉴。

[2] 1985 年，中共中央、国务院出台《中共中央关于教育体制改革的决定》，将汕头、深圳和广州等沿海地级中心城市举办大学的探索实践制度化，实行中央、省（自治区、直辖市）及中心城市三级办学的体制。中央向地级城市下放高等教育举办权之后，地级城市大学迅速发展。以 1983 年汕头大学、深圳大学正式招生为起点，10 年内仅广东一省就相继成立（合并）了汕头大学、深圳大学、广州大学和五邑大学等 11 所地级中心城市大学，此外，辽宁举办的地方大学达到 23 所，江苏为 14 所，类似的地方大学一时间如雨后春笋，形成了声势浩大的"新大学运动"。引自刘晖：《转型期的地方大学治理》，博士学位论文，厦门大学教育研究院，2007。

[3] 引自 1985 年中共中央关于教育体制改革的决定。

件下,有权决定地方高等学校招生规模和专业设置。而这一省级高等教育统筹权随着1998年后中央决定撤并24个中央业务部门[①],在数百所中央高校多种形式下放地方后坐实。虽然,这一阶段强调精英化办学,并把三级办学调整为二级办学,在实施办学政策上是收紧并有所收敛的,但在中央与地方关系上,仍然是朝着向地方释放统筹权的方向转型,并客观上为大众化发展奠定了制度基础。即使在精英化的高等教育发展阶段,地方高等教育仍然以不可抑制的增长速度发展。需要提及的是政府与高校的关系在改革开放之初特别在1985年《中共中央关于教育体制改革决定》中程度不同已涉及,最终成果体现在1998年《高等教育法》确定的高校8个自主权,政府对高校的微观放权也在一定程度上推进了中央向地方让渡权力的进程,虽然当时的法律文本对地方管理权限还主要停留在原有行政管理框架下。

第二阶段,中央决定实施高等教育大众化和把本科以下设置权下放省级是高等教育地方化转型形成的制度抉择(1999—2009年)。我国高等教育在20世纪90年代末的中央部门管理高等学校的调整和高等教育扩招是促使管理统筹配置权让渡地方的转折点。该改革由国务院办公厅领导,先后从1994、1995、1996年连续对试点改革进行总结交流,针对中华人民共和国成立以来"几上几下""条块分割"的体制和格局,提出了"共建、调整、合作、合并"方针,以1998年中央适应经济体制改革需要进行国务院机构调整为契机,做出《关于进一步调整国务院部门(单位)所属学校管理体制和布局结构的决定》,即中央政府非教育部门一般不再管理高等学校[②]。先后10年对20世纪50年代形成的50个部委和单位所属367所高校的管理体制和布局结构进行了调整,31个省区直辖市都参与了这一大规模高校布局调整[③]。在这一改革过程中,针对原有部委和地方重复设置、单科性院校过多、办学规模过小的556所高校(普通高校387所、成人高校169所)学校合并调整为232所(普通高校212所、成人高校20所),净减324所[④]。这一历时10年高校管理体制改革从根本上理顺了我国高等教育顺应市场经济体制需求,以地方办学为主的布局结构,为重新从"两级办学、中央为主"回到"三级办学、两级管理、以省为主"的高校管理体制奠定了基础[⑤]。从1993年开始试点,1999年全国普通高等学校1 071所,中央业务部门管理的学校只剩46所(教育部却直接管理202所,主要是过渡性管理),占全国高校23.16%;2000年全国普通高等学校1 041所,中央业务部门管理的学校只剩44所(教育部另行直接管理72所,其他学校已经转移地方或合并),占全国高校11.14%。2001年地方普通高校在校生规模为82.24%,地方普通高校数量

---

① 中国政府分别在1982年、1988年、1993年、1998年和2008年进行了五次较大规模的政府机构改革。前四次,国务院机构从100个减少到52个,部委从52个减少到28个,工作人员从51 000人减少到16 000人。教育部前后从1 200人减少到500人左右,组建了一批政府之外的以政策实施、政策指导、政策咨询为主的部门机构和行业自治组织,如教育部考试中心、学位与研究生教育发展中心、高等教育教学评估中心、国家教育发展研究中心、学力认证中心等。

② 从高等教育管理体制改革的外部原因看,政府不断进行的机构改革是原因之一。参见上一条注释。

③ 改革开放30年中国教育改革与发展课题组:《教育大国的崛起(1978—2008)》,教育科学出版社,2008,第90—91页。

④ 改革开放30年中国教育改革与发展课题组:《教育大国的崛起(1978—2008)》,教育科学出版社,2008,第93页。

⑤ 改革开放30年中国教育改革与发展课题组:《教育大国的崛起(1978—2008)》,教育科学出版社,2008,第93页。

已占全国普通高校校数的 90.94%。到 2006 年,全国普通高校 1 867 所,其中地方普通高校规模占 94.05%(其中中央业务部门管理的学校 38 所,教育部直接管理 73 所)。2009 年,全国普通高校2 305 所,其中地方普通高校校数规模占 95.18%,也就是说,中央管理的普通高校只占 4.82%。1998—2009 年,中央决定调整部属高校到地方的任务平稳落地,中央与地方关系在高等教育办学和管理上发生了重要转折,这是我国高等教育管理体制转型第一个阶段所做的决策在第二阶段得到实施的重大事件。因这一改革前后十多年,因此,省级统筹权包括对高等职业学校的设置权在 1998 年的《高等教育法》中没有体现,但在 2015 年新修订颁布的《高等教育法》中被写入。

如果说三级办学的试点最初让地方办学尝到了甜头,而调整部属高校则是转变高等教育地方化的开端,也是中央进行高等教育管理体制和布局结构调整的实质性措施,那么,促使高等教育地方化转型落地的真正推手是高等教育大扩招。遍布全国各省的扩招再一次突破了 1993 年中央确定的高等教育两级管理、二级办学的规定,实际形成三级办学而以地市一级办学为主的局面。1999 年,中共中央《关于中共中央国务院关于深化教育改革,全面推进素质教育的决定》明确进一步简政放权,加大省级人民政府发展和管理本地区教育的权力以及统筹力度,基本完成高等教育管理体制和布局结构的调整,形成中央和省级人民政府两级管理、以省级人民政府管理为主的新体制。经国务院授权,把发展高等职业教育和大部分高等专科教育的权力以及责任交给省级人民政府,省级人民政府依法管理职业技术学院(或职业学院)和高等专科学校。高等职业教育(包括高等专科学校)的招生计划改由省级人民政府制定,其招生考试事宜由省级人民政府自行确定。这一管理体制决定再次调动了地方办学积极性,短时间内推动了高等教育毛入学率达到 15%(2002 年),2009 年达到 24.2%。

表 4 - 1 - B1　我国部分年份地方高职与本科校数增长比较

分类 年份	高职		本科	
	所	%	所	%
2000	428	——	600	——
2003	1 104	157.94%	408	−32%
2006	1 127	2.08%	1 041	155.15%
2009	1 215	10.05%	1 090	4.70%
2013	1 321	8.72%	1 170	7.34%
2016	1 359	2.88%	1 237	5.73%
2017	1 388	2.13%	1 243	0.49%
2018	1 418	2.16%	1 245	0.16%

数据来源:教育部官网发布的 2004—2018 年全国教育事业发展统计公报。

表 4 - 1 - B1 反映了第二阶段、第三阶段地方高职与本科院校增长状况。虽然中央在 2003 年前为了推动地方以高职高专发展为主,各地本科因合并还减少了不少,但随后的 6 年涨幅达到 167.16%,之后这一增长势头依然强劲。在各省新增办学的地区看,地市级增长较快,实际反映了改革开放后各省经济发展与城镇化的快速推进对高等教育的需求。改革开放初期,高等教育发展不平衡、区域结构布局很不合理,主要集中在大中城市。即使经过 20 年的发展,资

料表明,1998年全国共有591所本科高校,北京市集中了近十分之一,4个直辖市集中了近五分之一,三分之一以上的本科高校集中在10个城市,二分之一以上的本科高校集中在20个城市①,相当多的地级及以下城市没有本科高校。所谓精英型高等教育不仅指规模不能适应人民群众需求,且这种高度集中的布局结构也使得不同地方"区域经济发展也难以得到地方高校的智力和人才支持,导致高等教育资源配置不公平,人民群众尤其是边远地区的人民群众对高等教育的需求得不到较好地满足"②。1999年扩招以来,我国开始增设本科院校,新建本科院校飞速发展。2000—2016年,我国新建本科院校(含独立学院)扩展到696所,占普通本科高校(1 219所)的56.5%(不含独立学院为403所,接近全国普通高校的一半)占据我国本科院校的"半壁江山",成为促进我国区域经济发展的生力军。见表4-1-B2,图4-1-B1。

表4-1-B2　2000—2015年新建本科院校(不含独立学院)设置进度情况

升本年份	2000	2001	2003	2004	2005	2006	2007	2008
公办本科院校所数	40	11	30	41	3	19	20	1
民办本科院校所数	3	1	2	0	16	1	1	17
合计	**43**	**12**	**32**	**41**	**19**	**20**	**21**	**18**
升本年份	2009	2010	2011	2012	2013	2014	2015	
公办本科院校所数	10	22	0	15	24	3	10	
民办本科院校所数	1	0	30	8	9	32	11	
合计	11	22	30	23	33	35	21	

图表来源:教育部高等教育教学评估中心《新型大学新成就—百所新建院校合格评估绩效报告》,教育科学出版社,2015,第2页。

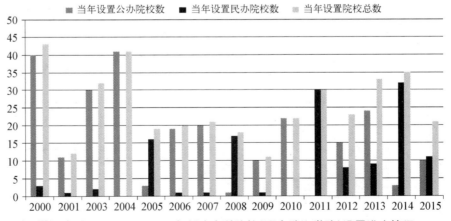

图4-1-B1　2000—2015年新建本科院校(不含独立学院)设置进度情况

图表来源:教育部高等教育教学评估中心:《新型大学新成就—百所新建院校合格评估绩效报告》,教育科学出版社,2015年,第2页。

---

① 马陆亭:《论高等教育的均衡发展》,《教育研究》2005年第10期,第71—75页。

② 教育部高等教育教学评估中心:《新型大学新成就——百所新建院校合格评估绩效报告》,教育科学出版社,2015,第2页。

　　"为改变我国高等教育资源不均的局面,2000 年以后,教育部对新建本科院校设置实行'一年中东部、一年西部、一年民办院校'的布局原则,有计划、有步骤地推进新建本科院校的设置工作"[①],见表 4-1-B3。

表 4-1-B3　全国各省份新建本科院校数量一览表(截至 2015 年 5 月 21 日)(所)

省份	总数	公办本科	民办本科	省份	总数	公办本科	民办本科	省份	总数	公办本科	民办本科
河南	28	19	9	江苏	16	12	4	内蒙古	7	7	0
山东	27	15	12	江西	16	10	6	重庆	7	5	2
河北	23	17	6	辽宁	16	5	11	北京	5	3	2
四川	22	15	7	广西	15	13	2	新疆	3	3	0
湖南	20	15	5	安徽	15	11	4	宁夏	3	1	2
湖北	20	8	12	云南	14	12	2	海南	3	1	2
福建	18	11	7	贵州	12	12	0	天津	1	0	1
陕西	18	9	9	山西	12	10	2	青海	0	0	0
黑龙江	18	7	11	上海	12	8	4	西藏	0	0	0
广东	17	10	7	吉林	11	5	6				
浙江	16	13	3	甘肃	8	8	0				

表 4-1-B4　新建本科院校数量分胜负排名情况

1998 年本科院校总数量排名			2015 年本科院校总数量排名			新建本科院校数量排名			新建本科院校数占本省份本科院校总数的比例排名		
排名	省份	数量(所)	排名	省份	数量(所)	排名	省份	数量(所)	排名	省份	比例(%)
1	北京	59	1	江苏	77	1	河南	28	1	河南	53.85
2	江苏	38	2	山东	67	2	山东	27	2	福建	51.43
3	辽宁	36	2	湖北	67	3	河北	23	3	海南	50.00
4	湖北	34	4	北京	66	4	四川	22	4	黑龙江	47.37
5	陕西	32	5	辽宁	65	5	湖南	20	5	云南	45.16
6	山东	30	6	广东	62	6	湖北	20	6	贵州	44.44
7	广东	26	7	河北	58	7	福建	18	7	四川	43.14
8	吉林	25	8	浙江	57	7	陕西	18	8	广西	41.67
8	上海	25	9	陕西	55	7	黑龙江	18	9	内蒙古	41.18
10	四川	21	10	河南	52	10	广东	17	10	山东	40.30

[①]　王玉丰:《我国新建本科院校 15 年回顾与展望》,《高教探索》2013 年第 5 期,第 16 页。

　　这一布局结构建设同步大众化阶段,并持续跨入第三个阶段,前后实施近20年,获得的进展:一是向中西部地区倾斜的战略布局极大改善了高等教育结构,见表4-1-B4,见上表发现,一些过去的高校大省的位次发生变化,前10位新进省为河北、浙江和河南。其中,变化最大的是河南省。其中,在按地区建设考虑外,对福建、山东、浙江、广东、海南、辽宁等省具有补偿意义①。2015年中东西部新建本科院校各为东部154所(占38.21%)、中部140所(占34.74%)、西部109所(占27.05%)②。二是向非省会城市倾斜的战略布局得到改观。2015年5月,我国新建本科院校布点向非省会城市布点的新建本科院校有208所(是否包括独立学院要算一下),占全部新建本科院校的51.61%,其他均在省会城市新建本科院校195所,占48.39%;全国现有339个地级及以上城市(包括北京、天津、上海、重庆直辖市)③,新建本科院校已广泛分布于全国29个省市自治区,覆盖于其中的196个城市,布点率高达57.82%④。位于国家集中连片特困地区的70个地级市拥有90所新建本科院校,占新建本科院校的22.33%,超过了总数的五分之一⑤。新建本科院校多数位于地级城市,甚至是县级市,使得偏远地区数以百万计的学生能够上得了大学。因此,高等教育大众化及中央将高等教育办学层级再次确定为三级办学,并将高职办学设置权下放到省级是推进高等教育地方化转型落地并使其全国高等教育布局结构发生重大变化的几条根本性政策措施。

　　在扩招后的近20年中,我们看到东中西部的各校与在校生数量都大幅提升。见表4-1-B5,图4-1-B2,图4-1-B3⑥。从我国高校原有基础与人口经济禀赋看,东中西部普通高校与在校生数量总量呈现为东、中、西依次排列,但从2004年相对于1998年的增长率看到,中部凸显;12年之后的2016年相对1998年的增长率更显示了中部与西部无论是校数还是在校生数的增长率都快于东部,特别是西部增长率更快,反映了随着时间推移中西部地区高等教育梯度进入快速发展阶段,也正因为这一增速发展,才使不同区域与其需求处于相对均衡状态,这不仅与中央决策、管控与扶持相关,也与区域自身发展需求与创新有关。

---

① 这些省份自1949年中华人民共和国成立,面临国民党所谓"反攻大陆"的威胁及中华人民共和国成立初期以内地建设为主的方针,同时因实行计划经济配置人才,所以大多没有布局建设高等学校。

② 2015年5月计,东部地区包括:北京、天津、河北、辽宁、上海、江苏、浙江、福建、山东、广东、海南(11);中部地区包括:山西、吉林、黑龙江、安徽、江西、河南、湖北、湖南(8);西部地区包括:内蒙古、广西、重庆、四川、贵州、云南、西藏、陕西、甘肃、青海、宁夏、新疆(12)。参见教育部高等教育教学评估中心:《新型大学新成就—百所新建院校合格评估绩效报告》,教育科学出版社,2015,第13页。

③ 数据来源:中国政府网,国情专栏(2015年5月),http://www.gov.cn/guoqing/。

④ 教育部高等教育教学评估中心:《新型大学新成就—百所新建院校合格评估绩效报告》,教育科学出版社,2015,第14页。

⑤ 教育部高等教育教学评估中心:《新型大学新成就—百所新建院校合格评估绩效报告》,教育科学出版社,2015,第15页。根据国务院扶贫办2012年发布的《关于公布全国连片特困地区分县名单的说明》统计。

⑥ 表4-1-B5、图4-1-B2、图4-1-B3由李铮制作。特此致谢!

表 4-1-B5　1998—2016 年东中西部普通高校与在校生数量比较

单位:所数/万人

	1998 年		2004 年				2016 年			
	高校所数	在校生数	高校所数	％	在校生数	％	高校所数	％	在校生数	％
东部	482	172.19	819	**69.9**	638.7	**270.9**	1 189	**146.7**	1 113.83	**546.9**
中部	338	107.38	583	**72.5**	459.69	**328.1**	872	**158.0**	879.41	**719.0**
西部	202	61.31	329	**62.9**	235.10	**283.5**	534	**164.4**	507.30	**727.4**

注:数据来源:中国教育统计年鉴。2004 年与 2016 年分别比 1998 年高校所数与在校生数增长率用"％"表示。

图 4-1-B2　1998—2016 年中国普通高校数量变化

图 4-1-B3　1998—2016 年中国普通高校在校生数量变化

第三阶段,中央政府加强公共治理和公共服务理念并探索中央与地方事权和责任分担制度是推进并理顺高等教育地方化转型的先决条件(2010—2017 年)。当 2009 年地方普通高校占全国普通高校 95.18％,地方学校数从 2000 年 925 所达到 2009 年 2194 所,即从近一千所突破两千所时,中央如何从管理精英高等教育体制转型到管理大众化高等教育,特别是面对不断增长的地方办学向原有精英模式的本科学校看齐对位,造成不仅趋同严重且质量难以匹配的局面,也即是地方办学数量急剧增加后高等教育整体结构布局和中央与地方事权划分问题。第三阶段主要探索解决的就是这两大问题。此时的外部环境也发生重大变化,主要是全球金融危机引发了全球经济衰退,继而也诱发我国经济从高速增长转而中低速增长,原有经济发展模式不能再支撑科技信息金融三大领域迅速发生的颠覆性变革,传统产业和行业被新兴产业和领域替代使得高等学校变革创新成为紧迫命题,而地方经济科技的原有格局在这一轮变革中基础不同、快慢不一、替代各异,各地经济转型升级的重点目标都差异较大。基于这一点，高等教育地方化转型不是中央做出一个统一模式就可以参照的，完全需要依据各省的经济社会需求及大众化后高等教育的基础来探索。**以上后大众化高等教育地方转型和中央与地方事权划分，加上 2012 年之后经济新常态对高等教育的需求变化，都是第三阶段需要面对解决的焦点。**由此从 2010 年中央发布的《国家中长期教育改革和发展规划（2010—2020 年）》中可以明确看到政府对管理体制改革的走向是以加强公共治理和公共服务理念并探索中央与地方事权和责任分担制度为导向：一是提出健全统筹有力、权责明确的教育管理体制。以转变政府职能和简政放权为重点，深化教育管理体制改革，提高公共教育服务水平。明确各级政府责任，规范学校办学行为，促进管办评分离，形成政事分开、权责明确、统筹协调、规范有序的教育管理体制。**二是完善以省级政府为主管理高等教育的体制。**合理设置和调整高等学校及学科、专业布局，提高管理水平和办学质量。依法审批设立实施专科学历教育的高等学校，审批省级政府管理本科院校学士学位授予单位和已确定为硕士学位授予单位的学位授予点。完善省对省以下财政转移支付体制，加大对经济欠发达地区的支持力度。**三是转变政府教育管理职能。**各级政府要切实履行统筹规划、政策引导、监督管理和提供公共教育服务的职责，建立健全公共教育服务体系，逐步实现基本公共教育服务均等化，维护教育公平和教育秩序。改变直接管理学校的单一方式，综合应用立法、拨款、规划、信息服务、政策指导和必要的行政措施，减少不必要的行政干预。但是，这仅仅只是提出了方向。见表 W4－B2，（该表列入微信 4－3），沿着这一方向政府自身改革以及具体放权力度在逐年增加。

高等教育两级管理体制以"中央为主"转向"地方为主"首要是明晰两级管理高等教育的事权与责任。虽然中央文件多次提出高等教育发展的统筹权归地方，但由于整个制度环境特别是人财物等行政性审批权多数仍管辖在中央各部委，即"横向权力"掣肘并非全由教育主管部门说了算，以至于国务院自身出台的放权文件也因多重部门制度性"障碍"而并非都能落地执行。由于中央与地方事权与财权的不清晰导致高校的行为发生似乎都与中央有关，形成千所高校看中央跑中央的局面。高校现存的院校设置、招生计划审批、专业设置与审核、人才引进、人事编制、职称评聘、考试招生、学位授予、学科建设、经费管理与使用、毕业注册等权限都曾经程度不同归属中央政府，且多数在中央各主管部门，近几年已陆续在逐步下放。但从表 5－B9 的改革节奏看到，中央与省级事权与财权议题已列入改革时间表。2016 年 8 月 16 日，《国务院关于推进中央与地方财政事权和支出责任划分改革的指导意见》发布，2017 年 5 月 31 日，国务院办公厅印发对省级人民政府履行教育职责的评价办法的通知。虽然对地方管理高等教育统筹权的力度还需观察，但以"地方为主"已指日可待。

《国家中长期教育改革和发展规划纲要（2010—2020 年）》和《国家教育事业发展第十三个五年规划》的实施，都提出建立我国高校分类体系，但面对 95％ 的地方办学怎么分类则是事关学校发展目标的棘手问题。许多地方大学的眼界是站在全国精英类办学基础上，因为申办学校是向中央申请办学而非本地角度，审批及评估标准也是全国性标准，且这一标准还是 1986 年国务院颁布《普通高等学校设置暂行条例》，虽然实际条件已有变化，但仍然是一个全国性标准。既然设置评估都是全国标准，那么，管理标准也就是全国定位标准。向着全国高水平或一流大学努力几乎成为地方所有高校的目标，而不是只成为地方或地区最好的大学。**这恰恰与学校不把自己作为地方学校，也并不把为地方服务的使命作为第一需求有关，也与地方不能完**

全拥有领导管理地方高校的权责不相称有关。部属高校作为国家办学龙头成为地方办学的标杆,本科办学评估的目标就是地方办学目标,三级办学两级管理的体制使得所有学校一律向上而不是平级或向下寻求支持。因此,分类办学存疑的最大问题首先是管理体制中的事权需要明确。实际这一不明确带来就是,地方高校大扩招虽然是实现高等教育大众化的主力,但地方院校同原有精英阶段高校办学定位趋同、专业设置雷同、人才培养模式相近问题严重,虽然主管部门一直以地方高职层次办学作为引导,但高职攀上的通道和本科看齐研究性大学的问题都难以扭转。经过多轮探讨,2015 年教育部、国家发改委和财政部联合下发《关于引导部分地方普通本科高校向应用型转变的指导意见》,确定了地方本科高校转型的方向。但是,正如郭建如提出的地方本科高校向哪里转(目标与标准在哪儿)、为何转(转型的合法性与必要性)、转什么(转的内容)、如何转(高校如何领导转型、政府如何引导),以及如何评价这五个维度问题不仅需要明晰,也正是中央期待地方自主改革来解决[1]。史秋衡课题组在研究我国高等学校分类体系设计中提出[2],高校分类体系的建立作为全局性工作需要国家、地方和高校的合力作用,建议国家顶层指导性框架按高校研究型、应用型、职业技能型分类发展,根据地方经济社会人力发展水平制定差异化分区政策及实施省级统筹的高校分类体系。按照顶层从上至下进行分类指导的方式是否适应高等教育区域差异及办学已地方化的现实,因为地方本科院校与高职院校的分类定位虽然关系到整个高等教育的布局结构,但首先事关地方高等教育布局结构,特别是省级政府的转型动力是否充足、与中央相关事权是否清晰仍然是一个未知时,这一依赖顶层设计分类转型动力就有存疑。相反,当中央重新启动代表高校第一集团军的"双一流"入选名单公布前后,我们还是看到了与分类试点反差较大的各省跃跃欲试的动力和实力[3]。所以,**高校实行分类不解决管理体制分权就不能解决本质上的高等教育地方化。是否应将管理体制存在的事权进一步厘清并从顶层开始简政放权更能够使地方有动力进行地方分类试点。**

高等教育管理体制改革变迁的 40 年,经历了三个中央不断依次递进让渡放权并在增量改变发展阶段性质上实施转型的过程。**一是办学管理体制从以中央为主到以地方为主的过程,**是从原有计划经济体制下的中央全权集中配置管理的模式转换到更多的管理权限与决策权限让渡地方,由省统筹地方学校的力度逐步增强。这是市场机制与财政分权在政府职能转变与地方呈现不同需求并作用于高等教育管理体制的客观反映。**二是从精英化管理体**

---

① 郭建如提出的五个维度问题:第一,地方本科高校转型发展是为了建立现代职业教育体系,还是定位于单一体制的高等教育系统内的人才培养方式改革,这一问题既涉及教育层次,也涉及教育类型。第二,地方本科高校在转型发展中如何处理与职业本科教育、普通高等教育之间的关系,即在教育内容方面,地方本科高校要教给学生什么类型的知识,培养学生什么样的能力,以及如何来培养学生,这些问题涉及教育内涵的界定。第三,转型意味着人才培养方式、培养流程、教师的科研导向以及高校相应的组织结构和运行机制的变化。地方本科高校怎么才能有效地促进组织转型呢? 第四,地方本科高校转型发展还涉及现有的高等教育行政管理体制的调整,如拨款制度以及招生制度等,也涉及地方政府的政策引领与支撑问题。第五,如何评估地方本科高校转型的成效。参见郭建如:《地方本科高校转型发展中的核心问题探析》,《黄河科技大学学报》2017 年第 1 期,第 1 页。

② 史秋衡:《探索我国高等学校分类体系设计》,《中国高等教育》2017 年第 2 期,第 40—44 页。

③ 毕建宏:《各地"双一流"建设方案综述》,北京大学中国教育财政科学研究所网站,http://ciefr.pku.edu.cn/cbw/kyjb/2017/05/kyjb_4459.shtml。

制到大众化管理体制的过程,是由中央逐步认识并指导地方实施分类改革和转型改革的过程,也更是调动地方积极性,并运用公共政府公共服务职能兼顾不同地方利益群体的过程。运用竞争与合作性方式,通过共建合并等将高等教育层次与类型区分,在建立高水平一流大学梯队的同时,通过专项转移支付对高等教育薄弱省实施帮扶政策,形成大众化后高等教育重新布局结构调整。**三是从中央亲自主导试点到指导省级自主试点的过程。**中国是在一个特殊背景下进行的制度转型,这一初始条件决定改革的路径是渐进与双轨。因为全国初始的需求与存量基础相当,中央可以据存量条件设计统一的试点改革。随着各地增量改革的持续时点不同,地方差异变得越来越大。进入 21 世纪初以来,中央多数改革只能以指导文件作为推动,主要依赖地方自主改革。如春季高考改革是由省里自主选择或决定停止的试点改革。又如中央对新一轮建设一流大学与学科采取了竞争性方式,促使各省在中央确定方案前后进行了一场"大比武"竞赛,各省对于建设"双一流"的措施力度也是各有千秋。2015 年 10 月国务院发布《统筹推进世界一流大学和一流学科建设总体方案》,对此,不少省份主动、快速回应,其中沪、粤、浙甚至未雨绸缪,先国务院一步颁布本省的建设方案,豫、黔、内蒙古、冀、苏、甘、陕、云等省份也在一年内迅速发布建设方案;与此同时,不少省份还通过承诺投入巨额高等教育发展经费、创新发展方式等途径主动引导省域高等教育的变革和发展①。与此相对的是另一批面广量大的地方院校,它们处在原有一流院校(10 所)、985 大学(29 所)、211 高校(73 所)、扩招前的本科院校(435 所)、新建本科院校(673 所)、高职高专院校等院校(1 388 所)构成的结构末端。吴红斌等研究认为,无论是财政拨款、校均规模、经费支出、生均经费、学费收入、科研经费拨款,还是生源质量,这些地方院校都与排在前端的高校没有任何可比性,而且差异非常大②。**21 世纪以来,我国高校中 70%的本科院校和 1 388 所高职(高专)院校都是新办学校,**许多学校都是由专科升级而来,办学历史不足 20 年。如果不认识到自己的比较优势,特别在实践性与就业导向上的显著特色,这批地方性院校就会在趋往同质发展的路上像"温水煮青蛙"式的淘汰。地方院校生于地方需求就应该面向地方经济和社会需求,通过为地方服务取得发展地位。再如,郭建如描述的地方转型试点状况是按照教育部要求,地方本科高校的转型发展是由省负责统筹,各省的态度对应用型本科高校的建设至关重要。2014 年教育部明确提出地方本科院校向应用技术教育和职业教育方向转型,到 2016 年全国已有 20 多个省份、200 多所院校在推进转型试点工作③。一些省份在三部委"指导意见"出台前就已经在进行应用型本科院校建设的尝试,一些省份在"指导意见"正式颁布后也出台了明确的政策给予引导,但是还有一些省份并没有出台具体政策。就已出台的政策来看,对省内高校的分类还存在着不同的看法④。也就是说,这一转型实质取

---

① 褚照锋:《地方政府推进一流大学与一流学科建设的策略与反思——基于 24 个地区"双一流"政策文本的分析》,《中国高教研究》2017 年第 8 期。

② 吴红斌、郭建如:《高等教育分层系统中的地方本科院校:困境、优势与出路——基于全国本科学生调查数据的分析》,《中国高教研究》2018 年第 2 期。

③ 《教育部长袁贵仁答记者问》,人民网,http://lianghui.people.com.cn/2016npc/GB/402759/403020/index.html。

④ 郭建如:《地方本科高校转型发展中的核心问题探析》,《黄河科技大学学报》2017 年第 1 期;2015 年 10月,教育部、财政部、国家发改委等三部委联合发布《引导部分地方普通本科高校向应用型转变的指导意见》。

决于地方学校的意愿。从 2010 年以来,这一省级自主试点特征在中央让渡放权中越来越多,因为高等教育竞争性特点与地方间历史性资源禀赋造成的区域差异较大,实施统一改革试点的可能性很小。2015 年 9 月,根据《教育部关于深入推进教育管办评分离　促进政府职能转变的若干意见》(教政法〔2015〕5 号)和部分地方及学校的愿望,教育部决定开展教育"管办评"分离改革试点工作。经各地申报、专家评审,确定了北京市东城区教育委员会、上海市教育委员会、无锡市教育局、浙江省教育厅、青岛市教育局、重庆市江津区人民政府、成都市教育局、克拉玛依市教育局为全国教育"管办评"分离改革综合试点单位,乌兰察布市教育局、沈阳市教育局、佛山市顺德区教育局、西北大学为单项试点单位。其中,试点内容包括:加大简政放权力度,加强和完善政府服务机制;完善监督制约机制,做好事中、事后监管;健全学校自主发展、自我约束的运行机制;推动教育领域去行政化,取消校长行政级别;健全学校面向社会开放办学机制;探索第三方评估,发挥教育评价结果的激励与约束作用。要求上述试点地区取得突破性进展,形成示范带动效应。事实上,此时同样的改革已经遍布全国,只是改革程度力度不一。同时,**将选择改革的权力下放由地方根据情况进行利于各自的改革方案,使可承受的政治低风险与以增量替代存量的制度变革利益最大化,这是进入深水区改革与初始全国性改革不同的特征。**由各地自主改革,此处的改革成本低于改革收益,而彼处的改革收益高于改革预期的状况就会比齐头并进的改革妥当。当整个制度环境还不能给出一个内部系统实施关键改革的条件时,决策者需要的是承受耐心与政治妥协,前者是改革长期性的洞察,后者是对多种利益诉求者的基本平衡,包括给予阶段补偿与预期承诺。当体制管理半径过大时,不同诉求的利益人群的差异往往就会更大。因此,改革区域相对小,则风险与不确定也小。因此,高等教育管理体制改革途径从集中统一试点方式到地方自主局部展开,这既是改革深化的必然特点也是公共治理能力的提升。看起来,地方自主试点一项改革往往持续时间很长,但改革更稳妥、更符合区域实际。

为了进一步说明后大众化管理体制改革进入深水区后,为什么必须将更多管理权限更快让渡给地方,为什么近几年中央要加快简政放权与"放管服"的力度,特别是在 2015 年新修订《预算法》颁布后政府有关部门加大了对中央与地方事权划分的研究实施力度[①],尤其是 2017 年 19 大提出 2035 年实现教育现代化目标面临着高等教育发展的重大抉择。本研究从以下三个角度分析改革开放以来**高等教育实际存在的区域发展差异,以及差异化原因及管理体制分权趋势。**

第一,改革开放以来中央与地方高校及区域高校发展差异化既是历史禀赋的客观现实,也是经济体制改革与发展不平衡的产物。中央加大省级统筹权将是促进高等教育转型、缩小差异化、实现现代化的前提。自 1949 年中华人民共和国成立以来,我国高等教育已经经历了高等教育精英化转向高等教育大众化、高等教育管理体制中央化逐步转向地方化的过程,并正在步入高等教育普及化与现代化阶段。上述过程都是相互交错迭代的过程,其中,

---

① 1994 年 3 月 22 日第八届全国人民代表大会第二次会议通过《中华人民共和国预算法》,自 1995 年 1 月 1 日施行。《全国人民代表大会常务委员会关于修改〈中华人民共和国预算法〉的决定》由中华人民共和国第十二届全国人民代表大会常务委员会第十次会议于 2014 年 8 月 31 日通过,自 2015 年 1 月 1 日起施行。2014 年 8 月 31 日,中华人民共和国主席令第十二号予以公布。新修订的《预算法》共 101 条中,有 82 处进行了修订。

前两个过程比较清晰,21世纪初高等教育从精英化阶段进入大众化阶段,由于地方是高等教育大众化的直接贡献者,郭建如、鲍威均认为地方高校是吸纳高等教育大众化需求的主要力量[1]。鲍威通过对2000—2007年的招生数据推算,该时期高校招生增长规模为3 453万人,其中央属院校的增长规模仅为67万人,地方院校为2 229万人,民办院校为1 156万人,三类院校的扩张贡献率分别为2%、65%、33%[2]。实际以地方院校和民办院校为主的扩招成为大众化的主体。通过鲍威的表4-1-B6关于中央部属院校与地方院校生均支出的差距,可以看到两者在扩招后随着时间推移这一差距不断扩大,也表明中央和地方院校承担的功能有所变化,分类管理势在必行。

表4-1-B6 1993—2013年高校生均支出的变化趋势

单位:元

年度	全国普通高校生均支出	央属高校生均支出	地方高校生均支出	央属高校与地方高校的生均支出差距
1993	6 442	7 294	5 627	1 667
1994	6 046	6 809	5 328	1 481
1995	5 698	6 412	5 038	1 374
1996	5 950	6 560	5 374	1 186
1997	6 592	7 323	5 891	1 432
1998	8 716	10 672	6 966	3 707
1999	9 624	13 010	7 632	5 379
2000	10 052	14 788	8 019	6 769
2001	9 652	15 371	7 635	7 737
2002	9 525	15 047	7 725	7 322
2003	9 315	14 990	7 574	7 416
2004	8 945	14 888	7 288	7 600
2005	8 844	15 877	7 126	8 751
2006	8 890	15 687	7 274	8 413
2007	9 030	15 715	7 434	8 281
2008	9 390	17 152	7 585	9 567
2009	9 812	19 066	7 764	11 302
2010	10 442	20 057	8 329	11 728

---

[1] 郭建如:《地方本科高校转型发展中的核心问题探析》,《黄河科技大学学报》2017年第1期。

[2] 鲍威:《中国高等教育规模扩张的理论解释和扩张机制》,《教育学术月刊》2012年第8期。经核查教育部统计公报,2000—2007年本专科招生人数合计为3 255.33万,招生研究生人数合计为227.28万,两项合为3 483万。

（续表）

年度	全国普通高校生均支出	央属高校生均支出	地方高校生均支出	央属高校与地方高校的生均支出差距
2011	11 965	22 485	9 671	12 814
2012	12 649	20 701	10 835	9 865
2013	11 977	21 162	9 910	11 252
2014	12 060	20 673	10 083	10 591
2015	13 083	22 914	10 861	12 053

注：表4-1-B6源自鲍威《中国高等教育规模扩张的理论解释和扩张机制》，《教育学术月刊》2012年第8期，有所改动。

　　高等教育地方化是大众化的直接结果，但并不是必然结果，因为大众化之前我国高等教育并不是地方化。我国高等教育精英化包含着高等教育中央部门办学管理为主的体制，这两者是一致的，即精英化以中央部门办学管理为主。在精英化过渡到大众化的过程中，以中央办学为主转为以地方办学为主还包含着管理权限逐步过渡为省级统筹为主的过程，无论是从地方办学数量还是地方财政投资比例，或是中央已让渡给地方的高等教育统筹权限，都使高等教育办学管理地方化逐步成为现实。这一点与国际部分高等教育大众化国家的发展轨迹不同，如美国的大众化本身就是地方化的实施过程，虽然存在精英化过渡大众化，但不存在以中央办学为主转型为地方办学为主的过程。不少学者都认为我国高等教育以中央办学为主已过渡为高等教育地方统筹为主，且都认为这是中央放权的结果。贾永堂、孔维申认为省级高等教育成为我国高等教育的绝对主体，高等教育地方化成为不争的事实。高等教育地方化以后，其办学资金主要由地方政府筹措，主要功能是培养地方经济社会发展急需的人才，那么在管理上也客观需要省级政府进行统筹。高等教育地方化为省级政府高等教育统筹权的形成和发展提供了现实依据[①]。随着我国由计划经济向社会主义市场经济转轨，为提高地方政府发展高等教育的积极性，近40年来，中央政府"渐进式""碎片化"地对省级政府进行高等教育分权，使省级政府及其教育行政管理部门拥有了辖区内大部分高等教育管理权能，如本科院校招生计划审核及专业设置备案，高职（高专）院校设置审批、招生计划审批和总量审核，学士学位授权单位和双学位教育单位及专业审批，中外及与港澳台合作办学及变更事项审批以及民办高等院校管理等。这些权力是省级政府对高等教育进行统筹管理的基础和工具。没有中央政府的高等教育分权，省级政府高等教育统筹权就会失去源头。从这个意义上讲，中央政府高等教育分权是省级政府高等教育统筹权形成和发展的基本条件[②]。陈伟认为省域高等教育系统（即高等教育地方化）在中国高等教育大众化阶段得到快速成长。1998年底发布的《面向21世纪教育振兴行动计划》开启了中国高等教育大众化的进程。**为了推进高等教育大众化，中央在调整高等学校隶属关系的基础上调整中央与省的高等教育权限分配，其基本特征是中央政府向省级地方政府主动放权、持续分权**[③]。但是，

---

① 贾永堂、孔维申：《省级政府高等教育统筹权：渊源、内涵、困境及对策》，《高等教育研究》2017年第11期。
② 贾永堂、孔维申：《省级政府高等教育统筹权：渊源、内涵、困境及对策》，《高等教育研究》2017年第11期。
③ 陈伟：《省域高等教育系统的崛起：动力分析和路径选择》，《高等教育研究》2017年第11期。

这一转型过程并未完结,仍然是进行时,**我国高等教育办学以地方化为主并不自然带来以省统筹为主,也就是说,高等教育地方化没有实现完全同步配套解决以省级统筹为主的问题,这也是地方高等教育实际存在统筹不到位的问题。**

我们也看到,我国高等教育大众化在时间"压缩性"和成本"压缩性"的条件下快速实现[①],这种取向总体不可避免地导致高等教育经费投入的严重不足,其代价除基础设施与教师资源跟不上及其教育质量受影响外,也直接导致中央部属高校与地方高校的实际差距不断拉大。根据有关数据分析,大众化前的 1996 年、大众化的第一年 1999 年与 2015 年中央部属普通高校和地方普通高校的生均教育经费支出差距为:1996 年、1999 年、2015 年后者相当于前者的 78.57%、58.66%、47.40%,见图 4-1-B4;同样三个年份的中央部属普通高校和地方普通高校生均公共财政预算教育拨款支出差距为:后者相当于前者的 77.92%、57.70%、53.62%,见图 4-1-B5;但是从地方普通高校生均公共财政预算教育拨款支出的比例与中央部属普通高校相比,三个年份差别不大,见图 4-1-B6。同样三个年份的中央部属普通高校和地方普通高校生均公共财政预算教育拨款支出占生均教育经费总支出的比例分别为(前者/后者):83.79%/83.10%、59.07%/58.05%、58.23%/66.53%,表明中央与地方生均公共财政预算教育拨款支出的比例变化总体趋同,包括教育事业费和基本建设费支出是基本相当的。差额主要在科研经费、专项经费、教育费附加以及高校自筹经费等。但是随着中央部属高校与地方高校各自功能的逐步分野,经费差距主要体现在因学校类型不同以及被赋予的功能的不同而逐渐拉大。

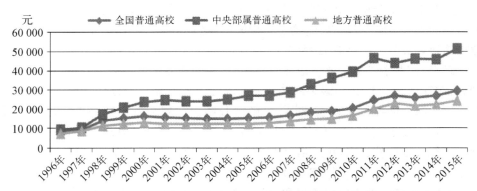

图 4-1-B4　1996—2015 年全国及中央和地方普通高校生均教育经费支出变化

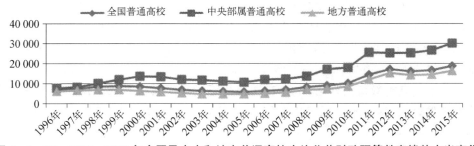

图 4-1-B5　1996—2015 年全国及中央和地方普通高校生均公共财政预算教育拨款支出变化

---

① 鲍威:《中国高等教育规模扩张的理论解释和扩张机制》,《教育学术月刊》2012 年第 8 期,第 7 页。

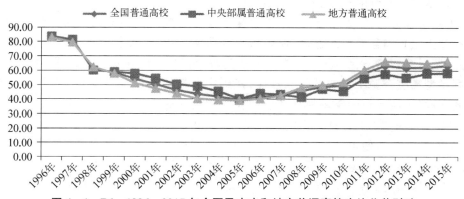

图 4 - 1 - B6　1996—2015 年全国及中央和地方普通高校生均公共财政
预算教育拨款支出占生均教育经费总支出的比例变化

因此,简单回应央地高校经费差异很难澄清复杂的原因。进入大众化后,财政拨款模式一直成为教育领域探讨和改革的焦点,这也是中央采取诸多经费改革举措并决定加大大众化后高校分类管理的主要因素。特别是中央在 2010 年后财政性政策调节上要求中央与省级生均财政性投入保持一致,即在财政性投入上央地不要差距太大,也不断加强对地方专项奖励和转移支付的支持力度,尽可能保持地方高校财政投入的均衡。2007 年,杨钋对地方 30 个省区高等教育经费分配(拨款)方式对地方高校形成的差异分析原因进行了探讨。研究认为,虽然地方政府决定各地高教经费的筹集、分配和使用,但是,其分配与使用方式的差异可能导致了地区间高教经费差异。一是尽管地方经济水平与多元筹资渠道是高教经费充足性的决定因素,但以地方 GDP 为代表的高教经费筹措能力不能完全解释区域间高教经费差异,尤其不能解释经济欠发达地区之间高教经费投入水平的差异。二是一个地区的高教财政管理模式可以通过对生均定额标准、预算内基建投入、预算外基建投入、专项投入、对民办高校投入等渠道来影响地区间经费差距。即地方高等教育财政管理模式的多样化对经费的分配和使用产生影响。分析显示,分别采用“综合定额加专项补助”“基数加发展”“定额定员”三种模式的地区也分别体现为不同的投入高低与充足多少。总体来看,高教充足管理模式的差异也是影响地区间经费差距的因素。这一研究较好地解释了大众化后一段时间地区禀赋与财政管理模式对地区高教发展的相关关系,其中财政政策的宏观调控手段的运用与经费配置方式的选用直接影响地区高教经费投入的绝对与相对差异[1]。2010 年以来教育财政政策重点放在教育生均拨款标准和奖补政策以及广泛采用综合定额加专项补助和绩效奖励与转移支付上。因此,地方财政管理模式及学费调整与中央奖补措施与财政转移支付力度之间对央地生均经费支出差异的影响还需要进一步研究。

承认差异与多样化是前提,运用财政杠杆激励与扶持是保持基本均衡的调节手段,这是与精英化阶段高等教育财政投资政策趋同的最显著区别。央地与地区间高校经费的差距既与历史禀赋有关,高校的历史禀赋一定程度上决定了后续发展走向和高端集中度;也与中央财政政策的改革与地方财政管理模式多元选择相关,同时与不同高校类型和功能需求有关,

———————

[1]　杨钋:《地方高等教育财政管理模式:差异与多样化》,载王蓉主编《中国教育财政政策咨询报告(2005—2010)》,教育科学出版社,2011,第 235 页。

这是一个多重因素制约的复杂关系。走到改革的今天,事实上的分化也决定了分类改革是方向,中央甚至在公布的"双一流"名单中也采取了分类模式。**多样化发展和分权管理是走向高等教育大众化与普及化的必然,高等教育经费筹措模式、配置模式、使用模式的多样化也是必然**,通过分析精英化阶段与大众化阶段高等教育投资体制演进的过程,就是为了找到针对不同类型高校资源配置的特征与规律,找到中央与地方管理高校的不同事权与责任划分。因此,**分类发展是我国高等教育从规模化转向高质量发展的必然方向**。大众化之初中央引导地方办学的基本方针就是以普及化为主,而非以精英化为主。这一导向促使了各地举办高等教育积极性,使得区域高等教育差距不断缩小。但是中央部属高校的综合实力确实高出地方院校,且部分地区高等教育也存在着比较优势,这一高等教育地区差异化的不争事实是长期以来历史禀赋及改革开放以来相关政策的综合结果,即以往精英化办学的体制机制及思路客观上扩大了部分差异的存在,如行政性扶持重点大学使中央部属高校与部分地方重点高校、与地方一般性高校在综合能力上存在显著差距,这是问题的一方面;另一方面,我们看到,近 20 年来,**随着高等教育分权,有力调动高等教育地方办学积极性与中央专项转移支付对薄弱省区的支持在解决高等教育地方差异化上已逐步出现了缩小趋势**,这正好表明,**中央让渡权力是有利于缩小高等教育地方差异化的**。也就是说,**实行不同的高等教育资源配置管理模式,地方高等教育差异化也呈现不同趋势**。特别是当各省内高等教育发展也存在差异性时,利用差异性因势利导转化为差异化分类办学,基础在地方,则各省更需要在充分统筹权基础上对辖内差异性高等学校进行差异化分类办学与分类管理。

2017 年 9 月中央《关于深化教育体制机制改革的意见》提出要**促进高等学校科学定位、差异化发展**。既然我们承认差异化发展,就是承认高等教育地方化包含着差异化,也就存在着进一步将中央高等教育部分管理权限让渡地方的合理性与必要性,也是让各省分别提出现代化建设目标包括高等教育发展规划的依据。2010 年《教育规划纲要》提出"到 2020 年,基本实现教育现代化",2017 年党的十九大报告提出 2035 年实现现代化。教育现代化目标是回应后大众化阶段高等教育的发展新阶段和新使命。高等教育现代化既是目标也是过程,指与国家现代化目标相匹配的支撑国家现代化的现代大学制度建设、一流大学建设、大学普及化等进入世界中上行列的现代高等教育体系;也包含着我国高等教育从精英到大众、从大众到普及的转型过程;还包含着在转型过程中不同区域或辖区内存在着变动中的不同差异。**这些过程中的发展差异目标对于整个国家是一个过渡变化统筹的概念**。相对一个阶段,对不同区域则不能完全用一个均衡概念进行比较,更不能让发展快的地区等待发展慢的地区。不同区域的历史禀赋和约束条件不同,就应该根据其约束条件进行规划实施。因此,**高等教育地方化与现代化从上述意义上看,是同一的;但地方化绝不是平均化**,为了达到某种"均衡",全国实施一个规划指令和改革举措,这只能"削足适履",更不能搞计划经济年代的"平调"。从全国宏观战略意义和政策部署上看,中央对发展较慢的地方要集中一定财力实行转移支付和专项倾斜,但对发展较快的省份应该放开管控,让其走得更快些。**从宏观视角出发,保持相对均衡化是一个国家战略角度,而不能成为行政化的操作手段。要看到均衡化是现代化实现的基本条件,但不是现代化的必然条件**。中央将管理权放给地方,无论是发达或是不发达地区,都有针对本地可以制度创新的办法,越是放权则地方统筹权就越落实,针对性缩小差异性的规划实施也越有操作与实现的可能性。

以下高等教育面临的三个聚焦点都与地方高等教育统筹权密切相关。**一是高等教育普**

及化更倾向于高等教育多样化,地方办学多样化与质量满意度更取决于地方办学自主权和统筹权的力度。根据对我国高等教育 2016—2025 年普及化预测,我国高等教育在学规模下限将接近 5 000 万人,这意味着 8 年后,全国在学总规模将增加 1 000 多万人,毛入学率接近 70%[①]。这样高的普及率一定是来自省以下甚至是地市以下,尤其是高等教育未来趋向社区化终身化的发展特征,因而高等教育地方化势在必行。对于千百万个学者来说,本地高等教育多样化的选择权就是差异性,办学多样化与质量满意度是对应关系。中央只有赋权地方,各省的差异才能转化为办学多样化和选择权的差异。因此,办学多样化与质量满意度取决于地方办学自主权和统筹权的力度。这也再次表明,**地方高等教育多样化与质量标准不可能也不应是中央规划统一的要求,而是本地学者选择的结果和基本意愿实现的程度**。高等教育地方化的特征之一就是不能总是以全国平均指标来衡量地方事业发展,更应该纵向看发展变化,更强调地方差异化指标。比如全国普及率与各地普及率存在很大的不同。例如,广东作为近两年 GDP 增长全国第一,但 2016 年高等教育毛入学率(35.1%)远低于同期全国平均水平(42.7%),这反映了广东作为改革开放以后崛起的经济大省与长期以来形成的高等教育弱省的强烈对比,虽然经过十多年的努力还是反映了高等教育历史禀赋与资源禀赋的缺失不是短时间可以解决的。河南是我国的人口大省,办学的阶段性增量只能解决录取率偏低而短时间解决不了优质高等教育资源供给问题。因此,差异化的省情还需要更多省域统筹权来解决自身特殊性问题。

二是地方高等教育结构与地方产业结构密切关联,各地高等学校的同质化现象与地方产业结构差异化使得地方产业结构与高等教育结构的协同性趋降。刘忠京、王毅对 2004—2013 年中国高等教育结构与产业结构的协同性研究的三点结论值得关注[②],根据系统协同度的等级划分,0—0.29 为传统协同发展模式、0.30—0.49 为现代协同发展模式、0.50—0.79 为追随型和带动型模式、0.80—1.00 为结合型协同发展模式。中国产业结构与高等教育结构的协同性不高,处于勉强协调阶段。2004—2013 年中国产业结构与高等教育结构的均值为 0.517(2004 年和 2013 年各为 0.533 和 0.498,见表 4-1-B7)。

表 4-1-B7 2004—2013 年中国各省市高等教育结构与产业结构协同度测算结果

序号	年份 地区	2004	2005	2006	2007	2008	2009	2010	2011	2012	2013	平均值
1	北京	0.859	0.863	0.864	0.863	0.831	0.809	0.854	0.844	0.817	0.827	0.843
2	上海	0.722	0.739	0.765	0.769	0.767	0.697	0.747	0.754	0.680	0.667	0.731
3	江苏	0.667	0.678	0.737	0.673	0.720	0.716	0.765	0.741	0.702	0.746	0.714
4	广东	0.641	0.612	0.661	0.652	0.622	0.668	0.677	0.625	0.605	0.615	0.635
5	陕西	0.630	0.585	0.570	0.585	0.598	0.581	0.571	0.526	0.569	0.578	0.579
6	浙江	0.560	0.567	0.596	0.559	0.556	0.560	0.595	0.570	0.516	0.525	0.561
7	山东	0.537	0.605	0.590	0.535	0.541	0.548	0.549	0.537	0.534	0.528	0.550

---

① 华东师范大学国家教育宏观政策研究院:《2016—2025 高等教育普及化进程预测》,内部研究资料。

② 刘忠京、王毅:《中国高等教育结构与产业结构的协同性研究——基于 2004—2013 年省域面板数据的实证分析》,《教育学术月刊》2016 第 9 期,第 14 页。

（续表）

序号	地区 \ 年份	2004	2005	2006	2007	2008	2009	2010	2011	2012	2013	平均值
8	黑龙江	0.528	0.566	0.577	0.573	0.550	0.547	0.546	0.537	0.540	0.535	0.550
9	湖北	0.546	0.523	0.558	0.558	0.507	0.544	0.534	0.511	0.537	0.547	0.536
10	辽宁	0.506	0.506	0.528	0.554	0.509	0.517	0.567	0.550	0.523	0.519	0.528
11	天津	0.568	0.526	0.539	0.496	0.502	0.494	0.576	0.518	0.505	0.514	0.524
12	四川	0.454	0.472	0.496	0.468	0.478	0.497	0.497	0.477	0.586	0.514	0.494
13	湖南	0.503	0.444	0.445	0.448	0.473	0.483	0.479	0.451	0.469	0.504	0.470
14	福建	0.435	0.427	0.465	0.457	0.455	0.458	0.461	0.444	0.421	0.446	0.447
15	河南	0.410	0.429	0.473	0.474	0.419	0.478	0.454	0.464	0.461	0.493	0.456
16	重庆	0.418	0.406	0.429	0.403	0.430	0.435	0.475	0.481	0.339	0.519	0.455
17	吉林	0.426	0.437	0.420	0.436	0.425	0.421	0.435	0.436	0.521	0.440	0.441
18	河北	0.435	0.445	0.469	0.449	0.428	0.441	0.461	0.445	0.421	0.407	0.441
19	安徽	0.427	0.399	0.390	0.379	0.407	0.431	0.408	0.397	0.440	0.449	0.413
20	内蒙古	0.377	0.368	0.38	0.406	0.420	0.404	0.432	0.421	0.425	0.411	0.405
21	江西	0.400	0.377	0.406	0.390	0.419	0.407	0.400	0.418	0.395	0.388	0.400
22	云南	0.444	0.409	0.393	0.388	0.367	0.398	0.390	0.406	0.395	0.389	0.398
23	山西	0.379	0.380	0.378	0.391	0.387	0.351	0.391	0.376	0.398	0.371	0.380
24	广西	0.375	0.353	0.380	0.354	0.356	0.370	0.388	0.379	0.409	0.415	0.378
25	贵州	0.335	0.339	0.372	0.385	0.370	0.363	0.371	0.380	0.405	0.391	0.371
26	新疆	0.345	0.357	0.387	0.399	0.361	0.369	0.364	0.359	0.372	0.377	0.369
27	甘肃	0.346	0.326	0.330	0.390	0.322	0.310	0.309	0.356	0.330	0.357	0.338
28	海南	0.306	0.294	0.341	0.291	0.327	0.342	0.356	0.310	0.400	0.365	0.333
29	宁夏	0.220	0.185	0.225	0.236	0.268	0.255	0.320	0.316	0.297	0.302	0.262
30	西藏	0.236	0.228	0.242	0.257	0.216	0.249	0.229	0.209	0.234	0.199	0.230
31	青海	0.207	0.229	0.215	0.218	0.200	0.178	0.170	0.157	0.171	0.168	0.191
	全国均值	0.533	0.546	0.539	0.540	0.515	0.494	0.512	0.500	0.594	0.498	0.517

图表来源：刘忠京、王毅：《中国高等教育结构与产业结构的协同性研究——基于2004—2013年省域面板数据的实证分析》，《教育学术月刊》2016年第9期，第14页。

其一，这表明中国在进入大众化时期以后，基本处于勉强协调阶段，并且这一状况并没有随着大众化进程的加快而得到改善，甚至在中国成为高等教育规模世界第一的2013年，产业结构与高等教育结构的协同性反而出现了下降。**其二**，中国产业结构与高等教育结构协同模式为追随型的协同模式。其中，除北京呈现为主动适应和高度协同（占全国份额的3.2%），上海、江苏协同适应性较高外，其余协同性较中等程度的广东、陕西、山东、黑龙江、湖北、辽宁、天津，这10个省份（直辖市）占32.25%；其他省份都处于较低的协同程度，甚至处于不同程度的失调状态。中国高等教育结构的调整基本是由产业结构升级推动下进行的,也就是说,产业结构与高等教育结构的发展模式基本是高等教育结构被动的追随产业结构的优化升级进行调整,基本没有主动适应或超前于产业结构发展,这也说明高等教育政策与产业结构政策的不匹配,高等教育体制改革的滞后影响了产业结构与高等教育结构协同性的发展。**其三**,中国产业结构与高等教育结构协同性地区差异性大,呈现区域非均衡的特点。对中国各区域和各省市产业结构与高等教育结构协同性的实证检验显示,中国区域协同性差异巨大,经济发达地区产业结构与高等教育结构的协同性高于经济不发达地区的协同性,并且这种差距并没有在大众化时期得到改善。当前,以创新驱动为核心动力的经济转型期需要高等教育对产业结构升级起到引领和带动的作用。刘忠京、王毅认为,中国产业结构升级进程存在巨大的地区差异,但现有高等教育的分类指导政策则体现为由中央政府统一安排的自上而下的强制方式,这显然不能使地方高等教育机构根据本区域的产业发展特点与资源禀赋优势进行目标定位。因而,**高等教育机构的分类指导应下放给当地政府,使其能根据地方经济、产业的发展及劳动力市场的状况进行规划和管理,其中也应包括部属的高等学校**[①]。对待这一问题,中央的态度呢? 国务院办公厅 2017 年 12 月发布《**关于深化产教融合的若干意见**》,提出用十年构建教育和产业统筹融合发展格局,**明确各地要同步将产教规划融入制定实施经济社会发展规划,以及区域发展、产业发展、城市建设和重大生产力布局规划之中**。《若干意见》明确省域的产业结构与高等教育融合是地方规划布局,这就意味着促进产教融合是一个地方化的过程,即每一个省份的产教融合都是独特的、差异化和地方性的。因此,注重发挥每个省区各类型大学对国家和区域创新中心发展的支撑引领作用,健全高等学校与行业骨干企业、中小微创业型企业紧密协同的创新生态系统,合理布局高等教育资源与适应以城市群为主体的新型城镇化发展结合,增强中小城市产业承载和创新能力,构建梯次有序、功能互补、资源共享、合作紧密的产教融合网络,就必须由地方自主规划决定。这一文件是在 2010 年中央提出高等学校分类、2013 年引导部分本科高校向应用型转变、2015 年教育部、发改委、财政部联合发文《关于引导地方普通本科高校向应用型转变的指导意见》、2016 年发改委、教育部、人保部发布《关于编报"十三五"产教融合发展工程规划项目建设方案的通知》等一系列推进地方高等教育融合地方产业布局调整的基础上出台的。**说明中央尊重地方产业差异化并意识到产教融合规划在地方,表明了一个指导思想,只有重视以区域产业资源集聚高等教育资源,才能使地区优质教育资源引领匹配地方产业资源。**这也直接表明了中央要求地方高等学校尽快转型为区域发展和产业振兴服务的大批应用型高校的迫切性。因此,省域高等教育管理的统筹权只有更清晰,产教融合规划才能落到实处,高等教育对地方经济与社会的贡献才能更大。因此,与之匹配的省级高等教育统筹权能否适应产教融合需求就摆上了议事日程。2017 年,我们同时还看到了另外三份关键性文件,一是对省级与高校再度放权的文件。教育部、中央编办、发展改革委、财政部、人力资源和社会保障部《关于深化高等教育领域简政放权放管结合优化服务改革的若干意见》,另一个是对省级政府进行督查文件,即《国务院办公厅关于印发对省级人民政府履行教育职责的评价办法的通知》。还有一个是 2018 年 8 月 29 日教育部、财政部、国家发展改革委联合印

---

① 刘忠京、王毅:《中国高等教育结构与产业结构的协同性研究——基于 2004—2013 年省域面板数据的实证分析》,《教育学术月刊》2016 第 9 期,第 13 页。

发关于高校加快"双一流"建设的指导意见,提出加大地方区域统筹。将"双一流"建设纳入区域重大战略,结合区域内科创中心建设等重大工程、重大计划,主动明确对高校提出需求,形成"双一流"建设与其他重大工程互相支撑、协同推进的格局,更好地服务地方经济社会发展。地方政府通过多种方式,对建设高校在资金、政策、资源等方面给予支持。切实落实"放管服"要求,积极推动本地区高水平大学和优势特色学科建设,引导"双一流"建设高校和本地区高水平大学相互促进、共同发展,构建协调发展、有序衔接的建设体系。这都说明中央对地方高等教育管理统筹权放权仍然在路上。

三是长期以来高等教育实行的重点建设计划项目及其调动地方积极性的竞争性政策在增强高等教育实力水平的同时也加大了地区高等教育差异,维护高等教育区域均衡基本面的同时保持高等教育竞争力是处理好区域发展的平衡点,实现平衡点的有力工具是进一步下放省级统筹权。计划经济时期,中央集中管理高等教育,地方基本不存在对高等教育的举办管理职责。改革开放初期,为了迅速改变高等教育不适应经济发展需求的状况,中央采取了与经济发展同样的政策就是在中央划定的范围内充分调动地方办学积极性,并采取了中央直接重点建设高等学校的宏观战略措施。"国家的区别化拨款撬动了大学之间的软硬件条件、人才引进、生源、横向经费、社会声誉等全面综合实力拉开百倍差距,使得最受惠大学的发展犹如坐上了火箭。这种旨在率先重点突破的竞争性、集中资源、差异化投入政策堪称中国特色,推行后效果显著,直接促使日本、韩国、新加坡及欧洲多国政府都相继跟进推出了同类型的重点建设政策。中国提出建设'世界一流大学'的目标已经在国际上颇具影响,WCU(World Class University)成为通行的缩写[1]。由于各省高等教育体系尚未构建,"影响各省高等教育发展的主要因素是国家战略和区域布局等,省域内部因素的影响尚不明显。进入21世纪以来,特别是高等教育大众化变革以来,各省高等教育的发展差距在原有基础上扩大,而且省域高等教育发展中的'马太效应'正在酝酿并已发挥作用。为了防范'马太效应'和非平衡化发展所带来的负面影响,省域高等教育系统日益重视省际竞争,越来越习惯于按照竞争型发展方式进行战略规划"[2]。也就是说,随着省级高等教育差异的不断扩大和省级高等教育体系的不断建立,省级对中央处于宏观战略的指导已不再满足,需要自主管理高等教育体系的意愿和自主创新资源配置的能力不断增强,这从2010年中央已意识到并进行地方管理统筹权改革试点一致。陈伟的研究也表明,诱致省际发展差距的因素逐渐从中央的计划调控、集中控制转变为各省对高等教育的资源配置力度(如经费投入水平)与政策创新强度[3]。所以,初始改革中央调动地方积极性的政策得到的反馈与近些年中央对不同区域实行不同政策的反馈是不同的,中央对中西部高等教育的扶持恰恰回应了省级高等教育不同发展阶段差异化需要中央实行区别政策,而不是统一政策。2018年3月,教育部为支持和提升中西部高等教育,通过部省合建这一新的机制和模式,在尚无教育部直属高校的省份,按"一省一校"原则,重点支持河北大学、山西大学、内蒙古大学、南昌大学、郑州大学、广西大学、海南大学、贵州大学、云南大学、西藏大学、青海大学、宁夏大学、新疆大学、石河子大

---

[1] 陆一:《"双一流"名义下,大学切莫敏于竞争,钝于自省》,《财经》2016年8月11日。
[2] 陈伟:《省域高等教育系统的崛起:动力分析和路径选择》,《高等教育研究》2017年第11期。
[3] 陈伟:《省域高等教育系统的崛起:动力分析和路径选择》,《高等教育研究》2017年第11期。

学等14所高校建设①。特别强调在不改变现有隶属关系和管理体制的基础上，发挥部、省、校和支援方的作用，坚持"一地一策、一校一案"，目标是打造推动区域发展的新引擎，为打赢脱贫攻坚战做出应有贡献，发挥合建高校在全省乃至区域高等教育发展的龙头和辐射带动作用。从这一举措可以看出一种有别于以往的统一模式，即不改变学校的隶属关系，更重视合作机制下的省域地方大学对地方的作用。同时，采用这样的方式还是能够看出地方非常看重这一块金字招牌。2017年入选教育部首批世界一流大学建设高校名单的云南大学就是基于"公正"原则下的政策倾斜。2018年6月20日，云南省政府回应这一政策的举措是《云南省人民政府关于支持云南大学加快世界一流大学建设的意见》②。将统筹考虑云南大学世界一流大学建设与区域高等教育发展的关系，推进云南大学与省内有关高校的整合，支持云南大学与行业、企业、科研院所的合作，深化产教融合发展，提高学校吸纳社会资源能力，优化资源配置，共建一流大学。云南方面将完善政府、学校、社会相结合的多元投入机制。省财政2018—2020年投入不少于25亿元专项资金，支持云南大学建设世界一流大学。中央与地方两个积极性较好地体现在推进高校资源配置的政策落实上。教育部部长陈宝生在2018年3月16日的十三届全国人大一次会议的新闻发布会上表示，在不远的将来，这些高校将快速成长为中西部高等教育的"排头兵"，向"国家队"水平迈进。他指出，这种高校被称为"部建高校"，是一块金字招牌。"教育部把这些学校列入部属高校序列，相当于一种准部属高校身份，省、自治区和兵团对高校现有的支持力度不减，隶属管理不变，我们双方共同合力建设这14所高校。"③实际上，中央部属高校不仅仅只是金字招牌，历史渊源积累导致的中央与地方的资源配置差距使得地方学校都希望挂上这一金字招牌。澎湃新闻统计了教育部发布的《2016年高等学校科技统计资料汇编》，当年已收录数据的64所教育部直属高校中，拨入经费约675亿元。这一数字由约37亿元科研事业费、近90亿元主管部门专项费、近309亿元其他政府部门专项费、近217亿元企事业单位委托经费、近17亿元各种收入中转为科技经费和约5亿元其他经费组成。上述64所直属高校，在当年的14.8万个"学校研究与发展项目"中，共拿到约431亿元的拨入经费。资料显示，这些直属高校的在读研究生约27万人，平均每人得到15.9万元经费。以北京大学为例，当年拨入经费约17.7亿元，在读研究生6 961人，平均每人得到约25万元。而在地方院校一栏中，已收录数据的有1 375所，拨入经费约514亿元。这一数字由近35亿元科研事业费、约100亿元主管部门专项费、约181亿元其他政府部门专项费、约137亿元企事业单位委托经费、近55亿元各种收入中转为科技经费和近6亿元其他经费组成。同样的，这些地方院校在当年约24万个"学校研究与发展项目"中，共获得约293亿元拨入经费。根据资料显示的约25万参与研究生，平均

---

① 《教育部部长：以部省合建模式支持中西部14所高校发展》，腾讯网，https://new.qq.com/omn/20180301/20180301A144N1.html。

② 《云南：推进云南大学与省内高校整合，3年投25亿支持云大发展》，搜狐网，http://www.sohu.com/a/236838239_232611。

③ 《政策扶持来了：中西部14所高校进入省部属高校序列》，澎湃新闻，2018年3月21日。教育部目前共有75所直属高校，分布在全国18个省份。此前，河南、河北、山西、内蒙古、江西、贵州、广西、海南、云南、新疆、西藏、青海、宁夏等13个省份没有一所教育部直属高校。在"直属"和"非直属"之间，除行政管理归口外，科研经费、师资力量等办学资源也大有差别。

每人得到 11.7 万元经费①。**一方面,中央要支持由于历史局限与政策欠账造成高等教育薄弱的部分省区;另一方面,中央越早区别对待日益分化的区域高等教育,越早下放完善省级高等教育体系的统筹权,省级高等教育就越能自主针对地方高等教育需求,越能主动支持中西部高等教育和适应国家宏观发展战略。**

从缩小东中西部地区差距看,中央采取上述分析的差别化的倾斜政策是基于公正性原则。**高等教育的最大公平就运用有效的资源配置手段最大限度地解决稀缺供给问题。改革开放以来,高等教育规模的不断增长就是这一配置趋于不断公平的结果。但是,由于历史欠账等客观与主观因素,实际区域间的相对不公平是事实**,但期望采取平均主义的平等政策来解决事实上的不公平,即解决所有社会成员之间配置机会的合理与平等,不仅现有条件不具备,而且过度强调平均值有可能带来拉低平均公共服务水平的结果,实际可能是一种倒退。中央对中西部地区的高等教育实行特殊扶持则是基于共同提高、普遍富裕的公共价值,是从公正意义上实行的政策。所以,将中小学义务教育的公平概念简单用于解决薄弱地区的高等教育问题并不是最佳解释,因为两个教育产品具有一定的差异。无论是规模发展还是质量提升,都要防止在高等教育资源配置上滥用"平等"与"公平"概念以及偏颇激进的"平均主义"政策。

第二,**中央与地方两个积极性及事权划分在改革开放不同时期的不同特征影响了高等教育发展不同阶段,也造成了区域高等教育发展的不均衡现象。解决思路是在更高层面上寻求区域的梯度发展与协同特色,而不是削足适履,平均发展。**上述讨论已涉及改革开放初期中央调动地方积极性的初衷与效果。这既是当时制度环境的需求,也是因为受到了长期计划经济以精英为中心的经验模式和决策逻辑的影响。这一模式在后大众化阶段发生了显著改变,由于省级区域经济社会发展的现实差异需求以及省级高等学校发展的"马太效应"与竞争式的发展方式,加剧了省域高等教育的地方差异。中央在分权方式上已从初期的一致性转向区别化,针对不同省区高等教育实行不同政策支持模式。我国自启动以建立与社会主义市场经济相适应的高等教育管理体制为目标导向的改革以来,不管实行何种分权模式,我们都看到,中央对地方的高等教育分权模式的主要趋势是权力让渡模式,但在转型过程中的分权特点却是"以权力分散(Deconcentration)和权力委托(Delegation)为主,以权力转移(Devolution)为辅的分权模式"②。贾永堂和孔维申对此做了较为系统的分析,从分权主体、分权逻辑与价值取向看,是一种中央政府基于政府考核对政绩的偏好将部分权力授予地方政府,是典型的行政型分权特征。也就是说,迄今为止,我国省级政府高等教育统筹权主要来自中央政府的行政型分权而非立法机关的法律型分权,据统计,通过立法机关以法律形式对地方的分权只有两项③。行政型分权总是视阶段需要有限分项逐步下放权力,呈现"碎片化"的特征,且行政型分权主要是通过国务院颁发行政法规或者是通过国家教育行政

---

① 《政策扶持来了:中西部 14 所高校进入省部属高校序列》,澎湃新闻,2018 年 3 月 21 日。

② 贾永堂、孔维申:《省级政府高等教育统筹权:渊源、内涵、困境及对策》,《高等教育研究》2017 年第 11 期。

③ 据统计,目前中央政府及其教育行政部门下放省级政府及其教育行政部门行使的 19 项行政职权中,通过国务院颁发行政法规下放的有 9 项,占总数的 47.4%;通过其教育行政主管部门发布部门规章下放的有 8 项,占总数的 42.1%;而通过正式立法下放的仅有 2 项,占总数的 10.5%。参见贾永堂、孔维申:《省级政府高等教育统筹权:渊源、内涵、困境及对策》,《高等教育研究》2017 年第 11 期。

部门发布部门规章来进行,作为政策性分权不仅不稳定,横向权力部门互为掣肘,在法律层面效力较低。贾永堂和孔维申将其描述为两个方面:一是中央政府对很多下放出去的权力仍保留着严格的控制,实质上下放的只是管理责任,在类型上多属于权力分散。比如,计划经济时期中央政府及其教育行政部门掌握着全国高校的招生权力,以后随着形势发展需要逐步将招生权力下放到地方政府和高校,但仍保留着对招生计划、招生方式的严格控制。二是我国行政型分权为主的分权模式决定了中央政府可以随时将它下放的权力收回①,这就决定了中央政府对省级政府的分权实质上是行政委托。严格意义上的权力转移是需要立法机关以立法的形式重新分配中央和地方的权力,而这一点恰恰是我国高等教育体制改革过程中最为薄弱的一环。这使得省级政府在进行高等教育统筹时面临诸多困难,如分权模式使得省级高等教育统筹权权能体现出非周延性特征②,不利于省级政府进行统筹。贾永堂和孔维申借用"周延性"这一概念分析统筹权权能的性质,认为统筹权权能的"非周延性"是指统筹权的权能未覆盖到行使统筹权所需的控制权的全部外延。如教育部掌握着研究生招生计划管理权,且采取招生计划按基数增长的管理方式。由于历史原因,广东省研究生招生计划基数偏低,教育部所给予的倾斜只是杯水车薪,再加上近年来国家加大了对研究生招生计划的调控力度,使得广东省加快研究生教育发展的目标难以实现,满足不了经济社会发展对高层次人才的需求③。因而,"上级机关对权力'随放随收'和执行政策'时宽时严'的特点,造成中央政府和省级政府权力和责任的边界不清晰,极易出现权力行使'越位'与'缺位'并存的局面,不利于省级高等教育的持续健康发展"④。

　　制度创新和转型的渐进性加剧了省级高等教育统筹权难以整体制度设计与制度约束,面向省级统一分权模式也难以解决区域高等教育的差异化。这类情形在改革深水区阶段各省行使统筹权时比比皆是,原因很简单,愈加扩大的地方差异不仅不能对应统一的行政型分权模式,"碎片化"的行政型分权也不能适应省级政府统筹权的实际效力。随着国家治理体系和治理能力现代化建设的提出,我国正处在经济社会治理模式转型期,**"高等教育行政型分权模式势必向法律型分权模式转换,这一模式转换的本质是由政府主导型的政策分权模式向多方参与型的法治分权模式转换,由中央政府主导的自上而下型分权模式向由第三者(宪法和法律)界定中央与地方政府职权的模式转换"⑤。这是中央与地方关系在改革发展新阶段表现在高等教育权力让渡过程中新的特征。**2016 年国务院印发《关于推进中央与

---

① 如 2006 年 5 月份教育部突然收回了 3 个专业的硕士生入学考试专业课命题权,因此,尽管省级政府实际上行使不少具体权力,但由于这些权力没有法律保障,省级政府管理者缺乏权力主体意识,由此产生"现权不用,过期作废"的机会主义思想和急功近利行为。转引自刘光大、莫勇波:《论我国政府间纵向职权划分模式的战略选择——从行政性分权模式向法治性分权模式的转型》,《改革与战略》2006 年第 11 期,第 27 页。进而产生高等教育分权过程中的"一放就乱""一收就死"的怪圈。参见贾永堂、孔维申:《省级政府高等教育统筹权:渊源、内涵、困境及对策》,《高等教育研究》2017 年第 11 期。

② "周延性"是逻辑学中的一个概念,用来描述命题中一个词项的外延是否被全部断定。

③ 盛明科、朱玉梅:《省级政府教育统筹发展制度存在的问题及其优化》,《湖南第一师范学院学报》2015 年第 5 期,第 17—18 页。

④ 贾永堂、孔维申:《省级政府高等教育统筹权:渊源、内涵、困境及对策》,《高等教育研究》2017 年第 11 期。

⑤ 刘光大、莫勇波:《论我国政府间纵向职权划分模式的战略选择——从行政性分权模式向法治性分权模式的转型》,《改革与战略》2006 年第 11 期。

地方财政事权和支出责任划分改革的指导意见》中已提出，要将中央与地方财政事权和支出责任划分基本规范以法律和行政法规的形式规定，将地方各级政府间的财政事权和支出责任划分相关制度以地方性法规、政府规章的形式规定，逐步实现政府间财政事权和支出责任划分法治化、规范化，让行政权力在法律和制度的框架内运行，加快推进依法治国、依法行政。

出现以上这样的特征是改革开放中央与地方关系在高等教育管理体制转型上的反映。为了说明高等教育管理体制转型过程深受中央与地方关系制度环境的影响，这里**简述我国中央与地方事权关系的演进过程，帮助我们更清晰看到高等教育管理体制转型不可能超越相应的制度变革阶段。**

事权划分是资源配置重组过程，即依法授权由中央或地方重组资源配置达到相对公平与效率的过程。"学理上，事权分为立法事权、行政事权和司法事权三个维度，而由于行政事权在国家权力谱系中占比最大、与公众联系最紧，以往的学术研究多以行政事权为重心"[1]。李齐云认为，政府事权是指政府在从事公共事务中所应当承担的职责以及相应具有的公共管理的权力。在市场经济体制下，从本质上说，政府事权就是政府提供公共服务（公共产品）职责[2]。"事权划分应当以范围作为基本依据，根据公共产品和公共服务的层级决定由谁提供，但当某些事权重要性十分突出、特别是涉及公民基本权利时，也可能由中央政府共享部分事权；事权划分，形式上是为了公权力的高效运作，但其本质是基于更好保障公民权利的需要。事权划分既要遵循由公共产品分层理论推导出的经济标准，也要遵循彰显秩序和正义的法律标准，使两个标准相互融合，互为补充"[3]。**事权是政府职能，但在计划经济体制和市场经济体制中的政府职能的确定是不同的，前者是全能也是全责政府，后者是依市场完备成熟程度而确定公共职能大小。**"事权划分并不仅仅是为了明确中央和地方的事权，明晰政府间事权划分是政府间财政支出责任划分的依据，也是政府间收入划分及转移支付的重要依据。"[4]事权概念大于财权，但财权是事权的核心。十八大提出健全事权与支出责任相匹配的体制，以往我们将事权与财权紧密相连，十八大报告调整为"财力"，十八届三中全会调整为"支出责任"，可见这一概念定位变化的认识深化和意义。关于事权概念更多的分析框架是从公共产品理论、公共财权理论和财政分权理论以及委托代理理论、博弈理论出发，这些理论都源自具有百余年市场经济基础的西方国家的实践。傅才武等归纳西方发达国家形成政府间事权和财权划分的三大原则：一是适应集权与分权原则，中央和地方间的事权与财权支出范围大致相同或相似；二是事权与支出责任法定原则，政府间职能、事权与支出范围的确定和调整，都要受到相关法律的约束；三是受益范围的原则，按照公共产品受益范围的程度确定各级政府的职责和支出责任。一般都将公共财政的支出范围严格限定在"市场失灵"领域，同时兼顾公共产品的提供效率和社会公平。在对具体事权

---

① 刘剑文、侯卓：《事权划分法治化的中国路径》，《中国社会科学》2017年第2期。
② 李齐云：《建立健全与事权相匹配的财税体制研究》，中国财政经济出版社，2013，第8—9页。
③ 刘剑文、侯卓：《事权划分法治化的中国路径》，《中国社会科学》2017年第2期。
④ 韩旭、涂锋：《中央、地方事权关系研究报告》，中国社会科学出版社，2015，第15页。

的划分过程中,还要特别关注此项事权的受益范围、激励相容和管理效率这三大要素。①三大原则与三大要素比较简洁地描述了西方发达国家的探索,具有一定参考意义。但是需要注意的是我国的特殊性,关于我国事权和财权划分改革的初始性质与绝大多数市场经济国家具有天壤之别,即我们是从计划经济体制出发的改革起点,这决定了改革出发点与演进过程的特殊性和复杂性;同时,我国作为坚持共产党领导走社会主义道路的国家转型,在公共利益与国民福祉的获得性上又具有一般市场经济公共政府的特征。关于理解我国事权概念的另一个前提是1993年建立市场经济体制后,划分政府与市场的边界成为首要目标。"理论上,事权划分的前提是界定政府与市场的关系。"②在计划经济时期,政府包揽一切,企业学校等都是政府附属机构,不存在公共品概念。而市场经济首先需要从政府门下分离并建立无数独立法人的市场主体,能由市场主体来配置资源的就不需要政府配置,而市场不能配置的资源有可能成为政府或政府与其他组织混合配置的公共品或准公共品。生成市场主体与区分政府与市场边界是划分中央政府与地方政府事权关系的前提,而明确政府公共事务的范围并不容易,改革开放以来政府机构的数次重大精简及政府与原所属管辖事务的计划天壤关系就是例证;高等教育管理体制中关于政府与高校的事权关系其中最为核心的就是高校自主权的下放也是例证。**政府与市场事权划分和中央与地方事权划分是两个密切相关的范畴,也正因为互为影响,当前一个处于渐进性制度演进时,它必然会影响后一个制度演进的方向、速度、范畴、效果。因此,仅仅从概念的定义是很难理解我国改革开放40年中央与地方事权和财权划分关系的演进特征。**

本研究提出以下分析思路理解其演进特征,建立对我国事权和财权划分概念的理解框架主要包含三个层面:

一是20世纪90年代初建立市场经济体制及颁布《预算法》是理解事权概念的重要分野。在计划经济体制下只是存在着中央与地方两个积极性的笼统简称,不管是大行政区建制还是分省体制都是中央管辖的附属行政区域,在"条条"为主的行业格局下,所有的中央分权模式主要是指高度集中计划管控模式下的"计划放权",一旦出现问题就层层收权。1993年建立市场经济体制后,"块块"为主的经济格局使以省为主的区域自主格局成为市场竞争主体,特别是自由流动的企业作为市场主体成为省域竞争性主体,这与1949年初由中央划定条条行业区域建立的所属国有企业不同。中央最初的分权制在不同省域因资源禀赋和创新能力的差异迅速拉大了改革增量的第一级增长台阶,之后省域之间的竞争绩效在中央不断释放的权力中增量改革更加倍增,形成了东中西部区域经济增长的梯度差异。市场经济体制塑造了以省域为主的最大经济竞争体,用足中央政策,拿到中央各种特殊政策是改革开放以来中央让渡权力、推进改革的一大法宝,各种"特区""开发区""试点项目"都是中央放权并形成不同竞争机制的有效途径,而以经济发展为中心的GDP增长指标成为各地政府主导政绩的最大事权,也是当地供给的最大支撑。因此,**中央与地方分权在计划经济体制与市场经济体制下的本质不同是后者的激励相容制度和资源配置的自由选择和竞争机制。**中央与地方关系是一个互为照应互为支撑的关系,也是一个随着时代变迁而不断演进的关系。同

---

① 傅才武、宋文玉:《创新我国文化领域事权与支出责任划分理论即政策研究》,《山东大学学报》2015年第6期。

② 刘剑文、侯卓:《事权划分法治化的中国路径》,《中国社会科学》2017年第2期。

样,国家财政预算制度在计划经济体制与市场经济体制条件下具有本质不同。"从表面上看,公共预算是政府关于未来某个时期的收支测算,是个让人乏味的会计问题。然而,从根本上看,公共预算的本质是一个国家极其重大的政治问题。"美国华盛顿大学政治科学教授列维在其《统治与岁入》一书中告诉读者,"一个完整的政府预算报告可以告诉我们,谁从政府这里得到了政府能够提供的好处,谁又承担了成本。"①财政事权是一级政府应承担的运用财政资金提供基本公共服务的任务和职责,支出责任是政府履行财政事权的支出义务和保障。改革开放以来,中央与地方财政关系经历了从高度集中的统收统支到"分灶吃饭"、包干制,再到分税制财政体制的变化,财政事权和支出责任划分逐渐明确,特别是 1994 年实施的分税制改革,其主要内容可以概括为"三分一转一返还",即分权定支出、分税定收入、分机构建征管体系,建立转移支付制度和税收返还制度,初步构建了中国特色社会主义制度下中央与地方财政事权和支出责任划分的体系框架,为我国建立现代财政制度奠定了良好基础②。与分税制财政体制改革同时出台的《预算法》,作为一个国家预算管理的基本法律,预算法素有"经济宪法""亚宪法"之称。在学术界看来,当时的预算法并非一部真正意义上的与现代预算体制相匹配的法律,它更像一份中央文件,是从国务院一个管理条例(1991 年《国家预算管理条例》)演变而来。但是,这一与分税制同期出台对国家财政预算的制度性设计却奠定了与市场经济体制相配套的法治基础。伴随市场经济改革的深化,从 2004 年开始的 11 年漫长修法直至 2014 年 8 月新《预算法》通过③,"预算法从过去的政府管理法转变为规范政府法、管理政府法,从过去'帮助政府管钱袋子'转变为'规范政府钱袋子',政府从管理监督的主体,同时也转变为被管理、被监督的对象"④。这一"管理法"与"控权法"两种思路的交锋一直贯穿在修法的全程,其本质是对预算法根本价值、法律定位和作用的不同认识,不仅反映了《预算法》从管理法到控权法的转变,更反映了政府正在从行政管理型到公共服务型的转变。一部《预算法》20 年实施转变的背后孕育着我国市场经济对国家经济制度治理的深刻影响与艰难博弈。2018 年 9 月,中共中央、国务院发布关于全面实施预算绩效管理的意见,提出将绩效理念和方法深度融入预算编制、执行、监督全过程。实施政府、部门和单位预算绩效管理,绩效目标不仅要包括产出、成本,还要包括经济效益、社会效益、生态效益、可持续影响和服务对象满意度等绩效指标。必要时可以组织第三方机构独立开展绩效评估,审核和评估结果作为预算安排的重要参考依据。特别要聚焦提升覆盖面广、社会关注度高、持续时间长的重大政策和项目的实施效果。近些年,中央一直在努力研究央地事权与责任划分的改革问题,2016 年《国务院关于推进中央与地方财政事权和支出责任划分改革的指导意见》(国发〔2016〕49 号)提出,进一步完善中央对地方转移支付制度,清理整合与财政事权划分不相匹配的中央对地方转移支付,增强财力薄弱地区尤其是老少边穷地区的财

---

① 《三届人大,十年修法:预算法考验中国》,凤凰网,http://news.ifeng.com/opinion/gundong/detail_2013_09/02/29213226_0.shtml.

② 2016 年 8 月 26 日,国务院发布关于推进中央与地方财政事权和支出责任划分改革的指导意见(国发〔2016〕49 号)。

③ 2014 年 8 月 31 日,十二届全国人大常委会第十次会议通过了《全国人民代表大会常务委员会关于修改〈中华人民共和国预算法〉的决定》,并重新颁布修订后的预算法,《决定》自 2015 年 1 月 1 日起施行。

④ 尹中卿:《新预算法的十大亮点》,《中国人大》2014 年第 23 期。

力。严格控制引导类、救济类、应急类专项转移支付,对保留的专项转移支付进行甄别,属于地方财政事权的划入一般性转移支付。2018 年《国务院办公厅关于印发基本公共服务领域中央与地方共同财政事权和支出责任划分改革方案的通知》(国办发〔2018〕6 号)明确,在一般性转移支付下设立共同财政事权分类分档转移支付,原则上将改革前一般性转移支付和专项转移支付安排的基本公共服务领域共同财政事权事项,统一纳入共同财政事权分类分档转移支付,完整反映和切实履行中央承担的基本公共服务领域共同财政事权的支出责任。财政部在第十三届全国人民代表大会第二次会议上所做的《关于 2018 年中央和地方预算执行情况与 2019 年中央和地方预算草案的报告》中提出,按照党的十九大报告提出的"建立权责清晰、财力协调、区域均衡的中央和地方财政关系"要求,结合我国中央与地方共同财政事权较多的实际情况,2019 年中央财政将原转移支付中属于共同财政事权的项目整合设立共同财政事权转移支付,暂列入一般性转移支付,以集中反映中央承担的共同财政事权的支出责任,进一步加强共同财政事权经费保障,更好推进基本公共服务均等化。同时,将中央对地方税收返还与固定数额补助合并,列入一般性转移支付①。

二是我国进入 WTO 后政府职能向公共服务转型及 2013 年中央提出国家治理现代化目标是划清行政管制型政府与公共服务型政府的重要分野。我国政府公共职能进入政府视野除深受全球公共治理理念的影响,还与中央政府主动调整对西部"扶贫攻坚"计划和遭遇 2003 年"非典"危机有关②。仅仅注重经济增长的竞赛也带来了经济社会的不协调,"统筹城乡经济社会发展"成为 2004 年中央重大决策③,指出"树立和落实科学发展观,这是 20 多年改革开放实践的经验总结,是战胜非典疫情给我们的重要启示"。应对"非典"危机的重要启示是公共卫生制度建设是政府的基本责任,由此,与之相关的一系列公共责任开始成为政府首要并纳入财政应对的基本事权范畴,并至此,公共政府和公共服务理念开始出现在政府依法行政的政策模式中。2004 年 4 月,国务院颁布《全面推进依法行政实施纲要》,提出对政府要"依法界定和规范经济协调、市场监管、社会管理和公共服务的职能"。可以说,这一定位一直与各级政府热衷经济业绩的激励制度设计而忽略社会公共服务的基本需求有摩擦,这主要与以 GDP 为核心指标的政绩考核体系息息相关,导致政府行为与公共利益需求之间的偏差不断扩大,以至于推进政府职能变革成为几届政府改革的重头戏却递进缓慢。"实行市场经济的一个基本事实是,由市场决定的初次分配,其结果在客观上存在着不够平等的问题,表现在财富、教育水平、技能等等方面,而且资本收入的分配比劳动收入的分配更加不平等。导致分配不平等的主要原因,有财产继承权的差别,有劳动能力的差别。这种不平等是市场竞争经历起点和过程之后所导致的结果,是人们必然面对的现实。"④公共政府的存在

---

① 财政部 2019 年 4 月 2 日公布的 2019 年中央财政预算中"2019 年中央对地方转移支付预算表"披露,2019 年共同财政事权转移支付预算安排 31845.69 亿元,共 54 个项目。《财政部欲规范 3 万亿共同财政事权转移支付 正内部征意》,网易财经,http://money.163.com/19/0918/12/EPBV89M1002580S6.html。

② 《中共中央、国务院关于进一步加强扶贫开发工作的决定》(1999 年 6 月 28 日)。决定提出,东部 13 个省、直辖市对口帮助西部 10 个省、自治区的东西扶贫协作工作。

③ 胡锦涛:《树立和落实科学发展观》(在中共十六届三中全会第二次全体会议上的讲话,2003 年 10 月 14 日)。

④ 李炜光:《厘清财政权力的边界》,南方周末网站,http://www.infzm.com/content/80267。

显而易见是为了体现"二次分配"的公平,除了提供公共服务的再配置,政府没有其他存在的理由。"这时候的财政功能,显然就与前市场社会完全不一样了。如果政府仍置自己应尽的公共责任于不顾而继续在'生产建设'上耗费资财,是对自身职能的误解。功能定位被误解,会导致错误的资源配置,而巨量资源的配错迟早会造成难以承受和无可挽回的公共损害。"①十年后,中央以"人民为中心"的公共理念与"壮士断腕"的改革勇气再一次进行简政放权;并于2013年中共十八大提出了国家治理现代化和提高政府治理能力战略目标,特别是当年12月中央组织部发布《关于改进地方党政领导班子和领导干部政绩考核工作的通知》,明确规定今后对地方党政领导班子和领导干部的考核,不能仅仅把地区生产总值及增长率作为政绩评价的主要指标,不能搞地区生产总值及增长率排名。并开始了新一轮简政放权措施,直到经济发展进入新常态,也真正让GDP业绩指标有了让位给公共服务的空间,这个空间并不单单源自政府自我意识的觉醒,而是公众视野下基本公共服务的缺失造成了社会公共基本矛盾的集聚引起社会群体的呼吁,倒逼政府不得不转型。计划经济时代,国家财政成为无所不做、无所不包的"全能财政",进入市场经济后,国家财政的主要功能逐步调整成为社会提供公共服务。改革开放初期以经济建设为中心是针对着物质匮乏时代,政府重心是发展经济,职能定位针对的是当时物质匮乏的社会主要矛盾。随着三十年经济高速增长,中国社会的主要矛盾已转化为十九大报告提出的"人民日益增长的美好生活需要和不平衡不充分发展之间的矛盾",反映在社会公共服务更高层面的生活需要与质量要求上。社会主要矛盾转化迫切要求政府职能转型,转型方向就是服务型政府。"强调服务型政府职能,与发展经济不对立,是互补关系。很多地方的经济发展瓶颈,不在于基础设施落后,而恰恰在于政府的公共服务和公共管理不到位。这些公共服务和管理不到位引起的信任缺位、城市病、环境恶化严重危害了经济发展。"②**实现政府职能转换一方面需要依托发展观念的重大改变,另一方面则是面临利益格局的重大调整,不仅政府自身要规避来自市场的诱惑与寻租的路径依赖,还要面对公共领域资源配置中不同利益群体改革损益问题,既可能存在利益波动带来的稳定格局被打破,也可能牵动重大且复杂的社会争议。这是衡量与检验政府治理能力的重大考验,首先是看新的社会主要矛盾条件下的中央与地方治理分权的基本框架是否合理与可行。**因此,摆在当今各级政府面前的抉择是非转型不可,没有转型为公共政府的治理能力不可。魏礼群认为,改革开放以来,中国进行过七次集中的行政管理体制改革,其间还有不少区域性改革试点和单项改革,但是简政放权陷入"精简—膨胀—再精简—再膨胀"的怪圈。行政权力扩张使政府的权力边界成为可伸缩的橡皮筋③。他认为约束行政权力的有效途径是加快建立权力清单制度。2013年11月中共十八届三中全会的《中共中央关于全面深化改革若干重大问题的决定》中就提出推行地方各级政府及其工作部门权力清单制度。2014年以来,中央政府加强"清权、减权、制权"力度,从中央部委到地方部门都晒出了权力清单、锁定行政审批项目"底

① 李炜光:《厘清财政权力的边界》,南方周末网站,http://www.infzm.com/content/80267。
② 张斌:《政府职能转型才能解决新时代的主要矛盾》,新浪财经,http://finance.sina.com.cn/zl/bank/2017 -10 -19/zl - ifymvuyt4590194.shtml。
③ 《报告吁厘清政府权力边界 促隐形权力公开化》,中国新闻网,http://www.chinanews.com/gn/2014/12 -27/6917130.shtml。

数"，但权力清单随着政府与市场、政府与社会以及改革深化的关系会变化，仅仅依赖自我权力约束模式很难脱离"怪圈"[①]，而解决的唯一出路是公共政府的权力法治化。公共财政是公共政府的基本工具箱，公共预算是公共财政的核心，现代预算制度是现代财政制度的基础，是国家治理体系与公共政府建设的重要内容。2014 年新《预算法》的出台是国家法律制度建设的一项重要成果，2016 年国务院印发《关于推进中央与地方财政事权和支出责任划分改革的指导意见》[②]，明确合理划分中央与地方财政事权和支出责任是政府有效提供基本公共服务的前提和保障，是建立现代财政制度的重要内容，是推进国家治理体系和治理能力现代化的客观需要。同时《指导意见》鲜明指出，现行的中央与地方财政事权和支出责任划分还不同程度存在不清晰、不合理、不规范等问题，主要表现在：政府职能定位不清，一些本可由市场调节或社会提供的事务，财政包揽过多，同时一些本应由政府承担的基本公共服务，财政承担不够；中央与地方财政事权和支出责任划分不尽合理，一些本应由中央直接负责的事务交给地方承担，一些宜由地方负责的事务，中央承担过多，地方没有担负起相应的支出责任；不少中央和地方提供基本公共服务的职责交叉重叠，共同承担的事项较多；省以下财政事权和支出责任划分不尽规范；有的财政事权和支出责任划分缺乏法律依据，法治化、规范化程度不高。认为这种状况不利于充分发挥市场在资源配置中的决定性作用，不利于政府有效提供基本公共服务，与建立健全现代财政制度、推动国家治理体系和治理能力现代化的要求不相适应，必须积极推进中央与地方财政事权和支出责任划分改革。《指导意见》安排了改革时间表，要求 2017—2018 年争取在教育、医疗卫生、环境保护、交通运输等基本公共服务领域取得突破性进展。参照中央改革进程，加快推进省以下相关领域财政事权和支出责任划分改革。2018 年 2 月国务院办公厅印发《基本公共服务领域中央与地方共同财政事权和支出责任划分改革方案》是《指导意见》的落实，将义务教育、学生资助、基本就业服务、基本养老保险、基本医疗保障、基本卫生计生、基本生活救助、基本住房保障等八大类 18 个基本公共服务事项，首先纳入中央与地方共同财政事权范围，由中央与地方共同承担支出责任，以人员或家庭为补助对象或分配依据，优先和重点保障。由此可见，**政府转型是一个渐进并深化的过程，现实制度环境与严峻问题倒逼机制迫使政府不得不转型，政府公共理念的抉择既决定公共政府站位的正确与否也决定站位转型是不是彻底。**

　　三是由中央决定财政事权和支出责任划分体系并坚持中央高度集中的政治领导是研究中央与地方分权的基本原则。"在现代社会中，政府权力被界定为公有物，任何人也不能据为己有。谁想掌握权力，必须经法定程序公正、公平、公开地来获取。谁获得权力，都必须承担起法定的公共责任。"[③]公共权力与公共责任都来自公民委托和授权，公共政府是代表人民利益的，也只有以人民利益为最高利益来确定公共权力与责任。中国共产党是代表人民

---

① 中央政府推进"两个清单"制度，一是"正面清单"，也即"权力清单"，约束的是政府非做不可的事情；二是"负面清单"，约束的是非政府方面不可以随意做的事情。在清单之外，政府法无授权不可为，非政府方面法无禁止可选择作为。

② 2016 年 8 月 26 日，国务院发布关于推进中央与地方财政事权和支出责任划分改革的指导意见（国发〔2016〕49 号）。

③ 李炜光：《厘清财政权力的边界》，南方周末网站，http://www.infzm.com/content/80267。

利益并以实现人民利益为宗旨的执政党,它所领导的政府作为人民的"委托—代理"必须承担起法定的公共责任,中国宪法确立了这一权利的合法性和国家机构的组织原则,这一基本原则是中央和地方关系总体特征呈现整体性与全局性的基础①。先在财政事权和支出责任划分上突破是中央与地方关系的核心,综观 1949 年中华人民共和国成立以来的中央与地方事权划分变迁,无论如何变化或突破,都是追随着国家发展重大目标的演变,即使某一阶段目标存在重大缺陷或失误,资源配置错位或缺位,这一不断自我洗礼更替的制度演进在服务于国家阶段目标中完成政府职能演进,同时实现不同发展阶段全国与区域资源配置的相对公平与效率。**这个过程不仅体现了一个由高度集中的传统中央计划经济向社会主义现代市场经济转型的渐进过程,也是一个在复杂环境下不断学习不断犯错不断纠错的改革创新过程,还是抓住历史机遇期和重大事件"窗口期"实现决策层学界大众共识并达到制度更替的过程。**能够实现这一制度变迁是由于中国改革处于一个具有特殊优势的制度背景中,既坚持中国特色社会主义道路和党的领导的优势,又要体现与维护社会公平正义和促进共同富裕的优势,这一制度优势不断被实践证实是中国改革开放取得成功的最重要特色。**在中央与地方的关系上,特别是在不断明晰的事权划分上,首要是确立国家治理职能,不单纯是一个财政问题,因而这一特色与优势也是原则。**2016 年国务院印发《关于推进中央与地方财政事权和支出责任划分改革的指导意见》中明确坚持财政事权由中央决定的原则。在完善中央决策、地方执行的机制基础上,明确中央在财政事权确认和划分上的决定权,适度加强中央政府承担基本公共服务的职责和能力,维护中央权威。要切实落实地方政府在中央授权范围内履行财政事权的责任,最大限度减少中央对微观事务的直接管理,发挥地方政府因地制宜加强区域内事务管理的优势,调动和保护地方干事创业的积极性和主动性。**政治上高度统一意志与经济上适度分权一直成为我国改革开放以来深化改革的定力与动力,也是中国特殊制度环境的特殊优势。**当然,"政府所拥有的处理财政事务的权力不是天生的,必须纳入宪政民主的运行轨道。有授权才有支配资源的权力,无授权则无支配资源的权力。当财政权力被授予出去时,国家还应建立一种完善的以权力制衡权力的机制,如公共预算的外部政治控制机制,它包括公民参与机制、立法机构独立审计和全程监督的机制,预算过程和绩效接受人民代表大会甚或更大范围的讨论、问责和纠错"②。这一制衡机制正在成为新《预算法》的题中之意和现实中的制度性约束。

本研究提出以下分析思路理解其演进特征,建立对我国事权和财权划分概念的理解框架主要包含三个层面:一是 20 世纪 90 年代初建立市场经济体制及颁布《预算法》是理解事权概念的重要分野。**二是**我国进入 WTO 后政府职能向公共服务转型及 2013 年中央提出国家治理现代化目标是划清行政管理型政府与公共服务型政府的重要分野。**三是**由中央决定财政事权和支出责任划分体系并坚持中央高度集中的政治领导是研究中央与地方分权的基本原则。

对我国事权与支出责任划分的理解框架帮助我们确立两个基本观点:**一是我国事权划分的初始制度背景既是约束事权划分演进的条件,也是形成我国事权特色的基础;二是我国改革开放后事权划分的渐进过程影响并制约着我国高等教育事权划分的制度变迁。**

---

① 韩旭、涂锋:《中央、地方事权关系研究报告》,中国社会科学出版社,2015,第 18 页。

② 李炜光:《厘清财政权力的边界》,南方周末网站,http://www.infzm.com/content/80267。

因此,高等教育事权划分与我国政府治理变革密切相关,高等教育管理体制转型不可能超越相应的国家制度变革阶段。但是,上述分析框架也揭示了我国事权变革的趋势,它在保持本土优势与特色的前提下正在朝着遵循市场经济规律和公共政府治理特征的方向迈进。

第三,后大众化区域高等教育资源配置由中央集中规划的计划模式转为区域战略规划的竞争模式已成趋势。2017年1月24日,教育部会同财政部、国家发展改革委遵循党中央关于新时期建设世界一流大学和一流学科的重大战略决策,出台《统筹推进世界一流大学和一流学科建设实施办法(暂行)》,标志着2015年8月18日中央全面深化改革领导小组第15次会议审议通过的《统筹推进世界一流大学和一流学科建设总体方案》进入操作实施阶段。这一举措已全然摈弃了过去20年来由中央全权包办依赖工程或项目推动重点大学与一流大学建设模式,并放权鼓励省级政府积极规划统筹分类办学。按照褚照锋对24个地区"双一流"建设出台政策文本的分析,"'双一流'创新的关键在于打破传统'211工程'高校、'985工程'高校等相对僵化的支持模式,鼓励不同类型高校,在不同层次、区域、水平上争创一流。地方政府在'双一流'推进原则上均强调坚持分层分类指导,有17个地区'双一流'建设形成了分层分类情况"[1],"双一流"建设已经成为各地高等教育发展规划的核心内容[2]。不少省域加大投资双一流大学的竞争性角逐也成为舆论热点,20余省陆续出台的相关规划[3],既给出量化指标的"理想",也给出实打实的经费支持。至少有北京、上海、广东等11个省(市)明确了支持"双一流"的经费目标,粗略合计已达400亿元规模[4]。这是改革开放以来,高等教育在办学管理体制上出现的新一轮自主竞争一流大学的区域模式,它不但颠覆了建设一流大学需要中央钦点的原有计划固化身份模式,而且开启了依靠地方实力与需求的地方间竞争模式。随着双一流竞争模式的带动,其他应用型大学、职业型大学等都将裹挟进这样的一股地方竞争滚动发展提升的模式。**实际省级政府已统筹我国高等教育总量的95%以上,作为国家"双一流"的实施主体,除了建设国家一流,更多关注区域高等教育体系结构的优化调整是其重点**,在省内经济社会人才需求的框架下,人才层次规格规模决定其与转型升级匹配的质量结构,正因为有不同层次人才的质量规格才会形成适度适配的人才结构。所以,**双一流建设的竞争模式带动区域内高等教育不同层次多样化发展竞争已成趋势**。有人担心,教育管理部门新设置的专业类教学质量国家标准会导致人才培养同质化[5],这一担心不是天

---

[1]　褚照锋:《地方政府推进一流大学与一流学科建设的策略与反思——基于24个地区"双一流"政策文本的分析》,《中国高教研究》2017年第8期。

[2]　毕建宏:《各地"双一流"建设方案综述》,北京大学中国教育财政科学研究所网站,http://ciefr.pku.edu.cn/cbw/kyjb/2017/05/kyjb_4459.shtml。

[3]　2017年9月初步统计,31个省份支持"双一流"建设的计划资金已超550亿元 。研究表明,根据对24个地方政府"双一流"政策的颁布时间与机构、文本名称与结构、规划时间与目标发现:虽然地区间差异较大,但创新突出,规划目标数字化特征明显;指导思想上凸显区域特色,重点支持优势特色学科;推进策略上主要体现分层分类支持。

[4]　《高等教育突进:20余省份400亿赶场"双一流"》,网易财经,http://money.163.com/17/0217/05/CDF230N4002580S6.html。

[5]　《教育部:今年将推出一万个国家一流专业建设计划》,搜狐网,http://www.sohu.com/a/219872784_503456。

方夜谭,但只要中央不干预地方自主竞争模式,竞争机制将激励地方高校涌现更多的创新多样化,因为人才标准来自市场企业行业一线需求,从来不是来自政府预先设计。

中央放开管制促使双一流建设地方竞争"蜂拥而起",而另一深层原因则是地方经济面临新科技与新经济挑战,需要大学支撑。每一次世界科技革命都与产业变革与区域经济崛起息息相关,都改写着世界经济版图和政治格局。世界经济中心的转移脉络与依靠科技引领支撑的程度紧密相关,也与大学深度参与科技创新相关。同时,"大量事实表明,领先科技出现在哪里、高端人才流向哪里,发展的制高点和经济的竞争力就转向哪里"①。山东省委书记通过对标先进、环视四周、放眼开放三个维度比较,发现近 10 年山东的区位竞争优势在迅速下降,兄弟省市纷纷寻找科技创新的突破口,抢占未来发展的制高点。为了在新一轮科技革命和产业变革加速孕育、集聚迸发,就需要对产业分工重大调整,重塑地区竞争格局,提出并经中央 2018 年 1 月批准实施全国第一个新旧动能转换综合试验区,作为实现山东省高质量发展的战略支点,从而加快培育衍生一大批引发产业体系重大变革的高新产业,实现高新产业的颠覆式、爆发式增长。区域竞争力来自对比较优势的判断,同时,真正的创新来自地方,而科技创新也来自基层,尤其来自政府管控较少的地方。"中国能与美国 FAAMG 几个巨头一个量级的,也就阿里和腾讯,而这两家企业,一家产生于浙江杭州,一家产生于广东深圳。有意思的是,这两家企业都诞生于政府最少干预,或者说初期政府不知道如何干预的互联网行业。是民营力量推动了中国互联网业的蓬勃发展,并捧出了代表中国名片的世界级科技公司。"②百年历史证实,每个时代产业变化背后同样是技术的变迁,从工业类型的变化不难看出,美国的产业经历了由传统工业到电子工业再到信息工业的发展过程。1917 年的美国工业仍然是受益于第二次工业的发展,尚处于电气化社会的发展完善阶段,对于橡胶、石油等原材料的需求旺盛;1967 年,美国已经基本完成了电气化革命,而进入工业产业精细化阶段,更加贴近消费者日常需求的产品更受欢迎,比如电影、汽车、零售行业的发展;2017 年,在 20 世纪末到 21 世纪初的互联网技术的进步和突破下,科技公司和金融公司等服务产业占据了主流。美国百年十大顶尖公司市值变迁的背后是美国 100 年间的产业升级③。因此,"替代"早已成为这个时代的常态,替代与被替代的速度还在增长。大学作为千年组织,在近百年变迁中虽还未曾替代,但其变革速度也在加快。**面对新一轮全球化背景下的互联网、大数据、人工智能、物联网等大量颠覆性技术的不断涌现,互联经济、实体经济、共享经济、金融经济的融合互通加快我国经济由高速增长阶段转向高质量发展阶段,我国正在塑造的现代化经济体系不仅将促进我国产业迈向全球价值链的中高端,也促使中国大学需要在"全球范围之内不得不反思教育、重塑教学、再定义大学"**④。颠覆性技术带给新时代的颠覆性理念需要高校瞄准世界科技前沿、实现前瞻性基础研究,在原创性引领性研究上有突破,

---

① 《刘家义在山东省全面展开新旧动能转换重大工程动员大会上的讲话》,搜狐网,http://www.sohu.com/a/223642561_114731。

② 《年度大数据深度起底:中国各地区、各省市真实经济实力对比》,搜狐网,http://www.sohu.com/a/216862002_117262。

③ 《1917—2017:美国顶级公司百年变迁史》,搜狐网,https://www.sohu.com/a/207184662_505837。

④ 《席西民:"两个一流"建设必须要解决五个老问题》,搜狐网,http://www.sohu.com/a/125863807_372464。

这样的理念需要来自活跃的企业一线,突出企业技术创新主体作用,强化产学研用紧密结合是中央政策导向,但失去产学研深度融合的科技创新一线,这样的理念就是空中楼阁。**真正能够给予大学创新来源的正是我国地方区域内蓬勃生长的新兴产业科技园区、创新科技中心与综合改革实验新区,这也是近年来中央不断发布支持大学与产业科技创新结合并革除一系列创新障碍政策性文件的初衷**①。2017 年 12 月 5 日,国务院办公厅《关于深化产教融合的若干意见》明确指出,促进高等教育融入国家创新体系和新型城镇化建设。完善世界一流大学和一流学科建设推进机制,注重发挥对国家和区域创新中心发展的支撑引领作用。健全高等学校与行业骨干企业、中小微创业型企业紧密协同的创新生态系统,增强创新中心集聚人才资源、牵引产业升级能力。适应以城市群为主体的新型城镇化发展,合理布局高等教育资源,增强中小城市产业承载和创新能力,构建梯次有序、功能互补、资源共享、合作紧密的产教融合网络②。这一要求只有在地方支持需求下实现。**中央不断放权的要义是希望大学走入新科技支撑下的新经济时代,而不是固守在传统大学固化的经院模式中,地方创办大学的直接诉求就是地方经济需要对接全球现代科技,这一如饥似渴的愿望与中央放权的意愿成为我国高校进行颠覆性改革的直接动力来源。**同时,这一动力也来自站位全球经济与实行经济外向型,这是我们重新审视国外大学变化的直接需求。席酉民在反观国内不少大学依旧向往原有的许多欧美一流大学时指出,这些"一流大学已经开始尝试以一些颠覆性的改革去回应这个时代的需求,斯坦福大学发布 2025 计划,改大学的四年制为终身制以支持学生的终身学习;纽约大学和杜克大学等则开始探索深度的跨学科教育来培养通专结合的人才;以开创美国通识教育闻名的哈佛大学也在重新反思其通识课程的合理性并做出重要改革;更不要说像高教届新锐密涅瓦(Minerva)大学可能给整个高等教育带来的冲击"③。**我们看到,这些曾经的一流大学正在面对新科技重新审视并实施创新,而且这些创新都是建立在原有基础之上的创新,并不雷同;但他们构成的多元化创新趋势则会形成新一轮一流大学的创新生态,这一创新生态的特点是面向全球但扎根于地方经济及与区域产业融为一体的,这也是我们摈弃集中规划一流而走向区域竞争一流建设的初衷。**

中国城镇化发展与高等教育发展之间关系的分析,见微信 4 - 4。

---

① 2012 年 9 月 23 日,为加快推进创新型国家建设,全面落实《国家中长期科学和技术发展规划纲要(2006—2020 年)》,充分发挥科技对经济社会发展的支撑引领作用,现就深化科技体制改革、加快国家创新体系建设,中共中央、国务院印发了《关于深化科技体制改革加快国家创新体系建设的意见》。2016 年 5 月 30 日,全国科技创新大会召开,这是党中央国务院在深化改革开放、加快转变经济发展方式、全面建设小康社会的关键时期召开的重要会议,是一次深化科技体制改革的动员大会。中央印发《国家创新驱动发展战略纲要》,《纲要》是新时期推进创新工作的纲领性文件,是建设创新型国家的行动指南,确立了未来 30 年创新驱动发展的三步走战略目标,明确了"坚持双轮驱动、构建一个体系、推进六大转变"的战略布局。2017 年 12 月 5 日国务院办公厅《关于深化产教融合的若干意见》(国办发〔2017〕95 号)。为进一步贯彻落实《中华人民共和国促进科技成果转化法》《关于深化国有企业改革的指导意见》《关于深化人才发展体制机制改革的意见》和国家以增加知识价值为导向分配等政策精神,加快实施国家创新驱动发展战略,健全完善有利于中央企业自主创新和科技成果转化的中长期激励机制。

② 国务院办公厅《关于深化产教融合的若干意见》(国办发〔2017〕95 号)。

③《席酉民:"两个一流"建设必须要解决五个老问题》,搜狐网,http://www.sohu.com/a/125863807_372464。

　　未来城镇化将在地方经济转型和高等教育地方化中扮演更重要角色。中国未来 10 年还将有近 3 亿人从农村到城市①。党的十八大提出了"新型城镇化"的理念,强调要走中国特色新型城镇化道路。党的十九大提出以城市群为主体构建大中小城市和小城镇协调发展的城镇格局,加快农业转移人口市民化。这一定位确定了在我国需要多种形式并举来加快城市化进程。前 20 年大众化主要是高校数量发展,这对中央与省级集中规划布局设置标准是比较容易实现的,包括对各省办学设置审批节奏、办学规格的监管评估,因而中央更多的计划主导配置可以显现为数量增加与基本布局配置的成果。也就是说,**过去 20 年中央通过对新增高校来调整全国高等教育布局的宏观规划使命应该基本达到,**但如何让已布局在地方的高等学校发挥应有功能,这不能仅仅依靠中央一个积极性,那省级积极性在何处体现呢?随着地域特点与区域经济的整合,高质量经济发展更倾向于优势资源在省内或跨界以及跨省份合作,甚至跨国运作。高等教育在各地或区域间的产教融合将差别万千,这就不是中央一两个部门由上至下宏观指导可操作的。因此,后大众化的高等教育质量提升不是闭门造车的内部设计,而要实实在在面对省级城镇化发展的差异化格局,面对本省或跨省以及全球间规划合作、产业升级、结构调整、市场竞争新需求的质量发展。**高等教育地方化也不再是办学数量地方化,而是各地面对差异化与区位优势,如何统筹经济社会科技创新需求对高等教育资源配置的深度融合规划。**

　　关于城镇化趋势对高等教育区域资源配置管理体制影响,见微信 4 - 5。

　　以上三个城镇化趋势对高等教育区域资源配置管理体制影响值得进一步研究,但有一点指向是明确的,在中央与地方关系上,需要中央更多让渡本应或趋势证实应由地方承担的事权与支出责任。

　　改革开放以来,中央与地方关系在每个不同时期推进改革中都采取了一种由中央批准授权地方进行改革试点的做法。这种做法既包括地方提出报由中央批准,也包括中央授权地方试点,既包括试点后全国普遍推开,也包括仅此一地特色。如 1980 年中央决定设立深圳、珠海、汕头、厦门四个"经济特区",之后,海南省(1988)、上海浦东(1990)、天津滨海新区(2006)、新疆喀什(2010)、河北雄安(2016)都是在不同发展阶段被中央批准设立的"经济特区"。其他关于行业性改革试验区更多。2013 年中央批准的 11 个"自由贸易区"仍然采取了这样的模式②。中央批准授权后展开试点的过程多数也是带有改革问题导向并具有普遍意义的探索过程,改革初期所进行的试点效果多数成为其他地方的效仿模式,也能很快在全国推开,尤其是行业或局部改革试点。**但随着改革进入"深水区"和"攻坚期",与初始改革条件差别不大不同,恰恰是各地发展状况发生较大变化,各地改革的基础条件是差异大于一致,甚至有的省内差异大于省际差异,许多改革试点只能滞留在本地,很难形成普遍参照模式。**高等教育改革也与全国一样经历了中央批准从个别项目到综合项目的授权改革模式。本课题在中国高校自主权演进分析和高等教育制度各层面主要改革进程分析中涉及的许多改革

---

① 2018 年 3 月 8 日上午,外交部部长王毅就"中国外交政策和对外关系"回答两会中外记者提问。

② 《商务部:全国 11 个自贸区形成了多领域、复合型综合改革的态势》,新浪网,http://news.sina.com.cn/c/2018 - 01 - 11/doc - ifyqptqv7737700.shtml。中国自由贸易区是指在国境内关外设立的,以优惠税收和海关特殊监管政策为主要手段,以贸易自由化、便利化为主要目的的多功能经济性特区。

都是采取这一模式①。例如,1979 年上海交通大学进行的内部岗位责任制改革试点,1988 年北京大学、清华大学、北方交通大学、西安交通大学等关于学校工资总额包干试点等。2010 年国家教育体制改革办公室为落实《国家中长期教育改革和发展规划纲要(2010—2020 年)》列出 425 个全国改革试点②,其中,除有 48 项为现代大学制度改革试点外,高等教育综合改革试点几乎各个省都参与,2017 年由教育部牵头组织的高考综合改革则指定了上海、浙江先行试点。高等教育大众化形成的高等学校分类趋势使其各类学校情况各异,所进行的试点多数采取分类试点进行,这已经成为中央近年来指导高等教育改革的一个显著特征,即分类试点、分类指导、分类评估。由此可见,**中央与地方关系,仅此这样一种授权改革模式,经过 40 年的渐进探索也呈现出由过去的"点及面"到现在的"点对点",只有当内外部条件基本一致时,"点对点"才能实现。也就是说,改革越深化,改革主体的差别就越大,改革诉求的差异也越大,改革所需环境与条件就越不一致,改革试点推广效应也普遍减弱。这一趋势特征说明,中央面对地方千差万别的实际,要推进地方改革就更要加强国家宏观战略定位,进行大局谋划,但具体操作则放权由地方根据特定基础、特色资源、特殊优势和突出问题进行试点。**如 2017 年中央关于**探索省际协同互补的产教区域改革,如高等教育所在省域支持京津冀、长江经济带、东北工业基地等也需要中央放权予以协作省区跨省协作自主权。**改革开放以来,在中央先行先试政策的支持下,上海一直处于改革前沿,2003 年中央就将本科设置审批权也下放到上海,给予上海改革探索自主权。上海认为在现有改革基点上,上海已到了必须以综合性的制度创新引领教育转型发展的时期,更加需要向综合改革、存量改革、深层改革推进。在具有统筹自主权前提下,制定出台了《上海高等教育布局结构与发展规划(2015—2030 年)》《上海现代职业教育体系建设规划(2015—2030 年)》,为上海市政府中长期配置高等教育和职业教育资源提供指引。全国第一个省级高等教育法律《上海市高等教育促进条例》与《上海市教育督导条例》由上海市人大通过③。这些说明地方高等教育已跨入法治时代。2014 年启动的上海综合改革就涉及参与和引领苏浙皖沪"三省一市"教育联动发展。通过搭建各类合作交流平台、共建共享跨地区教育资源等,持续深化长三角教育一体化发展,共建亚太地区教育新高地④。上海的这些深度改革若没有中央授权或放权很难取得现有进展。闵维方提出 2035 年我国高等教育结构性目标之一是形成更完善、更平衡的且富有弹性的国家高等教育区域布局,为珠江三角洲经济区、长江经济带、京津冀经济圈、西部大开发、中部崛起、东北振兴、"一带一路"建设提供相应的强有力人才支撑和知识贡献,同

---

① 参见本书第六章第一节。康宁:《中国经济转型中高等教育资源配置的制度创新》,教育科学出版社,2005,第 308 页。

② 2010 年 5 月 14 日,教育部印发《关于组织申报国家教育体制改革试点的通知》,确定改革试点的重点任务。在全国范围内确定了 425 项改革试点项目,形成了国家教育体制改革总体方案。截至 2011 年 3 月,425 个项目备案工作全部完成,改革试点全面启动。

③ 《上海市高等教育促进条例》已由上海市第十四届人民代表大会常务委员会第四十二次会议于 2017 年 12 月 28 日通过,现予公布,自 2018 年 3 月 15 日起施行。2016 年《上海市教育督导条例》被上海市人大通过。引自《上海市教育综合改革的思路与举措》,中国教育新闻网,http://www.jyb.cn/theory/jyfz/201606/t20160602_661592.html。

④ 《上海市教育综合改革的思路与举措》,中国教育新闻网,http://www.jyb.cn/theory/jyfz/201606/t20160602_661592.html。

时形成高等院校同科研院所和企业密切结合的高效机制,建设遍布全国的知识创新和科技创新平台①。这一目标的实施首先需要省域协同支持,更明确地说,需要中央区别情况分别授权或放权让这些省区能够自主规划进行协作。余继、闵维方对全球最具创新力大学的研究发现②,从根本上影响大学创新能力的不是技术性因素,而是三个方面体制性因素,宏观上大学在国家创新体系中的职能定位、大学的自主权程度和鼓励竞争的制度安排;微观上教学与科研相结合的体制机制以及大学知识创新成果转化的思想基础、校企关系和利益分配;以及相关的法律保障。比较研究也发现,美国大学作为最具创新能力与其教育实行地方分权制度安排有相关。各州给予大学的自主权是存在差别的。在那些给予更多自主权的州里,大学的创新能力和创新成果也更多③**高校管理体制改革面临我国现代化经济体系与经济全球化新特征、中央与地方事权划分和地方发展不平衡三大制度约束,中央政府对高等教育地方分权是省级政府高等教育统筹权形成和发展的基本条件,没有中央宏观规划的放权或授权地方,没有各地自主改革意愿以及自主改革的事权积极性,很难让这些不同特色不同差别不同需求的地区实现不同改革目标,这正是新阶段高等教育地方化的实质所在。**

当前省域高等教育发展中的"马太效应"正在酝酿并已释放能量,诱致省际发展差距的因素逐渐从中央的计划调控、集中控制转变为各省对高等教育获取特殊资源能力、规划配置资源力度(如经费投入水平)、政策创新强度等的竞争。为了防范"马太效应"和非平衡化发展所带来的负面影响,中央已在转移支付上加大支持力度以平衡不断拉开的差异,但省级政府在各自不同的产业结构与经济转型压力下只会愈加重视省际竞争,越来越倾向于按照竞争型发展方式进行高等教育协同本省经济社会发展战略规划。同时,进入高等教育大众化后中央办学与地方办学的格局已由之前 1999 年的地方高校占比 65% 达到 2016 年 97%④,而高等教育管理权绝大部分仍在中央。虽然中央文件多次提出高等教育发展的统筹权归地方,但由于整个制度环境特别是人财物等行政性审批权多数仍管辖在中央各部委,并非全由教育部门说了算,以至于国务院自身出台的文件若仅仅只是提出制度性"障碍"问题也并非都能够解决。**高等教育管理体制从中央与业务部委、政府与高校、中央与地方三者关系上看,只有中央部委办学关系随着 1998 年的高校管理体制改革基本解决,后两者都在改革路上。**由于中央与地方的事权与财权的不清晰导致高校的行为发生似乎都与中央有关,形成千所高校"跑部钱进"与中央专项"撒胡椒面"的局面。张婕等在落实《国家中长期教育改革和发展规划纲要(2010—2020 年)》三年后"高等教育综合改革"试点分析一文中⑤,指出试点反映高校现存的"院校设置、招生计划审批、专业设置与审核、人才引进、人事编制、职称评

---

① 闵维方:《从经济视角看我国面向 2035 年的高等教育发展战略》,《教育与经济》2018 年第 2 期。

② 余继、闵维方:《高等教育体制对大学创新能力的影响:欧美的比较研究及其启示》,《北京大学教育评论》2018 年第 3 期。

③ P. Aghion, M. Dewatripont, C. Hoxby, A. Mas-Colell, and M. Sspir, "The governance and performance of universities: Evidence from Europe and the US," *Economic Policy*, No.25(2010):7-59.转引自闵维方:《新时代教育发展的战略重点是提高国家创新能力》,《中国教育报》2018 年 12 月 13 日,第 6 版。

④ 见教育部公布的 2016 年数据。

⑤ 国家教育行政学院:《国家教育体制改革试点阶段性研究报告(高等教育卷)》,教育科学出版社,2014,第 30 页。

聘、考试招生、学位授予、学科建设、经费管理与使用、毕业注册"等权限都不同程度归属政府,且多数仍然在中央主管部门,导致改革难以深化。从试点分析看,地方高等教育省级统筹权多年来主要体现为"击鼓传花""力争项目""法宝共建""施以宽松""横向掣肘"五大特色①,各省对高校的管控也"松紧"不一,如果省级管理部门保持一定的宽容度,则对辖内的高校创新就是最大地支持了②。表 W4 - B2,(此表列入微信 4 - 3)。2013—2017 中央有关高等教育"放管服"相关文件,中央主管部门已发布了若干放权文件。其中,中央与省级事权与财权议题已列入改革时间表。2016 年 8 月 16 日,《国务院关于推进中央与地方财政事权和支出责任划分改革的指导意见》发布,2017 年 5 月 31 日,国务院办公厅印发对省级人民政府履行教育职责的评价办法的通知。虽然对地方管理高等教育统筹权的力度还需观察,但以"地方为主"已指日可待。

在中央与地方关系上,高等教育两级管理体制以"中央为主"转向"地方为主"已是趋势,高等教育地方化不仅是指地方占比管理高校的数量,而是实质上对统筹管理这些高校为国家和当地服务的能力,这是改革开放 40 年后高等教育管理体制改革与初始改革的本质区别,也是中央与地方推进试点发生本质变化的转折,即从指挥试点、授权试点、指导试点到放权试点。

按照马里兰大学公共政策学院院长 Donald F. Kettl 教授对政府面临的三大挑战分析③,我们可以从中发现管理体制中遇到的问题除本国特有外仍然具有普遍意义,即这三大挑战为"边缘界定不适用、政府规模与所面临问题的不匹配,政府与民众之间的信息不对称"。从央地关系演进看到,这三大挑战一直伴随着我国政府管理体制转型成为制度创新的核心:**不断界定清晰中央与地方事权与支出责任、不断试图让渡中央权力给地方以加大地方统筹行使职权的有效性、不断建立公开政府决策的过程、程序、内容及监督问责制度。**现实看到的这些制度变革都是渐进缓慢的,但**改革方向是朝着中央与地方分担责任、分级统筹政府管理半径、加强政府透明度和反馈机制的趋势迈进。**

我们已从教育部在"十三五"规划中对地方高等教育提出的一系列要求中看到这些趋势变化。如推动地方开展高等学校分类管理改革试点,改进高等院校设置和招生计划管理办法,探索建立高校办学条件预警机制和退出机制,引导地方着力办好现有高校,强化省级人民政府对高等教育的统筹规划,新增高等教育资源向新的城镇化地区、产业集聚区、边境城市延伸。优先发展应用技术类型高校、小规模有特色学院。加快建成一批为地方经济和社会发展服务的高水平应用型高等学校和高等职业学校。根据高等学校设置制度规定,将符合条件的技师学院纳入高等学校序列。把办学思路真正转到服务地方经济社会发展上来,把办学定位转到培养应用型和技术技能型人才上来,转到增强学生就业创业能力上来,把办

---

① 地方高等教育省级统筹权多年来主要体现为"击鼓传花""力争项目""法宝共建""施以宽松""横向掣肘"五大特色指:省级主要负责将中央部署的政策不节流地传递到高校、中央预算外专项的争取是获得常规外政策支持的关键、促使省部共建辖内高校以求特殊政策支持、省级对辖内高校的软性管理施以最大容忍度、来自因中央政策约束而导致本省教育之外部门的限制。见第二章有关分析。

② 2013 年,广东省出台了关于推进扩大落实高校办学自主权的 36 条意见,省教育厅下放了对高校 85% 的的行政审批权。邬大光:《高等教育第三方评估有关情况》,教育部官网,http://www.moe.gov.cn/jyb_xwfb/xw_fbh/moe_2069/xwfbh_2015n/xwfb_151204/151204_sfcl/201512/t20151204_222888.html。

③ 《21 世纪政府所面临的挑战》,《简报》(北京大学中国经济研究中心内部刊物)2010 年第 17 期。

学模式转到产教融合、校企合作上来,到"十三五"末,建成一批直接为区域发展和产业振兴服务的中国特色高水平应用型高校,形成科学合理的高等教育结构。**其实,地方需要改革的远远不止上述,与其罗列林林总总,不如授之更大范围更有力度的省域统筹管理自主权。**2018 年 9 月,我们看到一则新闻披露,安徽省教育厅决定 2018 年暂不启动实施高考综合改革。安徽 2018 年秋季入学高一新生高考仍按原办法进行教育教学。按照 2010 年《规划纲要》关于高考招生制度改革推进,在浙江与上海实施新高考改革试点后,陆续有部分省份随后进入这一试点。2016 年,经教育部批准,该省印发《安徽省深化考试招生制度改革实施方案》,并确定 2018 年启动实施高考综合改革。为确保高考综合改革稳步推进,2018 年年初,教育部对拟于 2018 年启动高考综合改革的省份开展了基础条件评估。同时,按照省政府的要求,安徽省教育厅就高考综合改革进行风险评估。经统筹考虑、审慎研判,该省决定 2018 年暂不启动实施高考综合改革,并报教育部。教育部认真研究后同意该省 2018 年暂不启动高考综合改革[①]。这一报道局外人并不在意,但是这一高考变革牵动了全省上百万学生及家庭。安徽省能够做出这样的决定并广而告之,反映了当下政府公共治理意识和信息公开意识的提升,同时,体现出中央与省之间在重大事权决策上的新关系,即对等协商、实事求是。这是迄今为止,我们看到的政府公共治理上公开决策变更的信息,这不仅标志着政府决策日益公开化、科学化,也反映了中央尊重地方决策意见,以地方决策为主的趋势。**在中央与地方关系上,高等教育两级管理体制以"中央为主"转向"地方为主"首要是明晰中央与省级管理高等教育的事权与支出责任,与之配套的更应该明确中央与地方办好高等教育并为国家与地方服务能力的事权与支出责任的明细清单,包括权责对等、有效制衡、公开透明、可持续性的制度安排。**

　　根据财政部公布的"2018 年中央对地方税收返还和转移支付预算表",中央对地方一般性转移支付有 7 项,其中教育在均衡性转移支付中有一项:城乡义务教育补助经费。另外 66 项对地方专项转移支付中有 8 项:支持学前教育发展资金、农村义务教育薄弱学校改造补助资金、改善普通高中学校办学条件补助资金、中小学及幼儿园教师国家级培训计划资金、现代职业教育质量提升计划专项资金、特殊教育补助经费、学生资助补助经费、支持地方高校改革发展资金[②]。其中就有一项是 2010 年之后整合的"支持地方高校改革发展资金"。2018 年 2 月 8 日国务院办公厅印发的《基本公共服务领域中央与地方共同财政事权和支出责任划分改革方案》是对 2016 年《国务院关于推进中央与地方财政事权和支出责任划分改革的指导意见》的具体落实,其中将义务教育、学生资助、基本就业服务、基本养老保险、基本医疗保障、基本卫生计生、基本生活救助、基本住房保障等八大类 18 个基本公共服务事项,首先纳入中央与地方共同财政事权范围,由中央与地方共同承担支出责任。《改革方案》解释了

---

① 2018 年原计划为新高考改革第三批试点省市推进的年份,随着浙江、上海、北京、天津、海南、山东等地的高考改革不断遇到新问题,目前已有多省修改了推进时间,部分省份虽然还未有公开发布通知严明推迟,但是各中学高一新生在入学时,依旧填报了分科志愿。参见《安徽省教育厅:原定于 2018 年的高考改革暂不启动》,新浪网,http://edu.sina.com.cn/gaokao/2018 - 09 - 11/doc - ihiycyfw9571801.shtml。

② 2018 年 3 月全国人民代表大会审议批准的《关于 2017 年中央和地方预算执行情况与 2018 年中央和地方预算草案的报告》,2018 年财政转移支付结构进一步优化,专项转移支付项目数量减少 18 项、减至76 项。

选择上述事项的理由：自 1994 年财税体制改革以来，中国陆续在教育、社会保障、医疗卫生等与人民群众密切相关的基本公共服务领域，逐步形成了中央制定政策、地方组织落实、中央和地方财政共同提供保障的基本公共服务供给模式。但由于部分基本公共服务事项保障没有基础标准、中央与地方支出责任分担比例和方式不尽统一和规范、有些基本公共服务地方支出责任偏重等因素，地区之间实际支出水平差距较大。因此，对支出稳定性强，群众关注度高，与人直接相关的基本公共服务事项，首先明确为中央与地方共同财政事权，规范相关保障标准和分担比例，有利于增强政策的稳定性，促进基本公共服务均等化水平的提高。《改革方案》明确，基本公共服务财政事权和支出责任调整后，转移支付制度也需相应调整完善。在一般性转移支付下设立共同财政事权分类分档转移支付，原则上将改革前一般性转移支付和专项转移支付安排的基本公共服务领域共同财政事权事项，统一纳入共同财政事权分类分档转移支付，完整反映和切实履行中央承担的基本公共服务领域共同财政事权的支出责任。虽然这次《改革方案》没有包含高等教育领域，但是，其指导思想、具体原则对中央与地方在高等教育领域的事权与支出责任具有较强指导参阅意义。魏建国在分析《指导意见》中将义务教育和高等教育都确定为中央与地方的共同事权，指出两者共同事权的内涵不一样[1]。对于义务教育，中央并不直接举办，主要是省以下的责任，但中央政府仍然确定为共同事权，这其中就包含着中央对全国基本公共服务均等化水平及转移支付承担责任。对于高等教育，由于中央政府本身举办高校，地方也举办高校，因而具有共同事权是无异议的；但是，高等教育对国家经济社会科技创新具有较强的外部性，同时也涉及扶持中西部高等教育薄弱环节的责任，因而中央对地方实行具有国家战略意义的重大引领研究项目和转移支付重点扶持项目都需要中央承担支出责任。本研究按照以上**中央与地方高等教育事权划分的分析框架**构建了表 W4‐B1，（该表列入微信 4‐3），**从制度演进的特点看，不同发展阶段事权划分的依据和创新变革的需求会推动这张表内的内容，特别是当中央与地方关系发生重大制度变革时，高等教育事权划分也将随之变革。**

中央与地方在高等教育事权与支出责任的划分上除了公共政府、公共产品、公共服务及公共财政等基本理论与治理理念支撑外，在具体政策工具的设置上还涉及中央与地方关系、不同地方关系、中央办学在地方关系等错综复杂的平衡，同时，还与不同类型学校的配置及这些学校与市场的关系。为了更简洁表达这一多重关系模型，本研究构建了**央地政府对高校分类政策工具配置模型**，见图 4‐1‐B7。将四大类高校和中央与地方事权与支出责任对应划分为四象限，通过建立以市场调节趋向市场竞争程度（0—A）和以政策调节趋向政策保障程度（0—B）的两维空间，来表达四大类高校和市场机制与政策工具的关系。通过这一配置模型，不同站位的省区都可以根据本省域的发展规划和高校类型与中央相关政策进行对接，也可以按此模型对省以下高校进行对接。在这一模型中相对于国内甚至全球市场竞争环境，战略类高校主要指站位国家战略目标、为全国服务但同时部分得到中央政策保障，如，双一流建设高校。竞争类高校主要面向地方目标、为本省域或本地区服务同时相处国内市场竞争环境，如省域应用型高校、高职学校、社区类型、民办类型高校。稳定类高校主要面向地方目标、为本省域或本地区服务同时相处国内市场调节与政策调节环境，如普通教学类本科、区域人文社会环保等高校。保障类高校主要面向部分

---

[1]　魏建国：《教育事权与财政支出责任划分的一个理解框架》，《中国教育财政》2017 年第 11 期。

市场缺位需要中央或地方政策保障但仍然也具有一定市场调节性,如师范类高校、哲学类专业、基础学科、西部高校等。模型中四大类高校的占比为模拟比重。四种类型高校相互比重会有重叠,也可以在此基础上延伸出更细的分类。这一模型主要为了体现在市场调节与市场竞争的强度变化(0—A)和政策调节与政策保障的强度变化(0—B)。"中央与地方高等教育事权划分的分析框架"和"央地政府对高校分类政策工具配置模型"都是本研究体现在新公共理念和治理能力提升下高等教育资源配置的宏观思路和政策工具的创新,需要实践检验和完善。

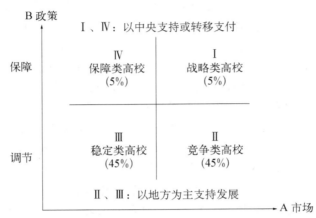

图 4 - 1 - B7　央地政府对高校分类政策工具配置模型

(二)公办高校主要领导任免管理权指数分析

学校领导体制指的是学校内部按照一定原则所建立的组织管理制度,是教育领导体制的重要组成部分。学校领导体制是学校管理的根本性制度,反映着学校领导权的性质。公立学校领导体制一般是由国家教育立法或最高教育行政部门规定。我国 1998 年制定、2015年修订的《高等教育法》第三十九条规定,国家举办的高等学校实行中国共产党高等学校基层委员会领导下的校长负责制。这里所指"国家举办的高等学校"是指公立高校。各国社会制度不同,学校领导体制也有区别。一国发展不同阶段制度环境的变化也会影响制约着学校领导体制的变化。

索凯峰对我国的选拔任用制度基本含义做了分析[①],他认为,选拔任用制度一般指人事管理中对人员的选拔与录用的制度。它对于编制、思想品德、年龄、任职资格及业务能力等有严格的规定;同时还对任用主体及对象、任用形式等方面有明确的要求。在我国,选拔任用制度一般适用于党政领导干部,即指在中国现行的干部人事制度管理体系内,按照执政党"党管干部"这一总要求,对各级各类干部进行发现、提拔和任免,以及选拔干部的原则、方式、方法及程序等一系列制度的总称。有学者从狭义角度理解选拔任用制度:指党和国家的干部管理机构按照一定标准、途径和程序,来选拔任用党政领导干部的制度规范。有的认

---

① 索凯峰:《我国大学校长选拔任用制度创新研究——基于委托代理的视角》,博士学位论文,华中科技大学,2016。

为,选拔任用制度最为深刻的实质,就是在依法治国条件下,人民当家作主的权利行使与党进行政治资源分配领导权的实现之间的关系。还有学者从广义来界定:干部选拔任用制度,是指干部选拔任用的体制、机制、原则、规则、程序等的总和。具体包括干部考试、考核、选拔、录用、竞争、晋升、任免、监督等方面的具体规章制度①。本课题基本同意上述的分析,但大学党政领导选拔任用与其他党政领导干部的选拔任用有什么不同呢? 索凯峰认为,大学校长选拔任用制度有别于传统的党政领导干部选拔任用制度。因为大学校长具有其特殊的身份,他们虽然具备一定的行政级别,却又同党政官员有本质的区别:在某种程度上,具有专业性②。事实上,这个判断在改革开放之前可能有代表性,而随着改革开放之后专业人才的大量涌现,专业性已不再是大学与其他机构的本质区别。作为现代组织管理来说,都需要专业化和职业化,企业需要,国家机构需要,大学也一样。而大学的领导恰恰除了专业化以外,更需要具有贯彻我国实行党管高校的政治素养与教育家的管理能力。因此,**改革开放以来,特别是从 20 世纪 90 年代以来,中央对高校领导干部的标准就是马克思主义政治家和教育家。我国教育的社会主义性质决定了我国教育的政治方向和办学方向以及根本任务,"培养社会主义建设者和接班人"是中国特色社会主义高校始终如一的办学方针。这一方针确定了高校管理人才的政治特质的规定性与选拔标准的规定性。**同时,作为追寻探索自然、社会、人类自身规律真理的地方,领导和管理人力资本产出并通过他们对人类社会做出贡献是大学的独特之处,这是大学别于其他机构的独特之处,也正是大学需要具有教育家领导管理人才的本质所在。所以,**我国高校对领导人员的选拔任用标准有着特殊的制度变迁背景,这一本质要求始终成为辨别高校与其他机构选拔任用有差异的依据。**

高校管理体制转型程度指标选取公办高校主要领导任免管理权主要基于学校管理制度中的核心制度的变化。1949 年中华人民共和国成立以来,高校领导体制曾几经变化,关于高等学校的领导体制,曾采用校(院)长负责制、学校党委领导下的校务委员会负责制、党委领导下的以校长为首的校务委员会负责制、党委领导下的校长负责制等。关于普通学校领导体制,1949 年初曾实行校务委员会制;1952 年以后曾先后实行校长责任制、党支部领导下的校长分工负责制等。1978 年改革开放以来,20 世纪 80 年代也发生过变化(见第三章微信内容3-6表 W3-B1 中国公办高校领导管理体制沿革简表)。1990 年之后一直在高校实行党委领导下的校长负责制。至今已实行 28 年没有改变,但在对这一制度安排的具体内容在不同时期有不同的强调,这些针对性强调体现在具体制度中有不同侧重,会不同程度影响主要领导的任职履职要求。作为实行党委领导下的校长负责制,在任免学校主要领导的权限上,主管机关(部门)党委(党组)或者组织(人事)部门按照干部管理权限,根据工作需要和领导班子建设实际提出选拔任用工作启动意见,主要体现为由学校主管部门进行选拔任用,而不是由学校自主推荐或选举产生,地方上也不是由分管学校的主管部门独立选拔任用,而是由地方党委组织部门负责进行学校主要领导的任用选拔,教育主管部门作为参与辅助。其

① 索凯峰:《我国大学校长选拔任用制度创新研究——基于委托代理的视角》,博士学位论文,华中科技大学,2016。

② 索凯峰:《我国大学校长选拔任用制度创新研究——基于委托代理的视角》,博士学位论文,华中科技大学,2016。

中,议定的党委书记和校长都要经过学校党代会和校代会的全体代表大会议定通过。学校中的副职多数也是依据主管部门通过规定程序实行考察推荐及审查提交学校一定范围征询意见,再通过相应公开程序完成任免流程。21世纪初,教育部曾在山东大学、中国农业大学、中国传媒大学等部属高校,试行公开选拔高校行政副职领导的工作;自2009年后,在一些中外合作高校、南方科技大学等多所高校开展大学校长的公开遴选工作,改变了过去由政府任命的传统做法,逐步推行了公开选拔、竞争上岗等选拔任用的新方式,在完善大学校长选拔任用制度和建立中国特色现代大学制度的改革进程中,获取了大学校长遴选本土实践的第一手重要经验。在遴选过程中,关切了大学利益相关者,包括校内教职员工、学生,校外的用人单位、校友代表等,都能够通过一定的渠道表达各自的意愿;在南方科技大学的校长遴选过程中,还引入第H方专业机构,通过猎头公司搜寻校长候选人,拓宽了遴选委员会的视野。近年来,如北京大学等一些综合性大学的副校长级行政岗位也实行了学校本级向国内外聘用的改革做法。1995年,吴启迪教授以学校民主推举的方式,成为同济大学首任女校长。2011年12月教育部党组面向海内外公开选拔东北师范大学校长和西南财经大学校长,除了制定《公开选拔直属高校校长试点工作方案》,还在《人民日报》《光明日报》等中央主要媒体和相关网站发布了公开选拔校长公告,试点结果呈现,报名人员来源广泛,跨地区、跨学校、跨部门较为明显,来自地方高校和党政机关的报名人员约占报名人数的70%,突破了以往在校内选人和人选来源较为单一的局限。最终,两位校长人选,遴选专家认识一致,教育部党组满意,学校师生员工普遍赞同①。同时,在学校领导的任用制度上,主要领导多以组织选拔为主、学校副职和二级学院分别以组织选拔、竞争(聘)上岗和公开选拔(聘)等混合方式进行。任用高等学校领导人员,区别不同情况实行选任制、委任制、聘任制。对行政领导人员,逐步加大聘任制推行力度。高等学校领导班子和领导人员一般实行任期目标责任制,一个任期五年,最长不超过两个任期。总的看,2007—2018年中,公办高校党委书记与校长的任免管理权没有重大改变。坚持目前的任免管理体制是作为党委领导下的校长负责制的一个部分,是坚持和完善党委领导下的校长负责制的基本保证,更是确保高校党委对学校工作实行全面领导,承担管党治党、办学治校主体责任的根本保障。多年来,负责这一组织建设的经验表明,这一任免制度的实施实现了其所达到的目标要求。通过改革开放以来正反两个方面的实践也证实了这一制度在我国公立高校的适用性。特别是2013年以来,在探索办好中国特色社会主义高等教育,完善我国实行党委领导下的校长负责制上不断制度化,并结合现代大学制度和大学治理,深化创新体制机制。因此,了解我国实行党委领导下的校长负责制的本质、定位、作用,以及中央和地方高校管理体制,才能更好地理解我国公办高校领导任免权限。

我国历史已经并将继续证明,中国共产党的领导是民族复兴、人民幸福、富国强国的根本保证、是中国人民的百年选择和中国特色社会主义优化的基本制度。2016年有两个重要会议在两个月中相继召开,即10月上旬的国有企业党建工作会议和12月上旬的全国高校思想政治工作会议。两个会议的规格大体相似,均为习近平、刘云山、王岐山、张高丽四位中央常委出席。不同的是,从中央层面来看,国企党建工作会是"中央党的建设工作领导小组

---

① 《教育部实施直属高校校长选拔任用制度改革试点》,教育部官网,http://www.moe.gov.cn/jyb_xwfb/s5989/s6635/201304/t20130426_151269.html。

成员"出席;而出席全国高校思想政治工作会议的除了有中央党的建设工作领导小组成员,还有中央宣传思想工作领导小组成员,此外,中央军委机关也派相关领导参加。国企和高校,看上去是相去甚远的两个系统。但是这都是中国共产党执政的两大台柱子。国企是党和国家的经济台柱子,而高校则是人才输出和智力支持的台柱子。国有企业是中国特色社会主义的重要物质基础和政治基础,是我们党执政兴国的重要支柱和依靠力量。坚持党的领导、加强党的建设,是我国国有企业的光荣传统,是国有企业的"根"和"魂",是我国国有企业的独特优势。国有企业领导人员是党在经济领域的执政骨干,是治国理政复合型人才的重要来源,肩负着经营管理国有资产、实现保值增值的重要责任①。2013 年,全国独立核算的国有法人企业 15.5 万户,全国国企职工人数 3 698.4 万人②,2017 年全国独立核算的国有法人企业约 16 万户,全国国企职工人数约 4 000 万③。中国统计年鉴的数据表明,我国的国有企业与改革开放初期相比呈现出数量减少,但资产总量和利润总额逐年上升的趋势。通过转型升级结构调整和战略重组,改革优化了国有企业的分布和结构,使国有经济向控制国家产业命脉的重点行业集中,并且在其领域占有主导地位,国有企业在国民经济领域的支柱作用体现更为显著;另一方面,国有企业的经济总量不断增加,整体竞争力逐步提升,大型和特大型国有企业成为国民经济的命脉,培育具有全球竞争力的世界一流企业、推动国有资本做强做优做大是建成现代化强国和建设现代化经济体系的保障。改革开放以来,高校已培养 1 亿多的高等专业人才大军,2018 年高校在校生人数高达 3 833 万人,是我国决胜全面建成小康社会的一个庞大而重要的知识群体,而近 3 000 所高等学校确保着为实现"两个一百年"奋斗目标和中华民族伟大复兴的中国梦提供人才保障和智力支持。截至 2016 年 6 月 30 日,全国高校在校大学生党员总数逾 211 万人,全国高校教职工党员总数为 125 万人④。紧紧抓住这 300 多万关键的"多数",应该是各级党委的一大任

---

① 坚持党管干部原则与董事会依法产生、董事会依法选择经营管理者、经营管理者依法行使用人权相结合,不断创新有效实现形式。上级党组织和国有资产监管机构按照管理权限加强对国有企业领导人员的管理,广开推荐渠道,依规考察提名,严格履行选用程序。根据不同企业类别和层级,实行选任制、委任制、聘任制等不同选人用人方式。推行职业经理人制度,实行内部培养和外部引进相结合,畅通现有经营管理者与职业经理人身份转换通道,董事会按市场化方式选聘和管理职业经理人,合理增加市场化选聘比例,加快建立退出机制。推行企业经理层成员任期制和契约化管理,明确责任、权利、义务,严格任期管理和目标考核。引自 2016 年 5 月发布的《中共中央、国务院关于深化国有企业改革的指导意见》。

② 2013 年,全国独立核算的国有法人企业 15.5 万户,其中,中央企业 5.2 万户,地方国有企业 10.4 万户。到 2013 年年末,全国国企职工人数 3 698.4 万人,其中,中央企业 1 762.9 万人,地方国企 1 935.5 万人。数据来源:新华社,2015 年 7 月 19 日。

③ 《中国资本市场面临前所未有的机遇》,新浪微博,http://blog.sina.com.cn/s/blog_c0586d8c0102xqtz.html。

④ 截至 2016 年 6 月 30 日,全国高校在校大学生党员总数逾 211 万人,占全国高校学生总数的 7.7%,共有学生党支部 7.96 万个;全国高校教职工党员总数为 125 万人,占高校教职工总数的 56.0%,共有教职工党支部 10.06 万个。《立德树人有道 春风化雨无声——党的十八大以来高校思想政治工作综述》,新华网,http://www.xinhuanet.com/politics/2016-12/07/c_129393901.htm。

务①,因为这源源不断的后备军将是国家未来建设者和接班人的关键骨干,各级党委和高校承担着实现为人民服务,为中国共产党治国理政服务,为巩固和发展中国特色社会主义制度服务,为改革开放和社会主义现代化建设服务的根本任务。因此,我们的党需要紧紧依靠这两个重要的有生力量,实现党的奋斗目标,也只有确保这两个重要资源成为坚持党的领导的坚实阵地,才能实现中华民族伟大复兴。所以,**我们的国企是党领导下的国企,是中国特色社会主义国企;我们的高校是党领导下的高校,是中国特色社会主义高校。这就是在中国国情下,中国特色社会主义高等教育管理的制度环境,也是办好高校的政治资源。**

我国有独特的历史、独特的文化、独特的国情,决定了我国必须走自己的高等教育发展道路,扎实办好中国特色社会主义高校②。我国实行党委领导下的校长负责制就是依据我国独特国情办大学的一个特殊体现,它是坚持社会主义办学方向的必然要求,也是中国改革开放以来实践证实加强和改善党对高校领导的有效形式。在坚定实施这一高校领导体制的同时,需要进一步探讨这一体制在以下三方面的改革和完善。

关于加强高校领导体制改革与完善的有关探讨,见微信 4-6。

(三)教学评估权指数分析

教学评估权本质上是依靠来自学术组织内外制衡的学术力量对大学实施监督权。在不同高等教育资源配置管理体制条件下,教学评估权行使的权力代表主体与实施效力是完全不同的。在高度集中由中央配置资源的时期,教学评估权就是行政权力的一种表达,实施主体与办学主体一体,管办评都由行政部门管理。随着学术本位的回归与学术力量的增长,评估主体多元化形成不同程度学术权力增强,可以表现为评估主体来自行政、事业、市场不同评估诉求方向。从完全行政性教学评估走向行政委托评估直至以独立第三方的教学评估,这是改革开放 40 年历经的转型过程与趋势。在怎样的制度环境下,学术组织的学术自治力量能够把握教学评估权有赖于学术共同体的形成和学术治理能力的成熟。

由于管理体制不同,评估机制的选择模式不同,对评价主体的影响力也就不同,尤其是涉及相关资源配置利益关系时,评估作用成为制约被评估方的利器;而评估者以及评价委托人因在评估方向、价值取向甚至共同利益与问责程度不同,也会运用这一利器寻求相关目的的实现。原有管理体制下的行政性或半行政化的评估都具有行政权威性,政府可以运用评估结果对高校资源配置实行调整或引导控制,甚至导致学校同质化。来自市场的评估因借助社会媒体具有广泛的传播力,对高校声誉具有较大的"捧杀力",会直接左右来自家庭学生企业对学校的公信力。也就是说,政府与市场的这两种评估力量都与学校具有较大的利益关联,无论是公立还是民办学校在两种评估力量中都会发生摇摆,造成办学患得患失或基本

---

① 《四位政治局常委坐镇,26 年来第一次》,中华网,https://news. china. com/domestic/945/20161209/30071787_all.html。

② 2016 年 10 月至 12 月,中央围绕思政党建接连召开了两个重要会议。一次是 10 月上旬召开的国企党建工作会议,一次就是 12 月的全国高校思想政治工作会议。《四位政治局常委坐镇,26 年来第一次》,中华网,https://news.china.com/domestic/945/20161209/30071787_all.html。

定位与定力丧失。因此,来自完全的政府评估或市场评估都会产生上述倾向。**"第三方"评估机制正是在规避这两种弊端评估的基础上孕育而生**,它的基本支撑点应基于大学组织的学术特点,无论科研还是教学,学术探究的不可量化与不确定性都与评估技术不可测量产生悖论,所以,本质上说,评估都是一个阶段趋势性的模糊预测,并不是确定的标的。如果评估标准是一个"标的",那就会导致学术方向失衡。在评估决策权、决定权、实施权、裁量权、监督权中,最为关键的是裁量权,为何学界力避行政化或市场化评估,都是因为这两股力量会改变高校学术生态的自然环境与演进规律。由更多学术组织相关者参与的独立"第三方",与来自政府和市场的利益相关者们组成制衡的学术判断"裁量束",是评估的相对保障。**在评估中,还有两种取向也是需要避免的,一是把行政问责简单等同于学术问责,这是促使对上负责而不对学术负责的最大学术资源浪费与学术腐败的根源。**办学的投资效益是一个综合系统的长期概念,许多个评估将其分解为各自具体个人间或项目的指标评估框架,直接造成割裂或短期行为;如果再把评估预测的结果作为行政性评估结论,这其中的危害就是目前学术界声讨的"学术行政化"。**二是将教学评估等同于学术质量评估,滥用指标定义学术质量,造成学术主体丧失自主性、选择性、独立性。**由于每所大学都具有自己的发展历史与所处环境,形成的学术生态是缓慢内生的,不等同于其他行业与产业快速投资效果,让大学教学自主与学术自我问责传统都演变为外部或判断性评估,这只会背离大学学术组织的内省性、专业化和独特性,受制于外部评估指标的驱动力,无论行政或市场都会致使学校趋同化。正如董云川所说,"一所大学中不同学科的生长态势以及在历史沿革中的变动、组合、嫁接、交融因素千差万别,各有其历史合理性,再加入时空因素之后,更是变幻无穷,作为文化主体的大学本身在生存与发展中原本具备强大的'自组织'基因,亦会根据社会的发展变化呈现出'自组织''调节机制''纵横交错'的学科构成了庞杂的学术丛林,外部力量尤其是政府力量的介入必须理智地保持'一臂之距',否则就会因为越界而成为大学生长发育的负面动因"①。

我国高等教育实行教学评估制度三个阶段分析,见微信 4－7。

高等教育从近代走向现代的一个最大特点就是成为国家核心战略和社会公共事业,高等教育从精英到大众也越来越依赖政府财政投入和社会支持以及个人教育成本分担。因此,政府和社会公众在投入分担的同时对大学提出教育质量和效益要求,开始实施政府和专门机构的高等教育质量外部问责和绩效评价。对公立高校的质量问责评估不仅合情合理,也是政府的职责所在。因此,20 世纪 90 年代以来,多数国家制定高等教育质量标准,颁布质量法律,建立质量评价制度,成立质量评价机构,开发质量评估工具,开展质量评估认证活动,以及开展双边或多边高等教育质量相互认证工作成为国际化高等教育质量保障的常规工作,评估已经成为世界各国高等教育质量保障的一项长期制度安排。随着全球公共治理理念思潮的涌现,仅以政府唯一问责显然不足以代表高等教育相关利益者,甚至"在某种程度上造成评估本质扭曲、评估目的错位和评估功能变形。现代高等教育是一个巨大的利益共同体,政府、高校、社会、公众、媒体、家长、学生、校友、用户等诸多

① 陈学飞、叶祝弟:《中国式学科评估:问题与出路》,《教育文化论坛》2016 年第 6 期。

群体都有着各自的利益需要和价值诉求,也有着不同的评价标准,高校教学工作评价也是如此"①。因此,现代评估理论认为评估的主要目的是建构交流对话的机制,重在评估主体的自我评价和发展性、过程性评价等。高等教育评估制度的演变既伴随着高等教育自身的发展也深受制度环境变革的制约,我国高等教育评估变迁也正好处于全球这一演进的变革之中。

由于我国基本办学的性质是公立高等教育,作为行政管理角度,政府内部集中配置资源是由上至下,而问责也是由上至下,一直以来形成完全内部性行政化的评估制约,只对行政负责,并没有对公众负责的概念。2007—2018年期间,特别是2013年以来,**我国政府首提国家治理现代化和提高现代治理能力,表明全球公共治理理念的传播使得利益相关主体的分享和问责意识大大增强,政府公共资源配置效益的社会问责机制随着公共服务理念也大大增强,如果说审计制度是一种内审机制,那评估就是对外回应问责的一种公共机制。**各国高等教育国际评估机制的比较表明,评估是作为问责手段之一成为社会及参与方了解配置效益及公信力的重要渠道。完全由政府实行行政性评估等于是运动员与裁判员集一身,难以形成公信力和利益方的相互制衡②。

高等教育的各类评估存在的五大问题分析,见微信4-8。

2008年教育部教学评估中心的有关负责人在针对由行政性机构评估会导致资源分配权与评价权过度集中,行政权过度介入学校教育活动问题时就已清醒回应,从理论上说,有公信力的民间中介机构来参与评估,当然会更好。但目前,中国的社会中介机构还有一个培育的过程。为确保大众化教育的转型和教育质量,教育部设立了评估中心。该中心是政府领导下的具有中介性质的国家事业单位。这说明了现在的教育评估模式具有转型期的过渡特征。随着以后逐渐对民间评估机构的培育,就可以形成民间评估与官方评价相辅相成的格局。中国也可能会朝着这样的方向发展③。事实上,政府、学校、社会对高校评估转型的共识是高度一致的。上述关于高校评估的两个阶段正好反映了高校评估转型期过渡阶段的特点。支撑这一转型过渡的另一理由则是政府自身职能转变的快慢,实施教学评估可能最有争议的实质是行政部门对高校的微观干预,如果政府认为高校

---

① 刘振天:《从水平评估到审核评估:我国高校教学评估理论认知及实践探索》,《中国大学教学》2018年第8期。

② 在政府看来,教学评估是高校工作的指挥棒和方向盘,是反映高校工作优劣的镜子和衡量教学质量的尺子,是助推高校教学的发动机,是撬动高校工作的强大杠杆,也是推行政策的重要手段。特别是当高等教育领域存在重科研轻教学、重学科建设轻人才培养现象且这些现象和问题日趋严重却见不到有效解决迹象时,政府对评估就更为看重,期待通过教学评估扭转局面。从这点上讲,政府是加重评估强度、提高评估作用力的第一推手。高校行政管理者又期望提高评估的强度和力度。评估和认证中存在的目标责任层层落实、任务层层加码和压力层层传导现象就是最有力的证明。大学学术自由自治的传统与个性,又使其天然地表现出抵制和拒斥外部评估问责的倾向,时刻提防着外部评估认证对大学自身发展内在逻辑造成的威胁、伤害和破坏,尤其在一些自由主义文化浓厚的欧洲国家,很少有发自内心愿意主动接受评估的大学,即使接受了评估,对评估的非议和负面评价也从未间断过,在他们看来,评估会导致集权化、标准化、忽视大学个性化发展等问题。引自刘振天:《从水平评估到审核评估:我国高校教学评估理论认知及实践探索》,《中国大学教学》2018年第8期。

③ 傅剑锋:《"劳了民,花了钱,见了实效,就不是形式主义"——专访教育部评估中心副主任李志宏》,南方周末网站,http://www.infzm.com/content/5574。

只归属部门管理,政府行政性评估就"顺理成章"。**"管办评"分离是 2010 年以来政府改革的重点,而这一改革的理念支持是公共治理概念。高校作为公共机构,政府只是它被资源支持与问责的重要一方,还有其他需要高校资源支持以及面对的问责方。政府只要摒弃高校所属概念,从部门所有转为公共所有,变部门管理为公共治理,这个问题就会迎刃而解。**因此,高校教学评估转型的速度也是一个基于外部性公共治理结构与能力培育相关的问题。2010 年《国家中长期教育改革和发展规划纲要(2010—2020 年)》明确指出,要进一步健全中国特色的教育管理制度、现代学校制度和教育评价制度,加快推进教育治理体系和治理能力现代化。教育部在 2015 年 5 月出台了关于深入推进教育管办评分离、促进政府职能转变的若干意见,并把上海市作为全国管办评分离的试点地区,而培育第三方教育评估机构也是其中的内容。目前全国地方各省多数都有专门评估机构或设置在其他机构中承担评估职能,但这一机构的致命弱点均属于行政事业单位准官方性质,转变成相对独立的第三方机构涉及事业机构改革。2016 年 9 月,教育部委托课题"完善第三方教育评价政策制度研究"开题报告及专家研讨会在同济大学举行[①],这就透露了一个积极信号,政府对完善第三方评估制度的重视。李克强总理强调"用第三方评估促进政府管理方式改革创新",教育部部长陈宝生指出"今后第三方评估将会成为政府管理中的一个常态"。从 20 世纪 90 年代全球公共治理成为各国政府改善治理的基本理念以来,建立公共服务型政府、完善公共治理理念、提高公共治理能力已成为近年来各级政府的目标。同时,"第三方评估是一个世界性的发展大趋势,经济领域内的相对简单,公共领域中有其特殊性和复杂性,因为各种公共利益相关者都会对第三方机构提出要求。纵观各国和地区的中介教育评估机构,独立性是生存之本、发展之基,政府大多通过委托或契约签订等方式确立其相互关系"[②]。正是在这样的大背景下,教育部设立专项课题,期望为深入推进管办评分离改革,积极引导和规范管理"第三方教育评价"献计献策。从围绕讨论"第三方教育评价"利益相关方的制衡影响,"如何界定第三方教育评价机构""政府怎样购买服务""建立什么样的监管机制""如何防止产生'寻租'和'二政府'"等问题,可以看到政府已关注到以往反映强烈的第三方评估的症结所在,强调完善"第三方教育评价"政策制度是当前深化教育综合改革的突破口,也是深入推进管办评分离的重要抓手,开展对第三方评估、政府评估、内部评估进行利弊分析,厘清第三方教育评价的范围,借鉴国外先进经验,就能不断提升第三方评估的公信力和质量。熊庆年认为培育"第三方"可以从四类机构着手:一是改造准官方的教育评估机构。与教育行政部门剥离,使之成为独立的非营利的法人机构。重建这些机构的治理结构,建立有政府教育行政部门、高等学校、专业学者、产业界和社会各界人士代表参加的董事会,实行董事会领导下的院长或所长负责制。二是发展学术社团评估组织。也要进行去"行政化",使其回归学术本原,转变为真正的学术共同体,具有民间性和独立性。三是大力培育高校间的自治性评估组织。这类组织的民间性、平等性、协商性、自治性特点显著,离第三方性质比前两者近得多。四是积极扶持民间非

---

① 《教育部委托课题"完善第三方教育评价政策制度研究"开题报告及专家研讨会在我校举行》,同济大学新闻网,https://news.tongji.edu.cn/info/1003/41387.htm。

② 《对政府扶持第三方教育评估机构的政策建议——访复旦大学熊庆年教授》,360doc 个人图书馆,http://www.360doc.com/content/17/0103/08/4806549_619666147.shtml。

营利组织。对这类民间组织政府应当通过购买服务来给予政策上的支持,使它们能够生长、发展①。近些年高等教育"评估的具体组织已经由中央和地方性评估专门机构通过接受政府购买服务的形式获得了评估代理权,第三方评估建设取得了重要进展。此外,社会团体组织的专业认证、高校自主选择参与国际评估业已形成趋势,政府单一评估局面基本被打破,为多方对话和价值表达进而影响高等教育质量决策提供了广阔舞台"②。既然政府和民间评估理念与政府公共治理现实培育的萌芽或方向已趋于一致,高等教育教学评估的制度转型步伐会随着政府职能的转变而加快,政府宏观评估与第三方评估并行的评估阶段正在不断发展中。

三、投资体制指数分析

高等教育投资体制类主要选取高校非财政性经费所占比例、学费收入占事业性经费的比例、高校自筹资金占基建资金比例与普通高校自然科学科研经费中竞争性经费的比例四个指标。投资体制转型程度指数 1978、1985、1995、2006、2016 年各区间高等教育投资体制转型程度分指数分别为 0、0.09、0.25、0.55、0.43。本研究发现,改革开放后 40 年的高等教育投资体制转型程度在前三十年一直逐步递增,但近十年出现回落,回落幅度达到 12 个点。这一转型指数部分反映了不同历史阶段政府力量、市场力量、学术力量在高等教育资源配置中共同影响制衡而形成的转型趋势,深刻揭示了其数值背后隐含的不同力量制衡、不同利益博弈和不同制度环境约束的逻辑解释。其中,改革开放后高等教育资源配置转型在投资体制上依旧遵循着政府主导、市场参与、社会支持、学校自主的方向在推进。在不同时期由于各种主体的生成或约束背景不同,各种利益诉求在深水区的改革共识难度较大,就会发生不同的制衡作用,反映在不同发展阶段的转型程度的增速不同,有些阶段增速趋快,有的阶段增速趋慢。上一个 10 年,即 1996—2006 年间的高等教育投资体制转型指数达到 0.55。特别是具体到年度转型程度指数,持续有八年,即 2002—2009 年均超过 0.50,最高年份达到 0.55。从上述分析可见,非财政性投资比重大大超过了财政性投资比重,其中的学费占事业性经费比重、高校基建自筹占基建经费投入比重、自然科学研究中竞争性研究经费在总自然科学研究经费占比都比较高。**而 2007—2016 年的 10 年间,除 2007—2009 年,上述四项年度转型程度指数都趋向减缓;也意味着财政性投入比例趋向增强,接近八年转型程度指数连续超过 0.50。因而,以反映非财政性多渠道的高等教育投资体制总指数在指标转型程度增速上也出现了回落,从前一个十年的 0.55 回落为近十年的 0.43。**其中,不仅财政性投资比重发生了重大逆转,非财政性经费比重从上一个 2005 年的 57.23% 不断递减转落至 2015 年的 39.54%,正好是一个 6∶4(非财政性∶财政性)倒置为 4∶6(非财政性∶财政性)。2006 年开始,学费收入占高校事业性经费的比例不断下降,从 2005 年 40.68% 下降到 2014 年的 19.10%,几乎递减一半多。改革开放后的前 30 年 1985、1995、2006 年区间学费收入占事业

① 《对政府扶持第三方教育评估机构的政策建议——访复旦大学熊庆年教授》,360doc 个人图书馆,http://www.360doc.com/content/17/0103/08/4806549_619666147.shtml。

② 刘振天:《从水平评估到审核评估:我国高校教学评估理论认知及实践探索》,《中国大学教学》2018 年第 8 期。

费比例分别为 0、0.15、0.39，后 10 年趋降为 0.19[①]。自然科学科研经费中竞争性经费的比例在 1985、1995、2006、2015 年区间分别为 0.20、0.50、0.48、0.40，高校原有的在实际解决前沿重大科研项目上的竞争优势却处于下滑趋势。只有 1985、1995、2006、2015 年区间普通高校自筹经费占基建资金比例分别为 0.05、0.18、0.76、0.71，尽管有所下滑，但还保持着绝对多数的占比。我们看到，在高校投资体制中的非财政性投资比重、学费占比、自筹经费占比与自然科学科研经费中竞争性经费四项转型程度指数实际上已发生了比较大的结构性变化，只有高校基建自筹经费占比仍然处于绝对优势外，从 2015 年的有关数据看，也仍然处于下滑趋势。因而，**这四项转型指标中有三项发生的结构性调整，对 10 年来（2007—2018年[②]）高等教育投资体制的资源配置转型程度产生了较大影响，这一影响在转型程度指数表现上是增速减缓，但分析财政性投入与非财政性投入两类不同性质的渠道，已发生了结构性根本变化**。这一减缓是主观性指标描述客观存在的一种状态，与现实中的感受是否基本一致，这一状态说明了什么，为什么会在这 10 年的转型跨度中出现转型程度指数部分逆转、递减或趋缓现象，怎样分析解释这一现象？

中华人民共和国成立后，与统一的计划经济体制预算管理体制相适应[③]，主要以公办高等教育经费投入体制的基本特征是由举办者负责筹措和管理经费。其中，高等教育财政体制也随着国家财政管理体制和高等教育管理体制相应变化[④]。改革开放后，高等教育的经费来源开始发生变化，以政府财政投入为主的多渠道筹措机制逐步形成。世纪之交，中央各部门办学逐步下放地方，中央和省级政府两级管理，以省级政府管理为主的高等教育管理体制基本形成，高等教育财政拨款制度也分为以中央财政为主和以地方财政为主两部分。本研究选取的指标主要是从改革初始需求出发，**观测转型期政府不断创新资源配置方式，让渡更多由市场机制筹措资金制度设计的可能，提高经费使用效益、推进事业发展。本研究确定的四项关键性指标正是整体客观反映了高等教育经费配置的市场化程度与政府不断探索改变传统配置方式的过程，特别是转型程度指数能够测度出不同历史阶段政府力量、市场力量、学术力量在其中共同制衡而形成的转型趋势，反映其数值背后隐含的不同力量制衡、不同利益博弈的改革进程。**高等教育投资体制转型的复杂程度虽然不只是这四类指标能够代表的，但它们恰恰是改

---

① 因 2015 年数据缺学费收入占比数，因此，高校投资体制转型程度指数以 2014 年基数为准。但作为近 10 年阶段区间考察数据，在时间上统计为 2007—2016 年间。非财政性教育经费占总经费比例 2015 年数据为 37.62％，也在下降，学费收入占高校事业性经费的比例只有 2014 年数据，自然科学科研经费中竞争性经费的比例有 2014 年和 2015 年数据，2015 年数据为 35.97％，说明趋势仍在下滑。普通高校自筹经费占基建资金比例有 2014 年和 2015 年数据，2015 年数据为 55.58％，也是下滑趋势。

② 因 2017—2018 年高等教育财政数据未公布，但从个别报道中可见，基本结构趋势仍然同本研究考察一致。

③ 中华人民共和国成立以来，国家预算管理体制经历了四个发展阶段。1950—1952 年，实行统收统支的预算管理体制；1953—1978 年，实行统一领导、分级管理的体制。改革开放后的 1978—1993 年，实行分级包干的体制；1994 年至今，实行分税分级管理的体制。

④ 余力：《中国高等教育史》，华东师范大学出版社，1994，第 276—282 页；魏新：《教育财政学简明教程》，高等教育出版社，2000，第 142—147 页；蔡克勇：《20 世纪的中国高等教育》，高等教育出版社，2003，第 308—330 页；范文曜、马陆亭：《国际视角下高等教育质量评估与财政拨款》，教育科学出版社，2004，第 230—232 页。

革开放初始阶段最直接触动其投资体制变革的制度创新指标,**且 40 年它们仍旧在高等教育投资结构中占据着一席之地,它们在不同阶段发生的变化正好是本课题观测政府力量、市场力量、学术力量各自能否履职创新制衡的一个窗口。**我们将从以下三个方面简要分析改革开放后的前 30 年的转型程度总趋势走向看其主要影响后 10 年转型程度指数逆转或减缓的原因。

第一,政府财政拨款模式是政府干预教育的最大约束,不同的财政拨款模式对大学组织及其内部行动者的行为有重要的影响;财政模式在事业发展不同阶段的影响是互为关联的,其前一阶段结果可能成为导致后一个阶段问题的原因。广义的高等教育资源配置是指一切用于高等教育的资源配置,包括人力、财力、物力、信息等资源的配置;狭义的高等教育资源配置是指高等教育的财力资源配置,即国家对高等教育领域的资金投入[①]。本研究的对象是广义资源配置方式的制度转换,在学术治理体制中也包括校内学术资源配置中涉及财力与物力相关的制度安排的考察,在学校自主权变迁分析中也包括了学校财务自主权的状况分析。但此处所讨论的是**从狭义资源配置概念看影响制度转换的因素,主要指政府财政拨款制度的转型。**1978 年后,在整个国家财政由"吃饭财政"转"建设财政"到"公共财政"的变迁中,高等教育投资体制特别是我国高校财政预算拨款模式经历了由"基数加发展"拨款模式即定额定员方式[②]变革(1955—1986 年 10 月)为"综合定额加专项补助"拨款模式即定额定员加特殊需要下达(1986—2002 年)[③],再进而转到"基本支出预算加项目支出预算"拨款模式即预算外资金纳

---

① 曹忠正、陶美重:《中华人民共和国成立以来我国高等教育资源配置方式比较分析》,《天中学刊》2010 年第 6 期,第 9 页。

② "基数加发展"拨款模式。定额定员是该模式经费拨付的基础,即按事业机构规模的大小或事业的需要确定各种人员编制、房屋和设备标准、行政和业务费用开支额度,在此基础上进一步核定高校拨款时,主要以"基数加发展"方式来分配经费,即当年各校的经费分配额以其前一年所得份额为基础,考虑当年事业发展与变化的情况而确定。王善迈、周为:《我国普通高等教育经费拨款体制》,《教育与经济》1991 年第 4 期。

③ "综合定额"是指由财政部门和教育主管部门制定每生教育经费的定额标准,根据上一年度的学生人数对高校发放本年度的资金,各类学历层次(专科、本科、硕士研究生、博士研究生)、各专业的定额标准不同。"专项补助"部分是对"综合定额"的补充,它是根据高校特殊发展的需要,由财政部门和教育主管部门另行单独安排给高校使用的经费,这一部分资金原则上要求专款专用。该方式下的经费使用政策由以前实行的"结余收回"变为"包干使用,超支不补,节余留用"。但是,这种资源配置方式容易导致两大问题:其一,高等教育经费来源渠道过于单一,高等教育投入不足;其二,现有高等教育经费使用效率极低。这两方面的问题极大地制约着中国现阶段高等教育的发展。引自曹忠正、陶美重:《中华人民共和国成立以来我国高等教育资源配置方式比较分析》,《天中学刊》2010 年第 6 期,第 9 页;"综合定额加专项补助"是由财政部门和教育主管部门根据国家的政策导向和学校的特殊需要单独核定下达的。1986 年,原国家教委、财政部联合颁发了《高等学校财务管理改革实施办法》,强调高等学校财务管理改革是高等教育管理体制改革的重要组成部分,应按照教育规律和经济规律办事,讲求社会效益和经济效益,并提出对高等学校教育事业费的拨款办法进行改革,在年度预算核定方式上把原来的"基数加发展"的事业费拨款方式改为"综合定额加专项补助"。该办法还重申:高校有权按照"包干使用,超支不补,节余留用,自求平衡"的原则,自主统筹安排使用主管部门核定的预算经费,允许高校可将上年度预算节余部分转入下年度使用。这样做有利于促进高校主动避免浪费和节约挖潜、提高资金的使用效益。预算核定方式的改革提高了高校经费拨款的透明度,明确和细化了拨款的具体依据,有利于克服原来的"基数加发展"分配模式的随意性,而专项补助项目的设立使高校拨款与政府的高等教育政策目标更紧密地结合起来。中华人民共和国教育部:《邓小平理论指导下的中国教育二十年》,福建教育出版社,1998,第 72 页。

入专户专项管理与事前监督全过程控制(2002—2008 年)①以及尝试部分高校拟试点实施"公式拨款与绩效公式拨款法"(2008 年—至今)四个阶段。应该看到,不同历史阶段高等教育拨款方式是不同财政制度的体现。前两种"基数＋发展"模式和"综合定额＋专项补助"拨款模式,对高等教育发展具有适配功能,但囿于计划色彩,这两种拨款模式均不需要反映高校成本,缺乏激励,不是造成年底突击花钱,就是导致盲目扩大招生规模,不追求效益、特色和创新。制度演进中发现,后三次制度安排下高等教育财政配置对事业发展格局有较大影响。**第一个阶段**"基数加增长"拨款模式与原有计划经济体制相适应,高度集权的拨款模式严重制约了大学的主动性和积极性②。这种分配方式以往年的支出结果为依据,缺乏科学的成本分析,由于决策机构在进行预算时参照的是往年的支出基数,往年支出越多,学校可能得到的就越多,结果造成了一个怪圈:谁花的经费越多,谁得到的经费就越多,这就助长了高校铺张浪费的不良习气③。**第二个阶段**"综合定额加专项补助"拨款模式与我国正在探索的市场经济体制相适应,有利于体现高校自主权,促进了多元化投资格局形成,高校为了争取专项补助相互竞争,采取多种渠道增加高等教育的投入经费,极大地激发了高校的办学活力。这一拨款模式仍没有反映高等学校的实际成本,不仅加剧了在第一阶段沿革的成本激励模式,容易导致盲目扩大招生规模的现象,但客观上扩大了大众化规模效应④(见图 4-1-C2),2015 年万人学校规模占到高校总数的近 70%(见图 4-1-C1),同时重点高校的专项补助及科研能力使中央高校和地方高校的生均教育经费差距不断扩大⑤(见图 4-1-C3)。中国财政科学研究院教科文研究中心副研究员张绘分析发现,随着"985"和"211 工程"的实

---

① 黄永林:《新中国教育财会六十年》,华中师范大学出版社,2010。从 2002 年开始,财政部对中央部门的预算核定方式为:基本支出预算和项目支出预算。要求"部门的预算外收入全部纳入预算管理或财政专户管理,收支不挂钩,支出要透明"。因此,在党政部门开始实施财政集中收付制度。彭久麒:《财政集中收付制及其对高校的改革导向》,《西南民族学院学报(哲学社会科学版)》2003 年第 5 期。

② 中华人民共和国成立后,高等教育资源配置采用的是"基数加发展"的方式,即财政部门和学校主管部门根据学校规模及各种日常经费开支的需要,核定一个拨款基数,本年度的财政拨款是由上年度的经费基数加上本年度各项发展所需经费所得。在这种拨款体制下,高校所需经费由中央财政下拨,实行专款专用,高校在年终决算后要将全部结余款上交给国家财政。这种"基数加发展"的资源配置方式一直运行到 1985 年。

③ 曹忠正、陶美重:《中华人民共和国成立以来我国高等教育资源配置方式比较分析》,《天中学刊》2010 年第 6 期,第 9—10 页。

④ "综合定额"是根据已有的历史支出情况和学校规模为依据来确定高校教育经费的需求量。在促进大众化初期阶段具有一定的激励意义,但在一定程度上导致了高校盲目扩大招生规模、盲目上层次。2015 年普通高校本专科在校生数为 2 625.3 万人,比 2000 年增加了 2 609.21 万人,增长了 469.2%;高校数为 2 560 所,比 2000 年增加了 1 519 所。高校的校均规模也在不断扩大,2000 年高校在 5 000 人以上的学校数为 356 所,所占比例为 34.2%,大部分学校的校均规模在 1 500—5 000 人;2015 年,5 001—10 000 人的高校数为 821 所,所占比例为 32.1%,10 000 人以上的高校为 1 075 所,所占比例为 42.0%。

⑤ 在"综合定额＋专项补助"拨款模式中,"专项补助"是根据大学的发展状况、规模、需要由主管部门拨付的,有明确用途的资助经费,主要包括"211 工程""985 工程"专项、基本科研业务费专项、捐赠配比资金专项、本科生国家助学金、研究生国家助学金、改善基本办学条件专项等。自"985"和"211"工程实施以来,中央和地方高校的生均教育经费差距不断扩大。在分级负责的管理体制下,中央与地方的财力不同,1995—2010 年,中央所属与地方所属学校的生均教育经费支出差距呈现扩大趋势,1995 年中央是后者的 1.24 倍,2010 年为 2.28 倍,2014 年为 2.05 倍。

施,部属院校与地方院校的生均公共财政预算教育支出和公用支出余额差距,从 1995 年"比较接近"的水平,逐步拉大到 2010 年约 2 倍的差距。教育部直属高校平均经费则约为其他地方院校的 20 倍。2013 年,清华大学科研总经费为 39.31 亿元,其中财政拨款为 27.75 亿元。相比之下,非"211""985"高校中,即使是科研经费最多的西南石油大学,其 4.6 亿元中仅有约 1.2 亿元为财政拨款。两校所获得的财政支持相差 23 倍之多①。高等学校之间的差距最早主要源自这一调动自主权的激励制度。为了引导学校注重质量与内涵发展,**第三阶段**"基本支出预算加项目支出预算"拨款模式主要面对不同类型学校,包括部分省市地方高校采取"人员经费+公用经费+专项经费"拨款模式②。在高等学校实施财政集中收付制度尚存一定的争议,考虑到高等学校是一个面向社会依法自主办学的独立法人,有人提出高校实行财政集中收付制在理论上并不可行,既有把准公共产品等同于公共产品进行过度干涉之嫌,又相当于政府对市场主体进行低效或无效的微观经济活动管理③。另外,学校的活动是以学期为周期进行的,集中收付制度有时会使学校在经费使用上感到不方便甚至脱节④。**第四阶段**实行中央高校试点实施公式拨款与绩效公式拨款法以及中央实行专项转移支付方式指导地方探索预算绩效管理。主要试点方向按照"基本支出预算+项目支出预算+绩效支出预算"的设计,将高等教育的财政性拨款分为教学拨款和科研平台建设拨款两大部分。教学拨款以公平为主,主要按照生均成本和学生数进行拨付,并提出生均拨付的基数标准,如生均不低于 12 000 元,以保证基本经常费对每所学校、每个学生的起点公平;同时辅之以评估为基础的质量与特色专项拨款,对鼓励各省达到生均基数拨款,还实行奖补专项政策,以利于产生更大的效益⑤。科研平台建设拨款以促进科研效率为主,按学科通过竞争性评估拨付,并辅之以体现国家利益导向的特色及创新拨款⑥。目前,**这一拨款模式正在逐步推向各地,在实际实施中由于竞争机制不断拉大不同类型高校功能,客观助推了地方分类改革。**

以上这些不同阶段实施的不同拨款模式都是在探索财政拨款与中央和地方高校办学发

---

① 吴珊、相惠莲:《高校"双一流"能否打破身份制》,《财经》2016 年第 22 期。

② 林荣日、陈垚犇:《我国高校政府拨款模式的特点及存在问题初探》,《开放教育研究》2011 年第 2 期,第 17 页。

③ 彭久麒:《财政集中收付制及其对高校的改革导向》,《西南民族学院学报(哲学社会科学版)》2003 年第 5 期。

④ 马陆亭:《高等教育财政拨款模式改革研究》,《高教发展研究》2006 年第 5 期。

⑤ 主要设计为三种:① 经常性教学拨款(80%)为基本支出,为研究生、本、专科生教学提供正常的运行经费,由不同科类的学生人数乘以不同地区、层次的成本标准计算核定。② 特殊拨款(10%)为项目支出,主要用于国家对学生的奖、贷、助学金建设,也可部分用于某些专项,如对特殊教学设备共享共用,特殊学科、专业、类别的建设,以及对于特殊地区的教学拨款等。③ 多样化教学促进拨款(10%)为绩效支出。经常性拨款对教育质量的激励没有直接作用,为了促进教育质量的不断提高及多样化教学格局的形成,还需引入评估手段。对学校教学质量进行评估,根据评估结果对教学质量高、有特色的学校追加拨款。马陆亭:《高等教育财政拨款模式改革研究》,《高教发展研究》2006 年第 5 期。

⑥ 主要分为两种:① 特色及创新拨款(20%)为项目支出,支持新学科、特色学科和交叉学科的发展。分两类:一类系从国家角度出发,提出一些学科和项目的发展计划鼓励高校招标(10%~15%);另一类由学校申报,特别鼓励有创意的建设项目(5%~10%)。② 竞争性拨款(80%)为绩效支出,按学科、专业评定拨付,学校统筹使用。马陆亭:《高等教育财政拨款模式改革研究》,《高教发展研究》2006 年第 5 期。

展之间关系。但是,上述不断调整的拨款模式一定时期内成为地方上规模追求综合大学办学模式的首选,也成为各地各校"跑步进京"争取政府专项而非完全市场机制"竞争"的缘由,这与财政拨款模式的变化有较大诱导有关。2008 年后财政部和教育部积极探索中央直属高校拨款模式改革,在前一个阶段基础上,将教学与科研拨款绩效分项先行一步,在原本的"基本支出预算和项目支出预算"的基础上派生出"基本支出预算＋项目支出预算＋绩效支出预算"。但是目前的绩效预算不是严格意义上的绩效预算,只是增加部分与绩效相关的项目,比如自然科学类绩效拨款、人文社科类绩效拨款等。虽然部分绩效的探索改进利于高校逐步形成预算绩效目标制度,但由于基于试点和部分项目实行绩效目标管理,这就可能拉开部分高校的差距,一方面促进了绩效水平,另一方面也促使高校更积极走财政要钱的模式。研究发现,2007—2011 年一项连续对直属高校在人才培养、科技研发和社会服务等方面的绩效评估结果表明,仅占高校总数 3％的直属高校成效均占全国高校一半以上,综合类和理工类高校的绩效差异分化较大[①]。为进一步探索和加强预算绩效管理,2015 年财政部下发了《中央对地方专项转移支付绩效目标管理暂行办法》(财预〔2015〕163 号)相关要求,要求凡是由中央支持地方高校改革发展的专项资金和补助资金(如"地方高校生均拨款奖补资金"[②]),都要求各省科学合理确定绩效目标,填报《中央对地方专项转移支付区域绩效目标表》报财政部、教育部备案,审核确认后的绩效目标作为绩效监控和绩效评价的依据。2015—2018 年,中央每年都发文并下达专项资金支持地方高校朝改革发展资金整体绩效目标努力。也就是说,在中央所属高校已探索预算绩效管理后,中央用专项转移支付的办法要求各省做好省内预算绩效管理工作[③]。

2015 年修订的《高等教育法》中规定了就学者分担培养成本,但之前只是笼统提出生均培养成本,并无确定的培养成本依据。客观上造成政府在生均拨款上的随意性及不能足额或依据一定合理比例拨款。一直扩张的高等教育大众化使各地方学校的总体规模尚未见底,各类型学校分类成为敏感焦点,这样复杂的局面也导致很难确定不同类型学校的生均培养成本问题。但是,以往主要还是以招生规模这一高校办学的核心成本来拨付办学经费,突出了"生均经费拨款"在整个办学经费中的重要地位,同时逐步增加专项绩效拨款,将政府拨款与高校的产出相联系,激励高校提高办学效率,通过问责机制改变高校的办学行为。实行生均综合定额拨款,原则上是按学校类型功能不同建立财政拨款为主的不同经费保障体系。这一政策是为了抑制盲目上规模的倾向,但面对如此复杂的学校类型与类别,显然目前划分拨款标准与办学成本差异的依据不足,如何细化定额、增加绩效拨款手段、明确专项重点都需要再行探索和试点。

---

① 该研究为中国教育科学研究院 2007—2011 年的分三次测评。该研究基于投入—产出方法论进行更新绩效评价,2011 年绩效表明,72 所直属高校一级学科博士点占全国总数 48.4％,十一五期间培养 99 143 名博士毕业生,占全国总数 60.58％,拥有全国 78％的一级学科、国家重点学科,聚集我国 69.7％的优势学科,进入世界 ESI 学科排名的学科数占全国总数 74.9％,承担全国 50％左右的重大科研项目,产出全国 50％的高尖端科研成果,但综合类和大理类高校的绩效差异分化较大。其中,社会服务的综合效率普遍偏低,说明大多数直属高校的社会服务功能未能充分发挥。数据来源:中国教育科学研究院,2014 年。
② 《财政部、教育部关于印发〈支持地方高校改革发展资金管理办法〉的通知》(财科教〔2016〕72 号)。
③ 《财政部、教育部关于下达 2017 年"支持地方高校改革发展资金"预算的通知》(财科教〔2017〕66 号)。

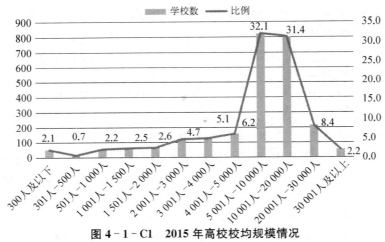

图 4－1－C1　2015 年高校校均规模情况

数据来源:中国教育统计年鉴

图 4－1－C2　1949—2016 年中国普通高校校均规模

资料来源:历年中国教育事业统计年鉴。

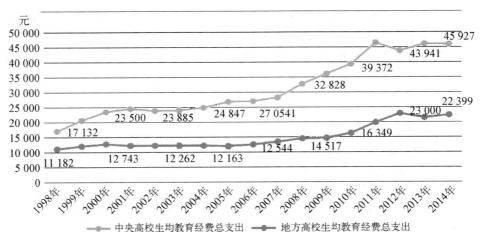

图 4－1－C3　1998—2014 年中央高校和地方高校生均教育经费总支出变化

资料来源:历年中国教育事业统计年鉴。

在上述财政拨款体制改革中,21世纪初,由于整体财政投入水平偏低,造成学校以学生规模数量换取财政拨款定额,以平摊办学成本。据测算,2008年中央本科生均定额拨款仅为生均标准定额的25.76%,为实际生均基本支出的36.01%[①]。财政性投入不足是造成中央高校生均定额拨款与生均标准定额和实际需求差距的主要因素,在这样的前提下确立保障发展与质量发展具有重重阻碍。而中央所属与地方所属学校的生均教育经费支出差距从1995年的1.24倍扩大为2010年的2.28倍,地方生均定额拨款与生均标准定额和实际需求相差更大。加上高校类型不同,财政投入结构的差异,专项资金比重过大,央属高校专项资金占财政拨款的比重平均为34%,部分重点投入高校专项经费所占比重甚至超过50%,而基本运行经费却相对不足。地方高校本身专项经费就更少。

以上从狭义资源配置概念,讨论了政府财政拨款制度改革变迁所带来的影响。**政府高等教育投资体制改革在调动激励高校自主解决投资不足上成效显著,但也造成政府长期投资不足及制度设计过度偏向市场的缺陷,这是进入改革开放第四个10年的基本财政拨款的背景。**近10年来政府投资比重增强,改变了财政性投资与非财政性投资比重失衡的倾向,高校总体财政性投资绝对值增长幅度较大。但是,在整体投资中的专项投资在绩效管理目标导向上使高校预算外专项资金比重上不断上升,造成不同类型高校对外吸金基础与能力不同,中央与地方、不同类型高校之间的差异进一步扩大。

第二、在财政体制和经济体制改革的宏观背景下,高等教育形成了各级政府财政分权,逐步摈弃传统集权的模式,确立高等教育成本分担和成本补偿机制,并积极探索与市场经济相适应的多渠道筹措经费的体制。这一主导思想在改革开放后的前30年,由于政府整体经济实力尚不能支撑更多公共服务的框架下,成为各地各校多元渠道筹措经费制度创新的基本方向,也支撑了高等教育扩招后庞大的事业发展盘子。1999年决定实施高等教育扩大招生的10年,我国高等教育的发展一直处于政府财政拨款缺位不足的状态,那么谁在弥补支撑这一明摆着的资金缺口呢?

我国高等教育财政体制变革特点分析,见微信4-9。

从上面四个显著特点可以看到,面对改革开放后的前30年,由于政府财政拨款长期缺位而多渠道筹措经费维持其高等教育日益发展的格局,已注定其存在躲不过去的弊端,规模上盲目攀比带来的办学模式趋同、质量平庸等影响高等教育健康可持续发展的隐患。因此,**改变投资主渠道缺位、创新公共治理手段、运用激励竞争退出机制、加强专项宏观引导、特别是纠正同质化倾向,实行分类办学,倾斜支持西部大学、地方本科转向应用型、高职走产学融合地方化等都需要政府转变职能定位,加大投入。**这是2007—2018年期间,中央政府积极转型并转变公共财政偏低缺位状况而采取的一系列制度安排。

关于中央政府采取的高等教育投资的制度安排分析,见微信4-10。

以上分析发现,四个基本因素是导致2007—2018年期间高等教育投资体制转型程度分指标逆转或减缓的主要原因,也是对前一个10年相关制度安排不甚合理的制度纠偏,特别是面对80%左右的公立高校依法摆正了高等教育以国家财政投入为主的保障机制。**因此,这也从另一个角度验证了本研究设计的投资体制转型指标的客观性,不仅能够客观反映改革开放以来高等教育制度变迁总的转型趋势,也反映了不同阶段中不同投资主体**

---

① 2008年教育部党组务虚会相关部门资料。

在不同制度环境约束下投资行为的变化,揭示出高等教育投资的制度安排深受外部制度环境的制约,政府财政拨款模式是政府干预教育的最大约束,不同的财政拨款模式对大学组织及其内部行动者的行为有重要的影响。同时,财政模式在事业发展不同阶段的影响是互为关联的,其前一阶段结果有可能成为后一个阶段问题的原因。虽然现实中并不存在阶段划分,但是作为我国政府主导改革开放进程的特点及其政府与经济发展决策的紧密关系都呈现较强的周期性,特别是作为政府主导五年规划的政策凸显周期性,这一经济增长周期性与政府主导政策的周期性都会影响教育财政投入的周期性,表现在不同发展阶段就会呈现出不同特征。如 2006 年前后就是两个不同周期。之前是财政性经费逐年下降,非财政性经费不断递增,一条腿粗一条腿细。之后财政性经费持续稳定增长,非财政性投入减少,且一直下滑,又造成一条腿粗一条腿细。这样的配置周期性特征反映到高等教育制度安排上就形成了不同阶段的资源配置行为特点,而且影响着其他资源配置行为。高等教育资源配置转型程度指标不过是观测描述出这些具有代表性的阶段特征。

第三、高等教育项目配置方式作为财政预算外经费的重要手段,在整个运作方式上更倾向于突破原有组织框架与行政权限,对地方和高等学校诱导创新、突破传统、引领潮流、深化改革有较大动员力量、示范作用、纠错能力和激励导向,因而,迅速成为高等教育近十年来政策主导和部门运作的主要手段。教育领域作为公共事业,从财政预算拨款的制度予以支持是一条天经地义的正式途径。高等教育作为准公共产品,除了财政预算拨款制度以外,通过市场机制拓展多元渠道辅之也被证实是一条有效途径。这两条途径成为改革开放以来高等教育经费配置的主要途径。但在转型过程中,特别是 1993 分税制改革与 1999 年预算改革所推行的部门预算和国库集中支付制度后,随着“两个比重”(即根据财政性教育经费支出占国民生产总值的比例在 20 世纪末达到 4%和各级财政支出中教育经费所占比例随国民经济发展逐步提高)的提高,特别是这一目标在 2012 年实现,各种财政资金开始以“专项”和“项目”的方式向下分配,而且越来越成为财政的主要调控手段。这一手段促使中央通过新的方式加强了集中配置资源的力度与可能,近 10 年来,国家财政性预算外资金的增长实际上提供了中央“项目”配置的基础,预算外资金的快速增长更加剧了这一配置的可行与权威。见表 W4 - C2,(该表列入微信 4 - 9)这一配置方式的创新则以“项目”的实施成为区别于政府高度集中计划配置方式与以政府为主、多渠道筹措资金的市场配置方式的另一类型资源配置方式。因为这里所指的项目“发包”方仍然是政府,而且以中国政府为主,虽然可以把这种配置方式归置政府配置资源的范畴,但是由于这一项目“发包”的范围、力度、影响越来越大,且它并不属于预算内体制,对地方和高等学校的机动性、激励性、导向性都很强,在整个运作方式上也更倾向于突破原有组织框架与行政权限,对诱导创新、突破传统、引领潮流、深化改革有较大动员力量、示范作用、纠错能力和激励导向,因而,迅速成为高等教育近十年来政策主导和部门运作的主要手段。因此,项目配置模式已不再仅指某个项目,也不仅仅是政府的项目“发包”,已延伸并成为所有业务部门的上行下效的手段,成为一个阶段中推进深化改革的基本方式。特别是不少项目作为创新引领就自带政策性质,具有正式制度不能比拟的潜在政策权利,当这种潜在政策不断得到相应财政支持时,其辐射影响远胜过文本政策。更多效仿者的追随形成的普遍共识,即力争得到更高层面的项目以获取更高层次的财政资源,来带动不同层级项目以获得更多财政资源。这就是高校往往最重视国家课题和部门级项目的原因，而作为部门评审项目时往往也把曾经承担的最高级别国家项目作为标准，**这样的聚集循环以一带十的项目运作制度与项目生态，已经成为高等教育系统基层学校除财政正式拨款和非财政筹措以外的资金来源，并已实际形成计划配置与市场配置之外的第三条配置渠道。更有甚者，它已经成为指导、指挥、牵制、影响各个层级与大学内部组织治理与决策的配置模式。**

如果说，项目也是计划经济运作的一种方式也未尝不可，特别是处在集中力量办大事的指导思想下，这种配置更多是局限在资源紧缺资金匮乏的年代。因此，计划经济年代及转型前期的过渡时期，这种思想因财政收入尚不宽裕也不能从量入需求模式配置时，一些项目运作的出发点仍然是以这一指导思想为基础。但是，这种原则指导下的项目通常最显著特征是指令性，不存在后来盛行的一系列带有竞争招标性质的项目"发包"模式。因而，**从计划项目过渡到带来市场竞争性的项目模式是两种不同制度环境约束的本质不同。尤其是有无项目配置模式与资金多少无关，本质上还是配置的出发点。**如果我们确信集中计划配置项目能够实现目的，那就是今日我们仍然感受到来自政府项目模式的"指令性"特征，那也不奇怪，毕竟我们还处在制度转轨中。

高等教育领域中社会影响最大的项目是"211工程"与"985工程"。这两个项目延展20多年，从财政拨款紧缺年代一直到财政拨款不断增长相对充裕的年代。**作为体现计划体制特征的项目却激励带动了整个高等学校的竞争模式，也现实拉开了区域内高等教育的差距及形成高等学校分类改革的基础。更重要的是诞生于计划体制特征的这一项目最后也终结在这一特征下，由此催生出相对在形式与本质上都更加趋向市场机制竞争模式的"双一流"项目。这样一个不断在不同转型过程中变迁的项目演进，不仅从项目变更揭示了制度创新的更迭，而且更加鲜明凸显了"发包"方的实施导向。**

21世纪之后，政府主导的高等教育配置"项目"就更加多样丰富。这时出现的项目出发点大致可以分为三类：一是引导纠偏项目配置。**主要针对事实上存在着的大面积不利于良性发展的倾向或现状，**这种倾向或现状都有巨大的利益群体的牵制，一般性政策引导号召无效。如中央为避免地方办学攀比"高大上"要求地方新办高职推进大众化、中央为转变本科办学同质化推进地方本科转型应用型，中央设置了专项资金通过自愿申报进行试点来扭转面上倾向。**二是扶持带动项目配置。主要针对高等教育较为薄弱环节、需要帮扶送一程的中西部高校等具有强烈公共服务性质和相对公平理念的转移支付保障性质。**如实施"高等学校哲学社会科学繁荣计划""制造业和现代服务业技能型紧缺人才培养培训计划"，如实施中西部高等教育振兴计划与中西部高校基础能力建设工程，加强中西部地方高校优势学科和师资队伍建设；实施东部高校对口支援中西部高校计划等。**这类项目过去可以直接拨付，而现有项目配置模式带有较完整的一套严密设计的技术系统，通过立项、申报、审核、监管、考核、验收、评估和奖罚等一系列公开程序，越是强调公平性质的事项越通过公开透明程序运作，所谓第三方评估监管，这类政府扶持项目才更能够达成社会共识，并获得社会的认同和信任。身陷改革深水区的政府甚至有点矫枉过正地认为，公共政府治理手段之一是程序比内容更重要，这从一个视角让政府看到现有项目运行模式对体现政府现代公共服务更有价值。这也是实行公共政府治理体系后项目"雨后春笋"般盛行的缘由之一。在中央对地方的各类转移支付中，专项转移支付所占的比重越来越大。从2010年开始，在原"中央与地方共建高等学校专项资金"的基础上，设立支持地方高校发展专项资金，支持地方高校的重点**

放在特色办学①。2018年财政部、教育部联合下达"支持地方高校改革发展资金",预算总经费高达114.6亿元,这些专项主要用于支持各地改革完善地方高校预算拨款制度,逐步提高生均拨款水平;支持地方高校深化改革和内涵式发展,加强教学实验平台、科研平台、实践基地、公共服务体系和人才队伍建设;按照国家有关重大决策部署,支持地方推进一流大学和一流学科建设。获经费较多的省份主要集中在中西部地区和东北地区,省属高校数量较多②。这除了是一项最大的项目资金外,加上主管部门及各个有关部门向地方与高校的"体外循环"的专项资金,多数都挂着公共服务项目的品牌,这是各级政府公共服务运行最基本的财政盘子。所以,我们看到这类名目繁多且相似性的项目日益增加。如果查一下全国同类性质的项目,可以发现,至少纵向省市两级政府上行下效都列满了同类项目的名目。其实,**这一套技术支持的程序模式随着实施影响的不同半径及周期程序的成本远远大于指令性项目运行成本。当然,这是可以等同于由于需求公平、公开、公正价值诉求所带来的成本。因而,没有人会追究审视因两种不同制度环境下的不同项目成本及各自效益的差异。其实项目配置无论是保障还是纠偏都隐含着一个重要机制,就是项目通过财政资金的杠杆对地方政府或基层高校能够产生足够的激励作用,激励纠偏或激励保障以及激励创新。三是引领激励型项目。多数是针对身陷某一改革困境或需要打破现实守旧平衡且将触动不同利益群体的创新性支持配置项目。当改革处于"息事宁人"状态或无法让所有参与改革的群体都能在不同程度上得到改善时,只有依靠外来的直接变革政策支持或具有动员更多群体积极参与改革而寻求原有各自处境都变得更好的手段,这时具有这样目的特征的项目就可以作为改革尝试,在不同境遇下探索可能得到多数人支持的变革。比如实施海外高层次人才引进、长江学者奖励和国家杰出青年科学基金等项目,实施"高层次创造性人才计划""高等学校科技创新计划",实施"高等学校教学质量与教学改革工程""高等教育质量提升工程"等。这类项目配置的目的是面对整个系统可能存在的状况而设立的,但项目获得的"点"往往在具体机构内。每个机构内设条件具有较大差异,形成的推广价值的普遍意义难以评价。改革初期的各个高校差异及外部环境基本不大,但经过几十年的改革,高校所处环境与差异很大,这类项目的示范引领性辐射半径不仅不断缩小,而且涉及人才引入奖励性项目在不同历史时期的示范效应也在不断递减,甚至还带来负面效应。如高端引进人才是20世纪90年代初期在高校人才极度匮乏时的一个激励性项目,当时代进入21世纪全球配置人才已无障碍时,这个带着"帽子"的项目反而成为高校配置人才标准的"抢帽子"项目。因此,适时项目"退出"机制是项目正向有效性的重要一环。**

应该看到,项目配置与高校具有天然的契合度。高等学校是以学术研究为己任,以不同学术范式解释现象,以不同组织形态构成学科研究的合作机制,且科学研究也是以项目模式为基本形式,与项目组织模式一致强调首席概念。政府更多运用项目管理模式配置资源正好弥补了高等学校科研经费不够的状况。但不同的是,获取到的政府财政项目的资金是"戴帽下达"而不能在学校内进行"混用",即使一所大学从政府不同渠道获得大于日常运行资金的项目经费,那也是校长只能做账但不能管理的资金。正是这一特性,从政府划转到学校运

---

① 《关于印发〈中央财政支持地方高校发展专项资金管理办法〉的通知》(财教〔2010〕21号)。

② 《重磅!高达上百亿元!国家给地方高校发钱了!》,搜狐网,http://www.sohu.com/a/242609017_777213。

行的首席项目负责人的项目,也并不经由其他行政部门过手,完全由项目负责人自主决定。**因而,项目管理实实在在"如鱼得水"地融入具有学术传统自治特点的高校。**但是,由于政府实施的项目管理多数与任期周期有关,当政府的项目仅在公共治理框架下却无法治保障时,许多项目的"流失",如计划定调、不切实际评价所造成的损失严重影响项目的声誉。由于项目已成为基层组织获取政府资助及评估学校层级水平的重要标志,多数项目运作根据主管部门的招标竞标方式,通过激烈的申报竞争而获得,虽然项目的游戏规则由主管部门确定,但往往这一规则也会通过上下合谋取得一致,这为预设项目、固化项目、盲目攀比而"跑步进京"留下隐患。因而,**项目漫天飞是形容学校教授们为了获取政府项目四处奔波的状况。这引发了对近十年来日益盛行的政府项目配置渠道的反思。**2016 年 8 月 16 日《国务院关于推进中央与地方财政事权和支出责任划分改革的指导意见》发布,虽然明确高等教育事权与财权支出责任尚有时日,但中央提出转移支付要加大一般性财政转移支付比重,清理、整合、规范专项转移支付。即调整方向是加大基本支出比重,减低项目支出比重,这事实上已经在对项目配置的利弊进行权衡并调整,这是趋向项目治理利好的一次"吹风"。**究竟怎样频率的项目管理才是学校学术科研最良好的生态模式,究竟怎样培育基于梭内激励竞争才是"良币驱逐劣币"的长效项目配置环境,究竟政府怎样实施公共财政政策以达到治理的本质,即更多人享受到财政政策得到的资源福利与制度红利,改变政府停留在"中央项目配置"阶段的短期管理行为而促使政府公共财政治理法治化、制度化。**

综上所述,我们看到"十二五"以来,高等教育经费来源中政府财政性经费比例逐步上升,占约 60%,而非财政性经费比例逐步下降到 40%。**尽管政府财政性投入的大幅增长意味着高校更有发展保障,但也很可能依赖于政府的拨款,使高校放弃面对市场争取多种资源配置方式的机会,甚至失去面对市场寻求支持的能力。**尽管政府的财政拨款模式在近年来的改革方向上体现了"放管服"与运用市场机制,越来越强调财政拨款的绩效作用,更加大了建立以提高教育项目支出效益为目标的综合监督评估机制。但是,随着政府拨款比重及监管职责的增强,政府有些脱离基层的"顶层设计"和"叠床架屋"监管评估手段也会变相成为束缚学校的新约束。因此,**投资体制转型程度指标的逆转或减缓反映了深水区改革下政府、市场、学术各种力量汇集交错的局面,既不能单纯只看政府投资比重而不研究资源配置方式的创新程度,也不能简单的因为高等教育投资体制的市场化程度降低了而推断转型程度减速,更不能由此全盘退回改革之前由政府集中拨款的配置方式。**事实上,我国的高等教育投资体制仍然处在转型当中。怎样解释这一投资转型指标的阶段特征还需要从整体转型程度指标总指数考察。但对 10 年来这些观测的指标看,一方面,**高等学校作为资源配置主体,其选择高等教育资源配置方式的空间有多大,谁决定高校来选择政府干预还是市场干预,都存在着极大的可供研究的空间。**高校学费调整决定权下放上收再下放的过程与学校自主、法律依据、标准规则、市场需求的发育过程紧密相连,也与整个发展阶段的规制意识、权利意识、责权分担、治理意识相关。事实上,人们对仅仅视专业调整学费价格并不满足,运用市场按质论价的信号杠杆撬动学校重视人才培养质量则会比上级部门的专项投入与第三方评估更有针对性。当地方有了自主权,导向的把握与自律就是题中之义。当前我国仅在部分项目中实施的绩效制度,尚未真正建立起完整、系统、科学的教育投入与高校绩效紧密结合的拨款体制,但这不影响地方制度创新的积极性。上海市 2014 年建立以基本办学经费和内涵建设经费为主的经常性投入和以教育改革发展重大项目为导向的市级统筹投入的高等教育投入新机制,以财政生均综合定额为分配依据,编制基本办学经费预算,主要用于学校办学基本运行等;通过项目任务整合,编制内涵建设经费预算,主要用于教学改革、学科建设、教师发展和国际化交流等。将"经常性经费投入"与"市级统筹投入"相结合,打通生均公用经费与经常性专项经费、打通上海市中长期教育规划纲要"十大工程"专项经费与地方高等教育内涵建设相关的经费、打通用于教师队伍建设的经费。2015 年,上海市成立了上海市高等教育投入评估咨询委员会,目的是健全本市高等教育拨款咨询和经费监管机制,增强教育拨款的科学性与激励性,引导高等教育走内涵发展之路。**从大学自主权的视角看高等教育投资体制的转型程度,无论是从外部制度建设还是大学内部治理机制,都还远远没有达到能够自主、自立、自治、自律的程度。针对本研究列举的高校投资体制中的四项指标分析,我们的确还有创新的空间来探讨怎样达到一种高等教育投资的"高质高价"并互为制衡的制度生态。**另一方面,在已实现高等教育大众化并面对 95% 以上的地方高校,且不同区域中的实际学校差异较大,中央政府怎样创新法规类型与放权地方依规立法、怎样确定中央与地方高等教育事权与财权支出责任的统一、分类实施财政拨款制度、分类实行投资决策权所有权处置权、形成不同财政投资体制的区域差异与倾斜性公共服务支持政策,免除平均攀比划一的约束等。这方面的改革已进入议事日程,这将是下一个发展阶段需要讨论的重要制度议题。

四、招生体制指数分析

招生体制类主要选取高校招生自主权、高校招生资格扩大化、境外(港澳)高校在国内招生权。改革开放后的前 30 年的招生体制转型程度指数 1978、1985、1995、2006 年间分别为 0、0.11、0.21、0.52。2007—2018 年间我国招生体制转型程度指数为 0.72。这个指数比之上一个 10 年有了较快的进展,其中,高校招生资格扩大化和境外(港澳)高校在国内招生权占据了较大比重。因为,本研究认为后两项指标在我国招生体制改革变迁中代表了受教育权利的公平性以及国家发展战略的布局,具有举足轻重的作用。近些年高校招生自主权也呈现出更积极的改革政策,特别是 2013—2018 年期间,在省级招生计划审批下放、高职高专招生自主权下放、高校招收研究生自主权下放、面向高考制度的改革调整等方面都有较大创新的举措。

2017 年 12 月 20 日是"拨乱反正"恢复高考制度的 40 年纪念日[1]。1977 年 12 月 20 日,这一天不仅宣告恢复尊重教育选拔人才的基本制度及人才培养规律,也开启了别于计划经济高度集权配置资源的招生体制改革。这一改就是 40 年。**本研究将这一制度变迁轨迹基本分为招生体制纵向改革两个阶段,横向改革三个方位。**在这个前提下讨论这一制度转型的约束条件与博弈走向,以解释上述指标转型程度的内在意义。

按照钟秉林、瞿振元、赵亮宏、杜瑞军、张金元、余华义、王元伟、樊本富、黄晓婷等相关研究表明,自 1977 年恢复高考制度至今,通过高考选拔进入高等学校的学生已经超过 1.3 亿人,全国劳动年龄人口平均受教育年限从 5.7 年提高到 10.3 年,高考为国家建设和社会进

---

[1] 1977 年 10 月 21 日,《人民日报》头版头条刊发了《高等学校招生进行重大改革》。高考招生范围为:工人、农民、上山下乡和回乡知识青年,复员军人、干部和应届毕业生。

步提供了强有力的人才保障,为提高民族素质做出了历史性贡献[①]。**改革开放后 40 年关于招生制度改革不仅与社会主义市场经济体制建立最密切相关、与亿万家庭子女就学就业特别是促进社会阶层流动密切相关,而且与国家中长期经济社会发展战略与参与全球人才竞争密切相关;是在人力资源最为丰富但是供给培养资源最为紧缺,且又受到我国传统考试文化和计划配置传统人才制度环境约束的高等人才资源选拔制度改革。**在从高度集中计划配置转向以市场配置作为基础决定作用的同时,原有高度集中的计划配置是如何逐步让渡转换的呢? 在转换中政府作为主导作用在制度创新中相遇怎样的制度困境并采取怎样的应对策略? 迄今为止,走到新时代起点的我国招生体制改革会做出怎样的制度选择? 本研究测量近 10 年招生体制转型程度的指数,同时结合改革开放后前期 30 年的转型程度指数,可以分析解释这一制度创新的历史逻辑。

综合文献考察,以适应市场经济体制需求与制度环境供给的可行性为前提,改革开放以来 40 年**招生体制纵向改革**主要分为两个基本阶段,一是 1977 年恢复高考到 1997 年招生并轨制度改革,二是 1998 年酝酿高职与专科学校招生自主权让渡省统筹及 2003 年将本科招生权下放上海、赋权部分学校实行自主招生权。**第一个阶段有三大制度突破,一大突破**是冲破"两个凡是"的思想禁锢,恢复高考,并破除政治审查的限制性条件。这一突破是尊重教育尊重人才的制度重建,这是人才选拔公正公平的基本制度保障。**二大突破**是 1985 年适应经济体制需求实行国家任务招生、用人单位委托培养招生和招收少量自费生三种办法。即大学毕业生由国家统一分配情况下的高校招生计划制度,变成了不收费的国家任务招生计划(数量上占大部分)和收取少量培养费的调节性招生计划(含委托培养和自费生)这样一种"双轨制"计划形式。录取调节性计划的学生,还可适当降低录取分数标准。这是最早突破高度集中计划配置的增量改革的创新模式。**三大突破**是 1993 年再一次改革招生计划形式与 1994 年招生收费制度改革,以消除"双轨制"形式下录取中的不公平和高校教学中相应产生的学生水平不一致的问题[②]。1994 年起开始的招生收费制度改革,既改革了计划经济体制下国家统包、免费上学的制度,又改变了收费初期的不规范局面,建立起非义务教育成本分担的规范管理新机制。"双轨"并"单轨"的改革是一次面对增量与存量资源确立适应市场经济体制的制度的创新,这一创新奠定了我国高等教育国家制度供给与需求匹配的基本框架,高等教育作为准公共产品,在以政府财政拨款为主的前提下,多渠道筹措资金与分担教育成本得到全社会共识。**这三大制度突破层层递进环环相扣为高等教育体制改革创造了宏观条件。**后一个阶段有两大突破,在已不同于计划经济体制的招生制度框架下,**一个突破是 1998 年酝酿高职与专科学校办学审批自主权让渡省统筹。**这个改革因提前到来的高等教育大众化目标而迅速催生落地,它带来的巨大改变是 2017 年占据高等教育规模"半壁江山"的高等职业教育及专科学校的审批权归置各省统筹。当年,专科与

[①] 瞿振元:《建设中国特色现代考试招生制度》,《教育研究》2017 年第 10 期。

[②] 将按国家任务招生计划和调节性招生计划(包括委托培养和自费生)两种形式分别划定两条录取分数线来选拔新生的办法,改为按全部招生计划划定一条分数线进行录取。这种"双轨"并为"单轨"的做法,目的是在招生过程中体现教育的公平性原则,保证所招新生的文化水平更趋一致,从而有利于高校教学。这项改革于 1994 年首先在国家教委直属高校中试行,然后在各省份和各部委直属高校中逐步推开,到 1997 年在全国高校招生中全部平稳完成。

高职类学校规模占比并不算大,但经过二十年放开地市一级办学后,这一规模已超出原有制度设计的想象(2016年,我国高职高专学校为1 359所,占全国高校2 596所的52.3%;2018年高职高专学校为1 418所,占全国普通高校2 663所的53.2%)。**另一大突破是2003年上海本科审批权的下放与持续18年的90所高校5%自主招生改革①。**可以看出,这两项改革的初衷都是在探索有利于进一步扩大招生自主权改革。后一阶段改革基本停留在试点基础上,一试十几年却没有太大进展。主要遇到的**改革困境与积聚变革的潜在条件**来自三个层面:

第一层面是选拔人才的"精英教育"与取向公平的"大众教育"的矛盾。本身这就是两种取向目标不一致的资源配置方式,用原有对付精英高等教育阶段下的一统高考与招生制度来对应已扩大了数百倍且需求不同的入学人群显然不合适。因为最初改革对象多样复杂,特别当中国传统文化的压力无法在大众化初期就明确实施分类招生制度,那么,大众化之后虽然压力仍然存在,但适合分类招生的条件在不断集聚。重大制度变革都是身陷多重困境,与其说是选择改革时机不如说是在创设最小改革成本的时机,当改革不可能做到所有利益相关者都获利时,就要选择多数人获利且利用其他补偿手段达到改革目的。特别是随着大众化入学人群的攀升,利益群体也不再是少数"精英"而已汇集为大众时,就更需要将这些来自不同需求而放大的呼声转化为有利于分类推进获利群体改革的动力。如将高职考试权与本科考试分离就是一个分流舆论压力的措施。研究生考试每年上百万人,与最初恢复本科高考的人数相比也不少,但实施分流并授权学校自主分类多种形式录取,显然压力就被稀释了。过去认为,从精英过渡到大众,群众满意度应该提高,但是高等教育不是标准化产品,专业分类及人才选拔体现在整个高等教育全程,高等教育人才结构与层次是社会经济发展的客观需求,高等教育招生体制改革的目标越是适应多重选择则越能适应社会需求。相应地,越是大众化就越有多样需求选择,如果不提供多元选择就会集聚矛盾。这两者正好是相互契合的两个层面,也正好是"精英"与"大众"两种不同资源条件下的配置思路。我国高等教育大众化近20年,特别是已接近高等教育普及化阶段,近五年中央不断推进的地方本科转型应用型与"双一流"竞争趋势以及高等职业学院的产融方向都客观上为高等学校分类分层奠定了基础。招生体制改革这几年虽然较大动作不多,但所有积蓄的改革都在为实行分类招生制度做准备。2020年,高等教育将实现普及化,"对处于高中后高职院校升学竞争将大为降低,'文化+技能'的考试考核形式将会更加广泛,乃至可以实行'注册入学'的制度。高校可以在申请入学的学生中进行自主选择,并且实行更加灵活的学习和学籍管理制度。普

---

① 自主招生制度改革是由教育部自上而下推动的。2001年,教育部为深化高校招生录取制度改革,进一步扩大高等学校招生自主权,选拔、培养优秀创新人才,促进教育创新和素质教育的全面开展,批准东南大学等3所位于江苏的高校进行自主招生改革试点。2003年,教育部给予北京大学、清华大学等22所高校5%的自主招生名额。2004年,实行自主招生的高校数目进一步扩大到28所,选拔方式也改为学校推荐和学生自荐两种方式。2005年,自主招生高校又增加了14所。2006年,试点高校增加到53所,招生人数比例也在最初5%的基础上有所放松,考生报名形式也从最初单一的中学推荐转变为学校推荐和个人自荐相结合。同时,部分省市也开展了高职院校自主招生试点。2008年,全国进行自主招生的高校已扩大到68所。2009年,教育部公布的名单显示,自主招生高校已增至76所,国家也进一步扩大了高校的招生自主权,不再限制优质生源高校自主招生的比例上限。引自王元伟:《自主招生政策的利益分析》,《高等教育研究》2009年第2期。2014年,具有这类自主权的学校扩展到90所。

及化阶段普通教育和职业教育、普通教育和成人教育、全日制教育和非全日制教育、网络教育和在校教育等多种教育形式的互联互通的高等教育'立交桥'以及'学分银行'的建立等,也可以解决一批学生高中后的升学应试问题"[①]。蓄势待发的分类改革都是为中央确定到2020年基本建立中国特色现代教育考试招生制度,即形成分类考试、综合评价、多元录取的考试招生模式做准备。

第二层面是人才培养的国家战略布局与地区人才市场流动的统筹矛盾。大量实证研究表明,在事业单位人事制度和户籍制度改革的破题下,特别是在全球人才资源配置已成为国内高等教育配置的第二大战场时,国内人才配置主流已经与40年形成的市场经济选人用人激励制度高度吻合,大量"用脚投票"人才并不按照招生计划的版图落地,他们追随经济增长区位优势和国家此消彼长的产业政策以及不断升级转型的技术业态,也就是说,改革开放初期计划配置人才早已被个体选择就业替代。因此,对无数个体来说,招生与就业计划之间存在严重不确定性,每年上千万人的不确定性选择以及被选择的不确定都不是国家计划能够安排的。在这样变革的制度背景下,一方面,将政府能够做的与市场已经在做的相区别则是成本最小的改革,因为中央政府已经将改革不确定风险转换至各个省区市的政府。将招生计划中大量为地方或区域经济服务的招生计划放给地方,学校的基本使命就是为本地服务,当地政府更能够对当地人才需求进行计划适配,并在区域或地方的需求板块里进行计划调节。另一方面,中央所属高校本身就承担着国家人才培养的战略任务,将国家战略布局的任务宏观配置综合大学是与中央赋予其要求相匹配的,否则就不再需要中央财政投资,同时适度减少其属地招生计划;如果部分省区也承担国家任务,中央可以委托并投资实施。同样,中央也具有并利用转移支付手段支持西部高校或扶持家境不好的优秀学生进入综合大学的职责。宏观调配部属与省属高校招生计划投放人口大省、边远、贫困、少数民族地区,2008年这些定点专项招生计划已成为中央政府正在实施的计划,持续向部分人口大省和西部省份倾斜,到2016年高考录取率最低省份与全国的平均水平差距已经缩小到四个百分点以内。2016年,国务院决定要扶持中西部14个省份每个省建设一所高水平大学[②]。农村学生上重点大学的机会持续增加,自2012年开始实施面向贫困地区定向招生专项计划每年增加一万人[③],到2016年已达到六万人;2014年农村学生上重点高校的人数比2013年增长11.4%,2015年增长10.5%。这一政策可以比肩原有自主招生的自主权。因此,这不仅仅是一项单纯扶贫的补偿性政策,也是选拔农村学生中优秀人才的过程。但在实施反馈中也遇到一些亟待研究的问题[④],由于入学前的学习差距使其入校后不适应的差距扩大,并导致普遍心理压力大。这里涉及对待重点大学贫困学生比重低的一个政策供给的设计方式。是

---

① 瞿振元:《建设中国特色现代考试招生制度》,《教育研究》2017年第10期。
② 《李克强主持召开国务院常务会议》(2016年4月27日),新华网,http://www.xinhuanet.com//politics/2016-04/27/c_1118755109.htm。国务院常务会议决定,在没有教育部直属高校的河北、河南、内蒙古、山西、江西、广西、海南、贵州、云南、西藏、青海、宁夏、新疆等13个省区以及新疆生产建设兵团各重点支持建设一所高校。
③ 《国家教育事业发展第十三个五年规划》指出,继续提高重点高校招收贫困生比例。这一专项的录取方式实行单报志愿、单设批次、单独划线、单独报名;高考后通过学校组织的选拔考试,享受高考录取分数优惠政策。高校参照自主招生办法执行。
④ 熊静、余秀兰:《研究型大学贫困生与非贫困生的学习经历差异分析》,《高等教育研究》2015年第2期。

直接选送还是间接选送,即扩大不同类型高校在扩大自主权基础上增加贫困生入学比例的同时,在入校后的培养中发现优秀学生通过推荐转学到重点大学深造。既扩大了贫困生就学面,也避免了不适应而厌学问题。如何注重更多公共政策的适宜性,使好政策有好效益才是实施政策的出发点。所以,这一政策的改进趋势是,切实提高这一转移支付招生计划的支持力度并以国家购买方式配置给各省,以提高"含金量";可以相应配套启动地方高校入学后表现有突出才华的这类学生实行推荐到"双一流"大学学习的配置计划。既然高校内部已实施培优计划,就可以由国家供给扩大到校与校之间,而不只是入学前配置到综合大学一种办法①,形成不同类型学校间优秀学生能够流动配置不断优化的机制。中央管住国家战略与贫困就学的两端计划配置,而把量大面广的其他招生计划权放到省内统筹,并倡导省与省之间形成招生协作平台。在全国户籍制度已经基本放开的前提下,地方各省已经在招生计划的配置上具有较大发言权,正在形成一整套利于面对本省及承担转移支付责任的制度机制。应该说,近10年中央招生体制中部分高校5%自主招生、分流保送研究生、农村专项招生支持计划、省内高职高专考试自主权、成人继续教育及开放网络自主招生等分类改革已为这一改革分流铺垫了较好的基础。

第三层面是全国统一高考制度改革与招生自主权的矛盾。如果说,改革开放初期,高考制度与招生入学有着密切关系,在计划体制下它们甚至是连体关系。30年来,它们已经逐步分离。近10年,在高等教育后大众化阶段,它们的关系已发生了本质变化,即2016年决定高等职业学校的考试已单独进行,全国高等教育录取率已达到80%,2020年,我国高等教育毛入学率将达到50%,这意味着整体进入高等教育普及化阶段。不少省市高校不再是稀缺资源。虽然,普通高校入学考试仍是迄今为止社会公信度最高的国家考试,但面对2 800所不同类型的学校,以一对几百万考生的需求与遴选甄别手段,是一项很难"都满意"的帕累托优化。"高考作为高校与社会直接衔接的重要环节,作为民生

---

① 2008年,教育部会同国家发改委启动实施支援中西部地区招生协作计划,每年专门安排增量计划,2012年推出"农村学生单独招生计划",十二五期间,每年在全国招生计划中专门安排1万名左右专项计划,以本科一批招生计划为主。本科计划由中央部门高校和在本科一批招生的地方高校共同承担招生及培养任务,高职计划由国家示范性(含骨干)高等职业学校承担招生及培养任务。通过专项计划的实施,增加贫困地区学生接受高等教育的机会,促进教育公平;引导贫困地区基础教育健康发展,提高教育水平;鼓励学生毕业后回贫困地区就业创业和服务,为贫困地区发展提供人才和智力支撑。专项计划实行动态管理,由国家进行总体规划和统一部署,集中组织部分高等教育资源,紧密结合贫困地区经济社会发展对相关专业人才的重点需求,定向招收贫困地区考生。高校专项计划面向边远、贫困、少数民族等地区县(含县级市)及县以下高中勤奋好学、成绩优良的农村学生进行。由教育部直属高校和其他自主招生试点高校承担,招生计划不少于本校年度本科招生规模的2%。2017年清华大学的高校专项计划为"自强计划",招生涵盖该校33个专业,北京大学的"筑梦计划"共有27个学院参与。一些身处贫困地区但有特殊禀赋与特长的优秀学生可能因高考成绩不理想而难以获得入学机会,国家实施的支持计划,已使6万名这样的学生分别进入不同类型重点高校。但是,也有相当的学生入学后遇到学习困难而产生退学或产生心理压力,多数学校专门实施心理健康与学习辅导。怎样予以这样的学生适合的学习环境与难度,这是政策设计者需要考虑的因素之一,而不是单纯以扶持数字和增加不同家庭成分比例为目标。事实上,地区不平衡的影响是需要整个环境的变革和时间的推移,与其将更多扶持经费投入此而效益不高,不如将更多资金投入贫困地区的中心学校以及环境。

的重大关切,成为整个国家一年一度的盛大社会活动,其影响远远超过了高考本身"[①]。因此,将一次全国考试与多次不同类型选拔的高校招生相捆绑,再智慧的办法也无法解决多重博弈的困境。改革的思路就是在高等教育进入普及化的制度背景下,首先把全国考试与高校招生分为两个有关联但不是直接对应的制度安排。2010 年《国家中长期教育改革和发展规划纲要(2010—2020 年)》提出,逐步实施高等学校分类入学考试。普通高等学校本科入学考试由全国统一组织;高等职业教育入学考试由各省、自治区、直辖市组织。成人高等教育招生办法由各省、自治区、直辖市确定。深入推进研究生入学考试制度改革。事实上,2014 年 9 月 4 日,国务院颁布《关于深化考试招生制度改革的实施意见》(以下简称《实施意见》)是恢复高考以来第一次以国务院名义发布的关于考试招生制度改革的文件,提出改革招生计划分配方式、考试形式和内容、招生录取机制、监督管理机制、启动高考综合改革试点等五大改革任务。这一新试点改革看起来是一个综合类改革,但它已经部分昭示了未来分权分类分离的前景。比如多元考试的走向,国家制定的考试科目、社会提供的考试科目、学生个人选择的考试科目、高校面对前面几项可供选择的条件。如果目前不再实施联考的 90 所高校自主招生权在"双一流"学校基础上再扩大[②],并在省内学校进一步拓展试点,就会发挥高校、考生、高中三方面自主选拔与自主选择的比较优势。这一试点改革推进的前提应建立自律原则:参与学校要遵守游戏规则、做得好的激励扩大,而不是总是平均 5% 的自主权,违规的坚决退出,并实施"一票否决",不能一人生病,全家吃药。就会逐步将国家统一考试作为基本前提,而将重心逐步过渡到高校与入学者自我选择的层面上来。

高校招生体制的横向改革主要指与高校招生相关的招生计划分配方式的调整、入学选拔考试制度的改进、招生录取机制的改革三大方位。这三个方位的改革进展互为联系、相互制约。应该说,**我国高校招生体制改革整体上已从高度集中管理逐步走向地方分权分化趋势。**1978 年之前,地方和高校的招生考试的自主权相对较少,总体执行中央的统一管理。1985 年上海在全国首次实施自主命题,到 2011 年全国已有 16 个省市组织了高考分省命题,越来越多的地方政府获得了高考命题权。在新一轮改革诉求下,2015 年起虽然分省命题的省市逐渐减少,目前为 5 个,但所有省市都拥有了学业水平考试的命题权,命题权总体上仍呈现出从国家到地方权力分散的趋势[③]。根据 2014 年《国务院关于深化考试招生制度改革的实施意见》,学业水平考试成绩计入高考总成绩。同时,考试科目不再由国家或地方政府统一规定,高校拥有部分科目选择权。21 世纪初,高校招生权由全国高等学校招生委员会

---

① 瞿振元:《建设中国特色现代考试招生制度》,《教育研究》2017 年第 10 期。

② 黄晓婷等研究发现,通过分析 K 高校 2005—2009 年的数据,对比了该校自主招生和统一高考的公平和效率。自主招生显示出更高效率,相比普通高考能够选拔出学业水平更为优异的学生。2012 年底,《教育部关于进一步深化高校自主选拔录取改革试点工作的指导意见》强调要提高自主选拔的质量,保证自主招生的效率,同时要确保自主招生的公平性。引自黄晓婷等:《自主招生价值何在——高校自主招生公平与效率的实证研究》,《教育学术月刊》2015 年第 6 期。2015 年教育部为完善和规范高校自主招生办法,明确招生对象,优化考核内容,调整考核方式合时间。从 2016 年开始,全国 90 所自主招生的试点大学不再举行联考,学校单独组织的自主测试放在高考之后,成绩公布之前进行,力求既保证中学教学秩序,又不影响高考录取进程。

③ 肖立宏等:《人工智能技术对高考改革的影响:分权趋势下的新动力》,《中国教育学刊》2019 年第 4 期。

分散到各高校,高校根据国家核准的年度招生计划及生源计划,选拔录取新生,招生不再是政府行为。90 所高校在国家统一考试招生之外,还获得了学校年度本科招生计划总数 5% 的自主招生权限,可以自行组织各种形式的考试,包括笔试或面试,在国家规定范围内自主选拔符合本校培养需求的学生①。高中开始有了学生入学更多的自主权。2012 年以来,中学保送生制度赋予部分实行保送的中学以评价推荐权。北京大学和清华大学 2012 年的自主招生方案中首次出现了中学校长推荐制,赋予获得推荐资格的中学校长推荐自主招生候选人的权力。根据 2014 年的《实施意见》,中学须对学生进行综合素质评价,作为录取时的参考。能够对学生行使评价推荐权的中学,由部分中学扩展到实行新高考方案省市的所有中学,中学的权力也呈扩大趋势②。**2014 年《国务院关于深化考试招生制度改革的实施意见》颁布以来,已公布的各省市改革方案中地方、高校、中学的考试招生权都呈扩大趋势。从 40 年招生体制纵向改革进程再回看这三个方位的改革,就会发现,不同改革进程中的阶段矛盾不同,处理角度与方法就不同,有时长期停滞改不下去或总在原地转圈子,是因为制度环境还没有提供解决的条件,或是路径依赖致使存量思维框架落后于增量需求,也可能是缺失针对不同利益博弈的治理能力。**比如招生计划分配方式的改革一直沿革着多年计划统筹、行政主导的模式,所有的调整程序一般均在中央与省份之间。造成"区域高等教育入学机会有差距,省际高等教育毛入学率、高考录取率和高考录取分数线差异较大;优质高等教育资源配置不均衡,尤其是农村学生上重点高校的机会偏少等"③。实际上,这些问题是老问题,只不过在大众化过程中越发暴露无遗,而且这些问题属于历史遗留与资源禀赋双重矛盾,单靠地方很难解决。而这些却恰恰是中央宏观管理中最应该也有统筹决策能力的优势所在,更是公共政府的职责所在,但这个问题却直至大众化后期才逐步摆上议事日程。追溯缘由,并非是资金短缺,而且这些问题也并不是直接与招生制度改革有关系,它们只是通过现行统一招生反映出来,如果自主权在各地,可能很难一时比较出来。**本质看,这与中央与地方事权和财权的责任边界不清晰以及公共政府的主要责任缺失有关。**十八大以来,政府特别强调公共政府的治理理念与能力,简政放权与公共服务是这一阶段政府的主要任务。**很长一段时期,招生制度改革的重心集中在高考现行招生录取的技术处置上,越是大众化越不考虑放权与分权,就只能在大众化数量录取上下功夫:**由于强化了高考统考成绩作为高校录取的唯一依据,当地方和学校没有选择权时只能加剧基础教育的应试倾向;把人才选拔落实在本科考生分批次录取的分档上,强化了学校的"等级身份",忽视了学生对专业的了解认识;同时为增加区别录取优势而设立名目繁多的加分项目,从而寻租造假滋生腐败,破坏高校录取的公平政策环境等。2014 年启动的综合评价和多元录取机制应是问题导向倒逼下的制度改革。地方政府获得本省市高考综合改革方案的考试招生政策制定权。在"3+X"方案下,考试科目不再由国家统一规定,地方政府拥有了除语文、数学、外语 3 门必考科目之外的考试科目选择权,不同省市可以有不同的科目选择模式。除了 2017 年已在上海、浙江实行新机制以建立和完善考生的综

---

① 肖立宏等:《人工智能技术对高考改革的影响:分权趋势下的新动力》,《中国教育学刊》2019 年第 4 期。
② 肖立宏等:《人工智能技术对高考改革的影响:分权趋势下的新动力》,《中国教育学刊》2019 年第 4 期。
③ 钟秉林:《高考招生制度改革与高中学校人才培养》,《中国教育学刊》2015 年第 10 期。

合评价机制①,各地已从 2016 年开始逐步取消本科新生录取批次,完善平行志愿投档方式,增加考生和学校之间的双向选择;同时推进淡化学校等级身份,注重考生了解高校专业重要性与学科特色,鼓励高校自主录取、注册录取、定向录取及破格录取等多种录取方式,探索人才选拔的多元录取机制;在完善和规范 90 所高校自主招生办法的同时要求这些学校招收录取 2% 的农村学生。长期以来入学考试制度的最主要问题是陷入"唯一"考试陷阱还要面对多样人才选拔,如果不实行分类考试,即使让命题教师再创新,一张考卷也很难让几百万考生满足高校多样化的人才选拔需求。高考入学制度的改革方向首先是探索本科和高职高专"分类考试"②;其次是以国家基础教育课程标准为依据,突出对学生基础知识、学习能力、分析能力和综合素质的考查,完善高中学业水平考试,探索文理不分科。但最终改革的方向还是要分权管理、分类考试、多元选择。

　　从以上讨论中还可以看出有两个潜在相背离的观点,一是"把高考的负面影响过分放大,把教育中出现的问题简单地归咎于高考,甚至有人提出取消统一考试"。二是把考试与招生紧紧捆绑在一起,"考试是招生制度的核心③"。没有不考试就招生,完善考试是主要解决办法。其实,这两种观点都是建立在统一高考是高校招生"前提"的基础上,却没有从改革开放的制度环境已发生巨大变革上讨论这个"前提"是否是个"真"问题。高等教育从精英教育走到大众教育,高等教育的分类办学已是事实也是社会需求,能够入学的问题早就解决,但是怎样满足不同需求的问题不是一个统一高考的改进能够解决的。变化的制度环境需要转换讨论"前提",即考虑在多元考试方式、多元招生录取方式上探索已持续 40 年总体招生考试模式不变的状况。在多元选择方式下再探讨多元途径的每一个途径的公平与效率,而不是仅仅停留在不变的制度环境下仍然以为一个统考就是确保公平的唯一方式。

　　如果还是坚持"一考定终身"的思路④,整个招生考试制度势必陷入"剪不断理还乱"中,不管召集了全国多少智囊智库研发了多少次"最优"高考改进方案,在面对数千万考生的博

---

① 探索将高考统考成绩、高中学业水平考试成绩和综合素质评价档案作为高校录取的基本依据或重要参考,使评价方式更科学、评价内容更丰富,评价结果更准确。例如,试点省份将统考语文、数学两科,外语科目一年两考,把最好的成绩加入高考成绩当中;同时,考生自选三门高中学业水平考试的科目,按等级加权赋分到高考成绩当中;另外,还要把综合素质评价档案作为高校录取的重要参考。

② 高职院校尝试"文化素质＋职业技能"考试,或实行"注册入学",以利于学校选拔技术技能型人才和学生选择适合自己的教育;探索外语等科目一年两考方式,增加学生的选择机会,减轻学生的集中备考压力。

③ 改革开放正是在"文化大革命"有招无考的深刻教训基础上发生的。事实上,现行招生制度为共和国的人才培养所做的贡献令人瞩目。随着国家经济建设和社会发展,招考的改革步子事实上一直没有停顿过。从 1977 年恢复高考、简化政审程序,实行"德智体全面考核、择优录取",到不断调整考试科目,完善考试办法,提高考试的科学性,高考改革一直在路上。

④ 虽然从 1999 年中央已决定实行一年两次高考,由各地自行决定。但实施数年后,除上海一直坚持举行外,不少省份转型为高职高考,北京等地在实行 5—6 年由于效果不理想均已停止。教育部对实施这一改革的引导及推广力度式微,对存在的一些共性问题没有实际措施。对于春季高考"越来越狭窄的生存空间",教育专家建议,必须改变现有的招生模式。教育问题专家、上海交通大学教授熊丙奇认为,要真正发挥多次高考的作用,还得让更多院校参与进来。上海师范大学副校长项家祥则认为,春季高考只针对落榜生、往届生等,限制应届高中生。他建议,中学阶段应健全和完善学分制,这样部分优秀高中毕业生便能提前毕业,同往届毕业生、落榜生一起投入春季高考,也为重点大学参与招生创造了条件。但传统的夏季高考已经在学生和家长的心中重要性更高,这也导致春季高考热度一直很低。

弈中,任何"完备"的方案都有可能被"使命召唤"的考生"钻空子"或"搭便车",而所有参与这场竞争的人可能都是"牺牲品"。因为,在这场考试竞赛中,大家在乎的是如何运用技术策略通过考试门槛,即使因这样的选拔方式被重点大学录取的学生也未必一定是人才。2017 年浙江新高考的"物理沦陷"就是典型的"非合作博弈"状态①,"为什么会出现这个现象?原因比较复杂,大家诟病最多的是赋分法有误导,但最根本的原因,还是给学生的选择权,遭遇了功利文化的算计。""这种等级赋分法,无论实际成绩如何,前 1‰ 的考生将获得这个科目的满分,并以此类推。这种做法出发点本来是保证不同科目之间的分数具有可比性,在计入高考录取时,确保其公平。比如科目选考人数多的,获得最高分的考生自然就应该多,选考人数少的,自然就应该少。但是也造成了选考人数少的科目不容易取得高分,物理的情况就是这样。"②"原来政策制定的初衷是希望考生擅长哪门而去考哪门,充分展现个性特点,结果变成了哪门分数可以拿到最高分数,就选哪门。这是我们很多改革政策制定者难以预料的结果。"③这只是无数高考博弈中的一个案例,但已表明"纳什均衡"博弈是唯一高考的"僵尸"④。高考制度设计者与所有参与者都是理性的决策者,参与者并非都是按照设计者的意图进行合作,他们之间发生的无数冲突都是其个体理性决策的结果,无数参与者最终追求结果是使所有博弈方达到利益最大化,但实际上,像全国高考这样的博弈,一般结果都不会是原有想象的稳定结果,大家都以为关键是"制度设计",但在数百万人的一场博弈中,"制度设计"是很"渺小"的,即使设计者认为数年的考试选拔了上亿考生,但是"应试教育"的成长苦恼同样成了久久不散的伴随品,且影响着所有人。因而,制度创新是历史与现实的产物,路径依赖是制度创新的障碍,有的事情久久为功必成器,有的事情久久为功路难寻。追随变革、转换思路是久久为功的前提。

我国研究生招生考试制度改革与下放招生自主权分析,见微信 4-11。可以佐证的是我国研究生招生考试制度的开放程度比较高,说明并不是没有其他改革出路。

---

① 2017 年高考中,新高考改革改革试点地区浙江、上海出现选考物理考生人数锐减的问题引起媒体广泛关注。2014 年 9 月新高考改革方案正式出台,浙江、上海成为首批试点。与历史上的主要修改考试科目不同,此次高考改革是一次全方位的系统改革,涉及从考试到录取的全过程,也必然遇到更多更艰巨的挑战。物理科目遇冷,就是此次改革遇到的一个问题。引自吴育人:《新高考改革:物理科目为什么会遭受冷落?》,腾讯网,https://cul.qq.com/a/20170918/034088.htm。

② 但物理科目的难度,恰恰是所有科目中最高的,物理学的好的孩子,多数天资较好,学习成绩也普遍比较好。由于在赋分法下,难以在物理学科上获得更好分数。于是一些考生就放弃物理,而去选考化学、生物、地理、历史等等。因为这样更容易战胜其他人,获得更高分数如 100 分,或者 97 分的可能性会远远高于选考物理。在分分必较的高考中,显然有其现实意义。因此,选考物理的人数出现大幅度下降。物理科目从理论上的最佳选择,变成了实际中的倒数第二选择。引自吴育人:《新高考改革:物理科目为什么会遭受冷落?》,腾讯网,https://cul.qq.com/a/20170918/034088.htm。

③ 引自吴育人:《新高考改革:物理科目为什么会遭受冷落?》,腾讯网,https://cul.qq.com/a/20170918/034088.htm。

④ 纳什均衡:又称为非合作博弈均衡,是博弈论的一个重要术语,以约翰-纳什命名。假设有 n 个局中人参与博弈,给定其他人策略的条件下,每个局中人选择自己的最优策略(个人最优策略可能依赖于也可能不依赖于他人的战略),从而使自己利益最大化。所有局中人策略构成一个策略组合。纳什均衡指的是这样一种战略组合,这种策略组合由所有参与人最优策略组成。即在给定别人策略的情况下,没有人有足够理由打破这种均衡。纳什均衡,从实质上说,是一种非合作博弈状态。

　　以上讨论的**高校招生体制纵向改革的两大阶段实质上是突破计划体制招生束缚和大众化催生高校招生与考试制度实施分立多元改革**。横向改革涉及的三大方位近两年的调整仍然是问题倒逼机制所做的"最后晚餐"。**本质上，后大众化阶段需要分类考试、多元录取，这是高等教育招生体制转型的趋势**。党的十八届三中全会审议通过的《中共中央关于全面深化改革若干重大问题的决定》中明确提出，"推进考试招生制度改革，探索招生和考试相对分离、学生考试多次选择、学校依法自主招生、专业机构组织实施、政府宏观管理、社会参与监督的运行机制，从根本上解决一考定终身的弊端"。中央推进考试招生制度改革的重点直指改革招生制度，不仅仅是改革考试制度。考试的改革只是变革考试的科目内容和形式，而招生计划变革才能从本质上解决改革陷入困境的问题。中央已确定的工作目标是：到 2020 年基本建立中国特色现代教育考试招生制度，形成分类考试、综合评价、多元录取的考试招生模式。2017 年正处在酝酿这一重大制度改革的前夜，多项分类改革均已启动，只等瓜熟蒂落。

　　学术界现在有两派观点在影响招生制度。**一派观点**是要积极探索招生和考试相对分离，在分离前提下，分置研究两者的改革。随着高等教育普及化的到来，在省级区域统筹下，高等教育成为终身教育，考试形式的多样化是解决现行高考问题的趋势，在发展进程中研究高考改革和招生方式是上策。"如果把重点放在考试科目、各科分数权重和计分方式的改革上，将难以改变应试教育和一考定终身的弊端。各省试卷不完全统一，各省招生计划指标人数和录取分数线单独划定，录取比例不均等造成不同省份考生上大学的机会不公平问题。"[①]**另一派观点**是要把高考改革的重点放在招生制度的改革上，解决的关键从彻底改变计划经济体制所形成的各省招生名额计划分配的制度，改为根据全国大学年度招生规模，依据各省人口规模平均分配招生名额的办法。"从根本上改变现有计划经济体制下形成的招生计划指标制度，根据国民经济和社会发展水平和高等教育发展阶段的特点，是时候把各省计划分配招生名额调整为以人口规模为主要参数基准的平均分配招生名额的办法了。"[②]这两派都是从不同侧面研究高校招生自主权，都有一定的前瞻性和创新性。这就需要中央审时度势，抓住关键进一步加大改革力度。

　　中央政府调整国家整个招生计划改革方向分析，见微信 4－12。

　　高校招生制度的改革还有很大的空间，这意味着资源配置的转型空间很大。这其中，**中央与地方关系不仅是两个主体的权力和责任边界，在现代公共治理的框架下，还涉及相应的当事主体的权利**。作为最大民生的教育，尤其关乎无数家庭考生未来命运的高等教育高考招生制度，其公共政策的制定与执行已经发生了质变，这就是"苏鄂事件"留给招生制度改革的思考。

　　当我们在反思 2016 年的"苏鄂事件"时，2018 年 6 月 15 日，江苏省委召开常委扩大会议，专题研究江苏高中招生、高考改革以及高考命题等事项。其中，会议对近十年江苏高考制度改革与招生制度改革的反思令人震惊。一是明确指出过去高考十年五改，教师无所适

① 李志民：《高考改革既要改革考试，更要改革招生制度》，教育部科技发展中心网站，http://www.cutech.edu.cn/cn/zrzl/lzmz/zrwjt/jy/webinfo/2018/06/1528678695270096.htm。

② 李志民：《高考改革既要改革考试，更要改革招生制度》，教育部科技发展中心网站，http://www.cutech.edu.cn/cn/zrzl/lzmz/zrwjt/jy/webinfo/2018/06/1528678695270096.htm。

从，家长怨声载道，反思不限于教育部门，各相关部门都要反省。2008 年高考方案存在总分值低、选科功利化、学生科学素养低等问题。调研显示，46％的老师、70％的家长认为是折腾，未能发挥预想的作用，物理化学成为高危选科组合，清华、北大反映江苏考生科学素质不行，竞争力下降，名校江苏招录计划不断降低，与教育大省地位不匹配。二是明确指出江苏高考参考人数已逐年下降，从 54 万下降到 33 万，甚至招生人数超过参考人数，不利于江苏的高质量发展，而 2016 年的大集访敲响了警钟。三是明确指出十年来江苏片面追求升学率，减少分母，突出分子，这是执政理念出了问题，曲解了中央的政策，造成群众不满意，也造成了严重的不良社会影响，追求标新立异，折腾过多，美其名曰改革，实质为折腾、乱折腾。现在问题到了非解决不可的程度，要全面认真反省。如何把选择权给孩子，让孩子有更多机会接受更高等教育。**作为一个社会经济发展比较发达的省份，在高考制度改革上出现了重大反思与改革动力，这是一个好事，说明高等教育制度变革到了一个转折点。在度过了高等教育稀缺时代，进入后大众化高等教育时代，制度创新的对象与约束条件都改变的情况下，不能供给适当的制度安排，就会引发更多的利益相关者的质疑，这是对政府公共治理能力的考验，也反映了高等教育进入了一个与以往不同质的时代。**同年 6 月 21 日，教育部召开了改革开放第一次全国本科教育工作会议，提出怎样提高本科教育质量问题。教育部长认为对大学生的学习状况需要严加管理①。大众化后的最大积弊是高等教育质量问题，虽然政府牵头采取了多项全国性动作，如果也作为"产业政策"的话，已经全方位地对高校人才培养"全口径"进行了干预，但是成效低微。本科教育会议再次提出这一命题，并召开了千所学校的视频会议。会后，引发了学界的广泛讨论。其中，积重难返的是与"毕业出口"紧密相关的高校考核制度，其受制于以下条件，"首先，学校掌握的考核制度指标与毕业率和就业率紧密相连，但教育部每年统计高校培养成果的标准也是毕业率和就业率。其次，多年来'上了大学就能毕业'已成'社会常识'，高校面临的稳定压力影响考核制度的真正落实，这导致高校因要维护社会稳定而牺牲应坚守的教育原则。再次，高校没有消化负面评价的能力导致考核过程流于形式，即学校缺乏配套的机制来消化这些考核不通过的同学"②。同时，在学生质量问题上，不仅教育部、高校、学院、教师这几个层级上的权责不清晰，而且学校层面的制度安排与行政部门的规定相冲突或相掣肘，特别是行政部门要求学校要承担外部制度环境的压力，这是阻碍大学教育质量提升的根本问题。**实际存在的是一个改变精英供给为大众高等教育模式的问题。在高等教育即将跨入普及化阶段之际，选择"宽进严出"的制度安排已提到议事日程，一旦"宽进"的条件具备并供给，现有高考招生制度改革的无解就会迎刃而解；而进入大众化后多年困扰教育部门的高等教育质量问题也可能迎刃而解。**

　　高校招生体制是高等教育资源面对社会最直接的制度安排。它的影响大小与其涉及的利益相关群体的半径有关，相关人群越多利益诉求也越多，其中最直接的是录取的标准。如果高校实行了分类考试与录取，那录取也就会是不同的标准。而录取标准的制约条件有两条：其一是基本底线，它主要是学术标准，即学生真实学力的考核，从群体的角度看学力标准

---

① 2018 年 6 月 21 日，新时代全国高等学校本科教育工作会议召开，会上教育部长陈宝生发话：中国教育"玩命的中学、快乐的大学"现象应该扭转，对中小学生要有效"减负"，对大学生要合理"增负"，提升大学生的学业挑战度。

② 田洪鋆：《加强考核制度管理 严把高校毕业出口关》，《光明日报》2018 年 7 月 2 日。

也是相对标准,有水涨船高问题。考察方式涉及考察成本,古时孔子同七十二弟子一一对话,与古希腊的苏格拉底对话学生一样,他们能够如此近距离是因为足以应付学生规模。随着规模增加,考试标准化是节约识别学力的次优经济办法[①],但未必是选拔人才的最优办法。但是如果分类考试和录取,就近乎孔子对话考核子弟,甚至可运用在线模式,既解决识别学生真实学力,又降低了考核成本,还纠正了应试教育顽症。**其二是供给高等教育分类招考的能力,这是一个制度创新及人才选拔战略问题。**我国在 1998 年前后对高等教育发展速度与规模的政策就是两种不同的供需资源配置的安排。有不同的理念带来不同的制度设计,就会有不同的现实效果。但有时候当外部条件不具备时,需要走中间道路。我国在 21 世纪前后逐步放开的各省自主高考命题试点就是根据规模需求不平衡与区域供给能力不对称的矛盾而寻求的第三条道路。这条道路目前已不再适合,到了需要制度创新的时候。2003 年以来对 90 所大学高考招生赋予 5% 的自主权看,中央就是在试探学校有没有自我约束的能力,这是一个双向博弈的制度选择过程;大家遵守游戏规则,也许就可以"玩"得长一点,范围大一点。同时把高职招生权利给地方,使之更贴近各个地方的经济社会需求。中央抓住一流大学与高等职业院校进行分类招生试点的路子是有希望的,通过两头带动中间,目标还是让学校拥有更多自主选拔的权利,学生不分地域地拥有更多选择高校的权利。2018 年上半年,美国芝加哥大学率先宣布取消 SAT/ACT 考试的强制性要求,美国已经至少有 200 所高等院校做出了同样的决定,它们不再强制性要求大学入学考试成绩。而主要看的是申请人的高中学习成绩、教师推荐信、论文以及其他能够展示申请学生才华的材料[②]。早已普及化的美国高等教育,在高校人才选拔上的一些做法值得关注。而我国地区和高校可以更多通过不断改革试错来寻找更符合本国国情的出路。大众化后期阶段的高校招生制度改革,与改革初期的条件相比,首要的前提条件是制度环境变化与高等教育内部制度安排的变化,特别是精英教育阶段与大众教育阶段的本质区别对高校招生制度改革提出了根本不同的改革思路。高等教育分类与结构区分在区域差异中更加凸显,赋权给地方以及进行分类与结构招生改革是趋势。从近几年改革的导向看,改革的条件会日益成熟。因此,**高校招生体制从历史变迁的视角看,是社会需求与制度供给博弈的历史产物,不是教育家的理想作品,改革开放四十年招生制度的变迁可以清晰地予以佐证。**当然,资源配置方式的改变也有相遇机遇与捕捉机遇的问题,而后者就是制度创新的问题。

五、就业体制指数分析

　　高校就业体制类主要选取毕业生择业自主权与国家助学贷款制度。高校就业体制转型程度分指数 1978、1985、1995、2006、2016 年分别为 0、0.10、0.50、1.00、1.00。本研究对高校就业体制的转型测量指数评判继续沿用《中国高等教育资源配置转型程度指标体系》一书中采取的标准,即基于一个基本观点与一个客观标准。**一个基本观点是高校毕业生就业是一**

---

① 考试是一种标准化测量,它有成本支付,在目前还没有更好的技术可以小成本或无成本地识别人的智力与能力及专业时,它就是次优制度选择。

② 《美国数百所大学取消入学考试 严重冲击亚裔学生》,人民网,http://sn.people.com.cn/GB/n2/2018/0718/c378286-31830226.html。

个与市场紧密相连的资源配置过程,在其他条件不变的状况下,它的转型发展程度与市场转型发育程度是一致的。一个客观标准就是毕业生毕业后被市场吸纳的最终结果是唯一标准。这一指标的研究假设已在前期研究分析中被证实。

前期研究结论是,我国大学毕业生全面进入劳动力市场进行自主择业的市场配置与政府宏观调控体制已经形成,市场与政府相互作用影响着大学毕业生的就业选择方向。在2007—2018年这10多年中,这个结论及趋势还存在吗?有什么新特点与变化?从原有设计的指标对这十年的分析看到,尽管政府在不同领域不同方向施加了不同的政策驱动,但是,总的精神看,没有违背毕业生就业以市场为主导的基调,主要还是从政府公共政策服务与国家导向的信息服务供给出发,为毕业生提供个人就业选择,所有提供的政府供给政策都是面向所有毕业生(也包括民办高校毕业生),并在执行中不断修改丰富完善相关政策。2009年1月国务院办公厅下发的《关于加强普通高等学校毕业生就业工作的通知》中指出普通高等学校毕业生是我国宝贵的人力资源。受国际金融危机影响,我国就业形势十分严峻,高校毕业生就业压力加大。要求各地区、各有关部门要把高校毕业生就业摆在当前就业工作的首位,采取切实有效措施,拓宽就业门路,鼓励高校毕业生到城乡基层、中西部地区和中小企业就业,鼓励自主创业,鼓励骨干企业和科研项目单位吸纳和稳定高校毕业生就业。为进一步加强高校毕业生就业工作,明确各级人力资源和社会保障部门要牵头制定和实施高校毕业生就业政策,并做好高校毕业生离校后的就业指导和就业服务工作。从**2008年之后高校毕业生就业工作归口人力资源保障部**[①],具体由就业促进司青年就业处(高校毕业生就业处)分管。教育部门主要辅助指导高校加强在校生的就业指导和服务工作。这一管理调整本身也表明高校毕业生就业已完全纳入市场配置框架。21世纪以来,大学生就业工作政策框架的指导思想都以强调市场配置为主,政府每年政策制定的基本导向均是"以市场为主导",在学生自主择业的前提下,政府加大对毕业生基层就业项目和毕业生自主创业计划等政府促进就业项目的引导和鼓励,发挥政府力量的宏观调控和辅助。因此,高校毕业生就业自主权自1998年特别是21世纪以来已进入完全以市场为基础,但辅之以政府提供多元服务的体制。尤其是近10年来,中央和地方政府都更加重视从公共政策的视角设计与经济发展社会服务需求目标一致的项目,既提供毕业生自主选择又满足国家需要。因此,可以看到,**政府在20世纪90年代放开毕业生就业自主权的同时,并没有放弃公共职能的定位,也没有因就业压力采取退回计划经济时期的包分配制度,而是更加完善公共治理理念,不断探索增强政府在宏观就业政策指导上的定位与作用,且这一定位与作用正在不断增强并趋于成熟。因此,高校毕业生择业自主权面向市场、由日益发育成熟的人才市场决定毕业生的选择已成为不可逆转的主流。按照市场配置人才的规律逐步成为毕业生、学校、家庭、企业、政府的共识与准则。**

关于政府增强适应市场配置人才和公共服务特点与近10年高校毕业生择业市场趋势特点讨论,见微信4-13。

高校毕业生就业事关广大学生及其家庭切身利益,事关社会主义现代化建设,事关社会和谐稳定。2011年前毕业生就业难基于以下原因:其一,高等教育结构性、区域发展、办学

---

① 2008年国务院机构改革,组建人力资源和社会保障部,在将人事部、劳动和社会保障部的职责整合划入人力资源和社会保障部的同时,将高校毕业生就业管理归口人力资源和社会保障部。

层次的失衡;其二,制度的缺陷。城乡劳动力市场的分割特性及其他约束性制度导致大学生在就业过程中产生较高的搜寻成本;其三,外部原因。金融危机的影响、用人单位的挑剔、社会的歧视和排斥等;其四,大学生自身的原因。大学生就业期望值过高,就业观念陈旧,对大城市趋之若鹜,对中小企业、民营企业、基层单位不愿屈就①。这些原因虽然还存在,但在不同程度上有所改变。随着毕业生规模的不断增加,产业结构与创业兴起,大中城市人才市场的相对饱和度不断提升,毕业生择业观念与去向已开始变化,这与中央实施的毕业生就业指导也有关,特别从近年来政府简政放权的改革红利来看,"放管服"举措深入落实,商事制度改革和税收制度改革不断推进,进一步激发了市场主体的活力,保持了就业局势的稳中向好。2017年全国经济形势复苏和就业形势好转并行,这验证了市场发展与高校毕业生就业进展存在紧密关联。

但是,针对中国丰富的人才市场,政府宏观调控手段在拓宽毕业生就业渠道的公共基础服务上还有更多可为之处,特别在毕业生就业制度内外环境方面有四点值得重视:

一是尚未建立市场经济条件下全国性就业状况对高等教育结构、区域、层次、类型的反馈机制,特别是建立起全国高校毕业生就业和转型升级后国家重点产业新型业态人才供需对接机制,甚至缺乏局部行业产业与区域发展匹配的供求机制,缺失权威的全国性就业需求与预期信息发布分享机制。在互联网已成为大数据基础设施的今天,政府虽对整个社会的就业指导有干预政策,但基本手段是依靠行政性发动和文件落实及统计就业率。当产业结构发生重大调整后,由于存在劳动力与人才市场区域分割、国有与民营企业吸纳条件差异、城乡融合还处于理念阶段等,本来自主就业对行业与社会人才需求及对高校规模、结构、学科、课程、质量等的信号作用会很强,但因行业部委取消后完全由市场信号提供,各个专业部门的统计分析缺乏牵头发布机制,且区域经济与产业转型的变动较快,基层高校传播的仅是零碎的尚未综合的信息,一些第三方机构发布的数据也尚缺科学宏观依据,人社部和教育部门更多是从各自确定的就业或教育自身任务需求出发提供信息来源。长期以来,实际用人机构与毕业生个体所获信息来源的双向局限性造成全社会人才获得的成本趋高,**这一人才供需反馈机制、对接机制、供求机制、发布机制的缺失既反映在招生制度改革的滞后也反映在毕业生择业体制的公共基础信息建设上。**虽然我国各级政府出台的就业政策数量众多,比如,相关统计调查结果显示,大学生对政府提供的创业政策的知晓度不高②。政府部门在如何提高就业者的知情权、用好政策上还差最后一公里。最终此信号功能的制度缺失导致就业作用衰减,直接影响高等教育体制改革的系统性与相互制约性。建立中央与地方统计部门、人力资源部门、教育部门、综合部门统一人才信息发布会商机制,政府的公共服务职能应该弥补市场缺失机制,毕业生择业体制的公共基础信息建设是关键。

二是毕业生职业取向薄弱、就业能力不足,实践能力欠缺。近年来政府和高校虽然也日益重视学生实践能力的培养,如建立高校毕业生实习见习基地,重点建设一批"高校学生科技创业实习基地",规定高职院校毕业生的实习实训等实践教学比重不少于总学分(学时)的50％等,但由于我国中小学教育体系长期缺乏职业生涯规划认知与意愿培养,学校与地方政

---

① 喻名峰、陈成文、李恒全:《回顾与前瞻:大学生就业问题研究十年(2001—2011)》,《高等教育研究》2012年第2期,第80页。

② 李培林等:《2018年中国社会形势分析与预测》,社会科学文献出版社,2018,第58页。

府和企业在推进"校地合作、校产合作、校企合作"上由于体制机制制约,长期缺乏深入合作共赢意识,造成学生实践成本过高与实习机会不畅。2017 年 12 月国务院办公厅发布《关于深化产教融合的若干意见》指出,受体制机制等多种因素影响,人才培养供给侧和产业需求侧在结构、质量、水平上还不能完全适应,"两张皮"问题仍然存在。深化产教融合、促进教育链、人才链与产业链、创新链有机衔接是人才资源供给侧结构性改革的迫切需要。尤其提出依靠市场机制配置非基本公共教育资源,把市场供求比例、就业质量作为学校设置调整学科专业、确定培养规模的重要依据。怎样建立市场对学校培养规模质量的约束倒逼机制和产教融合激励机制,是共同提升政府、企业、高校毕业生就业能力与实践能力的重要措施。

三是培育创新创业的基础条件不到位。虽然大学生创业热情较高,但创业质量不高,生存型创业数量超过发展型创业,而且创业的成功率及生存年限普遍较低。根据公益组织中国青年创业国际计划(YBC)的调查统计,我国青年的首次创业成功率还不足 10%[1]。政府实施创新创业的配套政策仍有很多的局限,比如政府提供的贷款能够惠及的学生比较少。《2016 年中国大学生就业报告》显示,2015 届毕业生自主创业的资金主要依靠父母、亲友投资或借贷和个人积蓄,本科生的比例为 78%,高职高专学生的比例为 75%,而来自商业性风险投资、政府资助的比例均较小,还不到 5%[2]。

四是针对就业市场的不规范缺乏对大学生群体就业实施公平保障的法律。夏锦文等人研究认为[3],受传统理念与传统"熟人社会"的影响,学历崇拜与学历歧视并存,不仅扭曲人力资源的正常信号,整体人力资源配置低效,造成人力资源的巨大浪费。现有法律对就业不公平的判定、特别是就业歧视等缺乏相配套的具体规范细则,缺乏明确违反就业公平的责任认定机制;现实中大学生如遇就业不公,不知向谁申诉且司法诉讼渠道不畅。用人单位的违法成本过低,执法困难。由于政府未能有效维护就业市场的公平竞争,导致具有竞争力的大学生成为就业的弱势群体;由于对行政机构的具体职能、监督程序和法律责任没有明确法律规定,对就业不公平的监督与执法就无从谈起。

在整个全球经济与中国经济止跌回稳的 2017 年与中美贸易摩擦的 2018 年,我国高校毕业生就业将面临一个新的转型点,毕业生的高质量会成为新的就业标杆,市场对实现更充分、更高质量就业的要求更加强烈。就业质量是反映劳动者就业状态优劣的一个综合性评价指标。包含六个维度:就业环境、就业状况、就业能力、劳动者报酬、劳动关系、社会保护。在经济发展高质量阶段市场对就业质量的这六个维度会更加关注。同时,新经济新业态造就就业创业服务工作重心从"以就业为主"向"就业创业并重、以创业带动就业"的转变更加明显,传统就业观念与新一代大学生多元化就业观念的冲撞更加激烈,对专业化、个性化、多样化发展的需求更加迫切。就业指导部门和高校及毕业生只有进一步适应"互联网+"经济业态新时代高校毕业生就业创业的新特点,政府不断加大对就业创业服务工作落地的政策支持,加快完善就业创业服务体系,共同实现毕业生更高质量就业创业才有基础。

高校毕业生择业自主权与助学贷款政策作为观察高校就业体制转型程度指标,总体上能够看到高等教育发展与市场人力资源配置的相关性,也能够看到政府与市场两种力量互

---

① 李长安:《经济新常态下我国的就业形势与政策选择》,《北京工商大学学报》2016 年第 6 期。
② 《大数据:2016 中国大学生就业报告》,搜狐网,http://www.sohu.com/a/81701622_113093。
③ 夏锦文等:《对大学生就业问题的调研与思考》,《中国党政干部论坛》2013 年第 9 期。

为支撑、互为补充对高校就业制度变迁的影响。改革开放 40 年高校就业体制的变迁逻辑离不开我国工业化发展轨迹、产业结构调整变化、劳动力市场发育程度、政府公共服务倾斜力度、不同组织用人制度变革、城镇化推进程度等制度环境的变迁,虽然高校就业成为高等教育体制改革的突破口,但是,在整个经济环境发生重大变革时,它作为市场的就业"晴雨表",不断提出不同阶段经济发展对人才的不同需求,不断促使高等教育层次结构、专业结构、人才结构、区域结构调整。也正由于这些来自市场的"真实"信号的"碎片化"与"制度扭曲",掩盖了实际问题,使政府与学校及毕业生都会面临复杂的抉择困境,特别是人才培养的滞后性与市场人才需求信号之间的错位。如何从宏观战略进行预测与指导,政府的公共职能显得更重要。以下几点是**未来就业体制需要观测并重视的问题,同样需要市场与政府合力分工担当负责任的角色。**

第一,中国新时代现代经济体系的基本特征将直接制约并影响高等教育就业结构。三个特征已经触及毕业生就业领域。**一是进入起飞阶段和产业结构的显著变化将影响我国就业结构的重大调整**[①],我国三次产业(农业、工业、服务业)的就业人员比例分别从 1978 年的70.5%、17.3%、12.2%,转变为 2015 年的 28.3%、29.3%、42.4%,2017 年三产就业人员比例27.0%,28.1%、44.9%。第三产业已成为吸纳最多劳动力就业的产业,我国产业升级换代优化为高校毕业生提供了充分的就业空间[②],近几年求职人倍数增长说明了变革的市场与企业对人才的这一需求。**二是新经济以关键共性技术、前沿引领技术、现代工程技术、颠覆性技术等领域为突破,将呼唤高校学科专业结构与人才培养结构的重大调整。三是我国创新经济的高质量发展替代高速增长的重大转型更需要高校的优质人力资源协同配比。**增强我国经济质量优势的供给侧结构调整,意味着经济供给体系将把质量作为主攻方向,也就意味着支撑经济质量的人才资源优质质量的供给能力,这一趋势将倒逼高校毕业生质量与结构。具有国际水平的战略科技人才、科技领军人才、青年科技人才和高水平创新团队将主要由基础雄厚、数量宏大、优等质量的高等教育毕业生供给。这是 2018 年以来教育部高度重视本科教育质量以及全国教育大会上提出着重培养创新型、复合型、应用型人才的背景。

第二,**完善社会主义市场经济体制的产权制度和要素市场化配置会先行推高区域竞争性、流动性、选择性的高校毕业生就业市场。**我国经济步入外向型并进入区位优势高度分化和以产业优势联合的区域空间聚合的格局,这样的经济布局优化、结构调整、战略性重组都会在全球市场与国内市场两个资源市场的交互约束下展开,将会比较彻底消除原有禁锢人

---

① 美国经济学家罗斯托在其著作《经济增长的阶段》一书中提出"经济发展阶段论",将人类社会发展过程简化为传统经济社会和现代经济社会两个基本社会形态。从传统经济社会到现代经济社会的发展过程又可细分为六个阶段:传统社会阶段、准备起飞阶段、起飞阶段、走向成熟阶段、大众消费阶段和超越大众消费阶段。起飞阶段是六个阶段中最重要的阶段,是经济发展南不发达状态转向发达状态的重要里程碑,因此罗斯托的理论也被人们称为"起飞理论"。引自岳昌君:《高等教育结构研究与产业结构关系研究》,《中国高教研究》2017 年第 7 期,第 32 页。

② 根据世界银行的资料统计,2015 年高收入国家第三产业的占比平均值为 74%,中高收入国家为 59%,中低收入国家为 52%,低收入国家为 48%。主要的发达国家美国为 78%,德国为 69%,英国为 80%;我国的近邻日本为 73%,韩国为 60%;"金砖四国"中的巴西为 72%,俄罗斯为 63%,印度为 53%;而我国仅为 50%(2016 年我国三大产业增加值分别在 GDP 中占比 8.6%、39.8%、51.6%)。引自岳昌君:《高等教育结构研究与产业结构关系研究》,《中国高教研究》2017 年第 7 期,第 32 页。

力资源的制度性障碍,带来较从前更有竞争性、流动性、选择性的人才市场要素变革,形成统一人才市场和公平竞争的制度环境,这些会强烈倒逼高校用人制度的改革,形成内部教学质量与科研质量的内在激励动力,解决现有提升质量政策外部化低效推动,使高校作为主体自主面向市场培养人才。同时,区域经济战略对地区人才的需求将迫使地方政府抉择统筹人才结构和经济结构的匹配,地方政府与企业、高校在市场的机制下将主动形成战略利益共同体,经济利益共同体的驱动力将成为破除部门地区体制障碍的力量,区域和地方形成的利益共同体是未来突破高等教育资源配置转型制度创新瓶颈的真正力量。只有我国高校毕业生就业的市场化程度更高,区域经济布局和产业结构与高校毕业生就业结合才更密切。

　　第三,**高等教育自主权越下沉越能显著影响高校对招生、培养、就业一体化的制度安排,也才能实现地方高校分层分类转型服务地方经济的使命。**岳昌君对 2015—2017 年全国高校毕业生调查发现①,2015 年高校毕业生选择在京津沪和东部地区就业的比例合计为 57.5%,2017 年为 51.8%(其中在京津沪的占 12.9%,在东部地区就业的占 38.9%)。东部中部和西部的学生主要流向京津沪和东部地区,这表明各地区劳动力对高校毕业生就业的吸纳能力有较大差异,也表明东部地区有很好的吸纳能力。剩下 42.5%(2017 年为 48.2%)的 24.5% 在中部(2017 年为 27.5%)、18% 在西部(2017 年为 20.7%),中西部地区吸纳毕业生的数量在提升,这一比例的提升背后是中西部大众化高等教育数量增长的必然,还是东部地区人才需求趋于饱和尚需观察。2015 年家庭所在地为中部的毕业生有 55.5% 留在中部,家庭所在地为西部的毕业生有 78.6% 留在西部,也就是说中西部高校的毕业生绝大多数留在本区域,近两年这一特征更加凸显。强调区域高校为地方服务使命就能够更加贴近地方所需,就会避免过度教育,并加大大学后转型继续教育力度。地方高校的招生权、培养权、择业权越早赋权就能越早适应当地经济发展水平和产业结构,地方政策调整也就越有针对性和灵活性。对在校享受政府资助和助学贷款的学生,能否就业与偿还贷款能力十分密切,对被资助毕业生的就业状况的分析研究是资助政策健康实施的前提,目前此类分析欠缺。

　　第四,**单纯依靠政府政策保障支撑的就业存在真实信息不对称,长此以往,可能有碍于高校对人才市场需求的真实考量,不利于人才培养的调整。**2002—2011 年 GDP 平均年度增长率为 10.2%,受全球金融危机的滞后影响和国内宏观经济政策的刺激,2012 年 GDP 的实际增长率出现下降,之后每年新增就业的情况通过媒体报道得知,2012、2013、2014、2015、2016 年均都实现了 1 300 万人新增就业②,2017 年城镇新增就业人数超过 1 300 万人③,城镇新增就业中大学毕业生占了大概 700 万人,新增农民工两百多万人,其他为下岗再就业等。能做到持续六年 GDP 增速下降中年均 1 300 万人的新增就业,主要是政府政策在起作用,从中央到地方政府采取了各种政策确保每年就业目标的实现。在 GDP 增速下降的情况下创

①　岳昌君:《高等教育结构研究与产业结构关系研究》,《中国高教研究》2017 年第 7 期,第 35 页;岳昌君、周丽萍:《扩招十八年 大学生就业十二变》,《中国青年报》2018 年 05 月 21 日,第 10 版。

②　《人民日报:五年间城镇新增就业人数年均超过 1 300 万人》,中国政府网,http://www.gov.cn/guowuyuan/2017 - 10/03/content_5229333.htm。

③　《2017 年城镇新增就业人数超过 1 300 万 12 月末城镇调查失业率低于 5%》,中国投资咨询网,http://www.ocn.com.cn/hongguan/201801/zvctx18202133.shtml。

造这么多的就业岗位并不全是市场的作用而是政策效应的结果。李迅雷用数据证实[①],从2013年开始,第二产业新增就业人员出现连续五年下降,从2015年至今的三年下降幅度明显放大,这三年第二产业合计减少就业人员1 275万。2012—2017年的5年间,流向发生了变化,呈现出一产、二产流向三产,一产、二产就业人员占比分别下降了6.6个与1.2个百分点,三产占比提高了8.8个百分点。值得注意的是,2012年二产就业占比达到峰值30.3%,随后就业人员开始流向三产。表明中国的产业正处在一个分化和集聚的时代,集聚带来机会,分化带来风险,后者是决策者需要关注的问题,即就业问题。张军观察分析指出[②],2012年以后,低端服务业吸纳的就业数量在不可思议地扩张,服务业的就业增长率远远高于制造业。而在七年前,还是制造业的就业增长率高于服务业。正常情况下,如果一个行业可以创造更多的就业岗位,一定是因为这个行业的劳动生产率在上升,所以需要更多的劳动力进来,把边际生产力拉平达到最优,这是创造就业的基本道理,否则不需要吸纳那么多的劳动力。但是中国此时的服务业的劳动生产率没有上升,而是在持续下降。换句话说,吸纳这么多人到服务业,不是因为服务业有这个吸纳的能力,而是因为政策原因,被迫吸纳了更多的劳动力,许多是低端服务业。所以从统计上看,劳动生产率的增长率,跟制造业一样在明显持续地恶化。实际上服务业短期能够吸纳那么多的就业是以恶化劳动力增长为代价的。这样就造成一个恶性循环,就业压力转移到服务业,服务业就靠低端来吸纳,这个靠短期就业促进政策来维持宏观格局是中长期不可为之的。因此,张军认为,近几年经济增速下降与就业保持较高增长之间的现象不符合奥肯定律[③]。假如存在这一现象,主要是政府为规避风险采取了确保就业政策的措施,我们能够理解政府在这样一个受全球金融危机影响下经济变革期为保稳定采取的措施。其中高校毕业生的就业更是政府政策确保就业的重中之重。但是,那些呈现的就业数据也有可能造成与实际需求的距离和模糊,特别容易产生高校毕业生已适应转型经济需求的"错觉",妨碍了高校对应转型经济结构调整的真实需求,造成教育结构、学科发展、专业调整、课程修订等改革研判失误,由于人才培养的滞后性而丧失调整时机,而使之后的毕业生无法适应市场需求。这是政府与市场在处置复杂经济规律和研判真实市场时可能带来严重后果的区别。因此,高校更需要自主、理性与务实地对待政府与市场的反馈信息,过度盲从对高校与毕业生都可能是一种"灭顶之灾"。

本研究对北京大学教育学院课题组"2003—2017年全国高校毕业生就业状况调查"的部分数据进行的整理分析,见微信4-14。

本研究在2018年5月又得到岳昌君等人的2017年高校毕业生就业调查报道。结合其

---

① 《就业出问题了么? 有两个学者发出预警!》,一点资讯网,http://www.yidianzixun.com/article/0Jk47rje。

② 《就业出问题了么? 有两个学者发出预警!》,一点资讯网,http://www.yidianzixun.com/article/0Jk47rje。

③ 奥肯定律(Okun's law):失业意味着生产要素的非充分利用,失业率的上升会伴随着实际GDP的下降,描述失业率和GDP之间的这一关系的经验规律称为奥肯定律。由美国经济学家阿瑟·奥肯提出的,用来近似地描述失业率和实际GDP之间的交替关系。其内容是,失业率每高于自然失业率1%,实际GDP便低于潜在GDP2%。例如,假定失业率为8%,比自然失业率高2%,那么按照奥肯定律,实际GDP就比潜在GDP低4%。

他有关资料[①],归纳出的 2003—2018 年间我国高校扩招以来毕业生的就业特点和变化趋势[②]如下:

受产业结构、经济转型与新经济、新业态、新技术的影响明显。金融和 IT 成为高校毕业生就业最主要的行业选择,体现出互联网经济迅猛发展、经济转型进入起飞阶段、产业结构变化的影响,毕业生就业比例表现出技术类、管理类、服务类三足鼎立的特征,反映了我国高等教育的学历层次结构得到了较好调整,与产业结构、劳动力市场的需求结构趋于一致。从岳昌君的 8 次调查比例来看,金融业就业比例从 2009 年的 6.3% 上升至 2015 年的 15.2%,成为毕业生就业占比最大的行业。受国家宏观控制影响,2017 年下降为 12.9%,但仍然稳居就业占比第一。作为未来新经济结构的重要部分,金融业仍然会随经济转型回暖而增长。进入 IT 业的平均比例都在 10% 以上,2015 年和 2017 年的占比都位居第二位。受全球和国内经济转型影响,毕业生就业制造业比例存在明显下降趋势,其中 2015 年、2017 年制造业和建筑业的占比合计分别为 17% 与 21.0%。制造业已从 2009 年的 18.2% 下降至 2017 年的 11.2%。麦可思研究院发布的 2018 年中国大学生就业报告也表明,制造业毕业生需求减少,进入制造业相关就业的本科毕业生 2017 年比 2013 年下降 6.6 个百分点(2017 年和 2013 年分别为 19.2%、25.8%),高职高专毕业生下降 7.2 个百分点(2017 年和 2013 年分别为 21.1%、28.3%);另一方面伴随着产业结构升级,制造业中信息技术相关岗位占比增加,其中本科增加了 4.3 个百分点,高职高专增加了 2.2 个百分点。2018 年 7 月,智联招聘发布的《2018 年大学生就业力报告》显示,通过分析 2018 年的调研数据发现,应届毕业生的专业对口率呈现持续下降趋势,39.2% 的已签约应届毕业生表示签约岗位与在校学习专业并不对口,同比小幅上涨了 0.7%,反映出在大学校园中,专业对就业岗位的影响在持续减小。这个现象一方面反映出我国高校的专业设置和市场用人需求之间依旧存在比较明显的结构性矛盾;另一方面也受到了国内"移动互联网""共享经济""粉丝经济""智能制造""新零售"等新兴产业和商业模式的影响,对跨领域就业、多元化人才的需求持续上升,因此给予了大学生更多的就业机会[③]。毕业生待就业比例随经济波动或突发事件而明显,同时与新经济、新业态的自主创业、自由职业比例增高有关。从岳昌君 8 次调查的"待就业"比例来看,在 2003 年的"非典"时期,"待就业"比例最高,为 35.8%;在 2009 年的全球金融危机时期,"待就业"比例为 26.4%;2017 年的"待就业"比例最低,为 10.1%。在岳昌君的 8 次调查中,毕业生在国有企业、私营企业、三资企业的就业比例合计都在 50% 以上,2009—2017 年间的合计占比均在 70% 以上。其中,私营企业吸纳毕业生逐年增长。麦可思研究院发布的 2018 年中国大

---

① 2018 年 6 月 11 日社会调查机构麦可思研究授权壹学发布转载的麦可思研究院发布的 2018 年中国大学生就业报告(2013—2017 年);北京化工大学人力资源管理研究中心智库研究项目"产业转型升级下的高校毕业生就业研究"就 2011—2015 年高校毕业生就业质量和就业实现及数量的变化构建了就业指数指标体系;国家工商总局中国个体私营经济与就业关系研究课题组(2016)的研究。上述调查分析多半能够互相佐证,反映了近 10 年来高校毕业生就业总体趋势。

② 岳昌君、周丽萍:《扩招十八年 大学生就业十二变》,《中国青年报》2018 年 05 月 21 日,第 10 版。

③ 《2018 年大学生就业新动向:创业热和出国热持续退烧》,新浪网,http://news.sina.com.cn/c/2018-07-01/doc-ihespqrx9331825.shtml。

学生就业报告也表明①，大学毕业生在民营企业就业的比例从 2013 届的 54％上升为 2017 届的 60％，与此同时，在国有企业就业的比例从 2013 届的 22％下降到 2017 届的 18％，在中外合资/外资/独资企业就业的比例从 2013 届的 11％下降到 2017 届的 7％。这些变化反映出外企、国企招聘发展放缓对大学生就业产生影响，民营企业对大学生就业的支撑日益重要。

受人力资本与市场经济影响，人力资本对起薪的影响显著。岳昌君 2017 年的调查表明，比较各学历层次的差异，并以专科生的起薪为对照组，则本科生的起薪是专科生的 1.5 倍，硕士生是专科生的 2.7 倍，博士生是专科生的 3.4 倍。学历层次越高月起薪越多，体现了人力资本的价值。麦可思研究院发布的 2018 年中国大学生就业报告表明，高等教育对农村生源毕业生的回报显著，帮助农村大学生实现代际向上流动。2014 届本科农村生源毕业生半年后的月收入为 3 643 元，高于同期农民工月均收入（2 864 元）②；到了毕业三年后收入上的优势明显扩大，2014 届本科农村生源毕业生三年后（即 2017 年时）月收入为 6 702 元，与毕业半年后相比涨幅为 84％，明显高于同期农民工（2017 年月均收入 3 485 元③，与 2014 年相比涨幅为 22％）。2014 届高职高专农村生源毕业生半年后的月收入为 3 117 元，略高于同期农民工月均收入；而到了毕业三年后收入上的优势明显扩大，2014 届高职高专农村生源毕业生三年后（即 2017 年时）月收入为 5 552 元，与毕业半年后相比涨幅为 78％，明显高于同期农民工。求职渠道多样化，学校、网络、亲朋好友成为毕业生获得求职信息的三驾马车。"学校（包括院系）就业指导机构发布的需求信息"作为毕业生求职的信息来源所占的比例呈现显著的下降趋势，由 2003 年的 47.7％下降到 2017 年的 31.1％；从 2007 年开始，亲朋好友所占的比例合计都在两成以上，2017 年为 19.5％。网络招聘信息在学生求职中的作用不断趋强，2015 年比例已经达到 28.5％、2017 年有所下降，为 23.8％。从岳昌君的 8 次调查看到，我国高等教育的学历层次结构得到了较好调整，高等教育大众化发展重心不仅重在职业和专科，而且趋向地级市，适应了我国区域经济结构对不同层次人才需求，与劳动力市场对人才需求结构相吻合，专科生的就业落实率上升趋势明显。2003 年专科生的落实率在各学历层次中是最低的，比硕士生和博士生分别低 55.3 个百分点和 40.8 个百分点。2007 年专科毕业生的落实率超过本科生，高出 0.7 个百分点。2011 年，专科毕业生的落实率不仅高出本科生 8.0 个百分点，并且超出硕士生 1.4 个百分点。2015 年和 2017 年，专科毕业生的落实率在各个学历层次中稳居第一，分别高达 87.4％和 88.9％。从岳昌君的 8 次调查发现，适度教育的比例总体呈现上升趋势，从 2005 年的 57.9％上升至 2017 年的 69.5％。过度教育比例总体呈现下降趋势，最高点是 2013 年的 26.0％，最低点是 2017 年的 14.2％。数据表明，大部分高校毕业生落实的工作与其学历层次比较匹配，而且匹配度越来越好。岳昌君的 8 次调查反映，我国高校毕业生的就业市场越来越趋向规范，也表明我国人

---

① 2018 年 6 月 11 日社会调查机构麦可思研究授权壹学发布转载的麦可思研究院发布的 2018 年中国大学生就业报告（2013—2017 年），参见 https://mp.weixin.qq.com/s/4uQqEzitvF9kFA3W3OrF4A。

② 《2014 年全国农民工监测调查报告》，国家统计局网站，http://www.stats.gov.cn/tjsj/zxfb/201504/t20150429_797821.html。

③ 《中华人民共和国 2017 年国民经济和社会发展统计公报》，国家统计局网站，http://www.stats.gov.cn/tjsj/zxfb/201802/t20180228_1585631.html。

力资源市场逐渐趋向成熟理性。

受城镇化发展与民营经济发展的影响较大。根据统计局公布的数据,截至 2016 年末,中国城市数量达到 657 个,城市化率已经达到 57.35%;2017 年末全国人口城镇化率超过 58.52%[①]。八成以上的毕业生在大中城市就业,体现了我国城镇化与经济发展结合度趋高,城镇经济是吸纳毕业生就业的主力。各国城市化的发展历史表明,当城市化率达到 70%—75%左右时,城市化的进程将放缓。也就是说,我国城镇化还有 15 个百分点的增长空间,未来 10 年中国城市化进程依然处于高速发展阶段,预示城镇经济依旧可能是吸纳毕业生的主力。改革开放 40 年来,中国民营经济从无到有、从小到大。特别是近年来,民营经济获得了快速发展。截至 2017 年底,我国民营企业数量达 2 726.3 万家(占企业总数),个体工商户 6 579.3 万户,注册资本超过 165 万亿元,民营经济对国家财政收入的贡献占比超过 50%;GDP、固定资产投资和对外直接投资占比均超过 60%;技术创新和新产品占比超过 70%;吸纳城镇就业超过了 80%;对新增就业贡献的占比超过 90%[②]。民营企业成为吸纳毕业生就业的最主要单位。民营企业吸纳毕业生所占的比例由 2003 年的 10.7%最高上升到 2011 年的 45.8%,之后该比例一直稳居第一。表明民营企业吸纳毕业生占比超过各类型企业吸纳毕业生总人数的 65%之多。无独有偶,2018 年 7 月 2 日,智联招聘发布的《2018 年大学生就业力报告》中披露,从实际签约情况来看,对应届毕业生吸纳能力最强的依然是民营企业,实际签约比例高达 58.62%。而三资企业和国有企业的实际签约率分别为 14.35%和 17.85%。与三资企业较为类似的民营企业依旧是吸纳就业的绝对主力,也说明了我国民营企业的成长速度超越了三资企业,虽然雇主品牌的知名度还需要进一步打造,但已经具备了和国际企业争夺优秀人才的市场实力[③]。七成以上毕业生在民营企业就业,体现了市场经济对个体私营经济与创新创业的各项鼓励政策的到位,"自由职业""自主创业""其他灵活就业"在毕业生就业中已经成为不可忽视的重要组成部分。

更注重个人求职意愿与自主性、奉行实用主义与现实主义。创新创业经济催生新职业的层出不穷,使毕业生就业工作类型趋向丰富,择业意向多元,求职认知度高,带来就业的总体满意度显著提高。在岳昌君的 8 次调查中,"非常满意"和"满意"两项的合计比例从 2003 年的 44.7%上升至 2017 年的 79.2%,总体呈现上升趋势;"不太满意"和"很不满意"两项的合计比例在 2005 年至 2017 年期间呈现出显著下降的态势,从 12.6%降至 3.5%。毕业去向从过去较为集中趋于分散化,高校毕业生"升学"和"出国、出境"的合计比例在总体上呈现出上升趋势,从 2003 年的最低点 15.1%上升至 2017 年的最高点 26.4%,表明我国高等教育层次结构趋向稳定、开放就学政策稳定;毕业生在择业时最看重的是个人发展前景和经济收益,倾向于"向前/钱看"。"福利待遇好"和"经济收入高"两项的排名在 8 次调查中都排在前列,"发展前景好"和"利于施展个人的才干"几乎都排在前 2 位。

---

① (2017 年)城镇人口占总人口比重(城镇化率)为 58.52%,比上年末提高 1.17 个百分点。《国家统计局:截至 2017 年末全国人口城镇化率超 58%》,搜狐网,http://www.sohu.com/a/217465150_255783。

② 《我国民企 2700 万家 民营经济财政收入占比超 50%》,新华网,http://www.xinhuanet.com/fortune/2018-05/01/c_1122767077.htm。

③ 《2018 年大学生就业新动向:创业热和出国热持续退烧》,新浪网,http://news.sina.com.cn/c/2018-07-01/doc-ihespqrx9331825.shtml。

北京化工大学人力资源管理研究中心智库研究项目"产业转型升级下的高校毕业生就业研究"与国家工商总局中国个体私营经济与就业关系研究课题组(2016)的研究分析,见微信4-15。

虽然我国在20世纪90年代已宣布实行市场经济,但是市场经济的完善需要一个过程。同时,市场经济本身也存在市场机制不能很好配置的方面,这些都需要由政府发挥作用。习近平在谈到两者关系时指出"准确定位和把握使市场在资源配置中起决定性作用和更好发挥政府作用,必须正确认识市场作用和政府作用的关系。政府和市场的关系是我国经济体制改革的核心问题。党的十八届三中全会将市场在资源配置中起基础性作用修改为起决定性作用,虽然只有两字之差,但对市场作用是一个全新的定位,'决定性作用'和'基础性作用'这两个定位是前后衔接、继承发展的。使市场在资源配置中起决定性作用和更好发挥政府作用,二者是有机统一的,不是相互否定的,不能把二者割裂开来、对立起来,既不能用市场在资源配置中的决定性作用取代甚至否定政府作用,也不能用更好发挥政府作用取代甚至否定使市场在资源配置中起决定性作用"[1]。"市场起决定性作用,是从总体上讲的,不能盲目绝对讲市场起决定性作用,而是既要使市场在配置资源中起决定性作用,又要更好发挥政府作用。有的领域如国防建设,就是政府起决定性作用。一些带有战略性的能源资源,政府要牢牢掌控,但可以通过市场机制去做"[2]。**高校就业体制变迁不断证实中央政府在重大制度转型中的积极探索,这个探索的前提就是市场在资源配置中起决定性作用。**高校毕业生就业制度在高等教育资源配置中的作用是举足轻重的,它是高教体制改革的突破口与标杆,说它是旗帜也不为过。因此,**坚持市场配置高校毕业生的机制就决定其他领域的改革定位与市场机制的贡献大小,市场反应的信号真实越全面越到位,其他改革的方向力度与速度就有了衡量标尺。**

六、高校内部管理体制指数分析

高校内部管理体制转型程度指标主要选取**教师职务评聘权、校内机构设置权、合同聘任制教师所占比例、教师收入分配转型度、学生学籍管理权(以学籍为主)五个二级指标。**改革开放40年高等教育内部管理体制指标研究实证分析表明,高校内部管理体制转型程度分指数在1978年、1985年、1995年、2006年、2017年区间分别为0、0.16、0.32、0.56、0.73。本研究是续前研究,这五项二级指标在2007—2017年原有转型程度上又提升了17个点,对这一变化第三章高校内部管理体制指标测量已做出了具体分析。作为研究对象,由于高校内部管理涉及的内外部政策性比较强(中央与地方制度环境对学校内部管理政策具有一定差异,使高校内部管理改革具有一定差异),又关系到学校多方利益格局及发展改革稳定大局,第四章主要对转型程度指标呈现的结果进行高校内部管理体制改革的内部动力机制和外部动力机制的分析和制度解释。

高校内部管理体制改革在改革开放后的前30年的重点与核心是高等学校人事制度与

---

[1]《习近平在十八届中央政治局第十五次集体学习时的讲话(2014年5月26日)》,《人民日报》2014年5月28日。

[2] 习近平:《在中央财经领导小组第五次会议上的讲话》(2014年3月14日)。

分配制度。因为高等教育资源配置的核心资源是人员的配置,而高等学校中最核心的人员配置是教师的配置,而教师配置的效率核心是激励相容机制。因此,从 1979 年上海交通大学进行岗位责任制改革试点开始到 2003 年北京大学等学校进行自主新一轮人事制度改革,到 2008 年国家实行《劳动合同法》在高校引发的教师新评聘退出机制的争议,一直持续到近 10 年高校教师岗位绩效聘任制的深化和 2017 年取消事业机构的编制,都一再反映出一个既定的事实,**高校人事制度改革的趋势是市场力量与学术力量配置不断占据上风。教师之间薪酬差异的决定性力量不是政府政策的力量,而是基于市场对人才价值的价格均衡,即尊重市场对学术竞争机制在选择人才上的力量。**同时,研究也发现,由于深受计划经济体制行政性薪酬一体化的影响,公办高校作为与公务机构职能完全不同的组织形态,却一直受行政机构工资体系制约。多年来造成政府保障性工资份额长期偏低,政府对高校教师薪酬的财政性投入的长期缺位及"自主权"让渡使高校过度依赖市场机制对高校教师薪酬体系的影响,有让市场力量捆绑学术力量之嫌。因此,**政府如何遵循大学组织的基本功能在教师薪酬结构来源上实行学术本位的保障性原则,高校如何依据大学组织特性做好教师薪酬保障性基础下的分类岗位绩效薪酬制度设计,同时适度利用市场机制做好激励相容的结构薪酬制度安排,**是纠正教师薪酬结构来源偏向市场驱动而"捆绑"学术本位造成公办高校长期教师薪酬保障性比重偏低、教师未来预期和行为短期化、教师群体内部矛盾激化、满意度不高且队伍不稳定、科研竞争力趋低、教学质量始终成为"老大难"的根本方向。本研究对我国高等学校工资制度的历史沿革的整理,可见对人力资本资源配置变化的趋势与本质原因(见第三章表3-4-F4,1949—2017 年高等学校工资制度变迁),揭示了两种体制下根本不同的特征:1949 年中华人民共和国成立后的前三十年的特点是统一化、货币化、等级化,后四十年是市场化、分权化、多元化。在计划经济时期主要以供给制为主,低工资兼实物票证平均分配,这是短缺经济与不承认智力与技术为分配因素造成的,将简单劳动等同于复杂劳动,不能尊重知识、尊重人才。建立市场经济使高等学校收入分配趋向市场化,主要特点是从单一强调按劳分配到劳动、资本、技术转让、知识产权、管理等各种生产要素参与分配,从主要考虑工资的生活保障功能到逐步考虑薪酬水平定位在人才市场的竞争力,收入分配主体的多元化和薪酬管理重心的下移使高校在薪酬决策中的自主权逐步增大。**近 10 年来,高校内部分配制度依然显现以国家工资、地方性津贴、校内岗位津贴和福利性收入为基本结构的多元化收入分配格局,但原有收入分配中国家工资(含 70%职务工资和 30%津贴)占 30.6%,校内岗位津贴占 33.8%,地方性津贴占 25%,福利收入(包括住房公积金、住房补贴、社会保险等)占 10.6%的格局有所变化。**不同地区不同类型学校因事业收入的差异,在自主支配上后三项的比重显现不同差异,鲍威等的研究证实了这一差异①。越是综合性研究性大学,这一比重越高,而教学型或非理工类学校在这一比重上较低。**这既反映了不同类型大学吸附社会资源的功能差异和能力差异,也反映了大学适应环境配置人才的地区差异。高校"吸金"能力决定"吸人"能力,这是构成高校人才抢夺大战的原因之一。**值得研究的是,**在政府让渡的投资体制和内部管理体制有关自主权框架下,高校已形成的多元化收入分配结构与政府拨款、学费收入和高校自筹为基本结构的多元化经费来源结构是相匹配的。**1999 年以来,高等学

---

① 鲍威、吴红斌:《象牙塔里的薪资定价:中国高校教师薪资影响机制》,《北京大学教育评论》2016 年第 4 期,第 127 页。

校按照《关于深化高等学校人事制度改革的实施意见》,实行了岗位聘任和岗位津贴为主要内容的人事制度改革,当时提出的重业绩、重贡献、向教学科研等关键岗位和拔尖人才倾斜的收入分配激励机制,不仅打破了高校几十年的计划经济收入分配模式,而且成为高校全面改革的推动力和切入点。虽然改革一直遇到外部制度环境还不能解决高校人员退出与社会保障等矛盾,但改革趋势一直是符合建立与社会主义市场经济体制相适应的现代高校薪酬制度的方向,即48个字:提高水平拉开差距、强化岗位淡化身份、竞争上岗能上能下、岗变薪变能高能低、突出绩效优劳优酬、自主分配动态管理。**2007—2018 年期间,高校内部管理体制的深化,证实了随着我国市场经济体制的确立和完善,原有计划经济体制下的高校编制制度、职称评审制度、工资薪酬制度、机构设置制度、社会保障制度已经完全不能适应市场经济体制下高校内部管理制度的需求。**"十三五"期间,随着高校综合体制改革不断深入,中央和省市各级政府出台颁布的相关政策文件也较前一个十年密度和频率都明显增多。为了适应区域经济差异化、地方统筹化的现实走向,这些**政策创新呈现的主要特点是,国家从以中央统筹为主不断走向以省级统筹为主,中央向地方和高校的放权力度不断加大,依法更多让渡给高校的机构设置、职称评审、人员聘用、薪酬改革与学生管理权,使得高校在内部管理上有了更大的自主裁量权。**特别是 2017 年 3 月 31 日,教育部、财政部等五部门联合印发了《关于深化高等教育领域简政放权放管结合优化服务改革的若干意见》,强调教师职称评审权全面直接下放到高校,并且细化了教师职称评审参考指标,以及国务院及多部门印发的《2017 年事业单位分类改革实施方案》规定将全面取消高校的事业单位编制。2018 年 1 月 20 日,《中共中央国务院关于全面深化新时代教师队伍建设改革的意见》指出要推行高等学校教师职务聘任制改革,加强聘期考核,短聘与长聘相结合,做到能上能下、能进能出。同时,教育、人力资源社会保障等部门要加强职称评聘事中事后监管。这些人事制度改革是在深化国家教育治理能力和治理体系现代化的背景下,扫除体制内外二元结构的制度性障碍,打破体制内长期僵化低效的人事管理格局,建立全国统一的人才流动市场,激发人才流动的动力和活力,从而为提升国家人力资源管理效率、实现人才价值最大化提供良好的制度性支持。制度推进使得人才的评价标准从一元走向多元,从维持平均走向注重效率。真正**使得 1998 年《高等教育法》中确立的高校内部管理自主权落地。**

我国社会经济发展整体进入新时代后,一系列新的人事制度创新改革试验方案,打破了长期以来事业编制对人才流动造成的限制壁垒,优化了人力资源配置,进一步保障教师的合法权益。特别是取消高校教师事业编制意味着政府对教师管理职能的转变、高校教师管理权限的扩充、教师终身职业身份的打破,**这些都成为提升高等教育内涵发展和改革深水区最大的制度红利。但是在实践操作中还涉及高校现代治理理念的重建、高校自主约束管理能力的提升、教师权益保障机制的完善、健康人才流动市场的培育、配套协同政策措施的支持。**虽然这一改革总体上与国家整个改革方向一致,但在激励高校这一特殊人才群体方面,多年累积的一些"顽症"依旧是高校改革的焦虑问题:**一是**现行工资制度、工资政策和工资标准"三统一"的工资管理体制与分税制为基础的财税体制不适应;以身份管理为特征的职务等级工资制与以岗位聘任为基础的高校人事分配制度改革不适应;以基本生活保障为基准的国家工资定位与高校参与高层次人才国际国内竞争需求的市场环境不适应。**二是**相对单一的财政拨款和不足额的国家工资与形式多样的地方性津补贴政策相矛盾(虽然已在清理,但工资薪酬的刚性积淀很难划一),使得各地各种分配政策各自为政、资源分散、不能形成稳定明确的收入增长预期;中央政府对部属高校早已采取生均定额拨款方式,2015 年开始,全国高校正在陆续实施省属高校和职业院校生均拨款制度①,以期彻底改变以往教育经费按照教师编制进行拨款的方式②。但即使这样的拨款改革也不能保证学校政策性收入分配的全额实现,**普遍存在国家财政支付的工资比重偏低而国家项目政策"饱饥不均"以及学校自筹能力差异造成校际薪酬差异不断加大的局面**。这种局面实际导致高校过度依赖市场机制自筹教师薪酬的"市场驱动"模式。**三是现行职务等级工资仍然注重职务职称学历资历,不仅与岗位职责和工作业绩挂钩不够,而且演变为新一套唯论文项目数量的评价标准③**。虽然"教授"作为专业技术职务聘任只是职务,不再是"职称"。但无论在实际执行中,还是在人们的观念上,目前仍然把职务和职称合二为一。评聘结合的结果总是偏重于"评",我国长期以来教师的个人利益(从工资、住房、待遇到申报课题等权益)主要与"评"结合而非与"聘"结合,目前这一状况虽在不同高校得到不同程度的改善,但未从根本上改变。只有当与"评"挂钩的利益能实行社会化时,才能实现与"评"脱钩,与"聘"挂钩。目前的状况还不能打破旧的平衡,还不能真正形成良性发展、充满活力的竞争机制。高校教师全员聘任制能否按设计的政策执行还是个未知数。中央政府的教育行政部门在向高校放权的过程中还会受到横向的其他行政部门的不同程度限制,说到底是制度环境的改革尚未到位。虽然提出教师职称评审权全部下放到高校,取消编制控制,但是高校对不同级别教师职称的评审比例仍受到中央

---

① 虽然 2016 年就有报道称,全国 31 个省份均已建立高职院校生均拨款制度(参见《全国 31 个省份均已建立高职院校生均拨款制度》,人民网,http://edu.people.com.cn/n1/2016/0111/c1006 - 28037003.html),但这一改革实际上是正在进行时。河南省 2018 年 4 月才发布《河南省深化省属本科高校和职业院校生均拨款制度改革实施方案》,要求河南省属本科和职业院校不再按教师编制拨款。

② 2018 年 5 月 9 日的《河南省深化省属本科高校和职业院校生均拨款制度改革实施方案》中,改革主要内容概括为"全面、放权、分类、倾斜、绩效"5 大特点。明确将基本养老保险缴费支出、事业单位医疗、住房公积金和未纳入养老保险统筹待遇的退休人员经费等非教育科目资金折算为生均社保缴费等拨款标准,纳入生均拨款范围。改革后省属本科和职业院校除离休经费外的教育科目和非教育科目资金均纳入生均拨款范围。将人员经费、公用经费和折算后的生均社保缴费等拨款三项标准整合为生均基本支出标准,由学校在额度内自主安排基本支出预算。改革后,河南省将省属本科高校分为'双一流'建设高校、综合提升高校和特色发展高校,实施差异化财政支持政策。特色发展类高校实行激励性基本支出核定办法,按在校生人数和生均基本支出标准核定,鼓励高校在提高办学质量的同时适度扩大招生规模。将全面实施绩效评价,强化评价结果运用。对发现违法违规行为或绩效评价不合格的,按比例扣减学校生均拨款专项经费额度,属于省级职教示范校和特色校的取消称号,建立绩效管理与生均拨款专项经费相挂钩的机制。《河南省属本科和职业院校不再按老师编制拨款》,央广网,http://hn.cnr.cn/hngbjy/20180509/t20180509_524226842.shtml。

③ 从总体来讲,评聘的方法从不易度量、主观性强转向可度量、客观性强。主要体现在所制定的职称评聘的文件,从最初笼统、大而化之的表述,到后期的数量化、精确化表达:作为主观性色彩浓重性表现的思想政治素质,在评聘过程中地位的一再下降;在实际操作过程中,为方便处理,很多省市、高校将所有指标制作成一张表格,以百分数或十分制、五分制等形式加以量化。如科研能力被量化为论文数(权威、核心、普通)、著作数(独著、合著、主编、参编)、项星数(国家级、省级、常级、校级)、获奖数(国家级、省级、市级、校级)等加以评分。在教学的重要性得到普遍认同的情况下,其在职称评审的过程中,份量远远低于科研。究其原因,教学能力难以测量,教学艺术难以评判是很重要的因素。参见《浅论教师职称的评聘制度演变特点》,新浪微博,http://blog.sina.com.cn/s/blog_41139e3a0100jbpt.html。

与省级财政、人社、社保等部门的相关编制总量、工资总额等政策限制，此改革过渡尚需时间。**四是**社会保障制度（属地化的养老保险和医疗保险制度）和福利货币化（住房与供暖等）改革的滞后严重制约高校用人与分配等制度改革的深化；事业机构聘任制改革必须有完善的社会保障制度为基础，但在社会保障制度方面仍然没有从根本上解决问题，人靠单位的局面依然如故。国家制度层面上缺乏事业单位人才的统一退出机制（社会保障机制、档案流转机制、户籍限制等因素）①。即使实行了职员制和教师全员聘任制，从稳定角度，政府仍要求高校实行聘余人员内部分流，不得推向社会。**五是**在对校内机构的设置权上虽然全部交给高校，由于党务、监察、纪检、审计、国资等各类部门都有其上级组织特殊的设置制度要求，加之以往政府周期性行政管理的膨胀特点以及对高校屡禁不止的行政审批、督查评估与过度干预，实际上无相关法律制止存在扩张或对位上级行政组织或导致学术组织行政化的可能。而高校学生学籍等管理制度在改革开放之初因面临制度恢复与重建而由中央统一制定，但在《高等教育法》《学位条例》《大学章程》等各类制度法律都已健全且有关管理权限已让渡给高校的过程中，仍然将许多学生管理事务的决定权由中央主管部门决定，形成既多头管理、上下重复，又依法无措、交叉缺失的困境。近三千所类型层次有别的学校特别是3 833万学生的学籍等管理问题，究竟是由中央统一决定规则还是由对学生管理半径最短的学校自主决定，这个裁决还需要留给未来的改革。上述问题与大学治理结构的深化与成熟有紧密相关性。因此，高校内部管理体制改革在近几年重心移到现代大学制度建设，实属根本。这部分内容分析已在第二章第四节与第六章第一节中。

高校内部管理制度改革作为现代大学制度建设的重要内容，还有很长的路要走，这与我国事业单位的改革相联系，也与整个社会在人才市场培育的成熟度上有关联，更与高校建立大学学术治理体制有关系。这些都有待于在现代大学制度建设中不断改革深化。因此，国家实施分类推进事业单位改革，研究制定事业单位编制管理办法，探索工资宏观管理方式等，都需要不断强化国家关于完善事业单位人事制度改革的顶层设计。同时，从国家政策制度层面能够尽可能保障高校的办学自主权，能够在高校人事管理规范化的同时提供充分的发展空间。研究发现，**高校内部管理体制的制度变迁仍然符合制度创新规律，只有当旧的制度的收益小于新的制度收益或者新的制度收益大于等于新的制度的成本时，一项新的制度才会出现。**

以下是与内部管理体制特别是与高校教师聘任制相关的改革问题，高校为什么陷入"人才帽子大战"，高校内部管理的自主活力如何体现在"基层"，教学质量国家标准能否提升人才培养质量，高校人才培养的改革路径的政策选择。**这四个问题长期以来成为高校"老大难"的问题，既与计划经济体制的遗产有关，也与增量改革的导向偏移有关，又与不同利益群体间的改革损益相关，最根本还是政府管办分离不彻底囿于微观事务的顽症所致。解决思路仍然要从政府"管办分离"层面入手，从内部管理体制的改革深水区入手。**

---

① 目前户籍管理制度对于进城落户有严格的准入条件规定，学校在事业编制与非事业编制、固定编制与流动编制的灵活使用方面存在客观限制。高等学校是一个相对独立于社会环境的整体，用人有其特殊性，人员自我消化的能力差；同时，由于长期以来计划经济模式下的人事管理是身份管理模式，"身份"成为难以突破的障碍。实行聘用制时，难以把不适合的人分流到社会上去，或者予以辞退。由于高等学校还尚未开展全员参加社会养老保障制度，事业编制退休人员的退休待遇完全以退休前实际担任的职务和国家基本工资为依据计发。高校还无法解决破除聘任制上新人与老人在职务和待遇"终身制"的难题。

长期以来成为高校"老大难"的四大问题分析，见微信 4 - 16。

回顾 40 年高校人事制度改革制度变迁，我们有必要将 2003 年春夏交替之际，一场被北大师生称为"大地震"的人事改革记录在此，**特别是在回望历史时，事件本身及其留给历史的思考才是制度变迁的最重要产物。**当年这场让"封闭的校园激荡起争论的火花，也引起了全社会教育学界日趋白热化的讨论"的事件就是日后在高等学校触动教师"铁饭碗"、实行合同聘任制改革的"导火索"。"我国现行的大学人事制度是在过去长期的计划经济条件下形成的，从这个特定的意义上说，它是计划体制的最后一座堡垒"，当年北大党委书记闵维方一针见血地指出北大改革备受关注的原因①。2003 年 6 月 16 日，北京大学教师聘任和职务晋升制度改革方案再一次亮相征求意见。北大能够实施这项改革的背景与启动"985 工程"有关联，因为 1999 年至 2001 年，国家财政额外支持了北大 18 亿元。资金与改革紧紧捆绑，其中包括教师队伍建设。北大在当时要回答这样的质疑，北大教师质量的提高速度和科研水平远远赶不上国家对北大的支持速度和北大教师的工资增长速度。这一压力迫使拿到专项的北大不得不启动改革。这项改革的基本做法为：① 教员实行聘任制和分级流动制②；② 学科实行"末尾淘汰制"③；③ 招聘和晋升中引入外部竞争机制；④ 原则上不直接从本院系应届毕业生中招聘新教员；⑤ 对教员实行分类管理，教师岗位分为教学科研岗位和专任教学岗位两类；⑥ 招聘和晋升中引入"教授会评议制"。上述改革本质而言就是美国大学普遍实行的"tenure-track"制度④。针对这一改革，当年潘懋元先生所做的评点是中肯的⑤，潘懋元对方案本身基本肯定，提出了改革实施应"宜粗不宜细"。然而，最主要的是他对把北大改革解释为"生产关系严重束缚了生产力的发展"提法的首肯："我认为用得相当形象。实际情况就是现行的人事制度束缚了高等教育的发展。我们评价北大变法是好还是坏，最好考虑以下因素：中国现行高校的发展方向是什么？ 这个改革是否符合这个方向？ 如果是符合的，这个改革就是好的。整体来看北大改革的动机和大方向是对的。"⑥周其仁评判北大的这场改革"是很麻烦的事情，改革或者是重建一个竞争法则是一场知识上的冒险。我看到现在对北大的讨论，最大的共识都赞成北大的基本制度改革"⑦。**15 年后判断这项改革成功与否，要看高校的发展方向与改革是否符合这一方向。**当年的许多争论风险与偏差细节在时间维度上都已模糊，但唯独留下的实施教师聘任制度的方向留在高等教育制度创新的史册上。但

---

① 《北京大学人事制度改革方案出台始末》，《中国青年报》2003 年 7 月 12 日。

② 所谓"聘任制和分级流动制"，是指在讲师和副教授岗位的教员都有定期合同，在合同期内最多只能有两次申请晋升的机会，不能晋升的将不再续约；副教授一旦晋升为正教授，则将获得长期教职（类似国外的终身教职）。

③ 所谓"学科实行'末尾淘汰制'"，是指：教学和科研业绩长期表现不佳的教学科研单位，学校将对其采取限期整改、重组或解散的措施；而在被解散单位工作的教员，无论有无长期教职，都得中断合约，但有些教员可能被重新聘任。这里，"业绩长期表现不佳"的标准是该单位在国内大学的相对地位，如某学科教研室长期排名在国内 10 名之后，将可能被解散。解散后，学校可能建立新的教研室，在此情况下，原来的一些教员有重新被聘任的机会，但不保证一定被聘任。

④ 这种制度也被称为"up-or-out"（不升即离）合同。

⑤ 《北大的"炸弹"都"炸"了谁？ ——访著名教育家潘懋元》，《理论参考》2003 年第 8 期。

⑥ 《北大的"炸弹"都"炸"了谁？ ——访著名教育家潘懋元》，《理论参考》2003 年第 8 期。

⑦ 《张维迎：废除北大隐性合同》，人民网，http://www.people.com.cn/GB/jiaoyu/1055/1945018.html。

是在当年,改革先行者的处境是什么呢?党委书记闵维方表示:"改革是要付出成本的,我坚信,改革的收益会大于成本,我们有勇气支付必要的成本。"许智宏校长说,"我不怕毁誉参半""不是所有的改革都会成功。我没有想过个人的得失,我主要考虑的是北大的未来"[1]。由此可见,学校领导当年所承受的巨大压力。尤其值得一提的是涉及教育改革的经济学者张维迎作为校长助理,将光华管理学院推行不升即离制度及自1999年以来招聘教员实施的合同制拟将推行到全校。他认为,过去的体制其实是一种隐性合同,也是一种人身依附,而解除隐性合同,是让人们获得更多的自由,也可以激发人们更好地发挥才能。"改革面临的最大困难是怎么改变大家的预期,改变大家的行为方式""我们这次改革是希望以最小的成本、最小的代价换来一个新的体制"[2]。为此,张维迎先后数次进行关于人事改革的演讲,并受学校领导小组的委托在校园网上发表了长达3万字的演讲。也因此,张维迎本人最终成为这次改革的"成本",辞去校长助理一职,应了有人提醒他的"历史上既有成就秦国霸业的商鞅变法,也有自掘坟墓的王莽改制"[3],足以窥见当年触及利益群体而带来的反弹确实是一场"地震"。这样的存量改革与利益得失的"地震"在15年中不断重复震荡于各类高校,也正是在这样的不断"震荡"中北大的改革方案已成为今天高等教育制度创新的方向与多数学校的普遍制度安排。在考察高等教育资源配置制度创新中,我们需要对那些无数坚定改革并为改革做出巨大付出的改革者致敬!

七、学术治理体制分析

本研究提供的理论模型对高等教育资源配置转型程度指数进行了理论分析与实证研究,使本研究在整体上体现出理论诠释来源于现实,又能够解释现实的历史与逻辑的统一性。学术治理体制指标转型程度分析也符合这一研究目的。

本研究选取的学术治理体制两大类别指标,即政府与高校之间学术配置权转型与高校内部学术治理权力转型,在考察改革开放后的前30年时考虑到当时学术自主权运行的实际状况,只选取了部分有代表性的指标,其中第一指标下设科研决策方面的科研项目自主申报权,教学方面的教材选用权、教学计划制订权,学科发展方面的学位点授予权、毕业证审批权、本科专业设置权等六项指标;第二指标在有学术组织的普及程度前提下,下设行政力量对学术的人员构成的影响,行政人员对学术组织规则设定的影响,以及行政力量对学术力量的综合影响程度等三项指标。在考察2007—2018年间我国学术治理体制转型程度时,这一指标在三级指标上进行了部分扩展,主要是增设了实际运行中与《高等教育法》赋权一致的学术自主权指标,使其测量更加全面、反映更加真实。为此,本研究在第三章的第七部分学术治理体制测量中,对改革开放后的前30年的转型程度指标与后10年的转型程度指标进行了技术上的平滑过渡的处理,使政策分析与调查分析结合,完整准确地反映现实中高校学术治理转型状况。同时,整体测度我国高校学术治理体制转型程度分指数为我们呈现出改革开放40年间的高校学术治理总体演进面貌,即在**1978、1985、1995、2006、2016年分别是0、0.20、0.44、0.49、0.64。**

① 《北京大学人事制度改革方案出台始末》,《中国青年报》2003年7月12日。

② 《张维迎:废除北大隐性合同》,人民网,http://www.people.com.cn/GB/jiaoyu/1055/1945018.html。

③ 《张维迎:废除北大隐性合同》,人民网,http://www.people.com.cn/GB/jiaoyu/1055/1945018.html。

在第三章的学术治理体制指数部分,已经对转型指数进行了具体分析。此处根据转型程度指标综合比较改革开放 40 年学术治理转型趋势特征。

一是政府与高校之间学术治理权转型程度指数(外部学术自主权由政府授权放权或法律赋权的转型指数)随着时间推移都在提高,在 1985、1995、2006、2016 年间分别为 0.13、0.55、0.56、0.66。如果从 1978 年改革初始考察,前 20 年呈现出的两个阶段的转型速度快于后 20 年两个阶段,2006—2016 年间快于 1995—2005 年间[①]。1985—1995 年间是高校自主权赋予高校最多也是法律赋权的关键时期,2006—2016 年间是继高等教育大众化后特别是 2010 年以来落实高校自主、政府简政放权、推进政府放管服力度最大的时期。1996—2006 年间主要是延续前一阶段政策,由于政策不配套以及政府与学校的主要力量集中在扩大招生与办学规模。我国是一个后发型国家,发展任务与制度建设同时并举并重,但在实际操作需求上有时前者似乎比后者还更迫切,更强化了行政力量,还带来了发展动力及激励机制的不相容问题。对高校学术组织来说,此时,在权利自治与权力约束方面并未达成共识,从学术治理看两者都存在弱化问题[②]。

二是高等学校内部学术配置转型程度指数(内部学术自主权主要由学术力量对组织成员构成的决策力指数、学术力量对学术组织规则的影响力指数、学术力量的自主程度指数组成)随着时间推移不断提高[③],在 1985、1995、2005、2016 年间分别为 0.27、0.33、0.42、0.61。同样从 1978 年改革初始考察,1978—1985 年间和 2006—2016 年间两个阶段的转型速度较快,1986—2005 年间的 20 年相对转型速度较慢。1985 年前高校处于恢复和改革开放初期,在思想解放与破除制度禁忌上高校呈现出勃勃生机,许多重要内部制度改革的萌芽都诞生

---

① 改革开放后前 30 年的学术治理体制考察中数据是以调查节点为主,即 1978—2005 年(分为四个阶段),但政策分析延续到 2008 年。以调查是 2007—2016 年,但政策分析延续到 2018 年。

② 权力与权利是最基本的法现象,他们之间尽管有这样那样的差别,存在种种矛盾和对立,但在同为利益的法律形式上,法学家认为两者并无本质差别,即高校自主权与高校法定之权可视为一物,亦高校自主权中既有权力,也有权利,同时意味着,在高校自主权范畴内,权力与权利不仅同时存在,而且存在着彼此转化的可能。引自龚怡祖:《我国高校自主权的法律性质探疑》,《教育研究》2007 年第 9 期。从本书的视角,同意前文的基本观点,但在一个由计划经济向市场经济转型过程中,学术权利与权力还是有一定差异的。前者是天然所置,是政府必须认同并尊重的,后者是仍在政府手中,涉及归还范畴,但有一个外部环境的约束条件。"依照现代法律的基本精神,任何法定之权都是权力与约束、权利与义务相对称的统一体,得权过程与规权过程应当同步。"(来源同上)若权利人还不能很好地认清其被赋予的权力与义务、权利与义务时,那结果可能比在原处更糟糕。当然,前提是高校自主权是高校的"法定之权"。

③ 高校内部的学术配置力量的转型,是指在高校内部学术治理结构的变化,即从体制改革的初衷与学术组织的本质逻辑出发,存在由原有行政力量向学术力量的转换。假设学术配置力量完全由行政力量来配置时为"0",完全由学术力量配置为"1"。本研究设置了学术力量对学术决策组织的人员构成的影响、学术力量对学术决策组织规则设定的影响,以及在行政力量影响下的学术力量决策力自主程度等三方面指标,通过专家评判法,获得高校内部学术配置力量的转型程度类指数。2016 年的考察扩展增设了相关三级层级的指标。同时,考察中以学术人员在治理机构中的比例、纯行政人员在治理机构中的比例(以负值形式存在)和学术治理机构职能定位等客观性数据作为测评,并且这三个指标与学术治理机构普及程度共同构成二级指标"学术权力对学术治理机构影响力"的细分评价内容。

在这个阶段。2006—2016 年间与 1995—2005 年间相比[1]，高校内部学术配置力量的转型增幅较大。应该说，学术力量在逐渐回归，学术治理在朝着决策民主化、专业化的趋势发展，这既是落实《高等教育法》大学依法治校的体现，也是大学治理制度全面提升的成果再现。

三是从政府让渡的学术自主权转型程度与学校内部学术自主权配置转型程度比较发现，随着时间推移，前者比后者的转型程度略高。反映了政府作为改革主导，既是改革主角又是改革对象的复杂角色，没有政府的主动让渡放权就不可能有高校内部学校自主权的治理配置转型。同时，高校内部学术治理的制度安排不到位，同样影响学术自主权在学校的落地。2010 年以来，政府大力清理审批制度与建立负面清单制度，实行管办分离，强制高校启动大学章程的制度建设[2]，倡导完善现代大学治理，促使高校内部学术制度的规范自律，形成学校内外部学术治理配置力量的结合与互促互督。

四是高校内部学术配置转型近 10 年呈现重大进展。特别是高校学术治理组织机构，主要包括高校内部各个学术专业委员会的设置，功能和效果都显示出较高的普及率（平均普及率为 95.6％。）、不断增强的决策力（有 43.20％的学校认为学术事务由学术机构自主决策，约有三分之一学术机构的职能为实施学术决策）及学术自治的能力（独立性、专业性、民主性增强）。高校内部行政权力和学术权力对学术事务决策的影响力经调查显示，在资源性学术事项决策影响力中，我国高校校内学术力量影响力已经强于行政力量影响力，且学术性越强的高校，尊重学术力量的专业性和权威性越明显。在 2005 年前后，学术力量与行政力量在高校内部对不同事务的配置影响旗鼓相当，学术权力和行政权力对高校具体学术事务决策的影响力分别为 0.51 和 0.49。2016 年间在学术力量和行政力量对比上，其学术力量均高出行政力量一倍以上，学术权力与行政权力对具体学术事务决策的影响力分别为 0.70 和 0.43，学术力量大大强于行政力量。学术权力的自主程度在 1985、1995、2005 年间的影响程度分别为 0.31、0.34、0.42，2005 年间学术力量的自主程度都尚未过半，但在 2016 年间学术力量的自主程度影响程度分别达到 0.61[3]，**说明高校内部学术治理权力特征呈现行政权力进一步让渡给学术权力的趋势，高校内部学术专业化程度和权威性明显增强。**

实际上，学术治理是一个长期酝酿形成、主观色彩较浓的概念范畴，甚至就是一个特定的组织文化定义[4]；因而描述与评定学术转型程度就更是一个复杂过程，**除了业内同行评定学术参与度、同类学校学术声誉度，还有市场用人单位的偏好度、社会普遍声望倾向度与学生就学就业预期度。**国外社会组织及新闻媒体介入大学声望与质量评估主要是主观性感受，但如果众多人群形成了普遍倾向就不再是差异，而是共识；评估结果反作用于社会与学

---

[1] 改革开放后前 30 年的学术治理体制考察中数据是以调查节点为主，即 1978—2005 年（分为四个阶段），但政策分析延续到 2008 年。以调查是 2007—2016 年，但政策分析延续到 2018 年。

[2] 参见第六章第一节。

[3] 这里的时间节点主要指调查得到的数据节点，本研究政策分析时点延续到 2018 年。本章凡涉及同类情形都是同样解释。

[4] 教育部主管部门 2005 年《高等学校收入分配情况及基本思路课题研究报告》中一项关于高校教职工对收入分配问题的意见调查表明，高校教职工选择在高校工作主要考虑的因素首要是"工作稳定，人际关系相对简单"（31.1％），其次是"学术氛围好"（27％），两项共占 58.1％，之后考虑的才是收入与住房，分别是 9.1％与 8.4％。反映出学术文化是大学的基本内核。

校,就会逐步形成认同感,使主观感受与客观结果在未来演进中趋向一致,这也是学校重视学术评价与社会评估的原因,即社会预期的强烈暗示性与成长预期指向性。特别是互联网时代形成的传播效应会强烈影响左右人们的认知与期待。因此,**学校在学术治理过程中通常会涉及三个问题**,自上而下让渡的学术权利是否已到达学校或教授那里,即到位问题;对这种学术权力与学术权利的差异的理解与运用是否有歧义,涉及群体的信息不对称,即对称问题;学术治理的前提首先是权力结构与组织特性的确定①,其次在配置行政与学术问题上要在范畴上厘清②,最后是相关的配套机制是否健全,尤其是程序机制,即程序问题③。

我国高校学术治理体制转型程度指数呈现出改革开放 40 年间高校学术治理总体演进面貌,从 1978 年改革开放开始,即在 1978、1985、1995、2006、2016 年分别是 0、0.20、0.44、0.49、0.64。**这一组数值描述了什么,揭示了什么,说明了什么,正是本研究的重点。现有学术治理体制转型指数表达了一个不断趋高的阶段趋势,反映了学术治理制度变迁的轨迹和学术治理制度创新的成果。**本研究数年坚持观测高校学术自主权的走向与学术本位的回归,不仅仅看重的是最后指数数值,而是重视在不同的数据背后呈现的十分复杂且互为缠绕影响的因素,且需要非常谨慎地讨论并提出了互为支撑验证的调查论据,这是本研究运用不同方法采取不同途径考察同一内容的综合原因。

(一)我国高校学术治理体制转型程度指数描述了一个基于客观存在的事实

每一个国家的大学都有各自独特的学术传统与特点,本研究需要做的是,抽去那些差异,而注意到大学那些超出国家种族区域宗教等等因素以外的作为组织学术特质的东西,即区别于其他组织的特征。大学,古老而常新。根据《大列颠百科全书》记载:全世界 1 520 年之前创办的、名称不变、功能不变的现存机构有 75 个,其中 61 个是大学,其余 14 个为宗教组织,大学超过 80%④。既然大学组织并不是某一地缘独特现象,它就具有组织的一般功能与特征,这就是大学成为各国普遍存在并能够互相交流的本质基础。在相对的历史阶段中,大学组织的资源配置功能与组织治理模式就有一些基于大学学术本质的基因或规律特点,这是我们能够依据历史观与逻辑观进行研究分析的起点。而历史现实中我们看到或考察到的事实有可能偏离一般特征,这恰恰反映了地缘经济与社会政治等制度环境的差异。大学生长在一定的制度条件约束的国情里,这是隶属于地缘制度环境的基本现实,也正因为如

---

① 2008 年 8 月,媒体传来上海要取消国有企业的行政性级别,这意味着企业老总们不再有相当于公务员的级别,彻底与行政脱钩,从根本上划清政府组织与企业组织的本质区别,从制度上澄清两种组织的运作机理与激励机制的不同。但在实际运作中,国有企业的行政性级别仍然存在于无形之中。2010 年《教育规划纲要》提出高校要逐步取消行政性级别,但这一过程涉及因素复杂。目前我国大学仍然沿袭政府所辖管理并套有行政性级别的惯例,这在一定程度上也制约了大学学术治理的转型速度。

② 2007 年 4 月,浙江大学尝试建立了一所在治理结构上有所突破的光华法学院。虽然该学院仍然坚持"党委领导,校长负责"的管理体制,但强调了"教授治校"理念,建立"学术特区",由教授委员会管理学院事务与学术评价。办学者希望在现有体制下探索远离行政化,追寻大学独立于学术自由精神,其改革效果是拥有相对自主的政策,归还学术本来的面目和应有的机制。赵蕾:《光华法学院:"教授治院"的理想实验》,凤凰网,http://book.ifeng.com/psl/sh/200812/1205_3556_909015_1.shtml。

③ 康宁:《中国高等教育资源配置转型指标体系研究》,教育科学出版社,2010。

④ 马陆亭:《构建全面满足社会需求的高校人才培养体系》,《浙江工贸职业技术学院学报》2010 年第 1 期。

此，人们看到了不同特色的大学，看到了"这一个"大学与其依存的制度环境的紧密联系。这不仅具有政治经济学分析的意义，而且提供了地缘制度生态的丰富多样性，这一多样性使世界具有丰富的表达，也是世界多元生态存在价值的意义。各国大学因此而丰富多彩充满活力。失去了这一特性，就失去了社会生态的本质来源，也不存在交流的可能。因此，在社会组织中，大学组织具有的这样的特点正是本研究能够建立一组描述历史与现实并可以比较分析指标的依据。由于本研究需要描述的正是中国处于一个特殊的年代，它的变革程度可以用"波澜壮阔"与"创造世界奇迹"来定义，因此，用一组指标追踪考察这一变革过程就有了客观描述的意义。为了指标描述的现象有客观意义，我们至少有两组可参照体系，一是变革之前的客观事实，另一个是国际上大学的学术基本规范。改革开放后的前30年的指标考察在建立国际上大学的学术基本规范参照上还不具备条件，但经过40年的探索，具有中国本土道路特色的大学学术制度安排已确立了基本框架，具有一定基础进行比较。本研究在第五章通过高等教育资源配置转型指标的国际比较，试图提供比较全球高等教育资源配置能力的基础，寻求建立一组反映全球高等教育资源配置能力和大学学术规范与制度安排的比较指标①。我们既注意到各国高等教育的共同特点，也注意到他们各自拥有的历史条件与基本国情。由于我国处在转型之中，整个探索过程即是中国国情约束下的高等教育资源配置制度创新过程。因此，在实施考察指标时更注重根据现实状况采取了逐步增设的递进方式，既通过政策法律文献的梳理，又通过样本学校的实际考察与专家评定，同时对不同节点所做的指标进行了两种平滑的技术处理，最终能够真实描述不同发展阶段的基本转型状况。**我国高校学术治理体制转型程度指标主要描述的基本事实有三个重要特点：一是我国高校具有大学组织的基本学术特征**，这些学术特征不仅是高校自我追求和推崇的学术价值与学术规范，也不断成为在不同历史阶段被政府认可放权和法律赋权的正式制度安排。**二是我国高校学术治理体制的变革是一个伴随国家改革开放和制度创新的产物**，深受外部制度环境的约束，学术治理过程历经从无到有、从少到多、从零散到系统的过渡性制度安排。**三是我国高校学术治理是在长期中断学术传统的前提下高校学术自主权回归重建的过程**，转型指标反映了这个过程中行政力量与学术力量的格局较量与学术自治的制度演进过程。因而，高校学术治理体制的转型程度指数描述的我国学术演进过程是历史的客观反映。

（二）我国高校学术治理体制转型程度指数揭示了在建设社会主义市场经济体制中，学术力量是制衡政府力量和市场力量，保障大学学术本位的制度安排

本研究认为，高校学术治理是一个不断随外部制度环境影响的制度安排，也是随着大学治理实践不断变革完善的范畴。我们研究的问题是，作为由计划经济向市场经济转型

---

① 参见第五章内容分析。本研究第五章选取部分发达国家大学的同类相近指标进行分析比较，了解我国高等教育资源配置转型的基本特征和趋势与发达国家高等教育资源配置的异同，解释异同的制度背景和约束条件；讨论我国转型指标体系测量得到的特征与规律在国际高等教育比较中的相对价值与参照意义，检验转型指标体系在国内外两个资源市场配置的适用性与差异性，研究指标体系分析模型作为高等教育资源配置国际参照范本的可行性，更好地修订完善现有转型期的指标体系分析模型，提供建设一流大学制度创新的参照样本，为中国大学在全球大学的定位中找到带有中国符号与特色的坐标，提供高等教育国际比较的政策供给基础。

的国家,大学学术资源配置会发生什么变化,往哪个方向变化,变化的原因和特点。本研究通过选取的指标折射出在市场经济变革中平衡政府力量与市场力量的第三种力量,即学术力量。学术力量只有先行回归它本来应有的位置,才能在三种力量制衡中产生作用,这正是本研究的基本逻辑。本研究在文献背景分析中分析了国内外关于高等教育资源配置的各类学派及学术理论与观点,也列举了不少案例以分析不同学术资源在不同权力配置下的不同结果。特别是第六章第一节大学治理的逻辑力量,通过现实中我国大学组织的三个基本制度安排的案例分析,详尽阐释了我国大学行政与学术组织沿革、大学章程的建设历程、大学自主权的变迁的制度创新,分析了高校学术治理的演进是政府公共治理变革和市场经济不断完善的产物,它们不可能独善其身,自寻发展。**事实上,高校学术治理体制改革实质归纳起来基本是两个层面的学术自主权归属问题:一是法律赋权高校拥有的权利并没有完全落实到高校,政府拥有学术决策权。因而普遍的共识是政府需要进一步简政放权。二是在高校内部,已下放或被赋权的学术自主权也并没有完全归属于学术性配置,很多学术权力依由校内行政管理层掌握,高校内部存在学术权力和行政权力之争。**高校学术自主权的实质是高校学术治理的问题,包括外部治理问题和内部治理问题,即内外部利益相关者对学术事务进行决策的博弈制衡问题。这一博弈制衡过程呈现为转型过程。高等教育学术治理转型程度指标很客观地反映了20世纪80年代政府提出的高校自主权缓慢滞后不能落地的现象。不能落地的原因很多,其中,改革中即使最为主导的主管部门也不可能强制学术自主权的落地,可能是因为市场经济的一些约束条件不充分。反过来,政府强制推进的一些制度安排以行政化方式落地也会受到高校的"怠慢",甚至学校需求的自主权虽已落地但因校内学术治理结构的未"养成"而"碎片化"。现实提出的问题是,作为出自计划经济体制的政府附属机构的高校,让我们很久才明白了一个事实:演变为独立法人实体并不光是法律赋权就万事大吉了的。对40年的制度转型考察可见,这个过程历经了"千回百转"的制度创新,其中,它深受政府力量、市场力量、学术力量三种力量各自制度演进成果的相互影响制约,三者制度创新进程都互为关照约束。不同阶段的转型程度指数的快慢揭示了制度变迁的这一规律,而这一规律恰恰证实了大学是政府力量、市场力量、学术力量合理配置的产物。在当今全球环境下,失去任何一方都很难履行大学的功能、胜任大学的使命。同时,**转型程度指标还揭示了大学组织的学术本位来源于学术治理体制的完善与成熟,其"弱"则不能抵御来自"坏"的政府力量和市场力量,其"强"则能够制衡不利于大学学术本位的影响。**

(三)我国高校学术治理体制转型程度指数解释了大学学术自主权"滞后"不到位的原因,不仅存在着从政府到学校落地既是一个法律赋权意义的过程,也是学校学术治理走向正式制度的过程;而且存在着学术自治与自律等非正式制度,即学术传统与学术生态的重建过程

本研究选取的学术指标大致反映了转型期中我国大学学术归属配置中最主要的一些学术资源指标。同时,涉及的指标分类是有条件的,即主要选取的都是由原来政府集中配置的学术资源,实际是看政府与学校之间学术资源配置决策权让渡的状况,它的前提条件就是厘清行政组织与学术组织配置学术资源的本质区别以及健全的学术组织应有的决策机制与配置机制。考察中发现,尽管法律做出了自主权赋权的归属,但是依法办学的自主权配置仍然需要一系列高校学术治理的制度安排,即谁是高校学术自主权的重要利益相关者,在进行决策时利益相关者之间的关系是什么。因此,高校学术自主权问题本质上是学术治理问题。转型程度指标力求反映改革开放 40 年来现实中我国大学学术治理的演进特点,考察大学学术自主权落地状况,分为政府与高校之间学术治理权转型与高校内部学术配置权力转型两类指标(将两类指标简称为外部学术自主权与内部学术自主权),前者主要是看政府放权或法律赋权的情况,重点考察了政府"提供什么"和"如何提供"自主权。为了分析学术自主权不到位问题,增设了"如何提供"的相关支持性指标,如人财物。后者是看大学内部如何对待自主权,重点考察学术力量对组织成员构成决策力、学术力量对学术组织规则设定的决策力和行政力量对学术力量的影响。并详细考察学术人员在治理机构中的比例、纯行政人员在治理机构中的比例(以负值形式存在)和学术治理机构职能定位等客观性数据,并且将这三个指标与学术治理机构普及程度共同构成"学术权力对学术治理机构影响力"的细分评价内容。对高校学术治理组织机构的考察包括了高校内部各个学术专业委员会的设置、功能和效果,也包括了高校内部不同的学术决策呈现什么样的权力特征,即行政权力和学术权力对学术事务决策的影响力情况。同时,对高校内部学术力量的决策力指标分为资源性学术决策力和事务性学术决策力指标,重点考察校内影响学术决策的支持性制度安排状况。**考察分析结果表明**,所有考察都指向三个显著事实:一是高校学术自主权是由外及里、由部分及全面的培育生长过程,二是学术自主权是从授权、赋权到依法用权走向学术决策治理的程序化、规范化、法治化的过程,三是外部行政权力和内部行政权力在不同阶段都成为制约学校学术自主权落地的主要影响因素,但影响作用在不断弱化。虽然转型程度指标不能完整刻画大学学术生态的发育状况,但从已有指数的分析中已部分呈现出学术传统作为非正式制度对大学学术自主权的落地具有举足轻重的影响。**大学具有独特的学术传统是保持大学学术特色和个性的基因,是形成汇集能够解释大千世界和产生创新的来源,失去这一"千姿百态"的学术生态,大学就是工业流水线和标准件,大学只能是平庸的**,因此,学术自主权真正落地与学术传统和学术生态密切相关,任重道远,重建学术生态是我国现代大学一个长期的制度建设。

第二节　综合指数分析

高等教育资源配置转型程度综合指数由七个大类的指数确定。每个类指数由类中的指标值确定,由于指标的平行性以及避免设立指标权重过程中人为因素影响,因此各个指标不设权重,采用算术平均的办法,将各类中各个指标的均值作为类指数。同理,七个类指数也不设权重,类指数经算术平均后得到综合指数。

具体而言,定量指标值即为转型程度,有两种途径判别:一是根据实际的数值标准化后确定;二是根据专家评判法与政策演进评估法。后者在确定定性指标时,由本研究依据实证情况,在 0、0.2、0.4、0.6、0.8 和 1 之间确定转型程度数值,分别代表转型程度无、极低、较低、中等、较高、极高。需要说明的是,这些数值虽然显示"有无""高低""强弱",但并不简单表示为"好或劣"与"正确或错误",这些数值只有与客观事实结合,与长期发展趋势契合,才能评估或判断其指标代表着资源配置领域长期制度创新中的损益趋势。**在本研究中它们都只是反映了这些指标转型过程的一种变化状态,主要说明:一是七个体制要素的采集主要源**

于改革开放初期的改革初始状态,它们构成了高等教育资源配置方式制度转型的主要内容,直至 40 年后的今天,它们的转型状况直接反映了我国整个高等教育体制改革的进程。因此,其数值的变化能够一般性地反映其变化的状态。**二是** 22 个基本指标层是本研究最能反映制度变迁中资源配置转换的指标,但这些指标并不一定都呈现变化,变化的快慢与不变都是制度环境的反映,都是中国高等教育资源配置的客观存在。而发现它们变或不变,何时变化及变化的原因背景,才是指标选择与分析呈现的意义。**三是**综合评价层主要是阶段性转型程度整体比较,这一比较更倾向于相对性,是历时性的指标分析,即观测制度变迁总体变化状况。因此,对转型程度指数的分析更注重指数呈现的变化状态及该指数在指标要素中的定位。所以,**高等教育资源配置转型程度综合指数主要体现为历时制度演进的变化状态,既有高低程度又有快慢进度,还有强弱之分,但它们的集合反映了高等教育资源配置转型程度的基本特征与规律。**

根据上述原则,经过测量与分析,我国高等教育资源配置转型程度综合指数 1978、1985、1995、2006、2016 年分别为 0、0.14、0.33 和 0.59、0.66[①]。在本研究中,改革初始以 1978 年作为开端,高等教育资源配置制度变革是从社会主义计划经济体制转向社会主义市场经济体制,虽然所有领域的资源配置并不是零起点,但从选择的指标考察,如不做特别注释,绝大部分指标在 1978 年的数值被看作资源配置方式的转型起点,即初始改革的逻辑起点是计划经济配置方式,之后分析不再赘述。

表 4 - 2 - 1　1978—2016 年高等教育资源配置转型程度综合指数简表[②]

	1978	1985	1995	2006	2016
综合指数	0	0.17	0.36	0.59	0.66
办学体制分指数	0	0.19	0.37	0.53	0.55
管理体制分指数	0	0.25	0.35	0.48	0.55
投资体制分指数	0	0.09	0.25	0.54	0.46
招生体制分指数	0	0.01	0.07	0.52	0.72
就业体制分指数	0	0.10	0.50	1.00	1.00
内部管理体制分指数	0	0.16	0.32	0.55	0.71
学术治理体制分指数	0	0.20	0.43	0.49	0.64

注:个别指数因基本指数的增设有所变化,前后做了统计意义上的技术平滑处理,不影响整体反映、表达、解释变化状态和演进趋势。

[①] 在测量指标数据中,课题分置了测量阶段,由于我国改革具有鲜明的阶段性,政治体制与经济体制作为制度环境制约着高等教育体制改革。在具体阶段中,对指标的分析包含着具体统计数据、相关政策和调查、文献专家评析,加之一些政策措施在实施中的延宕状况,因此,多数指数分析的时间划分在最终综合指数表达时选择会比原测量时间晚 1—2 年,同时,时间点也表示了阶段性的时间区间概念。如 1985 年综合指数代表 1978—1985 年,1995 年综合指数代表 1986—1995 年,2006 年综合指数代表 1996—2006 年,2017 年综合指数代表 2007—2017 年。特此一并说明。

[②] 1978—2016 年高等教育资源配置转型程度综合指数是以年份的数据为主,但其中的政策分析包括 2017—2018 年,从分析区间,该综合指数的时间包括 1978—2018 年。特此说明。

1978—2017 年我国高等教育资源配置转型程度指数

—— 1978　—— 1985　—— 1995　—— 2006　—— 2016

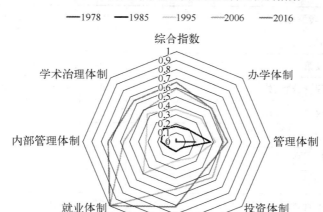

图 4 - 2 - 1　1978—2017 年我国高等教育资源转型程度指数图(此图彩色版见本章微信内容末)

注:综合上述七大体制综合指数集,本研究借用雷达图形象地描述了在不同转型区间的时点上, 各类体制要素综合指数的演进变化状况。

表 4 - 2 - 2　1978—2016 年我国高等教育资源配置转型程度综合指数

	转型程度类(分)指数	1978	1985	1995	2006	2016
办学体制	公办学校设置审批权	0	0	0.20	0.60	0.60
	民办高校占普通高校本专科在校生比例	0	0	0.001	0.16	0.23
	自费来华留学生占留学生比例	0	0.58	0.92	0.84	0.77
	办学体制转型程度分指数	**0**	**0.19**	**0.37**	**0.53**	**0.53**
管理体制	地方高校占普通高校比例	0.63	0.70	0.66	0.94	0.95
	公办高校主要领导管理权	0	0.20	0.20	0.20	0.20
	教学评估权	0	0.20	0.40	0.40	0.50
	管理体制转型程度分指数	**0.21**	**0.37**	**0.42**	**0.51**	**0.55**
投资体制	非财政性经费所占比例	0	0.05	0.17	0.57	0.40
	学费收入占事业性经费比例	0	0.05	0.15	0.39	0.19
	自筹经费占基建资金比例	0	0.05	0.18	0.76	0.71
	自然科学科研经费中竞争性经费比例	0	0.20	0.50	0.48	0.40
	投资体制转型程度分指数	**0**	**0.09**	**0.25**	**0.55**	**0.43**
招生体制	本专科研究生招生自主权	0	0.03	0.22	0.36	0.55
	招生资格扩大化	0	0.30	0.40	1.00	1.00
	境外(港澳)高校在国内招生权	0	0	0	0.20	0.60
	招生体制转型程度分指数	**0**	**0.11**	**0.21**	**0.52**	**0.72**

（续表）

	转型程度类（分）指数	1978	1985	1995	2006	2016
就业体制	毕业生择业自主权	0	0.20	0.40	1.00	1.00
	国家助学贷款政策	0	0	0.60	1.00	1.00
	就业体制转型程度分指数	**0**	**0.10**	**0.50**	**1.00**	**1.00**
内部体制	教师职务评聘权	0	0.40	0.60	0.80	0.90
	校内机构设置权	0	0.20	0.40	0.80	0.95
	合同聘任制教师占比	0	0	0	0.20	0.40
	教职工收入分配	0	0	0.20	0.40	0.60
	学生以学籍为主管理权	0	0.20	0.40	0.60	0.80
	内部管理体制转型程度分指数	**0**	**0.16**	**0.32**	**0.56**	**0.73**
学术体制	高校学术事务决策	0	0.13	0.55	0.56	0.66
	高校内部学术配置	0	0.27	0.33	0.42	0.61
	学术体制转型程度分指数	**0**	**0.20**	**0.44**	**0.49**	**0.64**
	高等教育资源配置转型程度综合指数	0.03	0.17	0.36	0.59	0.66

注：(1) 22个二级指标转型程度类指数取的是当年时点值。1978年的数据为"0"，绝大多数表示资源配置方式为计划经济配置方式。

(2) 七个一级指标转型程度分指数是算术平均计算后的数值。

(3) 高等教育资源配置转型程度综合指数是七个一级指标转型程度分指数的算术平均数值。

(4) 1978—2016年高等教育资源配置转型程度综合指数是以年份的数据为主，但其中的政策分析包括2017—2018年，从分析区间看，该综合指数的时间包括1978—2018年。特此说明。

关于1978—2017年高等教育资源配置转型程度示意图的说明，本研究采用了雷达图作为形象性表达的一种手段，以更好地反映各类体制综合指数在时间跨度与空间比较上的差异、变化与相互约束。

由表4-2-1、表4-2-2、图4-2-1可见，**2007—2017年间高等教育资源配置转型程度指数变化特点主要是**[①]：① 所有七个体制类指数都有变化，但变化幅度不同。办学体制、管理体制比前一个十年有小幅递进，涨幅在2—7个点；招生体制、内部管理体制、学术治理体制比前一个十年有较大递进，涨幅在15—20个点；投资体制发生结构性变化，就业体制仍保持原有指数位置。② 除学术治理体制外，其他6类指数在前一个十年的增幅都较大，但近十年只有招生体制、内部管理体制、学术治理体制增幅较大；办学体制、管理体制、投资体制转型程度明显放缓且出现结构性调整。③ 投资体制转型程度指数较真实地反映了非财政性投资占比的缩小，也表明财政性投资大幅提升，使得非财政性比重尚未过半。公办高校的办学投资改革开放前全部是政府投资包办为主，随着市场经济的逐步发育，高等教育作为准公共产品及多渠道筹措经费和教育成本合理分担制度确立与观念传播，参与投资高等教育办学呈现多元化，同时，政府除了改变经费项目平均主义的拨款方式，不断放开高校经费

---

① 指标数值包括数据和政策分析，所选取年份也是一个年份区间的概念。因此，本研究进行研究分析时均延伸了1—2年的年度。

筹措的政策管制,鼓励高校采用竞争激励方式争取专项教学科研经费等方式。这一制度变革是高校投资体制改革的根本变化,也是高等教育事业发展在市场经济下的基本配置模式。为了考察测量这一系列变化,在基本指标选择上主要选取了能够代表上述变革转型的指标。2007—2017 年间的指数正好反映了政府在这一阶段加强对高校财政投资的力度,前一个十年非财政性投资占总经费比例为 57.14%,客观反映了非财政性投资比例高于政府财政性投资比例;由于 2007—2017 年间高等教育财政性经费投入大大增加,近十年非财政性投资占总经费比例为 40%,2017 年的非财政性经费来源的指数呈现为 0.43,对比前一个十年的指数 0.55,回落 12 个点。也就是说,在实际运行中,21 世纪初有近 8 年之久我国高等教育非财政性经费几乎占据高等教育半壁江山,其中 7 年超过 50%①。而近 8 年来,政府财政性投入转而大幅提升,2010—2017 年平均都接近 60%。前一个十年与后一个十年财政性投资与非财政性投资比例正好是 4∶6 转为 6∶4,因此,高校投资体制转型程度指数的变缓表明政府力量与市场力量在两个阶段出现了相背而行,而不是同向而行的状态,这种状态是纠正政府投入长期缺位而加大政府财政性投入的结构调整,是否能够持续值得继续观测研究。④ 在 22 个基本指标中有 4 个指标呈现下降趋势,分别是自费留学生占留学生比例转型程度类指数(下降 10 个点)、学费收入占事业性经费比例转型程度类指数(下降 5 个点)、自然科学科研经费中竞争性经费比例的转型程度类指数(下降 7 个点),如果加上实际年度中非财政性投入占比下降绝对点(10 年下降 20 个点,见第三章第四节表 3 - 4 - C1),这 4 个指数的下降都实际反映了在 2010 年之后政府财政拨款对高等教育的支持力度不断加大而挤出其他渠道的投入。许多领域的改革都会涉及该领域的许多部门机构,但是这些机构并不了解与之相关联的其他领域改革,即使综合部门也可能只是就事论事,并不了解历时相关情况,集聚延续到一个节点就会出现一种意想不到的结局,这样的相向转型结果值得深思。⑤ 在 22 个指标中只有管理体制中的公办高校主要领导管理权转型程度类指数没有变化。虽然在改革初期以及在不同阶段都有过试点调整,除将地方高校管理领导任免权放给省级政府后,高校领导班子的任免基本原则没有变化。以上五个变化特点集中反映了改革进入深水区后,不同体制改革差异加大,近十年转型程度指标测量基本描述了上述七个改革领域的实际状况。

从改革开放 40 年转型程度指标的综合数值可以看出中国高等教育资源配置制度转型的基本轮廓。代表这七类资源的指标体系集中反映了高等教育资源配置转型从改革初始不断深化扩展的特征。所选取的五个时点(1978、1985、1995、2006、2016)都分别代表了改革开放以来的五个发展转型阶段,五个时点的阶段转型程度综合指数为 0.03、0.17、0.36、0.59、0.66,它们作为转型程度指数不同程度地刻画出转型期每个阶段(区间)的事实特征,主要有四个方面:**第一、七个指标体制转型程度指数都发生着变化,总体同向而行,且都由低转高。第二、各类体制转型指标在不同阶段的变化程度与速度都有所不同。第三、高等教育资源配置转型程度指数较高的都与学生和学校相关度较高。第四、与政府直接配置转型有关联的办学体制、管理体制、投资体制转型指标在转型后四个阶段的转型程度变化指数均比较均衡稳健**②。需要深度探讨的是,转型指标的数值是否客观反映了转型内在趋势,约束其转型

---

① 见第四章高校投资体制指数分析。
② 具体分析见第六章第三节第四节。

或变化的条件是什么？相互制衡条件是什么？对这些问题的解答既是本研究的命题所在，也是本研究最有价值的问题探索[①]。对这些问题的探讨贯穿本研究的各章节。按照研究目的，结合转型程度指标的测量结果，考虑到这一综合分析还涉及政策与重大案例分析，本研究将转型期40年高等教育资源配置转型程度指标测量指数的综合分析放到第六章第四节，以更全面、更客观地反映转型变迁的历史逻辑与演进特点。

第三节　相关假设验证

本研究选取指标的原则是改革开放进程中的制度变迁对高等教育资源配置的影响范围，其最终表现的程度指数是能够反映在社会主义市场经济体制建设的条件下，我国高等教育制度创新内部演进逻辑与外部约束条件的相关性。因此，选择以办学体制指数、管理体制指数、投资体制指数、招生体制指数、就业体制指数、内部管理体制指数与学术治理体制指数等七大指数集为代表的指标体系，基本符合本研究立意的初衷，即能够描述改革开放四十年高等教育资源配置转型的程度与趋势，并通过数据进行了实证检验，得出数据测量结果。本研究主要是对2007—2017年的高等教育资源配置转型程度指标的分析，并将这十年与前三十年研究结果合并分析。**研究发现，以下分析结果不仅体现在改革开放后的前三十年转型历程中，也体现在近十年转型历程中。因而，进一步证实了本研究的三个研究假设。**具体呈现的客观测量数据至少在以下四个方面对本研究提出的相关假设进行了相应验证，回应了本研究提出的**改革开放四十年高等教育资源配置制度转型的基本动因、基本特征、基本动力、基本趋势问题**[②]。

（一）改革开放四十年来，中国高等教育资源总量发生了巨大变化，成为全球第一高等教育大国。推动这一变化的基本动因是资源配置方式的转换

我国1978年恢复高考，提出重振高等教育并实施改革是在原计划经济体制高等教育资源及供给保障双重稀缺并严重影响现代化建设需求的背景下。怎样改变这一稀缺资源的供给是改革初期政府需要解决的最大问题，在几乎所有资源供给都存在稀缺状况下，人们选择了制度创新，**即选择有别于计划体制的新制度配置模式是改革的逻辑起点。**在我们选取的转型程度指标中，我们通过这些指标代表的资源配置变化及它们在不同发展阶段的作用与功能**看到了一种新制度变革方式的产生，即它们共同组成了新资源配置供给方式，构成了不同于在计划经济体制下的原资源配置方式，从仅仅只有政府一种力量且完全由传统集中配置模式转换为新型的政府、市场、学术三种力量共同配置高等教育资源的模式。**这三种力量的生长发育及相互制衡演进不仅深受国内制度环境的影响，也深受我国开放后全球制度环境的影响，它们共同构成对不同阶段高等教育资源配置的制度创新与制度安排，推动了我国高等教育资源配置由绝对稀缺到相对充盈的制度变迁。因而，改革开放四十年推动高等教

---

① 有关集中观点将在第六章第四节与第七章第一节中呈现。

② 有关论证分析见第六章与第七章。本研究在第六章与第七章中就转型程度指标结果的综合分析汇集了各个角度的分析。但总的指向是一致的，都构成了分析改革开放以来高等教育资源配置制度创新与制度演进基本面貌的基础，针对不同诉求分析的结论基本一致。

育发展的重要力量是制度创新。全球各国现代高等教育发展也主要依赖这三种力量,其不同差别来自三种力量的配置方式或力量强弱不同①。**由一种配置力量转换为三种配置力量的过程,转型指标集中描述了这一过程,这一过程的制度演进表明,这个变革过程符合整个社会发展需求,通过制度创新形成制度安排,实现了高等教育资源配置的整体效益,并通过持续四十年的制度演进呈现出我国高等教育现有的发展水平,这一发展进程在转型程度指数总体变化上呈现为整体递进趋势。**

　　(二) 高等教育转型变革是确立重建新制度并不断支付制度成本与扩大享受新制度收益面的过程。它带给高等教育的影响集中体现在稀缺资源供求方式的改变上。当制度环境发生决定性的、本质的、不可逆转的变化时,与之相适应的外部改革力量将影响并决定高等教育资源配置方式的性质、方向和程度。这一转型期的变革形成了我国高等教育资源配置制度转型的基本特征

　　中国改革进程是由政府主导的改革进程,在改革开放的每一个关键时刻,中国共产党作为执政党鲜明地提出推进改革的指导方针和改革方案,每一个阶段外部环境的鲜明特征都对高等教育产生较大影响,如拨乱反正后国民经济全面恢复、20世纪90年代初确定市场经济体制、90年代末亚洲金融危机爆发、21世纪初我国加入世贸组织、2008年全球金融危机影响等,它们既是高等教育发展与改革的机遇期,也是高等教育抛开传统模式探索本土制度创新的窗口期。因此,我国改革开放的制度转型具有非常显著的改革发展阶段性。这一改革阶段性形成了影响高等教育资源配置制度创新的外部环境,它不仅对高等教育体制创新有需求,也提供了体制创新的基本条件。这一外部制度环境形成的力量是制约高等教育体制改革性质、方向、程度的基本力量。不论是政府对公共品供给服务的多样化转换方式、还是市场经济配置资源的决定性作用,或是学术组织学术本位的回归与重建,都涉及与制度创新相背离的旧有资源配置方式的转换,都存在着以制度创新增量资源替代转换旧有资源存量,并逐步使新资源配置方式替代旧有配置方式而成为主导模式,这些都离不开原有支撑旧资源配置方式的制度基础的变革状况。因此,高等教育内部制度安排与整个外部制度环境是互为影响互为制约的。分析四十年高等教育资源配置转型的原因,就可以清晰看到上述特点。因此,高等教育资源配置转换的制度环境是决定高等教育资源配置制度创新与制度安排的基本条件。当促成转换资源的外部环境基本具备时,高等教育制度创新才能最终实现,如就业体制;反之,当促成资源转换的外部环境尚未具备时,高等教育资源配置的制度安排很难形成主流,如校内教师聘任制。当外部环境对高等教育办学方向摇摆不定时,高等教育内部治理的制度安排不仅迟缓且无法确定。本研究大量实证表明,**高等教育转型变革是确立重建新制度并不断支付制度成本与扩大享受新制度收益面的过程。**它带给高等教育的影响集中体现在稀缺资源供求方式的改变上,而这一改变又是以资源配置微观主体的产权确立、分化与制衡为配置前提②,以增量制度创新与存量制度调整的双轨配置路径为线索③,

---

① 第四章主要比较分析论述了这一现象。

② 这里的微观主体指市场经济条件下有法律意义的政府、学校、企业、个人。在计划经济条件下,他们都是政府的附属,并没有独立的决策与决定权,更谈不上配置资源的权力。

③ 这是本研究的理论假设,也是支持转型期高等教育资源配置发生转换的根本动力来源。

以回归的学术力量、重构的政府力量与在建的市场力量三者配置制衡为治理结构①；它的配置以分散的个人与组织的多元利益最大化与补偿制衡机制为特征②，其配置的速度是以市场配置为基础的新制度重建的速度为标识③。而上述这些制度变迁恰恰证实了本研究关于转型期高等教育资源配置制度创新的基本特征假设。整个高等教育资源配置的转换在不同历史阶段不一致，除受到整个外部环境影响外，与直接制约高等教育改革的制度安排有关。**转型程度指标呈现出的体制改革各类转换时空都说明了改革的初始条件和改革进程中不断变化的制度约束条件的重要意义。**由于转型过程存在这一基本特征，当制度环境发生决定性的、本质的、不可逆转的变化时，与之相适应的外部改革力量将影响并决定高等教育资源配置方式的性质、方向和程度，与制度创新相一致的资源增量通过转换与替代资源存量，逐步使新资源配置方式替代旧有配置方式而成为主导模式④。

（三）高等教育资源配置方式在由传统计划模式向市场机制约束下的政府干预、市场配置、学术治理相制衡的方向过渡中，高等教育体制改革领域的进展与三种力量的生长成熟具有较高依存度

转型期高等教育资源配置转型程度的基本动力体现为政府力量、市场力量、学术力量三者相互支撑互为制衡的关系。政府、市场、学术三种力量怎样作用于高等教育资源配置是改革的焦点⑤，四十年的制度转型程度主要是围绕着这个焦点在呈现。通过转型程度指标的分析可见，**一是**能够最先推动存量改革和引起配置方式迅速或彻底转换的一般是与市场社会需求密切的领域，这类领域资源配置转换的速度较快；反之，制度转换程度低或速度慢的往往是与市场距离较远的领域，或是政府固守原有配置模式或是制度环境不成熟或是处于利益格局相持改革成本较大阶段。**二是**恰恰市场有作为而政府无力或无效供给资源的领域，这类资源配置转换的速度也较快；在政府主动让渡放权或主导改革比较彻底的领域，资源配置转换的速度也较快；特别是政府转变职能或变革治理方式而对应的领域资源配置转换进程就相对快，反之，变革就缓慢。**三是**不同改革阶段都会出现某些领域转换突破得较快，虽然相关领域转换速度会相近，但整体改革齐头并进的局面较少。资源配置的转换在不同历史阶段不仅会前进也会出现个别领域停滞或回转，表明各个领域改革在不同阶段受制的条件不均衡。**越到改革深水区，制度创新的关联性对整体改革的推进影响越强，表明局部改革与整体改革的关系越来越紧密，相互制度配套越来越重要。四是**学术力量是源自大学组织的本质，当学术力量不断回归学术共同体并成为自治自律的制度规则，就能够与政府力量和市场力量形成制衡，抵御过度的市场侵袭和行政化。指标体系的转型可见，**大学治理结构的制度基础在于学术力量的回归**

---

① 这是中国渐进性改革的特点，在高等教育资源配置转型变迁中也体现了这一特点。

② 改革就是收益与成本的比较。所有改革的当事人都存在对改革预期的损益分析，只要收益大于成本，改革就能进行下去。这也是四十年高等教育改革一直孜孜不倦得以深化的根本原因。

③ 一个好的市场经济带给某一领域微观主体改革与发展的方向与趋势上是趋于一致的，甚至在效率上也是匹配的。它以市场经济的建设完善质量与效率为条件。

④ 这是本研究关于高等教育资源配置制度转型基本动力的特征描述。这一基本动力是由政府力量、市场力量、学术力量构成。

⑤ 在本研究中，三种力量的集中表达形式是通过分析转型中政府公开的政策信息并转化为指标系统呈现的。

程度与学术生态的重塑。五是当政府不断让渡原有集中配置资源权力后,整个社会其他组织构成的各种配置力量能否出现或发挥作用,与这些力量的成长发育的制度创新有关。当整个高等教育不仅仅只是从政府那里得到高等教育资源与服务,而是通过其他社会组织和力量获取更多更优质的高等教育资源与服务时,高等教育资源配置的来源与各种有效配置力量的依存度表现得会更紧密、更稳定、更良性①。高等教育资源配置转型程度指标只是对这一历史转型的真实描述记录,每一个转型程度指数都深刻"刻画缠绕"着三种力量的作用。

　　本研究大量政策和案例分析为揭示和解释制度转型的根本动力提供了真实鲜活的事实存在,提供了我们观察三种力量在成长中的社会主义市场经济体制下从微弱到不断成熟的演进过程;看到在改革开放制度环境下,解决高等教育稀缺资源配置需要通过三种力量的培育不断构建相互支撑制衡的制度安排。**本研究根据制度演进分析框架和指标体系分析,证实了三种力量萌动生长互为支撑是高等教育资源配置制度创新的基本动力,即我国改革开放 40 年解决高等教育稀缺资源的转型动力是变革中的政府力量、市场力量、学术力量互为支撑相互制衡的创新结果。**(见图 4-3-1、图 4-3-2)因此,研究发现,改革越深化,越进入现代大学制度建设过程,越能证实高等教育资源配置制度转型过程也是中国大学治理制度变迁过程,**其制度变迁的逻辑力量就是转型中不断生长而互为支撑制衡的政府力量、市场力量、学术力量。**

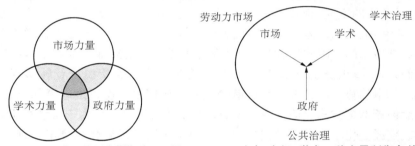

图 4-3-1　"三圈制衡"模型 A　　图 4-3-2　政府、市场、学术三种力量制衡条件示意

**　　(四)高等教育资源配置的走向、结构、供需、收益的本质变化,是高等教育新制度安排的结果,改革初始高等教育资源配置方式最根本的变化是在中央大政方针指导下资源配置的分权、分散、分层、自治与制衡趋势**

　　过去由中央政府高度集中的资源配置方式逐步转换为政府转变职能运用经济、法律、市场、信息、监管等多种手段。改革开放 40 年,我国高等教育的中央与地方、中央与高校、中央与部门三大关系已发生根本性变革。大学地方化趋势是我国高等教育大众化最显著的特征之一,随之而来的也是资源配置更趋地方化。**中央与地方关系在转型程度指标中已发生了结构性改变。**市场经济正在形成完善赋权组织与个体法律责权的制度选择、制度竞争、制度激励;

---

① 本研究在理论模型中设计的三种力量从一定意义上代表了影响高等教育资源配置的基本力量,但据上述分析可见,由于我们这个社会是从计划经济中渐变而来的,政府即社会意味着对每个个人的全包,当市场逐步形成并作用个人,企业、事业、政府时,资源配置开始分散到其他社会主体,但狭义的社会组织如由主题性协作的团体在现实中的作用很小,他们尚不能影响其他主体。这就是西方社会称其为公民社会或社会组织多如牛毛并参与配置社会资源的原因。因此,这也是本研究没有把狭义的社会力量放入理论模型中的原因。

中央政府将更多的市场资源配置的决定选择权转由地方政府、学校、企业、个人、其他社会组织,在政府主导作用下,让不断完善的市场配置成为决定性力量。**中央与学校的关系在转型程度指标中也已发生了根本性转变。**高校内部治理的变革成为政府放权和法律赋权后自主权落地的基本保障,学术本位与学术自律是学术治理和生态培育的重点,这些变革都呈现记录在转型程度指标的演进中。对于整个国家或区域的高等教育资源配置方式,或是法律已赋权的一所高等学校内部治理,政府力量、市场力量、学术力量构成的资源配置供给与制衡是一种新制度安排。中央与部门高校的关系在转型程度指标中已构成共建支持的关系。除教育部还管理着部分高校外,其他中央部委办都处在宏观管理指导层面,针对市场经济在不同发展阶段的逐步完善,中央各管理职能部门也在不断加大放权力度,**中央与部门高校的管理关系已逐步融入国家战略与地方区域服务的新型框架。**因此,与改革初期比较,原高度集中的高等教育资源配置方式已在中央大政方针指导下呈现分权、分散、分层、自治与制衡趋势。

本研究通过七个指标及 22 个二级分类指标建立了一个简单足够的解释性转型程度指标体系,对改革开放 40 年高等教育资源配置转型的变化特征进行了描述,上述四个不同视角的分析已初步表现在新资源配置转型程度的特征与趋势上,使我们能够初步诊断改革开放 40 年来我国高等教育资源配置发生了什么变化,正在向什么方向变化,变化的趋势是什么,什么决定了变化的方向、速度和力度。虽然这些指标的选择主要与初始改革的逻辑有关,存在着或然性,但它们总体上是能够代表高等教育资源配置的核心资源并在学术研究与实际操作中经常适用的。因此,这些描述生成的主要测量结果基本证实了本研究导言提出的三个研究假设,初步论证了改革开放 40 年转型期高等教育资源配置转型程度的基本动力、基本特征、基本趋势。**不论是转型程度较快的反应还是转型程度较慢的反应,即资源配置沿着新制度创新增量方式促使资源增长的为较快的反应,反之,由于各种局限使得资源配置尚不能够改变或变化不大的为较慢的反应。由于不同阶段变化速度不同,此阶段较慢不代表彼阶段也慢。**所以,上述特征与趋势只是对这 40 年转型阶段测量指标的基本描述[①]。这一测量分析结果使我们对转型期的制度创新过程有一个相对客观的解释,并证实了一个在实证基础上的理论分析框架(模型),实现了本研究的主要目的。

本研究是继改革开放后的前 30 年指标体系研究的后续研究项目,对 2007—2017 年期间的高等教育资源配置转型程度进行测量,以上分析已包含了近 10 年期间的转型程度分析。**由于选取的指标绝大多数是规模发展持续性的或方向性诊断性的指标,它们在相当长的时期内是反映我国转型期资源配置的关键性指标,这些指标还将在相当长的时期内对本研究设置的指标分析模型具有较强的粘连性,实证也表明,本研究构建的指标体系可以揭示转型期我国资源配置的转型规律和特点,预测转型走向与程度。**同时,本研究的大部分指标及分析框架与模型是可以反复适用的,对今后的高等教育资源配置转型程度状况仍然可以在线测量,并与此次分析进行比较,对未来做出基本预测。**因此,本研究设置的指标分析框架具有较好的普适性与解释力。本研究期待对仍然处于转型期的我国高等教育的制度选择和制度创新提供一个解释参照与支持样本的目的基本达到。**

---

① 本节只是就指标描述的测量事实进行了初步分析。本研究将在第六章和第七章综合指标、政策、案例、调查等多项手段综合论证我国改革开放 40 年转型期高等教育资源配置转型程度的基本动力、基本特征、基本趋势。

第五章　国际高等教育资源配置
部分指标比较分析

本章以中国高等教育资源配置转型程度指标为主，选取部分发达国家高等教育的同类相近指标进行分析比较①，了解我国高等教育资源配置转型的基本特征和趋势与发达国家高等教育资源配置的异同，解释异同的制度背景和约束条件；讨论我国转型指标体系测量得到的特征与规律在国际高等教育比较中的相对价值与参照意义，检验转型指标体系在国内外两个资源市场配置的适用性与差异性；研究指标体系分析模型作为高等教育资源配置国际参照范本的可行性，更好地修订完善现有转型期的指标体系分析模型；提供建设一流大学制度创新的参照样本，为中国大学在全球大学的定位中找到带有中国符号与特色的坐标，提供高等教育国际比较的政策供给基础。本章主要包括高等教育资源配置国别比较可能与意义、高等教育资源配置转型程度指标体系国别比较分析和比较研究结论三个部分。

第一节　高等教育资源配置国别比较可能与意义

为研究中国转型期高等教育资源配置的变革，在政策文献和重大事件案例分析上，根据本研究的理论框架，建构了我国高等教育资源配置转型程度指标体系，主要测量改革开放40年高等教育资源配置转型中原有体制的变革。这一测量结果在本研究的第三章、第四章已做了详尽研究分析，有关综合研究结论和发现将在第六章和第七章中体现。本研究从规范性研究与实证性研究角度对我国转型期高等教育资源配置的变化特征予以制度性解释，描述新制度安排下高等教育资源配置的发生机理与运行机理，全面论证了改革开放40年转型期高等教育资源配置转型的基本动力、基本特征、基本趋势。本研究的研究逻辑紧紧围绕改革的初始条件和初始诉求，确定中国高等教育资源配置转型的历史逻辑是建立在改革开放逻辑之上的，**改革开放最初始的制度疑问是继续选择计划经济资源配置模式还是探索选择市场经济资源配置模式**，而其中最为关键的变革是，从政府集中垄断高等教育资源配置转向由市场力量解决长期资源短缺和竞争激励缺乏的持续动力问题，转向学术本位回归中的学术力量参与配置资源的现代大学治理结构问题，以及在这两种资源配置力量框架中，转向变革的公共政府如何提供合理的制度安排，以确保传统势力不干扰改革进程和防止政府力量、**市场力量和学术力量越位、错位、缺位**。本研究根据制度演进分析框架和高等教育资源配置转型程度指标体系分析工具，论证我国改革开放40年解决高等教育稀缺资源的转型动力是

---

① 课题组成员荣利颖、苏慧斌及孟静怡、宋婷娜、马丽如、陈成、闫颖、王强等在校硕博生参与了本章的研讨、部分资料收集整理及部分初稿内容撰写。特此致谢！

变革中的政府力量、市场力量、学术力量互为支撑相互制衡的创新结果,阐释了推动改革开放40年高等教育资源配置制度转型的过程是由唯一传统的政府力量配置资源转向三种力量(政府、市场、学术)互为支撑相互制衡配置资源的制度演进过程。

中国高等教育资源配置制度转型的演进结果作为基本事实是制度创新和制度选择的结果,本研究已证实了这一结果,即当制度环境发生决定性的、本质的、不可逆转的变化时,与之相适应的政府、市场、学术三种力量将影响高等教育资源配置方式的性质、程度与方向;与制度创新相一致的资源增量通过转换、让渡与替代资源存量,逐步使新资源配置方式替代旧有配置方式而成为主导模式。**本章的研究目的是探讨这一制度转型结果作为具有中国本土特色的改革实践成果,在已融入全球资源配置的背景下,与全球高等教育资源配置变革的主流有何异同**,从而更加清晰了解中国本土特色和坚持中国高等教育资源配置制度创新根本所在,也更加全面了解在全球化背景下主要发达国家高等教育资源配置变化特征与趋势,以及这些国家资源配置制度安排的国情约束条件,促使我们站在融入全球治理并参与竞争的需求上,客观审视高等教育资源配置制度转型的方向,为高等教育服务国家战略提供一个参考"窗口"。

本研究能够进行比较的可能,主要基于以下几点:**一是同样的全球环境条件与竞争需求**。近二三十年是经济全球化波及影响全球各国的时期,也是全球贸易链形成全球产业链并最终形成全球市场共享的时期。无论是高端或低端产业链都把全球资源配置触角伸展到所有参与到经济全球化的资源国中,使得国内与国外资源配置梯度融入全球或区域贸易经济流通中,这一流通带来的不仅是物流资源,更是知识、技术、人才资源的流通,并促使资源流向更优化地域集聚,带来趋于更优化地资源配置。各国资源深度配置的过程也会程度不同的影响本国大学资源配置,欧洲共同体在高等教育一体化的成果是20年"博洛尼亚进程",它在区域高等教育资源配置融合上带来45个参与国资源配置的共享和创新。共享是为了更多享有优质资源,谁占据这些优势资源谁就有未来竞争的优质资本。各国政府竞争战略都把高等教育领域作为这一优质资本的"金矿"培育和挖掘。**二是信息技术超越地缘国界为高等教育资源配置提供了千载难逢的同样取胜的机会**。本研究在第六章做了分析。其中最为关键的影响因素是两点:降低了创新研发成本和加快了科技竞争的速度。这两个影响资源配置优化的条件促使各国最接近竞争创新的资源配置就是高等教育人才培养和科技研发。近一二十年主要发达国家重振大学布局、调整人才战略、追求大学卓越、对高等教育制度创新资源优化已成为全球趋势。近年来各国发展战略中,大学与国家发展的紧密关系在信息化的推波助澜下比任何一个历史阶段都更有力量。**三是大学在国家发展战略中愈加中心的地位成为各国制度创新的借鉴**。大学组织作为千年产物存在与今必有其存在之需求与价值,无论国有大小、发展阶段不同、制度选择差异,各国大学组织的基本功能基本同源,在这一起源逻辑基础上建构的组织治理与制度安排也有一些基本规律和共性。也正因如此,各国大学才有交流合作与互为借鉴的基础,才有互为认证与相对评价的学术往来,才能提出建设一流大学与一流学科的目标。那些共性的现代大学特征和规律是近百年来致力于大学发展的制度创新与智慧积淀,而近年来大学发展趋势又与全球环境的需求和约束密不可分,关注共性与个性正是知己知彼所需。**四是中国制度创新选择了社会主义市场经济制度,作为制度转型比较具有制度分析基础**。改革开放40年,中国从高度垄断集中的计划经济转型到社会主义市场经济的制度变迁过程,深刻影响着中国高等教育资源配置变革。市场经济从"概念"到"制度"演进,不仅造就了中国经济的快速腾飞而且培育了几代人"市场经济"意识和制度行为。中国的市场经济是在中国共产党领导下的具有中国特色的社会主义市场经济,这一特点在探索中愈加鲜明地呈现在制度创新中。作为市场经济的基本制度环境使得我们具有与其他市场经济国家进行比较的基本条件,也使得我们具有在比较中发现各自不同的特征以及原因,既了解相对标准与发展标杆,也清晰本土特色与国情的需求。所以,比较是在全球对大学认知的基准和制度环境条件下进行的。

　　中国高等教育承担着实现国家现代化和复兴大业的重任,承担着人类命运共同体需要面对解决和攻克的科技尖端与生存困境。作为发展中大国和经济总量第二发展体,认知这一千年存在的组织需要完成复兴大业和人类命运共同体使命的规律与特征,不仅必要也有可能。本章以中国高等教育资源配置转型程度指标为主,选取部分发达国家高等教育的同类相近指标进行分析比较,了解中国高等教育资源配置转型的基本特征和趋势与发达国家高等教育资源配置的异同,解释异同的制度背景和约束条件。同时,本研究认为,高等教育资源配置转型指标的国际比较也提供了比较全球高等教育资源配置能力的基础。**本研究的基本假设:市场经济条件下的各国高等教育资源配置力量主要程度不同地来自政府、市场、学术三种力量,各国大学参与全球竞争的主要资源是人才培养、科学研究与国家战略服务目标,在全球资源配置流动和竞争环境下各国高等教育资源配置方式具有趋同和可比基础。**同时,各国历史禀赋和本土"痕迹"也制约着各国高等教育资源配置的不同指标,使其具有本国"特色"。在历史演进中,各国高等教育资源配置方式的共性与个性不是一成不变的,在一定环境下存在变革的可能。**本研究的高等教育资源配置指标的国际比较为描述全球高等教育资源配置能力指标提供了基础。**也就是说,由于政府、市场、学术三种力量的较量受到不同制度环境的制约,它们构成的力量对比最终可能使高等教育资源配置方式呈现不同的形式或模式,呈现为不同国家或地区高等教育体制的差异。假设对大学的基本功能认同并实际类同(人才培养、科学研究、社会服务),对高等教育(大学)资源配置力量主要来自政府、市场、学术,全球主要国家高等教育资源配置方式具有相似的特征和规律,其差异源自各国历史制度文化环境,则指标可以部分进行比较参照①。为了检验证实这一假设,本研究没有另外建立满足现有国家高等教育资源配置国际比较指标,而是利用本研究已构建的转型期高等教育资源配置指标体系,选择七个发达或转型国家高等教育进行比较。这七个国家分别是分布于北美、欧洲、亚洲、大洋洲的美国、英国、德国、法国、俄罗斯、日本和澳大利亚,它们作为发达或转型国家其高等教育具有一定代表性,特别是这些国家虽然都实行市场经济,但奉行理念和实施的市场环境有一定差别,同时它们都是经济全球化的竞争参与者,与中国有密切的贸易往来和高等教育合作交流历史,也是中国参与全球高等教育资源配置的竞争对手。

　　在进行国际高等教育资源配置指标比较时有三个基本因素需要说明,**一是以中国转型**

---

① 我国自 1978 年之后的高等教育资源配置方式是一个制度转型过程。因此,本研究是对高等教育资源配置转型程度的趋势研究。所涉及的指标体系是转型性指数。而对比国并非我国意义上的转型国家,多数是市场经济配置资源的国家。在选择指标参数时,通过分析异同原因,可以在比较基础上获得资源配置方式的国别比较参数。如选择有转型性国家,如俄罗斯,则可以做相近性比较分析。

指标为基础。比较的转型指标体系的初始条件与大多数比较国具有不同背景，这对整个指标体系所表达的范畴与内涵具有国别差异。其中选取的指标主要是根据我国转型中资源配置变量的变革程度，而不是常态发展中的一般资源配置变量。尝试站在我们的制度转型指标上看待各国由于历史禀赋和制度特点形成的资源配置特点。这个视角的选取是以我为中心划取测量半径，正好可以测度中国资源配置转型特征与比较国的区别，形成一个基准便于分析。所以，在具体比较中保留了原有转型指标体系的完整性，从国际比较中进一步论证我国高等教育资源配置转型的基本趋势。俄罗斯也属于转型国家，虽然在国家制度选择上不同，但原有高等教育体制的同源性使进行高等教育资源配置转型比较具有一定可行性，运用这一指标体系比较具有一定相对解释力。**二是修订个别比较指标**。正因为该指标是转型指标体系，其中的个别指标具有中国资源配置特征，需要在原有概念的内涵或外延上进行修订，具体指标修订也是出自中国转型特点但很难获取比较国的数据，如境外特指香港、澳门两地高校在大陆按照中国国家统一高考实行招生，这一指标反映了转型中内地与港澳高等教育资源配置的深度关系。在国际比较中，我们将这一指标改换为"国外高校在主权国的招生许可权"，通过这一指标考察，可以了解国与国之间在高等教育资源配置的制度安排上的基本限制。**三是按照客观数值进行比较分析**。中国高等教育资源配置转型程度指标的具体测量除有数据比较外，涉及规定性划分比较的，按照基本定性划分比较程度，即比较国制度规定性或政策规定性的指标，一般有两种情况：按照"有无"判定，"0"为"无"，"1"为"有"，如实施高校毕业生自主择业列为"1"。另按照 0—1 数值程度差异，"0"为接近完全中央政府管理，"1"为完全赋权高校自主管理或赋权师生，或由公共市场竞争机制决定，或由第三方实施。在具体确定数值上，将具体予以说明。因此，运用中国高等教育资源配置转型程度指标体系进行的国别比较是一个具有宏观趋势意义的比较，在对比较结果的制度分析上更具有制度解释的一般性结论，这正是本研究的目的和意义。

第二节　高等教育资源配置转型指标国别比较分析

按照本研究第三章提供的中国高等教育资源配置转型程度指标体系框架，对改革开放40 年高等教育资源配置制度创新进行了分阶段考察，考察分析结果见第四章，综合趋势分析见第六章，研究结论见第七章。中国高等教育资源配置制度转型是在中国改革开放方针下，从初始改革面向现代化、面向世界、面向未来，从后发国家可以低成本的学习模仿发达国家步入现代化的经验与教训入手。这一快速跨越的过程包含着制度创新习得的过程，这个过程在加入世贸组织的 18 年中更上了一个台阶，我国无论是经济实力还是整个国力都实现了既定的发展目标，成为一个发展中大国摆脱贫困落后迈入小康目标的样本。我国高等教育发展同样实现了大众化目标，在基本适应市场经济转型中为满足国家发展战略不断进行制度创新，其资源配置优化表达在不断迭代更替的制度创新中，也被本研究构建的高等教育资源配置转型程度指标体系所捕捉描述。因此，**高等教育资源配置转型程度指标体系不仅仅只是一群简单数据的年度记载，它们所描述记载的对象是亿万群众的探索与贡献，它揭示了中国高等教育制度变迁的基本力量以及这一力量的形成过程，它阐释了高等教育资源配置制度创新的基本特征与规律，较为完整地勾画了改革开放 40 年高等教育资源配置转型制**

度演进的重大转折和机遇选择。以此作为比较原点来观测其他国家高等教育资源配置状况,既有比较基础也有高等教育比较的基本依据。但因个别指标概念范畴的调整,个别指标因不同国家配置模式的不同,进行数值分析时会产生一定误差,本研究对这个误差在分析中会及时做出技术调试和分析解释。本研究发现,这些调整不影响研究假设的论证和总体结论研判的真实与信度。

本研究在比较中有以下几点重要说明,见微信5-1。

以下分别对七国高等教育资源配置七个一级指标和22个二级指标进行分析①。

一、高等教育办学体制指标比较

高等教育办学体制是指国家依法规范高等教育办学行为(如办学规划权、办学主体、办学投资、办学设置审批权限等)的体系与制度。依法办学是高等教育资源配置的基本制度,集中表现为由谁来举办高等学校、由谁投资办学、决定办什么样的高等学校以及学校的产权归属等重大问题。依据我国高等教育资源配置转型程度指标体系中办学体制的公办高校设置审批权、民办普通高校在校生占普通本专科在校生比例、自费留学生占留学生比例,**调整改换为公立或私立设置审批权、私立高校占高校总数(或在校生)比例、国际生占在校生总数比例**。见表W5-A1,(该表列入微信5-2)这三个指标在外延上都有所变动,但在考察比较国的高等教育办学体制上并没有实质改变。因此,通过这三个指标仍然可以对比较国办学行为有所认知。

办学体制七国情况,见微信5-2。

比较国办学体制比较特点:一是都有国家或地方法律规定办学行为。所有比较国近20年来对涉及办学行为的高等教育法律均做过修订。**二是7个国家在中央办学还是地方办学上不一致。**美国、德国、澳大利亚一直为地方办学;英国、法国一直为中央办学;日本、俄罗斯的国立大学过去为中央政府办学,日本2004年法人化改革、俄罗斯转型后都强调大学法人治理,地方办学扩大。英国近年来开始出现地方办学趋势。**三是私立大学和公立大学在设置审批上同等待遇,不存在中央与地方划分。**美国形成了完善的公私立教育分类体制。虽然2016年私立高校占高校总数的64.76%,但私立高校学生总数占比在30%左右。其中私立高校分为营利性与非营利性。在审批核准办学上都依法审批。其他比较国也基本相同。**四是私立大学不断增加,依法享有公立大学的基本待遇。**美国、日本私立高校占高校总数过半;英、德、法、澳等国私立学校近几年逐渐产生,比例均在20%以下;俄罗斯转型前没有私立大学,近20年发展迅速,已达到40%,但学校规模较小。2017年德国勃兰登堡州最大的公立高校波茨坦大学的第六个学院——数字工程学院正式招生。该学院由私人基金会哈索·普拉特纳软件工程研究所(Hasso-Plattner-Institut,HPI)与波茨坦大学合作成立,由此开启了德国公立高校与私人机构合作办学的先河。该研究所一直是德国最大的私人科学基金会,在全球享有盛名,数字工程领域的教学科研在全球高校排名中名列前茅。此次升格为学院后可以设立自己的教授席位。通过这种新型的"公立—私立伙伴关系",预计新学院未来五年教席数量将翻一番,达25个。学院四个教学领域每个年级的学位数将可扩大到1 000。

---

① 由于本章数据资料数量较多并涉及互为印证,本研究截取或列举了一些关键性数据与信息,有关来源作为参考文献列入本章微信版。此处一并致谢参考来源提供方。

目前,该学院已在波茨坦与柏林交界区域扩建校舍。波茨坦大学的其他学院也将从此次合作中获益,预计经济信息和生物信息专业未来将产生 40 个关联教席,这在德国历史上也将是突破性的①。**五是随着全球化和欧洲一体化,各国国际生交流频繁。**表 5-2-A1 中的占比为所在国国际生占所在国学校在校生比例,由于所在国高等教育规模数影响国际生占比数。见表 5-2-A2,依次顺序为澳、日、英、德、法、美、俄;按照七国国际生绝对数量顺序为:美国、英国、澳大利亚、法国、德国、俄罗斯、日本。

表 5-2-A1　七个国家国际生人数及其占比（单位：万人）

	美国	英国	日本	俄罗斯	德国	法国	澳大利亚
国际生数	120	43.8	25.8	27	30.1	32.4	32.8
在校生数	1 340	226	129	540	250	266.7	131.4
所占比例	9％	19％	20％	5％	12％	12％	25％

注:1. 根据文献汇总计算。2. 中国 2017 年国际生为 48 万人,占比普通本专科在校生 2 753 万的约 2％。3. 根据国际生绝对数量,七国顺序为:美国、英国、澳大利亚、法国、德国、俄罗斯、日本。

其中,欧洲 20 年实行高等教育"博洛尼亚进程"和澳大利亚实行高等教育贸易政策影响参与国国际生占比变化较大,见表 5-2-A3。2016 年美国、英国、中国、德国、法国、澳大利亚、日本所在国国际生在全球国际生占比顺序,见表 5-2-A4。我国 2017 年普通高校在校生 2 753.59 万人,作为全球高等教育第一规模大国,来华国际生 48 万人,占比约 2％。

表 5-2-A2　2006—2013 年澳大利亚高校学生总体情况

年份	2006	2007	2008	2010	2012	2013
海外学生人数	250 794	273 099	294 163	335 273	323 612	328 402
国内学生人数	733 267	756 747	771 932	857 384	934 110	985 374
高校总人数	984 061	1 029 846	1 066 095	1 192 657	1 257 722	1 313 776

资料来源:Higher Education Statistics 2006—2013 Student Data。
注:该表引自姜蓉:《澳大利亚高等教育经费筹措研究》,《陕西师范大学》,2015。

表 5-2-A3　中国留学生占全球主要留学目的国国际学生比例

国家	该国留学生占世界国际学生比例	中国留学生占该国国际学生比例	中国留学生在该国国际学生中的排名
美国	22％	31.9％	1
英国	11％	20.51％	1
中国	8％	—	—
德国	7％	13％	1
法国	7％	7.1％	2
澳大利亚	6％	21.95％	1
加拿大	6％	32.96％	1
日本	3％	45.16％	1

---

① 修春民:《德国公立大学成立首个私立学院》,《世界教育信息》2017 年第 9 期。

国家	该国留学生占世界国际学生比例	中国留学生占该国国际学生比例	中国留学生在该国国际学生中的排名
韩国	—	62％	1
新西兰	—	27％	1

注：（1）该表引自 2016 年中国学生出国留学趋势分析。

（2）美国国际教育研究所（IIE）发布的《ProjectAtlas，2015》显示 2014 年全球共有 450 万国际学生，前八大主要留学目的国为美国、英国、中国、德国、法国、澳大利亚、加拿大及日本，这八个国家接收了全世界 69％的国际学生。中国是全球第一大国际生源国。

二、高等教育管理体制指标比较

高等教育管理体制一般是高等教育机构的管理设置、职权划分、制度规章及运行机制的总称。涉及中央政府与地方政府、中央教育行政部门与中央各职能部门、中央或地方政府与高校之间的基本关系问题。不同历史阶段高等教育管理体制会有不同变化，在不同国家因政体或国体不同而不同。主要属于高等教育的外部管理体制问题。各国高等教育管理制度虽有差异，但基本符合上述对高等教育管理体制表述的基本内容。我国高等教育资源配置转型程度指标体系中管理体制的地方高校占普通高校的比例、公办高校主要领导任命的管理权、学校教学评估权，**相应调整改换为地方高校占全国高校比例、高校校长任免权、教学评估权。**见表 W5－B1（该表列入微信 5－3）。在获取资料上，因各国高等教育类型结构不同，统计数据一般难以对称，故都以高等教育总的学校数据为基数，如有不同则予以说明。"地方高校占全国高校比例"主要考察中央政府与地方政府对高等教育管理的比重，不是一般意义上的数据比较。我国中央政府目前约直接管理着 118 所高校，地方管理的高校 2017 年达到 2 505 所，地方高校占比达到 95％，也就是说，省以下管理的高校达到 95％。但其中一些具体事权仍保留在中央政府。一般私立高校的校长任命都由学校董事会依学校章程执行。比较国的国立和公立学校会涉及或直接由政府任命，或由学校董事会依学校章程执行，或由学校选举后由政府任命。此处主要仍指国立和公立学校校长任命。这三类指标重点考察中央政府对高校的管理权限、高校领导层管理权限以及监管方式。

管理体制七国别比较，见微信 5－3。

比较国管理体制比较特点：一是对高校管理完全依法执行。中央和地方之间对高校管理主要依法授权管理，各地方因联邦或不同州的法律不同，在高校管理授权上或执行上有不同。**二是比较国高校管理体制各具特色。**主要归属地方管理的有美国、德国、日本、澳大利亚，其中，澳大利亚虽然高校归属地方，但主要投资管理归属联邦政府。日本约 80％的高校归属地方管理。法人化改革后，中央管理的国立和地方管理的公立高校都为法人主体，自主权增强。法国、英国高校主要归属中央政府管理。俄罗斯高校现有 48％的高校归地方管理，转型后这一数量在逐年增加。**三是高校校长基本依法或学校章程选举任命。**美、英、澳都依法由学校董事会按程序执行。日本、德国、法国、俄罗斯也与上述国家高校做法相当，但学校选举后的人选要报政府教育最高行政长官任命，一般不会颠覆干预。**四是比较国高校教学评估权一般在有资质的第三方。**高校教学评估职能机构和谁授权问题一般分三类情形：政府直接进行，政府授权成立直属半独立资质机构进行,授权批准有资质的第三方机构进行。美、法、澳、日基本是第三类;英、德、俄为第二类,虽有政府支持,但干预较少,或在某些项目上政府干预较多。

三、高等教育投资体制指标比较

高等教育投资体制是指关于高等教育经费的来源、负担主体、经费筹措、有效配置与监督问责等的管理制度。高等教育投资体制涉及主体投资与多渠道筹资来源等,也涉及一国政府是否依法对高等教育举办负有基本职能并能妥善筹措和配置有效的制度监管。高校经费是衡量一国高等教育发展水平的一个重要维度。研究发现,各国高等教育投资体制虽有不同,但高等教育发展能否获得充足优化配置的经费,能否发挥资金的最大效益,实现高等教育相对公平,比较国具体制度安排各有千秋,对高等教育经费的投入认识也不尽相同。高校经费作为高校发展的基本条件,是影响高校基础条件、教学水平、科研能力的重要因素;高等教育作为准公共产品,既对社会有正外部性收益,也对个人有较大回报收益。因此,对高等教育就学者采取经费成本分担制度已成为更多国家举办高等教育的共识。随着高等教育大众化在各国的普及,政府对高等教育投资支持政策发生了较大变化,特别是政府公共经费的紧缩和问责制度的加强,加大市场筹资与多渠道来源正在成为趋势。在这样的理念与公共政策导向下,近年来,不少国家视本国国情对高等教育投资实行多种渠道筹措制度,但多种渠道的政策宽窄幅度各不相同。通过对比各个国家高校非财经性经费的所占比例与来源类型,能够发现不同国家对高等教育事业发展的关注程度与投入程度和政策设计的差异和共同点。本研究主要从转型视角选择了除来自政府以外的经费来源状况,如高校非财经性经费所占比例、学校收入占事业经费所占比例、自然科学研究经费中竞争性经费、学校自筹基建资金的比例四个指标。见表 W5-C1 与表 W5-C2[①],(两个表都见微信 5-4)。投资体制七国别比较见表 W5-C13,(该表列入微信 5-10)。同时,通过分析四个指标本身也能观测到政府投资状况。考虑到各国经费统计口径和获得性,**调整改换为非财政性经费所占比例、学费收入占总收入比例、校园基建资金来源、自然科研竞争性经费比例**。高校基本建设资金来源一般指初建学校时的校园土地与校舍基础设施和日后扩改建的基本建设资金。我国自筹基建经费主要指转型后政府授权高校可依规面向社会筹措经费进行基本建设,从全国角度,既包括了新建也包括了日常扩建等经费。从比较国考察看,各国主要由主办方依法规划投资建设,除私立高校外很难获得有关公立学校自筹基建经费方面的信息数据,因而改换为全口径基建来源,即该指标主要考察全国基建经费非财政性比重。从调整后的指标看,没有直接影响考察目的分析。各国高等教育财政情况可参考晏成步的分析:2007—2012年,十五国公私立高校生均公共支出、生均总支出总体都在增长,而且相差很大。见表 W5-C2,(该表列入微信 5-4)。按 2012 年生均公共支出排序,公立高校前五位分别是瑞士(包括比例很大的科研支出)、奥地利、比利时、荷兰和法国,都是官僚控制模式;排在后五位的分别是日本、葡萄牙、意大利、澳大利亚和新西兰,其中葡萄牙和意大利是官僚控制模式,澳大利亚和新西兰是学院控制模式,日本是市场模式。除了瑞士之外,奥地利生均公共支出最多,为 16 128 美元,葡萄牙最少,为 5 727 美元。而从各国高校生均总支出排

---

① 两个表因汇集相关数据的时间不一有差别。可以互为印证参考。

序来看,前五位分别是美国、英国、加拿大、荷兰和日本,都是市场模式和学院控制模式;排在后五位分别是葡萄牙、韩国、西班牙、新西兰和法国,以国家模式为主。美国生均经费总支出最大为 26 562 美元,而葡萄牙最小,为 9 196 美元。以官僚控制模式为主的欧洲大陆体系国家依靠公共支出,以学院模式和市场模式为主的英美体系国家依靠公共支出和私人支出的组合,这是各国高等教育财政制度的一个基本特征①。

比较国投资体制比较特点:一是非财政性投资比重与办学体制有较大关联。从 7 国非财政性投资比例看,美国、英国、日本都超过三分之二;澳大利亚、俄罗斯为二分之一;法国、德国只占六分之一。美国和日本因私立高校较多,从总比例上可以看到主要是私立高校份额偏重,而日本私立高校比重更大些。日本无论是国立、公立还是私立大学都要缴纳不菲的学费和入学金,私立一般比前者要高出三分之二以上的费用,见表 W5－C3,(该表列入微信 5－4)。2004 年日本实施国立大学法人化后,在政府财政经费不足的情况下,日本实施国立大学多元化筹措经费。2016 年,政府修改了税收制度,减免了国立大学法人的捐赠金所得税。2017 年,日本修改了国立大学法人法,允许大学将土地租借给第三方,以促进产学结合,或将捐赠款投资于金融产品中,以赚取利润。政府每年按照大学提交的战略计划与绩效表现为国立大学法人配置"运营费交付金",即补助金再分配,约占国立大学法人收入的 43.4%②。英国的非财政性来源渠道也十分丰富。见表 W5－C4,(该表列入微信 5－5)。按照总学费及教育合同收入和其他收入总额(去掉地方政府拨款 0.04%),与科研补助和合同收入合并(去掉 BIS 研究委员会、皇家学会、英国科学院和爱丁堡皇家学会),英国中央政府机构、地方当局、卫生院和医院,英国中央政府研究与开发支出的税收抵免,欧盟来源四项)为 70.67%。财政性投入约占 29.33%。

学费是美国私立高校经费来源的最主要组成部分,尤其是营利性私立高校。其中,公立高校学费占总经费的 20.84%,非营利性私立高校学费占总经费的 35.17%,营利性私立高校学费占总经费的 89.24%③。见表 W5－C5,(该表列入微信 5－5)。从 1976 年以来的 40 年中,美国非营利性高校学费的平均增长速度为 15.75%,公立高校学费增长速度为 14.9%,"优质高价"是美国非营利性高校确立学费水平的基本原则。美国政府对公立和私立高校同样予以资助。资助方式包括各级政府提供的合同性拨款(基金性拨款和委托性拨款)和直接拨款。2015 年非营利性高校获得的合同性拨款(180.1 亿美元)和直接拨款(8.4 亿美元),营利性私立高校这两项分别为 9.52 亿美元和 1.21 亿美元。公立高校这两项分别为 362.23 亿美元和 648.34 亿美元,见表 W5－C6,(该表列入微信 5－5)。同样,美国政府给非营利性私立高校学生平均资助金达到 4 788 美元,高于营利性私立高校(4 661 美元)和公立高校(4 629 美元);州和地方政府给予非营利性私立高校生均资助金为 3 792 美元,同样高于营利性高校的 3 045 美元和公立高校的 3 752 美元,反映了美国对待非营利性私立高校的态度④。

---

① 晏成步:《高等教育公共支出的国际比较分析——兼议高等教育财政制度转型》,《中国高教研究》2017 年第 5 期。

② 郑湘:《建设世界一流大学,日本是怎么做的》,搜狐网,http://www.sohu.com/a/235281289_608848。

③ 申政清、王一涛、董圣足:《非营利性民办高校的经费如何筹措——基于美国非营利性私立高校的比较》,《现代教育管理》2018 年第 1 期。

④ 申政清、王一涛、董圣足:《非营利性民办高校的经费如何筹措——基于美国非营利性私立高校的比较》,《现代教育管理》2018 年第 1 期。

日本与美国的私立大学中都有可以与公立大学媲美的优秀大学，其竞争也抬高了学费价格。同时，美国有较为完善的捐赠渠道，通过制度设计吸纳社会资金，这是美国非财政性经费来源的主要特色。见表 W5 - C7，表 W5 - C8，图 W5 - C1，图 W5 - C2，图 W5 - C3，图 W5 - C4，图 W5 - C5，图 W5 - C6，（以上表、图均见微信 5 - 5）。

二是与非财政性经费有关的学费比例可以互为印证。美国高等教育学费政策的制定总体上以高校性质和成本分担理论为基础，收费标准遵循差别收费的原则，即不同类别，不同层次的高校，不同专业，同一类别、同一层次但不同教育质量的高校，实行不同的收费标准。近二十年来，美国高等教育学费标准快速增长，尤其是在那些州政府预算减少的公立高校，学费水平上升更快。1990—2000 年间，调整通货膨胀影响后，公立四年制大学的学费上升了 51%。2011—2012 学年，美国所有大学四年制本科平均学费为 23 066 美元，较 2001—2002 学年上涨了 32%。其中公立院校增长 43%，私立学校增长 15%。在 2003 年到 2013 年期间，美国大学学费的上涨速度是物价上涨速度的 3 倍，是医疗保健费用增速的 2 倍[1]。美国高校（尤其公立高校）学生费用的变化与政府拨款有着密切的关系，当政府拨款增长较快时，学杂费等的涨幅往往比较缓慢，相反，政府拨款减少之际往往也是学生费用快速增长之时。而政府对高校的拨款因受经济发展的影响经常呈现出周期性的变化。当经济发展良好时，政府对高校的拨款也会增加，反之，则会减少[2]。英国和澳大利亚私立高校很少，但政府实施收费制度，近年来学费不断增加，从总比例上看非财政性经费不断超高。英国 1998 年才实施收费政策。受 2008 年金融危机的影响，英国经济出现明显衰退，政府财政赤字严重。在这样的背景下，英国政府不得不削减政府的财政支出，高等教育的财政投入也相应减少，四年内减少 40%。为了保证高等教育的质量，维持高校的办学水平，英国政府 2010 年正式采纳《布朗报告》，2012 年对英国大学学费和资助政策实施新的变革，主要表现为学费上涨，由 2006 年确定的学费每年 3 000 英镑的上限提高到 2012 年实施每年 9 000 英镑的学费上限[3]。日本、美国、英国、俄罗斯学费占经费总收入的比重都接近一半或超过一半以上。转型后俄罗斯推行国家记名式财政债券，也称作记名奖学金或教育券[4]。德国长期纠结于收与不收学费之间，2005 年根据联邦宪法法院的判决，一些州的公立高校收取学费。

---

[1] 汇总参考文献的资料来源。见本书参考文献。

[2] 同 1。

[3] 同 1。

[4] 转型后俄罗斯推行国家记名式财政债券，也称作记名奖学金或教育券，它是根据考生在全国统一考试中获得的分数计算出债券的数额，随考生带入大学。教育券分为 5 个等级，每个级别对应考生一定分数，一定级别又对应一定的卢布数额。教育券的级别决定了学生是免费、半费还是付费上大学，持有 1—2 等教育券的优秀考生，基本上可以不交费，3 等以下的需要交纳部分或全部学费。教学券与奖学金、助学金不同之处是，它不发给学生个人，也不能兑换成现金，而是通过高考录取的方式，由考生将获得的一定等级的教育券带到学校，再由国家财政部门根据学校累积的教育券数额，专项划拨到学校的专门账户上。教育券的等级在学生的整个大学期间保持不变。国家规定教育券的开支只能用于支付教职员工的工资、工资基金、购置图书资料和生产实践。教育券制度目前处于实验阶段，从 2002 年开始，在 3 个联邦主体的 6 个大学里试行。由政府—高校的直接拨款方式变为政府—学生—高校的间接拨款方式。在实名制国家财政券制度下，每所高校得到的预算拨款的多少，取决于各等级学生的数量，招收等级高学生数量越多，得到的预算拨款总额就越多。

2006—2007 年有七个州实施收费(全国有 16 个州),2011 年只剩三个州收取学费。德国大学学费政策深受党派影响(右翼政党支持学费政策,左翼政党反对)。2014 年重新实施免收学费政策,但对第二学历及超时学生等还是收取一定学费。澳大利亚 1989 年实施收费政策。1997 年,澳大利亚新政府将学费根据专业教学成本和将来的潜在收入的差别分为三类,学费上升了约 40％。从 2004—2005 学年起,联邦政府对学费的管制有所放松,允许各高校根据其学科优势和成本结构在联邦政府规定的标准上上浮 0％—25％,并允许高校最多留出 35％的学生名额用于按全成本收取学费,各高校开始拥有更多的学费自主权。2014 年,澳大利亚联邦政府公布了一项针对高校学费的政策,在联邦政府公布的财政预算中,从 2016 年起政府将削减 20％的高等教育经费、调高助学贷款利率,同时放松对大学学费的上限管制。这一新政将导致各高校因政府教育拨款缩水而自行涨价,学生将面临更大的经济负担①。

　　见表 W5－C9,(该表列入微信 5－6)。澳大利亚的学费占比只接近四分之一,与非财政性比重不相一致,其他学费主要来自国际生源的学费,这部分比重高达 16.4％,两项合计占比达到 39.1％(其他捐赠为 14.2％)。日本政府赋予国立大学一定的收费标准裁量权,可在政府标准之上浮动 20％。法国主要是实行免收学费政策。但近年来改革呼声渐高,大学开始把收取学费作为筹措资金的一个渠道,但收取标准决定权在中央政府,且仍在摇摆不定之中。虽然高等教育成本分担理念和政策在许多国家高等教育经费来源上是一大趋势,但在一些高福利市场经济的国家如北欧国家仍然实行免费高等教育②。越是实施免费教育的国家,公共支出占经费总支出比重相对就高,越是多渠道筹措经费,公共支出占经费总支出就相对偏低,见表 W5－C10,(该表列入微信 5－7)。

　　三是学校基本建设主要根据各国高等教育管理体制而确定。此部分指标分值主要依据比较国资料数据估值计算。无论是国立、公立还是私立,学校获得校园土地须依法按照办学所属性质不同,国立与公立归政府依法供给,学校也可以接受捐赠名目建设使用。私立依法根据各国具体规定自筹或接受捐赠解决。多数国家大学校园土地均由政府以依法无偿、优惠有偿、市场配置等方式供给,校舍依管理属性不同而分别由政府规划建设供给、自筹建设、捐赠建设等。根据文献收集,比较国公立与私立高校基建资金总体比重从政府全包到主要市场机制供给划分,主要国家指标分值依次为:德国(0.10)、澳大利亚(0.10)、英国(0.10)、法国(0.18)、俄罗斯(0.30)、美国(0.60)、日本(0.70)。OECD 所有国家在资助公立高校的同时,也资助私立高校,资助额为公立高校的五分之一到二分之一③。法国私立学校大部分资金来源于国家财政(2009 年 69.3％),也包括对私立高校学生各类同等于公立高校的助学金及住房、食堂补贴。见表 W5－C11,(该表列入微信 5－8)。

　　美国、澳大利亚等国政府对高校的拨款主要有经常性拨款、科研拨款、基建拨款和其他一些临时性拨款。经常性拨款的数额主要根据高校的学生数进行划拨,占联邦政府对高

---

① 汇总参考文献的资料来源,见本书参考文献。

② 魏建国:《美国〈高等教育法〉修订与高等教育财政改革》,《北京大学教育评论》2008 年 4 期,第 14—27 页。

③ 晏成步:《高等教育公共支出的国际比较分析——兼议高等教育财政制度转型》,《中国高教研究》2017 年第 5 期。

校拨款总额的比例较大;基建拨款则是高校为扩大自身的规模,以满足国家高等教育发展需求而为教学楼、图书馆等基础性建设专门划拨的款项;临时性拨款指的是联邦政府为促进教育公平、增进高等院校间合作等不经常性临时增拨的款项。多数国家基本涵盖政府对国立高校的拨款内容,部分国家如法国也对私立高校进行投资。澳大利亚由政府负责高校基建投资,基建拨款由高校与政府协商决定。日本国立大学法人化后,大学直接拥有学校资产所有权,这一变化为学校提供了自主经营和借贷的空间。英国政府负责大学基础设施投资,同时高校也通过借债和发行债券获得基建基金。2006 年修改新宪法后,德国高校的基建经费由州政府承担。作为补偿,同时也为了完善高校的科研基础设施,以及提高其跨地区影响力和作用,联邦每年资助州 2.98 亿直到 2019 年,其中 2.13 亿用于科研楼的建设,0.85 亿用于大型设备购置。初步计算,到 2013 年补偿金额将达 6.95 亿欧元。2013 年,这一补偿措施形成法律条文,并规定 2014 到 2019 年联邦政府将以同样的比率提供补偿金。科研楼建设的资助由各州申请,提交联邦和科学协会审批。基于这些项目,联邦不断增长的投入在高校基本资金中所占的比例,从 1995 年的 10.9% 增长到 2010 年的 14.3%,2013 年增至 18.1%。但因大学属于政府举办,所有权由政府公共不动产公司拥有,德国公立大学不能通过金融手段募集资金用于学校基建。美国大学基建除政府拨款和社会捐赠外,债务融资是主要手段。债券为资本性项目建设提供长期融资,商业票据和银行贷款提供短期融资。与企业债券和政府债券一样,大学债券要有信用评级,其评级的高低直接决定发债的成败与成本的大小[1]。2018 年,我国云南和陕西先后有公立高校运用债券进行学校基本建设试点[2]。

四是比较国高校自然科学科研经费的竞争性与该国高等教育筹措经费机制的开放性密切相关。科研拨款一般分为竞争性和非竞争性,各国根据整体科研管理体制均有竞争性科研拨款,多数与绩效有关。一般非竞争性科研拨款都会按照大学声誉和评估方式进行拨款,许多国家将基础性科研经费按照这一模式拨款。但竞争性科研拨款则完全根据大学的科研团队或科研人员通过申报竞争程序获得经费。这部分经费可以来自政府与其他部门,也可以是企业或基金会等第三方机构。比较国高校自然科学科研经费中竞争性经费比例排列顺序为美、日、英、德、澳、俄、法。德国除非竞争性教学与科研拨款外,与竞争性绩效有关的科研拨款可以是任务导向的合同资金。法国除按照政府拨款公式和为导向的年度合同拨款外,也有竞争性的科研拨款。日本除按照高校绩效拨付"运营费交付金"外,鼓励国立大学参与更多的企业和第三方基金会的科研竞争。与英美等国大学科研经费主要由个人出资支持的情况不一样,澳大利亚大学的研究性经费主要来自政府的财政拨款。见表 W5 - C12,(该表列入微信 5 - 9)。道金森改革之后,联邦政府开始向高校增加研究性拨款,其划拨的主要对象是高校机构、科研机构和一些重点实验室,形式主要以科研经费拨款为主,拨款数额视申报单位获奖状况和绩效成果而定[3]。

---

① 魏建国:《公立高校经费投入机制的国际比较》,载王蓉主编《中国教育财政政策咨询报告(2010—2015)》,北京教育科学出版社,2015,第 135—145 页。
② 见第四章投资体制分析。
③ 姜蓉:《澳大利亚高等教育经费筹措研究》,硕士学位论文,陕西师范大学,2015。

四、高等教育招生体制指标比较

学生作为高等学校的主体,如何进入高校是国家高等教育资源配置的重要制度设计,国家高等教育发展普及程度的不同阶段决定着高等教育招生制度设计的不同,高等教育举办性质、发展规模、结构类型、中等教育水平、投资状况等都影响高校招生体制。作为连接政府、市场、社会的主要环节,学校的招生入口端可以反映出学生资源配置的强弱状况。因此,**高等学校招生制度是对高级中学毕业生或同等学力学生及社会人员进入高等学校的准入标准和入学管理办法的制度安排,**涉及高中后学生受教育的权利,也涉及短缺的高等教育资源在现有安排下的效益与效率,为了适应地区教育差异化趋势,招生体制在不同国家、不同历史时期的具体表现也是不尽相同的。我国 2018 年高等教育实现毛入学率 48.1%,但与发达国家基本达到普及率水平相比还有距离。从我国高等教育资源配置转型程度指标比较中选取了高校招生自主权、高校招生资格扩大化、境外高校在本国招生权限作为比较指标。其中,**高校招生自主权主要考察比较国高校能否自主制定招生政策、自主决定招生规模和计划、自主决定选拔形式、自主决定录取标准和录取结果等自主权。**高校招生资格扩大化是指各国高校促进教育机会的均等、确保每个人享有平等的受教育权利,依法对政策进行调整、放宽对受教育者身份的限制,扩大招生录取范围并逐步实现全民教育。境外高校在本国招生权限指标是为了适应全球化,扩大高等院校学生在全球高等院校的交流学习,提高本国高等教育质量的重要指标,也是实现国内高等教育逐步适应全球化教育发展需要的重要环节。**考虑到其中第三个指标内涵的差异,改换为"国外高校在主权国招生权",主要是考察在比较国内,是否可以接受国外大学在本国招收学生。**见表 W5 - D1,(该表列入微信 5 - 11)。

比较国招生体制比较特点:一是高校自主权在比较各国总体较高。美、英、日、澳依法招生自主权在高校。俄罗斯、德国、法国虽然高校具有招生自主权,但国家设计入学考试或指定学校以及制定某些规定。有关国家高校招生自主权状况见表 W5 - D3,(该表列入微信 5 - 13)。崔海丽提供的案例分析表明[①],除中国内地外,13 个国家和地区的高校均拥有充分或高度的招生自主权,该研究在对其他研究者的界定基础上发现[②],从内容和范围来看,高校招生自主权一般是指高校在国家设定的基本招生政策的基础上,根据自身的办学宗旨、办学目标和办学条件,自主确定招生范围、选拔程序和录取标准的自由裁量权。因而,该研究对比较指标的内涵和范围进行了界定,认为招生计划制定权是指根据经济社会以及高校发展需求确定年度招生规模、招生性质和招生来源的权力。可划分为三种情况:各级政府的教育主管部门(下文统称"政府")拥有完全的招生计划制定权;政府和高校共同拥有招生计划制定权;高校拥有高

---

① 崔海丽:《我国高校招生自主权的现实考察——基于 14 个国家和地区的高校招生制度分析》,《复旦教育论坛》2018 年第 3 期。

② 有研究者认为,高等学校的自主招生权是根据自己的办学宗旨、办学目标和办学条件,自主确定招生范围、招生标准、招生方式的权力;有学者认为,微观上高校招生工作的自主权应包括自主决定学校招生计划和来源计划、自主决定录取方式、自主决定录取标准、自主决定收费标准;有学者指出,招生自主权属于高校办学自主权的核心内容,是高等院校依照法律赋予的权利,自主对学校招生规模、专业、录取标准等招生业务行使管理权,同时承担法律规定的责任和义务。

度的招生计划制定权。按照此定义,将招生权力分为招生计划制定权、选拔程序决定权、录取标准和结果决定权,同时做了三个分类的二级细分并赋值。招生计划制定权是指根据经济社会以及高校发展需求确定年度招生规模、招生性质和招生来源的权力。可划分为三种情况:各级政府的教育主管部门(下文统称"政府")拥有完全的招生计划制定权;政府和高校共同拥有招生计划制定权;高校拥有高度的招生计划制定权。选拔程序决定权,从组织形式上看,一般是指在考试科目和内容、考试命题、考核形式等方面的决定权。例如,考核形式决定权可以分为三种情况:政府拥有完全的考核形式决定权;政府和高校共同拥有考核形式决定权;高校拥有高度的考核形式自主权。录取标准和结果决定权是指采取何种标准、录取何种水平的考生以及录取到何种专业的决定权。可以分为三种情况:政府拥有完全的录取标准决定权;政府和高校共同拥有录取标准决定权;高校拥有高度的录取标准决定权。见表 W5-D2,(该表列入微信 5-12)。

该研究对 14 个国家和地区的考试类型进行了分类,见表 W5-D3,(该表列入微信 5-13)。从中可见,六个国家实施证书制,七个国家和地区实施考试制,一个为综合选拔制。但本研究从具体分析看,多数实施证书制的也是自主选拔制,在实施考试制的国家中,日本和俄罗斯均为两轨录取制,即国家统考或联考与学校自主考试在录取中同等考虑。

该研究结果见表 W5-D4,(该表列入微信 5-14)。14 个国家与地区招生权力赋分中,法国与我国内地赋分值处于低位。该研究认为,招生自主权自身也是一个发展概念,在不同制度环境国家中的表达与体现也不同,各国政府管理模式和招生制度存在较大差异,但高校对招生事务是否具有高度自主权与自由裁量权是重要衡量指标,在有自主权的前提下才具有灵活性、特色和多样性。同时,政府有限干预主要指间接地与宏观的指导,而不是微观的和指令性的直接干预。这些具有较高招生自主权的国家和地区共性特征主要是具有确定录取标准的自主权,在市场竞争机制中不同类型的高校均有各自录取自主权。

根据表 W5-D4,从 14 个国家/地区高校招生权力赋分的比较结果看,本研究中所涉及国家排序先后为美国、日本、澳大利亚、英国、德国、俄罗斯、法国,与我们的考察测量基本一致。

二是大学招生资格扩大化在比较国赋值都较高。除俄罗斯作为转型国家外,其他都为发达国家,有基本经济实力保障高等教育在普及化基础上的平等化。大学招生资格指是否在以下方面仍有限制性规定或约束:性别、种族、肤色、缺陷、语言、宗教、政治意向、国籍、民族和籍贯。比较国在高等教育法律中都有不同程度的规定,基本都能在现实中依法实施已有规定。但是,有时候法律规定是一回事,现实状况又是另一回事。比如美国在不同阶段因国内某些势力倾向影响,个别地方高校因国籍提出或采取对入学学生在招生上的限制等不平等待遇①。

---

① 《〈美国高等教育法〉立法 50 年 亚裔仍需努力》,网易教育　http://edu. 163. com/15/1111/18/B85LV0G500294IIH.html. 近日,耶鲁学生发起反种族歧视游行,抗议的学生手牵手组成人墙,高呼"我们不会看向别处""我和我的姐妹们站在一起"等口号。还有一桩事,因为处理校园内的种族歧视争议不力,美国密苏里州密苏里大学校长沃尔夫 9 日在抗议声中宣布辞职,校监洛夫廷也将被调职。美国联邦最高法院即将对"费雪诉德州大学"(Fisher vs. University of Texas)案举行听证,加州大学(UC)总校长纳波利塔诺与加大十所校区校长、包括圣塔芭芭拉加大总校长杨祖佑在内,联名向最高法院呈交意见书,支持德州大学实施平权措施招生政策。在教育方面的种族歧视由来已久,一位哈佛出身的罗恩·昂茨(Ron Unz)曾写了一篇文章叫《美国任人唯贤的神话》,书中提到常春藤名校招生时举了一组数据,即在常春藤大学招生时,白人学生的平均分数要比非裔学生高 310 分,而亚裔学生的平均分数要比白人还高 140 分。尽管哈佛大学再三强调多元化,但显然不能解释为何亚裔学生平均分数需要比白人还要高 140 分才可能被录取。

2018 年美国司法部向正在起诉哈佛大学的学生提供支持,这些学生称,该大学使用平权行动政策,歧视亚裔美国申请者,这个案例可能会对在大学招生中使用平权行动产生深远影响[1]。

三是在比较国中未发现有法律赋权国外大学可以在国内招收大学生。这意味着即使全球化影响着各国物流贸易产业链,国与国间可以通过制定双边或多边协议引进国外企业或合作企业,在高等教育领域内,国家层面以及民间层面机构都不得跨境进行大学之间即使是通过合作协议意义的招生事项,说明"物流"与"人流"是性质不同的领域。在全球化进程中,保障本国高等教育权益和主权以及高等教育人才资源与知识产权制度的完整性和本土化,都是各国不仅重视而且慎重的国家制度。同时,研究发现,除俄罗斯外,其他发达国家均没有在国内以双边实体形式在高等教育领域实行合作办学形式的项目。但允许以品牌、师资等在合作国开展合作办学,即只有输出的智力投资。一般而言,允许开展高等教育合作办学的国家多数是发展中国家,包括转型中的中国和俄罗斯。反映了追赶型国家通过开放的制度设计能够借鉴习得发达国家高等教育管理及办学的经验,而合作办学与企业深度合作都是直接习得的快捷模式。虽然中国在高等教育领域合作办学的开放程度是谨慎稳妥的,更多实行的是多边交流、学位认证以及来华或出国留学往来等政策,但期待在学校实体开展合作试点取得既定成果则需要更多国家政策辅助和制度环境支撑,由于全球局势的不确定性,这一尝试尚在改革路上。俄罗斯与中国在合作办学上有同样举措,它们借助 2003 年签署《博洛尼亚宣言》正式加入博洛尼亚进程[2]。俄罗斯加入博洛尼亚进程的动机是为加速本国高等教育体系与欧美国家的高等教育接轨,在全球高等教育市场上享有话语权,顺应高等教育国际化的潮流,增强俄罗斯高等教育在国际上的竞争力。俄罗斯高校加入博洛尼亚进程后对本国高等教育学位制度、采用欧洲学分制、在质量导向背景下的国家统一入学考试和国家教育权制度等方面都采取了不同程度的变革举措。虽然俄罗斯高校积极与国外高校合作,在俄罗斯高校内设置二级联合学院,包括独联体国家纷纷寻求与俄罗斯的合作,在主要城市联合建立分校,国外多个机构也在俄罗斯联合设置了独立大学招收俄罗斯本国学生,但这都属于合作办学范畴。仍然没有法律规定准许国外大学在俄罗斯境内招生。考察这一指标有助于我们在制度转型中把握国家间高等教育制度平衡。

五、高等教育就业体制指标比较

高等教育毕业生就业体制是一个国家在高等教育毕业生就业方面实施的基本政策、制

---

[1] 《美司法部:哈佛招生系统性歧视亚裔美国人》,搜狐网,http://www.sohu.com/a/251537796_100239419。

[2] 博洛尼亚进程(Bologna Process),是 29 个欧洲国家于 1999 年在意大利博洛尼亚提出的欧洲高等教育改革计划,该计划的目标是整合欧盟的高教资源,打通教育体制。"博洛尼亚进程"的发起者和参与国家希望,到 2010 年,欧洲"博洛尼亚进程"签约国中的任何一个国家的大学毕业生的毕业证书和成绩,都将获得其他签约国家的承认,大学毕业生可以毫无障碍地在其他欧洲国家申请学习硕士阶段的课程或者寻找就业机会,实现欧洲高教和科技一体化,建成欧洲高等教育区,为欧洲一体化进程做出贡献。2003 年9 月,博洛尼亚进程的成员国教育部长在柏林召开了第二次高峰会议。俄罗斯签署了《博洛尼亚宣言》,标志着俄罗斯正式加入博洛尼亚进程。

度体系以及配套设立的管理机构与运作机制的总称。主要反映与高等教育人力资源配置有关的政府、学校、毕业生和社会用人机构四者之间的关系。一国高等教育就业体制受制于该国经济体制,在不同经济体制下,人力资源配置的方式不同。在高度垄断集中的计划经济体制下,高校、毕业生和用人单位都不是独立主体,不存在劳动力市场和人才市场,所有人力资源配置都由政府按国民经济计划配置,高校、企业和毕业生没有选择权。在实行自由竞争的市场经济体制中,高校、企业、毕业生都是独立的主体,具有自主选择就业或自主竞聘配置人力资源的权利,毕业生就业市场并不是独立市场,它仍然与整个社会劳动力市场一体化,都是由自由竞争的市场经济配置力量所决定的。整个劳动力市场及其人才市场提供了反映经济运行所需求的人力资源信息,这些信息包括了互为对称的供求信号,基本解决企业与毕业生之间供给的选择使用激励与退出机制。在这样的市场机制下,政府主要提供宏观经济信息与调控政策,对市场机制不能予以调节的地方进行适度干预,如经济不发达地方高等教育人才政策倾斜或出台鼓励人才去中西部地方的政策。在市场经济体制下高等教育就业体制主要实行的是由高校毕业生自主择业的基本制度,政府围绕这一制度配套采取一系列措施导向市场机制不及之处。我国转型过程中就业体制的转型本质上是毕业生与劳动力和人才市场相互培育完善的过程。为了确保毕业生不因家庭经济困境等因素而中断学业,我国从转型前实行的差距较小普遍补助助学金制度转为实行以奖贷助为一体的国家资助体系。在改进助学金基础上,扩大鼓励支持学业优质的奖学金,增加国家金融支持的助学贷款制度。助学贷款制度是源于市场经济国家保障高等教育大众化、均衡化的主要政府调节手段,这一手段的基本机制仍然是运用了高等教育作为具有正外部性和较高个人回报收益的准公共品特征,引入市场金融手段激励高校学生完成学业并在就业中偿还贷款。因此,**本研究选取的高校就业自主权和高校实行国家助学贷款制度两个比较指标具有可比性。**

　　比较国就业体制比较特点:一是从选取的发达国家高等教育就业制度分析看,所有比较国均实行高校毕业生自主择业制度。见表 W5 - E1(该表列入微信 5 - 15)。美国、日本、英国、德国、法国、澳大利亚均为市场经济制度国家,虽然在市场经济制度类型上各有特点,即市场化配置程度不同,但在高校毕业生就业上都选择由毕业生自主择业。由于这些发达国家的发展水平已跨越到均衡程度,所以,也很难看到有政府对毕业生采取不同激励政策导向国家需要的行业地区。但转型的俄罗斯与我国有相似的政策,推行大学生定向培养和返还式助学贷款制度。主要是解决大学毕业生不按所学专业就业,致使一些行业,如教师,农业技术人员等后继无人的问题。俄罗斯政府出台大学生定向培养制度,并对一些国民经济领域急需的人才培养采取倾斜政策,定向培养的大学生毕业后要到国家指定的单位工作一定期限,才能变换工作岗位,违约者必须补交国家资助的学费。返还式助学贷款制度,是帮助成绩较差而家庭困难无力负担学费的学生解决上大学的问题,学生毕业后在规定的期限内逐年还清贷款①。但对大学生服兵役则依法有具体政策要求。近年来趋向志愿兵服役制度和辅之以较为优惠的待遇,以提高兵源质量。见表 W5 - E2,(该表列入微信 5 - 16)。因此,也正由于市场经济主体或不同组织用人的需求信号不断反馈给高校,各个高校才能真实接受来自

---

① 高绿绮:《俄罗斯的高等教育及其变革》,《昆明理工大学学报》2006 年第 3 期。

市场企业的需求,长短线地汇总审视并调整高校招生、教学、科研等方面的不适应,形成与市场相适应的人才配置机制,这一机制也正是市场经济国家高等教育与经济社会发展的结合点。高等教育办学结构、层次、类型、规模和人才培养需求模式的变革,在宏观与微观运行上都与高等教育主动适应经济发展和大学生就业市场变化紧密相关。**二是**作为同样转型国家的俄罗斯,在三十多年改革中,也是致力于将转型前的高校毕业生包分配转为毕业生自主择业,因为,转型后的俄罗斯也是选择的市场经济体制。俄罗斯的劳动部和教育部联合制定促进大学毕业生就业和帮助他们适应劳动力市场的工作纲要,国家和地方政府为安置青年就业设置了专项资金,搭建起指导和安置青年就业的基本架构。联邦和地方有高校毕业生就业管理机构,各高校内部都有毕业生就业管理系统和就业指导中心。**三是**比较国中美国、日本、英国、澳大利亚、俄罗斯、德国都有政府依法支持的,面对大学生的助学贷款制度。各国先后实施助学贷款制度的历史并不长,从美国 1965 年最早立法启动到俄罗斯 21 世纪初实行不过半个世纪[①],但各国助学贷款的制度设计却各有特色,千姿百态。其中,以**美国**设立的贷款制度比较系统多元有代表性。首先,政府直接参与贷款的运作,为助学贷款制定修改相应的法律和法定程序,所有的助学贷款由州政府担保后再由联邦政府担保。政府同意设立公开上市的股份公司作为政府资助的企业进行教育融资,银行可将学生贷款出售给国家资助企业或者更大的银行以获取资金或其他流动性较强的资产,以保障有充足资金用于助学贷款,美国财政部和教育部共同合作以确保贷款的支付和法律保持一致。其次,贷款种类灵活多样。这主要分以下三类:第一类是联邦帕金斯贷款,贷款的发放和归还均由学校管理控制,贷款资金直接来源于政府而不是银行。第二类是联邦家庭教育贷款,包括联邦斯坦福贷款、联邦父母贷款和联邦合并贷款三种。其中联邦斯坦福贷款是美国目前最盛行的贷款[②],分为贴息贷款和非贴息贷款两种,采用浮动利率。第三类是联邦直接学生贷款,同样包括直接斯坦福贷款、直接父母贷款和直接合并贷款,区别在于联邦家庭教育贷款是私人金融机构贷款,而联邦直接学生贷款是联邦政府直接向学生或学生父母贷款。再次,还款方式安排合理。在助学贷款的偿还方面,对于立志从事公共服务的借款人,法律还改进了助学贷

---

① 2002 年俄联邦储蓄银行宣布启动俄罗斯首个学生贷款计划,为来自中低收入家庭的学生提供贷款,涵盖 70% 学费,偿还期最长为十年,为此将投入 15 亿卢布(约 5 500 万美元)。2004 年,高等经济学校的专家和俄罗斯银行协会共同制定了《关于教育贷款》的法律草案。直至 2010 年末,俄罗斯才建立起大众教育贷款系统。孙春梅、李青:《俄罗斯教育贷款实施艰难》,比较教育研究 2008 年第 10 期,第 90—91 页。

② 帕金斯贷款计划由美国政府出资、学校任贷款机构,利率为 5%,但在校期间由政府贴息,还款期限为 10 年。分期偿还,每月还款额不少于 50 美元,毕业后 9 个月开始还款。斯坦福助学贷款计划是美国最大也是最重要的学生资助项目,其资助的对象为"有经济资助需要的学生"。该计划是由商业银行操作,利率非常低,在校期间由政府贴息,还款期限为 10 年,最长可以延长到 30 年,毕业后 6 个月开始还款。学生家长贷款计划是面向良好银行信贷纪录的大学生家长,贷款由政府提供担保,利率低于普通商业银行贷款利率。学生补充贷款计划是面向经济独立于父母的学生,年最高贷款额为"教育成本"减去借贷人所获资助额之差额,利率属于市场最优惠利率。联邦直接贷款计划是根据 1993 年国会通过的《学生贷款改革法》而实施的,其采取独特的联邦教育部还贷方式。根据美国国会预算委员会估计,如果联邦直接贷款顺利实施,联邦政府每年可节约资金 43 亿美元。(此条注释新增,在正文"其中联邦斯坦福贷款是美国目前最盛行的贷款"一句后)

款豁免制度,以减轻其偿还压力。美国学生贷款的还款方式有:标准还款法:要求借款人每月支付固定金额的本息,还款期限不超过10年,具体还款时间长短取决于贷款金额和每月支付金额;递增还款法:还款初期还款金额较低,逐步递增偿清所有贷款;收入敏感性还款法:每次还款金额为借款人月收入的一定比例等。最后,违约处罚手段有力。学生贷款发生拖欠,银行等部门将拖欠情况汇报给信用局,此外,拖欠学生还将受到以下惩罚:失去申请延期还款及债务免除的资格;拖欠账户会转给专门的追款机构并由其进行追讨,拖欠者需要缴纳滞纳金、罚息和追讨过程所发生的费用;授权税务部门从个人所得税返还款中扣款,授权用人单位扣除一定比例工资充抵拖欠款;将拖欠者名单在媒体上曝光;对恶意拖欠者的最严厉惩罚是诉诸法律,由法院强制执行,并由拖欠者负担审判费、律师费等。美国实行助学贷款的显著特点是通过历次修订的《高等教育法》不断再授权对学生资助贷款比例的增长。"2008年《高等教育法》修订体现了对可负担问题的高度重视。法律首先对包括学费、教科书支出在内的大学成本规定了控制方法。改进了学生资助申请表格,让学生能够更容易获得资助。大幅度提高了佩尔助学金的额度,到2014—2015年度佩尔助学金的最高额将达到8 000美元,和《大学成本降低与机会法》制定之前的4 310美元相比,几乎增加了一倍"[1]。同时,联邦的助学贷款资助直接对接到学生,而不是配置到州里,从而保障贷款落实到每个学生。受到资助贷款的额度和范围不断增长,对于在所有类别高等教育机构就读的学生,1992—1993学年在学士学位获得者中持有贷款的比例为36.8%,贷款额中位数为10 088美元,而2003—2004学年的相应比例和数字为62.2%、16 432美元。同时,联邦学生资助政策还让学生在享受联邦学生资助政策之后,如果仍然需要贷款的,再去申请私人教育贷款,从而最大限度地降低贷款负担[2]。**日本**助学贷款运行也以法律保证。大学助学贷款一种是无息助学贷款,申请者主要是一些出身寒门、经济困难的大学生,学生毕业后只需归还贷款的本金即可;另一种是有息助学贷款,利率3%,在校大学生无论家庭经济状况怎样,均可提出贷款,每年大约有20%左右的在校大学生获得该贷款。日本育英基金会是独立于政府之外的社会性服务事业机构,它全权负责助学贷款的募集、审批、发放及回收,是处理日本助学贷款的专门机构。日本助学贷款的回收在世界上是最有效率的,按时回收率在90%左右,总归还平均达到95%。日本助学贷款的还款期限相对较长,短期大学的学生要10年内还清,医科类学校还款期限最长达到20年。另外,毕业后到中小学、公立大学和科研机构工作的大学生可以申请部分或全部免还。这些政策设计在一定程度上有助于降低助学贷款的欠还率[3]。**英国**在1996年的《迪林报告》提出了终结大学免费高等教育时代的建议。2004年英国政府通过了《高等教育法案》,推出了新的高等教育学费政策和资助制度。该法案规定,在

---

[1] 魏建国:《美国〈高等教育法〉修订与高等教育财政改革》,《北京大学教育评论》2008年4期,第14—27页。

[2] 魏建国:《美国〈高等教育法〉修订与高等教育财政改革》,《北京大学教育评论》2008年4期,第14—27页。

[3] 蒋凤生、贺粹:《试论国有商业银行助学贷款的发展策略》,金融论坛2004年第3期;王忻:《美助学贷款:政府承担风险 学生很少拖欠》,人民网,http://www.people.com.cn/GB/jiaoyu/1054/2722294.html。

学生贷款方面,自 2006 年起,对于来自低收入家庭的全日制新生,政府将重新实行生活维持补助制度,最高金额为 2 700 英镑,大概有一半以上的全日制学生会得到全额补助①。另外,所有的学生都可以申请生活维持贷款,补助或助学贷款的金额依据学生的家庭年收入而定。2011 年 6 月,英国公布了题为《将学生置于系统中心位置》的最新高等教育白皮书,将进一步改革过去主要通过拨款支持高等教育的形式,加大向学生提供贷款的力度②。改变学校直接从政府得到拨款的方式,而转变为向学生收取学费从而学生入学时向政府申请贷款,等到毕业后收入达到一定水平再偿还。钱还是从政府到大学,只是中间多了学生通过贷款的方式转手。政府认为单纯的经费投入并不一定能带来高质量和变革,这个过程中有选择、竞争和角色转变,给高等教育注入了活力③。发达国家需要吸引学生就学,使学生适应就业需求,这是大学改革发展的动力所在。英国政府通过收费与贷款的转换机制来激励大学提高学生就学积极性的举措富有创新特点。无独有偶,**澳大利亚**联邦政府与英国政府对高等教育新政有共同的理念。联邦政府在 2016 年财政预算中削减 20％的教育经费、调高助学贷款利率,同时放松对大学学费的上限管制。随着学费提高,学生可通过"联邦助学名额"和"高等教育贷款项目"两项政府动议来弥补因学费上涨而对自己造成的损失④。**德国**依《联邦培训资助法》对低收入学生实行的高校助学贷款,与英国和澳大利亚实行的理念完全不同,因德国高校第一学历不收学费,所以在激励性质与力度上显然有差异。**四是**比较国中只有**法国**没有实行政府和高校参与的助学贷款,现有参与商业贷款的学生比例约占学生总数的 2％—3％⑤。但法国实施了覆盖所有学生衣食住行的助学金制度,且加上公立学校不收取学费。法国助学金制度包括的项目有社会标准助学金(2016 年度此项占助学金学生总数的 30.4％)、优秀助学金、特殊和精准资助(2017 年度此项占助学金学生总数的 39.2％)、学生社会活动补助(包括住房补助、食堂和学生公寓住宿资助,2016 年达到 55 亿欧元)。2017 年度所有在学专业学生平均获得助学金比例接近三分之一。同时,这一助学金制度也面向部

---

① 何伟强、徐辉:《英国高等教育经费与助学制度改革的新计划——基于对〈确保英国高等教育可持续发展的未来〉报告的解读》,《比较教育研究》2011 年第 6 期,第 36—41 页。

② 英国政府 2010 年正式采纳《布朗报告》,对英国大学学费和资助政策实施新的变革。新的变革于 2012 年 9 月实施。与 2006 年的政策比较,主要表现为学费上涨,由 2006 年确定的学费每年 3 000 英镑的上限提高到 2012 年实施每年 9 000 英镑的学费上限。随着大学学费的上涨,学生的最高学费贷款额也由过去的最高 3 000 英镑提高到 9 000 英镑,同时,提高生活费用贷款额度、扩大生活拨款补助范围、提高补助额度。

③ 王焕现、田小刚:《找回高等教育发展的驱动力——2011 英国高等教育白皮书调研报告》,《世界教育信息》2011 年第 9 期。英国商务、创新与技能部主管大学事务的部长戴维·威利茨说:"英国大学的经费并没有减少,只是学校不再直接从政府得到过去那样多的拨款,更多收入是来自向学生收取的学费。而大部分学生在入学时都可以向政府申请贷款,等到毕业后收入达到一定水平再偿还。"按照威利茨的解释,钱还是从政府到大学,只是中间多了学生转手,这个过程中出现了选择、竞争和角色转变,给高等教育注入了活力。他认为,单纯的经费投入并不一定能带来高质量和变革,现在大学必须想办法吸引学生,而培养出的学生必须适应今后的就业需求,这就是大学改革发展的动力所在。

④ 澳大利亚政府在公立大学中为本国公民设有"联邦助学名额",获得这一名额的学生会得到政府在学费上的资助,还可申请"高等教育助学贷款",以支持政府资助所不能覆盖的学费部分。

⑤ 《国外助学贷款简介》,《求知》2005 年第 2 期(总第 243 期),第 43 页。

分私立高校。以上只是对比较国在高校毕业生就业和支持学生完成学业上的制度安排做了一个"掠影",虽然方向基本一致,但各国理念与制度设计明显有区别,各有特点,值得回味。见表 W5 - E1 就业体制七国别比较,(该表列入微信5 - 15)。

六、高等教育内部管理体制指标比较

高校内部管理体制主要涉及学校领导体制、机构设置、教职工管理和学生管理等方面,是反映高等教育微观层面的资源配置和管理状况的一个重要方面。它的直接改革目标是建立现代大学制度,在大学治理结构上,理顺政校、政事、政学关系,建立符合高等学校特点的组织治理结构和激励相容机制。我国在计划经济体制下,中央政府高度垄断集中,对高校的"统包制""供给制"严重影响了高等学校的办学自主性。1998 年颁布、2015 年修订的《高等教育法》中关于高等学校八项办学自主权是:制定招生方案,自主调节学科招生比例;依法自主设置专业和调整学科、专业;自主制订教学计划、选编教材、组织实施教学活动;自主开展科学研究、技术开发和社会服务;按照国家有关规定,自主开展与境外高等学校之间的科学技术交流与合作;自主确立教学、科研、行政职能部门等内部组织机构的设置和人员配备;按照国家有关规定,评聘教师和其他专业技术人员的职务,调整津贴及工资分配;高等学校对举办者提供的财产、国家财政性资助、受捐赠财产依法自主管理和使用。可见我国高校作为法人实体依法实施学校管理是实行学校内部管理体制改革的必备条件。政府逐步让渡原有对高校的管理权限是高校能够行使符合大学组织运行管理的基本前提,而外部制度环境能够提供高校依法享有自主权则是内部管理制度改革的基本保障。具体实施则由高校依法通过学校章程确立后施行,包括确立学校领导管理体制、自主设置组织机构、依法施行以教师聘任制和教育职员制度为主的教师人事管理制度、依法实施教学、科学研究和保障学校运行的财务管理制度、分配制度、后勤管理制度及其他行政管理工作。我国改革开放 40 年,高校内部管理体制改革作为高等教育体制改革的重要部分,因涉及人财物资源配置,作为特大型组织管理,一直是高等教育资源配置转型中被观测研究的重点。决定或制约学校组织管理的逻辑起点既有其特殊的组织性质又受制于外部变革的制度环境。学校外部制度环境的改变对学校内部制度安排具有重要的制约作用,经济社会制度的资源配置方式的改变也必然影响学校内部资源配置方式的运行。从计划经济模式转换为市场经济模式,是学校内部管理体制性质上的变革,在市场经济为基本资源配置基础的环境下,由于存在着市场配置环境的逐步过渡和不断完善,学校内部管理体制也相应体现出过渡性与阶段性,甚至反复性。又由于学校内部管理主要是涉及人财物等事权的资源配置等,牵涉最为敏感的不同群体的利益调整,其中的职权界定和激励制度的相容配置又受到外部事业机构与整个干部人事、工资薪酬、社会保障、户籍管理等一系列体制机制的制衡。即使改革者都已看到内部制度不匹配并严重制约改革,主管部门或法律也已明确学校内部事权的正当性,但是,由于制约因素的多重牵制,高校内部管理体制改革一直都是在学校内部有限的权利范围内实行可操作的改革,因此,教育主管部门通常以试点方式允许高校实行有限改革。这就是中国 40 年整个高校内部管理体制改革的基本逻辑线索与状况。

在这样的背景下进行中外大学内部管理体制的比较,我们就能清晰地看到这一微观管理与整个外部制度变革是息息相关的,就能够理解比较的实质是被赋权的高校自主权是否到了学校,是否落地运行。本研究在考察高等教育资源配置转型程度中,把高校内部管理体制改革作为高等教育体制改革一级指标列入观测分析范畴。其中,高校领导管理体制作为学校内部管理体制的重要指标已放到管理体制的考察范畴,高校投资体制指标包括有关学校内部经费结构,学校财务管理自主权与教学、科研、学术人事等学术决策自主权相关的指标放到学术治理体制指标的二级学术事务权中考察。这里重点**选取以教职工管理和学生管理为主的五个二级指标**,分别为教师职务评聘权、校内机构设置权、合同聘任制教师比例、**教师收入分配转型度(教师收入分配权)**①、**学生学籍管理权**②。本研究通过比较国比较可以看出这五项指标呈现的结果特点,更清晰地看到制约高校内部管理体制的内外部动力机制的影响和制度解释。见表 W5－F1,(该表列入微信 5－17)。

　　比较国高校内部管理比较特点:一是依法实行高校内部管理。五项指标都属于高校内部管理权责,涉及这些内部管理权责的法律依据来源于各比较国有关国家制定的高等教育法律;其次,依据各高校的基本法"大学章程"。多数比较国法律都赋权授予大学内部管理自主权,无论是公立还是私立高校,都主要由学校董事会作为学校管理的最高决策机构,涉及的这五项管理权基本都作为学校内部制度安排,不受外部权力制约。大学章程建设是高等学校内部管理走向法治化的一个重要方面。2013 年 1 月,俄罗斯联邦政府颁布了《新俄罗斯联邦教育法》。新法律涉及各级各类教育发展中的重大问题,其宗旨是为了调整教育领域的各方面关系、划分教育领域不同主体的权责。《新俄罗斯联邦教育法》规定,高校运作需严格按照章程进行,而大学章程的制定的程序必须符合联邦法律规定,章程内容必须包括学校类型、创建者、所实施的教育大纲类别、教育层次与方向、管理结构及各方面权限等,特别要对学校内部组织机构的设置、权力分配、权力执行期限、责任、义务以及决策主体的权责等方面做出明确规定③。**二是比较国的自主权呈现较高"饱和度"。**除教师收入来源结构有差别外,其他四项指标都趋向完全由大学自主管理(法国教师合同聘用制要经过政府预算和发布),也就是说,无论所在国大学在何种政体与国体下,无论私立还是公立,也无论身处何种

---

① 教师收入分配转型度是从我国校内教师工资制度改革的转型视角提出的一个指标。计划经济下教师作为事业机构人员工资参考行政机构人员工资体系。改革开放后,也一直依照公务员工资系列进行划档调资。由于国家基本工资调整幅度较小,政府多次赋权地方或学校利用自筹经费对所辖人员增补岗位津贴或福利待遇及激励奖金。导致国家工资在教师薪酬中的比重不断缩小。因此,该指标主要是考察政府工资与学校自筹待遇之间的差额比重的变化。本研究第四章分析该指标中学校自筹比重达到60%左右,反映了来自市场因素的比重过大,政府工资的比重过低,是导致教师群体不稳定因素之一。进行中外指标比较,因这个指标的概念有特定含义,因此,改换为"教师收入分配权",但测算内容基本一致,即看依法给予教师薪酬的稳定性与变动部分的比重及来源。

② 学生学籍管理权主要是指依法对高校学生的管理。这应是高校内部治理的内容。由于我国涉及高等教育的法律尚不健全,多数高校章程 2012 年依规重新启动修订。因此,教育行政法规中《普通高等学校学生管理规定》一直是指导和规范高校实施学生管理的重要规章,涉及学生的权利与义务、学籍管理、校园秩序与课外活动、奖励与处分、学生申诉等诸多方面。这也看出该指标的转型变革意义,外部环境中的管理制度尚不到位时,中央政府采取代理统筹本来属于高校治理的职能。此处将学生管理诸多事务简化为学生学籍管理权指标。主要比较内容是该管理权主要依法赋权高校还是在政府部门。本研究第四章有分析论述。

③ 袁利平、李盼宁:《俄罗斯高等教育国际化的战略框架及政策分析》,《中国人民大学教育学刊》2017 年第1 期。

高等教育管理体制,这四项学校内部管理自主权完全属于高校。反映了高等教育资源配置微观层面,高校组织作为市场独立主体具有内部治理权,也反映了与此相关的政府在宏观制度环境下为高校内部治理创设的基本条件。总体不存在"政府与学校基本事权与责任不清""部门纠葛""木桶短板""政府过度"等问题。虽然美国、英国、德国、日本、俄罗斯、澳大利亚、法国的教师职务晋升等级制度都不一样,但都实行教师职务聘任制度,而且都具有校内法定程序和审批程序,都对全社会实行公开招聘制度。比较国对学校内设机构的增设有自主权,对学生管理都作为学校内部事务有内部治理制度规范。如果说,美国在大学内部管理机制上更倾向于组织的"市场机制",那么,欧洲各国高校的内部管理机制还受到来自传统与文化的影响,欧洲大学教授群体通过自治"行会"遗传了"学术官僚"身份和早期大学学术独立的传统①。即使大学归属政府管理,在配置内部学术资源上,教师群体作为学术力量整体有着较为独立自治的品格,并不受制于政府规制。这一点是欧洲大学区别其他国家大学内部学术管理的显著特点,即政府直接管理大学并不意味着内部管理更多归属政府管制。**三是中央或地方政府管理公立高校教师正逐步向学校放权过渡。**日本实行法人治理变革前,国立和公立教师都纳入公务员系列。2004 年之后,作为大学教师具有独立管理体系,都依法归属学校管理。法国和德国大学虽由中央或各州政府管理,但历史形成的教授独立自治的学术传统制约着政府过度干预学校内部事务,形成了学校内部管理较大的自主权。正因为这一独特优势形成了学校内部教授群体某些利益固化,甚至演化为改革的阻力。即使近些年法国与德国政府因全球大学资源的激烈竞争而更倾向于向学校放权,激励大学破除程式固化加大改革,也难以实质推动滞后的传统体系。德国和法国的终身教授作为公务员一般为终身性质,也造成严重的制度固化。德国政府 2001 年设立了"青年教授"这一职位以解决后继乏人问题但收效甚微,而美国"非升即走"制度的引进需要广泛共识,现有德国教席制和编外讲师制度作为改革的传统面实质上存在一定的弊端②。在德国的黑森州与北威州,大学的教职人员工作满一定期限就会得到自动晋升的机会③。法国教师虽然面向全社会招聘,但由于退休、晋升等原因,招聘的职位既要看现有高校空缺职位,同时要根据政府预算而定。各高校在年度将招聘数量报教育部并提出用人申请,后由教育部统一对外发布当年计划招聘教师人数,录用即为国家公务员。退出教职要发布公告④。这一制度在各校虽为自主权也会有制度延宕期,因为要通过政府行政执行层面,这也意味着各高校履行这一程序的复杂与低效。法国高校具有对外招聘教师自主权,虽签订的协议为公务员合同,但这一自主权受制于政府统一管理,并非完全高校自主行使,因而这一指标分值略低。德国高校教师虽为公务员,但高校可自行聘用签署合同协议。虽然在教师职务聘用制度上还存在传统和理念问题,但不是制度规则问题,因而这一指标分值不受影响。法国大学符合晋升申请条件的教师一半由大学行政委员会审批,一半由大学全国委员会审批,且 2010 年高等教育与研究部推出了新的教师职称晋升程序,更具有程序特点⑤。**四是实行高校教师稳定的薪酬安排是比**

① 赵昌木:《欧美国家大学教师身份及多元认同》,《高等教育研究》2015 年第 5 期。
② 张源琛:《德国大学还能再造辉煌吗》,南方周末,http://www.infzm.com/content/133447。
③ 袁利平、杨洋:《现代欧洲大学自治及其限度》,《大学教育科学》2017 年第 5 期。
④ 邹润民、马燕生:《法国公立高校教师聘用与管理》,《世界教育信息》2016 年第 17 期。
⑤ 袁利平、杨洋:《现代欧洲大学自治及其限度》,《大学教育科学》2017 年第 5 期。

较国的基本特点。比较国多数是高校教师签约薪资制与单一固定薪资制并存,美国以签约薪资制为主①,日本实行年薪制与终身制双轨并行的制度②。我国以固定薪资制为主。无论哪一种薪资制,高校教师薪酬均与受聘职级密切相关。偏重绩效评价的美国、日本、澳大利亚、英国,高校教师职级聘任制度是其高校教师薪酬制度的基石,也是其教师薪酬市场定价的主要依据。美、澳、日三国在学校依规确保教师基本工资占薪酬总额60%以上,通过各种激励方式和制度安排采取自筹绩效予以补助。英国主要偏重于岗位绩效的评估而不是偏重自筹模式予以补助。法国、德国、转型中的俄罗斯按照政府聘用公务员体系和依据教师职级制度但实施相对固定且稳定的薪酬制度,其中,法国和德国基本没有自筹薪酬比例,全额由政府拨款。俄罗斯教师工资虽由政府拨款,但教师工资收入随着管理职务和科研水平以及教学时间的增加而相应地增加。即使如此,2013年高校教师工资刚达到各地平均工资水平③,2015年大学教授每个月工资约合3 500元人民币左右,只比平均工资高300元。因此,各学校在兼职和绩效工资上放权,采取市场机制来补助教师基本工资的不足。按照高校薪酬体系偏重市场筹资竞争机制测量,比较国的顺序为美、澳、日、俄、英、德、法。上述比较国面向市场自筹经费的方式所占比例,无论是学校自筹还是个人自筹,都比我国高校教师收入配置转型度指标要低,也就是说,稳定性比我国高。这一指标是测量市场机制对教师薪酬影响的比重。根据本研究,我国高校教师薪酬结构中基本工资部分总体约占20%—40%,其他都主要由学校自筹解决④。

七、高等教育学术治理体制比较指标

学术治理体制是指政府和高校对高等教育学术事务共同的治理结构。既包括外部治理也包括内部治理。政府依法赋权对高校学术管理以及在学校内形成的行政权力与学术权力的治理结构都是学术治理体制的内容。本研究设定的这个指标既包含了高等学校内部关于教学、科研和学术管理等学术决策治理内容,也包含了政府和高校相互关系,即政府对高校学术自主权的让渡和转型程度。所以,高校学术治理体制转型指数实质是对高校学术自主权演进的考察,其中既有政府对高校下放的学术自主权也有法律赋予高校的自主权,包括两类自主权下放与落实状况;同时,高校内部学术自主权配置呈现为何种状态,这些学术自主权的治理结构呈现为何种状态。改革开放后,我国高校作为独立法人存在着从行政力量控制之下逐步向学术力量主导配置资源的转变。本研究选择了两组指标,**一是高校学术事务配置权**主要指对高校学术内容(如教学活动、科学研究、技术开发和社会服务)相关的事务配置以及为完成该事务配置需要的相关资源供给的决策权和配置权。这些学术事务包括学校

---

① 签约薪资制是指学校根据教师的教育水平、相关工作经验和学术活动判断教师的预期工作产出,并以此确定该教师的起始薪酬标准。单一固定薪资制则与我国高校教师职务等级工资制相似,其详细规定了每一个学衔的固定级别以及每一个级别的晋级时间等条例。参见谢文新、张婧:《中、美、德三国高校教师薪酬制度比较与思考》,《高教探索》2013年第4期。

② 郑湘:《建设世界一流大学,日本是怎么做的》,搜狐网,http://www.sohu.com/a/235281289_608848。

③ 赵国成:《为达平均工资水平　俄罗斯高校教师工资需60亿卢布补充预算拨款》,《世界教育信息》2012年第6期,第13页。

④ 见第四章学校内部管理体制指标分析。

人力资源（人才引进、教师聘任与考核、重要学术岗位的聘任与考核、教师职称评定）、物力资源（科研仪器购买、科研仪器管理）、规模发展（本专科招生数量、研究生招生数量、二级学院设置、校级研究中心设置、学院下设研究中心设置）、人才培养（人才培养方案确定、研究生学位论文、专业和方向设置、课程开设、教材选用、学科发展）、科学研究（校内跨单位学术交流与合作、校外学术交流与合作、国际学术合作、校内研究项目评审、学术道德行为处理）等方面。本研究根据我国《高等教育法》等赋权高校的部分内容，选取了上述以及科研项目自主申报权，教学方面的教材选用权、教学计划制订权，学科发展方面的学位点授予权、本科学科专业设置权等指标，来测量体现政府向高校让渡学术治理权的过程[①]。**二是考察高校内部学术配置权主**要指我国高校在转型中由行政权力向学术权力让渡的程度。学术治理权本质上应该由高等学校专业学术人员进行判断和决策，但由于计划经济体制的影响，高校多年来存在明显的行政替代学术决策的现象。所以，高校内部学术配置力量的转型是指在高校内部学术治理结构的变化，即从体制改革的初衷与学术组织的本质逻辑出发，存在原有行政力量向学术力量的转换。假设学术配置力量完全由行政力量来配置时为"0"，完全由学术力量配置为"1"。本研究设置了学术力量对学术决策组织的人员构成的影响、学术力量对学术决策组织规则设定的影响，以及在行政力量影响下的学术力量决策力自主程度等三方面具体指标，考察获得高校内部学术配置力量的转型程度。从本研究2016年对这两项指标的测量分析看，我国高校学术事务决策权与高校内部学术配置权的转型增幅较大，高校以学术本位为基本组织特征的力量在逐渐回归，学术治理在朝着决策民主化、专业化的趋势发展，大学依法治校不断增强[②]。

举例来说，高校学术配置的组织治理是核心。怎样的组织模式能够提供学术自由与学术民主的基本原则，在学术自由与学术民主的实践上，多数国家的大学都将学术委员会等组织制度作为一种学术治理的基本制度，并将这一内部学术组织赋予学术决策的正当性或合法性。涉及学术治理的学术专业组织还有不少，但重点需要考察这一组织的依法构成、组织规则、决策程序等。我国在改革开放后最先恢复的学术决策组织就是高校学术委员会。但从个别初建到普遍建立经历了40年缓慢过程。即使1998年颁布的《高等教育法》提出"高等学校设立学术委员会，审议学科、专业的设置，教学、科学研究计划方案，评定教学、科学研究成果"，之后许多高校也没有因此建立，或建立了也处于虚位状态。2010年，《国家中长期教育改革和发展规划纲要（2010—2020年）》提出要"充分发挥学术委员会在学科建设、学术评价、学术发展中的重要作用"，2011年教育部要求高校必须制定《大学章程》，其中学术委员会等学术决策组织是必设组织。2014年教育部在《高等学校学术委员会规程》中明确提出："高等学校应当依法设立学术委员会，健全以学术委员会为核心的学术管理体系与组织架构；并以学术委员会作为校内最高学术机构，统筹行使学术事务的决策、审议、评定和咨询等职权"，并对高校学术治理机构的构成、职责和运行进行了明确的界定。2016年6月修订施行的《高等教育法》再次明晰学术委员会职能。上述这一系列制度性安排以国家立法及行政规章确定高校内设学术组织的合法与正当权利之后，学术委员会等组织在各高校才作为学术治理的必备制度安排纷纷建立。说明制度文本不可能替代非正式制度即学术生态的养

---

① 见第四章学术治理体制指标分析。

② 见第四章学术治理体制指标分析。

成与培育,这一学术组织的培育过程整整 20 年①。又如,在我国考察中发现,高校行政权力在涉及高校人、财、物的学术事务决策中居于主导地位,而不涉及关键资源配置决策的学术事务则主要由学术力量决策。在涉及学科和专业发展的决策中,由于需要专业判断,则行政力量和学术力量共同作用。这样看来,行政权力在高校中对于人、财、物的学术事务决策起着主要的支配作用,学术力量对学术的专业判断具有重大影响。高校学术力量与行政力量在高校内部对具体不同事务的配置影响究竟具有什么特征,2005 年本研究所做的调查有79％的专家认同高校学术组织拥有完全的学术事务决策权是学术权力独立性与自治性的标准。2016 年的调查发现,高校学术事务决策权有了进一步提升②。

高校作为学术组织,是高校学术事务决策权与高校内部学术配置权这两个指标存在的前提,也是可以测量行政力量与学术力量相互关系的指标。因此,进行该指标的国际比较,也是以这一前提和可观测为基本条件。见表 W5 - G1,(该表列入微信 5 - 18)。需要说明的是,因各种因素制约,此指标比较国分析不可能与对我国的研究手段一样。主要是文献作为比较来源。

比较国高校学术治理体制比较特点:一是比较国高校学术治理是演进过程。 比较国主要分类为:具有学术传统但也存在学术僵化并在试图变革的过程中的国家,如英国、德国、法国、澳大利亚;具有现代学术精神并致力于实行学术民主和竞争机制的国家,如美国;正在发生由过度集中向学术自治转型的变化的国家,如日本、俄罗斯。从大量的比较文献可见③,**近一百年来,大学组织从中世纪教会禁锢转向顺从皇权而又深受近代不断迭代的政府制约,不管外部有着怎样的"改朝换代"和"施加影响",大学以学术本位为宗旨和基调的特征始终不渝地在组织进化中增长着制衡外部约束的新力量,这些新生力量以不同学术方式和不同配置模式保障着学术民主、学术独立、学术自治的基本权利和基本治理。它们在与外部环境的互恰中演进着更具有活力或更趋向优化的学术治理模式。无论怎样,不同国家的大学治理都不是一成不变的,都具有顺应历史变革不断创新制度的演进特征。** 在观测到大学演进的同时,似乎"顽固不化"的政府在全球新公共管理的影响下,也相继致力于政府再造(reinvention)或转型(transformation),打造更为精简、高效、结果导向的公共部门。政府的作用由直接干预转为远端操控,由强调政策制定转为关注管理技巧,由强调过程转为关注结果,治理手段由"规则—治理"转为"目标—治理",即从事前制定规则、控制资源投入,转为事后的监督和调控,侧重对产出和结果的评估。同时,政府通过建立市场机制推动竞争意识,以增强公共部门的弹性、效率,提升绩效与竞争力④。这两方面的变革都在潜移默化地通过全球化和信息化迅速辐射影响着全球大学与政府的公共治理进程。几乎所有的大学国际比较文献都反映了这一趋势现象。**二是政府总体趋向宏观、战略、保障、监管的角色,将大学学术治理权更多通过加强内部治理制度化来实现。** 日本、德国、英国、美国、澳大利亚、法国、俄罗斯等都更注重将新公共管理引入市场机制,政府的治理手段从直接控制转为"远端操

---

① 该分析将第六章第一节大学章程案例。
② 参见第四章学术治理体制指标分析。
③ 袁利平、杨洋:《现代欧洲大学自治及其限度》,《大学教育科学》2017 年第 5 期。
④ 朱贺玲、袁本涛:《新公共管理及其对大学治理的影响——德、英、美三国的经验》,《中国高教研究》2018年第 3 期。

控"，一方面，政府减少对大学的过程控制，转而强调结果问责，大学实现一定程度的权力下放，自主性有所增强；另一方面，大学的自主愈加具有"条件性"，不管是中央政府还是地方政府借由绩效指标、审计系统，以及将竞争机制引入财政经费分配方案或绩效配置、学生贷款模式等方式，垂直控制高等教育系统。虽然各国新公共管理受制于不同国家的政治、经济、文化、教育制度呈现出不同的本土回应，但发展趋势则是更多政府管理的模式相继让位于大学自治、放松对大学的管制，借由立法、激励与目标管理等手段"遥控"大学，大学因而获得一定程度的自主空间。20世纪90年代以前，德国联邦及各州政府出台大量规章、条例、指导文件，对德国大学实行全面控制，州政府教育主管机构甚至取代了大学的校级行政管理机构。1998年，《联邦高等教育基准法》进行第四次修订，一方面大幅删减"学习条例""课程设置""其他成绩证明""科研的协调""大学的内部组织与管理"等烦琐僵化的条款；另一方面，对"学习改革""考试条例"等进行重新修订，废除"由谁及如何考试"等较为详细的规定。确定了大学财政拨款的绩效导向、研究与教学水平的评估、大学专业设置的授权以及大学招生的自主权。2007年，《联邦及各州有关高等教育协定2020的行政协定》出台，延续了强调绩效、问责与放松管制的政策倾向，各州政府相继采取措施，落实协定的政策目标①。法国2007年颁布《大学自治法》，赋予大学独立法律地位和自主权，强化校长权力，下放人事管理权，赋予招聘录用教师自主权；下放财务与资产管理权，拥有完全预算自主管理权；鼓励与社会、企业合作争取第三方资金。2003年11月，俄罗斯政府颁布了《大学法》提出了大学的两个特性：独立性与开放性。该法强调大学应该拥有自治权，如，教师评定由大学的学术委员会进行；大学学位的授予、证书的样式确定及颁发都由大学独立完成；大学内部治理与管理由委员会代表负责；大学教学效果的提高通过教育服务市场的良性竞争来实现等②。值得注意的是，美国大学对竞争、绩效、服务等关键词虽早已不陌生，但直至20世纪80年代才由口号变为改革现实。而且，美国各州治理系统较为多样，虽然多数州政府在新公共管理的影响下，相继采取措施下放权力，并渐次展开教学与科研质量的评估、推动经费补助与绩效表现挂钩，但个别州仍选择集权化的改革措施③。欧盟委员会明确将国家角色定位为高等教育发展的调整者与推动者而非供给者。2009年，欧盟组织在发布的《布拉格宣言》中再次强调，只有提高现代大学的自治能力，才能灵活提升现代大学在一系列教学以及学术研究工作中的创新能力，才能使现代大学更加自如地应对社会的剧变④。可见，比较国中政府更多放松管制、尊重大学根据实际需要，自行使用和分配经费的权力（比如年内剩余的经费也可滚至下一年度使用或由大学自行决定用途）、引入竞争机制，基于绩效分配教育资源已成为趋势。**三是比较国的大学学术治理体制在学术事务决策权和学术组织配置权上具有较为一致的特征。**无论比较国是老牌的欧洲大学还是激进的美国大学，或

① 朱贺玲、袁本涛：《新公共管理及其对大学治理的影响——德、英、美三国的经验》，《中国高教研究》2018年第3期。
② 袁利平、李盼宁：《俄罗斯高等教育国际化的战略框架及政策分析》，《中国人民大学教育学刊》2017年第1期。
③ 朱贺玲、袁本涛：《新公共管理及其对大学治理的影响——德、英、美三国的经验》，《中国高教研究》2018年第3期。
④ 袁利平、杨洋：《现代欧洲大学自治及其限度》，《大学教育科学》2017年第5期。

是体制转型的日本和俄罗斯,在大学组织内部的治理结构或是模式上都表现了惊人的相似性,即政府进一步下放自主权给大学,并通过立法赋权高校学术地位和学术权利,使大学学术事务决策范畴与决策方式都不断有所扩大和更加民主,决策权更集中于学校。在决策组织和决策程序上更加依法依规,通过学术决策的最高机构实施学术事务的民主决策与执行。比较国大学的内部管理体制一般为董事会(或理事会、评议会)领导下的校长负责制。董事会一般作为学校最高决策机构,对学校规划和宏观决策做决定。大学日常学术事务的决策机构主要是各种委员会,章程一般对这类机构的职责和程序有规定。如耶鲁大学章程中根据职责不同规定了 12 个委员会,分别负责财政、审计、投资、师资、科研、学术等涉及学校工作的具体事务。比较国大学都把学术委员会制度或成立以学术委员会为代表的各种类型委员会作为完善学术治理体系的普遍选择。在七国学术治理程度上仍然具有一定差异,按照比较顺序,学术治理体制的开放自治成熟状况依次为美国、英国、澳大利亚、日本、德国、俄罗斯、法国。后三个国家高校在学术事务决策上仍然有相当部分事务还需要政府协管或依旧归属政府直接管理,在内部学术治理组织配置权上,仍然具有在大学决策后须报政府审批的要求。更多的文献表明,全球有更多的大学内部学术主要以双元制与单一制两种治理架构为主。多数国家秉持前者模式,即治理实体由董事会(委员会/理事会)与学术委员会(评议会)构成,董事会通常负责为学校的长远发展保驾护航,委员会负责决议学校的具体学术事项,各机构间分工明确,共同维护大学的平稳运行[①]。这样基本决策模式也会因各国制度不同产生基于这一模式的其他多种模式。受新公共管理主义的影响,外部利益相关者开始不断介入各国现代大学的治理过程,在多元化需求背景下充分发挥与大学利益相关者的作用是治理变革的核心,大学各利益主体以尊重差异、协同发展、民主协商的原则,共同管理大学事务是治理变革趋势。对这一指标主要基于文献的原则判断,有待以后的研究做出实证分析。

第三节　高等教育资源配置转型指标的国际比较研究结论

本研究通过第二节高等教育资源配置转型指标体系的国别比较,已对调整后的 22 个指标进行了分项分析,初步认为,高等教育资源配置转型指标的国际比较能够提供比较国之间资源配置的基本异同,为本节进行综合分析、论证研究假设和得到研究结论奠定了基础。

一、国别比较综合分析

在第二节七个国别比较基础上,本研究将对指标体系的二级指标进行了数值评分。按照已构建但经过部分微调的转型指标,根据各国历史禀赋和制度特点形成的现有资源配置现状,进行国别比较。这个视角的选取是以我为中心划取的测量半径,目的是测度我国资源配置转型特征与比较国的异同。因此,判断分值是以原指标体系的初始资源配置转型为条

[①] 袁利平、杨洋:《现代欧洲大学自治及其限度》,《大学教育科学》2017 年第 5 期。

件的划分,这样的划分避免了因过分多元而难以取舍判断的局面。同时,在评分中尽可能以获得的最近资料数据为基准,也兼顾了法律政策及实际执行中的影响情况,形成综合基准进行分值取舍。需要说明的是,由于各个国家历史文化和制度规制的差异,特别是各国高校资源配置受制于制度环境,在许多制度"细节"上存在"纷繁"差异,正因如此,**本研究更倾向"去繁取简"**,以最本质的制度取向作为判断的基点,在具体比较中既整体保留了原有指标体系的完整性,又能筛选出国别间的不同配置方式,从比较中论证高等教育资源配置转型的基本特征和基本趋势。

见表5-3-1,国别比较表中,我国数值主要取自我国高等教育资源配置转型程度指标改革开放40年最后的阶段性数值(个别微调后的数值重新测算改增,如国际生占在校生总数比例0.02,即2017年来我国留学的外国学生总数占中国普通高校在校生比例。如国外高校在主权国招生权,我国同样在这一制度上没有授权放开。如民办高校在校生数占高校在校生总数比例改换为校数之比,因考虑到比较国数据来源均为校数比)的具体测量除有数据比较外,涉及规定性划分比较的,即比较国制度规定性或政策规定性的指标,两种情况:按照有无判定,"0"为"无","1"为"有",如实施高校毕业生自主择业列为"1"。按照0—1数值程度差异,"0"为更接近完全中央政府管理,"1"为完全赋权高校自主管理或赋权师生,或由公共市场竞争机制决定,或由第三方实施。比较国数据来源以文献或网站披露信息为主,由于各国教育体制、学年时间、统计口径等差异,本研究主要以比较国长期稳定性数据和重点变革信息为基本来源,尽可能以近年来的数据与资料作支撑。从已统计整理的情况看,基本符合比较国间的总体面貌和趋势特征。

表5-3-1　中国高等教育资源配置转型指标与七国高等教育资源配置状况比较

	中国高等教育资源配置 转型程度指标分项	中国	美国	日本	澳大利亚	英国	德国	俄罗斯	法国
办学体制	公立私立高校设置审批权	0.60	1.00	0.80	1.00	0.20	1.00	0.40	0.00
	私立高校占高校总数比例	0.29	0.65	0.74	0.10	0.10	0.10	0.40	0.22
	国际生占在校生总数比例	0.02	0.09	0.20	0.25	0.19	0.20	0.05	0.12
管理体制	地方高校占全国高校比例	0.95	1.00	0.85	0.90	0.10	1.00	0.48	0.00
	高校校长任免权	0.20	1.00	0.90	1.00	1.00	0.90	0.90	0.90
	教学评估权	0.50	1.00	0.90	0.90	0.80	0.80	0.70	1.00
投资体制	非财政性经费所占比例	0.40	0.67	0.70	0.54	0.70	0.13	0.50	0.17
	学费收入占总收入比例	0.19	0.30	0.73	0.39	0.49	0.10	0.35	0.09
	基建资金自筹来源比例	0.71	0.60	0.70	0.10	0.20	0.10	0.30	0.18
	自然科研竞争性经费比例	0.40	0.70	0.70	0.40	0.60	0.50	0.40	0.30
招生体制	高校招生自主权	0.55	1.00	1.00	1.00	1.00	0.70	0.80	0.70
	招生资格扩大化	1.00	1.00	1.00	1.00	1.00	1.00	1.00	1.00
	国外高校在主权国招生权	0.00	0.00	0.00	0.00	0.00	0.00	0.00	0.00

（续表）

	中国高等教育资源配置 转型程度指标分项	中国	美国	日本	澳大利亚	英国	德国	俄罗斯	法国
就业 体制	毕业生择业自主权	1.00	1.00	1.00	1.00	1.00	1.00	1.00	1.00
	国家助学贷款制度	1.00	1.00	1.00	1.00	1.00	1.00	1.00	1.00
内部 体制	教师职务评聘权	0.90	1.00	1.00	1.00	1.00	1.00	1.00	1.00
	校内机构设置权	0.95	1.00	1.00	1.00	1.00	1.00	1.00	1.00
	合同聘任制教师比例	0.40	1.00	1.00	1.00	1.00	1.00	1.00	0.30
	教师收入分配权	0.60	0.40	0.30	0.40	0.10	1.00	0.20	1.00
	高校学籍管理权	0.80	1.00	1.00	1.00	1.00	1.00	1.00	1.00
学术 体制	高校学术事务决策权	0.66	1.00	1.00	1.00	1.00	0.90	0.90	0.80
	高校内部学术配置权	0.61	1.00	1.00	1.00	1.00	1.00	1.00	0.80
	七个体制总指数	0.58	0.79	0.80	0.73	0.65	0.65	0.65	0.48

说明：

1. 中国高等教育资源配置转型程度指标分项中有两个指标原是针对中国高等教育资源配置转型所指，在获取比较国资料不对等情况下做了相应调整。主要有：将"自费留学生占留学生比例"改调为"国际生占在校生总数比例"，将"境外（港澳）高校在国内招生权"改调为"国外大学在主权国内招生权"，同时将关于"自筹经费占基建资金比例"不作为数值比较，改换为基本状况比较。关于"自然科研竞争性经费比例"不作为数值比较，改换为基本状况比较。

2. 以我国高等教育资源配置转型程度指标原有规定性出发，一是按照客观数值进行记载，二是按照基本定性划分比较程度，即比较国制度规定性或政策规定性的指标，两种情况：按照有无判定，"0"为"无"，"1"为"有"，如实施高校毕业生自主择业列为"1"，为 0—1 数值差异，划分"0"为接近完全中央政府管理，"1"为完全赋权高校自主管理或赋权师生，或由公共市场与竞争机制决定，或由第三方实施。

3. 俄罗斯公立与私立高校之比：57.7%和42.3%（548所和402所），来自综合资料分析。

4. 办学体制中的审批权地指地方高校审批在所有高校审批占比。

5. 私立高校占比中美国学校校数占比为65%，学生数占比为30%左右。来自综合资料分析。

6. 将表中每个国家22个指数算术平均总值计量，得到比较各国总指数，与中国高等教育资源配置转型程度指数比较。

为了更好地从发展趋势上寻求比较，我们运用了色阶工具将指标比较的分值模糊化，以便更能从共同演进趋势上找到共同特点。其中，图中的深红色与深绿色表明两个不同资源配置模式的端点，两者区间色度表明不同资源配置模式的程度区别。见表 W5 - 1、表 W5 - 2。（两个表列入微信 5 - 19）。

国别比较综合分值的主要特点：

一是比较国综合分值排序基本符合实际状况。 根据表 5 - 3 - 1 的综合分值，七个国别比较的综合分值按照高低顺序为日本 0.80、美国 0.79、澳大利亚 0.73、英国 0.65、德国 0.65、俄罗斯 0.65、法国 0.48。虽然这一比较指标项目只涵盖了基于我国转型的资源配置指标，但都能反映出被比较国高等教育资源配置关键性指标的差异，基本符合比较国的实际情况。在综合分值上，日本与美国差距很小，但在人们的印象中，美国与日本有差别。这一差别趋小的原因主要是 2004 年日本加大法人化改革，趋向市场竞争效果显著。特别是鼓励国立和公立高校的学费收取，加上日本私立高校占比比美国私立高校占比高。而美国虽然私立高校校数多于公立高校，但在校生人数只约占总体学生总数的三分之一，加上政府财政资助对非营利性私立高校力度较大，对学生助学贷款的力度也大。所以，在三种力量对比表中①，美国的政府力量分值（0.83）大于日本分值（0.78），美国市场力量分值（0.65）低于日本分值（0.68），美国学术力量（0.93）大于日本分值（0.90），实际这一数值并没有实质性区别，只是反映了两国高等教育结构和制度安排的侧重面，可以引导我们分析两国的差异。近年来日本加大对国际生的支持力度，从国别总量上看，虽然美国国际生绝对值大于日本，但占比值小于日本。因而，日本资源配置综合分值与美国基本相当。因此，现有指标项目综合分值的排序也基本体现了大量国际比较文献的基本评判，说明这个指标体系能够事实描述和基本评判比较国高等教育资源配置基本国情。其中，日本和俄罗斯作为性质不同的高等教育资源配置转型的国家，在上述比较中的排列位置比较符合变革趋势。综合判断主要针对两国现有国家法律基调和法律授予权限，在其具体实施状况上进行了文献证实。也就是说，制度创新和制度安排的性质和导向已"泾渭分明"，但制度执行和权限落实可能还在路上。日本的国家基本制度是市场经济制度没有变化，但实行的国立大学法人化改革确是日本21世纪以来对政府办学体制的最根本性制度创新。日本高等教育内部体制的转型基本定向是在政府绩效监管支持下更多下放高校权责，运用市场竞争机制提升高校质量。日本的私立大学比重本来就比较高，而恰恰过去政府举办的国立和公立大学却产生了不少弊病，这是日本政府法人化制度改革的初衷。因此，在综合分值上可以看到近年来日本高等教育许多制度变革力度较大。俄罗斯高等教育体制转型深受国家制度转型制约，即国家制度环境的变革制约高等教育内部制度安排的选择。所以，从许多指标评估上可以看到，俄罗斯在高等教育资源配置方式的转换上完全受制于国家整体制度的选择和变革的影响，在市场经济体制和政体变革下都发生了较大更替转型，尤其在国家经济实力趋于弱势中更多将自主权放给联邦和学校，鼓励社会参与办学，并加入国际区域高等教育资源配置合作，这都使其高等教育资源配置转型导向更趋向市场机制和学术本位，因而在综合分值上表现得较为突出。在综合分值排序的第二梯队中，英国、德国、俄罗斯虽然数值基本一致，但在政府力量、市场力量、学术力量分值上可以看出国别差异，也比较符合三国实际情况。澳大利亚综合分值排在第一梯队，这主要与澳近年来对高等教育管理倾向趋同于美英两国有关，但在具体操作上仍具有自身特点。特别是近年来该国将海外高等教育资源作为国家贸易交流的一部分，更大力度地支持国内大学通过学费收取来招收海外学生。法国政府近年来一直不断试图推进下放高等学校自主权改革，但因为中央长期集中管理高校的体制积重难返，无论是从政府力量、还是学术力量都比实际推行市场竞争的美日英澳德俄等国要弱许多，而市场力量指数呈现偏低。法国指数表明越是政府集中垄断资源，政府对资源配置的干预方式就越倾向于传统僵化效率低下，在公共治理的方向上不仅不能体现政府原有改革意愿，甚至还产

---

① 政府力量、市场力量和学术力量指标的分类主要基于各指标的主导因素，是一个相对性分类概念。在现实中，所有指标都程度不同涵盖了三种力量的影响。在对我国高等教育资源配置转型程度指标体制的三种力量分类上，更基于转型特征进行了相对划分。考虑到比较对称性，在进行比较国三种力量比较时，仍然以原有分类划分进行比较。如政府力量中的招生自主权，在我国这一指标改革开放前归属中央计划统筹决策与决定权，改革开放后很长一个时期仍然保持这一状况。但是，随着将专科类高校办学设置权的下放地方，以及更多学校办学统筹权赋权地方，招生自主权中的部分决定权正在回归地方和学校。因此，该指标是站在我国视角放在政府力量中。如市场力量中的地方高校占全国高校比例是基于我国原有高校主要归属中央和中央行业部门集中管理，改革开放后更多高校归属地方管理，以更好面对市场经济和当地社会发展需求。

生与意愿动机背道而驰的结果。从法国与我国高等教育资源配置转型程度数值比较发现，它甚至比我国转型程度指数还低了不少。

　　二是办学体制与管理体制的差别并不必然成为影响其他体制指标的因素。 在我们原有比较框架中，会把中央政府管理学校或公立与私立之分的体制作为高等教育资源配置的主要影响因素；甚至在我们的理念和基本概念上，也会把办学体制和管理体制作为必然影响其他资源配置制度安排的制约因素，并延伸出学术和政策上趋于固定的基本模式。但表5-3-1显示，**政府管理体制和办学体制并不必然成为制约或影响其他体制固化的配置理由、依据或来源。** 如英国和法国都为中央政府管理高校，澳大利亚和德国都是地方政府管理高校，我们看到，指标在许多方面都没有呈现出配置中的完全一致性或绝对制约性。英国与澳大利亚都更倾向于市场机制和竞争机制，但在招生体制、就业体制、投资体制、学校内部管理体制等多项指标上，这四个国家基本一致。即使法国为中央管理体制，它在就业体制、内部管理体制和学术体制上的部分指标也并不表明两两对应具有一致性。公立与私立并行发展的美国、日本、俄罗斯，政府的政策是鼓励竞争，同时也扶持甚至彰显公平原则，对待私立高校尤其是非营利性私立高校也予以同公立学校一致的政策支持或财政扶持标准。英国、法国、德国、澳大利亚私立学校比重很小但政府视同公立学校给予同等待遇，美国政府对非营利性私立高校的财政性资助会比营利性私立高校要多，见本章第二节表W5-C6，（该表列入微信5-5）；美国的联邦政府助学贷款制度和法国的助学金制度都同样到达公立与私立高校，惠及所有学生。又如，晏成步研究表明，所分析的15个国家在资助公立高校的同时，也资助私立高校，资助额为公立高校的1/5—1/2之间。而且官僚控制模式国家公共资助比例低，市场模式国家公共资助比例反而较高[①]。这不仅说明**在实行高等教育普及化的国家中，政府依法在高等教育平等化和均衡化上普遍做到了公平性，似乎与财力或举办类型上没有直接关联。这更说明了采取市场模式配置高等教育资源的国家因更多分享了社会资源，反而更有力量通过公共财力资助私立高校。因此，研究表明，将办学体制与管理体制作为完全制约其他体制的看法有碍于制度创新。**

　　三是办学体制和管理体制异同并不必然直接影响高校内部管理自主权和学术治理权。 虽然如法国、德国、英国、澳大利亚都是以公立学校办学为主，且分别是中央或地方政府直接管理，除法国略显得中央政府集权多些外，从各个分项指标看，**越是接近微观层面，越是学校事务决策、越是学术领域，则政府依法授权学校自主管理的份额和尺度并不必然缩小，反而更加充分与自主。** 这不仅得益于欧洲学术传统，也得益于近年来全球化和欧洲"博洛尼亚进程"的影响。国家在全球化中的竞争标志之一是高等教育竞争，这是各国政府评判桌上显而易见的指标。**全球竞争的"魔力"不可阻挡地渗透到各国对高等教育资源配置的制度设计中，也会潜移默化地借鉴变革国内原有制度安排。** 无论是日本政府更多向国立大学释放自主权，还是澳大利亚更多通过国际生贸易增加学校预算，特别是美国、英国、日本、澳大利亚等通过一边不断提高学费，一边加大学生助学贷款支持力度，以及所有国家在进一步下放学校自主权的同时转换政府公共治理绩效问责监管的管控机制，所有这些都反映了全球高等教育资源配置的潮流即更倾向于运用市场机制来强化学校的自律、协作，提升竞争力。综合

[①] 晏成步：《高等教育公共支出的国际比较分析——兼议高等教育财政制度转型》，《中国高教研究》2017年第5期。

指标分值除美国、日本、澳大利亚三国比较靠前以外,在所有七国的学校微观层面的学术自治上,除法国略低些外,多数国家的指标倾向趋于一致,表达了大学作为学术本位的组织特性,学术自主权是大学治理和自治的核心本质。法国"巴黎大学"传统学术源头由于多年政府垄断集权而趋于削弱,值得深思。不少文献披露,法国大学近年来正致力于反思与深化更多自主权改革之中。

四是比较国的比较分值反映了高等教育资源配置存在着一些基本配置特点和规律。这里的分析相对排除了国别历史文化、办学管理性质以及国别人口经济等因素。我们看到,历史走到了 21 世纪,**面对全球竞争,这些发达国家或转型国家在高等教育基本理念和公共治理方式上呈现为共性大于个性。主要体现在:首先是法治赋权高等教育。**无论是中央政府还是地方政府管理高校,不仅国家成文法律都作为比较国高等教育的基本依据,而且实行所有改革都先修改原有成文法律再推动面上改革。地方办学的也以地方先行立法或修法施行,然后再依照立法或修法推行国家与地区的改革。分析发现,几乎比较国所有重大制度变革都可以从国家法律修订上找到根源。因此,**依法治教是各国高等教育资源配置的重要依据。**俄罗斯确定大学章程建设是高等学校内部管理走向法治化的一个重要方面。2013 年颁布的《新俄罗斯联邦教育法》规定,高校运作需严格按照章程进行,而大学章程制定的程序必须符合联邦法律规定,章程内容必须包括学校类型、创建者、所实施的教育大纲类别、教育层次与方向、管理结构及各方面权限等,特别要对学校内部组织机构的设置、权力分配、权力执行期限、责任、义务以及决策主体的权责等方面做出明确规定①。也可以说,**纵观比较国高等教育制度演进,其中高等教育发展与变革最重要的法宝就是法治先行。其次,**对国家教育主权和公正平等权利的维护和谨慎的态度。在"国外高校在主权国招生权""国家助学贷款制度""招生资格扩大化"等指标上,我们看到所有比较国的基本做法高度一致。比较国中无论私立还是公立高校的学生,都平等享有法律赋予的高等教育权利,政府都依法将公共资源平等惠及不同类型高校及学生,美国对待非营利性高校的人均资助还略高于公立高校。虽然法国由于公立高校不收费没有实行政府助学贷款,但政府实行的助学金制度也是惠及所有公私立高校学生。**再次,高等教育的入口和出口自主权归属高校和毕业生。**高校招生自主权除政府相对集中管理的法国、德国、俄罗斯还保留着政府一定的调节控制权外,其他国家都一致将招生权归属高校。同时,高校毕业生择业自主权在所有比较国更是一致性地归属毕业生,即使是中央政府集中管理高校的法国,择业自主权也是归属毕业生。但在具体实施上,各国市场与政府的协调机制体现为通过各项法律、政策、信息、雇主、协会等调节手段为学校招生和就业提供支持。**最后,高等学校学术事务和学术决策自主权主体归属高校。**这部分指标占据了 22 个指标中的八个指标,分布于内部管理体制和学术治理体制以及管理体制中。在国别比较中,除法国有两项、德国有一项较低外(招生权与合同制聘用教师),教师职务评聘权、校内机构设置权、合同聘任制教师比例、高校学籍管理权、高校学术事务决策权、高校内部学术配置权、教学评估权、高校校长任免权都基本一致地归属学校。也就是说,**不管各国办学体制和管理体制是否存在差异,在学校内部资源配置上,尤其是学术资源配置,学校有高度的自主权。**同时,在文献中也看到,近年来,政府对公立高校绩效监

---

① 袁利平、李盼宁:《俄罗斯高等教育国际化的战略框架及政策分析》,《中国人民大学教育学刊》2017 年第 1 期。

督和第三方的监管问责机制大大增强。需要说明的是,教师收入分配权主要考察的是高校教师工资标准的制定权和薪酬结构来源及稳定性,分值体现薪酬绩效调节部分,也就是学校自主确定调节的比重。考察的结果分值可见,多数国家对高校教师薪酬待遇比较重视,特别是美国、日本、英国、法国、德国、澳大利亚,依法主办机构对教师工资的基本保障标准设置得较为稳定。虽然俄罗斯的工资与发达国家相比总体薪酬水平普遍偏低,但仍然具有相对稳定性。虽然我们没有进行更多国家比较,但这些共性值得做更深入的考察比较分析。

五是互为制衡的高等教育资源配置三种力量成为比较国高等教育资源配置基本力量渐为趋势。见表5-3-2,关于三种力量是决定制约高等教育资源配置的制衡力量的阐述分设导言、第六章,本研究已论证了中国高等教育资源配置制度转型和制度演进中存在三种力量的演进过程和互为支撑相互制衡的结构模式。在国际比较中,这一制衡力量呈现出怎样的结构模式呢? **其一是政府力量更加体现在新公共治理理念中。**政府力量在七国高等教育资源配置中,均没有无政府管理状态,即使更青睐市场的美国,虽然主要是地方管理高校,但在涉及重大法律与政策管控上,地方政府与联邦政府均无缺席。只是依具体事务是更趋于地方政府管理还是中央政府管理,管理的范围和幅度大小以及管理的手段和模式是更宽松还是更集权,或是更具有利用三种力量实现制衡达到相对优化的问题。研究发现,越是高等教育资源配置市场竞争性强的国家,政府力量分值越是显著。也就是说,针对竞争性市场力量资源配置,政府力量的适配制度安排就显得更活跃,反映了市场力量与政府力量作为一对制衡力量的相互关系。各国政府力量比较分值显示,越是趋向三种力量制衡,政府力量愈趋增强;越是运用传统集权管控的国家,虽然在政府直接管理或微观管理学校上做得更多,但希望得到的相应政府力量却并不如意,从比较国政府力量依次分值看,政府力量分值反而趋向偏低。作为市场经济国家,传统政府集权管理与现代公共政府治理表现在高等教育资源配置上具有较大反差,反映了两种不同的执政理念与资源配置理念,从而制约着制度设计与制度工具。**其二是不同国家制度环境是市场力量约束高等教育资源配置的基本因素。**高等教育作为最接近劳动力市场和经济主战场的基本资源,是国家、企业和社会最为关注的资源,这一关注体现到各国财政政策和选择单一或多渠道筹集经费的不同导致其高等学校经费结构和总量的不同。全球一体化促使各国对高科技人才的竞争已超越国界进行争夺,这一点通过国际生政策和争创一流大学以及与跨国公司进行科技合作等等,越来越成为各国致力于国家竞争战略棋盘的中心区。在这样的背景下,各国政府在高等教育制度管控上越是趋向地方、越是趋向高校、越是趋向市场机制,高等教育就越活跃、越有竞争力、也越趋向优化。这一点美国、日本的分值优势明显。其他国家如澳大利亚、英国、德国,包括转型后的俄罗斯与美日国家相比,尤其是法国,在三个趋向上都还有差距。这些国家不论是因为刚刚转型,还是原有体制的固化,都不同程度地反映了高等教育更多依赖传统政府手段,缺少竞争以及在调动社会资源上的欠缺。晏成步指出实行官僚控制模式的国家若在扩大公共支出的同时扩大私人支出,总体缺少相应的高等教育制度基础。晏成步研究表明,2007—2012年的15国公私立高校生均公共支出、生均总支出总体虽都增长,但从各国高校生均总支出排序来看,前五位分别是美国、英国、加拿大、荷兰和日本,都是市场模式和学院控制模式;排在后五位分别是葡萄牙、韩国、西班牙、新西兰和法国,都以国家模式为主,主要依靠公共支出,而以学院模式和市场模式为主的英美体系国家依靠公共支出和私人支出的组合。2012年美国与日本高等学校公共支出所占经费总支出的比例为 37.8％和 34.3％,法国达到 79.8％,英国达到 56.9％(英国 2011 年 30.2％),但这几个国家的高校生均总支出分别为美国 26 562 美元、日本 16 872 美元(日本的私立占比达到 80％)、法国 15 281 美元、英国 24 338 美元(其中,英国政府利用助学贷款资助学生的同时提高学费的支出包括在总支出中),法国公共支出占比虽高,但生均总经费支出相对较低,说明其他资金筹措较低。2012 年,美国人均 GDP 48 147 美元,法国人均 GDP 44 401 美元,英国人均 GDP 39 604 美元,三个国家经济发展水平相差不大,但高等教育经费制度分别采取了市场模式、官僚控制模式和学院控制模式,法国生均总支出只在美国和英国的 60％上下[1]。**高等教育作为一种准公共产品,传统的财政理论倾向于更多的公共投入甚至是政府财政包办,以确保高等教育服务的公共性。但现实恰恰相反,越是以公共名义的包办越可能做不大公共事业。**希拉·斯劳特、拉里·莱斯利认为当前的趋势是"政策和法规将一种把公共利益限定为由保护公共实体不参与市场来达到最优服务的思想,转向一种把公共利益看成由公共组织参与商业活动来达到最优服务的思想"[2]。晏成步指出,一味扩大公共支出会加重税收负担,不仅得不到社会广泛认同,而且也难以获得效率。对公立高校,保持公共支出增长同时更应注重私人支出;对私立高校,在生均经费支出标准上进行补贴,通过绩效评价来扩大公共支出比例[3]。**全球各国高等教育公共理念和实践已证实了市场力量与政府力量结合对高等教育资源配置总量增长的意义。**但是,要实现这一实践对一国制度环境的支持既不可能单纯靠法律也不可能依赖"游行"。德国基于"学费"的收取之争长达几十年而以"失败"告终;法国大学自治改革引起罢工罢课,反对任何形式竞争和大学私有化带来的教师与研究人员的焦虑和担忧,足以让变革者三思[4]。因此,市场力量不是源自书本的一种学说,而是来自历史积淀的一个真实"故事"。即使我们都以为市场经济国家的基础是市场力量,但在真实世界里,还有更为重要的传统意义的历史世俗和制度的路径依赖制约着现实的制度安排。**其三是学术力量在现实社会是需要恰当的政府力量和不越界的市场力量支撑。**国别比较中看到是这 7 国在学术力量的优势凸显。他们的排序为美国、澳大利亚、英国、日本、俄罗斯、德国、法国。**美国始终在学术制度安排上倚重学校和教授及第三方力量,始终依赖市场机制和竞争激励相容机制,这使其保持了二战前后以来,超越德国学术中心,盘踞近一个世纪的高等教育学术领先地位。**日本国立大学法人化治理转型和俄罗斯的改革转型都致力于政府将更多自主权放到学校,使得学术力量分值得以提升;而德国、法国虽是学术殿堂的鼻祖,但政府过多干预和教师薪酬激励上的固化等制度安排反而相对影响了学术竞争力和传统优势的发挥,甚至在近年来的世界大学排名上日趋下滑。因此,**学术力量是需要政府力量和市场力量的支撑而不是过度和缺位。**在国别比较中,三种力量共同制衡的综合分值排序依旧是美国(0.79)、日本(0.79)、澳大利亚(0.73)、英国(0.66)、德国(0.66)、俄罗斯(0.65)、法国(0.48)。

---

① 晏成步:《高等教育公共支出的国际比较分析——兼议高等教育财政制度转型》,《中国高教研究》2017 年第 5 期。

② 希拉·斯劳特、拉里·莱斯利:《学术资本主义》,梁骁、黎丽等译,北京大学出版社,2014,第 64 页。

③ 晏成步:《高等教育公共支出的国际比较分析——兼议高等教育财政制度转型》,《中国高教研究》2017 年第 5 期。

④ 张君辉:《政府与高校治理关系调适的国家经验》,《教育研究》2015 年第 9 期。

表 5-3-2 中国高等教育资源配置三种力量转型指标与七国资源配置三种力量比较

	中国高等教育资源配置 三种力量转型程度分项	中国	美国	日本	澳大利亚	英国	德国	俄罗斯	法国
政府力量	公立私立高校设置审批权	0.60	1.00	0.80	1.00	0.20	1.00	0.40	0.00
	高校校长任免权	0.20	1.00	0.90	1.00	1.00	0.90	0.90	0.90
	高校招生自主权	0.55	1.00	1.00	1.00	1.00	0.70	0.80	0.70
	国外高校在主权国招生权	0.00	0.00	0.00	0.00	0.00	0.00	0.00	0.00
	国家助学贷款制度	1.00	1.00	1.00	1.00	1.00	1.00	1.00	1.00
	招生资格扩大化	1.00	1.00	1.00	1.00	1.00	1.00	1.00	1.00
	政府力量分指数	0.56	0.83	0.78	0.83	0.70	0.77	0.68	0.43
市场力量	私立高校占高校总数比例	0.29	0.65	0.74	0.10	0.10	0.10	0.40	0.22
	国际生占在校生总数比例	0.02	0.09	0.20	0.25	0.19	0.20	0.05	0.12
	地方高校占全国高校比例	0.95	1.00	0.85	0.90	0.10	1.00	0.48	1.00
	非财政性经费所占比例	0.40	0.67	0.70	0.54	0.70	0.13	0.50	0.17
	学费收入占总收入比例	0.19	0.30	0.73	0.39	0.49	0.10	0.35	0.09
	基建资金自筹来源比例	0.71	0.60	0.70	0.10	0.10	1.00	0.30	0.18
	自然科研竞争性经费比例	0.40	0.70	0.70	0.70	0.40	0.60	0.50	0.30
	毕业生择业自主权	1.00	1.00	1.00	1.00	1.00	1.00	1.00	1.00
	市场力量分指数	0.50	0.63	0.70	0.46	0.41	0.39	0.44	0.26
学术力量	教师职务评聘权	0.90	1.00	1.00	1.00	1.00	1.00	1.00	1.00
	校内机构设置权	0.95	1.00	1.00	1.00	1.00	1.00	1.00	1.00
	合同聘任制教师比例	0.40	1.00	1.00	1.00	1.00	1.00	1.00	0.30
	教师收入分配权	0.60	0.40	0.30	0.40	0.10	1.00	0.20	0.00
	高校学籍管理权	0.80	1.00	1.00	1.00	1.00	1.00	1.00	1.00
	高校学术事务决策权	0.66	1.00	1.00	1.00	1.00	0.90	0.90	0.80
	高校内部学术配置权	0.61	1.00	1.00	1.00	1.00	1.00	1.00	0.80
	教学评估权	0.50	1.00	1.00	0.90	0.80	1.00	0.70	1.00
	学术力量分指数	0.68	0.93	0.90	0.91	0.86	0.83	0.84	0.74
	三种力量总指数	0.58	0.79	0.79	0.73	0.66	0.66	0.65	0.48

说明:

1. 中国高等教育资源配置转型程度指标分项中有两个指标原是针对中国高等教育资源配置转型,在获取比较国资料不对等情况下做了相应调整。主要有:将"自费留学生占留学生比例"改为"国际生占在校生总数比例"。将"境外(港澳)高校在国内招生权"改为"国外大学在主权国内招生权"。同时将关于"自筹经费占基建资金比例"不作为数值比较,改换为基本状况比较。"自然科研竞争性经费比例"不作为数值比较,改换为基本状况比较。

2. 以我国高等教育资源配置转型程度指标原有规定性出发,一是按照客观数值进行记载,二是按照基本定性划分比较程度,即比较国制度规定性和政策规定性的指标,两种情况:按照有无判定,"0"为"无","1"为"有",如实施高校毕业生自主择业列为"1"。为0—1数值差异。划分"0"为接近完全中央政府管理,"1"为完全赋权高校自主管理或赋权师生,或由公共市场与竞争机制决定,或由第三方实施。

3. 俄罗斯公立与私立高校之比:57.7%和42.3%(548所和402所)。来自综合资料分析。

4. 办学体制中的审批权指地方高校审批在所有高校审批中占比。

5. 私立高校占比中美国学校校数占比为65%,学生数占比为30%左右。来自综合资料分析。

6. 将表中每个国家22个指数算术平均总值计量,得到比较各国总指数,与中国高等教育资源配置转型程度指数进行比较。表中分指数和总指数受算法中的进位影响,该表与表1数据有一定差异,不影响分析判断。

7. 表中三种力量的二级指标依然以我国高等教育资源配置转型程度的指标的三种力量归类。重点反映资源配置的结构差异。

以上五点是本研究对国际比较数值反映中基本特点的分析。在选择有限的国别比较上,对照我国高等教育资源配置转型程度指标数值综合分值以及各具体分值,我们又看见了什么异同呢?

第一,与比较国的高等教育资源配置变革程度差异趋小。因为比较国各自国情不同,简单核算综合分值并不具有绝对可比性。为了考察改革开放以来我国高等教育资源配置转型程度,从转型趋势上与比较国进行比较,就能够发现相对比较的意义。从改革前我国高等教育资源配置完全由中央高度集权配置的初始逻辑视角看这一比较,我们测算了比较国的综合分值。表5-3-1、表5-3-2的综合分值都表明,七国综合指数为0.68,而我国综合指数为0.58,与七国综合指数相距10个点。即使这七国也在变革,但我国转型在市场经济基础环境制约意义上基本是从无趋有的概念,这是看待综合指标的一个独特视角。从综合指标分值看,我国比法国(0.48)还高出10个点左右。这一数值是改革开放以来,中国高等教育资源配置转型变迁的基本真实写照,从最初完全由垄断集中的政府一家配置资源到三种力量互为支撑相互制衡配置资源的局面。我国选择社会主义市场经济基本制度后在高等教育资源配置上的转型演进之路是一个完整制度演进案例,虽然还没有结束,但经过40年的变迁,发生了重要变革。正是这一难得的实验样本,才提供了这一相对国际比较的可能。本研究所做的指标体系测量就是为了实证这一转型过程,也基本客观地再现描述了这一转型过程。通过国际比较,我们也看到俄罗斯作为转型国家,它在高等教育领域的改革步伐也不慢,虽然其制度方向与制度创新的有些选择与我们不同,但在高等教育基本特点和规律上与我们有相似之处,他们同样选择了市场竞争机制、重建学术体系、破除政府垄断。俄罗斯政府近年来在高等教育立法和大学章程上力度非凡,并不断向高校放权。本研究的考察主要是高等教育资源配置模式选择,指标测量重点是制度选择实证,选择后的效益分析不是本研究重点。所以,我们考察的是俄罗斯高等教育制度转型程度与制度安排,虽然因经济困境俄罗斯高等教育财政实力存在困难,许多改革举措还尚未落实,但俄罗斯在政府、市场、学校事权与责任划分上以及面向全球开放合作方面迈出了实质的步伐,在整体转型态势上发展较快。美国正在全面改善政府在财政绩效拨款[①]、国家科技研发政策和资助学生贷款方面的政府配置方式,日本、英国、澳大利亚、德国都加大了市场机制介入、政府监管评估绩效拨款管理的力度,而法国也在适度放松政府集权管理以适应欧盟和全球高等教育竞争。**比较国办学体制都有其本国特点,但都在修正调整资源配置模式,使三种力量更趋向支撑与制衡。因此,我国高等教育资源配置制度转型指标分值与比较国的距离从变迁过程看在不断缩小,且转型趋势的方向与比较国的多数指标呈现为相向而行。反映了多数指标正是高等教育资源配置的变革指标。**比较发现,在全球背景下,转型指标对转型国家是变革指标,对非转型国家也是变革指标。

第二,基本呈现了高等教育资源配置的基本规律和本土特色。在综合分值比较中,我国高等教育资源配置有80%的指标转型方向趋向与比较国的配置方向一致,有近一半的指标

---

① 美国自20世纪70年代田纳西州首创绩效拨款模式后,到2014年有22个州实施绩效拨款,七个州正在向绩效拨款过渡,10个州进入讨论阶段,许多州的绩效拨款额度已占比100%。引自魏建国:《公立高校经费投入机制的国际比较》,载王蓉主编《中国教育财政政策咨询报告(2010—2015)》,教育科学出版社,2015,第135—145页。

数值一致或比较接近。我们没有测算具体每项指标七国的综合均值,就是考虑到各个国家相对的约束条件和历史禀赋。在三种力量数值比较中,在政府力量的六个指标上,"国外高校在主权国招生权""国家助学贷款制度""招生资格扩大化"三个指标与比较国呈现高度一致,而"公立或私立设置审批权""高校校长任免权""高校招生自主权"在现有国情中反映了我国的特殊性。在市场力量的八个二级指标上,我国在"毕业生择业自主权""私立高校占高校总数比例""国际生占在校生总数比例""地方高校占全国高校比例"等指标上基本趋同,即转型趋势上一致;而在"非财政性经费所占比例""学费收入占总收入比例""校园基建资金来源比例""自然科研竞争性经费比例"四个指标上,我国也是从无到有,不断探索适应本国国情的结构比例。这四个指标在比较国有较大差别,但即使是像法国这样的中央集权管理体制也正在趋向改革。各国实践表明,高等教育从精英走向大众与普及方向单靠政府财政性拨款很难支撑这一准公共产品的需求。因此,各国均在不断探索适合本国的成本分担和多渠道筹措以及绩效拨款等制度安排,在这一制度创新的方向上我国与比较国趋于一致。在学术力量的八个二级指标上,除"教师收入分配权"我国与比较国存在差异,主要反映了我国目前政府供给的教师稳定薪酬所占比重偏低,由学校根据校内自筹经费予以补贴的比重偏高。另外,法国由于实行高校教师公务员体制,在"合同聘任制教师比例"上比我国数值还低外,有七个数值是不断增长扩展并趋向比较国的数值,说明制度创新的方向具有同向关系。**研究表明,按照我国高等教育资源配置转型程度指标中的22个二级指标比较,有80%以上的指标在转型趋势上与比较国处于同向而行,虽然不排除这其中过去探索的曲折和仍然存在着的变数,但当下的比较呈现出较高的趋向性。**这一相对比较中既包含着中国制度特色和国情对高等教育基本定位和方向的把握指标,如高校负责人的选拔审批管理;包含着根据现有国情需求的改革节奏,如招生自主权,也包含着三种力量制约资源配置的结构不同。也就是说,**这一比较指数是在涵盖中国本土化的资源配置特点的情况下得到的相对数据。所以,比较重心并不是针对具体数值,而是重在观测与比较国资源配置指标趋势和相对结构。**比如,中国高等教育资源配置转型中的政府力量,重在与传统政府力量的转型对比。但在中外比较上,政府力量已不再是指原有传统政府垄断力量,而是在新公共治理理念下看政府治理能力主要体现在哪些方面,带给高等教育资源配置的新治理模式对资源配置效益的提升。如果传统政府力量与创新政府力量是两个不同阶段的产物,我国现有的政府已处在创新政府力量阶段,面对高等教育资源配置的基本治理,中外有共性的一面。又如,市场力量以什么样的方式介入资源配置,在资本和信息时代的方式和20世纪90年代有所不同。这一探索在财政性与非财政性的阶段性波动上以及政府如何把握比重结构都存在改革空间。这表明我国是在与传统资源配置嬗变中叠加进入现代资源配置创新阶段,深化改革的方向不是与传统资源配置比较,而是需要面向新资源配置制度创新的公共问题。**指标分析留给了我们平行看世界的可能,找到状况的源头及能否深化改革和改革的可行性是本研究比较的意义。**其中最有意义的是,我们脱胎换骨后不是一劳永逸而是面临着全球新的竞争挑战,那些经过**40**年制度创新的演进成果是否包含着高等教育资源配置的基本规律和共同特点,是否是现代大学组织赖以生存并获得优选的制度安排和配置模式,是否具有中国本土特色并能够抗衡竞争的创新安排。通过比较,可以得到肯定的结论,**中国高等教育资源配置制度创新不仅是公共政府现代治理理念和依法实践的制度创新成果,而且更是中国改革开放以来坚持本土道路和开放境界的结合的产物。**不探索改革不可能取得今日之转型成果,墨守成规、故步自封、盲人摸象、井中之蛙、夜郎自大、妄自菲薄、前车之鉴都是中国40年改革之路引以为鉴的"名言警句",正是有了这些"名言警句",中国改革之路才能既"摸着石头过河",又"仰望星空开路",既坚守中国特色,又追赶世界一流。国际比较的目的还是基于这些"名言警句"。

第三,高等教育资源配置模式因国而宜且相向而行。本研究是第一次运用我国转型指标来进行国际比较,在考察比较国指标中对所有指标的演进都做了大量文献分析。**分析表明,几乎所有指标呈现的制度创新在历史演进中都存在着变化,变化只有多少快慢,不存在根本不变的指标;不少指标在演进中从相背而行到相向而行或同向而行,虽然演进程度不同,但"变"是根本,且"变"得更相向而行。**研究表明,在历史演进中,各国高等教育资源配置方式的共性与个性不是一成不变的,在一定环境下都存在变革的可能,甚至是颠覆性的变革。如日本、俄罗斯。在国家转型大变革中,这些指标的变革力度同样比较大。全球或区域变革以及科技发展的突破期都是引发国内变革的动因,所发生的新旧政府交替的政策变化,都可能作为高等教育的外部因素制约资源配置的改变。如美国、英国、德国。所以,变化成为比较国的常态,特别是21世纪以来,各国都深感全球化加剧了各国竞争挑战的速度,加快助推本国对高等教育的创新探索成为战略重点,这些探索受全球竞争挑战、公共治理理念、人才流动趋势、信息科技突破等因素影响,对高等教育资源配置的变革趋向具有同质化需求,致使在改革模式上既有同向改革之策,也有相向改革之举,有"江河湖泊奔腾大海"之势。这一点在近年来高等教育政府公共治理变革上非常突出,比较国多数政府在监管配置高等教育公共资源上改变了传统的许多失效、缺位、错位的配置模式。总之,比较国高等教育改革诉求都是建立在各国宏观战略目标上,各国发展阶段需求和既往历史条件使得各国高等教育制度创新具有独特个性和本国特点,**确认共性不易,但确认个性并使个性成为推动优化实现目标的关键才是"真经"。**本研究的国际比较只是开端,发现不同并研究比简单得出结论更重要。

二、国别比较研究假设的结果

本研究的基本假设主要有三点:**一是在市场经济条件下的比较国高等教育资源配置力**量主要程度不同地来自政府、市场、学术三种力量。**二是比较国大学参与全球竞争的主要资**源是人才培养、科学研究与国家战略服务目标,在全球资源配置流动和竞争环境下比较国高等教育资源配置方式具有趋同和可比基础。**三是比较国历史禀赋和本土"痕迹"也制约着本**国高等教育资源配置的不同指标,使其具有本国"特色"。在历史演进中,各国高等教育资源配置方式的共性与个性不是一成不变的,在一定环境下存在变革的可能。

本研究构建的高等教育资源配置转型程度指标为国际比较提供描述比较国高等教育资源配置相应指标的基础。通过选择分布在北美、欧洲、亚洲、大洋洲的美国、英国、德国、法国、俄罗斯、日本和澳大利亚七个发达或转型国家,对该国高等教育进行考察检验比较,基本证实上述三点国际比较研究假设。

一是比较国高等教育资源配置力量主要程度不同地来自政府、市场、学术三种力量。从我国高等教育资源配置转型过程中可以发现,政府、市场、学术三种力量是高等教育资源配置制度转型的动力,它们互为支撑相互制衡形成了中国高等教育资源配置转型的现实面貌。比较研究表明,七国作为发达或转型国家,高等教育具有一定代表性,它们虽然都实行市场经济,但进入先后、奉行理念和实施的市场环境有一定差别,但无论这样的差异有多大,在比较国的指标比较中,三种力量都作为主要配置力量参与到高等教育制度创新中。而比较国制度创新的焦点和制度成果的体现也都集中反映在三种力量的制度创新较量上。**由于三种力量受制于各国的制度环境和历史条件,三种力量在高等教育资源配置方式上的表达有所不同,本研究考察记录的只是关键性的一些指标数据,但这 22 个指标集合也充分反映了三种力量是比较国高等教育资源配置制度创新的基本力量。**

　　二是比较国在全球资源配置流动和竞争环境下,高等教育资源配置方式具有趋同和可比基础。研究表明,比较国大学参与全球竞争的主要资源是人才培养、科学研究与国家战略服务目标,同时,作为经济全球化的竞争参与者,既与我国有密切贸易往来和高等教育合作交流历史,又是我国参与全球资源配置的竞争对手。作为高等教育资源配置的主要指标,在比较国中的表现反映了该国的基本政策和制度安排,不管出于重视或共识或本国特色,这些指标的数值都提供了比较基础,具有可比意义。同时研究还发现,7 国之间的绝大多数指标基本趋向一致,表明这些分布在不同国度的高等教育具有共同配置优化的教育规律和特点,即使有不同也能够追根寻源地找到原因。本研究用这套实证分析工具扩展了测量范围,**表明对高等教育资源配置进行国际比较具有可行性**。比较表明,知己知彼,方能"百战不殆"。进行国际比较对了解全球市场经济条件下高等教育资源配置的发展特征、基本规律与演进趋势具有现实价值和战略意义。**我国高等教育资源配置转型指标有 80% 具有国际比较意义,有部分指标是本土化特色或还在探索之中,值得进行比较制度研究。**

　　三是在历史演进中,比较国高等教育资源配置方式的共性与个性不是一成不变的,在一定环境下存在变革的可能。比较国历史禀赋和本土"痕迹"也制约着本国高等教育资源配置的不同指标,使其具有本国"特色"。这一点通过制度比较清晰地反映在比较国的指标变化中。我们对每一项指标都做了历史文献序列分析比较,发现有些指标此时和彼时的变革较大,德国对学费收取的"暧昧"致使改革流产,法国和日本对国立或公立大学放开管制的"解放"使得教授们"不自在"。仅仅对自主权的判定,各国也是不同的,比如,法国对教师的录用甚至比校长"管制"还烦琐,这在各国权力等级的理解和制度规则上存在着差异。虽然本研究录入的数值都是节点指标,但综合分析的是演进变化过程。**本研究原以为能够从分析结果上看到教科书式的关于国别分类"标准",但综合结果破除了只有 A 才有 B 或有 B 必有 A 的教条。因此,共性与个性的演进变革都是比较国顺应时代和本土化的产物,这一特征是进行国际比较的重要思想,切不可固化教条,也不可"对号入座"。**尤其在 21 世纪全球剧烈动荡时期,**高等教育资源配置变革都处于"混合"之中,既没有绝对样板也没有极端模式。**

　　本研究通过实证国别比较,对研究假设的论证符合比较国实际,也符合我国高等教育资源配置转型 40 年的制度轨迹。**在全球共享信息资源条件下,人类命运共同体语境中的大学更具包容、更具情怀、更具视野的使命,是为了更强调各国一流大学负有对解决命运共同体困境的国际理解和国际责任,而前提是探索高等教育资源配置的共同规律和相向而行的特征。失去这个前提,国际交流合作是无根之木,无水之源,这是本研究具有国际比较意义和现实比较价值的根本所在。**

第四节　高等教育资源配置国际比较研究趋势和启示

通过对七国比较研究分析,本研究对比较国高等教育资源配置发展趋势分析如下:

——政府、市场、学术三种力量影响均衡。在国别比较中,三种力量共同制衡的综合分值排序是美国、日本、澳大利亚、英国、德国、俄罗斯、法国。尽管指标的设定有一定局限,在市场力量和学术力量中也能考察政府干预的能力大小,但与我们的"印象"不同,法国的政府力量分值并不高,而美国在政府力量分值上并不低。纵观改革,都看到比较国政府在全球竞争环境下积极探索重构三种力量的关系,尤其是试图通过市场机制与政府调控来把握政府管控与学校自治的关系,体现了政府放权和问责与学校赋权但更要自律的趋势,公共治理的实质是通过新资源配置方式提高办学质量。一方面,各国高校学费不断增长,另一方面政府的助学金和助学贷款覆盖面也在不断扩大[①];教育经费支出需求的总量不断增加,财政拨付能力受到约束和制衡,不少国家财政拨付的方式越来倾向于绩效评估方式;学术自主权作为大学本质和教授治校的本位,越来越受到来自第三方的监管评估和学术公共治理的压力。所以,近年来比较国高等教育更有优势的制度创新焦点和制度成果,主要也都集中反映在三种力量互为支撑相互制衡的制度创新上,而不是偏向一种力量。虽然三种力量受制于各国的制度环境和历史条件,在高等教育资源配置方式的表达上有所不同,但研究表明,三种力量互为制衡的影响是比较国高等教育资源配置制度创新的趋势。

——新公共政府治理促使治理方式变革显著。朱贺玲、袁本涛等人的研究表明[②],20世纪90年代,在新公共管理的影响下,各国相继致力于政府再造(reinvention)或转型(transformation),打造更为精简、高效、结果导向的公共部门。政府的作用由直接干预转为远端操控,由强调政策制定转为关注管理技巧,由强调过程转为关注结果,治理手段由"规则—治理"转为"目标—治理",即从事前制定规则、控制资源投入,转为事后的监督和调控,侧重对产出和结果的评估。同时,政府通过建立市场机制推动竞争意识,以增加公共部门的弹性,提升效率、绩效与竞争力。这一强调绩效、问责、竞争的新公共管理理念通过国家政策迅速介入高等教育领域。虽然不同国家对新公共管理进行了方向和程度不一的回应,但从指标分析看,在新公共管理的影响下,比较国高等教育的治理手段已逐步由全面干预转为目标管理,由直接干预转为间接管理,政府集权的国家不断下放大学自主权,政府强化经费补助与绩效表现挂钩,加强对大学的结果问责。在新公共管理的影响下,比较国相继采取措施对公立大学下放权力,并渐次展开教学与科研质量的评估、推动第三方评估与经费补助关

---

① 英国在2009年、2010年连续发布《布朗尼报告》和《确保高等教育未来的可持续发展》,确定了英国高等教育政策改革导向,按照市场化原则,将学费额度的决定权下放学校,如取消招生限制,放宽学费上限;通过绩效增加拨款额度;加大助学贷款制度的覆盖面。引自张君辉:《政府与高校治理关系调适的国家经验》,《教育研究》2015年第9期。

② 朱贺玲、袁本涛:《新公共管理及其对大学治理的影响——德、英、美三国的经验》,《中国高教研究》2018年第3期。

联。在基于扩大绩效分配教育资源的同时,也倾向于在减免学费和加大助学贷款上双向给力①。2015 年,"美国学院承诺计划(America's College Promise Proposal)"提出要为 900 万就读两年制社区学院的学生免除学费②,尽管这只是提议,但政府公共治理的导向意义突出。英国强调科研经费补助与绩效表现的挂钩,更强化对大学财政拨款的问责与审计。德国联邦及各州政府放松管制,引入"目标协议"(Zielvereinbarugn)和"大学校务咨询委员会",各州相继推出"总额预算制"(lump-sum budget),即政府提供总额预算,并尊重大学根据实际需要,自行使用和分配经费的权力,年内剩余的经费也可滚至下一年度使用,或由大学自行决定用途。政府更强调大学的绩效而非需求应成为分配教育资源的依据。"绩效"除大学在教学与科研评估中的表现外,还可参考大学所获得的来自政府、私人及第三方的研究经费。2003 年,澳大利亚教育部长布兰登·尼尔森发布的调查报告《高等教育站在十字路口》,认为澳大利亚高等教育已经处于十字路口,必须进行坚决的改革。尼尔森改革的重点之一就是以"联邦拨款计划(Commonwealth Grant Scheme)"取代现行大学块状事业费拨款方式。联邦通过与各高校协商,在各学科领域按照学生人数进行拨付,并强调高校获得联邦政府拨款的竞争性,即政府通过联邦拨款计划向大学拨款,需要对大学的教学或产业化运作的成果进行考核和评估,择优进行拨付。这种建立在"绩效"基础上的竞争性拨款体制的引入大大促进了高等教育机构间公平竞争政府财政拨款氛围的形成③。法国 2007 年颁布《大学自治法》④,强调赋予综合大学更大改革自主权,政府将从直接管理者转为大学的合作者、监督者、保证者与资助者。政府通过总经费控制的契约合同,以目标管理为基础的绩效评估方式对高校实行宏观管理与监督。日本 2004 年实行法人化的基本目标是以市场化为导向,以效率、分权、绩效为出发点,给予大学更多财政权和人事权⑤。俄罗斯政府近年来不断增加研究绩效在高校考核中的权重,使得很多大学据此调整了教师的入职标准和薪酬结构⑥。**新公共治理理念几乎波及所有国家高等教育管理领域**,从政府直接管理大学的模式向大学作为独立法人实现自我管理的模式转型,运用"绩效杠杆"已成为全球大学资源配置改革的普遍潮流,带来了政府对高等教育的治理创新。

　　——追逐世界一流大学成为各国国家竞争战略。在国人关注中国大学在世界大学排名

---

① 事实上,美国公立大学有着辉煌的自治历史,尤其是 19 世纪后半期,公立大学自主治理的权力甚至编入宪法,成为与立法权、司法权以及行政权平行的权力。然而,随着时间的推移,大学纷纷选择放弃自治权以换取政府的财政资助,宪法自治权遭受侵蚀。20 世纪早期,政府对于公立大学的资助不断增加,大学不得不接受政府在治理事务中的干涉。"全州治理委员会(statewide governing boards)"享有干涉大学日常决策的权力。20 世纪 50—60 年代,随着高等教育规模的大幅扩张,几乎所有州都加强了对大学的控制,这一时期的州政府影响几乎无处不在。所以,美国公立大学同样存在权力下放困惑。引自朱贺玲、袁本涛:《新公共管理及其对大学治理的影响——德、英、美三国的经验》,《中国高教研究》2018 年第 3 期。

② 熊建辉:《美国大力发展社区学院推动高等教育大众化》,《光明日报》2016 年 7 月 24 日第 8 版。

③ 姜蓉:《澳大利亚高等教育经费筹措研究》,硕士学位论文,陕西师范大学,2015。

④ 张君珂:《政府与高校治理关系调适的国家经验》,《教育研究》2015 年第 9 期。

⑤ 张君珂:《政府与高校治理关系调适的国家经验》,《教育研究》2015 年第 9 期。

⑥ Yaroslav Kuzminov and Maria Yudkevich:《横向学术治理与纵向行政约束的博弈——俄罗斯大学治理模式变革案例分析》,韩梦洁译,《中国高教研究》2016 年第 5 期。

位次的同时，其他国家如何看待又是如何采取措施的呢？2018 年 6 月 7 日发布的 QS 2019 世界大学排名中，有五所日本高校跻身世界大学 TOP100，且均为国立大学①。日本自 2004 年启动国立大学法人化改革，以六年为一个周期，2016 年开始进入第三个六年（2016 年至 2021 年）中期计划。根据 2013 年《国立大学改革方案》，日本将实施三组类型的大学功能分类改革，分别是"世界一流水准的卓越教育研究"大学、有"特色专业领域的优秀教育研究"大学、主要致力于为"地域发展贡献"的大学。对 86 所国立大学的功能定位进行了重新规划。2014 年，日本文部科学省拨款年预算额高达 63 亿日元的"超级全球大学创设支援事业"，启动**日本**冲击世界前 100 名的"一流大学"项目，对 13 所"TOP 大学"与具备国际化试验条件的 24 所"国际化牵引型大学"进行彻底的教育改革与国际化改革，以提高这些大学的教育通用性与国际竞争力。近两年来，日本政府多次评选能"展开和世界最高水平相当的教育研究活动"的国立大学法人，将评选标准确定为科研能力、社会合作、国际竞争力等层面，并指出定期重新评估"指定国立大学法人"的资质，进行动态竞争。"指定国立大学法人"被视为日本国立大学改革的推进者以及世界一流大学的竞争者，政府将在资金、科研、政策优惠等方面得到更多的支持。2006 年 2 月，**俄罗斯**政府颁布施行《国家优先教育计划》（Приоритетный национальныйпроект "Образование"），该计划作为一项国家级教育工程，旨在促进其现代化进程，以应对日益激烈的国际化竞争。国家优先教育计划也即"全球卓越计划"，提出了要建设一批世界一流大学的目标，并把科研创新能力作为衡量大学水平的重要标准之一。为了实现这一目标，俄罗斯联邦设立了国家专项基金，对于开展创新性科研的高校和教育机构，每年为其提供约 4 万美元的资助②。该项国家基金由俄罗斯联邦预算的专项拨款，2006 年为 2 亿美元，每年增加 2—4 亿美元，可见俄罗斯联邦对该项国家基金的支持力度在持续加大③。2008 年制定的《俄罗斯教育中长期发展纲要》提出通过整合优质高校资源组建联邦大学，以较高的科研实力和教育质量，代表着俄罗斯高等教育的最高水准，力图跻身世界一流大学之列④。为了实现"确保到 2020 年不少于五所俄罗斯高校进入世界重点高校百强"的任务，政府从 2013 年起向选拔出来的重点高校提供国家扶助⑤。俄罗斯出台的"5-100 项目"（即重点大学世界竞争力提升项目）、"高校—创新的中心"项目和"俄罗斯教育

① 郑湘：《建设世界一流大学，日本是怎么做的》，搜狐网，http://www.sohu.com/a/235281289_608848。

② Yaroslav Kuzminov and Maria Yudkevich：《横向学术治理与纵向行政约束的博弈——俄罗斯大学治理模式变革案例分析》，韩梦洁译，《中国高教研究》2016 年第 5 期。

③ 袁利平、李盼宁：《俄罗斯高等教育国际化的战略框架及政策分析》，《中国人民大学教育学刊》2017 年第 1 期。

④ 2008 年 5 月，俄罗斯前总统梅德韦杰夫签署了 716 号《联邦大学》（О Федеральных университетах）总统令，明确提出建立联邦大学。以这一法令为契机，俄罗斯开始了高等教育现代化改革的进程，其中，最重要的一步就是优化高等教育结构。2009 年到 2011 年的三年间，俄罗斯在西北联邦区、伏尔加河沿岸联邦区、乌拉尔联邦区和远东联邦区陆续建立了 5 所联邦大学：北极联邦大学、乌拉尔联邦大学、喀山联邦大学、东北联邦大学以及远东联邦大学、波罗的海联邦大学；2012 年 1 月，北高加索联邦大学在北高加索联邦区成立。2013 年，一项旨在推动"大学合并"的改革项目在俄罗斯全国范围内启动，该项目计划对 30 所大学和 230 个院系进行合并，合并的实质是资源的优化配置，以提升高校基本效率与教学质量，实现教师和学生的自我发展为目标。

⑤ 黄雅楠：《俄罗斯政府向 21 所重点高校拨款 99 亿卢布》，《世界教育信息》2018 年第 6 期。

出口潜力提升项目"等将继续为高等教育的发展进步提供支持和保障①。普京强调:2020 年前世界名校百强排名中,俄罗斯高校至少要有五名,俄罗斯高等教育改革和发展、创新经济的进程已然推向了快车道,为俄罗斯成为真正的"教育强国"打下坚实的基础②。两百多年前,**德国**曾经以优秀的传统大学精神造就了德国大学的辉煌历史,对世界高等教育的发展产生了重大影响,但在近年来各种世界高校排名前 40 名的行列中已很难发现德国大学的名字,这从一个侧面反映了德国现行高等教育体系的问题。为重塑经典和辉煌,2005 年,德国联邦政府与各州政府决定共同实施"卓越计划",重点资助 11 所高水平大学,以提高国际竞争力和知名度③。为了加大竞争,2005—2017 年,德国先后三次动态评选卓越大学④。昔日高等教育办学领先的英国大学,虽然仍在世界大学排名榜的前列,**英国**虽然仍傲居世界大学排名榜前 20 位中三位,但已深感来自各国咄咄逼人的竞争态势。2017 年英国政府高调推出"教学卓越框架"(Teaching Excellence Framework,TEF),评估结果分为金牌、银牌、铜牌,旨在鼓励高等教育机构加大对教学和学习质量的重视程度,是对过去偏重科研质量的高校评估体系的补充,以确保英国高等教育质量⑤。作为诺贝尔奖获得人数位居美德英之后的**法国**也已深感压力,一是 2007 年实施"校园行动计划",同一区域的高校形成高教和科研联合体,建设 10 所世界先进水平的大学,二是 2009 年制定《国际研究与创新战略》,优先发展对国家未来具有重要战略意义的项目计划,三是 2011 年颁布《2011—2014 年法国国家改革计划》提出高等教育自治、合并重组和促进国际生流动发展战略⑥。**澳大利亚**国立大学制定了 2017—2021 年战略规划,以"追求卓越"为核心,设置了五大目标(营造卓越的学术文化、承担对社会的责任、实现大学和社会公平、提高毕业生的就业质量、提高国际地位),以应对挑战,增强影响力⑦。根据软科的数据,2018 年世界高校 500 强中,**美国**以 139 所高校入选、46 所高校入围 100 强的优势夺冠,可见美国的高校实力依然无敌;中国入选 62 所高校(大陆入选 51 所)、3 所高校(清华大学、北京大学、浙江大学)入围 100 强,数量上超越英国获得第二名;英国入选 39 所高校、8 所高校入围 100 强,排名第 3。世界排名前 20 的高校依然是美国 16 所,英国 3 所,剩下一所是来自瑞士的苏黎世联邦理工学院(世界排名第 19)。这一第三方排名榜的成果表明了我国重视一流大学建设战略的持续实施初见成效,但中国大学的质量还远不及美英顶尖高校,2017 年世界大学学术排行榜(ARWU)排名第一的哈佛大学在

---

① 邵海昆:《俄罗斯 25 所高校入选 QS 金砖国家大学排行榜百强》,《世界教育信息》2018 年第 2 期。启动于 2013 年的"5—100"项目旨在提升俄罗斯重点大学在全球教育科技领域的竞争力,项目的核心目标是保障至少 5 所俄罗斯高校名列世界高校排行榜百强,项目资助高校共计 21 所(2013 年第一批次 15 所、2015 年新增 6 所)。为此俄罗斯已累计投入 500 亿卢布的财政拨款,未来三年内的拨款总额预计将超过290 亿卢布。

② 袁利平、李盼宁:《俄罗斯高等教育国际化的战略框架及政策分析》,《中国人民大学教育学刊》2017 年第1 期。

③ 沈国琴:《德国高等教育的新发展》,《高等教育研究》2015 年第 8 期。

④ 张源琛:《德国大学还能再造辉煌吗》,南方周末,http://www.infzm.com/content/133447。

⑤ 夏建辉:《2018 年度英国"教育卓越框架"评估结果发布》,《世界教育信息》2018 年第 14 期。

⑥ 周伟:《法国高等教育发展战略及其启示》,《世界教育信息》2017 年第 7 期。

⑦ 赵艳云、高亚杰:《澳大利亚国立大学 2017—2021 年战略规划文本解读》,《世界教育信息》2017 年第24 期。

师均表现(PCP)指标上得分为 79.5,该榜前 10 的美国大学这一指标均分为 58.7,而我国排名位次最前的第 48 位的清华大学该指标得分为 25.1,我国排名前 10 的高校该指标均分得分 21.9①。这组数据反映出两国的差距,这不仅仅是教师指标,影响这一指标的因素是一系列制度安排,中国高校距离世界一流,还有很长的路要走②。虽然不断有人提醒"现有的大学和学科排名本是一种商业活动,一旦具备了绩效评价功能,就有了建设成效'担保者'的意味,也必然会左右'双一流'建设的重点和方向"③。政府与大学是否清醒,与制度安排关系密切,对大学竞争是实力竞争不是排名竞争的共识一定趋向一致,但是否按照大学规律办学则是实现一流的基本前提的认知与实践则并非一致。我国政府提出,大力推进高水平实质性国际合作交流,成为世界高等教育改革的参与者、推动者和引领者④。本研究进行比较研究意在其中。

中国政府把冲击世界一流大学的项目作为国家战略,1998 年启动迄今,已从"985 工程"及"211 工程"项目转向更具有竞争性的"双一流"项目,在大学公共财政专项投入上也开始实行基于绩效评估和问责竞争性配置,而"双一流"建设更强调实行有进有出的动态调整机制,动员地方参与强化资源配置的竞争因素⑤。许多国家重视"一流大学"、实施国家战略和采取竞争性措施是近年来的趋势和一致做法。值得警惕的是,各类一流大学参考排位但若作为建设目标则是短视,甚至会成为误区。东京大学前校长小宫山认为,"世界一流大学"必须关切人类面临的难题,将在世界最尖端领域展开研究的人才聚集起来,并给出世界一流的方案和成果。能够把不断开辟人类尖端领域、推进人类最尖端科学研究的人才聚集起来的地方才是世界一流大学⑥。眼界与胸怀决定制度创新的起点,也决定谁能走得更远。

——**全球区域一体化推动高等教育合作共享。**人才是流动的资源,流动的条件是地区和国家间能够创设或改变传统的竞赛。全球市场、产业、信息、资本的资源联通聚集着人才的流向,21 世纪高等教育人才成为国家未来产业科技发展的最重要命脉,而不再是石油矿产。仅仅通过单边国家高等教育学位互认已很难让企业识别人才质量,通过战略联盟的地区高等教育一体化确保人才质量到位,是近年来高等教育合作共享的趋势。伴随世界一体化和新经济时代的到来,有着几百年悠久历史的欧洲高等教育面临着多重挑战。基于全球化的压力和自身发展的需要,欧洲迫切需要寻求高等教育重新崛起之路。**"博洛尼亚进程"**,

---

① 宣勇:"什么是好的大学内部治理",《内部治理结构创新:大学"双一流"建设的"阿喀琉斯之踵"圆桌会议之四》,《探索与争鸣》2018 年第 9 期,第 5 页。

② 王世新、肖琳:《这 6 年,中国高校离世界第二很近,离世界第一还远》,搜狐网,http://www.sohu.com/a/248669495_773043。

③ 张端鸿:《不要让排行榜和各种奖项绑架大学"双一流"建设》,文汇教育,http://whb.cn/zhuzhan/xue/20180928/215081.html。作者认为,在对重点建设高校的持续观察中越来越关注到,随着排名"担保者"形象的日益增强,其"指挥棒"效应便逐渐显现。

④ 《教育部、财政部、国家发展改革委印发〈关于高等学校加快"双一流"建设的指导意见〉的通知》,中华人民共和国教育部网站,http://www.moe.gov.cn/srcsite/A22/moe_843/201808/t20180823_345987.html。

⑤ 《加快建设"双一流"大学!教育部在沪召开现场推进会》,上海发布,https://baijiahao.baidu.com/s?id=1612951148358991973&wfr=spider&for=pc。

⑥ 蔡成平、卢梦禹:《东京大学前校长:中国需对老龄化尽快未雨绸缪》,新浪财经,https://finance.sina.com.cn/360desktop/zl/international/20140904/092820210380.shtml。

就是欧洲教育在多元文化背景下应对全球化挑战，以制度自主、学术自由、机会均等为原则，为促进公民流动、增强公民就业能力及实现欧洲大陆整体发展而实施的欧洲高等教育区域建设计划。1999 年 6 月，德、意、英、法等欧洲 29 个签约国的高校教育部长，齐集于意大利的城市博洛尼亚，签署《博洛尼亚宣言》宣言①，提出了今后欧洲高等教育改革计划，此计划的核心目标是到 2010 年，欧洲"博洛尼亚进程"签约国中的任何一个国家的大学毕业生的毕业证书和成绩，都将获得其他签约国家的承认，大学毕业生可以毫无障碍地在其他欧洲国家申请学习硕士阶段的课程或者寻找就业机会，实现统一的欧盟高等教育教育体系，其最终目的是保障欧盟各大公立大学的教学质量以及所培养的人才具有足够的竞争素质或科研能力，从而能够缩短欧盟与美国之间在科技发展领域的差距。欧盟 27 个国家的 1 800 多所大学，其教育质量参差不齐，优劣各半。希望通过"博洛尼亚进程"改变现状。《博洛尼亚宣言》不仅要建立统一互认的学分和学位文凭，为高等教育领域引入竞争机制，也为欧盟范围内各个大学之间的高等教育合作提供了一个广阔的平台，具体表现在合作办学、共同颁发文凭等方面。2003 年俄罗斯为加速本国高等教育体系与欧美国家的高等教育接轨，加入了"博洛尼亚进程"。俄罗斯将这一举措定位在争取全球高等教育市场上享有话语权，顺应高等教育国际化的潮流，增强俄罗斯高等教育在国际上的竞争力，并倒逼国内高等教育转型改革。为此，俄罗斯针对博洛尼亚标准，已分别对本国高等教育学位制度、采用欧洲学分制、在质量导向背景下的国家统一入学考试和国家教育权制度进行了改革。随着"博洛尼亚进程"，参与国家和机构不断增多，至伦敦会议已达到 44 个国家签署了《博洛尼亚宣言》（其中 25 国是欧盟成员国）②，不少非政府机构和组织也参与进来。整体上看，博洛尼亚进程促进了欧洲范围内的高等教育人员的自由流动，包括建立具有可读性和可比性的学位体系，学分转换系统和学分互认；促进高等教育质量的提高；加强了高等教育体系与经济系统的联系，促进人才

---

① 《博洛尼亚宣言》发表的背景：1997 年 4 月 8—11 日，欧洲理事会与联合国教科文组织在葡萄牙首都里斯本召开会议，此次会议推出了《欧洲地区高等教育资格承认公约》（简称《里斯本公约》）。这个公约得到与会国家代表的支持后通过。此公约是欧洲地区唯一的涉及欧洲地区高等教育的具有约束力的文书，是奠定"博洛尼亚进程"的基础文件。《里斯本公约》的具体内容为：持有一个国家的学历资格可以在另外一个国家得到相应承认；签约国不得在任何情况下对学历资格申请人的性别、种族、肤色、缺陷、语言、宗教、政治意向、国籍、民族和籍贯抱有歧视；签约国的评价机关要对提供的学历证明负责；签约国在没有特别的理由时应该承认其他签约国出具的学历证明。但是，如果两个国家的学制有明显的区别时例外；签约国对外国的学生给以同等的国民待遇的高等教育入学机会。在不违背所在国法律和法规的前提下，外国的学者可以使用原学术头衔；签约国为难民和流动群体提供学历和就业资历证明；签约国应该建立信息和咨询中心，提供本国有关高等教育的各种信息；签约国要鼓励本国的高等教育机构为学生颁发《文凭说明书》。《文凭说明书》是欧盟、欧洲理事会与联合国教科文组织共同设计的旨在具体描述文凭内容的解释性文件。1998 年 5 月，法国、德国、意大利和英国的教育部长率先在法国索邦大学共同签订了旨在促进四国高等教育体系相互协调的一个协议，即《索邦宣言》，以推动欧洲高等教育学位和学制总体框架的建立。本研究汇总整理。

② 加入博洛尼亚进程的国家有：阿尔巴尼亚、亚美尼亚、奥地利、阿塞拜疆、波黑、保加利亚、克罗地亚、塞浦路斯、捷克、丹麦、爱沙尼亚、芬兰、法国、格鲁吉亚、罗马教廷、匈牙利、冰岛、爱尔兰、拉脱维亚、列支敦士登、卢森堡、摩尔多瓦、挪威、波兰、葡萄牙、罗马尼亚、俄罗斯、塞黑、斯洛伐克、斯洛文尼亚、瑞典、瑞士、前南斯拉夫、乌克兰、英国、安道尔、比利时、德国、希腊、意大利、马耳他、荷兰、西班牙、土耳其。本研究收集。

资源为参与国经济提升提供保障[1]。虽然"博洛尼亚进程"存在许多问题和困难,但这一接近20年的区域合作实体模式是21世纪高等教育区域合作最为重要的改革成果,是全球化对各国人才资源竞争的倒逼产物,也是各国高等教育在制度创新上寻求利益共享的积极尝试。既然中国把开放和融入全球经济竞争作为继续改革的方针,就需要研究全球化中的区域高等教育一体化,参与共享或是创新共享平台。

——保障本土特色和凸显个性优势。二战后,为了回应人们日益增长的需求,以及对教育在经济发展中的重要性的认识,很多国家开始通过为公民提供更多的高中及高中以上的受教育机会来大幅扩展自己的教育系统,国民受教育程度显著提升。1965年,OECD国家中的25—34岁受过高中及高中以上教育的年轻人的比例平均只有43%。50年后,受过高中教育的人数比例几乎翻了一番,达到了2015年的84%。这一时期教育政策的变化可以对此加以解释:自1989年以后,接受高等教育的机会不再由国家控制,而是由需求主导,这导致了人们受教育程度的显著提升(Kwiek,2013年)[2]。除了高等教育大众化需求,还与比较国选择适合本国高等教育发展的制度创新有关。概括起来主要体现为三点,**一是尊重本国高等教育历史积淀和制度特色。**如美国大学自治、学术自由、终身教职制度被视为美国高等教育的三块基石,任何改革都基于这三块基石,使大学自治、学术自由、学者独立三方面体现得更充分、更完整,保证大学自由充分发展。又如美国高等教育办学崇尚"分权""自治""公平""竞争"等理念,形成最具多元性、差异性以及竞争性的高等教育财政运行体系,体现在"第一是在美国的私立大学是和美国公立大学在公益性方面几乎没有任何区别,是全方位服务于美国的国家利益,当然也服务于社会、世界和全人类,唯一的区别是美国的公立大学更加注重当地利益。第二是美国的私立大学得到政府支持,运行经费绝大部分来自联邦政府(以项目经费、科研经费的形式等等拨付的)"[3]。充足的经费投入是美国高等教育实现并保持世界一流水平的有力保障。近年来随着美国经济形势的整体转好,国家投入到高等教育领域的经费实现了稳定增长,其占GDP的比重也逐步提高,从2000年的2.1%到2008年的2.5%再到2012年的2.8%,而同时期内的其他DECD国家的高等教育经费投入占GDP的比重或是维持稳定或是有所减少。仅从经费投入来说,美国高等教育必将在可预见的一段

---

① 尹疏婷:《欧洲高等教育改革的博洛尼亚进程浅议》,《学位与研究生教育》2010年第1期。可参考如下信息:

Sorbonne Declaration:joint declaration on harmonization of the architecture of the Eropean higher education system,1998-05-25.

Bologna Declaration:the European Higher Education Area,1999-06-19.

Council of European Union. Presidency Conclusion,2000-03-24.

London Communiqué:towards the European Higher Education Area:responding to the Challenges in a globalisation world,2007-05-18.

秦万山:《欧盟委员会框架下欧洲高等教育:角色与话语》,《高教探索》2007年第4期,第80—83页。

② Kwiek M," From system expansion to system contraction:Access to higher education in Poland," *Comparative Education Review*, No.3(2013):553-576.引自经济合作与发展组织(OECD):《受教育程度:教育扩张的50年回顾》,《华东师范大学学报(教育科学版)》2017年第6期。

③ 施一公:《大家对美国私立大学有误解,我来澄清两点》,观察者网,https://www.guancha.cn/Education/2018_05_29_458222.shtml。

时期内继续保持甚至拉大与其他国家的差异。美国继续坚持经费来源多元化的特色，积极扩展个人、家庭与社会机构等私人投资渠道，公、私领域高等教育投资比重常年维持在4∶6的比例，私人领域的投入远超公共领域，多元的融资渠道能够帮助高校提升自身抵御外部政治、经济或社会因素影响的能力①。澳大利亚高等教育举办管理与其他国的区别是举办归属地方各州依法建立，但根据联邦宪法，联邦政府负责高等教育政策制定和财政拨款与规划管理，具体操作与运行则完全由州和大学自主。法国和德国都是政府办学，但法国是中央政府垄断办学，德国是各州政府办学。日本和俄罗斯主要按照国立与地方或私立分为中央政府与地方政府办学。各比较国办学管理的依据都基于本国国情，很难有高低优劣之分。通常我们把法国高等教育管理归置中央政府集权管理，但是它与转型前的俄罗斯和日本国立大学中央集权管理不同，它还有另一个中央学术管理体系，即与行政治理并行的"公共教育委员会"（Conseil de l'instruction publique），它由大学学者组成，代表各自学科管理教师任职资格、录用与工资待遇、教授职位的设置②。也就是说，法国大学的历史遗产赋予了法国大学治理的特殊性，两个并存的中央管理体制分别决定着高等教育制度与经费、教学和教师职业。因此，这一两百年的帝国遗产是我们理解法国高等教育资源配置"既有又有"特色的基础。转型后的俄罗斯在高等教育管理体制上正在建立符合国家定位的变革取向，即走向法治、决策分散、权力下移③。

二是高等教育分类定位明确，各具特色各有独特价值，避免大学同质化发展。如美国各大学的办学水平层次定位、学科定位、人才培养定位在建校初就已确定，具有多样性、稳定性、法定性。各大学在不同的发展方向上追求完善，提供社会需要人才；同一类型大学中不同学校又都有各自目标和任务，在人才培养目标、专业课程的设置等方面都显示出不同的特色。"美国的高等教育在过去200年当中形成一个鲜明特点，公立大学保证公平，私立大学追求卓越，当然这里并不是说公立大学不追求卓越，但以保证公平为先。美国也产生出一大批诸如哈佛、耶鲁、普林斯顿、洛克菲勒、麻省理工、斯坦福、加州理工这样著名的私立的研究型大学"④。公立大学不仅把财政经费作为收入，还作为稳定持续来源考量。学杂费是所有美国院校最为重要的收入来源，这种状况一方面反映出美国高等教育在办学理念上的转向——从教育的公平原则转向受益原则，另一方面也说明政府在高等教育投入中主动性的降低与弱化，各州将会给予高校更多的经营管理自主权，公立院校的经营模式正在逐步向私立院校靠拢，在增强自身自立和灵活的基础上尽量减少州级财政资助不稳定性造成的影响。"差异""多元"与"变革"既是美国高等教育财政运行体系在长期发展过程中形成的现实经验与成功秘诀，也是其面临内外危机和社会变迁时所不得不选择的改革方向⑤。德国在高等教育体系中除综合大学，还致力于应用科学大学的发展和双元制高等教育，形成符合德国现

---

① 张伟：《差异、多元与变革：美国高等教育财政状况探微》，《徐州工程学院学报（社会科学版）》2017年第7期。
② 王晓辉：《法国大学治理模式探析》，《比较教育研究》2014年第7期。
③ 刘淑华、刘欣妍：《走向治理：俄罗斯高等教育内部管理体制变革取向》，《比较教育研究》2015年第2期。
④ 施一公：《大家对美国私立大学有误解，我来澄清两点》，观察者网，https://www.guancha.cn/Education/2018_05_29_458222.shtml.
⑤ 张伟：《差异、多元与变革：美国高等教育财政状况探微》，《徐州工程学院学报（社会科学版）》2017年第7期。

代工业体系所需要的三位一体人才类型。20 世纪 90 年代以来新增大学主要是应用科学大学。1995—2013 年,应用科学大学学生从占新生总数的 31.2％增加到 40.7％。应用科学大学以较强入学竞争力、较低辍学率、较高满意度和绝对优势的就业率获得高等教育一席之地。同样,德国高等教育双元制打通了中等职业教育与高等教育职业教育的通道,是德国高等教育和品牌职业教育结合的产物。不仅体现了对"学术化"的反思,也使洪堡教育与科研结合的理念在现代教育得到传承与创新,双元制高等教育人才专业和能力在市场中的认可使双元制课程广泛渗透到综合大学和应用科学大学。长期被认为德国弊病的高等教育均质性被新的分化所破解,高等教育体系的异质化日益明显[1]。俄罗斯通过重新调整权限,由国家集权向地方分权逐渐过渡,俄罗斯高等教育日益呈现多样化、多元化的趋势,形成了研究型大学、教学型大学、职业型大学等多种高等教育模式。2011—2015 年最新教育方案不仅提出让俄罗斯高等教育机构符合国际标准,适应新欧洲学分互认体系(ECTS),保障俄罗斯在博洛尼亚进程与世界教育市场上的竞争力,而且更强调加强俄罗斯本国教育特色的传承与弘扬,促进欧洲教育模式与本国特色适应发展。指出俄罗斯教育与劳动市场的关系具有俄罗斯特色,俄罗斯高等教育体制、人才培养模式应当以俄罗斯劳动力市场实际需求为参照。同时,俄罗斯具有较强与雄厚的科研机构基础,2009—2012 年国家纲要法案强化"科教一体化",改革的目标是走创新道路,适应经济全球化,形成统一和强有力的教育与科研体系,促进科研成果的有效产出与转化,建立一批为企业服务的好大学,逐渐从原有的科研、教育、工业部门相互作用的"科研动力模式"向"市场带动模式"转变[2]。

三是高等教育品牌输出是发达国家手中获取全球高等教育竞争力的王牌。如英国利用高等教育机构具有的良好国际声誉和品牌价值,使教育输出成为英国国民经济中鲜有的具备强劲增长潜力的领域。2015 年新任高教和科学事务国务大臣约翰逊提出将教育输出从 2012 年的 180 亿镑提高到 2020 年的 300 亿镑的目标。同时提出抓住机遇创新英国教育品牌,将教育输出主要市场确定为中国、印度、美国、巴西、墨西哥、印尼、土耳其、韩国、俄罗斯以及欧洲内部新兴国家,通过现代教育科技发展大规模网络开放课程(MOOC),加强与新兴大国建立互惠型合作新关系,在新兴市场国家建立多层次教育输出服务模式[3]。两个世纪前,洪堡说服了本倾向于中央集权模式的普鲁士国王,创建了与法国模式反向而行的洪堡模式。洪堡的教育改革秉承"教研合一"的宗旨,大学不再只是传授既定知识和技能的机构,而以培养学生的独立科研精神和授予学生科学方法为己任。洪堡主张降低国家对大学的干预,培养学生的独立思考能力。高等教育由各个联邦州自主管辖,形成了各州间的竞争。德国传统学制和国际上通用的学士、硕士制不接轨但符合洪堡"教研合一"的精神,教席制和编外讲师制度赋予了教授独立研究的权力,免受国家干涉。这些传统和品牌在"博洛尼亚进程"中都进行了变革。说明传统品牌需要时代创新,不改革毋宁死,德国、日本都对原有百年固化体系进行了改革,以期重振昔日雄风。

随着各国政府对高等教育投入相对不足,政府通过调整高等教育管理体制、下放权力降

① 沈国琴:《德国高等教育的新发展》,《高等教育研究》2015 年第 8 期。
② 袁利平、李盼宁:《俄罗斯高等教育国际化的战略框架及政策分析》,《中国人民大学教育学刊》2017 年第 1 期。
③ 马万华、匡建江:《英国高等教育政策改革趋势》,《中国高等教育》2018 年第 2 期。

低市场准入以增加高等教育供给多样性、突出第三方监管评价绩效体系、增强高校国际化等措施来扩大高等教育参与度，改进高等教育系统效益，提高高等教育国际竞争力，也是比较国政府根据全球高等教育供给和需求做出的应对之策。其中，也包含着审视、调整和坚守原有的高等教育传统、品牌和优势。

以上五点只是国别比较中高等教育资源配置的显著趋势，对我国高等教育资源配置转型及其指标体系建构不无借鉴意义，值得正在深化转型中的我国高等教育公共治理借鉴。

转型期高等教育资源配置转型不能也不应"乃不知有汉，无论魏晋"。改革开放以来，我国高等教育资源配置不仅已对国内原有体制内资源存量、体制外资源增量进行扩展和调整，而且对海外资源和网络虚拟资源也进行了培育和吸纳，同时，这四种资源随着改革的深化，已经进入重新混合、有机重组的制度性整合与优化阶段。中国高等教育资源配置转型过程作为一个历史与现实、传统和创新、静态与动态、国内与国际交流与整合的制度变迁过程，正伴随着一个全球化逆转所逐步出现的贸易争端，另一个是以遏制中国为主要内容的准冷战生成的过程。在如此多样和错综复杂的全球化下，通过比较各国高等教育资源配置，可以了解我国自1978年之后的资源配置方式转型程度与国际高等教育资源配置的异同和未来发展策略趋势。

需要指出的是，**我国高等教育资源配置转型深受全球资源配置的影响，不仅我国已深度融入全球经济贸易的产业链中，而且全球资源配置对我国大学发展的制度约束也在不断增强。**作为"后发优势"国家不仅具有制度创新学习的可能，而且务实主义在制度创新中的"次优选择"机制可以使改革成本降低。在全球大学资源配置更趋向卓越条件、大学国际交流力度更加密集、大学科技互动更趋向合作竞争的前提下，有可能使得各国高等教育资源配置方式更为趋同。因此，**我国大学通过制度转型提升全球高等教育资源配置能力，如何在国际舞台上追赶世界一流大学，如何在国际比较中坚定中国特色社会主义办学方向，都有必要通过了解国际高等教育资源配置的基本特征与一般规律找到我国大学相适配的发展道路和独特配置药方，保持本土特色与增强国际影响力是这一比较研究的基本目的。**

需要强调的是，溯源中国高等教育资源配置转型40年的改革变迁，**可以比较清晰地看到一条中国特色高等教育发展变迁道路，与西方现代高等教育发展道路主要差异是**：改革创新的路径依赖始终深受初始条件的影响（多数变革创新是在原有稳态制度框架内的局部调整），选择最小动荡成本而又短期收益显著的改革领域先行并逐步全方位转型（多数不采取整体颠覆而采取渐进性局部创新）；战略追赶目标使得中央政府主导改革并鼓励地方差异化竞争（趋向多数以地方统筹管控和第三方影响为主）；坚持中国国情走中国特色高等教育发展道路（各国历史禀赋决定各自高等教育特色）。只有比较才能得到我国高等教育资源配置转型中越来越明晰的三点启示：**一是高等教育具有普遍规律，但各国更有约束自身生长的土壤。**"我国有独特的历史、独特的文化、独特的国情，决定了我国必须走自己的高等教育发展道路，扎实办好中国特色社会主义高校。"[1]"皮之不存，毛将焉附"是一句话，"毛"长在此处却要附之彼处的恐怕也是很难的事情。这一重申澄清了一段时期以来高等教育目标定位上的模糊观点，如关于一流大学目标方向的争论。**二是高等教育发展参照不仅仅是国际比较或历史摹本，从来都是现实阶段的产物。**"我国高等教育发展方向要同我国发展的现实目标

---

① 新华社评论员：《立德树人，为民族复兴提供人才支撑——学习贯彻习近平总书记在全国高校思想政治工作会议重要讲话》，新华网，http://www.xinhuanet.com//politics/2016 - 12/08/c_1120083340.htm.

和未来方向紧密联系在一起,为人民服务,为中国共产党治国理政服务,为巩固和发展中国特色社会主义制度服务,为改革开放和社会主义现代化建设服务。"①高等学校在资源配置的制度安排上如不能辨别首要为谁服务的问题,就等于自我脱离这一发展阶段与需求,成为无源之水无本之木。融入世界经济一体化与我国现代经济体系的开放性都要求高等教育站位国家战略,国家比较更是为了站位的明晰。**三是高等学校治理模式是一个开放性课题与制度创新。**现代大学制度的建立包含着党委在高校的制度安排,而这一制度安排取决于怎样把方向、管大局、做决策、保落实,取决于高校党风怎样带动校风师德学风,取决于高校党委怎样在知识分子问题、学术资源配置问题、选人用人问题上的风清气正。这一切作为大学治理的核心必然影响资源配置的方向与质量,是新阶段所有高校面临的创新课题。同时,比较也发现,我国政府任期目标约束性带来高等教育发展和改革的阶段特征突出,中央政府主导改革的制度安排形成高等教育资源配置的同质化突出、多样化不足,高等学校自身面向全球高等教育资源配置制度安排与能力供给稀缺。开窗是更换新鲜空气,加大开放是拓展思路,国际比较能够提供更多公共治理的启示和教训。

全球治理变革是大学变革的重要动力,它促使希望变革的国家做出同样的积极反应,并**使更多国家的高等教育出现一致的变革趋势,如调整国家的管制且更多地下放权力,重新建构大学治理模式以增强大学独立包容民主自治,引入更多的市场力量弥补公共经费的短缺,增强第三方对大学绩效责任的监督评估,鼓励大学国际化并与社会开展更多的合作,支持创建世界一流卓越大学参与国际竞争等。这些制度性的变革所显示出的共同趋势既是全球化环境对大学功能的完善与期待,也是全球化制度环境制约影响大学功能的结果。**我国高等教育新世纪头 18 年的入世经历已与我国外向型经济一致,融入顺应全球趋势才能具有竞争优势,实现服务功能;背离这一趋势则反之。因此,这是我国高等教育管理体制在经历了 40年不同阶段改革后又一次面临的主要变革,如果说以往的变革还仅仅停留在国内需求上,这次变革的主要推动力则是全球最优质大学参与竞争的制度环境。**大学作为有着千年沿革的组织自有其独立于其他组织的特质,这个特质作为基因流淌在所有称之为大学组织的血脉与机体中。因而,大学的共性是超越时空与国界的,正因如此,地处不同环境中的大学才能被赋予同样的功能才有竞争的可能与交流共享的前提。**在 21 世纪全球变革中,大学才能与全球变革共鸣同振,并共同讨论其治理变革意义和价值。但是,世界各国没有完全一样的大学,每一所大学都是生于斯长于斯,是所在本土文化与制度安排的"作品",一个民族国家的历史足迹和制度路径都体现并塑造着本土大学,使之成为独特的"这一个"。在全球化强劲"旋风"中,立足并保持其独特性也恰恰是竞争的优势,甚至是引领卓越的基础。

世界生产体系的变化主要指跨区域性与全球性生产链与价值链的迅速出现和扩大②,这一"链"资源包括组织、人员、技术、活动、信息等资源系统,对这一"链"资源的配置能力则有别于过去各国配置方式,是一种新的资源配置能力。王国刚认为,全球经济资源配置是指在经济全球化背景下所具有的在全球配置各种经济资源的能力。这种能力的强弱,既反映着一国或地区对全球经济走势和发展的影响力,也反映着一国或地区利用全球资源来优化

---

① 新华社评论员:《立德树人,为民族复兴提供人才支撑——学习贯彻习近平总书记在全国高校思想政治工作会议重要讲话》,新华网,http://www.xinhuanet.com//politics/2016 - 12/08/c_1120083340.htm.

② 刘民权:《贸易战为何斗而不破:世界生产体系的巨变》,《探索与争鸣》2018 年第 7 期。

本国或本地区经济可持续发展的能力。因此,提高全球经济资源配置能力是开放型经济国家在发展中追求的一个重要指标①。按照这一定义,同样地,**全球高等教育资源配置是指在经济全球化背景下所具有的在全球配置高等教育所需资源的能力。**如我国提出"一带一路"倡议,需要具有配置这一跨区域资源的能力。2018 年 9 月中非合作论坛②,整个非洲 54 个国家参与国 53 个,整个非洲几乎所有国家都参与了一国举行的外交活动。这充分反映了我国正在展开全球格局下的资源配置战略,这些涉及全球跨区域的重要战略配置包括了人才供给配置。**这种能力的大小强弱,既反映了一国或地区对全球高等教育的改革引领与学术思潮的影响力,也反映了一国或地区利用全球高等教育资源优化本国或本地区教育或经济持续发展的能力。**因此,只有在全球高等教育资源配置的基本配置规律一致的基础上,我们才能谈及影响力。**高等教育资源配置转型指标的国际比较,提供了比较全球高等教育资源配置能力的基础。**经济全球化既是一个历史概念也是一个现代概念,它深受以往自然禀赋制约和殖民列强瓜分的既成事实和先发国家规则约束的影响,无论是军事力量还是市场力量,无论是资本力量还是金融力量,也无论是门槛标准还是圈子规则。早期发达资本主义国家运用军事与经济实力增强获取全球资源配置的能力,已远远占据着竞争全球资源配置的优势。作为后发国家,如何在经济全球化不可避免还将继续存在发展的今天,拓展全球资源配置能力,除中央已确定实行开放型经济战略、走"一带一路"突破传统国家贸易架构、形成共享的利益共同体外,高等教育在其中应发挥的作用不可估量。也就是说,**当一国现代经济体系整体面对经济全球化时,人才素质将是全球资源配置不可或缺的力量。**历史上德国与美国曾经成为世界强国与其人才战略的优势密切相关,这既是历史的经验,也越来越成为当今各国的首选战略,一流大学意味着一流科技与人才,也意味着配置齐全资源的能力。既然在全球资源配置中竞争,就一定有配置规律可循。40 年来,我国高等教育资源配置转型特征表明,高等教育的整体竞争力大大增强。但面对强国,我们还有距离。高等教育资源配置的国际比较表明,在全球高等教育资源配置中获取资源,并占据一席之地,还需要在更加开放的制度供给背景中,与狼共舞、引领潮流。

作为评判国内资源现实转型的"罗盘",在一个全球资源配置框架下探讨:现在可能面临的资源冲突、结构与约束,使我们清楚未来面对的制约因素,选择最有利的机会。因此,**调整这个指标体系以适应进行国际高等教育比较研究和全球现实语境中的比较地位具有重要的意义,也具有很强的挑战性。**由于资料数据获得性差异以及比较国家的制度区别,本研究只能做框架的趋势性分析。研究趋势的意义是因为存在必然规律。**凯文·凯利认为,趋势像重力一样,一定会发生一些长期的趋势,这种必然的趋势都是交织在一起的、互相依赖的,但最后朝同一个方向前进③**。本研究基本证实转型期高等教育资源配置指标体系国际比较的

---

① 王国刚:《闯出全球经济资源配置的中国之路》,《上海证券报》2015 年 12 月 3 日。

② 为共同应对新世纪的挑战,2000 年 10 月,中非双方共同倡议成立了"中非合作论坛",先后于当年 10 月和 2003 年 12 月在北京和埃塞俄比亚首都亚的斯亚贝巴成功召开了两届部长级会议。2018 年中非合作论坛峰会是中国根据中非合作论坛非方成员的愿望,着眼于中非关系发展的现实需要而决定召开的峰会。该峰会于 2018 年 9 月 3 日至 4 日在北京举行。本次峰会主题为"合作共赢,携手构建更加紧密的中非命运共同体"。

③ 凯文·凯利:《最伟大的东西,还没有被发明出来:凯文·凯利预计未来 20 年的 12 个趋势》,搜狐网,http://www.sohu.com/a/195098219_313170。

合理性、解释力及普适性。**高等教育资源配置转型指标的国际比较不仅提供了趋势发现,而且更重要的是提供了比较全球高等教育资源配置能力的基础。**本研究建立的我国高等教育资源配置转型程度的指标体系虽然是用来测量改革开放 40 年我国高等教育资源配置转型程度,但本研究扩展了测量范围,对部分国家的高等教育资源配置进行考察比较。**比较表明,一是**这一指标体系测量的结果基本符合国别真实状况和比较特征,比较发现我国高等教育资源配置转型指标有 80% 指标具有国际比较意义。**二是**通过国际比较,进一步了解全球市场经济条件下高等教育资源配置的发展特征、基本规律与演进趋势,并能够做出比较制度解释。**三是**考察证实本研究提出的三种力量也是构成影响比较国高等教育资源配置的基本力量,并发现三种力量分析框架具有国际比较的普适性、差异性、规律性。本研究认为,运用高等教育资源配置转型指标体系进行国别比较,提供了比较全球高等教育资源配置能力的基础,具有探索高等教育资源配置特征与规律在全球范围内的比较意义以及指标体系在国际比较中的相对价值;为我国实现世界一流大学的资源配置提供了相对的参比框架。

第六章 中国高等教育资源配置
转型程度的基本趋势

微信扫一扫
获取本章资源

　　本研究导言、第一章、第二章在阐述研究目的、文献综述和 21 世纪的前 20 年高等教育资源配置转型的制度环境背景分析外，就近 10 年我国经济制度环境的演进及对高等教育资源配置转型影响进行了制度分析，提出了制度环境的重大变革对我国近 10 年（2007—2018年）高等教育资源配置转型的影响是否仍然沿着改革开放以来的基本方向，转型程度发生了什么变化，所依赖的外部制度环境是否发生改变等问题。本研究在**第三章、第四章**按照研究框架设计的高等教育资源配置转型程度指标体系对近 10 年的高等教育资源配置转型状况进行了测量与考察，分析解释了各个具体指数所指向的转型背景、转型内涵和转型程度，并与改革开放后的前 30 年高等教育资源配置转型程度指标进行了汇总分析，阐述了我国高等教育资源配置转型程度指标的总指数对转型期高等教育制度创新变迁描述特征的价值与意义。其中**第三章第五节**对影响我国高等教育资源配置转型过程的一个不可忽略的重要配置力量进行了考察，即分析转型期民办高等教育资源配置的演进逻辑和发展特征，对民办高等教育资源配置制度演进动力与趋势进行实证分析，得到转型期民办高等教育资源配置制度演进结论与思考。同时，中国确定并已融入全球化的开放性经济，高等教育资源配置半径已不可避免地扩大为全球市场，了解研究主要发达国家高等教育资源配置主要指标的状况，对扎根本土的比较优势和共同市场的竞争规律的参照，有利于知己知彼。因此，**第五章**运用我国高等教育资源配置转型程度指标，重点考察与分析了发达国家高等教育资源配置特征，讨论我国转型指标体系测量得到的特征与规律在国际高等教育比较中的相对价值与参照意义，检验转型指标体系在国内外两个资源市场配置的适用性与差异性，为中国大学在全球大学的定位中找到带有中国符号与特色的坐标，提供高等教育国际比较的政策供给基础。

　　如果说前五章的研究已见我国高等教育资源配置转型在近 **10** 年发生着更为显著的变革，那么，高等教育资源配置转型指标观测分析则考证了这一变革转型的来龙去脉与过程细节，而其中又从不同维度补充验证了转型过程中多维空间和变革力量对原有资源配置结构的参与影响，也提出了不同国家的制度环境对高等教育资源配置不同制度安排的深层影响。根据上述研究，**本章第一节**就改革开放 40 年，特别是近 10 年来高等教育资源配置制度转型演进中对我国大学制度演进影响最大的三个案例（大学组织演变、中国大学章程运动、中国大学自主权演进）进行研究，并结合转型指标体系总指数对案例进行实证分析，以解释转型期高等教育资源配置制度演进与现代大学制度治理之间的关系。同时，**本章第二节**将对影响我国高等教育资源配置转型过程的另一个不可忽略的重要配置力量进行考察，分析虚拟力量作为第四种力量对高等教育资源配置转型的影响程度，从更广阔的视野和新技术革命的影响丰富对转型期高等教育资源配置特征与趋势的研究。**本章第三节、第四节**根据已测量的改革开放40年的高等教育资源配置转型程度指标的各项指数,结合政策分析与典型案例等,对近10年转型期阶段性基本特征与过去30年进行比较,分析我国高等教育资源配置制度转型的基本特征与基本趋势。

第一节　中国大学治理制度变迁的逻辑力量

本节主要分析改革开放40年中国国情下高等教育资源配置转型与现代大学治理制度的关系。第三章、第四章对我国近10年乃至改革开放40年的高等教育资源配置转型制度变迁进行了测量与分析,表明中国高等教育体制已经基本摆脱计划经济体制正在全面适应市场经济体制,朝着建立和完善中国特色社会主义高等教育体制方向努力。作为有着3 000多所高校的中国,在新资源配置方式转型之下,现代大学制度建设作为国家制度安排在新世纪第二个10年的节点作为《国家中长期教育改革和发展规划纲要（2010—2020年）》被提上议事日程①,并成为近十年大学制度建设的重头戏。现代大学制度与大学治理制度关系,大学治理制度的核心与基础的变革,推动我国大学治理制度变迁的逻辑力量是本节的研究讨论要点。

关于现代大学制度,学术界、理论界进行了富有建设性的讨论。在知网搜索主题"现代大学制度治理",1995—2016年发布的论文总数达到9 044篇,2010—2016年呈现高峰,为6 725篇,占此期间总数的74.4%。见图6-1-1。从一个角度看到现实中现代大学制度成为我国高等教育理论与实践的热点。

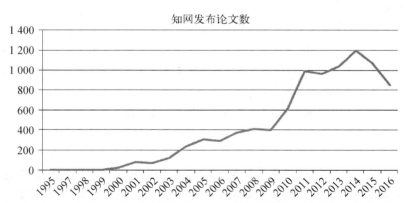

知网发布论文数

图6-1-1　1995—2016年知网关于"现代大学制度治理"主题讨论论文数据

说明:2017.6.29在知网搜索主题"现代大学制度治理"列出的历年发布的论文数。

主要讨论的焦点共识是:从历史视角看,洪堡创立柏林大学的现代大学制度,是欧美发达国家现代大学制度的原型。"欧美一些大学通过提倡学术自由和大学自治建构了现代大

---

① 《国家中长期教育改革和发展规划纲要（2010—2020年）》第十三章"建设现代学校制度",这在党中央和国务院发布的文件中首次专门阐述。我国教育部文件首次对现代学校制度概念的认定,当属2004年国务院批转的《2003—2007年教育振兴行动计划》第34条:"深化学校内部管理体制改革,探索建立现代学校制度。"引自张力:《完善中国特色现代大学制度的政策涵义》,《高教领导参考》2011年第12期。

学制度的基础,并通过大学制度创新来推动大学的创新与发展。当然,现代大学制度并非一个既定的存在,而只是一个构建中的事实,具有理论性与实践性、开放式与适应性、国际性和本土性并存的特征"①。**从现实视角看,**徐少华基本概括了多数学者的观点,中国特色现代大学制度可以从广义和狭义两个角度来界定。广义上的中国特色现代大学制度是指依据我国高等教育方针建立起来的,适应经济社会发展要求、符合现代大学特征、具有中国特色的关于高等学校的规范和秩序。其外延包括两个层面,在宏观层面上体现为外部制度,反映大学与政府以及大学与社会的关系;在微观层面上体现规范高校内部各种关系。而狭义上的中国特色现代大学制度是指高等学校内部权力关系的规范和秩序。如:党委领导下的校长负责制、大学章程、教授委员会制度以及高校内部管理的其他制度②。现代学校制度在我国教育制度范畴中主要指学校举办的制度和政府管理学校的制度以及学校内部管理(治理)制度。前两个制度涉及政府与学校的关系,在《教育法》和《高等教育法》中已有规定。后一制度既包括政府与学校关系也包括学校与社会的关系。**从建设目标上看,**《教育规划纲要》提出,"适应中国国情和时代要求,建设依法办学、自主管理、民主监督、社会参与的现代学校制度,构建政府、学校、社会之间新型关系。"张力提出,完善中国特色现代大学制度,在外部关系处理上就是要立足构建政府、大学、社会之间的新型关系,重点解决好政府怎么依法管理大学、社会怎么参与大学和监督大学,在内部关系处理上就是要形成良好的内部治理结构等③。**从大学内部治理结构上看,**多数高校及学术界对大学内部治理结构的基本共识可概括为"党委领导、校长负责、教授治学、民主管理"。这一治理结构的概括基本反映了我国大学组织制度的特色,各大学根据自己的特点完善大学治理结构的具体运作机制是改革重点。在教育部的试点要目和文献研究中基本将高校内部治理结构的内容定位在五个领域:坚持和完善党委领导下的校长负责制,充分发挥学术组织作用,拓宽师生参与民主管理和监督的渠道,构建以大学章程为龙头的制度体系。其中党委会、校务会、学术委员会、教职工代表大会是四个基本要素。因此,**现代大学制度在中国既是一个过去进行式和现代进行式,也是一个未来进行式。**本研究通过转型程度指标体系对改革开放四十年的考察得到的我国高等教育资源配置制度演进的过程特征,真实反映了中国现代大学制度演进的过去式。为了佐证指标体系数值的客观性,本部分就该**转型期我国大学重要制度演进的三个案例进行分析(高校内部管理组织机构变革、大学章程建设启动、大学自主权制度演进)。**进一步证实中国现代大学制度建设转型趋势的主要特征,同时试图提出中国现代大学制度未来进行式需面对的课题。

一、改革开放以来我国高校内部管理机构设置变迁的制度逻辑

改革开放 40 年来,我国高校内部管理机构设置的总体数量和结构类型发生了巨大变化。本研究基于全国 124 所高校在 1980 年、1992 年、2001 年和 2016 年四个改革节点的机构设置情况,试图以新制度主义方法为分析框架,探究我国高校内部管理机构设置变迁的趋

---

① 徐少华:《中国特色现代大学制度的内涵与要素》,《大学教育科学》2012 年第 1 期。
② 徐少华:《中国特色现代大学制度的内涵与要素》,《大学教育科学》2012 年第 1 期。
③ 张力:《完善中国特色现代大学制度的政策涵义》,《高教领导参考》2011 年第 12 期。

势和制度逻辑①。**研究发现：**① 改革开放以来,随着高等教育大众化,高等教育规模增长趋势与学校规模扩展有一定的对应关系,同时,高等教育日益成为社会经济发展的中心地带,与社会产生着千丝万缕的紧密联系,研究发现,124 所案例高校的内部管理机构总数增长了三倍多,其中行政机构和附属机构所占比例不断上升,而党务机构和群众机构的比重则呈相对下降趋势。机构设置呈多元化发展趋势,尤其是适应市场经济和社会多样化需求的机构类属不断增加;② 我国高校内部管理机构设置变迁是行政(政府)、市场和学术三类"理性个体"为追求自身效用最大化而进行博弈的结果,在社会主义市场经济体制不断完善过程中,公共政府治理理念的不断增强,后两者所发挥的作用也在不断增强;③ 由于我国高校是政府的附属机构,经过 40 年的变迁,高校虽确立了法人地位,在管理机构设置上具有一定的自主权,但高校内部管理机构设置变迁过程存在着较明显的路径依赖现象,深受外部制度环境的影响,呈现"行政主义"倾向;④ 从制度变迁的视角,高校内部管理机构设置受社会经济制度环境和高等教育内部制度安排的深远影响,高校内部管理机构设置变迁的合法性主要来源于与制度环境的同构性。主要研究分析如下。

1978 年,党的十一届三中全会拉开了社会主义改革开放的序幕;此后受社会经济发展和高等教育管理体制改革的影响,我国高校内部管理机构设置不论是总体数量还是结构类型都发生了巨大的变化,但相关实证研究和较为深入的理论探讨却非常匮乏。2018 年是改革开放 40 周年,回顾我国高校内部管理机构设置的变迁演进,对其制度逻辑以及实践困境进行探究,进而为完善现代大学治理体系提出政策性建议,兼具理论价值和现实意义。本研究基于全国 124 所高校在 1980 年、1992 年、2001 年和 2016 年四个改革节点的机构设置情况,试图以新制度主义理论方法为主要分析框架,探究我国高校内部管理机构设置变迁的趋势和制度逻辑。

(一) 概念界定与分析框架

1. 高校内部管理机构

高校内部组织结构包括"学科结构"和"管理结构"两部分(科研是"学科结构"的延伸,是在学科结构基础上或跨界或融合或生长出新学科的过程。研究型大学的"科研结构"已成为可与"学科结构""管理结构"比肩的结构),前者指院系和学科设置,是大学的核心结构,后者则指高校内部各个行政部门、党团组织及其相互关系,其职能是调动校内外各类资源为学术活动提供服务和保障②。在本研究中,"高校内部管理机构设置"单指管理结构的设置,不涉及基层院系和科研中心等学科结构③。高校管理机构可分为行政机构、党务机构、群众机构

---

① 本研究是"十二五"国家社科基金教育学一般项目"我国高等教育资源配置转型程度趋势研究"(BFA110031)的部分内容。原 2001 年协助调查参与者包括 124 所案例高校,原教育部办公厅赵建武、谭方正;2016 年主要参与者有中国教育出版传媒集团股份公司苏慧斌。北京大学教育学院周俊波为数据分析提出了宝贵修改意见。项目调查分析研究负责人康宁、参与者刘继安(中国科学院大学副教授、博士)、苏慧斌、高众(上海交通大学高等教育研究院硕士生)。刘继安、高众参与案例讨论并进行了理论分析。特别致谢以上所有参与者。
② 阎凤桥、康宁:《中国大学管理结构变化实证分析》,《高等教育研究》2004 年第 5 期。
③ 此部分在第三章内部管理体制指标分析中涉及。

和附属机构四大类属,本研究拟采用这一标准对案例高校的内部管理组织机构进行划分①。需要注意的是,除了上述"学科结构"和"管理结构"外,我国高校还设有各类学术委员会机构,负责学术评议与审核工作,此类内容已部分在学术治理体制指数分析中讨论②。

2. 高等教育资源配置主体

关于高校内部管理机构设置涉及的主体,伯顿·克拉克的"三角协调理论"认为,高等教育资源配置整体上受行政、市场和学术三种力量影响和制约,理想状态下三者处于三足鼎立的状态,既互相牵制,又互相排斥③。但在高等教育管理实践中,由于历史和现实的原因,不同国家、同一国家不同大学的高等教育资源配置模式都不尽相同。一般认为我国高校尤其是公立高校的资源配置属于强政府、弱市场、弱学术的模式④。本研究认为,改革开放40年高等教育资源配置转型演进表明,这一模式正在缓慢发生变化⑤。

代表着政府、市场、学术三大类主体的都是由相关利益相关者构成。利益相关者是能够影响一个组织目标实现或被组织实现目标的过程影响的人/群体。根据这一定义,结合高等教育的组织特征,在市场经济框架中,高等教育的利益相关者包括高校的管理人员、教师、职工、学生,各级政府,出资者和捐资者、用人单位、高校合作者、家长、校友,以及与高校没有直接关系的社会组织、公众、媒体等⑥。组织与利益相关者以及不同利益相关者之间存在的互动共生关系,调整着组织的发展方向和利益相关者的行为方式。一个组织的利益相关者的构成和相对重要性,随着组织内外部制度环境、资源供给、参与角色变化而变化⑦。

3. 理论分析框架:新制度主义理论方法

新制度主义理论(new institutionalism)兴起于对行为主义和理性选择理论的反思,以"制度"作为其研究核心,聚焦公共组织的制度形成与制度变迁。如今,新制度主义理论在社会科学领域的各主要学科都得到了广泛应用,并演化出多个理论分支,其中影响较大的研究范式有理性选择制度主义、历史制度主义和社会学制度主义⑧。理性选择制度主义以"理性个体"为分析起点,认为个体将利用所有可能的决策情景围绕稀缺资源展开博弈,以实现其自身效用最大化。在该理论看来,某种制度之所以被挑选出来,是因为"理性个体"从该制度获得的利益比其他制度更多;如果现有制度不能满足"理性个体"或由其组成的利益群体的获利需要,该制度就可能被改变⑨。历史制度主义强调过去对现在的影响,即前一阶段的政

---

① 康宁:《中国经济转型中高等教育资源配置的制度创新》,教育科学出版社,2005,第300页;林祥柽、范丽娟:《高校职能部门大部制改革的目标方案与运行机制》,《高校教育管理》2014年第4期。

② 有关讨论见本研究第三章、第四章相应调查与内容。

③ 有关论述见导言。参见伯顿·克拉克:《高等教育系统:学术组织的跨国研究》,王承绪等译,杭州大学出版社,1994,第154—162页。

④ 蔡连玉、眭依凡:《大学内部资源配置及其制度选择研究》,《清华大学教育研究》2017年第6期。

⑤ 有关研究见第四章、第六章。

⑥ 胡赤弟:《高等教育中的利益相关者分析》,《教育研究》2005年第3期。

⑦ 王连森、王秀成:《利益相关者视角下大学发展的境域转换》,《江苏高教》2006年第6期。

⑧ 周光礼:《大学治理模式变迁的制度逻辑——基于多伦多大学的个案研究》,《高等工程教育研究》2008年第3期。

⑨ 盖伊·彼得斯:《政治科学中的制度理论:"新制度主义"》,王向明等译,上海人民出版社,2015,第46—68页。

策选择及由其衍生出的制度化承诺往往会持续地影响后一阶段的政策方案。该研究范式认为,公共组织的制度变迁和巩固存在着"路径依赖"现象,探讨社会革命、国家建设、民主化进程等政治学、社会学问题时,不仅要关注各类共时性结构的因果关系,还要从事件变迁的历时性模式中发掘相应因果关系①。社会学制度主义则认为组织制度依赖于制度环境,如果公共组织引入某一制度形态,并不是因为它最适合完成工作任务,而是由于它在现有制度环境下被评价为最合适的,可以有效提高组织的合法性②。

新制度主义理论方法的三种研究范式各有所长,在解释公共组织变迁的制度逻辑上,它们都只具有有限的解释力。为了更好地剖析改革开放以来我国高校内部管理机构设置变迁的制度逻辑,本研究拟基于理性选择制度主义从微观层面解释我国高校内部管理机构设置的变迁动力,基于历史制度主义从中观层面分析我国高校内部管理机构设置的变迁路径,基于社会学制度主义从宏观层面探究我国高校内部管理机构设置的变迁合法性。

(二)我国高校内部管理机构设置变迁的趋势分析

为保障数据的全面性和可靠性,本研究通过抽样调查收集了全国 124 所高校在 1980 年、1992 年、2001 年和 2016 年四个改革节点的内部管理机构设置情况,通过对我国高校组织机构进行时序追踪,力图从实证的角度揭示改革开放以来我国高校内部管理机构设置变迁历程和趋势,同时结合相应时间节点的重大社会变革和高等教育政策沿革,探究高校内部管理机构设置变化的制度逻辑③。从本研究的样本高校类别来看,根据最后时点调查的 124 所高校涵盖了综合类、理工类、医药类、师范类、财经类、农林类和政法类等各个类型;按照高校层次区分,案例高校中 985 高校占 25.81%,211 高校(非 985)占 16.94%,普通部属高校占 12.90%,普通地方高校占 44.35%;按照高校所在区域划分,东部、中部、西部和东北地区高校所占比例依次为 46.77%、16.13%、27.42%和 9.68%。虽然抽样并非严格按照分层随机抽样程序进行,但是总体来说样本具有较为广泛的代表性。经过对比发现,高校的类别、层次和所在区域对其内部管理机构设置情况并无显著影响,故本研究不做分类处理。

本研究采取描述性定量分析方法。分析时将高校内部管理机构划分为行政机构、党务机构、群众机构和附属机构四个一级机构类属,在上述四个一级机构类属的框架下,结合样本高校提供的材料或高校网站对于自身组织机构的分类,归纳总结出了 30 个二级机构类属,如表 W6-1 所示,(该表列入微信 6-1)。其中每个二级机构类属包括若干个实际设置的机构类型,如教学管理部门包括教务处、教学质量监控与评估办公室和教师教学发展中心等 20 个负责保障教学系统有效运行的机构类型,科研管理部门包括科技处、社科处和学报编辑部等 35 个负责为学术研究提供管理与服务的机构类型,研究生工作部门包括研究生

---

① 盖伊·彼得斯:《政治科学中的制度理论:"新制度主义"》,王向明等译,上海人民出版社,2015,第 69—85 页。

② W. R. Scott, W. W. Powell, P. J. Dimaggio, et al, "The new institutionalism in organizational analysis," *University of Chicago Press Economics Books*, No. 2(1991):501.

③ 在数据采集过程中,考虑到时代的久远,2001 年课题组将调查分成两部分:第一步是列出各类机构的名称让案例高校勾选出自己拥有哪些机构,或补充自己所拥有机构的名称;第二步是让案例高校填写自己所拥有机构的数量。2016 年课题组主要是从案例高校所属网站获取相关信息。

院、研究生工作处和研究生招生办公室等六个负责研究生教育各环节的机构类型。

需要解释的是,表 W6-1 中的实际设置的机构并不都处在同一行政层级,部分机构间存在包含关系,例如有的高校的教学质量监控与评估办公室接受教务处管理领导、有的高校的研究生工作处受研究生院管理领导。本研究认为,尽管部分内部机构存在着隶属关系,但新成立挂牌的高校内部管理机构往往着眼于回应实践工作中的一个或几个新问题,突出某项管理服务职能,蕴含了我国高校内部管理机构设置变迁的制度逻辑,因此本研究将之与原机构分别统计。此外,本研究未考虑不同机构之间规模的差异,一是受限于数据的可获得性,二是认为相较于"有"和"无"的本质性差别,规模大小并非特别重要,尽管规模能够在一定程度上体现出机构的重要性。

对表 W6-1 进行初步分析可以发现,124 所案例高校的内部管理机构总数由 1980 年的1 259 个增长至 2016 年的 5 486 个,涨幅超过三倍。分阶段来看,1980—1992 年和 2001—2016 年样本高校机构总数增长迅速,1992—2001 年则几乎保持不变。如果改革开放后的前20 年变化不太显著的话,近 15 年的变化已十分明显。其中,1992 年机构总数是 1980 年的1.6 倍,2016 年机构总数是 2001 的 4.4 倍。虽然有各种原因,但与高等教育大众化不无关系。除了总体数量,样本高校内部管理机构设置的结构类型也发生了巨大变化。具体来看,行政机构和附属机构在高校内部管理机构中所占比例不断上升,而党务机构和群众机构的比重则呈相对下降趋势。基于机构设置多样性的变化情况与基于历时性发展阶段的变化情况分析见图 W6-1,表 W6-2,(该图列入微信 6-2,该表列入微信 6-3)。

高校内部管理机构设置变迁是高等教育资源在原有存量的基础上不断派生出新的增量、并由增量逐步带动存量变化的过程,这是一个缓慢、递进且反复渐变的过程,受外生性变量(社会经济制度环境)和内生性变量(高等教育内部制度安排)共同影响[①]。 为了进一步论证这一影响过程,本研究根据相关政策文件和研究文献[②],梳理出了改革开放以来与我国高校内部管理机构设置有关的重要变革内容,如表 W6-2 所示,(该表列入微信 6-3)。其中既包括建立社会主义市场经济体制、加入 WTO 等外部环境的变化,又包括扩大高校办学自主权、大学扩招带动的高等教育大众化等高等教育制度安排的变革。

(三)我国高校内部管理机构设置变迁的制度逻辑

上述案例提出的问题涉及高校内部管理机构设置变迁的主要动力和影响因素是什么,遵循怎样的制度逻辑。本研究将新制度主义理论的三个分支流派理论整合为一个综合分析框架,基于全国 124 所样本高校在 1980 年、1992 年、2001 年和 2016 年四个改革节点的内部管理机构设置情况,结合改革开放以来与我国高校内部管理机构设置有关的重要变革,分别从变迁动力、变迁路径和变迁合法性三个维度解读高校内部管理机构设置变迁的制度逻辑。

1. 变迁动力:相关利益方为获取预期收益的校内机构博弈

根据理性选择制度主义的假设,行政(政府)、市场和学术三类"理性个体"所尝试的制度创新是一个预期收益大于预期成本的理性选择,而最终形成的高校内部管理机构设置变迁

---

① 康宁、宋东霞、刘亚荣:《我国高等教育资源配置转型程度研究新探索》,《复旦教育论坛》2003 年第 5 期。
② 赵俊芳:《中国高等教育改革发展 60 年的历程与经验》,《中国高教研究》2009 年第 10 期;康宁:《我国高等教育资源配置方式转换与制度环境》,《北京大学教育评论》2004 年第 4 期。

则是各"理性个体"之间为了追求获利机会而反复博弈后形成的阶段稳定、动态平衡的结果。改革开放以来，尤其是在 1992 年中共十四大确立建立社会主义市场经济体制的改革目标后，市场机制配置包括高等教育资源在内的社会资源的作用愈发明显①。据统计，从 1996 年到 2015 年，全国普通高校教育经费从 262.29 亿元增长至 9 364.11 亿元，其中国家财政性经费所占比例由 80.55％下降至 62.38％②。见图 W6-2，（该图列入微信 6-4）。伴随着政府预算在高等教育投资中所占比重的相对降低，高等教育办学经费来源不断呈现多样化，这意味着学生及其家庭、高校科技和培训服务的购买者、社会捐资者、校友等利益相关者群体对高校的影响力在逐渐提升，这些影响也通过不同机构设置反映出来，如基金会。这些多渠道资源配置倾向不断让现代大学制度建设朝着有利于行政（政府）、市场和学术三种力量互为制衡的资源配置模式转型。这种转型主要包括两部分，一是政府逐步将高校内部管理机构设置的权力让渡给高校，高校内部管理机构设置更加多样化、自主化、特色化；二是在高校内部，越来越多的适应市场经济需求的、代表学术团体利益的组织机构被设立。比如，改革开放改变了高等教育办学经费基本来源于政府的格局，高校办学经费来源逐渐多样化，政府经费划拨方式也发生变化③。为获取更多外部资源，高校采取相应行动，这在其内部管理机构设置上也表现出来。需要注意的是，本研究中"行政机构"并不对应"政府力量"，"附属机构"也不对应"市场力量"，实际机构变革中利益主体多元化一直处于不断变化中，但相对而言，不同主体对应三种力量的边界集中度还是清晰的。行政（政府）、市场和学术三种力量在各类机构设置变迁过程中都发挥了一定的作用。

在计划经济模式中，我国政府集中掌控着高校发展所需的各类教育资源，同时高校主要领导也由各级行政部门任命，这就导致高校各项组织制度建设都有满足政府需求的偏好。这种计划经济模式下高度集中的高等教育管理体制严重束缚了高校自身发展，难以满足改革开放后社会变革对高校内部管理机构设置的新需求，最终引发了一系列行政力量内部博弈。1979 年，上海交通大学党委书记邓旭初等高校领导在《人民日报》上发表了题为《给高等学校一点自主权》的文章；1985 年，《中共中央关于教育体制改革的决定》提出要"扩大高等学校办学自主权"；1992 年，原国家教委印发的《关于国家教委直属高校深化改革，扩大办学自主权的若干意见》提出"学校有权依据实际需要确定校内机构的设置及其人员的配备"；1998 年通过、1999 年起施行的《中华人民共和国高等教育法》更是明确了大学组织的独立法人地位，其中第 37 条指出，"高等学校根据实际需要和精简、效能的原则，自主确定教学、科学研究、行政职能部门等内部组织机构的设置和人员配备"；此后，各高校开始根据实际需求对内部管理组织机构设置进行调整。调查结果显示，1980 年、1992 年、2001 年和 2016 年124 所案例高校内部管理组织机构类型依次是 82 种、98 种、96 种和 454 种，高校治理架构呈现多样化、自主化、特色化的发展趋势④。例如，进入 21 世纪以来各案例高校开始注重自身

---

① 康宁：《我国高等教育资源配置方式转换与制度环境》，《北京大学教育评论》2004 年第 4 期。

② 中华人民共和国国家统计局·国家数据，http://data.stats.gov.cn/easyquery.htm? cn＝C01。

③ 陆启越、余小波、刘潇华：《改革开放以来我国高等教育改革的回顾与前瞻》，《大学教育科学》2017 年第 2 期。

④ 此处案例高校内部管理组织机构类型指实际设置的机构类型，与表 1 展示的机构数量含义不同，需注意区分。例如，124 所案例高校中有 114 所设置了教务处，则机构类型计为 1 种，机构数量计为 114 个。

形象建设与对外联络工作，纷纷设置了新闻中心、学报编辑部与学术期刊社、国际合作与交流处和校友会等机构；同时日益重视校史档案管理工作，高校档案馆、图书馆、校史馆和博物馆等机构的数量也大幅增加；高等教育大众化后，随着校园扩大和分校区的建立，分校区管委会/办公室几乎成为各校必设机构；学科建设成为管理部门的重要内容，不少学校单独设置了学科建设办公室；高等学校与地方科技合作的管理机构增加更多，如科技园管委会或科技园建设管理中心；随着教育信息化的发展，高校基本都设置了信息化建设与管理办公室和现代教育技术中心。政府经费划拨形式的变化同样影响到高校内部管理机构设置。从 20世纪 90 年代中后期开始，国家先后实施一流大学建设的"211 工程""985 工程""2011 计划"和"双一流建设计划"，遴选少数有较好基础的高校，以重点建设专项经费的形式划拨增量经费，同时要求地方和高校匹配一定比例资金（以部委所属大学为主体，211 工程中有 30 多所为各省办学水平最好的地方所属高校），以促进这些高校提升办学水平。为深入研究高等教育办学规律，更好组织开展重点建设，越来越多高校自发针对国家战略举措和大型项目，建立了高等教育研究所、发展规划办公室、学科建设办公室、迎评促建工作办公室和"211 工程""985 工程""双一流建设"等重点建设项目办公室等机构。这些机构设置是制度诱致性变迁的生动体现，在一定程度上也可以理解为高校在外部资源驱动下，相互借鉴行为而产生的趋同结果。

　　高校内部管理机构设置权力下移的同时，市场力量和学术力量也围绕高等教育资源展开了博弈，它们都希望在高校内部增设更多满足其自身利益的管理机构，撤除那些违背其行为偏好的机构，这在一定程度上改变了政府行政权威对于高等教育资源配置的垄断地位。前面提到，124 所案例高校中党务机构所占比例呈相对下降趋势，尤其在 2001—2016 年间显著降低，这一方面反映了高等教育大众化后高等学校规模办学的复杂化与社会管理对现代大学治理诸方面的需求增多，另一方面更加凸显了学校党务机构的集中精练，也反映了学校党务工作在学校基层一线二级机构中得到加强。同时，这一占比也是与其他机构的相对比较。因此，这一相对比重的减少并不意味着党的领导地位被动摇，而是指党务机构的职能更加明确，由直接管理高校一般事务转变为全面贯彻落实党的方针路线与办学方向、领导高校思政工作和德育工作、讨论决定高校组织机构的设置与负责人人选以及学校改革发展和基本管理制度等重大事项。同时，从改革初始逻辑看，近些年管理机构中学术管理组织的增加，在一定程度上也意味着"去行政化"的积极效果及其学术力量的不断兴起，体现了"学术自治"和"教授治学"的大学治理理念在组织行为上的落实。随着高校大学章程重修工作的基本完成，95％以上的高校均设立了学术委员会、学位委员会、职称评审委员会、教学指导委员会、教代会、教师聘任委员会、学科建设委员会、教育咨询委员会等学术管理机构。本研究另一项研究结果也印证了这一观点：2016 年 124 所样本高校平均研究机构数超过 65 个，其中 985 高校平均研究机构数更是超过 126 个。在特定条件下，这些"理性个体"间的矛盾呈现一种排斥，但在多数情况下，它们又能够实现某种妥协。

　　21 世纪以来，市场对高等教育发展的影响更加凸显，因而科技成果转化部门、校办产业管理机构、校地合作中心、科技园管委会/建设管理中心等迅速增加。以成果转化管理部门为例，科技成果转化是高校推进产学研融合、实现社会服务功能的重要载体，在高校内部设立专职成果转化管理部门不仅有助于高校科技成果和创新人才流入企业，满足市场对科技创新的需求，支撑经济发展转型升级，同时还为高校科研人员提供了更多资金与平台，激发其科技创新的积极性。据统计,从 1980 年到 2016 年,124 所样本高校的成果转化管理部门数量由 18 个增长至 106 个,2016 年相关高校还增设了 117 个校办产业公司,市场机制配置高等教育资源的作用愈发明显。此外,2018 年教育部科技司和中关村管委会联合发布了《关于促进在京高校科技成果转化实施方案》,将在北京大学、清华大学、北京航空航天大学等 15 家高校率先建设技术转移办公室;技术转移办公室将集成"科技成果统计汇总、分析评估、转化服务"等职能,确保科学研究人员的利益得到相应的体现。同时,受市场作用影响,高校日益重视"身份特征"和品牌塑造,一方面开始注重自身形象建设与对外联络工作,纷纷设置了新闻中心、学报编辑部与学术期刊社、校友会和基金会等机构;另一方面档案馆、图书馆、校史馆和博物馆等文化传播研究机构数量也大幅增加。

40 年高校内部管理机构发展历程反映了高等教育内部治理是沿着政府集中管控转为运用立法、规制、拨款和评估等综合手段,学术和市场力量逐渐介入并在高等教育资源配置转型格局中发挥作用的演进过程,因而高校内部机构设置变化趋势呈现出由强制性变迁为主过渡到以诱致性变迁为主。但是高校内部管理机构设置变迁基本是在原有存量上不断实现增量扩张,伴随制度环境变革整体维系了相对稳定状态而非断裂式变迁。

2. 变迁路径:对于"行政主义"的路径依赖

按照历史制度主义的观点,高校内部管理机构的设置一旦按照某一制度逻辑开展,就会一直持续下去,直到某种强大力量的干涉使之路径发生改变。路径依赖使得派生出的增量逐步转化为新的存量,加之原有存量的限制,在高校内部管理机构设置变迁的制度选择中就出现了降"最优选择"为"次优选择"的现象①。从中华人民共和国成立到改革开放以前,由于意识形态等方面的原因,我国高等教育管理体制极大程度上借鉴了苏联模式②。1950 年原国家政务院印发的《关于高等学校领导关系的决定》明确了政府主导下的高等教育管理模式,此后不论是 1952 年的院系调整,还是 1999 年开始的大学扩招,以及近年来先后实施的211 工程、985 工程、2011 计划和双一流工程,都由政府主导设计与推动。与之相对应,高校内部管理机构设置变迁也存在着对于"行政主义"的路径依赖:除了教务处、科研处、学生工作处和研究生院等部门,我国高校治理架构很大程度上参照了各级政府和行政单位的机构设置模式,如党务机构中设有党委办公室、组织部、宣传部、统战部和纪检监察部门,行政机构中设有校长办公室、人事处、财务处和保卫部门。尽管高校在许多场合被称为事业单位,但就其内部组织结构而言,不仅是以纵向的科层制为特征,也是政府行政体系在高等学校内的延伸,高校仍然承担着不少政府"派发"的职能而非学校原有教育功能③。另外,一些改革开放后新建机构,比如科研处、研究生院、国际交流与合作处、规划处等,也被纳入原有的"行政化"内部管理机构体系中。尽管近年来高校"去行政化"呼声甚高,一些高校开展了以加强

---

① 康宁:《高等教育资源配置转型的基本规律及其发展趋势》,《教育研究》2011 年第 4 期。

② 1949 年起,我国效仿苏联模式建立起新的高等教育体系,与当时计划经济体制高度契合,其基本特征是政府对高等教育的规模、结构和内部管理(包括高校校长和书记任命、招生计划、毕业生分配、专业设置、人事、财务、外事交流等)实行中央集权式管控,办学经费基本由政府承担。在这样的体制下,高校内部管理机构与外部政府机构在结构上存在同构对应关系,这样可以高效地落实政府的指令、满足外部需求。

③ 田汉族、孟繁华:《从行政化到去行政化:大学管理本质的回归》,《高校教育管理》2011 年第 3 期。

二级学院和学术单位自主权为关键内容的综合改革,迄今高校中这些"行政主义"色彩明显的机构却有增无减,以行政价值为导向、按照行政逻辑运行的模式虽屡被诟病,但尚未有根本改变①。

虽然近年来高校"去行政化"呼声甚高,但这些"行政主义"色彩明显的机构数量却有增无减。究其原因,在原有计划经济条件下,高校治理架构的设计需要满足上下级纵向沟通的需求,注重方针政策落实的有效性,与政府行政部门上下对口来设置高校内部管理机构的制度逻辑应运而生。这种机构设置模式在特定的历史时期极大地提高了区域内高校发展速度与办事效率,促进了我国高等教育跨越式发展。但持续、强势的"行政主义"机构设置逻辑却忽视了学术共同体的主体地位和遵从市场机制的调节作用,导致高校内部管理机构设置同质化严重,缺乏针对性、差异性和创造性。这也是为什么在研究的 124 所样本高校,无论研究型大学还是以教学为主的高校,无论是位于经济发达省份还是欠发达的中西部地区,其内部管理机构设置并没有显著不同的原因。随着我国经济体制改革深入,社会主义市场经济体制逐步确立,高校开始更多地与社会多元利益主体发生关系,呈现出以横向事务处理为主的治理需求。在原有机构存量不动的基础上,继续教育与培训机构、成果转化机构、如附属中小学、附属医院等以服务为主要职能的机构逐渐增加,校地/校企合作办公室、新闻中心、校友会、基金会等外联机构也越来越普遍。但是,受内外部制度结构的影响,这些新的增量也难以摆脱对于原有路径的依赖,其内部治理体系依旧存在着一定的"行政主义"倾向。

3. 变迁合法性:与制度环境具有同构性

高校内部管理机构设置的变迁不仅是围绕稀缺资源的竞争,也是对于制度合法性的竞争。在社会学制度主义看来,制度变迁的模式主要有两种,一是自上而下的强制性制度变迁,由政府强制推行;二是自下而上的诱致性制度变迁,体现为相关主体在利益驱使下渐进、自发地进行。如前所言,市场和学术在高等资源配置中所发挥的作用愈发明显,高校主导自身机构的设置,就逐步转由强制性制度变迁过渡到诱致性制度变迁。进入 21 世纪以后,高校内部管理机构设置变化大多并非政府直接推进的结果,而是高校为获取更多外部资源、提高内部资源使用效益和办学质量而自发进行的,诱致性制度变迁特征逐渐明显。与之相对应,高校内部管理机构设置的变迁合法性逐步由政府权威转为与制度环境(包括社会经济制度环境和高等教育内部制度安排)适配的同构性。

首先,高校内部管理机构设置受社会经济制度环境变化的影响。2001 年我国正式加入世界贸易组织(WTO),全方位、多层次、宽领域的对外开放新格局逐步形成,经济全球化直接推动了高等教育国际化进程,进而导致高校治理架构和内部管理机构设置情况发生了变化②。一方面,高校外事管理工作被进一步细化,到 2016 年超过八成的案例高校都成立了国际合作与交流处;另一方面,124 所案例高校先后成立了 22 个海外教育学院和 5 个孔子学院管理处,负责承担对外汉语教学和传播中国文化的任务。

其次,高校内部管理机构设置受高等教育内部制度安排的影响。改革开放之初我国高等教育毛入学率只有 1.55%,1998 年升至 9.76%;伴随着 1999 年开始的大学扩招,这一数

---

① 蔡连玉、睦依凡:《大学内部资源配置及其制度选择研究》,《清华大学教育研究》2017 年第 6 期。

② 康宁、苏慧斌:《全面认识加入 WTO 十五年来中国高等教育的全球化环境》,《中国高教研究》2017 年第 10 期。

据快速上升,在 2002 年突破 15％,高等教育从精英教育阶段进入大众化阶段;截至 2016 年,我国高等教育毛入学率已达到 42.70％。据统计,从 1997 年到 2016 年,全国普通高校全日制本专科在校生平均规模由 3 122 人增长至 10 342 人,这直接导致了相关管理机构数量的增加。124 所样本高校学生工作部门的数量从 35 到 119、到 123、再到 361,研究生工作部门的数量从 12 到 48、到 64、再到 167,学生心理健康教育与咨询研究中心在更多高校出现。此外,样本高校中有一半设立了分校区管委会或分校区管理办公室。高校规模不断扩大的同时,全国普通高校师生比却从 1997 年的 1∶7.85 下降至 2016 年的 1∶16.83,这无疑对高校师资队伍建设提出了更高要求①。见图 W6－3,(该图列入微信 6－5)。为了增强教师的教学能力、探究科学的教学规律,近年来超过三分之一的样本高校都增设了教师教学发展中心,为教师职业生涯的全面发展提供支撑。

经济体制改革决定了高等教育体制改革,同时后者也为前者提供了一定反馈。因此除了以上两者的相互作用,高校内部管理机构设置变迁还受到了社会经济制度环境和高等教育内部制度安排的交互影响。计划经济时期,高校毕业生的就业由国家负责、按计划指标统一安排,"毕业分配"制度有助于协调不同行业与地区利益,满足了国家工业化进程对于高素质人才的需求;但随着社会主义市场经济体制的建立,人才与岗位不匹配等制度弊端愈发显现。1985 年《中共中央关于教育体制改革的决定》对招收自费生和委培生的问题做出了肯定,提出要改革高校招生计划制度和毕业生分配制度,此后用人单位与学生双向选择政策逐步推行;1996 年,《国家不包分配大专以上毕业生择业暂行办法》颁布实施,绝大多数毕业生开始自主择业。与之相对应,1992 年案例高校内部管理机构设置中出现了毕业生分配办公室和人才交流中心,2001 年又增加了就业指导中心。进入 21 世纪以后,随着新一轮全球信息革命的到来与深入,人工智能、大数据、物联网等信息技术的突破性发展极大地推动了传统产业结构的转型与升级,生产方式逐渐由要素驱动向创新驱动转变。同时,由于高校扩招、农村劳动力转移等原因,就业市场总量压力较大,结构性矛盾突出。为了服务国家创新驱动发展战略、满足经济提质增效的迫切需求、促进高校毕业生更高质量创业就业,各高校开始对创新创业教育进行探索。2010 年,上海交通大学率先成立实体创业学院;2015 年,国务院印发的《关于深化高等学校创新创业教育改革的实施意见》标志着高校创新创业教育进入全面推进阶段,截至 2016 年,又有 6 所案例高校先后成立创新创业中心,还有不少高校设立创业学院或学生职业发展指导中心等机构。

再次,公立高校内设管理机构也与公共机构性质越来越受到合理监管有关。公共高等教育在办学性质上属于公共资产,公立高校的资产更属于国有资产。政府近年来不断加强对国有资产的相关管理力度,有关制度规章与监管措施不断完善。21 世纪以前,绝大多数高校设有总务处,现在不仅细分为基建、后勤、实验、设备、物业、校产、产业、能源、交通和房屋等多项公共机构,而且在管理归类上都作为国有资产管理和资产经营管委会等机构。同时,各高校的监察审计(所有样本高校都设有监察处与审计处)、经费监管、预算管理、法律事务、招投标与政府采购等监管部门纷纷建立,改变了过去计财处一个部门通管的状况,说明对公立高校的国有资产的公共意识与制度安排更加提升与完善。同样,公共机构的质量评估监控不断加强。高等教育由精英阶段向大众化阶段再到 2018 年逼近普及化门槛,学生规

---

① 参见全国教育发展统计公报,见教育部官网,http://www.moe.gov.cn/jyb_sjzl/sjzl_fztjgb/。

模和构成成分发生了巨大变化,质量保障成为包括政府在内的利益相关者日益关注的一个焦点和问责的重要方面。为对接政府问责机制,高校普遍新设置了教育教学质量保障机构,如质量监控中心、教学质量监控与评估办公室等。

（四）对我国高校内部管理机构设置变迁制度选择的思考

基于对我国高校内部管理机构设置变迁制度逻辑以及"去行政化"过程中实践困境的探究,本研究认为,为了使高校内部管理机构设置更适应现代大学公共治理,符合教育机构办学规律,提高高等教育资源配置效率,需要改善高校内设机构的制度安排。

1. 保障"理性个体"间的充分博弈

理性选择制度主义认为,如果"理性个体"间的博弈只进行一次,那么渎职和不服从规则的行为将没有任何代价,可能导致个体利用一切方式追求自身效用最大化,从而造成集体行动的非理性。换句话说,就是公共资源配置中单一主体的决策难以保证配置结果的公平和有效。各利益相关者群体之间的互动博弈不充分,可能导致个体或某个群体利用一切方式追求自身效用最大化,从而造成集体行动的非理性。因此,保障各利益相关者群体参与治理,以及连续、充分的博弈对于建立稳定、高效的组织制度至关重要。公共资源配置中单一主体的决策难以保证配置结果的公平和有效,高校内部管理机构设置应由各"理性个体"共同主导,要确保它们进行充分的博弈,即机构设置应有利于充分促进各利益相关群体积极参与公共事务,以达成共识,促进大学发展平稳、协同、有效推进。为此,一方面政府应尽量减少对高校内部管理机构设置方面具体事务的干预,鼓励各高校根据办学定位、学科特点和学生群体特征,结合国家和地区发展需求,合理规划自身治理架构,有针对性地增设和撤除组织机构;另一方面高校领导者和管理层要通过座谈会、调研会、专题走访等形式深入一线了解情况,为广大师生和社会力量提供反映意见的渠道,保障学术和市场力量在高校内部管理机构设置中发挥应有的作用。

2. 构建刚性、延续性的组织制度保障

高等教育资源配置过程中应坚持育人为本,高校管理机构的设置要基于人才培养、科学研究、社会服务、文化传承和国际交流等方面的使命,加强服务意识。受限于早期政府主导下的高等教育管理模式以及由其衍生出的路径依赖,我国高校内部管理机构设置存在着一定的"行政主义"倾向。为了摆脱这一路径依赖,政府和高校应通过完善高等教育立法、健全现代大学治理制度、落实评价监督机制、设立发展规划部门与高等教育研究机构等手段,为高校内部管理机构设置变迁提供刚性、延续性的制度保障,促进决策科学化、施策实效化,确保高校内部管理机构设置不会因为高校领导的更迭而轻易改变。以发展规划部门为例,1980 年 124 所样本高校中只有两所高校专门设有高等教育研究机构为学校决策提供支持;1999 年上海交通大学在全国首设规划发展处,负责研究制定学校发展战略规划、跟踪分析学科建设情况、进行学校决策咨询以及参与内部管理体制改革;到 2016 年,样本高校已有四分之一设置高等教育研究机构,超过七成的案例高校都设置了发展规划部门。此举不仅有助于高等教育资源配置回归教育发展规律,提升管理效率,还在一定程度上避免了高校领导"凭感觉、靠经验、拍脑袋"的决定。

3. 完善高校组织机构的动态调整机制

根据社会学制度主义理论,制度变迁必须适应环境变迁,与制度环境具备的同构性是高校内部管理机构设置变迁合法性的重要来源。应进一步完善高校组织机构的动态调整机制,根据社会经济制度环境和高等教育内部制度安排的变化,及时有效地调整高校内部组织架构。党的十九大报告明确提出要"实现高等教育内涵式发展",在今后较长一段时间内,高校发展方向将由数量增加转向质量提升;本研究注意到,截至 2016 年,124 所样本高校中已有 39 所将党委办公室和校长办公室进行合并,成立新的党政办公室合署办公,"两套牌子一套班子",目的是提高管理效率,加强党对高校办学方向的领导作用。我国实行高校党委领导下的校长负责制,是依据我国独特国情办大学的一个特殊体现、坚持社会主义办学方向的必然要求,也是中国改革开放以来实践证实加强和改善党对高校领导的有效形式。在加强党对高校领导方面,需要进一步研究这样的合署办公机构如何在提高相关工作效率的同时切实加强和保证党的领导。改革开放以来,高校已培养 1 亿多人才大军,是我国决胜全面建成小康社会的一个庞大而重要的知识群体,而近 3 000 所高等学校要确保为实现"两个一百年"奋斗目标和中华民族伟大复兴的中国梦提供人才保障和智力支持。截至 2016 年 6 月 30 日,全国高校在校大学生党员总数逾 211 万人,全国高校教职工党员总数为 125 万人,构成了我国建设者和接班人的骨干。高校要实现为人民服务,为中国共产党治国理政服务,为巩固和发展中国特色社会主义制度服务,为改革开放和社会主义现代化建设服务,需要建立与高校特征相适应的组织机构保障。

二、中国大学章程建设是适应政府、市场、学术三种资源配置动力形成制衡的制度安排

21 世纪我国高等教育大众化带来的不仅是中国大学的规模比扩招前增长了 1.61 倍[1],成为世界高等教育发展第一大国,而且从精英教育转型为大众教育。2016 年,我国的 1 237 所本科院校中,51.58%左右是 2000 年以后建立的新校;同样,2000 年到 2016 年期间建立的高职高专院校总数为 917 所[2],占高职高专总数的 67.48%。两者合计新办高校占到我国普通高校总数的 60%,主要以地市级新办高校为主,且省级及省级以下高校数已占全国高校的95%以上[3]。这一高等教育大众化发展格局既引发了高等学校管理体制的重大危机,也带来了高等教育管理体制的转型机遇。过去对学校数量的年度发展进行基本控制,加上老学校多,精英办学一套规则基本适用。而大众化催生出大量新兴不同类型层次的高等学校,一方面,完全按照传统精英办学,特别是参照综合性大学办学规则,事实证明,不仅不可能,现实也不需要。另一方面,高等教育法释放的自主权不断进入高校,怎样被接纳整合落地是新学校的重大课题。同时,大众化还带来了办学主体的多元化,社会主体更多支持参与关心大学办学,也意味着他们的呼声与利益需要在学校治理结构中有所表达。这些显著性的变化集中一点,高等学校通过怎样的制度安排能够体现来自世纪初高等教育迅速成长带来的各

---

[1] 我国高等教育扩招决定是 1999 年,1998 年普通高校总数为 1 022 所(本科与专科),2018 年全国共有普通高校 2 663 所(含独立学院 265 所),其中,本科院校 1 245 所,高职(专科)院校 1 418 所,比 1998 年增长了 1.61 倍。

[2] 参见全国教育发展统计公报,见教育部官网,http://www.moe.gov.cn/jyb_sjzl/sjzl_fztjgb/。

[3] 按照 2017—2018 年的高校新增数,这个比例还会更高。

种回应，其中，最为核心的是现代大学治理结构的制度安排，而章程作为现代大学制度的载体与大学治理结构的表达则相当关键。

大学章程是现代大学制度的主要载体。**大学章程是指大学最高权力机构，依据国家法律法规、尊重大学组织特性、遵守行政法规制定程序，制定出来的上承国家法律法规下启内部各项规章制度的大学最高纲领。**作为大学的"宪章"，应该包括：特许状、决策机构的议事规则、大学管理规则，它们奠定了一个大学的基本秩序构架。根据世界通例，大学章程具有两点共同特质：**① 公立大学一般是在国家的法律框架内制定章程。**世界各国的公立大学章程几乎都是基于国家的法律框架，英美一些公立大学章程甚至是由立法机关制定的，这些为大学量身打造的章程本身就是国家法律制度的重要组成部分。**② 大学章程的主要功用是规范大学权力运行。**大学章程的主要内容是关于大学权力的分配和制约。其主要包括：**第一，规范大学与政府之间的权力关系。**大学章程既规范大学办学行为也规范政府管理行为，由于大学章程对政府也具有约束力，故它具有一定的外部法律效力。**第二，规范大学内部各群体之间的权力关系。**这些关系包括党委与行政之间的权力关系、行政人员与学术人员之间的权力关系、行政人员、教学人员与学生之间的权力关系。**第三，规范大学与院系之间的权力关系。**保障院系等基层学术组织的自治权是激活学术的心脏地带的基石。在这些方面，当前多数中国大学存在两个突出的问题：一是权力过于集中于学校层面，院系等基层学术组织基本没有权力；二是基层院系学术组织过多，不利于资源共享和学科融合。解决这两个问题涉及大学内部的院系调整，院系调整之所以艰难是因为背后存在利益冲突，要根本解决这些利益问题，需要大学章程予以明确规定①。**第四，规范大学与参与支持大学的各方权力关系。**在市场经济条件下，关心支持学校发展与参与学校发展的市场主体越来越多，呈现的多方利益格局如何平衡和反映，是现有大学的新课题。因此，大学章程需要回答，作为一组权利集合的表达，设置怎样的程序、通过怎样的途径，既体现国家意志又实现大学所有相关参与者的共识。

本案例研究假设：

启动大学章程建设是基于改革开放后的前 **30** 年的放权"碎片化"集成表达、大众化后多元参与治理结构的共识体现、政府、市场、学术三种资源配置动力形成制衡的制度安排。

（一）启动大学章程建设的制度转折

大学章程在大学的定位作用。2015 年修订的《教育法》规定，制定章程并依据章程自主管理是学校的法定权利。2015 年修订的《高等教育法》沿用了 1998 年第四章第 30 条规定，"高等教育自批准之日起取得法人资格"。2012 年施行的《高等学校章程制定暂行办法》第 3条规定"章程是高等学校依法自主办学、实施管理和履行公共职能的基本准则"，"高等学校应当以章程为依据，制定内部管理制度及规范性文件、实施办学和管理活动、开展社会合作"。**高等学校作为独立法人与学校章程关系以及学校章程和国家法律与学校内部制度的关系第一次实质性明确。**孙霄兵认为我国重修章程的历史定位为章程是现代大学的基本要素，是落实高等学校法人地位的基石和标志②。同时，他把我国启动章程建设的意义确定为

---

① 参见百度百科"现代大学制度"词条。

② 孙霄兵：《推进大学章程实施 提高高校治理水平》，《中国高等教育》2016 年第 19 期。

"现代大学制度的基础、高校依法治校的依据、推动高校科学发展的保障"①。迟惠生从章程本质、内容、作用及重修意义视角认为,一所学校的章程,凝聚了学校同仁的办学宗旨和教育理念,总结了学校的传统与校风,规定了学校的格局与运行规范,弘扬了学校的精神与形象。章程的每条每款,在精练的文字背后,蕴藏丰富的历史演义以及深具内涵的经验与教训。因此,重修章程的过程应该是一个发动全校师生员工集思广益、继往开来的过程。而且随着新陈代谢要持续不断地实施有效培训,让章程所凝聚的办学精神为大家所遵循②。马陆亭从章程在大学的地位与来源视角认为,章程是大学的宪法,是大学在法律框架下行使自治权利的自我规范。章程制定需要有广泛的酝酿、协商过程,以反映改革和认识的进程,但结果应该是严谨和规范的,需要有权威性和严肃性。章程是改革的结晶,最终成为学校依法自主办学的坚实基础③。王大泉阐释了把章程视为"宪法"是基于章程作为学校的基本行为准则,它在学校的制度体系内所起的基础性、关键性、稳定性与权威性作用④。他解释了现实中国制度基础并不妨碍没有章程学校运行受影响的问题,即"章程建设目标并不是要解决高校管理的合法性问题,而主要是解决高校发展的模式、路径与内部管理的基本制度规则以及高校改革发展的方向与目标问题"⑤;同时,他更强调"高等学校按照章程自主管理,既是行使法定权利的客观要求,也是凸显高校主体意识,构建现代大学制度的具体表现"⑥。据张端鸿研究统计,截至 2014 年共计有 43 项法律法规和行政规章在规范大学的办学行为,所以虽然绝大多数大学没有"宪章",却不妨碍按章办学⑦。秦惠民认为章程建设是对完善中国特色现代大学制度的主要内容进行一种制度性的回应⑧。**以上观点是在阐明大学章程的意义,但重启我国高校大学章程建设更有意义。**

　　2010 年我国大学章程建设启动是大学制度建设的转折点。2010 年以来,与大学章程相关的各种上位法律及政府行政性规章的密集修订或制定出台,反映了政府对政校分开、管办分离的决心。特别是 2010 年前后高校和社会对"去行政化"的强烈呼声促使政府对高校实行"断舍离",其中,高校没有自主管理的内部"宪法"则很难对应完成"管办分离"。2010 年《国家中长期教育改革和发展规划纲要(2010—2020 年)》提出完善中国特色现代大学制度,并明确要求加强高等学校章程建设。教育部《高等学校章程制定暂行办法》(2011)发布后,一系列与此相关的文件陆续出台,其中,**政府"断舍离"与学校基本制度规范的双边指导性文件密集推出,这是改革开放以来最为集中体现政府与高校关系调整的时期。**《学校教职工代表大会规定》(2011)、《高等学校学术委员会规程》(2014)、《普通高等学校理事会规程(试行)》(2014)等规章和《全面推进依法治校实施纲要》(2012)、《依法执教实施纲要》(2016),

---

① 孙霄兵:《中国特色现代大学制度建设研究》,教育科学出版社,2014,第 281 页。
② 张国有:《大学理念、规则与大学治理》,北京大学出版社,2013,第 129—130 页。
③ 张国有:《大学理念、规则与大学治理》,北京大学出版社,2013,第 140—141 页。
④ 张国有:《大学理念、规则与大学治理》,北京大学出版社,2013,第 253 页。
⑤ 张国有:《大学理念、规则与大学治理》,北京大学出版社,2013,第 247 页。
⑥ 张国有:《大学理念、规则与大学治理》,北京大学出版社,2013,第 246 页。
⑦ 张端鸿:《当前中国大学章程建设中的若干热点问题解析》,新浪博客,http://blog.sina.com.cn/s/blog_4c8f194c0101gamg.html。
⑧ 张国有:《大学理念、规则与大学治理》,北京大学出版社,2013,第 262 页。

《中央部委所属高等学校章程建设行动计划(2013—2015 年)》(2014)①、中办印发《关于坚持和完善普通高等学校党委领导下的校长负责制的实施意见》(2014)、《关于加快推进高等学校章程制定、核准与实施工作的通知》(2014)、《关于深入推进教育管办评分离　促进政府职能转变的若干意见》(2015)、《国务院办公厅关于优化学术环境的指导意见》(2015)、《国务院关于印发 2016 年推进简政放权放管结合优化服务改革工作要点的通知》(2016)、《教育部等五部门关于深化高等教育领域简政放权放管结合优化服务改革的若干意见》(2017),这些政策性文件为高等学校章程建设提供了基本的制度支撑。

　　这一时期,孙霄兵认为,党和国家对现代大学制度的认识,特别是对于大学的作用、地位和内部的认识建设达到了一个新的高度和一个新的转折点。"大学的改革从重视政府对于大学的管理转向关注大学自身建设,这是一个很大的转变"②。1998 年《高等教育法》实施 10 年的 2007 年,教育部有关部门对高校制定章程的情况调查,全部公办高校只有 20%的学校制定了章程。在教育部 70 多所直属高校中只有 10 所制定了章程③。而 2005—2006 年,教育部就起草了推进高等学校章程建设的意见,但认为时机不成熟,只能先行试点④。这就正好说明了政府与高校关系的复杂状况。王旭东归纳了学者们的研究指出"高校无章程"状况的根源,在计划经济体制之下,中国的大学成了政府的下属事业机构,大学参照国家行政机构的等级权力模式建立了严格的科层式治理结构。国家包揽教育,政府控制着学校教学、科研、财务、后勤等所有方面,按照层级拨付进行资源分配,使得每一个层次都依赖于上一层次,资源的获得渠道单一。政府集举办者、管理者、办学者三者为一体,权力过于集中、统得过多、管得过严,大学处于一种非自主的地位。也就是说,大学的发展不是由自己而是由政府主导和决定的,大学无须也不能对自己的组织体系、组织行为做出设计和规定,大学章程失去它存在的意义和价值⑤。2003 年 7 月教育部发布的《关于加强依法治校的若干意见》就把章程建设作为其中一项重要工作,但直至 10 年后才将多数学校章程制定工作的"观望与迷茫"状态调整过来⑥。焦志勇指出了为何改革了多年高校仍然可以"无章程"运行,他认为中国大学出现"无章程办学"的原因是"我国目前高等教育体制与高等教育法律制度等方面没有正确地厘清高等学校的界限,没有准确地确定大学章程在整个高等教育制度框架中的法律地位,没有真正地赋予政府、教育主管部门、学校以及社会对大学章程重要性的认知与尊重的法律效力",其症结仍然是"政校不分、管办不离"的高等教育管理体制积弊没有根本纠正,大学长期行政管制失去活力⑦。因此,在高等教育管理体制改革中,高校章程的命运恰恰勾勒了政府与高校从所属"脐带"关系过渡为独立主体法人的演进过程,政府的放手与大学的自觉除了意识与共识,还需要制度培育与演进过程。**各类改革成果与放权为章程提供了实践纠错与制度培育基础。**

---

① 教育部 2014 年发布的《中央部委所属高等学校章程建设行动计划(2013—2015 年)》中要求,到 2015 年底为止,各级各类院校都要完成大学章程建设,向社会发布。
② 张国有:《大学理念、规则与大学治理》,北京大学出版社,2013,第 158 页。
③ 孙霄兵:《中国特色现代大学制度建设研究》,教育科学出版社,2014,第 225 页。
④ 孙霄兵:《中国特色现代大学制度建设研究》,教育科学出版社,2014,第 301 页。
⑤ 王旭东:《章程建设与大学发展》,《中国教育报》2013 年 10 月 14 日。
⑥ 张国有:《大学理念、规则与大学治理》,北京大学出版社,2013,第 262 页。
⑦ 张国有:《大学理念、规则与大学治理》,北京大学出版社,2013,第 273 页。

我国高校长期以来无章办学是特殊环境下的特殊现象,当 1998 年《高等教育法》确定高校具有法人资格以来,高校还并未成为自主办学的实体机构,因为高等学校与政府、社会、市场的关系以及内部治理关系都在探索的路上。但是,改革 30 年(指 2010 年)为这一关系的厘清奠定了一定基础。特别是《高等教育法》中规定的高校"法人"地位与高校"8 项基本自主权"是转变传统高等教育管理体制最集中的改革成果,一定程度上,改革为多数高校着手制定章程提供了基础。马陆亭指出,章程应是高等教育最后改革成果的集中体现,反映了教育改革的进程①。秦惠民指出章程建设不是白纸上重新写就,"不可能是完全没有实践基础的全新内容,应该是把已有的办学实践中的经验教训,经过协商民主过程和民主决策程序将之理性化、科学化、规范化、系统化"②。政府在不同时期中下放给学校的权力转化为学校各个部门的权力,政策权力的"碎片化"在高校基层演变为部门割据,条条掣肘、甚至相互错位不同步。上下都觉得放权也放了不少,为何效力不高。问题集中呈现在高校制度"碎片化",治理结构不能适应多方需求,高校外部的制度变革与高校内部的制度建设不能对接。一方面,多年的改革成果形成了丰富的制度基础,另一方面,高校内部制度"碎片化"现象严重阻碍治理结构的改善与大学治理能力的提升。矛盾的症结归咎于大学的"宪法塌陷",即大学基本制度缺失。打蛇打七寸,大学章程成为大学治理的要害,上下的共识推进了重修大学章程建设。从中央发动到各省制订所属高校章程建设的工作计划,我国高等学校章程建设从统一要求到全面铺开,成为 2010 年以来高等教育管理制度改革的一大亮点。

现实中三大需求动力迫使大学章程的重建应运而生。2010 年以来我国大学治理制度探索成为研究热点和高校探索重点,除了政府希望在现有落实与扩大办学自主权和自身转变职能外能与大学保持新型关系,建立大学内外部新型关系更是大学办学主体自身内在的需求动力。一是改革初期的放权是政府主动资源配置制度创新,目的是增进学校积极性,解决高等教育资源配置稀缺问题。随着改革进展,原有仅仅依赖放权的制度红利逐步式微;阶段性改革也是伴随制度环境的局部改革,不断积聚的局部改革构成的改革"碎片化"倾向使得制度供给效益递减;改革作为系统工程,制度环境和横向掣肘使得木桶最短的木板制约着自主权落地与制度供给的有效性。越进入改革深水区,介入改革的政府、学校、社会均有抱怨,新的制度红利在哪里? 二是渐进性改革是依着先易后难或问题轻重缓急,虽减缓了改革阻力与稳定压力,但改革处于"不整齐的,不均衡的,远远没有达到普遍的权利厘定和保障。这样,就不可避免地带来矛盾和冲突,特别是不同权利之间怎样取得平衡,成为改革的一个难点"③。不断新增的资源配置逐步成为继续改革的存量,存量与增量积存有的形成制度有的难以达成共识;特别是改革增量固化为利益存量时,不同阶段不断积聚的获利群体构成多元寻利的不同改革成本。当改革成本大于各部分寻利群体的改革收益时,各项改革处于停滞甚至倒退。如何对待来自不同参与大学建设的利益诉求方是改革初期与改革深水区的最大区别,涉及政府深度主导改革的利益层面、社会参与学校的不同群体、学校的不同层面及群体的利益诉求与表达方式如何体现。三是制度作为权利界定存在排他性制度安排。非正

---

① 张国有:《大学理念、规则与大学治理》,北京大学出版社,2013,第 142—143 页。

② 张国有:《大学理念、规则与大学治理》,北京大学出版社,2013,第 262 页。

③《周其仁:中国是如何一步步重新界定产权的?》,凤凰网,http:// finance. ifeng. com/a/20161201/ 15046713_0.shtml。

式制度可以靠民间生成,正式制度"没有拥有合法强制力的国家的介入,不可能划清楚,更不可能得到有效执行",但"这里面有一个悖论性的难题:要求合法强制力提供产权界定的公共服务",就可能出现"权力势必参与整个资源的权利重新界定过程,越来越成为继续推进改革的难点和要点"①,"去行政化"成为 2010 年前及其政府文件与大学共同呼声的真实写照。因此,进入改革深水区,介入改革的政府、学校、社会均有抱怨,新的制度红利在哪里? 政府深度主导改革的利益层面、社会参与学校的不同群体、学校的不同层面及群体的利益诉求与表达方式如何体现? 大学治理制度作为一组权利集合通过怎样的途径既体现国家意志又实现大学参与者的共同认同? 此时,大学章程的重修应运而生,现代大学制度建设的核心——大学章程成为高等教育资源配置转型中一个不可逾越的问题,它甚至决定资源配置转型的方向。

(二)八年我国大学章程建设的突破

从《教育规划纲要》提出大学章程建设工作到 2018 年,八年的建设突破有目共睹。从 2013 年 8 月首批核准发布中国人民大学、东南大学、东华大学、上海外国语大学、武汉理工大学和华中师范大学章程后②,2014 年 10 月,教育部又核准发布了北京大学、清华大学、中国农业大学、南开大学、浙江大学、中南大学、中山大学、电子科技大学、西安交通大学等 9 所高校章程③。至此,全国高校进入制定或重修大学章程建设阶段。2015 年 6 月底,全国 112 所原"211 工程"及"985 工程"高校的章程率先全部完成核准发布工作。2016 年高校章程建设取得了重大进展,全国本科高校章程已基本完成起草核准工作。2016 年全部完成公办本专科高校章程的制定核准工作④。2016 年 12 月,教育部委托华中师范大学"全国高校章程执行情况评估课题组",全面比较分析了全国 75 所原"985 工程"和原"211 工程"高校的章程实施情况反馈报告,其中,包括 23 所原"985 工程"高校和原 52 所"211 工程"高校⑤。我国高校基本完成了"一校一章程"。告别无章程办学的历史,章程将现代大学制度改革落到实处,形成新一轮办学反思,新一轮制度重建,新一轮办学思路讨论。标志着大学章程建设已从制定核准迈入贯彻实施的新阶段。高校章程核准发布以后,得到了社会舆论的高度关注和普遍认可,形成了数次舆论报道高潮。《人民日报》评论文章指出,《高校章程制定暂行办法》对推动高等教育体制改革、建设现代大学制度具有里程碑意义,大学进入"立宪"时代。《光明日报》评论指出,从我国国情出发,把国际经验本土化,创造我们特有的彰显民族气质与大学文化的现代大学制度,成了在全社会有显示度的改革亮点⑥。《法制晚报》记者梳理发现,"依法""监督""自主"等成为 2014 年核准九校章程中的高频词。校长不担任学术委员会委员、

---

① 《周其仁:中国是如何一步步重新界定产权的?》,凤凰网,http:// finance. ifeng. com/a/20161201/ 15046713_0.shtml。

② 《人大等 6 所大学章程获批 高校去行政化明确》,人民网,http:// edu.people.com.cn/n/2013/1129/c1053 - 23691146.html。

③ 储朝晖:《大学章程亟需从纸上走到路上》,《中国教育报》2014 年 10 月 10 日。

④ 孙霄兵:《推进大学章程实施 提高高校治理水平》,《中国高等教育》2016 年第 19 期。

⑤ 陈彬、郑宁:《章程的生命力在于实施——全国 75 所高等学校章程实施情况评估报告》,《中国高等教育》2016 年第 19 期。

⑥ 孙霄兵:《中国特色现代大学制度建设研究》,教育科学出版社,2014,第 145 页。

限定其委派委员的人数比例、建立教授会等规定,突出了"教授治校""去行政化"的理念①。各方面普遍认为章程建设成为促进高校自主办学的重要成果,是新一轮教育综合改革的重要标志。

本案例研究发现:重修大学章程在共识机制、合意机制、表达机制、制衡机制四个方面实现了突破。

一是共识机制。章程需要表达特定大学的历史传统、精神理想和办学特色,这是保障"这一个"大学自主权利的基础。正因为两千多所大学都在酝酿共商凝聚关于大学组织的根本制度宗旨,最终会呈现为趋于一致的基本共识语境。在共识机制下,这一目标基本达到。其中,大学治理结构是"党委领导、校长负责、教授治学、民主管理"得到广泛共识。这一治理结构基本反映了该阶段我国大学立足中国特色办大学的基本国情,基本反映了大学组织的学术本质和资源配置基本来源,基本反映了改革开放以来高等教育管理改革的阶段认识与实践成果。特别是我国高校实行党委领导下的校长负责制,不仅成为《高等教育法》规定性条款,而且成为保证中国高等教育的主权和中国高等教育社会主义方向的基本定位,且不容置疑。在中共十九大特别是重修《宪法》中,更加重申了这一法定的核心原则。如何将这一治理结构体现到大学组织制度框架中,是两千多所公立大学制定章程的基本任务。在大学章程重修期间,正值《高等教育法》修订,**2015年审定颁发的《高等教育法》对学术委员会的条款进行了充实**,明确学术委员会具有"审议学科建设、专业设置,教学、科学研究计划方案""评定教学、科学研究成果""调查、处理学术纠纷""调查、认定学术不端行为""按照章程审议、决定有关学术发展、学术评价、学术规范的其他事项"等重要职能,为完善学术治理体系、提升学术治理能力提供了依据和保障。可以说,这一条款的增设与大学章程建设的进程取得的成果相得益彰,充分反映了全国高校对大学学术本位共识的高度一致性。2016年调研表明,90%以上的高校已按照建设有中国特色现代大学制度的总体愿景,实现"党委领导、校长负责、教授治学、民主管理",探索有本校特色的学校治理结构及其运行机制②。此次教育部核准的《北京大学章程》是在2006年由北京大学教代会动议启动,历时八年(于2014年)最终公布③,也就是说,章程的重大共识的达成历时八年。

二是合意机制。合意也指称心如意,当事人双方意见一致。实际上"协议"一词常常也就是指"合意"。大学章程提供了在共识基础上建立共同意愿的机制。如大学学术本位理念的"合意"性在章程中的体现。复旦大学在其章程制定中,以限制复旦大学校长和其他行政管理者的权力为出发点,要求学校领导和部门负责人退出学校学术委员会、教学指导委员会,并设计了专门的会议制度和"召见—问责"制度。校学术委员会和教学指导委员会可以就他们认为重要的问题,单独召开会议,形成独立决议④。如果没有一致的理念就没有章程"限制性"条款,没有章程也就没有共同意愿的集中体现,也不可能确认在上万人的学校,对

---

① 《北大清华等高校章程获准公布 突出"教授治校"》,中国日报网,http:// www.chinadaily.com.cn/micro—reading/interface_toutiao/2014-12-18/12910109.html.

② 孙霄兵:《推进大学章程实施 提高高校治理水平》,《中国高等教育》2016年第19期。

③ 《北大清华两校同日首发〈章程〉》,腾讯网,https:// edu.qq.com/a/20141009/008828.htm。北京大学官方网站的公开信息显示,北大从建校初期至此次章程制定之前曾有过六部章程和组织大纲。

④ 《复旦大学制定"复旦宪法"限制校长和行政管理者的权力》,《都市快报》2011年1月1日,第A11版。

一所学校的办学理念、办学宗旨、办学目标的"合意"表达。**在遵循《高等教育法》总则的规定性上，仍然能够强烈感受到各个学校办学使命在历史长河中的不同积淀、时代追寻的不同表达、个性彰显的不同特色。这恰恰是每一所大学章程的"合意"体现得最具个性的方面，也恰好说明全国制定一部章程是不可能做到几千万人的"合意"或只能再回归同质的政府所属"大学"框架里。**但是，一所大学的章程要使这一"合意性"体现为"可操作性"，还要有符合意愿的机制设计，"合意"机制重在形成一致性的程序"合意"上，没有合意程序也就没有合意内容。尤其是在特定大学文化的表现上提供了"一致性"的可能，如校训、校徽、校旗、校歌、校庆日。教育部有关部门 2016 年在核准大学章程的过程中，发现很多学校的章程对学校的文化进行了很好的归纳和描述，展现了学校的使命、愿景、价值追求和文化品格①。**大学章程中"合意"条款融入学校办学意识、贯穿学校办学全过程，是营造大学学术生态、积淀非正式制度学术底蕴的基础。**

三是表达机制。王大泉认为我国高校存在着多重权力结构，其中有政治领导权力、行政权力、学术权力、民主管理权力，前两者处于强势地位，后两者相对弱势②。秦惠民指出，明晰的学术权力和有效的民主参与的缺失是当前我国现代大学制度发展过程中的制度性瓶颈③。高校内部权力的配置，不仅涉及不同权力之间的横向关系，也涉及学校与学院、系，直至基层教育教学组织之间的纵向权力结构④。同时，**公立学校的直接投资主体是政府，面对来自主管部门的事权和财权边界、面对学校主体的师生员工的权益、面对参与学校建设的社会各方利益，都是多元治理结构中最不容忽视的相关主体。如何使高校中不同的权力得到合理配置，在大学内部建立合理的法人治理结构，是章程的核心任务。**改革过程本身就是不断探索"破与立"的过程，制定章程作为高校的"立宪"更是对以往所有改革"遗产"的审视过程。因此，广泛进行学校政策文件清理和"立、改、废、释"工作是"立宪"的前提。2016 年调查显示，96%的受评估高校已经按照教育部要求，以章程为准则，通过"存、废、改、并、立、释"，全面系统地梳理学校规章制度，形成了健全、规范、统一的制度体系⑤。上海交通大学制定了《上海交通大学规范性文件制定办法》。截至 2015 年底，该校针对规范性文件草案共提出了超 500 条、近 6 万字的修正意见，并完成了对 552 件规范性文件的清理，确认其中 310 件继续有效，62 件宣告废止或失效，180 件应予修改。武汉理工大学根据章程明确的治理结构，将学校制度划分为决策制度、党的工作制度、行政管理制度、学术组织制度和民主管理与监督制度等 5 大类制度，包含 30 个制度子类、93 个制度群组和若干个具体制度，对有关制度进行了清理，提高了规章制度设计的科学性、内容的合法性以及制度之间的统一性⑥。这一过程实质上是重新审视改革成果、统一共识基础、确立治理结构的必备环节。许多高校针对学校的多重权力关系进行了梳理，中国人民大学根据现有内部 12 个组织机构的权责归属和相互关系，归类为咨议、决策、参与监督、信息四大平台。不同平台的职能与表达都有所区

---

① 孙霄兵：《推进大学章程实施 提高高校治理水平》，《中国高等教育》2016 年第 19 期。
② 张国有：《大学理念、规则与大学治理》，北京大学出版社，2013，第 249 页。
③ 秦惠民：《我国大学内部治理中的权力制衡与协调》，《中国高教研究》2009 年第 8 期。
④ 张国有：《大学理念、规则与大学治理》，北京大学出版社，2013，第 249 页。
⑤ 孙霄兵：《推进大学章程实施 提高高校治理水平》，《中国高等教育》2016 年第 19 期。
⑥ 孙霄兵：《推进大学章程实施 提高高校治理水平》，《中国高等教育》2016 年第 19 期。

别,如咨议平台包括校务委员会和董事会;决策平台包括党委全委会、党委常委会、校长办公会、学术委员会、教学委员会、学位评定委员会;参与监督平台包括教职工代表大会、学生代表大会、研究生代表大学、民主党派;信息平台包括校务、党务、信息三公开,校务委员会、教代会、学代会、研代会、董事会、民主党派等组织机构为主要渠道。这一内部组织系统的归属划分包含了各个组织的基本权利的确定与相互沟通机制,将内外部各个权利群体的表达机制(知情权、参与权、表达权、监督权)通过四个平台体现①。部分高校在章程实施中,推行了校院二级管理体制,促进了管理重心下移,进一步激发了学院的办学活力,实现了人权、财权、事权的统一。如复旦大学 2014 年底启动了校院二级管理体制改革探索,逐步推行学校宏观管理、学院自主运行的校院两级管理体制②。

张端鸿认为各大学章程重修的局部亮点是,一是在党委和以校长为首的行政之间、行政系统和学术委员会之间初步实现了制度化的分权。将学术委员会明确定位为"学校学术事务的最高机构";通过"听取报告、讨论、审议、审核、审定、评议、评定、批准"等不同程度的精确描述,明晰了有关机构在不同决策阶段所扮演的角色,确定不同主体各具有动议权、论证权、评议权、审议权、审定权或最终决策权;确立了学部、学院、学系等校内学术机构的职权和设置原则。二是大学学术本位的地位得到强化。不少大学章程规定学术委员会有权审定专业技术职务聘任标准和岗位设置和考核条件、可以审定学校学术道德规范,调查和裁决学术争议,调查和评定学术不端行为,在这些纯学术事务上拥有了最终决策权。同时,通过教学指导委员会、学位评定委员会和专业技术职务聘任委员会评议、审议学术行政性事务,拥有了参与决策权和决策评议权。三是多元主体共同参与大学内部治理的结构基本得到了确认。教师、学生、行政人员、政府、校友和社会力量被赋予了不同程度的权力参与大学治理过程。各项决策在提交校长办公会和党委会进行审议前,将必须通过各类学术性委员会、行政性委员会和校友会进行讨论、论证和评议。四是不少高校以制度化的形式明确了师生的权利和义务。具体包括使用学校公共资源、公平公正获得进修和培训机会、知情权、批评建议权、申诉权,其中学生权利还包括重新选择专业、跨学科或跨院系选修课程、学习与生活困难获得支持和帮助等权利③。以章程为首,高校已基本建立了章程、学校基本制度、部门规章制度、单位内部管理制度等分层制度框架。高校管理者、师生、校友和社会各界的利益相关者的利益诉求与利益表达反映在大学章程的制度文本以及执行层面。**大学章程作为大学共同参与者的制度安排,为参与大学治理的行动者们提供新的制度空间。**

四是制衡机制。基于来自不同环境不同群体在大学组织中的站位不同,不仅不可能在所有议题上取得"合意",且各自利益诉求发生交集碰撞是不可避免的。同时,不同主体看问题的视角和职责功能的不同,他们形成的意见也有助于决策的民主程度。因此,在高等学校内部存在着多元主体复杂的治理关系,他们分别肩负着人才培养、科学研究、服务社会、文化传承创新、国际合作交流的基本职能,如何使大学在办学过程中履行好这些职能,需要通过

---

① 张国有:《大学理念、规则与大学治理》,北京大学出版社,2013,第 199—201 页。
② 陈彬、郑宁:《章程的生命力在于实施——全国 75 所高等学校章程实施情况评估报告》,《中国高等教育》2016 年第 19 期。
③ 张端鸿:《当前中国大学章程建设中的若干热点问题解析》,新浪博客,http://blog.sina.com.cn/s/blog_4c8f194c0101gamg.html。

大学章程对大学不同权力加以规范和约束。既包括规范大学与政府之间的权力关系,规范大学内部各群体之间的权力关系(包括党委与行政之间的权力关系、行政人员与学术人员之间的权力关系、行政人员与学生之间的权力关系),又包括规范大学与院系之间的权力关系,还包括规范大学与参与支持大学的各方权力关系。"让各个法律关系主体依法归位,每个主体都有自己的权利和边界,承担相应的责任和义务"①。明确这些关系正是对学校主要治理结构和重大事项的决策实施民主程序地规范,大学章程回应了作为这一组权利集合的表达,设置的程序、通过的途径,既能体现国家意志又能实现大学所有相关参与者的共识,同时还建立了互为约束的制衡机制。

"我们从计划经济体制走来,计划思维、指令管理根深蒂固"②,这是章程重修的初始条件,也是章程建设的逻辑起点。制度转型中不断处理政府、学校、社会之间的关系是这一初始条件和逻辑起点决定的,不仅成为《高等教育法》主要调整的对象,也是大学章程不断要调整的对象。现行这些对象的相关权利义务关系的规定,正是在总结我国高等教育制度转型正反两方面经验的基础上形成的,是在基本国情约束条件下形成的。**政府力量、市场力量、学术力量三者并驾齐驱,成为驱动或制约大学资源配置的基本力量。他们以不同主体面貌构成不同的利益群体,治理结构的制度安排需要在三种力量间形成制衡机制,有了距离与张力,才有制衡的可能。**从北大、清华、人大等校章程以及原985高校的章程都共同突出了"政校分开""去行政化"的精髓③,这些都是重修大学章程的制度"烙印"和历史遗产。此轮**"大学章程建设所确立下来的分权治理结构和多元共治框架,将会成为驱动下一轮大学章程建设和大学治理变革的制度遗产"**④。

清华大学章程在总则里开宗明义:学校举办者和国务院教育行政部门按照政校分开、管办分离的原则,依法对本校进行监管,尊重和保障学校的独立事业单位法人地位和办学自主权,提供和保证学校的办学资源,保护学校事务不受校外机构、组织、个人的非法干涉。学校实行学校党委领导下的校长负责制,坚持自主办学、依法治校、科学管理、民主监督、社会参与、开放合作,尊重学术自由,保障教授治学。根据北京大学章程第三十条规定,该校首次创设监察委员会。该委员会对学校机构及人员具有检查权、调查权、建议权、处分权。为保障教授治学,北大的学术委员会实行定额席位制,由选举产生的教授委员、学生委员以及校长与校长委派的委员组成。校长与校长委派的委员不超过委员总数的15%。清华校长不担任学术委员会委员,其直接聘任的委员不超过总数的10%,西安交通大学学术委员中有党政领导职务者不超过25%,专任教授不少于50%,农大学校党政主要负责人一般不担任学术委员会主任,电子科大学术委员会委员以教授为主体,推进教授治学⑤。

① 瞿振元:《全面建设更加成熟的中国特色高等教育法律和制度体系》,《中国人大》2016 年第 16 期。
② 瞿振元:《全面建设更加成熟的中国特色高等教育法律和制度体系》,《中国人大》2016 年第 16 期。
③ 《北大清华两校同日首发〈章程〉》,腾讯网,https：//edu.qq.com/a/20141009/008828.htm。高校取消行政级别不仅在 2010 年《国家中长期教育改革和发展规划纲要》中有所体现,十八届三中全会也提出,逐步取消学校、科研院所、医院等单位的行政级别,建立事业单位法人治理结构。
④ 张端鸿:《当前中国大学章程建设中的若干热点问题解析》,新浪博客,http：//blog.sina.com.cn/s/blog_4c8f194c0101gamg.html。
⑤ 《北大清华等高校章程获准公布 突出"教授治校"》,中国日报网,http：//www.chinadaily.com.cn/micro－reading/interface_toutiao/2014－12－18/12910109.html。

以上四种机制是重修大学章程中关于大学治理结构的重大突破。解决了多年制度放权后高校内部权力"碎片化"、缺乏共识、互为掣肘、无法制衡的困境。

(三)八年我国大学章程建设留下的制度遗产

中华人民共和国成立以后,国家对大学实行集中统一的管理方式,直到 1995 年颁布的《教育法》正式赋予学校"按照章程自主管理"的权利,确立章程成为学校管理的基本依据。但是,改革开放以来,最为集中对高等学校宗旨与任务、权利与义务、程序与监督等进行提升共识、整合清理、澄清边界,则指 2010 年之后的启动大学章程建设。这一建设始于 2010 年的《教育规划纲要》、2011 年教育部发布《高等学校章程制定暂行办法》,2012 年教育部要求所有高校都要启动章程制定工作,2015 年绝大多数高校制定章程备案完成,经过试行和完善,2020 年形成规范性的正式章程。2016 年 6 月,全国高校章程贯彻实施工作交流会在华中师范大学召开,来自全国 130 多所高校的代表参加。华中师范大学学校治理研究中心发布了基于 75 所高校章程执行情况的高校章程实施评估报告。会议反馈的信息主要三点:一是实现高校依据章程自主管理,是我国高等教育治理转型的主要目标,也是高校实现治理体系和治理能力现代化的基本要求。二是教育部 2016 年将全部完成公办本专科高校章程的制定核准工作,我国高校从此告别"无章办学"局面。高校章程已由"全面建设期"正式步入了"贯彻实施期",高校办学也由此进入了"后章程时期"。三是评估研究表明,存在四个问题:外力驱动降低了章程执行参与度。绝大多数高校并非出自自身办学需要而制定章程,导致相当多高校为了交差完成任务,核准后被束之高阁;事不关己阻碍了章程执行的知晓度。目前仍然有相当多高校没有在学校官网显著位置发布章程信息;利益冲突影响了章程执行协同度。部门与部门之间、学校和学员之间、学术组织与行政组织之间,存在磨合和适应;认同不足制约了章程执行遵从度[①]。

时间走到了 2018 年,全国高校基本完成了章程的重修工作,新办大学首要一条就是章程立校。尽管上述的评估指出了现存问题,但是这些问题相对于改革开放 30 多年来甚至计划经济时期的"无章程时期",都可能是"微不足道"的。**"章程立校"是我国大学依法治校的实质性一步,是 1998 年《高等教育法》提出大学组织独立法人的真正落地。**一个组织必备章程,尽管这对具备常识的人们似乎不难理解,但是,经过"无法可依、有法不依"的计划经济年代和不断探索创建依法治国基础和教育法律体系的 30 年,就能深切感悟"章程立校"这一条来之不易。**我国大学立章的历史背景和逻辑起点就是"我们从计划经济体制走来",因此,从历史长河的制度转型与制度变迁看这一刻,政府主动引导大学章程重修工作在中国高等教育制度发展史上具有重要的历史价值和时代意义。**

政府由全能配置高等教育资源到逐步分权让渡到地方和学校,经历了 40 年的体制改革和制度创新。高等教育体制的分类包括办学体制、管理体制、投资体制、招生就业体制、教学体制、内部管理体制等,循着这几类体制的改革路径,与初始改革比较,发生了根本的变化。本研究关于高等教育资源配置转型程度的指标体系研究较客观地记载了这一制度演进的过程与变化。这几类体制不管是较早或较晚些甚至迭代更替地持续改革,其最终是要将政府**与学校、政府与市场、中央与地方的事权与责任边界试图划分清晰,由原政府一家配置资源**

---

① 党波涛:《我国高校今年告别"无章办学"》,《中国青年报》2016 年 6 月 30 日。

转换为不同职能主体配置资源,使资源在不同配置主体间得到更为有效的配置。这一改革优化的过程不是一天一年或数年完成的,它呈现为循环往复、不断优化的过程。在这个过程中,政府与学校之间的博弈成果都以学校阶段性的产出体现,这一产出可能都是局部性的,且良莠不齐,甚至所有改革以及法定归属学校的权利都散落在学校的次一级制度文本里,不仅放权的制度红利不能在基层激励相容,而且相关制度红利还引发不同利益群体的矛盾冲突,协调与控制学校内部利益相关者之间的博弈成为制度安排的主要焦点。改革开放以来不断地或放权造成制度的"碎片化"难以让学校与政府厘清边界,甚至也难以在学校内部不同层级不同群体厘清边界,这个状况结束于大学章程重修过程。大学章程对整个改革成果,包括经验与教训的审视、遴选、概括、提炼、呈现的过程不仅是集思广益、更是反思提升的过程。虽然整个重修章程相对集中,但各个学校则是独立修订的过程。千所大学千份章程所汇集在一起表达出来的制度安排一定是对改革进程理论与实践趋优的制度结晶和最好检验。可以说,高校自主权的演进始于突破计划经济管理体制、纠结于转型中的两轨制、转换于公共治理理念框架的实践,这一转换在大学章程重修中落实到学校根本大法中,结束了高校自主权"碎片化"年代,并步入学校依法治校的制度框架。

1978 年以来,高等教育资源配置方式转型是政府主动让渡原有资源配置存量中属于学校的权利,也包括市场资源配置的权利。在改革增量的权利划分上政府与社会、政府与市场的探索不断演绎出社会与市场关心支持有效配置高等教育的故事。其中,来自市场配置的权力供给与约束不断成为高等学校发展的重要积极力量,它对高校作为独立法人的市场主体意识的建立、与参与学校支持与治理的社会力量形成联盟、增强高校服务社会的竞争合作机制、特别是在高等学校组织内形成激励相容的制度安排都是不可或缺的配置力量。而生长于大学组织内生动力的学术力量,在政府和市场两种正向力量孕育的学术生态中,成为抵御政府和市场负向影响的重要组织机制,确保大学组织作为学术本位的本质所在和功能运行。这三种配置力量在改革开放 40 年中构成高等教育资源配置方式转换的最基本的相关关系,它们之间的无数次交织的制度创新都会表达在高等学校的制度层面上,无论是正式还是非正式,无论是积淀还是过往,都成为高等学校制度演进的历史记载。我国大众化以后越来越多的市场和社会主体参与大学建设与管理,他们作为相关利益方的责任与理念、权利与义务如何体现,作为与大学主体横向关联的市场主体怎样参与表达分享大学发展过程,成为大学公共治理的现实课题。大学章程重修提供了多元治理框架的探讨与建构,明确在党的全面领导下的多元治理平台,以及相关权利义务责任理念的确定。各个大学章程在大学治理结构上虽表达不同,但在"党委领导、校长负责、教授治学、民主管理"这条主线上基本达成共识。

从"我们从计划经济体制走来"这一特殊起点来说,大学学术本位的讨论怎样都不为过。"大学章程的最大价值,在于它要确定高校最基本的权责分配、日常运行和管理制度,能够保障高校按照学术逻辑和教育规律办事,防止高校学术研究受到外界干扰,尤其减少行政权力对学术的干预"[①]。2016 年教育部部长提出高等教育要做到"四个回归",即回归常识、回归本分、回归初心、回归梦想[②]。回归大学学术本位的基本常识应该是"大学是一个探索科学、

---

① 张国有:《大学理念、规则与大学治理》,北京大学出版社,2013,第 188 页。

② 《教育部部长陈宝生:高等教育要做到四个"回归"》,《中国教育报》2016 年 10 月 19 日。

追求真理的学术组织"，大学的产出可以就其办学类型的不同实现人才培养、科学研究、社会服务、文化创新、国际交流等。**大学组织的本质是学术共同体，是一群愿以科学精神为本位的人组成的学术命运共同体。它有属于自身认同且独有的、需要制度维护的一组学术属性；大学章程是确认并维护这一组学术属性的制度安排，没有这样一个学术命运共同体的"契约"表达或制度安排，就不可能实现一个大学组织的学术本位。**这一学术本位的精髓可以表达为大学理念、大学使命、大学宗旨，也可以是一组确定的权利义务关系，更可能是非正式制度表达的学术生态。若没有这样的制度保障，学术产出就不可能遵循其规律，就有可能受到来自市场或政府的"僭越"，就不能形成抵御抗衡不利于学术本位的因素的基本法治力量。可以看到，**在我国高等教育资源配置转型进程中，政府、市场、学术三种资源配置力量形成的制度安排在大学章程中实现了一定意义的制衡关系。**

在大学章程重建期间，来自大学之外的力量不断创设着强有力的制度环境。2011 年 11 月教育部发布《学校教职工代表大会规定》、2014 年 1 月教育部发布《高等学校学术委员会规程》、2014 年 7 月教育部发布《普通高等学校理事会规程（试行）》，在《高等学校学术委员会规程》总则中规定，学术委员会作为校内最高学术机构。2015 年十二届人大常委会修订的《高等教育法》强化了学术委员会的五项基本职责，奠定了高等教育最高权威法对大学章程中学术本位的基本定位。2015 年国务院学位委员会　教育部印发《学位证书和学位授予信息管理办法》，宣布 2016 年开始施行大学学位证书由学位授予单位自主设计、印制。2015 年国务院办公厅发布关于优化学术环境的指导意见，提出五个坚持：坚持创新导向、坚持自律为本、坚持学术自主、坚持依法治学、坚持宽松包容。提出营造宽松的学术环境和敢为人先、宽容失败的学术氛围，尊重科技工作者个性，倡导科学面前人人平等，鼓励学术争鸣和质疑批判，培育竞争共生的学术生态。促进学术与行政适度分开，不以行政决策代替学术决策。2017 年中共中央办公厅　国务院办公厅印发《关于深化教育体制机制改革的意见》，再次提出，深化简政放权、放管结合、优化服务改革，把该放的权力坚决放下去，把该管的事项切实管住管好，加强事中事后监管，构建政府、学校、社会之间的新型关系。要完善依法自主办学机制。依法落实高等学校办学自主权，完善中国特色现代大学制度。**健全边界明确和权责对等的教育治理新机制是教育现代化的题中之义，如何发挥章程在大学战略规划和日常运行中的作用，以及在学校内部治理、学术和行政良性互动中的保障机制仍然任重道远。**

学术生态是一个历史演进的产物，它可以指一个学院、一所大学，也可以指整个高等教育体系。那些影响其生态的因素首要的是学术共同体的"权利与义务"，它可以是正式制度文本，也可以是一组非正式规范。现代社会可以是政府供给，也可以是所有与之相关者共识的"契约"，即大学章程。尤其是推动大学章程与大学精神、发展理念、办学传统、校园文化等学术生态的深度融合，然而要维护其不断健康生长，还需要提供一种可供生长的竞争性生态。**良好的制度环境与健全的大学制度安排是一个互为支撑的良性体系，大学章程的重建使参与大学办学的相关利益方关于一组权利义务责任理念的制度重塑与生态培育进入新阶段。**

中国大学自然是扎根于中国大地，其命运与国家民族的现代化命运紧密相连。**大学章程重修的成果是改革开放 40 年制度演进的成果，也正是中国现代大学诞生于第二次全球化一百多年演进中汲取国外先进大学理念并与本土国情结合的产物，同时，它更是第三次全球化来临之际中国大学伴随中国复兴之路开启新征程的主要标志。从这个意义上看，大学章程重建是改革开放以来高等教育制度创新的重要里程碑。**

三、中国高校办学自主权制度演进进入制度重塑与生态培育的新阶段

1978 年以来,我国高校办学自主权成为政府与大学关系的核心标杆问题。本研究通过政策文本观察了改革开放以来高校办学自主权的制度演进特征①。主要发现是,高校自主权的演进始于突破计划经济管理体制、纠结于转型中的两轨制、转换于公共治理理念框架的实践,这一转换将改变政府与学校就办学自主权的"分权"或"放权"的"线性"循环局限,转入参与大学办学相关利益方关于一组权利义务责任理念的制度重塑与生态培育的新阶段。本研究不仅分析了我国高校办学自主权制度演进五个阶段的基本特征,也实证了我国现代大学制度建设是摆脱囿于高校自主权思路的新进展。

改革开放以来,高校办学自主权问题一直是作为观测政府与高校关系的核心问题,分析多为政府与高校相对立的"线性"视角,即放与收。2010 年政府《国家中长期教育改革和发展规划纲要 2010—2020 年》提出"完善现代大学制度与完善大学治理结构"政策主张,特别是 2012 年十八大提出治国理政新理念改换了这一视角。近 6 年来(2018 年),政府简政放权力度空前,政府主导改革的政策转换带来实践的重大转变。因此,对高校自主权的分析更应转换为多维空间视角。其依据来自全球治理理念的波及与我国政府治理理念的改换与深水区改革进程加快。**制度环境的变革倒逼大学治理模式变革,将高校自主权问题从政府"简政放权"的单一维度转换为内外部多个主体相互作用共治关系。**现实中的政府也早已从简政放权向公共政府转型,更多提出的是"管办分离"的服务型政府。**这一转换将改变政府与学校就办学自主权的"分权"或"放权"的"线性"循环局限,转入参与大学办学相关利益方关于一组权利义务责任理念的制度重塑与生态培育的新阶段。**这个过程不是简单复制西方大学治理模式的过程,也不是单靠政府学界独自顶层设计的过程,它需要两千多所高校"扎根"在日新月异的中国环境中与相关利益者发生关系的实践演进过程。

本研究假设:高校自主权的演进始于突破计划经济管理体制、纠结于转型中的两轨制、转换于公共治理理念框架的实践,这一转换将改变政府与学校就办学自主权的"分权"或"放权"的"线性"循环局限,转入参与大学办学相关利益方关于一组权利义务责任理念的制度重塑与生态培育的新阶段。

高校办学自主权提出的由来。1979 年 12 月 6 日,《人民日报》发表了复旦大学校长苏步青、同济大学校长李国豪、上海师范大学校长刘佛年、上海交通大学党委书记邓旭初等呼吁"给高等学校一点自主权"的文章。从此开启了我国高校自主权"回归"的 40 年漫漫征程。之所以称之为"回归"就是基于自主权本来归属高校,由于作为大学组织的权利在不同时代、不同国家、不同群体的制度背景下有不同的诠释。出现这个"归属"现象并不是我国特属,历史上世界各国大学都曾经出现过与"教会""皇室""教授会""政府"关于"自主权"的纷争。而我国大学最初提出"回归"要求是基于结束文革之后全党中心工作转入经济建设这一背景。1978—1985 年期间,高等教育主要任务是拨乱反正恢复正常办学秩序。当时存在一个是恢复苏联模式下计划经济体制的教育模式,还是适应以经济建设为中心探讨教育改革模式选

---

① 本书第二章第一节对改革开放 40 年的政策文本进行了分析。相关办学自主权、政府"放管服"、中央教育体制改革决策文件相关内容见本章微信表 W6 - 14,表 W6 - 17,表 W6 - 18,表 W6 - 19。

择的问题,而遍布全国的农村承包责任制与企业承包制改革都是在"下放自主权"的前提下展开的,当时整个社会涌动着解放思想、突破禁锢、追赶现代化的激情与氛围。**因此,"给一点"自主权就成为当时隶属政府的高校改革的基本诉求,而能够"给多少"自主权也就成为之后一个时期政府与高校博弈多年的改革焦点。**

高校办学自主权演进阶段分析,见微信6-6。

因此,高校办学自主权制度演进的基本特征。改革开放40年高校自主权"回归"演进中五个转折点分别代表了五个不同历史时期,既表现了政府与高校在不同阶段对自主权"回归"的基本诉求,也清晰地表达了不同阶段自主权"回归"更迭的制度变换特征。

第一,**高校办学自主权制度演进本质上是以诱致性制度变迁为主。**虽然通常我们都认为我国政府主导改革与正式制度产生,但高校自主权的制度演进过程表明,这五个阶段的转折点虽以国家正式制度文本形式为标志,但上述分析却客观清晰地描述了一个事实,**形成正式制度成果的由来却是每一个阶段无数基层学校的制度创新以及前赴后继与传统体制的博弈胜出。**基本遵循了个别地方高校突破("违规"操作或先行试点)、扩大试点并逐步试行,过渡到所有高校并正式纳入制度框架的制度生命周期的形成规律。因而,**高校自主权制度演进本质上是以诱致性制度变迁为主,政府主导恰恰体现在允许改革试错、容忍改革失误、把握改革大势、集成改革成果,最终形成转型中具有共识并可实施的正式制度。**

第二,**高校办学自主权初始均为体制外增量改革的自主权为主。**虽然五个阶段表现形式不同,但实质能够落地的自主权都是体制增量。**这些增量的共同点,都是因外部新的需求导致原体制不能满足,重新制定新规则以适应需求,减少对原有体制的依存与依赖,使改革成本最小化;且增量改革不涉及更多复杂群体,增量的利益博弈很小。**换句话说,最早给予高校的自主权并不是破除既有体制规则的自主权,而是体制外新增自主权,这一特征成为高校办学自主权制度演进最显著的特征。事实上后期阶段的自主权多数也是改革增量的自主权。直至2017年,那些涉及体制存量的校内人事制度改革才得以破冰。值得指出的是,所有计划外增量的制度规则从最初提出到后期的演进往往呈现出不可抑制逐步升级的趋势,从放开学校筹资的收费到使用筹资经费,直至扩大不同收费渠道及建立筹资多渠道体制,利用增量经费采取校内激励机制等。改革开放40年之后大家习以为常的制度安排却是转型期制度创新不断演进的结果,如收缴学费制度。

第三,**高校办学自主权的制度演进动力均始于外部制度环境变革的倒逼。**所有下放的自主权都不是"自己长腿自愿下放的",严格地说都是当时所处制度环境的变化倒逼形成的,也是创新体制的一部分,绝不是旧有体制权力的"下放"。当新制度实行后,旧有体制自然失去配置价值,淘汰成为必然。**不管是20世纪80—90年代还是21世纪头18年,整个社会经济制度的巨大变革是高等教育资源配置制度创新的直接动力,我们都能看到每一阶段外部制度环境倒逼而促使发生高校办学自主权"回归"的特征,**见表W6-3,(该表列入微信6-7)。中央从1992年正式确立建设社会主义市场经济的基本方针,2003年要求完善社会主义市场经济体制,2013年在建立社会主义市场经济体制20周年、完善建立社会主义市场经济体制10周年的重要时点上提出市场经济起资源配置的决定性作用,2017年将坚持和完善社会主义市场经济体制写入新党章。可以说,变革传统体制的内在逻辑与中国现实市场经济体制变革逻辑高度吻合。

第四,**高校办学自主权始终围绕着具体人力资本个体选择权与激励价值主题。**不管是招生还是就业、是学科设置还是专业自主,是科研还是评估,所有增量自主权都是一种选择权,在计划经济体制下不可能有这一权利。因此,**推进高校体制改革的"尚方宝剑"主要是自由选择权与裁量权的划分,核心是人力资本产权确立以及将裁量权、选择权、激励权赋予谁。**高校自主权看似面对政府与学校等机构,涉及大量人财物等资源配置权力,但其实说到底主体核心还是面对人,即面对的是如何拥有具体人力资本个体选择权的改革,而高校自主权改革最难解决的焦点也在此。虽然 20 世纪 80 年代上海交通大学实行人事制度改革试点,这种试点一直在高度集中控制的事业单位制度框架与严格管控的户籍制度间徘徊,其间各个阶段主管部门都先后进行了无数规格不低的改革试点,却始终没有突破存量体制。即使能够放开的也是少数中央专事特殊人才的增量改革,予以引进特定人才以特殊激励政策。以至于在高校形成多轨不同待遇,造成新老制度格局下的不同利益群体的对峙,甚至以设置众多项目来平衡增量激励级别,而不断积累的多重人事纠葛及矛盾激化严重阻碍学校改革进程,无法建立公平竞争以激励这一群体。凡政府特殊授权享有的自主权都面临着不确定的命运,尤其在原有体制存量改革上更是"命运不保"。由此可见,**政府授权与法律赋权下的高校自主权都只是转型制度环境下的过渡产物。**

第五,**高校办学自主权制度演进分成改革开放后的前 20 年争取合法化与后 20 年争取落地化。**高等学校隶属政府的事实关系是计划经济管理体制最显著的特征,作为法人实体的高等学校则意味着具有独立自主法律地位的组织。在国家正式制度中赋予高等学校法人组织权利与义务的参照应是《公司法》的施行,它与教育改革实践为高等教育立法与确立高等学校法人主体铺垫着基础。1998 年《高等教育法》最亮眼的是八项高校自主权,恰恰是这奋斗得到的权利被法律赋权后却在后 20 年落地中常常与争取者愿望相背离,它们多数并未得到法的保障,相反,"在政府有关规定"的规制中,重重审批性行政规定将下放的自主权多数变成"无法落地"或"少数试点"。直至 2017 年政府公共治理理念与大学治理理念的对接才有了改变,形成了外部与内部治理框架,这实质是在进行政府与学校相关各自"权利束"的集中"清算"。**基于公共治理理念框架的实践,这一理念转换改变政府与学校就办学自主权的"分权"或"放权"乃至"收权"的"线性"循环局限,转入参与大学办学相关利益方关于一组权利义务责任理念的制度重塑与生态培育的新阶段。**

我国国情决定了高校办学自主权制度演进的特征,也决定了高校自主权受体制源头、学术源头、立法源头等多方困境缠绕,使得高校自主权作为一个介乎多重意义与利益纷争的制度集合,成为转型期高等教育资源配置制度创新的标尺;而它被赋予法律地位后的丰富性与复杂性也更加剧了政府与高校在法学层面与现实层面上的不同博弈。假设有一天,人们已不再关注高等教育法有关自主权的规定时,也可能是自主权真正回归高校时。

分析结论:本研究对文献综述中提出的高校自主权落地难的三种解释分别是,**长期计划经济的"路径依赖"与法律确权赋权受制度环境约束,以及实践中自主权演进的丰富性加剧落地复杂性。**这三种解释经过上述分析,都是高校自主权落实之难的原因。本研究也从制度变迁动力、利益博弈、产权界定角度分析了高校自主权在演进过程中是如何导致"落地难"的原因。**综合来看这一合理解释是,中国改革开放初始是计划经济年代,40 年跨越了不同时代,历经不同制度变革转换,沿用百年前的自主权概念不足以使高校应对当今全球与中国环境巨变的挑战,高校对法律赋权的自主权不甚满足的同时也尚未提出更符合共识的自主权集合范式;尤其我国高校由于初始于计划经济改革,高校办学自主权的非正式制度培育缺**

失所造成的学术生态不健全,使得高校学术力量难以制衡其他力量,也难以拥有接纳自主权获得健康生长的学术土壤。值得庆幸的是,高校自主权制度演进的第五阶段从第四阶段的茫然无助忽然"柳暗花明",是高校现实中合作群体对"权利与义务"的公平需求,更是**基于公共治理框架与治理理念的启蒙,将"碎片化"自主权集合为一组"权利与义务"范式,纳入大学治理范畴,这是制度创新趋势**。本研究认为,对高校自主权制度演进实证分析表明,我国现代大学制度建设是摆脱囿于高校自主权"放与收"思路的新进展,证实了研究假设:高校自主权的演进始于突破计划经济管理体制、纠结于转型中的两轨制、转换于公共治理理念框架的实践;这一转换将改变政府与学校就办学自主权的"分权"或"放权"的"线性"循环局限,转入参与大学办学相关利益方关于一组权利义务责任理念的制度重塑与学术生态培育的新阶段。

　　以上三大案例描述了我国现代大学制度建设作为国家制度安排在改革开放四十年转型期和新世纪第二个十年中的状况,它们不仅作为《国家中长期教育改革和发展规划纲要(2010—2020年)》被提上国家宏观制度改革议事日程,还成为两千多所高校投身于现代大学制度建设的重头戏。**本研究认为,高校内部管理组织机构变革、大学章程建设启动、大学自主权制度演进是我国现代大学制度建设的核心与基础**,通过分析这三大制度演进,可以佐证课题组关于改革开放四十年中国现代大学制度建设转型趋势的主要特征,阐释了我国高等教育资源配置转型指标考察趋势的客观性与现实意义;进一步证实了转型中高等教育资源配置与现代大学制度建设的紧密关系,解释了推动我国大学治理制度变迁的逻辑力量;同时揭示了高等教育办学主体权利与义务的确立是制度创新过程。中国现代大学制度未来进行式需要面对的课题仍然在路上。

　　一是佐证本研究关于改革开放四十年中国现代大学制度建设转型趋势的主要特征,阐释了我国高等教育资源配置转型指标考察趋势的客观性与现实意义。本研究考察转型期我国高等教育资源配置制度变迁提出的研究假设为,当制度环境发生决定性的、本质的、不可逆转的变化时,与之相适应的政府、市场、学术三种力量将影响高等教育资源配置方式的性质、程度与方向,与制度创新相一致的资源增量通过转换、让渡与替代资源存量,逐步使新资源配置方式替代旧有配置方式而成为主导模式①。本研究通过七个指标集22个二级分类指标建立了一个简单足够的解释性转型程度指标体系,对四十年高等教育资源配置转型的变化特征进行了描述。第四章根据分析得到关于新资源配置转型程度的特征与趋势,使我们能够初步诊断改革开放四十年来我国高等教育资源配置发生了什么变化,正在向什么方向变化,变化的趋势是什么,什么导致了变化的方向、速度和力度。为了加强对转型程度指标体系的检验,本研究在不同章节加强了对重大政策和重要案例的制度演进分析,以增强指标分析的可信度,进一步验证研究假设。如果说指标选择上主要与初始改革的逻辑有关,带有一定主观性、或然性,但在跟踪四十年的高等教育资源配置制度变迁中,无论是指标考察还是案例分析,**都总体上表明它们之间不仅能够代表高等教育资源配置的核心资源,而且能够显著反映实际制度演进中核心资源的变革轨迹,并能互为解释不同阶段呈现出的主要特征与基本趋势,与转型指标测量结果共同证实了本研究的研究假设。**

---

① 在本研究中,三种力量的集中表达形式是通过分析转型中政府公开的政策信息并转化为指标系统呈现的。

　　二是进一步证实了高等教育资源配置制度转型与现代大学制度建设的紧密关系，解释了推动我国大学治理制度变迁的逻辑力量。高等教育资源配置转型在不同阶段有不同表现，但如千万条河流汇集大海，各个资源配置领域的变革最终都呈现汇集为现代大学治理制度建设。资源配置的显性表现是大学组织机构，我国高校内部管理机构设置变迁是行政、市场和学术三类"理性个体"为追求自身效用最大化而进行博弈的结果，后两者所发挥的作用不断增强。分析表明，高校内部管理机构设置受社会经济制度环境和高等教育内部制度安排的深远影响，高校内部管理机构设置变迁的合法性主要来源于与制度环境的同构性，它的发育成熟与大学治理结构的发育成熟相辅相成。大学自主权四十年制度变迁过程，无论是指标体系描述的阶段过程特征，还是大学自主权四十年制度变迁分析，都佐证了高校办学自主权制度演进的基本特征。由于我国国情决定了高校办学自主权制度演进的特征，也决定了高校自主权被体制源头、学术源头、立法源头等多方困境缠绕，使得高校自主权作为一个介乎多重意义与利益纷争的制度集合，成为转型期高等教育资源配置制度创新的标尺；而它被赋予法律地位后的丰富性与复杂性也更加剧了政府与高校在法学层面与现实层面的不同博弈。40 年高校自主权案例中"回归"演进的五个转折点分别代表了五个不同历史时期，既表现了政府与高校在不同阶段对自主权"回归"基本诉求，也清晰地表达了不同阶段自主权"回归"更迭的制度变换特征。近年来出现了更多高校重新认识自主权的共识框架，这就是现代大学制度框架，其核心是将高等教育资源配置转型成果纳入现代大学治理框架。基于公共治理理念框架的实践，这一转换将改变政府与学校就办学自主权的"分权"或"放权"的循环局限，转入参与大学办学相关利益方关于一组权利与义务责任理念的制度重塑与生态培育的新阶段。**这个新阶段的重要一步就是"章程立校"，它是我国大学依法治校的实质性一步，**是 1998 年《高等教育法》提出大学组织独立法人的真正落地。经过"无法可依、有法不依"的计划经济年代和不断探索创建依法治国基础和教育法律体系建设的 30 年，就能深切感悟"章程立校"这一步来之不易。**2010 年启动我国大学章程建设是大学制度建设的转折点。**2010 年以来，涉及与大学章程相关的各种上位法律及政府行政性规章的密集修订或制定出台，反映了政府对政校分开、管办分离的决心。**我国大学立章的历史背景和逻辑起点就是"我们从计划经济体制走来"。**因此，从历史长河的制度转型与制度变迁看这一刻，政府主动引导大学章程重修工作在中国高等教育制度发展史上具有重要的历史价值和时代意义。高等教育资源配置制度转型变迁是现代大学制度建设的基础与成果，因为，**不断获取新的制度红利是转型过程中政府、市场、学术三种力量的根本诉求，也是三者不断博弈制衡的根源，这一诉求与根源是持续推动我国大学治理制度变迁的逻辑力量。**

　　三是揭示了高等教育办学主体权利与义务的确立是制度创新过程，中国现代大学制度未来进行式需要面对的课题仍然在路上。三大案例分析表明不同转型阶段，三种力量在塑造大学独立法人的权利与义务上贡献不同。改革初期至 20 世纪 90 年代中期，基本是面对完全计划经济体制下资源配置的格局，政府基本把握着所有资源的配置权力，虽然已逐步在刚刚建立的市场与回归的学术领域释放了部分配置权力，但总体上仍是政府控制着旧有存量资源，对新增资源实行的是逐步、缓慢、渐进的放开步骤，此阶段，基本是以政府控制配置旧有存量资源和逐步以政府、市场、学术三者控制配置新增资源。20 世纪 90 年代后期，特别是 21 世纪前 10 年，随着改革的不断进展与深化，对改革的反思与质疑声音日益强烈，甚至虽看到改革的成果不容置疑，但不同声音仍然针锋相对，难以取得共识。**由于增量资源与原**

有资源都在不断固化其资源的利益群体,利益分化导致了价值取向的多元化,也带来价值判断的多样化,主要原因是改革增量造成新资源群体获得感与存量资源群体的不一致。2010—2018 年,以《国家中长期教育改革和发展规划纲要(2010—2020 年)》出台为转折,政府也在痛定思痛寻求改革深水区的有效"药方"。事实上,人们发现,在高等教育资源配置的重大制度变迁上,无数的改革方案殊途同归,最后的选择依旧回到一个经典:谁是配置资源的最有效方式就应考察其当下的约束条件并选择它,中国国情作为约束条件在已有的存量与增量的变化中也发生了根本改变,只有依据现有的改变寻求适配方式。四十年转型变迁,我们看到的是政府、市场、学术三者在旧有资源配置、存量转增量配置与新增资源配置中的制衡较量,而最值得纪录的恰恰是这一制衡较量中大学主体权利与义务的确立。转型指标趋势表明,原有四十年前的高等教育制度存量已发生了根本变化,这期间新增存量则是制度变迁中不断寻求变革的对象,因为这些新增存量绝大多数不尽如人意,增量改革还在制度纷争与试点过程中。只要转型继续,高校办学自主权的归属就未完结。自主权作为高校一组权利与义务关系是排他性制度安排,完全由高校自主界定不可能,政府势必介入这一权利界定过程。这两者关系作为悖论几乎伴随着改革全程。所以,政府与高校的纠葛在市场经济作用下必然呈现为政府、市场、学术三种力量的缠绕。因此,未来既是制度改革的沉淀期,也是制度改革的爆发期。政府与高校在市场的"舞池"里"共舞"了 40 年,仍然需要重新思考依靠什么力量来配置资源,这是解决高等教育制度转型问题的关键。

第二节　虚拟力量对高等教育资源配置转型趋势的影响[①]

改革开放后,我国经济体制由传统计划经济向社会主义市场经济转型,这一制度性变革直接导致传统高等教育资源配置方式的改变。高等教育作为一种特殊的稀缺资源,其配置方式经历了一个不断选择和不断优化的过程。本研究的前期研究发现[②]:在这一过程中,政府、市场和学术三种力量对高等教育资源配置方式的转型发挥着各自重要的作用。这三种力量相互独立、相互博弈、相互制衡,决定了改革开放以来高等教育资源配置的走向、结构、供需和收益的本质变化,成为高等教育发展的持续动力和不可逆转的制度安排。经过近 20 年的实证研究,不断证实三种力量在高等教育资源配置转型变迁中不断增长制衡的作用。然而,近年来随着以互联网为核心的信息技术的迅猛发展,计算机、移动终端、互联网、云计算、大数据和人工智能等技术融为一体,正逐渐成为连接各种教育资源的重要环节,高等教育资源配置中政府、市场和学术力量的相互博弈、相互制衡的格局正在因网络信息技术的发展产生新的变化。

早期,互联网在高等教育中的应用仅限于信息的获取、传递、发布,发挥的作用基本上是一种教育基础辅助功能。而今天已大为不同,互联网技术逐渐融入高等教育运作的肌体中,悄悄地改变着高等教育的组织结构和运作模式。互联网与教学融合,产生了在线课程、翻转

[①] 课题组成员高峰参与了本章政策研讨分析及初稿撰写。特此致谢!

[②] 康宁:《中国经济转型中高等教育资源配置的制度创新》,教育科学出版社,2005;康宁:《中国高等教育资源配置转型程度指标体系研究》,教育科学出版社,2010。

课堂、混合式教学等新的教学形式,出现了新的虚拟大学组织形态;互联网与科研融合,产生了数字化科研协作支撑平台、大数据高性能计算等新工具,出现了跨地域、跨学科的虚拟科研组织;互联网与教育管理融合,支撑了高等教育治理流程再造,高等教育组织管理日益扁平化。借助于互联网,人们可以随时随地按需获取各种高等教育资源。**互联网正成为大学成员赖以生存的方式**,甚至在某些方面成为决定性的方式。高等教育资源配置中的时空限制、贫富差距等被打破,互联网技术的迅猛发展赋予高等教育变革以无限的可能。

在此背景下,政府、市场和学术三种力量都在试图利用互联网技术做大自己,它们在高等教育资源配置上的力量对比正在发生着显著变化。而且互联网自身所具有的开放、共享、平等、零边际成本等特征也使高等教育资源的供求竞争性、排他性发生着变化,**这些变化很有可能改变与高等教育资源分享有关的利益主体的相互关系和规则,从而使高等教育资源的配置方式发生改变**。有鉴于此,研究高等教育资源配置制度转型不能不关注互联网技术的影响。本课题的上一轮研究中特别提出要加强对互联网技术的应用对高等教育资源配置方式影响的观测研究[①]。在此,**与政府、市场和学术三种力量相对应,我们把这种互联网技术的作用假定为影响高等教育资源配置的第四种力量,统称为虚拟力量**。

然而,虚拟力量能否成为有别于政府、市场、学术三种力量的第四种力量,或者它正成为一种影响力量,抑或是它不可能与其他三种力量齐头并进,或者正成为其他三种力量的加速器或平衡器,使得三种力量在高等教育资源配置方式上的影响发生变化。**本章关心的问题是**,随着以互联网为核心的信息技术的发展,以及信息技术在高等教育领域的不断融入,虚拟力量使高等教育资源配置呈现出什么样的新特征? 这一新特征是否改变了高等教育资源的配置方式? 是否已成为或正在成为影响高等教育资源配置区别于政府、市场和学术三种力量的新力量? 如果是,它是如何与其他三种力量互动、制衡并产生它的独特影响的? **本研究的基本假设是**:以互联网技术为代表的虚拟力量对高等教育资源配置方式已经或正在产生独特影响,势必成为政府、市场、学术三种力量之外的第四种力量,并与其共生为制衡高等教育资源配置转型的力量。假如还没有成为第四种力量,分析制约这一力量产生的条件。

一、虚拟力量在高等教育资源配置增量中的积聚

在我国高等教育资源配置制度转型中,虚拟力量能否发挥作用除受制于技术的成熟、信息化基础设施的完善、人对技术的接受程度等因素外,还需要一个适合的制度环境的保障。纵观近年来这几方面的变化、发展,虚拟力量不断积累、壮大,对高等教育资源配置制度转型的影响也逐渐呈现出来。

(一)影响高等教育资源配置的关键技术

虚拟力量在高等教育资源配置中发挥作用的基础条件是网络信息技术的成熟。近年来网络信息技术在"云""网""端"三方面的发展,使高等教育呈现出全新的发展形态。"云"包括云计算和大数据;"网"包括互联网、物联网在内的一切网络的关联、拓展和延伸,是大数据

---

① 康宁:《中国高等教育资源配置转型程度指标体系研究》,教育科学出版社,2010。

流通的通道和人、物、端、云互通的路径;"端"是用户连接网络的终端,包括电脑设备、移动设备、可穿戴设备、传感器等。**"云""网""端"三者互动为高等教育资源配置制度创新提供了核心动力。**以下关于云计算、大数据、移动互联网、虚拟现实和增强现实、物联网、自带设备、学习分析与自适应学习技术、人工智能等与高等教育的应用关系分析,见微信 6-8。

关于云计算、大数据、移动互联网、虚拟现实和增强现实、物联网、自带设备、学习分析与自适应学习技术、人工智能等这些虚拟力量的主要表现形式只是近年来飞速变革的信息技术的阶段性成果,它们的研发速度正在以指数级甚至量子级速度变化,它们可能对教育产生的影响和作用还没有完全释放出应有能量。这也说明了新技术对具体现实的影响落地有一定的滞后性,对高等教育的影响作用尚需进一步认识和分步开发。

(二)信息化基础设施分阶段递进完善

虚拟力量影响高等教育资源配置的程度取决于各项关键信息技术在高等教育领域的应用情况,而信息化基础设施的分阶段递进完善是这些技术应用于高等教育的基本条件。20世纪 90 年代后期,我国开始了大规模的高等教育信息化基础设施建设,多媒体教室、网络教室、计算机管理信息系统成为这一时期信息技术在高校的典型存在方式,其中,计算机、投影仪、屏幕、网络设备等是信息技术存在的基本形态。进入 21 世纪,信息技术的更新换代日新月异,人们对信息技术的认识以及信息技术在高等教育中发挥的作用日益增强,高等教育信息化基础设施分阶段建设步伐不断加快。2002 年,教育部颁布《教育信息化"十五"发展规划(纲要)》,将信息化平台和资源体系建设,以及中国教育和科研计算机网(CERNET)等重大基础工程建设列为未来五年教育信息化发展的重点。截至 2004 年底,CERNET 和中国教育卫星宽带传输网(CEBsat)实现了互联互通,初步形成了"天地合一"的现代远程教育传输网络。CERNET 主干网传输速率达 2.5—10 Gbps,覆盖全国 31 个省市 200 多座城市,联网高校、教育机构、科研单位共 1 800 多个,成为世界最大的教育科研网,世界三大学术网之一。CEBsat 覆盖至全国及周边国家和地区,具备 44 套数字及流媒体节目传输能力。下一代互联网 CERNET2 主干网建成开通,中国教育科研网格(ChinaGrid)取得重大进展,为高等教育信息化的长远发展打下基础。到 2005 年 7 月,90%以上的高校(1 500 多所)基本建成校园网。多数高校校园网已连接到校内主要办公楼、教学楼、实验楼、图书馆、教师住宅和学生宿舍。

2005 年始,创建具备"数字化校园"特征的信息化学习环境逐渐成为高等教育信息化建设的主流。移动互联网、智能手机、平板电脑等技术进入高校校园,新兴的云计算、大数据、物联网和社交网络等技术,更是使学习环境从数字化走向智能化。2010 年,中共中央、国务院颁布《国家中长期教育改革和发展规划纲要(2010—2020 年)》(简称《教育规划纲要》),把教育信息化纳入国家信息化发展整体战略,强调要加快教育信息基础设施建设,加强优质教育资源开发和利用,构建国家教育管理信息系统。为落实《教育规划纲要》总体要求,教育部颁布《教育信息化十年发展规划(2011—2020 年)》(简称《规划》),把加强信息化基础设施和资源建设,构建先进、高效且实用的信息化基础设施,推进信息技术与高等教育深度融合,作为以信息化带动教育内容、教学手段和方法现代化,促进高等教育质量全面提高的一项重点任务。《教育规划纲要》和《规划》的颁布将高等教育信息化基础设施建设推向一个新的阶段。截至 2014 年底,CERNET 已建成全球最大的国家学术互联网和全球最大的纯 IPV6 互联网,为 2 000 多所高校提供千兆以上的高速接入能力,并对其中 500 所高校提供万兆以上的接入能力,其主干网达 100 G,高速传输网达到 3 万多公里(CERNET,2014;光明网,2014)。调查显示,2014 年出口带宽超过 1 G 的高校占 69.17%,高校出口带宽的利用率达到 75%左右,远超 60%的警戒线(教育部科技发展中心,2015)。在信息技术基础设施方面,国内高校不落后于发达国家水平,甚至在部分领域有超越这些国家的趋势(李斐等,2015)。《2016 年全国教育信息化工作专项督导报告》指出:"23 个省已基本建成教育资源公共服务平台,15 个省全面或基本建成省级教育数据中心,信息化教学应用基本普及,融合创新案例不断涌现,信息技术安全体系初步建立,覆盖城乡的教育信息化体系初步形成。"[1]截至 2016 年 6 月,全国中小学互联网接入比例为 87.5%,较 2014 年提高了 5.3 个百分点。其中,带宽在 10M 以上的学校比例为 64.3%,较 2014 年提高了 23.3 个百分点。北京、江苏、上海、浙江、广东和新疆生产建设兵团等省份已全面实现学校"宽带网络"全覆盖。从 21 世纪初,教育部门的两大在线投入拉开了信息化基本设施投入的序幕后[2],沿着信息化技术的升级换代,这两大基础设施也不断更新并扩展为多种途径的教育信息公路。特别是在这条国家级公路的示范下,各个省级、地市级、各级各类学校都伸展出省级、地市级、区县级以及各种条条专业领域的信息化公路。这条密集网络在外部各类信息化产业机构、市场力量的"扶持带动"下,不断快速迭代更新布局,使得我国教育信息化基本设施规模布局处于世界前列,2018 年全国普通小学、初中、高中接入互联网的学校比例分别为 97.82%、98.96%、98.78%[3],大学达到 100%。这是国家重视教育信息化的成果,也是近年来国家财政专项持续投入的结果。

(三) 在线教育资源日益丰富

这部分内容主要包括开放教育资源运动与国外优质教育资源引进、国家精品课程建设、大规模在线开放课程建设、图书馆数字资源

关于以上四个方面分析,见微信 6 - 9。

(四) 应用系统建设

随着我国高校数字化校园应用的普及,信息化支撑高校教育教学管理方面进展迅速。如果将这方面的发展分为"单个应用""数据互通""流程再造"三个阶段的话,那么目前正从"数据互通"向"流程再造"阶段迈进。20 世纪 80 年代,我国一些高校就开始将计算机应用于学校部门业务管理,一直到 21 世纪初这段时间可看作是应用系统的"单个应用"阶段。这一阶段由于缺乏整体规划设计和技术的限制,各部门应用系统彼此独立,难以实现信息共享、业务联动和部门之间的工作协同。

随着互联网技术的提升与普及,2002 年后,一些高校针对以上弊端开始探索新的解决方案,进行信息化整体设计,应用系统建设进入"数据互通"阶段。有的高校通过建立统一门

---

[1] 《教育部发布 2016 年全国教育信息化工作专项督导报告》,中国政府网,http://www.gov.cn/xinwen/2016 - 11/01/content_5127061.html。

[2] 利用卫星远程教育技术面向中西部偏远农村义务教育,面向高校的中国教育和科研计算机网 CERNET。

[3] 2018 年教育事业发展数据。

户网站,将原有彼此独立的应用系统间的数据层、业务层、表示层进行整合,实现了一定程度的工作协同。也有一些高校一开始就根据学校各方面、各层次、各类人员的需要,从技术路线与技术规范,到业务架构、应用架构、数据架构与信息标准框架、用户管控模型等进行顶层设计,实现了学校各项业务的互联互通和共享联动。

2010 年后,新一阶段的信息技术开始全面融入我国高等教育的各个层面,一些高校开始对教育信息资源进行全面整合,应用系统建设向"流程再造"阶段迈进,无论是使用效果还是使用效率都有很大提高。如:一些高校基于整体主义、人本主义和个性化需求重新构建数字化应用系统,通过大数据技术应用、云计算体系架构和移动互联网等,把信息和服务整合后推送给用户,充分满足师生个性化、移动化需求,高校内部教育和管理业务流程也逐渐发生变化。

调查显示,截止到 2015 年,半数以上(66.95%)的高校建立了集成度较高的校园门户系统,原"211 工程"高校校园门户有八成以上集成了校内各种信息资源。在已建立校园信息门户的高校中,集成决策支持系统和 OA 系统的分别达到 91.6%和 81.09%,集成教学管理系统和学生管理系统的分别达到 50.66%和 46.64%。图 W6-4,显示了高校信息门户集成应用系统情况,(该图列入微信 6-10)。

高校内部公共信息服务系统也日渐完善。继各高校邮件系统基本在本校师生中普及之后,双向网络视频会议系统、教室/会议室预约系统、应急/正式通知发送渠道、移动信息服务、社交媒体等正逐渐成为很多高校日常工作、学习和生活的有机组成部分。如 58.93%的原"211 工程"高校和 34.68%的一般本科高校在校内建立了移动信息系统提供图书馆数字资源、课程学习资源、校园资讯等服务。

特别是在教学管理方面,互联网应用发展非常迅速,其表现一方面是普及率高,另一方面是更新换代快。调查显示,2011 年拥有课程教学平台的本科高校占七成多,到 2015 年,增加到九成多。但由于政策、培训等原因,课程教学平台的应用情况并不理想。

在科研管理方面,有 72.93%的高校已建立了科研数据库,特别是原"211 工程"高校建立科研管理数据库的比例达到 92.86%。这些数据库包括了成果、项目、经费、奖励等方面的内容,有些学校还为科研人员提供存储服务、高性能计算、数据传输、各种研究资源等。有二成以上的高校建立了科研交流协作平台,原"211 工程"高校对这方面更加重视。此外,像校园卡系统、校园安防系统、网络文化建设等也都得到不同程度的发展①。

二、互联网时代高等教育资源配置的新变化

(一)在线课程与人才培养模式的变化

1. 大学课程的在线化

MOOC 的兴起使大学课程迅速走向在线化,标示着传统高等教育在互联网时代教学发展的一个新的方向和演变方式。教育部公布的数据显示,目前我国有关高校和机构已自主建成 10 多个国内 MOOC 平台,460 余所高校建设的 3 200 余门 MOOC 课程上线,5 500 万人次大学生和社会学习者选修,其中学堂在线、爱课程网已步入国内国际领先行列,我国

―――――――――――

① 此部分数据来源高等教育信息化发展报告,2015。

MOOC 课程数量已居世界第一,200 余门 MOOC 课程登陆国际著名课程平台。2018 年 1 月 15 日,教育部召开新闻发布会,推出首批 490 门"国家精品在线开放课程"。据教育部高教司吴岩司长介绍,下一步教育部将继续大力推进信息技术与教育教学的深度融合,到 2020 年,以国家名义推出 3 000 门"国家精品在线开放课程"和 1 000 个"示范性虚拟仿真实验教学项目",进而带动 1 万门慕课和 5 000 个虚拟仿真实验教学项目在线运行(教育部,2018 年)。

在 MOOC 出现之前,由于局限于数字化教学资源开发框架,在线课程在我国高等教育中只是一种辅助性角色。如:1999 年启动的中国现代远程教育工程,其在线课程的开发强调的是以优质教育资源共享增加高等教育机会和促进教育公平;2003 年"新世纪网络课程"的"课程网站"很像是"教材搬家";2005—2007 年国家精品课程建设出现的"三分屏课件"又像是"讲授搬家";包括 2013—2014 年在我国迅速掀起的一轮"微课"热炒,也没有挣脱"教育资源建设"的思维惯性。2010 年由哈佛、耶鲁等世界一流大学发起的视频公开课、TED 视频讲座等虽然受到国内学习者的热捧,但其本质上与以上课程没有什么两样,它们更像是一种数字化的"读物"(郭文革,2014 年)。这一时期在线课程的突出问题是在线教学活动设计不足,在线学习过程主要依赖学习者自主学习。

2012 年后,MOOC 以海啸暴发般的发展态势,在全球高校迅速普及,使这一境况发生了根本性的变化。当前,在线课程已不再是互联网上课程资料的简单呈现、课堂视频的简单播放,而是经过专门的教学、服务团队精心组织后运行于互联网空间中的整个教学过程。这种课程整合动画、视频等多媒体技术手段,营造出一种沉浸式、游戏化学习环境,课程中的在线论坛、学习社区、穿插在教学视频中的即时问答以及开放性练习中的同伴互评、教师与学生之间的互动教学和学生与学生之间的协同学习,呈现的不仅是优质教育资源,更是一种强大的教育服务。至此,在线课程在构成要素、成本结构、教师教学投入、学生学习方式等方面与以往相比发生了很大变化,在与以往的同类课程的教学质量上基本上也没有可比性。

课程的在线化使大学课程的组织体系由学期课程向模块化课程转变。随着移动互联网、智能手机、平板电脑、无线 WiFi 等技术的普及,人们身处一个无所不在、无时不在的学习环境之中,泛在学习、移动学习成为一个惯常的学习方式。对于这种学习方式来说,传统的学期课程组织方式就显得不够灵活、便利,为此一些高校发起了课程组织方式的变革。如:美国麻省理工学院公布的战略规划《麻省理工学院教育之未来》(The Future of MIT Education),在教学领域进行的最重大的改革便是要充分利用 edX 的 MOOC 平台开展在线教育,将学期制课程变革为模块化(moduar)课程(Steve Bradt,2015 年)。

在线课程引起的另一个变化就是大学教学的规模化、个性化。大规模在线开放课程的出现,突破了以往班级制和校园教室的限制,实现了在全球范围内数万人参加的规模化教学。据中国大学 MOOC 平台统计,2015 年秋季学期哈尔滨工业大学 MOOC 课程《大学计算机—计算思维导论》参加人数达 76 233 人。从专业的设置、课程内容的确定到授课与学习方式的设计以及过程管理,大学教学的整个流程和结构得以重组。由于在线课程会带来新的经费增收途径和各种收益,大学与社会其他组织、企业的跨界合作日益增多。说到教学的个性化,我们很容易联想到网上流传的一张"一个人的毕业照"①,说的是江西景德镇陶瓷

---

① 《江西退伍大学生拍"一个人的毕业照":背后故事让人感动》,澎湃新闻,https://www.thepaper.cn/newsDetail_forward_2194143。

大学信息与计算科学专业只有一名毕业生。但目前也只是少部分人才享有如此机会,大多数学生拿到的还是无甚差异的学位,绝大多数课程教学很少照顾到学生个人的兴趣和特长。这种基于工业标准化思维的教学和人才培养模式因 MOOC 的出现正在发生改变。从 MOOC 学习平台收集学生在线学习过程大数据,经过分析可对学生实现精确的个性化学习服务。如:美国田纳西州奥斯汀州立大学的学生可以通过"学位罗盘"(Degree Compass)软件的推荐来选择更适合自己的课程,教材可以基于算法订制;在亚利桑那大学,每个学生可以拥有自己的"电子顾问"来制订个人的学习计划。实践证明,这种个性化教学技术的应用都取得了非常不错的效果。随着在线教学、在线与课堂混合式教学的常态化,未来大学教学将更加强调以学生为本,从"以教学为中心"转变为"以学习为中心"(维克托,2015 年)。当然,从表面上看,目前课程的在线化虽然没有引起高等教育摧枯拉朽般的震荡,但对大学教学方式的影响已然非常明显,国内外很多大学纷纷开始探索适应互联网时代的教学新模式。

2. 混合式教学模式的流行

目前,在教学方式上一个显著的变化是线上线下混合教学模式的流行。在线学习方式具有丰富的多媒体教育资源、便捷的协同交流、友好的互动等独特优势,但并不能完全根本替代教师的课堂教学,缺乏教师的深度参与,学习效果并不像预期的那么理想。混合式教学将面对面课堂教学和在线学习两种典型教学形式有机融合在一起,既能充分体现在线学习中学生的主动参与性、积极性和创造性,又可充分发挥教师或专家的引导、启发和测试评价作用,因材施教,它充分利用在线学习和课堂教学的优势互补来提高学生的认知效果,强调在恰当的时间应用合适的学习技术达到学习者个人最适配的学习目标,因而受到广大教师的青睐。美国俄亥俄州立大学的教师试验了一种"混合式灵活教学"模式,这种模式下,教师充分运用各种在线技术,包括交互式投票、课堂录像、同步通信等技术。据教师反映,这个试验成功地创造了一种满足不同学生兴趣和需要的模式,学生们能够选择参与课程学习的方式,既可以采用在线方式在家学习,也可以同教师进行面对面交流(L·约翰逊等,2014 年)。马里兰大学的混合学习项目让教师和学生在课堂上有更多的时间开展答疑、实践和讨论等活动,而不是课程开始就介绍课程材料(L·约翰逊等,2014 年)。乔治梅森大学的一项研究显示,在一门管理学的课程中,那些在课堂外利用在线学习工具同其他学生合作的学习者更加喜欢这门课程,也更加努力(L·约翰逊等,2014 年)。

这里特别要提到混合式教学方式之一的翻转课堂教学法。美国新媒体联盟地平线报告(高等教育版)于 2014 年和 2015 年连续两年将翻转课堂教学法列为未来一年将被采用的教学方法。通常情况下,学生的学习过程由两个阶段组成:第一阶段是"信息传递",是通过教师和学生、学生和学生之间的互动来实现的;第二个阶段是"吸收内化",由学生在课后自己来完成。由于缺少教师的支持和同伴的帮助,"吸收内化"阶段常常会让学生感到挫败,丧失学习的动机和成就感。翻转课堂对学生的学习过程进行了重构。"信息传递"是学生在课前通过在线学习进行的,而"吸收内化"在课堂上通过互动来完成的,由于教师通过在线课程平台提前了解学生的学习困难,因而课堂上的辅导更有效,同学之间的相互交流更有助于知识的吸收内化过程。麻省大学波士顿分校生物系布赖恩·怀特(Brian White)教授的经验表明,翻转课堂将授课时间从原先占一堂课的 70% 下降到 25%,但学生成绩没有下降。其对学生的调查结果显示,334 人中有 42% 选择"以后这门课一定要这么教",21% 选择"以后这门课可以这么教"。学生发现翻转课堂教学法让他们能够按照自己的学习节奏反复听讲,

MOOC的练习和及时的反馈能够促进他们对教学内容的理解,上课时间用于消化吸收知识更有效率(汪琼,2016年)。

国内很多大学也基于MOOC开展了翻转课堂的试验,如清华大学利用MOOC开展了53门次本科、研究生课程混合教学试点,并联合其他高校合作开展跨校教学。其中,"电路原理"MOOC在清华大学、南京大学、青海大学、贵州理工学院同时进行混合式教学,四所学校积极协作,根据本校学生的特点因材施教,按照不同的翻转课堂模式开展教学,大大加强了师生间、学生间的课上互动,促进学生学习、实践、团队合作能力的提升(尚俊杰、曹培杰,2017年)。中国大学MOOC平台于2014年5月上线,截止到2016年3月,已有146所高校通过平台开展教学,采用的教学方式有:MOOC+翻转课堂、SPOC+翻转课堂、MOOC+SPOC+翻转课堂等多种形式,其中仅SPOC翻转课堂就有584个班级,参加人数达15万人[①]。信息时代的大学生已经习惯于数字化生存,很多人是读图一代,看视频学习更符合他们的学习风格。适应学生的学习风格,并引导学生更加主动、深入地学习,是使用MOOC资源开展翻转课堂教学成功的关键。MOOC对高校教学的影响不仅限于优质资源的可获得性、教学方法的改变,还在于通过记录学生的学习行为,帮助老师诊断教学,发现教学盲点,更好地改进教学,这是MOOC发展带来的学习分析技术改进大学教学的重大贡献。在MOOC资源越来越多、网络环境越来越好的背景下,翻转课堂与混合式教学有望成为高等教育常态化教学模式(汪琼,2016年)。

3. 在线学分和学位授予

大规模在线开放课程出现以来,虽然不断有人对其存在的问题提出质疑和批评,但这并未阻挡住其在世界各国大学狂风暴雨式的发展。不断有大学尝试将其纳入学校的培养方案,宣布认可MOOC学分,甚至可通过在线课程获得学位。以MOOC及其变种SPOC等为基本形式的在线课程开始了与大学校园教育的全面深入融合(此处分析,见微信6-11)。

(二)虚拟大学形态的提出与实践

1. 虚拟大学形态的提出

自中世纪大学诞生之日起,大学的功能、使命虽几经变迁,但大学的组织形态就像"常识"一样固化在人们的头脑之中:校园、教室、实验室、图书馆、运动场、宿舍、食堂,来自四面八方学生和教师在这里学习、工作和生活,这些已成为一所大学的典型形态。近一个世纪以来,随着电影、电视、录音、录像、计算机、网络等新技术的迭代出现,不断有人预言高等教育系统及形态将被重构或不可避免的消亡(帕特丽夏·加姆波特等,2003年),然而人们头脑中的这种大学形态如此地根深蒂固,实际运行中的大学形态也似乎很难被撼动。

然而,近年来互联网技术的爆发式成长,许多行业以更为分散、灵活、共享、优化的异地协作机制替代过去集中式的生产和工作方式。尽管高等教育领域在这方面的表现比较保守,但还是有一些依托互联网的新兴高等教育形态正在试图打破过往传统,最为典型就是虚拟大学的横空出世。美国著名学者迈克尔·格雷厄姆·穆尔(Michael Grahame Moore)在20世纪90年代后的演讲中多次描述过"虚拟大学"这一全新组织机构设想。在他所设想的虚拟大学里,"学生不管身处何处都能联系上任何地方的教师、学习任何一所院校的课程。

---

① 根据中国大学MOOC后台数据。

对于学生而言,他所需要的教师不必跟以往一样集中在某一个地方工作,而对于教师而言,他的学生也不必集中在一个地方学习。学生不管身处何地都能学习到任何地方的教学资源。学习相同内容的学生不必师从同一个教师;学生可以在任何时候以任何形式挑选任何州或国家的教师、获取任何州或国家的信息资源。学生也能不受地点限制求助并得到指导。"美国佛罗里达州立大学系统将虚拟大学构想写入 1993—1998 年战略规划,提出成立"佛罗里达远程学习网络"。根据该规划,佛罗里达远程学习网络将是一所虚拟大学、虚拟学校、虚拟社区学院、虚拟企业培训中心,并通过现有通信技术和网络将全州教师、培训者和学习者联系起来,由一个规模不大的远程学习协调中心负责管理(穆尔,2014 年)。遗憾的是,这个规划未被采纳实施。历史上制度创新常常遇到这种情形,未来的时光会让人们看到这种制度创新的层出不穷与前赴后继。

2. 国外虚拟大学的实践

进入 21 世纪以来,很多国家将虚拟大学的设想真正推向了实践。如:英联邦小国虚拟大学,美国的 UniversityNow、密涅瓦(Minerva)大学、加州虚拟大学就是其中非常典型的代表,(此处分析,见微信 6 - 12)。

3. 我国对现代远程高等教育的探索

20 世纪末开始的我国现代远程高等教育试点被认为是虚拟大学的雏形。1999 年国务院批准教育部制定的"面向 21 世纪教育振兴计划",明确将"现代远程教育工程"列为六大重点工程之一,并拿出 3.6 亿元专门用于支持现代远程教育。同年,教育部印发《关于发展现代远程教育的意见》,批准清华大学、浙江大学、北京邮电大学、湖南大学作为国家现代远程教育的第一批试点院校。此后,试点院校不断扩大,至 2003 年,试点高校扩大至 68 所,教育范围涵盖普通专科、专科起点本科、研究生课程、二学位、非学历培训等各个层次上百个专业,在全国各地建成学习中心 2 000 多个,注册学生高达 500 多万人,68 所高校开发了 8 557 门网络课程,9 338 个计算机课件。试点高校还与社会和企业展开广泛合作,吸引社会和企业资金和技能投入网络教育(顾玉荣,杨成,2011 年)。《中国教育统计年鉴(2006 年)》数据显示,远程网络教育在毕业生数、招生数方面均占普通、成人、网络三种类型本专科层次学历教育的 13% 以上,在校生占 11% 左右。现代远程高等教育丰富了高等教育资源,实现了高等教育资源较大共享,为学习者多样化的自主学习要求提供了广阔的空间。在教学模式上,各试点高校主要有两类,一类是远程实时授课模式,这种模式可简单表示为:直播课堂+网上自学课件、讨论答疑+教学站辅导;另一类是学生以文字教材和多媒体教学课件为媒体进行自主学习的模式,可概括为:纸介质教材自学+网络课程学习+网上导学+网上答疑+网上讨论+课堂作业+自测练习+网上辅导+集中考试(毕业论文)模式,即学生在教材自学和多媒体课程(光盘版或网络版)自学的基础上,通过互联网进行网上答疑、讨论、做作业、课程辅导等,最后参加在当地集中进行的课程考试。现代远程高等教育是现代大学探索的一个新领域,但由于起步较早,主要基于当时的信息技术应用水平,在教学模式建构中仍然存在一些旧的教育观念和做法的惯性,与现有能够供给的技术应用相比较,目前还有不少问题需要"进化",与 UniversityNow 等虚拟大学相比尚有较大差距。尽管如此,我国现代远程高等教育的探索可被认为是一种虚拟大学的雏形,为未来虚拟大学的建设积累了经验。

（三）大学科学研究生态的变化

互联网信息技术的出现和发展，不仅对教学、学习和大学组织形式发生了广泛而深刻的影响，还促使高校科学研究的开展方式发生巨大变化。

1. 科学研究信息化的兴起

科学研究是当代大学的基本职能之一①。对于大学，特别是研究型大学来说，科学研究已成为其办学水平的重要标志。传统的科学研究模式诞生自工业文明，科研资源相对封闭、学科壁垒重重、科研人员之间的交流合作受到时空限制（郑旭东，桑新民，2010 年）。然而，网络信息技术的发展使这一状况迅速产生改变。**互联网为科学研究打开了一扇新的大门，传统的科研工作流程被网络技术重塑，一种基于网络信息技术的新型科研模式正逐渐成为科学研究的主流形态。**1999 年英国科技部主任 John Taylor 提出 e-Science 的概念，专门用以指借助网络信息技术和高性能计算实现的全新科学研究模式，中文语境中的科研信息化与这一概念基本相同。

英国是世界上第一个从国家层面推动 e-Science 的国家。2000 年英国政府实施 e-Science 计划，投入总经费 2.15 亿英镑（宋琳琳，2005 年）。经过两个阶段的建设，英国建立了一个国家性质的信息化科学研究中心，一批优秀的研究中心和众多的普通研究中心，并在网格中间件、可持续运行的网格服务环境、网格支持环境中心、数据维护中心等方面的研究和开发上取得了一批成果（科技部国际合作司，2002 年）。继英国之后，世界主要发达国家相继提出了自己的科研信息化计划，如：美国的"赛博基础设施"（Cyber-Infrastructure）、澳大利亚的"系统基础设施"（Systemic Infrastructure）都是建立在强大的网络信息技术支撑下，为不同学科、不同机构、不同国家的研究人员协作解决重大科研课题的科研信息化平台。我国则利用中国教育和科研计算机网（CERNET）的基础设施和丰富资源，建立了"中国教育科研网格（ChinaGrid）"，覆盖了全国主要一流研究性高校的网格节点，成功将 CERNET 上自治、分散、异构的网络资源整合起来并综合发挥其整体效能，成了世界上最大的超级网格之一。**国家层面庞大的 e-Science 基础设施建设，科研成果和资源在国家乃至世界范围的共建共享，不仅极大地推动了大学科研方式向数字化、信息化的转变和科研工作者数字化生存能力的提升，更重要的是彻底打破了传统科学研究的封闭状态，促进了不同专业和学科、不同学校、不同地区、不同国家科研工作者之间的相互了解与合作，以往无法实现的跨学科、跨国界、跨文化巨型科研项目开始出现并迅速发展，有力推动了科学研究的全球化，同时也带动了大学高层次科研人才培养的国际化**（谢阳斌，2012 年），这与传统高校科学研究模式具有本质区别。

2. 计算、数据、协同成为新科研模式的基本要素

当今信息化时代，e-Science 已成为科研工作的重要模式，美国计算机科学家、图灵奖获得者吉姆·格雷（Jim Gray）将这种模式称为继实验科学、理论计算、模拟仿真之后的第四范式（Tony Hey 等，2012 年）。2012 年我国大亚湾反应堆中微子实验首次发现电子反中微子消失这一新的中微子振荡模式就是这一范式的典范。大亚湾实验数据首先传送到中国科学院高能物理研究所，然后再分发到大亚湾合作组的其他数据中心，并在这些中心进行数据的

---

① 我国大学的基本职能分为人才培养、科学研究、社会服务、文化贡献、国际交流。其中前三项为基本职能，对不同类型的大学其主要职能比重不同。

处理,整个过程依靠"女娲"数据处理系统完成(陈凯泉,2014 年)。正如美国国家科学基金会 2008 年发表的《基于网络信息技术开展协同科学研究》报告所指出的,计算、数据、协同成为 e-Science 时代新型科研模式的基本要素。首先,这一新型科研模式从数据的生成、获取到分析整个过程,都表现出对科学计算的较强依赖性。如:通过卫星对地球上微小物体的观测,星系演变及分子、原子水平的精细结构的模拟,对核聚变、生态系统的演变以及人口迅速发展所带来的社会问题的仿真等,均离不开强大计算能力的支持。其次,这一新型科学研究模式表现为大量科研数据的生成、存储与管理,很多领域(特别是气象学、生态学、地球科学等大科学领域)的科研数据在数量上走向海量级,社会科学领域的科研数据也在飞速增长,如社交网络交互行为数据、电子商务平台的购物数据等,在规模上均不亚于自然科学领域的数据量。再就是这一新型科研模式下,协同的重要性被置于前所未有的高度。学术研究的跨学科性、研究问题的综合性要求研究人员必须在一个开放的空间里开展激烈的思想碰撞。如人类前沿科学(HFSP)和由德国牵头的国际大陆科学钻探计划(ICDP)都是全球数个国家上千名科学家的群体性科研协作,即时通信工具、协同编辑工具实现了研究人员的无缝交流、可视化交流、协同撰写,研究成果在传统纸质期刊发表出来前可实现网络分享,不同地域、不同国家的学者借助网络交换使用彼此特有的科研设备,网络信息技术实现了原本无法完成的科研协作(陈凯泉,2014 年)。

　　3. 虚拟科研环境成为新科研模式的基本支撑条件

　　虚拟科研环境是一种动态的和泛在式的科研支撑系统,在这一系统下,研究者可以无缝地获取数据和软件,通过网络浏览器就能利用分布式的系统处理资源,可以围绕特定研究主题汇集学术同行,组建虚拟团队,并可协同发布研究成果。陈凯泉通过对多个虚拟科研环境的观察,总结了它们具有的五个特征:① 基于网络的工作空间;② 能够支持科研实践的社区,在社区中研究人员没有正规的结构和组织,依靠彼此间的研究兴趣紧密团结在一起,共同参与解决问题、分享关于解决问题的知识,并实现知识的产出;③ 能够提供有价值的学术资源,包括数据、重要收藏品、存储设备、计算资源等;④ 具有较强的开放性和灵活性;⑤ 能支持研究过程中及研究结束后研究分享和知识产权保护。但不同的虚拟科研环境并不一定具备所有这些特征,对科学研究的支撑差异较大。如:英国兰卡斯特大学领导建设的 SAKAI 虚拟科研环境,拥有公告、聊天室、留言箱、邮件归档、今日消息、新闻偏好、讲演工具、资源、日程、场地安排等,还能够通过远程门户网络服务来访问远程计算机和数据网格资源,SAKAI 在社会科学领域中得到广泛使用(Yang & Allan,2007 年)。另一个虚拟科研环境 myExperiment 则广泛应用于生物学、医学、化学等学科,截至 2014 年 9 月 myExperiment 平台上已经有 7 500 名研究者开展工作,有 300 个研究组,超过 2 500 个科学工作流(myExperiment,2014 年)。

　　近年来我国加强了虚拟科研环境的研究与建设,国家自然科学基金委员会设立了"以网络为基础的科学活动环境研究"重大研究课题;科技部启动了"网络协同研究与工作环境建设"项目。西安知先信息技术有限公司开发的 NoteFirst 知识管理与科研协作系统①,在国内外文献管理分析、知识管理、协同工作、科学社区等功能的基础上,结合中国科研人员的文化特点、使用习惯,实现了团队科研协作和个人知识管理的统一。目前已经在全国近四百家

――――――――――

① 知识管理与科研协作系统(http://www.notefirst.com)。

高等院校、科研机构、研发型企业使用或试用,个人注册用户已近十万。中科院网络信息中心开发的 Duckling 平台,设置了虚拟组织管理工具、文档协同工具、文档库管理工具、统一通信工具、活动组织工具五大类工具,为团队提供最为符合需求的应用(Duckling,2014 年)。多年来 Duckling 平台已经实现了诸多成功的协同科研,如 2008 年北京奥运会前夕,支持了来自环境、气象、地质等多学科的专家联合对北京的空气质量进行检测,支持中科院大连化学物理研究所建立了文献共享平台,支持西安加速器质谱中心建立了智能化数据管理平台,支撑了 2015 年在山东大学举行的第 22 届国际历史科学大会。

4. 科研组织的虚拟化和虚拟科研组织

科研组织的虚拟化本质上是基于网络信息技术的科学知识的共享与互动。具体来说,是指基于特定的研究目标,利用计算机网络通信技术将地域上分散的科学家临时组织起来进行科研活动,从而实现科研资源的有效共享和整合的组织管理模式(丁大尉,胡志强,2017年)。科研组织虚拟化的结果产生了虚拟科研组织,这种组织相对于实体性科研组织来说是一种全新的科研组织形态。从表面上看,虚拟科研组织是 e-Science 时代网络信息技术催生的新型组织,但从科研组织自身发展的逻辑看,虚拟科研组织又是顺应大科学背景下知识生产方式变革的产物。1962 年 6 月,美国科学学家普赖斯(Derek J. De Price)以“小科学、大科学”为题发表的著名演讲指出,从二战时期起,人类进入大科学时代。大科学时代出现的新的知识生产方式,更加强调面向复杂的实践问题开展跨学科、应用性研究。大科学时代的科学研究日益表现出研究目标宏大、投资强度大、多学科交叉、实验设备昂贵复杂等特点。从科研活动的内在需求看,合作的需求日益明显,广泛深入的科研合作成为知识生产活动的基本要求。从科研资源的配置来看,任何组织和个人都无法占有包括昂贵的仪器设备和软件程序在内的全部科学资源,基于网络的资源共享成为整合既有科研资源的有效途径。从经济社会发展的需求看,基于国家战略目标的重大科研项目的实施势必要求跨地域、跨机构、不同层级科研人员的通力合作。面对这一时代背景,传统的相对封闭的科研组织已无法满足时代的需求,随着网络信息技术的迅速发展,虚拟科研组织脱颖而出。**借助信息化虚拟科研环境,虚拟科研组织将研究者和各类学术组织衔接整合在一起,有效扩展了既有实体学术网络,不仅为边缘、边远科研人员提供了向精英科学家靠近的新途径,为实现跨学科、跨部门、跨地域的开放性科研合作提供了新平台,而且还突破了长期以来因地域化科研机构分布而造成的时空限制,为打破既有学术资源垄断性配置格局提供了可能。**

目前,虚拟科研组织形态在世界范围内日渐普及,表 6-2-1 显示了部分成功的虚拟科研组织案例。从类型上看,这些虚拟科研组织主要有两大类(骆品亮等,2002 年),第一类是单个研发组织无形化,即某机构通过网络和通信技术把自己分散在不同地点的技术资源连接起来形成的研发组织,如:麻省理工学院的计算机系统生物学创新工程(CSBi),斯坦福大学的 Bio-x 计划;第二类是多个独立企业、大学、研究所的研发资源围绕特定目标、利用计算机网络和通信工具,以关系契约为基础连接起来而构成的一个动态研发网络组织。如上海市教委从 2003 年开始在上海部分高校实施的 E-研究院(E-Institute)建设计划、新加坡国立大学和南洋理工大学与麻省理工学院合作组建的 SMA 联盟、加州大学伯克利分校聚焦于纳米研究、教育与合作的纳米研究中心 nanoHUB 等。一般来讲,前者是当前大学内部虚拟科研组织的主流形态,后者是跨校、跨区域、跨国家联盟式虚拟科研组织的主流形态。

表6-2-1　部分虚拟科研组织案例

名称	所属国家	学科领域	有无实体
麻省理工学院计算机和系统生物学创新工程(CSBi)	美国	生物学	有
美国国家纳米技术中心(nanoHUB)	美国	纳米技术	无
新加坡—麻省理工学院联盟(SMA)	新加坡 美国	纳米 生物学	有
斯坦福大学生物科学跨学科研究计划(Bio-X)	美国	生物学	有
上海 E-研究院	中国	多学科	无
分子层面的环境(eMinerals)	英国 法国	环境科学	有
Sakai 虚拟研究环境(SAKAI Demonstrator)	英国	多学科	有
IB VRE 虚拟研究环境	英国	医学	有

此表来源:骆品亮,陆毅,王安宇:《合作 R&D 的组织形式与虚拟研发组织》,《科研管理》,2002(6)。

从资源的配置上看,从传统科研组织模式到虚拟科研组织的转变,无疑促进了科学界的资源共享和合作创新。与传统科研组织的等级结构相比,虚拟科研组织的水平结构反应敏捷,使组织内部的知识、设备、人员等资源可快速整合,从而实现科学知识生产中的"增值效应"和"群体效应"。然而,由于合作与竞争永远是知识生产的两个重要方面,我们应该认识到,从合作的层面,虚拟科研组织无疑极大地促进了研究者合作的广度和深度,现有的学术资源配置方式因之得以重构。以往组织越能占有与集中核心资源就越能够提高竞争资本的壁垒,每一个组织都通过内部制度创新努力扮演好自己的"护城河"的角色。所以,组织控制资源之所以重要,是因为相对于外部市场交易,组织内部集中管理的交易成本更低、效率更高。但是互联网的出现使连接外部资源的成本不断降低,当外部资源能够以极低的成本大规模缔结、联动,就会越过"护城河",远远超越组织内部集中的效率。所以我们看到:社会化的"资源聚合"正在取代组织内部的"资源集中与控制"。现有组织活动不可能再局限于线性的内部管理链中,而是基于外部网状的空间。过去一所大学最大的任务就是聚集占有最好的资源,如果资源在政府那里,就会围着政府转,无论是"211"高校还是"985"高校,都是在索要资源并占有资源的过程中产生的。但是,"2011 计划"却改变这一做法,它宣称给钱不是主要的,主要看横向协作创新的能力有多大有多强。在知识产权制度与金融资本和互联信息技术成为"资源聚合"的有力保障时,一所大学的"资源聚合"能力将会取代组织内部的"资源集中"能力,创新就会释放出空前强大的生命力。目前,虚拟合作已从单纯的项目合作扩展到学术资源的整合、共享,知识产权分配等领域,突破地域和机构的限制,在全球寻找合作者已成为表征研究者知识生产能力的重要方面。但从竞争的层面看,虚拟科研组织的出现并没有改变学术资源稀缺的实质,新的科研组织形式赋予精英科学家以"学术资源的整合者"的身份(丁大尉,胡志强,2017 年),使学术资源的配置更加集中,强强合作强化了学术界本来就存在的马太效应,使得虚拟科研组织并未给底层研究者带来真正平等的科研机会。特别是那些以国家目标为导向的战略性研究,虽然虚拟合作已成为这类研究的一种重要形式,但由于这类研究多被精英学者所控制,对普通研究人员来说很难获得此类机会。职称、职务、社会声望和学术影响力甚至关系网络仍然是这些学术资源配置的决定影响因素,并没有因虚拟科研组织的出现而发生改变。

5. 数字化学术及知识储藏和传播形式的变化

大学本质上是一个学术组织。人们通常认为,学术包含了探索、综合、应用和教学四个方面。随着计算机、网络技术、数字媒体的飞速发展,学术在这四个方面产生了很大变化,新技术将学术带入一个数字化学术时代。根据维基百科的定义,所谓"数字化学术",是指运用数字化的证据和研究方法从事学术性的研究、出版与储存,以达到学术研究的目的。也就是说,数字化学术不仅是指利用计算机、网络技术取得学术成果,也包括将研究成果以数字化手段(诸如网络杂志、数据库、数字或数字化合集以及数字图书馆等)形式进行的传播与储存。与传统学术相比较,数字化学术更具开放性,使学术不再神秘,人人触手可及。无论是研究方法、研究内容,还是出版、发表和传播渠道,数字化学术都极大地拓宽了传统的学术研究,学术生态在时空维度格局上正发生着翻天覆地的变化。这也意味着,以学术研究为功能的大学在一定意义上研究空间将大大拓展,以至于大学以外的研究力量也可以通过同样的方式实现大学的同等功能,这将大大构成来自不同组织学术研究的竞争态势,对原有大学传统固化的科学研究功能和能力形成有力冲击,并对大学的学术研究特性形成"颠覆性"影响,这将是大学组织深受虚拟力量影响的最直接标志。

在过去,要想做出好的学术研究,学者首先要到图书馆,到北京、上海甚至是国外这些学术资源丰富的地方,查阅文献资料,不然很难做出一流的学术成果来。然而,进入数字化学术时代这已经无关紧要了,尽管这些地方仍然占据学术资源上的优势。现在任何人任何时候在任何地方都可通过网络查阅庞大的数字化信息数据库,获得所需的文献资料。以中国学者普遍熟悉的CNKI学术信息数据库为例,自1999年6月至今不到20年的时间,已成为世界上全文信息量规模最大的数字化图书馆。据CNKI网站介绍,CNKI数据库已收录国内期刊8 000种,全文文献5 000万篇;硕、博士论文300万篇;500多种报纸,3 000余部工具书,1 000多种国内外专业数据库,此外还有专利、标准全文文献和统计数据等。正是CNKI等庞大的信息数据库的建立,使得知识的储藏方式由人脑的记忆、图书期刊等转变为电子媒介,传统的图书馆、资料室等实体文献资料库变得不再那么重要了。对学者来说,与单纯的记忆、掌握知识相比,在以往各种知识、理论、观点的基础上形成自己的思想、探索新的知识显得更重要,并能够成为可能。

数字化学术带来的另一种变化是知识的内涵和学术成果传播途径的改变。知识的内涵被重新定义,借助数字化技术将数据聚合创建的复杂视觉表现、视频论文形式的出现等,极大地丰富了知识的呈现方式。再就是集体智慧对那些不确定性知识的重新定义,同一个问题因集体智慧的存在可能会有多个同样正确的答案,其实质是知识的权威模式和草根模式的彼此消长。传统的学术成果主要通过纸质媒体(如学术杂志、著作出版等)传播,而数字化学术成果传播途径不仅多而且快,学术期刊、出版社都推出了网络版。除了成果进入上述信息数据库外,社交网络媒体、自媒体的迅猛发展,为学术成果的尽早发表提供了便利条件。通过博客、推特、微博、微信等,可很方便地将个人的思想观点及最新学术成果推送出去,不仅能迅速让读者了解学术观点,而且可及时得到读者的反馈和争鸣,这对传统学术来说是无论如何也做不到的。当然,目前这种方式存在着知识产权的制度创新与保护问题,如:对数字媒体或者自媒体上发表的成果的认可和评价问题、知识产权保护制度问题,但随着评价机制的完善和技术的改进,相信这些问题都将得到解决。

（四）高等教育管理方式的变化

1. 管理信息化成为不可阻挡的趋势

作为高等教育信息化的重要组成部分,管理信息化无论是从认识上还是从实践上都得到长足发展,成为高等教育管理不可阻挡的趋势。过去信息技术在高等教育管理上的应用分散于各部门、各地、各校,现在已成为国家上下一致的系统化统一行动,见表 W6 - 15,(该表列入微信 6 - 13)。《国家中长期教育改革和发展规划纲要(2010—2020 年)》明确提出,"构建国家教育管理信息系统""制定学校基础信息管理要求,加快学校管理信息化进程""推进政府教育管理信息化""搭建国家教育管理公共服务平台,为宏观决策提供科学依据,为公众提供公共教育信息,不断提高教育管理现代化水平。"教育部 2010 年发布《教育信息化十年发展规划(2011—2020 年)》,将"国家教育管理信息系统建设"列为五大行动计划之一,并提出了具体任务;2012 年制定了《教育管理基础代码》《教育管理基础信息》《高等学校管理信息》等七个教育管理信息行业标准;2013 年发布《国家教育管理信息系统建设总体方案》《省级数据中心建设指南》;2014 年发布《教育管理信息化建设与应用指南》;2016 年发布《教育信息化"十三五"规划》进一步提出"深入推进管理信息化,从服务教育管理拓展为全面提升教育治理能力""系统发挥信息化在政府职能转变、教育管理方式重构、教育管理流程再造中的作用,促进政府教育决策、管理和公共服务水平显著提高,推动教育治理能力的现代化。"各省(市)教育管理信息政策和规划也密集出台。这一方面充分体现了政府和主管部门对教育管理信息化的高度重视,另一方面也为教育管理信息化指出了方向,统一了标准。政府作为制度平台的设置主体,成为学校组织管理信息化的制度供给和统筹主导。

在政策发布的同时,由政府主导的管理信息化工程也大面积铺开,目前已建成比较完备的教育管理信息化基础设施,包括:① 比较完备的国家教育数据中心,规模化的计算、大存储、通信和安全技术服务能力保障了 80 多个国家级各类管理信息系统的运行和公共服务;② 比较先进的国家教育管理信息化的关键保障体系,异地数据灾备体系、教育电子认证体系、省部"两纵两横"网络安全技术环境三大保障措施为数据传输、监测、运维服务提供了安全配套保证;③ 32 个省级教育数据中心,为国家系统省级平台的部署和地方 500 套系统的正常运行提供了有力支撑。还基本建成了比较完整的教育基础数据库,包括:① 学校、教师、学生三大基础数据库,初步实现了学校"一校一码",学生和教师"一人一号",国家核心系统之间数据共享,避免了信息重复采集;② 实现了数据全覆盖,教育基础数据库涵盖了全国学前、中小学、中职、高等教育 50 多万所学校、1 700 多万名教师、2.4 亿名学生、200 多万栋校舍的数据入库,形成了教育大数据的雏形,为精准监管、精确服务奠定了坚实的基础;③ 重要业务数据库也基本形成,如学校教育统计数据、学生资助信息、学生体质健康数据、学生转学信息等(杜占元,2017 年)。

随着国家教育管理信息系统建设大规模地展开,全国学生、教师、学校、决策、专业业务等核心系统的应用,有力支撑了教育管理和行业监管,提升了教育部门的信息化服务水平。如:学籍管理系统自 2014 年全国联网开始,在网上办理省内转学 1 994 万人次、跨省转学450 万人次,为学生家长办理转学手续节省了大量的时间和费用。该系统在教育经费安排、营养改善计划、招生考试、控辍保学、随迁子女和留守儿童关怀等方面所发挥的积极作用正在显现。学生资助系统覆盖所有教育阶段,实现了对资助的全过程监管,在解决教育经费套用、教育精准扶贫等方面发挥了巨大作用。各地结合本地需要建设了一批各具特色的教育管理信息系统,对教育治理新模式进行了有益探索。如北京建设中小学网络招生系统,为化解择校难题提供了有力支撑;广东建设教育动态数据服务平台,服务教育宏观决策;湖南建设教育督导网络平台,形成立体督导服务体系;贵州建设教育精准扶贫系统,提高扶贫效率。在高等教育领域,一些高校利用大数据分析学生消费行为,做到了精准资助,(杜占元,2017 年)。

2. 教育管理信息化与政府管理方式的转变

教育管理信息化融合了服务、责任、透明、协同等现代公共管理的理念,不仅促进了高等教育管理运行的高效化、决策的科学化、治理的精细化、响应的及时化,还将变革传统的高等教育管理方式,促进政府高等教育管理职能的转变。如:教育管理部门通过网站及时公开高等教育信息,增强了管理的透明度;通过协同办公管理平台协同工作,规范了管理流程,提高了办事效率,降低了管理成本;通过信息化管理平台实现分工协作,提升了高等教育协同治理能力。在高等教育治理中,政府角色由“划桨”转变为“掌舵”。政府赋予高校办学自主权,允许社会参与办学和服务供给,同时也保留了高校办学质量和社会参与的监管和调控权力,从而实现高等教育各方主体共同参与治理。这其中的关键环节就是信息共享,通过信息化管理平台的数据搜集、在线治理和信息监管等功能,实现了各主体信息共享,通过平台的权限赋予、责任界定和关键节点等功能设置,确保各主体共同参与治理。

管理信息化促使政府高等教育管理流程从割裂走向集成。传统的管理模式是以科层制组织形态开展业务的,部门之间、中央和地方之间按照专业和业务分工划分治理领域,导致本来完整的治理流程被割裂。国家教育管理信息系统对中央和地方、各部门、教育各层级业务管理流程进行了根本性的重组,优化了原有管理和业务流程,实现了跨部门、跨层级的协同联动,在效率、效果和效益上取得显著变化。如上文提到的对通过学籍管理系统实现的如此大规模的转学和通过学生资助系统进行的精准扶贫,这在原有流程下是很难实现的,即使能够实现也是成本巨大,过程极其漫长。通过业务融合,信息化平台疏通了部门之间的流程阻碍,打破了部门间的信息壁垒,使管理层级扁平化,管理由粗放走向精细,由各自为政走向统筹集成。

3. 管理方式的变化和管理流程再造

以互联网为核心的信息技术在高校教育管理中的应用所带来的改变可概括为三个层面,一是信息技术改进传统的教育管理,以机器代替手工,规范了管理内涵和流程,提高了效率,将管理人员从大量复杂烦琐的重复劳动中解放出来。二是互联网创造了广阔的交流与协作空间,人人既是信息的发布者又是信息的接受者,在网络面前人人平等、信息共享、机会均等,从而冲破了管理上的等级、障碍和封锁,使高校管理的控制功能进一步削弱,管理结构由传统的金字塔式的垂直结构向水平、并行的网络型演变,组织结构呈扁平化趋势,管理向信息网络集成和在线决策支持方向发展。三是互联网、云计算、移动技术、虚拟现实等新技术引入高校教学和科研过程,打破了教学和科研原有的结构,在线课程、混合教学、虚拟科研组织等一大批新生事物涌现出来。教学和科研两大基本活动的业务流程发生了变化,势必引起管理内容和管理流程的改变。第一层面实际上是教育管理的信息化,第三层面则是信息化教育的管理,第二层面体现的是管理参与主体角色的变化带来的变动。从资源配置方式视角看,第二层面的影响更为深入。

首先是教育管理内容的变化。在此我们不妨以教学管理为例。信息技术的介入结果是信息化教学形式的产生,信息化教学的要素成为教学管理的对象,涉及信息化教学环境的建设、信息化教学资源的开发、升级改造原有的教学方法、构建新型信息化教学模式等。与传统的教学管理相比,信息化教学管理的内容有如下变化:① 从教学思想方面看,需要将师生信息素养的提升、教学理念的创新、教学方法和教学模式的创新纳入管理计划;② 从教学过程管理来看,需要将校园网络建设、多媒体教室、计算机机房等信息化硬件资源的建设,在线教学资源平台的开发或引进,教学资源的建设,教务管理信息系统等纳入管理的范畴;③ 从教学时空上看,信息技术将课堂分为实体课堂与虚拟课堂,将带来教学管理时空的变化;④ 从教学质量管理的视角看,由于评价的对象发生了改变,教学管理需要对原有的评价理念、评价方法等进行转变。对于科研管理来说也是如此,大数据技术带来的学术研究要素的变化、虚拟研究环境、虚拟科研组织的产生也必然要求科研管理的内容做出调整(王忠政,2016 年)。

不仅是管理内容改变,由于技术的介入使各类活动业务流程产生变化,**管理的流程也需要调整或再造**。事实上,高等教育管理的流程再造在很多领域已日渐普遍。如:全国高等学校招生工作,所有考生都要通过招生报名系统统一报名、提交材料。很多大学开始探索利用大数据支持教育决策,为师生提供更加精准的教学和科研服务。有学校通过上网给食堂菜品点赞来提高服务水平,借助无线终端定位实现课堂自动点名,学生可通过手机进行校园导航、寻找空闲教室、查找附近同学、接受课程讲座信息推送(尚俊杰,曹培杰,2017 年)。调查显示,90%的高等院校建立了校园一卡通系统,88%的高等院校拥有校园安全监控系统,74%的高等院校建立了统一的身份认证系统和科研管理数据库(教育部科技发展中心,2015年)。电子科技大学利用校园一卡通使用记录、签到机信息、图书馆借阅数据等数据,分析学生的学习努力程度、作息时间规律性,结合学习排名预测其成绩可能出现一些突然性的变化,将结果直接反馈给辅导员或班主任,提前进行学生学习情况的引导与干预。华东师范大学以学生饭卡消费记录为基础,综合勤工助学时间、学习成绩、奖助状态等信息,构建"家庭经济贫困学生预警系统",借助该系统给出的"消费预警线",勤助中心的老师按月向疑似遭遇经济困难的学生发送询问短信,在二次确认的基础上进行保护学生隐私的精准资助(谢邦昌等,2017 年)。清华大学的"数字迎新",衔接全国高考网上招生系统,将清华大学录取学生的信息转入清华大学新生管理系统,系统根据设置条件自动完成学号、班级编排及录取通知书的条码打印,并进一步收集整理学校里与新生相关部门的信息,如宿舍分配、电话、餐卡、电子邮件等,为新生入学报到做准备;在现场迎新时,该系统管理新生报到的各个环节,同时给相关部处、院系和新生自己提供方便的查询和操作界面,使得相关部门和新生自己能够随时掌握新生报到情况。迎新完成后,"数字迎新"产生的数据进入学校教务管理系统,贯通学生的教务管理(谢矜等,2004 年)。科易网、中科网利用互联网通过推出在线科技展会、技术交易价格评估系统、在线技术交易服务保障体系连接各类科技成果转化平台、技术市场平台、中小企业创新平台和院校技术转移平台,将"企业圈"与"技术圈"精准对接,以用户为中心,为企业、研究所、高校技术发明者和所有者推出会员服务(乔玉婷等,2015 年)。信息技术的应用彻底改变了大学管理活动中信息的存储、管理、交流、应用等方式,优化乃至改变了大学中基于"信息流"的管理活动运行,甚至活动自身,这势必推动管理流程的再造(刘永贵,刘瑞,2012 年)。管理信息化引发的流程再造本质上是权力和(信息)资源再分配的过程。信息的本质是权力，而信息化过程中，技术改变了信息资源的权力属性，从而引起权力的再分配（宓咏，2012年）。

　　未来管理信息化的发展趋势将是智慧管理。届时高等教育管理的业务流程将走向自动化、智能化。在智慧管理环境下，高等教育管理中将嵌入资源共享、数据挖掘、智能流动和可视化等智慧功能，数据可自动采集、集中存储、智能分析和智能推送，现有的管理体系升级为包括业务管理、动态监测、教育监管与决策分析等功能的智慧化管理体系。借助大数据分析技术分析，由网络终端收集的教育信息，形成智能化管理决策，向教育管理者及时、全面、准确地推送决策建议。如：智慧管理可以实现对学生的学习行为特征、考试成绩进行纵向和横向对比，判断学生的学习状况是否出现了反常以及造成这种反常的可能因素，如教师因素、课程设置因素、教材因素、学生心理因素、学习方式因素等。针对可能的影响因素，自动生成干预措施，及时排除问题，保证学生正常地学习。通过基于数据分析的智慧教育管理可以智能化实时监控、分析、决策和干预整个学校的运行状况，提高教学管理的效率和科学性。

三、虚拟力量影响下高等教育资源配置转型趋势的新特征

（一）在线高等教育资源成为大学资源配置的重要形式

　　在以互联网、大数据、人工智能等技术为核心的现代信息技术体系支撑和推动下，人类社会正迈向智能化时代，面临着新的生存空间、组织形态和行为模式。**以互联网为核心的信息技术在高等教育领域的应用，使在线数字化教育资源成了高等教育资源存在的重要形式。**从上述分析我们知道，无论是数量上还是质量上，近年来在线高等教育资源都得到飞速发展。表面上看，无论是电子读物、在线课程还是虚拟组织，均呈现为文字、声像、电子信息、数据库等，但其背后隐含的无不是人员、设备、技术和资金等各种资源。与传统的教育资源相比，在线教育资源具有一些新的特点，如：全球性的分布式结构、分布式存储是其存在的主要形式；资源的发布具有很大的自由性和随意性，不易进行控制；多媒体、多语种的混合体；跨区域、跨国界流动和传递；共享性等。在互联网环境下，在线教育资源在数量、分布和传播范围、传播速度等方面，都超出了传统教育资源管理配置方式和技术手段的范围。

　　在线数字化教育资源的一个最大的特点就是共享性。教育资源一旦以数字化形式置于互联网上，也就和其他互联网信息资源一样具备了共享性。与物质教育资源不同，在线数字化教育资源可让不同的利用者共享，在时间、地点和使用方式上几乎没有限制，而且随着互联网的广泛普及，使用者的范围更广，共享程度更高，从而最大限度地实现其价值。从这一点上讲，**共享性和数字化使高等教育资源的配置模式发生了一些根本性变化，其具体表现就是突破地区性、时间性限制，在更大范围内实现跨地区、跨国家、跨边界的配置。**比如慕课，其基本理念是提供高质量、大规模的在线课程，便于学习者在任何时间任何地点都能够借助网络自由分享优质教育资源。数以万计的学习者可同时选学一门课程，以自己的学习进度、学习风格开展学习活动，并开展相互评估。这意味着传统封闭割据式的教育资源配置模式被突破，代之以开放的无障碍的资源共享模式，这种模式转换中最根本的制度创新就在于教育资源配置将通过虚拟市场竞争机制不断收敛而实现优化。

(二)互联网成为在线高等教育资源有效配置的重要渠道

在线数字化高等教育资源具有共享性,并不意味着其不具备稀缺性。事实上,稀缺性是一切经济资源的共有特征,在线数字化教育资源也不例外。稀缺性决定了在一定经济社会中,资源的利用所能给经济行为者带来的效用总有一个有限的最大值。共享性的目标也正是希望通过互联网对现有存量的高等教育资源有效共享,挖掘其潜在效用需求,同时根据这些存量资源的需求和供给情况及时补充和开发增量资源。

互联网是否是教育资源配置的有效方式,可根据帕累托原理进行检验。对于一种资源配置方法,如果已经不可能在无损于任何一个人的福利的前提下,使其他任何一个人的福利比从前变得更好,这就意味着配置已达到了最佳状态。相反,资源配置在没有造成某个个人福利损失的情况下,通过重新调整还能使其他人的福利得到增加,这意味着原来的资源配置还没有达到最佳状态,这时资源配置处于帕累托无效状态。在互联网环境下,如果仍然采用传统的教育资源配置方式,实际上就处于这种帕累托无效状态。**互联网教育资源配置作为一种新的资源配置方式,实际上是一种帕累托改进,其目的是将资源配置从帕累托无效状态调整到帕累托最优。**在绝大多数情况下,同一个互联网数字化教育资源的"拷贝"生产不仅极其容易,而且相对于原生产成本来说是微不足道的。由于互联网数字化教育资源的共享性,其使用成本也非常低,很多网上教育资源可免费使用,用户需要支付的主要费用是网络费用和流量费用。即使是有偿资源,其使用费用也较低,而且并不因使用人数增加而使成本加大,使用的边际成本几乎是零。也就是说,在没有牺牲某个个人的教育福利的情况下,增加了其他人的教育福利。因此,**互联网教育资源配置方式是一种通过对既有资源的重新配置达到增加教育福利、提高教育资源配置收益的优化模式,这是与传统教育资源配置方式的最本质的区别,也是慕课等在线教育资源迅速发展的根源。这为高等教育普及程度的制度供给奠定了技术实现的可能。**

(三)在线高等教育资源配置的时空边界趋于模糊

传统的高等教育资源配置有明显的时间与空间边界,人们获得高等教育服务受到时间、时限及所处地理位置等条件的限制。与传统的高等教育资源相比,在线高等教育资源在配置的时间和空间上都表现出模糊的特点。在线高等教育资源配置时间包括资源的检索时间、传输时间、用户需求表达时间、资源服务部门对用户需求的分析时间等,因受技术条件(如网络信道大小、畅通与否,数据库质量等)影响,造成上述时间往往无法控制和预测。在空间上,人们已经尝试利用网络门户网站、MOOC 平台、虚拟大学等组织形式,将分布于各地的高等教育资源联结起来,从而形成了一个跨地区、跨国家的高等教育环境,这种配置方式下,不管高等教育资源贮存在哪里,人们在任何地方都可以获得,而不受所在地域的限制,形成了一个无边界的高等教育资源中心。这意味着大学物理校园将被突破,人们就学的时空将随个人意愿得到满足,虚拟力量将第一次有可能使更多适合学分制度的学习不再受时空限制而真正落实。

(四)在线高等教育资源配置是资源使用权而非所有权

长期以来,高等教育资源采用的是以"拥有"为核心的配置模式。在互联网等信息技术高速发展的今天,高等教育资源的数字化、网络化使其配置的基本环境发生了很大变化。高等教育资源以知识形态借助于互联网流动的过程,实际上即为资源的配置过程。在流动过程中,资源的所有权和使用权出现明显的分离现象。资源获取不再以占有或拥有为前提,而主要是通过无偿或有偿的方式获得资源的使用权。这种分离有积极的方面也有消极的方面,积极的方面是为高等教育资源的跨时空配置地创造了条件;消极的方面是:由于网络化资源在复制上的方便性,出现一些未经授权的大量复制、使用和非法转让的现象,尽管所有权主体或使用权主体刻意采取了一些保护措施。因此,**针对所有权和使用权两权分离现象,需要政府或第三方制定相关政策和法规,对资源权利进行保护。**这种资源使用权而非所有权的特征将使得社会不再仅仅依赖大学产生前沿知识和技术,而更多大学以外的空间会产生增量知识和新技术,使得未来大学的功能将成为第三方鉴别吸纳汇集人类高等专门学问和人类科技史博览馆、知识创新方法的指导站和知识与科技标准制定的竞争"角斗场"。假如大学能够更"慧眼识珠"并优先占有创新先机,它就能拥有更多的所有权而使得大学成为最富有的精神王国与财富王国。

（五）无疆的互联网络增强高等教育资源配置的国际化流动

高等教育国际化发端于中世纪的欧洲大学,随后的数百年中,高等教育国际化在不同的时空中呈现出不同的发展图景。作为高等教育发展的前提条件,教育资源的流动供给的速度是直接影响参与国际高等教育资源配置的重要变量。在信息化时代背景下,高校课程与教学模式正经历一场数字化、网络化的历史性变革,借助于互联网高覆盖率、超强的存储能力和计算能力、高度的交互性、开放性、资源共享性和流动性、对用户端设备的低要求,教和学可以不受时间、空间和地点条件的限制,高等教育的人员流、信息流、资金流、服务流以数字化形式在全球循环的速度和范围不断扩大,形成了无疆的互联网络,开放的、无边界的高等教育成为现实,优质教育资源和服务通过互联网络在全球与区域内重新配置和整合,学习者个体自主地接受国际化教育成为可能,高等教育的交流与合作日益加强,各国高等教育资源的供给进一步增加,为世界各国,特别是发展中国家高等教育的快速发展提供了更多的机遇。因此,面对全球教育资源市场,任何制度障碍都会导致失去时代发展的重大机遇,错失国内链接获得全球优质教育资源的可能。

（六）在线高等教育助力资源配置中的政府、市场和学术三种力量

目前,在线数字化教育资源已成为高等教育资源配置的重要形式。对于数字化高等教育资源的供给,政府力量、市场力量和学术力量仍然发挥着至关重要的作用,不管是出于公益还是营利的目的,三方力量都在试图将教育资源转化成数字方式通过互联网提供给学习者,都试图在力量上做大自己。这是因为网络技术可增强政府、市场和高校在资源配置上的自主权,包括资源的占有权、使用权和管理权。此外,拥有先进的网络技术,一方面可保证资源配置过程中的信息安全;另一方面可以加大政府、市场、学术三种力量对资源的占有范围及资源辐射的空间范围。

政府是主导高等教育资源配置的主要力量。在上述分析中,我们已深度感知到政府在在线教育上的主导作用,尤其是在大规模的基础设施建设、愿景规划制定、政策制度供给、统筹协调监管等方面。2018 年 6 月,教育部在本科教育工作会议上提出,紧紧抓住信息技术变

革带来的历史性机遇，推动实现高等教育质量的"变轨超车"①，指出"互联网＋"催生了一种新的教育生产力，打破了传统教育的时空界限和学校围墙，引发了教育教学模式的革命性变化。**"互联网＋教育"**正在成为世界各国争夺下一轮高等教育改革发展主导权、话语权的重要阵地和焦点领域，在这方面我国与世界高等教育强国在起步阶段就站在同一条起跑线上。**要推动优质资源开放共享。**加大慕课平台开放力度，建立慕课学分认定制度，推动教师用好慕课和各种数字化资源，着力破解区域之间、校际优质教学资源不平衡的突出问题。尤其是要大力推动慕课在中西部高校的推广使用，让中西部高校学生在当地就能享受到名师、名课，迅速大幅提升中西部高校教学水平。**要重塑教育教学形态。**高校要将现代信息技术深度融入教育教学，打造智慧学习环境，探索实施智能化的精准教育，提升教学效果，培养学生智能时代核心竞争力。

虚拟力量能否发挥作用除受制于技术的成熟、信息化基础设施的完善、人对技术的接受等因素外，还需要一个适合的制度环境的保障。**从技术变迁分析，政府的主要优势是在制定有效市场机制促进发展政策、组织知识产权创新保护制度供给上。**政府在在线高等教育资源配置中的作用表现在：① 制定和实施扶持在线高等教育资源产业发展的政策。② 制定维护资源市场正常运行的法律制度，如知识产权保护制度。③ 维护和强制执行经济活动的规则。政府在自身转型改革上也不断利用信息技术创新更多的公共服务理念和措施，更多在治理理念和手段上呈现开放、透明、民主、高效。虚拟力量不仅仅对政府只是技术方式的影响，最根本地是在技术方式制约下新公共理念的转型提升，如扁平化、无边界、共享、低成本、知识创新、产权保护、消除垄断、个性定制等等，这些在新技术下产生的新思想新概念新规制都深度影响着政府变革自身的进程，特别在对重大战略定位、教育不利群体、薄弱教育区域、精准公共服务和转变职能方式等方面，政府有了以往传统资源配置条件下不可能的作为。但是，也有可能过度错位地运用信息技术手段加强政府行政选择，如依据大数据得到的一般特征制定政策规划，选择性信息数据进行公共政策的制定，忽视程序而对被教育者实行评估监督，不分地区不计成本不加区别地实施信息化设施，支持使用一门在线课程而忽略多元选择，没有采取比较手段选择比信息技术更经济有效的方式等。

市场作为一种资源配置的基本手段在高等教育资源配置中的作用在前期研究已有论证，市场功能的有效释放有利于高等教育资源配置的优化，市场力量对于在线高等教育资源来说也是一样。虽然这类高等教育资源得到政府的重点扶持和资助，但由于高等教育资源的网络化是一项高投入、高风险的活动，所以企业的介入无疑是有益的。企业根据市场对高等教育资源的需求变化，通过市场竞争，策划并组织数字化高等教育资源的生产，才能形成一批具有较高质量的高等教育产品和服务。联机服务商在推动在线高等教育资源配置中也起着关键作用，他们以租赁和许可证的方式，将高等教育可用资源集成起来，开发统一的网络平台和服务系统，向用户提供有偿或免费的高等教育服务。CNKI、万方数据库、国外三大MOOC供应平台等的成功表明，市场机制驱动可以极大地提高资源生产者、提供者和经营者在高等教育资源配置上的竞争力和管理水平，同时使学习者、使用者需求得到最大满足。像传统设备教育资源的市场配置一样，**在线高等教育的市场配置也存在失灵现象。其原因是：**① 在线高等教育资源易于复制、便于网络传输和共享，使其具备了"公共物品"的两个特

---

① 教育部长陈宝生在新时代全国高等学校本科教育工作会议上的讲话（2018 年 6 月 21 日）。

性:非竞争性和非排他性。这种"公共物品"特性使数字化高等教育资源的使用收费变得困难,"免费搭车"在所难免。② 互联网环境下,高等教育资源无论是供给还是消费普遍存在着外部效应,一是在线高等教育资源容易发生侵权现象,二是买卖双方信息不对称,如资源的数量、质量、买方和卖方是否侵权等,从而造成市场逆向选择,致使市场萎缩。③ 在线高等教育资源也可能出现市场垄断力量操纵市场流通和价格。这就需要代表公众利益的政府介入市场以纠正市场配置的非理性和非效率。

学术力量对高等教育资源的配置上发挥着重要作用。上述分析已涉及高等教育资源配置的诸多方面。但就在线高等教育资源来讲,配置方式会发生一些变化。如:一门慕课往往有多名主讲教师,他们可能来自不同高校。当慕课授课教师意识到慕课面向的是社会大众,他们就会为大众开设科普类课程,比如与生活环境、健康、全球变暖等热点话题有关的讲座课程,这会引发跨学科的教学合作。这种跨学科的合作,让课程内容更加综合、全面、丰富。(汪琼,2016 年)大量慕课的制作和开设使得教学专业化分工成为可能。过去,教学专业化分工体现在有人写教材,有人用教材上课。现在的专业化分工可能是有人写脚本,有人上镜,有人制作课件,有人开课,有人辅导,有人进行数据分析(汪琼,2016 年)。如网络环境所具有的一系列传播特性使学术交流产生了质的变化,由基于纸的系统变成了基于网络环境的交流系统,数字化的信息成为主流的信息资源。几乎每一种传统的学术交流模式都可以在网络环境中找到替代模式①。开放共享成为网络时代学术交流的主要模式,传统期刊也不得不采用数字预印本形式公开,大量的重要论文通过网络发表,引用网络上发表的论文越来越多,学术优先权的确认方式正在发生变化。无论是传统还是数字的学术优先权,都是学术共同体乃至整个社会对学术发现所给予的确认和承认,是对学术工作者的学术劳动及其成果的最高褒奖,是一种有利于科学发展的激励机制②。因此,学术优先权的确认在信息化网络环境下需要新制度供给。**虚拟力量在高等教育资源配置转型进程中增进和增强了学术本位的回归和学术生态的健康。在线学术资源的传播共享和竞争博弈都更能使学术力量彰显,使学术精神光大;学术组织的流程再造以不受时空约束的低成本供给、让更多组织和人员汇聚共享学术生产创新交流,可以日新月异地催生出新的知识生产和传播方式,让探索人类科技进步的过程更加互通有无、快捷高效。**但是,互联网技术的滥用也会助长学术霸权、学术"偷盗"、学术"欺世"、甚至利用"赢者通吃"忽略学术多元。

政府、市场、学术三种力量相互支撑互为博弈,争相试图做大自己的同时,又离不开合作制衡。其互为博弈制衡的机制使得三种力量在虚拟力量的介入下得到更有效的发挥。如:慕课三巨头都推出了系列证书(非大学证书),有些证书是合作高校自己组合的,比如北京大学提供编程类系列证书;有些系列证书是平台上优秀的课程组合而来的,以平台提供商名字签署。某所学校很难做到每门课程都最佳,但是慕课平台上多所学校的优秀课程可能产生出优秀的课程组合。政府则适时推出系列支持政策。通过合作,高校找到改进教育的抓手,投资机构找到了资本回报的可营利市场,政府达到了提升公共教育福利的目的,大家各得其所。

---

① 《互联网促进学术交流与共享》,腾讯网,https://cloud.tencent.com/developer/news/226695。
② 《互联网促进学术交流与共享》,腾讯网,https://cloud.tencent.com/developer/news/226695。

(七) 虚拟力量正在改造和重塑大学的组织结构与功能

伴随着移动互联网、物联网、大数据、云计算、机器学习、虚拟现实、可穿戴设备、人工智能、区块链等新理论新技术以前所未有的速度飞速发展,人与自然、科技也在加速有效融合,人类社会正在向以网络技术、大数据技术、人工智能技术等为核心的新信息时代转型。一个以智能科技、数字经济、信息社会为表征的崭新的智能化时代悄然到来,是继农业文明、工业文明、信息文明之后的一种更为高级的社会形态。这种重大的转型对人类社会的塑造将不亚于一万多年前的农业革命以及三四百年前的工业革命①。**在这样的变革时代下,虚拟力量已成为一种颠覆传统行业的动力,推动着传统行业的转型与升级,基于时间与实践,教育领域也不可能例外。**进入全球质量时代,互联网技术使"名校、名专业、名师、名课"的优质教育资源和服务走出象牙塔,正引发全国乃至全球教育资源的重新配置和整合,优质教育资源与服务的作用和价值被无限地放大,优秀教师从只能服务数十个学生,扩大到能服务数千、数万甚至数十万的学生。这对目前的一些低水平的教师和教学将产生巨大冲击。如果我们的老师还以传统的灌输式甚至"照本宣科"课堂模式教学,那么,学生将用"眼睛和耳朵"投票选择心仪的课程,学生有了前所未有的选课听课自由度,可享受到全球最优质的在线教育资源与服务。慕课刚起步时,Udacity 创始人塞巴斯蒂安·特伦(Sebastian Thrun)曾预言,五十年后世界将只剩下十所大学,其中之一就是 Udacity(汪琼,2016 年)。这当然是一种神话,因为多元文化需要丰富多彩的世界,互联网技术本身具备了鼓励发展保存多元文化的可能。但我们也应认识到,**技术的进化已经深刻地影响了知识的生产、保存、合并、传播和应用等大学基本活动的本质,而且还将继续着我们想象不到的影响。对大学这种以知识与科技创新与传播为基础的机构的影响也在继续着。我们已经通过 MOOC、虚拟大学、虚拟科研组织等初步领略了新技术是如何改造和重塑大学的结构、组织与功能的。**

实际上,这都涉及了高等教育资源更有效的配置,而且这种配置越来越依赖以互联网为核心的信息技术。比如:网络吞吐量和可靠性技术、网络故障的早期诊断和快速处理技术、加快网络传输速度的技术、网络信息存取和组织技术、防火墙技术、密钥技术、病毒清除技术等。网络技术越先进,时间、空间以及其他一切信息传输的物理障碍也越容易打破。数字化教育资源在空间上达到均衡配置的一个重要条件就是资源要具备充分的流动性。MOOC在 2012 年左右之所以迅速兴起,原因不仅是社会对教育变革的迫切需求,技术的因素可以说是最重要的原因。云计算技术的出现有效解决了信息资源的重复建设和能源浪费问题,移动互联网、智能手机等移动终端的迅速发展,增强了信息的存储、传输以及为学习者服务的能力,对慕课的发展而言更是如虎添翼。以云计算为代表的信息资源配置新技术与新终端设备的产生和广泛应用,为 MOOC 资源向世界各地的学习者的充分、快速流动提供了重要的技术支撑,为 MOOC 平台巨大的用户群的海量信息传输与共享提供了可能性。MOOC正是借助云计算等新技术,解决了一个传统教育根本解决不了的问题——优质教育资源的共享(传统教育的优质教育资源只能少数人享受),从而使教育资源的配置效益趋于最大化。虚拟大学虽然现在是由实体大学为支撑而创建起来的,没有一流的实体大学就没有一流的

---

① 陈振明:《政府治理变革的技术基础——大数据与智能化时代的政府改革述评》,《行政论坛》2015 年第6 期。

虚拟大学,但没有技术支撑平台的畅通快捷,虚拟大学也就无从谈起。

从技术视角看虚拟技术对教育制度的挑战,几乎都已触及。袁振国认为,"今天的所谓现代教育制度,是工业化之后的产物,是顺应实用和效率两大基本价值取向的制度体系,由课程和教材、教师和教学、专业和学科、考试和测量、学分和文凭、升级和留级、类型和等级等基本要素组成,是一个闭环系统"①。这个闭环已经被打破,但怎样将这个打破的旧有制度转换为一个新制度,还在创新孕育的路上。"基于互联网的新兴教育形式一定会不断推陈出新,与现行教育制度的矛盾也一定会越来越普遍,越来越尖锐。现在互联网在教育上运用比较成功的大都在培训领域、校外补习领域,并没有体现互联网的主导功能和真正价值。现在互联网在教育上的技术运用明显遇到了制度的瓶颈。不说招生制度、文凭制度、学籍管理制度、与社会其他领域的衔接制度,等等,单说互联网设备由谁来付费这个'坎',就把很多先进的技术阻挡在了学校之外,这也是为什么网络教育在培训、校外补习领域容易取得成功的原因。随着互联网教育个性化服务、定制化服务能力的不断增强,必然要求更灵活、更多样、更可选择的教育制度"②。是虚拟技术已进化到足以替代现有制度和大学模式,只是制度瓶颈的制约和投资成本约束的问题;还是虚拟技术本身尚未完全解决教育本质和使命的深层问题。在近期,可能这两个问题都存在。

虚拟大学只是虚拟力量中影响高等教育资源配置的因素之一,虚拟力量对高等教育资源配置的影响有三个问题需要研究:**一是虚拟组织流程变革对高校教学、科研和管理的变革会不会有本质影响。**目前组织流程再造在高校科技协同创新平台上表现比较显著,但是教学、科研和管理机构的总体架构还没有根本的改变。假如它对大学现存组织形态的影响是颠覆性的、即革命性的,就是说在资源配置上出现了由信息技术导致的组织形态的整体再造,就要考虑虚拟力量的独立意义。大学组织形态再造的本质至少有两点值得注意:首先是现代大学的价值与使命在本质意义上有没有颠覆,或没有颠覆但形态上另有其他组织形态替代;其次是否降低原有组织形态运行的成本,实现资源配置优化且效率更高,本质上是帕累托优化。测量标准可以有一系列程度或趋势指标。**二是大学课程在线"赢者通吃"的"双面性"。**通过在线推出优质课程达到"赢者通吃"在成本与效益上可能是一个绩点。这对于大学已有的经典性知识课程可能是一种福音,但是对以探索真理和丰富性多样化为追求目标的大学使命可能就是一种"灾难"。这对大学的本质即高深学问的探究与真理穷尽可能存在着某种侵害,尤其对自然学科、社会学科,人类学科研究途径和方法的演进多样化可能存在垄断危机,即使是通识课程也需要不同学术探讨的声音,否则大学可能蜕变为宗教教会。**三是互联网络技术的基础设施成本、管理培训使用成本、迭代更新成本和研发投入成本的效益分析。**从组织中机构和个人使用新技术的成本可能低微,但不代表没有成本,如不同学术资源在线平台的查询费用对一所万人大学也是一项可观的投入。政府投入的信息高速公路到各个机构的基础设施建设、更替、维护、监管等也是一项专项与日常的管理成本。所以,从交易费用的转移角度考察全社会信息投入成本与收益的状态,是比较虚拟力量的影响分析的一个视角。在一个什么样的衡量标准或前提条件下测度虚拟力量对资源配置优化与成本影响,也是不可忽略的一个因素。**这三点至少是当前考察虚拟力量尚不足以成为独立力量的最基本判断。**

---

① 《上海启屹怎么寻找制度创新呢》,天涯社区,https://bbs.tianya.cn/m/post-itinfo-427039-1.shtml。
② 《上海启屹怎么寻找制度创新呢》,天涯社区,https://bbs.tianya.cn/m/post-itinfo-427039-1.shtml。

随着人工智能技术的到来,部分替代性功能将严重影响实体大学,这也将会使虚拟大学如虎添翼,一旦虚拟大学的关键性技术成功突破现实障碍,虚拟大学将会与实体大学同向并行,这个时代不太遥远。虚拟力量使一个新的时代来临,我们每个人、每所学校都置身其中。**它作为影响高等教育资源配置本质存在的力量将具备不被别的力量替代的功能,作为独立力量在高等教育资源配置中将有可能与政府力量、市场力量、学术力量并行不悖。**

四、基本结论与讨论

现实中虚拟力量的积聚与应用使我们看到了人类生存环境的改变,看到了全球高等教育深受虚拟力量的影响,看到了虚拟力量对我国高等教育从政府到高校、从社会到个人、从组织到方法一系列的作用。在我国高等教育资源配置制度转型中,纵观近年来虚拟力量不断积累、壮大、变化、发展,对高等教育资源配置制度转型的影响也逐渐呈现出来。**虚拟力量能否成为有别于政府、市场、学术三种力量的第四种力量,或者它正成为一种影响力量,抑或是它不可能与其他三种力量齐头并进,或者正成为其他三种力量的加速器或平衡器,使得三种力量在高等教育资源配置方式上的影响发生变化?** 通过上述分析,我们发现,虚拟力量以其迅猛快速甚至"颠覆"势头横扫传统教育理念时,我们还是不大相信甚至不能想象几千年固化的教育模式就此消失,但是这个趋势正在向我们走来,尤其是阿法狗和人工智能替代及虚拟技术应用正在替代更多的传统行业与职业时,这就必然成为本课题研究的对象,至少作为问题提出来。因为,我们身处由计划经济转向市场经济的过程中,不断转型的政府力量、不断孕育的市场力量、不断生长的学术力量成为高等教育资源配置转型的动力已被本课题不断证实。但我们同时遇到时代最有冲击力的新科技迭代更替,它所带来的影响将比前几代科技革命更为激烈与具有"颠覆性",高等教育同样不可能置身其外。因此,**本节探讨了随着以互联网为核心的信息技术的发展,以及信息技术在高等教育领域的不断融入,虚拟力量使高等教育资源配置呈现的新特征。**探讨了部分改变高等教育资源的配置方式,已经成为或正在成为影响高等教育资源配置可能区别于政府、市场和学术力量的新力量。探讨了虚拟力量在部分领域部分途径与其他三种力量互动制衡产生其独特作用。鉴于本研究对虚拟技术现实与未来趋势研究的专业认知不足,对浩瀚无际的虚拟创新技术和应用实践的搜寻有限,对虚拟力量在高等教育资源配置中的制度创新探索不够,以下只能基于现有资料做出有限结论。伴随实践期望形成越来越大的探究涟漪。

(一)以互联网为核心的信息技术正成为影响高等教育资源配置的一种新兴力量

以互联网为核心的信息技术的迅猛发展,特别是近年来云计算、大数据、移动互联网、物联网、虚拟现实和增强现实、自带设备、学习分析和自适应学习技术等新技术的出现,正在以迅雷不及掩耳之势迅速变换着高等教育资源配置的新型教育生态技术环境,并通过改变观念不断"颠覆"教育传统方式,渐进性迭代更替转换连接所有高等教育资源配置的重要环节,成为影响高等教育资源配置的一种新兴力量,我们在此称之为虚拟力量。**在我国,虚拟力量是在政府政策的主导推动下逐渐壮大起来的。从我国高等教育信息化政策文本关注的重点来看,基本上可分为三个阶段:从早期的教育信息化基础设施建设到网络教育资源建设,再**

到近期的新型教育生态技术环境与高等教育资源配置的深度融合。这三个阶段实际上也是我国高等教育信息化发展的三个阶段。经过三个阶段的递进更迭,虚拟力量逐步释放的能量已全面体现在高等教育组织与体系的资源运行中。优质精品课程、大规模在线开放课程、全球图书馆数字资源、教学应用管理系统、混合式教学模式、在线学分和在线学位等的出现使教学形式和人才培养模式发生着根本性的变化,虚拟大学、网络大学等新型大学组织形态正在尝试低成本、无疆界、多元化、个性化的教育定制;数据驱动、人机协同、跨界融合、共创分享的智能科技研发生态正成为新型科研模式的基本要素,虚拟科研环境正成为支撑新型科研模式的基本条件,虚拟科研团队、虚拟研究院所等新的科研组织已逐步成为高校与社会联合科研的主体模式;虚拟力量在高等教育资源配置转型进程中增进和增强了学术本位的回归和学术生态的健康。在线学术资源的传播共享和竞争博弈都更能使学术力量彰显,使学术精神光大;学术组织的流程再造以不受时空约束的低成本供给、让更多组织和人员汇聚共享学术生产创新交流,可以日新月异地催生出新的知识生产和传播方式,让探索人类科技进步的过程更加互通有无、快捷高效。管理信息化促使政府对高等教育管理方式和大学管理流程的转变。**虚拟力量已全面渗透到大学组织和资源配置过程,尽管尚未完全撼动和替代有近千年沿革的大学组织的本质和特征,但不可否认,它正在改变着大学教与学微观基础,多维影响着大学的教学、科研、管理等一系列资源配置过程,正在变革着高等教育资源配置的生态系统,部分改变着原有高等教育制度环境和制度运行模式。**

（二）虚拟力量在高等教育资源配置方式上表现出新的特征

虚拟技术发展从80年前的第一台计算机诞生到近年来人工智能机器人出现,对人类社会的影响冲击巨大。随着虚拟力量的积聚壮大,在线数字化教育资源正在成为高等教育资源存在的重要形式,互联网成为高等教育资源有效配置的重要渠道,以互联网为核心的智能资源正在改变大学组织生态和学术范式。在线高等教育资源配置的时间和空间边界趋于模糊,资源的获取不再受时间空间限制,资源的国际化流动不断加强。高等教育资源在互联网上流动的过程成为资源配置过程,资源的所有权与使用权分离,资源配置从传统上以"拥有"为核心的配置模式转变为以"使用权"为核心的配置模式。知识创新和知识产权的制度维护愈加重要,在线资源的开放性、共享性、"赢者通吃"、零边际成本等特点使高等教育资源供求的竞争力、排他性发生变化,使得与高等教育资源分享有关的利益主体的相互关系和规则也相应发生了一些微妙的变化。

（三）尽管高等教育资源的有效配置越来越依赖于以互联网为核心的虚拟力量,但目前虚拟力量仍不能作为与政府、市场和学术三种力量相比肩的独立力量支配高等教育资源的配置,但它已深刻影响着三种力量

政府、市场和学术三种力量对在线高等教育资源的配置仍然发挥至关重要的作用,三方力量都在试图借助虚拟力量做大自己,同时直接运用虚拟力量进行紧密合作。通过合作,高校找到提升优质教育、科技研发共享和新型治理的抓手,科技与知识产权投资机构找到了资本回报的市场,政府达到了提升公共教育福利的目的。政府、市场和学术三种力量作为影响大学资源配置的基础力量已分别深受虚拟力量的影响,部分替代或改换原有配置模式,但全部替代三种力量的条件尚未出现。其中关键性条件至少包括具有独立主体地位的法人、对

大学具有特需增量资源并能施加不可替代的影响作用或能够全部替代现有配置力量的功能作用,能够左右或决定大学组织的本质存在并具备比原有组织形态更有意义的制度更替和配置机制。政府、市场、学术三种都有置身于现有环境并具有施加大学配置资源能动作用的主体,且主体的法律边界基本清晰,**在现有制度环境中,三种力量互为辅助支撑,成为配置多种类型大学的基本力量。目前或相当一个时期,三种力量仍然是中国经济与社会转型中配置大学资源的基本力量。**虽然虚拟力量中的人工智能 AI 技术正以替代人类的某种功能的面貌出现,但作为法律伦理意义上的社会角色并自主能动施加影响还有相当的距离。因此,虚拟力量虽已在许多行业领域崭露头角,且替代或踏平了不少百年企业和行业,甚至改变了人们生活工作的行为方式与习惯,但它还不足以撼动千年大学的组织生态。简言之,撼动现代大学的基本条件尚未到来,现代大学组织的基本模式和存在价值以及支撑这一存在所需要的资源配置主要力量尚未改变。目前或相当一个时期,政府、市场和学术三种力量仍然是中国经济与社会转型中配置高等教育资源的基本力量。

(四)虚拟力量作为配置大学资源的第四种力量正处在迅速成长的阶段,未来在高等教育资源配置上的作用有待继续观测

虚拟力量作为未来颠覆性技术正在影响高等教育资源配置,并作为资源配置技术支撑正在辅助影响现有资源配置的其他三种力量。虚拟力量的不断增强,有可能打破大学对专门知识的生产和传播垄断,颠覆大学高等专门知识代际传递的功能,甚至使知识传递功能从大学中分离出来;大学文凭将成为历史遗产,大学教育作为第三级教育层次将以多样化形式体现在终身教育中。随着技术日新月异的进步,这些都有待继续观察。但虚拟力量不断壮大的趋势是有目共睹的,高等教育资源配置在国家信息技术战略和政策制度环境下,将置身于虚拟力量无所不在的环境,虚拟力量必将越来越影响大学资源配置的全程,并直接或间接改变大学资源配置的转型程度。目前,它仍然还在酝酿中,处于不可确定阶段。一旦条件成熟,虚拟力量将会不同程度地取代替换其他三种资源配置力量的部分功能,成为独立于三种力量的第四种力量,对高等教育资源配置方式产生不可估量甚至颠覆性影响,届时大学组织也将发生根本性变革。

第三节 2007—2018 年中国高等教育资源配置转型程度的基本特征

本研究作为改革开放后的前 30 年高等教育资源配置转型程度指标的后续研究,其研究目的是在原有研究框架之下,继续考察 2007—2018 年间的转型趋势。根据本研究第三章、第四章的测量分析,以及其他主要章节大量的重点政策与案例分析,本节综合上述转型程度指数结果,进一步研究此十年转型程度特征与制度环境相关性,并指出此十年转型程度特征对今后发展的影响。

此处简述之前研究的主要内容和本节的相关性。**第一章**分析了 2007—2018 年间国内高等教育资源配置状况、国家主要高等教育资源配置政策特点与高等教育自主权总体走势、

2010 年《国家中长期教育改革和发展规划纲要 2010—2020 年》出台前后背景分析以及国外有关高等教育资源配置相关理论与实践情况。这一章主要研究的指向是近十年高等教育资源配置的总体环境走势与政府对高等教育资源配置的基本政策导向，**表明我国高等教育资源配置转型仍然在路上，没有任何迹象反映这一转型在总体上倒退、停止或中断**。而且 21世纪以来推进改革的最重要文献出台，且形成了不断深化的滚动式制度创新，在 2017 年前后达到制度创新高潮，指标考察也表明，高校多年一些自主权尚未落地的在这一阶段汇集落地。**第二章**重点考察了全球化、市场化、现代化以及国际化进程对我国高等教育资源配置转型的影响。主要分为四个部分：一是全球化趋势与我国经济增长相关性以及经济全球化、中国市场化、中国现代化进程与高等教育资源配置转型程度相关性的制度环境分析[①]，这一部分是高等教育资源配置转型的制度基础[②]；二是加入世贸组织后我国高等教育资源配置的国际化程度，改革开放后的前 20 年高等教育资源配置转型的制度环境还主要受到国内市场资源配置的约束影响，但后 20 年尤其是近 10 年我国高等教育资源配置已深受全球市场经济和国际高等教育资源配置市场的联动影响；三是分析沿革了 20 年我国重点大学资源配置方式的根本变化，说明国际竞争对国家战略取向的影响是主要因素；四是全球治理对中国现代大学制度的影响变化，主要解析现代大学制度建设被政府提上议事日程的深刻背景[③]。这部分深刻勾画出我国高等教育资源配置转型过程的制度环境已发生了巨大改变，由国内市场转换为国内与国际市场，而且国际市场制动国内市场的趋势越来越强烈，两个市场资源带来的制度约束已深刻反映在政府和高校的制度创新中。案例分析与转型程度指标都有表现。**第三章、第四章**分别运用高等教育资源配置转型程度指标体系对我国高等教育资源配置制度转型与民办高等教育资源配置制度演进近 10 年（2007—2018 年）及之前三十年（1978—2008 年）进行了连续实证考察分析。研究发现，政府、市场和学术三种力量相互独立、相互博弈、相互制衡，决定了改革开放以来高等教育资源配置的走向、结构、供需和收益的本质变化，成为高等教育发展的持续动力和不可逆转的制度安排，考察基本证实了本研究的主要研究假设。**实证结果提供了考察我国转型期高等教育资源配置转型程度的基本特征与趋势的实证分析基础**。**第五章**以我国高等教育资源配置转型程度指标为主，选取部分发达国家高等教育的同类相近指标进行分析比较[④]，分析我国高等教育资源配置转型的基本特征和趋势与发达国家高等教育资源配置的异同，讨论我国高等教育资源配置转型指标体

[①] 本研究提出了制度环境的重大变革对我国近 10 年高等教育资源配置转型的影响是否仍然沿着改革开放后的前 30 年的基本方向、转型程度发生了什么变化、所依赖的外部制度环境是否发生改变等问题。重点分析改革开放 30 年影响高等教育资源配置转型制度变量的外部条件（经济全球化进程、中国市场经济进程和中国现代化进程）在近 10 年是否仍然具有相关性。本课题延续了改革开放后的前 30 年的研究设计与思路，重在观测这三大影响高等教育的宏观环境的变化。事实表明，这三大进程始终是近 10 年（2007—2018 年）来决定我国发展进程的重大宏观环境，它们作为三个制度变量的演进方向始终没有偏离并影响着我国发展的主导方向。同样，也成为影响我国高等教育体制改革进程的主要外生变量。作为外部力量决定和影响着高等教育的制度选择和制度安排，与高等教育的制度创新具有紧密的相关性。

[②] 见第二章第一节。

[③] 见第二章第三节、第四节。

[④] 见第五章。

系测量得到的特征与规律在国际高等教育比较中的相对价值与参照意义,检验转型指标体系在国内外两个资源市场配置的适用性与差异性,提供建设一流大学制度创新的参照样本,**为中国大学在全球大学的定位中找到带有中国符号与特色的坐标,提供高等教育国际比较的政策供给基础。**第六章重点研究了现代大学制度建设作为国家制度安排如何成为近 10 年(2007—2018 年)大学制度建设的重头戏,主要讨论推进我国大学重要制度演进的三个案例(高校内部管理组织机构变革、大学章程建设启动、大学自主权制度演进)。**进一步佐证了近十年高等教育资源配置转型程度指标特征,论证了中国大学治理制度变迁的力量既是历史的逻辑,也是市场的逻辑,更是学术的逻辑。**同时,在不断证实三种力量在高等教育资源配置转型变迁中不断增长制衡的作用时,**本章第二节**注意到,近年来随着以互联网为核心的信息技术的迅猛发展,计算机、移动终端、互联网、云计算、大数据和人工智能等技术融为一体,正逐渐成为连接各种教育资源的重要环节,高等教育资源配置中政府、市场和学术力量的相互博弈、相互制衡的格局正在因网络信息技术的发展产生新的变化。**本研究提出的问题是以互联网技术为代表的虚拟力量对高等教育资源配置方式已经或正在产生独特影响,需要考察虚拟力量是否会成为政府、市场、学术三种力量之外的第四种力量,并与其共生为制衡高等教育资源配置转型的力量。**

以上各章篇幅较长且分量较重的原因是为了客观分析、合理解释第三章、第四章考察测量的转型程度指数,没有这些政策文献和典型案例的支持与佐证,很难读懂转型期高等教育体制转型的变革逻辑,也很难理解影响高等教育资源配置制度转型的三种力量的辅助生长与相互制衡,更难解释中国国情在什么方向上、为什么会约束着高等教育资源配置转型的速度和程度。转型程度指标体系只是我们观察研究高等教育资源配置变化的工具,它不能自我阐述变化的原因。所以,本研究对转型期高等教育资源配置制度创新的外部环境进行了较广泛地研究,**本研究的基本设计以改革开放之初为出发点,没有这一历史的逻辑起点,就读不懂后续的制度变迁,也不可能读懂延续的转型程度指数的变化逻辑。**事实上,改革初始,没有市场、学术式微,完全统一高度集中的政府配置着高等教育资源,这一配置模式造成稀缺的高等教育资源难以适应国家现代化建设需求,也难以满足人民群众日益增长的教育需求。代表着最广大人民群众利益的执政党在改革开放四十年中主导的改革,简言之,**最重要的制度变革就是稀缺资源供给的制度创新,不管是物质领域还是精神领域,不管是数量稀缺还是质量稀缺。**在四十年高等教育的制度供给上,市场力量和学术力量就是政府力量在解决稀缺资源制度创新的最大同盟,供给其生长的制度创新条件,是政府在改革自身时兼顾的最棘手也是最有进展的改革成果。当适配高等教育资源配置供给的市场力量、学术力量和政府力量构成相互支撑、互为制衡关系时,高等教育事业就能不断发展壮大,高等教育规模、结构、效益、质量就能趋向良性优化。高等教育资源配置转型程度指标只是对这一历史现实的真实描述记录,每一个转型程度指数都深刻"刻画缠绕"着三种力量的作用。因此,中国大学治理制度变迁就是高等教育资源配置制度变迁,其制度变迁的逻辑力量就是转型中不断生长而互为支撑制衡的政府力量、市场力量、学术力量。

从 2007—2018 年特别是 2017—2018 年《全国教育事业发展统计公报》有关高等教育基本运行的主要数据可见,**我国高等教育到了一个重要转折点:**

(1) 中国高等教育正在稳步从大众化迈向普及化。1999 年,实施高考扩招政策,2002 年高等教育毛入学率达 15%,进入大众化的门槛,至 2012 年达 30%,十年提升 15 个百分点。由 2012 年至 2018 年,高等教育毛入学率达 48.1%,五年又提升 18 个百分点。预计 2020 年高等教育毛入学率将达到 50% 以上,中国将进入高等教育普及化阶段。高等教育毛入学率目标提前实现的主要原因是:一方面虽然普通高校招生增幅有所调减,但一直保持着一定增幅。比较 2007 年到 2017 年的逐年增比 8.00%、7.38%、5.24%、3.48%、2.98%、1.08%、1.6%、3.08%、2.28%、1.98%、2.16%。另一方面适龄入学人数减少,高考录取率增长迅速。2007 年到 2017 年高考录取率分别为:69%、72%、75%、68.7%、72.3%、75%、76.7%、74.5%、78.33%、82.15%、82.57%。高中在校生人数连续 5 年减少,高考录取率增加,将进一步加剧高校优质生源的竞争,实际中国已进入高等教育的"买方市场",这会成为中国高等教育内涵发展的一种倒逼力量,决定高等教育由量转入质竞争阶段的市场效应。但同时,由于我国人口基数大和接受高等教育的人数在 15—59 岁人口中的比重还不高,高等教育发展数量依旧是 2035 年前的重要任务。

(2) 促使高等教育内涵发展的指标开始趋向好转。 生师比作为反映一所大学办学质量的重要指标,普通高等学校生师比在连续九年持续走高的情况下出现拐点,表明高等教育内涵发展的指标趋好。2016 年普通高校生师比为 17.07:1(2017 年普通高校生师比为 17.52:1),较之 2015 年 17.73:1 有所下降。扩招前 2000 年专任教师为 46.28 万人,2017 年 163.32 万人,2017 年比 2000 年增长 3.53 倍;2018 年 167.28 万人,2018 年比 2000 年增长 3.62 倍。2016 年普通高等学校本科、高职(专科)全日制在校生平均规模达 10 342 人,而 2017 年普通高等学校校均规模 10 430 人,其中,本科学校 14 639 人,高职(专科)学校 6 662 人。2016 年,31 个省区市普通本科高校生均拨款全部达到 1.2 万元①。决定高等教育内涵发展的其他指标,如在校生规模与人均设备均值等均有所提升(2016 年生均设备均值为 1.67 亿元,较之 2015 年 1.55 亿有所提升;生均建筑面积 2016 年为 34.38 平方米,较 2015 年的 33.95 平方米有所提升)。上述指标与高等教育进入"买方市场"一致,都是高等教育转向提升质量的基本条件。

(3) 具备实行面向国家战略与地方服务的高等教育分层分类结构调整的时机。 扩招作为精英化与大众化办学的分水岭,使原有精英高等教育体系不再适应大众化后的高等教育,事实不断告知需要探索适合大众化后的高等教育新体系。占中国高校总数 3.85% 左右的高校参与承接建设中国特色、世界一流大学的国家战略项目;约占普通高校三分之二的地方本科高校是区域经济的主力,向应用技术型方向转型是根本出路②;占中国高校半壁江山的高职高专供给地方政治经济社会所需人才更应该立足社区、面向城乡融合,其招生已经实现多种方式入学,许多地方已注册入学,这对减轻考试招生改革压力、促使地方高校分类转型并面向地方社会经济办学的具有重要意义。民办高校发展近年来持续上升,2016 年民办高校 742 所,占全国普通高校 2 596 所的 28.6%(含独立学院 266 所,其中一所是成人高校。2017 年为 747 所,比 2007 年增长了 1.52 倍,2018 年为 749 所)。这表明三十多年来民营经济不

---

① 《"2016 年中国高等教育学会学术年会暨高等教育国际论坛"在广西南宁隆重召开》,《中国高教研究》2016 年第 12 期。经了解,此项要求正在逐步落实之中,也包括高职高专的拨款方式从依据教师编制拨款改变为生均定额拨款方式。

② 2014 年年初,教育部发布《关于地方本科高校转型发展的指导意见》,提出"引导部分普通本科高校向应用技术型高校转型"。

断增长对举办高等教育的贡献,也反映了社会对高等教育办学需求多样化的渠道诉求。**高等教育大众化过程也是探索新高等教育体系的过程,现实中各类办学本身作为一种实践也为高等教育分层分类办学共识奠定了基础,也提供了中央政府进一步放权省级政府统筹地方高等教育、面对多样化办学宏观分类指导的公共治理方向。**

结合 2007—2018 年间高等教育资源配置转型程度指数分析,能够剖析出七类高等教育体制转型的依据或条件,更能解释政府力量、市场力量、学术力量在这一阶段中的行为诉求以及特点。与 40 年前高等教育制度存量比较已发生了根本变化(第三章与第四章已将改革开放后的前 30 年转型指标研究与近 10 年的结果合并考察),这期间存量资源与增量资源都在制度变迁中不断变为被寻求变革的对象,而新增量改革还在制度纷争与试点过程中。因此,这段时间既是制度改革的沉淀期,也是制度改革的爆发期。政府通过前一个 10 年的历练与纠结(指 1998—2008 年),重新认识到依靠什么力量来配置资源是解决后高等教育大众化面临的一系列问题的关键。

2007—2018 年既是我国进入"WTO"的第六年,也是我国 15 年"WTO"保护期结束之后的第二年。**在 21 世纪头 20 年里,中国通过加入 WTO,搭上全球经济增长的快车,经济全球化加速了我国市场化进程和现代化进程。研究表明,经济全球化进程、中国现代化进程和中国市场化进程仍然是 20 世纪末与 21 世纪初头 20 年影响中国高等教育资源配置转型程度最为重要的宏观外部环境,作为外部力量决定和影响着高等教育的制度选择和制度安排,与高等教育的制度创新具有紧密的相关性。**本研究观测转型程度指数发现,它们作为三个制度变量的演进方向始终没有偏离并影响着我国高等教育体制改革进程。作为影响我国高等教育资源配置的最主要制度环境因素,对国内高等教育政策选择、高等教育资源配置格局、高等教育制度创新取向都产生了较重要影响。**本研究认为,面对世界格局的多重复杂变化,政府在此 10 年(2007—2018 年)中更加强化了政府主导改革的力量,突出表现在四个重大制度推进上。**

第一,现代大学制度变革在此十年有重大突破。这是中国高等教育体制改革在新的历史阶段的深化与突破,是中国积极回应全球经济环境突变、不同思潮冲突嬗变的大国治理理念的提升与变革,也更符合我国高等教育体制改革长期实践的理论演进与核心表达。在此期间,政府将公共治理服务和能力作为政府转型的目标,同时也将现代大学制度建设作为政府主导改革的中心工作。其中,**尊重人力资本产权激励和现代大学制度重构是高等教育资源配置转型内部制度安排的成熟标志。改革初期重点解决的是资源配置转型中的产权主体问题,改革后期着力解决的则是现代大学制度内部治理结构的培育与制衡问题。**对高校自主权制度演进的实证分析表明,**高校办学自主权演进分成改革开放后的前 20 年争取合法化与后 20 年争取落地化。高校自主权的演进始于突破计划经济管理体制、纠结于转型中的两轨制、转换于公共治理理念框架的实践。这一转换一方面改变了政府与学校就办学自主权"分权"或"放权"的"线性"循环局限,转入参与大学办学相关利益方关于一组权利与义务责任理念的制度重塑与学术生态培育的新阶段。另一方面,这一转换在大学章程重建中落实到学校根本大法中,结束了高校自主权"碎片化"年代,并步入学校依法治校的新制度框架。**大学章程重建时期是改革开放以来最为集中体现政府与学校关系调整的时期,依法治理的制度环境与健全的大学制度安排是一个互为支撑的良性体系。大学章程重建的成果是改革开放 40 年制度演进的成果,也是中国现代大学汲取世界先进大学理念并将之与本土国情结合的产物,同时,它更是第三次全球化来临之际中国大学伴随中国复兴之路开启新征程的制度基础。从这个意义上看,大学章程重建是改革开放以来高等教育制度创新的里程碑,也是中国特色现代大学制度的重要标志。因此,**大学的发展不仅取决于开放半径有多大或下放的权力数量有多少,还取决于大学内部制度安排优化的大小和供给治理能力的高低。**

第二,**探索建立后大众化高等教育体系转型成为共识。**扩招作为精英化与大众化办学的分水岭,使原有精英高等教育体系不再适应大众化后的高等教育,特别是通过"大众化"的质量问题使重新审视大众化办学体系问题摆上议事日程。近十年来,教育系统明确探索高等教育大众化办学新体系,教育主管部门提出面向国家战略与地方服务的高等教育分层分类结构,并采取各种引领激励方式促使地方普通本科和高等职业学院转型为应用型学校,将高等教育学校的分类办学作为重塑大众化办学体系问题。这是高教界改革的新命题,在精英化还是大众化条件下的分类是两种不同质的分类,是处在两个不同体系资源配置阶段的分类。而分类本质是适应制度环境需求从而构建大众化高等教育体系而不是精英化高等教育体系。**高等教育大众化过程也是探索新高等教育体系的过程,现实中各类办学主体本身不仅作为一种实践为高等教育分层分类办学共识奠定了基础,而且提供了中央政府进一步放权省级政府统筹地方高等教育、面对多样化办学宏观分类指导的公共治理方向。**

第三,**世界一流大学建设的战略配置有重大突破。**参与全球竞争的显著标志是建设世界一流大学,这是我国参与全球高等教育资源配置的重要战略抉择。一流大学立足中国,放眼世界,竞争目标与资源配置的全球定位反映了该项目的国际化水平。失去国际化定位也就失去该项目的逻辑起点。因此,考察高等教育的国际化水平就是考察一流大学的水平。20 年如一日建设成果是我国与发达国家一流大学的差距在不断缩小,我国高校参与国际技术、市场、人才竞争的实力在不断增强。2015 年政府主管部门决定对持续 18 年的项目进行调整,调整的焦点就是重新确定竞争的游戏规则,让更多的大学跻身竞争行列,同时更加强调"中国站位"和"久久为功"精神。这不仅反映了众多大学面对国际化的基本态度,也是此十年我国高等教育国际化更加趋于开放成熟的制度抉择。

第四,**增强对高等教育质量配置方向与过程的全面干预。**中国经济自改革开放以来已保持 30 多年的年均增长率接近 10%,GDP 的世界占比由 2.7% 提高到 2017 年近 15%,创造了世界经济史上的"中国奇迹"。全球金融危机爆发后的世界经济格局发生剧烈变动,全球经济呈现出"总量需求增长缓慢、经济结构深度调整"的特征,现有国内经济发展的内部环境和外部环境都发生了巨大变化,使得我国的外部需求出现常态性萎缩,这就要求经济增长速度"换挡"[1],实现经济由高速增长阶段转向高质量发展阶段,现有经济模式是跨越未来经济的障碍,那么,原有适应现有经济模式的高等教育资源配置模式也会成为未来经济的障碍,这个障碍的本质是未来经济发展所需要的前沿性、原创性、颠覆性技术并不是现有高校必然能够供给的,其中未来经济所需人才供给也不是简单地投资能够解决的,而事关中国特色社会主义事业后继有人的问题就更不是一般的学术抉择。这是高等教育资源配置需要继续转型的基本逻辑,也是党和政府面对高校办学方向、高等教育大众化、逆全球化和国内经

---

① 周跃辉:《如何理解"我国经济已由高速增长阶段转向高质量发展阶段"》,《学习时报》2018 年 1 月 31 日。

济转型需要回应的问题。政府采取了全面主抓高等教育质量的全程,并确立了我国是执政党办中国特色社会主义高校的基本定位。

　　10 年来(2007—2018 年),政府在这四个重点方面的强势推进形成了高等教育资源配置转型中政府力量的上升,这是有别于以往转型期其他阶段的显著特征。本研究在分析这一特征产生的环境背景时认为,中国高等教育加入"WTO"15 年保护期前后,经济全球化环境与走向对我国高等教育资源配置转型的影响不可低估,这一影响将持续发酵。其中,一是中国融入经济全球化 15 年尤其是全球金融危机发生后对中国经济走势的影响是机遇与挑战并行;二是中国高等教育加入"WTO"后,在其 15 年保护期中,其资源配置方式受到利好影响的同时也遭遇逆全球化的战略调整;三是处在第三次经济全球化的前夜,高等教育迎接未来经济全球化的挑战是开放中国的危机课题。危机挑战接踵而至、利好利差影响纷至沓来,对一国政府的战略抉择和治理能力是严峻考验。本研究表明,虽然高等教育国际化、市场化和多样化成为新一轮全球高等教育发展的主要特征和重要趋势,但我国只是刚刚加入世贸组织的一个新成员,正在学习如何在全球高等教育国际化格局中发挥作用,我们至少已在以下方面打开了局面:适应高等教育贸易组织的制度强制性、鼓励学生跨境学习的制度安排、加强国家间学位互认制度、尝试国家对跨境办校的制度选择、创新"一带一路"主动供给、参与国际教育人文交流与规则制定等。对于一个刚刚跨入全球高等教育资源配置竞争门槛的发展中国家来说,我国高等教育国际化程度不高,特别是处理国际化与本土化关系,我们还尚未准备好。尤其是面对逆全球化思潮和中美贸易战的长期影响,国内经济由高速增长阶段转向高质量发展阶段,现有高校是否能够供给未来经济发展所需的前沿性、原创性、颠覆性技术,是否能够供给足够的未来经济所需的高质量人才,是否能够确保中国特色社会主义事业后继有人,这既是高等教育资源配置存在深度转型需要的基本逻辑,也是政府全面主抓高等教育质量全程和确立执政党办中国特色社会主义高校定位的基本回应。因此,政府和大学都在学习如何应对,特别是作为一个选择了中国特色社会主义道路的发展中大国。因此,政府占据国家战略主导地位,实属站位所致。

　　政府对高等教育上述的强势主导,既反映了政府面对全球治理危机的积极态度,也反映了政府希望用新治理解决改革遗留问题的决心。本届政府主管部门看到了高等教育环境的**"五个变化"**:一是高等教育供求关系发生了质的变化;二是高等教育面临的国家需求发生了很大变化;三是高等教育面临的国际竞争环境发生了重大变化;四是高等教育的对象发生了很大变化;五是高等教育的资源条件发生了很大变化①。"五个变化"深刻阐释了高等教育面临的新形势和政府抉择的定位。他们面对的是以往问题加现实挑战,可以归纳为"两两矛盾取向",它暗示着强化政府干预或仅仅依赖政府解决可能形成对政府政策选择的利好趋势或潜在危机。既然两个情形都存在,政府"主导干预"就成为此阶段"两两矛盾"解决的主要选择。

　　此阶段**"两两矛盾"**主要是高等教育大众化与高等教育质量危机;高等教育地方化与高等教育卓越提升;高等教育多样化与高等教育办学方向;高等教育同质化与高等教育治理结

───────────

① 《"2016 年中国高等教育学会学术年会暨高等教育国际论坛"在广西南宁隆重召开》,《中国高教研究》2016 年第 12 期。

构。面对"两两矛盾",政府选择了公共治理理念下"有为政府"的主导干预取向,在重大发展政策导向上力图"化解""两两矛盾":

——政府助力大众化期间高校扩张导致的"债务",不断改善上一个 10 年来财政性教育经费拨款低迷状况,通过增加财政性拨款调整长期偏低状况,采取转移支付等手段支持薄弱省份高等教育。

——政府一方面不断加大高等教育地方化的下沉速度,通过转型分层使地方高等教育与地方经济结合落地;另一方面不断提升高等教育追赶世界一流大学的速度,运用竞争激励改变固化配置模式形成梯度追逐态势。

——政府一方面"放管服",通过下放审批制度倒逼政府公共职能转型,另一方面通过政府主导下的现代大学制度建设,促使下放的"碎片化"自主权在现代大学治理结构中落地成为高校正式制度安排。

——政府更多运用了法律手段、财政性手段、信息评估手段、转移支付手段、激励导向手段进行资源配置的同时,政府对学校微观层面的主导作用更加凸显,使高校感受放权的同时也感受到来自政府的"空间压力"。

从化解矛盾上可见,此阶段的政策更多是针对过去改革积累的矛盾。因而,**资源配置的走向更多是对以往增量资源出现的不平衡所做的矫正**。政府在管住存量"宏观方向"时,高等教育结构性调整、质量管控、适应性和同质化问题都还尚未找到更有效的手段。**通过转型指标的数值可以发现,在资源配置重点和手段上,不管是让渡放权还是微观管控,政府力量显著增强。换句话说,就是一方面是放了权,另一方面是干预放的权。这是此十年别于其他年份阶段的一个显著特征。**

为什么会出现这样一种行为,导致这一行为特征的根源是什么?本研究已分别在不同案例或事件中做了分析,这一复杂性的研究线索可从以下两个视角探究:**一是政府需要面对两个市场和两种互为影响的资源是以往没有遇见的,由国家面对全球市场,政府出面似乎合乎情理**。改革开放之初国内对外开放是逐步放开过程,前面不断探索的经验可以借鉴。但是面向全球市场,不可能对内设区域边界。越深入全球市场中,这个"面对"就不仅仅只是政府可以替代高校来面对,而是所有基层高校都需要直面全球市场资源配置的影响。开放格局越大,影响与约束就越大,需要面对的资源配置因素就越复杂。这是与政府改革开放后的前 30 年主要依赖国内资源配置制度创新的经验完全不同的一种环境。尤其是全球经济周期的变革对我国资源配置的影响已不再是"狼"来不来的问题,而是"狼"就在"身边";过去我们可以有放"狼"进不进的决定权,现在必须"走出去"与"群狼"竞争全球资源,不参与这一竞争就是放弃全球市场,比如人才流动的条件是全球时空范围,不仅仅受一国政策影响。看似由政府主导面对全球困境处置是一种短期成本较小的方式,但是千百所高校对全球资源的需求往往不同,政府不可能替代每个学校做这一需求博弈,于是最终原有政府替代的决策仍然还是要由学校自己亲力亲为。政府越位基层的微观过程行为不仅吃力不讨好,还会留下诸多需要面对的遗留问题①。

政府之所以能够深入基层高校的原因之一与财政性拨付的增长或激励安排有关。这一

---

① 2018 年中美贸易摩擦以来,在尖端人才国际需求与供给争夺中,两国政府有关政策针锋相对。其中我国以政府出面吸引人才的政策遭遇美国对抗中美原有高校之间的人才交流政策的变化。《Science:NIH 将开杀戒,下周会有中国教授丢掉饭碗》,腾讯网,https://new.qq.com/omn/20190413/20190413A04IS4.html。

阶段虽是国内经济增长的转折期,但国内财政收入的持续增长却给整个教育带来了"持续增长第二春",在国家解决教育投入"4％"的过程中,高等教育摆脱了多年财政性教育投入低于非财政性投入的问题。**政府相对"充裕"的经费投入表现为政府运用财政性手段的多个方面,特别是大量预算外支持的"工程和项目"都在强调政府指向上的资源配置。**"由于项目及其经费的分配在很大程度上基于政府官员的自由裁量,这些经费实际上是有附加条件的资助,即只有符合特定要求的高校才能获得某个项目的经费。为了获得一笔项目经费,高校必须采取符合政府官员意愿的行动,而这种行动是(往往存在)高校自主性丧失的典型或直接的表现。因此,对项目经费的依赖构成了对高校自主权的双重限制:第一重限制来自对项目经费的依赖本身,第二重限制来自高校为获得项目经费而不得不采取符合特定要求的行动。其中,第二重限制更为直接,对高校自主权更具杀伤力"①。**这些副作用已渗透在所有基层公办高校,构成了这一阶段政府虽不断宏观放权但又穿上了各种新微观干预的"马甲",形成政府普遍过多微观干预高校全过程的特征。二是客观制度环境为政府干预能力提供了缓解矛盾的保障。**虽然这一财政保障条件的深层矛盾在随后若干年中会泛起或激化,但不同阶段能够提供的解决工具是否最直接、波动最小、成本最少是政策选择的基本条件。2008年全球金融危机对全球影响一直延续到近年来全球经济低迷迟缓,形成了二战以来以美国为首掌控的经济全球化可能终结的话题。统计数据表明,2008年以来至2016年底,全球经济增长由前10年(指2007年之前)的年均4.13％下降为2.85％,全球贸易增速由年均11％大幅下降为0.21％②。最初的五年期间(2008—2012年),国内高等教育并未感受到危机来临,这与政府强大的保护性支持措施有关。经济界分析发现,我国以往经济高速增长主要依赖着高投资,从2003年到2015年,我们已经累计投资了335万亿。其中,2009—2012年中央4万亿刺激政策出台拉动了民间与地方政府的投资热情,四年投资完成额高达116万亿元。之后,中国投资并没有下降,在2014年到2015年的2年之内,中国投资完成额107万亿元,几乎相当于"前期刺激期"4年的投资量,由此导致随后数年过剩产能问题日益严重③。也就是说,这样的投资力度维持着国内经济基本面,使得整个经济发展至少表面上呈现出远离焦虑恐慌的祥和发展中,传统产业与经济增长总体能够吸纳这10年大众化后倍增的高校毕业生,而互联网技术带来的经济结构转型又在近两三年对接了大学就业高峰季。另一方面,在经济结构性调整上,国企吸纳的高校毕业生有所下降,私营企业成为接纳高校毕业生的重镇④。所以,对于政府来说,高等教育大众化最大的潜在危机之一是毕业生就业问题,但这一阶段高校就业问题得到基本化解。虽然我们看到每年政府都为高校毕业生就业采取更多的辅助办法,但实际的市场消化就业能力还是要看经济供给关系的反应。值得庆幸的是,金融危机的隐患成为高等教育危机化解的保障,这不能不说是一种错位的机缘巧合。而2014年判定中国经济进入"新常态"并需要进行经济转型后的"供给侧"调整,对未来高等教育的人才需求规模质量结构层次则是严峻挑战。

---

① 马凤岐:《对高等学校的第二轮放权:基于资源依赖理论的视角》,《高等教育研究》2015年第5期。
② 周跃辉:《如何理解"我国经济已由高速增长阶段转向高质量发展阶段"》,《学习时报》2018年1月31日。
③ 《朱镕基之子:五大产业资产50万亿 回报率不足1％》,搜狐网,http://business.sohu.com/20161206/n475029567.shtml。
④ 见第四章就业体制指数分析部分。

上述政府供给的主流特征使得此阶段高等教育资源配置转型与以往阶段有所区别,虽然这一区别特征因国家站位或战略优先而显得比较隐蔽或低调、甚至还存在不确定性,**但它已暗含着与改革开放以来形成的高等教育资源配置模式的磨合,虽然已有的资源配置模式是面对不相适应的计划经济资源配置模式的创新,但在面对两个市场两种资源环境下,政府、市场、学术三种力量在供给高等教育资源的较量中不可能固化模式,这也正是观测转型变革的意义所在。**

值得特别关注的是,改革开放之初,正是因为政府高度集中的资源配置,高校赖以生存和发展的资源,包括人力资源、物质资源和社会资源均依靠政府提供。而政府能够供给的资源难以维持社会发展需要,因此,改革应运而生。**改革逻辑就是政府不断让渡高校获取资源的权力,并由法律予以赋权。高等教育资源配置转型就是观测了解有多少资源配置权力让渡给了其他主体,并形成一整套新资源配置的制度规则,这之间是一个百转千回的改革试错与选择过程。**根据现有指标体系的研究,这个转型一直是进行时。当 1998 年《高等教育法》规定了高校八项自主权后,学校在之后 20 年的制度变迁中,仍然持续在落实这八项自主权。马凤岐对此的描述是客观的:"高校有评聘教师的权利,但学校的人员编制规模和人事、工资制度由政府控制;高校有制定本校招生方案的权利,但学校招生名额由政府核定,招生政策和招生过程由政府控制;高校自主管理和使用办学资源,但政府通过生均拨款、设立各种专项并控制专项资金分配,在很大程度上决定了学校资金、设备等办学资源的获得;高校有自主开展教学、科研和国际交流的权利,但政府有对学校办学活动进行评估的权力,评估结果影响学校的办学资源和社会声誉;政府还可以通过'985''211'等工程以及通过确定各高校的招生批次等来确定各高校的层次,从而影响学校的社会声誉,影响学校获得其他资源"[①]。**在 2007—2018 年间,为了解决上述影响高校自主权落地的问题,政府采取了简政放权,一系列仍旧由政府控制或变相控制的行政性审批被取消,市场配置、社会配置与学术配置的多重渠道正在不断拓展,转型指标观测已看到了这一变化。但同时,也看到政府在公共治理转型中试图变换新的身份或角色,以新的管理手段对资源配置实施影响。**比如,政府出台的大量工程和项目,尽管强调了导向性、竞争性和选择性,但高校即使不想参与也不得不遵从所谓的"自由选择",因为政府是公立学校最大的资源配置方,高校参与政府所立项目的汇集面也可能是高校再次获取政府资源的基础。这种隐含着的权力筹码和行政杠杆对高校内部治理和自主权落地影响不小,在政府公共治理转型下反而成为一种新的资源配置趋势。

第三章、第四章的高等教育资源配置指标体系总指数的实证表明,改革开放近 10 年的阶段性特点与之前 30 年的特点比较,发现在制度转型的阶段特点上有较大变化。**改革开放后的前 30 年高等教育资源配置转型程度的基本特征是**:以增量创新为先导逐步演进为以存量调整为突破;以渐进性改革为主线辅之以激进性改革为副线的过程;以政府强制性制度变迁为主导转为诱致性制度变迁为主体的过程;以中央集权单一化逐步被以地方分权的分散化替代的过程。**此十年高等教育资源配置转型程度的基本特征是**:以新的增量创新为共识逐步替代原有利益固化的存量变革;以政府主导的激进性改革为主线辅之以高校渐进性改革为副线的过程;以政府强制性制度变迁为主导并重基层诱致性制度变迁为主体的过程;强

① 马凤岐:《对高等学校的第二轮放权:基于资源依赖理论的视角》,《高等教育研究》2015 年第 5 期。

化中央顶层设计与地方探索多样化并重的过程。因此,**政府治理干预强化和地方及高校制度创新并重是 2007—2018 年高等教育资源配置制度转型的基本特征**。

结合指标体系、政策文本和案例分析,高等教育资源配置转型程度近 10 年(2007—2018 年)的制度创新有四点比较突出:

(1) 依法治理高校成为我国现代大学制度建设最显著的特征。 改革开放初始的前 30 年高等教育资源配置制度转型以渐进性、增量性、局部性、诱致性、碎片化为特征,主要视外部环境约束状况的可行性先易后难地实施放权。虽然 20 年前我国高校法人地位已被赋予 (1998 年),但受制于各种条件难以落实。这 10 年,通过落实高校法人地位、建立以大学章程为学校治理的制度框架、将行政释权、放权、施权过渡到立法确权、依法赋权、依法治理的法治办学轨道,将法律确权与赋权的高校自主权依法嵌入大学治理制度中,形成一系列关于大学组织学术本位的人力资本产权的合约治理关系,不断完善现代大学治理的正式与非正式制度。**没有前 30 年从无法可依到有法可依、从行政放权到法律赋权、从宏观依法到微观执法的渐进性制度变迁,就没有这十年现代大学制度的创新集成。** 虽然刚刚开始,但依法治理高校已成为普遍共识与制度实践。

(2) 不断成熟的市场力量成为影响与约束大学的理性政策选择。 我国市场经济的不断深化与完善作为基本制度的"土壤"为高校资源配置提供的基本条件愈加成熟,已经有所选择地影响着高校的内外部制度环境。市场主体构成对高校的需求和支持已成为除了政府以外多元合作与治理的广阔平台。市场机制孕育的经济环境和经济能力不仅更加影响政府对大学改革与发展的决策选择,而且成为制约大学内部管理与教学科研政策选择的基本条件。限制大学资源配置运用市场竞争性机制的政策都将做出调整,如身份固化的原211 工程与 985 工程;越来越多限制高校运用激励性机制的做法正在取消,如教师职称评聘;政府采取审批性、指令性、行政性方式都遇到来自基层的消极性"障碍";政府更多地需要采取竞争性选择、奖励性评估、区别化倾斜政策来实施主导。同样,市场负面力量也会乘虚而入,政府的早期激励性政策被市场偷换了概念,演变为"人才帽子大战",替换了"人才引进激励政策";政府质量监管的良好动机被篡改为以数量为标准的评估"大跃进";越来越烦琐的工程项目思路替代了大学学术研究的个性化与开放性。特别值得注意的是,**在政府力量的强干预中,大学的学术生态反而具有变异为学术管制过度而失衡、学术规则过泛而失效、学术道德过滥而失范的倾向,** 为什么呢? 因为,政府过度干预既可能使学术组织丧失学术本位从而导致自治与自律的缺失,又可能使市场的负面力量在偷换概念之下侵蚀脆弱的大学学术生态。2017 年以来,政府开始注意到并纠正现实中对人才和评价体制政策的过度滥用趋向。

(3) 学术力量正在努力建构学术本位的治理环境。 不同发展阶段有不同的发展理念,也就有不同的发展重点。20 世纪 90 年代,"大开发"是时代热词,21 世纪第二个 10 年,"大环保"则是时代热词。同样,**开放的半径决定资源配置的半径,也决定资源配置的战略与政策选择,大学的发展不仅取决于开放的半径有多大,更取决于这一半径的制度环境供给能力,还取决于这一半径的抉择赋权主体。** 如高校派出或引进人才不仅取决于国内政策开放程度,也取决于全球资源配置的影响流动的制度因素,还取决于高校自身对人才的定位与使用标准。**在大学学术决策上,抢先一步或步步抢先的战略抉择都需要更为开放的全球视野和开放的决策赋权。** 让大学在政策换挡期能够清晰把握方向并主动选择前沿学科的取向,需要更为宽松的制度环境。全球资源配置对不同的大学来说有不同的学术和科技研究窗口期,仅仅依赖政府的觉醒并替大学做出抉择是不够的,它需要教师与科研人员千回百转的科学直觉与学术探究,需要此起彼伏地选择、实验、失败、合作与竞争,这是大学组织的本质特征,也是大学需要"散养"着无数科学研究人员的机制所在①。政府更应该将大学学术方向的选择权真正赋予每一位大学教师和科研人员。**分析发现,这 10 年的政策导向最终依旧朝着这一方向在缓慢前行**,一方面,大学不断在建构学术本位的制度安排,另一方面,高校学术力量在与政府和市场较量中不断被边缘化,但它依旧具有回到罗盘正确方位上的能力和力量。

(4) 中国国情决定转型中大学资源配置方式的基本特色。中国执政党对逆全球化的判断是:面对波谲云诡的国际形势、复杂敏感的周边环境、艰巨繁重的改革发展稳定任务,我们既要有防范风险的先手,也要有应对和化解风险挑战的高招;既要打好防范和抵御风险的有准备之战,也要打好化险为夷、转危为机的战略主动战②。在这样的时局下如何办好中国特色社会主义高等教育,是执政党必须回应的课题,即我国高校办学方向的选择和为确保这一正确方向而提供的保障。2016 年中央召开的高校思想政治工作会议对办好高校的基本原则是"五个坚持":坚持党对高校的领导,坚持社会主义办学方向,坚持全员全过程全方位育人,坚持遵循教育规律、思想政治工作规律、学生成长规律,坚持改革创新③。在如何创办一流大学问题上也明确指出,中国特色、世界一流。因此,立足国情办中国特色社会主义高校是此阶段明晰的最重要的制度选择。它划清了我国高校办学的基本定位、基本成色、基本方向,并确立中国大学的制度本质就是中国特色社会主义大学。因此,大学组织可能有基本的学术规律和普遍的学术规则,但不同国家的制度环境会产生不同的大学制度特色,这就是我们美国大学与法国大学、日本大学存在差异的原因。正如习近平所说,中国特色社会主义不是从天上掉下来的,而是在改革开放 40 年的伟大实践中得来的,是在中华人民共和国成立近 70 年的持续探索中得来的,是在我们党领导人民进行伟大社会革命 97 年的实践中得来的,是在近代以来中华民族由衰到盛 170 多年的历史进程中得来的,是对中华文明 5 000 多

---

① 《普林斯顿那些没有用的教授……》,网易网,http://3g.163.com/dy/article/ENK10GJS0521KGPB.html.

② 《习近平在学习贯彻党的十九大精神研讨班开班式上发表重要讲话强调,以时不我待只争朝夕的精神投入工作,开创新时代中国特色社会主义事业新局面》,央广网,http://china.cnr.cn/news/20180106/t20180106_524089089.shtml.

③ 在以下五个方面要加强:1. 提高高校学术委员会建设水平,把政治立场和思想政治表现作为遴选成员的底线要求,在校党委领导下发挥好学术委员会的作用。2. 建立高校哲学社会科学学科专业核心课程教材目录制度,统一使用马克思主义理论研究和建设工程重点教材,其他课程教材优先在国家公布的目录中选用。3. 强化教学纪律约束机制,坚持课堂讲授守纪律、公开言论守规矩,所有教学活动都不得出现违背党和国家大政方针、违背宪法法律、危害国家安全、破坏民族团结等言行。4. 高校党委对本校工作实行全面领导,高校党委书记作为主要负责人,主持党委全面工作;校长是学校的法人代表,在党委领导下组织实施党委有关决议,行使高等教育法等规定的各项职权,全面负责教学、科研、行政管理工作。5. 强化院系党的领导。进一步发挥院系党委的政治核心作用,履行政治责任,保证监督党的路线方针政策及上级党组织决定的贯彻执行,把握好教学科研管理等重大事项中的政治原则、政治立场、政治方向,把好政治关。

年的传承发展中得来的,是党和人民历经千辛万苦、付出各种代价取得的宝贵成果①。这也正如我们理解邻国印度的国家特色一样。这个古老的国家在中华人民共和国成立初期是将不同宗教文化、语言和地域的小王国纳入了一个主权国家,由于现实需要,民主制是印度选择的适合自己国情的一条道路。在印度,期待"集中力量办大事"或者"政府雷厉风行"是很困难的事情。印度就像大象一样前行,急不得,但走得比较稳②。它在几千年的多元文化映照下得到现代化和全球化的关注和影响,缓慢焕发着光彩。不同的国家有不同的文化才会有适合自己发展的不同道路选择。看似其治理中有着不相融的矛盾之处,却有着厚重的历史逻辑,每一段历史都需要在回望过去的同时确定其未来走向。在研究我国高等教育资源配置制度转型特征时有必要清醒地理解这一特征的由来,同时需要用更长的时间去观察、比较、理解和解释不同文化下大学的与基本特色。

上述 2007—2018 年的四点制度创新也可作为改革开放 40 年高等教育资源配置转型程度的基本趋势的重要组成部分,但还需要在以后的高等教育资源配置转型过程中继续观测,作为一个长期制度创新的任务,这些特征在新的历史条件下会发生怎样的变化,则是中国高等教育制度创新研究的重点。

第四节　中国高等教育资源配置
转型程度的基本趋势③

全球化背景下的经济转型,是指 20 世纪 80 年代以来包括中国改革开放、东欧剧变后发生地从社会主义计划经济向市场经济的转变。所谓计划经济是指"由一个宏观经济、微观经济,直到人们的家庭生活无所不管的全能政府所控制和操持的"④模式。转型的实践表明中国与苏东两者有本质差别,即中国是在坚持社会主义市场经济体制下的转型,选择了与苏东抛弃社会主义政体迥然不同的发展道路。同时,中国改革开放后市场经济体制的转型与西方市场经济的自然变迁过程也不同。西方发达资本主义国家市场经济的形成是由早期自然经济由下至上自发演进为以契约经济为主的自由市场经济并逐步由国家介入干预的过程。由于现代社会的分工特点和经济全球化的扩展,"西方国家权力也在扩张,突出表现在,原属于私人领域的经济、贸易、劳动、就业、教育、医疗等问题,逐渐作为公共问题而受到国家干预"⑤,使得政府在不妨碍市场作用下成为公共服务的积极干预者。我国市场经济演进则与西方社会的市场经济演进不同,其逻辑起点是我国已初步建立比较完整的工业体系和国民

---

① 《习近平在学习贯彻党的十九大精神研讨班开班式上发表重要讲话强调,以时不我待只争朝夕的精神投入工作,开创新时代中国特色社会主义事业新局面》,央广网,http://china.cnr.cn/news/20180106/t20180106_524089089.shtml。

② 张文娟:《在印度打死一只蚊子会引来什么样的白眼》,观察者网,https://user.guancha.cn/main/content?id=17237&s=zwyess。

③ 此部分研究是康宁:全国教育科学规划"十二五"课题、国家社科基金项目"我国高等教育资源配置转型程度趋势研究"(BFA110031)的部分内容。

④ 吴敬琏:《中国经济改革三十年历程的制度思考》,《世纪经济报道》2008 年 9 月 23、24、25 日。

⑤ 张旅平、赵立玮:《自由与秩序:西方社会管理思想的演进》,《社会学研究》2012 年第 3 期。

经济体系,国家虽对整个社会现代化进程具有掌控能力,但工业积累程度低,产业结构失调、技术进步缓慢、激励机制不足、经济效益低下、原有体制难以提高全社会生产力。因此,经济体制转型的逻辑起点主要是发展经济,中国制度变革的初衷是让市场发挥政府不能发挥的资源配置作用。初期改革中政府作为改革主导自上而下地主动让渡权力给不断成长的市场主体,强势推进市场经济的建立,在完善市场经济阶段,政府与社会主体共同协商,保持着积极干预市场以使其进一步释放改革活力的角色。这一特殊背景下中国进行市场经济体制转型,带来了数以亿计市场主体的生产力和创造力,创造了 30 多年高增长的"中国奇迹"。而与西方转型不同的还有中国独特的国情,即中国共产党的领导力量在转型过程中实现着对国家现代化战略方向的把控,这一独特优势作为中国特色成为社会主义市场经济体制转型成功的根本要素。因此,我国经济转型的逻辑起点、政府主导、政治优势都与西方国家不同。这一特征影响着我国高等教育资源配置转型的全过程。

　　中国高等教育资源配置制度转型的历史逻辑是建立在改革开放逻辑之上的,改革开放最初始的制度疑问就是继续选择计划经济模式还是尝试选择市场经济模式。这个疑问在改革开放 15 年后的 1992 年得到历史的回答,从此刻的选择开始,26 年市场经济制度的建设(1992—2018 年),不仅仅囿于国内资源配置,还涉及经济全球化的市场资源影响。这样一场"翻天覆地"的改革必然全方位的影响和制约我国高等教育资源配置的选择和改革。**而其中最为关键的变革就是从政府集中垄断高等教育资源配置转向由市场力量推动解决高等教育长期资源短缺及缺乏长期竞争激励的持续动力的问题,学术力量配置资源要以学术为本。同时,在这两种资源配置介入的框架中,政府如何提供合意的制度安排,以确保传统势力不干扰改革进程和保障市场力量和学术力量不越界,也包含政府自身的转型变革。**因此,从这样的历史演进观测高等教育资源配置的制度转型,我们会发现,**外部制度环境的变化影响深刻制约着转型中不同阶段的高等教育内部制度安排;高等教育内部制度安排深受变革的政府力量、变化的市场力量、生长的学术力量在不同阶段的影响。也就是说,高等教育资源配置转型的逻辑既深受全球化、市场化、现代化的影响,也深受政府、市场、学术三种力量变革逻辑的影响。我们观测高等教育资源配置变化及其动因都是围绕着这三种力量的转型变迁而展开的。**

　　虽然 1978 年变革开始时还未正式实行社会主义市场经济制度,但是市场经济改革的萌芽和改革试点却已遍布城乡。1985 年的《中共中央关于教育体制改革的决定》和 1993 年《中国教育改革和发展纲要》都是试点改革的阶段成果。1992 年实行市场经济制度之前的高等教育体制改革因为没有条条框框的制约,基层和高校展开了各种探索。1992 年、1996 年《关于高等教育自主权改革的 16 条》是之前 18 年改革开放解放思想的共识[1],也为 1998 年《高等教育法》的颁布奠定了实践基础。2010 年的《国家中长期教育改革和发展规划纲要(2010—2020 年)》及其之后的一系列高等教育重大制度文献都是制度转型的体现与结晶。《高等教育法》既是对之前改革实践成果的制度化,也是法律赋权高校在市场经济环境中独立主体的正式制度安排,它是改革开放后的前 20 年不断制度创新的成果集大成和改革里程碑。之后的 20 年中国高等教育

---

[1] 1992 年《关于国家教委直属高校深化改革,扩大自主权的若干意见》、1996 年《关于国家教委直属高校深化改革扩大自主权的若干意见》(征求意见稿)等,都对高等学校自主权做出了明确的规定。

从精英化过渡到大众化,成为世界高等教育总量第一①;在进入"WTO"的经济全球化中寻求对标世界各类高等教育发展"配方",在行程 40 年之际,共识聚焦于中国大学需要立足中国国情、定位"中国本土特色、世界一流水平"的目标。这条转型演进之路并没有先验或设计的路径可循,都是亿万投身于教育的人们一步步尝试探索的结果。**本研究根据制度演进分析框架将解决资源稀缺问题的这一改革结果概括为变革中的政府力量、市场力量、学术力量共同推进制衡的结果。**这个结果就是高等教育资源配置转型到当下的高等教育整体面貌或基本特征,它已不再是 1978 年、1998 年、2002 年、2010 年时的高等教育,但它却是从这些时间点上演进而来的、或多或少带着过去"痕迹"走到 2018 年的中国高等教育。

高等教育资源配置转型程度指标体系对这一"痕迹"进行了事实描述,本研究对这些"痕迹"的产生、变化、动因都做了历史"细节"的挖掘分析,其反映的综合、复杂、矛盾的"制度纠缠",足以生动地留给未来一个历史的记忆。正是出于这一目的,在分析观测指标数据结论上,本研究没有单一地给具体指标简单地下结论,而是从文献分析、政策梳理、案例调查、专家评判等多个途径入手,延展为历史成因、制度环境、多维视角的综合研究。因此,对改革开放 **40** 年高等教育资源配置制度转型的基本特征,主要采取了转型指数的事实逻辑描述、阶段成因的历史逻辑描述与趋势变革的制度逻辑描述三个层次的多重分析,以尽可能还原历史逻辑与改革逻辑。

第一章第二节重点考察了改革开放 40 年与高等教育资源配置转型相关的主要政策性文本和基于政策性文本的高等教育体制改革权限的变化。第三章与第四章中结合转型指标数据测量结果分析考察改革开放 40 年高等教育资源配置的主要正式制度的产生、延续、改变、发展;有哪些制度是由非正式制度演变过来的;有哪些正式制度被搁置、废止、分解、替代;哪些制度的产生带来了资源配置转型的巨大转折、形成分水岭,或引起纷争混淆,甚至阻碍了发展,最终形成连续性政策生命周期并实现制度演进;这些正式制度与影响高等教育资源配置转型的政府、市场、学术三种力量的相互关系,以及形成制衡的博弈力量,最终推动高等教育资源配置制度创新。本章第一节我国大学制度演进的三个案例及第三节 2007—2018 年阶段性转型程度指标体系反映的制度创新特征分析,进一步证实转型的内在趋势特点。**本节将根据上述章节提供的多维视角,综合对改革开放 40 年高等教育资源配置转型指标的综合指数进行基本特征和基本趋势的分析**(见表 6-4-1、表 6-4-2、表 6-4-3、表 6-4-4,这四个表同时列入微信 6-14,表 W6-16,表 W6-17,表 W6-18,表 W6-19)。

表 6-4-1　1978—2016 年我国高等教育资源配置转型程度综合指数

转型程度类(分)指数		1978	1985	1995	2006	2016
办学体制	公办学校设置审批权	0	0	0.20	0.60	0.60
	民办高校学生占普通高校本专科在校生比例	0	0	0.001	0.16	0.23
	自费来华留学生占留学生比例	0	0.58	0.92	0.84	0.77
	办学体制转型程度分指数	**0**	**0.19**	**0.37**	**0.53**	**0.53**

---

① 2013 年我国高等教育在学规模总量超过美国,成为世界高等教育总量第一的国家。

（续表）

	转型程度类（分）指数	1978	1985	1995	2006	2016
管理体制	地方高校占普通高校比例	0.63	0.70	0.66	0.94	0.95
	公办高校主要领导管理权	0	0.20	0.20	0.20	0.20
	教学评估权	0	0.20	0.40	0.40	0.50
	管理体制转型程度分指数	**0.21**	**0.37**	**0.42**	**0.51**	**0.55**
投资体制	非财政性经费所占比例	0	0.05	0.17	0.57	0.40
	学费收入占事业性经费比例	0	0.05	0.15	0.39	0.19
	自筹经费占基建资金比例	0	0.05	0.18	0.76	0.71
	自然科学科研经费中竞争性经费比例	0	0.20	0.50	0.48	0.40
	投资体制转型程度分指数	**0**	**0.09**	**0.25**	**0.55**	**0.43**
招生体制	本专科研究生招生自主权	0	0.03	0.22	0.36	0.55
	招生资格扩大化	0	0.30	0.40	1.00	1.00
	境外（港澳）高校在国内招生权	0	0	0	0.20	0.60
	招生体制转型程度分指数	**0**	**0.11**	**0.21**	**0.52**	**0.72**
就业体制	毕业生择业自主权	0	0.20	0.40	1.00	1.00
	国家助学贷款政策	0	0	0.60	1.00	1.00
	就业体制转型程度分指数	**0**	**0.10**	**0.50**	**1.00**	**1.00**
内部体制	教师职务评聘权	0	0.40	0.60	0.80	0.90
	校内机构设置权	0	0.20	0.40	0.80	0.95
	合同聘任制教师占比	0	0	0	0.20	0.40
	教职工收入分配	0	0	0.20	0.40	0.60
	学生以学籍为主管理权	0	0.20	0.40	0.60	0.80
	内部管理体制转型程度分指数	**0**	**0.16**	**0.32**	**0.56**	**0.73**
学术体制	高校学术事务决策	0	0.13	0.55	0.56	0.66
	高校内部学术配置	0	0.27	0.33	0.42	0.61
	学术体制转型程度分指数	**0**	**0.20**	**0.44**	**0.49**	**0.64**
	高等教育资源配置转型程度综合指数	**0.03**	**0.17**	**0.36**	**0.59**	**0.66**

注：（1）22 个二级指标转型程度类指数取的是当年时点值。1978 年数据为"0"的绝大多数表示资源配置方式为计划经济配置方式。

（2）七个一级指标转型程度分指数是算术平均计算后的数值。

（3）高等教育资源配置转型程度综合指数是 7 个一级指标转型程度分指数的算术平均数值。

表 6-4-2 1978—2016 年我国高等教育资源配置转型程度综合指数

转型程度类(分)指数		1978	1985	1995	2006	2016
政府力量	公办学校设置审批权	0	0	0.20	0.60	0.60
	公办高校主要领导管理权	0	0.20	0.20	0.20	0.20
	本专科研究生招生自主权	0	0.03	0.22	0.36	0.55
	境外(港澳)高校在国内招生权	0	0	0	0.20	0.60
	国家助学贷款政策	0	0	0.60	1.00	1.00
	招生资格扩大化	0	0.30	0.40	1.00	1.00
	政府力量转型程度分指数	**0**	**0.09**	**0.27**	**0.56**	**0.66**
市场力量	民办高校学生占普通高校本专科在校生比例	0	0	0.001	0.16	0.23
	自费来华留学生占留学生比例	0	0.58	0.92	0.84	0.77
	地方高校占普通高校比例	0.63	0.70	0.66	0.94	0.95
	非财政性经费所占比例	0	0.05	0.17	0.57	0.40
	学费收入占事业性经费比例	0	0.05	0.15	0.39	0.19
	自筹经费占基建资金比例	0	0.05	0.18	0.76	0.71
	自然科学科研经费中竞争性经费比例	0	0.20	0.50	0.48	0.40
	毕业生择业自主权	0	0.20	0.40	1.00	1.00
	市场力量转型程度分指数	**0.08**	**0.23**	**0.37**	**0.64**	**0.58**
学术力量	教师职务评聘权	0	0.40	0.60	0.80	0.90
	校内机构设置权	0	0.20	0.40	0.80	0.95
	合同聘任制教师占比	0	0	0	0.20	0.40
	教师收入分配	0	0	0.20	0.40	0.60
	学生以学籍为主管理权	0	0.20	0.40	0.60	0.80
	高校学术事务决策	0	0.13	0.55	0.56	0.66
	高校内部学术配置	0	0.27	0.33	0.42	0.61
	教学评估权	0	0.20	0.40	0.40	0.50
	学术力量转型程度分指数	**0**	**0.18**	**0.36**	**0.52**	**0.68**
高等教育资源配置转型程度综合指数		**0.03**	**0.17**	**0.33**	**0.57**	**0.64**

注:(1)依据表 6-4-1 数据按照三种力量分类制作表 6-4-2。1978 年数据为"0"的绝大多数表示资源配置方式为计划经济配置方式。

(2)表 6-4-1 高等教育资源配置转型程度综合指数是三种力量分指数的算术平均结果。

(3)表 6-4-1 与表 6-4-2 的综合指数有 2—3 个百分点的差异,主要是计算中小数点取的位数和四舍五入造成的(0.03、0.17、0.36、0.59、0.66)。

表 6‑4‑3　1978—2016 年我国高等教育资源配置转型程度综合指数(色阶图)

转型程度类(分)指数		1978	1985	1995	2006	2016
办学体制	公办学校设置审批权					
	民办高校学生占普通高校本专科在校生比例					
	自费来华留学生占留学生比例					
	办学体制转型程度分指数					
管理体制	地方高校占普通高校比例					
	公办高校主要领导任免权					
	教学评估权					
	管理体制转型程度分指数					
投资体制	非财政性经费所占比例					
	学费收入占事业性经费比例					
	自筹经费占基建资金比例					
	自然科学科研经费中竞争性经费比例					
	投资体制转型程度分指数					
招生体制	本专科研究生招生自主权					
	招生资格扩大化					
	境外(港澳)高校在国内招生权					
	招生体制转型程度分指数					
就业体制	毕业生择业自主权					
	国家助学贷款政策					
	就业体制转型程度分指数					
内部体制	教师职务评聘权					
	校内机构设置权					
	合同聘任制教师比例					
	教师收入分配转型度					
	高校学籍管理权					
	学校内部管理体制转型程度分指数					
学术体制	高校学术事务决策权					
	高校内部学术配置权					
	学术体制转型程度分指数					
	高等教育资源配置转型程度综合指数					

注：(1) 22 个二级指标转型程度类指数取的是当年时点值。1978 年数据为"0"的绝大多数表示资源配置方式为计划经济配置方式。

(2) 七个一级指标转型程度分指数是算术平均计算后的数值。

(3) 高等教育资源配置转型程度综合指数是七个一级指标转型程度分指数的算术平均数值。

表 6‑4‑4　1978—2016 年我国高等教育资源配置转型程度综合指数(色阶图)

转型程度类(分)指数		1978	1985	1995	2006	2016
政府力量	公办学校设置审批权					
	公办高校主要领导任免权					
	本专科研究生招生自主权					
	境外(港澳)高校在国内招生权					
	国家助学贷款政策					
	招生资格扩大化					
	政府力量转型程度分指数					
市场力量	民办高校学生占普通高校本专科在校生比例					
	自费来华留学生占留学生比例					
	地方高校占普通高校比例					
	非财政性经费所占比例					
	学费收入占事业性经费比例					
	自筹经费占基建资金比例					
	自然科学科研经费中竞争性经费比例					
	毕业生择业自主权					
	市场力量转型程度分指数					
学术力量	教师职务评聘权					
	校内机构设置权					
	合同聘任制教师比例					
	教师收入分配转型度					
	高校学籍管理权					
	高校学术事务决策权					
	高校内部学术配置权					
	教学评估权					
	学术力量转型程度分指数					
	高等教育资源配置转型程度综合指数					

注:(1)依据表 6‑4‑2 数据按照三种力量分类制作表 6‑4‑4。1978 年数据为"0"的绝大多数表示资源配置方式为计划经济配置方式。

(2)表 6‑4‑2 高等教育资源配置转型程度综合指数是三种力量分指数的算术平均结果。

(3)表 6‑4‑2 与表 6‑4‑1 的综合指数有 2—3 个百分点的差异,主要是计算中小数点取的位数和四舍五入造成的(0.03、0.17、0.36、0.59、0.66)。

　　表6-4-1、表6-4-2、表6-4-3、表6-4-4都是依据本研究建立的我国高等教育资源配置转型程度指标体系测量1978—2017年各阶段的转型程度指数（加政策分析参数）制作的[①]，对它们各自指标的测量见诸2010年、2016年前后的研究成果和本研究的第三章和第五章中[②]。表6-4-1在表6-4-2基础上，对22个二级指标按照三种力量类别进行了重新组合，主要分析这些改革初始的关键性指标对应的影响因素，以考察三种力量对资源配置的制约与影响。22个指标有些可能深受来自两种力量的影响，本研究从动因出发研究跨界的指标，以影响较重的视角进行了分类。为了更好地反映我国高等教育资源配置转型程度的趋势状况，本研究将表6-4-1、表6-4-2中指数分别运用了色阶表达方式，见表6-4-3、表6-4-4。运用"色阶工具"可以更生动形象地表现一个较长时期中资源配置的变化起伏。总体看，在依据原有理论框架和指标体系基础上，这一测量指标和规则基本没有改变[③]。需要特别提出的是，本研究是一项经历了20年跟踪性的制度分析的研究，加上研究者本身亲历了改革开放后的前20年左右的改革过程，对具体制度变革的成因和基本面貌有直观感受，特别是本研究所推崇的要重视"制度细节"的观点，是基于制度分析中两者的区别，对事实的把握是做出理论归纳概括的基础，不仅不可倒置也不可臆造。中国经历的这场改革并没有先验主义的预设，一切都是"摸着石头过河"，这一改革实景为研究者提供了可观察分析的对象。追随改革实践的观测分析是本研究的特色，也是事实陈述的逻辑分析起点。

　　因此，表6-4-1的阶段性转型程度综合指数主要呈现出以下事实描述[④]：**即改革开放40年我国高等教育资源配置制度转型程度综合指数表明了转型的事实特征。**所选取的五个区间时点（1978、1985、1995、2006、2016年）都分别代表了改革开放以来的五个发展转型

[①] 在测量指标数据中，课题分置了测量阶段，由于我国改革具有鲜明的阶段性，政治体制与经济体制作为制度环境制约着高等教育体制改革。在具体阶段中，对指标的分析包含着具体统计数据公布时间、相关政策文本和案例调查及专家评价，加之一些政策措施在实施中的延宕因素。因此，多数指数分析的时间划分在最终综合指数（总指数）表达选择时会比原测量时间晚1—2年。同时，分析中的阶段时间点也是阶段性时间区间概念。如1985年综合指数代表1978—1985年，1995年综合指数代表1986—1995年，2006年综合指数代表1996—2006年（延宕到2008年），2016年综合指数代表2007—2017年（有的延宕到2018年）。特此一并说明。

[②] 整体研究设计分为三个阶段：1998—2004年主要是对经济转型和高等教育资源配置变革关系进行理论研究，并提出运用新制度经济学解释转型期高等教育资源配置变革的理论框架。研究成果见《中国经济转型期高等教育资源配置制度创新》，教育科学出版社，2005。2005—2008年主要建立了高等教育资源配置转型程度指标体系，用来观测分析改革开放以来25年高等教育资源配置转型程度状况。前阶段研究成果见《中国高等教育资源配置转型程度指标体系研究》，教育科学出版社，2010。2016年在此研究基础上修订出版英文书中将时间推至改革开放30年，见《中国经济转型中高等教育资源配置制度创新》，（美）麦克劳希尔出版社，2016。2011—2018年主要延续原有研究理论框架和指标体系继续对2007—2018年高等教育资源配置转型程度进行测量分析。

[③] 指标体系的设计仍然是一级指标七个、二级指标22个。其中个别指数因基本指数的增设有所变化，在三级指标及个别设置了四级指标有少量增设，是根据阶段性资源变化而做出的细节测量考虑，对整体指标没有影响。同时，在具体统计上为了更好反映不同阶段的资源配置变化，前后做了统计意义上的技术平滑处理，不影响整体反映、表达、解释变化状态和演进趋势，不影响研究结论的分析判断。

[④] 表6-4-1与表6-4-2都是根据本课题构建的理论分析框架对客观事实的描述分析，其分指数作为不同区间时点的记录相互之间有关联性，在整体上构成对事实的基本描述。这一描述具有不断接近客观事实的诉求，但不等于事实。所以，本课题的高等教育资源配置转型程度指标只能是示意图。

阶段。按照七个体制转型指标测量,五个区间时点的阶段转型程度综合指数为 0.03、0.17、0.36、0.59、0.66;根据表 6-4-1 中的七个一级指标中的 22 个二级指标,将其主要归因分类为三种力量类别,见表 6-4-2,按照三种力量(政府力量、市场力量、学术力量)的五个区间时点的转型程度综合指数为 0.03、0.17、0.33、0.57、0.64[①]。它们作为转型程度指数重点代表每个阶段的事实特征,在 40 年转型中的主要阶段综合指数呈现四个方面特征:

(1) 七个指标体制转型程度指数都发生着变化,总体同向而行,且都由低转高。见表 6-4-1,改革开放 40 年的综合转型程度指数达到 0.66,该数值是一个十分稳健的转型指数。按照研究框架,为了反映在高等教育资源配置转型上政府、市场、学术三种力量的影响,将表 6-4-1 的二级指标按照政府力量、市场力量、学术力量的影响制约因素以及政府转换配置方式放权让渡的结果,重新划分后测算相对转型程度指数,由表 6-4-1,我们分别可以得到不同阶段三种力量影响下的分类指标各自转型程度指数[②],**1978—1985、1986—1995、1996—2006、2007—2017 年区间里,在三种力量影响下,转型指数变化状况都呈现出不断递增趋势,但不同阶段在三种力量影响下转型程度推进速度表现不同。**改革探索初中期表现为涉及学校微观的转型指数高于事业性宏观转型指数,改革开放初期,鼓励基层探索创新,大学组织的基本学术权利和部分内部管理权限都成为高校积极探索的目标,虽然反映了学校自主权在改革初期部分释放给高校,但受其他制约条件之后其落地效果参差不齐,呈现"碎片化"。在中期阶段高校资源配置深受市场力量影响大幅增强,但近 10 年(2007—2018 年)的总指数提升幅度小于上一个 10 年,其中有一半以上的指数提升幅度小于上一个 10 年。这与现实进入改革深水区相符,除复杂的利益格局制约改革外,主要因素涉及近些年政府加大了对高等教育的财政性支持,具有较大的补偿性,使得非财政性投资比重相对降低。这一相对降低反映了真实的客观状况,但这一转变状况是否有利于高等教育资源配置的合理有效持续,是否有助于支撑高等教育资源配置阶段需求特点,尚需继续观测。同时也反映了部分市场机制配置高等教育资源已到位,但是否充分持续有待继续观测。从总体上看,之前阶段中受三种力量影响的分类指标转型指数此消彼长,相互力量制衡差距较大,但近 10

[①] 表 6-4-1 与表 6-4-2 的综合指数有 1—2 个点的差异主要是计算中小数点取的位数和四舍五入造成的(0.03、0.17、0.36、0.59、0.66)(0.03、0.16、0.33、0.57、0.64)。

[②] 按照本研究理论框架设计的高等教育资源配置转型程度指标体系,选取的一级指标和二级指标的原则三点主要是初始改革目的、能够观测并描述到的事实或行为、简洁足够。总体看这套指标体系是能够达到设计目的的。关于三种力量制约高等教育资源配置的理论框架通过指标体系反映的制度变迁 40 年,也基本可以描述其中三种力量制约下高等教育资源配置这一转型程度。按照三种力量影响划分的 22 个分类指标只是相对的概念范畴,主要看其本质上受制于或归置于什么力量制约。如国家实行高校学生助学贷款制度是一项运用金融工具资助学生就学的制度设计,有借力市场机制的成分,但作为启动时的国家政策性支持及其运作中政府的制度保障,因此,我们把它仍然归置为新资源配置下政府转型行为。又如,自费来华留学生占比涉及政府开放政策权限,但主要还是落在来华留学生的自主自愿自费基础上,因此,这个指标本质上是受市场机制的约束。同理,出国自费留学生也是一种市场意愿需求的行为。再如,教学评估作为政府对公立学校的投入监管措施可以视同政府转变职能的一种方式,但是,如果将评估标准设置为政府传统管理配置标准,变相指挥学校,这就是改革的"新瓶装旧酒"。因此,教学评估作为一种配置资源的手段,更应该依法由学校自主选择第三方公正参与,形成市场、政府、学术三方制约机制。从学校自主办学视角,教学评估权是学术本位的裁定权。所以,选择什么指标、选择多少指标,如何分类判定,还是基于本研究的理论框架和设计原则。

年来三种力量正在不断趋向均衡,尤其是学术力量增长较快,体现了学术生态不断培育与学术本位不可阻挡的回归趋势。(2016 年区间点政府力量为 0.66、市场力量为 0.58[①]、学术力量为 0.68)。这三类指数基本能够反映现实中三种力量影响配置高等教育资源转型程度的基本状况,也表达了三种力量逐步演进过程并处于基本相当且能够制衡的状态。见图 6 - 4 - 1。

如果说改革初始阶段资源配置集中度基本表现在政府力量上,那么,现有转型指数表明了一个基本事实,即政府在资源配置上让渡或放权给市场力量或学术力量的比重已达到三分之二。其中,在学术力量中,部分学术力量转型指标包含了市场机制在学术治理中的作用,如教师收入分配的转型程度和合同聘任制教师占比转型程度。同时,市场力量在近 10 年发生了相对回落现象,部分隐性作用仍在博弈探索过程中尚未充分体现或未能获得共识而难以发挥,因而市场力量在三种力量中处于略低区位。除经过实践证明基于中国国情必须坚持的以外,政府自身转型最直接地是把那些在计划经济条件下的职能转换为在市场经济条件下的公共服务职能,将管不了、管不好、管不到、不该管的事情坚决地剥离出来,通过权责清单、赋权赋能、监管供给、培育发展、孵化支持、购买服务等多种机制,提高公共治理能力。转型后的政府力量不仅体现在公共治理上,也体现在让渡给市场力量和学术力量的范畴与水平上。现实中政府公共治理的宏观战略指导干预和微观具体的干预边界还存在不少模糊地带,健全边界明确和权责对等的政府公共治理体制尚需时日,转型的政府力量仍然处于深化

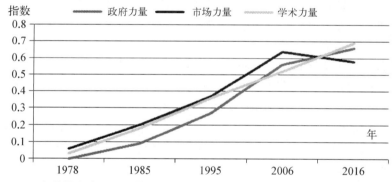

图 6 - 4 - 1　高等教育资源配置转型程度三种力量转型指数示意(彩色图,见微信 6 - 14)

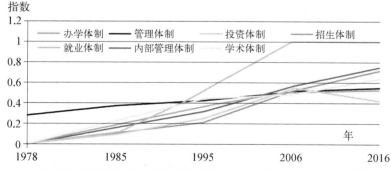

图 6 - 4 - 2　改革开放高等教育资源配置转型程度 7 类指数示意(彩色图,见微信 6 - 14)

---

① 市场力量转型程度数据显示反映了近 10 年的相对回落状况尚需要分析,即财政性与非财政性比例的均衡对高等教育资源配置是不是一个恰如其分地制度安排。

改革之中。按照不同指数表示转型程度的层级,除就业体制极高外,内部管理体制、招生体制、学术治理体制处于中等与较高之间,办学体制、管理体制、投资体制都处于略低与中等之间。转型程度指数呈现这样的一种排列顺序,基本真实反映出不同领域改革难易程度、改革主导方向及其改革基本诉求的总体状况。

(2)各类体制转型指标在不同阶段的变化程度与速度都不同。见表 6 - 4 - 1 和图 6 - 4 - 2。虽然各阶段的综合指数是一个梯度扩展增高的趋势,但具体 7 个一级指标在不同阶段的转型程度表现各异。**第一阶段**(1978 年)是改革的起始阶段,二级指标并不意味着全部资源配置均在中央权限之内。因此,反映出部分指标的实际状况,也客观提供了后续各个阶段的转型变革初始基础。改革遵循着试点先行、局部铺开,增量先行、存量暂缓的渐进策略,如招收自费和委培生、校内教师聘任制度改革、自费来华留学制度等。各类体制转型一级指标在**第二阶段**(1978—1985 年)均有不同转型程度的表现,办学体制、管理体制、学术治理体制起步转型变化大,这与初始改革的特点有关,但之后趋缓。其中管理体制转型指数高于其他指标转型指数,主要体现在 20 世纪 80 年代后高等教育地方办学的扩张速度较快,之后中央进行了调整。**第三个阶段**(1986—1995 年)是各个指标转型指数波动最大的阶段,正好处在选择和确立市场经济体制过程中,在 7 个指标转型进程上表现得最不平衡。管理体制、就业体制、学术体制各转型指数增速较快,招生体制转型指数与投资体制转型指数增大较缓慢,这与整个外部改革环境具有较大的关联。**第四个阶段**(1996—2006 年)各个指标的转型指数总体进展均衡,投资体制和就业体制转型变革起步虽晚一些,这与市场经济的初建有关,但中期变化较快,真实反映了来自市场环境的制约和影响。就业体制转型程度指数的观测在第四阶段已基本完成,这与市场经济体制改革的外部环境有很大关联,特别与劳动力就业市场的建立密切相关。投资体制转型指数在第四阶段超过 0.55,表现出极强的探索借助市场力量获取非财政性经费的倾向,为支撑大众化高等教育的起步和扩张奠定了基础。投资体制转型指数虽然在第五阶段即近十年低于前十年,处于转型指数末端,但并不意味着改革迟缓。这一转型指数表达了需要研究探索我国财政与非财政之间究竟怎样的比例是恰如其分或成本效益帕累托优化,至少是能持久地并有持续激励作用的。在高等教育发展的关键时期采取的多渠道筹措经费制度安排为缓解高校政府投资不足的压力立下汗马功劳,在政策分析上,投资体制改革面对高校的具体放权措施在政策层面上多数都已落地,见高校自主权变迁雷达图①,见图 W1 - 1,(该图列入微信 1 - 5)。同时,在具体分析中发现,多元筹措之路对于不同区域类型学校仍然具有不同的实际效益,在不同地区的高校中,这一指标转型程度会呈现出较大差异。办学体制转型指数在前三个阶段都呈现出稳步推进的趋势,特别是在第四阶段鼓励与管控地方办学以推进大众化进程上有不少建树。第四阶段七个分指数与其他阶段相比的最大特点是除学术体制转型分指数(0.49)和就业体制转型分指数(1.00)外基本趋向均衡,均超过 0.50,在 0.51—0.56 之间。学术体制转型指数在第四阶段

---

① 见研究课题第一章第二节第二部分转型期高等教育资源配置中央管理体制变革走向。考虑到原设计的雷达图示意的制度环境的初始条件,以及通过这一持续变化可以看到体制改革的基本演进。所以,本课题仍然延续这一描述方式。虽然,各个阶段改革重点及任务有变化,但为了能够反映改革目标总趋势,本研究对此不做大的变动。图 7 作为文献分析为本研究设计的转型程度指标提供了基本的数据基础与变化趋势分析基础。

陷入缓慢推进的状态,这与现实中行政权力与学术权力的相持以及学术本位的回归治理的制度安排跟不上有关。**第五阶段**(2007—2017 年)的各个转型指数又从第四阶段的相对转型速度均衡演进为差距拉大。除就业体制转型指数外,突出表现在与学校密切相关的内部管理体制、招生体制、学术治理体制各转型指数在第五阶段转型程度加快,真实再现了高校自主权在长达 40 年的"放与收""碎片与综合""赋权与到位"的较量在近几年的落地成果。办学体制与管理体制转型指数依旧稳步前行,反映出宏观层面对转型变革的总体把持与稳健态度。唯一回落幅度较大的是投资体制转型指数,较真实地描述了近 10 年高校非财政性投资占比大幅度降低、而财政性投资大幅回升的趋势。在五个阶段中,主要是第三、第四阶段(1986—2006 年)转型速度高于其他阶段,两个阶段的转型程度都高于前一个阶段近 20 个百分点左右(分别高出 0.19、0.23)。而第五阶段转型程度只比前一个阶段高出 7 个百分点。这个转型变化与现实情况比较吻合,相对原有存量先行增量改革,再对存量化解,虽然有些资源配置的变革尚未完全到位,但一直在制度建构之中。第五个阶段涉及先行增量改革获利群体与深化改革的对象有可能同行,也包括一直难以触动的原有存量,还包含尚不清晰的改革范畴。转型程度的难度加大,也使转型速度渐慢。见表 6 - 4 - 2,三种力量在相应阶段也呈现与表 1 较为一致的转型程度。前三个阶段的转型程度中三种力量转型程度很不均衡,在第四、第五阶段转型速度加快、逐步趋向集中、接近均衡。同样,市场力量转型程度指数在近 10 年回落了 6 个百分点,但政府力量转型程度提升了 10 个百分点,学术力量转型程度递增了 16 个百分点。三种力量转型程度综合指数在五个阶段中,相对其他阶段,第三、第四阶段转型程度较快,分别提高了 16 个百分点与 24 个百分点,第五阶段只提升了 7 个百分点,与表6 - 4 - 1基本一致。

(3) 高等教育资源配置转型程度指数增幅较大的都与师生和学校相关度较高。虽然在改革阶段上各指标转型程度有不同快慢,但最后阶段的转型程度指数增幅较大的依次是就业体制、招生体制、内部管理体制、学术治理体制,它们与市场主体高等学校的关联性强,而且各自之间的关联度也较高,近 10 年来与之相关的自主权改革落地的速度加快。制度变革主要针对高等学校的资源配置权限的归属,这四个体制转型指标集中体现了高等学校自主办学的基本资源管理配置范畴,它们的综合指数已达到 0.77,高于七个指标综合转型程度指数(0.66)11 个点。说明高校资源配置自主权的转型已基本到位,换句话说,就是在这些指标上,高校已基本能够享有完全配置资源的权利,这个指数基本反映了现实中人们对这四类体制改革转型的需求和直观感受。特别在第五阶段,招生体制、内部管理体制、学术治理体制转型程度指数的迅速上升与近些年中央采取放管服和大学制度建设密切相关,密集落实自主权到位和高校内部治理结构的制度安排都助推了转型程度的加快。虽然就业体制转型指标已达到描述改革目标的极限[①],但其本身仍然还有适应不断发育成熟市场体制改革变化的需求。办学体制、管理体制、投资体制各转型程度指数中约有一半的二级指标与高校有

---

① 关于就业体制改革的内涵定义,按照业内的一般理解,是根据相对于国家全包分配的资源配置概念,改革目的是不包分配,如此目标达到应作为呈现转型期的既定目标。但考虑到上学到毕业之间的公平待遇问题,本研究把政府的干预政策助学贷款因素加入进去,使之更好的表现与描述了转型期政府主动适应市场并干预市场的过程。因此,本指标达到指数"1"是本研究的指标设计基本理念的体现。至于其他能否再现资源配置的转型过程,还需要再观察。

密切关联,这些指标在第五阶段呈现出复杂状况,既有递增、也有减缓还有在基本面上保持原状。而这些指标则主要反映在宏观办学和中央与地方关系上,在坚持探索特色与本土国情上保持着稳健调控的姿态,但从深层次分析看,走进深水区改革的宏观指数正酝酿着全球新挑战和战略转型的谋划,对许多新的改革举措正处于前期探索和蓄势待发中。

(4) 与政府直接配置转型有关联的办学体制、管理体制转型指标在转型后四个阶段的转型程度变化指数均比较一致均衡稳健,投资体制在第四、第五阶段出现大幅回落,表现了投资体制来源的不稳定性。这部分指标和其他与高校直接密切关联的四类体制指标有不同的区别,其中与高校直接关联的二级指标约占一半,转型程度综合指数接近 0.50,但转型进展不够均衡,甚至有递减现象,这主要受制于政府宏观战略考量和政府保障事业发展的条件改善所做出的调整。从高等教育投资体制所选取的四项指标看,改革开放 40 年高等教育资源配置转型的不同发展阶段,其转型呈现出的阶段特征不同,这正好客观呈现了制度环境和制度安排的相关性,特别是高等教育资源配置的制度创新程度决定了不同发展阶段的配置效益。所以,高等教育投资体制转型的复杂程度不仅仅是这四个指标能够说明的,但它们恰恰是改革开放后最能直接说明高等教育体制变革的指标。从初始改革的突破看,正是这些指标开启了我国高等教育做大做强的基础,且 40 年后它们仍旧在高等教育投资结构中占据着一席之地,并与其他相关指标发生着交错互补的关系,观测其变化就是观测政府力量、市场力量、学术力量各自能否履职创新制衡的一个窗口。如果从中央与地方关系的角度看转型程度,办学体制、管理体制、投资体制这三类指标都与省级统筹管理绝大多数高校的比重有关,中央与各省关于高等教育事权与财权责任划分与分担的改革转型更是近十年的主要任务,虽然缓慢但仍在推进①。从这一视角分析,办学体制、管理体制、投资体制三个一级指标涵盖的十个二级指标涵盖了与地方统筹管理有关联的基本因素,这意味着中央在职能划分上的任何变革都会牵动省级资源配置转型变革,也会带来高校同类指标转型的变革。因此,作为有关中央让渡省级管理权限的指标,二级指标的转型变化程度集中反映了中央在一些事关国家关键性、全局性、战略性资源的配置上的总体抉择态度,从中可明显看到,能由市场配置资源的渠道、能让渡地方办学管理权责、能放权基层高校的改革一直分步渐进贯穿于转型过程;但同时也看到,政府能够强力推进和予以保障的资源配置依旧被宏观把控并采取小步稳健的探索步骤,尤其体现为政府在努力探索公共治理和依法治理权限下让渡、管理省级和高校资源配置权限的新渠道。办学体制、管理体制、投资体制转型指标这三类更涉及宏观层面的转型程度指标和就业体制、招生体制、内部管理体制、学术治理体制转型程度指数这四类偏微观层面的转型程度指标具有较为鲜明的不同转型特征,这是其指标本身资源配置指向不同的缘由,但均比较客观描述了改革开放四十年高等教育资源配置转型程度的基本面貌。

本研究选取的 22 个二级指标作为关键性指标,客观反映了高等教育配置转型的市场化程度、学术本位的制度安排与政府不断探索改变传统配置方式的过程,特别是转型程度指数能够测度出不同历史阶段政府、市场、学术三种力量在其中不断生长共同制衡而形成的转型趋势,反映其数值背后隐含的不同力量制衡、不同利益博弈的改革进程。表 6-4-2 反映了市场力量在改革开放后的前 30 年的转型程度较快,但近 10 年有所回落。这一状况与外部环境的约束也基本一致。根据上述对表 6-4-1 实证的我国改革开放四十年高等教育资源

---

① 见本研究第四章分析。

配置转型程度的事实描述,虽然在第三章第四章已分别对各阶段转型程度的成因有所分析,但综合考察需要对改革的历史逻辑进行梳理,看其改革的内在驱动力、改革的目标、改革的成效是否具有坚定性、是否具有一致性、是否具有连贯性。如果有变化是什么造成的变化,是否影响改革的初始目的。这一分析不仅将事实描述与改革实际进程进行了对照,而且按照历史本来的改革逻辑线索加以证实。此部分的论断已散见于各章的具体分析中,此处集中对应改革开放后的前 30 年高等教育资源配置转型程度的基本特征,将近十年的指标体系综合指数特征进行对比。**近 10 年与前 30 年的阶段性特点比较发现,在制度转型上有较大变化。**

前 30 年(1978—2008 年)高等教育资源配置转型程度的基本特征是:以增量创新为先导逐步演进为以存量调整为突破;以渐进性改革为主线辅之以激进性改革为副线的过程;以政府强制性制度变迁为主导转为诱致性制度变迁为主体的过程;以中央集权单一化逐步被以地方分权的分散化替代的过程。

改革开放 40 年是中国重要的制度创新和制度转型时期,改革初期,高等教育作为稀缺资源一直成为教育制度安排的重点。**本质上,我国高等教育改革过程就是一个稀缺资源重新配置的过程**,而配置方式的选择过程既是深受外部制度环境影响的过程,也是内部制度安排与外部制度变革共同演进的过程。近年来,特别是迈入新时代后,高等教育作为高质量稀缺资源同样存在着配置方式的变革,也同样存在着优质资源配置的制度创新与制度安排的选择。但是,由于不同阶段的制约条件不同,站在近年变化的起点上,由于资源配置的约束条件发生了变化,资源配置转型程度的基本特征相应发生着变化。

此 10 年(2007—2018 年)高等教育资源配置转型程度的基本特征是:以新的增量创新为共识逐步替代原有利益固化的存量变革;以政府主导的激进性改革为主线辅之以高校渐进性改革为副线的过程;以政府强制性制度变迁为主导并重基层诱致性制度变迁为主体的过程;强化中央顶层设计与地方探索多样化并重的过程。**因此,强化政府治理干预和地方及高校制度创新并重是 2007—2018 年高等教育资源配置制度转型的基本特征。**

通过对改革开放 40 年中央主管部门相关体制改革文献检索分类与分析,第三章第四章高等教育资源配置转型指标的分析,以及第六章大学制度演进的三个案例实证分析等,**综合实证表明,在过去的 40 年,我国高等教育资源配置制度创新不断变化,但它们的共同点却是一致的,**一是与我国基本经济制度、国家治理体制、国家对外开放改革的基本走向和变化的总体特征相一致。二是高等教育体制改革始终将坚持社会主义方向、坚持党的领导、坚持中国特色、坚持为人民服务作为高等学校办学的根本。三是高等教育资源配置转型体现在高等教育体制改革中,原有集中计划配置权限不断转向地方和高校,不断转向市场与社会,也不断转向新型公共服务政府的治理模式。在大学治理外部与内部结构上更加突出依法执政、依法治学。四是从现有七类高等教育资源配置转型综合指数改革趋势可以看到,中央在现有约束条件下能够授权、让渡、释放给地方和高校的自主权与统筹权大部分到位,至少在趋势方向上是明晰的。

综合上述分析,贯穿改革开放四十年中国高等教育资源配置转型过程的基本特征表现在:

一是在稀缺资源配置途径上,以增量创新为先导逐步演进为以存量调整为突破;当不断创新的增量分化为一部分制度创新存量,而一部分又转化为利益固化存量时,则以新的增量创新为共识逐步替代原有利益固化的存量变革。这一特征表现了初始改革推进与化解深水区改革的不同策略,以最大多数人获利的增量赢得推进改革的支持,迅速将改革增量转化为进一步改革的制度安排;不断寻找阶段性增量改革的突破口,减少改革成本和阻力,从现实改革成效看,每一阶段的改革特征既突出又有成效。

二是在设定阶段性改革目标上,初始改革没有选择全面破除旧体制、采取一步到位追求理想主义做法,即"激进法";而是与整个国家渐进性制度改革一致,在旧体制与新体制之间选取更有利于改革最大化的资源配置突破口展开,形成渐进性推进的局面,依次梯度推进不同领域的转型,达成多个次优累积效应并不断逼近最优转型效果;现实中避免了改革不确定性造成的改革风险和改革成本,并摸索出不同阶段改革的基准底线。**40 年转型指标总体呈现依次增强的趋势,绝大多数改革都经历了数年多次反复探索的过程。这种小步推进、不同领域分布改革、在增量改革上予以空间、取得成果后继续扩大改革半径的做法始终是高等教育资源配置制度创新的基本特点。**转型上半场(前 30 年)多以渐进性改革为主线辅之以激进性改革为副线,下半场(近 10 年)以政府主导的激进性改革为主线辅之以高校渐进性改革。

三是在资源配置转型的改革动力与主导上,我国国情决定执政党在重大历史节点上的主导地位和决策统筹国家高等教育战略目标和区域改革进程。拨乱反正后的改革开放、选择市场经济体制、加入世贸组织面向经济全球化的第二次改革开放以及面对逆全球经济衰退引发的国内经济转型调整,都是中国重要的道路抉择。因此,**每一个重大的历史关头,历史都将抉择放在了执政党肩上。而改革的所有成功探索也将以国家正式制度辅之保障,不只是政府指令和审批,更多替代地是依法赋权的国家正式制度体系,累积为制度转型中需要不断深化制度创新的参照蓝本。**政府在整个高等教育资源配置转型中始终作为改革的主导力量,特别在重大历史转折点上,与国家整体改革进程相协调,统筹国家高等教育战略目标和区域改革进程。因此,政府强制性制度变迁特征十分显著。同时,不只政府有改革意愿,随着改革推进,**市场主体在制度创新中的地位日益凸显,其改革意愿与改革动力一直是制度转型的主体,他们因具有改革积极性、主动性、创新性,既是改革主力军又是改革受益者,真正改革的成功实验和试点来自地方、来自基层、来自高校;而对改革风险的化解也正来自"前赴后继"千千万万市场主体的参与和层出不穷的基层、局部和区域的改革实验,这是基层诱致性制度变迁为主体的改革贡献。**所以,以政府强制性制度变迁为主导并重基层诱致性制度变迁为主体是中国制度转型和制度创新的基本格局。

四是在资源配置转型的集中度与分散化上,政治上高度统一与经济上适度分权一直是我国改革开放以来深化改革的定力与动力,也是中国制度环境的特殊优势。在此原则下,**高等教育资源配置已在制度转型中逐步分权化,既表现为中央集中配置的高等教育资源已逐步让渡给地方政府、基层高校和社会力量;又表现为计划经济体制下传统政府配置资源的权限逐步让渡给不断发育健全的市场力量和不断回归学术本位的学术力量以及不断转型变革的政府力量。**见表 6-4-1,转型指标描述了这一基本事实,从高等教育资源配置的本质规律看,这一转型反映了高等教育资源配置从单一到多元、从垄断到制衡的制度演进过程。改革之初,无论政府还是基层,都是"摸着石头过河",随着改革阶段性目标的到位和不断改革聚焦,基层对改革的统筹推进与协同关联提出需求;面对国内与国外两个市场两种资源的复杂局面,需要政府从国家战略层面审时度势,因而在转型的第五阶段,强化中央顶层设计的趋势明显①,但地方探索改革的多样化趋势也日渐增强。**强化政府治理干预和地方及高校制度创新并重是近年来高等教育资源配置制度转型的突出特征。**因此,以中央集权单一化逐步被以地方分权的分散化替代的过程转由强化中央顶层设计与地方探索多样化并重的过程只是不同转型阶段的不同侧重特征。

从制度变迁的成因分析,能够留下的制度安排是在制度创新与制度选择中经过普遍尝试和反复论证,且制度收益大于制度成本,并得到绝大多数改革受益者的拥戴与遵从的。因而,高等教育资源配置各个领域制度转型能够同向前行的过程就是无数制度创新得到多数改革受益者选择并认同的过程。在对高等教育资源配置转型程度进行事实逻辑描述时,这一事实逻辑就是历史逻辑的演进表达;而历史演进逻辑不是自然而然的演进,而是符合改革逻辑的演进。因此,改革逻辑推动了历史演进,形成了制度转型的事实呈现。尊重客观事实的逻辑描述,并不以研究者的"好恶"选择,也无需对所有贴上"改革"标签的都明示态度,我们只是选择了"改革"的事实和行为,将它们放进了历史变革中考察,每一项选择的改革都在历史变迁中留下"痕迹",每一次制度变革或替代都是历史的选择。因此,既然过程中的制度选择是制度演进中各种力量博弈制衡的阶段结果,那么,无数博弈选择留下的制度安排一定包含着改革价值的基本逻辑。那么,每一次制度选择本身的价值判断就是每一次深化改革的目的,而改革逻辑作为制度逻辑的动力基础,一定深含着符合历史趋势和制度演进趋势的内在规律,也一定是受制于不同阶段历史所提供的环境条件。制度作为历史遗产,既是选择与实践的结果,也是创新与约束的结果。尊重制度创新演进的结果就是尊重历史的选择结果。我们可以不对转型程度指数做价值判断,但对改革开放四十年留下的制度成果需有公共分析与基本判断,因为这一定是无数"前赴后继"创新的制度选择结果。

本研究认为,代表着最广大人民群众利益的执政党在改革开放四十年中作为主导进行的制度创新,简言之,最重要的制度变革就是解决稀缺资源供给的制度创新,不管是物质领域还是精神领域,不管是数量稀缺还是质量稀缺。在改革开放四十年高等教育的制度供给上,**市场力量和学术力量就是政府力量在解决稀缺资源制度创新的最大同盟**,既是供给其自身转型的制度创新条件,又是政府在平衡改革时培育兼顾的既相持又相对的改革盟军。当适配高等教育资源配置供给的市场力量、学术力量和政府力量构成相互支撑、互为制衡关系时,高等教育事业就能不断发展壮大,高等教育规模、结构、效益、质量就能趋向良性优化。高等教育资源配置转型程度指标体系只是对这一历史现实的真实描述记录,每一个转型程度指数都刻画缠绕着三种力量的生长交互作用。**本研究根据理论分析框架将我国高等教育发展概括为政府力量、市场力量、学术力量共同推进制衡的结果**,这个结果就是高等教育资源配置转型到当下的高等教育整体面貌或基本特征。它已不再是 1978 年、1998 年、2010 年时的高等教育,但它却是从这些时间点上演进而来的、或多或少带着过去"痕迹"走到 2018 年的中国高等教育。因此,**一方面,高等教育资源配置转型程度近十年的基本特征也是改革开放四十年高等教育资源配置转型程度的基本趋势**,因为高等教育资源配置转型过程也是中国大学治理制度变迁过程,其制度变迁的逻辑力量就是转型中不断生长而互为支撑制衡的政府力量、市场力量、学术力量。其中,**依法治理高校成为我国现代大学制度建设最显著**

---

① 党的十八届三中全会确立了 60 个方面、336 项全面改革具体措施,就是要搭建深水区改革措施的四梁八柱。见本研究的第五章投资体制分析表,以及 2013—2017 年中央有关高等教育"放管服"的相关文件。

的特征,不断成熟的市场力量成为影响与约束大学的理性政策选择,学术力量正在努力建构学术本位的治理环境,中国国情决定转型中大学资源配置方式的基本特色。另一方面,对转型程度指标体系的测量分析证实,从制度变迁的角度考察转型期我国高等教育资源配置制度演进,高等教育资源配置方式选择的影响是由外生性变量(社会经济制度环境)和内生性变量(高等教育内部制度安排)的交互作用产生的。外部制度环境是新的资源配置方式转换和生成的必要条件,内部制度安排是新的资源配置方式转换和生成的充分条件。我国高等教育资源配置方式是由改革初始传统计划配置模式向市场机制约束下的政府干预、市场配置及学术治理相制衡的方向过渡。制度变量和配置方式的转换过程决定高等教育资源的走向、结构、供求、质量、效益的本质变化,成为高等教育发展的持续动力与不可逆转的制度安排。由于转换是一个过程,制度变量影响这一转换过程会形成一系列制度安排依次更替的制度创新过程。因此,制度变量是高等教育资源配置制度转型基本趋势的约束条件,在这样的约束条件下,我国高等教育资源配置制度创新将逐步形成在中央政府大政方针指导下的分层、分散、分权、自治与制衡趋势。

因此,改革开放40年高等教育资源配置制度转型过程也是中国大学治理制度变迁过程,其制度变迁的逻辑力量就是转型中不断生长而互为支撑制衡的政府力量、市场力量、学术力量。综合第三节与第四节的分析,2007—2018年的上述四点制度创新正是改革开放40年高等教育资源配置制度转型的基本方向,它既是40年外部制度环境与内部制度安排相互作用的结果,又是政府、市场、学术三种力量逐步生长相互支撑互为制衡的结果,也是中国特色社会主义高等教育制度创新的重要组成部分。虽然这个结果还在路上,但已经成为我国高等教育制度创新的普遍共识,代表着高等教育资源配置制度转型的内在动力,即我国改革开放40年高等教育资源配置转型程度的基本趋势①。

---

① 有关内容分析见第六章第三节。

第七章　中国高等教育资源配置制度变迁的逻辑力量

　　本研究是在《中国经济转型中高等教育资源配置的制度创新》《中国高等教育资源配置转型程度指标体系研究》两个研究成果基础上的持续性研究。整个研究从规范性研究与实证性研究角度对转型期高等教育资源配置的变化特征与变迁趋势予以制度性解释,描述了新制度安排下高等教育资源配置的发生机理与运行机理。本研究根据制度演进分析框架,论证我国改革开放 40 年解决高等教育稀缺资源问题的转型动力是变革中的政府力量、市场力量、学术力量互为支撑相互制衡的创新结果。研究分为两个阶段,在对改革开放后前 30 年研究的基础上又连续做了近 10 年(2007—2018 年)的研究。本研究作为后续研究项目,仍然继续运用新制度经济学分析的理论框架和实证方法,研究的主要目的仍然是:运用已建立的简洁而有解释力的转型程度指标体系,将制度创新带入分析框架里,探究改革开放 40 年转型期高等教育资源配置转型程度的基本动力、基本特征、基本趋势。这一研究不仅描述1978—2018 年我国高等教育资源配置转型程度,而且对我国转型中高等教育资源配置提供理论解释模型,为公共政策提供转型期高等教育制度创新的理论基础和决策参考依据。同样,本研究认为,解决转型期的质量稀缺配置分析的框架也包含在此命题中。

　　中国高等教育资源配置转型的历史逻辑建立在改革开放逻辑之上,改革开放最初始的制度疑问是继续选择计划经济资源配置模式还是探索选择市场经济资源配置模式,而其中最为关键的变革是,**从政府集中垄断高等教育资源配置转向由市场力量解决长期资源短缺和竞争激励缺乏的持续动力问题,转向学术本位回归中的学术力量参与配置资源的现代大学治理结构问题,以及在这两种资源配置力量框架中,转向变革的公共政府如何提供合意的制度安排,以确保传统势力不干扰改革进程和防止政府力量、市场力量和学术力量缺位、错位、越位**。在这样的制度探索中,本研究将研究问题定位在制度转型的基本动力、基本特征、基本趋势上,就是寻求制度变迁的逻辑力量。在已建立的制度分析理论框架基础上,对转型期高等教育资源配置转型程度的三个基本问题做了假设与论证,对它们的研究贯穿在整个研究过程中。当我们跨越了 40 年时空,再度回溯这个不算太长但却给历史与世界太多值得分享的真实事实时,作为亲历者,我们更加感知与深悟:**只有在不断改革开放的环境下,我国高等教育资源配置制度变迁才能具有始终不懈的变革力量,这一变革力量是改革逻辑、制度逻辑、历史逻辑的三位一体**。将高等教育资源配置制度转型放进历史变革中考察,我们看到,每一项制度变革都在历史变迁中留下"痕迹",每一次制度变革或替代都是历史的选择。因此,既然过程中的制度选择是制度演进中各种力量博弈制衡的阶段结果,那么,无数博弈选择留下的制度安排一定包含着改革价值的基本逻辑。每一次制度选择本身的价值判断就是每一次深化改革的目的,而改革逻辑作为制度逻辑的动力基础,一定深含着符合历史趋势和制度演进趋势的内在规律,也一定是受制于不同阶段历史所提供的环境条件。**所以,制度**

作为历史遗产,既是选择与实践的结果,也是创新与约束的结果。尊重制度创新演进的结果就是尊重历史选择的结果。因此,我国高等教育资源配置制度变迁的逻辑力量集中体现在对这三个基本问题的研究与论证中。

——高等教育资源配置转型的基本动力:转型后的高等教育资源配置方式存在着配置高等教育资源的潜在优势,即当制度环境发生决定性的、本质的、不可逆转的变化时,与之相适应的政府、市场、学术三种力量将影响高等教育资源配置方式的性质、程度与方向;与制度创新相一致的资源增量通过转换、让渡与替代资源存量,逐步使新资源配置方式替代旧有配置方式而成为主导模式。推动改革开放 40 年高等教育资源配置制度转型的过程是由唯一传统的政府力量配置资源转向三种力量(政府、市场、学术)互为支撑相互制衡配置资源的制度演进过程。

——转型期高等教育资源配置制度创新基本特征:是以资源配置微观主体的产权确立、分化与制衡为配置前提①,以增量制度创新与存量制度调整的双轨配置路径为线索②,以回归的学术力量、重构的政府力量与在建的市场力量三者配置制衡为治理结构③;它的配置基础是以分散的个人与组织的多元利益最大化与补偿制衡机制为特征④,其配置速度是以市场配置为基础的新制度重建的速度为标识⑤。

——转型期高等教育资源配置转型程度基本趋势:转型期,我国高等教育资源配置方式是由改革初始传统计划配置模式向市场机制约束下的政府干预、市场配置及学术治理相制衡的方向过渡。这一配置方式的转换过程决定高等教育资源的走向、结构、供求、质量、效益的本质变化,成为高等教育发展的持续动力与不可逆转的制度安排。我国高等教育资源配置制度创新将逐步形成在中央政府大政方针指导下的分层、分散、分权、自治与制衡趋势⑥。

从制度变迁的角度考察转型期我国高等教育资源配置制度演进,**改革开放 40 年高等教育资源配置制度转型过程也是中国大学治理制度变迁过程**,其制度变迁的逻辑力量就是转型中不断生长而互为支撑相互制衡的政府力量、市场力量、学术力量。这一考察基于理论逻辑推演与事实逻辑证实,更基于改革逻辑与制度逻辑结合的内在力量,它们共同呈现出的历史逻辑就是本研究关于改革开放 40 年高等教育资源配置制度转型的基本趋势。

早在 1973 年,诺斯(Douglass C.North)与托马斯(Robert P.Thomas)在合著的《西方世界的兴起》一书就明确指出:无论是资本积累、规模经济、创新勃兴,都是经济增长本身的各种体现而已,不是经济增长的原因;经济增长的关键,或者说西方世界兴起的真正原因,在于有效率的经济组织的形成,其特征是确立了产权界定清晰、契约执行有效的制度安排,从而

---

① 这里的微观主体指市场经济条件下有法律意义的政府、学校、企业、个人。在计划经济条件下,他们都是政府的附属,并没有独立的决策与决定权,更谈不上配置资源的权力。

② 这是中国渐进性改革的特点,在高等教育资源配置转型变迁中也体现了这一特点。

③ 这是本研究的理论假设,也是支持转型期高等教育资源配置发生转换的根本动力来源。

④ 改革就是收益与成本的比较。所有改革的当事人都存在对改革预期的损益分析,只要收益大于成本,改革就能进行下去。这也是我国四十年高等教育改革一直孜孜不倦得以深化的本质所在。

⑤ 一个好的市场经济带给某一领域微观主体改革与发展的方向与趋势上是趋于一致的,甚至在效率上也是匹配的。它以市场经济的建设完善质量与效率为条件。以上注释皆引自康宁:《中国高等教育资源配置转型程度指标体系研究》,教育科学出版社,2010,第三章第二节。

⑥ 康宁:《中国高等教育资源配置转型程度指标体系研究》,教育科学出版社,2010,第三章第二节。

造成一种激励,刺激个人去从事那些能促进经济增长的活动①。**这是经济增长的一种制度分析解释。**对于改革开放 40 年具有准公共产品特征的我国高等教育资源,什么原因导致了其配置制度的持续转型? 制度分析作为一种方法论,是否具有同样的解释力? 这是本研究建立理论分析框架进行研究的出发点。

正如导言所述,**本研究的基本理论依据卡尔·马克思(Karl Marx)的宏观制度分析及其演进下的宏观与微观制度分析范式,基于转型期正在形成的中国特色社会主义制度创新理论。**本研究**一**是建立的分析模型,就是将制度变量引入高等教育资源配置研究框架中,并将制度变量划分为外生变量和内生变量,前者是指一定的基本经济社会制度,后者是适应外生变量又符合高等教育资源配置的自身规律与特点的制度安排,探讨高等教育资源配置的制度创新与经济社会转型的互动制度变迁过程,将高等教育资源配置方式变革作为研究资源配置有效性的突破口,尝试提供我国经济转型过程中高等教育资源配置制度创新的一般化解释。**二**是运用新制度经济学、比较制度经济学和中国特色社会主义制度创新理论的分析方法对国内外高等教育资源配置的制度变迁,以及主要资源配置主体(包括政府、学校、企业、中介、个人或家庭)的产权制度安排的变化和调整过程进行全面分析,分析各类主体在约束条件下进行资源配置制度创新的博弈模式。**三**是在我国市场逐步发挥社会资源配置决定性作用的制度环境下,将研究注意力放在不同发展阶段对资源的存量和增量变化的关系上,以及资源主体产权递进变化后对资源配置的影响,重点对资源变化背后的制度因素进行分析。**四**是任何制度创新都离不开历史禀赋和国情。改革的初始条件和"路径依赖"的"锁定"都可能对制度变迁产生不同影响②。这些改革经历和经验都是中国特色社会主义制度创新理论形成和不断丰富的一部分。

本研究将上述分析结果通过一组制度转型关键指标反映出来,建立能够测量高等教育资源配置转型程度的指标体系,用来评价改革开放 40 年我国高等教育资源配置转型程度。研究证明,这套可操作可量化的实证分析工具,不仅分析描述了 40 年关键性的千份转型中制度创新正式文件,以及相对应的宏观与微观制度转型现象和已发生的变革行为,而且通过阶段资源配置特征预测分析了转型程度的基本趋势。**这个分析框架在全程观测制度变革基础上也揭示了制度转型前后本质不同的逻辑动力:**1978 年前高等教育发展动力来自高度垄断集中的政府全能计划配置。为了解决高等教育资源长期稀缺的问题,1978 年启动的改革开放打开了思想解放的大门,不断探索渐进性解决高等教育稀缺资源的制度创新,不断扩展资源配置的广阔渠道,使中国高等教育发展规模位于世界第一。这一转型动力来自政府不断转换原有僵化的计划配置模式,有约束地逐步让渡管理权力,引入市场配置资源方式,重建学术治理生态,形成了由政府、市场、学术三种力量配置高等教育资源的模式,推动高等教育快速增长与持续发展。我国转型期高等教育资源配置转型过程就是制度变迁过程。

---

① Douglass C. North and Robert P. Thomas, *The Rise of the Western World*: *A New Economic History* (Cambridge: Cambridge University Press, 1973).

② 道格拉斯·诺斯(Douglass North)提出了"路径依赖"理论,指出制度变迁具有"路径依赖(Path-Dependence)"的特性,即一旦进入某一路径(无论是"好"还是"坏"),就可能对这种路径产生依赖,惯性力量会使这一选择不断自我强化,轻易走不出去,严重者甚至出现制度"锁定(Lock in)"。他提出要警惕制度转型中"路径依赖"的危险。

所谓的制度变迁是指一种制度框架的创新和被打破。1978年开始的改革开放过程就是针对计划经济体制不断创新的过程。制度作为创新的公共品供给,不是一蹴而就的,由于人们的有限理性和资源的稀缺性,创新制度的供给通常也是有限的、稀缺的。当外部予以支持创新的环境适宜时,新制度的供给就会不断应运而生;当制度的供给和需求达到均衡时,制度呈现稳定态;当现存制度不能得到满足时,就会再次发生制度创新与制度变迁。其中,制度创新与制度变迁的成本与收益之比对于促进或推迟制度变迁起着关键作用,这就是创新主体确认的"环境适宜"条件,只有在预期收益大于预期成本的情形下,创新主体才会去推动直至最终实现制度的变迁,而预期收益小于预期成本的情形下,创新主体将不会有进行制度变革的激励动力①。1978—2018年期间,这一"环境适宜"制度创新的条件不断产生,不断推动制度创新,并形成制度变迁的动力。1978年前后的**两种制度环境中根本不同的制度安排是改革开放40年逐步制度创新演进过程,本研究正是基于这样的制度改革逻辑,才有了考察的对象与证实这一逻辑力量的可能。**制度分析框架和指标体系分析框架是在研究转型期高等教育资源总量变化及资源配置方式转换的相互关系基础上,通过改革不同阶段的分析综合,证实了三种力量逐步生成的制度逻辑,证实了制度创新是三种力量不断相互作用博弈制衡的动力来源,从而证实了三种力量互为支撑相互制衡是高等教育资源配置制度转型的基本动力。**改革开放40年我国高等教育资源配置制度转型依赖三种力量相互支撑互为制衡的演进模式。**也就是说,在不断完善的中国特色社会主义市场经济体制下,高等教育资源配置的充分优化需要依赖三种力量,这三种力量是迄今为止的我国制度环境下高等教育资源配置转型的次优选择机制,可以在已有的制度约束下不断渐进性地供给次优制度安排②,并逐步实现更优化更充沛的资源配置。

本研究所指转型期是**1978年至2018年,**这个转型期提供了本研究的实验对象。因为我国高等教育资源配置由1978年前实行高度集中的计划配置方式转为在市场体制条件下逐步由政府、市场、学术三种制衡力量配置形成的制度安排,形成了1978—2018年这40年转型期高等教育资源配置的制度变迁。因此,本研究考察的逻辑起点是1978年,它不仅完整提供了改革初始的资源配置模式和状况,而且完整历时性地提供了无数宏观与微观改革主体的资源配置改革博弈过程;不仅提供了我们观察三种力量从式微到不断成熟的演进过程,也提供了40年间证实在改革开放制度环境下,解决高等教育稀缺资源配置需要通过三种力量的培育不断构建相互支撑互为制衡的制度安排。本研究把这个起始和转换过程作为制度演进对象进行观测,就有改革开放40年的高等教育资源配置制度转型案例,**转型程度指标体系的观测记录分析是这一演进过程的最好实证文本。**

按照本研究理论分析框架设计的高等教育资源配置转型程度指标体系,选取的一级指标和二级指标的原则有三点,**即初始改革目的、能够观测并描述到的事实或行为、简洁足够。**第六章第四节的表6-4-1与表6-4-2都是根据这套指标体系对高等教育资源配置转型

---

① 道格拉斯·诺斯:《制度、制度变迁与经济绩效》,刘守英译,上海三联书店,1994。

② 制度创新中因受初始条件制约和过程中不同利益群体之间博弈取舍,在制度创新策略上通常选取更接近最优方案的次优选择,以补偿相关利益群体在改革中的损失以换取对改革的支持,不断寻求改革外部环境的优化,使改革收益总体大于改革成本,使更多次优选择不断接近改革目标。这一制度创新特征是改革开放中制度变迁的主要特点。

客观事实的描述分析,其指数作为不同区间时点的记载相互之间有关联性,再汇集政策分析、案例讨论、调查问卷、专家评价等综合分析手段,**在整体上构成对转型事实的基本描述,这一描述具有不断接近客观事实的诉求。所以,高等教育资源配置转型程度指标示意图生动形象地再现了制度转型的基本特征与趋势。**总体看这套指标体系是能够达到设计目的的。**转型期高等教育资源配置指标体系转型程度综合指数为**:1978 年为 0.03、20 世纪 80 年代为 0.17(1978—1985 年)、90 年代为 0.36(1986—1995 年)、跨世纪年代为 0.59(1996—2006 年)、21 世纪第二个十年为 0.66(2007—2018 年)。本研究同时证实了三种力量对高等教育资源配置转型程度的影响不断增强,**测量后三种力量的转型程度综合指数为**:1978 年为 0.03、20 世纪 80 年代为 0.17(1978—1985 年)、90 年代为 0.33(1986—1995 年)、跨世纪年代为 0.57(1996—2006 年)、21 世纪第二个十年为 0.64(2007—2018 年)。**这个分析框架提供了仍然处于转型期的我国高等教育资源配置持续制度创新的一个可参照的理论范式与支持样本;证实了制度创新作为制度变量全程参与了转型期高等教育资源配置过程;解释了推动高等教育资源配置不断转型的动力来自三种力量。**而在此之前,对我国高等教育资源配置的制度变迁转型研究主要停留在政策定性、个案局部、阶段分析、主观感受的层面,缺少从制度变迁视角对我国改革开放进行全系统连续的实证量化研究。

通过转型程度指标体系对我国高等教育资源配置 40 年转型制度变迁的测量描述,证实了三种力量是推动制度转型互为支撑相互制衡的理论假设。按照三种力量影响划分的 22 个分类指标只是相对的概念范畴,主要看其本质上受什么力量制约。如国家实行高校学生助学贷款制度是一项运用金融工具资助学生就学的制度设计,有借力市场机制的成分,**但作为国家的政策性支持,我们仍然把它归为新资源配置下政府转型行为。国际比较也发现,比较国政府的学生助学贷款制度设计理念基本趋于一致**①。又如,自费来华留学生占比涉及政府开放政策权限,但主要还是落在来华留学生的自主自愿自费基础上。因此,这个指标本质上多数仍然是受市场机制的约束。同理,出国自费留学也是一种深受市场意愿需求影响的行为。再如,教学评估作为政府对公立学校的投入监管措施可以视为政府转变职能的一种方式,但是,如果将评估标准设置为政府传统管理配置标准,变相指挥学校,这就是“新瓶装旧酒”。因此,教学评估作为一种配置资源的手段,更应该依法由学校自主选择第三方公正参与,形成市场、政府、学术三方制约机制。从学校自主办学视角,教学评估权是学术本位的第三方裁定权。所以,选择什么指标、选择多少指标,如何分类判定,还是基于本研究的理论框架和设计原则。**高等教育资源配置转型程度指数是观测政府、市场、学术三种力量从弱小逐步成长并相互“纠缠”的博弈关系,反映了不同历史阶段政府、市场、学术三种力量在高等教育资源配置中共同影响制衡而形成的转型趋势,深刻揭示了其数值背后隐含的不同力量制衡、不同利益博弈和不同制度环境约束的逻辑解释。**它们彼此在不同制度环境下的制度创新呈现为这样一个状态,这个状态作为真实存在就是客观事物演进的结果,也是制度创新的结果。但同时,这一结果也在不同阶段呈现出一些值得关注的倾向和矛盾,这些倾向可能揭示着事物发展的本质或规律,也可能反映了制度创新中孕育着一些潜在矛盾的滋生,甚至矛盾的焦点已初见端倪,这些矛盾孕育着新的创新需求,循环往复,不断走向更高层级或更深区域的创新阶段。**高等教育资源配置转型程度综合指数描述揭示了我国高等教育资源**

---

① 见第五章。

配置转型的事实逻辑、改革逻辑、历史逻辑,说明了政府、市场、学术三种力量培育协同推动资源配置转型程度是逐步递增的,反映了三种配置力量互为支撑相互制衡的转型程度越来越强。正是有这样长期观测指标对真实研究对象的分析,才可能使我们对高等教育资源配置的转型程度做出清晰的客观判断与本质认知。因而,这一观测分析的数值与结果恰恰是符合事实逻辑和改革逻辑的,在历史长河中呈现出符合历史趋势的逻辑力量。

20世纪70年代前后,解释经济增长原因的研究受到长期经济史研究的巨大推动,美国经济学家道格拉斯·C.诺思(Douglass C. North)把制度因素纳入解释经济增长中来,重新发现了制度因素的重要作用。"制度在社会中起着更为根本性的作用;它们是决定长期经济绩效的基本因素"①。中国1987年到2017年30年间,GDP增长了36倍;美国从1900年到2017年117年间,GDP增长了36倍。中国用了30年的时间走过了美国117年的路,这就是当代中国的道路②,见图W7-1,(此图列入微信7-1)。中国改革开放发展得快是因"天时地利人和",是作为发展中国家具有后发优势并抓住了发展的难得机遇,而中国道路的制度创新更是亿万人民共同探索和选择一步步走出来的。同样,高等教育发展也遇到了百年机遇和制度变革的最好环境。从较长时期看经济增长与教育发展的关系,经济基础虽然是高等教育发展的基础土壤,但制度环境的变革才是影响高等教育资源配置转型的外生变量与制约因素。我国高等教育资源配置制度创新收获了值得载入历史的成绩,1978—2018年,高等教育在校生规模从86.7万人达到3 833万人,40年约增长了43.21倍,高等教育毛入学率从1.55%达到48.1%③,提高了46个百分点④。本研究表明,中国高等教育"奇迹"同样证实了制度因素是其根本动因,它源自中国特色社会主义制度创新的探索和实践。本研究对40年涉及高等教育资源配置的1400多份国家正式制度文件的分析就是这一制度创新的重要呈现,而围绕这一时代课题产生的浩如烟海的学术文献和大量生动丰富的实践案例也是中国特色高等教育探索与实践的结果。诞生于改革开放40年的中国特色社会主义制度创新理论既是我国制度创新的宏观指南也是持续思想解放的内容。实践是检验真理的唯一标准,它基于邓小平关于中国改革开放的总体蓝图,既成为改革开放实践也始终面向未来。习近平高度概括为"中国特色社会主义是马克思主义中国化的最新成果,是党和人民实践经验和集体智慧的结晶"。40年高等教育体制和机制改革呈现为一个坚持在社会主义办学方向上不断酝酿、变革、规范并依次更替的制度变迁过程,这个过程也正是中国特色社会

① 道格拉斯·诺斯:《制度、制度变迁与经济绩效》,刘守英译,上海三联书店,1994,第144页。

② 秦朔:《当前经济社会何处去? 说说心里话》,金融界,http://opinion.jrj.com.cn/2018/08/20091724973920.shtml。

③ 《2018年全国教育事业发展统计公报》,教育部官网,http://www.moe.gov.cn/jyb_sjzl/sjzl_fztjgb/201907/t20190724_392041.html。

④ 高等教育毛入学率是指高等教育在学人数与适龄人口之比。适龄人口是指在18岁—22岁这个年龄段的人口数。国际上通常认为,高等教育毛入学率在15%以下时属于精英教育阶段,15%-50%为高等教育大众化阶段,50%以上为高等教育普及化阶段。1978年中国的高等教育毛入学率只有1.55%,1988年达到3.7%,1998年升至9.76%。1999年开始大学扩招,高等教育毛入学率快速上升,2002年达到15%,高等教育从精英教育阶段进入大众化阶段。2007年中国高等教育毛入学率达到23%。2010年,中国高等教育毛入学率达到26.5%。中国高等教育毛入学率达到30%。教育部官网显示,1991年前尚无数据。1991年高等教育毛入学率为3.5%,1998年高等教育毛入学率为9.8%。

主义高等教育制度创新理论形成的过程。因此，**改革开放 40 年高等教育资源配置制度转型探索与实践是中国特色社会主义制度创新的重要部分，40 年高等教育资源配置制度转型是中国特色社会主义高等教育制度创新理论的成果。**

2018 年是改革开放 40 年的转折点，中共十九大对未来中国的现代化提出了战略规划。中共十九大提出的新时代中国特色社会主义思想，明确了完善和发展中国特色社会主义制度、推进国家治理体系和治理能力现代化，加快完善社会主义市场经济体制等 14 个基本方略。进一步明确坚持"社会主义市场经济改革方向"不仅仅指经济方面的关键指标，还涉及政治建设、经济建设、文化建设、社会建设、生态建设五位一体的目标。在改革开放初期的制度环境变革中，经济体制建设是重点，"五位一体"目标是基于过渡期制度创新不断总结提出的，这本身也体现了中国特色社会主义思想理论是改革开放的产物，也是不断探索的产物。这一产物将继续深刻地影响高等教育资源配置转型的制度创新。面对经济全球化的巨大变革，中国未来的发展道路是高等教育现代化目标的制度条件。**站在新时代的历史时点上，需要怎样的历史视角站在怎样的历史坐标上做出研究结论和研究建议，这既是我们对待研究结果的基本态度，也是我们对历史和未来的基本价值选择。**根据研究目的概述，本章将对研究得到的一系列具有实证价值的研究结论、研究发现、研究贡献分项阐述，同时也提出研究局限与研究建议等。

第一节　基本结论与研究问题

本研究所指的转型期是指 1978—2018 年改革开放 40 年，也正是中共中央十一届三中全会到十九届四中全会全力推进改革、全面升级开放、全方位探索建立中国特色社会主义道路的 40 年。1978 年以来，在中国共产党的领导下，我国由传统计划经济体制向社会主义市场经济体制转换，历经了翻天覆地的变化。中共十九大报告对改革开放的基本评价是"只有社会主义才能救中国，只有改革开放才能发展中国、发展社会主义、发展马克思主义"[①]。**40 年的历程浓缩成一部中国经济体制改革史与社会发展变革史，这一改革历史命题的破解是执政党在中国国情基础上坚定社会主义道路带领亿万人民创造性参与和实践的成果，是确立重建新制度并不断支付制度成本与扩大共享新制度红利收益面的过程。这一制度性变革直接导致传统高等教育资源配置方式的改变，这一渐进性变革最终形成了 40 年后我国高等教育资源配置的制度安排。从 40 年制度安排的变革角度研究我国高等教育资源配置转型是本研究的基本内容。**本研究通过高等教育资源配置转型程度指标体系分析表明，它带给高等教育的影响集中体现在稀缺资源配置的供求方式与路径变革上。在这个过程中，高等教育资源配置转型不仅受到外部制度环境的影响，也受到高等教育发展的内部制度变革需求的左右；不仅表现为以市场机制作为资源配置方式的外部制度约束，也表现为各种资源由于不同的利益驱动和不同发展主体的约束条件呈现不同配置特点；同时整个资源配置转型期不仅表现为以政府改革为主导、以制度创新为标志、以渐进性改革为基本特征，也表现为在改革的不同阶段有不同的选择进程和不同转变程度，既有进有退，也有快有慢。**本研究认**

---

① 习近平：《决胜全面建成小康社会夺取新时代中国特色社会主义伟大胜利——在中国共产党第十九次全国代表大会上的报告（2017 年 10 月 18 日）》，人民出版社，2017。

为,改革初始的条件决定着我国高等教育作为一种稀缺资源始终处在一个不断选择和优化配置的制度创新过程之中,从本研究大量的政策学术文献和改革实践案例分析可见这一持续选择与不断制度创新的配置过程,这一过程又相向同行决定了高等教育事业持续发展进程。

这里需要说明的是,本研究以三个阶段的研究建立理论分析框架,建立指标体系测量分析 1978—2008 年的高等教育资源配置转型程度,继续测量分析 2007—2018 年的高等教育资源配置转型程度①。从长期制度变迁看转型特征与身处不同阶段分析,得到的具体结果可能有不同特点,但转型趋势却不容置疑。**本研究初期完成的阶段是转型期的 1978—2002 年,中期研究是 1978—2008 年,本次研究是 1978—2018 年。在三个历史阶段得到的演进特征本质上一致但有一定差异。越到转型后期越能看到前一阶段与后一阶段之间的紧密关系,对制度转型趋势的解释也越来越清晰。**对比指标体系原有改革开放后的前 30 年转型程度制度变迁特征的分析,近 10 年(2007—2018 年)的改革轨迹在指标体系数值上虽然递增显示度渐缓,但其中的复杂变化却提供了多样丰富的解释空间:**改革开放后的前 30 年高等教育资源配置转型程度的基本特征是:**以增量创新为先导逐步演进为以存量调整为突破;以渐进性改革为主线辅之以激进性改革为副线;以政府强制性制度变迁为主导转为诱致性制度变迁为主体;以中央集权单一化逐步被以地方分权的分散化替代。**改革开放的近 10 年高等教育资源配置转型程度的基本特征是:**以新的增量创新为共识逐步替代原有利益固化的存量变革;以政府主导的激进性改革为主线辅之基层渐进性改革为辅线;以政府强制性制度变迁为主导并重基层诱致性制度变迁为主体;强化中央顶层设计与地方探索多样化并重。**强化政府治理干预和地方高校制度创新并重是 2007—2018 年高等教育资源配置制度转型的基本特征。**除了第六章第四节关于基本特征、基本趋势的分析外,在改革开放 40 年的节点上,需要关注我国转型期高等教育资源配置制度创新中的四个值得研究的问题,即两个不同特征的制度创新阶段、利益博弈使改革红利不断递减、始终存在不均衡的三种力量、以地方为主资源配置格局基本形成。

(一) 两个不同特征的制度创新阶段

研究我国高等教育 1978—2018 年制度转型,看起来是一个线性视角,可当高等教育事业规模增长到巨型体量时就出现了升级后的体系转型问题。虽然制度创新的方向没有变,但改革的具体对象发生了变化,调整了与原来不同的改革路径是近 10 年来制度创新的特征。因此,**用非线性视角可以解释前后阶段不同的制度创新特征。**马克思在《路易·波拿巴的雾月十八日》里写道:"人们自己创造自己的历史,但是他们并不是随心所欲地创造,并不是在他们自己选定的条件下创造,而是在直接碰到的、既定的、从过去承继下来的条件下创造。"②马克思深刻阐述了制度演进与历史约束条件的关系,对我们分析转型期的特征具有

---

① 本研究三个阶段成果分别见《中国经济转型中高等教育资源配置的制度创新》(2005)、《中国高等教育资源配置转型程度指标体系研究》(2010)及本次研究内容(2018)。测量 1978—2006 年与 2007—2016 年转型程度指标体系时,考虑到获取数据的时滞性,对两个时段的政策分析都延至两年后,即 1978—2008 年、2007—2018 年。因此,两个阶段转型分析区间划定到 2008 年和 2018 年。

② 马克思:《路易·波拿巴的雾月十八日》,江苏人民出版社,2011。此文是马克思 1851 年 12 月至 1852 年 3 月撰写的一篇关于路易·波拿巴政变的文章,载于 1852 年在纽约出版的《革命》杂志第 1 期。

现实指导意义。1978—2018 年改革开放 40 年的高等教育资源配置转型变迁以 1999 年的扩招与高等教育管理体制改革为重要转折,**分为以恢复精英高等教育办学为主的前 20 年与以扩张高等教育办学为主的后 20 年**。从这幅经典发展图例(图 7‑1‑1)可以看到[①],由于两个阶段的发展诉求不同,资源配置的主体对象不同,带来的主要任务目标不同,也就带来了不同的制度约束和制度创新。

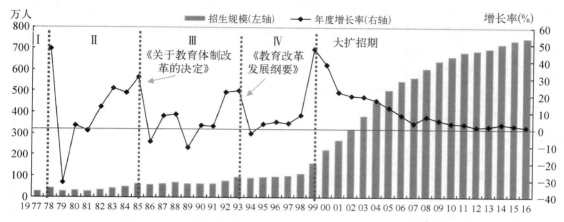

图 7‑1‑1 中国高等教育机构入学者人数及年度增长率(1977—2016)

【数据来源】1990 年之前的数据来源于《中国教育成就 1949—1983》《中国教育成就 1980—1985》《中国教育成就 1986—1990》。1990 年之后的数据来源于各年度的《中国教育统计年鉴》,并以此计算年度增长率。

一是面临的问题不同。前 20 年制度创新是适应市场经济体制,变革原有高度集中垄断的计划经济办学体制。主要任务是解决中央与学校、中央与部委、中央与地方三大办学事权关系问题,即"制度稀缺"问题。尽管后 20 年还在解决这些问题,但集中的问题是大众化后的均衡问题和质量问题。基于大众化后的高等教育体系重塑是最初主管部门虽已预见但并没有料到会如此棘手,甚至很多学校的办学思路仍然是以原有精英办学体系为准,即目标定位是办成综合研究性大学。造成这一状况是前 20 年我国高等教育体系中没有体系的分类理念。由于国情不同,参照模式也不同。美国精英式办学模式经历近两百年的创新磨合,是一个适应美国经济市场的产物,之后的大众化定位明确为州内的公立性大学,主要面向地区,办学层次基本是以 2—4 年为主。美国在寻求大众化道路时并没有触碰精英与大众交锋办学道路,这两类层次的人才满足着不同区域领域中差异的产业需求和社会需求,而社区学院升学制度设计又为有志向需求的人才提供了通向精英就学的渠道。我国大众化布局则是短期"压缩式"与"爆发式"且不分区域层级,学校升格风成为地方刚性需求且不可抑制,而同期原 211 与 985 三期工程的实施更强化地方和学校的看齐目标[②]。不同区域高等教育资源由于历史禀赋更加剧了不平衡,举办新建高校在中西部以及东部原有不发达地区仍然是政府的诉求热点。同时,社会对高校质量的诉求也成为热点,扩张后的大学基础条件也加剧了

---

① 鲍威:《中国高等教育规模扩张的理论解释与扩张机制》,《教育学术月刊》2012 年第 8 期,第 6 页。

② 在大众化发展阶段(1999—2006 年),地方因多年积压的办学需求一旦放开便如脱缰野马,其兴奋点主要在办学增量上,这既是地方政绩也是社会需求。2006—2017 年,地方兴奋点仍然在升级升格、争上高水平大学和双一流学校。

质量保障隐患。质量问题成为这一时期社会焦点。**看似质量问题其实是如何看待大众化办学体系问题,其本质是原有精英办学体系不再适应大众化办学体系问题。**2006 年之后,教育系统积极探索高等教育大众化办学体系,教育部采取各种引领方式提出地方院校转型问题,鼓励地方普通本科和高等职业院校转型为应用型学校,将高等学校的分类办学作为重塑大众化办学体系的方法。**由于管理者和办学者都没有遇到上述大众化后的分类办学问题,因此重建大众化办学体系是在纠偏成本较高的过程中进行的。**这个转型成本涉及社会认知成本、纠偏导向成本、质量定位成本、学校转型成本等。回望历史可以发现,走捷径通常也是需要代价的,有些发展过程是不可轻易逾越的,激进或跨越,可能付出的成本更高。实际上扩招的"压缩"成本在此时又重新返回来,重新审视"大众化"质量问题与大众化办学体系的关系。需要看到的是,美国的精英与大众两种办学也是经历了长期磨合,共同存在,相安无事。我们能否像美国那样保留精英实施大众,答案是否定的。因为两国文化传统与制度需求不同。因此,分析表明,政府面临的制度困境与制度创新是,主观上不可能分出两种不同办学体系,只能选择在较长的制度演进中逐步实现客观上的分类分层。

二是约束条件不同。制度环境不同以及初始条件不同决定改革重点不同。前 20 年是基于苏联教育体制框架(即精英高等教育体系及计划经济体制约束下的资源配置体系)解决资源"稀缺"和制度"短缺"配置问题,即破除体制"天花板"的问题[1]。我国高等教育大众化是在经济全球化框架中实施的[2],与改革开放后的前 20 初始条件是不同的。如果说前 20 年主要是面对国内资源配置约束条件进行的改革,那么,后 20 年则是面向全球资源配置约束条件进行的改革。后者参照系是国际化与本土化关系问题,也是竞争全球资源配置能力问题。这是高教界改革的新命题,在精英化还是大众化条件下的分类是两种不同质的分类,是处在两个不同体系资源配置阶段的分类。而分类本质是适应制度环境需求从而构建大众化

---

[1] 1949—1977 年,中国大学以苏联模式为主;1978—1999 年,作为精英模式的资源配置,旧有苏联模式仍然"固在"(行业办学、单科型办学、以中央办学为主)。虽然已提出目标性改革,但由于 1999 年扩招,使原有改革目标相继并存。也就是说,1999—2006 年,主要解决了两大问题。一是行业办学体制问题,这是中央与地方办学或分权问题(之后地方办学通过升格扩张突破),也是较为彻底消除苏联办学体制的影响。这里涉及分权模式但因大众化目标削弱了分权改革,由于升格与稳定因素反而更加剧了中央集中配置模式。二是大众化的"跨越"实现既适配了经济需求,又暗合了长期以来压抑的高等教育供求矛盾,也彰显了政府主导"跨越"的能力。从长期高等教育发展规律与变迁史看,主要发达国家自然沿革的大众化与结构、层次、办学治理模式的相互衔接关照,总体是一个木桶整体加大或增高的关系。我国是在打破原有资源配置模式(原有木桶被打散或重新构建新木桶),即在改革原有苏联精英模式下的转型重造。由于大众化速度太快,我们"跨越"的速度仅 3 年就建筑了一个木盆,之后不断在此盆上筑造,即要解决一揽子并非是精英教育配置模式的大众化下的结构布局层次质量,遇到的是数量与结构、层次、类型、布局、质量因素等一揽子问题,需要重新统筹。"跨越"带来了前所未有的规模效益,也带来了前所未有的制度困境,这既与中华人民共和国成立的前 30 年和改革开放后的前 20 年的发展模式均不同。2007—2018 年的 10 年,我们主要在做的是大众化后新约束环境下的"木盆改造提升"工程。

[2] 事实上,1978—1999 年的 20 年,高等教育在拨乱反正的恢复中一是提出了改革目标(这是外力)、二是希望破除苏联办学模式(内在动力),但原有模式的依赖之深很难击破,真正相遇的改革窗口期就是亚洲金融危机与我国加入世贸协议。这个机遇期以大众化为目标,面上是改革精英教育,实质是改革计划体制办学,主要以中国高等教育大众化为契机,彻底冲破了原有配置模式的架构,重新构建基于国际化视野开放下的中国高等教育体系(所以称进入世贸组织是中国第二次改革开放)。

高等教育体系而不是精英化高等教育体系。在大众化的前一个 10 年我们仍然不自觉地深受百年特别是 20 世纪 50 年代形成的苏式精英化体系影响,试图沿袭过去的模式重塑新体系。结果证明行不通。在精英阶段是不存在质量多元概念的,这也从一个视角说明此前即使有分类说法也是质量同质概念。但大众化后的分类概念则实际表明学校因类型不同质量标准也不同,面对多样化类型学校,不可能用一种质量衡量。因而后大众化阶段的分类决定学校质量多元就是题中之义。不同制度环境约束将产生不同办学理念和办学体系,同样不同办学类型也有不同办学质量要求。这一理念形成到制度创新需要时间磨合,这也是近 10 年来政府质量与分类改革最集中的共识原因。

　　三是制度创新不同。在度过高等教育稀缺时代进入后大众化高等教育时代且制度创新的对象与约束条件都改变的情况下,对一个与以往不同质的时代不能供给适当的制度安排,就会引发更多利益相关者的质疑与困惑,这是对政府公共治理能力的考验。因此,按照精英办学模式将所有学校都办成一个质量标准的学校既无可能性,也不必要。但这个理念在遇到具体地区与高校时,就会产生不同利益群体的不同凡响。这个理念以及相应制度创新在中央政府和地方政府、学界、高校等方面的共识与转换经历了 20 年。从 1999 年的《振兴行动计划》将地方高职作为扩招的主力,到 2010 年《教育规划纲要》提出地方普通应用型高校转型,直至教育十三五规划明确提出高校分类,这个制度创新过程经历了 20 年。在制度演进上,对于高校分类转型,政府采取了自上而下的引导和地方自下而上的创新与渐进性探索选择的制度策略,逐步厘清大众化后实施分类的制度安排。比如采取了分类办学的宏观导向,逐步解决与之配套的办学设置标准分类、财政拨款分类、评估分类、质量分类,治理分类等[①],而这些领域大都存在着制度"空白"。所以,基本面上我们看到政府制度创新的足够耐心,也看到政府启动了大量自下而上的探索性改革,这是因为客观上政府也没有可参照的改革模型。至今为止,这个分类转型过程尚未结束。**高等教育资源配置转型制度创新的事实表明,我国高校分类演进是大众化条件下的制度创新过程,是始终与精英办学路径依赖不断博弈的制度创新过程,也是与不同类型地区与学校利益格局博弈的制度选择过程。制度创新的重点是解决规模同质办学的"质量稀缺"和分类优质办学的制度"短缺"问题**[②],这一阶段资源配置创新就是解决"大众化下的分类质量"与"现代大学制度治理"问题。

　　有学者认为[③],我国从 1978 年就开始了分类设置与分类管理的探索,之后高校分类思想愈加清晰,并逐步规范化和制度化。同时认为我国高校分类设置管理是制度设计的根本结果。本研究发现,我国高等教育体系在改革开放 40 年中客观存在着精英与大众两个阶段的

---

① 2019 年教育部工作要点提出要研制《普通高等学校分类设置标准》。

② 中央多年关于质量管控的呼声为何不能实施到位,有两个因素制约:一是分权下的办学扩张动力(经历了行政扩招数量变为地方新办学数量再转型为分类办学数量),二是分类尚未到位的质量提高是空转。因此,质量问题一直成为大众化后中央与社会焦虑的问题,当前一个办学冲动与空间还尚存时,后一个分类就没有落地的约束。分析 2000—2018 年中央下发及教育部部署的质量文件,就能够理解政府一直良苦用心但多数针对性不足,因为多数办法仍然沿革原有制度遗留模式。

③ 史秋衡、康敏:《我国高校分类设置管理的逻辑进程与制度建构》,《厦门大学学报(哲学社会科学版)》2017 年第 6 期。

办学探索,两个阶段的初始条件不同,改革对象和目标不同,呈现的制度创新特征也不同[①]。在不同的约束条件下,两种办学思路的不同以及相应制度安排都不可能是一种"先验的制度设计"和"连贯一致的分类理念",实际没有先验设计供给或同类国情基础的复制。特别需要指出的是,高等教育大众化后的分类转型不是拍脑袋的点子,在制度供给上依旧为客观需求是基础,制度环境是根本。

研究表明,21世纪我国高等教育分类转型也是21世纪现代企业与高科技结合的产物。 20世纪50年代我国沿革苏联模式的单科性高校分类体系与21世纪头20年现代高校的分类转型有本质不同。原有高校分类体系是建立在服务计划经济工业体系之上的,如铁道部管的大学主要服务对象就是这个行业系统。而近10来中国高铁的高技术研发不仅仅是这个行业领域的技术能够支撑的[②]。单单从引进"原始技术"来说,引进不易,但具备消化能力就更不易。如果这一消化能力实质指技术能力,即产生和把握技术变化的能力(Belland Pavit 1993),那么,中国在引进模仿中最需要的是消化"原始技术"的能力,而这一能力来自哪里? 中国现代工业要具备的"土生土长"的技术整合能力、产品开发能力和技术积累能力就是消化、吸收、再创新外来技术的自主"新的技术",要具备这种"新的技术"能力需要几代人的积累,没有众多学校的整体培养能力的提升,很难满足现代企业转型提升的集成能力问题。1998年,伯顿·R. 克拉克在《创办企业型大学:大学转型路径》中提出了企业型的大学及其主要特点[③]:资助基础多样化以及围绕战略性领域的资源再配置;强化中央领导核心(正式领袖结构);重视教学和科研中跨学科和多学科合作;伴随着延伸发展边缘的技术转让、结盟合作,以及诸如在校董会中包括校外各方的管理结构的改变。近20年,全球发达国家都先后不同程度地出现了这类大学形态,伯顿·R. 克拉克指出的这一企业化因素的渗透已或多或少影响着不同类型的大学。特别是在科技研究和应用型为主的大学,形成了以大学为中心的国家或区域科技产业园区现象和趋势,甚至发展为基于大学虚拟组织的多联盟形态的科技企业协作。这两类现象都相继出现在我国21世纪头10年。**值得注意的是,形成这类模式的核心力量是现代企业的需求和主导。在全球市场产业链的供求动力下,企业不断追求高科技与高端产业的结合势必带动大学的深度介入,市场会将企业的不同目标需求收敛分割为对大学需求的目标细分,这就决定了原有铁板一块的传统大学形态不再适应这一市场细分的需求。正是在这样细分需求的环境下,大学才必须选择市场的细分变革而更加多样化。**

从英国剑桥科技园区的出现到波士顿128号高技术公路[④],再到美国东部的硅谷都体现了企业和科技结合推动的大学走近企业并形成联盟的模式。**英国剑桥科技园从20世纪70**

---

① 改革开放的前20年对扩大高等教育谨小慎微,除了资源短缺经费紧缺外,就是就业困境(实行大众化时延续精英办学思路的不同意见中最为强烈的就是就业困境)。但是,大众化这20年,年年以为的困境在实际操作中也都消解了。原因是外部环境也发生了改变,二元经济的缩小、民营经济的发展、就业市场的成熟、户籍管理的放松、城镇化发展、服务业发展、资助体系与匹配制度完善,制造业除吸纳低端劳动力外,传统制造产业扩张也吸纳了毕业生,民营企业、新型信息产业、科技产业纷纷成为吸纳毕业生的主力。二元格局中的农民工先后走进城镇的约有两亿五千万,扩招以来高校毕业生近1个亿,其中农村籍毕业生至少占据一半比重。

② 《追踪中国高铁技术核心来源》,天涯社区,http://bbs.tianya.cn/post-333-556347-1.shtml。

③ 伯顿·克拉克:《建立创业型大学:组织上转型的途径》,王承绪译,人民教育出版社,2003。

④ 王宏飞:《美国波士顿128号公路的兴与衰》,《全球科技经济瞭望》2005年第1期。

年代以来是世界上公认的最重要的技术中心之一①。该地区的 GDP 占全英国的 15.8％，研发开支占该区 GDP 比重的 3.4％，剑桥大学坐落于此，是该地区研究活动的核心，该地方周边拥有 100 多所大学和研究中心，4 700 家外资公司，形成了在大学、新兴公司和大型跨国公司密切协作的产业网络中开展业务的极具创新特色的经济形态，并不断吸引着来自全世界的投资。剑桥科技园区的经济发展创造了"剑桥现象"。这种以高科技为核心的创新经济增长方式，成为具有重要意义的英国新经济中枢的主要组成部分。另一个实例是美国**波士顿 128 号**高技术公路。从二战后特别是 20 世纪 60 年代崛起为以军事科技领域为先导的经济转型的先锋发源地，该地聚集数以千计的大学、研究机构和高科技企业，成为全球电子产品创新中心。波士顿 128 号公路与硅谷的区别主要在高科技企业发展机制和文化上，前者更倾向于依赖政府的支持而后者更依赖市场需求。因为两者诞生的时代不同，前者是冷战的产物，后者更倾向于信息技术时代的回应。但不可否认的是，它们运作的成功都取决于与大学的紧密结合的程度。**硅谷的诞生**赶上了 20 世纪 70 年代以来技术革命的"风口"，特别是微处理技术把世界带进了"网络时代"。微型计算机技术的发展和网络时代的到来是人类历史上的必然，但是这个技术在硅谷形成集群产业与斯坦福大学有关。斯坦福大学之所以产学研的工作做得好，是因为当年学校经费紧张，而其创始人斯坦福先生的遗嘱规定"永远不许卖出学校土地"，逼得管理层没有办法而拼命在学校的技术转化和土地出租上动脑筋。这一倒逼创新出了最初的"高校产业园区＋高校技术转化"的发展模式，形成了硅谷的雏形。也就是说，硅谷当时具备的研发能力储备和技术路径选择都与科技进化的路径一致。同时，东部的冒险精神和多元移民的开拓勤奋以及包容文化铸就了硅谷地区创新和创业的乐土。斯坦福等大学源源不断的研发型人才与创新技术和硅谷的产业引领了全新科技时代。因此，发达国家在工业与科技结合发展阶段上领先我国至少半个世纪，因而所形成的企业与大学创新与转型趋势也不断繁衍为我国当下高等教育变革的趋势。

我们看到，我国一成不变的传统大学模式在跨世纪中迎来了现代大学的分野，即高新技术带动的现代工业的升级换代正在影响改变传统大学体系走向转型分类，以更适应市场和社会的不同需求。这一次变革是以更加融合交叉颠覆的结构方式向传统大学模式提出变革信号，这也正是 21 世纪我国高等教育实施大众化后面临产业转型升级变革所带来的高等教育体系分类需求的根源。站在 1998 年前，我们仍然身处传统工业感知不到这一需求，但 20 年之后，当我国新型现代经济体系变革来临时，它已经与政府结成紧密的利益联盟，无论是中央还是地方，对大学参与经济结构的转型和产业升级的变革共识已经是全方位和战略意义上的。回望"剑桥现象""128 公路"和硅谷创新，都已成为我国各地遍地开花的范式。**无论是应用型大学还是研究性大学，只要能有针对性地转型以应对区域市场的细分和竞争，大学与企业的结合就有意义。因此，我国高等教育转型分类是 21 世纪以来特别是产业转型和经济体系变革的产物，不是主观设计的先验**。同时，研究发现，高等教育分类过程更是触及利益格局的过程，更多高校是在实际运作中逐渐地由被动趋向主动。即使精英办学阶段有重点大学，也与大众化分类办学是本质不同的思路。如重点大学演进到"985 工程"再过渡到"双一流"，尤其到后期，可以看到是两种不同资源配置阶段产生的不同模式，虽然还不够彻底，但趋势是鼓励竞争而不是固化身份②。

---

① 参见百度百科"剑桥科技园"词条。
② 见第二章第三节。

在转型指标分析中,也发现这一分类改革成为近 **20 年尤其是后 10 年**的中心议题,但在分类改革中仍然凸显着制度转型的根本趋势,即增强地方统筹和学校自主办学。如果把前一个 20 年分为"**一元一次方程式**"制度转型,即"一元"指在恢复原"苏式"精英办学基础上的增量改革("苏式"体系主要指以行业办学、单科型办学和以中央办学为主),"一次"指选择了资源稀缺约束下的市场改革倒逼机制。那么后 20 年就是"**二元二次方程式**"制度转型,即当高等教育资源配置到了一个巨型体量时出现的问题是一个升级后的问题,历史性大众化"跨越"带来了前所未有的规模效益,也带来了前所未有的制度困境。**如何理解本研究提出的"一元一次方程式"与"二元二次方程式"的制度转型问题**:改革路径主要的维度:一是恢复精英式办学,在原有苏式基础上的改革选择,二是选择了资源稀缺约束下的改革倒逼机制,即启动市场模式。1995 年国家财政收入只有 6 242.2 亿元,2016 年 159 552 亿元,后者约为前者的 25.6 倍(1998 年高等教育财政性投入 356.75 亿元,2015 年达到 5 841.14 亿元,后者约为前者的 16.37 倍。),所以当时只能维持以中央办学为主的精英式内涵发展并开拓市场资源的改革。因此,指标体系测量对 1985—1995 年的改革指数反映了此期的改革力度,也是整个市场力量涌动最快时期。当时学校的专注度主要是解决办学数量与经费资源稀缺的新来源,在办学体制上仍然保持原有精英办学框架(对外开放"走出去"还停留在最初的体验感知上,这代人中的大部分是不了解西式办学规律特点的。改革开放初期一些老校长曾经有留美经历,对 1949 年中华人民共和国成立前的办学模式有所知晓,但绝大多数只了解苏式计划办学模式)。当时提出的自主权改革都是针对苏式计划模式的办学改革,与改革开放的后 20 年的自主权改革不太一样。**虽然有以往的自主权还未到位问题,但许多是大众化后改革增量转变为存量阻力的自主权,也就是说,不完全是原来纯苏式计划模式下应下放的自主权,而是转型资源配置中新"存量"下形成的自主权。当人们在不同阶段问同一个问题:大学要的是什么自主权,在回应上是绝不相同的。因为此时的自主权绝非彼时的自主权。大学自主权变迁更需要从高等教育两个不同阶段分析。**后"二元二次方程式"有一个与前"一元一次方程式"完全不同的环境背景,改革开放经历了前 30 年的奋斗,又遇上 70 年代兴起的经济全球化的尾巴,使中国赶上进入全球分工产业链,虽然是低端制造业但却赢得中国持续两位数增长的最快时期,也是经济总量与财富增长最好时期。虽然高等教育大众化前期遇到资金困境(使得市场力量凸显),但后期国力不断增强相对缓解了高等教育的投入窘境,在财政性拨款结构上明显看到政府绝对投资与控制的格局。这就带来与"一元一次方程式"阶段不同的政府改革模式,出现了某些借助或套用政府干预的"马甲",有重新沿用计划配置模式的一些做法,使大学深感行政化泛滥。而另一面,由于大众化致使学校组织半径过大,也使学校内部管理行政化泛滥。一个外部与一个内部的行政化使大学改革一度陷入困境(大学都扩张为巨型大学,稳定压力随之加大,迫使管理成本增大,行政化突显。如地方学校合并办学、数量增加、升级变格与地方竞争压力)。2010 年政府首次在两会报告文件中提出了要去高校行政化,这就坐实了此阶段根本问题所在。之后,全面面对后大众化阶段高等教育体系的新型制度创新成为 2010—2018 年的改革命题。因此,大众化的前 10 年曾经沿用过去的体系与改革的方案都不太灵,构建大众化的高等教育体系是 20 年后期转型中的新创新问题。即"二元"冲破了原有苏式精英体系配置模式,"二次"指重新构建基于国际化与本土化条件下的大众化高等教育体系(进入世贸组织被称之为中国第二次改革开放),两次制度转型的初始条件都影响着制度创新的走向。深度理解改革开放的前后 20 年制度创新不同特征有助于更深入地了解高等教育资源配置制度转型结果。

近10年来逆全球化思潮、经济减缓期、中国入世准备期结束、中美贸易摩擦及进入新时代等一系列新课题，又将新时代中国大学办学方向和发展道路问题提上了议事日程。中央在2017年公布"双一流"方案与高校思想政治工作会议上逐步清晰地将高等教育办学方向这一关键问题予以重申强调。**不经历大众化的发展历程就不会出现高等教育质量"稀缺"问题，也不会有后大众化高等教育体系的办学道路问题。这些问题既是大众化与分层质量的矛盾，也是本土化与全球化交锋中的激烈反应。这个过程是一步步演进过程，没有前一步不可能有后一步。因此，改革开放的后20年的制度创新特征有别于前20年，特别是后10年的阶段特征更加突出。在40年高等教育制度变迁中，高等教育形成了精英—大众—分类"三段式"，分类问题的提出产生于大众化，纠结于精英化的路径依赖，根源于产业变革需求，破解于地方经济的市场需求力量。今后分类办学仍将是普及化高等教育阶段的主要问题，但解决这个问题的实质是着眼于科技时代需求和经济变革，增强高等教育竞争力及相支撑的制度安排，焦点仍然是增强地方统筹和学校自主办学的制度创新问题。**

（二）利益博弈使改革红利不断递减

本研究分析框架在宏观上是分析我国高等教育资源配置转型制度变迁走向，微观上则是考察在不同阶段的不同转型条件下，资源配置群体演变为不同利益诉求方的博弈格局是如何影响制衡转型走向的。在一定程度上，后者利益格局与博弈诉求甚至左右着转型变迁趋势的程度及走向。研究发现，中国经济转型在市场经济条件下，本身就是一个利益创造、分配和调整的长期过程，它必然产生诸多的利益主体[①]。在经济领域，这一不同发展阶段产生的不同既得利益集团在不同层级上的博弈并不一定是利于深化改革的，有些利益集团对改革的阻力已严重损害经济和整个社会利益。这种倾向也侵蚀到高等教育改革的不同阶段。**高等教育资源配置转型变迁趋势的不同阶段呈现出：改革进程形成纵向的变迁速度变缓，阶段性改革横向利益制衡演变激进，造成改革成本增加，改革成效整体相对式微，转型速度相对减缓，使得高等教育资源配置制度转型在初始改革阶段与后续改革阶段出现了依次不同的特征。**这是因为，改革初始阶段的初始增量往往使得所有改革主体达成普遍共识并快速得到改革红利，改革初期的改革收益远远大于改革成本，改革受益者普遍，改革利益相关者有更多的获得感，改革阻力总体较小；但随着改革不断深化，由于利益群体的分化与固化，改革共识与参与度降低，改革共识达成一致的成本也在不断增大，改革后期的改革收益往往与改革成本持平或小于改革成本，以至于改革收益相对较少，获得感普遍不足，改革阻力变大，改革进程变得缓慢。也就是说，**初始改革增量在后续改革阶段依次转化为改革替代存量，之后依次改革增量与改革替代存量之间就不断分化或分割为代表不同改革利益诉求方之间的复杂博弈局面。**在渐进性改革中的不同阶段的获利改革主体，不同程度产生着固化已有利益而成为改革阻力的倾向，这是改革初期与改革深水区在改革成本与改革收益比较上最大的区别。所以，当增量改革的利益固化为替代存量后，后续更新的增量改革就会遇到来自不同替代存量利益群体的"谈判"成本，这一成本多数体现为利益僵持阶段的改革停滞，需要拿出更多达成一致的"帕累托改进"资源，这是渐进性改革成本不断趋大

---

① 白让让：《垄断产业利益集团影响规制放松的机理分析》，《人文杂志》2015年第8期。

的基本原因。原211工程和985工程的改变就是很好的案例。20年的政府"钦定"造成的利益不均衡是缺失市场竞争机制的不均衡。因而,不同高校群体希望参与竞争是达成转型双一流"纳什均衡"的关键点,而并不全是政府采取双一流政策本身的结果。同样,中共十九大报告在提出一流大学建设上没有出现"世界"两字,也是让更多高校站在不同视角面向现代化建设一流大学,既打破固化规则,也提供更多的发展空间,使竞争成为所有高校立足现实追求一流的根本动力。

研究发现,高等教育资源配置不仅仅只是解决稀缺资源配置,深层次是转变调整利益格局的资源配置。而这一点恰恰又在改革后半场转换为提供多样优质高等教育为需求的利益竞争格局,整个高等教育供应已从数量稀缺转换到质量稀缺阶段。但无论怎样转换,利益格局竞争博弈的资源配置是重点。本研究发现改革越往深水区迈进,参与资源配置群体演变为不同利益诉求方的博弈格局就越清晰,改革横向利益制衡方导致的激进性制衡就越多,造成改革难度递增、改革成效相对微小,纵向的制度变迁速度趋缓。改革进程中,原有政府力量不断博弈递进的三种制衡力量(政府、市场、学术)又复杂地演变为部门、地区、学校多重多边博弈的"方程函数",每一种改革方程函数对应的改革损益方都被卷入新的改革又形成多边利益方,这就是改革深水区所说的系统性问题,也是与初始改革最大的不同特征,其核心是改革利益损益博弈问题。

研究发现,转型期高等教育制度创新由过去政府一言堂转换为政府、学校与社会多方对资源配置的利益诉求;学校主体越来越重视作为市场主体的权利选择而非政府替代,特别是每一类权利初始配置的选择方式,即更在乎选择资格、竞争机制、参与程序,而不是结果。改革初始阶段中央面对比较一致需求的放权问题,当时的地方与学校都不会存在异议(因为原有资源管辖权全部在中央,从这个维度看本该属于学校的权利应该放归学校)。面对不断深化的改革,当中央要面对更多地区与学校的多样化和不平衡问题时,地方与学校都会存在更多异议(后期改革的复杂性不仅仅是地方或学校与中央的利益诉求关系,而是不同地区或学校间对资源配置权利的竞争与补偿争议。中央再次的权力让渡引起的争议远远大于"平均"放权的难度,无论是竞争性项目还是政策性项目都存在多个主体对权利的程序、利益的损益、成本的补偿等多重问题的确认)。即当中央再度释放资源配置政策时,相应的地区与学校中涉及的不同利益方因政策施加的红利不均衡从而对改革共识减弱。这就是为什么在深水区改革中,中央应该更多下放管理权限,将改革风险分散到基层,让不同地方与学校根据本身状况实施针对性改革的原委。同时,在不断深化改革的大环境下,人们不仅对改革的预期普遍提高,也对改革红利的分享明显增强。如果说人们对早期改革更关注的是自主选择权的获得性,那么后期深水区的改革人们更关注的是利益分配机制的公平性。如何针对不同利益群体对改革的利益期望来决定是否要改革,由哪一层级实施改革,已经成为比改革本身更艰难的选择。

因此,改革已从整体利益增进转向不同群体的利益调整,从更多的利益兼顾转向不利人群的利益倾斜。一方面改革成本相对递增,另一方面改革红利相对锐减。从40年高等教育资源配置转型程度指标分析长线看,上述不同阶段这些特征十分显著。因为不同地区、不同高校的利益约束不同,对改革的认知与共识难度大大超过改革初始阶段,改革获得感与共识度降低,制度性红利衰减而出现了改革疲倦期。研究发现,一些政府往往不了解这一特征,常常不加区别地"有病乱投医、有病滥下药",而基层的应急反应可能更加剧整个系统失衡,使改革效力更加衰减,以至于基层中的利益各方都可能不满意。另外,为了取得改革一致行动,有时改革者只能采纳次优改革方案,使得实际改革成效低于理想改革方案,导致制度性改革红利递减,或与初始改革相比,改革红利相对低微。这是转型后期深度改革所遇到的基本问题,也是改革深水区改革缓慢艰难的原因。因此,**对改革后期所有改革者来说,因条件近况不同,特别是基层利益群体需求的多元化和改革补偿的复杂化,更需要中央向地方与加大放权基层。基层只有在获得利益配置权限时才能更有效地实施"帕累托改进",规避改革风险,使各方获得的改革红利在不同基础上有所递增。**

（三）始终存在不均衡的三种力量

研究证实,改革开放 40 年高等教育资源配置转型变迁的动力是政府、市场、学术三种力量不断培育生长并互为支撑相互制衡。从总体上看,改革开放后的前 30 年各阶段中受三种力量影响的分类指标转型指数此消彼长,相互制衡差距较大,但近 10 年来三种力量转型程度逐步收敛趋向均衡。（2016 年综合指数:政府力量为 0.66、市场力量为 0.58、学术力量为 0.67[①]）。这三类指数基本能够反映现实中三种力量影响配置高等教育资源转型程度的基本状况,也表达了三种力量逐步演进过程并趋向基本相当且能够制衡的状态。如果说初始改革资源配置集中度基本表现在政府力量上,那么,**现有转型指数表达了一个基本事实,可以视为政府在原有资源配置方式上包括自身转型加上已让渡或放权给市场力量或学术力量的比重已达到三分之二。**但在不同阶段不同层面三种力量因生长培育程度不同、互为较量的制衡方式不同而有差异。具体看,改革初期它们互为制衡的条件不成熟,既有初始制度环境的路径依赖,也有多次改革前后各方利益主体博弈的制度安排。如果在 40 年前、30 年前说到"市场""学术",不要说是配置资源,在政府与社会的观念中都是"洪水猛兽"或"纸上谈兵"。但一路走来,现实已澄清并证实了它们成为非经营性社会资源配置特别是作为准公共产品的高等教育资源配置的力量。虽然对它们作为配置依据的纷争和怎样恰如其分地进入配置资源的环节有数不清的争议,但在现实版的改革探索中这三种力量都凭借各自的资源优势实现了博弈取道。在整个转型期,三种力量在改革早期都处于培育生长阶段,它们各自力量对比较为悬殊,存在显著的不均衡。政府要培育和适应市场经济体制除了下放权力以外,还要转变自身职能,共同培育学术力量和市场力量。**越趋向改革后期,三种力量越来越形成具有相对均衡实力的制衡趋势。绝对均衡也意味着绝对停滞。因此,三种力量不可能绝对均衡。只要存在着不断变化的外部环境和发展阶段的不同需求,就会打破趋于均衡的格局,三种力量就会发生对应的不同变化,这一变化就会形成新格局成为推动新阶段资源配置转型的新动力。**也正是因为存在着外部需求,三种力量才有不断变革完善的空间。

本研究为了证实这三种力量的存在及其作用,同时考察了我国民办高等教育从无到有的演进和七个发达国家高等教育资源配置制度制衡的情况。虽然我国民办高等教育在初期不存在公办高等教育原有体制的影响,但三种力量仍旧在民办高等教育启蒙过程中不断萌芽生长形成互为制衡的特征。受制度环境的制约,我国民办高等教育深受政府职能转型的

---

① 其中的市场力量指数在近 10 年还涉及财政性政策投入与市场机制来源配置的结构性改变。如果结构性调整到位,市场力量指数会更趋向政府力量与学术力量指数。见第三章、第四章与第六章分析。

影响,出现了资源配置过程中与公办高等教育资源配置转型中同样的问题,但三种力量仍然是制约其发展的基本力量①。虽然比较国高等教育多数并不存在转型问题,又主要由本国制度约束各有所需,也深受全球资源配置的影响,实际出现了资源配置的变革趋势不断趋同的变化。无论国家制度的差异如何,三种力量仍然是各国制约推动高等教育资源配置的最主要力量。由于各国国情不同,三种力量的制衡状况不同,形成了各国各具特色的高等教育;也因三种力量形成的配置结构不同,各国高等教育的发展活力以及全球配置影响力也就不同,有其内在规律与特点②。**这两类不同情形的研究佐证了高等教育资源配置在现有制度环境条件下客观存在着三种力量对比与制衡。**

相对初始改革三种力量的缺失,以及三种力量的孕育过程,事实上的均衡并不存在,作为理想目标是期望在转型中三种力量能够形成支撑制衡关系,即三种力量形成相对均衡的实力,以促成三种力量互为支撑和相互制衡的格局,这一转型目标正在不断接近中。高校教师薪酬制度改革变迁很好地解释三种力量相互支撑互为制衡的演进格局。从20世纪80年代上海交通大学人事制度改革破题,直到近10年高校教师岗位绩效聘任制的深化和2017年政府提出取消事业机构编制的决定,都一再反映出这个领域改革的目标就是尊重大学人力资本特征,运用激励相容机制,激发教师职业积极性和专业创新性,使高校实现五大功能③。其中,政府、市场、学术都应发挥各自应有职能,缺位、错位都将偏离改革目标。改革开放40年的事实告知,这一问题的解决仍在路上。高校教师薪酬制度改革的趋势是从完全政府力量过渡到市场力量与学术力量配置不断占据上风。高校教师之间薪酬差异的决定性力量不再是政府的力量,而是基于市场对人才价值判断的价格均衡,即尊重市场对学术竞争机制在选择人才上的力量。同时,研究也发现,由于深受计划经济体制行政性薪酬一体化的影响,公办高校作为与公务机构职能完全不同的组织形态,却一直深受传统行政机构工资体系制约。造成政府保障性工资份额长期偏低,政府对高校教师薪酬的财政性投入的长期缺位及"自主权"让渡使高校过度依赖市场机制对高校教师薪酬体系的影响,有让市场力量捆绑学术力量之嫌。因此,政府如何遵循大学组织的基本功能在教师薪酬结构来源上实行学术本位的保障性政策干预,既不缺位也不错位;高校如何依据大学组织特性做好学术本位原则下的教师薪酬保障性分类绩效薪酬制度设计,同时适度利用市场机制做好激励相容的结构薪酬制度安排。这是纠正教师薪酬结构来源在政府缺位下偏向市场驱动而"捆绑"学术本位的基本原则。**三种力量的失衡是造成公办高校长期教师薪酬保障性比重偏低、教师未来预期和行为短期化、教师群体内部矛盾激化满意度不高且队伍不稳定、科研竞争力趋低、教学质量成为"老大难"问题的主要原因。**

因此,追赶复兴之路的中国高等教育在选择与1949年中华人民共和国成立前30年资源配置不同方式转型道路后,在高等教育发展的基本规律上符合高等教育本源发展的轨迹,但在宏观资源配置路径依赖上一直延续以国有资源为主、以政府主导为主、以适应政体国体

---

① 见第三章第五节。

② 见第五章。

③ 2017年4月,中共中央、国务院印发了《关于加强和改进新形势下高校思想政治工作的意见》,强调高校肩负着人才培养、科学研究、社会服务、文化传承创新、国际交流合作的重要使命。至此,我国提出现代大学的五大功能,即人才培养、科学研究、社会服务、文化传承、国际交流。

为主的模式,在微观资源配置模式上渐进性让渡分权给地方、市场、学术的趋势显著,两条改革路径汇集成改革开放 40 年高等教育资源配置转型的动力来源,形成政府、市场、学术三种力量。这三种力量虽然在不同阶段力量对比不均衡,但它们的水平落差正是转型改革动力,也较改革前的"唯一"力量的状况形成鲜明对比。转型的境况是不同获利的改革者都比改革前的状况好,形成不同梯度上升的改革收益方,虽然会与期望有落差,但总体是帕累托改进。**三种力量在改革开放 40 年中彼此培育生长制衡的制度变迁成为高等教育资源配置转型的基本动力,同样,这一基本动力仍然是今后高等教育资源配置制度创新的动力,三种力量的非均衡将始终推动各自的调整使之更加趋向互为支撑制衡的良性结构。**

（四）以地方为主资源配置格局基本形成

高等教育地方化是指改革开放以来中央通过高等教育制度创新放权省级或省级以下高等教育资源配置状况。在中央与地方关系上,高等教育地方化不仅是指地方管理高校的占比,更是指向地方统筹管理高校为国家和当地服务的能力提升。高等教育三级管理体制以"中央为主"转向"地方为主",即从改革之初的中央为主的高等教育资源配置格局已变革为以地方为主的高等教育资源配置格局。从某种意义上也是我国高等教育管理体制通过行政性分权、经济性分权及法治性分权的不同制度变革阶段逐步走向地方化过程。这是改革开放 40 年后高等教育管理体制改革与初始改革的本质区别。

40 年改革实践与研究证实,**一是高等教育地方化转型变迁之路是在外部经济社会变革制约下的产物。**在计划经济体制下,所有高校都是国家即中央来决定如何配置。随着经济体制逐步从计划经济体制向社会主义市场经济体制转变,中央与地方的关系一直处于慎重收与放但总体向放的方向演进中。高等教育管理体制的变迁也处于同样的状态,是在不断变化的制度背景下逐步演进和发展的,这个过程可以看作高等教育地方化转型过程。由于区域经济差异与结构性调整,各省份国民经济的重点布局发生了较大改变,不同阶段中央与地方办学的关系因承载的任务约束不同而变化,但越来越趋向以地方统筹办学为主和主要为地方经济社会发展服务为主。**二是形成中央引领、省级竞争、地市追赶的高等教育规模与质量结构的新布局。**在中央与省级高等教育不断改革的事权与财权划分上,也相应看到了这一变革趋势。即高等教育分类办学的原则已成定局,我国以省级办学为主格局成为改革开放以来最重大的转型标志,并形成中央引领、省级竞争、地市追赶的高等教育规模与质量结构的新布局①。从"十三五教育规划"开始,这个趋势愈加明显,**地方高等教育发展更多不再是单纯沿着依赖中央资源与决策走势,而是更多以地方经济社会需求的布局考虑人力资源的特殊需求,从地方依赖中央到主要依靠自己,高等教育发展半径的资源布局总体是从区域考虑,这是一个新的趋势特点。**在高等教育资源配置转型指标中,不仅看到更多让省级政府统筹高等教育的放权让利,而且是中央采取更多的激励政策和措施推进地方高校做好服务地方经济的任务。同时,中央加强对高等教育薄弱省份的全方位转移支付的支持,不断缩小地区间的不平衡。尤其需要指出的是,在涉及高等教育国家战略的资源配置上,近几年中央也改变了以往只是中央做主的做法,中央将更多的选择权、合作权与竞争权交给了地方,形成地方参与共同竞争的机制,如"双一流";也支持省际高等教育跨区域的合作机制。最为

---

① 见第四章第一节。

突出的是办学权力与层次下放（如地市级政府举办高校、地方间合作办分校,鼓励兴办民办高校、重点城市批准办中外合作高校等）,形成中央与地方共建高等教育合作机制创新模式,把地方高校也作为国家战略资源配置看待实行共建帮扶模式,要求地方高校以地方重大需求为主进行转型,实际上地方许多重大需求也包含着中央需求,但这与计划经济体制是完全不同的制度安排,是地方创新选择不断博弈的结果。**三是中央政府对高等教育地方分权是省级政府高等教育统筹权形成和发展的基本条件。**高校管理体制改革面临我国现代经济体系与经济全球化新特征、中央与地方事权划分和地方发展不平衡三大制度约束。中央政府对高等教育地方分权是省级政府高等教育统筹权形成和发展的基本条件,没有中央宏观规划的放权或授权地方,没有各地自主改革意愿以及自主改革的事权积极性,很难让这些不同特色不同差别不同需求的地区实现不同改革目标,这正是新阶段高等教育地方化的实质所在。高校实行分类却不解决管理体制分权就不能解决本质上的高等教育地方化。将管理体制存在的事权进一步厘清并从顶层开始简政放权更能够使地方有动力进行地方分类试点。将选择改革的权力下放,由地方根据情况实行各自的改革方案,不仅使可承受的政治低风险与以增量替代存量的制度变革利益最大化,而且这是进入深水区改革与初始部署全国性改革不同的特征。**四是中央与地方两个积极性及事权划分在改革开放不同时期的不同特征影响了高等教育发展不同阶段,也形成了区域高等教育发展的不均衡。**后大众化区域高等教育资源配置由中央集中规划的计划模式转为区域战略规划的竞争模式已成趋势。解决思路是在更高层面上寻求区域的梯度发展与协同特色,而不是削足适履,平均发展。维护高等教育发展区域均衡基本面的同时保持高等教育竞争力是处理好区域发展的平衡点,实现平衡点的有力工具是进一步下放省级统筹权。以地方为主,形成地方与中央共同支持高等教育的重大格局,这既是中国高等教育资源配置制度创新的经验,也是创造性发挥中央与地方两个积极性在转型期的新举措。高等教育资源配置转型的制度创新不仅将更多选择权与竞争权交给了地方,而且形成了新时代地方与中央两个积极性共同服务国家战略的格局,这既符合当代中国国情,也是中国特色社会主义的新探索。

以上是本研究关注我国转型期高等教育资源配置转型走到 40 年节点后值得研究的四个问题,进一步补充证实了本研究的基本观点:**当制度环境发生决定性的、本质的、不可逆转的变化时,与之相适应的政府、市场、学术三种力量将影响高等教育资源配置方式的性质、程度与方向,与制度创新相一致的资源增量通过转换、让渡与替代资源存量,逐步使新资源配置方式替代旧有配置方式而成为主导模式**①。使我们能够初步诊断改革开放四十年来我国高等教育资源配置发生了什么变化,正在向什么方向变化,变化的趋势是什么,什么导致了变化的方向、速度和力度。为了加强对指标体系的检验,**本研究在不同章节加大了重大政策和重要案例的制度演进分析,以增强指标分析的可信度,进一步验证研究假设。**如果说指标选择主要与初始改革的逻辑有关,带有一定主观性、或然性,但在跟踪四十年的高等教育资源配置制度变迁中,无论是指标考察还是案例分析,都总体上表明它们之间不仅能够代表高等教育资源配置的核心资源,而且能够显著反映实际制度演进中核心资源的变革轨迹,并能互为解释不同阶段呈现出的主要特征与基本趋势。

在改革开放 40 年节点的考察分析中,我们依旧需要提出以下在配置资源中不可忽略的

---

① 康宁:《中国经济转型中高等教育资源配置的制度创新》,教育科学出版社,2005,第 343 页。

三大问题。**第一,高等教育资源配置转型过程中仍然存在规模发展问题。**高等教育大众化的发展指标,2018 年达到 48.1%。即使 2020 年实现 50%,在我国这样人口众多的国家,要实现 2035 年和 2050 年的现代化目标,未来人口中的受过高等教育的比例仍然是一个亿位级数量。全球现有实现了高等教育普及化的国家(地区)有 68 个,其中高等教育毛入学率超过 80% 的国家(地区)有 18 个,高等教育毛入学率在 60%—80% 之间的有 38 个,高等教育毛入学率在 50%—60% 之间的有 12 个①。因此,中国要实现现代化,高等教育普及化仍然是一个基本指标。根据 2015 年国家统计局的人口抽样调查②测算,目前中国大学教育程度人口占比为 12%。1977 年恢复高考以来累计毕业的大学生大约有 1.2 亿人,其中本科生的数量大约 6 000 万人,不超过 6%。在中国 15 至 59 岁的人口中,拥有大学学历的为 18%。美国大学理事会就各国大学生比例在全球 16 个国家进行了一次调查评选,统计口径略有差异,结果显示,在 25—64 岁的青壮年人口中,俄罗斯是 54%,加拿大是 48.3%,日本是 41%,美国是 40.3%③。见图 7 - 1 - 2。据统计,我国高考录取率从 1998 年的 33.86% 增长到 2018 年的 81.13%,20 年间翻了 2.4 倍④,但这主要是对原有高中阶段的适龄人数的测算。尽管 2014 年至 2018 年高考适龄人数在减少,从 2 078 万人降到 1 778 万人,这一降幅将一直延续到 2036 年左右(见表 7 - 1 - 1,图 7 - 1 - 3),但从终身教育看,高考的需求只会递增。在 2019 年全国普通高校招生考试安全工作电视电话会议上教育部部长陈宝生透露,今年高考报名者达上千万。据统计,这是十年来全国高考生首次破千万⑤。其主要原因是十三五期间,国家将把普及高中阶段教育作为重点发展目标,当中等教育层级的规模成为适龄人口的主流时,高等教育阶段就成为适龄人口需求的主流目标。因此,把满足适龄人口就学高等教育作为高等教育事业发展规划是高等教育普及化的基本标准。就是说,在终身教育理念下,我国现有高等教育资源还不能满足需求,完成现代化目标的高等教育普及率任务还十分

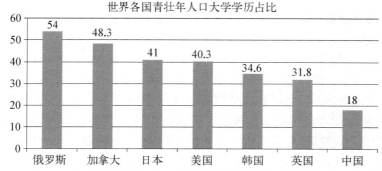

图 7 - 1 - 2　**25—64 岁的青壮年人口中的大学生比例(其中中国为 15—59 岁人口)**
注:根据文中不同来源数据绘制。

---

① 别敦荣、夏颖:《发展普及化高等教育与素质教育》,《中国高教研究》2017 年第 7 期,第 18 页。
② 《2015 年全国 1% 人口抽样调查主要数据公报》,国家统计局网站,http://www.stats.gov.cn/tjsj/zxfb/201604/t20160420_1346151.html。
③ 《拼多多的假货里,藏着最真实的中国》,新浪网,http://finance.sina.com.cn/chanjing/gsnews/2018 -07 -30/doc—ihfxsxzi0915754.shtml。
④ 《高考报名人数再次突破千万,意味着什么?》,搜狐网,http://www.sohu.com/a/314766259_277379。
⑤ 《高考报名人数再次突破千万,意味着什么?》,搜狐网,http://www.sohu.com/a/314766259_277379。

艰巨。**高等教育规模发展任务与质量提升并行依然是今后我国高等教育普及化阶段的任务。**这一问题反映在高等教育大众化走向普及化的过程中不仅有数量与速度问题,更有质量与结构问题,资源配置的制度创新需要更多新的探索。

表 7-1-1　我国 2013—2036 年份高考适龄人口预测质量(万人)

年份	2013	2014	2015	2016	2017	2018	2019	2020	2021	2022	2023	2024
高考适龄人口(万人)	2 074	2 078	2 048	1 951	1 842	1 778	1 708	1 652	1 604	1 598	1 621	1 589
年份	2025	2026	2027	2028	2029	2030	2031	2032	2033	2034	2035	2036
高考适龄人口(万人)	1 599	1 612	1 595	1 596	1 607	1 658	1 644	1 692	1 659	1 791	1 723	1 523

有关数据来源国家统计局。

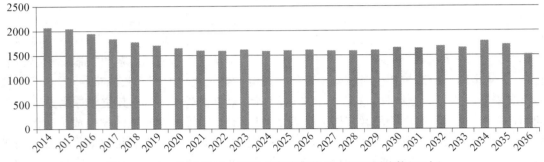

图 7-1-3　我国 2013—2036 年份高考适龄人口预测趋势(万人)

根据表 7-1-1 所做图 7-1-3。

第二,高等教育资源配置转型创新要避免陷入"制度劣势"陷阱。我国能够取得改革开放 40 年的发展来自制度创新,这一制度创新的许多制度成果作为中国特色社会主义道路的探索还将成为今后发展的财富。但是由于我们身处时代和未来的不确定性,不可能一劳永逸地沿用已有的"制度财富",而很可能"路径依赖"的经验短视和现有"后发劣势"都会误导改革的深化。改革初始,我国高等教育发展和转型都具有"后发优势"特征。后发优势是发展中国家追赶现代化向发达国家学习模仿适合我国改革开放和市场化需要的产物,也是"制度改革的优势"。但是,转型到一定阶段,后发优势会渐入"停滞",不管是受制于国情禀赋还是外来制约,而且常常会带来制度创新"路径依赖"的"锁定",即沿袭过去经验和制度,落入原有制度"陷阱",成为继续改革的制度劣势。"后发劣势"往往也是改革深水区制度困境的另一种表达①。

---

① "后发劣势"是经济学家杨小凯 2002 年提出的。所谓的"后发劣势"是指落后国家模仿发达国家的技术,但只模仿发达国家技术,经济短期内取得一定成效之后陷入停滞发展状态,甚至失败。杨小凯运用大量的例子来说明"后发劣势"确实存在。"后发劣势"概念不适用于欧美国家,因为对这些国家来说,后来者基本上都成功地模仿了先行者的制度,其中以美国对英国的"模仿"最为典型。在欧美之外,有没有国家只通过模仿发达国家的技术取得成功的? 在欧美之外,日本和亚洲四小龙是取得成功的后来者,但这些国家或地区都在不同程度上不仅仅是模仿他们的技术,还有产生先进技术背后的因素。朱海就:《制度:后发优势与后发劣势》,《深圳特区报》2018 年 7 月 24 日。

避免"后发劣势"就更应立足发展的国情探索新的制度创新。**作为全球高等教育规模第一的发展中大国,建立适应现代化发展同行的制度体系仍然任重道远。因此,从高等教育资源配置制度转型中寻求新阶段制度创新的规律是研究课题的初心。**

第三,增强全球配置高等教育资源能力的前提是提高全球高等教育竞争力。改革开放40年我国高等教育资源配置转型特征表明,我国高等教育资源配置制度体系已逐步与中国特色社会主义市场经济体制相适应,我国高等教育的整体竞争力大大增强。高等教育资源配置转型的国际比较也表明,我国高等教育资源配置制度创新能力正在逐步接近发达国家。同时,我国进入世界贸易组织的20年是全球化带来发展机遇也带来严峻挑战的20年,作为改革开放环境中的我国高等教育资源配置转型已深受全球资源配置的影响,不仅表现在我国已深度融入全球经济贸易的产业链中,而且全球资源配置对我国大学发展的制度约束也在不断增强。一方面,1979年中美建交至今,中美关系从合作共赢(1979—2000年)到竞争合作(2000—2012年)再转入战略遏制(2012—2019年)。近几年,中国超越日本成为世界第二大经济体并提出"一带一路"倡议,而美国受金融危机重创、以贸易逆差为幌子、对华贸易摩擦向投资限制、技术封锁和人才交流中断全面升级,未来二三十年美国遏制中国战略并全面压制中国将是主旋律。美国国会提出拟限制部分中国公民赴美学习或进行学术交流的议案,收紧美国名校对中国学生留学招生与高科技人才赴美签证,特别是对许多高新技术领域实行"闭门"政策[1]。在我国进一步对外改革开放的同时,美国要关起大门,也就是说,中国高等教育面对的全球环境已别于前40年而发生了重大改变。面对这一变化,中国高等教育对外应对策略调整已迫在眉睫。另一方面,我国未来不仅要在全球产业链中占有一席之地,而且要持续不断地加速从低端向高端移动,这就相应地需要我国的高等教育在全球高等教育资源配置中占据一席之地,因此,提升我国在全球配置高等教育资源的能力已迫在眉睫。全球高等教育资源配置能力的大小强弱,既反映了一国或地区对全球高等教育的创新引领、人才辈出与学术思潮的影响力,也反映了一国或地区利用全球高等教育资源优化本国或本地区教育或经济持续发展的能力。我们除了要关注全球各国大学资源配置更趋向卓越目标、大学国际交流力度更加密集、大学科技互动更趋向合作竞争外,我国高等教育能够提供怎样的竞争力"品牌",能否在"遏制战略"中提升全球高等教育资源配置能力,特别是在国际舞台上既要追赶世界一流大学还能坚守中国特色社会主义办学方向,这是直面逆全球化危机和中美贸易摩擦挑战下中国高校必须回应的问题。

本研究的重点不是评价高等教育的发展水平,也不是高等教育资源配置的效率和公平问题,而是着重针对不同性质的资源配置方式的转换动力提取转型关键变量,并依据这些变量对40年中高等教育资源配置转型程度做出具体的描述和测量,根据第三章、第四章转型程度指标体系测量分析的结果,第五章、第六章国际比较和现代大学制度建设的案例分析,论证了我国高等教育资源配置方式在由传统计划配置模式向市场机制约束下的政府干预、市场配置及学术治理相互支撑互为制衡的方向过渡。这一配置方式决定高等教育资源的走向、结构、供求、质量、效益的本质变化,成为高等教育发展的持续动力与不可逆转的制度安排。**本研究证实了在中央大政方针指导下我国高等教育资源配置制度创新的重点将是分**

---

[1]《美签进入冰冻期,详细"黑名单"公布,美要限制这些中国学生学者签证》,网易网,http://dy.163.com/v2/article/detail/EFCGR5PU0514BT3D.html。

层、分散、分权、自治与制衡趋势。本研究将这一转型趋势进一步解释为以下四点基本结论：

第一，高等教育资源配置转型的初始条件和制度环境决定转型程度。政府为什么要把办学资源让渡给其他力量？因为在原有体制框架下没有足够可能供给人民群众需要获得的高等教育资源的能力，无论是数量、保障还是质量。在改革开放的初期，政府已经明白转变资源配置方式是摆脱资源稀缺困境的唯一路径，但究竟怎样转变，转变什么，转变多少，从谁开始，会触及谁的利益等等，都是未知数。改革因为未知数而定义为创新，这也是本研究把高等教育资源配置制度转型定义为制度创新的缘由。这一制度创新的转型之路已走了40年。**本研究证实，改革开放40年中国高等教育资源配置转换呈现的形态与结果深受制度转换初始条件制约，同时在转换过程中深受不断变革的制度环境影响，其转换的速度、实现的程度、达到的力度都受到同样变化的外部制度的条件约束。其初始条件是中国选择了市场经济发展模式使整个配置资源的方式发生根本性变化的直接原因。**见图7-1-4。"微笑曲线"模拟图反映了高等教育资源配置转型程度的基本走向[1]。"微笑曲线"的始发端是计划经济体制的相对终结端，也是探索市场经济的初始端[2]。研究表明，在40年转型变迁中，高等教育资源配置的转型速度与程度受制于整个社会的资源配置转型的速度和程度，特别是经济全球化进程、中国现代化进程和中国市场化进程仍然是20世纪末与21世纪初头20年影响中国高等教育资源配置转型程度最为重要的宏观外部环境，作为外部力量决定与影响着高等教育的制度选择和制度安排，与高等教育的制度创新具有紧密的相关性。本研究观测转型程度指数发现，它们作为三个制度环境变量的演进方向始终没有偏离并影响着我国高等教育体制改革进程。作为影响我国高等教育资源配置的最主要制度环境因素，对国内高等教育政策选择、高等教育资源配置格局、高等教育制度创新取向都产生了直接重要影响。在全球治理理念影响中的中国大学，正经历着21世纪前20年最有影响的全球治理浪潮，而尤为幸运的是中国政府审时度势地抓住变革治理的潮头，顺势而上，不仅选择了治理国家新政，还选择了治理执政党的新政，开辟治国理政新路，改变原有改革深水区的僵局死局，促使长期制约大学制度建设困局的制度"纠缠"破局，才能在近八年（2010—2018年）开始将现代大学制度问题摆上议程。通过梳理分析看到，原有政府管理理念正被新的治理理念替代，并已实施在系统改革中，这为我国大学治理奠定了重要的制度基础，这一时期的制度环境与21世纪头10年改革趋于停滞状况有根本的不同。这也从一个侧面说明，**制度环境是高等教育制度创新的外生因素，高等教育制度创新的速度与程度取决于制度环境的变革速度与程度。**特别是近年来，高等教育资源配置转型程度指标分析表明，我国高等教育资

---

[1] 微笑曲线(Smile Curve)是1992年由台湾宏碁电脑董事长施振荣在《再造宏碁：开创、成长与挑战》一书（中信出版社2005年版）中所提出的企业竞争战略。微笑曲线分成左、中、右三段，左段为技术、专利，中段为组装、制造，右段为品牌、服务，而曲线代表的是获利，微笑曲线在中段位置为获利低位，而在左右两段位置则为获利高位，如此整个曲线看起来像是个微笑符号。微笑曲线的含意即是：要增加企业的盈利，绝不是持续在组装、制造位置，而是往左端或右端位置迈进。本研究借鉴了这一"微笑曲线"的形式，以描述改革开放40年高等教育资源配置转型的制度变迁轨迹。参见百度百科"微笑曲线"词条。

[2] 本研究所作的指标体系分析从一个方面也进一步证实了高等教育资源配置转型程度趋势的"微笑曲线"假设。这里所指的"始发和终结"均为基本概括。实际改革中，计划经济体制和市场经济体制的交错构成了制度转型的复杂和长期性。参见康宁：《中国经济转型中高等教育资源配置制度创新》，教育科学出版社，2005，第342—368页。

源配置转型过程的制度环境已发生了巨大改变,由国内市场转换为国内与国际市场,而且国际市场制动国内市场的趋势越来越强烈,两个市场资源带来的制度约束已深刻反映在政府和高校的制度创新中,高等教育资源的配置不可能脱离整个社会资源配置的市场化、现代化和全球化,形成游离于整个社会的"孤岛"。同时,高等教育资源配置的制度转换路径还将继续受到国内统一市场的成熟状况、现代社会的法治环境、公共政府的治理变革、大学学术的治理结构等最相关制度条件的制约[①];**也将同时受到全球化市场趋势及各国资源配置实力较量的影响**。研究也表明,我国高等教育资源配置转型仍然在路上,没有任何迹象反映这一转型在总体上倒退、停止或中断。

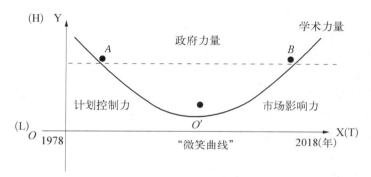

图 7 - 1 - 4　改革开放 40 年中国高等教育资源配置制度变迁"微笑曲线"

见图 7 - 1 - 4,本研究把转型期中国高等教育资源配置制度变迁的过程用 *XY* 坐标系表示,"*Y*"表示影响程度的高低,"*X*"表示制度变迁时间。**在这个坐标系中呈现出的由"*AOB*"构成的曲线描述出中国改革开放 40 年中**,高等教育资源配置制度转换由计划经济体制下垄断资源配置演进到市场经济条件下政府、市场、学术三种力量生长制衡配置资源的由"高"到"低"转而由"低"到"高"的路径过程。"*A*"处为计划经济完全垄断的配置形式,"*O*"处体现为原有垄断力量与新配置力量较量阶段,接近"*B*"处则面临着来自不断生长培育的市场力量、学术力量与新政府力量的互为支撑和相互制衡形式。假设学术力量的建构与新政府力量的重构都滞后于市场力量的增长,作为一个生存于市场经济"大海"中的微观主体就会偏离或游离于高等教育的社会性目标,也难以获得在约束条件下多次优制度安排的选择。**"微笑曲线"只是对转型期高等教育资源配置制度创新变化趋势的一个模拟描述,在时间曲线上的每一点都意味着沿着中国特色社会主义市场经济的国情框架所进行制度创新的成果,而每一次制度创新都面临着一个创新效率更高的制度安排替代原有的旧制度安排,都表明不同利益群体所进行的每一轮制度博弈中损益选择共识的存在与递增。如果从制度变迁的成因分析,能够留下的制度安排是在制度创新与制度选择中经过普遍尝试和反复论证,且制度收益大于制度成本,并得到绝大多数改革受益者的拥戴与遵从。**因而,高等教育资源配置各个领域制度转型能够同向前行的过程就是无数制度创新得到多数改革受益者选择并认同的过程。

第二,高等教育资源配置转型逻辑深受政府力量、市场力量、学术力量变革逻辑的影响。

---

① 康宁:《中国经济转型中高等教育资源配置制度创新》,教育科学出版社,2005,第 341 页。

改革开放 40 年高等教育资源配置制度转型程度综合指数表明了这一转型逻辑的事实特征。所选取的五个区间时点(1978、1985、1995、2006、2016 年)都分别代表了改革开放以来的五个发展转型阶段,按照 7 类体制转型指标测量,五个区间时点的阶段转型程度综合指数为 0.03、0.17、0.36、0.59、0.66;三种力量(政府力量、市场力量、学术力量)影响的五个区间时点的转型程度综合指数为 0.03、0.17、0.33、0.57、0.64[①];它们作为转型程度指数重点代表每个阶段的事实特征。1978—1985、1986—1995、1996—2006、2007—2018 年区间里在三种力量影响下转型指数变化状况都呈现出不断递增趋势,但不同阶段在三种力量影响下转型程度推进速度表现不同,总体同向而行,且都由低转高。

高等教育资源谁来配置更好? 由怎样的方式配置更好? 1978 年之前完全是由政府集中垄断配置资源,改革开放后这个配置主体逐步发生了变革,政府独家配置发生了转换,更多的社会与市场主体参与了这一配置,而作为高等教育主体的学校也逐步成为配置的独立主体。当政府、市场、学术三方都参与了这一配置时,三种力量配置高等教育资源的利益诉求及各方较量就会发生制衡关系,究竟怎样的制衡会使高等教育资源配置的帕累托最优? 怎样的力量博弈使资源配置的成本最小而效益最大? 又有怎样的制度环境能够促使三方力量都发挥其应有作用而不越位错位缺位? 这个制度博弈伴随中国特色社会主义市场经济的建立完善已近 40 年,因而这个过程是一个基于从计划经济转向市场经济背景下的资源配置方式转换的制度变迁。追赶复兴之路的中国高等教育在选择与 1949 年中华人民共和国成立后的前 30 年资源配置不同方式转型道路后,改革开放之初,在高等教育发展的规律上基本符合高等教育本源发展的轨迹,但在宏观资源配置路径依赖上一直延续以国有资源为主、以政府主导为主、以适应政体国体为主的模式,在微观资源配置模式上渐进性让渡分权给地方、市场、学校的趋势逐步显著,也即中央与地方两个积极性,两股改革力量汇集成 40 年来高等教育资源配置转型的基本来源。这两股改革力量因高等教育属性与大学组织特性不同于经济领域的改革,无论是在分析框架还是现实演进上,逐步演变收敛为政府、市场、学术三种力量。迄今观测发现,这三种力量虽然在不同阶段力量对比不均衡,但它们的水平落差正是转型改革的动力,也较改革前只有一种力量的状况形成鲜明对比,不同获利的改革者都比改革前的状况好,形成不同梯度上升的改革收益方,虽然利益各方与期望有落差,但总体是帕累托改进。这里的收益更多指向不同改革主体的共同价值取向。虽然不同方面对各类改革均有微词,但改革主体境况的改善使深化改革的呼声仍然是向着三种力量加快转型、互为关联、更加制衡的方向过渡。

如果说改革初始资源配置集中度基本体现在政府力量上,那么,**40 年转型程度指数表达了一个基本事实,可以视为政府在原有资源配置方式上包括自身转型加上让渡或放权给市场力量或学术力量的比重已达到三分之二。**本研究也证实了以下事实:改革初始,没有市场、学术式微,完全统一高度集中的政府配置着高等教育资源,正因为这一配置模式造成稀缺的高等教育资源难以适应国家建设需求,也难以满足人民群众日益增长的教育需求,才有了之后的制度转型。政府通过制度转型由以往的"唱独角戏"的无限责任变为领衔"大合唱"的有限责任主体,大学从以往的"等因奉此"不敢越雷池半步逐步向拥有更多自主权的学术

---

① 第六章第三节的表 6-18 与表 6-19 的总指数有 2—3 个点的差异,主要是计算中小数点取的位数和四舍五入造成的(0.03、0.17、0.36、0.59、0.66)(0.03、0.17、0.33、0.57、0.64)。

主体嬗变①,家庭与学生通过参与投入和自主选择享有更多接受高等教育的机会与收益,企业和社会通过参与大学制度创新与治理拥有更多的共享高等教育成果的可能。从某种意义上说,高等教育资源配置转型过程乃是各种配置力量不断较量博弈并共享所得利益的改革体现。中国高等教育资源配置转型的历史逻辑是建立在改革开放逻辑之上的,改革开放最初始的制度疑问就是继续选择计划经济模式还是探索选择市场经济模式,这个疑问在改革之初已开始探索,直到1992年做出确立社会主义市场经济的历史抉择②。在40年市场经济制度建设中,高等教育资源配置不仅仅囿于国内资源配置影响,在加入世贸组织后的20年,还涉及全球市场经济资源配置的影响。这样一场"翻天覆地"的改革必然全方位的影响和制约中国高等教育资源配置转型的制度选择和改革进程。而其中最重要的制度变革就是解决稀缺资源供给的制度创新,不管是物质领域还是精神领域,不管是数量稀缺还是质量稀缺。**在40年高等教育的制度供给上,市场力量和学术力量就是政府力量在解决稀缺资源制度创新的最大同盟,供给其生长的制度创新条件是政府在改革自身时兼顾的最棘手也是最有进展的改革成果。**同时,在这两种资源配置力量不断培育生长的框架中,政府如何提供依法合意公共服务的制度安排,以确保依存的传统势力不干扰改革进程和保障市场力量和学术力量不越界,也包含政府自身的转型变革。**当适配高等教育资源配置供给的市场力量、学术力量和政府力量构成相互支撑、互为制衡关系时,高等教育事业就能不断发展壮大,高等教育规模、结构、效益、质量就能趋向良性优化。**政府力量、市场力量、学术力量三者并驾齐驱,成为驱动或制约大学资源配置转型优化的基本力量。他们以不同主体特征面貌构成不同的利益群体,三种力量形成具有距离与张力的制衡机制,参与重建现代大学治理结构的制度安排。

高等教育资源配置转型是一场政府、市场、学术的制衡"游戏",这场"游戏"的规则如是一方胜出则败也,形成多赢制衡才是制度创新的归宿。应该看到,**学术力量的回归在后期改革中的增强使高等学校公共治理结构发生重大调整,学术力量成为学校资源配置中规避重大风险的基本力量。**需要特别指出的是,虽然学术组织的正式制度安排有较大进展,但在非学术制度特别是在学术生态的培育上还尚需时日,任重道远。学术生态的建设就像儿童关键期,其形成主要靠一代代学者教授言传身教,而代际传承的学术生态作为非正式制度是构筑大学学术力量参与制衡的核心。由于半个世纪的割裂已失去传承的关键期,加之近年来坏市场的侵蚀与政府某些过度干预加剧了学术生态的恶化,因此,学术生态的非正式制度的重塑难度超过正式制度的变革。

高等教育资源配置转型程度指标只是对这一历史现实的真实描述记录,每一个转型程

---

① "等因奉此"比喻例行公事,官样文章。也常用来讽刺只知道按章办事而不能联系实际的工作作风。

② 1992年10月12日—18日,中国共产党第十四次全国代表大会在北京举行。江泽民作《加快改革开放和现代化建设步伐,夺取有中国特色社会主义事业的更大胜利》的报告。总结了十一届三中全会以来14年的实践经验,决定抓住机遇,加快发展;确定我国经济体制改革的目标是建立社会主义市场经济体制;提出用邓小平同志建设有中国特色社会主义理论武装全党。大会通过《中国共产党章程(修正案)》,将建设有中国特色社会主义的理论和党的基本路线写进党章。党的历史上第一次明确提出了建立社会主义市场经济体制的目标模式。把社会主义基本制度和市场经济结合起来,建立社会主义市场经济体制,这是改革开放十多年来党进行理论探索得出的最重要的结论之一,也是社会主义认识史上一次历史性的飞跃。

度指数都刻画缠绕着三种力量的作用。因此,从这样的历史演进观测高等教育资源配置的转型,我们才发现,制度环境的变化深刻影响制约着转型中不同阶段的高等教育改革;高等教育内部制度安排深受变革的政府力量、变化的市场力量、生长的学术力量在不同阶段的相互影响。这一配置方式的格局在不同阶段决定着高等教育资源配置的走向、结构、供求、质量、效益的本质变化,成为高等教育发展的持续动力与不可逆转的制度安排。研究证实,高等教育资源配置转型变迁的动力是政府、市场、学术三种力量不断培育生长并互为支撑相互制衡。

第三,**强化政府治理干预和地方及高校制度创新并重是高等教育资源配置制度转型的突出特征和趋势**。与改革初始比较,在资源配置转型的集中度与分散化上,高等教育资源配置的高度垄断集中度已在制度转型中逐步分权化。既表现在中央高度垄断集中配置的高等教育资源已逐步让渡给地方政府、基层高校和社会力量;又表现在计划经济体制下传统政府全权配置资源逐步让渡给不断发育健全的市场力量和不断回归学术本位的学术力量以及不断转型变革的新政府力量。**研究进一步证实,改革之初的以中央为主的高等教育资源配置格局已变革为以地方为主的高等教育资源配置格局。从高等教育资源配置制度创新的本质规律看,这一转型分化呈现了高等教育资源配置从单一到多元、从垄断到制衡的制度演进过程**。这一制度演进之路是在外部经济社会变革制约下的产物,不同阶段中央与地方办学的关系因承载的目标任务约束不同而变化,但越来越趋向以地方统筹办学为主和主要为地方经济社会发展服务为主;在中央与省级高等教育不断改革的事权与财权划分上,也可看到这一变革趋势。改革之初,无论政府还是基层,都是"摸着石头过河",随着改革阶段性目标的到位和不断改革聚焦,基层不断对改革的统筹推进与协同关联提出需求,地方探索改革的多样化趋势也日渐增强。

同时,在资源配置转型的改革动力与主导上,我国的国情决定执政党在重大历史节点上的主导地位,而拨乱反正后的改革开放、选择市场经济体制、加入世贸组织面向经济全球化的第二次开放以及面对逆全球经济衰退引发的国内经济转型调整,都是中国家的道路抉择。因此,**每一个重大的历史关头,历史都将抉择放在了执政党肩上,而改革的所有成功探索也将以国家正式制度作为保障,不仅仅是政府指令和审批,更多替代的是依法赋权的国家正式制度体系,累积为制度转型中需要不断深化制度创新的制度摹本**。政府在整个高等教育资源配置转型中始终作为改革的主导力量,特别在重大历史转折点上,与国家整体改革进程相协调,统筹国家高等教育战略目标和区域改革进程。因此,政府强制性制度变迁特征十分显著。同时,改革意愿并不是只有政府有,随着改革推进,市场主体在制度创新中的地位日益凸显,其改革意愿与改革动力一直是制度转型的主体,他们因具有改革积极性、主动性、创新性,既是改革主力军又是改革受益者,**真正改革的成功实验和试点来自地方、来自基层、来自高校;而对改革风险的化解也正来自"前赴后继"千百万市场主体的参与及基层、局部和区域层出不穷的改革实验,这是基层诱致性制度变迁为主体的改革贡献**。

1978年以来,在我国高等教育资源配置转型过程中,大量的事实证实:越来越多由政府让渡的权力转化为大学主体的权利,越来越多的中央政府集中管理权被分置为地方政府的统筹权,来自地方与高校的诱致性创新越多则预示基层改革的积极性越高、也表明成功度就越高,由此导致的竞争性改革创新更能上升为正式制度的范式与改革扩展燎原的趋势,越来越多的重大制度创新案例都突显了一个事实:**来自基层的需求动力既暗合了国家民族时代**

的需求也是制度构建的第一要素,初始的制度创新来自基层,能够扩散为强制性的制度范式一定来自无数改革主体的竞争博弈,最终能够形成正式制度的一定经历了上下多次博弈直至千锤百炼后的认同。所以,以政府强制性制度变迁为主导并以基层诱致性制度变迁为主体的过程,是作为执政党与亿万基层组织作为中国制度转型和制度创新角色的基本定位。

因而在转型的第五阶段,强化中央顶层设计的趋势愈发明显,强化政府治理干预和地方及高校制度创新并重是近年来高等教育资源配置制度转型的突出特征与趋势。2010 年《教育规划纲要》与其他领域或之前高等教育改革文件的最大不同是没有可兑现的直接获利性政策,全部都需要试点探索可能的制度供给。因为改革进入了新阶段,即皆大欢喜的局面终止在早已不均衡发展的区域与学校,以往增量改革获利的群体可能成为固化保守的群体。2010 年的《教育规划纲要》提出的改革预期几年后才有答案。为什么会有这样的滞后性? 这恰恰是政府面对改革深水区又涉及多方利益博弈格局所采取的积极做法:强制性"破题"(提出问题),强制性"切题"(把问题放到基层),诱致性"解题"(让基层提供"制度"选择)。2010 年改革文件的最大特色就是确定改革路径,让基层出政策。**由下倒逼的改革机制在约束条件下就易寻求到改革的最大公约数与获利的帕累托改良方案,一个点上的突破就带动了一个系统的连动,这是近年系统性改革的特点,即主管部门采取"直面破题、试点探底、深水博弈、自下逼上、先抑后扬"的改革路径策略,形成系统解决问题的制度供给,2012—2018 年出台的一系列高等教育改革文件就是一个明证。**

因此,中央集权的单一化逐步被地方分权的分散化替代的过程转由强化中央顶层设计与地方探索多样化并重的过程只是不同转型阶段的不同侧重特征。**资源配置制度变迁的特点,在一个具体转型时点上,我们尚不能够得出一个资源转换的基本特征,但观察一个较长时间下的资源配置变化趋势,就能够得到对制度变迁基本规律的认识:**改革开放后的前 30 年高等教育资源配置转型基本特征为:以增量创新为先导逐步演进为以存量调整为突破,以渐进性改革为主线辅之以激进性改革为副线,以政府强制性制度变迁为主导转为诱致性制度变迁为主体,以中央集权配置单一化逐步被以地方分权配置的分散化替代。近 10 年来高等教育资源配置转型基本特征为:以新的增量创新为共识逐步替代原有利益固化的存量变革;以政府主导的激进性改革为主线辅之以高校渐进性改革;以政府强制性制度变迁为主导并以基层诱致性制度变迁为主体;强化中央顶层设计与地方探索多样化并重。上述转型特征本质上没有根本改变,但在不同阶段的倾向与重点有差别。这些规律特点在其他领域的制度变迁中也大致相同,反映了高等教育制度创新既受制又符合我国经济社会改革的制度环境和总体特征。

第四,尊重人力资本产权激励和现代大学制度重构是高等教育资源配置转型内部制度安排成熟的标志。这是高等教育资源配置转型内部制度安排演进的最显著的两个特征。本研究不仅从制度环境变迁的宏观层面分析了高等教育资源配置转换的可能性,而且提出了这一转换的可能性需要通过高等教育系统的内部制度安排来实现的假设①。改革初期重点解决资源配置转型的动力机制问题。不同阶段对资源配置主体产权特征的一系列指标变化的考察证实了前期研究建立的围绕人力资本产权重构的分析框架是有意义的,**证实了新资源配置转换除了受制于外部制度环境外,其生成机理是高等教育内部制度安排的创新过程。**

---

① 康宁:《中国经济转型中高等教育资源配置制度创新》,教育科学出版社,2005,第 171—216 页。

它的主要内容是:生成机理的发生是在给定的制度环境下,内部制度安排随产权主体行为的变化而变化;配置主体的产权变化是资源配置制度转换的核心①。而产权变化的关键是确认一个具有人力资本产权特征的行为主体是相对独立的行为主体,产权变化的关键是产权主体多样化导致的选择多样性,这是市场经济之所以为分散经济资源配置系统的前提。**产权变化的动力是在利益主体的预期中存在一个外在利润——预期收益大于预期成本,当原有制度安排无法提供时,这一外在利润的追求将是引起利益主体进行制度创新和选择的动力。**一个自主的利益主体的创新行为是一个预期收益大于预期成本的理性选择,因而转型的阶段性成果都是无数个行为主体的无数个理性选择和创新行为的结果。因此,在整个改革进程中,资源配置主体的创新行为一定是一个预期收益大于预期成本的有限理性选择,**迄今得到的改革成果(高等教育资源配置转型程度)既是无数个理性行为对创新"利润"追逐的结果,也是创新者不断选择有利于追逐创新"利润"的制度安排的结果。改革后期着力解决的则是现代大学制度内部治理结构的培育与制衡问题。**改革初始的前30年高等教育资源配置制度转型都是以渐进性、增量性、局部性、诱致性、碎片化为特征,主要视外部环境约束状况的可行性先易后难地实施放权。虽然20年前高校已被赋予法人地位(1998),但受制于各种条件难以落实。自主权授权"碎片化"是转型过程积极探索的必然产物,但经过40年的大学制度创新与政府治理变革,改革实践与追求一流的现实亟待我国的法律能够在留有空间的同时,着力构建符合学术发展规律的科研管理、宏观政策、学术民主、学术诚信和人才成长环境,建立保障学术自由的法治基础,坚持学术自主与自律,而不是削足适履、作茧自缚。**作为中国特色社会主义环境下的大学,坚持按照国家办学方针、任务、国家利益和社会公共利益及在党的全面领导下的办学不仅是中国特色,也是"学术权利"的前提,在这个前提下呈现"学术权利"一束制度表达方式,不仅是我国高等教育法律建设的职责所在,也是高等教育学术实践的智慧表达。**在现实中,不同时期、不同阶段、不同学校由于各自约束条件不同,学术生态发育成长也不同,在依法依规前提下,允许各大学自主培育"学术权利"的生态基础,与政府共同培育规范当下"学术权利"的制度表达,这既是我国高等教育分类转型的现实需求,也是大学制度转型走向现代治理阶段的需求。

建立现代大学制度是彻底划清政府与大学为不同的组织主体,确立应有的不同管理制度与法律保障,这是高等教育资源配置管理体制转型中由改革初始政府逐步让渡高校办学自主权力阶段转向现代大学制度建设阶段的一个重大转折点,之后的道路探索是在一个新制度层面上的制度演进。这10年(2007—2018年),通过落实高校法人地位、建立以大学章程为学校治理的制度框架、将行政释权、放权、赋权过渡到立法确权、依法赋权、依法治理的法治办学轨道,**将法律确权与赋权的高校自主权依法嵌入大学治理制度中,形成一系列关于大学组织学术本位的人力资本产权的合约治理关系,不断完善现代大学治理的正式与非正式制度。**特别是政府要求制定权力清单、责任清单等正面清单,确定高校办学的负面清单之外的事项由学校依法自主决定是法治理念和社会治理理念的根本转变。负面清单制度是指按照职权法定原则,政府只能做法律授权它做的事。此外,政府不得擅自行为,这是负面清单能够有效实施的前提。现有法律在规定政府对高等学校管理权限上不仅存在着不适应之处,也存在着空白之处,法无禁止即权利,负面清单模式授予了市场主体发挥主导创新的空

---

① 康宁:《中国经济转型中高等教育资源配置制度创新》,教育科学出版社,2005,第171—216页。

间作用,更有益于大学组织学术力量发挥作用。尊重学校法人主体地位并完善其实施自主权利空间对增强学术力量配置资源是制度性建设。**实施《教育规划纲要》以来制度创新的一个重要特征就是越来越明确政府、市场、学术三者在配置资源上的优势。现代大学制度变革在此十年有重大突破,这是中国高等教育体制改革在新的历史阶段的深化与突破,是中国积极回应全球经济环境治理、政治思潮复杂格局的大国治理理念的提升与变革,也更符合我国高等教育体制改革长期实践的理论概括与核心表达。**此期间,政府将公共治理服务和公共治理能力作为政府转型的目标,同时也将现代大学制度建设作为政府主导改革的中心工作。因此,**大学的发展不仅取决于开放半径有多大或下放的权力半径有多少,还取决于大学内部制度安排的优化和供给治理能力的高低。**没有改革开放后的前30年从无法可依到有法可依、从行政放权到法律赋权、从宏观依法到微观执法的渐进性制度变迁,就没有近10年现代大学制度的创新集成与依法落地。从争取大学自主权过渡到依法治理高校已成为高等教育资源配置内部制度生成的普遍共识与创新实践。

以上这四点**再次揭示了本研究关于高等教育资源配置转型程度指标体系描述的制度创新假设**:以资源配置微观主体的产权确立、分化与制衡为配置前提[①],以增量制度创新与存量制度调整的双轨配置路径为线索[②],以回归的学术力量、重构的政府力量与在建的市场力量三者配置制衡为治理结构[③];它的配置基础是以分散的个人与组织的多元利益最大化与补偿制衡机制为特征[④],其配置速度是以市场配置为基础的新制度重建的速度为标识[⑤]。

改革开放40年特别是近10年高等教育体制转型发生的变化虽然稳健趋缓,但可以看到办学体制中不同资源此消彼长的缓慢变革正在改变原有资源结构,以及隐含在改革深水区不同资源配置之间的诉求对话与力量对峙,特别是一些可能对未来转型发生改变的积极增长力量。**这些变化中的资源配置特点与趋势尤其值得关注**:一是高等教育资源无论是新增资源还是存量资源都具有起承转合、此消彼长的生命周期,我国高等教育办学体系各部分是伴随事业发展不同阶段应运而生、应运而长。近10年高等教育体系中的存量资源正遇到一些新兴资源的挑战与迭代,其中也必然包含着此消彼长、应运而衰、合理退出的过程。**二是**新旧资源变量的变更演进不是自然演进过程,在整个改革开放条件下的资源配置变革都顺应着制度创新的特征。在资源迭代更替中,政府规范与制度创新的强弱与其生或退都有着密切关联,也与中央和地方政府的宏观规划引导密切关联。**三是**高等教育办学体制中本科办学审批权和以政府办学为主体的格局虽然没有变,但大众化后高等教育分类办学的原则已成定局,我国以省级办学为主格局成为改革开放以来最重大的转型标志,并形成中央引领、省级竞争、地市追赶的高等教育规模与质量结构的新布局。同时,地方和学校寻求在原有体制框架下的突破创新模式促使中央对地方配置高等教育的办学形式发生了根本变化,

---

① 这里的微观主体指市场经济条件下有法律意义的政府、学校、企业、个人。在计划经济条件下,他们都是政府的附属,并没有独立的决策与决定权,更谈不上配置资源的权力。

② 这是中国渐进性改革的特点,在高等教育资源配置转型变迁中也体现了这一特点。

③ 这是本研究的理论假设,也是支持转型期高等教育资源配置发生转换的根本动力来源。

④ 改革就是收益与成本的比较。所有改革的当事人都存在对改革预期的损益分析,只要收益大于成本,改革就能进行下去。这也是改革开放四十年我国高等教育改革一直孜孜不倦得以深化的根本原因。

⑤ 一个好的市场经济带给某一领域微观主体改革与发展的方向与趋势上是趋于一致的,甚至在效率上也是匹配的。它以市场经济的建设完善质量与效率为条件。

即鼓励多样化、合作共建与对外开放,充分体现了中央办学体制的灵活性、开放度和创新指数的不断提升。**四是**我国高等教育资源配置转型的制度环境已从改革初始的以国内环境为主演变为国内国际两个市场和两大资源,而中国已进入经济全球化的国际分工和贸易产业链的升级转型阶段,参与全球核心资源竞争将是所有国家优先的战略选择,全球资源配置竞争将深刻影响国内高等教育资源配置。这样的配置趋势与竞争格局是改革开放 40 年的重要趋势特征,意味着大学国际交流合作功能将成为决定其他四种功能资源配置能力的约束条件(人才培养、科学研究、社会服务、传承文化)。在现有指标体系维度中尚未有直接描述反映这一趋势的指标,即高等教育国际开放度。需要在今后予以增设考察。**五是** 40 年办学体制转型的过程是改革开放和思想解放的成果,在改革开放 40 年的节点上,影响高等教育体制改革的一些"死穴"能否突破,仍然有赖于新一轮的思想解放,有赖于中央与地方的制度创新。我们从改革开放的路上走来,探索并初步形成了中国特色之路,面对进一步改革开放,只有坚定不移地走中国特色社会主义道路,既不能走封闭僵化的老路,也不能走改旗易帜的邪路,这是我们 40 年付出巨大的"学费"和代价得出的结论。面对新时代新阶段,需要根据新的约束条件进一步解放思想,考察新资源和新的制度安排在转型变迁中的影响。

第二节　研究发现与研究思考

　　本研究注重指标体系最后测量结果的数据呈现,也注重研究影响数据呈现的因素,更注重这些因素较长时间呈现出的综合影响特征与规律。在分析研究结论时,我们特别注意到高等教育资源配置转型程度既包括原有政府管制的资源在一定约束条件下让渡给其他主体,又包含被市场机制与学术治理替代的资源,还含有市场无效或其他主体无力承担而由政府按新机制干预的资源①。所以,在整个研究过程中,本研究更多的是通过观察体制改革中的一组相关联的高等教育资源在一个较长时期内的变化现象,寻找导致变化的基本因素,并把所有分项的资源变化进行综合分析,了解所有影响因子,并找出其中最基本最直接最频繁的关联因素,对这些关联因素进行去伪存真、由表及里、追根寻源的研究,以了解导致转型及到达现有转型程度的原因。同时,我们将这些分散的资源综合排序通过构建指标体系来反映高等教育资源配置转型程度,不仅仅是为了证实上述相关的研究结论,而是通过这套可操作可量化的实证分析工具,我们还发现,它不仅能够描述已发生的现象,而且能够预测资源配置的发展趋势与变化发展的规律方向。**本研究对改革开放 40 年高等教育资源配置转型制度变迁总体走势的基本结论主要有四条:高等教育资源配置转型的初始条件和制度环境决定转型程度;高等教育资源配置转型逻辑深受政府力量、市场力量、学术力量变革逻辑的影响;强化政府治理干预和地方及高校制度创新并重是高等教育资源配置制度转型的突出**

---

① 这里的市场无效是指公共品或市场发育不成熟、第三方不健全暂不能应对,按照市场机制配置公共资源也可以是由多个主体(股份制)或第三方主体。改革不同阶段中往往因为市场主体不健全、市场法治不完善等因素,政府不得不继续行使配置功能。也恰在这样的情形中,政府往往会重拾旧招,越位配置。因此,市场力量与学术力量的配置有可能是制衡与矫正越位的力量。所以高等教育资源配置转型是一个长期过程。

特征和趋势；尊重人力资本产权激励和现代大学制度重构是高等教育资源配置转型内部制度安排成熟的标志。同时，对改革开放后的前 30 年高等教育资源配置转型变迁研究，我们有一些研究发现①，对近 10 年（2007—2018 年）的持续研究，特别是本研究增设对虚拟力量在高等教育资源配置转型中的影响、高等教育资源配置转型程度指标体系延伸的国际比较、我国民办高等教育资源配置制度演进基本特征，结合总体转型分析，既看到原有的一些研究发现仍然存在，但也有一些新的发现。**以下是本研究综合的重要研究发现：**

第一，老百姓的选择是高等教育制度变迁的根本动力。由于我国是人口大国，也是发展中国家，高等教育在我国一直是稀缺资源，既包括数量稀缺也包括质量稀缺。无论是改革初期还是改革开放 40 年至今，无论是精英阶段还是大众化阶段，无论是控制性出国留学还是放开国门选择性留学，中国老百姓对上大学和上好大学的愿望比物质追求更迫切。从 1978 年改革开放开始，政府一直是改革的领导者。谁是改革的根本动力？高等教育资源配置转型 40 年的走向、性质与程度，都与期盼有更多机会享受更好高等教育的人民群众有关。他们既是改革的需求方也是改革创新的供给方，更是扭转矫正改革方向的评判方，他们的存在与需求迫使改革不断深化推进。**40 年高等教育资源配置制度创新的无数探索与改革都与老百姓息息相关，一是一定符合老百姓的根本利益，二是老百姓的支持体现为共同承担改革风险与成本，三是改革根本动力来自老百姓的一致选择。所以，以宏观上看，推动高等教育资源配置转型的根本动力是百姓。**比如，许多百姓在没有实行国家助学贷款制度前也承受了高等教育经费分担制度的成本。也就是说，他们选择改革过去不合理制度的同时也选择了承受改革的成本压力，他们坚信教育是投资的最好选择，这解决了制约高等教育发展规模的经费供给问题。在大众化的前期，几乎三分之一的经费分摊在所有就学生身上，老百姓用实际贡献书写了 2015 年新修订的《高等教育法》增设的关于确定高等教育作为准公共产品由个人与社会共同分担制度条款。又比如，面对早期不完善的劳动力市场，老百姓毅然选择存在巨大风险的个人选择性就业制度。无论是在改革初期面对还不健全的就业市场，还是全球金融危机影响与经济转型影响下的就业市场。从 1978 年毕业生两位数到 2018 年的三位数②，高校就业制度改革从来就没有倒退过。40 年高等教育资源配置制度创新的转型指标表明，以人民的利益和需求为改革的出发点和落脚点，制度创新就能得到老百姓的支持与遵循，因为他们选择的制度安排与其切身利益相关。所以，改革开放 40 年，中国老百姓是选择并实现高等教育制度创新的最根本力量。

第二，高等教育资源配置转型是一个帕累托改进意义上的累进过程。一个资源配置的转换是不是好，要看是不是涉及的多数人都受益了，所有人都受益就是帕累托最优，少数没有收益但至少没有降低原来的处境水平，就是帕累托改进。高等教育资源配置转型过程就是一个持续渐进性的帕累托改进。初始改革先从共识一致、阻力较小、不触动存量利益、很快产生收益的新领域新增量开始。因为是新增量改革，往往不触及原有利益格局，所以改革者普遍接受改革后的收益分享。**这种小步推进、不同领域分布改革、在增量改革上予以空间、取得成果后继续扩大改革半径的做法始终成为高等教育资源配置制度创新的基本特点，**

---

① 康宁：《中国经济转型中高等教育资源配置制度创新》，教育科学出版社，2005，第 171—216 页。
② 国家统计局网站披露的数据，1978 年本专科毕业生人数是 16.5 万，2017 年高校本专科毕业生人数为 735.83 万，2018 年高校毕业生超过 810 万。

这一改革被称为"摸着石头过河",呈现为增量化、试点化、局部化、碎片化。

1978—1999 年主要面对完全计划经济体制下资源配置的格局,政府在逐步缓慢有选择地释放原有集中垄断资源配置权力时,也在逐步培育新增长的市场力量和回归的学术力量。此阶段基本是以政府控制旧有存量资源与转型政府、新增市场、回归学术三者配置新增资源的关系。高等教育改革从 1977 年高考恢复就开启了思想解放和制度创新,面对 1977、1978 年两届入学扩招,天津、北京、上海分别采取走读生和创建分校方式,在财政异常困难条件下扩招 25% 的考生。中央采纳这一地方创新并在全国形成大力恢复举办高等学校,"快出人才、出好人才""尊重人才""尊重知识"的风尚和制度创新探索。改革开放后的前 20 年,集中反映了中央和地方对高等教育人才培养的共同迫切心情和尊重基层首创精神创造条件恢复发展高等教育的制度创新,高等教育领域在地方不断创新中形成了与外部制度环境同向而行的增量改革特征,为 20 世纪 90 年代后期的高等教育立法奠定了制度基础。1999—2006 年、2007—2018 年的 20 年中,高等教育资源配置转型过程开始进入新增量改革的博弈较量,遇到以产权制度为重点、利益调整为格局的增量与存量改革。转型程度指标也更多记录了在新增资源改革中政府、市场、学术三种力量新的制衡博弈状况。政府和高校都遇到处理旧有资源配置、原有存量配置与新增量配置的关系,说到底,是与代表着不同资源利益方的改革博弈,其中也包括政府、市场、学术自身变革中的传统势力。由于增量资源与原有存量都在不断固化其资源的利益群体,利益分化导致了价值取向的多元化,如中央政府与地方政府有不同利益诉求,不同高校之间有不同利益诉求,不同地区政府间也处于利益相争状态,要达到共识越来越受到多元利益博弈的制约。2007—2018 年期间,这种利益博弈呈现出更为复杂的特点:改革既得利益方对下一轮改革持不确定态度,对改革可能会触动的利益(包括可能得到或失去及分享的利益)持暧昧保守态度,成为改革保守者;尚未分享到或改革获益不大及损益方对改革持激进态度,其中,政府在初次改革中的制度安排多数被"锁定"演变为路径依赖,并与少量尚未赞同改革的观望派形成实际改革滞后的力量。同时,某些时候,政府将公共治理理念中的政府干预措施与改革前的政府垄断管理模式合谋为"新马甲"的管控力量,常常以改革名义出现而成为阻碍新一轮改革的阻力。这些都加强了处置面向不同利益群体改革补偿的复杂局面,使得改革处于更加"微观"层面并趋于"碎片化"。在近 10 年来的政策分析中可见,虽然需要对不断形成的局部化、碎片化增量成果进行整合并制度化,在某些阶段采用了部分激进性主导的改革手段(其改革成效尚需观察),但渐进性改革策略依旧是高等教育资源配置制度创新的基本途径。政府作为改革主导,面对深水区的新增量改革,在营造各个利益主体之间的利益表达机制、损益补偿机制、公共选择机制与风险监管机制方面做了大量制度开创性工作,针对不同新增量制定不同的制度激励,逐步使不同区域不同类型学校的存量与增量资源在市场环境中得到适度有效的配置。

研究发现,深水区的改革不仅促使成本递增,也使改革进程出现了慢速渐缓。但与激进改革的成本相比,事实上在制度创新中的"次优选择"机制只会使高等教育总体改革风险与制度成本减少,这恰恰表明政府在深水区面对利益格局调整的改革更趋向于渐进性策略。40 年转型指标总体体现了渐进性改革这一转型基本特点,绝大多数指数都呈现依次增强的趋势,绝大多数改革都经历了数年多次反复探索的过程。同时改革的渐进过程也是受益面不断扩大的过程,渐进性改革就是逐步让更多的人受益,直到改得更好。如国家助学贷款制度、教师职称职务评聘制度等改革就是制度创新意义上的帕累托改进。对于涉及如此多人切身利益的改革来说,即使是"最优"或"改进"也会有不满意的声音。因为作为准公共产品具有外部性的这个"蛋糕"的切分是利益博弈的结果,无论是由政府"切分"还是学校"切分",都需要坚持帕累托改进原则,否则改革会前功尽弃、寸步难行。

第三,**大学章程重建是完善中国特色现代大学制度的重要标志。**历史长河中具有关键意义的转折是那些对未来具有长期影响的事件,大学章程重建就是高等教育资源配置制度转型的重大事件。它作为中国千所大学"宪法"的意义将与1998年颁布的《高等教育法》相媲美。本研究第六章第一节进行了专题案例分析。**改革开放以来,政府放权和法律赋权使高等学校从没有自主权到面对众多自主权。一方面,多年的改革成果形成了丰富的制度基础,另一方面,高校内部制度"碎片化"现象严重阻碍治理结构的改善与大学治理能力的提升。我国大学立章的历史背景和逻辑起点就是"我们从计划经济体制走来",矛盾归咎于大学的"宪法塌陷",即大学内部制度安排缺失。**政府由全能配置高等教育资源到逐步分权让渡给地方和学校,对于一个被确立为独立法人的主体来说,培育高校自主地位与学术生态养成也是需要时间的,40年的体制改革和制度创新就是自主权集合落地的过程。

高等教育体制的分类包括办学体制、管理体制、投资体制、招生就业体制、教学体制、内部管理体制、学术治理体制等,循着这几类体制的改革路径,与初始改革比较,高校内外部制度发生了根本的变化。2010年《国家中长期教育改革和发展规划纲要(2010—2020年)》提出现代大学制度建设,2012年启动大学章程重修运动,2013年重修教育法、2015年重修高教法都先后确定了大学章程重修的意义,宣示中国大学在教育法治轨道上进展,表明政府在法律层面上认同并指导运用正式制度治理大学,政府在配置资源中更理性遵从市场规律与学术法则。本研究关于高等教育资源配置转型程度指标体系的研究较客观地记载了这一制度演进的过程与变化。这几类体制不论是较早或较晚些甚至迭代更替地持续改革,最终是要将政府与学校、政府与市场、中央与地方的事权与责任边界试图划分清晰,由原政府一家配置资源转换为市场中不同职能主体配置资源,使资源在不同配置主体间得到更为有效的配置。这一改革优化的过程不是一天一年数年完成的,它呈现为循环往复、不断优化的过程。**在这个过程中,政府、市场、学术之间的博弈成果都以学校阶段性的制度安排即制度"产出"来体现。这期间的制度"产出"可能是局部性、不平衡、碎片化,且良莠不齐的。所有改革以及法定归属到学校的权利都散落在学校的次一级制度文本里,不仅放权的制度红利不能在基层激励相容,而且相关制度红利还引发不同利益群体的矛盾冲突,协调与控制学校内部利益相关者之间的博弈成为制度安排的主要焦点。制度的"碎片化"难以让政府力量、市场力量、学术力量间厘清边界,甚至也难以在学校内部不同层级不同群体间厘清边界。**

这个状况结束于大学章程重建过程,这个重建过程其实就是产权界定过程,而"产权界定从来就不是完全靠民间自发活动就可以解决的。产权界定是稀缺资源的排他性制度安排,没有拥有合法强制力的国家的介入,不可能划清楚,更不可能得到有效执行。这里面有一个悖论性的难题:要求合法强制力提供产权界定的公共服务。在这种情况下,权力势必参与整个资源的权利重新界定过程,越来越成为继续推进改革的难点和要点"①。这个"悖论"也呈现在转型过程中,特别是对政府的角色构成了严峻的挑战。在这期间,政府不断摆正与修正自己,把自己放在了公共服务的定位上,并看到了不断下放的自主权在基层尚未落地的

---

① 周其仁:《改革的逻辑》,中信出版社,2013,第45页。

症结。2012年政府开启了指导重修大学章程的工作,其中,也包含了与此相关的政府自身改革。2013—2018年,政府"放管服"文件和下放行政性审批等举措就是厘清与学校关系的佐证。大学章程对整个改革成果,包括与政府、市场、学术的关系,包括经验与教训的审视、遴选、概括、提炼、呈现的过程不仅是集思广益、更是反思提升的过程。虽然整个重建章程工作相对集中,但各个学校则是独立修订的。千所大学千份章程汇集在一起表达出来的制度安排一定是对改革进程理论与实践的较优的制度结晶和最好检验。可以说,**高校自主权的演进始于突破计划经济管理体制、纠结于转型中的两轨制、转换于公共治理理念框架的实践,这一转换在大学章程重建中落实到学校根本大法中,结束了高校自主权"碎片化"年代,并步入学校依法治校的新制度框架。**

因此,从历史长河的制度转型与制度变迁看这一刻,政府主动引导大学章程重建工作在中国高等教育制度发展史上具有重要的历史价值和时代意义。制度转型中不断处理政府、学校、社会之间的关系是改革初始条件和逻辑起点决定的,不仅成为《高等教育法》主要调整的对象,也是大学章程不断要调整的对象。现行这些对象的相关权利与义务关系的规定,正是在总结我国高等教育制度转型正反两方面经验的基础上形成的,是在基本国情约束条件下形成的。因此,**在高等教育管理体制改革中,高校章程的命运恰恰勾勒了政府与高校从所属"脐带"关系过渡为独立主体法人的演进过程,政府的放手与大学的自觉除了共识,还需要制度培育过程。**多年来,各类改革成果与放权为章程提供了实践纠错与制度培育基础。2010年决定启动我国大学章程建设是大学制度建设的转折点,涉及与大学章程相关的各种上位法律及政府行政性规章的密集修订或制定出台,特别是2010年前后高校和社会对"去行政化"强烈呼声促使政府对高校实行"断舍离"①,其中,高校没有自主管理的内部"宪法"则很难对应完成"管办分离"。**大学章程重建是改革开放以来最为集中体现政府与学校关系的调整,良好的制度环境与健全的大学制度安排是一个互为支撑的良性体系。"章程立校"是我国大学依法治校的实质性一步,是1998年《高等教育法》提出大学组织独立法人的真正落地。**

大学章程在形成学校以学术本位为主的学术生态上是有力的制度保障。学术生态是指一所大学的学术方向、学术价值、学术品质、学术养成、学术声誉等的总和,是所有学校人员共同认同与自觉遵从的规则,这个规则可以是有形的,即文本的大学制度;也可以是无形的,如大学精神。它是一种弥漫于大学校园的历史生态。"所谓大学之道,在形而上的层面是大学精神,在操作层面就是大学制度。大学精神与大学制度是一个问题的两个方面,大学精神产生于现代大学制度之中。大学制度蕴含、滋养着大学精神,超拔的大学精神附丽于坚实的

---

① 进入21世纪头10年后,由于赶上新技术介入的新一轮经济全球化的尾巴,外部压力与内部需求迫使高等教育资源配置方式加速朝着政府主导、市场主体、学术主角三者配置资源的方向,进入了对旧有资源配置全面挑战、新增资源配置重新调整的格局中。由于该过程相继遇到亚洲金融危机后启动的高等教育大众化、政府大规模取消工业部委建制带来的1949年后形成的行业部门条条转以地方块块配置高等教育资源的格局、因资源稀缺带来政府集中配置重点高校并延续传统配置导致新增资源不能适应、全球金融危机带来的经济发展速度减缓等。观测表明,政府在多次试探并权衡配置不同方式可能导致的风险等级后,依旧采取了以政府配置模式为主或间接配置模式来推进上述转型,在某些领域与某些过程,使原本对高等教育新增资源的市场配置手段与学术配置手段发生逆转,高等教育行政化、官僚化呼声一度成为上下一致声讨的诟病,高等教育资源配置转型进程出现渐缓。

大学制度才得以薪火相传"①。大学制度可能只是行为约束,大学精神却是组织与人格为荣或为耻的生态区分。大学学术生态培育的实质是大学制度与大学精神的长期磨砺,但首先要有大学制度作为基础与前提。

高等学校党委领导下的校长负责制成为不断强化的组织核心,全面落实"一校一章程"推动学校依法依章治校成为学术组织的主线,充分发挥学术委员会在学科建设、学术评价、学术发展中的重要作用及充分发挥教授在教学、学术研究和学校管理中的作用成为学术组织的特征。这三个导向都蕴含着中国现代大学制度改革的多样性,是高等教育资源配置转型趋势呈现出的最富有创新价值的亮点,奠定了中国现代大学治理的框架结构。其中,大学章程的重建使参与大学办学的相关利益方关于权利与义务责任理念的制度重塑与学术生态培育进入到新阶段;高校章程重建中对"政校分开""去行政化"的共识以及确立的分权治理结构和多元共治框架是大学治理变革的重要制度遗产;大学章程确立的办学方向和党的领导是中国特色社会主义大学的基本站位;扎根中国大地办大学是中国国情所致也是中国国情所需,其命运与国家民族的现代化命运紧密相连。**这一系列共识成为"立章"的根本核心。**

现代大学制度在中国既是一个过去进行式和现代进行式,也是一个未来进行式。改革开放 40 年我国高等教育资源配置制度演进的过程,真实反映了中国现代大学制度演进的过去式。**大学章程重建的成果是改革开放 40 年制度演进的成果,也是中国现代大学诞生于第二次全球化一百多年演进中汲取先进大学理念与本土国情结合的产物,同时,它更是第三次全球化来临之际中国大学伴随中国复兴之路开启新征程的制度基础。**从这个意义上看,大学章程重建是改革开放以来高等教育制度创新的里程碑,也是中国特色现代大学制度的重要标志。

第四,虚拟力量作为配置大学资源的第四种力量正处在迅速成长的阶段。改革开放后,我国经济体制由传统计划经济向社会主义市场经济转型,这一制度性变革直接导致传统高等教育资源配置方式的改变。高等教育作为一种特殊的稀缺资源,其配置方式经历了一个不断选择和不断优化的过程。本研究发现:在这一过程中,政府、市场和学术三种力量对高等教育资源配置方式的转型发挥着各自重要的作用。这三种力量相互独立、相互博弈、相互制衡,决定了改革开放 40 年间高等教育资源配置的走向、结构、供需和收益的本质变化,成为高等教育发展的持续动力和不可逆转的制度安排(康宁,2010 年)。本研究在第六章第二节进行了专项研究,研究表明,近年来随着以互联网为核心的信息技术的迅猛发展,计算机、移动终端、互联网、云计算、大数据和人工智能等技术融为一体,正逐渐成为影响各类教育的重要资源。高等教育资源配置中政府、市场和学术三种力量的相互博弈、互为制衡的格局因虚拟力量的影响是否产生了改变?**研究发现,大学资源配置已经置身于虚拟力量无所不在的环境中,虚拟力量必将越来越影响大学的资源配置全程,并逐步直接或间接参与改变大学资源配置的转型程度。目前,它仍然还在酝酿发展中,处于不确定阶段。**

研究认为:一是虚拟力量作为前沿科技力量已经或正在对人类社会生活产生不可估量的颠覆性影响,对现有社会起决定性力量的时刻虽尚未到来,但其颠覆性影响与不确定性特点将成为改变人类社会生存的"旋风"。二是虚拟力量已全面渗透大学组织,多维影响大学的教学、科研、管理等一系列资源配置过程,正在改变大学组织生态和学术范式,变革部分原

---

① 杨东平:《大学之道》,文汇出版社,2003。

有制度格局和制度运行模式。但尚未完全撼动和替代大学组织的本质和特征。**三**是虚拟力量的不断增强将颠覆大学高等专门知识生产和代际传递功能,大学垄断专门知识的资源配置模式将被打破,大学文凭将逐步失去职业筛选信号作用,大学作为第三级教育层次将以多样化形式体现在终身教育全过程。但目前虚拟力量作为与影响配置大学资源三种力量比肩的独立力量还需观测。**四**是虚拟力量作为未来颠覆性技术正在影响大学组织资源配置,虚拟力量在支撑改善三种力量配置资源转型中发挥了应有作用。目前撼动现代大学组织形态的基本条件尚未到来,现代大学组织的基本模式和存在价值以及支撑这一存在所需要的资源配置主要力量尚未改变。政府、市场和学术三种力量仍然是中国经济与社会转型中配置高等教育资源的基本力量。

研究发现,在虚拟力量支持中的大学学术共同体在新时代发生的变化将改变大学作为知识与科学生产的唯一独立机构的状况,它将突破大学形态,在全球范围内形成多元实体性或虚体性机构形式。这必将改变大学现有治理框架,突破在一国政府、市场、学术背景下的组织模式与知识产权制度模式。基于以下不争事实或趋势:互联网的知识传播与知识增值扩散已大大超越了大学关于知识学习与创新应用空间;不断提升的大学普及率使社会高端知识层面人群与新兴产业人群交融,更多研发组织与企业成为知识创新和技术创新的主力,互联网技术使现有组织创新成本总体趋降;政府或科研机构基于技术垄断的政策与做法在全球技术"层出不穷"的迭代颠覆期已趋于瓦解;大学独善其身、孤芳自赏、自视清高的精英年代已被互联网技术支持的各式创新研发组织抛弃,大学的功能正在被同样甚至更有效率的多元组织所替代。大学已不仅仅处于同类竞争游戏中,真正的风险威胁更来自那些不可确定的异性竞争伙伴——"灰犀牛"。这是虚拟力量未来带给大学组织最大的不确定性,即突破原有高等教育资源分析框架,在政府力量、市场力量、学术力量影响制衡高等教育资源配置上,虚拟力量将把大学带入更广阔的时空,使大学学术共同体嫁接在不同的创新实体上,形成多元学术共同体。原有的分析框架是确定的地域、确定不变的制度环境、确定的大学功能。如果改变这三个条件,特别是增强虚拟力量的影响,大学的资源配置成本在不变或降低的情况下,就会发生不同的惊人变化。

研究发现,虚拟力量作为正在迅速成长并影响大学资源配置的新兴力量,**已经或将要对大学产生不可估量甚至颠覆性影响**。一旦影响大学资源配置的基本条件成熟,虚拟力量将会程度不同地取代改变其他三种资源配置制衡的部分模式,从辅助力量成为独立于三种力量的第四种力量。当虚拟力量一旦成为独立力量影响大学组织的资源配置,也就预示现有大学组织将发生根本性变革。不可小觑的第四种力量正在改变大学作为垄断的知识中心与学术权威中心的地位。也就是说,**我们在研究第四种可能对大学资源配置发生影响的配置力量,不仅仅是观测其巩固大学组织原有天然地位的内生力量,也在观测其可能重新改变大学资源配置垄断结构并颠覆大学原有功能的外生力量。**虚拟力量作为配置大学资源的第四种力量正处在迅速成长的阶段,这就决定了当前它释放的能量还没有体现在大学的整个组织与运行之中,也决定了现阶段它还是一个处于待成长过程尚未成熟的前沿技术力量,它可能在什么时候对大学形成真实的颠覆性影响,须拭目以待。

第五,高等教育资源配置转型指标的国际比较提供了比较全球高等教育资源配置能力的基础。比较分析表明,我国高等教育资源配置转型指标有**80%**具有国际比较意义。中国高等教育承担着实现国家现代化和复兴大业的重任,承担着人类命运共同体需要面对解决和攻克的科技尖端和生存困境。作为发展中大国和经济总量第二发展体,认知这一千年存在的组织需要完成复兴大业和人类命运共同体使命的规律与特征,不仅必要也有可能。本研究建立的我国高等教育资源配置转型程度的指标体系,既可用来测量改革开放 40 年我国高等教育资源配置转型程度,又可用这套实证分析工具扩展测量范围,对国际部分国家的高等教育资源配置进行比较分析,以了解我国高等教育资源配置转型的基本特征和趋势与发达国家高等教育资源配置的异同,同时解释异同的制度背景和约束条件;讨论我国转型指标体系测量得到的特征与规律在国际高等教育比较中的相对价值与参照意义,为中国大学在全球大学的定位中找到带有中国符号与特色的坐标,提供高等教育国际比较的政策供给基础。第五章进行了比较分析,**本研究能够进行比较的可能主要基于:**一是同样所处的全球环境条件与竞争需求。二是信息技术超越地缘国界为高等教育资源配置提供了千载难逢的同样取胜的机会选择。三是现代大学在国家发展战略中愈加中心的地位成为各国制度创新的借鉴。四是中国制度创新选择了社会主义市场经济制度,作为制度转型比较具有制度分析基础。

　　本研究的基本假设:市场经济条件下的各国高等教育资源配置力量程度不同地来自政府、市场、学术三种力量,各国大学参与全球竞争的主要资源是人才培养、科学研究与国家战略服务目标,在全球资源配置流动和竞争环境下各国高等教育资源配置方式具有趋同和可比基础。同时,各国历史禀赋和本土"痕迹"也制约着各国高等教育资源配置的不同指标,使其具有本国"特色"。在历史演进中,各国高等教育资源配置方式的共性与个性不是一成不变的,在一定环境下存在变革的可能。本研究的高等教育资源配置指标的国际比较为提供描述全球高等教育资源配置能力指标提供了基础。

　　比较结果中,国别比较综合分值的主要特点①:

　　一是比较国综合分值排序基本符合实际状况。根据第五章表 5-3-1 的综合分值,七个国别比较的综合分值按照高低顺序为日本 0.80、美国 0.79、澳大利亚 0.73、英国 0.65、德国 0.65、俄罗斯 0.65、法国 0.48。虽然这一比较指标项目只涵盖了基于我国转型的资源配置指标,但都能反映出被比较国高等教育资源配置关键性指标的差异,基本符合比较国的实际情况。**二是办学体制与管理体制差别并不必然影响其他体制指标的异同。三是办学体制和管理体制异同并不必然直接影响高校内部管理自主权和学术治理权。四是比较国的比较分值反映了高等教育资源配置存在着一些基本配置特点和规律。**这些发达国家与转型国家在高等教育基本理念和公共治理方式上的共性大于个性,主要体现在:法治赋予高等教育、国家教育主权和公正平等权利的维护和谨慎、高等教育的入口和出口自主权归属高校和毕业生、高等学校学术事务和学术决策自主权主体归属高校。**五是互为制衡的高等教育资源配置三种力量成为比较国的基本趋势。**一是政府力量更加体现在新公共治理理念中。二是

---

① 利用本研究构建的转型期高等教育资源配置指标体系,选择 7 个发达或转型国家高等教育进行比较。这 7 个国家分别是分布在北美、欧洲、亚洲、大洋洲的美国、英国、德国、法国、俄罗斯、日本和澳大利亚,它们作为发达或转型国家,其高等教育具有一定代表性。本研究通过高等教育资源配置指标体系的国别比较,对调整后的 22 个指标进行了分项分析。初步认为,高等教育资源配置转型指标的国际比较能够提供比较国之间资源配置的基本异同,为进行综合分析、论证研究假设和得到研究结论奠定了基础。见第五章。

不同国家制度环境是市场力量约束高等教育资源配置的基本因素。三是学术力量在现实社会是需要恰当的政府力量和不越界的市场力量支撑。在国别比较中，三种力量共同制衡的综合分值排序依旧是美国(0.79)、日本(0.79)、澳大利亚(0.73)、英国(0.66)、德国(0.66)、俄罗斯(0.65)、法国(0.48)，见第五章表5-3-2。

对照我国高等教育资源配置转型程度指标数值综合分值以及各具体分值，主要异同：**第一，与比较国的高等教育资源配置变革程度差异趋小。**比较国都在修正调整资源配置模式，使三种力量更趋向支撑与制衡。因此，我国高等教育资源配置制度转型指标分值与比较国的距离从变迁过程看在不断缩小，反映了多数指标正是高等教育资源配置的变革指标。**第二，基本呈现了高等教育资源配置的基本规律和本土特色。**研究表明，按照我国高等教育资源配置转型程度指标中的**22个二级指标比较，有80%以上的指标在转型趋势上与比较国处于同向而行或相向而行，**虽然不排除这其中过去探索的曲折和仍然存在着的变数，但当下的比较呈现出较高的趋向性。这一相对比较中既包含着中国制度特色和国情对高等教育基本定位和方向的把握指标，包含着根据现有国情需求的改革节奏，也包含着三种力量制约资源配置的结构不同。也就是说，**这一比较指数是已将中国本土化的资源配置特点涵盖其中的情况下得到的相对数据。所以，比较重心不是具体数值，而是与比较国资源配置指标趋势和相对结构。第三，高等教育资源配置模式因国而宜且相向而行。**本研究是第一次运用我国转型指标来进行国际比较，在考察比较国指标中对所有指标的演进都做了大量文献分析。分析表明，几乎所有指标呈现的制度创新在历史演进中都存在着变化，变化只有多少快慢，不存在根本不变的指标；不少指标在演进中从相背而行到相向而行或同向而行，虽然演进程度不同，但"变"是根本，且"变"得更相向而行。研究表明，在历史演进中，各国高等教育资源配置方式的共性与个性不是一成不变的，在一定环境下都存在变革的可能，甚至是颠覆性的变革。

本研究通过对美国、英国、德国、法国、俄罗斯、日本和澳大利亚七个发达或转型国家高等教育的考察比较，基本证实本研究假设：

一是比较国高等教育资源配置力量程度不同地来自政府、市场、学术三种力量。政府、市场、学术三种力量同样是比较国高等教育资源配置制度安排基本动力，它们互为支撑相互制衡构成比较国高等教育资源配置现实面貌。**二是比较国在全球资源配置流动和竞争环境下，高等教育资源配置方式具有趋同和可比基础。**研究表明，比较国大学参与全球竞争的主要资源是人才培养、科学研究与国家战略服务目标；作为经济全球化的参与竞争者，既与我国有密切贸易往来和高等教育合作交流历史，又是我国参与全球资源配置的竞争对手。高等教育资源配置指标体系具有可比意义，不管是否重视或确定本国特色，这些指标的数值都提供了比较基础，在比较国中的表现反映了该国的基本政策和制度安排。同时研究还发现，7国之间的绝大多数指标趋向基本一致，表明这些分布不同国度的高等教育具有共同配置优化的教育规律和特点，即使有不同也能够追根寻源地找到原因。本研究用这套实证分析工具扩展了测量范围，表明对高等教育资源配置进行国际比较具有可行性。**三是在历史演进中，比较国高等教育资源配置方式的共性与个性不是一成不变的，在一定环境下存在变革的可能。**比较国历史禀赋和本土"痕迹"也制约着本国高等教育资源配置的不同指标，使其具有本国"特色"。

本研究通过实证国别比较，对研究假设的论证符合比较国实际，也符合我国高等教育资源配置转型 40 年的制度轨迹。**比较分析表明,我国高等教育资源配置转型指标有 80% 具有国际比较意义。**进一步了解了全球市场经济条件下高等教育资源配置的发展特征、基本规律与演进趋势,并做出比较制度解释;考察分析三种力量构成影响高等教育资源配置转型动力的普适性、差异性、规律性;探索高等教育资源配置的特征与规律在全球范围内的比较意义以及指标体系在国际比较中的相对价值;为实现世界一流大学的资源配置提供参比体系。在全球共享信息资源条件下,我们赋予人类命运共同体语境中的大学更具包容、更具情怀、更具视野的使命,是为了更强调各国一流大学负有对解决命运共同体困境的国际理解和国际责任,而前提是探索高等教育资源配置的共同规律和相向同行的特征。失去这个前提,国际交流合作是无根之木,无源之水,这是本研究具有国际比较意义和现实比较价值的根本所在。

国际比较有三点启示:**一是高等教育具有普遍规律,但各国更有约束自身生长的土壤。二是高等教育发展参照的不仅仅是国际比较或历史摹本,从来都是现实阶段的产物。三是高等学校治理模式是一个开放性课题与制度创新。**指标分析留给我们平行看世界的可能与国际学习的基础,其中最有意义的是,那些经过 40 年制度创新的演进成果是否包含着高等教育资源配置的基本规律和共同特点,是否是现代大学组织赖以生存并获得优选的制度安排和配置模式。通过比较,可以得到肯定的结论,**中国高等教育资源配置制度创新不仅是公共政府现代治理理念和依法实践的制度创新成果,而且更是中国改革开放以来坚持本土道路和开放境界的结合产物。**

第六,**民办高等教育作为转型中高等教育资源配置的增量,既具有市场经济孕育需求基础,又具有公办高等教育资源配置不能提供的优势特征,同时符合中国特色社会主义道路探索的基本价值。**本研究第三章在考察转型期我国高等教育资源配置转型程度中,也考察分析了高等教育资源配置转型中的增量民办高等教育产生发展以及制度环境与制度安排的演进过程。我国民办高等教育作为制度创新增量,从无到有、从小到大的发展历程深受改革开放制度环境的影响,它是中国由计划经济向市场经济转型中的产物。民办高等教育作为同市场主体共同成长的配置力量,同时也是高等教育资源配置转型增量,它从开始作为公办高等学校资源的补充到与公办高等教育共同发展的制度演进过程,呈现为政府逐步让渡权力与市场培育发展相交织的制度创新过程。观察这一过程需要结合两者的个性差异和两者作为改革开放制度转型的产物及其均为中国特色社会主义高等学校的本质进行分析。

研究发现,**民办教育发展的初始条件有三条:实施市场经济是私立高等教育的制度基础,私营企业是私立高等教育举办的需求方和经济来源,政府作为服务公共领域的主体,立法予以私立高等教育的合法性并给予与公立高等教育同等民主和法律地位及其经济支持是私立高等教育赖以生存发展的制度环境。**虽然一国私立高等教育的出现或发展还受到更多的制度约束和历史禀赋的影响,甚至是历史机遇和偶发因素的诱因,但这三条是考察近代和现代国家私立高等教育产生和发展的基本要件。

我国民办高等教育资源配置制度演进的特殊性有三点:一是原旧有体制存在的"制度性障碍""动力性障碍""结构性障碍"是诱发、推动、激励民办高等教育产生发展的制度诱因,这些"障碍"伴随着高等教育资源配置增量转型成为不同区域民办高等教育发展程度不同的直接来源。二是作为新增资源,没有旧有体制存量资源变革的多重利益束缚,降低了制度交易成本,催生了有别于公办高校资源配置的组织特征与激励机制,提高了资源配置效率,在相

对发展机遇期赢得市场和需求。三是来自底层制度创新诱发的需求在局部形成的"燎原"之火,成为不同于公办体制的新生事物,政府逐步从制度层面上正视这一现实诉求,在与多种办学主体不同利益需求的多重博弈中演进为寻求法律地位权利规制的共识,形成公办与民办作为国家办学的平等组成部分依法共同办学的格局。**因此,转型变革、民营经济、法治环境作为我国民办教育三个基本条件也是民办教育演进过程的约束条件。**什么时候这三个外部制度条件趋向清晰、发展顺利、治理完善,民办教育领域总体就顺利,反之,就滞后。

本研究认为,**我国 40 年民办高等教育的演进特征集中体现为正式制度规制与市场需求发展互为促进相互制约的关系,呈现为 40 年民办高等教育争取合法地位、取得同等法律地位、保障基本权利、分类规范发展五个发展制度演进特征。第一阶段(1978—1992 年):**民办高等教育作为改革开放初期诱致性制度创新的典型案例,是市场经济的产物和基层突破创新,形成我国教育在强制性制度创新典范上的第一个法律制度文本。**第二阶段(1993—2001 年):**教育立法赋予民办教育与公办教育在国民教育体系中同等的地位,形成国家办学与鼓励社会力量办学共同发展的办学体制新格局。"积极鼓励、大力支持、正确引导、加强管理"十六字方针成为各级政府对我国民办高等教育大力发展与规范管理的治理理念。**第三阶段(2002—2010 年):**《民办教育促进法》标志着中国民办教育进入法治化阶段,民办高等教育以规模快速增长、办学层次提升、办学形式多元成为高等教育大众化发展阶段地方高等教育资源的主要增量,政府加大规范管理为长期健康可持续发展奠定了基础。**第四阶段(2010—2018 年):**我国民办教育分类管理、分类规范、分类扶持理念和制度理论的重大突破,为社会规范并可持续地鼓励投资民办教育提供了制度保障。**第五阶段(2018—至今):**西湖大学的创办,是中国高等教育改革发展史上的一件大事,开创了中国民办高等教育改革发展之先河,对新时代中国高等教育办学体制改革创新具有重要意义。

中国国情使得民办高等教育是在改革开放与强大公办高等教育转型条件下的制度演进,虽然缩小了时空距离的中国民办高等教育演进史与市场经济相生相伴,而且在整个制度演进规律上符合制度创新特征,但是,它的演进过程却并非遵循教科书与预想的演进逻辑。需要指出的是,这一"缩小"版的演进过程呈现了**具有中国特色的民办高等教育制度创新特征:一是对计划经济制度的"路径依赖",制约对民办高等教育建构的认知框架与创新实践。**这是我国民办高等教育有别于非计划经济国家私立大学产生的特殊环境背景,这一制度背景是我国改革开放后民办高等教育产生发展轨迹的初始条件,该条件从认知逻辑起点、共识基础、制度实践都先后成为民办高等教育资源配置演进的制度成本,与制度收益相辅相成,形成两股代表着新旧势力的演进方向,在制度创新角逐中,逐步过渡到民办高等教育认知框架的"基本常识"上来。**二是制度实践先于法律赋权形成的创新"时滞"为民办高等教育制度演进留下了探索空间。**民办高等教育制度演进也遵循着这样的法律演进过程,从规章到上位法,再到各类下位具体程序法,真实反映了法律重建过程与制度创新实践相辅相成的过程。这个特点也决定了民办高等教育实践存在着不同阶段的制度"空白"期、"模糊"期、"滞后"期,这些制度不确定期既带来"不同等级"的不规范(与之前的"制度规范"比较),也带来了多样化地创新探索与选择。正是这些多样化选择在基层形成的无数博弈的制度创新成果和共识,才汇集为正式制度并上升为法律文本。中国在浓缩的制度更替的实践中塑造着成文法,就必然会走过这样的一个法律与现实互为印证的交错期,虽然都在用试错进行着制度创新,但随着法律不断完善,人们的行为预期逐步理性并趋于正常。民办高等教育依存的现有法律不仅符合改革开放法律制度演进的这些特征,也提供了所有参与民办高等教育资源配置基层创新者的制度创新积极性与可能性,制度演进是在不断创新更迭中实现更高优化的境界。**三是现实主义生存法则和不确定性预期形成民办高校举办者的"企业办学"管理特色,学术为本的理念尚在萌芽中。**40 年民办学校创办者留下的最重要的宝贵财富不是其创办的学校,而是争取到的与公办教育同等权利的民办教育正式制度,这些制度的落定为后来进入者的理想主义实践创造了坚实的土壤。**改革开放 40 年中国民办高等教育资源配置的演进逻辑是,中国民办高等教育是改革开放由计划经济转向市场经济过程中高等教育资源配置方式供给短缺的产物,是改革开放以来民营经济发展壮大需求和政府制度创新不断让渡支持的产物。民办高等教育资源配置演进过程是外部制度环境制约与内部制度安排创新的结果,是强制性制度变迁与诱致性制度变迁交互博弈的结果。**

参照转型期高等教育资源配置转型指标体系,本研究考察的民办高等教育资源配置制度演进程度指标体系表明[1],一是作为新增资源,综合指数表达了从无到有并发展壮大的基本现状与趋势,七类指标依次描述了新增资源配置依次递进的基本运行事实逻辑。1978—2016 年期间的综合指数的部分节点依次递增为 0、0.49、0.51、0.63、0.65、0.72、0.74、0.76[2]。**二是民办高等教育资源配置制度创新水平与法律正式制度的建构完善密切相关,甚至生死攸关。**表明法律成熟程度与健全程度既是各类体制创新进展的成果,也是制约事业发展的基本保障。**三是民办高等教育资源配置的基本动力来自市场力量、政府力量和学术力量,**演进指标较清晰地呈现出不同阶段三种力量增长对民办资源配置的制约和影响。研究发现,与改革开放 40 年高等教育资源配置指标体系转型程度综合指数比较,转型期民办高等教育资源配置制度演进综合指数与之具有一定的异同。这一异同特点既表明民办高等教育自身资源配置演进的特殊性,也反映了在同样的制度环境下民办高等教育资源配置所受到的约束影响。**实证发现,民办高等教育作为市场力量的天然产物深受市场经济发育的不同阶段和发展水平的影响制约;民办高等教育作为公办高等教育的竞争伙伴深受政府公共治理理念转换程度和不同阶段资源配置短缺供需矛盾的影响制约;民办高等教育学术本位的制度设计深受学术代际断层和公立高等学校学术生态的影响制约。政府力量、市场力量、学术力量在制度规制和制度创新中此消彼长地成为民办高等教育的基本力量。**研究表明,制约民办高等教育的三种力量之间还难以达到相互支撑互为制衡的状态。

本研究对民办高等教育与公办高等教育在资源配置演进中呈现趋同性的可能进行了分析。研究发现,在民办高等学校办学细节上,政府某些指导促使民办高等学校向公办高等学校"看齐",出现民办与公办两者办学格局和模式趋向同质的倾向,这有可能是民办高等教育制度演进的最大危机。真实世界中我国高等教育资源配置的演进规律和指标体系反映出公办与民办各自特殊性,主要是因制度创新的初始逻辑不同、制度演进的特征不同、制度格局的竞争机制不同。同时,从产生条件、培育机制、内部治理看也决定了民办高等教育与公办高等教育有诸多不同,比如没有传统体制束缚,不存在转型成本,天然存在办学自主权,具备需求旺盛的就学需求和就业市场等;比如它所具备的渐进性改革、诱致性制度创新、天然承受改革风险与承担改革成本的制度安排、办学初始就将三种力量作为治理与制衡力量。这些不同办学优势通

---

① 具体分析参见第六章。
② 见第三章第五节。

过法律赋权和政府规制应该更成为现实中民办高等教育资源配置的独特性。如果两者在现实中日益趋同,就表明外部干预力量可能有缺位或错位问题,或是有效干预在执行中被扭曲。**基于我国教育国情和政府治理新政,如何评价民办高等教育存在日益趋同于公立高等教育的特征并采取怎样的手段矫正,是新时代民办高等教育可持续发展需要探索的课题。**

在改革开放 40 年的重要节点上,"高起点、小而精、研究型"的西湖大学的诞生,完全摒弃原有民办高校办学路线,另辟蹊径,创新突破,反映了中国改革开放进程深化改革的新动向。正如教育部对西湖大学贺词所言,**西湖大学的创办,是中国高等教育改革发展史上的一件大事,开创了中国高等教育改革发展之先河,对新时代中国高等教育办学体制改革创新具有重要意义。**40 年我国办学体制不断突破,而西湖大学成立已远远超出一所民办高校的创办意义,它为进入新时代我国办学体制的改革创新添加了浓墨重彩的一笔,丰富了中国高等教育体制改革深化路径,对现代大学制度建设和现代公共政府治理能力既是改革成果也是空前压力;它作为公办高校的竞争对手已开始在进军中国特色、世界一流赛场上宣示。竞争已开始,这无疑是一场真正的资源配置制度创新和现代大学治理机制的角逐。因此,西湖大学作为我国民办高等教育制度演进第五阶段的起始,是值得关注研究的重要案例。

改革开放 40 年,在坚持中国特色社会主义道路和坚实的经济基础支持下,中国高等教育资源配置制度转型稳健走过了 40 年的历程。面对新时代,我国高等教育资源配置制度创新将如何推进,这是未来课题。根据以上四个研究结论和六个研究发现,通过我国高等教育资源配置转型程度指数观测政府、市场、学术三种力量之间的制衡关系,它们彼此在不同制度环境下的制度创新呈现为这样一个状态:这个状态作为真实存在就是客观事物演进的结果,也是制度创新的结果。但同时,这一结果也呈现出一些值得关注的倾向和矛盾,这些倾向可能揭示了事物发展的本质或规律,也可能反映了制度创新中孕育着一些潜在矛盾的滋生,甚至矛盾的焦点已初见端倪。对这样长期观测指标的分析,可以使我们对高等教育资源配置的转型程度做出清晰的客观判断。因而,这一观测分析的数值恰恰是有价值的。**以下从研究视角提出几点思考:**

——高等教育资源配置转型的制度创新。从转型的初始逻辑以及转型的初始存量考察,我国高等教育资源配置转型程度已趋于后半程。整体转型可见,**一是高等教育资源配置转型的制度创新源于对历史机遇的把握**,国家主导趋向宏观战略的有效干预模式最直接体现在对重大机遇的审时度势、因势利导。在复杂多变的全球环境下,今后仍然需要国家主导趋向宏观战略选择的有效干预模式。**二是我国高等教育资源配置已从自上而下条条管理转向上下结合的块块管理**,以中央战略布局和以省为主统筹的格局基本形成,即在中央大政方针指导下的高等教育资源配置新制度分层、分散、分权、自治与制衡的格局。但中央如何紧紧抓住高等教育重大战略并结合地方区域发展特点差异化布局则是未来迎接全球挑战的关键。**三是未来高等教育资源配置制度创新仍然取决于符合高等教育成长规律的力量均衡**,即政府、市场、学术三种力量的较量仍是实现相对制衡并推动转型的关键。大学学术生态健康将以大学章程的制度安排为起点进入学术自治与学术治理的法治轨道,并继续与政府主导与市场机制形成三足鼎立的制衡格局。

——面向全球的资源配置变革红利机遇期。加入世贸组织准备期结束后就迎来了中美贸易摩擦与逆全球化的风波。我们享受了第二次全球化的制度红利"尾巴",又确信第三次全球化的到来将是人类社会经济技术形态被"颠覆"而引发新变革红利的时代。但从转型中不断递增的新增量及相应产生的矛盾看,我国高等教育资源配置处在全球新矛盾与新机遇的汇集点上,需要新的改革动力与新的制度环境支撑。这其中,中国正在一个持续不断的压力期,2013 年中央提出"三期叠加"和"新常态","三期叠加"是指"增长速度换档期、结构调整阵痛期、前期刺激政策消化期"。中央找到了中国经济的症结所在,通过了全面深化改革的 60 条决定①,提出转变增长方式的转型升级"药方"。2014 年提出供给侧结构性改革,2015 年提出五大新发展理念②。2016—2018 年,在经济全球化逆转、贸易战和深层次的中美对峙下,新的"三期叠加"压力又来了,这就是"战略机遇找寻期、债务压力释放期、社会共识重建期"③。"我国处于近代以来最好的发展时期,世界处于百年未有之大变局,两者同步交织、相互激荡"④这些压力特征都凸显了新时代是一个有别于过去 40 年的时代,不仅包括重新面对全球化和中国作为第二大经济体的战略抉择,而且包括整个国家现代经济体系的转型升级、社会主要矛盾的变化、国家发展新阶段的重要战略转移。因此,我国高等教育作为国家人才与科技战略的生力军,面对制度环境与制度资源的全球扩展和竞争定位,同样要应对老三期与新三期叠加压力对高等教育改革的诉求。在不可确定的发展前夜,大学必将成为启动新变革"颠覆"的引擎。2018 年 9 月 10 日,中央召开全国教育大会,习近平重要讲话中明确新时代教育的首要问题与教育工作的根本任务,提出了教育改革中的"9 个坚持"和今后开展教育工作的"9 个要求"⑤。在这样的背景下,值得关注的是,前 40 年我国高等教育资源配置的着眼点主要是国内制度环境的制度影响,今后,大学发展战略的制度环境不再囿于国内概念,而成为全球概念。事实上,现有的全球变化已影响着大学的战略选择和资源配置,在办学方向明晰的前提下,大学不可能再事无巨细地按照行政层级方式来选择或改变资源配置。政府在当下的任何不适当干预或管理失误不仅抵御不了"黑天鹅"和"灰犀牛",还会使本来就异常同质的大学发展"瞬间"丧失机遇"窗口期"。因此,新时代的政府需要新治理能力已经成为紧迫课题,这也是政府自身不断变革并让渡学术领域管控及建立现代大学治理的明智思路,因为学术与科技应变速度与选择权利受专业化与科学规律的制约,而不需要行政鉴别。因而,我国高等教育资源配置转型过程将更加深受全球更大范围资源流动

---

① 2013 年 11 月,中共十八届三中全会发布《全面深化改革若干重大问题的决定》,简称中央全面深化改革决定 60 条。

② 2015 年 10 月,中共十八届五中全会提出,实现"十三五"时期发展目标,破解发展难题,厚植发展优势,必须牢固树立并切实贯彻创新、协调、绿色、开放、共享的发展理念。

③ 秦朔:《当前经济社会何处去? 说说心里话》,金融界,http:// opinion. jrj. com. cn/2018/08/ 20091724973920.shtml。

④ 国家主席习近平 2018 年 7 月 25 日应邀出席在南非约翰内斯堡举行的金砖国家工商论坛,并发表题为《顺应时代潮流实现共同发展》的重要讲话。在讲话中,习近平对国际形势和未来发展做出重要判断,并提出中国的政策主张和建议。《习近平总书记指出,当今世界正面临百年未有之大变局》,搜狐网,https:// www. sohu. com/a/243814387_787153;《国际思想家怎么看"世界百年未有之大变局"?》,搜狐网,http:// www.sohu.com/a/337099617_117351。

⑤ 教育改革中的"9 个坚持":坚持党对教育事业的全面领导;坚持把立德树人作为根本任务;坚持优先发展教育事业;坚持社会主义办学方向;坚持扎根中国大地办教育;坚持以人民为中心发展教育;坚持深化教育改革创新;坚持把服务中华民族伟大复兴作为教育的重要使命;坚持把教师队伍建设作为基础工作。教育工作的"9 个要求":要在坚定理想信念上下功夫;要在厚植爱国主义情怀上下功夫;要在加强品德修养上下功夫;要在增长知识见识上下功夫;要在培养奋斗精神上下功夫;要在增强综合素质上下功夫;要树立健康第一的教育理念;要全面加强和改进学校美育;要在学生中弘扬劳动精神。

变化的影响。在资源流向、开放程度与借鉴创新中不断对外施加影响的同时,保持本土特色与增强国际影响力是中国高等教育的基本定力。

——**高等教育普及化的分类制度安排**。陈宝生指出,要清醒认识到,当前我国高等教育正处于从大众化后期进入普及化阶段的时间节点上,高等教育的地位作用、发展阶段、类型结构、舞台坐标正在发生着深刻的历史性变化,我们在教育观念、体制机制、评价标准、技术方法等方面还没有完全适应时代的新变化①。高等教育将进入普及化阶段,在资源配置上与高等教育精英与大众阶段的特征不同。区域发展和分类发展都决定了政府、市场、学术三种力量对高等教育资源配置制度创新的分类选择。适应新变化的指导思想首先是别于精英教育阶段的"路径依赖",政府应鼓励区域与不同分类大学之间建立资源配置上下游共享合作机制和面向全球竞争合作机制的制度安排。高等教育资源配置转型指标体系需要分类设置跟踪观测。

——**大学学术共同体面临的危机应对**。大学学术共同体在新时代发生的变化将改变大学作为知识与科学生产的唯一独立机构的现状。它将突破大学组织形态,在全球范围内形成更为多元实体性或虚体性机构形式,这必将改变大学现有治理框架,突破在一国政府、市场、学术背景下的组织模式与知识产权制度模式。基于以下不争事实或趋势:互联网的知识传播与知识增值扩散已大大超越了大学知识学习与创新应用空间;不断提升的大学普及率使社会高端知识人群与新兴产业人群交融,更多研发组织与企业挑战大学成为知识创新和技术创新的主力;科技研发成本的剧增和互联网技术使现有创新成本的总体趋降都提供了大学自主选择性创新而非政府授予,政府或科研机构基于技术垄断的政策与做法在全球技术"层出不穷"的迭代颠覆期已趋于瓦解;大学独善其身、孤芳自赏、自视清高的年代已被互联网技术支持的各式创新研发组织抛弃,大学的功能正在被同样甚至更有效率的组织所替代。大学已不仅仅处于同类竞争游戏中,真正的风险威胁更来自那些不可确定的异性竞争伙伴——"灰犀牛"。这是虚拟力量未来带给大学组织最大的不确定性,即突破原有高等教育资源配置分析框架,在政府力量、市场力量、学术力量影响制衡高等教育资源配置上,虚拟力量将把大学带入更广阔的空间,使大学学术共同体嫁接在不同的创新实体上,形成多元学术共同体。原有分析框架的前提是确定的地域、确定不变的制度环境、确定的大学功能,如果改变这三个条件,特别是增强虚拟力量的影响,大学的资源配置成本在不变或降低的情况下,就会发生意想不到的惊人变化。虚拟力量所带来的"颠覆性"冲击将是今后大学最大的危机,具备"颠覆性"的制度创新才是未来大学屹立不倒的唯一选择。

第三节　研究贡献和研究建议

一、研究贡献

本研究的主要目的是通过已建立的理论框架和转型程度指标体系,对改革开放 40 年我

---

① 《教育部部长陈宝生:全面把握新时代要求 全面振兴本科教育(在 2018—2022 年教育部高等学校教学指导委员会成立会议上的讲话)》,搜狐网,http://www.sohu.com/a/277242712_799749。

国高等教育资源配置转型趋势做出理论解释,为公共政策提供转型期高等教育制度创新的理论依据和决策参考。**本研究在长达 20 年的持续研究中证实了通过指标体系构建的主要研究假设,即高等教育资源配置方式正在由传统计划模式向市场机制约束下的政府干预、市场配置及学术治理相制衡的方向过渡。**这一方式决定高等教育资源配置的走向、结构、供需、收益的本质变化,成为高等教育发展的持续动力与不可逆转的制度安排,我国高等教育资源配置制度创新的重点是在中央大政方针指导下的分层、分散、分权、自治与制衡趋势。可以说,持续的研究观测分析基本实现了设计目的,这是对我国转型期高等教育资源配置制度研究的理论贡献:明确提出把制度变量和制度分析引入转型期高等教育资源配置研究框架,并建立了理论假设和指标体系;第一次把改革开放 40 年高等教育资源配置制度创新过程作为一个研究对象整体看待,持续跟踪研究实证了 40 年我国高等教育资源配置制度转型的基本特征和演进趋势;明确把市场经济作为三种力量孕育成长制衡的基本制度条件,并实证了重构的政府力量、规制的市场力量、回归的学术力量在制度环境演进下成为高等教育资源配置转型的基本动力。

本研究提出的影响我国高等教育资源配置转型与大学组织治理结构的三种力量动力模型(即三圈制衡模型 A)分析框架借鉴了伯顿·R. 克拉克关于国家、市场和学术权威构成的三角协调模式和揭示不同国家高等教育系统差异的理论范式[①]。**本研究在验证伯顿·R. 克拉克的三角协调模式基础上,将三种势力转化为三种动态力量,一是利用中国转型 40 年的天然实验环境**,真实观测了三种力量生成、支撑、制衡的演进过程及其约束条件,**证实高等教育资源配置与三种力量有关。**二是运用高等教育资源配置转型程度指标体系,实地观测了三种力量在不同制度环境下真实影响资源配置的演进过程,即考察描述了外生的制度环境和内生的制度安排作用于三种力量形成推动转型期高等教育资源配置变革动力的演进过程,指出三种制衡力量是一个社会长期制度结构变革的结果。**证实了三种力量并不是"与生俱来",需要制约条件形成"生长"。**三是本研究所提出的三种力量逐步生长互为支撑相互制衡的动力模型(三圈制衡模型 A)及必备和充分条件,解释了转型中三种力量的相互关系以及在不同制度背景下微观组织资源配置模式的差异,大学组织治理模式的差异就是三种制衡力量相互间力量对比制衡的结果。**证实了中国转型期高等教育资源配置转换中微观层面三种配置力量之间制衡的动力关系和差异性,**对分析国家高等教育资源配置制度转型动力有较强的解释力[②]。

具体研究突破可从建构转型指标、动力来源研究、制度变迁研究、方向趋势预测等方面侧重说明。

(一) 建构转型指标

我国改革开放 40 年是一个制度创新的时期,它提供了一个学术创新的天然实验场,我们有幸伴随、参与、体验、探索了这一真实的转型过程。这一千载难逢的研究环境使得我们看到一些"从无到有"或"从有到无"的制度演进,更让研究者抓住了制度演进的根本问题。高等教育资源配置转型程度指标体系对这一制度演进"痕迹"进行了事实描述,并就这些"痕

---

① 见导言。

② 见导言。

迹"的产生、变化、动因都做了尽可能地历史"细节"的挖掘分析,其反映的综合、复杂、矛盾地"制度纠缠",足以生动地留给未来一个历史的记忆。正出于这一目的,在分析观测指标数据结论上,本研究没有单一地给具体指标简单地下结论,而是从文献分析、政策梳理、案例调查、专家评判等多个途径入手,延展为历史成因、制度环境、多维视角的综合研究。连续20年的追踪记录和两次大规模的伴随性测量分析,以及运用该指标体系首次对我国民办高等教育资源配置增量演进分析与中外国家高等教育资源配置比较分析,不仅建立了研究转型的起始点和初始条件,探索用数据系统来描述表现我国40年高等教育资源配置制度演进状况;同时探索中国转型模式与国际高等教育资源配置的约束差别,在植根中国土壤,追踪世界一流中扬长避短。既能发挥比较优势,又能规避比较劣势。可以说,**本指标体系对迄今为止的我国高等教育资源配置制度转型具有较强的理论解释力度与可供实际量化操作的工具性特征。指标体系的测评既是集中了高等教育资源配置转型程度的结果,也是公共政策选择中具有代表性的制度创新依据,同时也为学术与公众判断政策效果与制度创新提供了参照文本。**

(二)动力来源研究

伯顿·R. 克拉克三角协调模式(B)为本研究提供了基本分析范式,本研究构建的高等教育资源配置转型动力模型(三圈制衡模型 A)是证实我国高等教育资源配置制度转型过程深受三种力量自身演进制衡的分析框架。**研究发现,本研究构建的三种力量动力模型更能表达一个在有条件约束的环境中,国家宏观层面制度演进的动态过程和大学主体通过能动的组织治理结构实现有限资源配置的差异化制度安排。**本研究提出的我国高等教育资源配置转型动力的一个必备条件和四个充分条件是观测三种力量成长制衡的基本约束条件,即**该分析模型的必备条件是三种配置力量发生关系的基础为市场经济制度**,没有这一必备条件,也就没有三个独立的配置主体,更谈不上三种力量制衡。**四个充分条件是独立的产权主体(建立排他性的产权制度)、具有法理意义上的产权交易制度(建立可转让的产权制度)、促使产权制度效率提高的制度安排(建立组织间创新内在激励机制)、保持张力存在的组织治理前提(建立组织内部制衡的必要条件)。**宏观分析影响高等教育的基本理论是经济基础与上层建筑及其生产力与生产关系。当市场经济萌发、孕育并影响高等教育资源配置时,推动高等教育制度创新的变革环境也萌发、孕育、形成了制约高等教育的三种力量,三种力量结成同盟并制衡的演进过程就是高等教育资源配置转型过程,40年的实证研究揭示了三种力量是高等教育资源配置转型的基本力量。本研究通过逐层聚合、数据检验和因子分析,形成了综合判断改革开放以来高等教育资源配置转型程度趋势,追踪市场经济"从无到有"的过程,探索制度环境对高等教育资源配置转型程度的动力影响。建立了办学体制、管理体制、投资体制、招生体制、就业体制、内部管理体制、学术治理体制等影响高等教育资源配置转型程度的变量矩阵①,考虑到各个变量对于高等教育资源配置转型程度的影响是不同的,又将七类一级指标的中 22 个二级指标按照政府力量、市场力量、学术力量的转型状况进行了分类观测,看到了这些带有强烈属性的关键指标在不同转型阶段的生长、培育、制衡过程。**这**

---

① 在计算和测量的过程中,课题组采用德尔菲法确定每个指标的自然权重,经过专家的讨论和反复沟通,模型中采用七个变量汇总求和均值的方式进行计算,避免主观设定权重而影响对事实的考量。

些变量和分类后的表现结合起来更进一步揭示了高等教育资源配置转型趋势的动力来源。通过综合验证发现,各个变量对于高等教育资源配置转型程度的影响并非是孤立的,而是互相影响的,任何一个指标的变化都会引起其他指标的追随变动,转型越深入,总体指标越趋向均衡,揭示了高等教育制度创新的系统性、关联性、内生性。因此,**指标体系基本描述了高等教育资源配置 40 年的转型制度变迁,证实了三种力量是推动制度转型相互支撑互为制衡的力量**,对改革开放以来高等教育资源配置转型趋势的动力来源具有较强的解释力。同时通过对我国民办高等教育资源配置制度演进和部分国家高等教育资源配置比较研究的佐证,考察了 40 年我国民办高等教育资源配置制度演进增量,证实了三种力量作为动力基础的客观存在;通过国别比较实证了市场经济条件下比较国高等教育资源配置的动力基础也是三种力量。

本研究首次对虚拟力量进行分析发现,虚拟力量作为未来颠覆性技术正在影响大学组织资源配置,并作为资源配置技术支撑正在辅助影响大学的其他三种力量,但替代其中某一种力量的条件尚未出现,即对于大学组织的存在价值以及支撑这一存在所需的资源配置主要力量尚未改变。目前或相当一个时期,虚拟力量在支撑改善三种力量配置资源转型中将发挥应有作用,三种力量仍然是中国经济与社会转型中配置大学资源的基本力量。虚拟力量作为正在迅速成长并影响大学资源配置的新兴力量,已经或正在对大学产生不可估量甚至颠覆性影响。一旦影响大学资源配置的基本条件成熟,虚拟力量将会程度不同地取代改变其他三种资源配置模式,成为独立于三种力量的第四种力量。

(三)制度变迁研究

以往的研究以短期性研究较多,也常依据教育基本理论对应研究课题。但转型期作为天然制度创新实验过程,这个特殊性恰恰使得理论可能"失灵",这也是探索创建中国特色社会主义制度创新理论的紧迫意义。由于中国经历的这场改革并没有先验主义的预设,一切都是"摸着石头过河",这一真实改革实景为研究者提供了可观察分析的对象。**追随改革实践的观测分析是本研究的研究特色**,也是作为事实陈述的逻辑分析起点。因此,我国改革开放 40 年提供了研究一个较长时期制度变迁的样本。本研究主要是应用新制度经济学方法论等着重对转型期高等教育资源的配置方式和影响配置方式的约束条件进行多元的、动态的、相对的过程性研究,探究了在不同制度环境下我国高等教育资源配置制度安排的本质变化,**是首个全面追踪观测我国转型期高等教育制度变迁的课题研究项目。同时,首次进行了对部分发达和转型国家高等教育资源配置的比较研究**。本研究不仅从指标测量分析制度变迁,而且对 40 年中对高等教育资源配置有重大影响关系的制度创新案例进行了全程个案分析。除之前研究分析的案例外①,此次研究对影响我国高等教育资源配置外部环境的中国现代化进程、中国市场化进程、经济全球化进程的持续相关性分析,如影响 21 世纪头 18 年我国高等教育资源配置的四件大事:即高等教育大众化、高等教育国际化、创建世界一流大学、现代大学制度建设四个重大案例分析,影响转型期我国大学重要制度演进的三个案例分

---

① 本研究之前已涉及一些重大案例分析,如高等教育部门管理体制、高等教育投入体制、学生助学贷款制度、独立学院变迁等。见康宁:《中国经济转型中高等教育资源配置转型的制度创新》,教育科学出版社,2005;康宁:《中国高等教育资源配置转型程度指标体系研究》,教育科学出版社,2010。

析(高校内部管理组织机构变革、大学章程建设启动、大学自主权制度演进),同时,收集了2007—2018 年间 700 多种主要高等教育资源配置政策文件,并与之前 1978—2006 年间的600 多份政策文件进行了制度文本的连续比较分析,对指标体系分类分析予以实证支持。**这些重大案例的实证分析为研究 40 年高等教育资源配置制度转型趋势提供了真实场景和理论依据**,这样大规模的案例研究可以综合分析研究对象、综合剖析解释复杂的"制度供给"和"制度纠缠",综合实证研究假设并揭示制度演进的根源,从而配合高等教育资源配置转型指标体系最后测量分析的综合指数,得到本研究转型趋势与主要特征的基本结论。这也是本课题制度案例分析上的突出特点,制度分析不仅要分析正式文本,也要对真实经验进行分析,两个方面的综合分析才有可能解释较长历程的制度演进规律和趋势。

本研究长期观测、分析高等教育资源配置转型中的制度环境与制度安排相关性,资源增量与资源存量的转换、让渡和替代,资源配置主体的行为变化和博弈,配置资源的组织结构与治理模式,制度收益与制度成本,资源配置的制度创新和制度变迁等现象,全方位地寻求对我国 40 年高等教育资源配置转型程度的"制度细节"分析。本研究在理论框架基础上建立的指标体系,对高等教育体制改革中关键的增量数据进行了基本符合客观实际的分类测算和比较分析,得到了一组与实际感受相匹配的高等教育资源配置转型程度的具体指数,使观察者可以感同身受地体验一个较长历史过程的制度变迁,从中发现变革过程内在的特殊性、关联性、规律性。这套指标仍可以持续作为观测转型期高等教育资源配置的基本分析工具。

(四)方向趋势预测

本研究不仅把实证研究的重点放在描述转型期资源配置发展变迁的以往历史阶段,也不断追随正在发生的制度创新过程。同时,花更长时间观测短期不易发现但长期分析可见的规律。研究的主要着眼点是发现那些可能影响高等教育制度变迁的内生变量和外生变量,也就是说本研究将注意力放在对资源的存量和增量变化的相互关系上,以及资源主体产权变化对资源配置变量的影响上。依据这一过程数据重点对资源变化背后的制度因素进行分析,特别是在构建指标体系的坐标方位时,**着眼于从反映高等教育资源配置转型的动力来源和整个进程变化视角出发,提供一个较为全面系统观察的窗口与衡量转型程度的标尺以及变化趋势的平台**。同时,该指标体系不是对现实情况的机械的反映,而是紧密结合制度创新和教育发展的内在规律,对转型中资源配置变化的本质特征和发展轨迹进行观察分析,即不仅仅反映变化结果,还反映变化过程;不仅仅反映当前状况,还预测可能走向;不仅仅反映存量变化,还反映增量变化;不仅仅观测国内资源,还进行国际比较分析。其目标即通过理论框架和指标体系能够描述测量与判断解释我国高等教育资源配置转型的历史、现状和未来变化趋势,揭示转型期高等教育资源配置转换的一般规律以及制度创新规律,**特别是建立的基本解释模型能够预测未来转型期高等教育资源配置发展方向与趋势**。民办高等教育资源配置制度演进指标程度研究与部分国家高等教育资源配置演进指标研究都相应佐证了转型期高等教育资源配置制度转型程度指标研究。研究目的收益显著,研究成果真实可信。

由于该研究本身的开放性、持续性和创新性特点,其研究贡献会随着我国的制度创新和制度变迁显示其应有价值。

二、研究不足

正因为本研究具有的开创性与探索性,使得选题立项到研究过程历时二十年之久,由于研究者要随时观测历时性的转型期资源配置变化的情况,以及保证摘取为研究指标的资源数据的真实可靠与可描述,所以短期研究很难实现研究目标。同时,本研究是一个开放性与预测性课题。中国转型期的制度建设一直在进行之中,高等教育资源配置转换的任务不以我们想不想进行,能不能进行为依据,它的历史使命与建立社会主义市场经济的大背景相依存相关联。因而,本研究所有涉及的指标在演进中都发生着变化,这恰恰是制度分析难得的对象,使制度创新研究成为现实研究对象。其由此做出的结论与分析是动态的、长线的、有历史方位的、也是需要历史检验的。这正是被本研究吸引并具有研究魅力的特色所在,也决定了研究课题阶段性的不完备性与不完整性。因此,本研究的不足既可能源自制度分析方法运用于高等教育领域的不成熟,也源自研究对象转型变革的"不确定性"。主要研究不足如下:

(一)本研究只是有限目标研究

本研究作为规范性与实证性结合的研究,前期理论分析框架的建立已为实证分析奠定了基础,后期重点是运用一个测量、判断、解释高等教育资源配置转型的历史现状和未来发展趋势的指标体系,对我国40年高等教育资源配置转型程度进行描述性的实证研究。本研究并未对转型程度的测量结果进行全程价值判断,也没有分析不同转型程度以及不同领域转型程度的效果优劣判断。本研究重点是探讨转型"从哪里来,到哪里去"的溯源与趋势分析,力求相对中立的、客观的、实证的研究。但在研究中不可能完全做到分析的中立性,因为社会科学研究过程不可能完全是技术性分析,在研究过程的部分分析和结论中可能隐含着某些价值判断。因无法做到对所有领域的数据与案例进行分析,缺少多维缜密的专题性研究。这也表明本研究只是有限目标研究,即提供了长期观察转型期高等教育资源配置的变化平台,以提供进一步具体研究的可能。同时,研究结论中转型程度的高低并不意味着本研究对已有政策价值影响的优劣判断,这一点需要特别说明。建议其他的研究者可以根据本指标体系的测量结果进行定性分析和价值判断,也可以提出解决问题的方法和路径另行评估研究。使本研究更为完善、更具有实证意义。

(二)实证研究设计存在一定局限性

虽然经过长时间的数据采集、模型建构、实证检验和政策案例分析,供给本研究第二次运用指标系统对高等教育资源配置转型程度进行了分析判断与量化实证研究,但基于研究对象本身的动态改革特征与数据资料获得性的缺陷,其中,信息来源的确定性、稳定性与整合性偏差造成分析局限性;大范围问卷调查因对称性信息鉴别成本较高,造成信度、广度、区分度不一;在设计问卷中的概念范畴理解不一或共识不到位也造成回馈信息的不确定;也存在因改革调整和数据定义变更造成前后数据不一,作为第三方取信渠道不畅也是影响因素之一。本研究在收集资料,文献采集、方法运用等方面存在个别与局部可能影响某些指数分析判断的差异。具体表现为:在采集历史数据上因缺失部分年度数据而改为时点区域的统计分析;由于本研究作为国家社科规划课题的结题时间为2018年,因而,提供测量转型指标的数据来源基本为 2016 年,国家基本数据披露有一定滞后性,虽然之后在综合分析中做了补充,没有发现有指标颠覆原有分析结果,符合趋势结论,但仍然是一个遗憾;在数据采集的方法上,一部分数据是根据实际的数值标准化后确定的,还有一部分难以获得的数据采用了专家评判法,由本研究依据政策的变迁情况,在 0、0.2、0.4、0.6、0.8 和 1 之间确定转型程度数值,分别代表转型程度无、极低、较低、中等、较高、极高;部分年度的数据采用定性评价获得,其数据一定程度上取决于专家的主观评价,虽然也具有较高的分析价值,但是在客观性上存在一定的局限。在国际比较研究中,更因各国国情与体制的差异和数据获得年份的不同,使得比较难度增加,本研究只能采取获取更多来源同类资料进行比较的方式来选取指标。在民办高等教育资源配置演进程度指标测量上,因为民办高等教育本身作为增量数据来源不稳定与评定上存在多样性,因此,采取改革开放初期年份测量疏而近年来测量年份密的方式,观测分析其演进特征。本研究虽然通过多条途径(多个来源)来验证指数的判定,但仍有一定缺陷。因此,目前建立的这一组高等教育资源配置转型程度指标体系会在未来的制度创新中再次发生数据调整的情况,其他研究者可以针对课题研究存在的局限继续进行调整改造,进一步完善对转型期高等教育资源配置的实证性研究。

（三）改革进行式和不确定性使研究成果呈现为阶段性

本研究的理论基础与方法论主要是新制度经济学,本研究的着眼点是通过一组能够描述说明解释预测转型期高等教育资源配置状况的指标体系,来说明影响高等教育制度变迁的内外部变量以及资源存量和增量变化的相关性,特别是资源主体产权变化对资源配置转换的影响,重点对资源变化背后的制度因素进行分析,使其能够描述变化发展的历史趋势,预测发展方向。但是中国国情的复杂性和特殊性以及正在深化改革的不确定性,使得任何一种理论流派和任何一个分析视角都存在自己的局限性。本研究也确信,正在进行的研究恰恰也是中国特色社会主义制度创新理论的探索。因此,在研究分析中,吸纳不断形成的中国特色社会主义理论与实践养分,解释中国的制度转型,具有一定的开创性。但受制于自身局限性,这部分的探索刚开始。其他研究者完全可以从多个理论和视角入手。也只有通过竞争性的研究手段,才能真正推动高等教育资源配置转型程度的研究进一步走向科学和系统。

（四）国际比较研究分析仍然不足

本研究首次将高等教育资源配置转型指标与部分国家进行了资源配置比较,取得了突破性比较成果。但在撷取"他山之石"上仍然具有局限性,搜集国外或境外相关资料的渠道不够,对国外相关研究的梳理基础相对薄弱,造成"他山之石"资料的完整性、追踪性、因缘性较欠缺,特别是对现有指标的历史来源的比较分析不够。转型期高等教育资源配置转型是一个不断接近于理想目标的过程,转型指标体系的建构研究同样也是一个不断趋近于表现理想状态的过程。在进行国际比较建构中需要尽可能地搜集、整理、占有更多来自国外的相关资料,由于本研究现有力量不足,数据资料获得困难,为国际比较分析带来较大困难。同时,虽然中国选择了市场配置资源的制度环境,但由于历史禀赋和国情特色的不同,使得我国高等教育资源配置制度转型的国际比较缺乏直接可比性,需要进一步分类研究不同约束条件中的可比因素,完善比较指标建构。

总之,本研究以我国社会主义市场经济建设为目标、以市场化程度指标、现代化指标、全球化指标作为制度环境参照体系,从高等教育资源主体与客体及相互关系入手,重点研究客观反映整个改革开放四十年我国高等教育资源配置程度状况的指标测量方法,初步建立了一组能够描述解释高等教育资源配置转型程度的判断与预测性指标体系,并对转型期高等教育资源配置制度创新趋势进行了研究。但是,这只是一个研究起点,还存在一些研究局限。由于这一制度转型还在继续,需要更多的研究者从不同的理论视角,整合更为全面的数据资源,对转型指标体系进行建设性的研究,逐步形成一个较为完善的、能够经得住实践检验的,可以为多方接受的我国高等教育资源配置转型指标体系。

三、研究建议

本研究的前期研究成果在 2005 年、2010 年、2016 年已结题出版[1],在以往的研究建议中提出了六点尚未完成的研究工作,第一,建议继续论证完善并利用本研究创建的高等教育资源配置转型程度指标体系,评析今后我国高等教育资源配置转型程度;第二,建议在本研究的基础上,重点研究高等教育资源配置的有效性以及由此延伸而来的高等教育资源配置的性质、效率和公平问题;第三,建议将高等教育资源配置转型程度指标体系扩展为具有国际背景在内外两个资源市场范围内进行国际资源配置比较分析框架的研究课题;第四,建议在资源配置的宏观制度设计与政策调控中,更注重研究对历史机遇、多元选择、学术生态因素在转型期的资源配置上的影响;第五,建议在本研究的基础上,进一步搜集整理具有可比性的其他国家的相关资料,开展中外(特别是转型国家与新型发展中国家)高等教育的资源配置转型的相关研究;第六,建议在本研究的基础上,加大对"第四种力量"的关注力度,适时开展"第四种力量"在高等教育资源配置转型中地位与作用的专门研究[2]。经过 10 年的艰辛努力,本研究至少对上述提出的五个未尽工作又做了持续性和开拓性的基础研究(第一、第三、第四、第五、第六)。特别是持续性研究我国 40 年转型期高等教育资源配置转型程度,进一步论证揭示我国转型期高等教育资源配置的制度变迁特征、规律以及相关约束条件,阐述转型期高等教育资源配置过程是一个制度创新与制度变迁过程,讨论在不断完善的社会主义市场经济的环境下我国高等教育资源配置制度演进趋势。同时,在本次研究的第一章、第二章、第六章中,更注重研究历史机遇、多元选择、学术生态因素在转型期的高等教育资源配置上的影响。本研究在第三章,首次对我国民办高等教育资源配置增量进行了跨度 40 年的制度演进测量和分析。本研究在第六章,首次对虚拟力量作为"第四种力量"在高等教育资源配置中地位与作用进行了专门研究论证,取得了阶段性成果。本研究在第五章,将高等教育资源配置转型程度指标体系扩展为具有国际背景在内外两个资源市场范围内进行国际资源配置比较分析尝试。首次初步得到具有国际比较优势的研究成果。基于一项 20 年持续性制度转型研究项目,本研究对进一步开展研究有四点设想。

---

[1] 康宁:《中国经济转型中高等教育资源配置转型的制度创新》,教育科学出版社,2005;康宁:《中国高等教育资源配置转型程度指标体系研究》,教育科学出版社,2010;Kang Ning, *Institutional Innovation in Higher Education Resource Allocation in China's Transitional Economy*(McGraw Hill Education,2016)。

[2] 康宁:《中国高等教育资源配置转型程度指标体系研究》,教育科学出版社,2010,第 204—208 页。

（一）继续开展进入新时代的我国高等教育资源配置制度转型研究，丰富发展中国特色社会主义高等教育制度创新理论

高等教育资源配置转型指标对中国改革开放 40 年的制度变迁与高等教育资源配置制度创新具有较强的逻辑解释力。本研究不仅可能为公共政策部门提供一组可供测量的高等教育资源配置主体的行为变化的趋势指标，而且提供了本研究选取的理论框架下的转型国家制度创新行为的一组约束条件与分析模型，为其他后续的转型研究提供了思路，这既是本研究的初衷与国家课题申报的价值所在，也是本研究最重要的研究贡献之一。**中国特色社会主义道路仍然在路上，高等教育资源配置转型的制度创新也依旧在路上。本研究是迄今历史最大的追踪高等教育制度转型的研究，建议有关部门继续提供力量支持，继续开展进入新时代的我国高等教育资源配置制度转型研究。在此基础上，丰富发展中国特色社会主义高等教育制度创新理论。**需要继续观测与论证的课题有：**一是**我国高等教育资源配置的转换与创新过程将发生在第二个改革开放 40 年的新时代，也面对新一轮市场化、信息化、现代化和全球化的新制度背景。今后国内外制度环境变量对转型期高等教育资源配置转型程度的影响力度，特别是新型全球化在信息技术的支持下使资源在全球转移与共享的影响变化。**二是**转型期我国高等教育发展与改革的主要推动力源于与之相适应的政府、市场、学术三种力量的成熟和制衡。今后它们将在高等教育普及与卓越的目标下，呈现怎样的形式来影响高等教育资源配置方式的性质、程度与方向[①]。新的高等教育资源配置方式会继续朝着改善的公共治理与法治框架、市场机制约束的政府干预、市场配置及学术治理相制衡的方向过渡。它们各自在什么结构下将决定高等教育资源配置的走向、结构、供需、收益的本质变化。其中三种力量形成的生态环境在促使法权意义上的大学治理结构的完善是研究重点。**三是**高等教育发展的持续动力与不可逆转的制度安排将在何时基本完成在中央大政方针的指导下我国高等教育资源配置的新制度分层、分散、分权、自治与制衡的框架。这取决于中央与地方统筹高等教育资源配置事权与责任的制度建设。**四是**政府公共信息开放与大数据支持提供了对资源配置研究的基础，高等教育资源配置转型程度研究无论是过去还是未来都可以利用大数据收集观测分析，对资源配置走向的变迁过程与制度创新的演进关系进行紧密对应研究，使资源配置指标研究的论证手段更加完善。

（二）重点研究高等教育资源配置的有效性以及由此延伸而来的高等教育资源配置的性质、效率和公平问题

本研究只是做出了不同资源配置现象的基本客观描述，对 40 年转型的原因与动力进行了理论解释，但未对每一类资源配置的阶段结果进行有效性评估。究竟哪些既适应市场经济的效率又符合教育公共利益最大化原则，哪些制度创新的配置方式是代表着高等教育内在规律发展与方向的，特别是三种力量制衡的均衡点呈现为什么样特征等，可在调整的转型程度指标体系基础上进行的这些研究可以更有现实性、针对性、有效性。在研究我国高等教

---

① 在本研究中，三种力量的集中表达形式是通过分析转型中政府公开的政策信息并转化为指标系统呈现的。

育资源配置制度转型特征时有必要清醒地理解阶段性特征的由来,同时需要用更长的时间去观察、比较、理解和解释不同历史禀赋下大学的基本国情与基本特色。

(三)继续将高等教育资源配置转型程度指标体系扩展为具有国际背景在内外两个资源市场范围内进行国际资源配置比较分析框架的研究

中国已成为全球化的受益方,并将继续深度参与全球化的进程。两个市场两种资源已摆在我国高等教育战略发展的平台上。我国高等教育资源配置不仅是对国内原有体制内资源存量、体制外资源增量进行扩展和调整,更需要对全球资源和优势资源进行培育和吸纳,为我国所用。在研究全球高等教育资源配置能力时,急迫需要一个跨越国内外资源限制并能体现本国特点的指标系统,作为分析国内资源配置效益的现实转型"罗盘"。同时,更好地修订完善现有转型期的指标体系分析模型,构建测量全球高等教育资源配置能力的指标体系,有助于促使我们站在融入全球治理并参与竞争的需求上,客观审视高等教育资源配置制度转型的方向,为高等教育服务国家战略提供一个参考"窗口"。因此,继续完善这个指标体系在国际高等教育理论研究和全球现实语境中的比较具有重要的意义,也具有很强的挑战性。

(四)加强对"第四种力量"在高等教育资源配置转型中地位与作用的持续研究

全球化下高等教育资源配置的形式更为多样化和错综复杂,如全球教育数字网络链接使得大学在全球范围内共享课程与合作项目,"全球课堂"将会成为一个世界各地同步的资源配置的制度安排,消除时空的障碍,使先进的知识技术低成本地传播。也就是说,新的技术资源的配置方式突破改变的是在原有区域制度框架下的整合。在技术时代,未来时间既是制度改革的沉淀期,也是制度创新的爆发期。政府、市场、学术三者在市场的"舞池"里已经历了 40 年的"共舞",未来需要重新思考:虚拟力量参与资源配置是否能够成为高等教育制度转型趋势的关键,原有"三圈动力制衡"模型设置的理论分析框架是否会受到"第四种力量"的改变,是持续研究的重点。

参考文献

扫码详见
更多参考文献

中文：

1. 伯顿.克拉克.建立创业型大学：组织上转型的途径[M].王承绪,译.北京：人民教育出版社,2003.
2. 王蓉,鲍威.高等教育规模扩大过程中的财政体系：中日比较的视角[M].北京：教育科学出版社,2008.
3. 董圣足.从有益补充到共同发展—民办教育改革发展之路[M].上海：华东师范大学出版社,2018.
4. 改革开放 30 年中国教育改革与发展课题组.教育大国的崛起(1978—2008)[M].北京：教育科学出版社,2008.
5. B.盖伊·彼得斯.政治科学中的制度理论："新制度主义"(第二版)[M].王向明,段红伟,译.上海：上海人民出版社,2015.
6. 国家教育行政学院.国家教育体制改革试点阶段性研究报告(高等教育卷)[M].北京：教育科学出版社,2014.
7. 韩旭,涂锋.中央、地方事权关系研究报告[M].北京：中国社会科学出版社,2015.
8. 候定凯.全球化高等教育市场发展的新趋势[J].复旦教育论坛,2012(02).
9. 黄藤.中国民办教育研究[M].上海：华东师范大学出版社,2016.
10. 习近平.关于〈中共中央关于全面深化改革若干重大问题的决定〉的说明[M]//中共中央文献研究室.十八大以来重要文献选编(上).北京：中央文献出版社,2014.
11. 康宁.中国高等教育资源配置转型程度指标体系研究[M].北京：教育科学出版社,2010.
12. 康宁.中国经济转型中高等教育资源配置制度创新[M].北京：教育科学出版社,2005.
13. 劳凯生.创新治理机制、尊重学术自由与高等学校改革[J].教育研究,2015(10).
14. 李立国.高等教育办学成本持续增加的组织制度分析[J].中国高教研究,2017(07).
15. 李培林,陈光金,张翼,等.2018 年中国社会形势分析与预测[M].北京：社会科学文献出版社,2018.
16. 李齐云.建立健全与事权相匹配的财税体制研究[M].北京：中国财政经济出版社,2013.
17. 卢现祥.西方新制度经济学[M].北京：中国发展出版社,1996.
18. 罗纳德·哈里·科斯,王宁.变革中国：市场经济的中国之路[M].北京：中信出版社,2013.
19. 孙霄兵.中国特色现代大学制度建设研究[M].北京：教育科学出版社,2014.
20. 魏建国.公立高校经费投入机制的国际比较[M]//王蓉.中国教育财政政策咨询报告(2010—2015).北京：教育科学出版社,2015.
21. 邬大光,王旭辉.近年来我国高等教育研究若干问题述评[J].教育研究,2015(05).
22. 张国有.大学理念、规则与大学治理[M].北京：北京大学出版社,2013.
23. 张应强,苏永建.高等教育质量保障：反思、批判与变革[J].教育研究.2014(05).
24. 周光礼.经费配置模式与大学战略选择：中国大学趋同化的经济学解释[J].中国高教研究,2015(09).
25. 周其仁.改革的逻辑[M].北京：中信出版社,2013.

外文：

1. Agasisti, T., & Pérez-Esparrells, C. (2010). Comparing efficiency in a cross-country perspective：The case of Italian and Spanish state universities. *Higher Education*,59(1),85 - 103.
2. Bergh, A. (2011). Why quality in education and what quality? -A linguistic analysis of the concept of

quality in Swedish government texts. *Education Inquiry*, 2(4), 709 - 723.

3. Browne, J. (2010). *Securing a sustainable future for higher education: An independent review of higher education funding and student finance.* London, UK: Department for Business, Innovation & Skills.

4. Carpentier, V. (2012). Public-private substitution in higher education: Has cost-sharing gone too far? *Higher Education Quarterly*, 66(4), 363 - 390.

5. Choi, S. (2015). Meritocratic epistemic communities: An alternative policy paradigm for higher education. *Higher Education Quarterly*, 69(1), 58 - 78.

6. Cretan, G. C., & Gherghina, R. (2015). Funding higher education in a few EU countries: Implications for competition and competitiveness in higher education. *Journal of Knowledge Management, Economics and Information Technology*, 1, 1 - 22.

7. Cronin, P., Ryan, F., & Coughlan, M. (2008). Undertaking a literature review: A step-by-step approach. *British Journal of Nursing*, 17(1), 38 - 43.

8. De Oliver, M., & Briscoe, F. M. (2011). US higher education in a budgetary vortex 1992—2007: Tracing the positioning of academe in the context of growing inequality. *Higher Education*, 62(5), 607 - 618.

9. Dearden, L., Fitzsimons, E., Goodman, A., & Kaplan, G. (2008). Higher education funding reforms in England: The distributional effects and the shifting balance of costs. *The Economic Journal*, 118(526), F100 - F125.

10. Delaney, J. A., & Doyle, W. R. (2014). State spending on higher education capital outlays. *Research in Higher Education*, 55(5), 433 - 466.

11. Docampo, D. (2007). International comparisons in higher education funding. *Higher Education in Europe*, 32(4), 369 - 386.

12. Donina, D., Meoli, M., & Paleari, S. (2015). Higher education reform in Italy: Tightening regulation instead of steering at a distance. *Higher Education Policy*, 28(2), 215 - 234.

13. Fowles, J. (2014). Funding and focus: Resource dependence in public higher education. *Research in Higher Education*, 55(3), 272 - 287.

14. Freeman, R., & Maybin, J. (2011). Documents, practices and policy. *Evidence & Policy: A Journal of Research, Debate and Practice*, 7(2), 155 - 170.

15. Hanada, S. (2013). Japan's higher education incorporation policy: A comparative analysis of three stages of national university governance. *Journal of Higher Education Policy and Management*, 35(5), 537 - 552.

16. Harris, B. (2014). Corporatisation, managerialism and the death of the university ideal. *Australia Journal of Politics and Law*, 7(2), 63 - 80.

17. Hicks, D. (2012). Performance-based university research funding systems. *Research Policy*, 41(2), 251 - 261.

18. Kallison Jr, J. M., & Cohen, P. (2010). A new compact for higher education: Funding and autonomy for reform and accountability. *Innovative Higher Education*, 35(1), 37 - 49.

19. Kauppinen, I. (2012). Towards transnational academic capitalism. *Higher Education*, 64(4), 543 - 556.

20. Kimber, M., & Ehrich, L. C. (2015). Are Australia's universities in deficit? A tale of generic managers, audit culture and casualisation. *Journal of Higher Education Policy and Management*, 37(1), 83 - 97.

21. Lacy, T. A., & Tandberg, D. A. (2014). Rethinking policy diffusion: The interstate spread of 'finance innovations'. *Research in Higher Education*, 55(7), 627 - 649.

22. Long, B. (2010). Losing sight of Humboldt: A synoptic review of Australian government policy over the last 35 years. *Journal of Further and Higher Education*, 34(3), 451 - 465.

23. Magalhães, A., Veiga, A., Ribeiro, F. M., Sousa, S., & Santiago, R. (2013). Creating a common grammar for European higher education governance. *Higher Education*, 65(1), 95 – 112.

24. Miller, B. (2010). The price of higher education: How rational is British tuition fee policy? *Journal of Higher Education Policy and Management*, 32(1), 85 – 95.

25. Moore, M. G. (1993). Editorial: Free trade in higher education. *American Journal of Distance Education*, 7(3), 1 – 7.

26. Nisar, M. A. (2015). Higher education governance and performance based funding as an ecology of games. *Higher Education*, 69(2), 289 – 302.

27. Piché, P. G. (2015). Institutional diversity and funding universities in Ontario: Is there a link? *Journal of Higher Education Policy and Management*, 37(1), 52 – 68.

28. Pilbeam, C. (2012). Pursuing financial stability: A resource dependence perspective on interactions between pro-vice chancellors in a network of universities. *Studies in Higher Education*, 37(4), 415 – 429.

29. Pinheiro, R., & Stensaker, B. (2014). Designing the entrepreneurial university: The interpretation of a global idea. *Public Organization Review*, 14(4), 497 – 516.

30. Proper, E. (2009). Bringing educational fundraising back to Great Britain: A comparison with the United States. *Journal of Higher Education Policy and Management*, 31(2), 149 – 159.

31. Rabovsky, T. M. (2012). Accountability in higher education: Exploring impacts on state budgets and institutional spending patterns. *Journal of Public Administration Research and Theory*, 22(4), 675 – 700.

32. Saunders, M. (2012). A political economy of university funding: the English case. *Journal of Higher Education Policy and Management*, 34(4), 389 – 399.

33. Shin, J. C. (2010). Impacts of performance-based accountability on institutional performance in the US. *Higher Education*, 60(1), 47 – 68.

34. Stewart, R. (2014). Changing the world one systematic review at a time: A new development methodology for making a difference. *Development Southern Africa*, 31(4), 581 – 590.

35. Tandberg, D. (2010). Interest groups and governmental Institutions: The politics of state funding of public higher education. *Educational Policy*, 24(5), 735 – 778.

36. Toutkoushian, R. K., & Shafiq, M. N. (2010). A conceptual analysis of state support for higher education: Appropriations versus need-based financial aid. *Research in Higher Education*, 51(1), 40 – 64.

37. Trilokekar, R. D. (2010). International education as soft power? The contributions and challenges of Canadian foreign policy to the internationalization of higher education. *Higher Education*, 59(2), 131 – 147.

38. Weerts, D. J. (2014). State funding and the engaged university: Understanding community engagement and state appropriations for higher education. *The Review of Higher Education*, 38(1), 133 – 169.

39. Wellington, S. (2007). The financial security of UK HE institutions. *Perspectives: Policy and Practice in Higher Education*, 11(4), 103 – 106.

40. Williams, G. (2012). Fifty interesting years: Higher education funding and financial management 1961—2011. *Perspectives: Policy and Practice in Higher Education*, 16(2), 51 – 55.

41. Yonezawa, A., & Shimmi, Y. (2015). Transformation of university governance through internationalization: Challenges for top universities and government policies in Japan. *Higher Education*, 70(2), 173 – 186.

42. Zmas, A. (2015). Financial crisis and higher education policies in Greece: Between intra-and supranational pressures. *Higher Education*, 69(3), 495 – 508.

后　记

　　丘吉尔有句名言,看得见多远的过去,就能走向多远的未来。这句名言似乎有了实验论证[①]。2018 年芝加哥伊利诺伊大学心理学教授卡尔·斯普纳尔(Karl Szpunar)和同事着眼于大脑默认网络的活动研究,研究区域包括海马体以及参与处理个人信息、空间导航和感官信息的大脑区域。他们发现,脑功能磁共振扫描告诉研究人员,大脑的很多部分既参与记忆,也参与预测。人在记忆和想象未来事件时,很多大脑区域的活动"几乎是完全重合的"。我把这句话放在本书的扉页上,是要表明研究与出版此书的目的。

　　本书的研究动议源于 20 世纪 90 年代初。一是我国确立社会主义市场经济制度下高等教育与市场经济的关系,这是当时业界最热门的话题之一,但是众说纷纭,没有结论;二是我订阅了十多年的一份当时在经济学界比较有影响的内部准印刊物《经济学消息报》[②],其中关于制度经济学理论与方法的实证研究对我影响很大。前者让我找到问题研究的方向,即中国高等教育资源配置在什么样的环境下发生了哪些变革;后者让我有了从真实世界出发解释这一变革原因的研究兴趣。之后,这一研究动因促使我在北大经济研究中心蹭课,1998年入校后有幸聆听了一批当年北大中青年经济学研究学者的课程[③],比较有目的地涉猎学习古典经济学与制度经济学理论,开始重视研究方法的习得。虽然我的研究主业仍然是教育,但制度经济学重视约束条件与交易费用以及制度变迁等研究方法使我大开眼界。同时,也让我系统地把 1978 年曾在南京大学旁听了一年的孙伯鍨等教授的马克思主义基本原理等课程同研究结合起来[④],重新思考马克思主义制度学说与西方制度经济学的关系。当我把研究问题与研究方法集合起来,向闵维方导师陈述我的博士研究课题时,我得到了导师更

---

① 想不到吧? 人类可以利用记忆预测未来 http://www.sohu.com/a/228148394_563934 2018 - 04 - 13 11:37
② 谢作诗:纪念《经济学消息报》2010 年 09 月 25 日,凤凰网财经。2010 年 9 月 24 日,《经济学消息报》出版完第 924 期后正式停刊,该报 1990 年作为内部周刊交流。
　　陈艳涛《高小勇和他的经济学消息报》http://finance.sina.com.cn 2005 年 11 月 21 日 17:36 新周刊。1994 年,《经济学消息报》的"诺贝尔大追寻"首创国内媒体的一项纪录:在林毅夫等人的帮助下,主编高小勇在一个月的时间里赴美国面对面地采访了十几位诺贝尔经济学奖得主。这一事件甚至被一些新闻教科书作为一次新闻实践的成功案例。
③ 主要以北京大学中国经济研究中心与光华管理学院的经济学课程为主,主要授课人林毅夫、周其仁、张维迎、汪丁丁、陈平、李其等。
④ 因为对哲学的兴趣,1978 年我在南京大学哲学系旁听了《马克思主义基本原理》《西方哲学思想家及其流派》,受益匪浅。

为系统和深入地指导,奠定了中国高等教育资源配置制度转型问题为研究的基本方向①,开弓没有回头箭,这一研究持续了 20 年。

让我的研究能够持续并得到一个阶段的研究结论,要由衷感谢这个时代——改革开放 40 年。作为亲历和参与者,我们沉浸其中,感知"摸着石头过河"的艰辛与惊喜;作为观察与研究者,我们又理性在外,感慨"忽如一夜春风来"思想解放的改革奇迹。我受惠于"拨乱反正"后的高考制度改革上了大学,又在教育体制改革的关键一年——1985 年调入教育部,开始投入这一翻天覆地的改革试验场。这一丰富的"实验田"提供了最真实考察中国高等教育变革的制度环境,也促使我不断思考不同发展阶段条件下出现的问题。虽然工作有所变动,但博士阶段的研究一直没有中断。在这期间,作为一项重点关注改革开放以来我国高等教育资源配置制度创新与制度演进特征与趋势,对改革开放 1978—2018 年高等教育资源配置转型的连续性研究,全国教育科学规划办国家社科基金研究项目给了我两次深入研究的机会,使得这一研究课题能够持续到 2018 年。其中研究成果被评为"第四届全国教育科学研究优秀成果一等奖"②。聊以欣慰的是,这足以表明选择这项研究的学术价值与历史意义。

在历时 20 年的研究中,最能反映我对研究对象心路历程的是记录在《中国经济转型中高等教育资源配置的制度创新》和《中国高等教育资源配置转型程度指标体系研究》两本书扉页上的两段话:**"我们不了解市场是什么?我们不知道一个我们不了解的研究对象将把我们带到何处去?我们甚至不了解我们的传统曾几何时不知不觉地在消融,并在时间的隧道中将一个不知的世界变成我们生活中不可分离的重要部分"**;**"在生成市场经济体制过程中和资源配置转换的过程中,存在着大量的经典学说无法解释的现象。因此,在转型过程中出现的资源配置问题,需要在转换的不同阶段给出解释模型,这一解释至少应符合历史的逻辑性解释"。**③ 这两段话与此书扉页上的话成为持续研究的自我激励,在我最后修改此书并交付出版社时,如释重负的我再次庆幸选准了这一研究题目,庆幸在教育部和曾经工作过的平台上有视野开阔观察真实世界的机会,庆幸在南师大教育系学习任教、在北大教育学院和哈佛大学肯尼迪政府学院学习思考所提供的专业基础④,更庆幸我的职业生涯与改革开放 40 年这一千载难逢的时代轨迹同程相伴。

---

① 博士论文题目确定为《中国经济转型中高等教育资源配置的制度创新》,该研究成果由教育科学出版社出版(2005 年)英文版《Institutional Innovation in Higher Education Resource Allocation in China's Transitional Economy》(2016 Mc Graw Hill Education)(2016)。

② 本研究分别获准为全国教育科学规划办十五、十二五国家社科基金研究教育学国家一般课题,两次课题结题分别被评审为"优秀"与"免鉴",研究成果《中国高等教育资源配置转型程度指标体系研究》被评为第四届全国教育科学研究优秀成果一等奖。

③ 康宁:《中国高等教育资源配置转型程度指标体系研究》,教育科学出版社,2010。

④ 2002 年作为第一期学员,参加了国务院发展研究中心、哈佛大学肯尼迪政府学院、清华大学公共管理学院举办的《公共管理高级培训班》。

　　本项研究的中心议题受惠于美国教育社会学家伯顿.克拉克(Burton R. Clark)关于大学组织结构动力来源的研究,给了我考察中国高等教育资源配置制度转型动力研究的启示①。伯顿·克拉克从对西方各国高等教育系统承受社会主要权力影响的跨国比较分析,概括出三种典型的权力分配模式,反映了西方现实中高等教育系统与社会环境相互制约影响的关系。中国改革开放40年从社会主义计划经济转向社会主义市场经济,影响高等教育资源配置的动力来源是否发生变化以及影响变化的趋势动因是否能够印证伯顿·克拉克的学术模型,这是最初研究的初衷。研究实证表明,中国高等教育资源配置在外部环境改变后动力来源发生了根本变化,呈现着政府力量、市场力量、学术力量相互支撑互为制衡的基本特征和变迁趋势。同时,中国高等教育资源配置转型程度的制度创新特征深受中国国情特征的影响,呈现为中国特色社会主义高等教育制度特征。伯顿·克拉克通过比较研究得到高等教育动力来源的解释,本研究则通过对中国改革开放40年的制度变迁观察,得到了来自"真实世界"一国高等教育资源配置变革中动力来源生成并形成制衡的实证研究,并通过7国的高等教育资源配置动力来源的比较,证实其共性与特殊性。基于研究事实,本研究回应了初始研究的核心问题,一国高等教育资源配置的相对稀缺还是相对充沛,取决于影响约束高等教育资源配置的动力来源的制衡关系。除现有三种力量外,不断增强的虚拟力量是否会构成第四种力量? 本研究做了初步考察。总之,中国高等教育制度创新的探索仍然在路上,还需要后续有更多探索者关注。

　　从哪里来,到哪里去? 面对历史,这是一个哲学拷问。在40年改革开放历程中,高等教育始终在寻找适合国情的道路和大学学术本位的秩序与传统,我们距离寻找的目标是越来越近还是越来越远,甚至是南辕北辙? 这既是本课题持续数年孜孜以求的研究目的,也是教育学最为本质的探究。而遵从真实的事实逻辑,探索制度变迁艰难曲折的发展脉络,解释内在历史逻辑的同时揭示其演进的动力,是课题研究与本书出版的初衷。

　　在这一长达十数年的研究中,我得到了我曾经供职的教育部、就读的北京大学、共事的研究机构与出版刊物等各方前辈、领导、同事、学友们的真挚教诲和无私携助,衷心感谢他们引导鼓励支持我的学术研究。

　　我要特别感谢项目课题组的成员们,他们中有不少一直跟随着这项研究课题始终,最为重要的"成果"是看着他们不仅成为各机构的研究骨干,而且他们的孩子也伴随着课题启动从出生到长大成人。他们是杜晓利、刘亚荣、张振助、高峰、付炜、荣利颖、田健、屈潇潇等。感谢在研究过程中给予我学术支持帮助的谈松华、张其龙、孟照海、杨钋、鲍威、刘健安,尤其要感谢魏亚平、苏慧斌、孙少柏,他们自始至终、事无巨细地帮助我进行着大量研究资料的收

---

① 伯顿·克拉克(Burton R. Clark),1921年生,历任耶鲁大学的高教所所长以及加州大学洛杉矶分校的教授和高教所所长,致力于高等教育的比较研究。其高等教育著作《高等教育系统》《高等教育新论——八个学科和比较的观点》等在中国教育界有较大影响。

集甄别处理工作。他们不仅伴随我的研究过程,而且不断给予我信心,鼓励我坚持,他们都是这项研究工作得以完成的重要合作伙伴。

我的研究工作得到全国教育科学规划办的支持,两度列入全国教育科学规划办社科基金教育学国家一般课题项目。感谢全国教育科学规划办对研究课题的高度重视,他们鼓励研究课题能够长期瞄准一个研究目标跟踪观测,鼓励研究选题坚持研究真实世界真实问题。感谢全国教育科学规划办不仅专程指导课题研究,而且也给予了高度认可,两次课题研究成果先后被评定为"优秀"课题和"免鉴"课题。

研究工作得以完成离不开我的家人,他们宽容我因沉湎于长期研究而疏忽了其他,他们鼓励支持我潜心研究而承担了更多付出,他们也不断分享着我研究进程中的成果与喜悦。深深感谢我的父母和儿子!他们能够理解我的时间配置的过度偏离。深深感谢小平同志不厌其烦地回复我关于经济学方面的问题,甚至那些最浅显百分比的测算表达。感谢我的弟弟康兵对本书封面设计的理解与贡献。

人的生命有限,学术生涯有限。研究工作还有不少遗憾,甚至还有不少问题。期待同行后人的批评鉴证。

最后,感谢南京大学出版社对学术著作出版的支持!感谢曹森、徐熙编辑对本书出版的精心指导和策划安排。

康 宁

2019 年 11 月 20 日于北京